白/话/演/义

白話二十四史

上

吕安世 著
张宏儒 主编

团结出版社

图书在版编目(CIP)数据

白话二十四史 / 张宏儒主编. -- 北京 : 团结出版社, 2021.11

ISBN 978-7-5126-9141-4

Ⅰ. ①白… Ⅱ. ①张… Ⅲ. ①二十四史—通俗读物 Ⅳ. ①K204.1-49

中国版本图书馆CIP数据核字(2021)第196152号

出版: 团结出版社

(北京市东城区东皇城根南街84号 邮编: 100006)

电话: (010) 65228880　65244790 (传真)

网址: www.tjpress.com

Email: 65244790@163.com

经销: 全国新华书店

印刷: 北京天宇万达印刷有限公司

开本: 145×210　1/32

印张: 46.25

字数: 794千字

版次: 2021年11月　第1版

印次: 2021年11月　第1次印刷

书号: 978-7-5126-9141-4

定价: 198.00元 (全三册)

前 言

大江滚滚东去，多少风流人物已为陈迹，俱往矣！然而，历经五千年而不衰、历久弥新的中华文化，焕发着无穷的生命力。身为中华儿女，我们感到无限的自豪和骄傲。

钱穆先生曾在《国史大纲》一书的序言中说："当信任何一国之国民，尤其是自称知识在水平线以上之国民，对其本国已往历史，应该略有所知。"又说："所谓对其本国已往历史略有所知者，尤必附随一种对其本国已往历史之温情与敬意。"可见，大致了解我们的国史，应为一个中国人的应有之义，亦即对祖国要抱有"温情和敬意"。他进一步强调：有了这种"温情与敬意"，"至少不会对其本国历史抱一种偏激的虚无主义，即视本国已往历史为无一点有价值，亦无一处足以使彼满意。亦至少不会感到现在我们是站在已往历史最高之顶点。"有这种正确对待本国历史的感情，就不会将种种罪恶与弱点推卸给古人，这样才会有国家富强、文化昌盛的希望。

从远古传说到夏、商、周文明，从春秋战国到秦、汉、魏、晋，从十六国到南北朝，从隋、唐、五代到宋、元、明、清……在这历史长河中，中华民族生生不息、劳动人民充分发挥了自己的聪明才智，创造出了无比辉煌的中华文明。可以说，五千年的历史就是一个巨大的精神宝库，为后代提供了无穷无尽的智慧和精神食粮。

常言道“读史使人明智”。但是，怎样才能通览这厚重的中国历史呢？中国历代留下的史书有二十余部之多，穷尽人的一生或许都无法将它们读完。舒屋山人有感于此，便在吕抚（字安世）编写的《吕氏纲鉴演义》（二十四史，光绪十三年刊行）的基础上，续编清史及民国十三年前的历史而成《精订纲鉴二十六史通俗演义》，于1926年由上海锦章图书局出版，该书后又有翻印版名为《新编二十六史通俗演义》。全书六十回，分上、中、下三册。

二十世纪九十年代，历史学家张宏儒、张德信等人在《精订纲鉴二十六史通俗演义》的基础上进行改编、翻译和增补，从而形成《精编白话廿六史》。该书以时间先后为序，以朝代兴亡为主线，叙述上自远古传说时期、下迄民国十三年（1924）的史事，堪称一部认识中国历史极为方便和通俗的通史读本，出版之后深受读者和世界好评。

由于该书多年没有再版，我们特征得作者同意，重新整理出版。本次再版，我们在《精编白话廿六史》的基础上，按照朝代根据文意划分若干段落，并分别拟二级标题，以便读者能快速查找和阅读。由于考虑到“二十四史”的提法更加广为人知，因此将书名改为《白话二十四史》。全书分为上、中、下三册，上册为远古神话传说时期、夏、商、西周、春秋、战国、秦、汉、三国、晋；中册为南北朝、隋、唐、五代、宋、辽、金、西夏、元；下册为明、清、民国。

本书行文流畅、言简意赅、通俗易懂，希望读者通过阅读本书能够熟悉我们祖国的历史，从而深刻地领悟到祖国文化的辉煌并热爱中华传统文化，从历史中汲取经验和智慧，做一个对中华文明充满“温情和敬意”的承继者。

由于编者水平所限，书中难免会有错误，祈请仁者不吝指正。

《新编廿六史通俗演义》原序

学问尝考采古今书籍，汗牛充栋，擢发不胜其数也。有挽回风俗的，也有化导人心的，也有劝人为善的，也有规人妄作的，盖皆稗官、野史、弹词、小说之类，均不能发人新颖。故阅者见之，都以为老僧常谈，小子弄舌，弗克喜悦于其心。

今续编《廿六史通俗演义》一书，其中本源悉遵正史，汇纂成书，最能开人颖悟，能长人知识，对于学校更为适用，是书系由上古混沌初开之时起，迄于民国十三年末，撮其要，记其事，将其中圣君、明王、忠奸、淑慝总其大纲，采集成篇，计六十回。根据确凿，并无野语闲谈，可作正史读，可作消遣品，诚谓别开生面之奇书也。

欲知历代兴亡之事，无假外求，更无容再从事于纲目。青年学子得是书，精心玩索，定能窥其全豹，即终身有益于不尽矣！是为序。

时维民国十五年一月

舒屋山人序

《吕氏纲鉴演义》原叙

涑水《通鉴》，朱子《纲目》，读史者无不家置一编。二十四史各有专籍，亦或有藏之者，然博览不易，往往束诸高阁，徒为书笥壮观而已！

余性拙，喜读史。家贫，不能强识。《通鉴》《纲目》等书犹不能置，况二十四史。至世所行《易知录》《挈要约编》等集，则偶有寓目，往往瞻前忘后，顾此失彼，心窍恧焉。《吕氏纲鉴演义》能统廿四史事实，说得源源本本，至其中条分缕析处，亦复一线穿成，洵史集中之别体，余素为之服期赝者也。当时淹博之士，胸罗万卷，于史籍中澈上澈下，未免视为喷饭。然于初学观史者，令其入门，则此书不啻为之蒿矢，且言不尚文，语皆从俗，无论妇孺，皆能通晓，以之消愁排闷，即能举数千载之掌故，了然于心目，不亦快哉！

汗青仙馆主人，博雅好古，搜刮秘籍，因出是编，怂恿付梓，并志数言于简首。尤愿读是书者，其进而求之通鉴、纲目，以至廿四史各专籍，庶几一以贯之矣！

光绪十有三年岁次丁亥孟春之月

鹿城张芬敬甫氏撰

原书凡例

是书悉遵《纲鉴》，半是《纲鉴》旧文。其《纲鉴》中因编年纪月不相联属与字句难晓者，略加删订。所谓通俗演义也。

是书起自盘古，以至于民国十三年末，过去事实编纂成书，共六十回。

是书自夏商以前，书越少则越从详，间有从《荒史》《山海经》及其他记补入者。自周以后，书越多则越从略，但序大势大体而已。使观者一览便知。

是书有《纲鉴》所无，间以他传补入，其见于小说内者，并不敢取，即取亦必以或曰别之，以见其说虽不足信，或可参考云尔。

是书摘其大要，略其细事，然于离奇怪异之事，则颇加详，间有从他记补入者，无非引人乐观而已。

是书中如盘古开天、共工氏触不周山、女娲氏炼石补天、夏禹王治水用天兵天将、后羿射日、嫦娥奔月之类，《纲鉴》虽载有其事，并不详其说，盖事属荒唐，置之不议不论之列也。今虽从他书采补增入，犹孟子所云：于传有之，其事之或有，或无，传记之，足信与否，俱未暇深辨也。

《纲鉴》之有断语，祖于《春秋》之《公羊》《谷梁》。然孔子作《春秋》，寓褒贬于一字之中，初无所为断也，而当时文学如游夏之徒，尚不能赞一词，况后之人。文学不如游夏，乃敢妄祖孔子，讥议古人，长篇累牍，恬不为怪。不知古人之事，据实直书，其忠奸邪正不待言而自辨。其有从正路上差了脚步者。须知古人，事处无可如何之地，日夜经营，势穷力竭，万不得已，乃略差一步，以图其事之有济，非乐于为此也。今之人动曰《春秋》，责备贤者，使古来无一全人，正所谓“欲加之罪，何患无辞”。为古人者，不亦难乎？圣人云：凡聪明深察而近于死者，好议人者也；博辨宏远而危其身者，好发人之恶者也。夫人尚不可议，人之恶尚不可发，而况于古人乎？故一回之后，草本有断语，今则尽删不录，盖不敢妄议古人，而自取罪戾也。

每回之首必冠以旷达诗词，凡以祖“春风沂水”之意。所以广人心志，乐人性，天见得志，则廊庙而尽忠报国，不得志则山林而明哲保身，二者并行不悖，不必规规于事为之末也。

目　录

上　册

远古神话传说时期

夏 朝

商 朝

西 周

春 秋

战 国

秦 朝

汉 朝

三 国

晋　朝

中 册

南北朝

隋 朝

唐 朝

五 代

宋 朝

辽、金、西夏

元 朝

下　册

明　朝

清 朝

民　国

远古神话传说时期

盘古（远古传说时代）

称王者，以天为父，以地为母，而以百姓为子。可见天为父，地为母，帝王为天地之子。而天下各代臣民百姓又都是帝王之子。

这本书专讲历代帝王的事，自然不得不由子民而追溯其父母。历来谈论天地的，都说地形状像只鸡蛋。这话很对。虽然状如鸡蛋，却又与鸡蛋不同。因为鸡蛋只一层，而天有九重。

第一重，叫宗动天。没有星辰转动，有气而无形状，这是黑罡风，瞬息吹过千里之遥，力量峻猛。带动三垣二十八宿，以及土、木、火、日、金、水、月轮等各重天，由东向西转动，一天绕地一周，转过一度。它们的外面则是混沌之气，空旷无边。也有的说宗动天外面是元际天，常静天，悠远无边。

宗动天里面，第二重为经星三垣二十八宿天。距宗动天很近，被带动旋转极快，自西向东旋转，一年相差一分，六十年转过一度，七千年转过一周。在此以下八重天，都自西向东旋转，但都为宗动天所带动，因此在下面观看，都是东升西落。

第三重，填星，即土星天。离宗动天稍远，被带动旋转较慢，自西向东，一天差一度，二十八年旋过一周天。

第四重，岁星，即木星天。离宗动天更远些，转动也更慢些。自西向东，一天差一度，十二年为一周天。

第五重，荧惑，即火星天。离宗动天更远，被带转也较慢，自西向东，二日差一度，二年为一周天。

第六重，日轮天。离宗动天远，转动慢，自西向东，一天差一度，一年为一周天。

第七重，太白，即金星天。

第八重，辰星，即水星天。离宗动天远，转动缓慢。自西向东，一天差一度，一年为一周天。

第九重，月轮天。离宗动天最远，且离地近，转动最迟缓。自西向东，一天差十三度，一月为一周天。其经星分为六等。第一等最大，径三百五十六里，其余依次递减，至第六等最小，径二百六十里。日径一千七百五十里；月径六百里。其余五星只土星、木星最大，径三百四十里；太白星径一百一十四里；辰星（北极星）径六十里。

每重天各相距九万里。每重天中间间隔一重气，而日轮与经星间，相距则是各重天相距的两倍。所说的差，是说宗动天自东向西，诸重天自西向东，与宗动天相差。就是所说的天道左旋，日月五星右旋。一度，就是在下望天上一尺那样长。这九重天相互包容，日月星辰都固定其中，随天转动。天体透明无色，因此能透光，像水晶玻璃一样。而内外有如一体，星星则仿佛是石头，滑润有光泽。因此在下面看，能穿透九重，愈远愈明。

月轮天之下，为火际。火际之下，为冷际。冷际之下为温际。人和万物都生长在温际气中。月有晦、朔、弦、望四种形态。日月有蚀，因为日好比火，月好比水。月和星都不发光，而是借日照之光而发光。月在第九重天，离人最近。日居第六重天，离人远而在外。因此，晦、朔就是日照月的上面，而下面无光；弦，就是月向东行，与日渐渐远离，日从旁边（侧面）照射，显现出一线光亮；望就是日月相对，日光照射月球，月球全被照亮。所说的相对，就是日行黄道，月春行二青，夏行二赤，秋行二白，冬行二黑八道，这八道都斜出黄道内外，如果相对不十分周正，则从侧面借日光而发亮；如果日月各当九道之交，相对很正，而地球居中，日光被地球遮掩就发生月蚀；如果在晦、朔的时候，日月运行，恰逢九道相交，日光就被月所遮掩而发生日蚀。相交处离日近的地方叫天首，就是蚀神[1]，所以日像火一样，称为火之余，其相对的叫地尾，就是计都，因为常为地影遮蔽，所以称土之余；彗星生于月。月运行快慢不同，最慢处为孛。月属水，因此孛为水之余。气生于闰，二十八年十闰，而气行一周天。闰为岁之余，因此气为木之余。

这四余无形但各有法度，与七政合称为十一曜。其中瑞星、妖星，是治乱灾祥之气汇积的表现，以地为本而呼应在天。或一方冤淫之气上升，积而为彗孛，象征刀兵杀掠之惨，这些都生于月轮天之下。流星是五行之散精；陨星，是日月五行的厉气汇积而显现在月轮天下，不是真正的星辰。风雨，就是海水受到日照，湿热的气体上升，到冷际，受到拦阻无法上升，结成为云，被内地湿热气体引导，随风带入内地而成为雨；如果日光照射海山，地面干燥之气上升，至冷际，无法上升，就横飞而成为风。所以风带来雨，而雨则随风而至。如果本地干燥之气上升而成为风，本地湿气上

1.蚀神：旧时是相家所谓十一曜之一。与日月五星气孛运行相反，常与日月五星相掩袭，因而称为蚀神。

升而为云，都不能形成雨，即使形成雨也很小。霞是日光照射云而形成的；虹霓是雨滴折射日光形成的；雷是阴阳两气在搏击，猛烈的就是霹雳，遇到的物体没有不受到破坏的；电是阳之精气与雨之阴气格斗发光，厉害的就是霆。露是土中液体从地里上升，而天上之气下降，两者相遇，凝而为露；霜则是露凝结而成，雾则是湿土之气生成的。雪霰，本是雨，遇到冷气，在云中凝结的就是雪；在空中凝结的是霰。因此，霰形状像雨点，而且在下雪前出现。高山雪厚，是因为高山招风，雪体轻，因此随风飘至；如果天上掉下各种异物，大抵都是不祥之兆，这都是这个地方的灾厉之气，积而成形。妖龙野鬼，也能做这种事。江河之水，滔滔不绝，而且多发源于高山，是因为地上面为高山，地下为深穴，向西而开的洞穴，因为天的运转，将水鼓入穴中，能进而不能出，于是就从泥沙中上涌，而形成江河。温泉是地下水恰好位于黄道，被日之热气加热而形成。地震，也是因为地下很多岩穴，日行海底，热气熏蒸，穴中热气，愈积愈多，逐渐上升到地面，却无法散开，因此会突破围困而出，以致震动或陷裂，有的有声音，有的有火焰。因此，地厚而又没有江湖池井以泄气的地方，地震就多；地薄而有很多能够泄气的江湖池井的地方，地震就少。气候有寒有暑，由于中国地理位置偏北，因此日运行至北方就温暖，日运行至南就寒冷。海水有潮有汐，因为日行海底，所过之处热气极盛，而与月升之后的冷气相激，怒起而生潮。潮过之后，与日月相对处，积有一股冷热之气，也与日月相同，所以再值再潮而为汐。潮汐有大有小，是因为日月运行远近不同，近则潮大，远则潮小。到晦朔时，月虽无关，但月之体魄和冷气还在，因此仍然引发潮汐。海水是咸的也是由太阳炎热，干湿二气重蒸所致。所以夏季的海水比冬季的咸，海面比海底咸，浸入地中的，因为有土渗入而淡。

地大直径九万里，厚两万八千六百三十六里，离月轮天，周围隔海四万五千里余。地面是土，土下是沙石，沙石下是浮岩，浮岩下是海，海之下仍是天。能不和天一起运动，是因为地之四旁底下都是海，像被浮起的船。地之东是潮海，水随天升，船上去就被颠覆；地之西为溜海，水随天入，船上去就会陷下去；地之北为冰海，海水常年结冰，船行受到阻碍；地之南为热海，海水像热油，船去就被焚毁。这是终古而不可靠近的。天东升而西没，因此海水自西北而向东南流动。

地舆，居中近北之地叫亚细亚洲。有百余国，大者推中国，又有小岛各自为国数百。亚细亚洲之西而略北，叫欧罗巴洲，就是所谓的西洋。大国有七十余，小岛不下数百；亚细亚洲之西南，欧罗巴洲之南，叫阿非利加洲，大小共百余国，小岛数百。亚细亚洲之东偏北，叫亚美利加洲，地分南北，中间有地峡相连，峡南叫南亚美利加，峡北叫北亚美利加。土地极广阔，平分天下而有其半，小岛千余。四洲之内，奇奇怪怪之事，数不胜数。亚细亚之南，叫墨瓦蜡泥加洲。此洲人很少到，不知其山川、国土、人物、风景如何。这是天地形体的大略情况。

天地之数，止于一元。一元共十二万九千六百年。元统率子、丑、寅、卯、辰、巳、午、未、申、酉、戌、亥十二会。每会一万八千年[1]。会统率三十运，每运三百六十年。运统率十二世，每世三十年。此前的天地，也是万国九州，花花世界。无奈运行到申会，昼夜失去次序，寒暑颠倒，五谷不生，人类日益稀少。到了酉会，无君无长，也不知有文字。至戌会之初，千里之内才得见人烟，没有五谷，人只能吃土，也很少有衣服，男女相遇就交合，交毕即分开，有所生育，只知母而不知有父。道路不通，以后渐渐无人亦无物。到了亥会，昏昏暗暗，山川日月归于乌有，天地混蒙。到了子会，逐渐开明，生出日月。再到丑会，又生出水土沙石，渐渐凝结而形成地。到寅会，在大荒山腰，受天地灵秀，蕴日月之光华，遂孕有灵通之性，内育人胎。

十月十六日寅时，豁刺刺一声巨响，山腰崩裂，生出一个人来。学爬学走，餐风饮露，食草饮水，渐渐长成。龙首人身，身长百尺，头角狰狞，神眉怒目，獠牙露齿，遍体皆毛。爬上山顶，用手摸天，感觉到天之体跃跃欲动。走到地上，用足仔细踹踹地面，感觉地之体凝凝而欲静。天渐渐高起来，地渐渐低下去，将要分开，仔细一看，见昆仑山顶和月轮天相连，坚不可破。天性想动而不能动，地性想静而不能静，天地相连，两不相得，人物难以生存。盘古心中想道："一定要有一件东西，将连接处砍开，自然天清地宁，万物各得其所。"东寻西找，事有凑巧，一天行至西方，找到先天金石之精，一斧一凿。盘古估量其重千斤，于是右手持斧，左手执凿，用斧劈，凿开，用功多时，忽然一天将天地分开，有如天崩地裂，大响一声，天地两分，轻清者为天，渐升高而运转，重浊者为

1.疑误，应为10800年。——译注

地，渐低下沉而凝静。天地遂分为二，在上名为天，在下名为地，混沌初开。此后，阴阳交媾，生人生物，继之者叫天皇氏。

天皇氏

盘古开天辟地以后，阴阳二气交媾融合，渐渐产生了人类。那时候的人，不是出自娘胎，而是有的从天上掉下来，有的从地下冒出来，三个一群，五个一伙，都长成人的形状。这些人全是高大丑陋的汉子，分散居住，以饮水吃草为生，没有知识，也没有君王长者。在属于木德[1]时期的寅年，金、木、水、火互相冲击，生成祥瑞之气，在昆仑山的山腰上，瑞气凝结，化为灵胎；由这灵胎里生出十三个人来，为首的一人就是天皇氏。

天皇氏遍体茸毛，面色青黑，全身赤裸，长发披肩，身高三丈六尺。天皇氏崇尚木德，清静淡泊，无为而治。他创造了天干和地支，天干就是甲、乙、丙、丁、戊、己、庚、辛、壬、癸。这是后来的叫法，那时甲还不叫甲，叫作阏逢（yān péng）；乙也不叫乙，叫作旃（zhān）蒙；丙叫作柔兆；丁叫作强圉；戊叫作著雍；己叫作屠维；庚叫作上章；辛叫作重光；壬叫作玄默；癸叫作昭阳。地支就是子、丑、寅、卯、辰、巳、午、未、申、酉、戌、亥。那时子还不叫子，叫作困敦；丑叫作赤奋若；寅叫作摄提格；卯叫作阏单；辰叫作执徐；巳叫作大荒落；午叫作敦牂；未叫作协洽；申叫作涒滩；

1.木德：五德之一。古人以水、火、木、金、土五种物质属性的相生相克和周而复始的循环变化，来比附历史上的王朝兴衰，称为“五德终始”。

酉叫作作噩；戌叫作阉茂；亥叫作大渊献。天干和地支轮流配合，周而复始，轮转一周，是六十个甲子，用以确定每一年的位置。从此以后，五运始兴，大化始立。天皇氏兄弟十三人共同治理天下一万八千年。继承他们的是地皇氏。

地皇氏

地皇氏崇尚火德，出生于熊耳山和龙门山中。当时两座山中，忽然放出红光，高达数丈，从光中生起五色祥云，将两山笼罩，随后从山中涌出十一个人来。其中以地皇氏最为聪明特异，他身高三丈三尺，臂粗数围，全身长毛，面黑如墨，目光如火，站立在众人中间，开始统治四面八方。

过去天皇氏虽然创立了干支，但只用来纪年，人们还是昼夜不分，日月不辨，不知道太阳的升降和月亮的朔望盈亏。地皇氏于是确定白天照耀大地的星星为太阳，夜间最亮的星星为月亮。从没有月光的那一夜开始，到出现一线月光，经过月亮最圆的时候，再回到只剩一线月光，直至月光完全消失，这一月亮从亏到盈再到亏的过程，历时二十九天或三十天，被定为一个月。其余那些三三两两、散布在天上的被称为星。星与星之间的空处被称为辰。日月星并称三辰。三辰确定以后，以十一月为冬至，总共三百六十五天，十二个月为一年。如此周而复始，从此龙兴鸾集，万民安乐，文明发展。地皇氏与十个兄弟共同治理天下一万八千年。继承他们的是人皇氏。

人皇氏

人皇氏崇尚土德。在地皇氏末年，忽然地气冲天，天地交相感应，在刑马山之提地谷，诞生了九个男孩，九人以人皇氏为首，他生得面皮白净，目若明星，身高三丈。人皇氏考察山川，将天下划分为九个区域，自己治理一区，让八个兄弟各治一区，因此又号称居方氏。

这时风气逐渐开化，年月季节都已明确，万物茁壮生长，到处是山林鸟兽。人们居住在一起，又没有衣服，雌雄两性对视之下，都感到很奇怪，雄性看雌性，不知道对方那个地方为什么凹下去；雌性看雄性，不明白对方那个地方为什么凸起来。有一天，某个雄性的阳物挺然而立，便对凹下去的一方说："我有余而你不足，让我们试试以有余补不足怎么样？"遂向凹处插入，这下双方都感到妙不可言，其乐无穷，众人见状，纷纷效法。于是分凹者为女，凸者为男，男女从此得以区分。而且自插入之后，不但感到舒服，凹者的肚子渐渐大起来，十个月以后，有的生男，有的生女，从此有了生育。有了生儿育女，就有了父子君臣。

这个时期，君王都是有道明君，臣子都是贤良之士，典章逐渐完善，政教由此兴起；礼仪逐渐齐备，君尊臣卑由此确立；饥餐渴饮，人民的食物逐渐丰富；男女交媾，百姓的婚姻逐渐出现。人皇氏兄弟九人，共同治理天下一万五千六百年。有人说四万五千六百年，是错误的。

五龙氏

人皇氏之后，有五龙氏继承，五龙氏兄弟五人，老大叫皇伯，老二叫皇仲，老三叫皇叔，老四叫皇季，老五叫皇少。五人共理天下，各治一方。乘坐五条飞龙，往来巡视，推行无为而治的方针。今天的上郡肤施有一座五龙山，就是五龙氏产生的地方。

巨灵氏

继五龙氏之后治理天下的是巨灵氏。巨灵氏出生在汾脽，与元气共生，气魄恢宏，执掌大权，役使五丁力士，驱策阴阳，变易山川，居无定处，曾在蜀中追踪野兽的足迹。

继巨灵氏之后治理天下的有句彊氏、谯明氏、涿光氏、钩陈氏、黄神氏、神氏、犁灵氏、大騩氏、鬼隗氏、弇兹氏、泰逢氏、冉相氏、益盈氏、大敦氏、灵阳氏、巫常氏、泰壹氏。泰壹氏是一位若隐若现而又长生不老的神灵。后来黄帝和老子学会了泰壹氏的仙术，泰壹之书也流传到后世。其后又有空桑氏和神民氏，他们使人和神各异其业而精与气又能互相沟通。猗帝氏、次民氏、辰放氏继立。远古时候的人，用树皮草叶遮羞蔽体，辰放氏教给人民用木头把兽皮捣软，穿在身上以抵御风寒，人民无不遵从，因此号称衣（yì）皮之民，他的王位传袭了四代。其后为蜀山氏、騩隗氏、浑沌氏，他们虽握有生杀予夺之权，但仁慈宽恕，乐善好施，天下百姓既畏服他们的权威，又感念他们的恩德。当时阴阳平和，万物无争，一派祥和景象，甚至鸟巢可以任人探视，野兽可以任人牵走，不会引起惊恐和反抗。他们的王位传袭了十一代。其后为东户氏，在他当政的时候，飞禽走兽成群结队，森林草木繁密茂盛，百姓安居乐业，风俗淳朴，路不拾遗。他的王位传袭了十七代。其后继立者为皇覃氏、启统氏、吉夷氏、几籧氏、稀韦氏、有巢氏。

有巢氏

远古时候的人，居住在旷野的天然洞穴里，与草木禽兽为伴，甚至与禽兽同食共眠而相安无事。到这个时候，人的狡黠机灵日渐增多，开始欺凌禽兽，于是禽兽也开始与人为敌。而人的牙齿手爪不如禽兽的锋利，不是禽兽的对手，有巢氏就教会人们在树上构筑巢穴，住在里面以躲避野兽。那时的人还不懂得种庄稼，吃的是草木的果实；不懂得用火，渴了就喝禽兽的血，饿了就将禽兽的肉连毛吞下，因此叫作茹毛饮血。把禽兽的皮剥下来，披在身上当衣服。有巢氏的王位传袭了两代以后，被燧人氏取代。

燧人氏

燧人氏手下有四位贤臣，一位叫明山，一位叫必育，一位叫成博，一位叫陨丘，这四位贤臣共同辅佐燧人氏治理天下。那时的人不懂得用火，不知道吃熟食。燧人氏仰观天文，俯察地理，探索星宿运行的规律和五行生克的道理，发现空中有火，附着在木头上就会燃烧。有一天，燧人氏到南边巡视，看见一只鸟正在啄大树的枝杈，啄着啄着，有磷磷的火光闪现，燧人氏立刻省悟。于是用锋利的石块在木头上钻孔，从而得到火种，又教会人们烹饪，把食物放在烧热的石头上，烤熟了再吃，不要吃又腥又臊的生肉，百姓大获其利。那时还没有文字，燧人氏创立了结绳记事的制度：发生了大事，就在绳子上打个大结，小事就打个小结。燧人氏还修建了宣讲教化的高台，建立了在中午交易的市场，修筑了供贸易之用的道路，于是政通人和，民情大顺。因此，燧人氏又被称为燧皇。他的王位传袭了八世，继他之后治理天下的是庸成氏，再后伏羲氏就诞生了。

伏羲氏

太昊伏羲氏是成纪人。他的母亲名叫华胥氏，住在华胥江中的小洲上。华胥就是今天的陕西西安兰田县。有一天，华胥氏到山中游玩，发现一个巨人的脚印，她很好奇，就把脚踩上去，感到心中怦然一动，突然出现一道红光，把她全身都笼罩起来，华胥氏从此就怀上了身孕。怀孕十六个月后，在成纪生下了伏羲氏，成纪就是今天陕西巩昌府的泰州。伏羲氏身高一丈六尺，蛇头人身，有圣人之德，受到民众敬爱，被推立为君。伏羲氏崇尚木德，以风为姓，定都宛丘，即今河南陈州。伏羲氏为帝，上应天意，下孚人望。共工、柏皇、朱襄、昊英等文臣武将，各具贤才，辅佐伏羲氏治理国家，于是天下大治。伏羲氏教百姓制作鱼网，捕鱼捉虾；又教百姓饲养马、牛、羊、鸡、犬、猪等六畜，以丰富食品，并用作祭祀神灵的供品。远古时候的人，睡觉的时候横躺竖卧，起来以后乱喊乱叫，饿了就到处找吃的，吃饱了又把食物随手乱扔，与禽兽没什么两样，知道母亲不知道父亲，知道作爱不知道礼节。伏羲氏开始制定嫁女娶妇的规矩，凡是打算娶别人女儿的，要先甄别姓氏，同姓不得婚配，然后请媒人说合，定下来以后，用俪皮作为聘礼，俪皮就是两只野兽的皮，古时候用兽皮作衣服，因此用两张兽皮象征配偶。从此百姓才知道父子关系，男女有别，不再互相轻慢。

这时伏羲氏的统治达到极盛，文明即将产生，从黄河孟津渡口浮起一个由天地之间的精华凝练而成的怪物来，这个怪物龙头马身，遍体龙鳞，模样像骆驼，却长着两只翅膀，身高八尺五寸，在河面上踏水而行，如履平地，背上驼着一张由圆点组成的图案，图上的圆点按后十六、前二十七、左三十八、右四十九、中间五十排列。百姓看得分明，飞报入朝，伏羲接到报告，立即下令起驾到河边观看，果然见到怪物正在踏水而行，并不沉没。伏羲乃叹道：“这就是文明的开始啊！”命令左右抬来一张石案，率领群臣焚香礼拜，然后将怪物背上的图点，用炭依样画在石案上，再画在竹板上。伏羲根据这一图案加以推演，画成乾、坤、艮、巽、震、离、坎、兑八卦，每卦由三个爻组成，爻卦互相配合，两卦（六爻）相重可得六十四卦、三百八十四爻。用八卦教导民众决定嫌疑，排除犹豫，使民众不受吉凶悔吝的迷惑，能够认识事物的真相，使人事各得其宜。天地之间秘藏已久的玄机，至此全部泄露到人间。伏羲仰观天文，俯察地理，取法人身及万物之形，初步创立了文字，以取代结绳记事的老办法。这时文字尚处于草创阶段，不够精密，直到仓颉确立六书的原则，文字才大为完备。因为出现了河图，驼图之物龙首龙鳞，所以用龙来纪官，各种官职都用龙来命名，如飞龙、潜龙、居龙、降龙之类。伏羲还制定了历法，这种历法叫甲历，以甲寅为起始，干支互相配合，形成十二辰和六甲，于是天道就完备了。年、月、日不再混乱，东、西、南、北也不会搞错了。这是历法的起源。伏羲氏又用桐木制作了琴，用绳丝作琴弦，这种琴有二十七根弦，名叫离徽。用桑木制作了瑟，有三十六根弦。琴和瑟可以传达神明的赐予，象征天人之间的和谐，可以使人修身养性，返朴归真。音乐从此发展起来。

伏羲氏在位一百一十五年而死，享年一百九十七岁，死后埋葬在陈（今河南淮阳）。

女娲氏

戊辰元年，伏羲氏的妹妹女娲氏继立为帝。女娲氏与伏羲氏系一母所生，她生下来就神奇灵异，与众不同；身高一丈，容貌秀丽，长得唇红齿白，面如傅粉，光彩照人。帮助兄长制定婚姻媒妁嫁娶的礼法，让百姓遵守，因此被视为神媒，受到伏羲氏的爱惜和尊敬。伏羲氏死后，大臣们公推女娲氏为主，号称女皇。女娲氏以云为姓，定都中皇山。当时镇守冀方的诸侯共工氏，名叫康回，他生得面如黑漆，头发红似朱砂，身长二丈六尺，遍体长毛。共工氏野心勃勃，自以为是，割据一方，扰乱无常。他自以为命属水德，当立为王，乃以水德纪官。共工氏神通广大，善使妖法，能呼风唤雨，驾云而行，涌水助战。他铲平高地，堵塞低处，壅塞河流，发动洪水，为害天下，大兴兵马作乱。女娲氏命令祝融氏率兵征讨。两军相遇，共工氏念动真言，洪水铺天盖地而来，祝融氏聚积炉灰阻止洪水，共工氏大败，乃驾云向北方逃窜。但是谁也没有想到，当初盘古开天地时，将昆仑山凿破，有一半山体附在月轮天（第九重天）上，名叫不周山，又叫天柱，那时位于天的中央，后来日月运行，时间一长，渐渐移至北方，而且由于分量太重，已行将崩坏。这时共工氏驾云逃到北方，见天柱下垂，挡住了他的去路，不由得心中大怒，大吼一声，一头撞向不周山，将天柱撞折，断成两截的天柱倒塌下来，不但将共工氏压得粉碎，而且将地面压得倾斜下去，海水迅速涌上陆地，地于是缺了一个大角。

祝融氏凯旋还朝，把这件事报告给女皇，女皇一时之间也没有良策处理。这时又有一群北方百姓前来求见，女皇询问原委，百姓奏道："自从祝将军征伐康回以后，那里变得昼夜不分，整日漆黑一片，阴风凛冽，简直不像人间。我们靠火引路才找到这里，望皇上赶快设法解决。"女皇听了奏报，立即率群臣起驾，命百姓引路，前往不周山视察。到了那里，只见天昏地暗，寒气逼人。举起火把照明，发现西北方一带的天有七八处缺口。因天气大量泄漏，所以冷风吹到地面，遮蔽了日月的光芒。女皇沉思良久，终于想出一个办法，命令群臣到五方寻找五色云母石，又命令用五色矾石炼成石膏，把云母粘成大块备用。女娲氏本来就是女仙，善于腾云驾雾，待群臣将一切准备妥当之后，即念动咒语，脚下升起一朵五彩祥云，将石头载上天空，凡是有缺口的地方，就用所载膏石修补好。经过一番修补，天体照旧完好如初。女娲氏回到地面，又将先前崩坏的不周山凿开，分成四段，每段都凿成鳌足的形状，然后大显神通，将鳌足运入海地，把倾斜的地面撑起，于是大地也完好如初。但天地原来同水晶玻璃一样，透明反光，因此日月照耀，才能发出光芒，石头则不能反光，因而用石头修补的地方，仍然混浊无光。女娲氏深以为患，恰好那时钟山有一位神灵，生得人面蛇身，遍体赤红，身长千里，目有神光，眼睛睁开时如同日月一般，可以照亮大地，而且它呼出的气很温暖，就像夏天的风一样。女娲氏于是运起法力，制服钟山之神，命它常住钟山之上，抬着头以照耀北海诸国。它睁眼的时候是白天，闭眼的时候是黑夜；吐气的时候是夏天，吸气的时候是冬天；让它随着时令吐出风雨，百姓得以安居乐业。

女娲氏统治天下达一百三十年，在她之后继立为帝的有柏皇氏、中央氏、大庭氏和栗陆氏。

栗陆氏

栗陆氏刚愎自用，人民开始背叛他。大臣东里子因进谏而被杀，天下更加离心。栗陆氏亡后，浑沌氏、骊连氏、赫胥氏、尊卢氏、昊英氏和有巢氏相继称帝。先前的那个有巢氏教人民在树上架木为巢，年代一久，木头朽断，人就被摔下来。这个有巢氏教人民用槿和藋编织成茅屋以供居住，这就是房屋的起源，因此他也被称为有巢氏。继有巢氏之后统治天下的是朱襄氏和葛天氏。那时天下大治，君王威信很高，百姓风俗淳朴，国家兴旺发达。葛天氏之后是阴康氏，这时河流壅塞，阴气凝结，人们气血不畅，郁积于内，许多人患了脚肿的怪病。阴康氏乃发明舞蹈，教百姓跳舞以活动关节，疏通血脉。他的治所在华原。葛天氏之后有无怀氏，他的臣民吃得好，住得好，迷恋各自的家园，谁也不愿出门，百姓们虽能听到邻居的鸡鸣狗吠之声，但直到老死也不相往来。后来神农氏兴起，历代帝王的姓氏世系，就可以明确地考证出来了。

炎帝神农氏

炎帝神农氏，名叫石年，是少典国君主的儿子。当初，少典国王娶了有娇氏的女儿安登为妻，生了二个儿子，石年是长子。安登与神龙感应而生下炎帝，因此炎帝的身形体态很像龙。炎帝出生在烈山的一个石室里，身高八尺七寸，崇尚火德，故称炎帝。起初定都于陈，后来迁至曲阜，就是今天山东兖州府的曲阜县。癸未元年，神农氏开始种植五谷。过去百姓以草木的果实和禽兽的肉为食，神农氏想到禽兽有限而人民众多，一旦禽兽吃光了，百姓将无以为生。但草木一年可以生长一次，循环往复，无穷无尽，而草木中最能养活人的，就是五谷。于是考察气候和土壤的情况，用木头和陶器制成耜、耒、镈、耨等各种农具，教导百姓种植五谷，农业开始兴起。又教百姓用麻织布，从此有了衣服。那时人们患了病，不知道吃药，因而病死的人很多。神农氏遍尝百草，研究它们的特性以及如何搭配起来使用，在这个过程中曾经一天之内遇到七十种有毒的药物，神农氏凭借神力化解了毒性，经过反复研究，开出药方，为百姓治病。神农氏在国都开设商店，建立市场，招徕天下百姓，聚集四方货物，使百姓互通有无，各得其所，而不必互相争夺。神农氏创立蜡祭的典礼，让人用赭鞭鞭打草木，演奏扶犁之乐，唱起丰收的歌曲。神农氏享有火德的祥瑞，故用火来命名官职，如大火、鹑火、西火、北火，等等。诸侯夙沙氏反叛，煮海制盐，不服从炎帝的命令，他的大臣箕文进谏，也被杀害。炎帝没有发兵征讨，而是反躬自省，勤修德政，夙沙氏的臣民感念炎帝的恩德，自动杀了夙沙氏前来归顺。于是南至交趾，北到幽都，东至旸谷，西至三危，普天之下，莫不向化。炎帝到南方巡视时，死在长沙的茶乡，即今湖南长沙茶陵县。在位一百四十年，享年一百六十八岁。

神农氏娶莽水氏之女听詙（bá）为妻，生下临魁，在位八十年。临魁生子名承，在位六十年。承生子名明，在位四十九年。明生子名宜，在位四十五年。宜生子名来，在位四十八年。来生子名里，在位四十三年。里生节茎，节茎生克和戏，节茎、克和戏都没有做皇帝。这时帝位传到克的儿子榆罔（yú wǎng）手里。榆罔定都空桑，他为政残暴，法多害民，以致群臣心怀不满，诸侯皆有二心。大臣蚩尤，系炎帝后裔，姓姜氏，生性好兵喜战。造大弩和刀戟，企图兼并诸侯。榆罔无力制止，命令退居少颢。蚩尤越发狂暴，出师洋水，登临九淖，进攻未及离开空桑的榆罔。榆罔不敌，退至涿鹿。轩辕氏乃调集各路诸侯的军队，与蚩尤在涿鹿之野交战。蚩尤制造大雾，一时天昏地暗，诸侯之兵分不清东南西北，无法取胜。轩辕用指南车为军队指示方向，于是在中冀生擒蚩尤，并把他杀死。因而把这个地方命名为绝辔之野。炎帝榆罔仍然不改前非，轩辕修明政治，整顿军旅，然后与炎帝战于板泉之野，经三度交战，终于打败了炎帝。榆罔在位凡五十五年。诸侯一致推举轩辕取代神农氏为天子，他就是黄帝有熊氏。

黄帝有熊氏

当初，神农氏的母亲生下两个儿子，长子是神农氏，次子则继承了少典氏的土位，他的子孙世代做诸侯。到炎帝榆罔当政的时候，少典国君的王妃名叫附宝，她看到巨大的闪电绕过北斗星，于是受到感应而怀孕，二十四个月以后生下黄帝，因生于轩辕之丘，故名轩辕。轩辕就是今天的河南开封新郑县。

轩辕姓公孙，生长在姬水，因而又姓姬，他生下来就神奇灵异，襁褓中就会说话，幼小伶俐，长大勤勉，成年后聪明通达。在有熊之地建国，故又号有熊氏。崇尚土德，故号称黄帝。定都涿鹿，即今天的北直保安州。黄帝发明了阵法：里面的用刀锯，外面的用甲兵。设立指挥军队的旗帜，天下有不顺从的便去征伐。披荆斩棘，开山通道，没有过过安适的日子，虽然定都涿鹿，但迁徙往来，没有固定的住所，每到一处，用军队环绕为营以自卫，常有祥云之瑞，因而用云来命名官职，如青云、缙云、白云、黑云、黄云，等等。有一天，黄帝忽然梦见大风把天下的尘垢都吹走了，又梦见有人拿着千钧之弩，驱赶着成千上万的羊群。睡醒以后叹道："风是号令执政的人，垢字去掉土是后，天下难道有姓风名后的人吗？千钧之弩，有异乎寻常的力量；驱羊万群，是善于牧民的人，天下难道有姓力名牧的人吗？"于是按照这两种设想去寻找，果然在海角找到了风后，拜他做宰相；在大湖找到力牧，用他做大将。此外又获六相辅佐而天下大治。风后明于天道，因此做当时；太山善察地势，因此做禀者；奢龙辨别东方，因此做土师；祝融辨别南方，因此做司徒；大封辨别西方，因此做司马；后土辨别北方，因此做李。黄帝有一天又梦见两条龙把一幅图交给自己，醒来后便沐浴斋戒，前往黄河寻找，到了河边，见到一条大鱼背负图文游来，乃拜而受之，得到五种要诀。于是建立灵台，设置五官以掌管五件大事：命羲和卜问太阳，常仪卜问月亮，鬼臾卜问星星，车区卜问风；大挠探察五行的情况。用甲子、干支相配合，确定了纳音[1]。命容成作盖天[2]之说以解释天地，卜问日月星辰，确定气运之数。制定神历，将一年中多余的时间积累成闰月，于是历法与天体的实际运行就相吻合了。黄帝命仓颉制造文字。仓颉长了四只眼睛，生来就有非凡的品德。当时在洛水的转弯处，有神龟出

1.纳音：古乐有十二律（黄钟、太簇、姑洗、蕤宾、夷则、无射、大吕、夹钟、仲吕、林钟、南吕、应钟）、五音（宫、商、角、徵、羽），合为六十音。以六十甲子相配合，按金、火、木、水、土五行之序旋相为宫，称为纳音。

2.盖天：我国古代一种天体学说。谓天像无柄之伞，地像无盖之盘。

现，背负丹甲青文，仓颉拜受。于是穷究天地的变化，仰观奎星[1]圆曲的形势，俯察龟文鸟羽山川的形状，用手指在掌心摹画，从而创立了文字。文字诞生后，仓天为之降下雨粟，鬼神夜间为之哭泣。

当初，自伏羲画八卦以来，产生了一些简略的文字。至此按照六义的原则造字，一曰象形，二曰指事，三曰谐声，四曰会意，五曰转注，六曰假借，天下的文字就完备了！黄帝命隶首作算数，命伶伦造音律，命大客作承云之乐，命名为《咸池》；制作垂旒的皇冠，又做黄色的棉衣，以象征天地的正色。旁观野鸡的羽毛和花卉的颜色，据之染成五色花纹，以区分贵贱，于是衮冕衣裳的制度兴起了。黄帝命宁封为陶正，赤将为木正。制作杵和臼，使谷粟能够脱壳；制作锅和灶，让百姓能够做粥；制作甑，使百姓能够蒸饭。创烹煮之法，以制造甜酒和奶酪。让人们过河有桥梁，走路有鞋穿，死后有棺椁。黄帝命挥做弓，夷牟造箭，岐伯做鼓吹、铙角、灵鞞、神钲，以弘扬武德。命共鼓化狐剖空树干制成舟船，把木头削成桨，用来渡河。命邑夷仿照北斗的旋转，制成车子以供出巡四方。

黄帝创立了宫室制度，于是建造合宫（明堂），以祭祀上帝，接引神灵，宣布政教。开始用模子浇铸黄金，制成货币，分为轻重不同的五种，以解决和平衡国家的需求，因人的一生饮食男女，阴阳不调，黄帝向岐伯咨询后写成内经，又命俞跗、岐伯、雷公察明堂，究脉象，巫彭、桐君处方饵，使人可以享尽天年。命元妃西陵氏之女嫘祖教百姓养蚕。远古之时，未立君长，天下无所统摄，人

1.奎星：星名，二十八宿之一。

们聚居的地方即推一人为长。蜀地有一个首领，被邻近部落掠去，过了一年，也未见放还，只有他乘坐的马还在。女儿想念父亲，竟致茶饭不思。母亲劝慰女儿无效，乃向众人发誓：“有谁能把父亲找回来，就把女儿嫁给他。”下面的人虽听得明白，却无一人能把父亲找回家。那匹马听到母亲的话，惊跃而起，挣脱绳索而去。几天以后，父亲就骑着马回来了。从此马儿嘶鸣不已。父亲询问缘故，母亲将誓言相告。父亲说：“向人发誓，不能向马发誓，哪有人配马的？”只是增加了马的草料。马不肯吃，每当见到女儿出入，就怒目相向，奋蹄而击。父亲大怒，将马射死，把皮剥下来挂在庭院里晾晒。女儿从旁边经过，马皮突然疾飞而起，将女儿卷走。十天以后，在大树上发现了马皮，女儿已变成了蚕，吃树叶，吐丝成茧，因而把这棵树称为桑树，桑就是丧的意思。父母非常悔恨，思念女儿不已。忽然看到蚕女骑着这匹马，踩着流云，在几十名侍卫的护从下，从天而降，对父母说：“上帝因我能舍身尽孝，心不忘义，让我做了九宫仙嫔，可以永居天国，长生不老，请你们不要再想念我了。”说罢冲天而去。父母于心不忍，年年取出蚕茧，待其出蛾生子，而收养之。至此有人将此事上报朝廷。西陵氏听说后把蚕茧取来亲自养育。有一天，偶然将数枚蚕茧放入热水中抽丝，其丝拉之牢不可断。用丝织成绢，比苎麻织成的布柔软娇嫩，披在身上可以御寒避暑。又能染成各种颜色。蚕茧又能煮成绵麻以保暖。西陵氏教民间女子，各自收养蚕茧，抽丝以织成衣服。后世奉西陵氏为先蚕。

黄帝划分天下，得百里之国万余，命工匠营建国都，设左右监，管理万国。又划分田亩，创井田之制，定地界以杜绝争端。从此民众不奸滑虚伪，市场不哄抬物价，人们互相礼让，见利不争。风调雨顺，有草生于庭前，见佞人即指之，名叫屈轶。凤凰在阁上筑巢，麒麟在苑中游弋，黄帝时代，号称极治之世。

黄帝采集首山之铜，在荆山南面铸造了三座鼎。八月十六日，鼎成，这时有一条生着白胡须的龙从天而降，来迎接黄帝，黄帝乃骑龙升天。群臣及后宫跟从者七十余人。有些小臣不能乘龙而上，就抓住龙须不放，黄帝的弓挂在龙须上，龙须承重不住，被拔了下来，弓也坠落在地，小臣们仰攀不及，乃抱弓号哭。后世就把这个地方叫作鼎湖，弓叫作乌号。群臣把黄帝的衣冠弓剑埋葬在峤山。黄帝在位共一百一十年。

当初，黄帝和西王母互相来往，所有宫室衣冠器用之物，均取法仙域，因此制度无不完备。黄帝有四个妃子：元妃西陵氏，二妃方累氏，三妃彤鱼氏，四妃嫫母。生了十二个儿子，加上庶子共二十五人。

少昊金天氏

少昊金天氏继立为帝。他是黄帝的儿子，姓已名质。其母西陵氏梦见一颗巨大的星星，像彩虹一样拖着华光从天而降，落入华渚之中，不久就生下了他。因崇尚金德，故号称金天氏。因能修太昊的德政，故名为少昊。定都曲阜。当时凤凰鸟恰好飞来，便用鸟来命名官职，作了一首名为《大渊》的乐曲。少昊晚年时，诸侯黎氏等九人作乱，此九人会使妖法，能役使鬼神。天下百姓，害怕他们的神力和怪异，于是家家请巫史跳舞降神，而忽视了对神明的祭祀，导致各种灾祸一齐发生。少昊在位八十四年而死，他的弟弟昌意的儿子颛顼（zhuān xū）高阳氏继立为帝。颛顼姓姬，是黄帝的孙子，昌意的儿子。昌意娶了蜀山氏之女女枢为妻。有一天，女枢梦见一道白光穿过月亮，于是在若水生下了颛顼。他崇尚水德，当初立国高阳，故号称高阳氏，后迁都帝丘。少昊衰落以后，九黎造反，扰乱德政，人神混杂，简直不可想象。高阳氏命令南正重管天专注神事，北正黎管地专注民事，天地分离，不相混淆。革除了九黎造成的混乱，使神人不再混杂，万物井然有序，人民安居乐业。制定历法，以建寅之月（正月）为一年之首。作名为《承云》的乐曲，在位七十八年。

帝喾高辛氏

颛顼死后，他的孙子帝喾高辛氏继承帝位。高辛氏姓姬，名夋，父亲叫蟜极。起初被分封在辛，故号高辛氏。崇尚木德和黑色，定都亳，即今河南偃师县。

高辛广施恩泽，利及万物，却从不为自己考虑。闻言而辨，能洞悉远方；见事而察，能烛照幽微。仁厚而威严，慈爱而笃实，修其身而天下景仰。他有四个妃子，元妃是有邰氏的女儿姜嫄，姜嫄与高辛升烟以祭上帝，踩中巨人的脚印而怀孕，生下了稷；次妃陈锋氏的女儿庆都，有赤龙的祥瑞，怀孕十四个月生下了尧；有娀氏的女儿简狄，有飞燕的祥瑞而生下契；娵訾氏的女儿常仪，生下挚。高辛氏在位七十年。他死后，儿子挚接替了皇位。挚荒淫无度，不修善政，在位九年，被诸侯废掉，诸侯们一致尊尧为天子。

帝尧陶唐氏

帝尧陶唐氏，是高辛氏的儿子，挚的弟弟。出生于丹陵，在母亲的老家伊侯之国长大，后来迁徙到祁，故称伊祁氏，并以祁为姓。十三岁时，被分封在陶，十五岁时，改封在唐，故又号陶唐氏。十八岁时，取代挚做了皇帝。崇尚火德和白色，定都平阳的安邑，即今山西平阳县。帝尧的智慧像神一样深不可测，仁德像天一样没有尽头，接近他如太阳般和煦，远望他如云彩般绚丽。虽然显贵富有，生活却十分简朴。命令羲氏、和氏制定历法，以授民时。当时有蓂荚[1]生于庭前，十五天以前，每天长出一片叶子，十五天以后，每天落下一片叶子，观察这种草，就可以知道一个月的进程。

尧出巡四方，来到华地。华的诸侯对尧说："请允许我祝愿圣人，愿圣人多福多寿多男子。"尧说："谢谢。多男子则多恐惧，富则多事，寿则多辱！"诸侯说："天生万民，必须授予他们官职，多男子就多授给他们官职，有什么可怕的呢？富了就让人均分，会出什么事呢？天下有道，就同万物一起昌盛；天下无道，就洁身自好。人活千岁，对世事感到厌倦了，就乘着白云到仙境去，怎么会受羞辱呢？"尧看到有人奉承他，就设置敢谏之鼓，使天下人能

1.蓂荚（míng jiá）：古代传说中的一种瑞草。

够畅所欲言；建立诽谤之木，使天下人可以批评他的过失。作名叫《大章》的乐曲。尧治理天下五十年后，不知道治理得好不好，百姓是否愿意拥戴自己。问身边的人，身边的人不知；问朝中大臣，大臣不知；问地方官，地方官不知。于是化装来到大街上，听见童谣唱："立我烝[1]民，莫非尔极，不识不知，顺帝之则。"有老人含哺鼓腹，击壤而歌："日出而作，日入而息，凿井而饮，耕田而食，帝力何有于我哉？"

黄帝的后人瞽瞍（即瞎子），娶的妻子名叫握登，有一天，她见到空中一道巨大的彩虹，恍惚之中有所感应，于是怀了孕，在姚墟生下了舜。因此瞽瞍姓妫，舜以姚为姓，舜的母亲很早就过世了，瞽瞍又娶壬女为妻，生下了象。象为人傲慢无礼。瞽瞍爱后妻的孩子，多次想杀掉舜。舜每次都巧妙地避开了，而又不失作为儿子应尽的孝道，二十岁的时候，舜因孝顺父母而出了名，他在历山耕种，历山的人都让出自己的田地；在雷泽打鱼，雷泽的人都让出自己的住所；在黄河岸边做陶器，黄河沿岸出产的陶器没有粗制滥造的。在寿丘做过各种手艺，在负夏赶集做过生意。舜居住的地方，一年就成了村落，二年便成城邑，三年变成都市。

尧在服泽南岸得到了舜，问他："我想让天下人都顺从我，应该怎么办呢？"舜答道："专心致志不犯错误，谨慎细心而不懈怠，忠诚可靠不知疲倦，天下人就会自动归顺。"尧问："应该侍奉什么呢？"舜答："侍奉天。"问："应该依靠什么呢？"答："依靠地。"问："应该致力于什么呢？"答："致力于人。"问："人的情况

1.烝（zhēng）：众多之意。

怎么样呢？”答：“有了妻子，对亲人的孝顺就减少了；欲望得到满足，对朋友的信义就变轻了。顺从天道就吉祥，违反天道就凶险，如影随形，如响应声，无不应验。”

起初，帝尧娶了散宜氏的女儿女皇，生下九男二女。长子丹朱不贤，喜欢召集男子，在家中成群打伙地胡闹。另外八个儿子虽然没有大的缺点，却也没什么特殊的优点，都不足以继承帝业，治理天下。尧乃寻找贤人接替自己，群臣推举舜。尧也早已听说舜的贤明，便把两个女儿娥皇、女英嫁给舜。舜勤勉修德，两位妻子都能遵守妇道。尧认为舜是贤者，用各种艰难困苦的事来考验他，舜都能够胜任，于是便让他做宰相。

当时高阳氏有八个好儿子，天下称之为八恺。高辛氏有八个好儿子，天下称之为八元。这十六个家族世世代代都能继续前人的善行。尧未及任用他们，舜任用了他们。帝鸿氏有个不成才的儿子，号称浑沌，即驩兜；少昊氏有个不成才的儿子，号称穷奇，即共工；颛顼氏有个不成才的儿子，号称梼杌，即鲧（gǔn）；缙云氏有个不成才的儿子，号称饕餮（tāo tiè），即三苗。这四个人天下称为四凶。尧未能除掉他们，舜把他们都放逐到四境最偏远的地方。

大舜有虞氏

乙卯七十二载，舜代行天子之职。命令鲧的儿子禹治水，自洪荒以来，就是水多地少，洪水漫山遍野，非常厉害。起初，尧让羲仲、羲叔、和仲、和叔分别到四方最边远的地方，观测日影和星宿，以验证四时，因而知道四方海水比陆地低得多，可以向海中泄洪，于是便寻找能够治水的人，四岳推举鲧。尧说：“鲧正在败坏自己的家族，不可重用。”四岳极力推荐，尧没有办法，只好让鲧去治水。鲧接受了命令，便修筑城池抵御洪水，让百姓到城中居住。大水一到，百姓都淹死了。鲧又听说荆州有息壤，所谓息壤，乃是一块巨石，直径六尺八寸，上面有城池山川人物，生得非常奇巧可观，原是天下众水之母。鲧找遍荆州，终于把它从地下挖出来，满以为挖出水的根源，水患就会自行息灭。岂知挖出之后，众水来救其母，大雨下个不停，洪水越发高涨，浩浩荡荡，把群山都淹没了。鲧治水九年，所到之处，劳而无功，徒然劳民伤财，竟不能平息一处水患，尧和舜了解到鲧凶恶愚蠢，虐害百姓，就命令祝融把他杀死在羽山。

鲧死三年之后，尸体仍不腐烂，用吴刀将其剖开，不想却变成了黄熊，不久又变成黄龙，飞入羽山之渊，并将息壤偷走，他不知道自己的不是，反而怨恨尧、舜把他杀了，于是纠集同党巫支祁、天吴及相柳氏等一起鼓动洪水，使水势越来越大。各路诸侯纷纷告急，尧和舜日夜忧心忡忡。舜反复思量，觉得鲧既然如此灵异，盗走息壤，助水为患，必须让鲧的后人去治水，那样鲧才会心悦诚服，而息壤可得，水患也可以消除。又看到鲧的儿子禹勤奋俭朴，工作努力，所知所虑，有若神明，便任命禹为司空，委以治水重任。

禹痛心于父亲治水失败而受诛戮，乃苦思焦虑，不辞辛劳，仰天叹息，虔诚祈祷，决心成功。不久就见到上帝，将太上呼召万灵之书授予他，并命令道："凡有鬼怪龙蛇护其巢穴者，可先用火攻，再用兵箭，如还不能克制，可用神力攻之。"于是命其臣狂章、虞余、黄魔、大费、庚辰、童律帮助禹，禹因此能够呼风唤雨，役使神物。上帝又命应龙辅佐禹。应龙就是有翅膀的龙，它用自己的尾巴画地，不论是岩石还是泥沙，都被剖开，水就可以流过了。

禹按照上帝的指示，奏请以益为掌管火的官员，率步兵五百名为前锋，每人都执干柴火把，凡遇山林草木，一律点燃，烧得浓烟蔽日，响声震地，满山通红。所有猛禽怪兽，都被吓得仓惶失措，四散奔逃。禹又奏请以羿为第二阵，率弓弩手一千人，凡有猛禽恶兽企图逃匿的，一律射杀，以绝祸根。当时有一种叫猰貐的怪兽，状貌像虎，体大如屋，猛不可挡，吃人无数，从树林里跑出来，被羿射瞎双眼，接着被士兵的乱箭射死。又到一处桑树林，内有一株桑木高十九丈，里面藏着一只叫封狶的猛兽，体大如小山，身上的毛像箭一样锋利。遇见人，离得远就把毛像箭一样射出去，射过之后还能收回身上；离得近则不论人畜，尽数吃掉。这时跑出来，也被羿射死。

禹率众治水，陆路乘车，水路坐船，遇沼泽乘橇，过山岭乘辇。南浔国曾向尧奉献五色毛龙，雌雄各一条，尧乃置豢龙氏之官以养之，这时赐给禹乘坐，助禹治水，禹率民工五千人，从帝都治起，冀州在北方，北方水患最大的就是黄河。当时黄河与淮河的水神名叫巫支祁，生得状如青猿，身长五丈有余，鼓水则波涛涌起，触岸则河岸崩塌。还有一个名叫天吴的水神，生得虎身人面，有八个脑袋，八只爪子，八条尾巴，颜色黄里透黑，它就是水伯。它用八张嘴喷水，八只脚踩水，八条尾巴扇水，水浪就会滔天而至。禹从冀州壶口山开始，治到吕梁山，忽见水中巨浪冲天而起，铺天盖地而来，将治水民工卷走一半。大禹正在山头督促施工，见状大惊，又仿佛看到水中有两个怪物，正在鼓动波浪，禹当即请狂章等天将，上前擒拿妖怪，那巫之祁与天吴二怪，虽然神通广大，但如何敌得过天将？大战良久，抵挡不住，因兖州水大，就逃到兖州去了。起初，各路水怪因帝都在冀州，怕帝尧从冀州开始治水，因此群聚于冀，企图与帝尧为难。禹将吕梁山与岐山凿开，河水顺流而下，又被龙门山堵塞，此山尽是悬崖峭壁，人力难以施展。禹便请应龙用尾巴穿透山体，使河水悬流直下，像一座大门一样，令鱼鳖不能逆流而上，这就是龙门，在今天山西平阳府河津县。过了龙门，又有底柱山立于黄河中流，仍将黄河阻住。禹凿开底柱，使河水通过，三川已通，称之为三门。又治理汾水、漆水、湛水、清浊二漳水，把它们都导入黄河，冀州的水患终于治好了。

冀州得到治理后，禹认为兖州在黄河下游，于是又从兖州治起。巫支祁和天吴两个水怪，自以为逃得远，水势又大，已很安全，颇感欢喜。没想到屁股还没有坐热，山林又燃起大火，禽兽仍然或逃匿或被杀，就和冀州的情况一样。二怪大惊，便纠集各路水怪、龙子龙孙、虾兵鳖将，专等大禹兵马一到，便出其不意，鼓起大浪，差点把大禹给淹死。大禹急忙请天将擒拿妖怪，二怪与天将大战了七天七夜，结果被打得大败，巫支祁逃回扬州，天吴逃往豫州。禹分九路疏导黄河，以分水势，使之流入大海，黄河终于平静了。又治理济水、灉水、沮水，使它们都平静下来，兖州的水患便治好了。

兖州治好后，禹来到青州。当时青州有一个风伯，鼓动大风，掀起波浪，大风将百姓的房屋庐舍，尽皆刮倒。大禹恍惚中见一怪物在山头鼓风，乃命羿悄悄地爬到山后，弯弓怒射，怪物应弦而倒，风患便停息了。禹有一条船破了，不能再载人，便丢弃在石室里。今天山东济南太湖山上石室中有破漆船一只，就是禹丢弃的，又治理潍水、淄水，使之平静地流淌。青州大患已除，便到徐州，治理淮水、沂水、济水。

然后到扬州治水。扬州是长江下游水患最大的地方。北方最大的河流是黄河，南方最大的河流就是长江。禹正要整治长江下游，只见百姓们前来禀报："这里的洞庭山中有条大蛇，身长千尺，无论人畜，碰上它都要被吞吃，您必须小心。"禹闻报，命令伯益、后羿一起率兵戒严。益派人放火烧山，烧至洞庭山，长蛇果然出现，逢人便吞。羿放箭射瞎了它的双眼，长蛇看不见东西，负痛乱滚，终被射死。巫支祁自兖州败后，逃回扬州，潜居彭蠡。彭蠡就是今天的鄱阳湖。湖水既广且深。巫支祁自以为得计，料定禹王断不会至此，岂知屁股尚未坐暖，就见山头火起，与前日之火一般无二，大惊失色，乃用尽平生之力，鼓起滔天巨浪。禹见势头不好，立即召狂章、虞余、黄魔、大费、庚辰、童律等八面擒拿，又派应龙下水，协力捕捉，巫支祁打不过，躲入漩涡中藏身，被应龙擒获，献给禹。禹命令斩首，谁知刀斧凿锯都不能伤其身，狂章等禀告："这个怪物也有神通，利于水而不利于火，如果用火烹烧，再用醋煮，就死了。但它的党羽很多，只怕为它报仇，这样水患未必平息，不如用火把针烧红，穿在它的鼻孔上，将它锁在深渊里，那样水患就能永远平息。”禹乃制造巨大的铁索，把这个怪物锁于龟山下面。今天凤阳府盱眙县东北方三十里处，龟山的西南侧，上有绝壁，下有深渊，即是这个地方。唐朝永泰年间，李汤用五十头牛，将索牵出，见索的那一头锁着一只青猿，身高五丈多，水浪大作，便又把它拽回水里。明洪武年间，用上千人将它拽出参观。猿大吼一声，江水翻滚。又有共工氏的臣子相柳氏，因共工失败，乃跳入河中，变成水神，它长着九个脑袋，人面蛇身，肤色青黑，能掀起大浪，与巫支祁一同为害。禹派天将治理，相柳氏逃到荆州。

彭蠡水患治好后，禹又凿开硖石山以打通淮水河道，硖石山在今天的寿州。在今淮安府赣榆县羽渊里，发现黄龙鼓动波浪，其势甚猛，禹派天将前去治理。天将说：“这是伯鲧，不能治，只能祈祷，则水患自会平息。”禹知道是父亲，不禁流下眼泪，便写成表章向父亲启奏。鲧看到表章非常高兴，就将息壤放在岸上走了。禹得到息壤，仍将它埋在江陵城南门外。后世如果遇到大旱就把它挖出来，必定会引发大水，把它埋起来，大水就会止息。禹又凿通宛委山，得到一块像太阳一样火红的赤珪，一块像月亮一样明亮的碧珪。又在石匮山埋藏书籍。宛委和石匮二山，都在今天的绍兴。禹向越东灌水，水势很猛，积沙成岩，这就是海门，在今天的绍兴新昌县南岩山。山下的岩洞中有佛寺。禹又凿丫溪，引水入海。丫溪在今天的嵊（shèng）县。完工之后，禹将余粮丢弃在丫溪山上，今天变成了禹余粮石。于是把丫溪山改名为余粮石山。

绍兴的工程完成之后，禹来到荆州，准备横渡长江。相柳氏得知禹将渡江，急忙派黄龙颠覆禹乘坐的船。黄龙按照命令驮起小船，小船将覆，船上的人大惊失色。禹抬头向天叹道："我受命于天，竭尽全力以报效百姓。是生之所寄，还是死之所归。"此时看到龙如蝘蜓[1]，颜色不变，急命天将拥护。龙便俯首低尾而去。相柳氏据于九江之中，遣罔象鼓起九江之水，作起风沙大雾，电闪雷鸣，天地昏暗，白天如同黑夜，道路迷失，面对面不能相见。九江浪大如山，将所有的山头尽行淹没，百姓多被淹死。相柳氏又遣巴蛇，身长三千尺，腰大五十围，不论是人马，还是驼象，一一吞入口中。禹见此情状，大为恼怒，亦知是相柳氏所为，便令羿聚兵先射瞎巴蛇双眼，再用乱剑斩杀。巴蛇死，积骨成丘，这就是岳州的巴丘山。接着，急遣天将擒捕相柳氏党羽，罔象十分畏惧，急忙遁入海中逃去。相柳氏逃遁到梁山地界，禹才平息了九江之水。后又治沱水、潜水等。待荆州水害平定之后，禹在岣嵝（gǒu lǒu）山上立碑以记其治水之事。碑文共七十二字，字如蝌蚪，不可辨认，在今衡州府。

荆州水害平定，禹又到豫州，这是黄河原来经过的地方。天吴自从兖州一直从黄河直上，遁入豫州，潜居河底，并不敢鼓水作浪，自以为禹不一定来到豫州。岂知一日益纵火焚山，后羿打猎杀兽，又与过去光景一样。天吴极为惧怕，但无计可施。禹率三军掘堑疏河，天吴便作起浪来，三军措手不及，四散奔逃。见天吴在

1.蝘蜓（yǎn tíng）：我国南方常见的"铜石龙子"，是一种小爬行动物。

水面行走，往来如飞，禹急请天将擒治。天将说：“此怪不可杀，须得铁门四扇，各长八尺，厚十尺；铁柱十六根，各长一丈，各重八百斤；浇铸而成，用铁索连贯，又用锁一开，沉到水底。令千军呐喊助威，才能将此怪锁在河底。”禹即令军人如法铸成铁门、铁柱、铁索、铁锁，沉入水中。然后金鼓齐鸣，连同呐喊之声，远达百余里。此时，只见阴云密布，怪风异浪，拍击不绝。不一会儿，云开浪息。禹令停止金鼓，分批疏河，十日即大功告成。禹便在陕州城外，铸铁牛一头，头在河南，尾在河北，以镇河患。又凿阙塞山，以便引导伊水注入黄河；接着引导洛水。有神龟负文出于洛水，即为《洛书》，禹叙为《洪范九畴》。而天下之义理，尽在河图、《洛书》之内。禹又疏导瀍水、涧水、荥水、波水，一一注入黄河。

豫州之水治毕，禹便来到梁州，疏导汉水、沱水、潜水，都注入长江。再往北，疏通渭水。相柳氏见禹又来，大惊无措，再次鼓浪争斗。较量一番之后，知不能取胜，竟遁逃雍州昆仑山北、黄河之源躲藏起来。禹知不可放纵相柳氏，追到雍州，急遣天将擒捕，终于将相柳氏捉拿斩杀。相柳氏之血腥臭异常，血流之处，即不能种植五谷，禹便以其地为众帝之台。又从昆仑山南到岷山，遇见一长人，授给禹黑玉珪，上面刻有字，禹接受拜谢，疏凿江河，至白帝城。见其悬岩峭壁，水门狭隘，令军兵用火焚烧，仍不能开阔。工人说：“这里无法开阔。”禹说：“岷山周围千里，唯此一条通道，若不使其开阔，让水安流，其祸害比淮河水患还要厉害。”遂令应龙来助。第二天动工，岩崩如雷，上起西陵峡，中到巫峡，下到归峡为止，三峡共七百余里，顷刻疏通。至今西陵峡壁岸，犹有火影不灭。所以人们皆称禹为神禹。禹疏导弱水西流，再疏导泾水、渭水、漆水、澧水，皆入黄河。雍州原系诸水上流，最后治理。雍州之水治理了，而九州之水也全部治理了。

其初，禹奉命治水时，娶于涂山氏。完婚才四天，就外出治水，三过家门而不入。涂山氏自丈夫离去后，生子名启。当启四岁时，听说丈夫治水要路过家门，便抱着启出门等候。启见其父，呱呱而哭，禹仍前行而不回头。禹在外十三年，所到之处，皆欢声载道。水患平息，百姓可耕种谷物以为食。禹便按照土地的不同情况制定贡赋，以在岷山长人授的黑玉珪作为礼物，献给帝王，并告以治水功成。帝王十分高兴，心中暗暗佩服禹的功劳。后来禅位于禹，其因正在于此。

当时冀州有一仙狐，原系洪荒时期的妖物，神通广大。因狐狸众多，散居于宇内。伯益放火，后羿射猎，狐狸之辈，死伤过多。老狐狸为之愤愤不平，便心生一计，以为大禹能治水，未必能治火。遂以九只乌鸦精，各衔一块大玻璃，借日之光，映照于地，其光亮于太阳略同，连真正的太阳一起，犹如十日并出。如此一来，遍地如着大火，禾稼干槁，草木焦枯，百姓个个惊惶，甚至还有的百姓被太阳晒死，房屋也有无故自焚自烧的。帝王对此十分忧虑，召集群臣商量灭灾的办法。后羿说："我看天上有九日，随着太阳运行，虽然光焰如火，但不甚高，日边又有飞鸟的形状。待我登高去射，看是否能够射中。"帝王说："若能射中，是百姓之福。你先去试试看吧。"羿便登上三嵕（zòng）山，见九日过来，都有一鸟衔着。后羿看得真切，一箭射去，只见坠下一只乌鸦，口衔一块玻璃，如太阳一样。后羿射中一日，精神倍增，接连射了八箭，八日皆落。后羿试着将真正的太阳射了数箭，丝毫不动。遂走马复命。帝王十分喜悦，当即封后羿于穷，这就是有穷后羿。其子孙袭爵，方有帝相时的祸乱。

后羿既屡立大功，以得封赏，喜气洋洋。朝散回家，见妻子出门迎接，手中拿着一个药丸，闪闪发光，香气喜人。后羿问："你手里拿的什么？"妻子回答道："我拿的是长生不死药丸。"后羿又问："这可是宝贝，你从哪里得到的？"妻子回答："自你奉命公干去后，仙人西王母可怜我孤身一人独宿，每天晚上都来相伴。遇月明时，则呼唤侍女持药。我试探问她持的是什么药？西王母说：'持的是长生不死药。每一百年捣成一丸，吃了后可长生不老。'三天前，恰好持成一丸，让我收藏。她去蓬莱探望东王公，大约半月后来取此药。我见今晚月明如昼，便拿出来欣赏。"后羿说："你为什么不把它吞服了呢？"妻子答道："西王母来讨取时，我怎么交代？虽说吞服此药可望长生，但西王母怪罪我，把我杀了，岂不是短命！"后羿说："既然是长生不死药，吞服之后就会不死，别管那么多。你若不敢吞服，我代你吞服，你觉得怎么样？"后羿见妻子沉吟不语，接着说："我过去跟随大禹治水，曾去过西王母家，王母答应给我丹药，可能就是这丸长生不死药。我应该吞服。"妻子见其夫想吞服此药，而且态度坚决，便暗自思忖："我若自己吞服，有此灵药，也可能不会死；若让丈夫吞服，王母向我索取，我是凡人之身，必死无疑！"主意打定，便自己吞服。顿时，身轻如云，习习欲飞，遂慢慢地奔入月宫之内。后羿见此情状，急忙抓住妻子的衣裳，随着妻子飞去。妻子为嫦娥，后羿为蟾蜍。这时正是帝尧八十年甲辰八月十五日夜。那时，明眎（shì）辅佐大禹在东方治水有功，封于卯地，曾与嫦娥相好。明际的八世孙需，在殷时居住在中山，得神仙之术，能进入月宫窃嫦娥。蟾蜍将此事告到天帝那里，天帝急命擒捕，遂变为兔。这是后话，此处不赘。

却说舜自摄位以来，制作璇玑玉衡之浑天仪，以占日月五星之七政；祭天地寒暑日月星辰水旱及山川岳渎之神，以时巡狩四方。光阴荏苒，不觉已经过了二十八年。帝尧游于阳城，忽然沾染疾病，数日之后便去世了。在位一百年，享年一百一十七岁。百姓痛哭流涕，如丧考妣。三年，舜与天下臣民为帝尧守孝结束，舜把尧子丹朱移居于南河之南。天下臣民不归尧子丹朱而归舜，舜不得已，便于丙戌之年正月上日到文祖庙即天子位，号有虞氏。

有虞氏以土德王天下，崇尚赤色，以蒲坂为都。帝舜明目达聪，以天下视听为视听。他召集十二州诸侯之长开会，征求意见。最后决定：禹任司空，掌管百官；弃任后稷，播百谷；契任司徒，敷陈仁义礼智信之教；皋陶任士，掌刑法；垂任共工，掌管百工；益任虞，治山泽河流；伯夷任秩宗，掌管祭祀天、地、宗庙的礼仪；夔任典乐，教子民；龙任纳言，掌管帝命上报下达。这就是当时设置的九官。接着封尧子丹朱于丹渊，以奉侍帝尧，按时祭祀，称为虞宾而不任官。将为国立过功业的长者奉养在大学，将百姓中的长者奉养在小学。行止规范，尊老贵德，恭己无为；弹五弦之琴，歌南风之诗，而天下自治。其歌词为："南风呵，十分芳香，可以解除我的百姓的愁怨；南风呵，正逢其时，可以使五谷丰收，百姓富足。”又作《九韶》之乐，弹奏声起，吸引凤凰来翔。百工见到景星出，庆云兴，便相互应和唱道：“庆云十分灿烂，相互缠绕萦回舒展；日月光华，天天都异常明亮。”八方诸侯，纷纷觐见，个个行跪拜大礼，叩头于地，说道：“日月在天，灿然星陈；日月光华，广博而集于一人。”舜亦说道：“明明在天，星辰有行，四时顺经，万姓允诚，于予论乐，配天之灵，迁于圣贤，莫不咸听。鼚（chāng，鼓声）乎鼓之，轩乎舞之，菁华以竭，褰（qiān，拉着）裳去之。”

舜的儿子商均，不如其父贤明。舜便向天推荐禹，让禹代为君王。舜对禹说：“天之历数在你身上，你不要推辞。”禹说：“推荐继承之人，历来是用占卜，唯吉是从。”舜说：“我的主意已定，鬼神都得依从，占卜哪有不吉的。”禹叩头于地，坚辞不受。舜说：“你不要如此推辞，你是最合适的人选。”正月初一，禹在神宗帝尧之庙受命，像舜即位时那样，率百官处理政务。

早先，帝已将三苗移居于三危。其臣民不服，经常聚众反抗。舜令禹率兵征讨。禹领兵至其地，时过一月，三苗臣民仍然不从。益去见禹，说道：“修养道德，能感动天地；心怀赤诚，能感动鬼神。一个小小的三苗，其能如此，是你道德、诚意还不能感动他们的缘故。”禹对益表示感谢，并公开地说，益的话是对的。便班师而回，修文养德。三苗偶尔来斗，禹分辨好坏善恶，区别对待：善者仍居住故土，恶者迁徙到别的地方。

禹摄位十七年时，舜南行巡狩，在苍梧之野，忽然染病不起，便召禹及群臣来到苍梧。后来娥皇、女英也一同到来。舜对群臣说：“这次南巡，突沾风寒，可能一病不起了！我的儿子商均不学好，不能继承帝位。你们可立禹以代帝位。”又对禹说：“过去帝尧以重任付我，我今天以此重任付你，你要善自为之！”又对娥皇、女英说：“先帝对我十分厚爱，将天下付我，又将你二位许配于我。此恩此德，我牢记于心，没有一天不想着报答先帝。我身染疾病，恐怕没有多少报答先帝的时日了。但我继承帝位之后，整日操劳，不敢贪图安乐，今得天下安宁，这都是二位内助之力。谁料想此一病不起，不能与二位长久相随。我死之后，将天下付禹，二位当善自爱惜。”话说完而死。在帝位五十年，享年一百一十岁。娥皇、女英悲痛哭泣，泪流满面。泪洒在竹子上，竹皆成斑痕，就是今天所说的湘妃竹。禹与群臣即行殡礼，将舜葬于九嶷山，众臣随二后还朝。禹将舜子商均移居于阳城。天下之人不归商均而归禹，共请禹还朝即帝位。

（以上为原书第一回至第四回）

中国原始社会年表

距今年代（万年）	地质时代	考古时代	原始人类、原始文化	社会组织	婚姻形态	传说时代
170	更新世（早期）	旧石器（早期）	元谋人及其文化	原始人群	血缘群婚	有巢氏
100—75	（中期）		西侯度文化 蓝田人及其文化			
70—20			匼河文化 和县人及其文化 北京人及其文化 观音洞文化 金牛山人及其文化			
10	（晚期）	（中期）	大荔人及其文化 桐梓人及其文化 马坝人 许家窑人及其文化 丁村人及其文化	母系氏族	族外群婚	
5—3		（晚期）	水洞沟文化 萨拉乌苏遗址 柳江人			燧人氏
3—1			峙峪人及其文化			伏羲氏

距今年代（万年）	地质时代	考古时代	原始人类、原始文化	社会组织	婚姻形态	传说时代
2.4—1	更新世（晚期）	旧石器时代（晚期）	下川文化 山顶洞人及其文化 左镇人 大窑文化 呼玛文化遗址	母系氏族	族外群婚	伏羲氏
1—0.8	全新世	中石器时代	灵井遗址 沙苑文化 鹅毛口遗址 呼伦贝尔细石器 藏北细石器		对偶婚	神农氏
0.8—0.4		新石器时代	裴李岗文化 磁山文化 万年仙人洞遗址 仰韶文化 河姆渡文化 马家浜文化 大汶口文化 大溪文化	父系氏族	一夫一妻	

距今年代（万年）	地质时代	考古时代	原始人类、原始文化	社会组织	婚姻形态	传说时代
0.6—0.4	全新世	新石器时代	大汶坑文化	父系氏族	一夫一妻制	神农氏
			红山文化			
			屈家岭文化			
			良渚文化			
			马家窑文化			
			黄河中游龙山文化			黄帝
		金石并用时代	山东龙山文化			帝尧
			齐家文化			帝舜

注：1. 表内每一年代范围都包含多种文化。这里只指这些文化存在于这个年代范围之内，不指贯彻这一年代范围的始终。

2. 我国疆域辽阔，古代历史的发展极不平衡。本表所指某一新阶段的开始，系指先进文化而言，不是全部文化。

夏朝

大　禹

夏禹王姓姒氏，字高密，是黄帝的玄孙。黄帝生昌意，昌意生颛顼，颛顼生骆明，骆明生鲧，鲧娶有莘氏之女志为妻，即夏禹之母修己。修己梦见流星穿过昴宿，与之感应而怀孕，十四个月后，即帝尧五十五年六月六日在僰（bó）道的石纽乡生下了禹。禹十七岁时，即有贤名。舜听到后，便荐举他继承父业，治理水患。禹在外操劳十三年，过家门而不入。历尽千辛万苦，终于治理了水患，水害皆息。

禹为人聪敏勤奋，讲道德，重仁义，其声应钟律，以身为法度。以安邑为都，以五行之金德为王，崇尚黑色，以建寅之月为一年之首，改载为岁。又封尧的儿子丹朱于唐，封舜的儿子商均于虞。南下巡视，大会诸侯于涂山。其时承继唐虞的盛世，俯首称臣而纳贡的万国有余。禹建立贡赋法，作《大夏》之乐，悬挂钟、鼓、磬、铎、鞀，以招徕四方之士。他告谕道：“能教我以道的击鼓，谕我以义的击钟，有事上告的击铎，向我诉说忧患的击磬，有冤狱词讼的摇鞀。”禹整日忙于处理政务，常常吃一顿饭要中断十数次，洗一次头也要三次拧干头发。

古时候有一位叫杜康的人，善于酿造甜酒，这种酒喝了不会醉。到禹当政时，帝舜的女儿仪狄把她酿造的酒献给禹，禹喝了觉得酒味甜美，慢慢地上了瘾。过了些时候，禹猛然醒悟，若如此下去，必会耽误政事。此后便疏远仪狄，禁绝美酒。并预言：“后世必定会有因嗜酒而亡国的人。”于是，他竭力于朝廷政务，先后任用皋陶、伯益为辅佐。待皋陶死，禹又向上天推荐益做他的继承人，上天连下三日金雨。禹还收集天下最好的铜，铸成九座鼎，象征九州。在每座鼎上都记载着某一州的舆图贡赋、山川草木、珍禽异兽，以及神仙鬼怪。九鼎经夏、商、周三代相传，到秦国消灭了周朝，才被迁移到都城咸阳。九鼎中，一座飞入泗水，其余八鼎在项羽焚烧阿房宫时，一同化为灰烬。

一次，禹出外巡视，路遇囚徒，即下车问讯，问着问着便痛哭不已。随从问道：“罪犯不遵守法律，违背君王，治他的罪是应当的。君王为什么要伤心流泪呢？”禹回答说：“尧舜时，天下臣民都以尧舜之心为心，所以不犯王法，现在我为君主，臣民各以其心为心，因此多犯王法。我为此感到痛心悲伤。”又一次，禹巡视江南，招集诸侯会于会稽山，防风氏迟到，禹为维护纪律，果断地杀了他。这位防风氏，是春秋时长狄人的祖先，生得高大勇猛，被杀后仅他的骨节就装满了一大车。

禹在会稽山去世，摄位十七年，在位十年，活了一百〇六岁。遗命以益为君王。古人以天下为家，因而不将遗体运回都城，就埋葬在会稽山。禹的遗体用苇席和桐木收殓，墓穴深七尺，埋葬得十分严密，上无塌陷，下不潮湿。墓坛高出地面三尺，上有土砌台阶三级，陵园占地一亩。

夏 启

禹三年之丧结束，益便将禹的儿子启移居于箕山。而天下臣民都拥戴启而不拥戴益，说启是君王之子。启便即天子位。又有一传说：禹初行于涂山，有一九尾白狐化为美女，去拜见禹。此美女天生丽质，百媚千娇，资色倾国倾城。由于她是狐狸变成的，所以脚显得特别小。便根据其形体做弓跬装束，成为风靡一时的时尚，都以其美以为美，加上她聪颖俊秀而且贤惠，禹便娶她为妻，这就是女侨。女侨生三子：长子名启，承其本姓；次子名宰，姓顾氏；三子名罕，封余庆王，姓余氏。涂山氏教子有方，明训教，使三个儿子都很贤明。禹王治水，关于黄帝水经、降龙伏魔、穿山透地等方面的知识，一并授给涂山氏。正由于此，天下臣民才不拥戴益而拥戴启。启即天子位后，命益为辅佐，一年后益病死，启按礼仪每年祭祀。

其时，有有扈氏，多行不法，不向启贡赋，称霸一方。启召集六卿会议，决定派兵征讨，在甘大战，启失败。六卿请启召集诸侯合兵讨伐。启说："我的地域广大，百姓也不少。之所以征讨失败，是由于我德薄而不善于教导。怎么能再去讨伐有扈氏呢？"于是下令班师。启回到都城，不抚琴瑟，不动钟鼓，夜不衽席，食不兼味，整日苦心冥想，设法治理，使百姓忠孝悌弟，尊老爱幼；在朝政上，选贤任能。如此不到一年，启将政务治理得有条不紊，国力日益强大，而有扈氏不征自服，甘愿俯首称臣。

太康失国，后羿代夏

启在位九年而死，子太康即天子位。其余五个弟弟分封于卫。太康骄奢淫逸，不理国政，大权旁落，归于有穷国国君后羿。在此情势下，太康仍荒淫无度，到洛水之外游猎，达百日之久，也不思返回，遭到百姓的怨恨。后羿见百姓对天子怨声载道，趁机而起，将太康拒于洛水之外，不让其归国。太康的五个弟弟陪着母亲在洛水的拐弯处等待着他们的哥哥。五个弟弟等了很久，也不见太康归来，又见后羿作乱，便阐述大禹之戒，创作了《五子之歌》，表达心中的愁怨。太康因后羿作乱不能回到都城，遂将夏阳作为都城。太康在位二十九年，去世于夏阳。后羿迎立太康之弟仲康为天子。

仲康即位之初，就任命允侯掌管六师，借以收取后羿的兵权，而令后羿仍为相。当时掌管天文的官是羲和，系后羿同党。遇到日蚀，羲和竟然不及时奏报，采取措施，予以救护，暗自认为日为君象，此日蚀意谓天子有大难。仲康得知，便命允侯征讨，以剪除后羿的羽翼，也警告后羿莫作非分梦想。因此，在仲康执政期间，后羿始终不能得逞。仲康在位十三年而死，子帝相立为君王。

帝相既立为君，由于微弱，不能制服后羿，后羿趁机专权，将帝相驱逐到商丘居住，依同姓诸侯斟灌、斟鄩（xún）氏。后羿遂代夏理政，之后，依恃他的善射技术，不治民事，专好出外围杀野兽；打击和排挤贤臣而用寒浞（zhuó）。寒浞此人，专会谄媚后羿的内宫，又向后羿左右臣僚大行贿赂；愚弄百姓，使其称颂后羿的功德，同时侍候后羿围猎。如此一来，内外都服从寒浞，而后羿仍执迷不悟。当后羿围猎归来，即被其家奴逢蒙等斩杀，并且将其肉烹煮，让后羿的儿子吃。后羿的儿子不忍心吃父亲的肉，又被寒浞唆使逢蒙等杀死。

寒浞杀死后羿之后，自立为王。但夏的旧臣纷纷逃奔，依附有鬲氏。寒浞奸宿后羿之妻，生浇及。浇就是奡（ào），力大无比，能陆地行舟。寒浞见旧臣逃奔，便让奡去消灭斟灌斟鄩氏，杀死帝相。帝相妻缗已经怀孕，从孔穴中匆忙逃出，归于有仍，在这里生下少康。

少康复国

少康长大之后，任有仍的牧正。奡使其臣椒打听少康的下落，并要将少康领回去。少康得知，便逃奔有虞，任有虞的庖正。有虞国君将二姚许少康为妻，以诸纶为邑，有田一成，有众一旅，使其布德，招收夏国臣民，给以官职，养精蓄锐，以谋中兴之举。同时，又暗中告知夏国旧臣靡。靡从有鬲氏将斟灌斟鄩氏的余众召集起来，消灭了寒浞而立少康为王。接着少康令臣女艾，在涡消灭了寒浞的长子奡；又令太子季杼在戈消灭了寒浞的次子。便回故都即位。自此，夏国渐渐复兴，诸侯无不喜悦臣服。后羿专权八年，寒浞篡位六十年。少康即位后，便封庶子无余于越，春秋在会稽山祭祀禹。享国极久，至汉武帝时，夏国才最后灭亡。还有一种说法：帝相妻子出逃，少康从有仍逃奔有虞，与旧臣靡一起举兵灭寒浞，都是狐后涂山氏为之通风报信，也是这一系列事件的主宰。但史籍并没有类似记载。大概是一些小说家附会之言，所以不敢相信。

夏朝式微

少康在位二十二年而死，子季杼即位；季杼在位十七年而死，子槐即位；槐在位二十六年而死，子芒即位；芒在位十八年而死，子泄即位；泄在位十六年而死，子不降即位；不降在位五十九年而死，弟扃即位；扃在位二十一年而死，子廑即位；廑在位二十一年而死，不降之子孔甲即位。孔甲荒淫无道，又好鬼神之事，肆行淫乱。夏国的国政开始衰败。当时，天降二龙，一雌一雄。孔甲便到处寻求能养龙的人，昔飂叔安有裔子名董父，特别爱龙，能根据龙的嗜好喂养，所以有许多龙都愿意让董父喂养。这样就有了豢龙氏。陶唐氏衰败之后，又有叫刘累的人，到豢龙氏那里学喂养龙的技术。此时得知国王寻求喂养龙的人，便前来自报能喂养龙。国王便赐其氏为御龙。不久，一雌龙死，刘累暗中把龙肉做成酱，送给国王吃，国王觉得味道十分甘美。过了一段时间，国王又要吃上次吃过的羹。刘累难以办到，又害怕雌龙死的事被发觉，就偷跑到鲁县。雄龙见雌龙已死，又没有了喂养它的人，便在庭中流着涎沫说："我是褒国的神龙，还我雌龙来！"孔甲请卜师占卜，是杀，是留，都不吉。卜师请把雄龙的涎沫收藏起来。大吉。孔甲令布币策告。涎沫，是龙的精气。龙死而精气在，用木匣收藏。一直传及殷周至厉王之末，又有一段奇闻，放在后面叙述。

夏 桀

孔甲在位三十一年而死，子皋即位；皋在位十一年而死，子发即位；发在位十九年而死，子履癸即位，这就是夏桀，更为荒淫无道，暴虐无比。有位叫赵梁的，教之贪狼，天下臣民怨恨，诸侯国之中有的也不来朝贡。夏桀力气极大，能把铁钩拉直，把铁链拉断。对不来朝贡的诸侯，派兵讨伐。当讨伐有施氏时，有施氏将名叫妺（mò）喜的女子嫁给夏桀为妻，桀十分宠爱，言听计从。竭尽百姓的财力，为其筑琼宫瑶台。将肉砌于糟堤，将干肉悬挂在林间，酒池可以行船，糟堤长达十里。宫女三千人，全部脱去衣服，听到鼓声一响，三千宫女一齐把头扑在池上喝酒，而使阴部高高暴露出来，如牛一般；鼓声再一响，三千宫女又一齐到林间吃干肉，仍要一脚着地，一脚踩树，以献出阴部为原则；鼓声再一响，一齐喝酒，又一响，一齐倒在堤上吃肉，如牛一样，纷纷忙乱。桀与妺喜看到这种情景，大笑取乐。桀还令百姓凿山穿陵以通于河，对谏阻之人，不分青红皂白，立即处斩。不仅如此，又凿池为夜宫，张灯饮酒，令男女脱光衣服杂处其中，相互观看男女交合的姿势。桀与妺喜大为欢乐，特作《女乐》。

太史终古，拿着图法痛哭进谏，夏桀不听，终古遂逃奔于商。其时，商汤为诸侯领袖，系一方之长，专掌征伐之事。邻国葛伯到了祭祀时节而不祭祀，商汤遣人责问："为何不予祭祀？"葛伯说：

“祭品不足。”商汤令人送去牛羊，葛伯便把送来的牛羊杀掉吃了，仍不祭祀。商汤又遣人责问：“为何还不祭祀？”葛伯回答说：“谷物种子供不应求，无人耕耘。”商汤令亳地百姓带着种子去帮助耕耘。葛伯率领民众前去抢夺，凡不给的全被杀死。其时，有一童子拿着黍肉给帮助耕耘的人吃，葛伯想抢夺，童子宁死不给，也被葛伯杀了。商汤大怒，率兵征讨葛伯，百姓十分高兴，敬佩商汤，唯恐商汤不派兵前来。有的说：“你为什么不早点来呢。你虽然来晚了，我们也得到了安宁和幸福。”

商汤曾外出巡视，看见一人四面张网，口中念念有词：“从天上掉下来的，从地下冒出来的，从四方来的，都入我网。”商汤说：“噫，说得够全的。”边说边上前解去三面之网，只留一面，同样口中念念有词：“想左的到左边去，想右的到右边去，想升高的升高，想降下的降下，凡不听命令约束的，才入我网。”汉南诸侯听到商汤说的话后，不约而同地说：“商汤的道德修养达到了很高的境界，他的恩德兼及禽兽。”不长时间，归附商汤的诸侯达四十余国。而夏桀与之相反，虐待宗族，辱戮勋旧，轻视贤良，摒弃礼义。关龙逢曾谏言：“人君谦恭敬信，节用爱人，天下才能安宁，社稷才能稳固。可是，君王用财无穷无尽，杀人只求甚多。这样下去，百姓唯恐君主不早点灭亡呵！人心已去，天命亦不保佑。你怎么不知悔悟呢？”桀不仅不听，反而说：“我之有天下，犹如天之有日。只有天日灭亡了我才会灭亡。”便将龙逢囚禁杀害。商汤听到龙逢被杀，叹息不已，并派人前去哭丧。夏桀对商汤的举动十分恼怒，把商汤囚于夏台。不久，才被释放。

其时，星陨地震经常发生，伊水洛水枯竭，泰山崩陷，灾异屡屡出现。而夏桀暴虐日甚一日。在此形势下，伊尹辅佐商汤兴师伐桀。夏桀闻讯，急调九夷之师，迟迟不到，便叹道："我后悔没有在夏台把商汤杀死，才使他兴兵伐我。"等两军接战，夏桀不胜，遂奔于三朡之国，商汤率兵追歼，活捉夏桀，流放到南巢。夏桀在位五十二年，流放后三年，死于亭山。夏朝灭亡。共十七王，连同后羿、寒浞，前后四百三十九年。商汤代夏为王。

（以上系原书第五回）

夏朝世系表

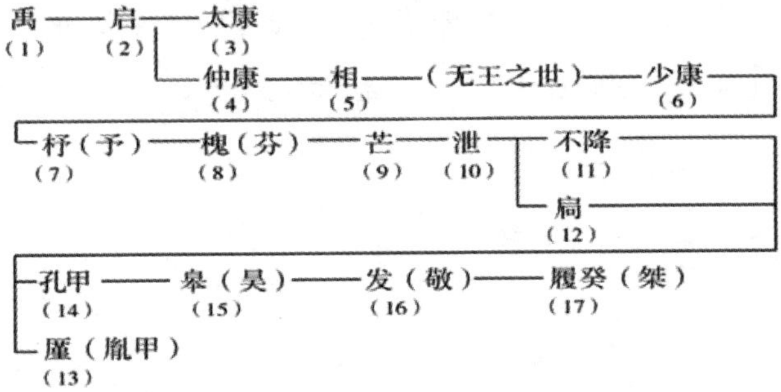
禹
(1)
启
(2)
太康
(3)
仲康
(4)
相
(5)
(无王之世)
少康
(6)
杼(予)
(7)
槐(芬)
(8)
芒
(9)
泄
(10)
不降
(11)
扃
(12)
孔甲
(14)
皋(昊)
(15)
发(敬)
(16)
履癸(桀)
(17)
廑(胤甲)
(13)

商朝

商王成汤

商王成汤，名履，又名大乙。黄帝后代，姓子氏。当初帝喾高辛氏第三个妃子是有娀氏女名叫简狄，在祖庙祈祷赐给后代，适逢有一紫燕将卵掉在地上，简狄知道是吉兆，捡起吃下，于是怀孕，生下契。契为司徒，侍奉唐虞，教化子民有功，封在商地。传十一代至主癸，娶扶都氏，为贯月白气所感怀孕生下汤。

商汤讨伐桀，召集诸侯会盟，商汤退居诸侯的位置，说："天下，是天下人的天下，只有有德行的人可以处天子位。"三次推让，诸侯都推举商汤，于是商汤即天子位。崇水德，尚白色，国号商，建都于亳。

商王即位，废除夏桀的暴政，从宽治民，用人由自己决断，不怕改正错误，远近都归顺了商汤。于是改正朔，以建丑之月为一年的开始，改称年为祀。颁立助田法：把六百三十六亩田地，分为九块，形如井字，这就是一井。每块地七十亩，中间一块为公田，外面的八块分授给各家，只是借助各家之力助耕公田，而不再向私田征税。国君、卿大夫、列士的俸禄，按等级取自公田，这就是助法。用伊尹、仲虺为相。二十一年，大旱，伊尹对汤王说，开发庄山的金铸币，以便与天下四方互通有无，赈救灾民，灾民因此没有受到困扰。当时，大旱七年，太史占卜，说："要杀人来祈祷。"汤王说："我所以要求雨，就是为了子民。如果用人祈祷，就请用我吧。"于是斋戒，剪发，剪指甲，乘素车白马，身披白茅作为祭天的祭品，在桑林田野祷告。祷词说："不要因为我一人的愚笨，损伤天下子民的性命。"并从六个方面自责，说："为政不节俭吗？子民失职了吗？宫室太奢华吗？嫔妃太多吗？贿赂横行了吗？佞臣得势了吗？"话没说完，数千里境内降下大雨，这年大丰收，天下人都欢喜融洽。于是作桑林之乐，名叫《大护》，在器皿上刻下铭文，作为警戒。

伊尹与太甲

汤王在侯位十七年，在王位十三年，共三十年而死。活了一百岁，葬在济阴的桐宫。太子太丁死得早，太丁的儿子太甲继立。由自己总领百官，听命于冢宰，国事完全由伊尹处理。太甲仗恃有伊尹辅佐，不行德政，不遵守汤王制定的典制。伊尹多次告诫，太甲不听。伊尹根据居丧的典制，将太甲幽居在汤王坟墓所在的桐宫，让他反思祖先创业的艰难，不致终身迷惑。太甲居桐宫三年，果然能回顾先祖业绩而反思，认识自己过错，因而能行事仁义。伊尹这才让他穿上礼服，迎接他复位。

太甲能施行德政，诸侯都服从他。在位三十三年而死，其子沃丁继立。八年，伊尹死，活百余岁，天降三天大雾，沃丁用天子礼节为他送葬，并亲自参加丧仪。任用贤臣咎单为相，并仿效伊尹行事，在位二十九年而死，弟太康继位。太康在位二十五年而死，其子小甲继位。甲在位十七年死，弟雍己继位。己在位十二年死，弟太戊继位。太戊即位，用伊尹之子陟与臣扈为相，巫咸辅佐他。

当时有祥桑生于朝中，七天而大盛，太戊很害怕，去问伊陟。伊陟说："妖不能胜过有德的人，君王为政是否有缺失呢？"于是太戊行先王之政，明养老之礼，早上朝晚退朝，问疾吊丧，三天后祥桑枯死。诸侯都来朝贡，远方来的有七十三国，商道得以复兴。在位七十五年而死，其子仲丁继位。当时亳都有河水泛滥的灾患，于是迁都于嚣。在位十三年而死，国内发生祸乱，弟外壬继位。壬在位十五年而死，弟河亶甲继位。这时嚣都又发生河水泛滥的灾害，于是迁都到耿，又迁到邢。用巫咸的儿子巫贤为相，诸侯都服从，商道得以复兴。在位十六年而死，其子祖辛继位。辛在位十六年而死，弟沃甲继位，沃甲在位二十五年而死，国家发生祸乱，祖辛之子祖丁继位。祖丁在位三十二年而死，国家发生祸乱，沃丁之子南庚继位。南庚在位二十五年而死，国家有祸乱，祖丁之子阳甲继位。阳甲在位七年而死，弟盘庚继位。这时邢都又有河水泛滥，再迁都到亳，恢复商汤故都，改国号为殷。恢复成汤的德政，商道复兴，诸侯都来朝贡。在位二十八年而死，弟小辛继位。辛在位二十一年而死，弟小乙继位。小乙在位二十八年而死，其子高宗武丁继位。

武丁中兴

当初，武丁做太子时，小乙想让他了解子民的疾苦，让他居于民间，了解稼穑的艰难。即位后，以甘盘为相。恭谨沉默，思索治国之道，居丧三年没说话，政事由冢宰决断。居丧后，也不说话，群臣都劝谏说："不说话我们无法听命。"武丁说："我梦到上帝赐贤臣辅佐我，由他代我说话。"于是将梦中所见画成图像，派人拿着画像寻找。看见在傅岩筑墙的傅说和画像无异，于是请来见武丁。武丁和他交谈后十分高兴，拜为宰相，因而天下大治，殷道复兴。在位五十九年而死。其子祖庚即位。祖庚在位七年而死，其弟祖甲继位。当初高宗武丁想废祖庚而立祖甲，祖甲认为不合礼仪，逃到民间。即位后，知道百姓生活之所凭依，因而能保护惠爱子民，不欺鳏寡，国家大治。在位三十三年而死，其子廪辛继位。辛在位六年而死，其弟庚丁继位。庚丁在位二十一年而死，其子武乙继位，迁都河北。武乙暴虐无道，做木偶人，称为天神，与之博艺游戏，行双陆，令人扮作天神进行博艺，天神不能得胜，就被屠杀侮辱。用皮革做成口袋，将血盛在里面，悬在空中，用箭射，射中了血就流出，叫作"射天"。在位四年，在河渭间打猎时，被雷劈死，其子太丁继位。太丁在位三年而死，其子帝乙继位。帝乙在位三十七年而死，其子受辛继位。

商纣王

起初，帝乙有三子，同母所生。他们的母亲还是姬妾时，生下微子启和仲衍。立为后以后，才生下受辛。帝乙和后都想立微子启为太子，太史根据礼法争辩说："有妻子的儿子就不可以立妾的儿子。"这样才立受辛为太子，就是后来的商纣王。纣王天性善巧辩，见闻广博，敏锐，力量过人，能与猛兽相搏。其智慧足以抗拒劝谏，巧辩足以掩盖过失，认为天下均是自己所有。纣王听说有苏氏有个叫妲己的女人，非常漂亮，于是讨伐有苏氏。有苏氏只好将妲己献给纣王。有人说，妲己本是个贤慧的女子，因为禹后涂山氏不满成汤取代夏桀的天下，屡次决开河水困扰，于是便借冀州侯苏护献女的机会，派千年修炼的粉面妖狐在恩州驿舍魅死妲己，变成妲己的容貌，卧在帐中。苏护不知道，将她献给纣王。但她的脚小不能变大，因此穿上狭小的弓形鞋，无比娇媚，商因为她而被灭亡。这都是小说家的话，没有凭据，不敢擅自写入史书。

纣王宠幸妲己，言无不从，妲己喜好的人就很恭敬对他，所恨的人就将他杀掉。作奇技淫巧以取悦妲己，让师娟作朝歌北部边地的音乐和舞蹈，靡靡之音，淫乱无比。筑造鹿台，造琼室玉门，大约三里，高千尺，七年造成。加重赋税，以充实鹿台的财宝，粟米装满钜桥仓，狗马奇物，充满后宫，多造沙丘苑台，离宫别馆。以酒为池，悬肉为林，男男女女裸身在其中追逐，相遇就交合，并让他们相互乱交，纣王和妲己在旁观看他们交合的姿态取乐。宫中设九市，昼夜饮宴，百姓怨愤。诸侯中有背叛的，妲己认为是处罚太轻的缘故，于是加重刑罚：将熨斗内燃起火焰，用来熨烫人手，一触即烂；又造铜柱，外涂油膏，内部燃火，将犯罪的人绑在柱上，惨叫声令人不忍卒听，受刑者皮肉焦烂露骨而死。纣王和妲己却很高兴，称之为“炮烙之刑”。

纣王下诏，要天下诸侯贡献美女。九侯贡献一女，容貌艳美，肤如凝脂，纣王常常临幸。但她畏畏怯怯，不解风情，与妲己大不相同。纣王心生一计，要她赤身和别人交合，纣王和妲己从旁观看取乐。此女不肯，纣王将她杀掉并将九侯处以醢刑。鄂侯为此与纣王相争，结果也被杀害。纣王还将孕妇在自己面前剥光衣服，剖开腹部，取出胎儿观看是男是女。冬天寒冷的时候，在鹿台上，看到一老一幼二人涉水，而老者反而不怕寒冷，于是派人捉来，砍开腿骨，看他们的骨髓哪个更丰富。

西伯昌

西伯昌知道这些事，摇头叹息。崇侯虎告诉纣王说："西伯昌、子发和旦都是圣人。三圣合谋，是君王的忧虑。"纣王于是将西伯囚在羑里，要杀掉他。西伯昌说："我只有认清天人之道，顺从并接受了。"于是根据庖牺氏的八卦，推演出六十四卦，并作爻辞，以流传后世，用来预卜吉凶。当时西伯昌的长子在殷商为质，即伯邑考，他向纣王进谏，被纣王烹而为羹，赐给西伯，并说："圣人应当不吃用他自己儿子做的汤。"西伯昌却吃掉了。纣王说："谁说西伯昌是圣人，吃了儿子做成的肉汤还不知道。"因此有了赦免的想法。西伯昌的臣子闳夭、散宜生，寻得有莘氏美女、骊戎有花纹的马、有熊氏的九驷和各种新奇的东西，通过纣王宠信的费仲献给纣王。纣王十分高兴，指着有莘氏美女说："有这一样东西足以赦免西伯昌，何况有这么多！"于是赦免了西伯昌。

西伯昌获释后，献出洛西之地，并请求废除炮烙之刑，纣王准许，并赐给西伯昌弓矢、铁钺，可以专权征伐。西伯昌退归田舍修养德行，诸侯们多背叛纣王而归顺西伯昌，西伯昌率领殷商的叛国，继续侍奉纣王。西伯昌将出外田猎，占卜说：“非龙非彨，非熊非罴，非虎非貔，所猎获的是霸王的辅佐。”出猎时，果然在渭水边上遇到垂钓的吕尚。西伯昌和他交谈，十分高兴，说：“我的先君太公说：‘当有圣人来到周地，周因此而兴盛。’你真的是那个圣人吗？太公盼望你很久了！”于是称之为太公望，和他一起乘车回来，拜为师，称之师尚父。

当时，西伯昌在江汉汝坟之间游方慕化，四方诸侯都来请他平判争讼。有两个叫虞和芮的君王相互争夺田地，很久无法决断，于是一块儿到周朝见。进入周境，看到种田的人都相互礼让田界，走路的人相互让路；来到村邑，看到男女不同路，老人不提重物；来到朝中，士谦让大夫，大夫谦让卿。二君感叹说：“我们所争夺的，正是周人所耻笑的。我们是小人，不能踏上君子之庭。还去做什么？去了也是自取羞辱。”于是回去，相互谦让田地谁也不争。汉南诸侯听说，归顺的有四十国。西伯昌征伐密须、耆、邗、崇，并建丰邑，迁都于此。造灵台，开凿灵池，挖地挖出死人骨头，西伯昌说：“安葬他。”官吏说：“这是没有主人的。”西伯昌说：“拥有天下的，就是天下之主；拥有一国的，就是一国之主。我就是他的主人！”于是给他穿戴好重新安葬。天下人闻说此事，都说：“西伯昌恩德惠及枯骨，更何况人呢？”于是又有三十国归顺，西伯昌拥有天下的三分之二，仍然臣服殷商，终身没有二心。

西伯昌患病，五天后地动，只限于国都，没有超出郊外。有司请求说：“地动不出郊外，人主就要有灾。请兴师动众，扩大国城，这样可以转移灾害。”西伯昌担心这会劳损子民，没有答应。

后来病重，对子发说："看到善的不要怠慢，时机到了就不要犹豫，远离是非，这三条，就是道的最高境界。"子发跪拜接受教诲。西伯昌死，寿九十七岁，子发继立为西伯。

西周崛起

西伯发以太公望为师，周公旦为辅佐，将公奭、毕公高等人召在自己身边，继承其父留下的事业。当时殷地山鸣、河水枯竭，天上出现两个太阳，女人变成男子，宫中夜里有哭声却找不到哭的人。黎侯封地靠近王畿，对纣王命令不遵从，纣王不知惩处。西伯发讨平黎，殷人十分震惊。祖伊很害怕，跑去告诉纣王。纣王说："我的生死难道不是天命吗？"不听劝告。西伯发在孟津阅兵示威，渡河到河中央时，有白鱼跃入船中，西伯发拾起并用它祭祀。渡河后，从天上降下一团火，到西伯发住的屋上，化为乌，颜色赤红，叫声响亮。八百诸侯不约而至，都说："应该征伐纣王！"西伯说："我阅兵于孟津，希望他悔悟。天命还在，不可征伐。"于是撤兵。纣王更加淫乱不止。有个叫梅伯的人性忠直，数次劝谏，纣王发怒将他杀掉并剁成肉酱。有个叫雷开的人，性阿谀谄佞，进谄言，纣王反而赐他金玉并赏给夏田。微子数次劝谏不听，就和太师箕子、少师比干商议离开纣王，带着祭器归顺于周。箕子劝谏，纣王也不听，有人劝他离开，箕子说："明知不听还要说，这是愚；杀身而显现君主之恶，而自己取悦于民，我不忍这样做。"于是装疯。纣王又囚禁他，于是躲起来，弹瑟悲叹自己的命运。比干于是向纣王陈述先王创业的艰难，天命不可更易，国家要灭亡的征兆。纣王大怒，说："比干自认为是圣人，我听说圣人心有七窍，是真的吗？"杀掉比干，剜出他的心察看。太师疵、少师疆，带着乐器逃往周，于是周武王遍告诸侯说："殷王有大罪，不可不伐。"于是东伐纣。

伯夷与叔齐

伯夷、叔齐，是孤竹君的两个儿子。孤竹君临死，命叔齐继立，死后，叔齐将位让给伯夷，伯夷说："父命你继立。"于是逃走。叔齐不肯，也跑掉。现在武王伐纣，用车拉着父亲西伯昌的牌位，伯夷、叔齐叩头劝谏："父亲死了不埋葬，并涉及兵戈，能说是孝吗？臣下杀君上，能说是忠吗？"旁边的人想杀他们。太公说："这是义士。"将他们扶起后，离开了。武王在孟津大会诸侯。乙卯正月戊午，军队渡河，在牧野列阵，纣王发兵七十万人抵抗，但都无心恋战。武王让师尚父率百名勇士冲锋，纣王军队前锋倒戈反攻，自相残杀。武王领军追杀，纣兵崩溃。纣王穿上珍珠衣，登上鹿台自焚而死。在位三十三年。武王斩杀妲己，殷亡。殷朝共二十八王，六百四十四年。诸侯尊周为天子。伯夷、叔齐耻于吃周的粮食，隐藏在首阳山，采薇而食。有个妇人说："你们仗义不吃周粟，这草也是周的呀。"于是饿死。

（以上系原书第六回）

商朝世系表

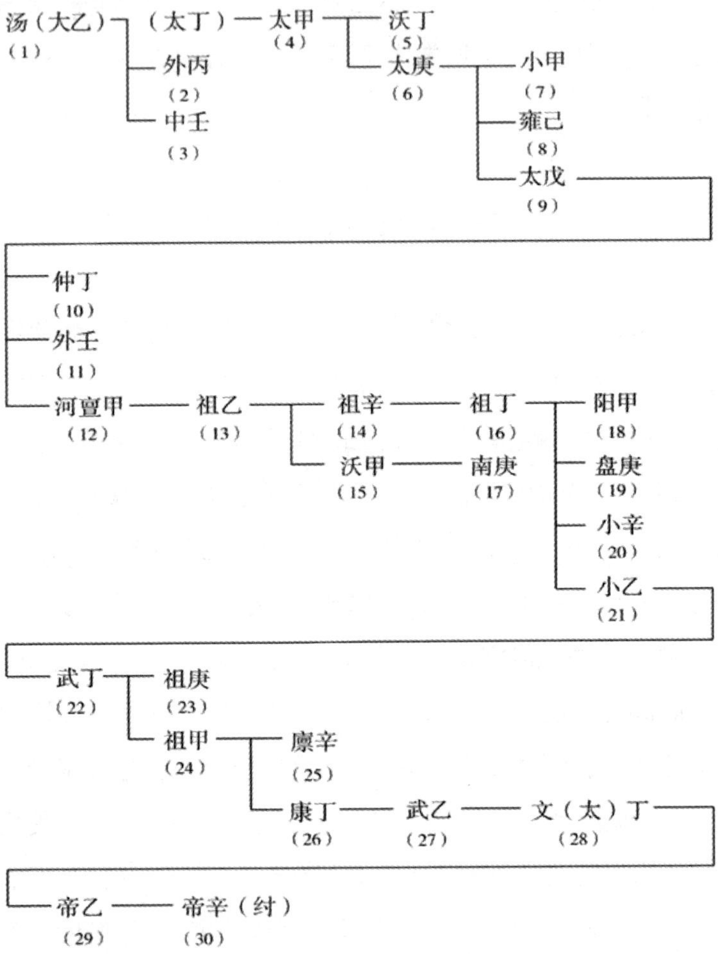
汤（大乙）
（1）
（太丁）
太甲
（4）
沃丁
（5）
外丙
（2）
太庚
（6）
小甲
（7）
中壬
（3）
雍己
（8）
太戊
（9）
仲丁
（10）
外壬
（11）
河亶甲
（12）
祖乙
（13）
祖辛
（14）
祖丁
（16）
阳甲
（18）
沃甲
（15）
南庚
（17）
盘庚
（19）
小辛
（20）
小乙
（21）
武丁
（22）
祖庚
（23）
祖甲
（24）
廪辛
（25）
康丁
（26）
武乙
（27）
文（太）丁
（28）
帝乙
（29）
帝辛（纣）
（30）

西 周

武王姬发

周武王姓姬名发，是黄帝的后代。起初，帝喾（kù）高辛氏的配偶、有邰（tái）氏的女儿姜嫄（yuán）到野外去，看见巨人的脚印，感到喜悦，在上面踩了一下，觉得内心震动，便怀了身孕。过了一整年，姜嫄生下一个男孩。她认为很不吉利，把孩子丢到小巷里，但经过这里的牛马都不肯踩他；她又把孩子移放到树林中，恰巧碰上山林中人很多，只好再换地方；她又把男孩抛到水渠的冰块上，却有一群飞鸟用翅膀覆盖着他。姜嫄认为很神奇，便将他抱回抚养。由于当初打算将他抛弃，所以给他取了个名字叫弃。

当弃还是一个儿童的时候，就像大人物一样出类拔萃。他喜欢玩的游戏是栽麻种豆。及至长大成人，他便喜爱务农种地。帝尧推举他担任了农师，天下的人们都因他而得到好处。后来，弃因管理农业立下的功劳而被封于邰地，号称后稷（jì），并另立姓氏为姬氏。后稷的曾孙公刘从邰地迁居到豳（bīn）地。此后，又过了九代，传位于古公亶（dàn）父。古公亶父为了避免狄人的侵扰，便离开豳地，迁居岐（qí）山脚下。古公亶父有三个儿子，长子名泰伯，次子名仲雍（yōng），三子名季历。季历生子姬昌，姬昌德行高尚。古公亶父打算把王位传给季历，以便将来让姬昌继位。泰伯得知古公亶父的意图，便和仲雍逃往吴楚地区。古公亶父死后，季历即位，这就是王季。王季死后，儿子西伯姬昌即位，这就是周文王。周文王娶有莘（xīn）氏的女儿为妻，称作太妊（rèn）。太妊没有妒忌之心，品德高尚，先后生了十个儿子。其中，长子伯邑考死得很早，而次子就是姬发。周文王去世后，姬发即位，这就是周武王。周武王终于出兵讨伐商朝，得到天下，而将商纣王的儿子武庚封为殷侯。周武王因刚刚平定殷纣，天下尚未安宁，便让自己的弟弟管叔鲜和蔡叔度前去监督殷侯，辅助武庚治理殷朝故地。周武王命令召公将被商纣王囚禁的箕子释放出来，命令毕公将被商纣王监禁的百姓也释放出来，并表彰商容居住的里巷；命令南宫适（kuò）和散宜生散发鹿台的财物，发放钜桥的粮食，来救济贫困无力的百姓；命令闳（hóng）夭为比干的坟墓培土增修，微子和胶鬲（lì）都成为周朝的臣属，殷朝的遗民都非常高兴。周武王还重新修订历法，以每年十一月为全年的第一个月，将商朝所称的祀改称为年；规定尊尚赤色，天子、诸侯、卿、大夫在举行朝仪、祭礼的时候都要穿着冕服。于是，周武王前往周朝的太庙祭祀祖先，追谥古公亶父为太王，季历为王季，父王为文王。周武王又建立了十一而税的彻法，规定一个成年男子可以得到田地一百亩，这种田法与商朝的助法大略相同。周武王在即位的第三天，将士人和大夫召集起来，问他们说："怎样才能有一个文字简约、便于保存、足以广泛指导行动，可以让子孙后代永远遵守的原则呢？"军师尚父回答说："黄帝和颛顼所推崇的道理，在丹书上便有记载。丹书说：'在恭敬胜过怠惰的情形下是吉祥的，在怠惰胜过恭敬的情形下就要灭亡；在道义胜过欲望的情形下是顺利的，在欲望胜过道义的情形下就会遇到凶险。'凡办事不能强干有力，就会白费力气；不能心存恭敬，就难以保持中正。白费力气的做法就会导致覆灭，心存恭敬的做法才能万世长存。文字简约、便于保存、足以广泛指导行动，可以作为子孙后代永远遵守的法则，就是这几句话了。”周武王听到这一席话，引起了警惕，怀着恐惧的心情，在退朝后为自己制定了戒条，写在席子的四角上，就连镜子、盥盘、楹柱、手杖、衣带、鞋子、酒器、祭器、房门、窗户、佩剑、弓矢、长矛上面，都分别写下了铭文。

周武王谦虚律己，向箕子询问殷朝灭亡的原因说：“我将殷纣王杀掉，这是对呢，还是不对呢？”箕子不忍心说殷朝的坏话，周武王便向他询问治理天下的道理。箕子向周武王陈述了《洪范》中的道理。于是周武王便将箕子分封到朝鲜，而不让他向周朝称臣。周武王追念前代的圣君，便表彰分封神农的后代于焦地，黄帝的后代分封到祝地，少昊的后代兹舆分封到莒（jǔ）地，帝尧的后代分封到蓟（jì）丘，帝舜的后代胡公妫（guī）满分封到陈地，大禹的后代分封到杞地，祝融的后代分封到郝地，四岳的后代文叔分封到许地，仲虺（huī）之弟雍滑的后代分封到薛地。周武王还分封建立功勋的大臣和同姓宗族：军师姜尚第一个受到分封，周武王把他分封到营丘，称作齐；周公旦分封到曲阜，称作鲁；又将召公奭分封到北燕，毕公高分封到毕地，弟弟叔鲜分封到管地，叔度分封到蔡地，叔父振铎分封到曹地，叔武分封到郕（chéng）地，叔处分封到霍地，康叔分封到卫地，叔繡分封到滕地，虢（guǒ）仲分封到西虢，虢叔分封到东虢，泰伯的后代周章分封到吴地，仲雍的后代分封到虞（yú）地。周武王统领全国，设立了七十一个藩国，其中封立兄弟建国的有十五人，封立姬姓建国的有四十人。周朝的子孙，只要不是颠狂昏惑的人，就会成为诸侯。周武王还颁赐宗庙祭器，将殷朝的器物分赐给诸侯。周武王的声威与德行传播到远方各地，于是与夷人与蛮人往来的道路畅通无阻，夷人与蛮人都带着本地的土产前来进贡。肃慎人进贡楛（kǔ）木箭杆和石制箭头，西方远国的人进贡猛犬。周武王将都城迁移到镐（hào）地，这就是镐京。周武王建立了学校，确立了养老制度，制作了音乐，称作《大武》。有一次，周武王得了病，周公旦便设立坛场，向太王、王季和文王祷告，要求以自身代替周武王去死。史官将他写着祷告文字的简策，收藏在金属制造的书柜中，周武王在第二天也就痊愈了。五年以后，周武王去世。他在西伯位十三年，在王位七年，享年九十三岁。

周公摄政

当初，周武王在晚年娶了吕望的女儿，名邑姜。邑姜的品德也很高尚，还为周武王生了儿子姬诵。至此，姬诵即位为周成王，他的年纪只有十三岁。当时，周公旦担任冢宰，便暂时代理朝政，主持国家大事，面向南方，身靠屏风，来朝见诸侯。于是，管叔、蔡叔和霍叔向周成王散布流言说："周公旦准备做对幼君不利的事情。"周成王也对周公旦产生了怀疑。于是，周公旦退位回避，离京返回东方的鲁国，依据《周易》的三百八十四爻（yáo），分别写上爻辞。周公旦身居东方，忧虑武庚肯定要发起叛乱，周王室必然要受到动摇，便写下《鸱鸮（chī xiāo）》这首诗，赠给周成王。

三年以后的秋天，在庄稼已经熟透，尚未收割的时候，天上忽然雷电交加，狂风大作，庄稼全被吹倒，连大树也被连根拔起，臣民都感到非常恐惧。周成王与朝中大夫也都惊惧不定，便打开金属制成的书柜，去考究古代的事迹，以便验证占卜的吉凶，于是从中看到周公旦祷告先王，请求代替周武王去死的简册。周成王手持祷文，流下了眼泪。周成王来到郊野，迎接周公旦回朝。周公旦仍然担任辅佐周成王的职务，天上便落下雨水，刮起风来，使庄稼全部竖立起来。毕公高和召公奭命令国人将倒下去的大树全部竖立起来，用土培好根基，大树仍旧安然无恙，这一年获得了大丰收。

奄国的国君薄姑对禄父说："周武王已经死去，现在周成王年纪还小，周公旦又遭到怀疑，这是千载难逢的好机会啊，请您起兵举事吧。"武庚听从了薄姑的建议，与管叔、蔡叔和霍叔一起反叛周朝，奄国以及淮夷、徐戎也都背叛了周朝。于是，周公旦写下《大诰（gào）》一文，明确开导天下百姓，接受周成王的命令，前去讨伐武庚。周公旦诛杀了管叔，将蔡叔流放到郭邻，把霍叔降为庶人。周公旦又命令儿子鲁侯伯禽前去讨伐淮夷和徐戎，且平定了奄国和淮夷，东方因此安宁下来。周成王便将微子封到宋地，以便昭显殷人的后代，允许微子采用殷朝的礼仪和音乐，作为周朝的宾客，不用向周朝称臣。

周成王渐渐长大成人，到了能够亲理国政的时候，周公旦便将国政交还。周成王站在中间处理政务，四位圣明的大臣在身边辅佐他。周公旦通常站在前面，太公望通常站在左面，召公奭（shì）通常站在右面，史佚（yì）通常站在后面，因此周成王计虑谋划从没有失算的时候，办事从来没有错误的举动，终于把天下治理得政治修明。周成王将国都定在郏鄏（jiá rǔ），郏鄏便是洛邑。由于洛邑地居全国的中央地带，四面八方入朝进贡的途程均等，称为东都，又称作成周。周成王将殷朝遗民迁移到成周，让周公旦分而治之。周成王又将蔡叔的儿子蔡仲分封到蔡地，将自己的弟弟叔虞分封到唐地，唐地即后来的晋国。周成王在位三十七年去世。他的儿子姬钊即位，这就是周康王。

周穆王

周成王和周康王在位期间，天下太平，臣民从不触犯法令，刑具搁置了四十多年而不曾使用。周康王在位二十六年去世。他的儿子姬瑕（xiá）即位，这就是周昭王。周昭王在位五十一年间，周朝政教逐渐衰败。周昭王巡视南方，在返回的途中需要渡过汉水，楚国指使汉水之滨的百姓，让周昭王乘坐用胶粘成的船只。周昭王乘船行至汉水中心，胶又化成液体，船只散了，周昭王以及蔡公都被淹死。周昭王的儿子姬满即位，这就是周穆王。周穆王得到八匹骏马，造父因善于驾车而得到宠幸。周穆王希望放纵心志，行遍天下各地。这时，徐戎发起叛乱，率领九夷，前来讨伐宗周，向西前进到黄河边上。周穆王害怕徐戎逼近宗周，便命令分出一部分东方的诸侯由徐子主持。徐子，是嬴姓的一支，他的国家方圆五百里。徐子施行仁义，得到朱红色弓箭，自认为这是天降的祥瑞，便自称偃王，由陆路前去朝见徐子的诸侯有三十六国。周穆王此时正在巡行西方，乐而忘返，得知徐子越位称王的消息后，便命令造父驾着马车回朝，以便平息偃（yǎn）王发起的变乱，并命令楚国前去讨伐徐国。徐子爱护人民，不懂权变，不忍心让人民参加战斗，便向北逃往彭城，追随徐子前去的百姓有一万多人。徐子在临死前说："我只依赖礼乐教化治理国家，却不通晓治军打仗，所以有这样的结局。"

周穆王将赵城封给造父，造父一族从此姓赵。周穆王还命令吕侯制定了健全的刑法。周穆王在位五十五年去世，享年一百〇四岁。周穆王的儿子周共王姬繄扈（yī hù）即位，在位十二年去世。周共王的儿子周懿王姬囏即位，在位二十五年去世，周懿王的弟弟周孝王姬辟方即位。当时有一个商朝蜚廉与恶来的后代名叫非子的人，喜欢马匹，并善于喂养繁殖马匹。周孝王命令非子在（qiān）水与渭水一带主管马匹，马匹大量繁殖，迅速增加。周孝王便将非子封为附属于周朝的小国君主，在秦地建立封邑，让他接续伯翳（yì）的后代。后来，天上降下猛烈的冰雹，牛马都被冻死，长江和汉水都封冻结冰。周孝王在位十五年去世，周懿王的后人周夷王姬燮（xiè）即位，开始走到朝堂下面来接见诸侯。周夷王在位十六年而死。

宣王中兴

周夷王的儿子周厉王姬胡即位以后，任命荣夷公为卿士，专门去做搜刮财货、从中渔利的事情，臣民都指责周厉王的过失。召公说：“人民已经难以忍受你所实行的政令了！”周厉王非常生气，便找到一个由卫国前来的巫师，让他去监视人们对自己的非议。只要卫国的巫师报告谁非议自己，周厉王就将谁杀掉，国人都不敢讲话，在道路上相遇的时候，只好以目示意。周厉王却高兴了，便告诉召公说：“我能够将人们的非议消除。”召公说：“这是阻止人民讲话的做法啊。你要知道，要防止人民去讲出自己的意见，比防止河流冲决堤防还要困难。河流堵塞了，就会决口，必然要伤害许多人。说到人民，道理也是一样。现在大王堵住天下民众的嘴巴，一味推行自己的错误做法，我担心会给国家带来忧患。”周厉王仍不听从召公的劝告，国人也都不敢开口讲话。由于周厉王心地乖张而又暴虐，众多的百姓难以忍受，便互相联络，发动叛乱，袭击周厉王。周厉王逃到彘（zhì）地，太子姬静请召公让自己在他家中躲藏，百姓便将召公的住宅包围起来。召公用自己的儿子代替了太子，太子终于得以脱身。由于周厉王住在彘地，不敢回京，朝中的两位宰相周真公、召惠公认为太子姬静年龄还小，便一起同心合力，共同管理国家政务，号称共和。周厉王在彘地去世，在位五十一年。其子姬静即位，这就是周宣王。周公与召公辅佐周宣王整顿朝政，效法文、武、成、康的治国之道，任用申伯、仲山甫和张仲，顺从天下民心，改正那些有失情理的事情，倡导仁德教化，荐举隐居不仕的贤人志士，国境以内的百姓纷纷闻风仰慕，诸侯重新归向周朝，周天子的德化再次流行。

有一次，周宣王早晨起得晚了，姜后便摘去长簪（zān）和耳环，在后宫中等待治罪，还让自己的师傅和保姆向周宣王传话说："由于我没有能力，致使大王贪恋女色，忘记德行，有失礼节，起床太晚。您有失检点的行为，是由我引起的，我请求大王惩罚我的过失。"周宣王说："我失德无行，实在是自己犯下的过失，你没有什么罪责啊。"从此，周宣王勤勉地处理政务，很早便去上朝，很晚才退朝，终于成就了中兴的名望。

烽火戏诸侯

当时，发生了马匹变成人、兔子在镐京舞蹈的奇闻怪事。周宣王打算杀掉大臣杜伯，其实杜伯并没有罪责。杜伯的朋友左儒为杜伯争辩，周宣王不肯听从，杀掉杜伯。左儒也以自杀相抗。周宣王在外出打猎的时候，便梦见杜伯和左儒用朱红色的弓箭射中了自己的心房。周宣王因此病倒了，心房时常作痛，不久就去世了。周宣王在位四十六年，接着便是他的儿子周幽王姬宫涅即位。

当初，夏朝孔甲在位时期，执掌占卜的官员将龙的涎水放在木匣中收藏，一直流传到商朝和周朝，没有人敢于打开木匣。周厉王在位末期，打开木匣，观看龙的涎水，涎水流到大殿中，再也不能除去。周厉王指使妇女光着身子，把龙的涎水烘干，结果龙的涎水变成一条蜥蜴（xī yì）一类的动物，进入周厉王的后宫。后宫中有一个正当童年的婢女，连乳牙还没有脱完，此时便碰上了这条蜥蜴。她成年以后，便怀了身孕，历时多年，到周宣王在位时期才生下一个女儿。由于没有嫁人就生了孩子，她心中很害怕，便将生下的女孩遗弃了。

当时，有一首童谣唱道："檿（yǎn）弧箕服，实亡周国。"檿是山桑；弧，是弓；箕，是一种草的名称，像荻（dí）草，但更细，可以编结成袋子，用来盛箭。周宣王禁止百姓出卖这两种器物，但有一对夫妇不知道此事，仍然在出卖桑木制成的弓和箕草编结的箭袋。周宣王让人捉拿这对夫妇，这对夫妇丢掉弓和箭袋逃走，却在途中遇见以前周厉王后宫童年婢女遗弃的怪异的女孩子。这对夫妇可怜女孩在夜间啼哭，便将她抱起来，一起逃往褒地。后来，褒地人褒妁（shuò）犯有过失，便将这个女孩献给周幽王。周幽王把这个女孩安置在后宫之中，便免除了褒妁的罪过。

被遗弃的女孩生长在褒地，龙的涎水由夏朝发端，而夏朝的姓氏为姒（sì），所以此女便取名叫作褒姒。褒姒两颊长得像绽开的荷花，眉清目秀，齿白唇红。因为她是由龙的涎水生成的，所以双脚又瘦又小，总是穿着弓鞋走路。她和苏妲己一样，生有沉鱼落雁、闭月羞花的容貌。周幽王前往后宫的时候，对她一见倾心，宠幸无比，而她也为周幽王生下儿子伯服。褒姒与虢石父相互勾结，并且诬陷申后以及太子姬宜臼。周幽王便将申后以及太子姬宜臼废免了，却将褒姒立为王后，将她的儿子伯服立为太子。太子姬宜臼只好外逃到申国。

西周发生了地震，三川干涸，岐山崩陷。太史伯阳父说："周朝就要灭亡，祸殃已经酿成，已无法挽救！"褒姒喜欢听撕裂丝帛发出的声音，周幽王便天天发放丝帛，让人撕裂，以求使褒姒快活适意，然而还是没能使她笑上一笑。褒姒嫣然一笑，足以使人回肠荡气。但是，周幽王千方百计地引她发笑，却没有达到目的。前朝的君王曾经设置烽火台，且与诸侯约定，如果发生敌寇入侵之事，就点燃烽火示警，各路诸侯则分别率领军队前来增援。周幽王打算让褒姒发笑，便毫无由来地将烽火点燃起来，各路诸侯也全部赶到。诸侯到来以后，发现并没有敌寇，于是，褒姒放声大笑。

当时，周幽王准备杀死太子姬宜臼（jiù），便向申国索取其人，申侯却不肯将人交出。这时，周幽王前去讨伐申国，申侯与鄫（zēng）国人便召引西夷和犬戎，前来侵犯周朝。周幽王点燃烽火，调集兵马，但是没有一兵一马前来响应。犬戎在骊（lí）山脚下将周幽王杀死，周幽王在位十一年。犬戎虏获了褒姒，杀死了郑桓公，将周朝的宝物与财货统统席卷而去。秦襄公奋力出战，击退犬戎，卫武侯和、晋文侯仇也率领军队驱逐犬戎。郑国的世子掘突收编了父亲郑桓公溃散了的军队，跟随诸侯前往申国迎接原先的太子姬宜臼，姬宜臼回国后登上王位，这就是周平王。

平王东迁

周平王认为丰、镐距离犬戎太近，便将都城向东迁移到洛邑，以便躲避犬戎的侵扰。秦襄公率领军队护送周平王东迁，周平王这才将秦襄公封为诸侯，赐给他岐、丰一带的土地。从此，秦国便开始壮大起来。周平王又将卫武侯和晋升为伯，赐给晋文侯仇河内地区的土地，作为附属，从而，晋国也开始壮大起来。至此，西周便灭亡了。西周总共有十二位君主，经历了三百五十二年时间，以周平王东迁而宣告结束。自从周王室将都城东迁洛邑以来，周天子的势力已经非常微小虚弱，发出的号令根本不能实行，政治权力实际都掌握在诸侯的手中。

（以上系原书第七回）

周王先世世系表

弃（后稷）(1)—不窋(2)—鞠(3)—公刘(4)—庆节(5)—皇仆(6)—差弗(7)—毁隃(8)—公非(9)—高圉(10)—亚圉(11)—公叔祖类(12)—古公亶父（太王）(13)—季历（王季）(14)—文（王）昌(15)—武王发(16)

西周世系表

武王发(1)—成王诵(2)—康王钊(3)—昭王瑕(4)—穆王满(5)—

—共王繄扈(6)—懿王囏(7)—夷王燮(9)—厉王胡(10)

—孝王辟方(8)

—（共和行政）—宣王静(11)—幽王宫涅(12)

春秋

郑庄公

周幽王在位的时候，郑桓公友担任周幽王的司徒，很受周朝人的拥护。后来，犬戎前来侵犯周朝，郑桓公友在犬戎之难中死去，周平王便任命他的儿子掘突为司徒，这就是郑武公。及至郑武公去世，他的儿子郑庄公寤生又担任了周平王的卿士。由于周平王同时还信任虢公，郑庄公便怨恨周平王，周平王说并无此事，所以周朝和郑国互相交换人质，周王子狐去做郑国的人质，郑公子忽去做周朝的人质。

周平王去世以后，周公准备把朝政交给虢公执掌，郑国的祭足便率领军队割取了周朝温地的麦子。到了秋天，郑国又割取了成周洛邑的谷子，周朝与郑国互相怀恨在心。周桓王免去了郑庄公在周朝执政的权力，郑庄公便不再前去朝见周桓王。周桓王率领诸侯各军讨伐郑国，郑庄公发兵抵御。双方在繻（rú）葛交战，蔡国、卫国、陈国的军都退逃了，周桓王的军队被打得大败，郑国将领祝聃（dān）一箭射在周桓王的肩膀上，但是周桓王还能够指挥全军。祝聃请求前去追击，郑庄公却说："君子本来就不愿意逼人太甚，难道我们还敢欺凌到天子的头上吗！如果能够挽救我们自己，使国家免于危亡，也就足够了。"于是，郑庄公派遣祭足前去慰问周桓王，并且问候了周桓王身边的随从。当时，郑国兵力强盛，朝政振举，齐僖公禄甫打算将自己的女儿文姜嫁给郑太子忽为妻，郑太子忽却推辞了。有人问他原因何在，郑太子忽说："人们都有适合自己的配偶。齐国是一个大国，大国的女儿不是我的配偶。《诗经·大雅·文王》说：‘求助于自己，多受福德。’凡事只能依靠自己，与大国联姻有什么用处！”及至北戎攻打齐国的时候，郑公子忽率领军队援救齐国，将北戎的军队打得大败，齐僖公便又请求将文姜嫁给他，郑公子忽又一次推辞。齐僖公便将文姜嫁给了鲁桓公。

齐桓公

文姜长得像秋水一般明澈，容貌像芙蓉一般艳丽。与花相比，她是能够讲话的花；与玉相比，她是含着体香的玉，真可谓一位绝世佳人，古往今来姿容极其美丽的女子。而且，她通今博古，出口成章。因此以文姜命名。只是文姜举止轻浮，妖冶淫荡，已经成为习性了。鲁桓公对文姜宠爱无比。及至齐僖公去世，儿子齐襄公诸儿即位，鲁桓公准备与文姜一同前往齐国。申繻说：“女子有丈夫，男子有妻室，不能够互相轻慢，这就叫作合乎礼仪。如果违反了这个原则，一定会坏事。”鲁桓公没有听从申繻的劝告，和夫人文姜在栎（lì）地与齐襄公会见，然后便与文姜来到齐国。文姜进入宫室，与齐襄公一边叙谈，一边饮酒，两人的目光碰在一起，都动情了。于是，两人不顾兄妹之间的亲属关系，竟然做成了苟且之事。色欲使两人昏沉迷恋，直到日上三竿的时候，他们还相互拥抱着，不肯起来。这时，早就有宫人将此事向鲁桓公报告了。鲁桓公责骂文姜，文姜便告诉了齐襄公。在鲁桓公辞行的时候，齐襄公设宴招待，鲁桓公喝得大醉。齐襄公指使公子彭生在抱鲁桓公登车的时候，摧折了他的肋骨，鲁桓公便在车上死去了。鲁国人把鲁桓公的儿子立为鲁庄公。

齐襄公发布政令没有一定的准则，后来又根据鲁国的要求杀死了彭生，借以取悦鲁国。鲍叔牙知道祸事将起，就拥戴公子小白逃亡到莒国。齐襄公在贝丘打猎，追赶一头野猪。忽然，野猪变成彭生。齐襄公晚上住在别宫中，被他的弟弟无知杀死。这时，管仲和召忽也拥戴公子纠逃亡到鲁国。齐国的雍廪又将无知杀死，鲁国便护送公子纠回国即位。可是，公子小白抢先从莒国返回齐国，即位为齐桓公。

管 仲

齐桓公调集军队讨伐鲁国，将鲁国军队打得大败。鲍叔牙让人对鲁国说："公子纠，是我们国君的亲兄弟，请您把他杀掉。管仲和召忽，是我们国君的仇人，请将他们二人交给我们，齐国才会罢休。"于是，鲁国在生窦将公子纠杀死，召忽自杀而亡。管仲请求把自己囚禁起来，押回齐国。齐桓公打算让鲍叔牙辅佐自己治理国家，鲍叔牙推辞说："我的才能不及管仲。如果您打算让国家得治理，就非任用管仲不可。"齐桓公说："可是管仲曾经一箭射中我身上的带钩，使我几乎丧生啊。"鲍叔牙说："那时候他也是各为其主呀，如果您宽宥了他，任用他辅佐齐国，他也会像对公子纠那样来为您效力的。"于是，齐国便向鲁国索取管仲。

鲁庄公就此征求施伯的意见，施伯回答说："管仲具有治理天下的才能，他所在的国家一定会得志于天下。所以，请将管仲杀死，再将他的尸首交给齐国。"鲁庄公准备杀死管仲，齐国的使者向鲁国提出请求说："我们国君希望亲自将管仲杀死。"于是，鲁庄公让人将管仲捆绑起来，交给齐国。鲍叔牙将管仲接收过来，回到齐境堂阜，便将管仲释放。及至管仲来到以后，经过三次熏香沐浴，齐桓公亲自前往郊外迎接，为管仲松绑解缚，并向他请教，管仲的回答使齐桓公连连说好，齐桓公便让他辅佐自己，称作仲父。管仲将国都划分为二十一个乡：其中工匠与商人居住的乡有六个，不从军出征和服劳役；士人与农民居住的乡有十五个，国家制定的内政措施和发布的军政命令都由这里的居民实施。管仲规定以五家为一轨，设一长官；以十轨为一里，每里设立一个管理部门；以四里为一连，每连设立长官；以十连为一乡，每乡设立乡大夫；以五乡为一师。齐桓公统领十一乡，高子和国子各自统领五乡，居民不得随意迁居他乡。乡中居民世世代代居住在一起，从小时候便在一起生活，所见到的人都能够互相认识，所形成的融洽关系足以使人互相以死相救，所以在防守的时候能够共同巩固城防，在作战的时候能够共同奋力杀敌。管仲还规定允许犯有重罪的人用犀皮铠甲赎罪，犯有轻罪的人用珠宝玉器赎罪，犯有小罪的人用金属赎罪。管仲还设置官员，开通齐国的海山盐铁之利。此外，齐国还设置了女子聚居的处所三百处，专门让漂亮的妇女居住在那里，让她们每天涂脂抹粉，精心打扮，力求妖艳放荡，娇娆妩媚，来吸引各国的商人游客，让他们在此过夜而收取他们的钱财，以便充实国家的费用。于是，齐国国富兵强，连诸侯也畏惧并服从齐国了。

春秋霸主

当初，齐桓公流亡在外的时候，途中经过谭国，谭国对齐桓公未加礼遇，后来齐国军队灭掉了谭国。齐桓公在北杏会见诸侯，以平定宋国的变乱，遂国人没有到会，齐国人便又灭掉遂国。齐桓公和诸侯在鄄（juàn）地会见，宋国臣服。齐桓公和诸侯在幽地举行盟会，陈国和郑国臣服。山戎攻打燕国的时候，齐桓公出兵援救燕国，讨伐山戎，并且打败了山戎，大军一直开进到孤竹，才收兵回国。狄人攻打邢国的时候，管仲建议齐桓公出兵援救邢国，将邢国迁移到夷仪，邢国人都乐于迁居，就像回到原来的国土一样。这时狄人灭掉了卫国。

当初，卫国的公子州吁杀害了国君卫桓公，而自立为国君，石碏（què）便与国人杀了公子州吁，拥立卫桓公的弟弟为卫宣公。卫宣公曾经与父亲的侍妾夷姜私通，生下了儿子伋（jí）子。卫宣公为伋子在齐国娶妻，此女长得很漂亮，卫宣公便娶了她，这就是宣姜。从此，夷姜失去了卫宣公的宠爱，上吊而死。宣姜为卫宣公生下了公子寿和公子朔。宣姜与公子朔陷害伋子，卫宣公诈称让伋子出使齐国，却指使杀手在莘地等候伋子，打算将他杀掉。公子寿得知消息，便告诉了伋子，让伋子逃往别国躲避灾难。伋子说："如果儿子可以将父亲的命令弃置不顾，要儿子还有什么用处呢！”他不肯听从公子寿的劝告。公子寿不忍心让伋子赴死，便用酒将伋子灌醉，在自己的车上竖起伋子的旗帜，抢先前往莘地，希望杀手杀死自己，这样便能够免去伋子一死，而杀手果然将公子寿杀死了。伋子酒醒以后，追赶公子寿到了莘地，便对杀手说："我就是你要杀的人，公子寿有什么罪过？请你把我杀死吧！”于是，杀手又杀死了伋子。卫国人为两公子的死去既痛心又愤怒。及至卫宣公去世，公子朔即位为卫惠公，左公子洩和右公子职等人便将他赶走，拥立公子黔牟为国君。

宣姜年纪轻轻地便成了寡妇，齐国人又唆使卫宣公侍妾所生的儿子公子顽与自己的后母宣姜私通，生了齐子、戴公、文公、宋桓公夫人和许穆公夫人。及至卫惠公赶走公子黔牟，自立为国君，后将君位传给了儿子卫懿公赤。卫懿公最喜欢仙鹤，便给仙鹤俸禄，还可以乘车。狄人前来攻打卫国，作战前夕，卫国士兵都说："让仙鹤去打仗吧！既然仙鹤享有官禄，哪里还需要我们去作战！”卫国与狄人在荧（yíng）泽交战，卫国大败，狄人杀死卫懿公，卫国灭亡。宋桓公接应卫国遗民渡过黄河，向南进发，扶立戴公为国君，寄居在曹邑，但没过一个月，戴公就去世了。齐桓公率领诸侯援救卫国，扶立戴公的弟弟公子毁即位，这就是卫文公。卫国在楚丘筑起城邑，并迁居到那里。卫国就像不曾亡国一样，卫文公穿着粗布做成的衣服，戴着粗帛制成的帽子，教人务农，便利商贩，勤于求学，任用有能力的人才，终于使卫国复兴。

齐国与诸侯在阳谷会见，计议讨伐楚国。齐桓公率领诸侯各国军队侵入蔡国，蔡国溃败。于是，齐桓公攻打楚国，与楚国在召陵举行盟会，然后回国。

当初，周惠王在陈国娶妻，生下了太子郑和王子叔带。周惠王偏爱叔带，打算立他为太子。齐桓公率领诸侯会见太子郑，在首止举行盟会，为的是借此确立太子郑王储的地位。周惠王派遣周公召见郑文公说："我支持你去追随楚国。"郑文公为得到周天子的命令而高兴，便逃回本国，不肯参加盟会。齐桓公会同诸侯各国军队讨伐郑国，包围新城，郑国乞求与齐国订立盟约。接着，周惠王去世，太子郑即位，这就是周襄王。

齐桓公在葵丘与诸侯会见，周襄王派遣宰孔向齐桓公颁赐祭肉，还说："由于伯舅年迈，加上伯舅立下的功劳，现在加赐一级，不必下阶跪拜。"齐桓公回答说："天子的威严还没有离开眼前咫尺之遥，我怎么敢接受天子的这一命令？如果不下拜，我害怕会从上面跌下来，给天子带来羞辱的。"齐桓公首先走下台阶跪拜，然后登上台阶接受祭肉。宰孔先行回国，途中遇见前来参加会盟的晋献公。宰孔便对晋献公说："您可以不去参加会盟了。齐桓公并不致力于以德服人，而在忙于四处征伐。恐怕晋国也要发生祸患了吧，您应该专力平定内乱，不必忙着前去参加会盟。"晋献公便回国了。

王子叔带打算与戎狄一起攻打周朝。周襄王得知消息后，便想将叔带杀掉。叔带逃到齐国避难，齐桓公派遣管仲使戎人与周襄王媾和。戎人侵犯周王室，周襄王将戎人造成的祸难告诉了齐国，齐桓公便让诸侯各自发兵防守成周。不久，齐国的管仲去世，齐桓公任用易牙、开方、竖刁，齐国的霸业逐渐衰微。

当初，齐桓公贪恋女色，他的姑母与姐妹由于长得漂亮而没有出嫁的有七个人，在宫中受到宠爱、地位如同夫人的女子有六个人。及至齐桓公去世，有五个公子都在争着要立自己为嗣君，齐桓公的尸身在床上停放了六十七天，生出的尸虫从门缝中爬了出来。易牙与寺人貂依靠齐桓公的内宠杀害众多的官员，从而立公子无亏为国君，齐孝公便逃亡到宋国。

宋襄公

当初，齐桓公和管仲将齐孝公托付给宋襄公，至此，宋襄公率领诸侯讨伐齐国，齐国人将公子无亏杀掉。剩下来的齐国四公子一伙与宋国军队作战，宋国打败了齐国军队，将齐孝公立为国君，这才收兵回国。不久，宋国人擒获了滕宣公婴齐，宋襄公与诸侯在曹国的南面举行会盟。鄫子与邾（zhū）文公举行会盟，邾国人却将鄫子捉拿起来，宋襄公让邾文公杀死鄫子，当作祭祀用的供品，来祭祀次睢的土地神，希望借此使东夷归附。这件事发生以后，诸侯都对宋襄公的暴虐心怀忧虑。宋国人在鹿上举行会盟，为的是要求楚国允许曾经归附楚国的中原诸侯拥戴自己为盟主，楚国人答应了。不久，诸侯在盂地会见宋襄公，楚国在会上将宋襄公擒获，并前来攻打宋国。接着，诸侯在薄地举行会盟，在会上释放了宋襄公。宋襄公又去讨伐郑国，楚国前来营救。宋国与楚国在泓（hóng）水岸边交战。宋国军队排成阵列以后，楚国军队还没有全部渡过河来。司马请求进击，宋襄公说："不行，君子是不肯困扰处于危难境地的人们的。”楚国军队渡过河来，还未结成阵列，司马再次请求出击，宋襄公还是说：“不行。”当楚国军队布好阵列以后，宋襄公命令进击，结果宋国军队被打得大败，宋襄公腿部受伤，门官丧生。宋都城里的人们都说这是宋襄公的过错，宋襄公却说：“君子不肯第二次伤害伤员，不肯擒获头发花白的老人。虽然我是商朝亡国的后人，但还是不肯向未布好阵列的军队发起进击的。”司马子鱼说：“如果爱护敌人的伤员，不肯再次伤害他们，还不如根本不去伤害他们。如果爱护敌军中头发花白的老人，还不如向他们投降。看来，您根本不懂军事。”宋襄公腿部受伤，不久便去世了，他的儿子宋成公即位。

当时，周天子不能驾驭诸侯，诸侯完全遵从霸主的号令。自从齐桓公去世以后，宋襄公打算完成霸业，但没有成功。正当诸侯群龙无首时，晋文公重耳便出现了。

晋献公

当初，晋献公吞并了周围各国，国势日益强盛。晋献公与父亲晋武公的侍女齐姜私通，生下太子申生。他又娶了两个戎人的女儿，大戎胡姬生了重耳，小戎生了夷吾。晋献公攻打骊戎时，骊戎男把骊姬嫁给晋献公。骊姬生得如花似玉，娇艳绝伦，晋献公非常宠爱她。骊姬生了奚齐，她的妹妹又生子卓子。骊姬打算把奚齐立为太子，便贿赂男宠梁五和东关嬖（bì）五，让他们对晋献公说：“如果让太子去主管曲沃，让重耳和夷吾两位公子去主管蒲地和屈地，便能够威服民众，吓倒戎狄，而且可以显扬国君的功劳。”于是，晋献公让申生出居曲沃，让重耳出居蒲城，让夷吾出居屈地。

晋献公打算将奚齐立为太子时，骊姬与中大夫定下了计策。骊姬对申生说：“国君梦见了你的母亲齐姜，你一定要赶快去祭祀她。”申生在曲沃祭祀齐姜以后，带回祭酒和祭肉，献给晋献公。晋献公正外出打猎，骊姬把祭酒和祭肉在中宫放了六天。晋献公回来后，骊姬在祭酒和祭肉中下了毒药，然后献给晋献公。晋献公以祭酒祭地，地面便凸起一个土包；他把祭肉拿给狗去吃，狗便倒地而死，他又拿给宦官去吃，宦官也丧生了。骊姬哭泣着说：“这是太子定下的阴谋。”太子申生得知，逃奔新城，晋献公便杀掉了他的保傅杜原款。有人对太子说：“如果你为自己申辩，国君是一定能够弄清真相的。”申生说：“如果国君离开骊姬，就会住不安稳，吃不饱饭。如果我将真相申辩明白了，骊姬肯定是有罪的。国君老了，我又把国君搞得很不愉快，怎么能够算是尽孝呢？”那人又说：“您准备逃走吗？”申生说：“国君还没有查清此事是谁的罪过，我带着这样的罪名外逃，有谁会接纳我呢？”申生在新城上吊而死。骊姬便又诬陷两位公子说：“他们事先都知道太子的阴谋。”于是，重耳逃奔蒲城，后又逃奔翟地；夷吾逃奔屈地，后又逃奔梁地。

晋献公让荀息辅佐奚齐。后来，晋献公得了重病，便对荀息说：“我把这个幼小的孤儿托付给您，您打算怎么办呢？”荀息回答说：“我将竭力辅佐他，对他忠贞不二。如果把事情办好了，那是您的威灵护佑；如果把事情办糟了，我就随他而死。”晋献公去世后，里克因申生冤死和两公子流亡在外，便纠结同党，杀死奚齐。荀息准备自杀，这时有人说：“不如拥立卓子为国君而辅佐他。”荀息将卓子立为国君，并且安葬了晋献公，里克又杀死卓子，荀息便自杀身死。

晋惠公

秦穆公和齐桓公派遣军队送公子夷吾回国，将他立为晋侯，这就是晋惠公。晋惠公杀死里克、丕郑以及七舆大夫，答应将河东五城割让给秦国，以求帮助他返回晋国。回国以后，晋惠公背弃了原先的约定，不肯将河东五城交割给秦国。晋惠公寄居秦国的时候，秦穆公夫人将贾君托付给他，贾君颜色未衰，晋惠公回到晋国便要与贾君私通。贾君哭泣着顺从了他，但请求他安葬太子申生。晋惠公答应，按太子的礼节为申生改葬。

孤突前往新城，途中遇到了太子申生，太子申生告诉孤突说：“夷吾的行为甚是无礼，我已经求得天帝的同意，让他在韩地大败。”不久，晋国发生了饥荒，向秦国请求购买粮食，秦国便给晋国运去了粟米。秦国发生了饥荒，向晋国请求购买粮食，却遭到晋国拒绝。于是，秦国前去攻打晋国，战于韩地，秦国将晋惠公擒获。秦穆公夫人姬氏，是晋惠公的姑母。由于她向秦穆公为晋惠公讲情，秦穆公便没有杀害晋惠公，仍然让他返回晋国，而让晋惠公的儿子公子圉（yǔ）做人质。这一年，晋国又发生了饥荒，秦国又给晋国送来粟米。秦穆公说：“虽然我对晋国的君主并不满意，但对晋国的人民还是心怀怜悯的。”秦穆公将女儿嫁给公子圉为妻，公子圉却从秦国逃了回去。晋惠公去世，公子圉即位，这就是晋怀公。他的妻子留在秦国，这就是怀嬴（yíng）。

晋文公重耳

当初，晋公子重耳从翟人那里逃奔齐国，齐桓公将同宗女子姜氏嫁给他为妻。重耳在齐国住了五年，还没有离开的心思。赵衰（cuī）与舅父赵犯商量如何离去，齐国的一个侍女听到了他们的谈话，便告诉了自己的女主姜氏。姜氏杀掉侍女，与赵衰等人经过一番谋划，灌醉了重耳，便用车拉着他上路。来到曹国的时候，曹共公听说重耳肋骨相连，便让他去洗澡，自己走到近处观看。僖负羁的妻子说：“我看晋公子的随从人员，个个都是足以辅佐国家的人才。假如重耳回到晋国，肯定会在诸侯中得志。在诸侯中得志以后，他就会讨伐对他无礼的国家，而曹国就是首当其冲的了。你何不及早另作打算呢？”于是，僖负羁便给重耳送去一盘食物，在食物中放了一块玉璧。公子重耳接受了食物，却把玉璧还给了僖负羁。来到宋国的时候，宋襄公将二十匹马赠送给重耳。来到郑国的时候，郑文公对重耳又未加礼遇。重耳离开郑国，前往楚国，楚成王设宴招待他，把他护送到秦国。秦穆公送给他五位女子，怀嬴也在其中。秦国护送重耳回国，晋怀公圉逃往高梁。重耳派人将晋怀公杀掉，于是即位为国君。吕甥和郤芮（xì ruì）准备杀害晋文公，寺人披将消息报告了晋文公。晋文公暗中与秦穆公在王城会面，秦穆公便诱杀了吕甥和郤芮。晋文公迎接夫人嬴氏回到晋国，嬴氏就是晋文公的侄媳妇怀嬴。由于怀嬴嫁给晋文公为妻，以后便又号称文嬴。

周朝的王子叔带率领戎人军队前去侵犯周王室，周襄王出走到了郑国，在汜（sì）地住了下来。秦穆公在黄河岸边驻军，准备护送周襄王回朝。孤偃对晋文公说："要得到诸侯的拥护，没有比勤王更有效的了。这样做不仅可以得到诸侯的信任，而且也是大义所在啊。"于是，晋文公辞退了秦国的军队，顺流而下，将周襄王迎入王城，在温邑捉住王子叔带，将他杀掉。晋文公朝见周襄王，周襄王将阳樊、温地、原地、欑（cuán）茅的田地赐给了他。原地人不肯服从晋国，晋文公包围了原地，命令军队只准备三天吃的口粮，届时原地人没有投降，晋文公便命令军队撤离原地。谍报人员从原地出来说："原地人就要投降了，军中的将吏请求再等一等。"晋文公说："信用，是国家的至宝，人民赖以得到庇护。得到原地，却失去信用，用什么来庇护人民呢？这样做丧失的东西更多。"晋国退兵，才走了三十里地，原地人就投降了。

当初，晋文公作为公子在外流亡的时候，经过卫国和曹国，曹、卫两国都没有按礼节接待他。晋文公经过宋国，宋襄公却对他加以礼遇。宋国因自己曾经善待晋文公，所以叛离楚国，亲附晋国。于是，楚国的令尹子玉率领军队讨伐宋国，包围缗地；鲁国引着楚国军队进攻齐国，占领了谷地。宋国的公孙固前往晋国告急。晋国的先轸（zhěn）说："报答对自己的施舍，援救别人的祸患，树立威望，完成霸业，在此一举。”孤偃说：“楚国刚刚使曹国归附，新近又在卫国娶妻，如果攻打曹国和卫国，楚国肯定会前去援救。这样，宋国就得救了。”因此，晋国在被庐检阅兵马，建立了三军，出兵侵袭曹国，攻打卫国。楚国人前去营救卫国，晋国人便进入曹国，捉住曹共公，将他交给宋国人。晋文公还命令不许军队进僖负羁的家宅，并且赦免他的族人。楚国军队的令尹子玉向楚成王请求出战，晋文公以及齐、宋、秦各国的军队与楚国军队在城濮（pú）交战，楚国军队被打得大败。晋国向周襄王进献楚国的俘虏，周襄王以策书任命晋文公为诸侯的领袖。后来，晋文公又召请周襄王在河阴的践土会见诸侯，所有的诸侯都朝见了周天子，只有郑国态度不明，暗属楚国。

晋文公和秦穆公包围了郑国。郑国的使者烛之武在夜间去进见秦穆公说：“郑国在晋国的东面，而秦国在晋国的西面。秦国若是以相距遥远的国家作为自己的边鄙之地，您自然知道其中的难处。您又何必灭掉郑国来增加邻国的土地呢？邻国的强盛，就是您的削弱啊。”秦穆公闻言大悦，便与郑国人结成同盟，派遣杞子、逢孙、杨孙留在郑国防守，自己便回秦国去了。

蹇叔哭师

及至晋文公去世，儿子晋襄公即位，杞子从郑国派人向秦国报告说：“郑国人让我掌管北门的钥匙，如果暗中发兵前来，就可以占领郑国。”秦穆公征求蹇（jiǎn）叔的意见，蹇叔说：“劳顿师旅，长途奔袭，并不可取。”秦穆公没有接受蹇叔的意见，召来孟明视、西乞术和白乙丙，让他们出兵袭郑。蹇叔在为儿子白乙丙送行的时候说：“晋国人肯定要在崤山派兵设防。崤山有两座山陵，南面的山陵是夏王帝皋的坟墓，北面的山陵是周文王躲避风雨的地方。你必定死在这两座山陵之间，到时候让我去收敛你的尸骨吧！”秦国军队向东进发，在滑国与郑国的商人弦高相遇。弦高首先送上四张熟牛皮，然后又送上十二头牛来犒劳将士。弦高说：“我们国君听说您们行军将要经过敝地，请让我来犒劳您的随从。”同时，弦高让人乘坐驿车前去向郑国报告。孟明视说：“看来郑国已经有准备了，我们不如回去吧。”于是，秦国军队灭掉滑国，然后回国。

晋国的先轸说：“秦国不肯听从蹇叔的劝告，反而因贪得无厌而劳师动众，这是上天在帮助我们啊。我们不能放弃上天的帮助，不能放走敌人，一定要攻打秦国的军队。”于是，晋襄公发布命令，调集军队，在崤山打败了秦国的军队，捉获了孟明视、西乞术和白乙丙而还。文嬴请求释放秦军的三位主将，让他们返回秦国去遭受诛杀，晋襄公便将他们放走了。没过多久，晋襄公又派人追赶他们，但他们已经坐在回国的渡船上了。孟明视叩头行礼说：“承蒙君王惠爱，没有以我们这些俘虏的鲜血去祭祀战鼓，让我们回秦国受死。如果我们由于君王的惠爱得以不死，三年以后，我们将要前来拜谢君王的恩赐。”

秦穆公身穿素服，来到郊外，面对军队哭泣着说：“由于我没有听从蹇叔的劝告，使你们几位蒙受侮辱，这是我的过错，你们有什么罪责？而且，我不会因你们犯了一次过失，就埋没你们的大德。”秦穆公重新任用孟明视处理政务。

秦穆公再次派遣孟明视攻打晋国。秦国军队渡过黄河以后，便烧毁了渡船，攻占了王宫，抵达晋国的郊外。晋国人不肯出战，秦国军队便从茅津横渡黄河，掩埋了崤山中秦国将士的尸骨，撤军回国。秦穆公还采用了由余的谋议，出兵攻打戎人，吞并了十二个国家，开拓了千里疆土，于是秦国称霸西戎。周天子派遣召公送来一面金鼓向秦穆公祝贺，指定秦穆公为西方诸侯的领袖。秦穆公任好去世后，儿子秦康公莹即位。从此，秦国与晋国成为仇敌，却与楚国相互通好。

楚庄王一鸣惊人

楚国自从熊通越位称王以来，吞并各个弱小的国家，国势日益强盛。及至楚穆公商臣去世，儿子楚庄王旅即位，三年间没有发布过号令，只是日夜寻欢作乐。伍举入宫进谏，楚庄王左手搂着郑国的妖姬，右手抱着越国的美女，坐在歌舞乐队中间。伍举走上前去说：“这里有一只鸟，三年间不曾飞过，也不曾叫过，这是什么鸟呢？”楚庄王说：“虽然三年不飞，飞起来就会直冲云天；虽然三年不叫，叫起来就会使人震惊！”伍举退出来说：“我明白国君的意图了！”过了几个月，楚庄王愈加荒淫放荡。大夫苏从又来进谏，楚庄王这才停止淫乐，亲自处理政务。楚庄王一方面诛杀了数百名坏人，一方面又进用了数百名贤人，任用伍举和苏从主持国政，国人都非常高兴。

楚国发生了严重的饥荒，戎人趁机前来攻打楚国。庸国人率领群蛮背叛了楚国。麇（mí）人率领百濮在选地聚集起来，准备进攻楚国。楚国人商量迁移到阪高去，蒍（wěi）贾说："不行。我们能够前往阪高，敌寇便也能够前往阪高，所以不如出兵讨伐庸国。麇人和百濮认为我们发生了饥荒，无法作战，才准备攻打我们。如果我们出兵进击，他们肯定会被吓回去的。"于是，楚国出兵，灭掉庸国，群蛮都随从楚庄王举行了会盟。

宋昭公无道，其弟公子鲍对待国人很好。宋国发生饥荒的时候，公子鲍竭尽自己的存粮借给国人；又奉养老年之人，尊敬贤能之士，对宋桓公子孙以下的亲属，没有不加以体恤的。公子鲍长得漂亮，他的嫡亲祖母宋襄公夫人王姬打算与他私通，公子鲍不肯答应，襄夫人便帮助他施舍，所以国人拥戴公子鲍，支持他与襄夫人。宋昭公准备前往孟诸打猎，还没有到达预定地点，襄夫人便指使卫伯率领驻守郊甸的军将宋昭公攻杀。公子鲍即位，这就是宋文公。

晋国的荀林父率领各诸侯国的军队攻打宋国，宋国与晋国媾和。楚庄王攻打宋国，宋国向晋国告急，晋国不肯出兵，宋国便与楚国媾和。楚庄王攻打萧国，申公巫臣说："军中将士大多饱经严寒之苦了。"楚庄王巡视三军，抚慰并勉励他们，三军将士就像披上了新絮的丝棉衣服般温暖，终于灭掉了萧国。楚国又灭掉舒蓼（liǎo），将舒蓼划入楚国的疆界，楚国边界到达了滑水转弯处。楚国进而与吴国和越国举行了会盟，才收兵回国。

当时，有一位名叫夏姬的人，是一位郑国的女子，容貌极其漂亮，而且行为放荡。夏姬与哥哥子蛮通奸，子蛮年少夭亡。她嫁给陈国的夏御叔，生了儿子夏徵舒。夏御叔也因淫欲而死。陈灵公与孔宁、仪行父三人与夏姬私通，都收藏着夏姬的贴身内衣，还拿着这些贴身内衣在朝中玩笑戏耍。陈灵公与孔宁、仪行父在夏徵舒的家中喝酒，陈灵公对仪行父说："夏徵舒长得像你。"仪行父回答说："也像您。"夏徵舒怀恨在心。陈灵公从夏氏家中出来时，夏徵舒从自家的马厩中用箭射死了陈灵公。孔宁和仪行父逃往楚国。楚国军队进入陈国以后，杀死夏徵舒，掳走夏姬，乘机把陈国改成楚国的属县。申叔时说："楚国召集诸侯，攻打陈国，是为了声讨陈国的罪人。现在，大王把陈国变成楚国的属县，却是贪图陈国的财富了。以声讨罪人开始，却以贪图财富告终，恐怕并不可取吧。"楚庄王说："讲得好！"于是，楚庄王重新封立陈国，立陈成公即位。楚庄王准备收纳夏姬，申公巫臣劝阻楚庄王不要娶她，楚庄王只好作罢。子反也打算去娶夏姬，申公巫臣又劝阻，子反没有娶她。楚庄王将夏姬送给了连尹襄老，但连尹襄老在邲（bì）地作战身亡，连尸首也没有找到。于是，他的儿子黑要又与夏姬私通。申公巫臣让人对夏姬说："你先回老家郑国去吧，让我来娶你。"因此，夏姬以寻找连尹襄老的尸骨为理由，回到郑国。于是申公巫臣谋得一个出使齐国的差使，借机前往郑国，娶了夏姬，逃到晋国去了。子反得知申公巫臣娶了夏姬，心怀愤怨，便杀害了申公巫臣的族人，瓜分了他的家产。申公巫臣为晋国向吴国通好，教给吴国人驾驶战车、布列战阵的技术，让他们叛离楚国。属于楚国的蛮夷，全部被吴国夺取过去。从此，吴国开始壮大起来，与中原诸侯也有了交通往来。大约夏姬擅长彭祖流传下来的交接之术，所以曾经三次由老变少，而申公巫臣肯定是打算娶到夏姬，以便承传她的交接之术。夏姬嫁给申公巫臣后，又生了儿女数人。她活到一百多岁时，仍然像二三十岁的样子。后来，夏姬与申公巫臣都成仙而去了。她的著作有一部《夏姬秘诀》，全书二十七卷，讲的全是男女采补交接方面的事情。这部书没有流传下来，但其内容实际上就是现在的妖狐术。

郑国接受楚国的盟约后，又两属于晋国，楚庄王便包围了郑国。晋国的荀林父前去营救，与秦国在邲地交战，晋国军队大败，郑国便归属楚国。

当初，楚庄王设宴招待群臣，命令美人巡行酌酒劝饮。日暮时分，大家酒兴正浓，忽然灯烛灭了。有一个人暗中去曳美人的衣服，美人扯断了那人的帽带，要求点上灯烛查找此人。楚庄王说："怎么能够因显扬一个女人的节操，就去侮辱一位士人呢？"他下令说："今天大家与我喝酒，不除去帽带，我就不高兴了。"群臣都把自己的帽带除去，才点上了灯烛，大家极尽欢乐而去。及至楚国发动包围郑国的战事，有一个臣属经常冲锋在前，五次交战，五次取下敌人首级，于是楚国取得了胜利。楚庄王询问此人是谁，才知道他是在夜间被美人扯去帽带的那个人。于是，楚庄王便将美人赐给他。大家心悦诚服，楚国即称霸诸侯。楚庄王旅去世，子楚共王即位。晋悼公周重振霸业，晋国三次出兵，楚国都不敢争锋。

弭兵之会

在春秋时期，自晋文公以后，晋国在北方称霸，北方的诸侯由晋国主持；楚国在南方称霸，南方的诸侯由楚国主持。齐国服从晋国，秦国服从楚国，而郑国是南北两霸的必争之地。郑国服从晋国，楚国就来讨伐郑国，郑国服从楚国，晋国就来讨伐郑国。所谓讨伐的真实目的，就是将军队开入这个国家的乡邑之中，奸淫妇女，掳掠人民，如果这个国家屈服了，就订立一项盟约，而把土地人口还给这个国家，并不极力屠杀人民。所以，郑国的风气，不过是妇女行为淫乱，但郑国还是可以立国的。这种局面持续了八十多年，郑国几乎濒于灭亡。后来，赖有子产执政，善于治理国家，又善于侍奉大国，便使郑国在四十多年时间里不曾遭受战火。

宋国的向戌与晋国执政赵文子交好，又与楚国的令尹子木友善，便倡议晋、楚两国重归于好，停止战争，消除争端，在宋国举行会盟。会盟规定，除齐国和秦国外，让晋、楚两国的属国互相朝见，于是晋、楚两国平分霸权。楚国的属国陈侯、蔡侯、北燕、杞伯、胡子、沈子、白狄向晋国朝见；晋国的属国宋公、鲁侯、郑伯、许男向楚国朝见。这种局面一共持续了十八年。

楚平王

自从晋国在平丘与诸侯举行会盟后，晋国便再不能够主持诸侯。这一年，楚国的公子比杀死楚灵王，公子弃疾又杀死公子比自立，这就是楚平王。楚平王任命伍奢担当太子建的师傅，让费无极担当副职。楚平王为太子建在秦国娶妻，费无极参与迎娶，先行回国，对楚平王说："秦女极其俊美，大王应该自己去娶她。"楚平王便娶了秦国的女子，将太子建安置在城父。费无极又谗毁太子建准备反叛，楚平王逮捕了伍奢，派遣司马奋扬杀太子建。司马奋扬将实情告诉太子建，并劝他出走，太子建逃亡到宋国。楚平王又让人召回伍奢的两个儿子，伍尚奉命而回，弟弟伍员逃亡到吴国去了。

楚平王杀害了伍奢和伍尚，伍员打算报仇，便向吴国请求任用自己。自从申公巫臣来吴国，教习战事，吴国逐渐强大起来。到了寿梦称王时，寿梦有四个儿子，长子诸樊、次子余祭、三子夷昧、四子季札。季札甚为贤明，寿梦打算将季札立为太子，季札推让不从，这才立诸樊为太子，约定四兄弟依照排行先后次序相传，一定要将国家交给季札。季札的三个哥哥都因耽于酒色，放纵佚乐，寿命不长，及至夷昧去世，寿梦将国家交给季札，季札便逃走了。吴国人将夷昧的儿子僚立为嗣君，诸樊的儿子公子光指使专诸杀死王僚，自立为国君，这就是阖闾（hé lǘ）。阖闾任用伍员，还任命孙武子为大将，前去攻打楚国。经过五次交战，吴国军队打到郢都，楚昭王逃奔随国。吴国人进入郢都，按照上下次序住进楚国的宫室，奸淫楚国的妇女，孙武子便离去了。伍员让人取出楚平王的尸体，打了三百鞭子。

吴王夫差

申包胥向秦国请求救兵，秦哀公让他到宾馆歇息，申包胥靠着院墙大哭，在七天时间里没有喝过一勺水。秦哀公为他作了《无衣》一诗，秦国才出兵进发。申包胥带领秦国军队营救楚国，此时越国乘着吴国军队正在楚国之机，起兵开进吴国。阖闾得知越国军队进入本国，与秦国作战又不能取胜，便放弃楚国，返回吴国。楚昭王进入郢都，恢复了王位。吴国前去攻打越国，越子勾践率兵抵御，在槜（zuì）李打败了吴国军队，阖闾因脚大趾受伤而死去，儿子夫差即位。夫差派人站在庭院中，让他在自己每次经过这里的时候，一定大叫："夫差，你忘记越王杀了你的父亲吗？"吴王夫差便回答："没有。我不敢忘记。"到了第三年，夫差便去向越国复仇。

吴国攻打越国，在夫椒将越国打败，进入越国。越王勾践带着披甲执盾的将士五千人栖居在会稽山上。他采用范蠡（lí）的计策，让大夫文种通过吴国的太宰嚭（pǐ）向吴国求和。夫差准备答应下来，伍员认为不可，夫差不肯听从。伍员退出来告诉人们说："越国用十年时间生息积聚，用十年时间教育训练，二十年以后，恐怕吴宫要成为沼泽了！"

越王勾践

吴国与越国媾和以后，勾践返回越国，身任劳苦，焦心极虑，蓄养士人，爱护民众。他与范蠡、文种商量图谋吴国的计策，将一位古今绝色、如花似玉、国色天香的美女西施送给吴国。西施得到宠爱后，便引导吴王荒淫逸乐，败坏国政。吴国内部沉湎于女色，外部荒废于兵火，国家日益岌岌可危。伍员屡次进谏，吴王反而让他自裁而死。

吴国前去攻打齐国，在艾陵将齐国军队打败。吴王与晋定公在黄池举行会盟，吴国称霸诸侯。越王勾践夜以继日地图谋吴国，生息积聚，教育训练，知道民众可用，便趁着吴国与晋国会盟之时，乘虚攻打吴国。吴王战败，栖居在姑苏，派人与越国媾和。越王勾践准备答应下来，范蠡认为不能许可，勾践听从，夫差自杀。

勾践率兵向北渡过淮水，与齐晋等诸侯在徐州举行会盟，并向周天子进献贡物。周天子派人颁赐祭酒祭肉，指定越王为霸主，让越王指挥齐、楚、秦、晋等国，歃血结盟而去。越国在长江和淮水流域横行无阻，诸侯都向越王祝贺。及至范蠡离去，文种被杀，越国的势力逐渐衰弱下来。

战国七雄

此后，晋国的六卿瓜分晋国，分为韩、赵、魏三个国家，加上田和篡夺齐国，新产生的国家有四个，加上原有的秦、楚、燕三个国家，这就是战国七雄。及至秦孝公采用商鞅的谋略，使秦国逐渐强盛起来，吞并六国的形势便形成了。

孔 子

在春秋时代，被杀掉的国君有三十六人，被消灭的国家有五十二个。东奔西逃，不能保全宗庙社稷的诸侯，多得无法计算。对于男女乱伦的事情，人们处之泰然，不以为怪。在各国的公卿大夫中间，甚至有调换妻妾饮酒作乐的。先师孔子为世道人心深怀忧虑戒惧，便依据鲁国的史籍撰写了《春秋》一书，成为历代君王的根本大法、万物的准则和百姓的常道，也因为有了这部书而得以不曾失坠。

孔子名丘，字仲尼，鲁国人，出生地为如今的山东曲阜县，是宋微子启的弟弟微子衍的后人。微子衍号微仲，历经五代传承，传位给弗父何，弗父何让位给他的弟弟宋厉公，而本宗累世担任宋国的卿士。弗父何生宋父周，宋父周生世父胜，世父胜生正考父，正考父生孔父嘉。至此弗父何的五世亲缘关系到了尽头，便另外形成公族，开始以孔为姓氏了。

宋国的华督在路上看到孔父嘉的妻子，目光盯着她走过来，又盯着她走过去，说了一声："真是既漂亮，又艳丽啊。"于是，华督攻杀孔父嘉，娶走他的妻子。孔父嘉生金父，金父生睾夷，睾夷生防叔。防叔为了躲避华督发起的变乱，逃亡到鲁国。防叔生伯夏，伯夏生叔梁纥（hé）。叔梁纥娶了九个女人，却没有子嗣。叔梁纥的妾生孟皮，孟皮患有足疾，叔梁纥便又向颜氏求婚。颜氏有三个女儿，其中幼女名叫徵（zhēng）在。颜父问三个女儿说：

“虽然陬（zōu）大夫的父祖两辈都是士人，然而他们的先人是圣王的后人。如今叔梁纥本人身高十尺，勇武有力，无与伦比，我非常想让他做女婿。虽然他的年纪大了，性情又很严厉，但是不足以成为疑虑。你们三人谁肯做他的妻子？”两个女儿没有回答，徵在走上前来说：“我遵从父亲的安排，父亲还用问什么呢？”父亲说：“看来你愿意啦。”于是颜父便把徵在嫁给叔梁纥为妻。

徵在祈求生一个儿子，便在尼丘山上祷告。徵在上山的时候，草木的叶片都向上竖起；及至祷告完毕下山的时候，草木的叶片都垂了下来。当天夜里，徵在梦见黑帝召见她，告诉她说：“你会有一个圣子的。”徵在醒来，便怀了身孕。在周灵王二十一年庚戌十月庚子，即夏历八月二十七日，徵在在鲁国昌平乡生了孔子。

在孔子诞生前，有一匹麒麟在阙里吐出玉书，玉书上写着：“水精的儿子，将继承衰落的周室而成为素王。”颜氏感到奇怪，将一条丝带系在麒麟的角上，麒麟连宿两夜而去，徵在怀孕十一个月而生孔子。在孔子诞生的时辰里，有两条龙环绕着房屋盘旋，有五星之精降临在庭院之中。颜氏在房中听到上天的音乐，听见天空中有一个声音说：“上天降生圣子！”

孔子生来便有奇特的相貌，牛唇虎掌，鸳肩龟背，大口突喉，额头的形状有如屋沿上仰起的瓦头，中间凹下，四周反而凸起，胸脯上写着：“以著作规定世间的符命。”父亲叔梁纥说：“这孩子秉受了尼丘山的灵气。”因而给他起名叫丘。孔子生后三年，父亲叔梁纥死去，安葬在鲁国东部的防山。孔子六岁时，做儿童的游戏，曾经陈列几案，摆设祭器，做出安排礼仪的样子。孔子十七岁时，鲁国的大夫孟僖子在快要病死之前，告诫自己的后人懿子和他的弟弟南宫叔敬，前去向孔子学礼。十九岁时，孔子娶了宋国的亓（qí）官氏为妻。二十岁，担任鲁国负责仓库保管和会计事务的小官吏，计量公平准确。二十一岁，担任鲁国管理牧场、饲养牲畜的小官吏，放养的牲畜繁殖迅速。这一年，儿子孔鲤诞生。孔鲤诞生时，恰巧鲁君把鲤鱼赐给孔子，孔子以鲁君的赏赐为荣耀，因而给儿子起名叫鲤，字伯鱼。二十二岁时，孔子开始在阙里教书，颜回、闵损等都来受业学习。二十四岁时，孔子的母亲颜氏死去，孔子将母亲与父亲合葬在防山。二十七岁，郯子前来拜见孔子，孔子见到郯子后，便向他请教官制。二十八岁，孔子去见郯子，向他学习礼仪。不久，孔子对人们说："天子失去法度，学问保存在四夷，的确如此！"二十九岁，孔子得知师襄擅长鼓琴，便前去学习。

孔子三十一岁时，齐景公派遣使者前来聘用，孔子便前往齐国。齐国有一只一足鸟，飞落在齐景公的朝堂上，展翅跳跃。齐景公让人去请教孔子，孔子说："此鸟名叫商羊，是水中的祥异。以往小孩子一边弓起腿来，振起双肩，向前跳跃，一边唱起歌谣说：'将要有大雨从天而降，商羊就会欢跃起舞。'看来将要发大水，造成灾害了。"没过多久，大雨连绵，河水暴涨。齐景公说："圣人的话，的确是信而有征的。"孔子三十二岁时，齐景公打算以廪丘邑的租税奉养孔子，孔子辞谢。孔子对弟子说："我听说过，君子应当凭自己的功劳接受奖赏。现在，齐君并没有实行我的主张，却先赐给我封邑，他也太不了解我的为人了！"

孔子三十四岁时，对南宫敬叔说："我听说周朝有一位名叫老聃（dān）的人，博古通今，通晓礼乐的本原，明了道德的指归。这样说来，他便是我的老师了！现在我就准备前去学习。”南宫敬叔把孔子的打算告诉给鲁昭公，鲁昭公赐给孔子车马和侍从车驾的人员。孔子与南宫敬叔一起前往周朝去见老聃，向他学礼。老聃说：“你所谈到的礼制，它们的制定者连人带骨都早已朽蚀了，只有他们的言论还留在世上。况且君子在为时势所用的时候便入世为官，在不为时势所用的时候便隐居自处。我听说，高明的商人把货物隐藏起来，看上去就像空无所有。君子具有高尚的德行，表面看去却像一个愚人。凡自负聪明，苛察为能的人，经常会遇到死亡的威胁，这是由于他们喜欢非议别人；博学善辩，好高骛远的人，经常会使自身陷于危险的境地，这是由于他们喜欢揭发别人。做子女的，在父辈面前不要总是显示自己；做臣下的，在君主面前不要总为个人利益打算。你回去以后，如果能够要求自身做到我说的这些，你距离大道就不算太远了。”

孔子还去访问苌弘（chāng hóng），向他请教音乐。孔子参观明堂，看到四门旁边的墙壁上绘有唐尧、虞舜、夏桀、殷纣的肖像，又绘有周公抱着周成王，背依屏风，朝见诸侯的画图，孔子便对随从的人们说：“明镜是照见形影的用具，了解古代历史是通晓当今世务的途径。人君不能够致力于承袭古人获得安定的经验，却又忽视了古人招致危亡的教训，这就像脚步向后倒退，却希望赶上前面的行人一样，这难道不是执迷不悟的表现吗？”孔子又走进后稷的庙堂，庙堂中有一座金人，紧紧地闭着嘴，背后刻有一段铭文：“古人对议论别人是非常慎重的，引以为戒吧！不要多言，多言就会遭受更多的失败；不要多事，多事就会招来更多的灾难。在安乐的时候一定要保持戒惧之心，不要去做使自己后悔的事情。不要认为这没有什么损伤，其中的祸殃将会逐渐滋长；不要认为这没有什么害处，其中的祸殃将会逐渐变大；不要认为自己所做的事情没人知道，神明将窥伺着每一个人。不去扑灭初起的微火，火势炽盛以后还有什么办法？不去堵塞涓涓细流，就会汇成江河；不去剪除细小的丝线，有时也会编成网罗；不去扎束细枝末梢，就会遭到斧头的砍伐。如果能够谨言慎行，这就是得福的根本；嘴有什么危害？它是招致祸患的大门。强横的人不会得其善终，好胜的人必定碰到对手。强盗憎恨主人，百姓怨恨上司。君子知道不能够凌驾于天下之上，所以便置身下方；知道不可以抢在众人的前面，所以便置身后方。君子温顺谦恭，慎于道德，使人仰慕。君子柔弱退藏，甘居下锋，无人超过。人们都向那边趋附，唯独君子在这边坚守；人们都迟疑不决了，唯独君子坚定不移。君子把自己的智慧埋藏在心中，不肯向人显示技艺。君子的地位虽然十分高贵，但是没有人会去伤害他。这就如同江海虽然卑下，却比百川更为宏大，这是因为江海肯于处在下方。天道无所偏袒，经常赞助善人。引以为戒吧！”孔子对弟子说：“你们记住，这段话内容切实，合乎情理。”

孔子从周朝返回鲁国以后，学问日益高深，受到尊崇，弟子更为众多，从远方赶来受业的学生大约有三千人。孔子三十五岁时，鲁昭公逃亡在外，孔子也来到齐国，在齐国的馆舍中住下，齐景公亲自登门拜访。宾主之间的使者已经开始接触，这时侍从人员禀告说，周朝的使者来了，说是先代君王的庙堂发生灾害。齐景公问："是哪一位君王的庙堂？"孔子说："肯定是周釐（xī）王的庙堂。"齐景公说："你怎么能够知道？"孔子说："周釐王变更了周文王的政教法令，用五采丝帛制作华丽的服饰，宫室高大，车马奢侈，却不能够振举朝政，这是应该遭受天灾的。"过了一会儿，果然来人报告说发生灾害的是周釐王的庙堂。齐景公说："讲得好啊！圣人的智慧，比常人高明得太多了！"孔子三十七岁时，在齐国听到歌颂帝舜的《韶》乐，一连三个月都被其陶醉，而尝不出肉的滋味，齐国人对他大加称赞。齐景公向他请教为政之道以后，大为高兴，准备将尼溪的田地封给孔子，晏婴从中阻止，孔子便离开齐国，返回鲁国。四十二岁时，孔子住在鲁国，季桓子在打井的时候得到一个土罐，土罐中有一只像羊的东西，便去请教孔子，而说得到的是狗。孔子说："据我所知，你得到的是羊。我听说过，山林中的怪物是一只脚的夔（kuí）龙和山精鬼怪，水中的怪物是龙和水怪罔象，土中的怪物是不分雌雄的羵（fén）羊。"

吴国攻打越国，毁坏了会稽城，得到有一辆车那么长的一架人骨。吴国派人向孔子请教说："什么人的骨头最大？"孔子说："大禹在会稽会见群臣，防风氏的国君迟到了一步，大禹便将他杀死，并且陈尸示众。他的骨头有一辆车那么长，这就是最大的骨头了。"吴国使者又问："谁是神？"孔子说："山川中的神灵，能够兴云致雨，造福天下，所以，守护山川，主持祭祀，这就是神。"吴国使者又问："防风氏守护何方？"孔子说："汪罔氏的国君，守护封山和嵎（yú）山。汪罔氏为釐姓，在虞、夏、商时代称作汪罔，在周朝称作长翟，如今称作大人。”客人问：“人都有多么高的？”孔子说：“僬侥（jiāo yáo）氏身高三尺，这是最矮小的人。高大的人不过十尺，这便到了人的高度的极限了。”吴国的使者说：“讲得好啊，真是圣人！”

孔子四十四岁时，住在鲁国。当时，季孙氏势力强大，行为不轨，阳虎专擅国政。孔子不肯出来做官，退居家中编修《诗》《书》《礼》《乐》，弟子愈加众多。四十六岁时，孔子仍住在鲁国，参观了鲁桓公的庙堂，庙堂中有一件倾斜易覆的器物。孔子询问庙堂的看护人：“这是什么器物？”看护人说：“这是置于座右的器物。”孔子说：“我听说，置于座右的器物，如果不盛水，器身就会倾斜不正；如果盛水恰到好处，器身就会保持中正；如果盛水过满，器身就会完全倒下。贤明的君主把此物作为对自己的告诫，所以经常将它放在座位旁边。”他看着弟子说：“你们试着往里面倒水吧。”弟子把水倒了进去，果然是在盛水适宜的时候器身中正，在盛水过满的时候器身倒下。孔子叹息着说：“唉，哪里会有满盈了而不倾覆的事物呢！”子路上前说：“请问保守成业有什么办法吗？”孔子说：“以愚笨保守聪明睿智，以退让保守遍及天下的功劳，以怯懦保守震动人世的勇力，以谦虚保守所拥有的天下。自己在盛满时常保持戒惧谦虚，这就是人们所说的道了。”

孔子四十七岁时，鲁定公任命他为中都宰。这时，孔子制定了息养民生、临老送终的礼仪，使成年人与儿童分别进餐，强健的人和衰弱的人担当不同的责任，男人和女人各自分途而行，于是路有所失，人不私取，使用的器物都没有雕饰，市场上的物品没有两种价格。孔子还规定棺厚四寸，椁厚三寸，靠着丘陵安置坟墓，既不培土，也不植树。孔子的主张实行了一年，各地都来效法孔子。鲁定公说："学习你的办法，用来治理鲁国，你看行吗？"孔子回答说："就是用来治理天下也是可以的，岂止可以用来治理鲁国呢！"于是，鲁定公任命孔子为司空，孔子便区别了五种土壤的特性，使万物都得到了适宜的生长条件。孔子在五十一岁时担任了鲁国的司寇，代理行使国相的职权。孔子办理朝政，在第七天便在宫殿门外的高台上诛杀了扰乱朝政的大夫少正卯。子贡上前说："少正卯也算是鲁国的知名人物。如今先生执政一开始就将他杀掉，也许太过分了吧！"孔子说："天下有五种大恶，而盗窃还不包括在内。心怀不轨而又用心险恶，行为邪僻而又坚定不移，言论诈伪而又能言善辩，记录丑事而又广知博闻，坚持谬论而又闪烁其辞，如果有人将这五条集中于一身，就无法避免君子的诛讨，而少正卯便兼而有之。此人是人中奸雄，所以不能不将他除掉。"

孔子五十二岁时，齐国大夫犁鉏（chú）对齐景公说："鲁国任用孔子，势必危及齐国。"于是，齐景公派遣使者通知鲁国举行通好的会见，约定在夹谷相会，鲁定公准备乘车前往。当时孔子代理宰相的职务，便说："我听说过，举行文事活动，必须做好武装戒备，请让左右两司马都随从您赴会吧。"鲁定公说："好吧。"鲁定公在夹谷与齐景公会面，在那里修建了坛场，备好了席位，设置了土阶三级，两国君主按照会晤的礼节相互见面，拱手谦让着登坛。在彼此馈赠酬答的礼仪结束以后，齐国的礼官快步走上来说："请演奏各地的音乐。"齐景公说："好吧。"于是齐国乐队挥动旗帜，头插羽毛，身着皮装，手执矛、戟、剑、盾，大声喧闹着走上前来。这时，孔子也快步上前，一步两阶地迅速登坛，举袖一挥说："我们两国君主举行友好会晤，为什么要在这里演奏夷狄的音乐？请命令礼官停止演奏。"齐景公心中惭愧，挥手撤去了乐队。过了一段时间，齐国礼官又请求演奏宫廷音乐，齐景公说："好吧。"于是齐国的歌舞艺人和矮小侏（zhū）儒嬉戏着走上前来。孔子又快步上前说："对于那些胆敢戏弄诸侯的平民百姓，罪当诛除，请下命令予以处治！"齐国人无言以对。孔子说："由齐国处治他们和由鲁国处治他们是完全一样的，鲁国的左右司马还不快快动手！"鲁国的左右司马依法处治，那些艺人和侏儒都身首异处了。齐景公大为恐惧，也深受触动，知道齐国在道义上不如鲁国，便归还了侵占鲁国的郓地、汶阳和龟阴的田地，表示承认过错。

孔子五十四岁时，对鲁定公说："臣属不应该储存武器，大夫不应该拥有高达一丈、长达三百丈的城邑。现在，孟孙氏、叔孙氏、季孙氏三家超过定制，请予以裁减。"孔子派遣仲由担任季氏的邑宰，准备毁除三家所拥有的郈（hòu）、费（mì）、郕（chéng）三座都邑，于是叔孙氏率先毁除了郈城。季孙氏准备毁除费城，公山不狃（niǔ）和叔孙辄便率领费人前去袭击鲁君。鲁定公与孟孙、叔孙、季孙三人躲进季孙氏的住宅，登上了武子台。费人攻打此处，未能取胜。孔子命令申句须和乐颀（qí）下台反攻，费人败退。鲁国人乘胜追击，在姑蔑又打败了费人。公山不狃和叔孙辄逃亡到齐国，于是毁除了费城。当准备毁除郕城的时候，公敛处父对孟孙说："如果毁除郕城，齐国人肯定要打到北门来的。况且郕城是我们孟孙氏的屏障，没有郕城，也就是没有孟氏了。我不打算将它毁除。”十二月，鲁定公包围了郕城，但没有攻克。

孔子五十五岁时，担当鲁国的宰相，鲁国政治修明。齐国人闻讯恐惧，便采用犁鉏的计策，向鲁国赠送女乐。季桓子接受女乐后，一连三天，不肯办理政务，在郊外举行祭祀的时候，又没有向大夫们赠送祭肉。孔子见此情形便离开鲁国，前往卫国，在子路妻兄颜浊邹的家中住下。

孔子五十六岁时，住在卫国。卫灵公给孔子送来粟米六万（《史记》记载“奉粟六万”，并无容量单位，存疑）。过了没有多久，有人向卫灵公诬陷孔子，卫灵公派人带着兵仗护卫孔子。孔子唯恐得罪卫君，住了十个月，便离开了卫国。前往陈国，途中经过卫国的匡地，颜刻驾驶车马，孔子用马鞭指点着说：“往日我与阳货来到匡地，城墙的那个缺口，就是当年遭受攻打的地方。”匡地人听到此言，以为孔子是鲁国的阳虎。阳虎曾经对匡地施行暴力，而孔子的相貌又与阳虎相似，匡人便将孔子拘禁了五天。弟子们害怕了，孔子却说：“在文王没世以后，周代的礼乐典章难道在这里就不复存在了吗？”便让随行人员向卫国的臣属宁武子请求解救。匡地人说：“我们以为他是阳虎，所以将他拘禁。现在知道他不是阳虎，自然要将他释放。”孔子路经蒲地，当时子路正在治理此地，孔子认为他施政有方。住了一个多月，孔子又返回卫国，住在蘧（qú）伯玉的家中。

卫灵公的夫人南子，非常美貌，很有姿色，过去曾经与宋朝私通。宋朝，是男子中俊美多姿的人物。他既与卫灵公的母亲襄姜私通，又与卫灵公的夫人南子私通。宋朝感到恐惧不安，便发起变乱，逃亡到晋国，又由晋国归附宋国。南子思念宋朝，无法忘怀，卫灵公便又为南子将宋朝召回卫国，对宋朝与南子这一男一女并加宠爱。尽管南子有淫荡的行为，但也贤能聪慧。有一次，南子与卫灵公在夜间闲坐，听到隆隆的车声来到宫门前便戛然而止，过了宫门却又重新作响。南子说："这一定是蘧伯玉。"卫灵公说："你是怎么知道的？"南子说："君子不会因置身在光天化日之下就粉饰自己的操守，也不会为隐没在昏昧不明的夜间便不检点自己的行为。我听说蘧伯玉是一位君子，所以我知道准是他。"卫灵公派人前去询问，果然就是蘧伯玉。孔子住在蘧伯玉家中，南子让人对孔子说："来到卫国而又想与我们国君建立交情的各国君子，必定前来见我。我希望也能见到你。"孔子起初还婉言推辞，后来迫不得已，便入宫去见南子。孔子进门以后，面向北方，俯首跪拜。南子回礼，环珮撞击，叮咚作响。孔子与南子隔着纱帘互相见面以后，便出了内宫。过了一个多月，卫灵公与南子同车而行，宦官雍渠在右首陪坐，让孔子坐在第二辆车上，大摇大摆地走过街市。孔子羞愧不堪，便离开卫国，前往曹国。

孔子又离开曹国，前往宋国。他与弟子在大树下演习礼仪的时候，宋国的司马桓魋（tuí）打算杀害孔子，便将大树砍倒。于是，孔子换上平民的服装，经过宋国，前往郑国，途中与弟子失散。孔子独自站在外城东门前面，有一个郑国人对子贡说："东门有一个人，他的前额像帝尧，后颈像皋陶，肩膀像子产，然而由腰部以下比大禹还相差三寸，他那憔悴而又颓丧的样子，就像一只丧家之狗。”子贡以实相告，孔子欣然欢笑着说：“说到形体相貌，那并不重要。至于说我像一只丧家之狗，的确说得不错！”于是，孔子前往陈国，在司城贞子的家中住下。孔子五十九岁时，由陈国经过蒲地，适逢公叔氏率领蒲人叛乱，蒲人又将孔子拘留。有一个名叫公良孺的弟子，带着五辆私人马车跟随着孔子。公良孺贤明而勇敢，他说：“以往我随从先生在匡地遭遇磨难，现在又在此地遭遇磨难，这是命中注定的啊。如果我与先生再次遇到磨难，我宁可搏斗而死。”他搏斗甚是勇猛，蒲人为之恐惧，便对孔子说：“如果你不前往卫国，我们就把你放了。”孔子向蒲人立下盟誓，蒲人便将孔子放出东门，而孔子却又前往卫国。子贡说：“连盟誓也可以背弃吗？”孔子说：“这是在受到别人要挟的情况下立下的盟誓，神明是不认可的。”卫灵公听说孔子来了，便前往郊野迎接。他问孔子：“可以攻打蒲地吗？”孔子回答说：“可以。”卫灵公说：“我国的大夫认为还不可以攻打。现在的蒲地，是卫国防御晋楚两国的前哨，恐怕还是不攻打的好吧？”孔子说：“那里的男子有死守蒲地的决心，那里的女子有保卫西河的意愿。我主张讨伐的人，只不过是与公叔氏共同发动叛乱的四五个人。”卫灵公说：“好。”却并不发兵攻打蒲地。

晋国的佛肸（bì xī）担任中牟邑长官。赵简子攻打范氏和中行氏，讨伐中牟。佛反叛，派人去叫孔子，孔子打算前往，子路很不高兴，孔子终未成行。孔子准备西行去见赵简子，来到黄河岸边时，却听到了窦鸣犊与舜华二人被杀的消息。孔子面对黄河，叹息着说：“浩荡的黄河之水真是壮美啊！我不能渡过黄河，这是命运的安排。”子贡说：“您说的是什么意思？”孔子说：“窦鸣犊与舜华两人都是贤明的大夫，在赵氏尚未得志的时候，由于任用了他们二人，才得以执政。君子不愿意损伤自己的同类，所以我才这样说。”孔子又返回卫国，在蘧伯玉的家中住下。后来，卫灵公向孔子请教作战的阵法，孔子回答说自己没有学过。第二天，卫灵公与孔子谈话，看到大雁飞过，便仰头观望，并不专心听孔子讲话，于是孔子离开卫国，又一次前往陈国。

孔子六十岁时，住在陈国。夏季，鲁桓公和鲁僖公的庙堂发生火灾，南宫敬叔赶去救火。孔子闻讯便说：“火灾肯定是发生在鲁桓公和鲁僖公的庙堂之中。”不久便证实果真如此。秋季，季桓子病重，便对儿子季康子说：“我死后，你肯定会做鲁国的宰相。做了鲁国的宰相后，你一定要召回孔子。”季康子继任以后，打算将孔子召回，公之鱼却说：“以往我们先君不能够始终任用孔子，遭到诸侯的讥笑。现在要是又不能够始终任用他，这就要再一次被诸侯所笑话了。”季康子说：“然而，我们把谁召回来更合适一些呢？”公之鱼说：“一定要把冉求召回来。”因此，季康子便派遣使者去召冉求。在冉求准备启程的时候，孔子说：“鲁国人将冉求召回去，不会只是委任他一个无足轻重的职务，而是准备委以重任的。”就在这一天，孔子发出了“归去吧，归去吧”的感叹。

孔子六十一岁时，由陈国前往蔡国。六十二岁时，由蔡国前往叶邑，叶公向他请教治理国家的办法。不久，孔子又返回蔡国。有子路向长沮（jū）、桀溺询问津渡等各个篇章记录的史事。六十三岁时，孔子在陈国和蔡国一带活动。楚国派人延请孔子，孔子准备前去回拜答礼。陈、蔡两国的大夫计议说："如果孔子被楚国所任用，陈国和蔡国就危险了。"陈、蔡两国就共同调集步兵，把孔子围困在野外。孔子说："《诗经》说：'我既不是犀牛，也不是老虎，却要在旷野上走来走去。'难道是我奉行的主张有问题吗？为什么我会被困在这里？"子贡说："先生奉行的主张最为博大，所以天下不能够相容。"颜回说："不能被天下相容又有什么妨碍，不能被天下相容，然后显示出君子的风采。"孔子在遭受包围的时候，仍然为弟子讲授学业，毫不懈怠。孔子让子贡来到楚国，楚昭王发兵前来迎接，此后孔子才得以脱身。当时，楚昭王正在横渡长江，有一样东西碰在楚昭王的船只上，楚昭王让人前去请教孔子。孔子说："这是萍实，它的味道甘甜如蜜。"来人说："您怎么知道这是萍实呢？"孔子说："过去我前往郑国，在来到陈国野外的时候，听到儿童唱着歌谣说：'楚王在渡江的时候得到萍实，像斗一般大，如太阳一般红，剥开萍实吃了它，甘甜犹如蜜。'恐怕楚王碰到的就是萍实了！"经过验证，果然不错。楚昭王准备把七百里书社之地封给孔子，楚国令尹子西从中阻挠，楚昭王这才作罢。孔子便由楚国返回卫国。

孔子六十四岁时，住在卫国。在此之前，卫灵公的夫人南子与宋朝通奸，卫灵公的太子蒯聩（kuǎi kuì）向齐国进献土地，路过宋国的郊野，郊野上的人唱着歌说："已经稳住了你们的母猪，何不归还我们的子猪？"太子蒯聩深感羞愧，对戏阳速说："你随我去朝见少夫人，看到我以目光示意，你就将她杀掉。"戏阳速说："遵命。"于是他们便去朝见夫人南子。太子蒯聩三次以目光示意，戏阳速都不肯上前动手。夫人南子看到蒯聩的神色不对头，便哭泣着逃走，还说：“蒯聩想杀死我。”卫灵公拉着南子的手，登上高台。太子蒯聩逃亡宋国，卫灵公把蒯聩的同党尽数驱逐。及至卫灵公去世，蒯聩的儿子卫出公辄即位。蒯聩打算回国，卫出公不愿意发兵抵制蒯聩，诸侯也屡次就蒯聩之事责备卫出公。卫出公打算任用孔子来治理国政，子路问孔子：“卫君等着您去治理国政，您准备首先去做哪一件事情？”孔子说：“果真如此，我就先来纠正卫国的大义名分！”子路说：“您的迂腐竟然已经达到如此地步！您又如何能够纠正？”因此子路便在卫国做官。

孔子六十六岁时，夫人亓官氏去世。过了整整一年，孔鲤还在哀哭。孔子听见哭声就问：“是谁在哭泣？”门人说：“是孔鲤。”孔子说：“嘻，他也太过分了。”孔鲤闻言，便不再哭泣。六十八岁时，孔子住在卫国。冉有担任了季孙氏的将领，与齐国军队在郎地作战，打败了齐军。季康子问：“你的用兵之道，是学习得来的呢，还是天生就有的呢？”冉有说：“我是从孔子那里学习来的。”季康子说：“我打算召孔子回国任事，你看可以吗？”冉有回答说：“如果准备召用孔子，就别让小人居中离间，这就可以了。”于是，季康子带着礼物去迎接孔子。孔子来到鲁国，鲁哀公请他住进宾馆。鲁哀公向孔子请教治理国政的办法，但终究不能够任用孔子。孔子便讲述《书》的大意，编排上起于唐尧虞舜时期，下至于秦缪（mù）公（又作秦穆公）在位期间的历史；将三千首古诗删定成三百〇五篇。孔子晚年喜欢研读《周易》，勤奋所至，连编的竹简的皮条都磨断了好几次。还编订了《礼记》一书。

孔子六十九岁时，儿子孔鲤死去。孔子七十一岁时，正当鲁哀公十四年春季。鲁哀公在西部的大野打猎，叔孙氏的驾车人子钮商捉到一匹麒麟，左足已经受伤。他看到这匹麒麟长得像一匹獐子，头上却生着双角，认为不是吉祥之物，便将麒麟赏赐给虞人。孔子仔细看过以后说："麒麟啊，你为什么要在世上出现？"他用衣袖掩面哭泣，眼泪沾湿了袍子。又说："麒麟出世，却死去了，我奉行的主张无法实现了。"于是，孔子依据鲁国的史书撰写《春秋》一书，起于鲁隐公元年，止于鲁哀公十四年，记叙了由周平王到周敬王在位期间的十四位君王，一共二百四十二年的历史，在鲁国捉获麒麟以后便搁笔不写了。孔子对于鲁史旧文，该写入的就写入，该删除的就删除，像子夏那样一些擅长文章、博学多识的人物，也连一个字都无从增删。

孔子拥有弟子三千人，一身兼通六艺的弟子有七十二人，他们是：颜回、闵损、冉耕、冉雍、端木赐、宰予、仲由、冉求、言偃、卜商、颛孙师、曾点、曾参、澹台灭明、高柴、宓（mì）不齐、樊须、有若、公西华、原宪、公冶长、南宫适、公皙（xī）哀、颜高、商瞿、漆雕开、公良孺、秦商、颜刻、司马耕、巫马期、梁鳣（zhān）、琴牢、冉孺、颜辛、伯虔、公孙龙、曹卹、陈亢、叔仲哙、秦祖、奚藏、公祖兹、廉洁、罕父黑、公西蒧（diǎn）、壤驷、赤冉季、石处、左郢、狄黑、商泽、任常、郑邦、乐颀、颜之仆、孔忠、漆雕哆（chǐ）、颜哙（kuài）、颜无繇、公夏首、申枨（chéng）、邬单、荣旂（qí）悬成、燕伋、原亢、邦巽（xùn）、施之常、秦非、句井疆、步叔乘。

孔子七十二岁时，子路死在卫国。当初，卫国的孔圉文子的妻子伯姬，即蒯聩的妹妹，平素与家中的仆人浑良夫私通。孔圉文子去世后，他的儿子孔悝（kuī）执掌国政，蒯聩通过浑良夫谋求回国。伯姬劫持了孔悝，将蒯聩立为国君，卫出公辄外逃鲁国。子路准备进入孔家平乱，石乞、孟黡（yǎn）挥戈向他进击，割断了他的帽缨。子路系好帽缨，便死去了。孔悝立蒯聩为君的时候，孔子正住在鲁国。他得知卫国发生变乱的消息后，便叹息着说：“高柴就要回来了，而子路恐怕却要死去了。”

孔子七十三岁时，在壬戌四月乙丑，即夏历二月十八日去世。七天以前，孔子早晨起来，背着手，拖着拐杖，在门前安闲自得地漫步，他唱道：“泰山崩塌了，梁柱朽坏了，哲人就这样凋谢了！”歌罢，他走进大门，在门前坐下。子贡听到歌声便说：“泰山崩塌，我还有什么可以景仰的？梁柱朽坏，哲人凋谢，还有谁人令我效法？大约先生将要生病了。”他便快步走进门来。孔子说：“子贡啊，在前些天的夜间，我梦见自己坐在厅堂的两根前柱之间受人祭奠，这是殷朝的礼仪啊，而我正好便是殷朝的后人。英明的君王尚未兴起，天下有谁会取法于我？恐怕我快要死去了。”孔子卧病七天，便死去了。鲁哀公写了一篇诔（lěi）哀悼孔子说：“上天太狠心了，竟不肯留下这位老人。使我一个人留在君位上，孤苦零丁，深感内疚。唉，令我悲哀不已的尼父啊，你也不用再拘束自己了！”子贡说：“鲁君恐怕不能死在鲁国了吧！凡失去礼节就会秩序混乱，失去名分就会产生过失。鲁君不能够在孔子生前加以任用，却在孔子死后作诔文表示哀悼，这是不合乎礼仪的；以诸侯的身份而自称‘余一人’，这是不合乎名分的。鲁君在礼仪与名分这两方面全都有失检点。”五月，孔子被安葬在鲁国都城北面的泗水岸边，弟子虽然不穿丧服，却都以内心的哀悼为孔子服丧三年，然后便离去了。只有子赣在孔子的坟墓旁边搭起茅庐，一直住了六年。在孔子的坟墓旁边安家的鲁国人有一百多人，因此这里便被称作孔里。

曾 参

在孔子的弟子中，只有颜回最为贤明，他先于孔子死去。传播孔子学说的弟子有曾子。曾子名参，字子舆，父亲曾点，也在孔子门下从学。曾参十六岁时，孔子正在楚国活动，曾点让他前往楚国，接受学业。曾参天性极为孝顺。有一次，他到野外去打柴，有一位客人来到他的家中，他母亲把手握在胳臂上，曾参立即跑了回来，问母亲说：“你的胳臂有什么毛病吗？”曾母说：“今天有一位客人前来，我手握胳臂招呼你哩。”曾参的母亲死去以后，后母对待曾参很是无礼，但曾参供养后母仍毫不懈怠。有一次，曾参在瓜地锄草，一不注意，将瓜铲去了，曾点大怒，拿起木杖，就去打他，曾参仆倒在地。过了一会儿，曾参苏醒以后，恭敬地站起来，走到父亲面前说：“大人尽力教导我，恐怕使劲猛了一些。”他退下来边鼓瑟，边唱歌，希望父亲听到自己的歌声，知道自己心情平和。孔子得知此事以后，告诉门人说：“如果曾参前来，不能把他收下。过去帝舜侍奉自己的父亲瞽（gǔ）瞍，瞽瞍找理由指使他的时候，他从来没有不在身边过；而找机会杀害他的时候，他从来都不让父亲达到目的。所以，用小木棒打他，他便忍受了；用大木棒打他，他便逃跑了。现在，曾参任凭自身去承受暴打怒骂，却使自己的父亲陷在不义之中，难道这算得上孝顺吗？”曾参说：“看来我的罪过真是太大了！”于是他到孔子那里去承认过错。每当曾参阅读有关丧礼文献的时候，总是泪下沾襟。他说：“亲人死去了，就再也不能够返回人世。当儿子的想奉养亲人，而他们却不再活着。所以，与其捶杀了牛去祭奠亲人，还不如趁亲人活着的时候为他们杀鸡宰猪哩！我刚刚担任官吏的时候，得到的俸禄不足糊口之用，但我还是非常高兴，这不是因为我认为俸禄已经很多，而是因为我为能够用这些俸禄孝敬亲人而高兴。在亲人谢世以后，我曾经南下游历楚国，得到地位尊崇的官职，但我还是要向着北方哭泣，这不是由于我为以往卑贱的地位而伤感，而是由于我为不能够再去孝敬亲人而悲痛。”孔子认为曾参能够贯通大道，所以把自己的学说统统传授给了他。曾参用《大学·圣经》一章教导弟子，弟子将他讲述的大意记录下来，编成十传，成为千年以来儒学的基本著作。

孔伋与《中庸》

曾参的弟子孔伋，字子思，是孔鲤的儿子，孔子的孙子，他还来得及侍奉孔子，而跟随曾参受业。子思十六岁的时候来到宋国，宋国大夫乐朔因与他谈论学问而恼怒，便将他包围起来。宋君闻讯，驾着车救出子思。子思脱身以后说：“周文王被囚禁在羑里，才写出《周易》一书，祖父孔子遭受流亡陈蔡的困顿，才写出《春秋》一书，我被围困在宋国，难道能没有述作传世吗？”于是他阐述孔子的思想，写了《中庸》一书。古人说，孔伋穷困潦倒，担心家学不能大显于世，便写下《大学》一书，从纵向阐述孔子学说；写下《中庸》一书，从横向阐述孔子学说。《大学》和《中庸》都是子思撰写的，这种说法切近情理。当初，孔鲤死后，他的妻子转嫁给卫国的庶氏，便死在庶氏家中。庶氏向子思报丧，子思在孔氏的家庙中痛哭，门人进来说：“庶氏家的母亲死去，您为什么在孔氏的家庙中哭泣呢？”子思说：“我错了，我错了！”于是他便到别的屋子中去哭泣，此事见于《礼记》一书的记载。

孟 子

子思的弟子孟子，名轲，字子舆，是鲁国孟孙氏的后人，邹地人氏。他的父亲名叫孟激，字公宜，娶仇氏为妻，梦见神人牵挽着龙凤，从泰山上下来，准备在峄山停住。孟激凝视了很长时间，忽然看见一朵云彩飘落而下，于是惊醒。当时里巷的人们都看到五色祥云笼罩着孟氏的住宅，孟子便于此时诞生。

孟子三岁时失去了父亲，母亲贤明有德，带着孟子过活。最初，由于住处与墓地邻近，孟子小时候游戏玩耍便模仿有关坟场的事情，蹦蹦跳跳地去筑坟掩埋。孟母说：“这里不适合儿子居住。”于是孟母便离开此地。由于住处邻近商市，孟子游戏玩耍的时候便模仿商人拍卖的事情。孟母说：“这里也不适合儿子居住。”于是孟母将住处迁移到学校旁边，孟子游戏的时候，便设置几案，摆布祭器，拱手礼让，时进时退。孟母说：“这里正适合儿子居住。”于是孟母在此定居下来。孟子逐渐长大了，有一次，孟子放学回来，母亲正在织布，孟母问他：“你的学业到了什么程度了？”孟轲说：“只是随其自然。”孟母用刀割断了织物。孟轲问母亲这是什么缘故，孟母说：“君子通过学习树立自己的名声，通过多问拓广知识，这都是逐渐积累起来的，就像织物要通过纺织才能织成。如果荒废学业，一事无成，这与割断织物有什么不同？”孟轲怀着戒惧的心情，早晚勤学不止，又随从子思受业。在弄通所学的学说以后，正值齐国梁惠王谦卑自处，不惜厚礼，招徕贤人，孟轲便来到大梁。不久，他又离开大梁，前往齐国，齐宣王任命他为客卿。

当此时，天下致力于合纵连横，以能攻善战为贤能。但是，孟轲却阐述尧、舜、三代的德治，因此他所到之处总是不合时宜。孟轲引身而退，与万章等门徒阐述《诗》《书》和孔子的学说，写下《孟子》七篇，以告来世。孟子娶由氏为妻，生下一个儿子，名叫仲子，孟子说：“人们都知道用食品来解除饥饿，却不懂得用学习来消除愚昧。学习是崇尚名节、安身立命的根本。”孟子的学说尊崇孔子，抵制杨朱、墨翟。孟子说：“杨朱主张为我，这就是不要君主。墨翟主张兼爱，这就是不要父母。不要父母和君主，就与禽兽没有差异了。”所以杨朱与墨翟学说的危害从此也就消声匿迹，这就是孟子的罕有的功绩。

儒、佛、道三教

有人说，佛和老子教人们做的，比杨朱与墨子更甚。他们不知道，在孟子生活的时代，虽然人们还不知道有佛存在，但是，老子生在孔子以前，他的著作已经流传了很长时间，为什么当初孟子没有任何一句驳斥老子的话呢？其实，自混沌初分、蒙昧未开的时代以来，就已经有男仙人东王公，姓木名仉，字君明；也已经有女仙人西王母，姓杨名回，字婉妗。得道的男子，归东王公管辖；得道的女子，归西王母管辖。及至周朝，当时已经有仙人八万多人了。一般来说，仙家所宝贵的有三项，即精、气、神。仙家入门的要领也有三项，即炼精、养神、运气。运气的方法，如叩齿、按摩、用鼻孔吸东南方的真气，让真气在浑身运转，人们大多也能够修炼，只怕是有时候人为努力过多，有时候又忘记人为努力，所以修炼的时间很长，实际却等于时修时停罢了。至于炼精，人们往往被佛家的信条所迷惑，心生怀疑，不肯相信，认为真正的仙人应该是从勤苦的修炼中得到的，如果连生儿育女，延续后代都不知道，怎么能够算是从勤苦修炼中得来的呢？而且，万物采得人的精华，还能够与神明相通哩，何况人呢？大凡男女精华交合之事，在易学经典中便有明文记载，采补不过是拾取女子多余的精华来增益自身。加之，妇女身体中经常结有金丹，如果能够在草上露时赶忙吸取它，就会使自身长寿成仙。采补的方法对女子并没有损害。假如采补会造成对女子的损害，那就是旁门左道，上天的诛杀就一定要降临其身了。说到养神，这是修炼天仙的正路，是至高无上、至真至切的原理，是最高级的方法，不仅道家通过养神飞升成仙，就是佛家也是经由此途而得以超度。佛家的教条头绪很多，即使刻苦实行，勤勉修持，却都属于皮毛，缺少根据。佛门得道者的修持方法，与道家的修持方法是一样的，佛家所说的“明心见性”，就是道家的养神法。还有，鬼得到汞也会成仙，年轻女子大约以修炼太阴炼形术的居多。儒、佛、道三教都以《易经》为根据，道教主张先天与后天兼炼，其言论变幻莫测，他们说人死后可以留下形骸成仙，认为炼精、养神、运气便是丹头，这种方法学起来困难，但是容易修炼成功，一旦成功，便成为仙人。佛教以先天为本，其言论清静寂灭，谈论前生与来世，认为“明心见性”的境界就是觉悟，这种方法学起来容易，但是难以修炼成功，一旦成功，便成为菩萨。儒教以后天为本，其言论中庸平和，讲究人伦常道和修身、齐家、治国、平天下，达到儒家境界的极至，就成为圣人和贤人。以儒教治理世事，出现非常忠孝、极有节操以及对百姓有功有德的人物，就成为神明。儒教在前面的叙述中已经阐明，佛教在以后的叙述中便可见到，现在先把道教讲述明白。

彭　祖

孔子说：“我私自与我的那位老彭[1]相比。”彭祖，姓钱（qián）

1.老彭：旧有二说，一谓老彭是殷商的一位贤大夫彭祖；一说老彭为二人，一为老子，一为彭祖，本文则属前说。关于彭祖，据《神仙传》载，其人为颛顼帝

名铿（kēng），是颛顼帝的玄孙，陆终氏的次子。陆终氏娶鬼方的女儿为妻，鬼方女子怀下身孕，却并不产育，经过十一年时间，剖开她的左右胁，取出子女六人，排行第三的名叫老彭。老彭被封在大彭故地，大彭就是如今的彭城。到殷朝末年的时候，彭祖已有七百多岁，但容貌却很年轻。他喜欢恬淡清静，只把将养心神、调治性命作为自己的活动，擅长采补导引之术，与女子交合，多多益善。周穆王得知消息以后，将他任命为大夫，彭祖托称有病在身，不肯参与朝中政务。周穆王派遣宫中的采女乘着带有帷帘的车子，前去请教交合之道。彭祖通过与采女交合，将各种秘法全部传授给了采女，采女回去以后，再教给周穆王，周穆王尝试着实行其术，颇有效验。彭祖听说以后，便离开周朝，不知去向。彭祖因善于与女子交合而达到寿长年高，曾经有四十九个妻子先后故去，彭祖与她们生下五十四个子女，婢妾尚不在计算之内。彭祖著有《房中秘术》一书，共有一百八十六卷。

老　子

在彭祖还没有成仙离去的时候，上天又相继生下老子[1]。孔

的玄孙，是帝尧的臣属，精于导引行气，因而长生不老。由于帝尧将他封在彭地，于是以彭为姓氏。据说彭祖历经虞、夏，至商朝末年，年龄已有七百多岁，但仍不衰老，所以又称老彭。殷纣王时，彭祖为大夫，纣商准备杀死彭祖，彭祖逃走，不知去向。

1.老子：姓李，名耳，字伯阳，谥曰聃，或称太史儋、老莱子，春秋楚国苦县（今河南鹿邑东）厉乡曲仁里人。据说曾任东周守藏室之史，后因周室内乱，弃官而去。过函谷关时应关令尹喜之请，著《道德经》五千字，遂不知所终。道

子曾经向老聃（dān）请教有关礼仪的学问，还说：“我看老子这个人，恐怕就是人中之龙了吧？”老子，就是太上老君。他在商王阳甲在位时期分出神魂，聚成元气，开始在元妙王的女儿理氏腹中投胎。理氏吃下李子便怀了身孕，经过八十一年时间，于商朝武丁二十四年庚辰二月十五日卯时，在楚国的苦县濑乡曲仁里降生。老子在李子树下面从母亲的左腋窝里生了下来，他指着李子树说：“这棵李树便是我的姓氏。”老子生下来的时候，头发纯白，面色黄中透白，额头上有纹理通达头顶，左右两额凸起，耳长目短，有两道纯骨的鼻梁，耳朵有三个孔窍，胡须美观，额头宽阔，牙齿稀疏，口唇方正。

老子姓李名耳，字伯阳，号老聃。周文王在当西伯的时候，将他征召为管理藏书室的史官。周武王在位时期，让他担任侍立于殿柱之下的谏官。周成王在位时期，老子游历极为遥远的西方国家大秦、竺乾等地，号称古先生。他感化教导这些国家，后来在这些国家中形成了佛教。周康王在位的时候，老子返回周朝，再次担任谏官。周昭王在位的时候，老子打算再去开导感化西域，于是驾着青牛车，西行经过函谷关。函谷关的长官尹喜得知老子到来，便请求老子把道术传授给自己。老子与尹喜一起横越沙漠西去，到周穆王在位的时候又返回中国。周敬王在位十七年的时候，孔子向老子请教有关礼仪的学问。周烈王在位时期，老子经过秦国，秦献公向老子请教帝王兴衰的运数。秦朝时期，老子降临在峡河边，将道术传授给安期生。

教奉老子为教主，尊为三清尊神之一的道德天尊。

汉文帝时期，老子降临。汉文帝派遣使者前去向他请教道术，老子说："《道》《德》这两部著作非常尊贵，不是隔着很远的地方就可以请教的。"于是，汉文帝便让人驾车前往老子那里。汉文帝说："'整个天下都是君主的领土，四海之内都是君主的臣民。'在道、天、地、王这'四大'之中，我作为君主，身居其一。虽然你有道术，但仍然是我的百姓。你不肯服从于我，难道不是太自高自大了吗？我是能够使人富贵或贫贱的。"于是，老子一拍双掌，坐在那里就势跃起，冉冉飘入空中，就像云烟上升一般，离地面有一百多丈高。许久，老子俯首回答说："现在我向上没有达到天界，向下没有沾着地面，身居中间，也与众人不同，我算得上陛下的百姓吗？陛下怎么能够使我富贵或贫贱呢？"汉文帝走下车来，伏地叩头，施礼道歉，老子将《道经》和《德经》两部书给了汉文帝。

汉桓帝在位的时候，老子降临天台山，向葛孝先传授了《上清灵宝大洞经》等经典。唐高祖在位的时候，老子降临羊角山，谈论人们的行为应当保吉行善，唐公李渊接受了老子颁给的上天受命的凭据。唐玄宗天宝初年，老子降临丹凤门，唐玄宗亲自在兴庆宫祭祀老子。宋政和二年，老子降临华阳洞天，向梁先生传授了《加句天童护命经》。大概老子无论在哪个时代，没有不出现的时候。他在无数世代以前便施行教化，在无穷的岁月以后仍然永恒存在，时隐时现，不可测度，变化无穷，使天下苍生普遍得到解脱，其事迹难以一一叙述。

张道陵与道教

在汉顺帝在位的时候，老子将道术传授给了张道陵[1]。张道陵，字辅汉，是西汉初年张子房的八世孙。他身高九尺二寸，眉如龙须，额头宽阔，顶门朱红，两眼碧绿，高鼻梁，方面颊，目有三角，有伏犀贯顶之相，脑后玉枕穴处凸起，双手下垂过膝，胡须美观，姿态威武，下盘坚实，上身敏捷，望上去庄严持重。在汉光武帝建武十年，张道陵在天目山降生。当初，他的母亲梦见有一个高大的人从北斗魁星降落到地面上，身高一丈有余，穿着彩绣的衣服，把蘅薇香给了她。醒来以后，衣服上和屋子里都充满奇异的香气，经过一个月还不曾消散，而他母亲内有所感，于是怀了身孕。及至张道陵诞生的那一天，黄云笼罩着住房，紫气充满了院落，室内有一种光气，有如日月交辉，这时再次闻到了往日的香气，历时整整十天，才又消散。张道陵七岁时便通晓老子的《道德经》和天文地理、河图洛书以及有关忏纬的书籍，被当地推荐为贤良方正。虽然张道陵身入仕途，但志趣集中在修炼方面。没过多久，他便前往北邙（máng）山隐居，那时有一只白虎衔来符篆秘文，放在座位旁边。汉和帝打算征召张道陵担任太傅，将他封为冀县侯，三次招他前往，他都没有应召。张道陵来到蜀地，喜欢蜀地溪山幽深秀美，便在鹤鸣山隐居下来。鹤鸣山中有一尊石

1.张道陵：原名张陵，东汉沛国丰人，天师道的创始人。早年曾经担任江州令。汉顺帝在位的时候，张道陵在蜀中鹤鸣山学道，以符水咒法治病，著成《道书》二十四卷。当时，从张道陵学道的人们需要交米五斗，所以被称作五斗米道。元至正十三年，其后裔被封为天师。

鹤，每当石鹤鸣叫的时候，便有修炼得道的人出现。张道陵住在这里，刻苦学道，收气养神，于是石鹤便鸣叫起来。有一个名叫王长的弟子，与张道陵一起炼龙虎大丹，经过一年时间，便有红光照耀全室，经过两年时间，便有青龙白虎在炼丹的鼎炉周围盘绕守护，经过三年时间，龙虎大丹便炼成了。当时张道陵真人已经六十多岁，服用龙虎大丹以后，外貌就像三十岁左右的人一样，走起路来像奔跑的马一般迅速。张道陵与王长进入北嵩山，遇见一位身着锦绣衣裳的使者告诉他说："在嵩山中峰的石室中，保藏着《上三皇内文》《黄帝九鼎》《太清丹经》，得到这些丹书，依法修炼，就能升天了。"于是，张真人斋戒了七天，进入石室。在他脚步所到之处，发出沙沙的声响。他当即掘开石室的地面去取丹书，果然就得到了它们。张道陵深入思考，如法修炼，能够乘风飞行，可以听到极远处的声响，掌握了分身离形的奥妙。张道陵往往在池中划船，在堂上诵经，倚着几案接待客人，拄着藜茎拐杖漫步歌吟，各项活动同时并举，人们对他灵妙奇异的行为都莫测高深。西城房陵一带有个白虎神，喜欢喝人血，当地乡里村民每年都要杀人祭祀白虎神。张真人将白虎神召来，向他告诫一番，白虎神便消声匿迹了。还有，梓州有条大蛇，一叫起来山石为之震动。大蛇吐出毒雾，行人沾上毒雾就会死去。张真人用法术禁阻大蛇，大蛇就不再为害了。

汉顺帝汉安元年（142）正月十五日夜，张真人在鹤鸣山，听到仙人车上的铃铛和饰物缓缓作响，天界的音乐隐隐传来，清香的花朵覆盖大地，紫色的云霞弥漫天空。张道陵睁大眼睛向东看去，看到紫色的云霞中有一驾白车，驾着五条白龙，车旁的旗帜仪仗和卫士气派很大。车中有一位神人，姿态容貌光洁如冰，如玉的手上握着五明宝扇，颈项上背负着八景圆光，身高一丈六尺，神光照人，使人难以正目相看。车前有一人命令张真人说："你不必担惊受怕，我就是太上老君啊。"张真人行礼拜谢，老子授给张真人《三洞经箓》、雌雄双剑和都功印一枚以及帽子、上衣、道裙、红色的鞋子各一套，而且说："限你在一千天内炼成，以后在阆（làng）苑见面。"于是，张真人伏地叩头，将给他的东西接了过来。张道陵每天玩味《三洞经箓》等秘文，依法修炼了一千天，可以内视五脏，外聚三万六千神明。张道陵又感动了玉女，玉女教给他吐纳清和之气，调伏阴精邪魔，隐没显现，完全出于自然。于是，张道陵返回阳平山，将仙人飞升的方法，交付给接续他的法师，自己仍然返回鹤鸣山去了。上帝派遣使者携带着玉册，授给张道陵正一真人的称号，告诉他会即将飞升成仙。张道陵便将盟威、都功等各类秘传的符箓、斩除邪魔的两把宝剑和封授给他的玉册、玉印，都传授给长子张衡，还告诫他说："这些秘文统领着三步五罡（gāng）等修炼方法和正一教派的要领，可以驱除邪魔，诛杀妖孽，辅助国家，安定百姓。以后就让世世代代的子孙后代来继承我的职位，如果不是我家的子孙后代，就不能传授。"张道陵又对王长和赵升说："还有剩余的丹药，你们二人可以分成两份，各自吞服下去。你们今天就会跟着我上升仙境了！"正午时分，群仙的仪仗与随从全都到来了，有两位神女引导着张真人和夫人雍氏登上了饰有黑龙的紫车，由天界的音乐拥簇并引导着，在云台峰白日飞升天界。当时，张真人的年龄是一百二十三岁。张真人的子孙后代世世承袭真人之位，在江西广信府贵溪县的龙虎山居住。

吕洞宾

张道陵以后，到了唐朝的时候，又出现了吕洞宾[1]。吕洞宾名叫吕岩，是唐朝蒲州永乐人氏。吕洞宾的祖父吕渭，是唐朝的礼部侍郎。父亲吕让，是唐朝的海州刺史。吕洞宾在贞元十四年四月十四日巳时诞生，因而号称纯阳子。当初，母亲临生他的时候，奇异的香气充满内室，天界的音乐在天空中飘荡，一只白鹤从天上飞下来，飞进帐幔之中便不见了。吕洞宾生来形体属金，姿质属木，道骨仙风，鹤顶龟背，虎体龙腮，丹凤眼向天而视，长长的双眉一直没入鬓发之中，颈项修长，颧骨凸起，额头宽阔，周身浑圆，鼻梁挺直，面色黄中透白，左眉际有一黑痣，脚下生有龟纹。吕洞宾小时候很聪明，每天能够记诵一万言，开口成章。身高八尺二寸。吕洞宾游历庐山，遇到龙火真人，龙火真人将天遁剑法传授给他。唐朝会昌年间，吕洞宾曾经先后两次应试考取进士，未能中第，当时他已经六十四岁了。吕洞宾在长安的酒店中闲游，看到一位道士，头系青巾，身穿白袍，两人一同吟诗，谈论得非常融

1.吕洞宾：名岩，字洞宾，号纯阳子，自称回道人，唐末道士。京川人，一说河中府永乐县人。传吕洞宾在长安得遇钟离权，经“十试”而得受大道，全真道奉为北五祖之一。

洽。道士说："我是云房先生[1]，住在终南山鹤岭，你愿意与我交往吗？"吕洞宾没有回答。于是，钟离权与吕洞宾一起在客店中休息，钟离权亲自为吕洞宾做饭。吕洞宾忽然倚着枕头昏昏睡去，梦见自己作为被推举应试的士人赴京赶考，结果考中了状元，开始做了郎官，以后被提拔为台谏、翰林院和尚书省的官员，凡是地位清贵、掌管机要的职务，他没有不曾担任过的。他相继两次娶了富贵人家的女子为妻，所生的子女婚嫁早已完毕，子孙忠信仁厚，全家都是做官之人。这样过了四十年，他又有十年独力担当宰相，权力倾动一时，势焰炙手可热。但是他偶然犯了重罪，家中的资产全被官府没收，妻子儿女流离失散，都被流放到岭南地区。他孑然一身，穷困愁苦，满面憔悴，在大风冰雹中勒马而立，正要慨然长叹，却恍恍惚惚地从梦中醒了过来，而当时饭还没有做熟，钟离权笑着吟诵道："黄米饭还没有熟，一梦梦到华胥国。"吕洞宾吃惊地说："先生知道我做的梦吗？"钟离权说："你刚才的梦境，进升与沦落、兴盛与衰败千变万化，五十年间，只是一眨眼的工夫而已！"吕洞宾深有感触，顿时醒悟，便向钟离权行礼，请他把超脱人世的方法传授给自己。

钟离权共对吕洞宾考验了十次，吕洞宾毫不动摇，钟离权这才将炼丹化成金银的法术传授给他。吕洞宾说："炼丹化成的金银还会发生变化吗？"钟离权说："三千年以后，还要恢复成本来的质料。"吕洞宾说："这会妨害三千年以后的人们，我不学了。"

1.云房先生：即钟离权，亦称汉钟离，据云姓为复姓钟离，名权，字云房，京兆咸阳（今属陕西）人，由王玄甫传授大道，全真道奉为正阳祖师。

钟离权笑着说："你能够这样真诚，三千年的功绩与德行便都包含在这里头了。"他将真仙的修道秘诀全部传授给了吕洞宾。吕洞宾得到钟离权的道术以后，兼有龙火真人的天遁剑法，便开始游历江淮地区。他试验灵剑的威力，除掉了蛟虫的危害，时隐时现，变化万千，历时四百多年。他经常在湘潭岳鄂以及两浙一带游历，随时接济和超度众人。其余各位仙人还有很多，不能够在此一一讲述。

释迦牟尼

在中国的四川、陕西、云南西面称为西藏，在西藏以外称为西域。西域、大秦、天竺等国家凶恶残暴，创设了锉、烧、舂、磨等酷刑。老子怜悯当地人类将要灭绝，于是来到当地，用手一指，那些锉、烧、舂、磨等刑具，有的断了，有的折了，全都无法使用了。于是，老子用仁慈之心教导国王，终于在西域开创了教化之途，自号"古先生"。后来，大茅草王年迈无子，将王位传给大臣，自己出家学道，得以修成正果。他的弟子用笼子盛着他的尸身，并将笼子悬挂在树上。猎人用箭射他，鲜血滴落在土地上，于是生出两株甘蔗。经过烈日的炙烤，甘蔗中生出一男一女，这就是善生和他的王妃，后来善生成了甘蔗王。甘蔗王将四个儿子贬斥到雪山以北，在国内用德行感化人民，终于使本国成为一个大国。

在中国周昭王二十四年四月八日，山川震动，五色光横贯太微星垣。太史苏田上奏说："有一位大圣人在西方诞生，一千年以后，这位大圣人的声势与教化将会传布到我们这里。”当时，天竺迦维卫国净饭王的妃子摩耶氏，梦见天界降下金人，于是有了身孕。这一天，摩耶氏从右胁生下太子，姓刹利，名悉达多[1]。太子初生的时候，放出大智慧光明，照遍十方世界，地面上涌出金色的莲花。他捧住双脚，向东、南、西、北四方分别走了七步，分开如玉的手指，上指苍天，下指大地，发出震撼世界的吼声。他说：“天上地下，东西南北，唯我独尊。”到了周昭王四十二年二月八日，太子十九岁的时候，想要出家。这一天夜间子时，有一位名叫净居的有道之士，在窗户前面叉着手说：“太子出家的时刻已经到来，可以离去了！”太子听得此言，心生欢喜，当即翻越城墙，离家出走，来到檀特山中修行。他又到象头山，每天以大麻小麦为食，参究悟解自身的性情，经过十六年时间，修道获得成功。可以赴汤蹈火，贯穿金石，凌空飞升，不会坠落，碰到坚实的物体，毫无障碍，能够千变万化，而且变化无穷。不久，太子在鹿野苑中论道说法，又在灵山会上拈动金波罗花向徒众示意，以灯火相传比喻佛法传承。悉达多在世上生活了四十九年，在周穆王二十二年二月十五日，天地震动，西方现出十二道白虹，一连好几夜都不曾消失。太史扈（hù）多说：“西方有一位大圣人去世了，所以有衰微现象显现出来。”于是悉达多在拘失那城去世。悉达多去世以后，又从棺材中起身为母亲解说佛法。悉达多返回以后，金光径直透出棺材，忽

1.悉达多：佛教始祖释迦牟尼，亦称释迦文佛、世尊。族姓释迦，姓乔答摩，名悉达多。约前563年至前483年在世。为中印度迦毗罗卫国净饭王的长子。曾入雪山苦修六年，出山后在迦耶山菩提树下得道，年八十示寂于拘尸那伽城跋陀河边娑罗双树间。

然天空中化出一团三昧神火，将棺材自然烧毁。这就是世人尊奉的释迦牟尼，又号称如来。如来化成一丈六尺高的人身，有直径七尺的圆光；头顶上肉团隆起如发髻，光明照彻四方，其根部既长且宽，绕在耳际；眉毛中间生有白色的毫毛，毫毛中空，一律向右侧弯曲，就像琉璃筒一样。

六祖慧能

释迦牟尼将佛法传授给一祖摩诃迦叶，摩诃迦叶将佛法传授给二祖阿难，一直传到菩提达摩[1]，一共经历了二十八代传承，菩提达摩便是西天二十八祖。

菩提达摩在梁武帝普通元年（520）从西方漂洋过海，来到金陵。他与梁武帝进行了一次谈话，知道事情的机缘还不成熟，便离去了。菩提达摩折下一叶芦苇权当船只，渡过长江，在嵩山少林寺住下，整天面对山壁打坐。九年以后，菩提达摩的身形进入石壁之中，如果拂拭石壁，里边的身形就越发明显可见。菩提达摩把佛教的教义、经典和袈裟传授给慧可，还说："如来把以心传心的佛教正法交付给摩诃迦叶，以后辗转传承，传到我的手中，现在我再交付给你。我去世后二百年，衣钵不再传承。"自从初祖菩提达摩开始来到中国，将钵盂、锡杖、袈裟传给二祖慧可，慧可传

1.菩提达摩：略称达磨或达摩，意为"道法"。南天竺僧人，香至王第三子。南朝宋末航海至广州，前往北魏，在洛阳、嵩山等地游历并传授禅学。据云曾在少林寺面壁九年，世称"壁观"。为西土禅宗第二十八祖和东土禅宗初祖。

给三祖僧璨，僧璨传给四祖道信，道信传给五祖弘忍，弘忍传给六祖慧能[1]，这就是中原六祖。

慧能俗姓卢。当初，五祖弘忍准备挑选衣钵传人，便让寺中僧人各自写一偈语。在寺中职位最高的神秀作偈语说："身为菩提树，心如明镜台，时时勤拂拭，不令染尘埃。"当时，慧能尚在寺中做舂米捣谷一类杂活。他夜间在神秀的偈语旁边另写了一条偈语说："菩提本非树，明镜亦非台，本来无一物，何处拂尘埃？"五祖弘忍前来观看，他的偈语正好与自己的主张投合，便确定他为佛法传人，将衣钵传授给他。池州刺史询问说："在此一际会之中，全寺有五百名僧人，不将衣钵传给别人，为什么你却传给了卢行者这位尚未剃度出家的人物呢？"五祖弘忍说："虽然寺中五百人，有四百九十九人懂得佛法，只有卢行者不懂得佛法，但是他能够悟解大道，可谓眼量超群之人，所以他才得以传承衣钵。"

六祖慧能在韶州曹溪解说佛法，却将衣钵搁置起来，不再传授下去。

佛法传入中国

当此时，谈论佛法的人们，纷纷推崇弘扬佛法的教主观世音[2]

1.慧能：俗姓卢，原籍范阳（今北京城西南），生于南海新兴（今属广东）。主张"直指人心，见性成佛"的顿悟法门，为禅宗南宗的创始人，佛教史上称为禅宗六祖。

2.观世音：梵文音译阿婆卢吉低舍婆罗，亦光世音，新译观自在等，唐以后亦略称观音。为佛教西方三圣和中国四大菩萨之一。相传其显灵说的道场在浙江了。观世音是鹫岭孤竹国祇树园施动长者第三子施善的化身，托生在北阙国，现在北阙国已经合并在日本国中。父亲妙庄王姓婆名伽，母亲是伯牙氏。当初，妙庄王因没有子嗣，便在本国西岳香寺中祷告。天帝因他的父亲经常杀人，所以夺去他的子嗣，让他去生女儿。妙庄王生下的长女名叫妙清，次女名叫妙香，三女名叫妙善。妙善诞生的时候，奇异的香气充满全屋，云霞的光辉照遍四座。妙善小时候聪明敏捷，便想了结人间之事。到了九岁的时候，妙善极力抗拒父命，发誓不肯出嫁。后来，由于长女和次女都招了女婿，父亲便强迫妙善挑选配偶。妙善不肯服从，父亲便将她囚禁在后花园中。妙善守持清净，愈见诚心，两次将自己舍入汝州龙树县白雀寺去当尼姑。妙庄王暗中命令僧头夷优寺劝导妙善，妙善想尽种种理由拒绝父命。由于对妙善没有办法，便以艰苦的修行来折磨她。妙善早晨打水，傍晚听经，一早起来便焚香扫地，整天都在砍柴做饭，但是她没有一点为难的神色。妙善的诚心感动了上天，上天派出三千八百条天龙守持保护她。寺院护法神替她扫地，东海龙王替她清除灰尘，六丁神女替她点香上供，游神为她点燃灯烛，伽雀为她进献茶点，飞猿为她进献菜肴，白虎为她衔取柴禾，飞禽走兽全都沾润教化，八洞神仙也来进献果品，每天夜间都是风雷大作，鬼神走动。众僧人心怀恐惧，便向妙庄王回报使命的完成情况。妙庄王派遣五城兵马首领忽必力指挥士兵，包围寺院，放火烧寺。然而，妙善整天向着灵山世尊叩头祈祷，咬破如玉的手指，喷出的鲜血化成红雨，将火浇灭救寺，

普陀山。在中国，观世音作为女相约始于南北朝，盛于唐代以后。

寺中五百名僧人都安然无恙。忽必力第二次放火，火被第二次熄灭；第三次放火，火又被第三次熄灭。忽必力毫无办法，便去奏报妙庄王。妙庄王大怒，命令忽必力将妙善捆绑起来，押送刑场，而暗中让人以母亲伯牙氏的旨意前来救她。这大概是由于妙庄王深深喜爱三女儿仁慈和顺，打算让她回宫成婚，以便摄理国家政务。没想到妙善面不改色，心志更为坚定。妙庄王便将她囚禁在冷宫，宫女乃至妙善的父母夜以继日地前来苦苦劝她。妙善不仅不肯听从劝告，反而说出刺激父亲的话来。父亲非常恼怒，当即命令忽必力将妙善斩杀以后回报。土神连忙上奏玉帝，玉帝让人以红光罩住妙善的身体，刀砍刀断，枪刺枪折。妙庄王便让人用红罗绞死妙善，这时有一只老虎跳入刑场，背着妙善离去。妙庄王说："不孝的儿女，准会得到恶报。"实不知天界让猛虎把妙善背到黑松林中，正是完成妙善的正果的一种做法。

妙善一时昏迷，本身的灵魂悄悄远去，也不知道要前往何处。忽然有一个童子手中打着旗帜，问候妙善说："阎王爷命令前来迎接公主，听说公主非常慈善，十殿阎王都在步天桥恭敬地迎候公主。"妙善从命而行，只见鬼门关上，牛首跪在门前，夜叉拿着灯烛，铁头打扫道路，十殿阎王站在步天桥上，桥上铺着绵绣，地上布满紫云，一辆玉饰的车子前来迎接，善歌的女子在两旁侍立。妙善辞谢说："我有什么德行，怎敢有辱诸位如此恩宠相招。"十殿阎王说："听说您大慈大悲，希望能够听您讲经说道。"妙善说："阿弥，善哉！善哉！"没想到妙善才一吟诵，天界的花朵纷纷飘落，地上涌出金色的莲花，铁铸的牢狱，铜打的枷锁，全部化为粉末，凡是犯有罪孽的人都脱离了地狱，八千多处的地狱全都空无一人。各位判官上奏说："从来都是赏善罚恶，没有地狱，就无处收容凶恶之人。现在这位大慈大悲的人来讲说佛法，却使地狱崩塌了。如果她像这样长期留下来，铁打的地狱也并不坚固。天帝得知消息以后，肯定要降下责罚来了！"他们连忙请求妙善返回阳间。于是，十殿阎王把妙善送到孟婆亭，道别而去，命令地狱的士卒把妙善领到黑松林中还魂。妙善醒来说："我已经上升到天界去了，怎么又到这儿来了呢？"她在芳香的草地上沉吟着，不知到哪里去才好。不久，释迦如来驾着云朵向南打拱作揖，就势逗她说："茅草房中可以并排坐下两个人，让我与你并肩坐上片刻，以便消遣时光吧。"妙善说："你怎么能够用这种畜类的言语来轻慢地对待我呢？"释迦如来说："我希望把你带到香山去，你看可以吗？"妙善不肯回答。释迦如来说："我是逗你哩，你的心地真坚定啊！我不是别人，正是佛祖释迦如来啊。我是特意前来为你指示一个去处的。"妙善伏地叩头，口中道谢，问道："让我到哪里去？"释迦如来说："越国南海中间的普陀岩，便是你的去处。我为你叫一条地龙，让它化成一座莲台，送你渡过海洋去吧。"于是，白虎为她衔来木材，龙王为她捧来泥土，比丘、比丘尼、优婆塞、优婆夷四部天王为她竖起柱石。

妙善在普陀岩静坐了九年，终于大功告成。她割手去目，来挽救父亲的疾病，用壶中的甘露去挽救万民，上帝将她封为大慈大悲、救苦救难、灵感观世音菩萨。观世音菩萨左边站着善才，右边站着龙女，一家骨肉，都升到天界：父亲妙庄王成了善胜仙官；

母亲伯牙氏成了劝善菩萨；大姐妙清成了大善文殊菩萨，以青狮为坐骑；二姐妙香成了大善普贤菩萨，以白象为坐骑。

此外，在陕西肃州以外一千五百里处，有一处地方叫做哈密。哈密以外，有一处地方叫作吐鲁番。吐鲁番城西一百里处有一座灵山，相传辟支佛曾经带领十万人马在这里修行。其中十八尊者是他部下的领兵大将，五百尊者是他部下的领兵将官。这些人都成了罗汉，他们的肉身便在这里去世。靠近灵山有青黑色的、状如乱发的山石，这就是罗汉发，是十万罗汉削发出家的地方。又有成堆的山石，看似玉石，纹理清晰，颜色光洁润泽，形状就像人的骨骼，这便是罗汉骨，是十万罗汉去世的地方。这里的群山都是五种颜色，沙石闪闪发光，灼热烫人，峭谷悬崖，巧妙天成，奇异绝伦。其余诸位佛、菩萨、罗汉和禅师，无法一一记载。

如今在西藏、西域地区，每代都有一位活佛，是由佛祖转世的。活佛往往活到八九十岁时去世，随着一位活佛去世，另一位活佛便又诞生。活佛一生下来，便有道术，能够知道前世、过去和未来的事情。活佛也接近女色，接受有缘人的供给奉养。时至今日，活佛传承了数千年，这数千年就如过了一天一般。活佛的传承，与孔子后人在曲阜世袭、张道陵的后人在贵溪世袭，没有什么区别。这儒、道、佛三家，就是人们所说的三教。

佛教传入中国，是从汉明帝在位时期开始的。汉明帝梦见一个金人，身高一丈有余，身外笼罩着阳光，从天空中飞到面前。于是，汉明帝派遣蔡愔（yīn）、张骞（qiān）、秦景、王遵等十二人前往天竺，抄写并取回《心经》《大悲咒》等佛经四十二章。及至天竺僧人摄摩腾、竺法兰前往洛阳以来，汉明帝命令将佛经收藏在宫廷藏书处兰台石室中，在洛阳雍门外建造成白马寺，以便给摄摩腾提供住所。从此，佛家的教化流布中国。后来，晋朝僧人西行游历佛国，唐朝僧人玄奘西去取经，得到了《心经》的写本，这就是人们所说的"佛母心经"。其余的佛教经典和有关忏悔罪孽的书籍，多数出自后人的附会。晋朝的谢灵运、宋朝的苏东坡，都非常喜欢附会佛教经典，往往假托佛的意旨自造经文，就如同当今写文章一样。佛家千言万语，总之超不出心的收回放纵这几个字。大约将放纵的心收回，自然就能够明心见性，成就自身大彻大悟、洞明真谛的境界。这就是人们所说的即此本心便是佛，洞见本性便成佛。所谓佛，即是觉悟的意思；菩萨，即是使众生觉悟的意思；南无（nā mó），即是归依的意思；阿弥，即是无量寿的意思。大约人的性灵历经万年，永远存在，经常想着自身的性灵，便能够觉察到本身的性灵，得到无量之寿，虽然肉体坏掉，但是性灵却不会坏掉。所以，学习佛法的人，一定要以修习清静，涵养心神，参验解悟性灵为主。性灵就是道家所说的元神，也就是魂。

如果一个人能够修习清静，涵养心神，参验解悟自己的本来面目，就能觉察到自身的神魂。在能够觉察到自身的神魂以后，逐渐让自己的魂离开自身，其形体由黍米粒一般大小，渐渐养到与自己的身体大小相等，就会身外有身，能够神游万里以外的地方，出定入定自如，修道大功告成。如果每天早晚勤苦地修持参拜由泥土和木头制成的神像，诵读佛经，礼拜忏悔，这只是皮毛之事罢了，又有什么益处？所以，学习佛法的人，只应当在自身中寻求佛性，不应当在佛祖那里寻求佛性。一般来说，佛教与儒教、道教本源相同，分支各异。儒教以孔子为教主，后来有孟子继起。道教以老子为教主，后来有张道陵继起。佛教以释迦如来为教主，而后来也有观世音继起。三教都在周王室向东迁都以后产生，可见，没有哪个时代像东周这样极为混乱，也没有哪个时代像东周这样极为繁盛。

（以上系原书第八至第十回）

春秋纪年表

（前770—前476）

一、周（前770—前476）

(1) 平王宜臼 ——	(2) 桓王林 ——	(3) 庄王佗 ——
（前770—前720）	（前719—前697）	（前696—前682）
(4) 釐王胡齐 ——	(5) 惠王阆 ——	(6) 襄王郑 ——
（前681—前677）	（前676—前653）	（前652—前619）
(7) 顷王壬臣 ——	(8) 匡王班 ——	(9) 定王瑜 ——
（前618—前613）	（前612—前607）	（前606—前586）
(10) 简王夷 ——	(11) 灵王泄心 ——	(12) 景王贵 ——
（前585—前572）	（前571—前545）	（前544—前520）
(13) 敬王匄		
（前519—前476）		

二、鲁（前770—前476）

(1) 孝公 ——	(2) 惠公弗湟 ——	(3) 隐公息姑 ——
（前770—前769）	（前768—前723）	（前722—前712）
(4) 桓公允 ——	(5) 庄公同 ——	(6) 闵公启方 ——
（前711—前694）	（前693—前662）	（前661—前660）
(7) 僖公申 ——	(8) 文公兴 ——	(9) 宣公倭 ——
（前659—前627）	（前626—前609）	（前608—前591）

(10)成公黑肱 —— (11)襄公午 —— (12)昭公裯 ——
(前590—前573) (前572—前542) (前541—前510)
(13)定公宋 —— (14)哀公蒋
(前509—前495) (前494—前476)

三、齐(前770—前476)

(1)庄公 —— (2)僖公禄父 —— (3)襄公诸儿 ——
(前770—前731) (前730—前698) (前697—前686)
(4)桓公小白 —— (5)孝公昭 —— (6)昭公潘 ——
(前685—前643) (前642—前633) (前632—前613)
(7)懿公商人 —— (8)惠公元 —— (9)顷公无野 ——
(前612—前609) (前608—前599) (前598—前582)
(10)灵公环 —— (11)庄公光 —— (12)景公杵臼 ——
(前581—前554) (前553—前548) (前547—前490)
(13)安孺子荼 —— (14)悼公阳生 —— (15)简公壬 ——
(前489) (前488—前485) (前484—前481)
(16)平公骜
(前480—前476)

四、晋(前770—前476)

(1)文侯 —— (2)昭侯伯 —— (3)孝侯平 ——
(前770—前746) (前745—前740) (前739—前724)
(4)鄂侯郄 —— (5)哀侯光 —— (6)小子侯 ——

（前723—前718） （前717—前709） （前708—前705）

（7）晋侯 —— （8）武侯称 —— （9）献公诡诸 ——

（前704—前679） （前715—前677） （前676—前651）

（10）惠公夷吾 —— （11）文公重耳 —— （12）襄公驩 ——

（前650—前637） （前636—前627） （前627—前621）

（13）灵公夷皋 —— （14）成公黑臀 —— （15）景公獳 ——

（前620—前607） （前606—前600） （前599—前581）

（16）厉公州蒲 —— （17）悼公周子 —— （18）平公彪 ——

（前580—前574） （前573—前558） （前557—前532）

（19）昭公夷 —— （20）顷公玄疾 —— （21）定公午

（前531—前526） （前525—前511） （前511—前476）

五、秦（前770—前476）

（1）襄公 —— （2）文公 —— （3）宁公 ——

（前770—前766） （前765—前716） （前715—前704）

（4）出子 —— （5）武公 —— （6）德公

（前703—前698） （前697—前678） （前677—前676）

（7）宣公 —— （8）成公 —— （9）穆公任好 ——

（前675—前664） （前663—前660） （前659—前621）

（10）康公罃 —— （11）共公稻 —— （12）桓公荣 ——

（前620—前609） （前608—前605） （前604—前577）

（13）景公后伯车 —— （14）哀公 —— （15）惠公 ——

（前576—前537） （前536—前501） （前500—前492）

（16）悼公 —— （17）厉共公
（前491—前477） （前476）

六、楚（前770—前476）

（1）若敖 —— （2）霄敖熊坎 —— （3）蚡冒熊眴 ——
（前770—前764） （前763—前758） （前757—前741）
（4）武王熊通 —— （5）文王熊赀 —— （6）堵敖熊囏 ——
（前740—前690） （前689—前675） （前674—前672）
（7）成王熊頵 —— （8）穆王商臣 —— （9）庄王旅 ——
（前671—前626） （前625—前614） （前613—前591）
（10）共王审 —— （11）康王昭 —— （12）郏敖麇 ——
（前590—前560） （前559—前545） （前544—前541）
（13）灵王虔 —— （14）平王熊居 —— （15）昭王轸 ——
（前540—前529） （前528—前516） （前515—前489）
（16）惠王章
（前488—前476）

七、宋（前770—前476）

（1）戴公 —— （2）武公司空 —— （3）宣公力 ——
（前770—前766） （前765—前748） （前747—前729）
（4）穆公和 —— （5）殇公与夷 —— （6）庄公冯 ——
（前728—前720） （前719—前710） （前709—前692）
（7）闵公捷 —— （8）桓公御说 —— （9）襄公兹父 ——

（前691—前682）　（前6 81—前651）　（前650—前637）

(10)成公王臣 —— (11)昭公杵臼 —— (12)文公鲍 ——

（前636—前620）　（前619—前611）　（前610—前589）

(13)共公固 —— (14)平公成 —— (15)元公佐 ——

（前588—前576）　（前575—前532）　（前531—前517）

(16)景公栾

（前516—前476）

八、郑（前770—前476）

(1)武公滑突 —— (2)庄公寤生 —— (3)厉公突 ——

（前770—前744）　（前743—前701）　（前700—前673）

(4)文公捷 —— (5)穆公兰—— (6)灵公夷 ——

（前672—前628）　（前627—前606）（前605）

(7)昭公忽 —— (8)子亹 —— (9)子仪

（前696—前695）（前694）　（前693—前680）

(10)襄公坚 —— (11)悼公费 —— (12)成公睔 ——

（前604—前587）（前586—前585）　（前584—前571）

(13)僖公髡顽 —— (14)简公嘉 —— (15)定公宁 ——

（前570—前566）　（前565—前530）　（前529—前514）

(16)献公虿 —— (17)声公胜

（前513—前501）（前500—前476）

九、卫（前770—前476）

（1）武公 ——（前770—前758）（2）庄公杨 ——（前757—前735）（3）桓公完 ——（前734—前719）

（4）宣公晋 ——（前718—前700）（5）惠公朔 ——（前699—前669）（6）懿公赤 ——（前668—前660）

（7）文公毁 ——（前659—前635）（8）成公郑 ——（前634—前600）（9）黔牟 ——（前696—前688）

（10）穆公速 ——（前599—前589）（11）定公臧 ——（前588—前577）（12）献公衎 ——（前576—前559）

（13）殇公剽 ——（前558—前548）（14）献公速 ——（前547—前544）（15）襄公恶——（前543—前535）

（16）灵公元 ——（前534—前493）（17）出公辄 ——（前492—前476）（18）庄公蒯聩 ——（前479—前478）

（19）起（前477）

十、陈（前770—前478）

（1）平公 ——（前770—前755）（2）文公圉 ——（前754—前745）（3）桓公鲍 ——（前744—前707）

（4）厉公跃 ——（前706—前700）（5）庄公林 ——（前699—前693）（6）宣公杵臼 ——（前692—前648）

（7）穆公颖 ——（前647—前632）（8）共公朔 ——（前631—前614）（9）灵公平国 ——（前613—前599）

(10)成公午——(11)哀公溺〔楚灵王灭陈，前529年复国〕——
(前598—前569) (前568—前534)
(12)惠公吴 —— (13)怀公柳 —— (14)闵公越〔楚灭陈〕
(前529—前506) (前505—前502) (前501—前478)

十一、蔡(前770—前476)

(1)僖侯 —— (2)共侯兴 —— (3)戴侯 ——
(前770—前762) (前761—前760) (前759—前750)
(4)宣侯考父 —— (5)桓侯封人 —— (6)哀侯献舞 ——
(前749—前715) (前714—前695) (前694—前675)
(7)穆侯肸 —— (8)庄侯甲午 —— (9)文侯串 ——
(前674—前646) (前645—前612) (前611—前592)
(10)景侯固 —— (11)灵侯般〔楚灭蔡，前529年复国〕 ——
(前591—前543) (前542—前530)
(12)平侯庐 —— (13)悼侯东国—— (14)昭公申 ——
(前529—前522) (前521—前520) (前519—前491)
(15)成公朔
(前490—前476)

十二、吴(前585—前476)

(1)吴王寿梦 —— (2)吴王诸樊 —— (3)吴王余祭 ——
(前585—前561) (前560—前548) (前547—前544)
(4)吴王夷末 —— (5)吴王僚 —— (6)吴王阖闾 ——

（前543—前527）　（前526—前515）　（前514—前496）

（7）吴王夫差

（前495—前476）

十三、越（前496—前476）

越王勾践

（前496—前476）

战国

周王室衰落

周平王迁都洛邑的事情，已经见于前面的叙述。周平王在洛邑即位以后，不再想着申侯杀害父亲的仇恨，反而怀念申侯保全自己的功劳，派遣王都千里内的百姓，前去戍守申国和许国，以便防备戎人侵扰的祸患。他既不能在政治上发愤图强，又加上晚年无道，越发严重，国力逐渐衰落，诸侯都背叛了周朝。所以，孔子撰写《春秋》一书，由周平王四十九年开始，周室便下降到与诸侯同列的地步。周平王在位五十一年，孙子周桓王林即位。

周桓王讨伐郑国，郑国发兵抵御，双方在繻葛交战，郑军用箭射中了周桓王的肩膀。楚子熊通侵犯随国，指使随国向周桓王请求封赐爵位。周桓王不肯答应，熊通便恼怒地说："我们先代的君主鬻（yù）熊，是周文王的师保。周成王推举我的先祖留居楚地，蛮人夷人在楚国的威势之下俯首听命。然而周天子不肯给我进升王位，我就自尊为王吧！"熊通便自立为楚武王，周桓王却无法问罪。周桓王在位二十三年，其子周庄王佗即位。周公黑肩打算杀害周庄王，拥立周庄王的弟弟王子克，辛伯向周庄王报告以后，便与周庄王杀掉了周公黑肩，王子克也逃亡到燕国。周庄王在位十五年，其子周釐王胡齐即位。周釐王也称周僖王。当时，齐桓公已经创立霸业，此后权力便归于霸主。周釐王在位五年，其子周惠王阆即位。

当初，王姚受到周庄王的宠爱，生了儿子王子颓。蔿国做了王子颓的老师以后，打算把他立为太子，但没有成功。及至周惠王即位，便占据蔿国的菜园作为畜养兽类的处所。边伯的住宅靠近王宫，周惠王又占为己有。周惠王还夺取子禽祝跪和詹父的田地，收回了膳夫石速的俸禄。第二年，蔿国等五大夫依靠苏氏发动叛乱。不久，这五位大夫拥戴着王子颓攻打周惠王，未能取胜，只好逃亡到温地，苏子带着王子颓逃亡到卫国。卫国军队和燕国军队攻打周惠王，将王子颓立为天子。第三年，郑厉公调解周王室的纠纷未能成功，便带着周惠王回国，让周惠王在栎（lì）地居住。及至郑厉公进入邬（wū）地，就势开进成周，携带成周的宝物和器皿回国。

冬季，周朝的王子颓设宴招待蔿国等五位大夫，演出了音乐与舞蹈。郑厉公得知消息后，去对虢叔说："我听说，悲哀与快乐不分场合，祸殃必定发生。现在，王子颓不知困倦地观赏歌舞，这是幸灾乐祸啊。凡司寇执行死刑的时候，国君尚且要为此减少进膳，撤除音乐，又哪里敢于幸灾乐祸呢！篡取王位，所招致的灾祸最大，你为什么不让惠王复位呢？"虢公说："这正是我的心愿啊。"第四年夏季，郑武公和虢公护送周惠王复位，杀死了王子颓和蔿国等五位大夫。郑厉公设宴招待周惠王，周惠王赐给他虎牢以东的土地。虢公为周惠王在玤（bàng）地营建行宫，周惠王把酒泉一地赐给他。郑厉公与虢公都曾向周惠王请求赏赐器物，周惠王赐给虢公一个青铜酒杯，赐给郑厉公一个王后使用的绅带和铜镜。从此，郑伯开始怨恨周天子。周惠王在位二十五年，其子周襄王郑即位。

当初，周惠王娶陈妫（wěi）为妻，陈妫生太子郑和王子叔带。叔带的食邑在甘地，受到周惠王的宠爱。周惠后打算将叔带立为太子却没有成功，于是周襄王即位。叔带准备与戎狄一起进攻周朝，周襄王得知，准备杀死叔带，叔带逃亡到齐国。齐国派遣管仲为周室与戎人媾和，还让诸侯各自发兵戍守成周。其后，富辰请求将叔带召回，周襄王采纳了他的建议，便从齐国将叔带召回。郑国攻打滑国，周襄王派伯服和孙伯前往郑国为滑国说情，郑文公不听，便将伯服和孙伯两人抓了起来。周襄王大怒，准备率领戎人攻打郑国。富辰进谏说："这可不行。最好的办法是以德行服人，其次是与亲属亲近。现在，您不肯容忍小小的怨愤，却要放弃郑国的亲属关系，那以后将怎么办才好呢？"周襄王不肯听从，派遣颓叔和桃子出动狄人的军队攻打郑国，夺取了栎地。

周襄王感激狄人的帮助，又听说狄君的女儿叔隗（wěi）长得如花似玉，姿色俊美，便准备娶狄君的女儿为王后。富辰又一次进谏说："狄人本来就贪婪成性，而您却又来引导他们。女子的德行没有尽头，妇人的怨恨没有终结。狄人必定成为祸患。"周襄王不从。不久，狄君的女儿叔隗身穿军装，外出打猎，与叔带较量射箭的技法，叔带便乘机与叔隗私通。周襄王得知，便废掉了隗后。颓叔和桃子说："实际上是我们指使狄人这样做的，狄人恐怕要怨恨我们。"于是，他们拥奉叔带率领狄人的军队攻打成周，将周朝的军队打得大败。周襄王出走郑国，在汜地住下。狄人将叔带立为周王，叔带将叔隗立为王后，便在温地住下。周襄王派人向诸侯通报国内发生的这一祸难，晋文公便迎接周襄王恢复王位。周襄王进入王城，将叔带杀死在温地。

周襄王在位三十三年，其子周顷王壬臣即位。周顷王在位六年，其子周匡王班即位。周匡王在位仅六年，其弟周定王瑜即位。楚庄王攻打陆浑之戎，抵达洛水边上，在周朝的郊野上陈兵示威。周定王派王孙满慰问楚庄王，楚庄王向他打听九鼎的大小轻重。王孙满回答说："拥有天下，在于有德，而不在于九鼎。虽然周朝的德行已经衰微，但是天命并没有改变，九鼎的轻重，您还不能过问。"楚庄王怀着惭愧与戒惧的心情，撤军回国。

周定王在位二十一年，其子周简王夷即位。周简王在位十四年，其子周灵王泄心即位，他生下来就有胡须，在位二十七年，其子周景王贵即位。周景王在位二十五年。

当初，周景王的儿子太子圣早年夭亡，便将次子猛立为太子。又有庶出的儿子王子朝受到周景王的宠爱，周景王打算立他为太子，但未能实现。至此，周景王去世，单子和刘子拥立王子猛为王。王子朝依靠失去官职俸禄的旧有的官员，率领士兵驱逐刘子，刘子逃亡到扬地，单子在庄宫拥奉王猛。王子朝一伙在夜间派人将王猛夺回，单子外出逃亡。王子朝一伙拥奉王猛追赶单子，晋国人率领军队将王猛送回王城，王猛去世。众大夫拥奉王猛的弟弟王子匄即位，这就是周敬王。周敬王住在狄泉，称作东王。大夫尹氏立王子朝为王，称作西王。单子、刘子带着晋国军队攻打西王，未能取胜。晋顷公派遣士司景伯前来询问周室的变故，王子朝所言亏理。于是景伯辞别王子朝而去，不肯接待他的使者。第四年冬季，晋国军队以及刘子、单子的军队进攻王子朝，并将他打败。尹氏、召伯、毛伯领着王子朝外逃到楚国，周敬王进入王城。其后，吴国进入郢都，周敬王的人趁着楚国大乱，在楚国杀掉了王子朝。

周敬王三十九年春季，鲁国在西郊打猎，捉到一匹麒麟，孔子撰写《春秋》一书，就此告终。在此之前是春秋时期，在此之后是战国时期。周敬王在位四十四年，其子周元王仁即位。周元王在位七年，其子周贞定王介即位。周贞定王在位二十八年，其子周哀王去疾即位。周哀王在位三个月，其弟叔将他杀害，从而自立为王，这就是周思王。这一年秋季八月，小弟弟嵬（wéi）杀死周思王叔，自立为王，这就是周考王。周考王在位十五年，其子周威烈王午即位。周威烈王二十三年，周天子最初策命晋国大夫魏斯、赵籍、韩虔为诸侯。周威烈王在位二十四年，其子周安王骄即位。周安王十六年，周天子最初策命齐国的田和为诸侯。周安王在位二十六年，其子周烈王喜即位。周烈王在位七年，其弟周显王扁即位。周显王八年，彗星在西方出现。卫国的商鞅来到秦国，秦孝公采用了他的计策，秦国成了天下最强大的国家，于是秦国初次称王。周显王在位四十八年，其子周慎靓（jìng）王定即位。周慎靓王在位六年，其子周赧王延即位，在位五十九年。

秦庄襄公攻打赵国，周赧王害怕秦国过于强盛，打算与诸侯一起讨伐秦国。为此，秦国便入侵周境。周赧王前往秦国，伏地叩头，承认罪责，将本国三十六座城邑全部献上，计有人口三万户。秦国接受了他的进献，周赧王返回周朝，便去世了。

先前，王子朝发起变乱以后，他的余党大多聚集在河南王城，周敬王只好避开王城，以成周为都。周考王将他的弟弟王子揭封在王城，以便接续周公的官职。王城在成周的西面，也号称西周。经过三代传承，到了惠公时，他又将小儿子班封到王城东面的巩邑，巩邑也号称东周。其后，周赧王将都城迁移到西周，西周武公仍然依附在这里。至此，周赧王与周武公一并灭亡，只有东周君还存在着，东周君传位给儿子杰。又过了七年，东周君与诸侯计议讨伐秦国，秦国派遣相国吕不韦率领军队灭掉东周，将东周君迁移到阳人聚。于是，周便无人奉祀。在周朝灭亡时，一共只有七座城邑。以上所叙述的东周史迹，始于周平王元年，至于东周君七年，凡有二十五王，一共经历了五百二十二年。通计西周与东周，共有三十七王，历时八百七十四年。其后，汉朝将周朝的后人姬嘉封为君，继又封为侯，再封为公，一直传承到晋朝，还没有废灭。

晋　国

周武王战胜商朝，分封诸侯，爵位有五级，封土有三等：公与侯拥有封地一百里，伯拥有封地七十里，子与男拥有封地五十里。如果不满此数，便是诸侯的附庸国。大概当时有一千八百个国家。周室衰落以后，各国相互吞并，在数百年时间里，各国消耗殆尽，能够在《春秋》经传中看到的国家，总共有一百二十四国。

由周夷王在位时期开始，卫国康叔的七世孙卫顷侯首先破坏周朝的制度，吞并了邶（bèi）与鄘（yōng）两地。在春秋时期，晋国消灭了十二个国家：耿、霍、魏、虢(guó)、虞、焦、杨、韩、偪(bī)阳、肥、陆浑、鼓。楚国消灭了二十一个国家：息、弦、黄、夔、邓、权、江、六(lù)、蓼、庸、赖、陈、舒鸠、蔡、唐、顺、胡、申、随、杞、莒。齐国消灭了四个国家：谭、逐、纪、彰。秦国消灭了四个国家：梁、滑、蜀、义渠，还消灭了西戎的十二个国家。吴国消灭了两个国家：徐、州来。越国消灭了两个国家：吴、郯(tán)。此外还有：鲁灭项，邾灭须句，卫灭邢，莒灭鄫，郑灭许，蔡灭狄，沈灭温，宋灭曹。又有赵无恤灭代，晋荀瑶灭夙鲧，赵灭中山。春秋时期，在征伐与会盟中看到的最著名的国家有十二个，其中最强盛的就是晋国，北方诸侯对晋国唯命是听。

当初，周成王九年，将弟弟叔虞分封到唐地，国号称作晋。晋国为姬姓，爵位为侯，所以将叔虞称作唐侯。唐侯叔虞传位给晋侯燮、武侯宁族、成侯服人、厉侯福、靖侯宜臼、僖侯司徒、献侯籍、穆侯费。晋穆侯生了太子仇和成师。晋穆侯去世，其弟晋殇侯篡位自立，太子仇又杀掉晋殇侯，自立为君。在犬戎造成的祸难中，晋文侯仇率领军队营救周室，周平王将河内地区作为附庸赐给晋国，于是晋国开始壮大起来。晋文侯传位给儿子晋昭侯伯，晋昭侯将叔父成师封在曲沃，号称桓叔。晋国以翼地为都城，但曲沃日益强大，而翼都逐渐衰弱，于是翼都与曲沃分为两个支系。

晋昭侯传位给晋孝侯平、晋鄂侯郄(xì)、晋哀侯光、晋小子侯、晋侯缗(mǐn)，被曲沃武公灭掉。曲沃一系由桓侯成师开始受封，传位给庄伯鳝(shàn)、武公称，便灭掉翼都一系，继承了晋国的正统。曲沃武公传位给晋献公诡诸的时候，晋国吞并各国，日渐强盛。晋献公传位给奚齐、卓子、晋惠公夷吾、晋怀公圉，接着是晋文公重耳即位，称霸诸侯，他的事迹已见于前面的叙述。从此以后，晋国累世担当霸主。晋文公传位给晋襄公驩（xiāng）、晋灵公夷皋。晋灵公丧失了为君的体统，用加重赋税征敛得到的收入去彩画墙壁，从高台上用弹丸打人，观看人们如何躲避弹丸。赵盾多次进谏，晋灵公屡次派人杀害他，没有实现，赵盾外逃。赵盾弟赵穿在桃园攻杀晋灵公，赵盾还没有走出国境，就又返回来，迎接晋文公的幼子晋成公黑臀为国君。晋成公传位给晋景公据。

当初，晋献公让赵夙为其驾车，毕万作为车右，消灭了耿国、霍国和魏国，将耿地赐给赵夙，将魏地赐给毕万，让他们做了大夫。赵夙成为赵氏的始祖，毕万成为魏氏的始祖。晋文公在位时，先轸统领中军，后来成为范氏；荀林父统领中行（大概是将中军改称为中行），后来便成为中行氏。荀林父弟荀首的食邑在智地，后来成为智氏。曲沃桓叔的儿子曲沃庄伯把弟弟封在韩原，后来成为韩氏。上述六族，就是晋国的六卿。对诸侯不必多讲，只有赵氏保全遗孤的事情，不能不详细说明实情。

根据《左传》记载，赵盾的儿子赵朔，娶了晋成公的女儿庄姬为妻，生了赵武。赵朔早年死去，赵盾之弟赵婴与侄媳妇庄姬私通。赵同与赵括因此讨伐他，准备将他放逐到齐国去。赵婴说：“有我在，所以栾氏没有作乱。我离开以后，你们两位老哥恐怕就危险了！况且人们各有所长，也各有所短，把我宽赦了有什么害处呢？”赵同和赵括不肯听信。赵婴梦见天使对自己说：“你祭祀我吧，我为你降福。”赵婴祭祀了天使，第二天便出走齐国。庄姬因赵婴流亡而向晋景公诬陷二人说："赵同与赵括准备作乱，有栾氏与郤至可以作证。"于是，晋国杀掉赵同和赵括。赵武跟随庄姬养育在晋景公的宫中，因此晋景公把赵氏的田地赐给了祁奚。

晋景公梦见一个巨大的厉鬼，披散的头发拖在地面上，捶着胸，跳跃着说："你杀害我的孙子不合道义，我已经请求天帝惩罚你了！"厉鬼毁坏了宫门和寝门，走了进来。晋景公十分害怕，便躲进后面的内室，厉鬼又毁坏了内室的小门。晋景公惊醒后，召见桑田的巫人占验梦境，巫人所说的与梦境一模一样。晋景公说："我今后的情形怎么样呢？"巫人说："您不能吃到今年新收获的麦子了。"晋景公得了重病，秦国派医缓为晋景公诊治。在医缓到来之前，晋景公梦见自己的病变成两个小孩，一个说："那人是一位高明的医生，恐怕会伤害着我们，我们怎样才能逃开呢？"另一个说："我们留在肓（huang）的上面、膏的下面，他又能拿我们怎么办！"医生来了就说："你的病无法治疗了。病在肓的上面、膏的下面，灸法不能用，针法刺不着，药力达不到。"晋景公说："你真是一位高明的医生啊。"便办备了丰厚的礼物送他回国。六月六日，晋景公想吃麦饭，让甸人进献麦子，由馈人煮成麦饭，召来桑田的巫人，让他看了麦饭，便将他杀掉了。晋景公准备去吃麦饭的时候，觉得腹部发胀，去上厕所，结果跌到粪坑中死去。有一个宦官早晨梦见背着晋景公登天，及至中午，他又将晋景公背出厕所，于是便以他殉葬。

晋景公尚未去世时，韩厥对晋景公说："凭着成季的功勋，宣孟的忠诚，却不能留下后嗣，做善事的人就恐惧不安了！"于是，晋景公将赵武立为赵氏的后嗣，并将赵氏的田地归还给他。孔子《春秋》记载晋国杀害大夫赵同和赵括，并没有言及赵朔，这正是圣人经典明白可据的地方。而《史记》记载屠岸贾发难诛杀赵氏，以及程婴、公双杵臼保全孤儿的事情，不知有何依据。有人说，这是韩信的孤儿被保全下来的故事。

正当韩信在长乐宫悬钟的屋子里被杀的时候，韩信家中有一位宾客藏匿了他三岁的儿子。宾客知道萧何平时与韩信友好，只是迫不得已被吕后挟持，便私下去谒见萧何，略微表示出一点韩信将会失去后人的意思。萧何仰天长叹说："冤枉啊！冤枉啊！"眼泪滴滴落下。宾客见萧何出于真情，便将实情告诉了他。萧何吃惊地说："你能够藏匿淮阴侯的儿子吗？你不能留在中国了，赶紧逃走吧。南粤赵佗一定能将这个孩子保全下来。"于是，萧何写了一封书信交给宾客，让赵佗把孩子藏匿起来。他说："这是淮阴侯的儿子，请您好好对待他。"赵佗将孩子收养为子，将他密藏在海滨，让他姓韦，这韦字正是韩字的一半。现在韦氏一族仍然在广南海濡之间称豪。由于是汉朝人为他立传，不便于明言，便以吕后为屠岸贾，以韩为赵，以萧何家为公宫，而程婴与公孙杵臼便是韩信的宾客的名字。司马迁撰写《史记》的时候，因袭了这种说法，就成了千古疑案，就像如今的小说一样，并不是真实的记录。

晋景公传位给晋厉公州蒲。晋厉公被栾书和中行偃所杀害，他们派人从京城迎回晋襄公的曾孙晋悼公周，立为国君。晋悼公非常贤明。他任用魏绛，重振霸业，晋国三次出兵，楚国都不敢争锋。晋悼公传位给晋平公彪、晋昭公夷。这时，国内六卿逐渐强盛，因而大权独揽，晋侯逐渐衰弱，无法控制臣属。君位再传给晋顷公去疾、晋定公午、晋出公凿。智瑶与韩、魏、赵三家消灭了范氏和中行氏，瓜分了他们的领地。晋出公通报齐、鲁两国，请他们讨伐智氏、韩氏、魏氏、赵氏四卿。四卿反而攻打他们的君主，晋出公逃往齐国，半途中死去，智伯拥立晋昭公的曾孙骄为国君，这就是晋哀公，但是政权仍然由智伯独揽。及至智伯宣子死去，智襄子执掌国政，向韩、魏提出割地的要求，韩、魏都把土地割让给了智襄子。智襄子又向赵提出割地的要求，赵襄子不肯交割。智襄子便率领韩康子和魏桓子攻打赵襄子。

当初，赵简子派遣尹铎治理晋阳，尹铎请示说："您是要我前去养蚕缫丝，还是要我前去保卫屏护疆土？"赵简子说："当然是保卫屏护疆土。"于是，尹铎在那里减轻赋税，舒解民力。至此，赵襄子想起尹铎与赵简子的对话，便逃奔晋阳。智氏、韩氏、魏氏三家决开河水冲灌晋阳，露在水面以上的晋阳城墙只有六尺之高，淹没在水中的炉灶日久生出蝦蟆，但当地人民依然没有背叛赵襄子。赵襄子派遣张孟谈暗自出城，去见韩康子和魏桓子说："我听说唇亡齿寒，现在智襄子率领韩、魏两家前来攻打赵氏，倘若赵氏灭亡，接下来轮到的就是韩氏与魏氏两家了！"韩康子与魏桓子二人便暗中与张孟谈约定，让赵氏在夜间派人杀掉防守堤坝的军吏，反而决开河水来冲灌智襄子的军队。韩康子与魏桓子又从两翼进击智襄子，大败他的兵众，将他的氏族全部消灭，从而由三家瓜分了他的领地。

周威烈王最初将大夫魏斯、赵籍、韩虔策命为诸侯。晋哀公传位给晋幽公柳，晋幽公又被夫人秦嬴所杀害。魏文侯立晋烈公止为晋君，晋烈公传位给晋孝公颀和晋靖公俱酒。周安王二十五年甲辰，韩、赵、魏三家共同废黜晋靖公俱酒为家人，晋国领土由三家瓜分，晋国灭亡。晋国共有四十位国君，经历了七百二十二年。

自此以后，晋国分离为三个国家。其一称作魏国，魏氏是周文王庶出的儿子毕公高的后人。周威烈王将魏斯策命为魏文侯，魏文侯传位给魏武侯击，到了魏惠王罃（yīng）时，魏国称王，魏惠王就是《孟子》一书中的梁惠王。魏惠王再传位给魏襄王、魏昭王、魏安釐王和魏闵王，至魏王假，共有八代国君，经历了一百七十七年，秦始皇灭掉了魏国。其二称作赵国，赵氏与秦人同祖，是蜚廉的后人。周威烈王将赵籍策命为诸侯，这就是赵烈侯。赵烈侯传位给赵武侯、赵敬侯、赵成侯、赵肃侯，到了赵武灵王雍在位的时候，赵国称王。赵武灵王再传位给赵惠文王、赵孝成王和赵悼襄王，至赵幽穆王迁在位的时候，秦始皇灭掉了赵国。赵幽穆王的哥哥嘉在代地自立为国君，号称代王，历时六年，秦国又将代王灭掉。赵国共有十一代国君，经历了一百八十二年。其三称作韩国，韩氏与晋君同祖，是曲沃伯桓叔的后人。周威烈王将韩虔策命为诸侯，这就是韩景侯。韩景侯传位给韩烈侯、韩文侯、韩哀侯、韩懿侯、韩昭侯，到了韩宣惠王时，韩国称王。韩宣惠王再传位给韩襄王、韩僖王、韩桓惠王，到了韩王安时，秦始皇灭掉了韩国。韩国共有十代国君，经历了一百七十四年。

楚 国

历来与晋国为敌、称霸南方的国家，便是楚国。凡是南方诸侯，都对楚国唯命是听。楚国为芈（mǐ）姓，爵位为子，是颛顼的后人。楚高祖鬻熊供职于周文王，周成王因鬻熊受到先王的恩庇，便将子男之田分封给他的玄孙熊绎，号称楚国。熊绎传位给熊艾、熊黵（dàn）、熊胜、熊杨、熊渠、熊挚红。熊挚红的弟弟熊延杀害了熊挚红，自立为国君。熊延传位给熊勇、熊严、熊霜、熊徇、熊咢（è）、熊仪即若敖、熊坎即霄敖、熊眴即蚡（fén）冒。蚡冒的弟弟熊通杀死蚡冒的儿子，自立为国君，于是僭越名号，自称为王，吞并各国，逐渐强大。熊通传位给楚文王熊赀（zī）、庄敖熊艰。熊艰被他的弟弟楚成王熊恽（yùn）杀害。熊恽在位四十六年，被他的儿子楚穆王商臣杀害。楚穆王传位给楚庄王旅，称霸诸侯，其事迹已经见于前面的叙述。

楚庄王传位给楚共王审、楚康王昭、郏（jiá）敖员，郏敖员被楚康王的弟弟楚灵王围杀害。楚灵王围在位十二年，被公子比和公子弃疾杀害。公子弃疾即位，这就是楚平王。楚平王奸占迎娶儿媳，杀害伍奢和伍尚，伍员逃亡到吴国。及至楚平王去世，其子楚昭王珍即位。伍员率领吴国军队进攻楚国，经过五次交战，打到了郢都，楚昭王逃亡到随地。申包胥率领秦国军队营救楚国，吴国军队大败而回。楚昭王恢复君位以后，传位给楚惠王章、楚简王中、楚声王当、楚悼王疑。楚悼王任命吴起为大将，免除了公族并非急需的俸禄，用来奉养战斗之士，楚国大为强盛。及至楚悼王去世，贵族共同攻杀了吴起。君位再传给楚肃王臧、楚宣王良、楚威王商、楚怀王槐。秦昭王攻打楚国，夺取了八座城邑。秦国写书信给楚怀王，声称秦国希望在武关举行会盟，停止用兵，楚怀王信以为真，前往秦国。屈平劝楚怀王不要入秦，楚怀王不肯听从。秦国让一位将军佯装秦王，在武关设下埋伏，将楚怀王捉获，带回秦国。楚怀王病情发作，在秦国死去，子楚顷襄王横即位。楚顷襄王传位给楚考烈王完，楚考烈王没有子嗣。春申君黄歇，纳李园的妹妹为妾，在怀有身孕以后，李园劝说春申君将自己的妹妹进献给楚考烈王，于是生下一子。楚考烈王去世，春申君的儿子楚幽王悼即位。李园打算独揽大权，在宫门埋伏甲兵，刺杀了春申君，并诛灭了他的全家。楚幽王在位十年，其弟楚哀王犹即位，五个月以后，楚哀王的庶兄负刍篡夺了王位。负刍在位五年，被秦始皇灭掉，楚国灭亡。楚国君主传续了四十代，历时八百八十多年。

齐　国

其次便应提到齐国。齐国为姜姓，又为吕姓，爵位为侯。太公望辅佐周王室，周武王十三年己卯，将太公望分封到营丘，号称齐国。太公望传位给丁公伋、乙公得、癸公慈母、哀公不辰。哀公不辰被周懿王烹杀，弟胡公靖即位。癸公慈母之子献公山袭击胡公靖，自立为国君，传位给齐武公寿、齐厉公无忌、齐文公赤、齐成公脱、齐庄公购、齐僖公禄父，国势逐渐强大。齐僖公的儿子齐襄公诸儿淫乱无道，被堂弟公孙无知杀害，他的弟弟齐桓公小白即位，称霸诸侯，其事迹已经见于前面的叙述。齐桓公去世，易牙和竖刁将公子无亏立为国君，却又被齐国人杀死。宋国人送齐孝公昭回国即位，及至齐孝公去世，其子被卫公子开方杀害，其弟齐昭公潘即位。齐昭公去世，其子舍被齐懿公商人杀害，齐懿公又被邴歜（bǐng chù）、阎职杀害。齐国人拥立齐懿公的哥哥齐惠公元即位，齐惠公传位给齐顷公无野、齐灵公环、齐庄公光。齐庄公与崔杼（zhù）妻棠姜私通，淫猥放荡，毫无顾忌，结果被崔杼杀死。齐景公杵臼即位以来，陈氏日益壮大。齐景公宠爱儿子荼（tú），将他立为国君。陈乞杀死晏孺子荼，拥立齐悼公阳生为国君，齐悼公又被鲍牧杀害。齐国人拥立齐悼公的儿子齐简公壬为国君，齐简公又被陈恒杀害。陈恒拥立齐简公壬的弟弟齐平公骜（ào）即位，自己独揽大权。齐平公传位给齐宣公积。到了齐康公贷在位时，田和将本国国君迁移到海滨，篡夺了齐国。田和请求为诸侯，周安王应允。田和也号称齐太公，他的儿子田午也号称齐桓公。齐桓公午的儿子号称齐王，这就是齐威王。齐威王之子齐宣王辟疆，就是《孟子》一书中的齐宣王。

当时，燕国国相子之与苏秦的弟弟苏代通婚，子之打算得到燕国的大权。适逢苏代出使齐国归来，燕王哙（kuài）问他说：“齐国能称霸诸侯吗？”苏代回答说：“不能。”燕王说：“为什么不能？”苏代回答：“齐国君主不能信任大臣。”于是，燕王专门任用子之。鹿毛寿又用尧舜禅让天下的故事劝说燕王让位，燕王便将燕国让给了大臣子之，燕王哙反而成为子之的臣下，燕国大为混乱。齐宣王前去攻打燕国，捉住子之，将他剁为肉酱，杀死燕王哙。过了三年，燕国人共同拥立燕王哙子平，这就是燕昭王。燕昭王礼遇贤者，奉养士人，与百姓同甘同苦，肯于屈己，不惜重礼，招纳贤人。于是，乐毅从魏国前来，剧辛、邹衍等人都各自由本国前来。燕昭王任命乐毅为亚卿，把国政委任给他。齐宣王传位给子齐湣（mǐn）王地。齐湣王在灭掉宋国后心骄志满，便向南侵犯楚国，向西侵犯韩、赵、卫三国，打算吞并东西两周，自为天子。燕昭王调集本国全部兵马，任命乐毅为上将，联合秦国、魏国、韩国和赵国的军队攻打齐国。齐滑王集中本国全部兵马，在济西抵御，结果大败。乐毅长驱直入临淄，迅速攻下了齐国的七十多座城邑，只剩下莒城和即墨两地未能攻克。齐湣王逃亡到莒城，向楚国求救。楚国派遣淖（zhuō）齿率领军队救援齐国，因而成为齐相，留在莒城。淖齿打算与燕国共同瓜分齐国领土，便挑断齐湣王的筋，将他吊在庙堂的横梁上，隔了一夜，齐湣王便死去了。

齐湣王之子法章，改姓换名，为太史敫（jiào）家浇灌菜园。太史敫的女儿见法章相貌奇特，爱上了他，偷偷给他衣服和食品，与他私通。王孙贾召集莒城居民攻杀淖齿，寻得法章，拥立为齐襄王，重新防守莒城，抵御燕军。燕国的乐毅包围即墨，即墨大夫出兵战死，即墨百姓共同推举田单担任将领，抵御燕国。燕国围困莒与即墨二城，历时三年，未能攻克。适逢燕昭王去世，燕惠王即位。燕惠王从当太子时起，素来就对乐毅感到心中不快。田单得知，便使用反间计，离间燕惠王与乐毅。燕惠王对乐毅产生了怀疑，派遣骑劫代替乐毅领兵，召乐毅回国，乐毅逃亡到赵国。田单诈称神兵下降，助他复国，又佯装请求投降，却在暗中聚集城中的牛群，共得到一千多头。他给牛披上大红色绢帛制成的披挂，在上面画上五颜六色的云龙花纹，把兵器绑在牛角上，把浸透油脂的芦苇把子绑在牛尾巴上，在城墙上凿出十个洞穴作为出口，在夜间把牛群放出来，点燃了牛尾巴。牛群怒不可遏，用尽力气向燕国军队急奔猛冲，燕国军队大败，齐国人杀死骑劫，将七十多座城邑一举全部收复。于是，田单前往莒城，迎接齐襄王进入临淄，恢复君位。齐襄王以太史敫的女儿为王后，这就是君王后，君王后生了齐王建。齐襄王去世，君王后主持国政。君王后去世后，齐王建被秦始皇灭掉，田齐灭亡。田齐共有七代国君，经历了一百六十六年。

燕　国

再次应该提到燕国。燕国为姬姓，爵位为假。周武王十三年己卯，将召康公奭分封到燕地，传承了三十六代国君，到了燕文王之子燕易王在位时，开始称王。燕易王之子燕王哙把国家让给臣属子之，子之被齐国杀掉，燕国灭亡。燕王哙之子燕昭王安定恢复了燕国，几乎灭掉齐国。燕昭王传位给燕惠王、燕武成王、燕孝王，到燕王喜在位时，燕国遭受秦国的进攻。为了躲避秦军，燕王喜迁居辽东。四年后，秦始皇灭掉了燕王喜。燕国共有四十一代国君，经历了九百〇一年。

以上所述，晋国在春秋时代合为一国，在战国时代分成魏、赵、韩三国，而韩国仍然是晋国的支脉。齐国在春秋时代是姜齐，在战国时代是田齐。加上楚国和燕国，共有六国。六国都从西周初年兴起，逐渐强盛，历经春秋战国，被秦始皇灭掉。这就是人们所说的秦始皇吞并六国。

鲁　国

此外，文献之邦，首推鲁国。鲁国为姬姓，爵位为侯。周武王将弟周公旦分封到曲阜，号称鲁国。周公旦传位给鲁公伯禽、鲁考公酋、鲁炀（yáng）公熙、鲁幽公宰。在周昭王时期，鲁幽公之弟鲁魏公沸杀死鲁幽公，自立为国君。鲁魏公传位给鲁厉公擢、鲁献公具、鲁真公濞（bì）、鲁武公敖、鲁懿公戏。其侄伯御杀死鲁懿公，自立为国君，周宣王将他攻杀。鲁懿公之弟鲁孝公称即位，传位给子鲁惠公弗湦。鲁惠公的原配夫人是孟子，孟子死后，鲁惠公续娶声子为继室，生鲁隐公息姑。宋武公生女儿仲子，仲子生下来手中写有文字，说她将会成为鲁侯的夫人。因此，仲子嫁鲁，生了鲁桓公轨。鲁惠公因仲子手中写有文字，打算传位给轨。鲁惠公去世后，轨年纪幼小，他的哥哥鲁隐公权且代理国政。鲁桓公长大成人后，鲁隐公遵从父亲的意愿，准备向鲁桓公让国。鲁桓公反而听信了羽父的谗言，杀害了鲁隐公，自立为国君。

鲁桓公生有四个儿子：长子鲁庄公同、次子庆父、三子叔牙、四子季友。季友将生时，鲁桓公让人为腹中子占卜，占卜的人说："腹中子是个男孩，他的名字叫作友，处于辅佐公室的地位，一旦季氏灭亡了，鲁国便不再昌盛了。”及至季友诞生，手中写有一个友字，因此给他起名为友。及至鲁桓公与夫人文姜前往齐国，齐襄公兄妹通奸，因而杀死鲁桓公，鲁国人便拥立鲁庄公为国君。鲁庄公娶了齐襄公的女儿，名叫哀姜，没有生过子女。哀姜之妹叔姜生启方，这就是鲁闵公。鲁庄公又娶了党氏的女儿孟任，孟任生子般，打算将子般立为国君。鲁庄公得了重病，向叔牙征求立嗣的意见，叔牙回答说：“庆父最有才能。”鲁庄公又向季友征求意见，季友回答说：“我将誓死拥戴子般。”于是，鲁庄公让叔牙喝下毒酒而死，封立他的儿子公孙兹为大夫，这就是叔孙氏。庆父与哀姜私通，及至子闵被立为嗣君，庆父杀死子般，拥立鲁闵公即位，后来又杀死鲁闵公，图谋自立为国君。季友拥奉公子申，并立他为国君，这就是鲁僖公。哀姜逃亡到邾国，齐桓公将她捉住杀死，将她的尸体交还鲁国。庆父逃亡到莒国，季友送上礼物，向莒国索取庆父，逼迫并缢杀庆父，也封立他的儿子公孙敖为大夫，这就是孟孙氏。季友处事贤明，终于稳定了鲁国的局势，于是成为鲁国的辅佐大臣，这就是季孙氏。孟孙氏、叔孙氏、季孙氏三家都是鲁桓公的后人，因此被称作三桓。鲁僖公传位给鲁文公兴。鲁文公的长妃齐君的女儿出姜，也被称作哀姜。哀姜生公子恶与公子视，次妃敬嬴生鲁宣公倭。敬嬴受到鲁文公的宠爱，却又私自侍奉孟孙氏襄仲即公子遂。鲁文公去世，襄仲杀公子恶和公子视，拥立鲁宣公。从此，三桓专擅国政，将公室的领地分成四份瓜分，季氏占有两份，孟孙氏和叔孙氏各自占有一份，完全由三桓征收赋税，而向鲁宣公交纳贡物。鲁宣公传位给鲁成公黑肱

（gōng）、鲁襄公午、鲁昭公裯（chóu）。鲁昭公打算铲除季孙氏，结果被季平子驱逐出国，在乾侯去世，其弟鲁定公即位，传位给鲁哀公蒋。鲁哀公请求越国出兵，攻打鲁国，以消灭三桓。三桓攻打鲁哀公，鲁哀公逃亡到卫国，又离开卫国，前往越国。后来鲁国人迎接鲁哀公回国，鲁哀公在有山氏的家中去世，其子鲁悼公宁即位。鲁国的君主如同一个小侯，比三桓的势力弱小得多。君位再传给鲁元公嘉、鲁穆公显、鲁共公奋、鲁康公屯、鲁景公匽（yǎn）、鲁平公叔、鲁文公贾、鲁顷公仇，被楚考烈王灭掉。鲁国共有三十四代君主，经历了八百六十八年。

郑、宋、卫、陈、蔡等国

还有郑国。郑国为姬姓，爵位为伯。周宣王将母弟桓公友分封到郑地，郑桓公在周幽王时犬戎造成的祸难中死去。郑国地处晋、楚两国中间，晋国与楚国争夺霸主地位，轮番攻打郑国，几乎灭亡。到了子产执掌国政时，郑国政治修明，并且善于与大国周旋，因而使军事争夺稍微停息了一段时间，从此郑国略微可以大致保持安定。当时，公孙黑、公孙段和驷带强行杀死伯有。子产已经杀了公孙黑，时至七年以后，郑国人忽然互相惊扰着说："伯有来啦！"于是大家逃奔一空，不知去向。有人梦见伯有披甲而行，还说："三月二日，我将要杀死驷带。明年正月二十七日，我还要杀死公孙段。"到了三月二日，驷带死了；第二年正月二十七日，公孙段又死了。郑国人都非常恐惧，子产立子孔的儿子公孙泄和伯有的儿子良止为大夫，来安慰死者的灵魂，人们才不再害怕。子太叔问："你为什么要连同公孙洩一并立为大夫呢？"子产说："如果我只为死鬼扶立后人，恐怕百姓产生迷惑，所以要连同公孙洩一同封立。为的是奉行大义，存亡继绝，也好使自己对民众去做解释。"到了鲁康公乙时，韩哀侯灭掉了鲁国，而使自己迁都于鲁国。鲁国君主传承共有二十三代，经历了四百三十二年。

还有宋国。宋国为子姓，爵位为公。周成王三年戊子，在诛杀武庚以后，将微子启分封到宋地，以便接续殷人对祖先的祭祀。微子启的弟弟微仲继位，经过十七代传承，到了宋襄公兹文时，也曾称霸诸侯。宋襄公传位子宋成公和孙子宋昭公。由于宋襄公夫人王姬与孙子宋文公鲍私通，便杀死宋昭公，拥立宋文公。君位又传承了十代，到宋公剔成时，被弟偃杀害，自立为国君，灭掉滕国和薛国，打败齐国、楚国和魏国，便越位称王，耽于酒色。齐湣王与楚国和魏国共同灭掉了宋国。宋国君主传承共有三十二代，经历了八百二十八年。

还有卫国。卫国为姬姓，爵位为侯。周武王十三年，将弟康叔分封到卫国，经过七代传承，到了卫顷侯时，首先破坏王室制度，吞并了邶、鄘两国。又经过两代传承，到了卫武公和时，率领军队营救周室，辅佐周平王向东迁徙，周天子开始策命卫国为公爵。卫武公传位给卫庄公和卫桓公。卫桓公被州吁杀害，石碏与卫国人共同杀死州吁，拥立卫宣公晋为国君。卫宣公奸娶了公子假妻宣姜，宣姜生下公子寿和公子朔，卫宣公又听信卫惠公朔的谗言，杀死公子假和公子寿。及至卫宣公去世，卫惠公即位，卫宣公庶出的儿子公子顽又与后母宣姜私通，生戴公和文公。卫惠公去世，其子卫懿公赤在位时，为狄人攻灭。齐桓公率领诸侯军营救卫国，扶立戴公和卫文公，卫文公勤俭持国，使卫国复兴。君位又承传了七代，至卫灵公元，宠爱夫人南子，又为南子召来宋朝，男女并宠。太子蒯聩深感耻辱，打算杀死南子，未能实现，逃奔国外。卫灵公去世，蒯聩子辄即位，这就是卫出公。蒯聩打算回国，卫出公辄发兵抵御，蒯聩凭借孔悝（kuī）的母亲的势力进入卫国，卫出公出逃国外，蒯聩即位，这就是卫庄公。卫庄公和卫出公父子争夺卫国，卫出公出而复入，入而复出，蒯聩也是两出两入。晋国的赵鞅驱逐蒯聩，扶立卫灵公的侄子般师。齐国人捉住般师，又扶立卫灵公的儿子起。又被石圃驱逐，而拥立卫灵公之子卫悼公黔。经八代传承，至卫成侯速，降号为侯，依附于三晋。再经三代传承，至卫嗣君，降号为君。又经三代传承，至卫君角。秦国吞并了六国，只有卫国还存在着。到了秦始皇三十六年，才将卫君角废为平民。卫国君主传承四十代，经历了九百〇二年。

还有陈国。陈国为妫姓，爵位为侯。周武王将虞舜的后人胡公满分封到陈国，经十八代传承，至陈灵公平国，由于奸淫夏徵舒的母亲，被夏徵舒杀掉。楚军占领了陈国，不久又使陈君复位。再经五代传承，到卫闵公越时，楚惠王灭掉了陈国。陈国君主传承共有二十四代，经历六百四十五年。其后，陈国的后人又在齐国壮大起来，这就是后齐田氏。

还有蔡国。蔡国为姬姓，爵位为侯。周武王将弟叔度分封到蔡国，蔡叔度因叛乱被杀，其子蔡仲恢复了封国。到了蔡侯齐时，被楚惠王灭掉。蔡国君主传承共有二十五代，经历六百六十二年。

还有曹国。曹国为姬姓，爵位为伯。周武王将其弟振铎分封到陶丘，国号为曹。到曹伯阳时，被宋景公灭掉。当初，曹国有人梦见有一批君子站在国社的墙垣旁边，策划灭亡曹国，曹叔振铎请求等待公孙强，大家都答应下来。做梦者早晨起来去寻找公孙强，曹国并无此人。他告诫儿子说："我死了以后，假如你听说公孙强执掌国政，一定要离开曹国。"及至曹伯阳即位，喜欢打猎射鸟。曹国边境居民公孙强喜欢射鸟，捉住一只白雁，献给曹伯阳，得到宠爱，并让他担任司城，执掌国政。做梦者的儿子便离开了曹国。公孙强向曹伯阳进言称霸诸侯的方略，曹伯阳听从了他的主张，便背弃晋国，侵犯宋国。宋国人攻打曹国，晋国不肯营救，宋国灭掉曹国。曹国传承二十五代国君，经历六百三十六年。一般来说，晋国、楚国、齐国、燕国、秦国、鲁国、郑国、宋国、卫国、陈国、蔡国、曹国，这就是春秋十二国。秦国、楚国、齐国、赵国、韩国、魏国、燕国，这就是战国七雄。

此外还有吴国。吴国为姬姓。泰伯逃到吴地，其弟仲雍也相继来到。仲雍传位给子季简，季简传位给叔达，叔达传位给周章。周武王分封周章为吴伯。经过十四代传承，到寿梦时，自称为王。寿梦传位给诸樊、余祭、夷昧、王僚、阖闾，到夫差时，以强暴称霸中国，被越王勾践灭掉。吴国传承君主共有二十六代，经历七百六十年。

还有越国。夏朝的少康将其子无余封在会稽，以便崇奉对夏禹的祭典，国号于越。到允常时，越国称王，允常之子勾践灭掉吴国，国家强盛。经过六代传承，到越王无疆时，越国攻打楚国，被楚国打败，领土遭到侵削。再经七代传承，至闽君摇，帮助诸侯平定秦朝，汉高祖将他封为越王。至汉武帝三十一年，汉朝开始去平定东越，住在股地的乐越繇王杀死东越王余善，投降了汉朝。越国经历了一千九百五十九年而灭亡。

还有邾国。邾国为曹姓，爵位为子，是颛顼的后代。周武王将曹侠分封到邾国，战国时改称为邹国，被楚国灭掉。

还有杞国。杞国为姒姓，爵位为公。周武王将夏禹的后人东楼公分封到杞国，战国时被楚国灭掉。

还有滕国。滕国为姬姓，爵位为侯。周武王将自己的弟弟叔绣分封到滕国，战国时被宋国灭掉。

还有薛国。薛国为任姓，爵位为侯。夏禹将奚仲封在薛地，经历一千九百多年，被宋王偃灭掉。

秦　国

还有一个由附庸国兴起，日渐强大，终于吞灭东、西二周，兼并天下，统一全国的秦国。秦国为嬴姓，爵位为伯。在虞舜时，伯益被赐姓嬴氏，他的后人为蜚廉。蜚廉之子恶来力气极大，与父亲蜚廉一起侍奉殷纣王。周武王讨伐殷纣王时，将二人一齐杀掉。恶来的五世孙非子，住在犬丘，喜欢马匹，善于喂养繁殖。周孝王命令非子在汧水与渭水之间主管马匹，马匹迅速殖衍，周孝王便将他分封为附庸国的君主，以秦地作为封邑。非子传位给秦侯、公伯、秦仲、秦庄公，到秦襄公时，由于周幽王蒙受犬戎造成的祸难，秦襄公奋力作战，击退犬戎，护卫周平王向东迁徙，占据周朝放弃的全部土地，国家开始壮大起来。秦襄公传位给秦文公、秦宁公、出子，三叔杀死出子，拥立秦武公，秦武公传位给秦德公、秦宣公、秦成公，到秦穆公任好时，秦国吞并了十二个国家，开拓了辽阔的土地，称霸西戎，国家开始强盛起来。秦穆公传位给秦康公、秦共公、秦桓公、秦景公、秦哀公、秦惠公、秦悼公、秦厉共公、秦躁公、秦怀公。秦怀公被庶长晁（cháo）杀害，秦躁公的孙子秦灵公即位，传位给秦简公、秦惠公、秦出公。秦出公被庶长改杀害，秦灵公的儿子秦献公即位，秦献公又传位其子秦孝公。

当时，诸侯都用对待夷狄的态度来对待秦国，将其排斥在诸侯以外，不得参与中原诸侯举行的会盟。因此，秦孝公发愤图强，修明国政，在国内颁布命令说：“无论宾客与群臣，只要是能够制定奇计使秦国强盛，我便为他加官进爵，赏赐封邑。”卫国人商鞅得知，便西行入秦，通过秦国的宠臣景监求见秦孝公，用富国强兵之术劝谏。秦孝公非常高兴，与他商议国家大政。商鞅打算变法，秦国人都不欢迎。商鞅对秦孝公说：“一般在事业初创的时候没有必要与百姓商讨筹划，只有在事业成功以后让他们分享快乐。谈论至上的德行，不必迎合流俗；成就伟大的业绩，不应与众人谋划。智谋之士制定法度，愚昧之人只能唯命是从罢了！”秦孝公说：“讲得好。”任命商鞅为左庶长，制定变法的法令：命令居民实行五人为伍、十人为什的编制，让居民互相检举揭发，一家犯法，十家连坐。奖赏告发奸邪的人，惩罚不肯告发奸邪的人。对于建立军功的人，分别按照功劳大小，给予上等的奖赏。对于为私利争斗的人，分别按照情节轻重，施以刑罚。对于从事农业，耕田织布，能够多生产粮食布帛的人，免除该人本身的劳役。对于从事工商业以及因懒惰而贫穷的人，将他们收为奴婢。要使建立军功的人荣耀显贵，而使没有军功的人即使富有，仍然没有荣显的地位。要实行严刑重罚，使百姓都去参加作战。法令制定以后，商鞅没有马上公布。他担心百姓不肯相信，便在国都商市的南门旁边竖起一根三丈长的木头，招募能够将木头移放到商市北门的百姓，给予十金。百姓感到奇怪，没有人肯于去移动木头。商鞅又说："对于能够移动木头的人，给予五十金。"有一个人将木头移走了，商鞅便给了他五十金，以示有令必行。于是，商鞅颁布了命令。命令实行了一整年，秦国百姓中有一千多人议论新法不便。这时，太子也触犯了法令。商鞅说："法令不能实行，是由于上面有人触犯法令。"由于太子是未来的国君，不能够施加刑罚，商鞅就处罚了太子傅公子虔，将太子师公孙贾处以墨面刺字的刑罚。第二天，秦国人都服从命令了。此后秦国政治修明，人民为公家作战十分勇敢，为私利争斗却心怀畏惧，秦军战无不胜，攻无不克。周天子给秦国送来霸主的称号，诸侯全来向秦国祝贺。

当时，魏国派遣庞涓攻打韩国，韩国便向齐国求救。齐国任命田忌为主将、孙膑为军师，以攻打魏国的办法来营救韩国，径直奔向魏国的都城，庞涓回兵接战。这一夜，庞涓来到马陵道，齐国的伏兵用箭将他射死，还俘虏了太子申。秦国的商鞅乘着魏国战败的时机，劝说秦孝公："秦国与魏国疆域相连，不是魏国吞并秦国，就是秦国吞并魏国。不如趁魏国兵败之机攻取魏国。"秦孝公听从了他的建议，派遣商鞅率领军队攻打魏国，魏国派遣公子卬率领军队抵御。商鞅诱骗公子卬举行会盟，与他饮酒作乐，表示停止用兵，公子卬信以为真。商鞅预先伏下甲兵，届时俘虏了公子卬，开拓领土七百里，魏孝王只好离开安邑，把都城迁徙到大梁。秦国将商地封赏给商鞅，给他十五座封邑，号称商君。

商鞅施行法令严厉而残酷。一次，他在渭水岸边处治囚犯，渭水全被血水染红，许多人都怨恨他。

秦孝公在位二十四年去世，其子秦惠公即位。公子虔一伙告发商鞅谋反，派遣吏人去逮捕他。商鞅逃亡在外，打算到旅店里住下，旅店的主人说："商君的法令规定，如果旅店让没有证件的人住宿，就要处以刑罚。"商鞅叹息着说："我被自己制定的法令所害，竟达到这般地步！"他离开旅店，前往魏国，魏国不肯接受，将他交送给秦国，秦国人将他五马分尸，陈尸示众。

此时，秦国蚕食诸侯，诸侯都为秦国的强盛而忧虑。当初，洛阳人苏秦和魏国人张仪都从师于鬼谷先生。苏秦外出游说诸侯，历时数年，狼狈而归，兄弟妻嫂都耻笑他。苏秦便闭门不出，拿出自己的书来，通通阅读了一遍，得到了《太公阴符之法》一书，埋头诵读，反复揣摩，整整用了一年时间。他说："现在我可以去游说当代的君主啦。"苏秦游历燕国，以合纵之术游说燕文公。燕文公听从了他的主张，向他资助车马，让他游说赵、韩、魏、齐、楚各国，各国都接受了他的主张，送给他许多礼品，任命他为纵约长，同时担当六国的相国。他北上去向赵国汇报的时候，车马行装的气派可与国君相比。

苏秦担心秦国攻打赵国，使合纵的盟约遭到破坏，便暗中派遣张仪前往秦国，为的是让秦国不去攻打诸侯各国，以巩固合纵的盟约。楚国、赵国、燕国、韩国、魏国共同进攻秦国，攻打函谷关。秦国出兵迎击，五国的军队全部败退逃跑。秦惠王派遣公孙衍欺骗齐国和魏国，使他们攻打赵国。赵肃侯责备苏秦，苏秦害怕了，便请求出使燕国，以便报复齐国。苏秦来到燕国，与燕文公夫人私通，害怕受到惩罚，又逃亡到齐国。他又与齐国的大夫争夺齐君的宠信，结果被贼人杀掉。于是，张仪游说各国，倡导连横，以侍奉秦国，合纵的盟约便瓦解了。秦惠王在位二十七年去世，其子秦武王即位。秦武王在位四年，由于与力士打赌举鼎，断骨绝脉而死，其弟秦襄昭王即位。

当时，秦国攻打诸侯，夺取城邑，诸侯畏秦如虎。当初，齐王将田婴封在薛地，田婴有子四十多人，其妾生子名田文。田文通达倜傥，机智多谋。他劝说田婴散布家财，奉养士人，田婴让他主持家务，接待宾客。宾客争着称誉田文的优点，田婴便将田文立为后嗣，号称孟尝君。孟尝君收罗诸侯各国的人才，门下的游说之士和食客有数千人之多，因而声名为天下所推重。秦王听说孟尝君贤明，便让洛阳君去做齐国的人质，而请孟尝君前往秦国，秦国任命他为丞相。有人对秦王说："孟尝君担当秦国的丞相，肯定会先为齐国着想，后为秦国打算，秦国恐怕要危险了！"秦王便任命楼缓为丞相，打算杀掉孟尝君。孟尝君派人向秦王宠幸的姬妾请求脱身的办法，姬妾说：“我希望得到孟尝君的白狐皮袍。”孟尝君本有一件白狐皮袍，已经献给了秦王，手中没有东西满足姬妾的要求。门客中有一个善于小偷小摸的人，潜入秦君的仓库中，将白狐皮袍偷出，拿去献给姬妾。姬妾才向秦王说情，让孟尝君回国。不久秦王后悔了，便派人追赶孟尝君。孟尝君来到函谷关前，关防法令规定鸡叫以后才能放旅客出关。当时离开关放人的时间还很早，追赶的人马就要赶到。门客中有一个善于模仿鸡叫的人，野外的鸡听到他的叫声也都随着叫了起来，于是孟尝君得以脱身。及至回国以后，孟尝君率领齐国与韩、魏两国攻打秦国，打败了秦国的军队，进入了函谷关，军队横渡渭河，整整用了一天的时间。秦国派遣公子池割让河东三城，请求媾和，三国军队这才退去。历来攻打秦国所取得的胜利，从没有超过这一次的。

《战国策》记载孟尝君的门客中有一个与他的夫人相爱的人，有人禀告孟尝君：“作为您的门客，却暗中与您的夫人相爱，这也太不仁义了！请杀掉他吧，决不能够宽赦他。”孟尝君说：“看到女色，于是相爱，这是人之常情。请将此事放下，不要再提了。”孟尝君如此对待门客，所以能够使人尽死效力，而使自己干什么都能获得成功。

当时，秦国任命白起为大将，战无不胜，攻无不克，杀人达数十万之多，诸侯为之日益削弱。

当初，楚国的野民卞和在楚山中得到一块璞玉，献给楚厉王。楚厉王让治玉的工匠加以鉴定。工匠说：“这是一块石头啊。”楚厉王便砍去了卞和的左脚。楚武王即位，卞和又捧着璞玉进献，工匠又说：“这是一块石头啊。”楚武王便又砍去了卞和的右脚。楚文王即位，卞和捧着璞玉哭泣不止。楚文王让治玉的工匠破开璞玉，得到一块宝玉，因而命名为和氏璧。后来，和氏璧被赵国得到。秦昭王希望得到和氏璧，请求用十五座城邑向赵国换取。赵王就此事征求蔺（lìn）相如的意见，蔺相如说：“秦国拿城邑来换取和氏璧，如果大王不肯应允，就是我们亏理。我们把和氏璧拿给秦国，如果秦国不肯把城邑交割给我们，就是秦国亏理。我愿意担当使者，带着和氏璧前往秦国。如果秦国的城邑不能交给我们，我将完整地带着和氏璧回国。”蔺相如来到秦国，秦昭王没有拿城邑报偿赵国的意思，蔺相如便哄骗秦昭王，又把和氏璧取回，派遣使者怀揣和氏璧返回赵国，而自己等待秦国的处治。秦昭王称赏蔺相如的贤明，没有杀他，有礼貌地将他送回。于是，赵王委任蔺相如为上大夫。后来，秦国吞并了六国，得到和氏璧，李斯在上面刻了这样的铭文：“受命于天，既寿且昌。”和氏璧便成为传国玉玺了。

秦王和赵王在渑（miǎn）池会见，秦王请赵王鼓瑟，赵王只好鼓瑟，蔺相如也请秦王击缶作为回报。直到会见结束，秦国终究不能够给赵国加上罪名。赵王回国以后，委任蔺相如为上卿，地位在廉颇之上。廉颇说：“一旦我见到蔺相如，一定要折辱他一番。”蔺相如得知，每当上朝的时候经常称病不出，出门望见廉颇时，总是转身避开。家臣对此引以为耻。蔺相如说：“就凭着秦国那样强盛，我还敢在朝堂上大声喝斥秦王呢，难道我唯独害怕廉将军吗？但我考虑，秦国之所以不敢派兵侵犯赵国，是由于我们两人都在赵国。现在，如果两虎相争，势必不能同时存活。我所以躲避他，就在于将国家的急难放在前面，将私人的仇恨摆在后面啊。”廉颇听到蔺相如这番话，便脱去上衣，袒露着胳臂，背负着荆条，前往蔺相如家中承认错误，于是两人成了同生共死、患难与共的朋友。

当时，赵国委任赵奢和廉颇为大将，委任蔺相如为相国，国势稍微强盛了一些。及至赵奢去世后，便由廉颇一人担当大将。秦王派遣王龁（hé）攻打赵国，赵国军队屡次战败，廉颇坚壁自守，秦国人深为忧虑。范雎（suī）派人施行反间计，扬言：“秦国只害怕赵国让赵奢的儿子赵括去担当大将。像廉颇这样的大将容易对付，赵国不久就要投降了。”赵王信以为真，便让赵括代替廉颇担任大将，秦国也暗中派遣王起代替王龁担当大将。两军在长平交战，工起大败赵军，斩杀赵军大将赵括，活埋士卒四十万，赵国臣民极为恐惧。

当时，秦昭王任用范雎为丞相，范雎劝说秦昭王实行远交近攻的策略。他说：“这样一来，得到一尺土地，大王就增加一尺土地，得到一寸土地，大土就增加一寸土地。”因此，韩、赵、魏三国遭受战争的危害尤其严重。秦昭王因武安君白起的劳绩而对他产生了猜忌，贬斥并杀害了他，而派遣王龁前去包围邯郸。赵国派遣平原君赵胜前往楚国求救，赵胜选择文武全才的门客二十人同往，毛遂自荐随行。来到楚国，赵胜会见楚考烈王，楚考烈王犹豫不决，毛遂便持劫了楚考烈王，向他讲明合纵的好处。楚考烈王听从了他的主张，派遣春申君率领军队营救赵国。平原君又向魏国求救，魏国派遣晋鄙率军援救。秦昭王派人对魏国说："我攻打赵国，很快就将会攻克。如有胆敢前去营救的诸侯，我一定要调集军队首先去攻打他。"魏安釐王害怕了，便止住晋鄙，让他在邺地扎营坚守，不让军队前进，还派遣将军辛垣衍前去劝说赵孝成王，打算共同尊奉秦昭王为帝，好让秦国退兵。鲁仲连得知后，前去会见辛垣衍说："秦国，是一个捐弃礼义、崇尚战功的国家，如果让秦国肆无忌惮地称帝，我宁肯跳入东海淹死，也不愿意去做他们的臣民。何况在秦国称帝后，魏国还能够安然无恙吗？"辛垣衍这才不敢再讲尊奉秦国为帝的话。

赵国的平原君夫人，是魏公子信陵君无忌的姐姐。信陵君礼贤下士，拥有食客三千人。平原君将使者络绎不绝地派往魏国，前去责备信陵君说："我之所以愿意与你家缔结婚姻，是因为我认为你崇尚道义，能够急人之难。现在，邯郸很快就要陷落，但魏国的救兵还没有到来，难道这就是我所能够希望于你的吗？"信陵君屡次请求魏安釐王命令晋鄙前去救赵，魏安釐王始终不肯依从。于是，信陵君带领自己的宾客，凑集了车骑一百多乘，准备奔赴祸难，在赵国战死。他在半路上去见侯生。侯生是一位隐士，名字叫作侯嬴，年已七十，家境贫寒，担任夷门的看守，信陵君把他当作贵客，对他十分恭敬。侯生说："你没有别的计策，就打算与秦国军队作战，就像给饥饿的老虎丢去一块肥肉，哪里会有什么好结果？"信陵君拜了两拜，询问计策。侯生说："我听说晋鄙的兵符的另一半放在魏王的卧室里，如姬最受魏王的宠爱，有能力将兵符偷出来。您曾经为如姬报了杀父之仇，她也肯得为您而死，如果您一开口，就能够得到虎符，接管晋鄙的军队，北进救赵，西退秦军，这是春秋五霸般的功业啊。”信陵君依言而行，得到了虎符。侯生说：“将在外，君命有所不受。如果晋鄙心生怀疑，还要向魏王请示，事情就危险了。我的朋友朱亥是一个大力士，可以让他与您同行，如果晋鄙不肯从命，就让朱亥杀死他。”信陵君来到邺地，晋鄙验合了虎符，果然怀疑事有不合，便举起手来挥了一挥，看着信陵君说：“我统领着十万兵马，驻扎在边境上，担负着国家的重任。现在，你独自乘车前来替代我的职务，这是怎么回事？”朱亥将四十斤重的铁椎从袖中掷出，一铁椎将晋鄙杀死。信陵君下达命令说：“父亲和儿子同时在军中当兵的，让父亲回家；哥哥和弟弟都在军中当兵的，让哥哥回家；没有兄弟的独生子回家奉养父母。”信陵君得以挑选出士兵八万人，率领他们向前挺进，在邯郸城下，大破秦国军队，王龁战败退逃，郑安平带领两万秦军投降。信陵君不敢回国，便留在赵国，而派遣将领带领魏国军队回国。平原君打算让鲁仲连做官，鲁仲连说：“与其身享富贵，屈己事人，我宁肯贫寒卑微，轻视俗流，放任情怀。”于是他隐居起来，不再出来活动。

当时，周赧王向秦国进献土地，秦国将周朝的宝器九鼎带回秦国。韩王前去朝见秦国；魏国举国听从秦国的号令。秦昭襄王在位五十六年去世，其子秦孝文王即位。

当初，秦孝文王当太子时，太子妃是华阳夫人，她没有为太子生男育女。夏姬生了儿子异人，在赵国充当人质。秦国屡次攻打赵国，赵国便不肯礼遇异人，因此很不得志。阳翟的大商人吕不韦前往邯郸，看见异人便说：“这种稀有货物可真值得我屯积起来。”于是，他劝异人说：“秦王年事已高，太子宠爱华阳夫人，而华阳夫人却没有儿子。你在兄弟二十多人中，排行居中，并不特别受到秦王的宠幸，看来是不能够被立为嗣君的。”异人说：“我应该怎么办？”吕不韦说：“能够立嗣君的人，只有华阳夫人而已。虽然我也很穷，但让我拿出一千金替你前往秦国走一趟，立你为嗣君还是可以的。”异人说：“假如您的计策成功了，我与您共同享有秦国。”吕不韦便把五百金给了异人，让他结交宾客，又拿出五百金来购买珍奇玩物，由自己带着前往秦国。吕不韦去见华阳夫人的姐姐，通过她将珍奇宝物献给华阳夫人。于是她向华阳夫人称赞异人贤明，宾客满天下，而他夜以继日地哭泣着，想念太子和华阳夫人。华阳夫人听了十分喜欢。吕不韦又通过华阳夫人的姐姐来劝华阳夫人说：“虽然您受到秦王的宠爱，但您却没有儿子。如果您不趁着自己年轻美貌的时候，及早使自己与诸子中又贤明又孝敬的人相互结纳，并将此人立为嗣君，倘若到了您容色衰老，失去宠爱的时候，即使您打算开口进言，还可以吗？如今异人堪称贤明，但他自知排行居中，不能够被立为嗣君。假如您在这时候提拔他为嗣君，异人便是由没有国家而拥有了国家，而夫人便是由没有儿子而得到了儿子啦！”华阳夫人认为所言有理，趁机向太子进言，相约以异人为后嗣，并请吕不韦担当异人的保傅。

吕不韦娶了一位邯郸的绝色美女，在知道美女怀了身孕并且肯定是男孩以后，便设法让异人瞧见美女。异人爱上了这位美女，就请吕不韦将美女送给他，吕不韦佯装恼怒。时过不久，吕不韦让美女服了缓药，献给异人。美女怀孕足月生下儿子嬴政，异人便让这位美女做了夫人。在秦国围困邯郸时，异人逃奔秦军，回到秦国。华阳夫人是楚国人氏，因而异人身穿楚国的服装去见华阳夫人，将名字改为楚。至此，秦孝文王便将异人立为太子。秦孝文王在位三天便去世了，子秦庄襄王楚即位。秦庄襄王任命吕不韦为相国，封为文信侯。

秦国的蒙骜率领军队攻打魏国，魏国军队被打得大败。魏安釐王向赵国请求要回信陵君，信陵君害怕受到惩处，不肯回国。毛公和薛公说："您之所以被诸侯所推重，是因为有魏国作您的根基。现在，魏国形势危急，您却不肯顾惜，一旦秦国人将大梁攻克，把魏国先世的宗庙毁成一片平地，您还有什么脸面存身于天下呢！"话未讲完，信陵君便惭愧得变了脸色，立即驾好车马返回魏国。魏安釐王握着信陵君的手相对哭泣，任命他为上将。信陵君向诸侯求援，诸侯听说信陵君又成为魏国的将领，都派遣军队营救魏国。信陵君率领五国诸侯军，在河外迎击蒙骜，追击到函谷关才撤兵回国。历来秦国攻打别国遭到的失败，没有比这一次更为惨重的了。秦国厌恨信陵君，便花费重金，实行反间计，扬言信陵君准备做魏国的君主，魏安釐王深信不疑。于是，信陵君称病不出，耽于酒色，日夜寻欢作乐，四年以后便死去了。秦庄襄王在位三年，其子嬴政即位，这就是秦始皇。当时，秦国的国家大事全部由文信侯吕不韦决断，且号称仲父。在此之前的秦国是嬴秦，在此之后的秦国是吕秦。嬴秦共有三十五位国君，经历了六百五十一年。吕不韦用了一个女子，在从容谈笑之间以吕氏取代了嬴氏，这也够奇的了。

（以上系原书第十一至第十二回）

战国纪年表

（前475—前221）

一、周（前475—前256）

（1）元王 —— （前475—前469）	（2）定王 —— （前468—前441）	（3）考王 —— （前440—前426）
（4）威烈王 —— （前425—前402）	（5）安王 —— （前401—前376）	（6）烈王 —— （前375—前369）
（7）显王 —— （前368—前321）	（8）慎靓王 —— （前320—前315）	（9）赧王 —— （前314—前256）

二、秦（前475—前221）

（1）厉共王 —— （前475—前443）	（2）躁王 —— （前442—前429）	（3）怀公 —— （前428—前425）
（4）灵公 —— （前424—前415）	（5）简公 —— （前414—前400）	（6）惠公 —— （前399—前387）
（7）出子 —— （前386—前385）	（8）献公 —— （前384—前362）	（9）孝公 —— （前361—前338）
（10）惠文王 —— （前337—前325）	（11）更元 —— （前324—前311）	（12）武王 —— （前310—前307）
（13）昭王 —— （前306—前251）	（14）孝文王 —— （前250）	（15）庄襄王 —— （前249—前247）

（16）秦王政

（前246—前221）

三、魏（前445—前225）

（1）文侯 —— （2）武侯 —— （3）惠王 ——

（前445—前396） （前395—前370） （前369—前335）

（4）后元 —— （5）襄王 —— （6）昭王 ——

（前334—前319） （前318—前296） （前295—前277）

（7）安釐王 —— （8）景湣王 —— （9）魏王假

（前276—前243） （前242—前228） （前227—前225）

四、韩（前424—前230）

（1）武子 —— （2）景侯 —— （3）烈侯 ——

（前424—前409） （前408—前400） （前399—前387）

（4）文侯 —— （5）哀侯 —— （6）懿侯 ——

（前386—前377） （前376—前375） （前374—前363）

（7）昭侯 —— （8）宣惠王 —— （9）襄王 ——

（前362—前333） （前332—前312） （前311—前296）

（10）釐王 —— （11）桓惠王 —— （12）韩王安

（前295—前273） （前272—前239） （前238—前230）

五、赵（前475—前222）

（1）襄子 —— （2）桓子 —— （3）献侯 ——

（前475—前425） （前424） （前423—前409）

（4）烈侯 —— （5）敬侯 —— （6）成侯 ——

（前408—前387） （前386—前375） （前374—前350）

（7）肃侯 —— （8）武灵王 —— （9）惠文王 ——

（前349—前326） （前325—前299） （前298—前266）

（10）孝成王 —— （11）悼襄王 —— （12）赵王迁 ——

（前265—前245） （前244—前236） （前235—前228）

（13）代王喜

（前227—前222）

六、楚（前475—前223）

（1）惠王 —— （2）简王 —— （3）声王 ——

（前475—前432） （前431—前408） （前407—前402）

（4）悼王 —— （5）肃王 —— （6）宣王 ——

（前401—前381） （前380—前370） （前369—前340）

（7）威王 —— （8）怀王 —— （9）顷襄王 ——

（前339—前329） （前328—前299） （前298—前263）

（10）考烈王 —— （11）幽王 —— （12）楚王负刍

（前262—前238） （前237—前228） （前227—前223）

七、燕（前475—前222）

（1）孝公 —— （2）成公 —— （3）文公

（前475—前455） （前454—前439） （前438—前415）

(4)简公 ——
(前414—前370)
(5)桓公 ——
(前369—前362)
(6)文公 ——
(前361—前333)
(7)易王 ——
(前332—前321)
(8)燕王哙 ——
(前320—前312)
(9)昭王 ——
(前311—前279)
(10)惠王 ——
(前278—前272)
(11)武成王 ——
(前271—前258)
(12)孝王 ——
(前257—前255)
(13)燕王喜
(前254—前222)

八、齐(前475—前379)

(1)平公 ——
(前475—前456)
(2)宣公 ——
(前455—前405)
(3)康公
(前404—前379)

九、田齐(前410—前221)

(1)悼子 ——
(前410—前405)
(2)田和 ——
(前404—前384)
(3)田剡 ——
(前383—前375)
(4)桓公 ——
(前374—前357)
(5)威王 ——
(前356—前320)
(6)宣王 ——
(前319—前301)
(7)湣王 ——
(前300—前284)
(8)襄王 ——
(前283—前265)
(9)齐王建
(前264—前221)

十、晋(前475—前369)

(1)定公 —— (2)出公 —— (3)敬公 ——

（前475）　　　（前474—前452）　（前451—前434）

（4）幽公　——　（5）烈公　——　（6）桓公

（前433—前416）　（前415—前389）　（前388—前369）

十一、越（前475—前333）

（1）勾践　——　（2）鹿郢　——　（3）不寿　——

（前475—前465）　（前464—前459）　（前458—前449）

（4）朱句　——　（5）翳　——　（6）诸咎　——

（前448—前412）　（前411—前376）　（前375—前363）

（7）无余之　——　（8）无颛　——　（9）无彊

（前362—前351）　（前350—前343）　（前342—前333）

秦朝

荆轲刺秦王

秦国嬴政被立为秦王，时年仅十三岁，由吕不韦当朝执政。吕不韦因与太后有旧情，所以经常入宫与太后私通。秦王渐渐成人，吕不韦害怕私情被发觉而招来灾祸，就诈称嫪毐（lào ǎi）是被阉割过的人而送进宫中，献给太后，嫪毐与太后生下两个儿子。嫪毐被封为长信侯，处理国家大事。后来，有人告发嫪毐并不是被阉割过的，秦王命治嫪毐罪过。而嫪毐假传御旨，首先发兵作乱。秦王派昌平君、昌文君攻打嫪毐，擒获了嫪毐并灭其三族，将太后迁到雍，杀死嫪毐与太后所生二子。吕不韦在被迁到蜀郡后也畏罪自杀。此后，秦王又采纳茅焦的谏言，迎回太后，恢复了母子关系。

诸侯担心秦国无休止地攻伐别国，楚、赵、魏、韩、燕五国便联合攻打秦国。由楚王为纵长，春申君具体指挥。五国军队到达函谷关，秦军迎战，大败五国军队。秦王政十七年（前230），秦派内史胜灭韩国，俘虏韩王安，并将其地设为颍川郡。十八年（前229），秦国大将王翦伐赵。赵国派李牧迎战。秦国施以反间计，用重金买通了赵国宠臣郭开，让他诬称李牧谋反。赵王派赵葱、颜聚替代李牧的职位，李牧拒不受命，赵王便将李牧杀死。秦国趁机轻而易举地灭了赵国，俘虏赵王迁，并将其地设为邯郸郡。赵公子嘉自立为代王，与燕军联合，驻扎上谷。当初，燕太子丹曾与嬴政同在赵国为人质，二人相交甚厚。及嬴政即位，燕太子丹又到秦国为人质，秦王对太子丹非常傲慢。太子丹一怒之下便逃回燕国，决心报复秦王。秦国将军樊於期有罪，逃到燕国，太子丹接纳并留他宿于馆内。太子丹听说卫人荆轲贤达，便带厚礼恭敬地求见荆轲，请荆轲胁迫秦王归还侵占诸侯的土地，如果办不到就立即杀死秦王。荆轲说："秦王言而无信，不可信赖，希望得到樊将军首级和燕国富地督亢的地图，献给秦王，秦王一定十分高兴接见我，我才有机会报答您。"太子丹说："樊将军是因走投无路才来投奔我，我不忍心杀死他。"于是荆轲私下去见樊於期，晓以大义，樊於期流泪自刎。太子丹便用木匣盛其头，又曾事先寻求天下最锋利的匕首，让工人用药水焠过，拿它试人，人血出，足以沾湿丝缨，没有不立刻死的。一切准备就绪，就派荆轲去秦国。临行前，太子丹及宾客送荆轲到易水上，慷慨悲歌，白虹贯日。荆轲到达咸阳，受到秦王的隆重欢迎。荆轲手捧地图进献秦王，展开地图后，露出藏在里面的匕首，荆轲立即左手抓住秦王袖子，右手持匕首刺秦王，但没有刺中。秦王大惊失色，慌忙起身，袖子被荆轲手中匕首割断。荆轲继续追逐秦王，秦王绕柱而跑。按秦国的法律，群臣在殿上不能带一尺一寸的武器，所以，此时在殿上的大臣只能徒手与荆轲搏斗。侍奉一旁的医生夏无且就用药袋砸向荆轲。左右大臣急忙提醒秦王："大王有剑！大王有剑！"秦王于是拔出利剑，刺向荆轲，断其左腿。荆轲再次将匕首投向秦王，又不中。自知无法完成使命，叹道："此事没有成功，就是因为要生擒秦王，以便胁迫他归还所侵占的土地，以报答太子丹的恩情。"秦王大怒，将荆轲分尸示众，又向中山的秦将王翦增派军队，与燕王、代王的军队决战于易水之西，大败两国联军，随后包围并攻克了燕国都城蓟。燕王逃到辽东郡，仍摆脱不掉秦军，被逼无奈，只得杀了太子丹，将其头颅献给秦王求和。

统一六国

秦王政二十二年（前225），秦将王贲率军伐魏，围其国都大梁，掘黄河堤防，用水灌大梁城，迫使魏王投降。

秦王政二十四年（前223），秦王决定向六国中最大的楚国开刀。他问大将李信："我准备攻取楚国，你打算带多少军队去？"李信回答："二十万人就足够了。"秦王又问王翦，王翦说："如果派我去，就必须带六十万人。"秦王说："看来将军是年纪大了，怎么胆怯了？"秦王决定派李信与蒙恬率二十万人伐楚。而王翦则因自己的意见没有被采纳，便称病返回频阳。开始，李信大败楚军，引兵向西与蒙恬会合。楚军尾随，三天三夜不停不舍，大败秦军。李信逃回。秦王大怒，立即驱车赶到频阳，向王翦道歉并一再请王翦率军攻楚。王翦再三推辞不成，说道："大王坚持要我率军伐楚，非六十万人不可。"秦王答应了他的要求并亲自送至霸上。王翦请厚赏良田美宅。秦王说："将军就要出征了，怎么还担心贫富之事呢？"临行，王翦又数次派使者回都城请赏。有人对他说："将军的要求也太过分了吧！"王翦答道："大王生性多疑，而且不信任人，如今将整个国家的军队都交给了我，如果不做出为自己谋利的姿态，表明根基是在秦国，就会使大王怀疑我的忠心。"

王翦率军到达平与之后，扎下营盘，闭门不出，每天令士兵休息洗浴，并且以很好的饮食抚慰士兵，还与他们共同就餐。经过一段时间，王翦问军中是否有娱乐活动，部下回答说："正在玩投石的游戏。"王翦说："时机已经成熟。"便命令军队出击，将楚军杀得大败，楚国大将项燕也因兵败而自杀，楚王负刍被俘，于是秦国灭掉楚国，平定了江南，设置会稽郡。

秦王政二十五年（前222），秦将王贲灭燕，俘虏燕王喜。还灭了代，俘虏了代王嘉。

秦王政二十六年（前221），秦灭齐。当初，由于齐王建年纪小，所以齐国政事全部由君王后裁决。君王后处理与秦国的关系非常谨慎，与诸侯相处讲信用。秦国忙于攻打其他五国，无暇顾及地处东海之滨的齐国，其他五国也是自身难保，所以齐王建继位四十多年并没有受到其他六国攻击。但是在君王后死后，后胜为齐国相国，由于得到秦王的好处，就极力主张与秦国和好。既不操练兵马，又不援助五国共同攻打秦国，使得秦国能够逐个灭掉五国。到秦将王贲率大军攻打齐国时，国人毫无斗志，齐王建只有投降，别无选择。秦王将齐王与家属迁到共城，住在松、柏树下的几间小屋子里，不久就因饥饿而死。齐国人对齐王建落得如此下场是既恨又伤心，为讽刺他的用人不当，就编了一首《松柏歌》："松树啊，柏树啊！没见咱们的君王受饥寒吗？松树啊，柏树啊！谁害得他去住共城啊？"

秦始皇

秦王政统一六国以后，自认为品德、功绩远远超过了古时的三皇五帝，于是就改称号为“皇帝”。皇帝的命称为制，令称为诏，称呼自己为朕（zhèn）。又追封父亲庄襄王为太上皇，并废除了谥（shì）法，他认为：“谥法就是君王死后由大臣们按其生平事迹所起的称号，这是让儿子议论父亲，大臣议论君王，非常不妥，应该废除。我是中国第一个皇帝，就叫‘始皇帝’，以后的就叫二世、三世，一直传到万世，永无穷尽。”按五行说推算，秦始皇认为自己是水德王，所以衣服、旌旗都崇尚黑色；把十月定为每年的第一个月；变过去的分封制为郡县制，将全国划分为三十六个郡，设郡守、郡尉、郡监；收缴民间所藏兵器，集中到都城咸阳熔化销毁，用其原料制造钟鐻（jù），又铸造了十二个高二丈的铜像，每个重一千石（dàn），每石重一百二十斤，放置宫庭中；为防止叛乱活动，还把被灭六国的旧贵族十二万户迁往都城咸阳，以加强控制；改称平民百姓为“黔（qián）首”。

秦始皇东巡时，上邹峄山，立石碑为自己歌功颂德。又登泰山，筑土台举行祭天典礼，并立石记述这一活动。下山时，突遇暴风雨，秦始皇只好在松树下避雨，于是封这五棵松树为五大夫。在梁父山举行祭地大典之后，他又继续东行，游历沿海各地，登上琅琊（láng yá）山，在山顶建台馆，并刻石纪念。在沿长江到达湘山祠时，遭遇大风，秦始皇一行几乎无法渡江。他问随从：“此地的神仙湘君是什么神？”回答道：“是尧帝的女儿、舜帝的妻子。”秦始皇一怒之下，派人砍光了湘山上的树木，使其成了一座秃山，接着继续游历阳武等地。

韩国人张良祖先中曾有五位做过韩国相国，当韩国被秦国灭掉后，张良就变卖了家产，发誓为韩国报仇。秦始皇东巡到阳武博浪沙中，张良命大力士手持流星椎暗中埋伏在路边，乘机袭击秦始皇，但是误中副车。秦始皇大惊，命令在全国范围内追查凶手十天，仍一无所获。于是登芝罘（fú）山，巡视北方。燕国人卢生被秦始皇派往海外去寻找古代仙人，返回后上奏说：“仙书上讲，秦国将要亡在胡人手里。”秦始皇便派蒙恬率军三十万，北伐匈奴，攻取河套地区，建置了四十四县。又修筑一道长城，西起临洮，东至辽东，绵延一万余里，威震匈奴。

丞相李斯认为儒生大多是对古代的事一概肯定，而对现在的事则是一概否定，便向秦始皇提出一系列建议：除了史官收藏的秦国史书，别国的史书一律烧毁；百姓家中收藏诸子百家各学派的诗书，全部送到官府烧掉；有聚众谈论诗书的，处死；以古非今者，灭族；博士官的藏书和医药、卜筮（shì）、农业等书籍不在被烧之列；如果百姓想要学习刑法，可以拜官吏为老师。秦始皇批准了李斯的建议。方士侯生、卢生对秦始皇议论、诽谤后逃跑，秦始皇大怒说：“我对卢生等人非常尊敬，赐给他们很多东西，如今却诽谤我。对那些在咸阳的儒生和方士，要派官审查，找出妖言惑众的人。”于是派御史抓了一些嫌疑犯来审问，这些人为了免罪，便互相揭发检举，一共供出犯禁者四百六十余人，秦始皇将他们全部活埋。秦始皇的长子扶苏为人厚道，劝告父亲说：“这些儒生都是效法孔子的，现在您用重刑处置他们，我担心天下将会不安。”秦始皇对此很生气，一怒之下便叫扶苏到上郡监督蒙恬的军队去了。

秦始皇认为前代留下的王宫太小了，就在渭水南岸的上林苑中新建宫殿。先建的前殿称阿房（ē páng）宫，东西长五百步，南北长五十丈，上边可以坐一万人，下边可以建五丈旗，四周的道路是架在空中的阁道，从阁下直达南山。以南山顶峰作为宫殿前面两边的楼台，修一条双向往返的道路横渡渭水，与咸阳城相连接。建造阿房宫和位于骊山的陵墓，共征用了七十多万名被判刑的犯人。所建宫殿，在关中有三百座，关外有四百多座。咸阳周围三百里范围内，宫殿、车道相连，内有帷帐、钟鼓、美女，各宫之人不准迁移。有泄露秦始皇行踪的人要被处死。群臣议政及受命全部集中在咸阳宫。

当时，有陨石降落在东郡，有的石块上刻着一句话：“始皇死而地分。”秦始皇派御使追查，无人承认，便将陨石降落地附近的居民全部处死，并烧毁了陨石。秦始皇嬴政三十六年（前211）冬十月，始皇东巡，到云梦时，举行祭祀虞舜大典；又上会稽山，祭祀大禹，并立石刻碑为秦始皇歌功颂德。

陈胜吴广起义

次年秋七月，秦始皇在巡游途中死于沙丘平台。丞相李斯、宦官赵高合谋篡改遗诏，立始皇的小儿子胡亥为皇帝，这就是秦二世，杀死了长子扶苏和大将蒙恬。九月，秦始皇葬于骊山，二世下令后宫中所有没有儿子的妃子全部为始皇殉葬。

赵高向秦二世奏道："对沙丘立帝的事，许多公子、大臣心中不服，请用严厉的刑罚惩治他们。"于是在咸阳处死了十二位公子，在杜地将十位公主车裂分身。由于赵高、李斯的教唆，二世便以更加严酷的刑法统治国家。

秦二世元年（前209）七月，楚地人陈胜、吴广在蕲（qí）地率众起义。陈胜，字涉。当时，朝廷征发贫民守卫渔阳，陈胜、吴广为屯长，率领一支九百人的被征发的百姓屯驻大泽乡。时正遇天降大雨，道路不通，估计不能按时到达目的地，便召集屯众说："大家都已不能按期到达渔阳，这是犯了死罪，应当斩首。壮士不死则已，如果死就要轰轰烈烈！难道那些王侯将相天生就是王侯将相吗？"众人听罢，异口同声地表示听从陈胜、吴广的号令。于是二人便诈称是公子扶苏和楚国大将项燕，筑土台举行结盟仪式，号称大楚。陈胜自立为将军，吴广为都尉。先攻下蕲地，又占据了陈地。大梁人陈余、张耳来拜见，陈胜平素就听说二人贤达，对他们的到来非常高兴。应陈地父老的请求，陈胜自立为王，号"张楚"。当时，全国各地苦于朝廷的严刑酷法，都争相杀死当地官吏以响应陈胜、吴广的起义。

有个官员从东边赶到都城，报告各地起义情况，二世大怒，把这个人抓了起来。以后赶来报告的官员便改口说："那些造反的不过是一群鼠窃狗偷之辈，当地官吏已经把他们全部抓捕法办，不值得担心。"二世听了这番谎话，便高兴起来。

张耳、陈余劝说号称张楚陈王的陈胜占据赵地。陈胜命自己信任的陈人武臣为将军，张耳、陈余为左、右校尉，率领二千士卒攻打赵地；派魏人周市（fú）攻打魏地；派陈人周文西进攻打秦地。周文在行军途中不断征集士兵，到达函谷关时，已有战车上千辆，士兵数十万，驻扎在戏水。秦二世闻讯，非常惊慌，便派少府章邯率领在骊山服劳役的人去抗击楚国大军，打败了周文的军队，周文也因战败而自杀。张耳、陈余随武臣在进军赵地途中征集士兵，得到数万人，武臣号称武信君，攻占赵地三十余座城市。这时，那些为陈胜四处征战的将领多数却因有人进谗言而遭到杀害。张耳、陈余听说后，就劝武臣自立为赵王。后来，武臣又被部将李良杀害，张耳、陈余逃脱，收集散兵攻打李良，李良战败逃走。张耳、陈余又立原赵国王室后代赵歇为赵王。

刘 邦

楚地人刘邦在沛县起兵，自立为沛公。刘邦，字季，沛县人。其人相貌堂堂，高高的鼻梁，漂亮的胡须，左腿上有七十二颗黑痣。平时待人宽厚，喜欢施舍，胸襟广大，不愿从事家庭的生产劳动。曾经当过泗水亭的亭长，与衙门里的官吏很亲近，经常戏弄他们。刘邦经常到咸阳服徭役，有一次看到秦始皇出巡的场面，便感慨地说："啊，大丈夫就应当这样！"单父县人吕公见刘邦仪表不凡，很是敬重，就把女儿嫁给了他。吕公的女儿名雉（zhì），字娥姁（xǔ），非常漂亮。这就是后来的吕后。

秦始皇曾经因为东南方有天子气，所以巡游东方，企图加以镇压。刘邦怀疑此事与自己有关，觉得应该躲避一下，就隐藏在芒、砀（dàng）一带的深山沼泽之间。吕后与人一起去找他，常常不费工夫就找到了。刘邦感到奇怪，询问这是怎么回事。吕后回答说：“你在的地方上面常有一股云气，所以跟着这股云气，就找到了。”沛县的子弟听说这件事后，很多人都想依附刘邦。

秦始皇死后葬于骊山，各郡县都要送民夫和犯人去服劳役，刘邦作为亭长负责押送一批人前往骊山，途中有不少人逃跑。到半邑西面的湖沼地带，刘邦就给所有的徒犯松了绑，对他们说：“你们赶快走吧，我也由此逃跑了！”这些人对刘邦非常感激，其中有十几位壮士愿意跟随着他。当夜，刘邦带着醉意，抄小路进入芒砀山湖沼地带，途中，一条大蛇挡住去路，刘邦拔出剑将蛇斩为两段。后边的人来到刘邦斩蛇的地方，见一个老妇正在哭泣，问她为什么哭，她说：“我的儿子是白帝的儿子，化为一条蛇挡住这条道路，现在被赤帝的儿子杀了。”说完这番话，老妇突然不见了。后边的人把这件事告诉刘邦，刘邦心里暗暗高兴。那些跟随他的人也对他更加敬畏。

陈胜在蕲县起兵后，沛县县令也想率领沛县子弟响应，主吏萧何、狱掾（yuàn）曹参对县令说：“你是秦朝的官吏，要率众造反，恐怕沛县子弟不会听你的，希望你把逃亡在外的人召集回来，再去号召民众，就没有人敢于不听你的了。”于是县令就派吕后的妹夫樊哙（kuài）去找刘邦。此时，刘邦的队伍已有几百人，便率众人回沛县，不料县令又后悔了。他害怕刘邦的队伍对自己不利，就紧闭城门，派士兵防守，并且要杀掉萧何、曹参，萧何、曹参立刻逃出城投靠刘邦。刘邦用帛写了一封信射进城去，向沛县父老陈述利害，于是城中父老率子弟杀死县令，打开城门，迎接刘邦，拥戴他为沛公。因为此前刘邦斩蛇时自称赤帝的儿子，所以他的队伍打的旗帜全是红色。萧何、曹参等到处征集沛县子弟，共得三千人，以便与诸侯呼应。

项梁与项羽

楚人项梁在吴地起兵。项梁，下相（今江苏宿迁县西）人，是楚国大将项燕的儿子，曾因杀人而与侄子项籍到吴中躲避，吴中有声望的士大夫都比不上他。项籍，字羽，身高八尺多，力能扛鼎，才器过人。小时候对读书没有兴趣，去学击剑，仍然没有兴趣。项梁很生气。项羽说："读书，只是记个姓名罢了；击剑，只能抵挡一个人，都不值得学，请让我去学能够抵御上万人的本领。"于是项梁就教给他兵法，项羽很高兴，但是略微知道兵法的大意后，却不肯认真学下去了。

秦始皇巡游会稽，渡浙江，项梁与项羽一同观看。项羽说："我可以取而代之。"项梁急忙捂住他的嘴，说："别乱讲，要灭族的！"从此，项梁很器重项羽。陈胜在大泽乡起义以后，会稽郡守殷通准备响应陈胜，他请项梁做将军。项梁趁机派项羽杀死殷通，便提着郡守的头，佩带着郡守的印，杀死反抗的数百人，率领吴中士兵起义，并派兵收取会稽郡所属各县，得到精兵八千人。项梁自任会稽郡守，项羽任副将，此时的项羽才二十四岁。

原齐国王族后代田儋与堂弟田荣、田横都是豪杰，很得人心，起兵攻占齐地，并立田儋为齐王。后来，田儋领兵救援魏军，被秦将章邯打败而死。于是，齐人又立原齐王田建的兄弟田假为齐王。田荣赶走田假，立田儋的儿子田市为齐王。不久，田荣充任田市的相国。

赵军将领韩广，攻占燕地后，就背叛了赵王而自立为燕王。

楚将周市率军攻占魏地，立原魏国公子咎为魏王，自任相国。后来，秦将章邯攻打魏军，周市战败而死，魏咎自杀，楚王又立魏咎弟魏豹为魏王。

秦二世二年（前208）冬，秦朝增兵攻打陈胜。陈胜被车夫庄贾杀死，庄贾即投降了秦军。陈胜的亲近侍臣吕臣讨伐庄贾，将其杀死，并在陈县恢复了楚国。陈胜被安葬在砀县，谥号隐王。秦军攻占陈县，吕臣战败逃走。陵县人秦嘉在郯起兵反秦，因听说陈胜战败，就立景驹为楚王。项梁率八千人渡过长江西进，逐渐发展到六七万人，攻打景驹，景驹在败逃途中死去。项梁的队伍到达薛县，沛公刘邦前往投靠。项梁召集各支起义军将领会议。居巢人范增年已七十，多出奇计。他对项梁说："楚国自从怀王到秦国而一去不复返，直到今天楚国人还怀念他，所以楚南公说'楚虽三户，亡秦必楚'。陈胜不立楚国的后裔而自立为王，他的气势当然不能长久。现在您起兵江东，楚国像群蜂飞起那样众多的起事将领，都争相归服你，是由于你们项家世代为楚将，能够再立楚国的后裔。"项梁认为他说得对，就从民间找来原楚怀王的孙子熊心，立为楚怀王，在盱眙（xū yí）建都。项梁自号为武信君。

这时，跟随沛公在楚怀王处的张良，也劝说项梁："您既然已经立楚国后裔为王，那么韩国诸公子韩成最贤能，也可以立为王，这样就更增强了您的势力。"项梁采纳了张良的建议，将韩成立为韩王，让张良做司徒，去夺取韩地。

各地起事队伍日益威胁秦朝的统治，而秦二世却在赵高的唆使下更加残暴无道。左丞相李斯、右丞相冯去疾向二世进谏忠言，请求停止建造阿房宫，减少征发戍边人数。秦二世大怒，令将二人逮捕治罪，于是冯去疾自杀，李斯被投入监狱。赵高又诬陷李斯预谋造反，二世便令腰斩李斯，并灭其三族。从此，赵高做了中丞相，一切政事全由他决定。赵高想独掌大权，为铲除异己，他把一只鹿献给二世，说："这是一匹马。"二世笑着说："丞相错了吧？把鹿当成马。"他们问左右大臣，有的默不作声，有的说是马，有的说是鹿。赵高便暗中对那些敢于坚持说是鹿的人治罪，此后，群臣都非常畏惧赵高，再也没有人敢讲他的过错。而秦朝也就注定要灭亡了。

项梁在东阿打败秦将章邯的军队，率军到达定陶，再次打败秦军。项羽、刘邦又与秦军在雍丘交战，大破秦军，斩杀秦将李由（李斯之子）。项梁因屡战屡胜而更加轻视秦军，显出骄傲的神色。宋义规劝道："打了胜仗，但却变得将领骄傲、士兵懒惰，我真为您担心。"项梁没有听从他的劝告。秦二世把全部军队增援章邯，去攻打楚军，在定陶击溃项梁的军队，项梁战死。楚怀王急忙把都城迁到彭城，合并项羽、吕臣的军队，亲自统率。任命沛公刘邦为砀郡长，封为武安侯。封项羽为长安侯，号称鲁公。

破釜沉舟

章邯打败了项梁的军队，即渡黄河，向北进攻赵国，占据邯郸。张耳与赵王逃到钜鹿城。章邯令王离率军包围钜鹿，自率大军驻扎在钜鹿城南，而赵将陈余率数万人驻扎在钜鹿城以北。赵国请楚国出兵救援。由于以前宋义曾经预料武信君项梁必败，所以这次楚怀王便把他召来商量救赵的事情，对他非常欣赏，于是特命宋义为上将军，项羽为次将，范增为末将，去救援赵国。各路将领都归宋义统辖，号称卿子冠军。大军到达安阳，停留了四十六天。项羽劝宋义赶紧领兵渡过黄河，宋义却说："现在秦军攻赵，打胜了则军队疲惫，我们就可以乘秦军疲惫的机会进攻；如果秦军打败了，那么我们就领兵大张旗鼓地向西进军，一定能够灭掉秦国！"于是下令说："猛如虎，狠如狼，倔强（jiàng）不服从命令的人，一律斩首。"又派子宋襄去辅助齐国，并亲自送行到无盐县，在那里大摆筵席，招待宾客。当时，天寒大雨，士卒又冻又饿。项羽说："今年收成不好，百姓贫困，军中没有存粮，士兵只能吃蔬菜、豆子。本应合力攻打秦军，现却大摆筵席，招待宾客，而不领军渡河，与赵军并力攻秦，还说什么'乘秦军疲惫的机会进攻'。以强大的秦国去攻击新建的赵国，势在必得，哪里还有疲惫之机可乘呢？而且楚军刚刚被打败，怀王坐卧不安，集中了全国兵力交给将军，国家安危，在此一举。如今将军不体恤士兵，而徇情营私，不是国家的栋梁之臣。”早晨，项羽去拜见宋义，就在帐中斩杀了他，出来号令军中说：“宋义与齐国合谋反楚，怀王密令我杀死他。”各将领不敢反抗。项羽派使臣去报告怀王，怀王就让项羽做了上将军。

项羽率领全军渡过黄河，凿沉渡船，砸毁锅灶，烧掉营舍，只带三天的口粮，以向士兵表示有去无回的决心。与秦军相遇，交战九次，全部获胜。章邯战败逃走，王离被俘虏。当时，赶去救援钜鹿的诸侯军有十多个营垒，但都不敢出战。在楚军向秦军发起攻击的时候，诸侯军的将军只是在营垒上观望。楚军个个以一当十，呼声震天动地，诸侯军中人人胆战心惊。等到打败秦军，项羽召见诸侯军将领，这些人都双膝跪行向前，不敢抬头。从此，项羽开始成为诸侯军的上将军，各路诸侯军都属他指挥。

章邯打了败仗后，便驻扎在棘原，并派司马欣回都城咸阳奏报。司马欣到了咸阳，赵高却躲起来不接见，他害怕赵高会下毒手，就逃回军中向章邯报告，说赵高已经不信任章邯了。于是，章邯率领全部人马投降项羽，项羽立章邯为雍王，任命司马欣为上将军，带领秦军为先锋。

鸿门宴

当初，楚怀王与诸侯约定，谁先入函谷关攻进咸阳，谁就做关中王。而那时的秦军强大，所以各将领都不敢争先入关，唯独项羽痛恨秦军杀害了项梁，愿意和刘邦一道西进入关。许多将领说："项羽为人残暴凶猛，不可派遣他先入关。"便派遣沛公刘邦攻打秦国。秦二世三年（前207）春二月，沛公率军攻打昌邑，彭越率兵相从。沛公路过高阳，高阳人郦食其（lì yì jī），年纪六十多岁，家贫落魄，仅仅是个看守城门的小官，他对一位在沛公手下做骑士的邻居说："我听说沛公傲慢而轻视别人，但是具有雄才大略，我就希望跟随这样的人。"那位骑士说："沛公不喜欢儒生，来客中有戴儒冠的，他就摘下来往里面撒尿，所以你不要说自己是儒生。"郦食其答道："你只管替我引见就行了。"沛公听那位骑士讲了此事之后，就派人把郦食其召来。郦食其前来拜见时，沛公正坐在床上伸着两腿，让两个侍女给他洗脚，表示了轻蔑之意。郦食其见此情景，也不施重礼，只是长揖不拜，说："足下如果是决心推翻不得人心的秦朝，就不应该不礼貌地接见年长的人。"于是沛公立即站起来，将郦食其请到上座，并向他请教如何攻入关中。郦食其说："你现在拥有的兵力还不满一万人，要想直接入关攻打强大的秦国，就如同去探虎口一样，难免不受挫折。而陈留是交通要道，并且储存着许多粮食，我与县令很要好，请让我去劝说他来投降。如果县令不听劝告，你再率军攻打陈留，我在城内接应。"沛公便派郦食其先行，自己领兵跟随，在郦食其的接应下进入陈留，获得了大量粮草。郦食其因此被封为广野君。不久他的弟弟郦商也率领四千人来投靠沛公。沛公攻打颍阳城，很快占据，又得到张良的协助，占领了韩国的轘辕山。张良领兵归从沛公，攻下了南阳郡。沛公率军西进，所过城邑无不降服。他还通令全军，严禁抢掠，得到秦国百姓的欢迎。八月，沛公攻占并屠杀武关城，震动天下。

把持朝政的赵高以前只是欺骗秦二世说关东的起义不过是一群鸡鸣狗盗之徒，没有什么作为，而此时秦二世才得知真相，并责问赵高。赵高心中恐惧，就与做咸阳令的女婿阎乐合谋另立新君。阎乐率士兵进入望夷宫，秦二世召集左右抵抗，但全都惊恐万状，毫无斗志。阎乐站在前面一一列举秦二世的罪恶并威逼说："你一贯骄横放纵，残杀无辜，引起天下人的反叛。你自己决定出路吧。"二世说："我希望做一郡之王。"阎乐不许。二世又提出做万户侯，仍不许。当二世不得已提出与妻、子只做普通百姓时，阎乐说："我受丞相之命，为天下人杀你。你说了这么多，我也不敢私自决定。"说罢，就指挥士卒前进，二世走投无路，自杀而死。于是，赵高就立二世的侄子婴为秦王。子婴称病不去即位，赵高亲自前去请驾，子婴趁机杀死赵高，灭其三族，同时派遣将帅率兵拒守峣关。沛公刘邦准备攻打秦军，张良说："秦军仍很强大，不能轻视他们。"便派人在山上遍布旗帜作为疑兵，又让郦食其、陆贾前去劝说秦将，以利相诱，秦将果然想与沛公讲和。沛公准备接受秦将的请求，但是张良却说："这只是秦军的将领想要反叛，恐怕士兵不会服从命令，不如趁秦军松懈时攻打他们。"沛公便向秦军发动进攻，大败秦军。追到蓝田北边，彻底打败了秦军。

秦二世三年（前207）冬十月，沛公的军队进抵霸上。秦王子婴素车白马，脖子上系着丝带，捧着皇帝的印、符和节，伏在轵（zhǐ）道旁向沛公投降。将领中有人主张杀掉子婴，沛公说："当初楚怀王派遣我入关，就是因为我能宽大容人。而且秦王已经投降，再杀死他就不仁义了。”于是把子婴交给了属官妥善安排。

秦国共三位君主当政，从秦王政二十六年（前221）统一天下，到汉元年（前206）二世自杀及只做了四十六天皇帝的子婴，前后仅十六年就灭亡了，自秦王政即位至子婴投降总共四十年。

子婴投降后，沛公率军进入咸阳城。众将都争抢金银财物，唯独萧何首先进入丞相府，收集秦朝的地图、律令、户籍等文书档案储藏起来，从此，刘邦就完全了解了全国的军事要塞和各地的户口状况。作为统帅的刘邦一进入壮丽辉煌的秦宫，见到无数的珍宝奇物和美女，不禁迷恋起来，便想留在宫里住下来。樊哙规劝说：“所有这些奢侈华丽的东西，就是秦朝灭亡的原因，您怎么能享受它们呢？希望您尽快返回霸上。”但是沛公却听不进这番意见。张良又说：“正是由于秦朝的倒行逆施，您才能来到这里。为天下铲除凶残的民贼，应该首先崇尚朴素。今天刚刚进入秦朝的宫殿，就要享受这里的豪华生活，这就等于是‘助桀（jié）为虐’。而且忠言逆耳利于行，良药苦口利于病，希望您听取樊哙的意见。”沛公这才率领军队回到霸上。他召集咸阳及附近各县的父老和豪杰之士，对他们说：“父老们很久以来就苦于秦朝苛刻的法律！怀王当初与诸侯约定，先入关者将被封为关中王，现在我应当做关中王，我就与父老们约法三章：杀人的判处死刑，伤人和抢劫的依法治罪。其余的秦朝法律全部废除，所有官吏和百姓都与往常一样生活。”秦地的百姓非常高兴，争着送牛羊酒饭慰劳士兵。沛公一再谦让不肯接受，百姓们更加高兴，唯恐沛公不做秦王。

项羽已经降服秦将章邯，平定了黄河以北地域，准备率领诸侯军向西进入关中。投降的秦朝士兵中很多人对受到污辱、虐待感到不平，就在私下发牢骚，项羽得到报告后，便在夜间突然袭击，把秦军二十多万人活埋于新安城南，而只与章邯及长史司马欣、都尉董翳（yì）一起入秦。有人劝说沛公刘邦把守函谷关以抗拒项羽入关，沛公采纳了他的意见。项羽领兵到了关下，见关门紧闭，非常愤怒，派当阳君黥布等攻破了函谷关。项羽入关到达戏水。沛公的左司马曹无伤派人报告项羽："沛公想称王关中，占有了全部珍奇宝物。"想借此求得封赏。项羽听罢更加愤怒，犒（kào）劳士兵，决定次日早晨攻打刘邦。这时，项羽有四十万人，号称百万，驻扎在新丰的鸿门；沛公刘邦有十万人，号称二十万，驻扎在霸上。项羽的亚父范增对他说："沛公入关以前是贪图财物，喜爱美女。如今入关后，不收取财物，不亲近妇女，看来志气不小。我叫人观望他那边的云气，都是龙的形状，五彩缤纷，这是天子的气象。要赶快进击，不要失去时机。"

当时，项羽的叔父项伯一向与张良要好，就连夜骑马到沛公军营，想让张良跟他一起逃走。张良说："我为了韩王陪伴沛公，沛公有危难，不能不对他说明。"于是他就去把情况全部告诉了沛公，并一再请项伯见沛公。沛公向项伯敬酒祝寿，约为儿女亲家。沛公说："我入关以来，不动一草一木，登记吏民，封闭库府，等待着项羽将军。派兵守关的原因，是为了防备其他强盗，哪敢反叛项羽将军？希望您替我在项将军面前详细说明，我是不敢忘恩负义的。”项伯答应了此事，并对沛公说：“明天早晨，一定要早些亲自来向项将军谢罪。”项伯又连夜返回，把沛公的话全部报告项羽，并说：“沛公不先打进关中，你怎么敢进来呢？现在人家有了大功，反而要攻打他，是不讲道义的，不如好好地对待人家。”项羽答应了。

第二天早上，沛公带领一百多名骑兵到鸿门来见项羽，向项羽谢罪说：“我与将军合力攻秦，将军在黄河以北作战，我在黄河以南作战，想不到我能够先打进关中，又在这里见到将军。现在有小人从中挑拨，使将军与我有了隔阂。”项羽说：“这都是你的左司马曹无伤说的，不然的话，我怎么会误会到这种地步呢？”项羽留沛公饮酒。范增数次给项羽使眼色，并三次举起佩带的玉玦向他示意，项羽默然不应。范增起身出去找来项庄，对他说：“君王为人心肠不狠，你进去祝酒，祝完酒，请求表演舞剑，趁机杀死沛公，否则，你们这些人就会全部被俘虏。”项庄进去祝酒完毕，就拔出剑来表演。项伯也拔剑起舞，常常用身体掩护沛公，使项庄得不到刺杀的机会。张良出来对樊哙说：“项庄舞剑，他的用意是要刺杀沛公。”樊哙说：“这太危险了！”他立即带剑持盾进去，怒目看着项羽，头发直竖，眼眶欲裂。项羽赞道：“真是壮士！”赐给樊哙一大杯酒和一只生猪腿。樊哙站着把酒一饮而尽，拔出剑来切肉吃。项羽问：“壮士还能再喝吗？”樊哙说：“我连死都不怕，一杯酒怎么敢推让？秦王有虎狼之心，天下人都反叛他。楚怀王与诸将约定，‘先攻破秦军进入咸阳的就做关中王’。如今沛公先攻破咸阳，不动一草一木，退军驻扎霸上，等待项将军到来。

这样劳苦功高，不但没有得到封爵奖赏，反而听信小人的挑拨，想杀害有功的人，这简直是已经灭亡的秦朝的继续，我认为将军这样做是不可取的！”项羽无话可答。过一会儿，沛公起身去上厕所，借机招呼樊哙一道儿出来，准备立刻逃走。沛公说：“我们出来没有跟项将军辞行，怎么办呢？”樊哙说：“现在人家是刀和案板，我们是鱼肉，还何必去告辞！”于是二人从小路逃回霸上，留下张良去向项羽道谢。张良受命奉上一双白璧拜谢项羽，将一双玉斗赠送给范增。项羽接受了玉璧，而范增却拔剑击破玉斗，说：“唉！这小子，不值得和他共谋大事！将来夺取将军天下的，必然是沛公！”沛公回到驻地，立即杀死了曹无伤。过了几天，项羽领兵进入咸阳，大肆屠杀，血流成河，连子婴也不能幸免。焚烧秦朝宫室，大火三个月没有熄灭。项羽又挖掘秦始皇的坟陵，搜掠秦国的金银财宝和美女，率军向东进发。秦地百姓对项羽的所作所为大为失望。

分封诸侯

项羽派人向楚怀王奏报，怀王说：“按原来的约定办。”项羽说：“怀王是我家项梁拥立的，没有什么功劳，凭什么来做主定约！”于是假意尊奉怀王为义帝，迁都到郴地，自立为西楚霸王，建都彭城，统辖原魏国、楚国的九个郡。项羽与范增担心沛公占有天下，因已经和解，怕落个违约的名声，引起诸侯反叛。便以巴、蜀地区道路险峻扬言：“巴、蜀也属于关中地区。”遂立沛公为汉王，统辖巴、蜀、汉中。又立秦降将章邯为雍王，司马欣为塞王，董翳为翟王，把关中一分为三，以堵塞汉王刘邦的出路。又分别封原六国的王侯将相为王，共十四人，加上三位秦朝降将及楚、汉、义帝，这时天下共有二十个诸侯国。

夏四月，各路诸侯率军回到自己的封国。张良被派回韩国招抚韩王，临行前，他劝说汉王刘邦烧毁所经过的栈道，以防备其他诸侯军队侵扰，而且还可以向项羽表示无意东进。齐国相国田荣因为没率兵随楚攻秦，所以没有被封王，非常愤怒，便攻打并赶走了齐王田都，又杀死胶东王田市，自立为齐王。不久，他击杀了济北王田安，兼并三齐。陈余因与张耳不合，丢弃将军印出走，且不跟随楚军入关，也未被封王，为此非常恼怒，就派人劝说齐王田荣，要田荣派兵与自己共同袭击常山的张耳军队，张耳逃走，归附了汉王。陈余迎回代王赵歇，复为赵王。赵歇立陈余为代王。项羽废除且杀了韩王韩成，张良从小路逃回汉中。

韩　信

当初，淮阴人韩信家中贫穷，曾经到新昌亭长家去吃饭，时间一长，亭长的妻子就很厌恶他，于是早早地起床做饭，并在床上把饭吃完。到吃饭的时候，韩信去了，就不用再给他准备饭食。韩信明白了其用意，非常生气，从此不再去亭长家。他在淮阴城下钓鱼，有位在那里漂洗丝棉的大娘看到韩信饥饿，就拿饭给他吃，韩信很高兴，对大娘说：“我将来一定会重重报答您。”大娘生气地说："大丈夫不能自己养活自己，我可怜你而给你饭吃，难道是希望你报答吗！"淮阴城中有个年轻人曾经当众侮辱韩信说："你虽然长得高大，喜欢佩带刀剑，其实不过是个胆小鬼罢了。你如果不怕死，就用剑刺我；如果怕死，就从我的胯下爬过去。"韩信仔细注视了对方许久，然后就俯下身子从他胯下爬了过去。满街的人都讥笑韩信胆小怯懦。

当项梁率军渡过淮河时，韩信带剑加入了项梁的军队。项梁兵败，韩信屡次向项羽献策，没有被采用，就逃走归附了汉王刘邦，当了个管理粮仓的小官。有一次，韩信犯法应当斩首，行刑时，他抬起头正好看见滕公夏侯婴，就说："汉王不是想得到天下吗？为什么要斩壮士？"滕公觉得韩信言语不凡，相貌堂堂，就放了他，没有斩首。与他交谈了一番，对他很欣赏，就把此事告诉了汉王，汉王任命韩信为治粟都尉，当时也没有认为韩信有什么超众的才能。韩信多次与萧何交谈，萧何很赏识他。在汉王去南郑的途中，许多将士因思乡而逃走。韩信猜想萧何等人已经几次向汉王举荐自己，而汉王不用，于是又逃走了。萧何听说韩信逃走，急忙去追赶。有人对汉王说："丞相萧何逃走了。"汉王大怒，如同失去了左右手。过了一两天，萧何回来拜见汉王，汉王又生气又高兴，骂道："你为什么逃走？"萧何回答："我是去追逃跑的人！"汉王问："你追的是谁？"萧何说："是韩信。"汉王说："诸将逃走的有好几十，你都不去追。说是追韩信，这是骗人。"萧何说："那些将领很容易得到。至于韩信，则是举国无双的杰出人才。大王如果只想长期在汉中为王，可以不用韩信。如果要争夺天下，除了韩信就没有其他可共商大计的人了。这就要看大王怎样决策了。”汉王说：“我也想向东发展，怎么能沉闷压抑地长期待在这里呢？”汉王准备召见韩信，任命他为大将军。萧何说：“大王平日待人傲慢无礼，如今任命大将军，就像呼唤小孩一样，这就是韩信要离开的原因。大王如果决心任命韩信为大将军，那就要选择一个好日子，亲自斋戒，设置拜将的坛台，礼仪完备才行。”汉王答应了。将领们都很高兴，人人都以为自己要做大将军了。到了拜将时，被任命的竟然是韩信，全军都很惊讶。

拜将仪式结束后，韩信坐到上座。汉王对他说：“丞相多次称赞将军，将军有什么要指教的吗？”韩信谦让一番后说：“如今大王向东争夺天下的对手，不就是项王吗？”汉王说：“是的。”韩信说：“大王自己估量，在勇敢、强悍、仁爱、刚毅等方面与项王相比，怎么样呢？”汉王沉默了许久才说：“我不如项王。”韩信说：“我也认为大王在这些方面不如项王。但是我曾经为项王做过事，请让我谈谈他的为人。项王一旦发怒咆哮，一千人都会被吓倒，然而他不能任用贤能的将领，这不过是匹夫之勇罢了。项王待人恭敬慈爱，言语温和，而等到文武官员有功劳应当受赏封爵时，他把刻好的印拿在手里，直到玩弄得损坏了棱角，还舍不得赐给，这是妇人的仁慈。项王放弃关中有利地形，而在家乡彭城建都，放逐义帝，所经过的地方，没有不残毁破灭的。虽然名义上是天下霸主，实际上已经失去了民心。现在，如果大王确实能与项王反其道而行，任用天下英勇善战的人才，有什么不可以诛灭的呢？把天下的城邑封给有功之臣，有谁不服从呢？发动正义之师，顺从将士思乡东归的心愿，有什么敌军不能打垮呢？况且项羽分封的三个秦王原来都是秦朝的将领，他们欺骗部下，投降了诸侯。走到新安，项王狡诈地坑杀了已降秦军士卒二十多万人，只有章邯、司马欣、董翳免于一死。秦地百姓对这三个人恨入骨髓。如今项王倚仗威势强行封立这三人为王，秦地百姓并不拥护。大王进入关中，秋毫无犯，废除秦朝苛法，秦地百姓没有不希望大王在秦地为王的。现在大王举兵东进，只要发一道檄（xí）文，三秦之地就可以平定。”汉王很高兴，自以为得到韩信太晚了。于是布置各将任务，留下萧何负责收取巴、蜀的地租，以供给军队粮食。派人修栈道，暗中领兵东出陈仓旧道。雍王章邯战败逃走，塞王司马欣、翟王董翳先后投降。三秦被汉王平定。

楚汉之争

张良给项王写信说：“汉王未能统辖关中，有失职守。因此只要得到关中，实现当初怀王的约定，就停止行动，不再向东发展势力。”同时又以齐、梁反叛楚国的事例说服项王。因此，项王无意向西，而向北攻击齐国。

西楚霸王项羽派吴芮、黥布、共敖将义帝杀死在江中。汉王到达洛阳，新城三老董公拦住汉王，对他说：“我听说顺从道德准则的人事业就兴旺，违背道德准则的人事业就失败；您师出无名，所以事业不成功。如果指出敌方是大逆无道之人，就可治服敌方。项羽叛逆无道，杀害君主，就是天下的贼人。大王应该率领三军为义帝穿丧服，并向诸侯宣告共同讨伐项羽，这才是三王的举动。”于是汉王为义帝发丧，全军都穿丧服，又向诸侯宣告说：“天下共同拥立义帝，今被项羽所杀，实为大逆无道。我调动关中全部兵马，征集河南、河东、河内三郡士兵，沿着长江、汉水南下，愿意跟随诸侯王讨伐楚国杀害义帝的贼人。”

当初，楚军攻打齐国，齐王田荣与楚军交战失败，在逃跑的途中被杀，项羽又立田假为齐王。这时，田荣弟田横召集失散的士兵数万人，立田荣子田广为齐王，抗拒楚军。项羽与齐军连战数次，都未能打败田广。他虽然听说汉王向东进军，却想先打垮齐军，再去迎击汉军，汉王乘机率领五诸侯军，共五十六万人讨伐楚国。彭越领兵归附汉王，汉王于是攻入楚国都城彭城，搜掠财宝和美女，日夜大摆筵席，饮酒作乐。项王听说后，亲自率精兵三万人赶回彭城，在睢（suī）水上大破汉军，汉军死亡二十多万人，尸体把睢水堵塞得不能流通。楚军将汉军重重包围起来。恰在这时，突然刮起大风，天昏地暗，楚军乱作一团，汉王才趁机带领几十人骑马逃走。汉王想经过沛县，把家属接走，在路上遇到儿子刘盈即惠帝和女儿鲁元公主，就让他们上车一道走。楚国的骑兵追了上来，汉王急得把子女推下车去，滕公夏侯婴此时是负责宫廷车马的太仆，他下车把刘盈、鲁元收上车，这样反复了三次，终于保护刘盈、鲁元脱险。审食其随从汉王的父亲刘太公、吕后走小道寻找汉王，反而遇到楚军，做了楚军的俘虏。项王将他们留在军营中做人质，诸侯又都背叛汉王而归附楚王。齐国田横趁楚、汉交战的时机，进攻田假，田假逃到楚国而被杀，田横又平定了三齐之地。汉王到达荥阳，各路败军都来集合，萧何也征发关中的老弱全部调到荥阳。汉王的军威又振作起来，在荥阳东边打败了楚军，楚军因此不能西进。汉王驻军荥阳，修筑了一条直通黄河的甬道，以运输敖仓的粮食。

魏王魏豹反叛汉王后，韩信奉命前去攻打。魏王集中兵力堵塞了黄河渡口临晋关，韩信就布置疑兵，故意陈列船只以表示要在临晋关渡河，而埋伏的部队却从上游的夏阳用木罂（yīng）渡过黄河，袭击魏都安邑，俘虏魏王魏豹，将其送往荥阳，魏地被全部平定。木罂，就是把千百个木制的腹大口小的瓶子塞住瓶口，再用木头捆住它们，浮在水面上以代替船只渡河。韩信平定了魏地，派人向汉王请兵三万，准备向北攻打燕、赵，向东攻打齐，向南断绝楚的运粮通道，向西与汉王在荥阳会合。汉王答应了韩信的请求，并派张耳与他一起领兵，于是击溃代国军队，活捉了代国丞相夏说。韩信、张耳领兵数万向东攻打赵国，赵王和成安君陈余听说后，就把军队聚集在井陉口，号称二十万。广武君李左车向陈余献计说："韩信、张耳乘着胜利的锐气而远征他国，其锋芒是不可阻拦的。我听说从千里之外运输军粮，士兵就会面有饥色；到吃饭的时候才砍柴生火，军队就会经常受饿。如今井陉这条路，车辆不能并行，骑兵无法成列，运输粮食的队伍必然会远远落在后面。希望您借我三万人，抄小道去拦截敌军的粮草辎（zī）重；您在这里深沟高垒，坚守不出。用不了十天，韩信、张耳两将的首级就可以献到您的帐下。否则，就一定会被这二人俘虏。"陈余曾经自称正义的军队，不使用诈谋奇计，于是不采纳广武君李左车的意见。韩信派人暗中侦察，得知广武君的计策没有被采纳，非常高兴，就大胆地率军进入井陉狭道。在离井陉口三十里的地方宿营。半夜，挑选了二千名精兵，每人手拿一面红旗，从小道上山，隐蔽起来瞭望赵国军队。韩信告诫说："交战时，赵军看到我军败退，一定倾巢而出追赶我军，你们就迅速突入赵军营垒，拔掉赵军的旗帜，插上我们汉军的红旗。"又让副将传令，先吃一些食物，说："今天打垮了赵军再会餐！"将领们都不相信，只是假意答应说："好。"韩信就派遣了一万人为先锋，出井陉口，背靠河水摆开阵势。赵军看见后大笑。韩信率领部队浩浩荡荡地开出井陉口，赵军打开营垒攻击汉军，大战了好长时间。韩信假装战败，奔向水边的军队，赵军果然倾巢而出追击汉军。水边的汉军都殊死奋战，无法打败他们。韩信派出的那两千名精兵，冲入赵军营垒，拔掉赵军的旗帜，插上汉军的红旗。赵军退回营垒时，发现都是汉军的红旗，大为惊慌，队伍随之溃乱，士兵纷纷逃走。汉军前后夹击，把赵军打得大败，在泜（zhì）水上斩杀成安君陈余，活捉赵王赵歇。韩信传令军中，有能活捉到广武君李左车的，赏给千金。于是有人捆着广武君送到主将帐中，韩信亲自给他解开绑绳，请他面向东而坐，像对待老师那样对待他，并向他请教说："我准备向北进攻燕国，向东讨伐齐国，怎样做才能成功呢？"广武君李左车推辞，韩信则坚持请教。李左车就说："将军你俘虏魏王魏豹，杀了成安君陈余，威震天下。但是要想用这样劳累疲惫的军队，去围攻燕国的坚固城池，旷日持久，粮食耗尽，燕国不肯降服，齐国就必然拒守边境以图自强。将军不如按兵不动，休整队伍，然后摆出向北进攻燕国的姿态，派遣能言善辩的说客带一封书信到燕国去，讲明自己的优势，燕国就不敢不听从。燕国降服以后，再派说客将此事告诉齐国，即使有智谋之士，也不知该如何为齐国策划了。”韩信采纳了他的计策，燕国就像草随风倒一样降服了。韩信派使者报告汉王，请求立张耳为赵王，汉王准许了此事。汉王派遣谒者随何去劝说九江王黥布归附了汉，并增加其兵力，共同驻扎在成皋。

当年，阳武人陈平家境贫寒，却喜欢读书。他通过魏无知求见汉王，汉王与他交谈后很高兴，拜他为都尉，让他担任保卫自己的骖乘，统领护卫军。周勃等人向汉王告状说：“陈平虽然长得很美，就像帽子上的珠玉，只是徒有其表，未必中用。他以前在家时曾经与嫂子私通，如今又统领护卫军，必然接受将领们的贿赂，希望大王注意考察他。”汉王责问魏无知，魏无知说：“我所说的只是这个人的才智计谋足以任用罢了，至于与嫂子私通、接受贿赂，有什么值得议论的呢？”汉王给了陈平丰厚的赏赐，任命他为护军中尉。汉王问陈平：“天下纷争，什么时候才能安定呢？”陈平回答说：“项王身边刚直而又忠实的大臣，只有亚父范增、钟离昧、龙且几个人罢了。项王为人容易猜忌，又轻信谗言，如果大王能拿出金钱行反间计，去离间项王君臣，使他们互相怀疑，必定能够打败楚军。”于是汉王就拿出四万斤黄金交给陈平，不过问其使用情况。陈平频繁进行离间活动，在楚军中散布说，钟离昧等人功劳很大，却始终没有得到土地封王，他们想与汉王联合起来灭掉楚国，瓜分其土地，各自为王。项羽果然怀疑钟离昧等人。等到楚军围攻荥阳，形势危急时，汉王向项羽请和。项羽的使者到了汉军驻地，陈平叫人准备了丰盛的酒菜宴请，一见使者，就假装吃惊地说：“我以为是亚父范增的使者来了。”便撤去盛宴，换上不好的饭菜给使者吃。使者回去报告项王，项王果然非常怀疑亚父私通汉军。亚父建议立刻攻下荥阳，项王不听。亚父愤怒地说：“天下大事基本定局了，大王自己干吧，请让我带着这把骨头回家去。”亚父范增还没有到达彭城，就因背上生了毒疮而死。楚军围攻荥阳更加急迫，汉将纪信说：“事情危急！请让我穿上大王的衣服去欺骗楚军，大王可以从小路逃出城。”于是，陈平在夜间从荥阳城东门撤出两千多名妇女。楚军正在掳掠妇女，纪信便坐着汉王的马车从东门出来，喊道：“城里粮食断绝，汉王投降楚军。”楚军都高呼万岁，跑到城东去观看。汉王派周苛守卫荥阳，自己与几十名骑兵从西门出城逃走了。项羽烧死了纪信。汉王跑到成皋，收集散兵，准备再向东进军。辕生劝汉王深沟高垒，加强防守，不与楚军交战，让荥阳、成皋之间的军队得到休整。汉王采用了他的计策，从宛县、叶县之间进军，与黥布一道边行军边收集士兵。项羽听说汉王在宛县，果然领兵赶来。汉王坚壁固守，不与项羽交战。彭越在梁地，不断攻击、骚扰楚军，项羽派终公守卫成皋，自己向东攻打彭越。汉王打败终公，又占领了成皋。项羽击溃了彭越，率军西进，攻克荥阳城，烹了周苛，又率师围攻成皋。汉王只身与滕公夏侯婴逃走，向北渡过黄河，在小修武住了一夜。早晨，自称汉王使者进入赵军营地。张耳、韩信还没有起床，汉王就闯进他们的卧室夺了兵符，用来召集指挥军队将领们，并调换了这些人的职位，以利于控制。韩信、张耳起床后，才发现汉王来了，大惊失色。汉王已经夺了二人的兵权，就令张耳收集兵马，坚守赵地。任命韩信为相国，收集赵国还没有发往荥阳的军队，去攻打齐国。又派刘贾、卢绾，渡过白马津，协助彭越攻击楚军，烧毁楚军储存的粮草，以破坏他们的补给线。

这时，楚军攻克成皋后，准备向西进军，汉王派兵在巩县抗拒楚军，使他们不能西进。彭越攻击楚军，占领了梁地的十七座城。项羽听说后，派曹咎守卫成皋，嘱咐他说："即使汉军想战，一定要谨慎，不要与他们交战，只要不让汉军东进就行了。"于是自己领兵向东攻打被彭越占领的城池，将外黄包围几天后，迫使其投降。项羽准备将城中青壮年全部坑杀，外黄县令门客十三岁的儿子，对项羽说："彭越胁迫外黄，外黄百姓害怕，就姑且投降以等待大王。如今大王把他们全坑杀了，那么从此往东的十几座城池都感到害怕，就不肯投降了。"项羽认为言之有理，采纳了他的意见，被彭越攻占的城池又成为楚国的了。汉王打算放弃成皋以东，屯扎在巩、洛一带以抗拒楚军。郦食其劝说汉王立刻攻占荥阳，掌握敖仓的粮食，占据成皋的险要地形，以显示天下形势有利于汉。于是汉王又策划夺取敖仓。这时的楚国大司马曹咎谨慎地坚守成皋，不与汉军交战。汉军多次向他挑战，始终不出，就派人在阵前辱骂他。

一连几天，曹咎终于怒不可遏地领军渡汜水。士兵刚渡过一半，汉军出击，大破楚军，全部缴获了楚军的财宝和物资。曹咎和长史司马欣自杀而死。汉王领军渡过黄河，又占领了成皋，驻军广武，靠近敖仓食其军粮。项羽得到消息，也驻军广武。两军对垒，相持数月。楚军的粮食供应不足，项羽忧虑，就把汉王的父亲刘太公放在高高的肉案上，对汉王说："如果你不立即投降，我就烹了太公！"汉王回答："我和你都是受命于怀王的臣子，并结为兄弟，我的父亲就是你的父亲，如果一定要烹你的父亲，就希望分给我一杯肉羹。"项王愤怒地要杀太公。项伯说："争夺天下的人是不顾家的，即使杀了他也没有好处！"项王才予罢手。有人讲吕氏聪明貌美，项王在月光皎洁的夜晚把她召来，让她陪酒，并经常将她带在军营中作为人质，与虞姬做伴，吕后曾经得到项王的宠幸。审食其给汉王送了一封密信，汉王了解吕后的才能品质，相信她一定会使太公脱身，所以写下这样的隐语："我的妻子就是你的妻子，那么我的父亲就是你的父亲。"让项羽听到这话后自己罢手，不是真想杀死太公。项羽对汉王说："几年来天下动荡不安，就是因为我们两人，所以我希望向你挑战以决胜负，不要白白地让百姓跟着受苦。"汉王说："我宁愿与你斗智，不想与你斗力。"于是数说项羽的十条罪状。项羽恼怒，用带机关的弓箭射中汉王。汉王胸部受了伤，却摸着脚说："这个贼射中了我的脚趾！"汉王身受重伤，病倒在床上，张良请他勉强起来去慰劳士兵，以安定军心。汉王听从了张良的意见，但是因此而创伤加重，就赶回成皋养病。

当初，郦食其请求让他去劝说齐王田广投降，以作为东边的藩属，汉王同意。郦食其到齐国后，果然说服了齐王归附于汉。于是齐王撤除了守卫，终日与郦食其饮酒为乐。蒯彻[1]劝韩信说："将军受命攻打齐国，而汉王只不过又暗中派遣了一个使臣游说齐国投降，难道有诏令制止将军吗？况且，郦食其不过是一个书生就轻而易举地收服齐国七十余座城邑，将军统率数万人马，反而不如一个臭书生的功劳大吗？"韩信认为他说得对，便袭占了齐国。齐王觉得郦食其出卖了自己，就烹了他，然后领兵向东逃往高密，派遣使者到楚国请求救兵。楚国派司马龙且率领二十万大军前来救援，与汉军隔着潍水摆开阵势。韩信命令部队连夜做了一万多个口袋，装满沙土，堵塞了潍水上游，而后率领军队渡潍水攻打龙且，刚刚渡了一半，就假装战败后撤。龙且追击韩信，韩信派人拆除上游堵水的沙袋，河水汹涌而来，龙且的部队被分为两部。韩信立即回军反击，杀死了龙且，俘虏了齐王田广，齐相田横逃走，韩信完全平定了齐地。韩信请求让他代理齐王以镇抚齐地，汉王非常生气，张良、陈平暗中踩汉王的脚，汉王明白过来，便封韩信为齐王，张耳为赵王，并征调他们的军队去攻打楚军。项王得知龙且战死，极为恐惧，派盱眙人武涉去游说齐王韩信叛汉而与楚讲和，三分天下，自立为王。蒯彻也劝韩信反汉，韩信没有听从他的话。

1.蒯彻：范阳（今河北定兴县）人，司马迁为避汉武帝刘彻的讳，就改为蒯通。他是秦、汉之际的著名说客，除劝说韩信攻取齐地外，还劝说过范阳县令徐公归降陈胜起义军，以及劝说韩信脱离刘邦自立为王。惠帝时为丞相曹参的宾客。

垓下之战

项羽自知地小少助，粮食耗尽，兵力微弱，韩信又进兵攻击楚军，非常忧虑。汉王便派侯公游说项羽，请他归还掳去的刘太公。项羽就与汉王约定，平分天下，分割鸿沟为界，鸿沟以西归汉，鸿沟以东归楚，并归还了刘太公、吕后，领兵撤退返回东方。张良、陈平劝说汉王："汉已拥有大半天下，楚军则精疲力竭，粮食耗尽，如果现在放跑楚军而不攻打，这是养着老虎给自己留下祸患。"汉王采纳他们的意见，追击项羽到固陵，并与齐王韩信、魏相国彭越相约共同攻打楚军。但是韩信、彭越没有前来参战，楚军将汉军杀得大败。汉王坚壁自守，对张良说："诸侯不遵从约定，怎么办？"张良说："楚军就要崩溃了，韩信、彭越二人没有明确的封地，他们不来会合是很自然的。如果能够把睢阳以北到谷城的地区给彭越，让他为王；把陈县以东到海边的地区给齐王韩信，让他们各自为自己的封地而战，那么楚军就会被打败了。"汉王采纳其建议，于是韩信、彭越都领兵前来会合。刘贾劝诱楚国大司马周殷背叛楚国，与九江王黥布都率军前来会合。项羽到达垓下，与汉军交战，没有打胜，进入营垒，汉军和诸侯军将其重重包围。夜晚，听到四面的汉军都唱楚国民歌，项羽非常吃惊，说："汉军已经完全征服楚国了吗？为什么楚人这么多呢！"于是项羽半夜起身，在军帐中饮酒。有个叫虞的美人，项羽经常带在身边；有匹名骓的骏马，项羽经常骑着作战。项羽见美人和骏马，便自作一首诗，慷慨悲愤地唱道："力拔山啊气盖世，时不利啊骓不去！骓不去啊怎么办？虞美人啊虞美人啊怎么办！”边唱边流着泪，左右的人也低声哭泣，悲痛得使人们不能抬头仰视，虞美人自杀而死。项羽就骑上骏马，八百多名骑士跟从，连夜冲出重围，向南飞奔而去。跑到阴陵，就迷失了道路，向一位种田人问路，种田人欺骗他说：“向左。”项羽往左去，结果陷进了沼泽地带，被率领骑兵的汉将灌婴追上。逃到东城时，项羽只剩下二十八个人了，而追赶的汉军骑兵有几千人。项羽对跟从的骑士说：“我从起兵到现在八年了，身经七十余战，不曾打过败仗。但是今天却被围困在这里，是天要灭亡我，并非我不会打仗。今天决心战死，我愿意为你们决一死战，一定要突出重围，斩杀敌将，让你们知道是天要灭亡我。”说完，便把将士分为四队，面向四方。在汉军的重重包围下，项羽大声呼喊着冲了下去，斩了汉军中一将一都尉，杀了数十百人。再把人马聚集起来，只丧失了两个人。项羽说：“怎么样？”将士们都很佩服。项羽打算向东渡过乌江，乌江亭长移船靠岸等待着项羽，对他说：“江东虽小，地方上千里，也足以称王，希望大王赶快渡江！”项羽笑着说：“天要灭亡我，我还渡江干什么！况且我与江东子弟八千人渡江西进，如今没有一人返回，即使江东父老出于怜悯而奉我为王，我有什么面目再见江东父老呢！”于是令将士们下马步行，持短兵器接战。仅项羽一个人就斩杀汉军几百人，他身上也受了几十处创伤。项羽回头看见汉军的司马吕马童，说：“你不是我的老朋友吗？”吕马童把他指给王翳说：“这就是项王。”项王就说：“我听说汉王用赐万金、封万户的重赏买我的头，我送给你做个人情吧。”即自刎而死。楚地全部平定，唯独鲁城不降，汉王打算攻毁其城，便来到城下，听到丝弦和朗诵之声，因为他们是遵守礼义之国，为其君王尽忠守节。汉王便令人拿项羽的头给鲁人看，鲁城才降。汉王用埋葬鲁公的礼仪把项王葬在谷城，亲自为项羽发丧，哭了一场才离去。项氏的宗族亲属都不杀，封项伯为列侯，赐姓刘氏。

楚国自从秦二世元年（前209）陈胜起兵时建立，经历吴广、景驹、怀王、项羽，共五位君主，达八年。汉王率军回到定陶，驰入齐王韩信的军营，夺了他的军权。汉五年（前202）二月，汉王刘邦在汜水北面即皇帝位。建都于洛阳，追尊母亲刘媪（ǎo）为昭灵夫人。

（以上系原书第十三至第十四回）

秦朝世系表
（前221—前206）

（1）始皇帝政 ——–（2）二世胡亥 ——–（3）秦王子婴

（前221-前210）　　（前209-前207）　　（前206）

汉朝

汉高祖

汉太祖高皇帝，姓刘，名邦，尧帝的后代。母亲刘媪，曾经在池塘边休息，梦中与神相遇。这时，雷电大作，父亲太公赶去一看，只见一条蛟龙盘踞在刘媪身上，于是就生了高祖刘邦。

高祖已经夺了韩信的军权，改封为楚王，封彭越为梁王，立黥布为淮南王。韩信到达楚国，召见曾经给他饭吃的那位漂洗丝棉的老大娘，赐给她黄金千斤。又召见那个曾经侮辱自己的年轻人，让他做楚国的中尉，并对将相们说："这是个壮士。当他侮辱我时，我难道不能杀了他吗？但是杀他不能成名，所以我忍受了一时的侮辱而成就了今天的功业！"齐国田横听说项羽已经覆灭，害怕被杀，就与徒弟五百多人，到大海中的一个岛上居住下来。高祖担心他会发动叛乱，派人去赦免他的罪过并召见他，汉高祖说："田横如果来归顺，大可为王，小可为侯。如果不来归顺，就要派兵加以诛杀。"于是田横就与二位门客坐着官府的车来洛阳。到户乡时，田横对门客说："我田横当初与汉王都是南面称孤的一方之王，现在汉王成了天子，而我田横却成了逃亡的俘虏，这个耻辱实在是太大了。"田横于是自刎，让门客带着他的头跟随汉高祖的使者去回奏，高祖用王礼安葬了田横。那二位门客也一一自刎。在岛中的其余五百人听到这个消息后，全部自杀。

齐人娄敬[1]奉命戍守陇西，经过洛阳时，通过虞将军求见高

1.娄敬：刘邦的谋臣。曾建议迁徙六国后裔及豪门大族十余万人到关中，以

祖，劝说高祖迁都关中，高祖采纳了他的建议。当日就起驾西行到长安，并迁都于此。令娄敬为奉春君，赐姓刘氏。张良由于体弱多病而修炼辟谷的养生之术。赵王张耳死后，其子张敖与赵国丞相贯高、赵午等人谋反，事情被发觉，废赵王张敖的王位。楚王韩信到达封地，进进出出都带着军队，有人告发韩信谋反。高祖采纳陈平的计策，假托要巡游云梦泽，韩信去朝见高祖时，高祖命令武士把韩信绑起来，带上刑具押到洛阳。后赦免了韩信，封他为淮阴侯。又封萧何为酂侯，张良为留侯，陈平为户牖（yǒu）侯。封堂兄刘贾为荆王，弟刘交为楚王，兄刘喜为代王，地位低微时与情妇所生的儿子刘肥为齐王。高祖没有发迹时，他嫂子戛羹瞧不起他，所以没有封兄嫂的儿子。太公多次劝说高祖，才封他们的儿子为戛羹侯。高祖大封各功臣为列侯。

高祖每五天朝拜一次太公，太公家令劝太公说："皇帝虽然是您的儿子，却是君主；您虽然是高祖的父亲，却是臣子。怎么能让君王拜见臣下，而使皇帝失去威严呢！"以后高祖朝拜太公，太公就抱着一把扫帚，到门口迎接，倒退着走。高祖大吃一惊，下车搀扶太公。太公说："皇帝是万民之主，怎么能因为我而乱了天下的法度！"于是高祖就下诏尊太公为太上皇，赐太公家令黄金五百斤。因为高祖出身于山野草民，所以君臣礼仪非常简易，群臣饮酒争功，有人喝醉了就狂呼乱叫，拔剑击柱，高祖逐渐对此感到厌恶。这时，叔孙通劝说高祖建立一套朝拜仪式，在长乐宫落成后

削弱旧势力。刘邦在白登战败后，他主张与匈奴和亲，并出使匈奴缔结了和约。这次他劝说刘邦建都关中，得到刘邦采纳，并为此被赐姓刘。后被封为关内侯。

举行的朝贺中实行。高祖说："我现在才知道皇帝的尊贵。"任命叔孙通为太常。

白登之围

匈奴单（chán）于头曼想杀掉太子冒顿（mò dú）而立少子，冒顿就杀死头曼而自立为单于，并娶母亲为妻。冒顿以强暴称雄于各国，屡次侵犯汉朝边境地区，大肆抢掠。高祖亲自领兵三十万征讨。当他亲率先头部队北进到平城时，被冒顿率领的四十万骑兵团团围困在平城东北的白登山。七天后，施用陈平的计策，让画工画了幅美女图，派人送给阏氏（yán zhī）说："汉朝有这么漂亮的女人，现在皇帝被围困，准备把这位美女献给单于。"阏氏害怕这位美女与自己争夺宠幸，就劝说冒顿，让他解除围困退走，高祖才得以脱身。单于，相当于中国所称的皇帝。阏氏，就是皇后。

大杀功臣

守卫代地的赵国相国陈豨（xī）反叛，高祖亲自率兵前去镇压，太尉周勃从太原进入代地，打败陈豨。淮阴侯门客的弟弟谢公著，曾经得罪了韩信，韩信准备杀掉他，他就诬告韩信谋反。吕后与萧相国商议，令人假装从高祖那里来，说陈豨已经被擒处死，列侯群臣都来庆贺。萧相国欺骗韩信说："你虽然有病，还是勉强去祝贺一下为好。"韩信进宫，吕后派武士把韩信绑起来。韩信临斩时说："我后悔没有用蒯彻的计策，以至于竟被小人女子所欺骗，这难道是天意吗！"接着又灭了韩信三族。高祖讨伐陈豨时，向梁王彭越征兵，梁王称病，派属将领兵到了邯郸。高祖很生气，派人前去责问，梁王恐惧。他的随从就劝梁王反叛，梁王没有听从。高祖派使臣乘其不备时抓住梁王，把他关押在洛阳。执法官吏准备行刑时，高祖又赦免梁王死罪，将他废为庶人，流放到蜀地。彭越走到郑地时，遇上从长安来的吕后，彭越向吕后哭诉自己无罪，希望能去故乡昌邑。吕后答应了，与彭越一起返回，到达洛阳，吕后对高祖说："彭越是位壮士，现在把他迁往蜀地，这是为自己留下祸患，不如杀了他。我小心地和他一起来了。"于是就灭了彭越三族，把他的肉做成酱赐给诸侯。淮南王黥布非常恐惧，发动叛乱。高祖亲自领兵前去镇压，与黥布在蕲西遭遇。黥布的士兵非常勇敢，激战很长时间，才被击溃。吴臣劝诱黥布逃往越地，在半路上将他杀死。高祖在这次征讨中被流箭射伤，病情加重，等到返回长安后，于长乐宫去世。刘邦做了四年汉王和八年皇帝。终年六十三岁，葬在长陵。

吕后执政

太子刘盈即位，这就是孝惠皇帝。尊吕后为皇太后。当初，高祖最宠爱戚夫人，并想立戚夫人生的赵王如意为太子，没有实现。而吕后却最怨恨戚夫人。此时，吕太后就用毒酒害死赵王如意，砍掉戚夫人的手脚，挖眼熏耳，灌下哑药，让她住在厕所中，称为人彘（zhì）。过了几天，吕后就召惠帝去观看人彘。惠帝得知是戚夫人，就放声大哭。从此得病，一年多不能起床。惠帝派人去对吕太后说："这不是人所干的事情，我作为太后的儿子，终究治理不了这个国家。"此后惠帝整天沉浸在酒色里，不问朝政。在位七年后去世，没有儿子。

当初，吕后命惠帝的张皇后把别人的儿子抱来，冒充是惠帝的儿子抚养，并且杀死了小孩的母亲，此时即位，称为少帝。吕后行使皇帝的职权，任命吕台、吕产、吕禄为将军，统率都城的南北军，吕后亲属都官居要职。又任命审食其为左丞相。审食其从年轻时就与吕后私通，高祖虽然知道此事却没有过问，吕后对审食其也最宠幸。此时，公卿大臣们都要靠审食其来决断事情。少帝渐渐长大，知道自己不是皇太后的亲生子，就说："太后怎么能够杀死我的母亲而把我当作她的儿子？我长大了就要造反报仇。"吕后听到这个消息很害怕，就废了少帝，并将他暗杀，立恒山王刘义为皇帝，改名为弘。刘弘也是别人的儿子。吕后把吕台、吕产、吕禄全都封为王。高后七年（前181）三月中旬，吕后出去举行除灾去邪的祭祀，在返回的路上，看见一个类似黑狗的东西钻到自己的腋下，忽然不见了。请人占卜说："是赵王如意作祟。"于是吕后因此腋下生病而死。主持朝政共八年。二百多年后，赤眉军起义，发掘诸帝的陵墓，凡是有水银玉匣装殓的尸体，大都颜色如生，四肢柔软，于是就裸露吕后的尸体，令众人奸淫，然后将其丢弃在地，尸体腐烂无存，吕后的庙祀也被改为薄后，这大概是她生前凶恶狠毒的报应吧！

诸吕作乱

当时诸吕打算进行叛乱，但是一时又不敢发动。朱虚侯刘章娶吕禄的女儿为妻，了解了诸吕的阴谋，就派人报告齐王刘襄，让他发兵讨伐诸吕。相国吕产等派遣灌婴率领军队迎击。灌婴到了荥阳，与齐王联合起来。右丞相陈平、太尉周勃让郦商的儿子郦寄去劝说吕禄，让他把兵权归还太尉周勃而回到自己的封国去，这样就可以高枕无忧地称王于千里之国了。吕禄听从了郦寄的劝告。太尉周勃得以进入军门，领一千多名士兵与朱虚侯刘章一起进入宫中，杀死吕产、吕更等人，随后把诸吕的男男女女全部抓起来，不论年老年少一律杀掉。接着派遣刘章通知齐王刘襄罢兵，灌婴也从荥阳罢兵回到京城。

文景之治

群臣迎来薄姬所生的高祖第四子代王刘恒即皇帝位，这就是文帝。文帝宽厚仁爱，恭让俭朴，专门致力于修养道德教化臣民，制定救济穷人扶养老人的法令，废除一人犯罪家人连坐及诽谤朝廷传播谣言的法令，亲自主持春耕仪礼并率众耕作，废除肉刑，减免天下田租。文帝每次上朝的路上，如果有随从官员上奏疏，没有一次不停下接受进言的。不能采用的奏言就放置起来，可以采用的奏言就及时接纳，从来不对人责难。所以天下百姓生活富裕，讲究礼义，犯法的人极少，以致几乎使刑罚搁置起来了。文帝在位二十三年去世，享年四十六岁，葬在霸陵。

太子刘启即位，这就是景帝。御史大夫晁错见诸王强盛，几乎瓜分一半天下，就多次劝说景帝削减他们的封地。正在商议削减吴王的封地时，吴王刘濞（bì）约定胶西王刘卬（qióng）、胶东王刘雄渠、淄（zī）川王刘贤、济南王刘辟光、楚王刘戊、赵王刘遂一起反叛，打着诛杀罪人晁错的旗号。景帝采用袁盎建议，在东市将晁错斩首，他的父母妻子和孩子不论大小一律处死。但是，七个王国仍然继续作乱，于是派太尉周亚夫率领三十六位将军平定叛乱。周亚夫对景帝说："吴、楚二王的军队剽悍轻捷，难以和他们正面交锋。希望能够暂时把梁国割弃给他们，然后断绝叛军的粮道，这样就可以制服叛军。"景帝同意。周亚夫乘着六匹马拉的车，会兵荥阳，到达霸上。赵涉向亚夫献计说："吴王知道将军要率军前来，肯定派人在崤山、渑水之间设下伏兵。用兵贵在神秘，将军为什么不从右面出兵，走蓝田，出武关，到达洛阳，直入武库。叛乱的诸侯王听到这消息，一定认为将军是从天而降。"周亚夫以赵涉的建议从右路出兵，到洛阳，派兵搜索崤山、渑水之间，果然发现吴国的伏兵。吴军猛烈攻打梁国，而周亚夫却坚守营壁不肯发兵救援，派轻骑兵出淮泗口，切断吴、楚军后方，断绝他们的粮道。吴军缺乏粮食，士兵饥饿，多次挑战，周亚夫的军队始终不应战。吴、楚军的士兵大多饿死或逃散，不得已引军撤退。周亚夫立即派精锐部队追击，将叛军打得大败。吴王刘濞丢弃自己的军队逃跑，渡过淮水，到东越，被东越人杀死。楚王自杀，齐王饮药死，胶西王自杀，胶东王、济南王、淄川王都被处死。

景帝恭行节俭，完全遵循文帝的政策，移风易俗，百姓淳厚。周朝的盛世是成康之治，汉代的盛世就是文景之治。这是历史上极为繁荣的时期！然而，景帝废黜（chù）薄皇后，废黜太子刘荣而立胶东王刘彻，弟弟梁王因忧愁而死，罢黜申屠嘉，杀死晁错，害死功臣周亚夫，这些做法就比文帝相差得太远了。景帝在位十六年去世，享年四十八岁。

汉武帝

孝武帝刘彻即皇帝位，开始创立年号，称建元元年（前140）。当初，景帝的妹妹长公主刘嫖，嫁给了陈午。他们把女儿嫁给胶东王刘彻后，就经常赞美刘彻，劝景帝立刘彻为太子。等到刘彻即位，就立陈氏为皇后。陈后骄横又爱嫉妒，极受皇帝宠爱却没有儿子，于是武帝渐渐疏远了她。武帝曾经经过姐姐平阳公主家，在那里看上了一位叫卫子夫的歌妓。平阳公主就将卫子夫送进宫，得到的恩宠一天天隆重起来。陈皇后又怒又恨，好几次差点死去。卫子夫同母异父的弟弟叫卫青。卫青本姓郑，父亲叫郑季，是个县吏，在平阳侯家做事，与平阳侯的妾卫媪私通而生了卫青，所以冒充姓卫。卫青开始是平阳侯家的骑士，后被召为侍中。不久，因卫子夫成了武帝的宠妃，卫青就当了大中大夫。后来，陈皇后因装神弄鬼的事情败露，被收回玉玺绶带，退居长门宫。长公主羞愧恐惧，向武帝叩头谢罪，武帝再三劝慰。公主有个情人叫董偃，被公主派去侍奉武帝饮酒，武帝很喜欢他。于是在宫殿中为公主安排了酒席，让礼官带进董偃玩乐。由于东方朔的进谏，将长公主安置在北宫。从此，公主贵人中经常出现违背礼制的行为。卫子夫生了皇子刘据后，武帝把她立为皇后。

武帝即位不久，就招揽选拔天下智慧超群的人才，给予很高的地位，所以各地上书应选的人越来越多，武帝挑选出其中最优秀的人，给以高官厚禄。最早被任用的是庄助，以后又网罗到吴人朱买臣、赵人吴邱寿王、蜀人司马相如、平原人东方朔、吴人枚皋、济南人终军等，一起跟随左右，经常让他们与大臣辩论，大臣多次败在他们手下。这些人中只有东方朔，察言观色，常常敢于直言进谏，起到有益的作用。当时，汲黯（ji àn）屡次直谏，武帝每次都以礼相待，不穿戴整齐不接见他，称赞他是国家重臣。武帝推崇儒家六经，设置了五经博士，而天下之人开始能够向精通五经的先生学习，不必再把经书密藏起来了。武帝时又恢复实行夏代的历法，以正月建寅作为一年的开始。武帝仰慕长生不老术，亲自炼丹，派方士求神仙；建了一座柏梁台，制作了一个承露盘，用铜铸了一个高二十丈的仙人，仙人的手掌用来承接露水，将它和玉石的粉末拌和后喝下，据说可以长生不老。修建宫室的规模，到武帝时高大雄伟。通南夷，设置犍为郡，就是今天的四川宜宾县等地；通西夷，设置一都尉，就是今天的四川邛崃清溪县等地；通西南夷，设置苍海郡，就是今天的辽东地；派将军路博德、杨仆等平定南越，设置南海、苍梧、郁林等九个郡，就是今天的广西、广东及琼州、越南等地；征讨东越，降服其众，因为福建地区险峻曲折，武帝就将当地居民全部迁到江淮之间，使其成为空无人烟之地，东越就是今天的福建；派车骑将军卫青等讨伐匈奴，攻取黄河以南地区，设立朔方郡，招募百姓在此定居，这就是今天的河套地区。

当时，卫青多次讨伐匈奴，杀人很多，武帝对他异常器重。卫青的姐姐卫少儿与家奴霍仲儒私通，生了一个儿子叫霍去病，十八岁时，跟随大将军卫青讨伐匈奴，为争功，他只率领八百名骑兵离开大军攻打敌军，杀死的敌人超过了他们的人数，被封为冠军侯。从此霍去病渐渐受到器重。匈奴浑邪王来降，武帝采纳汲黯建议，将他们迁往陇西，在朔方、云中、北地、上郡之外，另设五个属国。武帝又派卫青、霍去病、李广等征讨匈奴。李广因迷失道路而自杀，卫青的战功也很少，只有霍去病擒获匈奴贤王将相等八十余人，斩首七万四百四十余级，封狼居胥山，禅于姑衍，登临浣海，于是匈奴远逃，漠南无王庭。设置武威、酒泉、张掖、敦煌等郡，今天全是甘肃省属县。而霍去病受到的宠爱超过了卫青。

武帝将要举行封禅仪式，就亲自率军巡幸边境地区。出长城，北进登上单于台，统率十八万大军，旌旗飘展，长达一千余里，单于非常恐惧，远远地逃走，武帝率军返回。派遣张骞出使西域、大夏、大宛、大月氏（ròu zhī）、康居、乌孙、于阗（tián）、安息、身毒等，共三十六个国家。从陕西玉门关，向西到达葱岭，一直到黄河源头。派遣中郎将郭昌、卫广平定南夷，设置牂牁（zāng kē）郡，就是今天的四川、贵州等地。又设置越巂、沈黎、汶山、武都等郡，就是今天的四川越巂、青溪、茂县及甘肃武都等地。派遣将军郭昌、中郎将卫广击灭劳深、靡莫，兵临云南境，滇王率众投降，设益州郡，就是今天的云南。派遣将军荀彘等征讨朝鲜，设置乐良、临屯、元菟（tú）、真番四郡。又开辟交趾，设置十三部刺史。武帝派遣苏武等前往匈奴地区，被匈奴人扣留。武帝又派将军李广利攻打匈奴。偏将李陵领五千人马孤军深入，先胜后败，投降匈奴。司马迁为李陵辩白，武帝以奸恶罪处司马迁以腐刑。

武帝为了得到长生不老药，喜欢结交方士。公孙卿说，在缑氏城上看见了仙人的足迹，于是武帝亲临缑氏城，观看仙人足迹。又隆重祭祀中岳，东游海上求神仙，封泰山，禅肃然，最后到达碣石才返回，环游路程共一万八千里。而且，武帝还广建宫室，高造楼台，加上东征西讨，以致国家财尽民穷。于是武帝对此形势，一面任用酷吏义纵、王温舒、赵禹、张汤等人催收税赋，一面任用桑弘羊等，精打细算，在京城设置贸易机构，经营全国性的商业活动，货贵就卖出，货贱就买进，这样一来，使那些富商再也无法牟取暴利。又传令天下，只要交足规定数量的粮食就可以做官，罪犯也可以交粮赎罪，使世家子弟富人互相牵连引荐，重金行贿，交钱的可以做官，不交钱的就要受到处罚。又禁止民间酿酒，由官府自己设置作坊而赚取利润。以前高祖共封了一百四十三位功臣为列侯，此时命令他们献金帮助祭祀，而又因为金银成色不足而被剥夺爵位，仅剩下四人。于是民怨沸腾，起义不断，武帝派范昆、张德、暴胜之等，穿戴绣衣，带着虎符，领兵镇压。但是起义军被打散后又聚集起来，使得官府无可奈何。为此又制定“沉命法”，内容是：“如果出现强盗却没有发觉，或者发觉了却没有捕满数额的，官位在二千石（dàn）以下，直至小吏的责任者都将被处死。”一时间，二千石以下的官吏几乎被杀光了。武帝住在建章宫时，发现一男子带剑进入中华龙门，命人去抓，却没有找到。武帝很生气，杀了门官，调集保卫京城的骑兵，搜索上林苑和长安城，过了十一天才解除，而随后发生巫蛊之乱。

当初，武帝立皇子刘据为太子，后来卫后渐渐失宠，然而太子为人仁厚温谨，卫后又善于避嫌，所以卫后虽然失去宠爱，却仍得到礼遇。这时，方士女巫大多聚集京城，几乎全是旁门左道、妖言惑众之徒。而女巫师徒往来于宫中，教美人们如何消灾，在每间屋里埋下木头人，设台祭祀，还因为嫉妒而吵骂，甚至用诅咒互相攻击。武帝曾经在白天睡觉时梦见几十个木头人手持木杖要袭击他，惊醒后就感到身体不舒服。江充与太子有矛盾，就对武帝说这是由于有人在装神弄鬼害人。武帝派江充负责追查。江充报告说在太子的宫中找到许多木头人，还有帛书，所写的内容大逆不道。太子得知，非常恐惧，江充又急于置太子于死地。太子就采纳石德的计策，逮捕江充等人并杀了他们。武帝大怒，派丞相领兵逮捕太子，太子也率兵自卫，交战五天，最终太子兵败逃走。卫后自杀。太子向东逃到湖边，藏在泉鸠里。主人家境贫寒，靠卖鞋来养活太子。此事被发觉后，官吏前来围捕，太子上吊自杀，二位皇孙全部遇害，同时遇害的还有太子的妻妾和其他男男女女，只有另一位皇孙，也就是后来的宣帝因年幼被押在狱中，未被害死。田千秋上书为太子鸣冤，武帝也醒悟过来，可怜太子的无辜，便将江充全家族的人处死。武帝还深深后悔以前的错误，便削减不必要的花费，凡是方士祭神拜鬼，以及有害于百姓的活动，全部废除。有司请求在轮台以东招募百姓屯田垦荒，以扬威西域。武帝说："轮台位于车师以西一千多里的地方，以前讨伐车师，由于路途遥远，有几千人死去，何况轮台还在车师更西边！我不忍心再让军卒无谓地送死。从今以后应该致力于禁止苛刻残酷的行为和横征暴敛，只要加强战备就可以了。"此后，不再发动战争，只以养民为职责，而百姓则得到休养生息。

当初，钩弋夫人赵氏生下皇子刘弗陵，这时十四岁，武帝因事将钩弋夫人赐死，而立刘弗陵为太子，派霍光、金日磾、上官杰等人辅佐。武帝在位五十四年去世，享年七十一岁。

汉昭帝

太子刘弗陵即皇帝位，这就是昭帝。有人说以前武帝巡视黄河以北地区时，看见一股青紫气从地升天，武帝派人寻找，发现一位女子在一间空屋子的空棺中，姿貌绝美，两手都握成拳。武帝命令打开她的手，几百人都没有打开，武帝亲自去开，她的手立即就张开了，还能讲话，从此得到宠爱，号称拳夫人，升为婕妤，住在钩弋宫。她精通黄帝素女术，擅长采补法，并把它传授给武帝，于是大受宠爱。怀孕十四个月，生下昭帝，便将其门命名为尧母门。后来到甘泉时，对武帝说："我将要尸体分解，在前边的路上等候皇上。"武帝责怪她言语失常，就斥责她，于是拳夫人就去世了。出殡完毕，武帝仍怀念拳夫人，又怀疑她不是普通人，就打开灵柩察看，发现棺中无尸，只有衣服鞋子，但是香飘十余里。武帝也跟随尸体分解消失，大概二人都是神仙。传说武帝死后，仍能在陵墓中宠幸宫人，玉箱玉杖随葬，书随殓，是由于他还能重新出现在人间，那么可以知道他确实是成仙了。

昭帝即位，由霍光主持朝政。霍光了解国情，采取轻徭薄赋，与民休息的政策，又与匈奴和亲，百姓生活富裕、稍微恢复到“文景之治”时的景象。苏武保持汉臣的气节，在匈奴牧羊十九年后，此时得以返回，昭帝任命他为典属国。当初，霍光女儿嫁给上官杰的儿子上官安为妻，生下一女。年仅五岁，上官安想通过霍光将女儿送入宫中，霍光认为她年纪还小，没有答应。上官杰通过盖长公主的私客丁外人，向公主请求立上官安的女儿为皇后，上官杰则请求封丁外人为侯，霍光都没有同意。因此对霍光心怀怨恨。燕王刘旦自认为是皇帝的哥哥，没有能够即帝位，常常心怀不满。御史大夫桑弘羊为子弟求官，没有得到满足，也怨恨霍光。于是，盖长公主、上官杰、上官安、桑弘羊都与燕王刘旦合谋，令人假装为燕王上书，指责霍光私自大规模检阅军队，在道上排列挑选出的卫士，超越本分地开路清道、禁止通行；还擅自调遣幕府校尉，独断专行，企图谋反。等霍光外出沐浴时向昭帝奏上，而上官杰打算从中周旋将此事立案查办，桑弘羊和大臣们则共同坚持迫使霍光辞去官职。书信奏报昭帝，昭帝不肯立案查办。转天早晨，霍光得知此件事，不敢再进宫上朝。昭帝问大将军霍光在哪里？上官杰回答：“因为燕王告发了他的罪行，他十分惧怕，不敢进宫。”昭帝即令召进霍光，霍光脱帽叩头谢罪。昭帝说：“将军戴上帽子吧，我知道这封奏书是假的，将军无罪。”霍光问：“皇上是怎么知道的？”昭帝说：“将军去广明都门，大练军队，调动校尉前来，还不到十天，燕王怎么会知道？况且将军要是想谋反，不必调校尉。”这时，昭帝年仅十四岁，在旁边的尚书等官员都很惊奇昭帝的智慧，而那个上书者畏罪逃走，昭帝令加紧追捕，上官杰等人十分害怕，便谋划叛乱。恰巧盖长公主一个门客的父亲燕仓听到了他们的阴谋，及时报告大司农杨敞。杨敞告诉杜延年，杜延年奏报昭帝，昭帝下令逮捕上官杰、上官安、桑弘羊、丁外人等，连同他们的宗族全部处死。盖长公主、燕王自杀。皇后因为年幼没有参与阴谋，又是霍光的外孙女，所以没有被废。当时，泰山有块大石头自起立，上林苑有棵枯死倒地的柳树又复活了，有虫食柳叶，说：“公孙的病已经染上。”又有流星如同月亮一样大，其他众星随着西行。昭帝在位十三年，年二十二岁去世，没有儿女。

汉宣帝

大将军霍光受皇后诏令，迎来武帝的孙子、昌邑哀王刘髆的儿子刘贺即帝位，尊奉皇后为皇太后。刘贺在服丧期间不守礼制，荒淫无度，霍光与田延年、张安世等人按太后的命令废除了他，商议另立一位贤明的君主。当初，卫太子娶史良娣为妻，生下一子，号史皇孙。皇孙娶王夫人后生下一子叫病已，号皇曾孙。曾孙生下仅几个月，就遇到江充女巫装神弄鬼事件被关进监狱。大臣丙吉奉命审理此案，心中明白太子是冤枉的，可怜皇曾孙，就挑选一位细心忠厚的女人抚养他，善于观察气象的人说狱中有天子气。武帝派使者审查此案，打算将狱中犯人无论罪行大小一律斩首。使者来到后，丙吉关起大门拒不接待，说："普通百姓如果无辜，还不可乱杀，何况是皇上的亲曾孙呢！"使者回去把经过报告武帝，武帝也醒悟过来，就赦免了皇曾孙等人。张安世的哥哥张贺曾经侍奉过卫太子，为皇曾孙聘娶身为暴（pù）室啬夫的小官许广汉的女儿为妻。此时，丙吉上报皇曾孙品质优良，年已十八，通晓儒经，举止稳重而待人温和，霍光认为很合适，就奏明太后。于是立曾皇孙继承昭帝的皇位，这就是宣帝。立许氏为皇后。

宣帝即位之初，由霍光主持朝政，天下太平。霍光的夫人名显，她想使小女儿成君尊贵，正巧许皇后怀孕生病，女医生淳于衍要入宫为皇后治病，霍夫人对淳于衍说："霍大将军平素疼爱成君，现在皇后该分娩的身体，如果用毒药害死她，我女儿成君就可以做皇后了。事成之后，将共同享受荣华富贵。"于是淳于衍调制药丸给许皇后喝下，皇后说："我的头非常疼痛，药里该不会有毒吧？"淳于衍说："没有毒。"于是皇后心中更加烦闷，终于死去。这时，有人上书控告医生治病方法不当，宣帝下令把医生全部逮捕下狱。霍夫人非常恐惧，就把实情告诉了霍光，又说："既然我一时糊涂做下这件错事，就不要让官吏逼迫淳于衍。"霍光听罢大惊失色，想主动举报，几经考虑，还是不忍奏明皇上，又暗中布置不要追究淳于衍的罪行。霍夫人便劝说霍光把女儿送入宫，于是成君被立为皇后。霍光死后，宣帝开始亲自临朝听政。霍夫人及霍禹、霍山、霍云眼见自己的势力一天天被削弱，多次相对而泣。他们谋划让太后摆下酒筵，召集丞相、平恩侯许广汉等人入宫，趁机杀害他们，然后废掉宣帝而立霍禹为皇帝。阴谋被发觉，霍云、霍山、范明友自杀，霍禹被腰斩，霍夫人及其姐妹们都被处死在闹市中，与霍氏相牵连获罪而遭诛杀的有几十家，皇后霍氏被废，封告发此事的人为列侯。宣帝小的时候，完全是靠丙吉的保护才活了下来，但是丙吉绝口不提自己对皇上的恩德。后来，在掖庭宫中曾经抚养过宣帝的奴婢陈述自己对宣帝的养育之恩，言语中涉及使者和丙吉，宣帝亲自询问，然后才知道丙吉过去对自己的恩德，而丙吉仍一笑了之。宣帝非常赞赏丙吉的品行，封张贺的儿子张彭祖及丙吉等为列侯。宣帝励精图治，有功必赏，有罪必罚，治理国家符合实际，为政平实，断案公允，官吏称职，百姓安居，郡县长官任职时间都很长。任命赵充国为大将平定羌虏，匈奴的呼韩邪（yé）单于来朝贡，边境的威胁得到平息。任用朱邑、龚遂、尹翁归、黄霸、张敞等人为太守，标志着这一时期是汉代官吏清廉最为鼎盛的时期。可惜的是，廉明的赵广汉，清直的盖宽饶，忠信的韩延寿，廉洁的杨恽等，最终不免一死，则表明宣帝施行申公、韩非法家学说的苛刻程度。皇太子性格仁厚柔弱，喜好儒家学说，见宣帝任用的官吏，大多是信奉法家学说、以严刑峻法统治百姓的人，曾经趁陪皇上吃饭的机会，从容劝说宣帝应该任用儒生。宣帝不高兴地说："汉朝有自己的法规制度，庸俗的儒家学说不合时宜，他们喜欢肯定赞美古代的一切，否定贬斥当代的一切，使人纠缠迷惑于名与实之类的问题，不知何事应该如何去做。他们有什么值得依靠的！”于是叹道：“破坏汉朝法度的人，一定是太子。”因为太子是许皇后生的，所以没有废掉。皇帝因病卧床不起，令史高、萧望之、周堪辅佐治理朝政。

汉元帝

宣帝在位二十五年去世，太子刘奭（shì）即位，这就是元帝。立婕妤王氏为皇后。

当初宣帝在位时，皇太子刘奭宠爱的司马良娣病死，闷闷不乐，宣帝令王皇后挑选后宫家人的女子，找到元城的王政君，将她送入太子宫。王政君是原来的绣衣御史王贺的孙女，这一年生下后来的成帝刘骜（ào），就被立为皇后。刘骜做了太子，以后王莽的祸患便从此时开始了。元帝拘泥于法令条文，优柔寡断。当时，萧望之、周堪、刘更生及侍中金敞等人，同心辅政。宦官弘恭、石显忌恨他们，就上奏控告萧望之、周堪、刘更生互相勾结，结党营私，准备独揽大权，请求召他们到廷尉那里。元帝不懂得召他们到廷尉那里就等于是判罪入狱，所以答应了弘恭、石显的奏请。后来元帝有事召周堪、刘更生进宫，左右的人回答说：“他们被押在监狱中。”元帝大吃一惊，下令放他们出狱，继续做官。弘恭、石显等人不甘心，又多方陷害，最后终于罢免了周堪、刘更生。元帝对萧望之非常器重，想让他做丞相，弘恭、石显等人进谗言陷害萧望之，又将他关进监狱，萧望之自杀。元帝闻讯后哭得吃不下饭，他的悲哀感动了身边的人，然而他始终不知道石显等人的阴谋。这一年，弘恭死去，石显做了中书令。当时，有个叫京房的人向焦延寿学习《易》，多次讲灾异都得到验证，元帝很喜欢他。京房曾经在一天晚上被元帝召见，与元帝交谈时暗示石显将要扰乱天下，元帝说："我明白了。"石显知道此事后便陷害京房，于是把京房关入监狱，判为死罪，妻儿被流放边疆。

匈奴郅支单于杀死汉朝使者，向西跑到康居，西域副校尉陈汤假托圣旨出兵，与都护甘延寿共同在康居袭击并杀死匈奴郅支单于，将其首级送往京师。匈奴呼韩邪单于听到郅支被杀，又高兴又害怕，就入京朝见，自称希望成为汉朝的女婿以示亲密。元帝将后宫中名王嫱字昭君的良家女儿赐给呼韩邪单于，单于称谢返回，号王昭君为宁胡阏氏。甘延寿、陈汤到达京师，打算论功行赏，石显却给他们加上假托圣旨、擅自出兵的罪名。刘向上书为二人辩护，二人才得到赦免并记录了他们的战功。元帝在位十六年去世。

汉成帝

太子刘骜即位，这就是成帝。以皇后王氏为皇太后，以大舅王凤为大司马大将军。石显因有罪被免官，返回家乡时死在路上。成帝立许广汉的侄女为皇后，与班婕妤同被宠幸。班婕妤非常贤慧，经常以正直的言行影响成帝。后来成帝路过阳阿主家，爱上了歌舞妓女赵飞燕，将她召入宫中，宠爱异常。赵飞燕的妹妹合德又被召进宫中，容貌、性情更加令人陶醉，姐妹俩同被立为婕妤，在后宫中最受宠幸。她俩诬告许皇后、班婕妤经常诅咒皇上，许皇后因此被废。又考问班婕妤，班婕妤回答："我听说死生有命，富贵在天，学做好事都不能得到福气，干坏事还想有什么指望？若神鬼有灵，不受奸臣小人的诬告。如果神鬼无知，即使向他申辩又有什么用处呢？"成帝认为她的回答很对，便赦免了她。班婕妤担心时间久了再遭祸患，就请求到长信宫去供养太后，成帝答应了她的请求。于是立赵飞燕为皇后，合德为昭仪。成帝在宫内被淫后妖妃迷惑，在宫外被外家奸臣制约，政事全部由王凤裁决。王凤死后，王音做大司马主持政事。王音死后，王商做大司马主持政事。王商死后，王根做大司马主持政事。王根因病被免官，王莽做大司马。当时，出现一系列怪异的自然现象，如大风如血；两月相接，早晨出现在东方；岷山崩塌，将长江堵塞三天，江水枯竭。王莽想使自己名垂青史，生活上更加约束自己，勤俭节约，并且将赏赐各地钱财，全部用于当地贤良之士。刘向多次向成帝说明王莽居心叵测，但成帝未能接受。成帝身体向来强壮，没有疾病，而因与赵合德纵欲无度而死，在位二十六年。

王　莽

皇太后令王莽查验成帝的起居和病状，赵合德昭仪因此而自杀，不久又将皇后赵飞燕废为庶人，皇后也自杀了。成帝没有儿女，由元帝的孙子、定陶共王的儿子刘欣入继为帝，这就是哀帝。追尊定陶共王为定陶共皇，尊定陶王太后傅氏为陶共太后，尊生母丁姬为定陶共皇后，立傅太后堂侄女傅氏为皇后。封丁明、傅晏为列侯，全都官拜大司马，掌管朝政。将新都侯王莽罢官送回封地。侍中董贤年少貌美，得到哀帝宠爱，赏赐钱财无数，封为高安侯，尊贵震动朝廷。董贤的妻子和妹妹都有美色，哀帝召董贤妻子入宫，令人变通制度将她入籍宫中，又召董贤的妹妹入宫为昭仪，夫妻兄妹同被宠爱，讲话无人敢不听从，以至于哀帝讲出要效法尧帝禅位给舜的话来。丞相孔光等大臣对董贤百般逢迎，董贤的权势几乎与皇帝相等了。哀帝想收夺威权，多次诛杀大臣，然而他在内受傅太后制约，在外过分宠爱董贤，轻信谗言，迫害忠良，汉朝便渐渐衰落。哀帝在位六年去世，没有儿女。

太皇太后王政君召回新都侯王莽，辅佐料理哀帝的丧事，收回董贤的印符绶带，将他罢官还家。当日，董贤与妻子一起自杀，其家属被迁往合浦。太皇太后让王莽做大司马，统领尚书事，迎来元帝庶孙、中山王刘箕的儿子刘衎（kàn）即帝位，这就是平帝。太师孔光、大司徒马宫等人盛赞王莽的功德可与古代周公相比，于是群臣都为王莽歌功颂德，尊号王莽为安汉公。平帝聘娶安汉公王莽的女儿为皇后。王莽的儿子王宇劝王莽把权力归还平帝母亲的外家卫氏，私下与卫宝通信，事情暴露，王莽杀了儿子王宇，中山王后的娘家卫氏也全部被处死。又杀死敬武公主及汜乡侯何武、前司隶鲍宣等数百人，京城内外大为震动。因为安汉公王莽是权倾当朝的显赫人物，平帝便将新息、召陵二县及新野的田地给王莽做封邑，王莽假装推辞不受，平帝又加九锡。

平帝渐渐成人，由于母亲的娘家卫氏被王莽杀害，常常闷闷不乐，王莽便趁腊日上贡椒酒的机会，在酒中下毒，平帝因此病倒，王莽在泰畤（zhì）作策命，祈祷由自己代替平帝去死，把策藏在金縢中，放在大殿前，敕令大臣们不要胡言乱语。平帝在位五年，被王莽害死，年仅十四岁。

前辉光郡谢嚣奏报武功长孟通在挖井时得到一块白石，上圆下方，上有红字称："安汉公莽为皇帝。"于是群臣上奏太后，请求安汉公王莽登基，称为摄皇帝。太后不允。太保王舜对太后说："事情已经这样，不准王莽登基是不行了。"太后无力控制局面，只好同意。于是王莽面向南方接受群臣朝拜，祭祀天地。即为假皇帝。平帝无儿女，王莽立宣帝玄孙、广成侯刘勋的儿子刘婴为皇太子。刘婴年仅两岁，号为孺子。安众侯刘崇与相张绍起兵讨伐王莽，有几百人跟从，进攻宛地，没有攻下而战死。东郡太守翟义与都尉刘宇、陈丰等举兵西进，讨伐不应摄政的王莽，立皇室子孙、严乡侯刘信为天子，向各郡国发布檄文，集众十几万。王莽得知，惊慌恐惧得吃不下饭，就派王邑等攻击翟义。王莽说："从前周公摄政，而管叔、蔡叔挟持禄父叛乱，现在翟义也挟持刘信作乱。古代的大圣人还害怕此类事，何况才识短浅的我呢？"群臣都说："不遭遇这种变故，就显不出您的美德。"王莽仿照古代的周公，也作《大诰》，向天下人表示要把皇位返还孺子的意思。于是各地官民攻打翟义，翟义战死，刘信逃跑。三辅豪杰赵朋、霍鸿当初起兵响应翟义，此时被王级等人消灭，各县的起义全部平息。王莽自认为威德日益兴盛，大得天下人心，就打算做真皇帝了。梓潼人袁章在长安闲游，平素行为不端，这时做了两个铜柜献给王莽，一个上写“天帝行玺”，另一个上写“赤帝玺”，意思是说上帝和高祖把帝位传给王莽。王莽趁机登上真天下的宝座，定国号为“新”，自称新皇帝。当时孺子没有即位，国玺收藏在长乐宫太后那里。王莽派王舜去请求太后交出国玺，太后不肯，怒骂王舜道：“你们这帮人父子宗族都是靠汉朝的力量，才能世代享受荣华富贵，如今既没有去报答，反而趁受人托孤的机会夺取人家的天下，天下哪有像你们兄弟这样不顾恩义的呢！我这个汉家的老寡妇，早晚就要死了，要与这国玺一起死！”国玺终究没有得到。王舜对太后说：“王莽一定要得到国玺，难道太后能坚持到最后都不给吗？”太后担心王莽威胁她，就拿出国玺扔在地上，说：“我老了，快要死了，今天才知道你们兄弟将要被灭族的！”王莽改号太皇太后为新室文母太皇太后，废黜孺子为定安公，孝平皇后为定安太后。孺子没有即帝位，只是在虚位三年。西汉共十三个皇帝，二个幼主，起于高祖元年（前206），终于孺子刘婴三年（8），共二百一十四年，被王莽篡夺。

王莽用鸩（zhèn）酒毒死平帝、篡夺孺子刘婴的帝位而自立。于是拉着孺子的手，流涕哭泣，孺子反而面向北边称臣，百官没有不为之感叹的。王莽的女儿定安太后，当时不满二十岁，常常称病不参加朝会。王莽想让她嫁人，就改其号为黄皇室主，打算与汉家断绝关系。定安太后大怒，坚持卧床不起，王莽也不再强迫她。王莽废除汉庙，立王氏九庙，方四十丈，高十七丈，花费几百万，几万名劳工死亡。将汉室诸侯王废黜为民，刘氏子弟则被降为小官吏。王莽的母亲功显君死，王莽毫无哀伤心情，自认为是继承汉室做了天子，穿的丧服是缌（sī）麻做的，就如同天子吊唁诸侯的丧服。王莽让孙子新都侯王宗作为丧主，服丧三年。后来，太皇太后王政君死，王莽反而为她服丧三年，为她立庙，以元帝配食，坐在床下。王莽又因谗言而杀死他的嫂子及他哥哥的儿子王光。王莽的孙子王宗曾经为自己画像，穿戴天子的衣冠，被发觉后自杀。王莽的妻子死，太子王临策划杀死王莽，事情暴露后自杀。王莽性格躁动不安，不能不干事情，每次施行一些改革措施，就想效法古人的做法，而不考虑是否符合当时的实际。在改革裁减汉家制度时，就说："古代一个男子耕种一百亩地，交十分之一的税。秦朝破坏了古代圣贤的制度，废除井田制，有权有势的人占有田地多得无法计算，没有权势的人竟然无立锥之地。又设立买卖奴婢的市场，把人当作牛马看待，违背了天地间人是最尊贵的原则。现在将天下所有的田地改名为王田，奴婢改称私属，都不准买卖。凡是男性人口不满八人，而拥有的田地超过一井的，要把超出的田地分给九族中的其他人。有人胆敢攻击责难古代圣贤所定的井田制的，就将他们流放到遥远的边疆地区，去抵抗鬼怪妖魔。"于是富人不能保住原有财产，穷人无法生活，普天之下，哀声四起，触犯刑律的人遍地都是，百姓忧愁愤恨，人心思乱。

当初，王莽阴谋篡位时，官吏、百姓争相制作符命，他们都被封侯。那些没有做这种事的人互相开玩笑说："唯独你没有天帝降的书信吗？"时间久了，王莽对这种事也厌烦了。王莽始建国元年（9）秋，派遣五威将王奇等十二人，向全国颁布四十二篇《符命》，远至边疆少数民族地区。此后有人再讲符命，不是五威将所颁布的那些内容就要受到惩处。王莽好讲空话，羡慕古代的分封制，册封了许多爵位，但是他的本性实际上非常吝啬，以地理没有确定为借口，暂且先分封掉荒凉贫瘠的土地，用来安慰受封者，于是诸侯的食用都缺乏。王莽依靠着府库充足，想要对匈奴建立威严，便派遣孙健等率领十二位将军分路出击匈奴。严尤极力劝谏，王莽不听，照常调动兵马粮草。内地郡县苦于征发，开始逃跑当强盗。北方边境地区自从宣帝以来，几代不见报警的烟火，人民生活富裕安宁，牛羊遍野。到王莽出兵骚扰时，单于愤怒地说："先单于受到汉朝宣帝的恩德，不能辜负。现在的天子不是宣帝的子孙，凭什么能够做皇帝！"于是派兵分路进入边塞，杀死守尉，掠夺吏民，边民死亡逃跑及被抓获的人几乎穷尽。王莽派五威将王骏、李崇等人出兵西域，令当地各小国到郊外迎接并送上兵马粮草。焉耆国假装投降，却聚集兵马守备，王骏等到达，伏兵突袭杀死了他们，于是与西域断绝了关系。王莽大量招募军队攻打匈奴，他下令说："有人敢于临阵逃脱或违抗命令，立刻斩首！"于是杀人无数，百姓惊惶万状，敢怒而不敢言，即使是在路上相遇，也不敢打招呼，只能用眼色代替。这时期，天空出现彗星，黄雾弥漫，大风刮倒树木，吹飞屋瓦，暴雨冰雹将牛羊砸死，大雪深达一丈多，竹子、树木全都枯死。民间又谣传黄龙摔死在黄山宫中，前往观看的人有一万多，王莽将他们全部抓起来杀掉。又出现蝗虫遮蔽天空的灾害，饥荒严重，以致人们互相残食。夏天降霜，使草木冻死。

赤眉军等起义

王莽制定的法令烦琐苛刻，百姓摇一下手就会触犯禁令，不能耕田种桑，于是起事不断发生。临淮人瓜田仪等凭借会稽长洲，聚众起事。琅琊女子吕母聚集几千人，杀死海曲县令，入海组织武装，很快发展到几万人。荆州出现饥荒，人们相互掠夺，新市人王匡、王凤聚集几百人马，马武、王常、成丹等猛士都前往追随，他们隐藏在绿林山中，几个月之间发展到七八千人。琅琊人樊崇在莒（jǔ）地起兵，有一百多人马。由于樊崇作战勇猛，各地的起义者大多依附于他，一年间扩大到一万多人。东海的刁子都起兵袭击徐兖，王莽派兵攻打他，没有取胜。关东大饥荒，人们相互残食。南郡秦丰起兵，平原的女子迟昭平也聚集几千人。樊崇的人马渐渐发展壮大，就互相约定：杀人者抵命，伤人者抵伤。王莽派太师王匡、更始将军廉丹讨伐樊崇，樊崇等人担心自己的部下与王莽的军队混在一起难以区分，就全部将眉毛画成红色，因此号称赤眉。王莽的大将王匡、廉丹共领精兵十余万，所过之处，奸淫抢劫，胡作非为，东边的人给他们编了一首歌谣："宁遇赤眉，不遇太师。太师还可，更始杀我！"赤眉军打败并杀死更始将军廉丹。新市军王匡等进攻随地，平林人陈牧、廖湛又聚集一千余人，号称平林兵响应。

当初，汉景帝第十个儿子长沙定王刘发的三世孙刘钦，娶了湖阳樊重的女儿，生下三个儿子：刘縯（yǎn）、刘仲、刘秀。刘縯，字伯升，性情刚毅慷慨，素有威名。刘仲在当初起兵时就战死在小沛。刘秀高鼻大口，前额长一高骨，生性爱好耕种之类的农活，刘縯常常耻笑他，把他们哥俩与汉高祖哥俩相比较。刘秀曾经路过穰（rǎng）地，穰人蔡少公很擅长符命占卜，说刘秀一定能做皇帝。有人问："是说国师公刘秀吗？"这个刘秀就是指刘向的儿子刘歆（xīn）改名为刘秀，此时做王莽的国师，被封为嘉新公。刘秀开玩笑地说："凭什么知道不是我呢？"在座的人全都大笑起来。宛人李守喜好星象符命占卜之事，曾经对他的儿子李通说："刘氏定会兴旺，李氏为其辅臣。"等到新市、平林二地起事，南阳骚动起来。李通的堂弟李轶对他说："如今各地动荡，汉室应当复兴。南阳的宗室中，只有刘伯升兄弟宽容博爱，可以与他们图谋大事。"李通笑着说："这也是我的意思。"正赶上刘秀到宛地来卖谷子，李通让李轶去迎接刘秀，与他约好返回南阳白水乡后就在当地起兵。刘縯召集豪杰们商议策划，分别派朋友门客在各县发动起事。刘縯负责发动白水乡子弟，这些人都因恐惧而逃亡或者藏了起来，等到看见刘秀身穿红衣、头戴大帽，全吃惊地说："谨慎宽厚的人也做这件事。"于是情绪才稍稍稳定下来。共得到当地子弟七八千人，部署宾客，自称柱天都部。刘秀当时二十八岁。刘縯派族人招降新市、平林的军队，杀死湖阳尉，进兵攻占棘阳，李轶、邓晨都率宾客来会合。又与下江军王常联合，夜袭蓝乡，将其辎重全部缴获。

　　这时，汉军已达十余万人，将领们商议立一位汉家宗室的后代，以顺从人们的愿望。南阳的豪杰打算立刘縯，而景帝的五世孙刘玄在平林军中，号称更始将军。新市、平林二军的将帅害怕刘縯的威名，贪图刘玄的懦弱，先决定立刘玄为帝，然后召来刘縯，向他宣布此事。刘縯认为应该暂时称王，等到打败王莽、招降赤眉之后，再建立尊号。众人没有听从，立刘玄为皇帝，大赦天下，改纪年，号更始元年（23）。刘玄面向南方接受群臣朝拜，羞愧得直流汗，举起手却说不出话。设置公卿，任刘縯为大司徒，刘秀为太常偏将军。刘秀等攻打昆阳、定陵、郾，一一占据。王莽派王邑、王寻出兵平定山东，征召六十三家精通兵法的人，让他们做军吏，派巨地人巨无霸任主管营垒的垒尉。巨无霸身长一丈二，腰大十围，大车装不下，三匹马拉不动，能够驱使虎、豹、犀牛、大象之类的野兽助威，王邑、王寻的军队共四十三万人，号称百万。大军包围昆阳，守军将领们见到对方兵力强大，惶恐不安，都打算解散返回各自的城池，刘秀说："现在是我方兵小而敌军强大，如果齐心协力抗击敌人，还有可能取胜；如果分散力量，势必全军覆灭。昆阳一旦失守，其他各地的义军也将被消灭。现在不同心合力建立功名，反而要去守护自己的妻子儿女和财产吗！"将领们恼怒地说："刘将军怎么敢这样！"刘秀笑着起身离去。当王莽的军队开到城北时，守城将领们感到手足无措，就又请求刘秀出谋划策。刘秀又给他们分析形势，制定策略，众将都说："可以。"当时城中只有八九千人，刘秀让王凤、王常守卫昆阳，自己与李轶等十三人趁夜黑骑马出南城门，到外面去召集兵马。当时，王莽的军队有近十万人驻扎城下，刘秀等人几乎无法出城。王邑、王寻指挥军队包围了昆阳，严尤对王邑说："昆阳城虽然不大，却非常坚固，不如先攻打宛城。只要宛城被打败，昆阳自然会降服。”王邑没有听从他的意见，于是将昆阳城包围了数十层，几十里内都能听到鼓声。城中的王凤等人乞求投降，没被准许。严尤又说：“按《兵法》的原则，围城后必须留下一个缺口，使城中的人可以逃出来，从而让他们感到害怕。”又未被采纳。刘秀到了郾、定陵，调集各营地的全部人马进军昆阳，自己率领步兵、骑兵一千余人为前锋。王邑、王寻也派几千人来迎战，刘秀冲入敌军阵中，杀死几十人。将领们高兴地说：“刘将军以前看见弱小的敌人就胆怯，现在遇见强大的敌人反而勇猛，真是太奇怪了！”刘秀继续奋击，王邑、王寻军退却，各路义军乘胜追击，胆气更壮，无不以一当百。当初，王莽的军队依靠巨无霸召神怪助威，但是，刘秀的军队中有位侏儒叫郅（zhì）军章，能够役使乌鸦等飞禽破除巨无霸的魔法，于是杀死王寻。昆阳城里的军队也呐喊而出，里应外合，呼声震动天地，王莽军队大败，死亡数万人。此时正遇上狂风骤起，雷声动地，屋瓦乱飞，雨下如注，河水暴涨，王莽军队又被淹死了好几万人。王邑、严尤渡河逃走，军需辎重全部被缴获。此后各地豪杰纷纷响应，杀死本地官吏，自称将军，使用汉朝年号，等待汉朝皇帝的诏命。岑彭以宛城投降刘玄，更始皇帝刘玄入城建都，宛城就是现在的河南南阳。

刘秀攻打颍川，冯异以五个县投降。王莽闻讯非常害怕，他想向外人显示自己的安逸，就将须发染黑，娶所征召的淑女杜陵史氏为皇后。史氏相貌娇美，王莽亲自迎接，在举行新婚夫妇同食的仪式时，狂风将树木连根拔起。群臣向王莽祝寿，王莽终日与方士琢磨方术，放纵淫乐。王莽听说汉军讲他毒死平帝，便在王路堂召集公卿大臣，打开当初藏在金縢匮中希望让自己代替平帝去死的祝策，哭着拿给群臣看。王莽的卫将军王涉、国师刘秀、大司马董忠等策划劫持王莽降汉。这个刘秀就是刘向的儿子刘歆，他巴结依附王莽，做了王莽的国师，又因为占验符命中有刘秀的名字，所以把歆改成秀。董忠、王涉、刘秀的计划泄露，王莽召入董忠，将他剁成小段，刘秀、王涉惧而自杀。王莽由于外边的大军节节败退，大臣又在内部反叛，忧虑、愤怒，连饭也吃不下，只是喝酒吃鳆鱼，读兵书，困倦了就伏在桌子上睡一会儿，不再到床上睡觉。更始帝派上公王匡攻打洛阳、大将军申屠建攻打武关，京师震动。析人邓晔于匡地起兵响应，打开武关关门迎接汉军。各县的豪门大姓都各自起兵称汉将，一同会集京师城下。王莽更加忧虑，不知如何应付。大司马崔发说："古代如果国家有大灾难，就用哭来镇住它，应该告诉上天以求解救。"王莽就率群臣到南郊，陈述自己的符命本末，仰天大哭，直至喘不上气来，再爬在地上叩头。又为平民百姓设置粥饭，让他们从早到晚聚集在一起哭号，哭得最悲哀的人，就升任为郎，升为郎的达到五千余人。又拜九人为将军，全以老虎作为他们的称号。当时朝廷中还有六十余万斤黄金，王莽赐给九虎士每人四千钱，但众人毫无斗志。又赦免城中囚犯，杀死牲口，饮它们的血，与这些囚犯一起发誓说："有不为大新朝出力的，鬼神会将他们全记下来。"不久，这些人就全逃跑了。众兵发掘王莽妻子、父母的坟墓，烧毁他们的棺椁，以及九庙明堂，火光照亮城中。汉军攻打长安城，由宣平门进入，大火烧到掖庭。黄皇室主说："我还有什么脸面去见汉家的人！"自己投入火中烧死。王莽躲避大火，跑到宣室的前殿，火就尾随着他。当时正是九月，王莽身穿红青色的单衣，手持虞帝的匕首，旋转座席跟随七斗星的斗柄而坐，说："上天降德在我身上，汉军与我相比怎么样呢？"三日后的清晨，群臣扶助着王莽到达渐台，众军包围了他们。下午攻上渐台，商地人杜吴杀死王莽，校尉砍下王莽的头，士兵分割王莽的身体，还有数十人争相杀王莽，并将王莽的身体肢解切碎。王莽的头被传送到宛城，悬挂在闹市中，百姓一同击打，还有人将王莽的舌头切下来吃。王莽三十八岁做大司马，五十一岁摄政，五十四岁当皇帝，六十八岁被杀死，窃居帝位十八年（加上代行皇帝之权三年）。

汉朝上公王匡攻克洛阳，斩王莽大将王匡、哀章。成纪人隗嚣与周宗等起兵响应汉军，向各郡国发布檄文，拥有十万兵力，攻下陇西、武都等地。茂陵公孙述在成都起兵，自称辅汉将军，兼益州牧。淮南李宪起兵占据庐江称王。安定三水人卢芳，假称自己是汉武帝曾孙刘文伯，占据平凉等地，与匈奴和亲，匈奴立他为汉帝。更始帝刘玄封梁孝王的八世孙刘永为梁王，便据封国之地起兵，攻下济阴、山阴等地，任命董宪、张步为将军，于是专据东方。汉军中新市、平林的将领们，鉴于刘縯兄弟俩的威名日盛，就劝更始帝及时除掉刘縯兄弟。刘縯的部将刘稷听说刘玄做了更始皇帝，怒声说："原本起兵图谋大事的，是刘縯兄弟。现在这个更始是干什么的呢？"更始逮捕了刘稷，准备处死他，刘縯极力为刘稷辩护，李轶、朱鲔（wěi）劝说更始帝将刘縯与刘稷一并杀掉了。刘秀从父城骑马赶到宛城向更始帝谢罪，刘縯的部下前去迎接并慰问刘秀，但刘秀不与这些人交谈，只是一再深深地引咎自责。刘秀从来不自夸在昆阳之战中的功劳，又不为刘縯服丧，饮食谈笑与平时一样。更始帝因此而自愧不如，便拜刘秀为破虏将军，封武信侯。更始帝将要把都城迁往河南洛阳，任命刘秀为司隶校尉，前往整修宫府。于是刘秀便设置幕僚属下，以文书发往属县，察举非法之人，一切都与以前的做法相同。当时，三辅的吏士东行迎接更始帝，看见经过的将领们全都是头扎着平民百姓的发髻布，身穿着妇人的衣服，没有不嘲笑他们这种打扮的。等到看见司隶校尉刘秀和部属经过时，众人都喜不自禁。有的老吏流泪说道："没料到今天又看见汉朝大官的威仪了！"因此人心都归向了刘秀。更始帝派刘秀掌管大司马事，携带节信北渡黄河，镇抚各州县。刘秀到达黄河以北地区，在所经过的郡县中考察官吏，评价是否胜任及决定升降，平判囚徒，废除王莽苛政，恢复汉朝官名，吏民喜悦，争相带着牛、酒迎接慰劳，刘秀一律不予接受。南阳的邓禹骑着快马追赶刘秀，一直追到邺，刘秀说："我是专门负责官员的任命，你远道而来，难道是想当官吗？"邓禹回答："我不是想当官。只希望您的威德远播海内，我能够贡献微薄之力，功垂青史罢了。"刘秀大笑，便留他住宿。邓禹劝说刘秀："如今山东还没有安定，赤眉、青犊之类的义军大都人数上万。更始帝又是个平凡的人，做事武断，自以为是；将领们都是平庸之辈，一时得志，只想着钱财子女，没有忠诚善良、聪明智慧、深谋远虑的素质。我只想尊从君主、安抚百姓罢了。您一向有盛德大功，被天下人仰慕，军政齐肃，赏罚分明，讲信誉。当务之急，就是应该邀请引进各路人才，争取民心，重建高祖的事业，拯救万民的生命，秉公处事，天下不愁安定不了。”刘秀非常高兴，便请邓禹留在中军，与他经常商议军机大事。自此以后，每次任命、派遣各将，大多征求邓禹的意见，所以任用得人。刘秀自从哥哥刘縯死后，经常独居，不吃酒肉，枕席上留有哭泣的痕迹，主簿冯异独自去安慰劝解他。刘秀制止冯异说：“你不要乱讲。”冯异乘机规劝说：“更始的统治没有秩序，百姓失去了要拥戴的人。人饥渴的时间久了，就容易对饮食满足。现在您是独当一面的大官，应分派部属巡行郡县，宣传实施您的主张。”刘秀采纳了他的建议。骑都尉耿纯在邯郸拜见刘秀，见到刘秀的部属及领兵原则不同于其他将领，就与刘秀结交为友。

当初在王莽当朝时，长安城中有人自称成帝的儿子刘子舆，王莽便杀了他。邯郸一个叫王郎的算命先生因此便假称自己是真的刘子舆，百姓大多信以为真，立他为天子。赵国以北，辽东以西，全都闻风响应。当时，上谷太守耿况派他二十一岁的儿子耿弇（yǎn）到长安。当耿弇到达宋子县时，正赶上王郎起事，他的随从说：“刘子舆是成帝的正统后代，不归从他，跑到远方去干什么？”耿弇手按剑柄说：“刘子舆是个坏人，最终不过是做俘虏罢了！我到达长安后，陈列渔阳、上谷的兵马，回去后再发动能冲锋陷阵的骑兵，以镇压这些乌合之众，就如同摧枯拉朽一样。你们看不清去留的方向，离被灭族不远了！”耿弇听说大司马刘秀在卢奴，便赶到北方拜见。刘秀将他留下做长史，一起往北到达蓟地。刘秀准备南归，耿弇说："如今军队从南方来，不能再返回南方。渔阳太守彭宠，是您的同乡；上谷太守，就是我的父亲。发动这两郡的一万名骑兵，拿下邯郸是不成问题的！"刘秀的属下都说："如果死还要把头朝向南边，为什么向北而行钻进口袋中？"刘秀指着耿弇说："这是我北方的主人。"大司马刘秀在蓟地，遇上广阳王的儿子刘接在蓟中起兵，以响应王郎，城内扰乱，刘秀急忙跑到城外，不敢进城，只在道旁吃饭。到达芜蒌亭，寒风凛冽，冯异奉上豆粥；到达下曲阳，传闻王郎的军队在后边，刘秀的随从们都很害怕；到达滹沱（hū tuó）河，侦察的小吏回来报告："河水中流着冰块，没有船就不能渡河。"刘秀派王霸前往察看。王霸担心众人会惊慌，就返回谎报说："冰是坚硬结实的，可以过河。"于是一起来到河边，河中的冰块突然合在一起，所以刘秀等人踏冰过河。刘秀之后没有过几个骑兵，冰块就分解了。到达南宫，遇上狂风暴雨，刘秀把车赶进路旁的空屋里，冯异抱柴，邓禹烧火，刘秀对着灶火烤衣服，冯异又奉上饭食。刘秀骑马奔向信都，此时大部分郡国都投降王郎，唯独信都太守任光、和戎太守邳彤不肯屈从。任光听说刘秀到来，非常高兴。邳彤也从和戎赶来会合。谋士大多说可以趁信都军前来会合的机会，向西返回长安，邳彤说："百姓们的歌谣表明思念汉朝已经很久了。如今，算命先生王郎趁机冒名顶替汉室后代，驱集乌合之众，便拥有燕赵之地，而没有坚固的根据地。你可激发信都、和戎二郡的兵力讨伐王郎，一定能够胜他！现在放弃这个机会而返回长安，岂止是白白丢失了河北，还肯定会惊动三辅，损坏威名，不是好计策。"刘秀便停止了行动。任光发动附近各县，得到四千精兵，各部逐渐会合，达到数万人。转移到边郡，一同攻打邯郸，各郡县纷纷响应。耿弇以上谷、渔阳的军队进击平定郡县，在广阿与大司马刘秀会合。刘秀派部下寇恂、吴汉等为将军，攻打并占领邯郸，王郎逃走，寇恂、吴汉等追击斩杀。抄收王郎的文书，得到官吏、百姓与王郎串通毁谤他人的书信达数千件，刘秀没有察看就令将领们烧毁了，说："让那些因诬告检举而心中不安的人情绪稳定下来。"更始帝派使者立刘秀为萧王，命令罢兵。耿弇进言说："王郎虽然被打败，但是天下的战事才刚刚开始罢了。如今使者从西而来，命令罢兵，不能听从！像铜马、赤眉这样的义军有数十股，每股少则几千，多则几万，他们都所向无敌，明公您千万不能以为大功告成了，一旦失败就必定灭亡。百姓苦于王莽暴政，又想念刘氏王朝。现在更始做皇帝，将领们不听指挥，各自为政，贵族们放纵恣肆，掠夺不止，百姓离心，又思念王莽之朝。所以，更始朝必定要失败。您已经建立功名，以正义之师征伐各地，只要传布檄文就可以平定天下。天下是最重要的，您可以自己取得，不要让别人得到。"刘秀便以黄河以北还未平定为借口，没有同意更始帝的征召。自此时起，刘秀开始对更始帝产生二心。

当时，铜马、铁胫、尤来、大枪、上江、青犊、富平、获索等各路人马所统治的佃农，人数约一百余万，经常在当地劫掠财物。刘秀在鄡攻打铜马军，吴汉率幽州十郡的精锐骑兵前来会合，兵强马壮，铜马军粮食断绝，趁深夜逃跑，刘秀追击到馆陶，打败并降服了铜马军，封其主帅为列侯。但是萧王刘秀部将不信任投降兵士，投降兵士内心也不安稳，刘秀就命令投降兵士返回各自兵营集合，自己单人匹马巡视各营。那些投降兵士相互议论说："萧王如此诚心对待我们，怎么能不以死相报呢！"投降兵士对刘秀心悦诚服。刘秀将投降兵士分配给各将，兵力达数十万。挥师向南攻打河内，太守韩歆投降。向北攻打尤来、大枪、五幡于元氏，一直追击到北平，对方败退渔阳，所过之处，遭到抢掠。强弩将军陈俊说："敌军没有携带粮草辎重，应该派轻骑赶到敌军前面，让百姓各自坚壁清野，以断绝敌军的粮食来源，这样就可以不战而胜。"刘秀派陈俊实施他的计策，敌军无处找到粮食，便四散而走，被陈俊打败。吴汉率领耿弇、景丹等十三名将军追击尤来等，歼敌一万三千多人。敌军溃逃辽西、辽东，几乎被乌桓等少数民族抄掠一空。刘秀返回中山，将领们请求即帝位，萧王不听，耿纯、冯异极力劝说萧王遵从众人的意愿，以收人心。到达鄗（hào）地，恰巧遇上儒生强华从关中赶来向刘秀献《赤伏符》，说道："刘秀发兵捕不道，四夷云集龙斗野，四七之际火为主。"群臣于是再次请求刘秀，刘秀就在鄗地即皇帝位。

更始帝定都洛阳后，又从洛阳迁都到长安。当时的长安只有未央宫被毁坏，其余的宫室仓库官府都完好如初。更始居住在长乐宫，升前殿，大臣们按次序排列庭中，更始羞愧得低头刮席，不敢抬头看人。有后到的将领，更始竟问："带来多少抢到的东西？"左右侍立的大臣都是做官很久的，听到这话，吃惊地相互对望。更始娶赵萌的女儿为夫人，任命赵萌做大司马，将权力交给赵萌，自己在后庭日夜吃喝玩乐。群臣想向他奏报政事，竟醉得不能出来接见。赵萌专权放纵，郡中的厨子都滥竽充数地得到官爵。长安城中有一首歌谣说："灶下养，中郎将；烂羊胃，骑都尉；烂羊头，关内侯。"从此，关中人心背离，内外怨恨交加，思谋叛乱。赤眉、樊崇等趁机率兵攻打长安。由于他们认为自己名不正，言不顺，不能长久成功，便商议立一位汉朝宗室后代，挟义诛伐。在此之前，赤眉军抢到故式侯刘萌的儿子刘盆子，让他在军中放羊，年仅十五，披头散发，赤着双脚，破衣烂衫，此时，便被立为上将军。当他见到众人拜见时，害怕得直想哭。赤眉军到达弘农，更始派兵迎击，却被打得大败。赤眉军进入长安，更始逃到高陵，将相百官全部投降。更始派刘恭向赤眉军请求投降，赤眉军封他为长沙王。三辅人苦于赤眉军的暴虐，都可怜更始，打算偷偷救出他来，张卬（qióng）派谢禄去吊死了更始，刘恭夜间把他的尸体收藏起来。更始在位二年而死。光武帝中兴汉朝后，诏令邓禹将更始葬在霸陵，封为淮阳王。

光武帝刘秀

世祖光武皇帝，姓刘名秀，字文叔，景帝第十子长沙定王刘发的后代。刘发生下舂（chōng）陵节侯刘买，舂陵就是南阳白水乡。刘买的长子戴侯刘熊渠承袭爵位，刘买的小儿子刘外做郁林太守，生下钜鹿都尉刘回，刘回的儿子是南顿令刘钦，刘钦生刘秀，由于出现一株麦秆上长有九个麦穗的吉兆，所以给他取名叫刘秀。乙酉年（25）六月，刘秀在鄗城即皇帝位，大赦天下，改元为建武元年。

光武帝认为寇恂文武兼备，有治民御众的才能，任命他为河内太守。寇恂调集粮草，打造器械，供应军队，从未断绝。当时，朱鲔为更始守卫洛阳，光武帝派将选兵将洛阳包围了数月，他仍然坚守城池完好。光武帝鉴于廷尉岑彭曾经做过朱鲔的校尉，就派他去劝说朱鲔。朱鲔说："大司徒刘縯被害时，我曾经参与谋划，又劝说更始不要让萧王刘秀北伐，自己知道罪恶深重，所以不敢投降。"岑彭返回奏报，光武帝说："干大事业的人，不会计较小的怨恨。只要朱鲔投降，官爵都可以保住，哪谈得上诛罚之事呢！河水在此，我决不食言！"岑彭又转告朱鲔，朱鲔将自己五花大绑，到河的北边投降。光武帝为他松绑，拜为平狄将军，封扶沟侯。十月，光武帝进入洛阳，于是在此定都。将祖庙建在洛阳。

刘恭知道赤眉军一定要失败，暗中教刘盆子归还玺印绶带，练习辞让时如何说。到了举行正旦大会时，刘盆子下床解下玺印绶带，叩头说："现在虽设置县官，但是仍像以前一样被人看作强盗，引起四方怨恨，这都是由所立的人不恰当造成的，我希望退下来让开贤人升迁的路。如果一定要杀了我以推卸责任，就无法逃脱死路了。"接着便抽泣哭涕。樊崇等离开座席叩头说："都是我们不对，辜负了陛下，今后再也不敢胡作非为了。"于是一同抱着刘盆子，给他佩戴上玺印绶带。事情过后，将领们出来，各自闭营自守，于是三辅安定，都称赞刘盆子聪明，百姓争相返回长安，街市里都住满了。二十多天以后，又像以前那样出营抢掠。长安城中粮食断绝，赤眉军纵火杀掠，随后进入安定以北地区。

邓禹领兵到达长安，驻扎在昆阳池，拜谒高祖庙，收集十一位皇帝牌位，送到洛阳。赤眉军打算向西到上陇，被隗嚣打败。又遇上大雪，士兵多被冻死，于是又返回长安，发掘各陵墓，取出其中的宝物，污辱了吕后的尸体。邓禹攻击赤眉军，没有取胜，便出长安去云阳，赤眉军又进入长安。邓禹的威名一天天丧失，又缺乏粮食，几次交战都失利，光武帝就派偏将军冯异代替邓禹，召回邓禹。邓禹对自己受命无功而惭愧，要与冯异共同攻打赤眉军。冯异说："赤眉军实力还强，可以用恩惠诚心来劝诱，难以立刻用武力取胜。"邓禹不听劝告，急与赤眉军交战，又遭惨败，仅与二十四名骑兵逃回宜阳，冯异弃马奔往回溪，坚守营垒。冯异再次整顿队伍，与赤眉军约定时间会战。令壮士的穿戴与赤眉军相同，埋伏在路旁。天明时，赤眉军攻打冯异，冯异指挥士兵迎战，太阳西斜，赤眉军精疲力竭，恰在此时，冯异的伏兵突然出现，二军衣服相混，赤眉军惊慌溃败，冯异领兵追击，大败赤眉军。赤眉军余部向东逃往宜阳，光武帝亲率六军，严阵以待。赤眉军大为震惊，就派刘恭去求降，问道："刘盆子率领百万之众投降，陛下将如何对待他？"光武帝说："不杀死他。"刘盆子及丞相徐宣以下三十余人，赤裸上身投降，献出所得传国玺印绶带。堆积在宜阳城西的兵器盔甲，与熊耳山一样高。赤眉军还有十余万人，光武帝命令宜阳县衙的厨子分给他们饭吃。第二天，在洛水边举行盛大阅兵式，让刘盆子君臣列队观看。光武帝对樊崇等人说："该不后悔投降了吧？"徐宣叩头说："今天投降，就如同逃离虎口回到慈母身边，实在是又恐惧又高兴，不会怨恨的。"光武帝说："你就是所说的铁中稍有刚利，庸人中较为出色的那种人。"光武帝可怜刘盆子，让他做赵王的郎中，赐给樊崇等人洛阳田宅。以后樊崇、逢安因谋反被处死，徐宣、杨音死在家乡。刘恭为了给更始报仇，杀死谢禄，自己投案，光武帝赦免了他的罪，没有被处死。后来，刘恭被更始的儿子、寿光侯刘鲤杀死。刘盆子以后因病而双目失明，光武帝赐给他荥阳均输官地，使他靠税租生活，一直到死。

当初，光武帝讨伐王郎时，渔阳太守彭宠派出精锐骑兵协助大军转运粮食，保证了运输畅通，光武帝任命他为大将军，封列侯。等到光武帝追击铜马军到蓟城，彭宠居功自傲，愿望很高，光武帝虽接待了他，但没有满足他的愿望，从此便心怀不满。吴汉、王梁皆是彭宠所派，他们并列为三公，这对于彭宠来说，等于没有加官进爵，因而更加不快。到此时有诏书征召彭宠入朝，他的妻子及亲信部下都劝他不要应征，趁机发动军队叛乱。幽州牧朱浮写信斥责他说："过去辽东有头猪，生个猪仔是白头，认为是奇异现象准备献给朝廷。走到河东，看见许多猪都是白头，便惭愧地回去了。以你的功劳在朝廷上比较，就好像那头辽东的猪一样。如今你竟然愚蠢狂妄到把自己比作六国，岂不荒谬吗？"彭宠不听规劝，到蓟城攻打朱浮。彭宠又派使者劝诱耿况一起叛乱，耿况杀了使者。涿郡太守张丰叛乱，与彭宠联合，朱浮上疏求救。朱浮据守的城中粮食已经耗尽，恰巧赶上耿况派骑兵来援救，朱浮才得以脱身，蓟城被彭宠占据。彭宠自称燕王，攻占右北平、上谷数县，北连匈奴，南面与张步、富平、获索各路人马串通，声势大震。征虏将军祭遵等讨伐张丰，就地处斩。光武帝诏令建威大将军耿弇进军攻打彭宠，耿弇派儿子耿舒袭击匈奴，杀死匈奴两个王，彭宠退走。彭宠因斋戒而居住在便房，奴仆子密等三人趁他睡觉之际，一同将彭宠绑在床上，然后假托彭宠的命令，让外边的官吏回去休息。接着把奴婢也捆起来，又称彭宠的命令，将彭宠的妻子找来。彭妻进屋后，惊呼：“奴仆造反了！”奴仆击打她的脸。彭宠急忙喊道：“赶快给这几位将军置办行装！”两个奴仆带彭妻进内廷取财宝，装了两口袋。天黑后，解开彭宠的手，令他写封信，告诉城门校尉立刻打开城门。信写成之后，两奴仆砍下彭宠及其妻的头，骑马跑到都城。尚书韩立等人见彭宠被杀，便立彭宠的儿子彭午为王，国师韩利杀了彭午，投降祭遵。光武帝封子密为不义侯。燕地全部平定。

淮南李宪在王莽末年为庐江连帅，便占据庐江，称王四年，称帝三年，杨武将军马成将其击溃逃走，又被军士帛应杀死。

当初，梁王刘永背叛更始，派沛人周廷等攻下济阴、山阳、沛、楚、淮阳、汝南等地，又派使者拜西防佼僵为横行将军，东海的董宪为翼汉将军，琅琊的张步为辅汉将军，于是独霸东方。不久，在睢阳称帝。更始的将军苏茂投降刘永。张步驻扎在剧，派将攻打泰山、东莱、城阳、胶东、齐南、齐郡、北海，一一攻克。光武帝派遣虎牙大将军盖延攻占睢阳，刘永逃往保湖陵，遂平定了沛、楚、临淮等地。光武帝又派大中大夫伏隆持节出使青州、徐州，招降郡国，青、徐二州的各路人马听说刘永战败，人人恐慌，请求投降，守将张步献上鳆鱼，光武帝任命张步为东莱太守。刘永在保湖陵立董宪为海西王，张步为齐王。张步贪图王爵，降汉后又反叛而去，捕杀伏隆，接受刘永的封爵，占据了十二个州郡。刘永的将军庆吾砍下刘永的头投降。苏茂、周建又立刘永的儿子刘纡为梁王。光武帝派遣捕虏将军马武、骑都尉王霸在垂惠包围了刘纡、周建。此时吴汉、耿弇在平原大败高平、获索。光武帝诏令耿弇转战进讨张步。平敌将军庞萌，为人谦顺，光武帝很信任，也很喜欢，曾经说他可以托孤寄命，便派他与盖延一同攻打董宪。但诏书下给盖延却没有送到庞萌处，庞萌怀疑是盖延陷害自己，于是发动叛乱，袭击并打败了盖延的军队，随后与董宪联合，攻破彭城。光武帝大怒，亲率大军讨伐庞萌，在给将领们的信中说："我曾经把庞萌当成国家重臣，将军们该不会把那句话当作笑话吧。大家各自厉兵秣马，在睢阳会合！"董宪派苏茂、佼僵协助庞萌，包围桃城。其时，光武帝到达蒙城，亲率轻骑赶往桃城。在离桃城六十里处，让士兵休息，养精蓄锐，以挫败敌军锋芒。这时，大司马吴汉在东郡，光武帝派使者骑马前去召他助阵。庞萌等用全部兵力攻打桃城，城中军民听说光武帝已到来，信心更加坚定，二十余天仍未被攻占。庞萌部下感到疲劳困乏，吴汉等几路人马，先后赶到，光武帝便领兵参战，庞萌等败逃归顺董宪，光武帝从四面围攻董宪，佼僵投降，苏茂逃到张步处，董宪、庞萌逃到郯城。吴汉攻占郯城，董宪、庞萌又逃到朐地。吴汉攻下朐地，杀死董宪、庞萌。刘纡的军士高扈，杀死刘纡投降汉军。耿弇进军讨伐张步，攻下祝阿，杀死敌将费邑，攻下四十余城，于是挥军平定济南，攻破临淄。张步领兵二十多万攻打耿弇，耿弇步行作战，流箭射中大腿，便用佩刀砍去，旁边无人知道此事，遂大败张步。当时光武帝在鲁，听说耿弇被张步攻打，亲自前去救援。在他还没有赶到之际，强弩将军陈俊对耿弇说：“敌军兵力强大，可以暂且关闭营垒，让士兵休养，以等待皇上到来。”耿弇说：“圣驾将要到来，做为臣子的应当杀牛、斟酒款待百官，怎么能把贼寇留给君父去歼灭呢？”于是出兵大战，又大败敌军。耿弇知道张步已经精疲力尽，将要退走，就事先布置左右两翼埋伏下来，等待敌军。夜深人静时，张步果然领兵退走，伏兵发动攻击，追到巨洋昧水上，敌军尸横遍野，缴获辎重二千余辆。张步又返回剧地。光武帝到来，慰劳大军，又向剧地进发。耿弇继续追击张步，张步逃奔平寿，苏茂前去救援。光武帝派使者通告张步、苏茂，能够相互杀死对方来投降的将被封为列侯，张步便杀死苏茂来降。耿弇进占其城。此时余众还有十余万人，辎重七千余辆。光武帝令将余众全部遣送回原籍，封张步为安丘侯。后来张步逃奔临淮，打算逃往海上，被陈俊杀死。江淮、山东全部平定。耿弇降服五校余党，齐地全部平定。耿弇作为战将，平定了四十六郡，攻占三百座城池，未曾遭受挫折。

其时，有一卢芳，诈称是武帝曾孙，立为平西王，又称汉帝，建武十三年（37）逃入匈奴，三年之后来降，被封为代王。当时天下大部已经平定，只有陇蜀没有攻取。当初，隗嚣占据陇，即今天的陕西临洮、巩昌及甘肃等地；公孙述占据蜀，即今天的四川成都等地。另外，南郑人延岑起兵占据汉中，被汉中王嘉打败俘获数十万。不久，延岑反叛，汉中王嘉败逃。延岑占据汉中，侵扰顺阳，被邓禹击败，延岑逃奔公孙述。

这时，公孙述称帝，任命延岑为大司马，封汝宁王。隗嚣投降汉朝，光武帝给予优厚待遇。谈话时只称他的字季孟而不呼其名。隗嚣派马援到洛阳送信，以察看光武帝的动静。马援回来后盛赞光武帝的威德，隗嚣不信。早在更始时，平陵窦融占据河西，自称五郡大将军。五郡，指酒泉、张掖、金城、武威、敦煌，都属陕西行都司。窦融想归附汉朝但未能找到合适的人通消息，就随从隗嚣接受建武纪年，派长史刘钧等送信到洛阳，光武帝赐给玺印证书，授窦融为凉州牧。公孙述派田戎出江关，召集旧部，准备攻取荆州，没有成功。光武帝诏令隗嚣讨伐公孙述，隗嚣不从。光武帝又派遣耿弇等七将军从陇道伐蜀。同时派中郎将来歙向隗嚣宣讲御旨，隗嚣犹豫不决，来歙想刺杀他，隗嚣急忙起身躲避，指挥兵将杀来歙，来歙拄着符节靠近马车，然后驾车逃走，于是隗嚣反叛。汉将与隗嚣交战都遭惨败，各自领兵，退向东边。光武帝诏令耿弇驻扎漆地，冯异驻扎栒邑，祭遵驻扎于汧。当初，马援听说隗嚣对汉朝怀有二心，数次写信斥责，隗嚣非常生气。等到隗嚣反叛，马援上书请求进见光武帝，详细陈述消灭隗嚣的办法。光武帝将他召去，马援仔细讲出自己的计策，光武帝便派他率领五千精骑，往来游说，离间隗嚣友党。而隗嚣乘胜派王元、行巡率二万人下陇，进而向东，派行巡攻取栒邑。冯异率骑兵潜入栒邑，关闭城门，偃旗息鼓。行巡不知此事，仍骑马赶去。冯异乘其不意，突然竖旗、击鼓而出，行巡军队惊慌失措，混乱异常，冯异追击，大获胜利。祭遵也在汧地打败王元。于是北方各地的豪强，全都背叛隗嚣降汉。隗嚣向公孙述称臣，被立为朔宁王。来歙率二千余人，伐山开道。从回中突袭略阳，斩杀守将金梁。隗嚣大惊说：“怎么这样神呢！”光武帝听说攻取了略阳，非常高兴，各将争先奔向略阳，光武帝将他们全追了回来，说：“隗嚣丢失重要城池，一定来攻，旷日持久而城不能攻下，就有机可乘了。”隗嚣果然以全部精锐包围略阳，来歙固守其城，未被攻下。光武帝亲自率将征讨隗嚣，到达高平县城，窦融率五郡太守及羌人部落小月氏等与大军会合。光武帝大加赞扬，举行盛大宴会，以特殊礼仪款待。然后兵分数路入陇，进而向西。派王遵招降隗嚣部将牛邯，拜为大中大夫。隗嚣的十三位将军、十六个属县、十余万士卒全部投降。隗嚣带着妻、子逃奔西城。光武帝慰劳赏赐来歙，独自坐在诸将上面的专席上，赐给来歙的妻子一千匹细绢。光武帝进驻上鄞，诏告隗嚣说：“如果你自己束手投降，就可以父子相见，保证没有其他不测。”隗嚣终究不降，便杀死他的儿子隗恂，派吴汉、岑彭包围西城。封窦融为安丰侯，派遣他返回镇守之地。颍川出现强盗，光武帝返回宫中仅六天，就率将讨平了强盗。隗嚣又病又饿，愤怒而死，他的小儿子隗纯被立为王。来歙率冯异等五将军于天水讨伐隗纯，攻占落门，隗纯投降，王元逃往蜀地，陇右全部平定。

光武帝为讨伐公孙述，特派征南大将军岑彭攻打田戎等，没有取胜。又派吴汉调集荆州军队，共六万余人，五千匹马，会集荆门。岑彭装备数十艘战船，直冲浮桥，顺风并进，蜀军大乱。汉军长驱直入江关，传令不准掳掠，百姓非常高兴，争相开门归降。田戎逃奔江州，岑彭追击，因为江州城墙坚固，粮食充足，难以立刻攻取，便留下冯骏守卫，自己领兵乘胜直指垫江，攻破平曲，缴获大米数十万石。吴汉留在夷陵，装备战船继续前进。公孙述任命王元为将军，与将军环安拒守河池县。来歙等进攻并打败了王元、环安。蜀人非常害怕，选刺客刺杀来歙，来歙受重伤。来歙急召盖延前来，盖延悲哀不已。来歙叱骂盖延道："虎牙大将军，你怎么敢这样！如今我被刺客刺伤，无法报国，所以叫你来，想把军中之事嘱托给你，却反而学小孩、女人哭哭啼啼！"盖延停止哭泣，接受告诫。来歙亲自写信说："昨天夜深人静后，我被贼人刺伤，伤中要害。我不敢怜惜自己，实在是怨恨没有完成使命，成为朝廷的羞耻。治理国家以得到贤人为根本，大中大夫段襄是忠诚正直之人，可以任用，希望陛下明察！"然后扔下笔，抽出仍插在身上的那把刀而死。光武帝看完信流下泪，诏令扬武将军马成代替来歙，并亲自率军征讨公孙述。

当光武帝到达长安时，公孙述派延岑据守广汉，侯丹据守黄石。汉将岑彭派辅威将军臧宫从涪水上平曲，抵御延岑，岑彭自己分兵下还江都，沿都江而上，袭击侯丹，大败敌军。随后便日夜兼行二千余里，直取武阳。派精骑奔袭广都，离成都数十里，势同风雨，所到之处，敌军都逃奔溃散，蜀地震动。公孙述大惊，用杖敲击地面说："这是什么神仙呀！"延岑在沈水摆开大军，臧宫领兵突然赶到，挥兵进攻，延岑大败，王元投降。有人劝公孙述投降，公孙述说："兴亡，是命中注定的。哪有投降的天子呢！"他派人装扮成逃跑的奴仆，投降岑彭，趁夜晚刺死岑彭，吴汉统领岑彭的部队。冯骏攻占江都，俘获田戎。吴汉乘胜以步、骑二万人进逼成都，离城十余里，在江北扎营，制造浮桥，派副将刘尚领兵一万余人屯驻江南，相隔二十余里。光武帝听说这种布阵，大为吃惊，派人责备吴汉说："你轻敌深入，又与刘尚分别扎营，敌人出兵阻住你军，而以大军攻打刘尚，刘尚若被攻破，你就死无葬身之地了。应立即领兵回广都。"诏书传到，公孙述果然派谢丰、袁吉出兵攻打吴汉，派其他将军攻刘尚。吴汉便令士兵吃饱饭、喂好马，趁夜晚悄悄地与刘尚的部队会合。谢丰等没有察觉，仍领兵进攻江南的汉军阵地。吴汉以全部人马迎敌，大败敌军，杀死谢丰、袁吉，领兵返回广都。从此吴汉与公孙述战于广都、成都之间，八战八胜。公孙述处境危急，便拿出钱财招募五千余名亡命徒配备给延岑。延岑在市桥竖立许多旗帜假装挑战，暗中派奇兵出击吴汉后方，击败了吴汉。吴汉落入水中，靠拉着马尾巴才得以出水。吴汉准备逃跑，被蜀郡太守张堪劝阻。臧宫攻克绵竹，攻破涪城、繁郫，与吴汉在成都会师。公孙述亲自率军攻打吴汉，派延岑抵御臧宫。两军展开激战，从清晨直到中午，军士疲乏，延岑三战三胜。吴汉便派护军高午、唐邯率精兵攻击敌军，公孙述军大乱。高午刺穿公孙述胸部，公孙述身边的人用马车将他送入城中，当夜即死。第二天清晨，延岑举城投降，蜀地全部平定。光武帝诏令窦融与五郡太守入朝，拜为冀州牧。受到的赏赐恩宠，轰动京师。后窦融七十八岁时死去，谥号为戴侯。到此时，天下又重新统一了。

吴汉从蜀整顿队伍返回京师。光武帝大封功臣，邓禹等三百六十五人被封为列侯，已经受封的增加食邑，死去的则封其子孙。邓禹有十三个儿子，让他们各学一门手艺，修整门庭，教养子孙，都可以令后世效法。光武帝崇文抑武，罢免功臣的官职，皆以列侯的身份住在高门大宅中，享受富贵荣华，不理政事，好使他们不会因为职事之过而失去爵邑。光武帝创设太学，亲自巡视，效法古代大典，修明礼乐，使当时的文化教育呈现出欣欣向荣的景象。

严光，本姓庄，字子陵。年轻时与刘秀同学，关系很好。等到光武帝即位，严光便改名换姓，躲藏起来。光武帝思念他的贤德，下令寻找察访。后来齐国报告说，有一个男子身披羊皮袍在湖泽中钓鱼。光武帝猜测他就是严光，就准备好大红彩车，派使臣去聘请，一共请了三次，才到京师。当天，光武帝前往严光住所，严光卧床不起，光武帝靠近严光躺着的地方，拍着严光的肚子说："咳，子陵，你难道不帮助我吗？"严光则睁开眼仔细看着光武帝说："古代的唐尧以德著称，而巢父听了他的话却要用清水洗耳，人各有志，何必相逼呢？"光武帝说："子陵，我终究不能请你出仕吗？"于是叹息着上车离去。随后又召严光入宫，谈论故旧，相处数日。二人同榻而卧，严光还随便地把脚放在光武帝的肚子上。第二天，太史奏报，有客星侵犯御座，非常急迫。光武帝笑着说："不过是我与老朋友庄子陵共卧一处罢了。"便下令任命严光为谏议大夫，严光执意不肯，跑到富春山种田去了，后在家中死去。

光武帝前往南顿，赐吏民南顿田租一年，吏民坚持请求十年，光武帝又增加一年。光武帝去章陵，将白水乡改为章陵县，修建园庙，祭旧宅，观田庐，摆酒作乐，赏赐老朋友。光武帝家族中上了年纪的女人们喝得高兴，互相谈论说："文叔年轻时候严谨诚实，不与人交际，正直柔和。今天竟然能够这样。"光武帝大笑着说："我治理天下，也要实行柔和之道。"

光武帝的妹妹湖阳公主嫁给邓晨为妻，刚刚守寡。光武帝与她一起谈论群臣，暗中观察她的意思。谈到宋弘，湖阳公主说："宋公相貌威武，品德高尚，群臣都比不上他。"后来宋弘被召见，光武帝让公主躲在屏风后边，便对宋弘说："谚语讲，尊贵了就要改换朋友，富裕了就会更换妻子，这是人之常情吗？"宋弘说："我听说贫贱时的交情不能忘记，穷困时共患难的妻子不能休弃。"光武帝事后对湖阳公主说："看来事情不顺利了。"湖阳公主的家奴仗势在光天化日之下杀人，由于他藏在公主府中，地方官抓不住他。等到公主出行时由这个家奴驾车，洛阳令董宣在夏门亭拦住马车，叩马用刀画地，大声数说公主的过错，喝叱家奴下车，将他当场杀死。公主进宫向光武帝告状，光武帝大怒，召董宣，打算用鞭子抽死他。董宣叩头说："希望让我把话说完再死。"光武帝说："你想说什么？"董宣说："陛下以圣德中兴汉室，却放纵家奴杀人，将如何治理天下呢？我不用鞭打，请让自己去死。"当即以头撞柱，血流满面。光武帝令小黄门抓住董宣，让他向公主叩头赔礼，董宣不从，强迫他叩头，他便用两手撑地，始终不肯俯下身子。公主说："文叔是平民百姓时，逃跑躲藏，官吏不敢到门前。如今当了天子，威严不能行使到一个官吏身上吗？"光武帝笑着说："天子不同于平民百姓。"于是令人强迫董宣出官，赐钱三十万。董宣把这些钱全部分给属吏，从此他更加不遗余力地打击豪强，京师内外贪官污吏无不胆战心惊。

光武帝想封阳贵人的哥哥阳兴为列侯，阳兴坚持辞谢不受。阳贵人问他是什么原因，阳兴说："皇帝后妃家族常被不知谦恭退让所苦，富贵终有极限，人应当知道满足。"阳贵人为之感动，从此便极其谦恭退让，光武帝非常高兴。

光武帝令全国各州郡查核垦田户口，而刺史太守大多行奸取巧，对豪门大户优待以肥田沃土，而对贫弱无依的农民的土地则侵夺削减。当时，各郡都派使者奏事，光武帝看见陈留官吏的奏章上有一行字，写的是："颍川、弘农可以查问，河南、南阳不可查问。"光武帝追问是什么原因，上奏的官吏不肯承认，推托说这句话是在长寿街听到的，光武帝很生气。恰在这时，十二岁的皇子、东海公刘阳在幕帐后边说："官吏受郡牧之令，想与垦田相比。"光武帝说："即使如此，为什么说河南南阳不可查问？"回答道："河南是帝城，许多人是皇上的近臣；南阳是帝乡，许多人是皇上的近亲。这些地方的田宅都超越了规定，不能作为标准。"光武帝命令虎贲将责问上奏官吏，才予承认，回答的与东海公一样。光武帝因此更加喜欢刘阳，认为他与众不同。光武帝便派谒者考查核实官位在二千石的贪赃枉法、以权谋私官员。

光武帝打算立东海公刘阳为太子而未宣布。正赶上郭皇后因失宠而常怀怨恨情绪，光武帝很生气，就废掉郭皇后，立阳贵人为皇后。郭皇后已被废，太子刘彊心中不安，便辞太子位。光武帝废太子刘彊为东海王，而立东海公刘阳为太子，改名庄。光武帝认为刘彊去留有礼，就把鲁地增加给东海，食邑为二十九个县，赐虎贲旗帜，设钟磬（qīng）之乐，乘坐的车与皇帝相仿。光武帝任命郭皇后的弟弟郭况为大鸿胪，数次亲临他家，赏赐他的金帛十分丰盛，京师称郭家为“金穴”。后来，郭皇后及前太子刘彊都是善终。

当时天下太平，交趾女子徵则、徵贰反叛，光武帝任命马援为伏波将军，讨伐平息了这次叛乱。光武帝每天清晨视朝，日落才归。多次与公卿郎将在一起研究儒家经典，讨论义理，直到深夜才休息。光武帝总揽朝政，审时度（duó）势，不大兴土木及过分的事，让百姓休养生息。又因担心军队远征，推辞了西域请求派遣都护的要求，致力于太平稳定，致使匈奴畏服，没有战争发生。光武帝中兴汉朝的功绩，可与古代的少康相媲美。在位三十三年去世，享年六十二岁。由于光武帝把都城定在长安东边的洛阳，所以称为东汉。

汉明帝

东汉光武帝死后，太子刘庄即位，这就是明帝。明帝立马援的女儿、贵人马氏为皇后。马皇后喜爱读书，崇尚谦让肃静，是汉朝贤淑的皇后。明帝驾临辟雍，行大射礼，又行养老礼，任命李躬为三老，桓荣为五更。仪式完毕，领桓荣及弟子升堂，诸儒在前面手持经书提问，明帝亲自解答辩论，围绕桥门观看倾听的豪绅官吏，数以万计。明帝到孔子家宅，亲临讲堂，命皇太子及诸王讲解儒家经典，匈奴也派子弟入学。明帝听说西域有位神，名为佛，就派使者前往天竺（zhú），访求佛道，得到佛书，和尚也随同来到中国，王公贵人中只有明帝的弟弟、楚王刘英最先喜好上佛教。刘英是光武帝的第六个儿子，后来因谋反而自杀，追究党羽，多达数千人。

耿秉屡次请求攻打匈奴，光武帝接受了他的请求，即派遣耿秉与窦固等分路出击。讨伐匈奴过程中，唯独窦固有功。窦固派假司马班超与从事郭恂一同出使西域。班超行至鄯善，鄯善王广招待班超非常恭敬有礼，后来突然就疏远怠慢了。班超对部下说："这一定是有北虏的使者到来。聪明人在事情未发生之前就应觉察出来，何况现在已十分明显了！"于是就会集手下三十六人，说："不入虎穴，怎得虎子！"便趁黑夜用火攻匈奴使者营地，杀死使者及三十余名随从，其余一百余人全部被烧死。第二天返回驻地，召来鄯善王广，把匈奴使者的首级拿给他看，上下震惊恐惧。鄯善王广叩首谢罪，表示愿意归属汉朝，绝无二心。于是将自己的儿子送入汉朝作为人质。班超回报窦固，窦固大喜，将班超的功劳详细上奏。明帝任命班超为军司马，并令通报前功。窦固又派班超出使于阗（tián）国，于阗国王广德降服，西域各国都派王子入朝侍奉。自此西域与汉朝断绝关系六十五年后又恢复了往来。窦固、耿秉出击西域未曾归附的小国，平定车师，又奏请设置西域都尉及戊己校尉。

益州刺史朱黼（fú），宣示汉朝威德，安抚偏远的夷人，自汶山以西的白狼、盘木等一百多个小国，以前从没有人进入其地，不使用汉朝纪年，这时全部俯首称臣奉贡。白狼王唐菆（chù）作诗三章，歌颂汉帝恩德，并请人翻译成汉文献给明帝。

明帝遵行光武帝的制度，未作变更，后妃家族仍不准封侯及参与朝政。馆陶公主为儿子求郎官，明帝不许，而赐给十万钱。明帝对群臣说：“郎官与上天的星宿相应，治理方圆百里的辖地，如果选人不当，则百姓就要遭受祸患，怎么能够不加选择地乱加任用？”所以明帝时期选用官吏得当，百姓安居乐业，远近畏法服顺，人口迅速增加。明帝在位十八年去世，太子刘炟（dá）即位，这就是章帝。

汉和帝

章帝继明帝为政苛刻之后，代之以宽大。对太后侍奉周到，竭尽孝心。减轻徭役，削减赋税，让百姓休养生息。以忠恕为根本，辅以礼乐。人们称他是慈祥长者、东汉的贤明君主，不也是恰当的吗？然而因为窦皇后的诬陷而废黜太子；知道窦皇后哥哥窦宪的恶行却不能惩治。章帝的不足近似于优柔寡断。章帝在位十三年去世，太子刘肇即位，这就是和帝。

和帝年仅十岁，由窦太后临朝，窦宪当权主事。都乡侯刘畅是齐武王刘縯的孙子，他来京师悼念章帝，窦太后数次召见他。窦宪害怕刘畅分夺自己在宫廷的权力，派人刺杀了刘畅，却将罪名归于刘畅的弟弟刘刚。尚书韩棱认为凶手在京师，不应舍近求远。何敞请求独立追查此案，终于全部查清了此案的真相。窦太后听到奏报，非常愤怒，窦宪害怕被处死，便请求去攻打北匈奴借以赎罪。当时匈奴因饥荒而发生动乱，窦太后答允了窦宪的要求。窦宪将要出发时，公卿大臣到朝堂上书进谏，认为匈奴没有侵犯边塞，无故劳累军队远征，耗费国力，不是利国之策。袁安、任隗摘冠力争，前后共上十次奏章，众人都心惊胆颤，而袁安、任隗却神色泰然自若。窦太后最终还是听从窦宪的话，派遣窦宪、耿秉率一万多精锐骑兵，与北单于在稽落山交战，大败敌军，投降的前后有八十一部，共二十余万人。窦宪、耿秉出塞三千余里，登上燕然山，命中护军班固刻石记功，记载汉朝威德，然后返回。由于北匈奴势力微弱，窦宪便打算将其消灭，派耿夔（kuí）、任尚在金微山包围并大败敌军，出塞五千余里返回，自汉朝出师西域以来从未到达过这么远的地方。窦宪立下大功，威名更盛，父子兄弟充满朝廷，独揽大权，阴谋篡位。和帝知道朝臣们全都依附窦宪，只有中常侍郑众为人谨慎聪敏，有心机，于是就与郑众商定计策，准备杀死窦宪。基于窦太后的原因，和帝不想公开处死窦宪，就逼迫命令他自杀。班固因为是窦宪的门客，也被逮捕，死在狱中。班固曾经著《汉书》，还没有完成，诏令班固的妹妹、曹寿的妻子班昭继续完成它，她就是人们所说的曹大家。

当初梁贵人受到窦皇后诬陷，被废黜而死。由于宫廷行事隐秘，无人知道和帝是梁贵人所生。等到窦太后死后，舞阳公主的儿子梁扈将真实情况报告三府太尉张酺，张酺向和帝说明真相，和帝感伤了很长时间。正赶上梁贵人的姐姐上书诉讼，才知道梁贵人冤死的实情。三公请求贬窦太后尊号，不宜与先帝合葬。和帝亲写诏书说："窦氏虽然不遵行法度，但是太后常常自我约束。我即位十年来，深深理解了大义：礼，就是臣子没有贬斥尊上的道理，不能忘恩，不能负义。不要再谈论此事了！"于是追尊亲生母亲梁贵人为皇太后，封梁太后父亲梁竦的三个儿子为侯，梁竦孙子梁商的二个女儿都成为皇后，梁氏从此兴盛起来。立邓禹的孙女邓贵人为皇后。邓皇后性格孝顺友善，喜欢读书。被选入宫做贵人时，谦恭谨慎，举止皆有法度，即使对宫人吏役，都很爱护。和帝非常喜欢她。等到她成为皇后，仍能节俭谦逊，和帝每次想要给邓氏封官加爵，皇后就哀请退让，所以皇后的哥哥邓骘（zhì）在和帝时期只不过是个中郎将。

和帝幼年即位，十四岁就能够诛锄窦宪，从此大权在手，不失威严，尊崇儒家学说，兄弟和睦，礼贤下士，能够采纳好的建议，四周的少数民族不来侵扰，国泰民安。与章帝相比，有过之而无不及。在位十七年。

汉安帝

和帝的大儿子刘胜患有难以治愈的疾病，小儿子刘隆才出生一百多天，被迎立为太子。和帝死后，刘隆即位，这就是殇（shāng）帝。邓太后临朝，殇帝在位一年而死。邓太后迎立清河王刘庆的儿子刘祜即位，这就是安帝。邓太后仍旧临朝。夏天大旱，邓太后亲自察验囚徒档案平反冤狱。洛阳有个囚犯，并没有杀人，却被拷打成招，因为身体虚弱疲惫，被抬去见邓太后，由于害怕官吏报复，不敢讲出实情。将要离开时，他抬起头好像想说话，邓太后便叫回他，询查情况，他就把被冤枉的实情全部讲了出来，邓太后立即令人逮捕洛阳令，让其抵罪。太后还没有回到宫中，天上就下起大雨。阎贵人被立为皇后。皇太后邓氏死后，安帝开始亲政。安帝小时候很聪明，所以邓太后立他为帝。到他长大成人，经常表现出品德不佳，逐渐不如太后的意，所以太后迟迟不把政权还给他。

这时，中常侍樊丰、刘安、陈达以及安帝奶妈王圣、王圣的女儿伯荣，煽动内外，争相做出奢侈残暴的事情；伯荣出入宫廷，通奸传贿。司徒杨震上疏恳切劝谏，安帝不听。封王圣为野王君，废太子刘保为济阴王。安帝南巡时在叶去世，在位十九年。

汉顺帝

阎皇后与阎显等人商议，济阴王刘保还在京内，担心公卿立他为帝，就假称安帝病重，驾驭皇帝的卧车飞速赶回，四天后到达洛阳，才发布安帝已死的消息。阎皇后临朝，想长久把持国政，便贪心地立一位幼年皇帝。经与阎显等在宫中密谋，迎来济北惠王的儿子、北乡侯刘懿（yí）即皇帝位。济阴王刘保因为被废黜而不能上殿亲临安帝的灵柩，悲痛哭号得吃不下饭。内外群僚没有不为他伤心的。北乡侯刘懿即位几个月后就死了，中常侍孙程、王康等十九个人在德阳殿合谋，迎原太子济阴王刘保即皇帝位，这就是顺帝。顺帝当时十二岁，将阎显逮捕入狱处死，把太后迁到离宫。将孙程等人全部封为列侯，这就是十九侯。顺帝在东宫朝见太后。太后阎氏死。顺帝生母李氏葬在洛阳城北，顺帝当初不知；直到此时，身边的人才以实情相告，顺帝感伤不止，发布哀讯，又亲自到洛阳城北，更换礼殡，改葬恭陵之北。顺帝征召隐士樊英、杨厚等，而天下人都想望他们的风采。另外，李固、黄琼相继任用；虞诩、左雄直言时势。因梁商贤明，梁商的女儿、贵人梁氏也品德贤淑，便被立为皇后，梁商死后，子梁冀专权。顺帝感激十九侯立自己为帝，却任凭宦官弄权，虽然不是严重的失德，但是汉朝的基业实在是从此衰落了。

顺帝派杜乔、张纲等分别巡行州郡，表彰贤良，铲除贪官污吏。杜乔等人受命各自前往目的地，唯独张纲在洛阳都亭埋住车轮，说：“豺狼当道，怎能问狐狸！”于是上奏弹劾大将军梁冀及梁冀的弟弟、河南尹梁不疑目中无君等十五罪状，京师震惊。顺帝虽然知道张纲奏言正确却不采纳。梁冀怨恨张纲，想方设法予以陷害。这时，广陵人张婴在扬州、徐州之间起事长达十余年，二千石的官都不能制服，梁冀便让张纲做广陵太守。以前的二千石官大多请求派兵保护，唯独张纲只坐一辆车去上任。到广陵后，直奔张婴的营门。张婴大惊，急忙关上营门。张纲在营门外，令属吏士兵停止进攻而回，只留下十余个信任的人，把一封信送给张婴，请求与他相见。张婴见张纲非常诚心，便出来拜见，邀请张纲坐上座。张纲对张婴说：“前后来此的二千石官，大多放纵贪暴，所以引起你们的愤怒，便聚集起事，那些二千石官确实有罪！然而你们的所作所为又是不义的。现在皇上仁爱圣明，想以恩德降服你们，所以派我前来。如今实在是你们转祸为福的好时机！”张婴听完，流着泪说：“我们这些荒凉偏远地区的愚民，不能与朝廷相通，忍受不了贪官的侵害，就聚集起来苟且偷生，好像是鱼游在锅里，知道不能长久。现在听到您的一席话，就是我们再生之时。”便告辞回营。第二天，张婴率领部下一万余人归顺投降。张纲独自驾车进入营垒，摆酒庆贺，遣散张婴的部众，各回乡里，南州安定。论功，张纲应当受封，但是梁冀从中刁难阻止。张纲上任一年而死。张婴等五百余人为他制服行丧，送到犍为，堆土成坟而去。

宦官外戚交替干政

顺帝在位十九年去世，太子刘炳即位。这就是冲帝。冲帝年仅二岁，梁太后临朝。冲帝在位一年而死。当时，清河王刘蒜、渤海孝王的儿子刘缵，都是章帝曾孙。刘蒜为人严谨稳重，举止有法度，得到公卿的仰慕，而刘缵只有八岁。李固对梁冀说：“立皇帝应选年长有德，可以亲自处理政事的人，希望将军仔细权衡此事！”梁冀没有听李固的话，与梁太后在宫中商定，迎刘缵入南宫，即皇帝位，这就是质帝。梁太后将朝政交给宰辅，李固所提建议，梁太后大多听从。将为恶的黄门宦官一律斥散，一时间政治清明，众望所归，而梁冀则对李固异常忌恨。

质帝年少而聪慧，曾经趁朝会时，看着梁冀说：“这是个飞扬跋扈的将军！”梁冀因此对质帝十分痛恨，令手下人在煮饼里投毒后进奉。质帝吃后烦闷异常，召来李固。李固上前询问病因，质帝说："吃过煮饼后肚中憋闷，喝些水觉得好点。"梁冀说："恐怕会吐，不能喝水。"话音未落，质帝就死了，在位一年。李固伏地号哭。追查质帝死因，梁冀等把罪过推给侍医。当商议立嗣时，李固与杜乔想立清河王刘蒜。梁冀游说太后，罢免李固，迎章帝曾孙、蠡（lí）吾侯刘志入南宫即位，这就是桓帝，时年十五岁，太后仍临朝听政。立太后的妹妹梁氏为皇后。京师地震，杜乔因灾异被罢免。这时，清河刘文等人图谋立清河王刘蒜为帝，事情败露，刘蒜被贬爵发配桂阳自杀。梁冀极力诬陷李固、杜乔与刘文等人串通，要治其罪，太后向来了解杜乔的忠诚，没有允许。梁冀便将李固逮捕下狱，李固最后死在狱中。梁冀派人威胁杜乔说："早些自杀，你的妻子儿女还能够保全。"杜乔不肯，于是将他逮捕关押，也死在狱中。

桓帝和平元年（150）正月，太后把政事交给桓帝。二月，太后死。到永寿二年（156）七月，皇后梁氏死。八月，大将军梁冀被处死。梁冀一家，前后共出了七位侯、三位皇后，六位贵人、两位大将军，夫人、女子食邑并称君的就有七位，娶公主为妻的有三人，其余做过九卿、中郎将、河南和京兆尹、各级校尉的人有五十七位。梁冀独揽大权二十年，天子拱手相让，不能参与朝政。桓帝对此心中不满。梁冀又派刺客杀死议郎邴（bǐng）尊，并要杀死邴尊妻子的母亲宣。由于宣的女儿猛在宫中为贵人，所以宣急忙将此事告诉桓帝，桓帝大怒，叫来中常侍单超、徐璜、黄门令具瑗、小黄门左倌、唐衡，定计杀死梁冀。具瑗等请求派给一千余名武士，包围梁冀住宅，收回梁冀的大将军印绶，梁冀与妻子孙寿畏罪自杀，将梁氏、孙氏家族全部逮捕，无论老幼一律处死，罢免其门客部下共三百余人。百姓无不称快。没收梁冀的财产，合计三十多亿钱，充作王府的费用，减免天下租税的一半，发散其园林，以使穷苦百姓赖以生存。封单超、徐璜等五人为列侯。时称五侯。

梁冀刚被处死，任用黄琼、陈蕃。黄琼又推荐范滂，陈蕃推荐徐稚、姜肱等，而海内开始走向太平安定。立贵人窦氏为皇后，即窦融玄孙窦武的女儿。当时太学诸生达三万人，郭泰与颍川人贾彪是他们中的佼佼者，与李膺、陈蕃、王畅等人互相推崇敬重。于是朝廷内外追随他们的学风，以得到他们的赞扬为荣。自公卿以下，都害怕他们议论褒贬，诚惶诚恐地登门拜望。河南人张成善于凭借四面八方的风来占卜吉凶，推占的结果是无论自己犯什么罪都能得到赦免，便教唆儿子无故杀人。司隶李膺督促逮捕张成的儿子，不久便遇宽大获释；李膺心中更加愤怒，竟然审问处死了张子。张成平素以占卜术交结宦官，桓帝也很相信占卜术；宦官教张成的弟子牢修控告李膺等私养太学游士，交结各郡生徒，互相往来串通，拉帮结党，诽谤朝廷，败坏风俗。于是桓帝震怒，下令郡国逮捕党人，并通告全国，使天下人一起谴责声讨。案子送到三府，太尉陈蕃反驳说："现在被治罪的人，都是天下知名的忧国忠心之臣。这么做就好像十代后才能宽恕他们，哪有罪名不明就被逮捕之理呢？"不肯签署。桓帝更加生气，于是将李膺等关押在黄门北寺狱。供词连及的有杜密、陈翔、陈实、范滂等二百余人。有的逃跑了，未被抓到，就悬赏捉拿，使者四出搜寻。陈实说："我不去监狱，众人就没有依靠。”毅然进京，请求入狱。当范滂自动到了监狱时，狱官说：“凡是进了监狱的罪犯，都应当祭祀皋陶（gāo yáo）。”范滂说：“皋陶是古代的正直大臣。如果他知道我无罪，就会在天帝面前替我申诉冤屈；如果我有罪，祭祀他有什么用处呢？”陈蕃上书极力劝谏，桓帝忌讳他言辞激切，便以他推荐的人品质不佳为借口，将他罢免。陈蕃被罢免后，朝廷震惊，无人敢再为党人辩解。贾彪说：“我不西行，大祸就不能消除。”便进入洛阳，劝说窦武、霍谞（xū）等人，请他们替党人申冤。窦武上书极力劝谏，霍谞为他们陈情，桓帝怒意稍微缓解，派中常侍王甫到狱中审讯范滂等。范滂等人的头、手、脚都戴着械具，头上蒙着东西，在台阶下暴晒。王甫按次序辩问道：“你们互相提拔举荐，如同重叠相连的唇齿，是什么意图？”范滂说：“孔子有句话是：‘看见善人就好像没有到达目的地时那样急忙追赶，看见坏人就好像把手伸进热汤时那样赶紧离开。’我想让善人与善人在一起保持纯洁，坏人与坏人在一起作恶，讲愿意听到的仁政，从没有想过拉帮结党。古人修身，能够为自己求到幸福，现代人修身，却遭到陷害杀戮。我被杀死后，希望埋葬在首阳山旁，对上不辜负皇天，对下不辜负古代的伯夷、叔齐。”王甫十分怜悯同情，连脸色也变得极为悲凄。他走下台阶，解开他们的械具。李膺等又列举了许多宦官子弟是同党，宦官害怕了，就请求桓帝以天时不正，应当大赦天下囚犯。于是将各地二百多名党人全部释放，遣送回乡。又把他们的名字记录在三府，一辈子不准做官。

桓帝在位二十一年去世，没有子女。窦皇后与窦武商议寻找汉朝宗室中的一位贤人为帝，侍御史刘儵（chóu）推荐章帝玄孙渎亭侯刘苌（cháng）的儿子刘宏。窦武告诉窦皇后，便迎立刘宏即位，这就是灵帝，时年十二岁，窦太后临朝。当初，窦太后被立为皇后之事，得到陈蕃的有力支持。现在临朝理政，便无论政事大小，全部交给陈蕃处理。陈蕃与窦武同心协力，辅助王室。征求天下名士，李膺、杜密、尹勋、刘瑜等都在朝为官。天下人无不伸长脖子盼望过太平安定的生活。而中常侍曹节、王甫等，串通一气，奉承太后，得到太后信任，而陈蕃、窦武对他们却非常厌恶。这时正赶上出现日食，陈蕃对窦武说："以前萧望之只有一个石显跟他作对，就被逼得自杀了，何况现在有了几十个石显那样的宦官呢？可以趁着出现日食的机会，罢斥宦官，以阻止天灾降临。"窦武便告诉太后，请求处死曹节等，太后犹豫不决，下不了狠心。曹节召来尚书，逼迫他制作诏书，任命王甫为黄门令，手持符节逮捕窦武等。陈蕃听到这一变故，率领属下诸生八十余人一起拔刀冲入尚书门，振臂高呼道："大将军窦武忠诚卫国，黄门宦官谋反，怎么能说窦氏大逆无道呢！"王甫派剑士抓住陈蕃，送往北寺狱，当日就把他杀死。这时，张奂征讨匈奴刚刚返回京师，曹节等认为张奂新到，不知内情，就假传御旨，派张奂率五营士兵攻打窦武。王甫领一千余人出北宫南门，与张奂会合，围攻窦武，窦武自杀。随后将窦太后迁往南宫。张奂升任大司农，封侯爵。张奂觉得自己被曹节等出卖，深以为耻，坚辞不受。于是一群小人得志，正直的士大夫们都受到压抑。宦官深深憎恨李膺等，又重申禁止党人的活动。侯览尤其怨恨张俭，诏令逮捕张俭，以及李膺、杜密、朱寓、荀昱、翟超、刘儒、范滂等，由各州郡治罪。

当时灵帝才十四岁，他问曹节等人："为什么把他们称为钩党？"曹节回答："钩党，就是党人。"灵帝问："党人有什么罪，非要处死他们？"曹节回答："他们图谋不轨。"灵帝问："不轨是要干什么？"曹节回答："要谋夺江山。"灵帝才批准曹节等的奏报。有人对李膺说："你可以跑走了！"李膺回答："为皇上效力就不躲避灾难，有罪就不逃脱惩罚，这是做大臣的气节。我已经六十岁了，死生有天命，逃还能逃到哪儿呢？"他自己进入监狱，最终死去。汝南督邮吴导接到命令去逮捕范滂，到了征羌县，抱着诏书关上驿舍的门，就倒在床上哭泣，全县的人不知道该怎么办才好。范滂听到说："这一定是为了我。"即去投案。县令郭揖大惊，解下官印绶带，情愿领着范滂一起逃走。他对范滂说："天下这么大，您何必到这儿自投罗网？"范滂说："我死了，朝廷就可以放过党人，怎么敢连累您，又让老母亲流离失所呢？"他的母亲来与他诀别，说："你现在与李膺、杜密同样出名，即使死了又有什么遗憾！既要有美名，又想长寿，两者能够兼得吗？"范滂跪着接受母亲的教训，然后再拜而去。共有一百多位党人被杀，妻子儿女发配边远地区。天下豪杰及儒学有深行大义的人，宦官一律指控为党人，又有六七百人或者被杀，或者被发配，或者被定为终身不得做官。郭泰听到死了这么多贤人志士，暗地里为他们悲伤痛哭地说："《诗经》中讲：'贤人都说要奔逃，那么国家就将衰落覆灭。'汉朝的天下将要灭亡啦！只是不知道，看鸟所降落的地方，到底是谁家的屋子罢了！"郭泰虽然喜欢褒贬人物，但从不讲激烈的话，所以能够身处浊世而没有遭受怨恨报复。张俭逃命时，望见大门就投宿，所到之处都敬重他的名望，无不甘冒危险保护他，留他住宿。夏馥听到此事，叹道：“自己作孽，白白玷污了善良的人，一人逃命，连累到万家，活着是为了什么？”于是就自己剪掉胡须，改变相貌，进入林虑山，隐瞒姓名，到一户炼铁人家帮工，无人知晓。党禁还没有解除，他就死了。到了党禁解除，张俭仍回家乡。当初，申屠蟠（pán）见范滂等人非难攻击朝政，叹道：“在战国时期，隐居的士人纵论是非，甚至各国的国王为他们拿着扫帚在前面开路，但是最终出现了焚书坑儒的灾祸。”于是他隐身在梁、砀之间，凭借大树搭成房屋，和佣人一样。二年后，范滂等果然遭受党锢（gù）之祸，只有申屠蟠安然无事。当初，中常侍张让的父亲死了，送回家乡颍川埋葬，虽然全郡都到他家吊唁，但是当地的名士没有一人前去，张让把这件事当成耻辱，只有陈实前往吊唁。等到诛杀党人时，张让念及陈实当初吊唁父亲之事，就多方保全他，使他得到宽恕。

灵帝立贵人何氏为皇后。何皇后本是南阳屠户的女儿，由于貌美选入宫中，生下皇子刘辨，所以被立为皇后，征召她的哥哥何进为侍中。后来王美人又生下皇子刘协，何皇后毒死了王美人。灵帝很生气，打算废黜何皇后，宦官极力求情，才未被废黜。开西邸卖官，二千石官卖二千万钱，四百石官卖四百万钱，县令则根据县分的大小而定出价钱的贵贱。又令身边的人卖公卿，公为一千万钱，卿为五百万钱。

黄巾军起义

当时，有青蛇出现在皇帝的御座上；侍中等的母鸡变成了公鸡；又有黑气坠落在皇帝居住的温德殿庭院中形状像龙，长十余丈；青虹显现在玉堂后殿的庭中。钜鹿人张角信奉黄老之术，传教治病，人们都尊他为神，徒众达数十万。设置三十六方，各立统帅，传言“苍天已死，黄天当立，岁在甲子，天下大吉”。以中常侍封谞、徐奉为内应，约定在三月五日宫廷内外同时起事。张角的弟子唐周上书告发了此事，诏令逮捕张角等。张角命令各方一同起事。全部头裹黄巾作为标志。十多天的时间，天下响应，京师震动。灵帝召集群臣会议，北地太守皇甫嵩认为应该解除党禁，中常侍吕强也说：“党锢案的积累，造成人情怨愤。如果不赦免被押党人，其他的党人转而为张角出谋划策，就会使变乱越来越大。”灵帝心中害怕，就赦免天下党人。张让诬陷吕强与党人同议朝廷，多次读《霍光传》，吕强自杀。灵帝派遣中郎将卢植讨伐张角，皇甫嵩、朱儁（jùn）讨伐颍川的黄巾军，被黄巾军打败，正赶上骑尉曹操领兵到来，皇甫嵩、曹操与朱儁合军，再与黄巾军交战，黄巾军失利。当时，汝南人许劭喜欢评论人物，曹操前往拜访，询问他对自己的看法。许劭说：“您是太平盛世的能臣，乱世的奸雄。”曹操非常高兴地走了。卢植打败张角，几乎攻克城池。宦官诬陷卢植，将其治罪，诏令皇甫嵩讨伐张角。皇甫嵩与张角的弟弟张梁交战，斩杀张梁。张角先前因病而死，被开棺戮（lù）尸，将头割下送到京城。

董　卓

灵帝在位二十三年去世，皇子刘辩即位，这就是少帝，何太后临朝。封皇子刘协为陈留王。中军校尉袁绍劝说何进将宦官全部杀死，何进告诉太后，太后不同意。袁绍又为何进策划：多多召集四方猛将，令其领兵进军京城，以威胁何太后。何进采纳了袁绍的建议。主簿陈琳劝谏说："此事只应迅速发动，行使权力立即决定，天人就会顺应。如果征召外力帮助，大军聚会，强者称雄，只会为动乱制造条件！"何进没有听从。典军校尉曹操听到这件事笑着说："宦官的祸害，古今都有，只是皇上不应当宠信他们，更不应当把权力交给他们。既然要将他们治罪，就应诛杀首恶，只需一个狱卒就足够了，何至于纷纷扬扬地召集京外的军队呢？要想全部诛杀宦官，事情必定会泄露，我已经看见何进等的失败了！"何进召并州牧董卓，让他领兵到京师。董卓立即上路，上书说："中常侍张让等，依恃皇上恩宠，搅乱海内，我立刻鸣钟鼓到洛阳，请收捕张让等，以清除奸邪之人。"董卓故意拖延时间不到京师，何进被中常侍张让等假借诏令杀死。袁绍听说何进被害，便领兵逮捕宦官们，无论年长年少全部杀死。张让被逼无奈，就带少帝与陈留王刘协逃出谷门。张让等见追捕急迫，一起投河而死。少帝独自骑一匹马从雒舍向南走，丢失了传国玺。董卓听到变乱的消息急忙赶往京城，得知少帝在此，于北芒阪下迎少帝。董卓与少帝谈话，少帝言语不清。就去与陈留王谈，陈留王语言明白。董卓大喜，认为陈留王贤明，便有了废少帝立陈留王的想法，袁绍得知，以为不可，董卓按剑喝叱道："你这小子竟敢这样！天下的事，难道不由我决定！"袁绍就逃出奔往冀州。董卓废少帝为弘农王，奉陈留王刘协即位，这就是献帝。接着杀死何太后，又杀死弘农王。当初，蔡邕（yōng）因宦官之祸，逃往江海之间，长达十二年。董卓知其贤名，派官征召。蔡邕称病不入京师。董卓怒骂道："我能灭人九族！"蔡邕心中害怕而应命。到京师后便被任命为祭酒，非常受敬重，三天之间，升迁三次，官任侍中。董卓自任太尉，加节钺虎贲（bēn），再封郿侯，又自为相国，赞拜时不呼名，入朝时不紧走，佩剑上殿。董卓悬赏捉拿袁绍很急。袁术奔往南阳。曹操变姓名，走小路返回东方，到陈留，散发财产，聚集士兵，得到五千人。关东州郡起兵讨伐董卓，推举袁绍为盟主。袁绍自号车骑将军，与河内太守王匡驻扎河内；曹操驻扎酸枣；袁术驻扎鲁阳。他们各自的兵力都有几万人。董卓觉得山东兵力强大，打算迁都躲避，就焚烧宫庙官府，劫持天子迁移，放弃洛阳，车驾进入长安。

当初灵帝时，会稽人许生在句东（今宁波）起事，号称阳明皇帝。吴郡富春人孙坚，字文台，年轻时做县吏，招募精壮勇士，帮助州郡官府讨平了许生，又帮助朱儁讨伐黄巾军有功，屡次升官至参军，又发生长沙人区（ōu）星起事，便拜孙坚为长沙太守，讨平区星，封为乌程侯。此时也起兵讨伐董卓。孙坚到达南阳时，兵力已有数万人。行至鲁阳，与袁术合兵。袁术因此得以占据南阳，任命孙坚为破虏将军以示表彰。孙坚进驻阳人，与董卓交战，大败董卓。又进至洛阳，打扫陵庙，以太牢祭祀，在城南甄（zhēn）宫的井中找到了传国玺印。再分兵追击董卓，董卓逃奔长安，孙坚便驻扎在鲁阳。这时候，关东州郡相互兼并，袁绍、袁术也各自离心，袁术派遣孙坚追击董卓还没有返回，袁绍趁机派周昂袭击夺取了坚阳城。孙坚叹道："一同发动义军，想要拯救国家，铲除逆贼，但是各自却如此不争气，我应当与谁同心合力呢？"领兵攻打周昂，周昂败逃。袁术派公孙越协助孙坚攻打周昂，公孙越被流箭射中而死。公孙瓒愤怒地说："我弟弟的死，祸根在袁绍。"于是出兵驻扎磐（qīng）河，数说袁绍的罪恶，进军攻打袁绍，冀州各城大多背叛袁绍而跟从公孙瓒。

北直涿郡的刘备，字玄德，是景帝的儿子中山靖王的后代。年轻时孤苦贫困，以卖鞋为生。他胸怀大志，少言寡语，喜怒不形于色。曾经与公孙瓒一同做卢植的门人弟子，便投靠公孙瓒，到此时，因奉命与部下田楷攻打青州有功，被任命为平原相。刘备年轻时与河东的关羽字云长、汲郡的张飞字翼德交情很好。便任命关羽、张飞为别部司马，分别统领部曲。刘备与二人睡则同床，情同兄弟。而遇到人多坐广之时，二人就侍立在刘备身旁，跟随刘备，不避艰险。常山的赵云为郡将领，率军来到公孙瓒处。刘备看见后很欣赏他，非常恳切地接纳他。于是赵云跟随刘备到平原，为刘备统领骑兵。刘表这时是荆州刺史，袁术派孙坚攻打刘表，刘表派黄祖迎战，射死了孙坚。

董卓一天比一天凶恶，选民间美女八百人作为侍妾，车驾、服饰越礼模仿天子。司徒王允与司隶校尉黄琬、仆射士孙瑞密谋杀死董卓。中郎将吕布臂力过人，董卓十分喜爱，收为义子，出入由他护卫。王允有位义女叫貂蝉，其美丽的相貌冠绝一时，加上能歌善舞，巧解人意，而她的才能更为出众。王允便设计，将貂蝉先许给吕布，后许给董卓，最终把貂蝉送归董卓。董卓非常宠爱貂蝉，貂蝉又与吕布私通，从中挑拨，使吕布与董卓反目成仇。一日，吕布在凤仪亭戏貂蝉，董卓发现后投戟杀吕布，吕布及时避开才免一死。王允见时机成熟，便结交吕布作为内应，吕布说："我们的父子关系怎么办？"王允说："你自己姓吕，原本就不是亲骨肉，况且董卓投戟时哪有父子之情呢？"于是吕布答应为内应。董卓入朝，王允等埋伏在北掖门的勇士刺杀董卓，董卓掉下车，大呼："吕布在哪儿？"吕布说："有诏令讨伐贼臣。"应声持矛刺去，迅速杀死董卓。立即取出怀中的诏书，传令吏士说："诏书只令讨伐董卓一人，其余的人都不问罪。"吏士都呼万岁，百姓在道路上载歌载舞，将董卓暴尸街头。董卓一向肥胖，吏士把灯芯放在他的肚脐上点燃，火光冲天，一连烧了几天。董卓已死，蔡邕坐在王允身边，听到这一消息惊叹不止。王允勃然大怒，说道："董卓是国家的大奸贼，而你却怀有私情，反而伤心悲哀，难道想一同作乱吗？"随即将蔡邕抓起来交给廷尉治罪，死在狱中。董卓部将李傕、郭汜、张济等领兵在陕地，派使者到长安请求赦免，王允没有答应。李傕、郭汜等举兵向西，召集董卓旧部樊稠等，达十余万人，杀入长安城，抓住王允与黄琬当即杀害。吕布从武关奔往南阳，投靠袁术，袁术对待他非常优厚。士孙瑞归还功劳，谢绝封侯，所以能够幸免于难。李傕、郭汜争夺权力，领兵互相攻打。李傕把献帝迎到军营中，就烧毁了宫殿官府。杨奉、董承等率军送献帝返回东方，献帝住在荆棘搭成的小屋中。

挟天子以令诸侯

当初，青州黄巾军攻打兖州，杀死刺史刘岱，曹操部将陈宫对曹操说："兖州现在没有主人，而汉朝的气数已尽，请让我去劝说兖州的官员归顺您，您前往治理兖州，以它为资本去夺取天下，这是霸王之业。"陈宫就劝说济北相鲍信等迎接东郡太守曹操兼领兖州刺史。接着攻打黄巾军，全部降服，得到三十余万精兵。杨奉、韩暹（xiān）带着献帝放弃长安，返回洛阳。这时，州郡各自分占地盘，朝廷政令失去了权威。而且，洛阳宫室以前被董卓全部烧毁，百官身披荆棘，依立在墙壁之间。曹操在许地，是否迎接献帝，还未打定主意。荀彧（yù）说："从前晋文公接纳周襄王后诸侯就像影子一样跟随着他；汉高祖为义帝穿丧服，而天下人就对他归心。实在应当趁此时机奉立皇上以顺从人们的愿望，这是最大的好事；秉公无私以使天下人心服，这是最大的策略；扶植大义以招揽英贤，这是最大的德行。即使四方有叛逆，他们又能做什么呢？"曹操派曹洪西行迎接天子却没有成功，议郎董昭替曹操给杨奉写了一封书信，交结杨奉。正遇上董承忧虑韩暹居功狂傲，就暗地里召来曹操。曹操领兵到达洛阳，诛杀罪人，封赏功臣，表彰为气节而死的人，封董承等十三人为列侯。曹操向董昭问计，董昭说："这些将军各自都有自己的打算，如今留下来辅佐天子，不便于发展势力，只有将天子迁移到许地！做不寻常的事，才会建立不寻常的功业，希望您仔细考虑！”曹操说：“这正是我的想法！”便奉献帝东迁，开始在许地建立宗庙社稷。从此，政事归于曹氏主持，献帝只是守着皇位而已。

（以上系原书第十五回至第十八回）

西汉世系表
（前206—8）

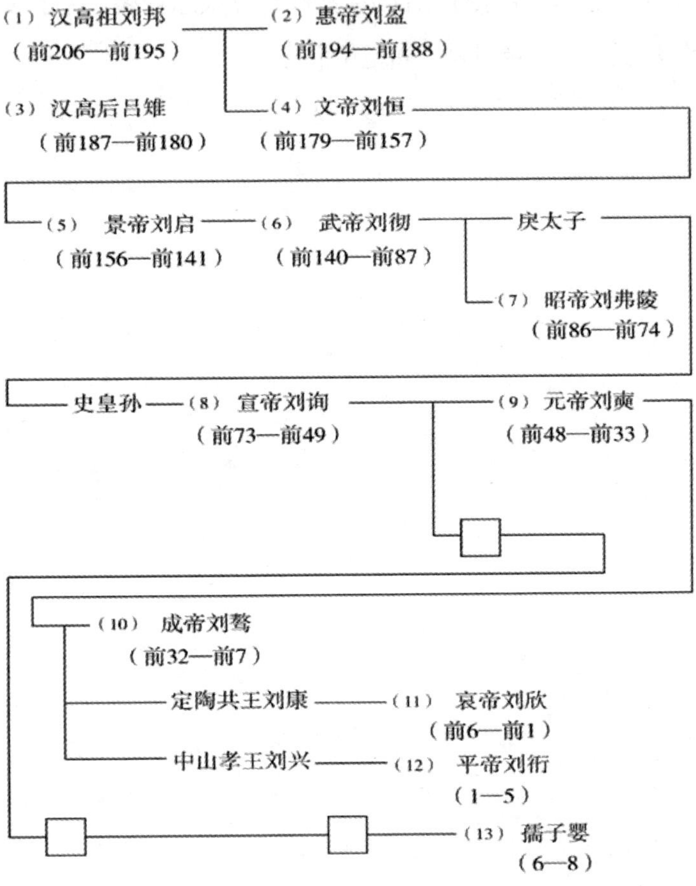

新莽和更始
（9—25）

（1）新皇帝王莽（9–23）

（2）更始帝 （23–25）

东汉世系表
（25—220）

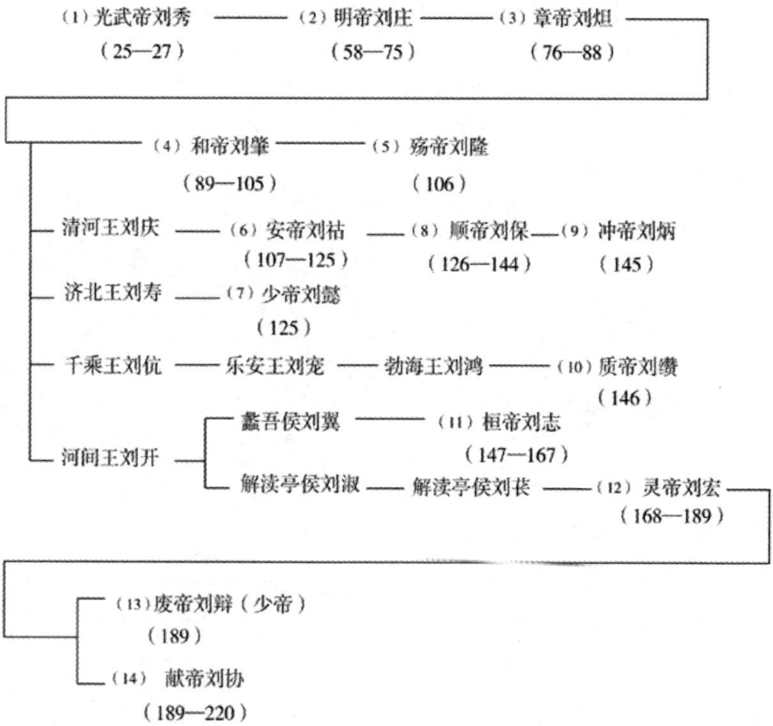
（1）光武帝刘秀
（25—27）
（2）明帝刘庄
（58—75）
（3）章帝刘炟
（76—88）
（4）和帝刘肇
（89—105）
（5）殇帝刘隆
（106）
清河王刘庆
（6）安帝刘祜
（107—125）
（8）顺帝刘保
（126—144）
（9）冲帝刘炳
（145）
济北王刘寿
（7）少帝刘懿
（125）
千乘王刘伉
乐安王刘宠
勃海王刘鸿
（10）质帝刘缵
（146）
河间王刘开
蠡吾侯刘翼
（11）桓帝刘志
（147—167）
解渎亭侯刘淑
解渎亭侯刘苌
（12）灵帝刘宏
（168—189）
（13）废帝刘辩（少帝）
（189）
（14）献帝刘协
（189—220）

三 国

曹操灭吕布

曹操，字孟德，父亲曹嵩，是中常侍曹腾的养子，实际上是夏侯氏的儿子。曹操从小就很机警，有权谋智数，任意放纵不拘，行为不检，不从事操行学业。起初举荐为孝廉，为仪郎。

后来，曹操把汉献帝迁到许地以后，自称大将军，封武平侯。以荀彧、荀攸、郭嘉等人为谋士，募集百姓到许地附近进行屯田，在各州郡都设置田官，负责屯集粮草，使各地军队的粮草得到充实。

起初，曹操攻打徐州牧陶谦，平原相刘备率兵援救，会逢陶谦病危而死，于是以刘备代理兼任徐州牧。袁术为争夺徐州出兵进攻刘备，刘备派张飞守卫下邳，自己带兵抵御袁术。吕布乘机袭击下邳，张飞被打败逃走，刘备就投降了吕布。吕布又让刘备任豫州刺史，自任徐州牧。刘备在豫州，联合各处兵马万余人。吕布很头痛，就进攻刘备，刘备败走，归附了曹操，曹操以优厚的待遇对待他，仍派他为豫州牧，在东边屯扎于沛城。当时陈宫归顺了吕布，袁术又在寿春称帝。吕布和袁术勾结，派遣高顺、张辽攻打刘备，攻破沛城，将刘备的妻子儿女掳获，刘备只身逃走。荀攸劝说曹操亲自攻打吕布，围攻下邳。曹操围困了下邳，久攻不下，军队疲敝，打算撤兵退走。荀攸、郭嘉说："吕布虽然勇猛，但没有谋略，陈宫有智谋，但往往迟疑拿不定主意。现在吕布勇气还没有恢复，陈宫的谋划还未最后决定，加紧进攻他们，下邳就可以攻克了。”于是，曹操就引来沂水和泗水的河水，灌入下邳城。经过一个多月，吕布更加窘迫，不得已而投降。吕布见了曹操说：“您所顾忌的人，没有超过我吕布的，现在我已降服了。如果让我带领骑兵，您率领步兵，天下不愁不能平定。”曹操听了很受诱惑，命令给吕布松绑。刘备说：“不行。您没有看到吕布曾经是如何对待丁建阳和董卓的吗？”曹操听了，点头称是。陈宫被抓后，请求曹操尽快将他处死。曹操觉得他是个人才，很婉惜地说：“你死之后，你的老母和妻子儿女怎么办呢？”想劝说他归降。陈宫说：“我听说以孝行治理天下的，不加害敌手的亲属；施行仁政于天下的，不断绝敌手的香火。我的老母和妻子儿女的死活，在您而不在我陈宫。”曹操听了也流涕落泪，只好把陈宫和吕布、高顺一起杀了，然后召来陈宫的老母，赡养终身；又将陈宫的女儿嫁出。对陈宫一家给予抚恤，如同从前一样优厚。张辽、臧霸等人也都投降了曹操。刘备随曹操回到许都，曹操命刘备任左将军，对待刘备更加优厚。

官渡之战

袁术称帝后，骄横奢侈日见严重，不久粮草空虚，统治难以维持，打算投奔袁绍。曹操就派刘备去拦截，袁术又从寿春败走，到了江亭，袁术生病坐在铺着席子的床上，哀叹道：“我袁术难道就到这个地步了吗？”因为愤怒过度，吐血而死。

袁绍既消灭了公孙瓒而日见骄傲，派精兵十万人，命令郭图、审配等攻打许城。曹操正进军黎阳，得知这一消息急忙回救，分派军队守卫官渡。有一天，曹操和刘备喝酒，闲谈时论及天下英雄，曹操说：“现在天下能称得上英雄的，只有使君您和我了。像袁本初这样的，是不能来充数的。”刘备害怕曹操了解自己的志向，大为震惊，吓得掉下了筷子，恰巧天上打了个响雷，刘备才继续喝酒，掩饰地说：“圣人说迅急的雷、猛烈的狂风必定使人惊变，确实有这样的事啊。”曹操在内心里轻视刘备，派他去拦截袁术。

刘备拦截袁术后回来，听说曹操带兵在外。于是杀徐州刺史车胄，留下关羽守卫下邳，行使太守的职权，自身回到小沛。附近郡县多背叛曹操而归附刘备，刘备因此得到好几万人，就派使者去和袁绍联络合兵。曹操放走了刘备十分后悔，便派遣长史刘岱来攻打刘备，没有取胜。

车骑将军董承的女儿，是汉献帝的贵妃，董承得到献帝写在衣带上的密诏，与刘备等计划诛杀曹操。董承的谋划泄露，被曹操杀死并夷灭三族。又到宫中要求诛杀董贵妃，汉献帝以贵妃怀有身孕为由为贵妃求情，曹操不同意。

曹操准备亲自讨伐刘备，众将说：“现在和您争夺天下的是袁绍，现在袁绍正来进攻，反而放弃而向东讨伐刘备，如果袁绍乘机在后面进攻，该怎么办呢？”曹操说：“刘备是人中豪杰，现在不去攻击，必定成为后患。”郭嘉说：“袁绍是个慢性子的人，而且对人多疑，他来进攻一定不会很快。刘备新近兴起，别人尚未完全归附，加紧攻击他，必定能打败。”于是曹操率军队东行。这时，田丰游说袁绍说：“现在曹操和刘备互相攻击，不能一下子脱身。您举兵袭击曹操的后方，可以一举而定。”袁绍不加采纳，以儿子生病为理由来推托。田丰用杖敲击地面说：“咳呀！遭逢难以遇见的时机，而因小孩生病为由白白失去，可惜呀！大事就此完了！”曹操攻打刘备，俘获了刘备的妻子儿女，又前进攻克下邳，擒获了关羽。曹操派张辽劝说关羽投降，关羽对张辽说：“我有三个约定：我和刘皇叔发誓扶助汉室，可以投降汉朝但不降曹操，这是第一；二嫂在这里供养，上下人等不许进门，这是第二；倘若知道刘备的下落，不分远近，我都要离开，这是第三。如果曹操不同意，我一定不投降。”曹操果然听从了，封关羽为汉寿亭侯。曹操想使关羽和刘备的主臣关系发生混乱，使关羽和刘备的甘、糜二夫人住在一处。关羽为避嫌，拿着灯烛侍立在一旁，一直到天明，不失主臣之仪。

刘备失败，奔往青州，归附袁绍，袁绍离开邺城二百里去远迎。曹操回师官渡。袁绍谋议攻打许都，进军黎阳，命令他的将领颜良在白马攻打刘延。曹操向北救援刘延，颜良迎战。曹操便派张辽、关羽攻打，关羽策马将颜良刺死在万众之中，割下他的首级而回，于是解了白马之围，将居民向西迁徙。袁绍渡过黄河追赶，到了延津南面，曹操陈设军需辎重引诱，又派遣将领纵向攻击，又获胜利，杀了大将文丑。颜良、文丑都是袁绍手下的强将，两仗中先后被杀，袁绍军队因恐惧而丧失士气。关羽杀了颜良、文丑后，才知道刘备在袁绍军中。于是就将曹操所赐物品封存，拜书告辞，到袁绍军中投奔刘备。曹操左右准备追赶，曹操说：“他是为他的主人尽职，不要追了。”袁绍的部队驻扎阳武，曹操与他开战，屡战不利，粮食又将吃尽，便写信给荀彧，打算退回许都。荀彧回信说：“现在粮食虽少，但却没有到楚汉在荥阳、成皋间相争时的地步。当时，刘邦、项羽都不肯先退兵，是因为先退兵则气势必屈。您以弱当强，如果不能控制，必定会给袁军以可乘之机。现在正是用奇谋的时候，不可失去良机。”曹操就固守相持着。荀攸对曹操说：“袁绍的运粮车早晚就要来到，他的押运官韩猛很勇猛，但很轻敌，攻击他必定能取胜。”于是，曹操就派偏将军徐晃，拦击袁绍的运粮车，将辎重烧毁。袁绍只好再派运粮车，沮授请求袁绍另派一支队伍，断绝曹军的包抄袭击。袁绍没有听从。许攸说：“曹军本来就少，现在全来抵抗我军，许都必定空虚。假若派遣轻骑部队，星夜兼程，偷袭许都，必定可以攻破。攻破许都就可以奉天子之命来讨伐曹操，曹操必成为囊中之物。如果曹军没有溃败，也可使他们首尾不顾，肯定可以打败。”袁绍又不听从。当时恰好许攸的家人触犯法令，治中审配将他们抓起来，许攸便投奔了曹操。曹操听说许攸来投奔自己，高兴得光着脚迎了出来，抚掌笑着说：“子卿从远方来，我的大业可以成功了。”许攸进言说，袁军的辎重粮草，都在旧市乌巢，那里的守军没有加紧戒备，派轻兵去偷袭，焚烧袁军的积蓄，不超过三天，袁军肯定溃败。曹操听了，非常高兴，就留下曹洪、荀攸坚守营垒，亲自带领步兵和骑兵五千人，都打着袁军的旗号，从小道急行，人马不出声音，每个士卒都带一捆薪柴。到了乌巢，包围住袁军然后放起大火，营中一片混乱，于是将粮草焚尽，杀死士卒一千多人，将他们的鼻子割下，把牛马的唇和舌也割下，然后展示给袁军士卒观看。袁军人人惊慌恐惧，不战而败。袁绍和儿子袁谭等没来得及戴上帽子，只用幅巾扎束头发，骑马带领八百骑渡过黄河。曹操追赶不及，将袁军的辎重、图书、珍宝尽数收缴。曹操下令将投降的袁军全部活埋。又乘胜到汝南攻击刘备，刘备只好投奔荆州的刘表。刘表听说刘备来了，亲自到郊外迎接，用接待上宾的礼节接待刘备，并扩充刘备的军队，让他领兵驻扎在新野。

袁绍既已兵败而回，因为先前没有听从田丰的规劝，害怕被田丰耻笑，就将田丰杀了。自己也惭愧忿恨而生病，最后吐血而死。袁绍为人宽和有器度，喜怒都不表现在外表，但刚愎自大，不善于听从别人的劝告，所以导致失败。袁绍有三个儿子：袁谭、袁熙、袁尚。袁绍的后妻刘氏喜欢袁尚，袁绍未死时，想立尚为后嗣，众人以为袁谭是长子，应当立袁谭。审配矫改袁绍的命令立了袁尚，袁谭不能立，只得带兵屯扎在黎阳，打算进攻袁尚。袁谭别驾王修进谏说："兄弟，就如同是人的左右手，现在正和别人争斗，而断掉左右手，还说自己一定能胜，能够办得到吗？连兄弟手足都不能亲近，您还能亲近谁呢？"袁谭不听。于是袁谭、袁尚整兵互相攻打。当时，曹操和刘表的军队在西平交战，袁谭派辛毗拜见曹操，请求救援。曹操手下谋士多认为刘表强大，应当先行平定，袁谭、袁尚不足为虑。荀攸说："天下正是多事之时，而刘表坐守江、汉之间，他没有争霸天下的志向，一看便知。袁氏据有西州之地，军队有数十万人，假使两个儿子和睦，天下的大患就不能平息。现在趁着他们自乱而夺取，天下可以平定了。"曹操听从了荀攸的建议。袁尚正攻打袁谭，曹操进攻邺城，袁尚撤军与曹军交战，失败，逃向幽州，投奔了袁熙。曹操攻进邺城，自己兼任冀州牧。袁谭又背叛曹操，曹操进取平原，袁谭败逃去保守南皮，曹操又乘胜进取了南皮，杀死袁谭。幽州刺史袁熙，被手下将领焦触、张南攻击，只好和袁尚一起投奔辽西的乌桓。焦触自称幽州刺史，率部下投降了曹操。后来，曹操攻打乌桓，袁熙、袁尚又投奔辽东，辽东太守公孙康将袁熙、袁尚杀死，将首级献给曹操。袁氏家族就此灭亡。

三顾茅庐

琅琊诸葛亮，字孔明，寓居在襄阳隆中，常自比管仲、乐毅，当时的人都不以为然。只有颍川的徐庶和崔州平说确实如此。刘备到襄阳司马徽那里寻访当世的贤士，司马徽说："儒生俗士，怎能了解现今的形势？能了解现今天下形势的只有当世俊杰。这里有伏龙和凤雏，您应该去见见。"刘备就问伏龙、凤雏是谁，司马徽说："那是诸葛孔明和庞士元。"徐庶也对刘备说："诸葛孔明是伏卧的龙，将军您愿意见见他吗？"刘备说："您请他一块儿来。"徐庶说："这个人只可去见他而不能屈其节志，招他前来。您应该屈驾亲自登门拜见。"于是，刘备去拜见诸葛亮，共去了三次，诸葛亮才相见。刘备支开左右，说："汉朝皇室日益衰弱，奸臣窃取权力；我不自量力，想伸张大义于天下，请问将如何筹划？"诸葛亮说："现在曹操已经拥有百万人马，挟持天子来命令诸侯，实在不能和他硬碰。孙权据有江东，已经经历了三代，地势险要，人民归附，贤能之士都乐于为他所用，可以和他建立互相救援的关系，而不能图谋。荆州北据汉水、沔水，尽得南海之利，向东连接吴、会，向西可通巴、蜀，这是用武的地方。但是，它的主人刘表不能守住它，这大概是上天用来资助将军的。益州地势险恶，交通阻塞，肥沃的土地有千里之多，是天府之地。刘璋昏愚怯弱。张鲁在他的北面，人民众多，国家富裕，而不知道进行积存，有智能而能干的人，都在想得到一个明达的君主。将军您既是帝室身份，您的信义名声天下都知道，如果占有荆州和益州，又和孙权结好，在内爱惜民力，精诚团结，向外静观事态变化，则独霸天下的大业就可以成功，汉朝基业就可以兴旺了。”刘备说：“说得好。”于是，和诸葛亮感情日益亲密。关羽和张飞见刘备对诸葛亮谦恭的样子，很不高兴，刘备解释说：“我得到孔明，就像鱼得到水一样，不能分开，希望二位不要再说。”关羽和张飞不再议论此事了。

长坂坡之战

曹操自己当上了丞相，奏请献帝封有功的大臣二十多人为列侯，带领兵马攻打刘表。当初，刘表有子刘琦、刘琮。刘表为刘琮娶了后妻蔡氏的侄女，蔡氏就喜欢刘琮而讨厌刘琦。刘琦感到不能自保，就和诸葛亮商量自保的计策。诸葛亮说：“你没有看到申生在国内而危及自身，重耳在国外而得到安全的故事吗？”刘琦受到启发而领悟。恰逢孙权为报父仇，攻打并斩杀江夏太守黄祖。刘琦请求代理他的职务，刘表就让刘琦任江夏太守。刘表死后，刘琮承继其位。不久，曹操兵马来到，蒯越等人劝说刘琮投降曹操。当曹操兵马到达新野时，刘琮即带领全州投降。曹操于是继续进兵。当时，刘备屯兵樊城，刘琮投降的事情没有告知刘备，等到刘备发觉，曹兵已经到达宛城。刘备非常吃惊，传呼手下将领共同商议对策。有的人劝刘备攻打刘琮，可以得到荆州。刘备说："刘表临死时，将后事托付给我，为了救自己而背信弃义，这是我不能干的。"刘备就带领部众离去，路过襄阳，州里的人大都前来归附。到达当阳时，归附的有十余万人，辎重车辆数千辆，每天只能行走十几里。刘备另派关羽乘船数百艘，先行到江陵会合。有人劝说刘备应该快些走，才能守住江陵。刘备说："成就大事，一定要以人民为根本。现在人民归附我，我怎么忍心抛弃他们而独自先走呢？"曹操因为江陵有粮草储备和军需物质，担心被刘备占据，于是放下辎重，轻装追击到襄阳。听说刘备已经路过此地前行，就率领精锐士卒五千人追击。一天一夜，行走三百里。到了当阳的长坂，刘备丢下妻子、儿子，和诸葛亮、张飞、赵云等数十人逃走。当时，徐庶的母亲被曹操抓获，徐庶只好向刘备告辞，指着自己的心说："本来打算和将军一起谋图王业，靠的是这方寸之物。现在已经失去老母，方寸已乱。继续跟随将军已经不能对事业有什么帮助，请让我离开吧。"于是就去拜见曹操。

张飞在后面断后，依据着河水，将桥梁拆毁，瞪着眼睛，横握长矛说："我乃是张翼德，你们可一起前来受死。"曹兵没有敢靠近的。赵云怀抱着刘备的儿子刘禅，和关羽的船只会合，得以渡过沔水，遇到刘琦的兵马万余人，和他一起到达夏口。

江东孙氏

起初，孙坚为袁术进攻刘表，被黄祖杀害。孙坚有四个儿子：孙策、孙权、孙翊和孙匡。孙坚死时，孙策时年十七岁，便渡过长江，居住在江东，广泛结纳豪杰之士，有复仇的志向。到寿春见袁术，袁术很惊异，就把孙坚原有的兵马交还给孙策，令他任九江太守。不久，袁术又改变主意任陈纪为九江太守，派孙策进攻庐江太守陆康，对他说："如果攻克庐江，就真的由你据守。"待孙策进取了庐江，袁术却任原先的故吏刘勋为庐江太守，孙策非常失望。袁术派吴景为丹阳太守，扬州刺史刘繇把他赶走，派遣将领屯扎横江、当利两地，以抵抗袁术。孙坚的旧将朱治，看到袁术不能立行德政，就劝孙策回取江东，孙策依从，便对袁术说："我家的故旧亲朋都在江东，愿帮助吴景去讨伐横江。如要攻克横江，就可到本土进行招募，能得到兵马三五万人，用来辅佐您守天下。"袁术平时就知道孙家的事，又觉得孙策未必能够平定刘繇，又估计他不会背叛自己，就同意了，并任命孙策为折冲校尉。孙策立刻动身，沿路召集兵马，到了历阳。周瑜的从父周尚是丹阳太守，带领人马来迎接孙策，资助他物质和粮草。孙策进攻横江，一举攻克，然后渡过长江，转战各地，到达哪里就攻到哪里，所向皆捷，没有能挡得住他的。百姓听说是"孙郎"带兵来了，都害怕得失魂落魄。等到孙策兵马到达之后，将士都奉行孙策的命令，不敢骚扰百姓，掳掠财产，像鸡犬菜蔬等，也没有侵犯。百姓又十分高兴，竞相送牛送酒，犒赏三军。于是攻破了秣陵。又在曲阿进攻刘繇，刘繇败，逃到豫章。孙策长得俊美有姿容，善于说笑话，为人豁达，听人劝，又善于用人，所以谋士和百姓，无不尽心效命。没过十天，就募得士卒二万多人，战马一千多匹，威震江东。孙策带领军队渡过浙江，会稽功曹虞翻劝说太守王郎避开孙策，王郎不听，被孙策攻破，于是投降。孙策自任会稽太守，还令虞翻为功曹，用结交朋友的礼节对待。孙策喜好打猎，虞翻进谏说："白龙变作鱼的外形，就有被困于豫且的困厄，但愿您稍加注意。"孙策觉得很对，却改不了。其初，袁术早有逆谋之心，听说孙坚得到了传国玉玺，就拘捕孙坚的妻子而夺得玉玺，孙策于是就和袁术断绝关系。袁术手下的县吏周瑜、鲁肃，知道袁术不能成大事，都放弃官职投奔孙策。孙策擒获了刘繇的大将太史慈后，又给他松绑，继续任用他。刚好刘繇死，他的人马万余人就归属豫章太守华歆。孙策又偷袭了庐江太守刘勋，占据庐江。捕得袁术的妻儿，很好地对待他们。又至豫章，派虞翻去劝说华歆投降。孙策带兵到达，华歆戴着头巾，穿着便服迎接孙策，孙策以对待上宾之礼对待华歆。当曹操和袁绍在官渡两军相持不下的时候，孙策想趁着曹军空虚，袭击许都，部署好了尚未发兵，孙策先前杀的吴郡太守许贡的家奴，乘孙策出外打猎之机，躲在竹林中用箭射中孙策的脸颊，伤得很厉害。孙策召集张昭等说："中国正混乱不安，凭借吴越的强兵强将，三江天险的牢固，足够来静观成败之事。诸公一定要好好地辅佐我的弟弟。”呼唤孙权，给他佩上印绶，对他说：“在两军阵前决断，战胜敌军，攻取城池，你不如我。举荐任用贤能的人才，保护江东，我不如你。”语毕即死，时年二十六岁。

孙权悲恸哭号，不能理事。张昭对他说：“你尽管孝顺廉洁，这难道是哭的时候吗？”孙权这才改换服装出巡三军。张昭、周瑜等人都说可以和孙权一起成就大业，便尽心任事。孙权为报杀父之仇，去攻打江夏太守黄祖，城破，将黄祖斩首。曹操下书来责成孙权，送儿子为人质。周瑜说：“将军您承续父亲、兄长的余资，兼有六个郡的人马，兵强马壮，粮草充足，将领、谋士都很用心任事，境内富饶，有可供铸钱的山，可供晒盐的海，有什么被他曹操要挟的，而要送子为质？以一人为质，就得事事听从摆布。若由他摆布，一有命令召见，就不得不去；一去，就会受他的制约。如此下去，最好的结果不过是封你一个侯，这哪能和面南称王相比呀？”吴夫人也说：“公瑾的话是对的，公瑾和孙策是同年，小一个月，我把他看作自己的儿子一样，你就像对待兄长那样对待他吧。”于是，孙权决定不送儿子为人质。鲁肃听说刘表死了，便对孙权说：“荆州和我国邻接，江山地势险要坚固，沃野千里，士民殷实富裕。如果占据，就有了称霸天下的资本。请让我去游说刘备，让他安抚刘表的部下，一同对付曹操。”孙权就派鲁肃出发。

赤壁之战

恰逢刘备向南败走，鲁肃在当阳长坂迎接他，对刘备说：“孙权将军敬贤礼士，兵精粮足，足以成就大的事业，现在为您打算，不如派遣亲近可靠的人和江东结好。”刘备赞同鲁肃的计谋，经由夏口，进而到鄂县的樊口，从江陵，将要顺水东下。诸葛亮对刘备说：“事情紧急，请让我奉命向孙将军求救。”于是，诸葛亮和鲁肃一同去见孙权。到柴桑见孙权，诸葛亮说：“天下大乱，将军在江东起兵，刘豫州在汉水之南召集人马，和曹操争夺天下。现在，曹操的几个主要对手，都已被他平定，又攻破荆州，威震四海。英雄没有用武的场所，所以，刘豫州到这里逃难。希望将军您能估量自己的力量来处理这件事。如果能用吴越的人马，与曹操抗衡，不如尽早和曹操断绝关系。如果不能，为什么对曹操北面称臣？”孙权说：“刘豫州为什么不北面称臣呢？”诸葛亮说：“田横，是齐国的壮士，尚能坚守节义而不甘被辱，何况是刘豫州呢？他以皇室的身份，且英才盖世，怎么能在曹操之下呢？”孙权勃然大怒说：“我不能让全吴地区受制于曹操，我的决心已经下了。现在，非刘豫州不能抵挡曹操，但是，刘豫州刚刚败退，怎么能够抗得住这样强大的敌人呢？”诸葛亮说：“曹操的兵马从远处来，一定疲惫不堪，听说他为了追击刘豫州，轻骑一天一夜，追赶三百多里。这就是所说的，强劲的弓弩，到了射程之末，其力量连鲁国产的薄缟也不能穿透。况且北方的人，不习惯水上作战，将军您如真的能和刘豫州协力同心，一定能够打败曹操。

曹操一败，则荆、吴的势力增强，鼎足而立的形势也就可以形成。成功和失败的机会，就在今天。”孙权听了，非常高兴。

当时，曹操派人给孙权送信说：“近来，奉汉献帝之命讨伐有罪的人，大旗向南一指，刘琮就束手投降。现在，训练了水军八十万人，可以和将军您在吴地一同打猎了。”孙权将信展示给手下的人，没有不大惊失色的。张昭等说：“曹操得到荆州，凭长江天险，已经和我们平分秋色，不如迎接他。”鲁肃秘密地对孙权说：“假使我鲁肃迎接曹操，尚可不失掉下曹小官，然后累迁，还可不失去州郡之官。将军您迎接曹操，就没有任何道理了。”建议孙权召周瑜一同商定大计。周瑜来了，对孙权说：“曹操虽然托名是汉朝的丞相，其实是汉朝的大贼。将军您割据江东，兵精粮足，应当为天下人除去奸恶之人，何况曹操亲自来送死，怎么可以去迎接曹操呢？现今，北方尚未平定，马超、韩遂是曹操的后顾之忧，而曹操舍弃鞍马，仰仗舟辑，指挥中原兵卒，远涉江湖，不适应水上变化，必定生患疾病。将军擒拿曹操，就在今日。我请求得到精兵五万，保证为将军打败曹操。”孙权说：“老贼废除汉帝而自立为帝之心已经很久了，只是顾忌袁术、袁绍、吕布、刘表和我。现在诸英雄已被平定，只有我尚且存在，我和老贼势不两立！”就拔出佩刀砍下桌案一角说：“诸位将领、谋士敢有再说迎接曹操的，就和这个案子相同。”于是命令周瑜督兵三万，和刘备并力抵御曹操。

队伍向前开进，和曹操的军队在赤壁相遇。这时，曹军营中已经出现流行病，初次交战不利，曹军退守江北。周瑜的部将黄盖说：“曹军正将船舰首尾相连，可以用火攻，使他们逃走。”于是，采用蒙冲小艇，满载芦苇枯柴，灌入生油。事先给曹操送信，骗他说打算投降。当时诸葛亮祭祀祈求大风，恰好东南风刮得很猛。黄盖用十艘小艇在前，到了江的中心升起风帆，其他的船只按着顺序一起前进。曹营中的官兵们都到营外站着观看说：“这是黄盖来投降。”等到小船离曹营二里多时，同时点火。一时间，烈火倚仗着狂风，船如飞箭一般冲入曹营，将船只烧得一干二尽，又蔓延到岸上的兵营，火光冲天烟雾弥漫，士卒和马匹被烧死和淹死的不计其数。曹军大败，曹操带着士卒从华容道步行逃走。刘备和周瑜率水、陆两路并进，追杀曹操，一直追到南郡，曹军大半被杀。于是曹操留下曹仁、徐晃守卫江陵，自己带兵向北退走。而东吴的将士气势大增，周瑜率兵渡江屯扎在北岸，和曹仁相拒。刘备令刘琦为荆州刺史，带兵巡视武陵、长沙、桂阳、零陵四个郡，四郡先后投降刘备。周瑜攻打曹仁一年多，杀伤了很多人，曹仁只得弃城而逃，周瑜屯据江陵。

当时恰好刘琦死，孙权就让刘备为荆州牧，周瑜分出南岸的地方归刘备管辖。孙权把自己的妹妹嫁给了刘备为妻子，孙权的妹妹才思敏捷，处事果断，有其几个兄长的风度，她的侍婢一百多人，个个持刃侍卫左右。刘备每次进去，心里常懔懔不安。周瑜回江陵，半道上生了病，给孙权写信劝谏：“现今，曹操在北方，疆场还不能平静；刘备寄寓在荆州，有如养虎，必藏祸患。天下的大事，不知是什么结果。鲁肃为人忠义刚烈，碰到大事不慌，且极严谨，可以替代我。倘若我的话能被采纳，我就死而无憾了。”最后死于巴丘。孙权命令鲁肃代替周瑜带领兵马。鲁肃劝孙权把荆州借给刘备，和他一同抵御曹操，孙权同意。

韩遂、马超

曹操谋划攻取巴蜀，占据东吴的上游，再来进攻东吴。于是派遣司隶校尉钟繇等讨伐张鲁。韩遂、马超在陕西陇地，怀疑是袭击自己，于是十部一起造反。曹操亲自带兵攻打，两军在潼关东西摆下阵列。曹操命令徐晃、朱灵带领兵卒四千人渡过蒲坂渡口，占据河西为营。曹操向北渡黄河，令兵马先行，亲自断后。马超带领一万多兵马进攻曹操，一时，箭矢如雨，曹操靠着胡床镇静不动。等到军情紧急，都尉许褚把曹操扶上船，船工中流箭而死，许褚用左手举着马鞍为曹操遮掩，用右手划船。校尉丁裴放纵牛马为诱饵，引诱敌军捕捉，争取时间，才使曹操得以渡过黄河。马超等前来挑战，曹操不许众将出战。曹操和韩遂有旧交，请求与韩遂相见。两人骑在马上交谈了许久，曹操只说京都洛阳的往事，抚手欢笑，而不涉及军事。等到见面结束，马超问韩遂："曹操说了些什么？"韩遂说："没有说什么。"马超就起了疑心。又过了几天，曹操又给韩遂写信，多处进行改窜，看上去像是韩遂改的，故意让马超发现。于是，韩遂、马超就自相怀疑起来。曹操见时机成熟，先派部分士兵挑战，然后率虎骑夹攻，获得巨大胜利，韩遂、马超只好奔往凉州，曹操一直追到安定才班师而回。曹操退回以后，马超又率领羌胡人马进攻陇上各县郡，郡县都响应马超。杨阜、姜叙等起兵讨伐马超，马超大败，向南投奔了张鲁，三年后又投降了刘备。西平金城的众将联合起来，杀了韩遂，将首级送给曹操而投降。

刘备自领益州牧

刘备让庞统当了耒阳县令，因治理不好，被罢免了官职。鲁肃给刘备送信说："庞统不是个能治理百里之地的县令的材料，如果让他担当治中、别驾这样的职务，才能施展出他的才能。"诸葛亮也这么说。刘备就召见庞统，和他交谈，非常器重他，令庞统担任治中，对待他仅次于诸葛亮。起先，刘焉当益州牧，见汉朝大乱，暗地里怀着争夺天下的志向。沛人张鲁，从祖先张道陵以来，世代崇奉五斗米道，客居在蜀地。刘焉让张鲁为督义司马，与他合兵一处，攻杀汉中太守，断绝斜谷关。等到刘焉死后，子刘璋继立。张鲁看到刘璋昏庸软弱，就割据汉中。扶风人法正是刘璋军中的议校尉，因刘璋不能重用而悒悒不得志。益州别驾张松，和法正交好，对自己的才能也很自负，估计刘璋依靠自己的力量不能有所作为，劝说刘璋联合刘备讨伐张鲁。刘璋问："谁可以作为使者？"张松就举荐法正，刘璋认为可以，于是派遣法正带领四千人马去迎接刘备。主簿黄权坚决反对，刘璋不听。法正到达荆州，暗地里劝说刘备进取益州，刘备正犹疑不能决断。庞统说："益州地土肥沃，物产丰富，可以成就大业。逆取顺守，是古人所崇尚的。如果事业成功之后，封为大国，怎么能算是背信弃义？现在不去进取，终究要被他人所得。”刘备认为庞统说得对，于是留下诸葛亮、关羽等守卫荆州，亲自率领步马数万人进入益州。刘备到了巴郡，太守严颜拍着心口叹惜地说：“这就是人常说的独自坐在深山中，却引来老虎守卫自己。”刘备到了涪（fú）地，刘璋前来相会，并增加刘备的军队，给以丰厚的军需资助，让刘备去打张鲁。刘备向北到达葭（jiā）萌，没有立即讨伐张鲁，而是先广泛地树立德政，来收买人心。刘备屯兵在葭萌，庞统对刘备说：“现在暗中选拔精兵，昼夜兼行，直接偷袭成都，这是上策。杨怀、高沛，是刘璋手下的名将，各自拥有强兵，据守关隘，听说他们数次进谏刘璋，要遣还将军回荆州。现在您派人告诉他们，说荆州有紧急情况，需要回去救援。二人一定很高兴，必定来相见，我们借机把他们抓住，夺取他们的军队，再攻入成都，这是中策。如果退回白帝城，连接荆州，慢慢地图谋进取，这是下策。如果迟疑不决，将会处于极为困难的地步，就难以挽救了。”刘备采用了中策，进据涪城。诸葛亮留下关羽守卫荆州，和张飞、赵云带兵逆流而上，克巴东，破巴郡，俘获巴郡太守严颜。张飞责问严颜：“为什么不投降？”严颜说：“你们无理侵犯夺取我的州郡，我的州郡里只有断头的将军，没有投降的将军。”张飞认为他很豪壮，不仅释放了他，且引为宾客。诸葛亮分别派赵云从外水，平定江阳、犍为，张飞平定巴西、德阳。庞统被流矢射中而死，马超知道张鲁不能成就大事，也来投降了刘备。当时刘璋城中还有精兵三万多人，粮草布匹可以支撑一年，手下官兵都想战斗到死。刘璋说：“我父子二人在益州二十多年，对百姓没有恩德，于心何安？”于是就打开城门，降于刘备。刘备将刘璋迁到荆州的公安县，将他的财物尽数归还。刘备自己任益州牧，政事全部委托给诸葛亮。诸葛亮用人和处事样样都恰到好处。刘璋理事时，每事从宽，而诸葛亮则以严厉来纠正，把益州治理得井井有条。

二分荆州

孙权令诸葛瑾去向刘备请求归还荆州各郡，刘备不给。孙权就设置了长沙、零陵、桂阳三郡的长官，关羽将他们全部赶走。孙权极为愤怒，便派吕蒙去夺取三郡。刘备得知，亲自从蜀地到公安，派关羽争夺三郡。孙权派兵进驻陆口，鲁肃带兵万人屯扎益阳，抵御关羽。这时，刘备恰好听说曹操要攻打汉中，刘备担心失去益州，就派使者到吴求和。孙权令诸葛瑾回报，重新结盟和好，于是商定分治荆州，以湘水为界线，长沙、江夏、桂阳以东属东吴；南郡、零陵、武陵以西属刘备。

曹操晋魏公、加九锡

起初，曹操杀死董贵妃，曹操使献帝纳自己的三个女儿，都成为贵妃，献帝的左右，都是曹操的耳目。伏后非常害怕，给父亲伏完写信，令他秘密地图谋曹操，等到事情泄露，曹操派郗虑持节策收缴皇后的玺印和绶带。尚书令华歆，砸坏门户，打开复壁，把伏后从复壁里拉出来。当时献帝在外殿，伏后披发，徒步哭着走过，与献帝诀别说：“不能再让我活下去吗？”献帝说：“我也不知道自己还能活到什么时候。”回头对郗虑说：“天下难道有这样的事吗？”曹操将伏后打入暴室，禁闭而死，皇后所生的两个皇子，也被毒死。于是立曹操的女儿贵人曹氏为皇后。以冀州的十郡，封曹操为魏公，加九锡，地位在诸侯王之上。又晋爵为王，设立天子用的旌旗，出入要警戒清道，以儿子曹丕为王太子。

汉中王

曹操亲自率军进攻张鲁，拔平阳，张鲁逃到南山，不久投降，曹操封张鲁为阆中侯。法正劝刘备说：“曹操一举降服张鲁平定汉中。不乘胜进攻巴蜀，而立即返回，只留下夏侯渊、张郃屯守，我估计凭夏侯渊、张郃的才略，难以胜任其职。如趁此时机举兵讨伐，一定可以取胜。”刘备认为说得对，就率领众将进兵汉中，屯扎在阳平关。夏侯渊、张郃、徐晃等率兵抵御。刘备派遣将领陈式等，断绝马鸣阁道，被徐晃击退。刘备急忙写信调动益州的兵马，诸葛亮问从事杨洪，杨洪说：“汉中是益州的咽喉，没有汉中也就没有巴蜀。调动兵马救援，还有什么迟疑的？”于是出动大军夺取汉中。夏侯渊与刘备交战，胜了几仗后，就处于相持状态，长达一年有余。刘备从阳平关依次向前进发，在定军山扎营，夏侯渊带兵追击。刘备派讨虏将军黄忠，从高向下鼓噪攻打夏侯渊，夏侯渊的军队大败，黄忠在乱军中杀死夏侯渊。曹操从长安，出斜谷，派兵据守险要之处，然后进临汉中，刘备聚集人马，把守险要地势，不和曹军交锋。曹操运送大米到北山之下，黄忠带兵准备夺取粮草。过了约定的期限没有回来，赵云带领数十骑出营探望，正值曹操领兵大举出动，突然相遇，便冲入其阵，边打边退。曹兵先被冲散了，然后又聚合起来。追到赵云营外，赵云进入军营，大开营门，偃旗息鼓。曹兵怀疑有伏兵，不敢进击而退，赵云一见，下令敲响战鼓，只用强弩在后面射击曹兵，曹兵惊恐万状，互相践踏，堕入汉水而死的人极多。曹操带兵返回长安，刘备就占据了汉中，自立为汉中王。

水淹七军

关羽派遣麋芳守卫江陵、傅士仁守卫公安，自己率领人马到樊城进攻曹仁。曹仁派于禁、庞德屯扎樊城北面，时值秋季，一连下了好几天雨，汉水猛涨，溢出河道，于禁等七军都被淹没。于禁和诸位将军登到高处避水，关羽乘船进攻。庞德被俘获，不肯投降，关羽就将他处斩。于禁等人窘迫得没有办法，便投降了关羽。从许地向南，都与关羽遥相呼应，关羽威震华夏。曹操听到庞德的死讯，痛哭流涕地说："我和于禁相知三十年，没想到面临危险时反而不及庞德。"曹操让大家讨论是否迁都，以避开关羽。司马懿对曹操说："刘备和孙权，外表亲密，但内心里疏远。关羽得志，孙权必定不高兴。可以派人劝说孙权袭击关羽的后方，答应割让江南封给孙权。只要孙权出兵，樊城之围自然可解。"曹操以为言之有理。司马懿，字仲达，河内温人，就是现在的河南怀庆府温县。司马懿小时候就很聪明，遇事果断而足智多谋。长兄司马朗是曹操的主簿，曹操听说司马懿有才能而召用他，司马懿却以患有风疾推辞。曹操发怒，准备将他逮捕入狱，司马懿才来就职。到了这时，为曹操出谋划策，危害关羽。

败走麦城

曹操根据司马懿的计谋派使者与孙权联络，孙权便与吕蒙秘密策划进攻关羽，吕蒙假装病得很厉害，派陆逊代理。陆逊到达陆口，给关羽写信，称赞关羽的功绩和美德，自己表示得非常谦虚。关羽看了，非常放心，撤下荆州的守兵去支援樊城。陆逊将这些情报及时报告孙权，孙权即出兵袭击关羽。孙权同时写信答复曹操，将亲自讨伐关羽。并嘱咐不要将此事泄露出去。董昭说："军事上要利用孙权，应当将此事透露出去，这样，樊城之围就自然可解了。"关羽得知消息，不辨真假，犹豫不决。吕蒙到寻阳，将精兵埋伏在船仓中，让百姓摇橹，穿着商人的服装，昼夜兼行。关羽所设置的江边屯卫，都被抓起来，所以关羽不知。糜芳、傅士仁，平时对关羽轻视自己而心怀怨恨，吕蒙军马一到便打开城门投降。吕蒙进入江陵城，将于禁释放出来，得到关羽和将士的家属，一一抚慰。又严令禁止军士骚扰掳掠。关羽听说南郡失守，退兵保卫麦城，后逃遁而走。马忠俘获并杀害了关羽和他的儿子关平，于是平定了荆州。吕蒙没有等到授受封赏，就得病而死。曹操封孙权为骠骑将军，假节领荆州牧，封南昌侯。孙权上书向曹操称臣。群臣都劝说曹操应该登帝位。曹操说:“如果天命在我,我大概就做周文王吧。”

东汉灭亡

曹操死后,曹操的儿子曹丕奉曹操妻子王后卞氏之令,即魏王之位,不久,篡夺汉朝,废黜汉献帝为山阳公。曹丕即皇帝位,这就是文帝,国号魏,追尊曹操为武皇帝,庙号太祖。献帝在虚位三十一年。东汉共十二个皇帝,起自汉光武帝乙酉(25),终于献帝庚子(220),共一百九十六年,而分裂为蜀即后汉、魏、吴三国,后经五十多年而统一于晋。

蜀吴生隙

曹丕篡夺了汉朝,蜀中传言汉献帝已经遇害,于是汉中王刘备发丧,在武担之南即皇帝位,大赦天下,改元章武,这就是昭烈皇帝。以诸葛亮为丞相,设立宗庙,祀汉高祖以下烈祖。立夫人吴氏为皇后,吴氏是将军吴懿的妹妹,刘璋的哥哥刘瑁的妻子。立子刘禅为皇太子。

刘备对关羽之死引以为耻,将要进攻孙权,翊将军赵云进谏说:“国贼是曹操,不是孙权。现在曹丕篡夺帝位,众心尚未归附,应当乘此时机尽早图谋关中,占据黄河、渭水上游,以讨伐凶逆,那样则关东的侠义之士,必定有响应的。不应该在讨伐魏之前而与吴作战。如果战局形势一旦改变，不能紧急退回，这不是好的策略。”群臣进谏的很多，刘备一概不听。留下诸葛亮辅佐太子守卫成都，而自己率诸军东下。

车骑将军张飞，勇猛次于关羽。关羽对待士卒很好，而对士大夫却很高傲，张飞敬重士大夫，而不体恤士卒，刘备经常劝诫他，张飞不能改过。等到张飞率领万名士卒，会合江州，临行前被帐下张达、范疆杀害，带着他的头颅投奔孙权。刘备听说张飞军中都督有表上奏，说：“唉，张飞死啦。”孙权派遣诸葛瑾出使蜀国求和，刘备不理，仍派吴班、冯习进攻巫县，打败孙权将领李异等，进军秭归，孙权以陆逊为大都督，抵抗刘备。

刘备进军猇（xiāo）亭，从巫峡、建平一直到夷陵地界，设立数十个屯，连营七百多里。从正月开始和吴相拒，到六月尚不能胜利。刘备派吴班带领数千人到平地扎营，吴军将士都想出击，陆逊说：“这里面定有阴谋，看看再说。”刘备知道计谋不能实现，就令八千伏兵，从山谷中退出。陆逊说：“之所以不让诸军出击，就是估计他们有埋伏。”陆逊将要进攻汉军，诸将都说：“攻击刘备应当是开始的时候，现在他已进入吴地五六百里，互相攻守也有七八个月，敌军的各要害，都已经固守住了，进攻必无利可图。”陆逊说：“刘备狡猾，变化多端，他的军队刚开始集结时，思虑精审，不能去触动。现在已经驻扎了很久，不能从我们这里得到机会，兵马疲劳，计谋受阻不能实现，不会再有什么诡计了。进攻刘备，正在今日。”于是，先进攻了一个营垒，不利，诸将说：“这样只能白白死伤士兵而已。”陆逊说：“我已有打败刘备的办法了。”于是命令士卒每人各持一把茅草，每间隔一个营垒，用火进攻一个营垒，斩了张南、冯习等，攻破了四十多个营垒，汉将杜路、刘宁等窘困无奈只有请降。刘备登上马鞍山，列阵自卫，陆逊督派各军上前围困，有数万人死去。刘备趁夜逃走，只能进入白帝城，汉军的舟船器械，水军、步兵的军需财产，全部损失，尸体充塞江面向东而下。刘备非常惭愧恼恨，说："我被陆逊折辱，难道这是天意吗？"

白帝托孤

刘备病重，命丞相辅佐太子，刘备对诸葛亮说："君的才能十倍于曹丕，必定能够安国家，定大事。如果嗣子可以辅佐，那就辅佐他；如果不能辅佐，君当自己取代，不要被他人占有了。"诸葛亮痛哭流涕地说："我一定竭尽股肱之力，效忠贞之节，以至于不惜性命地来辅佐太子！"刘备又告诫太子说："努力啊，努力啊！不要因为好的事情小而不去做，不要因为坏的事情小而去做。只有德和义，可以使人信服。你的父亲德薄，不足以仿效。你和丞相相处，应当像对待父亲一样。"于是去世于白帝城，在位三年，时年六十三岁。

诸葛治蜀

丞相诸葛亮奉丧回到成都，太子刘禅即位，时年十七岁，这就是后主。尊皇后为皇太后，立张飞的女儿张氏为皇后。后来张后去世，又立她的妹妹为皇后。封丞相诸葛亮为武乡侯，兼领益州牧，事情不论大小，全都由诸葛亮决定。于是诸葛亮就约定官员联合理事，修备法令制度，待人处事，坦白无私，开诚布公，集思广益，对人说："凡是对国家有忠心的，只管指出我的短处。"诸葛亮曾经亲自校定文书簿册，主簿杨显进谏说："政务，都有一定的规则，上下不能相互侵夺。现在您亲自校阅文书簿册，汗流终日，不是太劳累了吗？"诸葛亮向他谢罪，等到杨显死了，诸葛亮悲伤地痛哭三天。

刘禅派遣尚书邓芝到吴国讲和，加强往来，吴国派张温赴蜀访问，蜀国又派邓芝回访。吴国就和魏断绝关系，专门和蜀汉联合通好。

伐吴失败

魏主曹丕大兴兵马讨伐吴国，组成水军，亲自登坐龙舟，到达广陵。吴将军徐盛，将舟船排在长江上，在上面树立木桩，用芦苇包扎，搭成疑城假楼。正值江水猛涨，曹丕面对江水感叹说："魏国虽然有强劲的骑兵数以千计，但是没有用武之地，不能攻取吴地啊。"曹丕坐的龙舟，碰上暴风，漂荡不停，差一点翻船覆没。便立即带兵退走。

擒服孟获

南方彝族地区的雍闿和本郡的孟获起兵反蜀，丞相诸葛亮率兵南征讨伐雍闿。参军马谡为丞相送行，说：“南中这个地方，依仗地处偏远，地势险要，不服从中央已经很久了，今天攻破，明天又反。所以用兵之道是，攻心为上，攻城次之，愿您注意征服他们的心。”诸葛亮采纳了他的建议。到南中，大获全胜。由越嶲（xī）进入，斩雍闿。孟获收服雍闿的余兵来抵抗诸葛亮。孟获平素很受南人敬服，诸葛亮设计将他活捉，让他参观军队的营垒，孟获说：“先前是因为不知道你们军队的虚实，所以失败。现在承蒙让我观看阵营，如果只是如此，就很容易打胜。”于是，诸葛亮将孟获释放，让他再战。一共放了七次，活捉了七次，诸葛亮还要放孟获，孟获不再离去，说：“您有天威，南人不再反蜀了。”这时，南中四郡都已平定。诸葛亮又任用孟获手下的各个首领。有人劝阻，诸葛亮说：“如果留下外地人进行管理，就应留驻军队，军队没有充足的粮草，必定成为祸患。现在我打算不留兵马，不运送粮草。政权刚刚建立，夷人和汉人互相平安就可以了。”于是，将孟获等少数民族中优秀的人，全部收用，作为官员，诸葛亮在世的日子，南方少数民族未曾袭击蜀汉。

北伐曹魏

丞相诸葛亮在汉中屯扎军队，上《出师表》，讨伐魏。起初，魏以夏侯茂镇守长安。这时，诸葛亮准备进攻魏，和部将讨论，魏延对诸葛亮说："夏侯茂怯弱而且没有谋略，现在如果给我精兵五千人，直接从褒斜道出击，沿着秦岭向东，到了子午谷再转向北，不超过十天即可到达长安。夏侯茂听说我魏延突然到达，必定放弃城池逃走。等到他和东面的部队会合，尚需二十多天。而您从斜谷攻出，也足以到达，这样则一举可将咸阳以西之地平定。"诸葛亮以为这条计谋有危险，没有听从。便亲率大军进攻祁山。

魏因为昭烈帝已死，边境数年平静，没有什么防御。突然听说诸葛亮出谷，上下恐惧，且有天水、南安、安定等处起事响应诸葛亮。天水参军姜维投降诸葛亮，诸葛亮对他的胆识智慧很赏识，让他掌管军中事务，关中震动。魏的群臣都没有什么办法。魏主曹叡说："诸葛亮以山川险阻自守，现在他自己出动，肯定打败他。"就派步兵、骑兵五万，命令右将军张郃督率，向西抵御诸葛亮。诸葛亮以马谡参谋军事，也非常器重他，不用旧将魏延、吴懿等为先锋，而用马谡在前面督军，和张郃在街亭交战。马谡不受诸葛亮的节制，舍离水源，登山驻扎，张郃断绝了他的取水道路，大败马谡。诸葛亮进攻没有了依托，只好攻击西县一千多家百姓，退回汉中。将马谡收捕下狱，诸葛亮亲自到场祭祀，将马谡斩首，而惋惜得痛哭流涕。又考核战功，甄别壮烈之士，加以奖赏。并引咎自责，自贬为右将军。然后，加紧训练士卒，讲演兵武之事，很少出击，民众逐渐忘却了街亭的惨败。

吴主派鄱阳太守周鲂，假装率全郡投降魏。魏扬州牧曹休率领步骑十万接应周鲂，和陆逊在石亭大战，大败而回。汉右将军诸葛亮，听说曹休失败，又上《出师表》请求讨伐魏。带兵出散关，包围了陈仓，因陈仓已有戒备，诸葛亮不能攻克。魏主曹叡把张郃召到方城，让他出击诸葛亮。曹叡问张郃："等到你到达，诸葛亮会不会已攻取陈仓？"张郃知道诸葛亮深入魏境，没有粮草支援，屈指计算后说："等到我到达，诸葛亮则已经退走了。"张郃日夜进军，还没到陈仓，诸葛亮因为粮食用完而撤走。将军王双追击诸葛亮，诸葛亮伏击王双，将他斩杀。

魏派遣曹真、司马懿等进攻汉中，诸葛亮出发驻扎在成固，魏的军队退还。诸葛亮伐魏，围祁山，魏派司马懿屯兵长安，督率将军张郃等去抵御。司马懿收缩军队，依峙险要，不肯出来交战，贾诩、魏平说："公害怕蜀军就像害怕老虎一样，不怕天下的人笑话吗？"司马懿怕被责备而出战，魏兵大败。司马懿退守，诸葛亮因粮食用尽而带兵退回，司马懿派张郃追击，追到木门道，被伏弩射中而死。

星陨五丈原

诸葛亮从事农耕，讲习武功，制作木牛流马，把粮食运到斜谷口，率领人马十万，由斜谷前进伐魏。又派使者到吴，约定同时大举共同讨伐魏。诸葛亮到达郿地，在渭水的南面驻扎，司马懿带兵渡过渭水，背靠渭水为营，抵御蜀军。诸葛亮先前六次兵出祁山，都因为粮食用尽不能接续而引兵退还，于是在五丈原停下，分派士卒进行屯田，做长久驻扎的打算。屯耕的士卒掺杂在渭水边上的居民中间，从不骚扰。百姓如同有了屏障一样平安地居住，司马懿和诸葛亮相互对峙了一百多天，诸葛亮数次挑战，司马懿都不出营应战，诸葛亮就给司马懿送去妇女的服装羞辱他，司马懿大怒，上书请求出战。诸葛亮说："他本来没有出战的打算，之所以一定要请求出战，是要向众人表示威武而已。"诸葛亮派使者到司马懿的军中，司马懿打听诸葛亮睡觉吃饭的详细情况，而不问军事上的事。使者对答说："诸葛公早起晚睡，处罚在二十板以上的案子，都要亲自审阅，所吃的饭不超过数升。"司马懿对人说："孔明吃得少而事务繁杂，怎么能够活得长久呢？"诸葛亮病重，刘禅派尚书仆射李福探望侍候，并咨问国家大政，诸葛亮说："公所要问的，公琰（蒋琬）都能给予满意的回答。"又问蒋琬之后，谁可以继任，诸葛亮说："文伟（费祎）可以继任。"又问费祎之后谁可以继任，诸葛亮不回答。这天，诸葛亮就死在军营里。长史杨仪整顿军队而退，百姓奔走报告司马懿蜀军撤走，司马懿率军追击。姜维命令杨仪将旌旗指引的方向改变，敲响战鼓，好像将要指向司马懿的方向，司马懿赶紧收军而退，不敢逼近。于是杨仪布成阵式而退，进入谷中后才为诸葛亮发丧。百姓为此编成谚语说："死了的诸葛亮吓走了活着的司马懿。"司马懿听到笑着说："我能够料想诸葛亮活着的事，不能料想他死了的事。"诸葛亮曾经研究演变兵法，作八阵图。这时，司马懿察看蜀军的营垒布置，感叹说："天下奇才呀。"追击杨仪到赤岸，没追上，然后撤回。

蜀前军帅魏延，勇敢刚猛超过常人，曾嫌诸葛亮不能充分发挥自己的才能，又和杨仪不合，等到诸葛亮死后，杨仪主管军权，魏延就反叛蜀汉。杨仪派将杀了他，夷灭三族。

起初，诸葛亮上表给后主刘禅说："我在成都有桑树八百株，薄田十五顷，子孙后代的衣食自有剩余。我死的时候，不能让家有多余的布帛，外有多余的财物，以辜负陛下。"等到诸葛亮死后，情况果然和他说的一样。诸葛亮治理国家，奖赏不因为和自己疏远而遗漏，处罚也不因为和自己亲密而免除，爵位不能没有战功而取得，判刑不能因有权势而豁免，这就是不分贤愚之人为诸葛亮做事都能忘掉自身的缘故。谥号为"忠武"。

蜀汉灭亡

后主以蒋琬为大将军，录尚书事，费祎、董允相继为尚书令，虽然没有诸葛亮时那样兴盛，而蜀地也治理得很好。自从蒋琬，董允死后，宦官黄皓开始干预政事。以姜维为卫将军，和费祎一起录尚书事，而姜维开始屡次讨伐魏国，进攻魏西平，获得中郎郭循，任他为左将军。郭循想刺杀后主刘禅，没有成功，恰逢费祎和诸大将饮酒沉醉，郭循刺杀了费祎。费祎博爱不起疑心，对待新近归附的人太亲近，因此遇难。

当初，姜维对自己的才干武功很自负，常想大举讨伐魏，费祎经常牵制他，给他将士不超过万人。说："丞相犹且不能平定魏，何况你们呢？不如姑且保卫国家，治理人民，谨慎地守卫社稷江山，不要做侥幸成功的事。如果一有不利，追悔莫及。”等到费祎死后，姜维就大举进攻魏国，屡次被邓艾打败。姜维不悔改，前后共九次伐魏，蜀人因此忧愁痛苦，非常怨恨姜维。司马昭担心姜维没完没了地向北进攻，准备大举进击蜀汉，朝廷大臣多数认为不行，只有司隶校尉钟会赞同。于是以钟会为镇西将军，都督关中。姜维上表给后主说：“听说钟会在关中治兵，想要进攻。应当一并派遣左、右车骑将军张翼、廖化，率诸军分别护卫阳安关口和阴平桥头，以防万一。”黄皓信奉巫术鬼神，说敌人终究不敢来，请后主不必派兵设防。群臣都不知道此事。魏派遣邓艾带领三万多人，从狄道奔甘松、沓水，牵制姜维；诸葛绪带领三万人从祁山直趋武街桥头，断绝姜维的退路；钟会统领十多万人，分别从斜谷、骆谷、子午谷直趋汉中，以廷尉卫瓘监察军事。钟会一路通行到了汉中，派护军胡烈做前锋，攻打关口，汉守将傅佥格斗到死，钟会就长驱直入。姜维听说钟会的军队已经进犯汉中，便与廖化、张翼、董厥等，合兵一处坚守剑阁，抵御钟会。姜维在剑阁列营坚守，钟会一时不能攻克，加上运送粮草的道路险恶而遥远，打算退兵。邓艾上前说：“汉兵受到打击，应当乘胜追击。”从阴平通过无人居住的地方七百多里，凿山开道，遇河造桥，山高谷深，非常艰险。邓艾用毛毡裹在身上，辗转而下，将士都沿着山岩，像鱼群一样紧跟着攀援前进。先登至江油，蜀守将马邈投降，又用书信诱降汉将诸葛瞻。诸葛瞻将马邈的信使杀掉，列阵以待，邓艾率兵攻取，杀了诸葛瞻。诸葛瞻的儿子诸葛尚说：“我父子受到国家厚恩，不能尽早杀掉黄皓，以致国家破败，人民遭受屠杀，我还活着干什么？”策马冲锋陷阵而死。诸葛瞻是诸葛亮的儿子。

汉人没想到魏的军队突然而来，城池未曾调度设防。听说邓艾已进入平坦无阻的地方，百姓非常害怕，都逃向山野，不能禁止。谯周请求投降，于是后主派使者奉玺印绶带给邓艾。北地王刘谌生气地说：“如果势力窘困没有力量，便应该君臣背城一战，与国家共存亡，以见尧帝，为什么要投降！”后主不听，刘谌到昭帝庙痛哭，先杀死妻子儿女，然后自杀。邓艾到了成都城北面，后主率领太子、诸王和群臣，绑缚双手，用车运着棺材到邓艾军门前投降。姜维得到后主的诏令，就和廖化、张翼等人，一同到钟会那里投降了。邓艾逮捕了黄皓将要杀他，黄皓贿赂邓艾左右亲近的人，得以脱免。后主刘禅在位四十一年而亡国，加上昭烈帝共二世，四十三年。西汉、东汉、蜀汉合起来共二十六位皇帝，共四百六十九年。

钟、邓丧命

邓艾在成都，极为骄傲自大，想凭借平定蜀地的胜利，进击灭吴。姜维知道，钟会存有异心，劝说他反叛。钟会顾忌邓艾，便和监军卫瓘秘密地向朝廷奏报邓艾有反叛的迹象，魏主用槛车将邓艾父子召征到京师。钟会独自统领大军后，和姜维决定反魏。适逢郭太后死，钟会趁机矫改太后遗诏，说派钟会带兵废除司马昭。姜维本想让钟会将北来的众将全部处死，自己再杀掉钟会，将魏兵通通活埋，再立汉帝。恰巧钟会手下士兵作乱，杀了姜维，争相向前刺杀钟会。邓艾本营将士，追上邓艾，将他放出槛车，迎接回来。卫瓘想到自己和钟会一同陷害邓艾，害怕邓艾回来报复，就派护军田续在绵竹西面袭击邓艾父子，并杀了他们。邓艾在洛阳的儿子，也全部被杀。后来，他的孙子当上了郎中。

乐不思蜀

后主刘禅迁往洛阳，由秘书郎郤正陪同。郤正辅佐引导适宜，没有什么差错。刘禅感慨叹息，悔恨这么晚才了解郤正的才能。魏封刘禅为安乐公。过了些天，邀刘禅赴宴，表演蜀地伎乐，刘禅的随行人员都非常感伤，而刘禅却嘻笑自如。司马昭对贾充说：“人没有情义，竟到了这个地步。既使有诸葛亮在，也不能辅佐他长久，更何况是姜维。”过了些日子，司马昭问刘禅：“常常怀念蜀地吗？”刘禅说：“在这里很快乐，不怀念蜀地。”郤正知道了，对刘禅说：“如果魏主再问，应哭着回答说，祖先的坟墓，远在岷山蜀地，所以心里悲伤，没有一天不怀念。”恰好司马昭又问刘禅，刘禅用郤正说的话来回答，但哭不出来，只好闭上眼睛。司马昭说：“怎么这像是郤正的话呀？”刘禅睁开眼睛吃惊地看着司马昭说：“您说得很对。这些话是郤正教我的。”左右的人都耻笑他。

曹 叡

魏主曹丕篡夺汉朝即皇帝位，废汉献帝为山阳公，献帝的儿子都被曹操杀害，所以无子，但两个女儿都成魏主的嫔妃，十四年后，在魏朝病死，葬在禅陵。魏主曹丕在洛阳营建宫室，于是定都洛阳。

曹丕对待兄弟如同仇敌，而信任有势力的大臣司马懿。曹丕的妻子郭后没有儿子，让平原王曹叡为养子。曹叡的母亲是甄夫人，原本是袁熙的妻子，非常漂亮，被郭后陷害而死。曹叡服侍郭后极为勤谨，得到郭后的喜爱。曹丕在位七年而死，子曹叡立，这就是魏明帝。曹真、陈群、司马懿，一并受遗诏辅佐朝政。

曹叡生性喜好兴修土木，既已营建许昌宫，又建造洛阳宫、凌霄阁。从长安将钟架、橐驼、铜人承露盘迁到洛阳，承露盘折断，响声传至几十里外都可听得见，铜人重得无法运送，就将铜人熔化，铸成两个铜人，分别安放在司马门外，叫作“翁仲”。在芳林园里堆建土山，种植各种树木花草，捕获飞禽野兽蓄养在里面，大臣们进谏，他都不听。曹叡性情严厉暴躁，监督修建宫室，有不合规定的，亲自召来审问，被审问的人话还未说出口，即被斩杀，身首异处，人心离二。

曹叡派太尉司马懿攻击辽东公孙渊，公孙渊派大将卑衍、杨祚屯扎辽隧。司马懿说：“敌人大多数屯扎在这里，后方空虚，直接进攻襄平，一定可以攻破。”于是多多摆设旗帜，好像要从南面出击，卑衍等全部向南移动抵御，司马懿暗中渡水从北面出兵，直接奔向襄平。卑衍等带兵迎战，被司马懿打败，进而包围了襄平。公孙渊窘困急迫，粮食吃尽，到了人吃人的地步，便突围逃走。又被司马懿斩杀。辽东全部平定。

有彗星先出现在大辰，后又出现在东方。张掖柳谷口河水暴涨，涌出宝石，上有图案：石马七头，以及用来祭祀的纯色牛等。还有文字是："大讨曹。"曹叡认为是吉祥的象征。哪知道从此之后，司马氏专权，凡是曹氏用来欺诈汉室的手段，全都一一由司马氏用来对待曹氏，这就是所谓"大讨曹"。牛，是说以牛换马。

魏主曹叡病危，司马懿回兵到了洛阳。司马懿进入相见，曹叡握着他的手说："我把后事托付给你，你与曹爽共同辅佐我的孩子。我强忍着不死等待你来，现在得以相见，死无遗恨了。"于是召二王给司马懿看，特别指着齐王曹芳说："是这个孩子，你仔细审视，不要弄错了。"当时曹芳年仅八岁，当天立为太子。魏明帝沉着坚毅，善于决断，对大臣很礼貌，虽然触犯龙颜极力进谏，也不轻易摧折杀戮，作为人君的度量也是很大的。但是不想建立德政流传后代，巩固国家的基业，致使大权旁落，遂被司马氏篡权。真是可惜呀！在位十三年去世，太子曹芳即位。曹芳，是明帝的养子，不知道他的出身。曹爽、司马懿一同录尚书事，接受遗诏辅佐朝政。

司马氏篡魏

魏大将军曹爽，采纳何晏、邓飏、丁谧的计谋，将郭太后迁到永宁宫，把持大权，独断专行，提拔亲朋党友，多次改变制度。太傅司马懿和曹爽存有矛盾，称病不处理朝政，曹爽更加骄奢无度。当时魏主曹芳，拜谒高平明帝陵，曹爽和弟弟曹羲、曹训、曹彦都随同前去。司马懿和儿子司马师、司马昭计划铲除曹氏。以太后的命令召见司农桓范。桓范准备应召前去，他的儿子说："皇上在外面，不如从南面出城。"司马懿对蒋济说："智囊去了。"蒋济说："劣马只知贪恋栈巢中的草料，贪图眼前小利，没有远大志向，曹爽必定不能重用桓范。"桓范劝曹爽挟天子到许都，征发外地兵马来辅助自己，曹爽犹豫不决，从夜里申时一直到五更时分，才将刀投到地上说："我回归侯府，还不失做一个富家翁。"桓范哭着说："曹子丹是个好样的，怎么生了你们兄弟竟如同小猪一样愚蠢。我为什么竟和你们一起遭受灭族之祸呢？"子丹是曹真的字。司马懿就以太后的命令，关闭各个城门，统率军队占据武库，曹爽与何晏、邓飏、桓范等策划谋反，统统被夷灭三族。何晏喜欢自己的容貌，粉白不离手，自身虽被诛灭，而天下士大夫争相效慕。于是成为一时风行的习俗。

司马懿杀了曹爽之后，大权全部归司马氏掌握，魏主只不过徒有虚名而已。司马懿死后，其子司马师为大将军，录尚书事，执掌魏国朝政。魏中书令李丰和太常夏侯元，和皇后的父亲光禄大夫张缉，策划杀掉司马师，没有成功，司马师就将他们全部杀死。于是废掉皇后张氏，魏主曹芳心里非常不满，但不敢发作。司马师率兵，废魏主曹芳为齐王，迁到河内郡。曹芳在位十四年，后又过了二十一年才逝世。

司马师迎接高贵乡公曹髦，立为皇帝。扬州刺史文钦、镇东将军毌丘俭起兵讨伐司马师。当时，司马师刚刚割除眼睛里的瘤子，伤得很厉害，带病出征，斩了毌丘俭，夷灭了他的家族。文钦的儿子文鸯非常勇猛，夜里劫袭了司马师的营地，追赶的骑兵不敢靠近，便投降了吴国。司马师死后，他的弟弟司马昭任大将军，录尚书事。魏徵东将军诸葛诞，在寿春起兵讨伐司马昭，司马昭奉魏主曹髦之命前往征讨。诸葛诞向吴求救，吴派遣全怿、文钦等援救。诸葛诞平素和文钦就有矛盾，因此杀了文钦，文钦的两个儿子文鸯、文虎又归附了司马昭。司马昭上表封他们为将军，赐给关内侯的爵位，派他们在寿春城下巡察。城里的人没有坚守的志向，于是攻克了寿春，杀了诸葛诞，夷灭三族。

魏主曹髦眼看着威严、权力一天天失去，十分愤怒，便召来尚书王经等说："司马昭的心思，连过路人都能知道，我不能坐着接受被废黜的侮辱，今天应当亲自出兵讨伐他。"王经劝阻，他执意不从，就拔出剑，登上车，率领殿中宿卫、苍头、官僮，擂鼓呐喊而出。中护军贾充进入，和他在南阙下打起来，太子舍人成济问贾充说："事情十分紧急，应该怎么办？"贾充说："司马公豢养你们，正是为了今天。今天的事情，还用问吗？"成济当即抽戈，刺向曹髦，曹髦坠车而死，在位六年。司马昭听说曹髦已死，大吃一惊，投伏在地。司马昭的叔叔太傅司马孚奔跑前来，枕着曹髦的大腿哭得非常悲哀，说："杀死了陛下，是我的罪过啊。"司马昭进入殿内，召来群臣一同讨论，尚书仆射陈泰不来。司马昭派陈泰的舅舅尚书荀顗（yǐ）去请。荀顗是荀彧的儿子。陈泰说："人们议论说陈泰为人处事像他的舅舅，现在看来您不如我。”陈泰的子弟逼迫他去见司马昭，他才入殿。见了司马昭，就悲恸万分。司马昭也对着他流泪说：“元伯，您处在我的地位该怎么办？”陈泰说：“只有杀了贾充，才可稍微减少天下人的怨恨。”司马昭考虑了半天，说：“再想个次一等的办法。”陈泰说：“陈泰只有此策，不知道更次一等的办法。”司马昭就不再说了。逮捕了王经和他的家属，交给廷尉杀了。王经向他的母亲谢罪，他的母亲笑着说：“人谁能不死，正担心不能死得其所，以此而死，还能怨恨什么呢？”司马昭给成济定了大逆不道之罪，夷灭三族。

司马昭用皇后之令，派他的儿子中护军司马炎，到邺城迎接常道乡公曹璜。曹璜是燕王曹宇的儿子，曹操的孙子，更名为曹奂。作为魏明帝的继承人，立为皇帝。当时，司马昭派遣钟会、邓艾等灭蜀汉，晋公司马昭晋升爵位为晋王。司马昭娶了王肃的女儿，生了司马炎和司马攸，以司马攸作为景王司马师的后人。司马攸性情孝顺友爱，多才多艺，清雅平和诚实，名声超过司马炎，很受司马昭的喜爱。司马昭想让司马攸为世子，山涛说：“废掉长子而立少子，违背礼制，是不吉祥的。”于是立司马炎为世子。司马昭死，司马炎接着当相国，晋公就废魏王曹奂为陈留王，司马炎即皇帝位。曹奂出宫到金庸城居住，司马孚流涕拜别，感慨万分，说：“臣死之时，也是忠于大魏的臣子。”曹奂在位五年被篡位，至晋惠帝五年（294）去世，谥号“元帝”，魏国灭亡。魏起自文帝曹丕，结束于元帝曹奂，共五代，四十六年。司马炎篡夺皇位，改国号为“晋”。

末代东吴

吴自从孙策开创基业，孙权继承一统，在赤壁打败曹操，在秭归打败蜀汉，之后见魏、汉二国相继自称皇帝，孙权也自称皇帝，建国为吴。追尊父亲孙坚为武烈皇帝，兄长孙策为长沙桓王，迁都建业。派大将军陆逊辅佐太子孙登守卫武昌，孙登死后，以孙和为太子。潘夫人很受孙权的宠爱，生了小儿子孙亮，孙权喜欢他，于是废掉孙和而立孙亮为太子。孙权在位三十一年去世，子孙亮即帝位，以诸葛恪为太傅，辅佐朝政。

魏司马昭派王昶、胡遵、毌丘俭分三路进攻吴，诸葛恪在徐塘迎击，魏军败退而逃，吴军缴获资材器械堆积如山，士气大振而还。诸葛恪由此就有了轻视敌人之心。后派兵讨伐曹魏，围困新城，不能攻克，恰逢暑天，生病而死的人超过一半，众人非常怨恨他。诸葛恪带兵回到建业，更加整治军备，准备再次兴兵进攻青州、徐州。侍中孙峻，因看到民众怨怒诸葛恪，便策划诛杀诸葛恪，吴主孙亮摆设酒宴，设下伏兵，将诸葛恪杀死，用苇席裹尸扔在石子冈，并且夷灭了三族。诸葛恪是诸葛瑾的儿子。

群臣共同上表奏请孙峻为丞相大将军，都督中外诸军事。孙峻骄横自矜，邪恶粗暴，国人怨恨，吴将军孙仪等人图谋杀掉孙峻，没有成功，为此而死的有数十人。当时全公主和孙峻私通，诬陷说朱公主和孙仪同谋，孙峻就杀了朱公主。孙峻死后，孙峻的从弟偏将军孙綝继续辅佐朝政。孙綝把持政权，放任不羁，吴主孙亮耳目聪明，有见识而且明察秋毫，孙綝很惧怕他。孙亮和刘承、全纪图谋诛杀孙綝，派全纪告诉他的父亲卫将军全尚，让他秘密地整治兵马。全尚是全皇后的父亲。孙亮告诫全纪说："不要让你的母亲知道，她是孙綝的堂姐。"全纪告诉了全尚，全尚告诉妻子，妻子又秘密地告诉了孙綝。孙綝夜间抓了全尚，杀了刘承，全纪自杀。于是包围皇宫，废吴主孙亮为会稽王，孙亮在位六年而被废。孙綝迎接孙权第六子琅琊王孙休，立为皇帝，这就是景帝。孙綝与孙休有矛盾，孙休就和左将军丁奉谋划诛杀孙綝，夷灭他的家族。孙休在位六年去世。

吴人因为蜀汉刚刚灭亡而害怕不能长久，想有一个年长的君王，于是秉告朱后，迎接前太子孙和之子乌程侯孙皓，立为皇帝。孙皓既得帝位，粗暴骄横邪恶，有很多忌讳，且喜好女色，贬朱太后为景皇后，不久又逼迫杀了她。派黄门宦官走遍州郡，选取美女。连那些大臣家的女子，都要年年上报姓名。凡年龄到了十五六岁的，先进行挑选，挑选不中的，才能出嫁。后宫已有数千宫女，还是毫无休止地采选。又建造昭明宫，工程徭役费用以亿万计算。左丞相陆凯进言劝谏，孙皓不听。等到陆凯死了，以陆凯的从弟陆抗都督荆州诸军事，在乐乡设立官署。

羊 祜

晋主有平灭吴国的志向，以尚书左仆射羊祜都督荆州诸军事，镇守襄阳。羊祜安抚远近百姓，很得江、汉间人民的拥护，和吴人开诚布信，来投降的人，想再离去，都听其自便。裁减巡逻戍边的士卒，屯垦田地八百多顷。积存的粮食能供十年的支用。羊祜在军中，常常轻裘缓带，身上不着铠甲，住处的侍卫不超过十几人。晋主和羊祜暗地里策划进攻吴国，羊祜认为讨伐吴国，应当凭借长江上流之势。当时益州太守王濬，将被调任大司农，羊祜秘密上书留下王濬，仍旧当益州刺史，派他整治水军，大规模地建造舟船。遗弃的木屑满布江面，顺流而下。吴建平太守吾彦，拿着漂下来的木片秉告吴主说："晋一定有进攻吴的计划，应该增加建平的军队，防卫关键的地方。"吴主不听，吾彦就制造铁锁横着截断江面。吴主征调西陵都督步阐，步氏世代都在西陵当官，突然被征召，害怕有人进谗言，就占据西陵投降了晋，晋令步阐督察西陵诸军。吴陆抗讨伐步阐，晋主派遣羊祜去救援，没有成功，陆抗攻克了西陵，杀了步阐。

吴主既攻克了西陵，自认为有上天帮忙，平定天下的志向随之增大。让术士尚广用蓍节占卜夺取天下的吉凶，尚广回答说："吉，庚子这一年，您的青盖车可以进入洛阳。"吴主很高兴，不修治德政，专门图谋兼并天下。

晋羊祜从江陵回来，刻意修养道德信义以安抚招徕吴人。每逢交战，到了时辰才开战，从不突然袭击。羊祜的军士若进入吴境，收割谷子作为粮饷，都计算侵占多少，送去绢帛补偿。每逢游猎，常只在晋的辖地之内；如果飞禽走兽先被吴人打伤，然后被晋兵得到，全都送还吴人。于是吴人对羊祜心悦诚服。羊祜和陆抗在边境对峙，使者经常往来，陆抗送给羊祜美酒，羊祜拿起就喝，从不怀疑有毒，陆抗得病，向羊祜要药，羊祜给他配制好的成药，陆抗就立即吞服。左右劝谏陆抗，陆抗说："哪里有毒死人的羊叔子啊！"陆抗告诫边防戍卒说："他们专为德行，我们专为暴政，不用打仗就胜败分明。各自保证边疆安全就可以了，不要追求细小的利益。"等到陆抗死了，吴主派他的儿子陆景、陆玄、陆机、陆云分别率领其父的军队。晋羊祜当面向晋主陈述进攻吴的计划，晋主说："好。"因为羊祜得病不能经常觐见，又派张华去征询计谋，羊祜说："孙皓暴虐异常，现在不用打仗就可战胜他。如果孙皓不幸死了，吴人又立好的君主，我们虽有百万兵马，吴凭借有长江之险，我们难以攻克，那将酿成后患。"张华非常同意。羊祜病危，举荐杜预代替自己。羊祜死，晋主极为悲痛，大哭一场。南州的百姓听说羊祜死了，不约而同地停止买卖，街巷痛哭的声音相连不断。吴守卫边境的士卒也为他流泪。羊祜喜好游览岘山，襄阳人就在那里修碑建庙，每年祭祀，看到碑的人没有不哭的，所以称之为堕泪碑。

东吴灭亡，重归一统

益州刺史王濬上疏说："孙皓荒淫凶残无道，应尽快征讨，一旦孙皓死了，更立贤明的君主，则成为强敌，我建造舟船已有七年，每日都有朽坏的；且年已七十，不知何日即将归天。这三条中若有变化，那就很难攻陷吴国了。"杜预也上疏请求尽快进攻吴，张华极表赞同，晋主才打定主意，遂令王伷、王浑、杜预、王濬、唐彬等，分东西两路进兵，共二十多万人。岁在庚子。杜预进攻江陵，王浑出击横江，双双获胜。吴人在江岸要害的地方，都用铁链横向截断江路；又制作铁锥，长一丈多，暗置江中，以抵御舟船。王濬建造大筏数十万，令善识水性的人驾筏先行，遇到铁锥，锥就刺上竹筏而去。又制作火炬，长数十丈，大数十围，灌上麻油，放在船前，遇到铁链，就点燃火炬，不一会儿，熔断铁锁，船只就没有障碍。王濬以此攻克了西陵、荆门、夷道等城池。

杜预派遣周旨等率领骑兵乘夜渡过江水，袭击乐乡，多多张设旗帜，在巴山上点火。吴都督孙钦害怕说："北方来的军队，是飞渡过江的。"杜预攻克了江陵。杜预对众将说："现在兵威已经大震，比如破竹，破开几节以后，其他的都可迎刃而解，没有再着手的地方了。"于是指示进军的方略，径直到达建业。

吴主使丞相张悌、沈莹、诸葛靓率众三万多人，渡过长江迎战，大败而逃。诸葛靓迎着张悌，想和他一起逃走，张悌流着泪说："仲思，今天是我死的日子。"诸葛靓痛哭而走，张悌就被晋兵杀害，沈莹等人也被处斩。吴人非常害怕，分别派遣使者到王浑、王濬、王伷处请求投降。正月壬寅，王濬的水军通过三山，王浑派人拦截王濬，请他紧急赶去论事。王濬挂起风帆直指建业城，报告王浑说："风太大，不能停泊。"王濬率军八万人，舟船排列百里，擂鼓呐喊，攻进石头城。吴主孙皓，双手绑在背后，用车载着棺材，到军门投降。

吴主孙皓在位十七年而国家灭亡，又过了四年去世。吴起于大帝孙权壬寅年（222），到乌程侯孙皓庚子年（280）结束，共四代君主，五十九年。晋封孙皓为归命侯，从这时起天下又归于一统了。王浑夺去了王濬的战功，过了很久，王濬才被调任镇军大将军，杜预、王戎都被封了侯。

（以上系原书第十九回至第二十回）

三国世系表
（220—280）

一、魏（220—265）

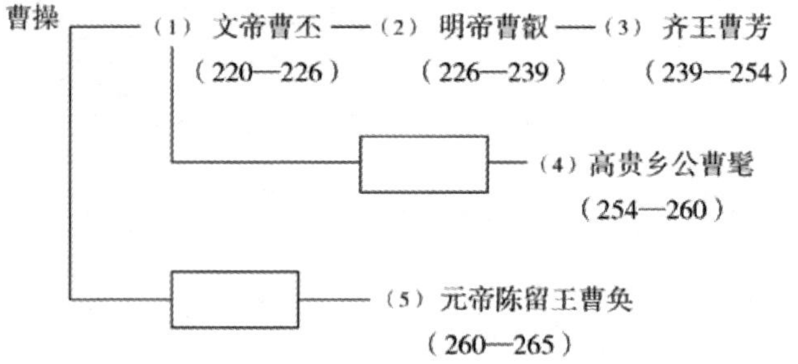

二、蜀（221—263）

（1）昭烈帝刘备 —— （2）后主刘禅

（221—223） （223—263）

三、吴（222—280）

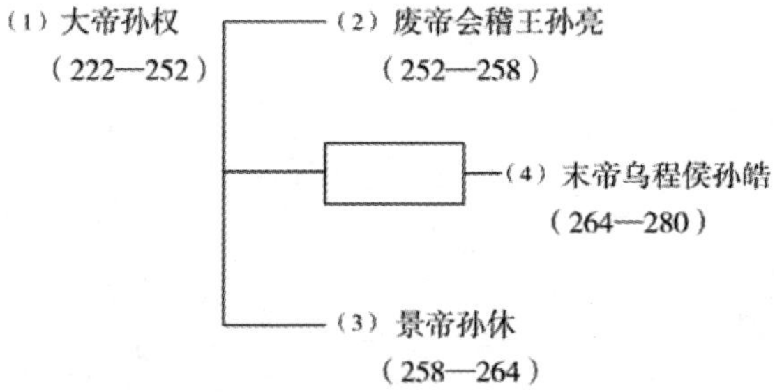

晋朝

司马炎

晋世祖武帝司马炎，字安世，河南人。是司马昭之子、司马懿之孙。司马炎天生相貌异常：头发很长，能拖到地上；双手下垂可超过膝盖。他篡夺了曹魏政权，接着灭掉了蜀国，又灭掉东吴，统一了天下，定都洛阳。武帝司马炎明辨通达，有谋略，善于决断大事。用仁义节俭的行为来矫正魏朝沿袭下来的奢侈风气。司马炎自己在服丧的三年里，始终穿戴素服素冠，吃简单的饭菜。这样一来，国家逐渐富强，兵力日益强盛，天下太平。

司马炎立子司马衷为太子，又为太子选择妃子，打算娶卫瓘的女儿。贾充的妻子郭槐，贿赂杨皇后左右亲近的人，让杨皇后说服武帝娶她的女儿，武帝听从了。贾妃年仅十五岁，比太子大二岁，性妒忌而多权诈，太子既宠爱她，又害怕她。武帝曾将才人谢玖赐给太子，生皇孙司马遹（yù）。一次宫中夜里失火，武帝登楼观望，当时司马遹年仅五岁，竟用手牵着武帝的衣服躲到暗处，说："黑夜里很忙乱，应该防备意外事情发生，不能让火光照着皇帝。"武帝于是感到很惊奇，曾对群臣说司马遹很像宣帝司马懿。武帝知道太子昏庸愚昧，然而考虑到司马遹的聪慧，所以没有起废立太子之心。尚书令卫瓘曾在凌云台侍奉武帝宴饮，便假装酒醉跪在武帝床前，说："臣有事要启奏。"武帝说："你有什么话要说？"卫瓘几次欲言又止，吞吞吐吐，于是用手抚摸着武帝的床说："此座可惜。"武帝明白他的意思，便假装说："你真是喝得大醉了。”卫瓘于是不再提及此事。

晋武帝自从平定了吴国以后，懒于政事，却喜欢游宴；他罢黜州郡的兵马，造成武备空虚；又不能改易九品中正制度，致使人才散失。他还选取吴主孙皓宫中的宫女五千人入宫，于是掖廷内的宫人将近万人，他自己则乘坐羊车，羊随意行走，停在哪里就在哪里就寝。宫人竞相在门前插上竹叶，用盐汁洒地，以引诱帝车。杨后临死前，举荐其叔父杨骏之女杨芷代替自己，称她德行容貌双全。武帝听从了，迎立杨芷为皇后，皇后的父亲杨骏及其弟杨珧、杨济也开始从政，一时权倾朝野，当时的人把他们称为“三杨”，旧臣则多被疏远。山涛屡次规谏武帝，武帝心里明白，却不能改正。武帝司马炎在位二十五年去世。

晋惠帝与贾后

太子司马衷继立为帝，尊杨后为皇太后，立贾氏为皇后。太后的父亲杨骏，假黄钺，总领朝政。但是贾后既凶悍又富于权略，常想干预朝政，却受到太傅杨骏的抑制，贾后怀恨在心，竟编造谋反罪杀掉了杨骏。杨太后得知此事，在帛上写字，从宫中射到城外，说：“有能救太傅的给予重赏。”帛书落到贾后手中，贾后因此宣布太后与太傅一同造反，假传圣旨把太后送到永宁宫，不久又把太后废为庶人，迁到金墉城。太后刚到金墉城的时候，身边尚有十余名侍从，后来贾后将侍从全部撤掉，结果太后因没有吃的，八天后饿死。贾后唯恐太后显灵，或许会在阴间向武帝诉冤，便叫人用东西将太后的脸盖上埋葬，又命人施以符咒压制。

当初，晋帝以曹魏政权孤立无援的弊病为戒，大封宗室二十七人为王，执掌兵权，并授以官职。贾后畏惧，于是，征召汝南王司马亮和卫瓘一同执政。贾后的族兄贾模，从舅郭彰，以及贾后的妹夫韩寿的儿子韩谧，因贾后之母无子，上表请为嗣孙，改姓贾名贾谧的，也一同参预朝政。贾后又召楚王司马玮，指使他杀死汝南王司马亮和卫瓘，不久又杀死司马玮。她把朝政交给张华管理。张华对帝室颇具忠心，想方设法弥补朝政的失误，贾后虽然凶悍，却还知道敬重张华。贾模与张华、裴頠，同心辅政，所以数年之间，虽然上有庸主，却朝野清静安宁，这都是张华等人的功劳。

当初，吴国的周鲂之子周处，体力超过常人，但不讲究小节，乡里百姓都害怕他。周处曾问父老乡亲说："如今天下太平，风调雨顺，而百姓们却不高兴，这是为什么？"人们回答说："三害不除，哪里有什么欢乐？"周处问："什么是三害？"回答说："长桥的蛟龙、南山的白额虎和你周处并为三害。"周处说："如果百姓担心的就是这些，我能除掉它们。"于是，周处射死老虎，杀死蛟龙，自己则跟随名士陆机、陆云学习，立志读书，磨炼品节和操行。

等过了一年，周处受到州府的交相征聘。等到秦雍等地的氐族和羌族的齐万年起事，梁王司马肜、夏侯骏命令周处带领五千人马前去迎击，他们杀死并俘虏了众多敌军，后来却因为主将不发救兵，周处竭力征战而死。此后齐万年虽然被孟观打败，然而八王纷纷起兵，终于导致刘渊建立后汉政权的祸患。八王分别是：司马亮、司马玮、司马伦、司马冏、司马乂、司马颙、司马颖和司马越。

当时，社会上崇尚清谈，喜好虚无，任情放达，随心所欲。裴頠想要改变这种风尚却没有成功，一时风俗败坏，西晋最终也因此而亡国。

贾后淫虐日甚一日，私下里与太医令程据等人有染。又用竹箱将宫外的美貌少年男子偷载进宫，让他们用香汤沐浴，喝下淫药，使其极力淫乱；等到疲惫不堪之时，就杀死他们，埋在宫中的空地以灭口，再更换新人，时常达到三五人之多。裴頠与贾模、张华密谋废黜贾后，立太子司马遹的生母谢淑妃为皇后，但考虑到诸王势力正强，各分党派，因而没有敢发动，贾模竟因此忧患成疾而亡。

惠帝为人愚昧呆傻。一次他在华林园，听到蛤蟆的叫声，竟问："这是做官的叫呢？还是不是做官的叫？"当时天下饥荒严重，许多百姓被饿死，惠帝得知后却说："他们为什么不吃肉粥呢？"于是大权旁落，政令出于豪门大户，有权势地位的人家，相互交替举荐，犹如做买卖一样。贾后家和贾后之母郭槐家，更是任凭他们恣肆横行，公开地卖官行贿。天下大乱已成定局。

太子司马遹小时候有聪慧的美名，等到长大了，却不喜欢读书，只是和身边的侍从玩闹嬉戏，所以名声越来越不好。贾后又派人引诱太子做不该做的事，强迫他饮酒，使他写下造反的文字从而下令废黜太子。程据派孙虑给太子送去毒酒，太子不肯喝，孙虑竟用药杵击杀了太子。赵王司马伦起兵讨伐贾后，先把贾后废为庶人，而后杀死了她，紧接着又杀死了司空张华和仆射裴頠。

八王乱晋

司马伦自己做了相国，都督中外军事，孙秀等人和他一同执掌兵权。司马伦一向昏庸愚昧，所以又受到孙秀的制约。孙秀担任中书令，威望权力震动朝廷，天下人均听命于孙秀而不求于司马伦。淮南王司马允起兵讨伐赵王司马伦，战败而死。当时石崇有一名叫绿珠的美妾，孙秀向石崇索要绿珠，石崇没有同意。等到淮南王司马允战败，孙秀便趁机说石崇和潘岳协助司马允造反，将其收捕，绿珠就跳楼而死。石崇叹道："你们不过是贪图我的财产罢了。"前来逮捕他的人说："你知道财富是祸患，为什么不早早地把它们散掉？"石崇不能回答。

当初，潘岳的母亲常常责备潘岳说："你应该知足了，怎么还贪图名利，见利而趋，大祸临门也不停止呢？"等到事情发生，潘岳向母亲谢罪说："我辜负了母亲的教诲。"于是潘岳全族被杀。

册立皇后羊氏，赵王司马伦强行夺取印玺绶带，乘法驾入宫，即皇帝位。将惠帝迁出皇宫，让他居住在金墉城，尊其为太上皇。又杀死皇孙司马臧，惠帝的子孙都被杀尽了。任命孙秀为侍中，其余党羽即使是奴仆和兵士，也各自加官进爵。每逢朝会，坐满了身着官服的官员，为此，当时的人中流传着一条谚语："貂不足，狗尾续。”齐王司马攸之子司马冏，以及成都王司马颖、河间王司马颙等，举兵讨伐司马伦，司马伦和孙秀十分害怕，派遣孙辅、张泓等带领军队前去抵抗。成都王司马颖击败了孙辅、张泓率领的军队，统率大军渡过黄河，左将军王舆在城里作为内应，攻斩孙秀，从金墉城迎惠帝还宫，恢复了帝位，诛杀司马伦。任用齐王司马冏为大司马辅政，成都王司马颖、河间王司马颙，各自回到自己的封地，册立武帝之孙清河王司马覃为太子。齐王司马冏，骄奢擅权，建造府第和西宫相同，一年多不上朝。成都王司马颖、河间王司马颙，派长沙王司马乂起兵讨伐司马冏，司马冏的军队被打得大败，司马冏被抓住杀死，手下党羽均被夷灭三族。

司马乂留在朝廷执掌政权，司马颙、司马颖二王，嫌司马乂在朝内，他们不能为所欲为，便举兵造反。司马乂尊奉惠帝亲自统兵讨伐叛军，却被司马颙的部将张方打败，张方的军队进入京城后大肆抢掠，死者以万计。司马乂再次尊奉惠帝出征，与司马颖、都督陆机在建春门大战，陆机的军队大败。陆机与宦官孟玖有矛盾，孟玖便诬陷陆机有二心，在长沙斩杀了陆机，一同被杀死的还有陆机的弟弟陆云，其家族被夷灭。司马乂屡次打败司马颖的军队，前后斩杀俘获六七万人，侍奉惠帝也并未失礼，所以尽管城中的粮食一天比一天少，但手下将士并没有背叛之心。张方认为洛阳攻不下来了，打算回师长安；然而东海王司马越害怕城中坚持不下去，暗地与殿中诸将，趁黑夜逮捕了司马乂，把他关押在金墉城，大赦天下，改元永安，并打开城门。城中将士见城外的军队并不强盛，后悔了，改变主意图谋劫出司马乂来抵抗司马颖，司马越害怕了，派人秘密通告张方，张方派人把司马乂从金墉城提出来用火烤死了。

司马颖进入京师做了丞相，仿照当年魏武帝那样。司马越担任尚书令，司马颙担任太宰。司马颖僭越奢侈日甚一日，他废掉羊后和太子司马覃，人们大失所望。东海王司马越，尊奉惠帝出兵讨伐司马颖，恢复了羊后和太子司马覃的地位。征召嵇绍随驾扈从，司马颖派遣大军在荡阴抵抗惠帝的军队，惠帝的军队战败，嵇绍用身体护卫惠帝，被杀死，鲜血溅到惠帝的衣服上。司马颖把惠帝迎到邺城，身边的侍者要给惠帝洗衣服，惠帝说："衣服上有嵇侍中的血，不要洗。"陈聆、上官已尊奉太子司马覃拒守洛阳，司马越逃回东海。幽州都督王俊，与鲜卑、乌桓及司马越之弟并州刺史东瀛公司马腾，一同起兵讨伐司马颖。

当初，自从汉魏以来，匈奴、鲜卑、羌、氐、羯五个少数民族中的投降者，多数居住在内地。后来屡次因为怨恨和矛盾，杀害州郡长官，渐渐成为百姓的祸患。武帝时，侍御史郭钦给朝廷上书，请求凭借平灭吴国的威名，逐渐把这些投降的少数民族迁徙到边境地带，武帝没有接受郭钦的建议。当时有一个巴西氐人名叫李特的，在蜀地起兵。匈奴左贤王刘豹之子刘渊，年轻时就才智出众，不同于常人，不仅熟读经史，而且体力过人，具有文韬武略，被当作侍子留在洛阳。齐王司马攸请求杀掉刘渊，武帝没有听从，反而任命刘渊为左部帅，惠帝时又任命他为匈奴五部大都督，司马颖还上表举荐刘渊为匈奴的左贤王。刘渊之子刘聪，勇猛过人，而且广泛涉猎经史，擅长作文章，能够拉开三百斤的硬弓。

二十岁左右时在京城广泛交游，有名之士没有不想和他交往的。司马颖任命他为积弩将军。等到幽州王浚、并州司马腾起兵讨伐司马颖时，刘渊对司马颖说："如今两镇跋扈，恐怕不是宿卫和相邻州郡的军队所能抵御的。我请求让我回去，说服匈奴王部一同解救国家的危难。"司马颖说："我想尊奉皇帝回到洛阳，你看怎么样？"刘渊说："殿下您是武帝之子，对王室立有大功，王浚是个小人，东瀛公司马腾与皇室的关系疏远，哪里能够和殿下争霸呢？但殿下一从邺宫出发，等于是向别人示弱，恐怕是到不了洛阳的吧，即使能到洛阳，殿下也不再具有权威了。希望殿下安抚勉励军队，按兵不动以镇慑敌人。我为殿下，用二部人马摧毁东瀛公司马腾，用三部人马消灭王浚，这两个小人的人头，很快就可以悬挂起来了。"司马颖很高兴，拜刘渊为北单于，派他率领大军按照计划实行。等到幽州和并州的兵马来到邺城，司马颖尊奉惠帝回到洛阳，王浚等人在邺城中大肆掳掠后才回兵。

张方依仗手中的军队，在朝廷里独断专行，太弟司马颖也不能再干预政事，惠帝降诏让太弟司马颖以成都王的身份回到他自己的府第，改立豫章王司马炽为皇太弟。刘渊听说司马颖离开邺城的消息，感叹说："不听我的话，竟然自己奔逃溃败，真是奴才。然而我与他有言在先，不可以不救他。"于是准备发兵袭击乌桓、鲜卑。刘宣等人规劝刘渊说："晋人像对待奴隶那样驱使我们，如今他们自己骨肉相残，这是上天抛弃他们，而使我们有机会恢复呼韩邪的大业。鲜卑和乌桓是我们的同类，可以相互援助，为什么要攻击他们呢？"刘渊说："好吧，大丈夫应当成为汉高祖、魏武帝那样的人，呼韩邪哪里值得效仿啊。”刘宣等人跪下说：“您的见识不是我们所能达到的。”于是刘渊举兵造反，将都城迁到左国城，胡人、晋人归顺刘渊的非常多。刘渊对群臣说：“当年汉朝统治天下的时间很长久，对百姓施以恩惠，我是大汉的外甥，相互结为兄弟，哥哥灭亡了弟弟接续，不也是可以的吗？”于是建国号为“汉”，刘渊即汉王位，改元元熙，尊蜀汉安乐公刘禅为孝怀皇帝。刘渊有一个同族子弟叫刘曜，出生时眉毛是白的，眼中有红光，小时候就很聪慧，有胆量。刘曜很早就成为孤儿，由刘渊抚养，等到长大了，仪表魁伟，性情磊落高亮，喜好读书作文章，一寸厚的铁板，他能射穿一个洞。又有武都羯人石勒，也来追随刘渊，刘渊于是占有了山西、陕西等地。

晋东海王司马越起兵讨伐张方，太宰司马颙杀死张方，把人头送给司马越请和，司马越不允许。成都王司马颖逃奔长安，被长史刘舆诛杀。惠帝食毒饼而亡，这是太傅东海王司马越下的毒，惠帝在位共十七年。太弟司马炽入宫即位，这就是怀帝。册立清河王司马覃之弟司马诠为太子，任命琅琊王司马睿为安东将军，总领扬州的军政事务，镇慑建业。怀帝虽然想励精图治，却无奈太傅司马越专权把持朝政，杀死故太子清河王司马覃，下诏征召河间王司马颙为司徒，司马颙前来就任，被南阳王司马模在新安杀死。

前　赵

其时汉主刘渊死，刘聪继立。晋朝的饥民王如侵犯南阳，汉主刘聪派遣石勒进攻江夏，兼并了王如的兵马，紧接着又攻襄阳，太傅司马越统率兵马抵御石勒，在项地扎营，司马越就死于项地，王衍等人护送司马越的灵柩返回东海，石勒派遣轻骑追击，把他们全部擒获。王衍等人乞求活命，石勒不用武器，夜里派人推倒墙把他们压死了。石勒又派人打开司马越的灵柩，焚烧他的尸体，说："扰乱天下的就是这个人，我为天下人报仇。"汉主刘聪派遣大将呼延晏，率领大军一万七千人侵犯洛阳，接着又到河南。晋军在前后十二战中均战败，死了三万余人。刘曜、王弥、石勒均带领军队前来会合，还没有赶到，呼延晏已先到了洛阳，晋怀帝在洛水备船，打算向东逃走，船被呼延晏全部焚毁。不久，王弥和刘曜等相继来到，呼延晏先攻克宣阳门进入洛阳，怀帝从华林门出来，想逃奔长安，汉军追上怀帝抓住了他，并杀死太子司马诠等。把怀帝迁到平阳，封为平阿公。汉主刘聪派遣始安王刘曜等人攻打长安，晋南阳王司马模投降，被刘曜杀死，刘聪任命刘曜为车骑大将军，镇守长安。

晋朝安定太守贾疋与冯翊太守索綝、金城护军麹（qū）允等人谋划兴复晋室，于是一同率领大军向长安进发。刘曜与贾疋等在黄丘大战，刘曜兵马大败，于是贾疋等兵威大震，把秦王司马业迎入雍城。贾疋等人包围长安城长达数月之久，汉中山王刘曜接连战败，便驱赶着掳掠的人，逃奔平阳。秦王司马业从雍城进入长安，贾疋等人尊奉他在长安建立机构。

汉主刘聪在光极殿大宴群臣，让怀帝身着青衣斟酒；庾珉、王儁等人因抑制不住悲愤，大声哭泣，刘聪十分恼怒，下令杀死庾珉、王儁等晋朝旧臣十余人，怀帝也被杀害。怀帝的死讯传到长安，皇太子司马业哀悼祭奠，即皇帝位。当时贾疋被盗贼所杀，由麴允担任左仆射，索綝担任卫将军，军国大事，全都委托他们处理。汉主刘聪命令赵染攻打长安，赵染被麴允射死。晋帝在位四年，刘聪又命令刘曜进攻长安，攻陷长安外城，麴允、索綝退守内城，城内外断绝了往来，城中饥荒严重，愍帝哭着对麴允说："如今穷困和灾难这样严重，外面又无人救援，我们应当忍受耻辱出城投降，以救活城中的官吏和百姓。"于是派侍中宋敞，送降书给刘曜，索綝暗地里扣留宋敞，而派其子出城对刘曜说："如果允许做郡公，愿献城投降。"刘曜斩杀了索綝之子，把他的人头送回城中，说："帝王之师，靠的是仁义，我统兵已十五年，从来不用诡计骗人；如今索綝这样说，实在是晋室的罪臣，这样的乱臣贼子，人人得诛。"愍帝乘坐羊车赤裸上身出城投降，群臣抓住车子大声哭泣，愍帝也抑制不住悲痛，御史中丞吉朗叹道："我的智慧不能够出谋划策，勇猛不能战死，难道就跟随君主出降，北面事虏吗？"于是自杀而亡。刘曜把愍帝送到平阳，麴允也自杀了。晋朝灭亡。晋朝起于武帝乙酉年（265），终于愍帝丙子年（316），共传四主，五十二年。

汉主刘聪任命愍帝为光禄大夫，封怀安侯。任命刘曜为太宰，假黄钺，总领陕西军政事务，封为秦王。公开斩杀索綝。后来汉主刘聪出去打猎，让愍帝身着戎装，手执剑戟在前面开路；又在光极殿大宴群臣，让愍帝斟酒洗爵，许多晋朝旧臣都哭出声来，尚书郎辛宾站起身，抱住愍帝大哭，刘聪命人把辛宾带出去斩首，接着愍帝也被害死。

当时海内大乱，唯独长江以南稍稍安静一点，中原躲避战乱的官吏和百姓，大多南渡长江。镇东司马王导劝说琅琊王司马睿，收罗人才，与他们一起成就大事，司马睿听从了王导的意见，征召了百余名官员，当时的人称他们为百六掾，刁协、卞壶、陈群、庾亮、甘卓、周访、陶侃均在其中。弘农太守宋哲，受到汉军的攻打，放弃州郡逃到建康，说他接受了愍帝的诏书，命令丞相司马睿统摄国家大事。司马睿身穿素服出营，举哀三日，即位称帝，改元设置百官，建立宗庙社稷。

五胡的祸乱，起源于巴西氐人李特。当初，张鲁在汉中，賨（cóng）人李氏，自巴西前往汉中投靠张鲁。等到魏武帝曹操攻克汉中，李虎率领五百余家归顺曹操，被拜为将军。李虎之孙李特，在惠帝时作为流民进入蜀地，仅一个月的时间，手下部众就达到三万人。他们占据广汉，进攻成都，被刺史罗尚打败，李特被斩首。其弟李流代替李特率领部众，势力再次强盛。等到李流死，李特之子李雄代立，任用范长生为谋士，攻克罗尚，进入成都，自称成都王。不久称帝，国号“大成”。李雄擅自称帝三十一年后死去，他舍弃儿子而立其侄李班为君，李班在位五个月，被李雄之子李越杀害。李越因其弟李期既有才能，名声又好，便立他为帝。李期在位三年，被李特的小弟弟李让之子李寿所废，李期自缢而死。

李寿僭位六年，改国号为“汉”，所以世人称为后蜀。李寿之子李势在位四年，骄奢淫逸，不理国事，晋安西将军桓温，带领大军深入“汉”境，进攻成都，李势战败，于是反绑双手用车载着棺材出城投降。“大成”共传七世，四十七年。后来这一地区被前秦苻坚占据。

紧接着起事而敢于灭亡晋朝的，叫“汉”，后来改国号为“赵”，这是匈奴人建立的政权。当初，汉献帝时，南单于呼厨泉来朝见献帝，魏王曹操竟把他留在邺地，把他的部众分为五部，居住在并州。其弟左贤王呼厨豹势力最强，呼厨豹说他的先人是汉氏的外孙，所以姓刘。刘豹生了一个儿子叫刘渊，此子出生时手上就有文字——“渊”，于是就以渊字为名。刘渊见司马氏中八王起兵，骨肉互相残杀，因而背叛晋朝起兵反抗，占据平阳称帝，国号“汉”。刘渊擅自称王四年，称帝三年后死去。其子刘和继位才一个月，就要杀害其弟刘聪，北海王刘乂将此事告知了刘聪，刘聪攻杀了刘和，立刘乂为皇太弟。刘聪两度攻打西晋，抓住西晋的两个皇帝，几乎灭晋，于是晋便东迁至江南。

当时有流星进入紫微垣，光芒一直拖到地，坠落在平阳以北，化为一大块肉，长三十丈，宽二十七丈，十分奇异。

汉主刘聪专好亲近女色，与刘渊的皇后单氏乱伦私通。中护军靳准有两个女儿名唤月光、月华，都有绝世姣容，刘聪立月光为上皇后，刘贵妃和月华为左、右皇后。后月光因为行为不端被废黜，又立美貌的婢子樊氏为上皇后，三个皇后以外，佩有皇后玺绶的还有七人。刘聪每日饮酒行乐，久不上朝理事，太弟刘乂屡次规劝无效，却被刘聪之子刘粲进谗言，致使刘乂被杀。刘聪在位八年后死去，其子刘粲继立，朝廷内靳准独断专行。刘聪的几位皇后都很年轻，刘粲与其日夜私通，不理朝政。靳准带兵上殿，抓住刘粲杀死了他，刘粲在位刚一个月。刘氏家族中不分男女老幼全都在东市被斩，又发掘刘渊、刘聪的陵墓，斩杀刘聪的尸体，焚毁刘氏宗庙，靳准自称大将军汉天王。

刘渊的同族子刘曜得知靳准作乱，便从长安起兵讨伐靳准；石勒也从洛阳带领精兵五万讨伐靳准，靳准屡次挑战，石勒都闭营不战以消耗靳准军队的士气。刘曜来到赤壁，即皇帝位，任命石勒为大司马，加九锡，晋封赵公。靳准的部将乔奉等人杀死靳准，推举靳准之弟靳明为主，派卜泰捧着传国六玺，向刘曜投降。石勒对此十分愤怒，率兵攻占平阳，焚烧了这里的宫室，靳明逃奔刘曜，刘曜诛灭了靳明的家族。石勒派左长史王修向汉报捷，王修的舍人曹平乐对刘曜说："石勒派王修来，实际上是要侦察你力量的强弱，等到他回去向石勒禀报了，石勒就会来袭击你。"刘曜听了曹平乐的话，便斩杀了王修。石勒得知，更为恼怒说："我侍奉刘氏，做的事比一个臣子应该做的多得多，刘氏的基业，都是我给创下的，如今既已得志，就设法整治我。赵王和赵帝，我可以自己做，为什么还要等待别人呢！"于是诛杀了曹平乐的三族。

汉主刘曜回到长安，册立已故惠帝的皇后羊氏为皇后，改国号为"赵"，世人称之为前赵。石勒背叛了汉，占据襄国，号称赵王，世人称之为后赵。后赵石勒进攻前赵的蒲阪，前赵主刘曜击败了石勒，石虎逃奔朝歌，刘曜在金墉进攻石生，并包围洛阳。后赵主石勒，亲自率兵救援洛阳，卷甲衔枚，走小路，昼夜兼行，带领步兵和骑兵四万人，进入洛阳城。石虎率步兵进攻前赵的中军，石堪用精锐的骑兵攻击前赵的前锋。双方在西阳门大战之时，石勒率兵从间阖门冲出，夹击前赵军队。前赵主刘曜一向嗜酒如命，大战之前，要饮数斗酒。刘曜骑马来到西阳门，仍是醉意醺醺，石堪乘机进攻，前赵军大败。刘曜的战马被陷住，刘曜也被石堪抓住，石勒下令说："我所要擒获的不过是刘曜一人而已，如今已经抓获，其余的人可以让他们自己逃命。"石勒把刘曜带回去杀死。刘曜在位十二年。前赵共传五主，二十六年。于是长安、秦陇等地，全都归属后赵石勒。

后 赵

石勒，是上党羯人，其父周曷朱是一个部落小帅。石勒有胆识有力气，擅长骑马射箭。晋朝东瀛公司马腾在山东掠卖胡人，充作军费，石勒也被掳掠，卖身为奴，后来逃亡成为强盗。刘渊起兵以后，石勒前去投奔。刘渊任命石勒为大将，手下人马达到十余万。石勒任用张宾为谋士，每逢遇事就向张宾咨询，不称呼他的名字而称为右侯，以示尊重。当初，石勒被人掠卖，与他的母亲子氏失散，晋朝并州刺史刘琨找到石勒的母亲，派人把她连同从子石虎一起送还石勒，石勒送给刘琨珍宝和名马，被刘琨谢绝了。当时石虎十六岁，残忍无度，成为军中的祸患，石勒秉明母亲想要除掉石虎。石勒的母亲说："跑得快的牛在小的时候，大都损坏牛车，你先忍耐一下。"等到石虎长大了，擅长骑马射箭，英勇无比，每逢攻陷城邑就大肆屠杀，很少有活着的，然而他治军严明，没有敢于冒犯他的人；派遣他攻伐征讨，所向无敌。石勒于是很宠爱重用他。

张宾劝石勒进而占据襄国，襄国就是如今的北直顺德府，然后再分头夺取冀州诸郡。当时晋朝的幽州都督王浚，准备背叛晋自立为王，石勒打算进攻他。石勒假装力量弱小，以臣子的礼节推戴王浚，王浚十分高兴，更加骄傲。石勒出兵袭击王浚，口头上说是给他送礼，便一直进入王浚的居室，在厅堂中坐下，还把王浚之妻召到身边一起坐。接着把王浚抓起来，送回襄国斩杀，幽州全部平定。又打败晋臣刘琨，平定了并州这个地方。因为和刘曜有矛盾，便自立为王，不久平灭刘曜。全部占据了同、豫、徐、兖、并、幽、秦、雍、青、冀之地，改称天王，即皇帝位。在位共十五年死，太子石弘继位。

石虎派他的儿子冀州刺史石遂入宫宿卫，文武大臣都四散奔逃。刘太后有胆识才略，曾辅佐石勒建立功业。便与石堪、石生、石郎等人，举兵讨伐石虎，却没有成功，石虎把他们全部杀死，于是便篡夺了天王位。石弘在位才一年，便被石虎杀害。石虎既然得志，便大建宫室，想方设法使宫殿建造得精巧华贵，挑选民间的美女，让她们住在宫内，宫中身穿绮罗佩戴珠玉的有一万多人。派人教她们学习星象，练习骑马射箭，用女骑手千人作为仪仗队，穿锦裤，佩金银带，执羽仪，鸣鼓吹，每逢出游，都让她们随行。

又在邺城建造东西二宫和台观二十四所，并整治长安，洛阳宫殿，增设女官二十四等，征召民间美女三万多人作为补充。百姓中家有美女、美妇，若其父、其夫不主动献出便治以死罪。通过繁重的刑罚无休止地聚敛掠夺财富。让百姓服苦役，劳累而死的以数十百万计算。财富不够用，就把前代的陵墓全部开掘，取出陵中的金银财宝。

赵太子石邃一向十分骁勇，石虎十分喜欢他。石邃骄淫残忍，喜好把美女打扮起来，和宾客一起传看。发泄完淫欲以后，就把她们脱去衣服剖开肚子，去掉肠胃，填进五味香料，蒸熟后一起吃。石虎既荒淫好色，又喜怒无常，曾屡次责备鞭打石邃。石邃图谋杀死石虎，事情被发觉，石虎杀死石邃，一同被杀的有男女二十六人，埋在一起。石虎改立其子石宣为太子，石宣又想杀死石虎，因为石虎向来喜欢秦公石韬，便派人先杀死石韬，想趁石虎临丧时，杀死石虎，事情又被发觉，石虎肢解了石宣，把残碎的尸体飞撒在路上，同时杀死石宣的妻子、儿女九人。石宣的小儿子才几岁，石虎一向喜欢他，抱着他哭泣，想赦免他，大臣不同意，强行带走杀死。临走时，小儿拉着石虎的衣服，大声哭叫以至于拉断了腰带，石虎因此生了病。

当初，将军张豺俘获赵主刘曜的小女儿，此女美貌异常，石虎娶了她，十分宠爱。此女生了齐公石世，到这时候张豺劝说石虎立石世为太子，石虎对群臣说：“我想用三斛纯灰，自己洗涤肠子，为什么我专门生恶子，年纪一超过二十岁，就要杀死父亲？如今石世年方十岁，等他到二十岁，我已经老了！”于是立石世的母亲刘昭仪为皇后，石虎发配石宣的东宫卫士十余万人到凉州，其中的梁犊等人，就纠集众人造反，抢夺百姓的柴斧，安上一丈长的斧柄，攻伐作战像神一样，所向披靡，长驱直入，一直向东打来，石虎十分恐惧。姚弋仲和蒲洪奉命讨平了梁犊等，石虎封姚弋仲为西平公，后来姚弋仲成为后秦的始祖；封蒲洪为秦雍都督，后来蒲洪成为前秦的始祖。

石虎在位十五年死，幼子石世继位一个月，其兄石遵杀死石世自立为帝。石遵称帝六个月，又被其弟石鉴杀死，石鉴自立为帝。石鉴称帝四个月，石闵废黜石鉴并杀死了他。石闵本姓冉，他杀死石虎的三十八个孙子，完全灭亡了石氏。石闵自立为帝，恢复本姓冉，建国号为“魏”。当时石虎的庶子石祗镇守襄国，与姚弋仲、蒲洪联合发兵讨伐石闵，石祗在襄国自立为帝。在位二年，被部将刘显杀死，刘显投降了冉闵，后赵灭亡。后赵共传七主，三十三年。后来刘显又背叛冉闵，被冉闵杀死。石琨逃到东晋，被晋杀死。石氏于是灭绝了。冉闵在位三年，燕王慕容儁命令慕容恪等攻打魏，魏主冉闵连战数胜。慕容恪选择鲜卑人中善于射箭的五千人，结成方阵向前进攻，冉闵也一直向前冲，他骑的骏马，日行千里，名叫“朱龙”，此马忽然倒地而死，冉闵被燕军抓获，慕容儁下令鞭打冉闵三百鞭，在龙城斩首。前燕于是兼并了赵地。

前　燕

前燕，曹魏时鲜卑族莫护跋居住在辽西，因跟随司马懿征讨公孙渊有功，被拜为率义王，在棘城之北建国，就是今天的直隶永平府。当时燕、代地区的人多戴步摇冠，莫护跋很喜欢这种装饰，于是也把头发敛束起来以便于戴这种步摇冠，诸部因而称之为步摇，于是又把步摇讹传为慕容氏，从莫护跋传四代传到慕容廆（guī）。自晋武帝时已开始作乱，不久又投降晋，被任命为鲜卑都督，慕容廆号称大单于，晋封他为辽东公。

慕容廆的小儿子慕容翰，既骁勇又有智略，辅佐慕容廆攻取辽东，斩连津，进攻高句丽。慕容廆在位二十七年死，其子慕容皝（huǎng）继立，慕容皝忌妒慕容翰，慕容翰便投奔了段氏，后又投奔宇文氏。宇文逸豆归不能任用慕容翰，慕容皝秘密召回慕容翰。慕容翰辅佐慕容皝降服了高句丽，打败宇文逸豆归，开辟疆土数千里。慕容皝更加忌妒慕容翰，终于杀死了他。慕容皝继称辽东公，派人出使东晋，东晋封他为燕王。慕容皝在位十五年死。其子慕容儁继立，继承王位三年，在皇位十年。

慕容儁任用慕容恪攻取中山，又命令慕容恪击败魏主冉闵，兼并了后赵的国土。只有三秦之地，被前秦占据，无法得到。又命令慕容恪打败段龛（kān），段龛投降，平定了齐地。等到慕容儁死，其子慕容暐继立，慕容恪接受遗诏辅政，慕容恪虚心待士，根据才能授予职位，把燕国治理得很好。等到慕容恪死了，晋朝的桓温统兵讨伐燕国，燕向秦请求救援，秦王苻坚派遣苟池、邓羌来救燕国，桓温从燕逃回，慕容垂率军追击，大败桓温。

慕容垂最初名慕容霸，是燕王慕容皝之子，慕容皝惊奇慕容垂的才能，想立他为世子却没有成功。燕王慕容儁厌恶他，因为他曾经从马上摔下来摔折了牙齿，便改名为“缺”（quē），又因这个名字应谶文，改名为“垂”。慕容垂娶段末怀的女儿为妻，此女才貌双全，与燕主慕容儁的皇后可足浑氏不合，皇后诬告段氏诅咒她，杀死了段氏。慕容垂又娶段氏之妹为妻，此女更加美貌，可足浑皇后废黜了她，却把自己的妹妹嫁给慕容垂，慕容垂很不高兴，所以可足浑皇后更加厌恶慕容垂。等到慕容垂建立大功，威名更大，可足浑皇后便与慕容评密谋杀死慕容垂。慕容垂得知，从洛阳和段夫人及世子慕容令兄弟等人一起逃到前秦。秦主苻坚一直有吞并燕国的志向，因畏惧慕容垂而不敢发兵，听说慕容垂来投奔，十分高兴，任命他为冠军将军。

秦王苻坚派遣王猛攻打燕国，燕主慕容暐既忧虑又恐惧，不知道该怎么办。太傅慕容评害怕王猛，不敢进兵，占据日鄣固山泉，把泉水卖给军人，每一匹绢，买水二石，慕容暐派人责备慕容评，让他出战。慕容评心怀畏惧出战，大败，逃回邺城。王猛又攻破邺城，慕容暐和慕容评等逃走，被秦军追获。慕容暐在位十一年而亡。前燕从慕容廆（307年自称大单于）起传四世，共六十四年，被前秦吞并。

前　凉

从西晋发展而来的还有前凉。

晋惠帝永宁元年（301），任命散骑常侍安定氏人张轨为凉州刺史，当时各方多有战乱，张轨怀有保卫据守河西的志向。任用宋配、汜瑗为谋士，鲜卑人多次侵犯，都被打败，他的威名在西部十分响亮。汉侵犯洛阳，张轨派人前来保卫皇帝，给皇帝的贡奉也不间断，忠于晋朝皇室，被封为西平郡公。张轨在位十五年死，其子张实继立。张实对军政大事十分勤勉，忠于晋朝皇室，派遣将军王该统率步兵骑兵五千人，来救援长安。等到汉刘曜攻陷长安外城，内城饥荒严重，逃亡的人制止不住，只有凉州前来救援的忠义军士，守卫内城至死也不逃跑。

当时京兆人刘宏，在凉州天梯山客居，用妖术迷惑人众，张实身边的人阎涉、赵印等人都听刘宏的。刘宏对阎涉等人说："上天授予我神玺，我应当做凉州王。"阎涉、赵印相信了刘宏的话，密谋杀死张实尊奉刘宏为主。张实弟张茂得知他们的阴谋，请求诛杀刘宏。张实派遣牙门将史初去抓他们，史初还没有到，阎涉等人就发动了暴乱，杀死张实。史初抓住刘宏，将其五马分尸，彻底消灭了刘宏的党羽。史初与左司马阴元等，因张实之子年纪尚幼，便推举张实弟张茂为刺史。西平公张茂立张骏为世子，张茂嗣位四年而亡，他的侄子张骏继立。

张骏勤于治国，总揽军政大事，手下文武均听其号令。使国家富强，兵力强盛，西域诸国都来朝贡。张骏派遣使臣到东晋，上疏，认为石勒、李雄已死，石虎、李期继为叛逆，先朝元老皆已故去，时间流逝，乞请敕令司空郗鉴、征西将军庾亮等乘船渡过长江、沔水，首尾齐举，讨伐叛逆，晋帝没有采纳张骏的建议。张骏嗣位二十二年死，子张重华继立。

后赵主石虎派遣军队攻打凉州，凉州派谢艾抵抗，大败后赵军队。石虎感叹地说："我用少数军队平定中原，如今用中原的力量围困凉州，却不能成功，他们那里有能人啊，看来不可能轻易吞灭凉州。"张重华嗣位七年死，其子曜灵继立。重华的庶兄张祚废黜曜灵自立，恣意淫乐肆虐，杀死重华的妃子裴氏，又杀谢艾，自称凉王，使用天子的礼乐，在位一年，张瓘、宋琨等人起兵讨伐张祚。张祚杀死曜灵，宋琨为曜灵发丧，立曜灵之弟元靓，斩杀张祚，砍下他的头。张瓘既好猜忌又苛刻暴虐，宋琨秉性梗直，张瓘想要杀死宋琨篡位自立，被宋琨击败，张瓘自杀。等到宋琨死后，元靓的叔父天锡把持朝政，竟杀死元靓取代了他，张元靓在位八年。张天锡在位十四年，沉湎于酒色，人们心中充满了怨愤。秦主苻坚命令苟苌（cháng）、梁熙等带领大军开到西河，张天锡派马建、常据抵抗秦军。马建投降秦军，常据战败自杀，秦军长驱直入，天锡反绑双手出城投降，凉州郡县，都被前秦占有。前凉一共传八主，共七十六年。后来前秦战败，张天锡重又归附晋朝。

秦主苻坚，吞并各国，几乎统一。自从侵犯东晋战败而归，所辖各族都起来造反，这就是所谓的前五胡扰乱晋朝，后五胡扰乱前秦。

司马睿

东晋中宋元帝司马睿，字景文，是宣帝司马懿的曾孙、琅琊王司马觐的儿子，其实是牛金之子。因为琅琊王司马觐的妃子夏侯氏，生得千娇百媚，水性杨花，小吏牛金入宫朝见，夏侯氏见牛金是一美貌少年，便引诱和他通奸，往来的时间长了，因而有孕。司马觐虽然时常与之同房，因为怀孕的年月不对，有了疑心，只是由于宠爱夏侯氏，不忍心指出真相。等到司马睿出生时，有神光等异常现象出现，把一间屋照得十分明亮，所以就抚养了司马睿。等到司马睿长大了，鼻梁很高，有帝王之像，眼睛也明亮异常，沉着机敏有雅量，便冒认为是自己的儿子。等到夏侯氏临死前，把这件事告诉了元帝司马睿，元帝秘密召见牛金，但牛金已死。元帝以恢复本姓为耻，便冒姓司马氏，重赏牛金之子，把他打发走了。

祖 逖

当初，司马睿任安东将军，总领扬州、江南的军政事务。等到听说愍帝遇害的消息，便在建康即皇帝位，立子司马绍为太子。任用王导为谋士，官拜骠骑大将军，任命王敦为荆州刺史，又任命祖逖为豫州刺史。祖逖是范阳人，年轻的时候就有恢复中原的志向，他曾与刘琨睡在一起，半夜听到鸡叫，踢醒刘琨，说："这不是令人讨厌的声音。"于是起来舞剑。司马睿不给他兵马装备，让他自己招募。祖逖率领他家的部曲百余家渡过长江，船行至江中他击着船桨发誓说："祖逖如若不能收复中原，再渡江的话，就淹死在江中。"于是在淮阴屯兵，自己铸造兵器，招募到二千余人然后继续进发。

祖逖在雍丘镇守，屡次派兵袭击后赵军队，后赵的守军中归降祖逖的很多。后赵的国土越来越小，自黄河以南，大多背叛后赵而归附东晋。祖逖继续操练兵马屯积粮草，为攻取黄河之北做准备。后赵主石勒把祖逖当作心腹之患，于是下令幽州，为祖逖的祖父修墓，设置二家人守坟，又给祖逖写信，要求相互通使以及实行互市贸易。祖逖也禁止手下将士不得欺压后赵的百姓，边境之间，暂时获得休息。元帝任命戴渊为征西将军，都督六州，镇守合肥。祖逖认为戴渊虽有才能和威望，却没有远大志向，而且自己已经扫除了障碍，收复了河南地区，而戴渊不费吹灰之力就来统领自己，心里很不服气。又听说王敦即将发动叛乱，知道大功无法实现，竟因愤怒生病而死。朝廷便任命祖逖之弟祖约代替祖逖统率他的部属。

刘琨开始时担任并州刺史，等到石勒攻占乐平，并州因受到威胁投降了石勒，刘琨便逃奔段匹磾，后来被段匹磾所杀。

王敦之乱

王敦举兵造反。王敦早就蓄谋造反，因为惧怕祖逖而不敢发动。等到祖逖死了，便起兵造反，列举刘隗、刁协的罪状，湘江刺史谯王丞、梁州刺史甘卓起兵讨伐王敦。王敦命令魏乂进攻长沙，长沙城池不完整，物资储备又不足，人心震恐。有人劝谯王丞逃出长沙，谯王丞没有同意，于是加固城池固守。

王敦，是王导的从兄。刘隗、刁协劝元帝把王氏家族的人全部杀死，周上疏，极力营救，却不让王导知道，王导很怨恨。元帝任命王导为前锋大都督，征讨王敦，王敦感叹说："我不能够实现我的雄心壮志了。”元帝派遣刁协、刘隗、戴渊率领军队进攻王敦，被王敦打败，刁协被乱军杀死，刘隗逃奔后赵。元帝派遣文武百官到石头城见王敦，任命王敦为丞相，负责内外军政大事。王敦想要杀死周、戴渊，问王导的意见，王导不回答，于是王敦便把周和戴渊抓起来杀掉了。后来王导整理朝廷的上书，才看见周的奏章，他把奏章拿在手中哭着说：“我虽然没有杀伯仁，伯仁却因为我而死，幽冥之中，我辜负了这样的良友。”王敦竟然不朝拜元帝就还师武昌，派军队攻陷长沙，杀死谯王丞，又派襄阳太守周虑出兵杀死甘卓。全国各地的供奉，多数被王敦家占有，朝中和地方的大官全都出于他的门下，元帝忧愤得病，在位六年而亡。

太子司马绍即位，就是肃宗明帝，司空王导接受遗诏辅政。明帝很仁慈，擅长作文章，喜好武艺，好贤纳士虚心受谏，明辨聪慧而有决断。当初做太子时，王敦十分忌恨他，打算把他废掉，由于温峤的阻止，终于没有成功。到王敦阴谋篡位时，王敦弟王彬极力劝谏，王敦勃然大怒，目视左右打算杀死王彬，王彬义正词严地说：“你当年杀死兄长，难道如今又要杀死兄弟吗？”王敦才没有杀王彬。王敦病重，他没有儿子，把其兄王含之子王应当作嗣子，假传圣旨拜王应为武卫将军，作为自己的副手。王导听说王敦病重，带领子弟为王敦发丧，众人以为王敦确实死了，士气一下子高昂起来。于是尚书传诏到王敦的府第，列举王敦的罪恶，王敦见到诏书很生气，病更重了，不能自己带兵，任用其兄王含带领大军五万，大军快到江宁的时候，王导派人给王含送去一封信，信中说：“兄长妄生叛逆之心，凡是做臣子的，谁不愤慨感叹？王导身受国恩，今日之事，无所畏避，作为军队的统帅，宁可做忠臣而死，也不做无赖而生。”王含收到信后没有答复。明帝亲率大军攻打王含的军队，王含军大败。王敦死，手下部众溃散，他的党羽钱凤、沈充等人均被杀。又发掘出王敦的尸首，让尸体跪着砍下首级示众。王含、王应逃奔荆州，王舒派遣军队把他们父子抓住，扔到长江中淹死。朝廷任用陶侃负责管理荆、湘等州的军务。

苏峻之乱

明帝在位三年死。司徒王导、中书令庾亮、尚书令卞壶一同接受遗诏辅政，当时的皇帝年仅五岁，即显宗成帝。庾亮基于太后的缘故，年纪很轻就大权在握。南顿王司马宗，起初很受肃宗的信任，引起庾亮的忿恨而被杀，于是庾亮大失民心。司马宗的死，成帝并不知道，时间长了便问：“平日所见的白头公上哪里去了？”庾亮回答说因为谋反罪被杀，成帝哭着说：“舅舅说谁谋反就杀死谁，如果有人说舅舅谋反，该怎么办呢？”庾亮听罢，害怕得脸色都变了。

当时历阳内史苏峻，先前镇守临淮，在王敦再次造反时，前来护卫皇帝有功，威望越来越高。到他在历阳时，兵强马壮，武器精良，便轻视朝廷，招纳亡命之徒，庾亮修筑石头城作为防备，又利用温峤等人作为援军。庾亮认为苏峻在历阳始终是祸患，想让皇帝下诏征讨，满朝文武大臣都认为不能那样做。庾亮不听，下诏征召苏峻入朝担任大司农。苏峻拒绝应召，说：“我宁可在山头望廷尉，也不能做廷尉望山头。”苏峻知道祖约怨恨朝廷，便派遣使者与祖约联系，推举他为盟主，请他一同起兵讨伐庾亮。祖约十分高兴，派兵和苏峻会合。苏峻率领大军二万人，渡过横江，进攻青溪栅，卞壶率领军队据守抵抗，竭力苦战而亡，卞壶的两个儿子卞昣（zhěn）、卞盱（xū）也在军中，一同战死。苏峻放火烧毁台城各营署，兵马进入台城，假传诏书实行大赦，只有庾亮兄弟不在被赦之列。宣城内史桓彝起兵讨伐苏峻，苏峻分出一部分兵马攻陷宣城，抓住桓彝杀死了他。温峻有兵马七千，打算起兵讨伐苏峻，邀请陶侃一同起兵，陶侃当即身着戎装登上船。郗鉴在广陵，流着眼泪向人们发誓，要入赴国难，手下将士奋勇争先。苏峻得知四面八方起兵讨伐，逼迫成帝迁到石头城。

王导秘密命令张箓用太后的诏书命令三吴起兵。会稽内史王舒、吴兴太守卢潭、吴国内史蔡模、义兴太守顾众等人，全都起兵应召讨伐苏峻。温峤等人率领各路人马开到建康，共有军士四万，旌旗招展，绵延七百余里，苏峻远远望见十分恐惧。陶侃、温峤等人，在石头城下讨伐苏峻，双方相持不下，陶侃想撤兵。温峤说：“天子被囚禁威逼，这正是做臣子的肝脑涂地、以报君恩之时。今天的形势，犹如骑上老虎，怎么可以中途下来呢？你如果违背大家的意志独自撤军，正义的旗帜将回过头来指向你。”毛宝等人劝说陶侃把军粮分一部分给温峤的军队，陶侃督促水军进攻石头城，庾亮、温峤、赵孕等人率领步兵攻向白石。苏峻率领八千人迎战，陶侃部将彭世、李千用矛投射苏峻，苏峻落下马来，立即被斩首，切成碎块，骨头也被焚烧了，三军全都高呼万岁。其余的叛军四散溃逃。苏峻的司马任护等人共立苏峻之弟苏逸为主帅，关闭城门自守。赵孕派遣兵将在历阳攻打祖约，祖约逃奔后赵，后来被后赵夷灭家族。

各路军马进攻石头城，建威长史滕含大破叛军，抓获苏逸、韩晃等人，把他们斩首。滕含的部将曹据抱着成帝跑到温峤的船上，群臣见到成帝都跪下叩头，痛哭请罪。当时宫殿化为灰烬，众人想要迁都，王导让大家先镇静下来，收集失散逃亡的人，京邑安定下来。成帝病情沉重。

桓　温

成帝的两个儿子司马丕、司马奕都还很小，庾冰劝成帝说，因为国家的敌人很强大，应该立年长的人做君主，请求立成帝的母弟琅琊王司马岳为嗣，成帝同意了。成帝在位十七年死，琅琊王司马岳即位，就是康帝。康帝服丧，把国家大事委托给庾冰和何充。康帝在位二年死，太子司马聃即位，就是穆帝。穆帝当时年仅二岁，太后褚氏临朝听政，何充升为侍中，总领尚书事。江州都督庾翼死，何充因桓温有过人的才略，竟然让桓温取代庾翼做江州都督。蜀汉主李势，骄奢淫逸不顾国家大事，桓温率军讨伐，呈上奏章后就出发了，他带领大军一直打到成都。李势战败，便让人反绑自己的双手用车载着棺材，到军门投降。桓温把李势和其宗室十余人押送到建康，选用贤士，表彰善行，蜀人都很高兴。朝廷下诏封李势为归义侯，封桓温为临驾郡公。桓温平灭了蜀，威名大震，朝廷也对他有所顾忌。会稽王昱因为扬州刺史殷浩，屡次辞谢征召，朝廷坚持征召他才接受，享有盛名，朝廷上下都很佩服，便引为同心知已以对抗桓温。

殷浩决心北伐，王羲之、王彪之写信劝他，殷浩不听。当初，姚弋仲之子姚襄投降东晋，穆帝下诏让他住在谯城、历阳。殷浩害怕他的势力强盛，屡次派人行刺，均未成功，又暗地派魏憬袭击姚襄，结果魏憬被姚襄杀死。等到北伐时，殷浩又派姚襄为前驱。姚襄估计殷浩快到了，暗地里埋下伏兵拦截，殷浩行至山桑，姚襄出兵袭击，殷浩大败而回。桓温上疏请求废掉殷浩，朝廷同意了，把殷浩免为庶人，迁徙到信安，自此以后大权都掌握在桓温手中。

桓温率师伐秦，在蓝田大败秦军；又进军霸上，三辅郡县多派遣使者来投降。桓温安抚百姓，让他们安居乐业，百姓争相带着牛和酒迎接犒劳桓温的军队，男女老少站在路旁观看，老年人流着眼泪说："没想到今天还能再见到官军。"

北海人王猛，年轻时就勤奋好学，胸有大志，不屑于小事，人们都轻视他，王猛自己却满不在意，在华阴隐居。听说桓温入关，王猛披着粗布衣服来拜见桓温，一边用手捉虱子一边纵谈国家大事，旁若无人，桓温很惊异，好一会儿才说："江东没有人能和你相比。"

当初，桓温指望用前秦的麦子作为军粮，但秦人事先把麦子都割了，桓温的军中缺粮，又屡次与秦军作战不利，便迁徙秦中三千余户百姓南归。桓温想要王猛同他一同返回江南，王猛不去。桓温率军讨伐姚襄，和部下登上平乘楼，北望中原，感叹说："致使国土沉沦，百年废墟，王夷甫等人，不能够推卸责任。"桓温来到伊水，姚襄迎战，接连战败只好逃走。桓温屯兵金墉，拜谒诸陵，有毁坏的都给修复，又设置人马镇守而后返回。

姚襄逃到平阳，想占据关中，率军伐秦，战败被秦所杀。其弟姚苌带领其余的人投降前秦，后来又背叛前秦，成为后秦的创始人。

当时，谢安年轻时名声就很大，朝廷前后多次征召他都拒不应征。谢安居住在会稽，以写山水文章自得其乐，虽然是平民百姓，人们却都像对公辅那样寄予厚望，说："谢安不出来做官，百姓怎么办？"谢安每次游历东山，经常随身带着歌舞女艺人。会稽王昱听说后说："安石既然与人们同享乐，自然不得不和人们同忧愁，召他一定会来。"谢安娶了刘惔之妹为妻，其妻见家门富贵兴盛，只有谢安独自隐居不做官，就说大丈夫不应当如此。谢安捂住鼻子说："这下恐怕免不了了。"谢安四十多岁时，桓温请他担任司马，谢安终于应召，桓温十分高兴，用很高的礼节接待他。

穆帝在位十七年死，他没有儿子，大臣迎立成帝的长子琅琊王司马丕，这就是哀帝。哀帝在位四年死，无子，其母弟琅琊王司马奕即位。

桓温率领五万大军征伐前燕，燕王慕容暐向秦求救。秦王苻坚派邓羌统兵救燕，桓温与邓羌在枋头大战，没有打胜，往回逃跑，燕吴王慕容垂率领八千骑兵追击，在襄邑追上桓温，大败桓温。桓温对战败深以为耻，便归罪于袁真，上奏皇帝把袁真免为平民。袁真不服，上表列举桓温的罪状，朝廷没有答复，于是袁真便占据寿春，背叛东晋投降前燕。等到前秦平灭前燕，大司马桓温攻占寿春，擒获袁真之子袁谨，把他斩杀了。

桓温凭借自己的才华谋略和地位威望，暗地里产生了不甘心做臣子的想法，他曾经抚枕长叹说："大丈夫不能够流芳百世，也应当遗臭万年。"桓温想先在黄河以北建功立业，以提高自己在社会上的威望，回朝后还可受到重赏。等到在枋头战败，威名受到挫折，攻克寿春以后，桓温问参军郗超说："这能够洗刷我在枋头战败的耻辱吗？"郗超回答说："不能。""那应当怎么办？"郗超说："你不能像伊尹和霍光那样有惊人之举，就不能建立大权威，让普天之下都慑服你。"桓温认为他说得很对，便与郗超制订计划。于是桓温来到建康，宣布太后的诏令，废黜皇帝司马奕为东海王，迎立元帝的小儿子会稽王司马昱，就是太宗简文帝。皇帝司马奕在位六年被废，后来没有再遇到祸患，得享天年。

桓温的威望势力一天比一天大，朝廷下诏进封他为丞相大司马，留在京城辅政，桓温坚持推辞，仍旧请求回去镇守姑熟。太宗简文帝在位二年死，太子司马曜即位，即烈宗孝武帝。桓温入朝，京城内惶恐不安，有人说桓温要诛杀王坦之和谢安，篡夺帝位。王坦之十分害怕，流出的汗把衣服都弄湿了，笏板也拿倒了；谢安却神态自若，从容不迫，与桓温商谈。桓温曾把郗超当作谋士，到桓温会见朝廷大臣时，就让郗超躺在帐中听他们说话，恰好风把帐子吹开，谢安笑着说："郗生可以称作躲在幕后的宾客。"桓温有病回到姑熟，且病情渐重，含蓄地请求朝廷加赏九锡，谢安和王坦之故意拖延此事。

当时天子幼小懦弱，外有强臣，谢安和王坦之尽心尽力地效忠皇帝，辅卫朝廷，终于安定了晋室。等到大司马桓温死，桓温先前认为其世子桓熙没有才能，让他的弟弟桓冲代替他统领部下。桓冲号称桓温有遗命，立桓温的小儿子桓元为嗣子，当时桓元只有五岁。桓冲代替桓温任职，十分效忠王室，因谢安一向享有重望，便把扬州让给谢安，桓氏家族的人和党羽，没有不苦苦规劝的，桓冲都淡然处之。

苻坚与前秦

当时，秦主苻坚吞并各国，势力日渐强盛，苻坚派兵马侵犯东晋的梁州和益州，接着又攻取成都。朝廷正忧虑前秦的侵犯，下诏征求可以抵御前秦入侵的文武良将。谢安向朝廷举荐其兄之子谢玄，朝廷下诏任用谢玄监江北诸军，镇守广陵。谢玄得到刘牢之等人为参军，战无不胜，前秦军队很畏惧他。

秦主苻坚在太极殿大会群臣，商议大举讨伐东晋，群臣都认为不能够这样做。只有慕容垂、姚苌心怀异志，劝苻坚伐晋。阳平公苻融以福德岁星在吴地上空，天道不顺为理由，极力劝阻。苻坚说："凭着我们有这么多军队，把鞭子投入长江，都可以阻断长江的流水，要攻打东晋的军队就像疾风扫秋叶一样。"苻坚所宠爱的张夫人也规劝苻坚不要打东晋，苻坚说："军旅之事，不是女人所知道的。"苻坚命令阳平公苻融、督后将军张蚝（háo）、冠军将军慕容垂等，率领步兵、骑兵二十五万人，又让姚苌担任龙骧将军，统率益州和梁州的军队作为前锋。苻坚亲率步兵六十余万，骑兵二十七万，旌旗和战鼓遥遥相望，前后千里，作为攻打东晋的后续部队。

东晋命令谢石、谢玄率领八万军队抵抗前秦军。前秦军来到颍口，兵马强盛，京城内外都很恐慌。谢玄来找谢安，请教抵御的计策，谢安神色泰然地回答说："朝廷已另有旨意。"而后就不再讲话了。桓冲深深为国家的安危担忧，命令三千精锐部队，前来支援京师，谢安坚持辞谢说："朝廷自有安排，军队装备都不缺少，西部地区也应该留人防守。"桓冲叹气说："如今大敌当前，谢安还忙于空谈，派遣那些没有实际经验的年轻人去拒敌，看来我要做秦人的俘虏了。"前秦将军梁成等率领军队五万人驻扎在洛涧，谢石、谢玄在离洛涧二十五里的地方停下来，因害怕梁成而不敢继续前进。苻融派晋朝的旧臣朱序前来劝说谢石、谢玄等人投降，朱序私下对谢石等人说："如果秦军百万全部来到，你们实在难以抵抗，如今趁他们的军队还未来齐，应该赶快进攻。假如打败他们的前锋部队，士气一定受挫，这就可以接着打败他们了。"谢石等听从了朱序的话，谢玄派遣刘牢之率精兵五千人赶至洛涧，梁成排好军阵阻住涧水等待晋军来到。刘牢之率军一直向前渡过涧水攻击梁成，大败梁成，梁成被杀。谢玄又分兵切断秦兵后退的渡口，前秦的步兵骑兵全面崩溃，争相跳入淮水，死去的士兵达一万五千人。谢石等人率领军队分水陆二路继续前进，秦主苻坚和阳平公苻融登上寿阳城观望，见晋兵步伐严整，又远远望见八公山上的草木，皆以为是晋军，苻坚回头对苻融说：“这也是劲敌，怎么能说弱小呢？”若有所失似地恐惧起来。

秦军紧挨淝水摆好阵势，晋军无法渡河，谢玄派人对阳平公苻融说：“你们孤军深入，紧挨淝水布阵，这乃是持久作战的计划，不是要速战速决。如果你们把军队稍稍后移，让晋军能够渡过淝水，以决胜负，不也是很好吗？”秦军将领都说：“我军人多晋军人少，不如阻挡住他们，让他们不能渡河，这可以说是万全之策。”苻坚说：“我们只让军队后退一点儿，等晋军走在河中间的时候，我军派精锐的骑兵突然出击，哪有不胜之理。”苻融也认为苻坚的话对。于是指挥军队后退，朱序在阵后大声呼喊：“秦兵战败了！”秦军听到喊声，不知道实际情况，互相传说以为秦军果然战败，众人于是四散溃逃，再也制止不住。谢玄、谢琰、桓伊等人率领军队渡过淝水攻击秦军。苻融骑马巡视军阵，想阻止溃散，不料，马倒了，苻融被晋兵杀死，谢玄等乘胜追击，一直追到青冈。秦军大败，自相践踏而死的，漫山遍野，比比皆是，逃跑的人听到风声和鹤鸣，都以为是晋军快到了，昼夜不敢停息，很早就行路，很晚才露宿，再加上饥饿寒冷，死去的人有十分之七八。朱序和张天锡全都逃回东晋。秦主苻坚身中流箭，一个人骑马逃走，前秦竟因此而产生动乱，终于灭亡。

司马道子

桓冲听说谢玄等人大获全胜，后悔自己说错了话，逐渐因悔恨成疾而死。当时北方大乱，而江南却偏安无事。孝武帝沉溺于酒色，等到谢安等人都死了以后，朝政大事均掌握在琅琊王司马道子手中。司马道子也嗜酒如命，每天与皇帝饮酒作歌为乐，又信奉佛教，穷奢极欲，所亲近的都是僧人和尼姑，亲信弄权，公开收受贿赂。当时长星在天空中出现，从须女星一直到哭星，孝武帝见到心中很不高兴，便在华林园举酒祝告说："长星，我劝你饮一杯酒，自古哪里有万年天子，何劳你长星出现呢？"孝武帝喜欢喝酒，彻夜流连在内殿，张贵人宠冠后宫，年纪将近三十岁，一次孝武帝喝醉了酒，同她开玩笑说："你年纪不小了，也应当废黜，我更喜欢年纪轻的。"说完就在清暑殿睡着了。张贵人怀恨在心，竟指使婢子用被子蒙住孝武帝的脸将他憋死。孝武帝在位二十四年。张贵人用重金贿赂身边的人说："皇帝因做恶梦暴死。"当时太子无能，会稽王司马道子又昏庸荒淫，于是没有再追究此事。

太子司马德即位，就是安帝，司马道子晋升为太傅。安帝年纪小又不聪慧，嘴不能说话，不懂得寒暑饥饱，吃饭睡觉都不能自主。母弟琅琊王司马德文，时常随侍左右，以进行节制。当初，孝武帝担心母弟司马道子骄横放纵，擅权专政，便任用王恭总领青、兖等州的军务，殷仲堪总领荆、益、宁等州的军务，以便暗地钳制司马道子。

桓温之子桓玄，自负才华和门第，以豪杰自居，朝廷因有戒心而没有重用，拜他为太子洗马，又将其外放担任义兴太守。桓玄郁郁不得志，感叹说："父亲担任九州伯，儿子却为五湖长。"于是弃官回到家中。桓玄家住江陵，他依仗权势横行乡里，官吏百姓都惧怕他。殷仲堪因为桓氏家族历代统辖荆州，故而对其以礼相待，并且任用他。

当时王国宝和王绪依附会稽王司马道子而与王恭关系不好，王恭派人与殷仲堪商量诛杀王国宝等人，桓玄也劝说殷仲堪，率领晋阳的军队，清除皇帝身边的坏人，殷仲堪同意了，上书列举王国宝和王绪的罪状，举兵讨伐他们。司马道子想求得宽容，便把王国宝赐死，又斩杀王绪，派使臣向王恭道歉，王恭才退兵回到京口。不久，王恭又兴兵造反，并约殷仲堪、桓玄一同造反。桓玄攻陷江州，朝廷赐予会稽王司马道子黄钺，让他统兵讨伐王恭。当时王恭依仗刘牢之为爪牙，却用对待部曲将领的待遇对待他。刘牢之自负有才华而怀恨在心，会稽王司马道子的儿子司马元显得知这种情况，便派人劝说刘牢之背叛王恭，许诺如果事情成功，授给刘牢之名位和尊号，刘牢之听从了，抓住王恭投降了司马道子，王恭被斩。朝廷任用刘牢之总领青、兖七州军事。

司马道子又以重利引诱桓玄和杨佺期，让他们讨伐殷仲堪。桓玄和杨佺期等，虽然乐于接受朝廷的命令，却顾虑殷仲堪兵强势大，不得不与他合作，便联名上疏，申辩殷仲堪无罪。于是朝廷便任命桓玄为江州刺史，杨佺期为雍州刺史，又任命殷仲堪为荆州刺史，下令让他们撤军。殷仲堪害怕桓玄跋扈，于是与杨佺期结亲以便互为支援。桓玄率兵击杀殷仲堪和杨侩期，攻克荆州和雍州，向朝廷请求兼任荆、雍、江三州刺史，朝廷不敢不同意。

孙恩起义

朝廷任用会稽王世子司马元显为扬州刺史。司马元显生性苛刻，任意决定人的生死。孙恩趁着人心骚动，从海岛率领党羽攻陷会稽，杀死内史王凝之，自称征东将军，上书奏报会稽王司马道子和世子司马元显的罪状，请皇帝诛杀他们。于是朝廷内外戒备，朝廷加司马道子黄钺，命令司马元显率领中军，又命令徐州刺史谢琰，兼督吴兴、义兴军，去讨伐孙恩。刘牢之也发兵讨伐孙恩，上了奏章就立即出发，谢琰和刘牢之转斗而前，所到之处全都攻克。

起初，彭城的刘裕，勇猛捷健，有远大志向，以卖鞋为生，喜好赌博，被邻里所轻视。刘牢之攻击孙恩，引刘裕参与军事，派他带数十人侦察敌军，碰上敌人数千人。跟随他的人都死了，刘裕也坠落到岸下，敌人站在岸边要下来，刘裕奋力挥舞长刀往上砍杀，杀死数人，才登上岸，仍旧大声呼喊着追逐敌军，敌人都吓跑了。被刘裕杀死的敌人很多，刘敬宣责怪刘裕长时间不回来，带兵去寻找他，见刘裕一个人赶跑数千敌人，所有的人都很惊叹，于是大军进发攻击敌军，敌军大败，斩杀擒获千余人。

孙恩听说刘牢之率军渡长江，便驱赶男女二十余万口逃入海岛。朝廷任命谢琰为会稽太守，谢琰不注意加强武装防守，孙恩重又侵犯会稽，谢琰战败身亡。孙恩转而进攻临海，朝廷震恐，派兵讨伐，没有成功。任命刘裕为下邳太守，刘裕在郁州攻打孙恩，大败敌军。孙恩重又进攻临海，被太守景辛击败。孙恩所掳掠的三吴百姓，几乎全部死亡。孙恩也投海而死，跟随而死的党羽数以百计，人称水仙。剩下的数千人，推举孙恩的妹夫卢循为首领。卢循神采清秀，很有才华，却心怀不轨。桓玄想要安抚民众，便任命卢循为永嘉太守，卢循虽然接受了任命，却仍旧不停止劫掠。

桓　玄

桓玄上书举荐其兄桓伟为江州刺史，镇守夏口；司马刁畅为辅国将军，镇守襄阳；命令其部将皇甫敷、冯该驻守隘口，操练兵马，伺机等待朝廷的可乘之机。屡次派人献上瑞物，又写信给会稽王司马道子，追究王恭被杀一事。司马元显十分害怕，张法顺对司马元显说："桓玄刚刚得到荆州，人心未附，若派刘牢之为前锋，大军紧跟其后，可以打败桓玄。"司马元显认为张法顺说得对。恰好武昌太守庾楷，主动派人同司马元显联系，请求作为内应，司马元显十分高兴。派张法顺到京口劝说刘牢之，刘牢之认为这样做很难，张法顺回来对司马元显说："观察刘牢之的脸色和言语，必定会背叛我们，不如把他召来杀掉，否则，将败坏大事。"司马元显不同意，便大力整顿水军；派刘牢之为前锋，谯王司马尚之为后援，讨伐桓玄。桓玄闻听此事大惊，于是举兵造反。桓玄的兵马行至姑熟，刘牢之背叛司马元显归附桓玄，司马元显的军队溃散。桓玄进入建康，自己做了太尉，总理朝廷政务，杀死司马元显和谯王司马尚之等人。任命刘牢之为会稽内史，刘牢之说："一开始便夺走我的兵权，大祸将临了。"于是召集僚佐，商议占据江北讨伐桓玄。参军刘袭说："最不可以做的事莫过于造反，将军往年反王恭，近日反司马元显，如今又反桓玄，一个人三次造反，怎么能够自立呢？"说完，快步走出，僚佐也多四散离开。刘牢之害怕了，带领部曲往北逃走，走到新州，上吊而死。司马道子等人皆死。

桓玄刚来到建康的时候，废黜奸臣，提拔贤士，京师上下一片欢欣，希望能稍微安定一点。但不久就奢豪纵逸，政令没有一定的尺度，朋党相继而起，凌侮朝廷，皇帝几乎免不了挨饿受冻，于是众人大失所望。桓玄自己做相国，封十郡，做楚王，加九锡，不久，就篡位做了皇帝，国号"楚"。废晋帝为平固王，把他迁到浔阳。桓玄登上龙床，龙床却忽然塌陷，群臣相顾失色。刘裕跟随桓修入朝，桓玄的皇后刘氏有智谋，会鉴别人，对桓玄说："刘裕走路像龙虎行步，瞻视不凡，恐怕最终不会甘为臣下，不如早早除掉。"桓玄说："我正要平定中原，除了刘裕没有可用的人，等到山河平定，然后再商量这件事吧。"

刘 裕

刘裕和何无忌乘坐一条船回京口，二人密谋兴复晋室。刘毅的家在京口，也与何无忌商量讨伐桓玄。何无忌说："天下之大，并不是没有英雄。"刘毅说："我所见到的英雄只有刘裕。"何无忌笑而不答，回来把刘毅的话告诉了刘裕，于是便与刘毅制定好计策。

何无忌连夜起草檄文，他的母亲是刘牢之的妹妹，偷偷看见这件事，哭着说："我不如东海吕母明智，你能这样做，我再也没有什么悔恨了。"刘裕问何无忌说："我急切需要一府主簿，上哪里去找呢？"何无忌说："没有比刘道和再合适的了。"刘道和即东莞的刘穆之。刘裕马上派飞骑送信把刘穆之召来，刘穆之一到便暂时担任主簿。刘裕假托游猎，与何无忌召集人众，有百余人。第二天一早，京口城门大开，何无忌身着传诏服，假称敕令走在前面，刘裕随着跟在后面一起入城，当即斩杀桓修示众。刘毅又率领壮士一直进城，斩杀桓弘，众人推举刘裕为盟主。

其时桓玄十分忧虑恐惧，有人说："刘裕是乌合之众，他们一定不会成功。"桓玄说："刘裕称得上当代的英雄，刘毅家无余财，但赌博时却能一掷百万，何无忌特别像他的舅舅。他们三人在一起共举大事，怎么能说不能成功呢？"桓玄想在覆舟山按兵不动，摆好战阵等待刘裕大军的到来，桓谦等人坚持请战，于是与刘裕在覆舟山大战，刘裕大败桓谦。刘裕和刘毅等人，分为数队齐头并进，刘裕身先士卒。刘裕的军队与桓玄的猛将吴甫之，在江乘相遇，吴甫之被斩杀，刘裕大军继续前进，与桓玄的将领皇甫敷激战，又杀死皇甫敷。全军将士都殊死作战，无不以一当百，呼声震天动地。当时东北风很大，于是便纵火焚烧，烟火直上云天，擂鼓呐喊的声音，震动京城。桓玄的各路军队四散溃逃，桓玄率领亲信数千人，逃奔石头城。

刘裕进入建康，率领百官奉迎皇帝，杀死桓玄在建康的宗族人等。刘裕初至建康，各种大事都委托刘穆之处理，仓促立定，没有不满意的。当时东晋政治松弛，纲纪不立，没有章法，豪强士族任意横行，百姓穷困，刘穆之根据实际情况斟酌，按照一定的原则矫正。刘裕以身作则，威禁内外，百官无不敬服。

刘毅等与桓玄在峥嵘州大战，大败桓玄。桓玄再次挟持安帝来到江陵，宁州督护冯迁迎击桓玄，他抽刀上前，桓玄说："你是什么人，敢杀天子？"冯迁说："我杀挟制天子的贼人！"于是斩杀桓玄，安帝在江陵复位，刘毅等把桓玄的人头传送到京师，悬在横梁上示众，诛杀桓氏家族的人，唯独饶恕了桓冲的一个孙子。

安帝回到建康，让刘裕总领中外军务，离京镇守京口。任命卢循为广州刺史，卢循遣使前来贡献，送给刘裕益智粽，刘裕回送卢循续命汤。当时扬州刺史王谧死，刘毅等人不想让刘裕入朝辅政，商量让谢琨担任扬州刺史。刘穆之私下对刘裕说："如今天命已移，你勋高位重，难道竟甘做藩将吗？扬州是根本所在，不能够让给别人。"刘裕听从了刘穆之的劝告，于是自己兼任扬州刺史。刘裕不赴京口，而攻伐南燕。

当初，苻坚战败，王猛的孙子王镇恶[1]前来投奔，他骑马射箭不如别人，却有谋略，善于决断。有人把王镇恶推荐给刘裕，刘裕同他交谈以后，高兴地说："我听说将门之家出战将，我现在相信这句话了！"刘裕率领水军从淮水进入泗水，南燕主慕容超召集群臣商议，公孙五楼说："吴军轻装深入，利于速战速决，我们应该占据大岘山，让他进不来，挫其锐气，坚壁清野，简装精骑，

1.王镇恶（371—418）：前秦宰相王猛之孙，秦亡归晋。刘裕用为将领。

顺着海边往南，断绝他们的粮道，再命令段晖率领兖州的军队，沿着大岘山东下，前后夹击。”慕容超没有采纳公孙五楼的意见。刘裕兵过大岘山，用手指天，喜形于色。身边的人问：“你没有看见敌人先欢喜，这是什么缘故？”刘裕说：“我军已走过险地，人有必死的决心；田有余粮，人没有匮乏的担忧，敌人已落入我掌中了！”刘裕大军继续前进，与燕军在临朐大战，燕军大败，斩杀段晖等十余人，慕容超逃回广固，广固就在今天的山东青州府城北。刘裕乘胜往北追击，追到广固，攻克外城。慕容超收集残部保卫内城，刘裕率军合围，将小城围守。北方的百姓，手执武器背负粮食归附刘裕的人，日以千计。南燕的内城久攻不下，刘裕全军进攻，南燕的尚书悦寿打开城门迎接晋军，慕容超突围逃走，被晋军追上抓获，刘裕把慕容超送到建康斩首。

当初，卢循的妹夫徐道覆，听说刘裕率师北伐，劝卢循乘虚袭击建康，卢循听从了。朝廷紧急征召刘裕，刘裕正商议留人镇守下邳，经营司州、雍州，恰好接到诏书，便率领大军回师。用船装载辎重，自己亲率精锐军队赶回，走到山阳，听说何无忌战败而亡，担心京城失守，便精简装备兼行急进。正要渡过长江，风大浪急，众人都感为难，刘裕说：“如果天命助国，大风会自己停止，否则，船翻淹死有什么关系！”当即命令登船，船一开风就停止了。等到大军来到建康，刘毅和卢循在桑落州大战，刘毅军队大败。卢循来到淮口，内外戒严，刘裕对手下将领说：“敌人如果从新亭一直前进，其势不可阻挡，应该暂且避开他们；如果回去停留在西岸，就可以抓住他们了。”卢循果然回师停留在西岸，刘裕率领大军齐心协力进攻卢循。卢循大败逃走，跑到豫章，收集跑散的军队，一直回到番禺，逃奔交州。刺史杜慧度斩杀卢循，把卢循的人头送到建康。

刘裕率军攻打荆州，杀死都督刘毅和豫州刺史诸葛长民；又攻击兼并了司马休之，司马休之逃到后秦。太尉刘裕实行戒严，讨伐后秦。

刘穆之担任左右仆射，总理内外大事。刘穆之办事十分果断，屋里坐满了宾客，要求解决的事纷繁杂乱，刘穆之一边用眼睛看着呈文，一边手写笺书，耳朵听着诉述，嘴里还同时应酬着，彼此之间一点也不混乱，在坐的人都十分钦佩。

刘裕从建康出发，派遣王镇恶、檀道济、沈田子等人，数路并进。王镇恶、檀道济所向披靡，一路捷报，兵临洛阳城下，攻克了洛阳城。刘裕打到潼关，秦主姚泓派姚丕守卫渭桥，王镇恶在渭桥大败姚丕。姚泓的军队不战而溃，姚泓单人匹马逃回宫中，带着妻子群臣到王镇恶的军营门前投降。王镇恶安抚姚泓，军纪严明，百姓安居。太尉刘裕进入长安，把姚泓送到建康斩杀。刘裕留在长安，经营西北，而手下将士全因长期出征，人心思归。恰好刘穆之死，刘裕因为根本大事无人负责，便决定东还，于是让次子桂阳公刘义真总领雍州、梁州、秦州军事。刘义真当时只有十二岁，任命王镇恶为司马。这一次战役，王镇恶立功最多，沈田子等人都很忌妒他，屡次说王镇恶家在关中，不能够完全信任他。刘裕说："古语云：猛兽不如群狐，你们十余人，怎么还怕王镇恶一人呢？"

刘裕从长安出发，从洛阳进入黄河，开通汴渠而归。夏主赫连勃勃[1]闻听此事大喜，派其子赫连璝，率军二万人，向长安进军，赫连勃勃亲率大军作为后援。沈田子带兵抵抗，因惧怕赫连勃勃人多势众，不敢前进。王镇恶听说后，说："主公把十岁的小孩托付给我们，我们应当竭尽全力，手握大军却不敢前进，怎么能够打败敌人呢？"于是便同沈田子一同出兵。沈田子和王镇恶一向存有矛盾，到这时更加忿恨畏惧。赫连勃勃只害怕王镇恶一人，得知他们二人不合，便派人四处散布谣言，说王镇恶想把南方人全部杀死，自己占据关中造反。沈田子于是把王镇恶请到军营中议事，假说奉太尉刘裕的命令杀死了王镇恶。刘义真和王修身穿铠甲来到沈田子的营中，观察有什么变化，王修抓住沈田子，责备他擅自杀死大将，把他斩首。

赫连勃勃进占咸阳，长安路上打柴的人都没有了，刘裕得知这种情况，把刘义真召回，让朱龄、石代镇守长安。赫连璝率领三万大军追击刘义真，双方力战数日，晋军大败，仅刘义真逃回，幸免于难。赫连勃勃攻克长安，朱龄、石代想逃回，跑到潼关，就被夏军追上抓住，送回长安，赫连勃勃下令杀死朱龄、石代。

宋公刘裕查阅符谶，谶文说："昌明以后，尚有两个皇帝。"于是便派中书侍郎王韶之，和皇帝身边的人密谋杀死安帝，立司马德文为帝。但司马德文常在安帝左右，王韶之没有机会下手，恰好司马德文有病，没有住在宫中，王韶之便在东堂用散衣把安帝勒

1.赫连勃勃：十六国时夏的建立者，407—425在位。匈奴，本姓铁弗氏，初属姚兴，后拥兵自立，建都统万（今陕西横山）。东晋灭后秦后，他击败晋军，攻占关中。

死。安帝在位二十二年。刘裕于是假称奉诏，尊安帝的母弟琅琊王司马德文即位，就是恭帝。宋公刘裕晋爵位为王，改而镇守寿阳。

宋王刘裕想受禅称帝，却不好明说，于是召集群臣宴饮，席间刘裕坦然说道："桓玄篡夺皇位，东晋的天下已被夺走。我首举义旗，倡议兴复晋室，如今已大功告成，受到朝廷的重赏。我如今年事已高，什么事情都怕太满、太过，不可以久居高位。现在我想把爵位送还朝廷，在京师养老。"群臣都不明白刘裕的意思。从早一直坐到晚上才散了宴席。中书令傅亮至此才明白，便敲门要求拜见刘裕，说："我想暂时应当返回京师。"刘裕明白傅亮的意思，没有再说其他的话。傅亮走到外面见长星在天空中出现，拍着大腿感叹说："我平时不相信天文，今天才知道它是很灵验的。"傅亮赶至建康，于是朝廷下令征召刘裕入辅朝政。刘裕留下其子刘义康镇守寿阳，让参军刘湛担任长史，决策府内大事。

刘裕来到建康，傅亮草拟了诏书，让恭帝抄写，恭帝欣然提笔说："桓玄之时，晋室已失去天下，后来重又被刘裕延续，将近二十年；今天发生的事，是我心甘情愿的。"于是写在红纸上作为诏书，自己退位回到琅琊府第，恭帝在位仅二年。刘裕在南郊立坛，即皇帝位，大赦天下，改元，国号"宋"。封恭帝为零陵王，让他居住在故秣陵县，派兵看守。后来刘裕派郎中令张伟用毒酒毒死零陵王，张伟却自己饮毒酒而亡。刘裕又命令褚淡之寻找机会，派兵翻墙而入，用被子捂住零陵王将其害死。刘裕率领百官，辍朝三日，东晋灭亡。东晋始建于元帝丁丑年（317），亡于恭帝庚申年（420），共传十一主，一百〇四年。西晋和东晋总共一百五十六年。刘裕篡夺皇位，刘裕就是宋高祖武帝。

（以上系原书第二十一回至第二十二回）

西晋世系表
（265—317）

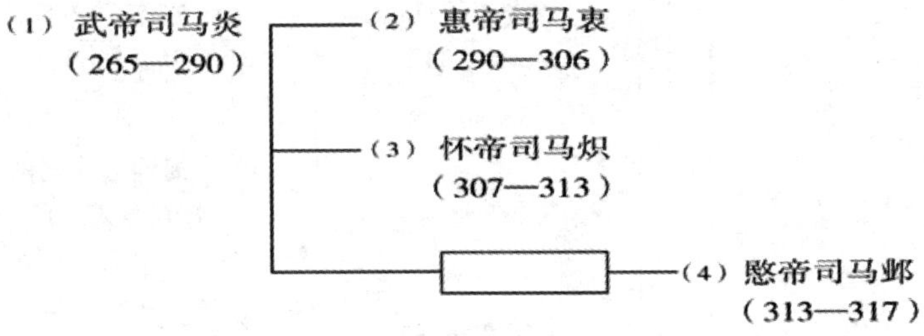

东晋世系表
（317—420）

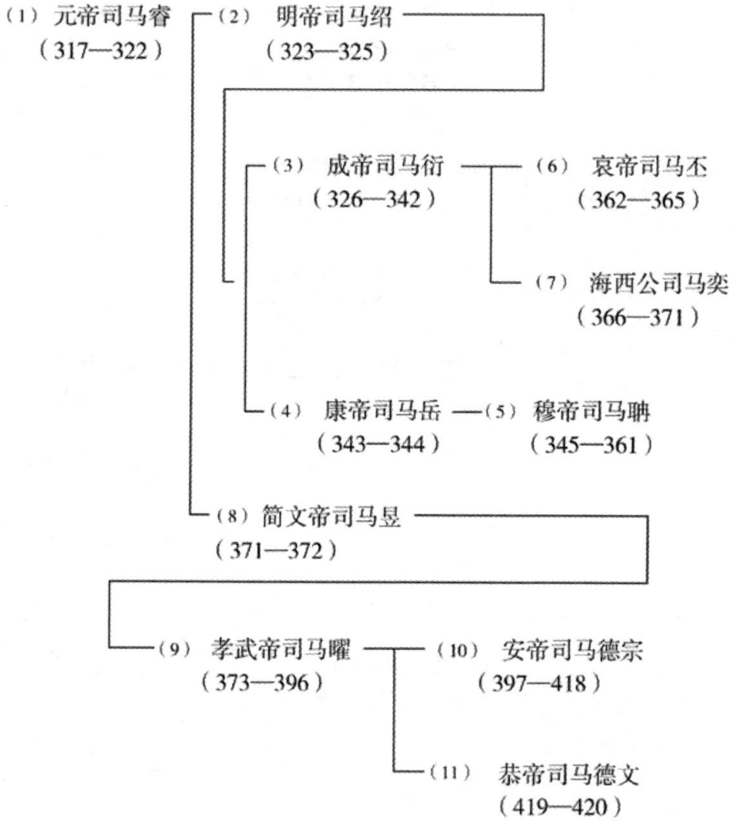

白 / 话 / 演 / 义

白話二十四史

中

吕安世　著
张宏儒　主编

团结出版社

南北朝

南朝宋

宋高祖武帝，姓刘名裕，小字德兴，又字寄奴，彭城人。汉高祖刘邦的弟弟、楚元王刘交的后裔。刘裕生下来母亲就去世了。他的父亲刘翘，侨居在京口，想要抛弃他。幸而他的姑姑将他哺养，后又在继母身边长大。刘裕不喜欢读书，只认得几个字。有一天刘裕行走在路上，遇见一条大蛇，他用弓箭将蛇射伤。几天后他又经过此地，看见几个儿童正在捣药，刘裕问道："你们在干什么？"答道："我们的主子被刘寄奴用箭射伤。"刘裕问："为什么不杀死寄奴呢？"答道："寄奴将来可贵为天子，必然不死。"刘裕呵斥他们，那些儿童随即不见踪迹。

刘裕在东晋王朝任太尉，封为宋王。后来接受晋恭帝禅让的帝位，建国号为宋，仍将都城定在建康。刘裕在帝位三年，妃嫔很少，孝敬继母，行事严谨而适度。

刘裕病情加重，他的儿子刘义符，年龄仅九岁，徐羡之、傅亮、谢晦、檀道济四位大臣一同接受托孤遗命。刘义符即位仅一年，服丧期间不守礼节，亲昵身边的人。庐陵王刘义真与谢灵运、颜延之等图谋篡位，徐羡之等人非常忌恨，先是奏请废黜庐陵王为庶人，然后，四位顾命大臣又将少帝刘义符废掉，改封为荥阳王。刘义符迁居到吴地时，即被徐羡之等派邢安泰杀死，又在新安杀掉庐陵王。他们迎刘裕第三个儿子宜都王刘义隆，立为皇帝，即是宋文帝。文帝任命谢晦为荆州刺史。

徐羡之、傅亮向宋文帝上表章请求归还朝政。文帝下诏书，揭露徐羡之、傅亮、谢晦杀害荥阳、庐陵二王的罪行。鉴于檀道济起初并未参与谋害君王的阴谋，只是胁从犯罪，加以抚慰并仍旧起用。

到此时文帝令刘彦之、檀道济收捕徐羡之等人，徐羡之、傅亮被处斩，谢晦举兵反叛。文帝亲自领兵讨伐并杀死谢晦。又立自己的儿子刘劭为太子。

宋文帝深怀恢复黄河以南地区的志向，派遣右将军刘彦之从淮河进入泗水，溯流西上，北魏太武帝拓跋焘认为河南四镇兵力少，命令魏军收兵向北渡过黄河，士兵们均弃地北撤，于是司州、兖州得以平定。

檀道济等率兵行进到济上，前后与北魏军队交战三十多次，都取得了胜利。宋军又到达历城，北魏将领叔孙建等率轻骑兵前后拦击宋军，并焚烧其粮草。檀道济等人弹尽粮绝，从历城退守到济上。士兵中有投降北魏的，将宋军实情告知。魏军乘势追击，宋军惊慌失措，即将溃散。檀道济乘着夜间高喊着堆积沙土，将剩下的少量的米盖在沙土上面。到了早晨，魏军看见粮堆，认为宋军粮草富富有余，便以降兵所报不实而将其斩首。于是檀道济等得以保全军队回国。

檀道济的声望越来越高，朝廷忌惮他，因此下诏书杀他。檀道济被关押后，非常愤怒，目光如火炬燃烧，他脱下头巾掷在地上说："你们这是在毁坏宋国的万里长城！"北魏人听到这个消息后非常高兴，说道："檀道济一死，江东人不足为虑了。"

宋文帝调动军队大肆进攻北魏，派王玄谟（mó）围攻滑台。北魏太武帝亲自率兵救援，兵众号称百万。王玄谟畏惧逃走，魏军乘胜追击，大败王玄谟。

北魏太武帝领兵南侵，所到之处全部残杀灭绝，郡县官吏都望风而逃。魏军进军到瓜步城，声称要渡过长江。建康城中十分惊恐，城中百姓都扛着扁担站立着准备出城。宋文帝登上石头城，面露忧色，感叹道："倘若檀道济还活着，岂能让胡族兵马兵临城下？"魏军一举攻破南、兖、徐、豫、青、冀六州，烧杀抢掠不可胜数。遇见成年男子即加砍杀，将婴儿横穿在长矛上，挥舞着戏耍，奸淫掠夺妇女，所过各郡县，血染大地无净土，春燕找不到房屋傍依做巢，只能栖息在树上。

宋文帝命令将领出征在外，经常授予他们既定的律条和指挥方案，即使是在交战中也要等待朝廷的诏令，因而招致惨败。

文帝在位初期，仁慈宽厚，恭谨节俭，勤勉于政事。官吏任职时间长，百姓安居乐业。文帝在位三十年，人丁兴旺，户口增长很快，百姓们交口称赞朝政，士族崇尚道德操守，百姓以轻薄为耻，江东的风俗在这一时期是最好的。到了文帝后期，郡县一片萧条，元嘉之政衰败了。

文帝想要废掉太子刘劭，但一直下不了决心，便将他的打算告诉了潘淑妃，潘妃又将此事告诉她的儿子刘濬，刘濬飞马报知刘劭。刘劭于是图谋反叛，率领张超之等人闯入云龙门，拔出佩刀闯进金殿，文帝举起案几抵抗，五个指头都被砍掉，刘劭最后杀掉了文帝，并杀死潘淑妃。

沈庆之辅佐文帝第三个儿子、江州刺史、武陵王刘骏，起兵讨伐刘邵，杀死刘邵及刘濬。于是刘骏即帝位，这便是齐世祖孝武帝。

武帝不守闺门礼节，不论是远近亲疏，还是尊卑贵贱，没有他不到的地方。他还戏弄群臣，奢侈贪婪毫无节制。又贪杯好利，大兴土木。侍中袁觊（jì），极力称颂宋高祖刘裕勤俭朴素的美德，以此讽谕武帝。武帝说："庄稼佬有这些美德，已经是很过分的了！"但他为人机智果敢，学问渊博，文章华丽，才思敏捷，又擅长骑射。当他酣饮昏睡的时候，如有人在宫外奏事，便即刻变得态度恭谨，仪表整齐，不再有一点儿醉态，因此朝廷内外人人都敬畏他，武帝在位十一年后死去。

皇太子刘子业继位，是为前废帝。子业年幼即性情残暴，等到即皇位后，更加暴虐淫佚，无所不用其极。又奸淫他的姐姐山阴公主。公主生性荒淫，她的丈夫满足不了她的欲望，前废帝特为她选了三十个面首，都是些年轻美貌的男子。刘子业又害怕他的几位叔叔谋反，把他们都拘禁在宫殿内，拳打脚踢，百般凌辱，不讲一点儿人性。他又称湘东王刘彧为猪王，建安王刘休仁为杀王，山阳王刘休祐为贼王，东海王刘伟为驴王。在木槽里盛上饭食，扒光刘彧的衣服，按在泥水中，让他在木槽中就食。少府刘曚的小妾，怀孕即将临产，被迎进后宫，等到生下男孩，就封为太子。刘彧曾经触犯圣旨，被脱光衣服，捆住手脚，放在大木板上，说："今天宰猪。"刘彧的弟弟刘休仁笑着说："倒不如等皇太子生下来后，再杀死取其肝肺也不迟。"刘子业于是放了刘彧。等到刘家的小妾生下一子，为此大赦天下，刘彧也得以释放。

刘子业又诏令各位王妃、公主、贵族夫人排列在他面前，让身边的人自己脱下衣服，然后又脱光这些女人的衣服，让身边人在殿中奸淫这些女人。南平王刘铄的妃子江氏不从命，刘子业就命人杀死她的三个儿子，用鞭子抽打江妃一百下，而后又将其强奸。众女子大惊失色，急忙自行脱去衣服，一丝不挂。众人在殿中放浪形骸，让前废帝观看，以求免除祸患。

宁朔将军何迈，娶了前废帝的姑姑新蔡长公主。前废帝将公主纳入后宫，称为谢贵妃，并诈称公主已经死了，杀掉一名宫女扮成公主送交何迈安葬。何迈平素豪华奢侈，养了很多谋士，谋划着要废掉皇帝，立晋人安子勋为帝。事情败露，何迈被杀，前废帝想要杀掉子勋。当时子勋官做江州刺史，在浔阳举兵反叛。

前废帝游幸华林园、竹林堂，让众位王妃宫嫔与身边的人脱光衣服相互追逐，有时让几个女子与一个男子淫乱，有时又让几位男子奸淫一位女子。又脱光宫女衣服，并让她们和公羊、猴、狗交合。又将马捆起来仰放在地上，让宫女脱下衣服与之交合。一个女子不肯脱衣就范，被当场杀死。前废帝夜晚梦见自己在竹林堂，有一个女子骂他道："你违背天理人伦，活不到明年。"于是便在宫中找到一人，像是梦中的女子，将其斩首。又梦见被杀的宫女骂他道："我已将你的罪孽状告上天，上天即将要杀死你！"宫中人纷纷扬言竹林堂有鬼，前废帝从华林园出来，走到竹林堂，看见有人挥舞红袖向他招手，前废帝与众位宫女、巫士一同在竹林堂射鬼。刘彧的心腹寿寂之等人抽出刀剑径直闯入，前废帝向他射箭，没有射中，急忙逃走，被阮佃夫追上杀死。

前废帝在位仅一年。他死后，众人迎立湘东王刘彧即皇位，这便是宋明帝。明帝封寿寂之等十四人为侯。又派建安王刘休仁讨伐江州，一举攻克江州，杀死安子勋，将他的首级送往建康。

明帝没有子嗣，曾将宫妃陈氏赐给宠臣李道儿，等到陈氏怀孕以后，又迎回宫中，生下一子叫刘昱。又暗中察访怀孕的诸位王妃，将她们纳入宫中。如果生下的是男孩，就杀死他们的生母，而让明帝的宠姬做他们的母亲。

明帝常常举行盛大宴会，让宫妃等裸身站在面前，他与王皇后一同观看取乐。皇后用扇子遮住面部，不忍观看，明帝非常不满。

宋军被北魏军打败，明帝派萧道成镇守淮阴城。萧道成收养大批豪杰、宾客。明帝害怕众位亲王谋求帝位，便杀死十五六位亲王，唯恐刘昱立不起来。到此时，明帝去世，在位共七年。

皇太子刘昱即位，年仅十岁，任命萧道成为中领军，入朝执掌朝政。

宋建平王刘景素在京口起兵，萧道成派军队迎击并杀掉刘景素。

后废帝刘昱自从平定了京口叛乱后，更加骄横傲慢。大肆杀戮大臣，并残忍地分割其尸体，以此取乐。有一次刘昱径直闯入领军府，萧道成正裸露着上身睡午觉。刘昱命令萧道成起身站立，在他的肚子上画一个标的，拉满弓就要射，萧道成板起面孔说："老臣没有任何罪过。"于是刘昱换上骲箭[1]，射中萧道成的肚脐，丢下弓箭大笑不已。萧道成十分忧虑恐惧，便暗中与袁粲、褚渊谋划废掉刘昱，另立新主。袁粲说："当今皇上年幼无知，有小过错也容易改正。伊尹、霍光代主行政的事不宜做。"褚渊默默无语。萧道成又命令王敬则暗中勾结后废帝身边的杨玉夫等人，让他们寻时机便中举事。正赶上后废帝乘坐敞盖的车舆，晚间到新安寺偷了一条狗，就着狗肉饮酒，大醉回宫。萧道成便命杨玉夫杀死后废帝刘昱。刘昱在位五年，被迫谥为苍梧王。

萧道成受皇太后的指令，迎立明帝第三个儿子安成王刘准即皇位，这便是宋顺帝。

沈攸之、袁粲、刘秉各自起兵反叛，谋划除掉萧道成。最后都战败身亡。

宋顺帝在位二年，就被萧道成篡夺了皇位。顺帝说："但愿世世代代不再生于帝王家。"最后被萧道成杀死，并诛灭皇族。宋帝国灭亡，总共经过八个皇帝，六十年。

南朝齐

齐高祖萧道成，字伯绍，汉代萧何的后裔。萧道成仪表堂堂，声若洪钟。遍体布满纹鳞，肩上长有红痣，像是日月的形状。起初在宋国做官，由于功劳卓著被封为齐公，晋爵位为齐王，最后竟取代宋国，改国号为齐。萧道成深沉有度量，清正廉洁，知识

1.骲（bào）箭：用兽骨做箭头的弓箭，不能伤人。

渊博，善做文章。在位四年去世，皇太子萧赜即位，这便是世祖武帝。世祖留意当朝国政，务求总揽大体，严整果断。郡县官吏在职时间长，官吏犯法，也要开刀问斩，法制严明。所以永明一朝，百姓丰衣足食，安居乐业，盗贼很少活动。然而十分喜好游玩饮宴等奢华的事。常常自言悔恨，但是却未能改正。

皇太子萧长懋死得较早，最初太子一直厌恶西昌侯萧鸾，曾说过："我非常不喜欢这个人。"却不解释是何原因。等到萧鸾得以执掌朝政，太子的子孙所剩无几。齐武帝在位十一年后去世。所有朝政大事都委托给他的侄子萧鸾。萧鸾尊奉皇太孙萧昭业，立为皇帝。即位仅一年，就被萧鸾杀死，假借太后的命令贬废并追赠为郁林王，立新安王萧昭文为帝，自封为骠骑大将军，摄录尚书事，封宣城公。萧昭文在位仅三个月，萧鸾就将他废为海陵王，不久就将他杀死。于是萧鸾篡夺帝位，这便是齐高宗明帝。

北魏孝文帝拓跋宏率军大举进攻南齐，进攻钟离城不成，便派人临近江边大声数落齐国皇帝的罪过，而后返回。

齐明帝对于朝中琐细事务躬亲不怠，订定的纲目也较为细密，只是尚不得执政的要领，任命萧衍为雍州刺史。在位五年去世，太子萧宝卷即位。常常哭着说咽喉疼痛，大中大夫羊阐生来不长头发，低首或仰视时头巾即脱落。萧宝卷马上停止哭泣大笑说："是将秃鹫哭来了吗？"萧宝卷游戏玩耍毫无节制，亲近宦官。始安王萧遥光与徐孝嗣、江祐、萧坦之、江祀、刘暄六人轮流在内省当班，分别日期发布敕令。雍州刺史萧衍听说此事后，对张弘策说："一国三公，相互间还不能容忍，更何况六个贵人同朝执政，其结果必然互相暗算，必会发生叛乱。要想避免灾祸，必然是在雍州。”因此他与弘策秘密修整武器装备，聚集骁勇骑兵数万人。齐帝萧宝卷杀了仆射江祐、侍中江祀。始安王萧遥光在东城起兵叛乱，右将军萧坦之率兵平息叛乱。齐帝又杀掉仆射萧坦之、领军刘暄。

当初，齐明帝临死时，告诫萧宝卷说：“做任何事都不要落在人后。”因此萧宝卷每次与身边亲信谋害大臣时，都是仓促决定。大臣人人不能自保。齐帝杀死司空徐孝嗣、将军沈文秀之后，更是肆无忌惮。他常常与亲信大喊大叫耍马戏，到五更才上床睡觉，直睡到第二天午后才起床。

萧宝卷不理朝政，台案上的奏章案卷，有的不知去向。五省上奏的黄色案宗都被宦官拿去包鱼肉带回家里。萧宝卷经常出外游玩，对所经过的人家驱赶呵斥，只放过无人居住的宅院。司尉击鼓开道，百姓听到鼓声，飞速逃走，连衣服、鞋都来不及穿，如果跑的慢一点就被杀死。又常常在三更交四更的时候，四面鼓声大作，火光冲天，百姓惊慌地堵在路上哭号。曾有一位临产的孕妇，由于逃不远，被剖腹，看其是男是女。

太尉陈显达起兵袭击建康，战败身亡。北豫州刺史裴叔业举寿阳城投降北魏，齐国派将军崔慧景领兵讨伐寿阳叛军。崔慧景掉转矛头反齐，尊奉江夏王萧宝元起兵攻打建康。建康城外一片战鼓声，守城士兵惊慌四散。宫门紧闭，崔慧景带领军队围攻，将军左兴盛望风而逃，被抓住斩首。

此时南豫州刺史萧懿正在小岘山，齐帝秘密派人召他出征。

圣旨到时，萧懿正在吃饭，他马上放下碗筷起兵出征，从采石矶渡过长江进攻崔慧景等人的军队，崔慧景等人均战败身亡。

萧宝卷更加昏庸荒淫。将他宠幸的人都称为“鬼”。有一个姓赵的“鬼”，熟读《西京赋》[1]。由于齐国的后宫发生火灾，他对萧宝卷说：“柏梁殿已烧毁，应营建建章宫。”萧宝卷因此大兴土木，建造芳乐、玉寿等殿。后宫所用服饰器物，极力挑选珍奇之物。将金子凿成莲花形状贴在地上，让他心爱的潘妃在上面行走，说道：“这是步步生莲花。”又在花园中设立集市，封潘妃为市令，而自封为录事，稍有过失，潘妃就用木杖抽打。他还下令卫士将领不得进入所围栅栏内。那些亲近人借机牟利发财，本应课收一份的却要缴纳十份，百姓生活困苦，在路上号啕大哭。又夺去萧懿的兵权，任命他为尚书令。

当初，萧懿起兵解救建康时，萧衍派亲信骑快马到萧懿处劝他说：“杀死叛将以后，功劳不会得到任何赏赐。贤明君主当政时，功臣也自身难保，更何况遇上昏君。假如你消灭叛军后，就班师回朝，仿效伊尹、霍光的故事，代行君权。如果朝廷不答应，你就托辞拒绝，带兵回历阳。倘若再放弃兵权接受朝廷的高官厚禄，你必会终生后悔的。”萧懿不听劝告。到此时齐帝想要除掉他，长史徐曜甫在江边暗中准备了小船，劝萧懿逃往襄阳。他说：“从古到今人都要死，岂有尚书令怕死而叛逃的呢？”齐帝在内省中赐给萧懿毒药。萧懿在临死前说道：“我的弟弟尚在雍州，深为朝廷忧虑。”萧懿死后，他的弟弟雍州刺史萧衍在襄阳起兵反

1.《西京赋》：汉代张衡所作赋，后人便以西京指代长安。

叛。

荆州长史萧颖胄，也以荆州刺史、南康王萧宝融的名义，在江陵起兵。他们以萧宝融的名义签署敕封萧衍为都督前锋诸军事。在建康城内散发檄文历数萧宝卷的罪恶。并声称奉海陵王萧昭文的母亲宣德皇太后的命令，认为南康王应当承继皇统，废黜萧宝卷，改封为涪陵王。

上庸太守韦叡，率兵二千人，日夜兼程投奔萧衍。齐明帝的第八个儿子南康王萧宝融在江陵即位，这就是齐和帝。齐和帝加封萧衍为征东大将军、都督征讨诸军事，赐给他皇帝专用的金斧。当时尚书令、巴东公萧颖胄刚去世，萧衍成为众望所归的人物。萧衍领兵东进，萧宝卷与黄门护卫兵以及宫女练习应战，但却十分吝啬于给军士赏劳，他说："叛贼难道只是来杀我吗？为什么都向我要东西？"茹法珍、梅虫儿二位近臣建议将大臣全部杀掉，将军王珍国及其副将张稷等人大为恐慌，在含德殿杀死萧宝卷。用黄油绢布包上萧宝卷的首级，送往石头城。萧宝卷在位仅二年。

萧衍进入建康城，以皇太后的命令，追废萧宝卷为东昏侯，自己做大司马，秉承皇帝制文大赦天下。凡是混乱的制度、各种名目的赋税、各种杂滥刑罚劳役，一律废除。潘妃有国色天香之姿，萧衍想留在自己身边。领军王茂说："导致齐国灭亡的必是这类人。"于是连同茹法珍等人一并处斩，将二千名宫女，分赐给将士。

萧衍心中存有接受禅让帝位的念头。沈约进前劝说道："齐国的命数已尽，明公应当承接其皇运。如今王业已经成就，不可迟缓，假如新皇帝回到都城，公卿各就其位，则君臣的名分就定了，难道还会有人与明公您做对吗？”萧衍赞同，于是即皇帝位，国号为梁，废黜齐和帝为巴陵王。

和帝在位一年即被篡夺皇位。将太后迁到别宫。对功臣的封官拜爵有差等。梁武帝想要将南海郡改为巴陵国，将巴陵王迁到那里居住。沈约说：“陛下万万不可贪慕虚名而实受其害。”

梁武帝于是派其亲信郑伯禽前往姑孰城，将生黄金进献给巴陵王。巴陵王说：“我宁死也不要黄金，给我一些醇酒就满足了。”于是狂饮大醉。郑伯禽百般羞辱他，然后将其杀死。御史中丞颜见远绝食而死。齐国最终灭亡，共经七个皇帝，二十四年。

南朝梁

梁高祖武帝萧衍，字叔达，兰陵人，齐国皇族的远房宗室。萧衍的母亲张氏看见菖蒲[1]长出花来，别人都未曾见，她吞食了菖蒲花后生下了萧衍。身材相貌都较特殊，日角龙颜，舌苔上有文形八字，头顶有浮光，右手心土刻有一“武”字。居室中常有云气缭绕。成年后英俊豁达，很有文学才能。篡夺齐国皇位后，在道路旁和宫门外分别设立二块上谏言用的谤木和控告贪官用的肺石，诏令说：“倘若官在其位，莫要沉默无语即走下殿去。如有想要上言者，就将上言书投入谤木函；如果是有功劳才能，蒙冤不被重用，未能显达者，就投肺石函。”又设置五经博士，立州郡地方学校，建孔子宗庙，用以尊崇儒学。政治清明，颇多善举。

1.菖蒲：草名，生于水边，有香气，根可入药。

等到了中年以后，迷恋佛教，禁止衣物上做人兽之形，因其剪裁，有乖于仁恕之道。又罢除宗庙祭祀中用牛羊猪等牲畜，改用果蔬之类，并都用面食制作，因其有碍于阴间冥教。当时朝野喧哗，认为宗庙不再有荤食，只吃素。

沈约卧病在床，梦见齐和帝用剑割他的舌头，沈约叫道士上奏章，声称梁代齐的事不是自己的主意。萧衍得知后勃然大怒，多次严词谴责他，沈约更加恐惧，病情加重死去。梁武帝由此更加相信因果报应，三次舍身于同泰寺为僧，设四部无遮大会。萧衍脱掉龙袍御衣，身着法衣，亲自为四方僧众讲诵涅槃经、三慧经。朝中群臣用钱亿万将他赎身，上表请求他回到宫中，请求三次后才答允。至真佛祖达摩所说过的话，反而摒弃不用，达摩只好渡江离去。表明武帝所学，都是佛学中的皮毛。至于收回放纵之心，怡养性灵等真正佛门道理，并不曾学到。同泰寺的佛塔遇大火烧毁，梁武帝又命人重修十二层的佛塔，后因侯景之乱而废止。

梁武帝好大喜功，派其弟临川王萧宏进攻北魏。攻下了梁城。北魏派邢峦与中山王拓跋英合兵攻打梁城。萧宏十分恐惧，召集众位将领商议班师回朝。吕僧珍劝萧宏急速退兵。魏军将士四面传诵着歌谣：“不怕萧娘与吕姥，就怕合肥有韦虎。”韦虎，即指韦叡。当夜狂风大作，暴雨交加，军中大乱，临川王萧宏带几个骑兵逃去。梁国将士四散奔逃，丢盔弃甲，水上陆地挤满人群，五万人死亡。北魏中山王拓跋英与将军杨大眼乘胜领兵数十万进攻钟离。梁国曹景宗与昌义之极力抵抗，魏军昼夜不停地攻城，梁帝命韦叡领兵救援钟离，接受曹景宗的指挥。人们畏惧魏军人多士众，劝韦缓兵不动。韦叡说："魏军已落入我的手掌中，各位不必忧虑。"于是梁军到达邵陵。梁武帝事先曾敕书曹景宗："韦叡是你同乡的郡望大族，你应当善加礼遇。"曹景宗见到韦叡后执礼甚恭，梁武帝听说此事后说道："二位将军相处和睦，出师必然取胜。"韦叡等人预先装备成高高的战船，与北魏的桥梁一般高，先用战船出击北魏水师，将其全部消灭。此外又用小船满载柴草灌注膏火，焚烧北魏桥的栅栏。风高火旺，烟尘蔽日连天，梁军敢死队拔除栅栏砍断桥索，一会儿的工夫即获成功。梁军将士奋力高呼，声震天地。魏军大败；拓跋英只身逃走，杨大眼等人也烧掉营寨离去。韦叡派人将捷报报知昌义之，昌义之悲喜交集，来不及答话，只是一连声地喊道："又活了！又活了！"

北魏降将王足向梁国献计，决开淮水堤坝来淹灌北魏寿阳城，梁武帝同意。命水工陈承伯、将军祖暅，征发徐、扬二州的百姓，由康绚代理都督诸军事，共计二十万人筑堤。南起浮山，北至石，长九里，下游宽一百四十丈，上游宽四十丈，高二十丈。用杨柳树围上，上筑以土垒石块。这样淮水被堵，河水暴涨，大堤突然崩坏，轰然一声如雷响，远近三百里都能听到。沿淮河岸边各村镇院落，十多万口，都随洪水漂入大海。

此时北魏已分为东魏和西魏。东魏大行台侯景，右脚偏短，不擅长骑马射箭，却多谋略。高欢[1]让他领兵十万，专门镇守在黄河以南。等到高欢死后，侯景与高欢之子高澄有隔阂，于是便率

1.高欢（496—547）：又名贺六浑，为鲜卑化汉人。依靠鲜卑人武力，北魏末掌兵权，称大丞相，执魏政十六年。其子称齐帝后，追尊为神武帝。

河南兵马投降西魏。又派郎中丁和向梁国上表文，请求以十三州的土地民众归附梁国。梁武帝召集群臣商议此事，仆射谢举等人说："我大梁刚刚与西魏议和通好，如今却接纳其叛臣，这并不合适。"梁武帝说："得到一个侯景则塞北一带唾手可得，怎么能够胶柱鼓瑟、不知变通呢？"

先前正月乙卯的夜晚，梁武帝梦见中原各地的地方官吏都以所辖地来投降梁国，早晨看见朱异，将梦中情景告诉他，朱异说："这是海内统一的征兆。"等到丁和来到宫中，称侯景已定下叛魏计策，就以正月乙卯的夜晚，武帝听后更觉得梦的神奇。然而主意还未决定下来，曾经独自言道："我梁国如同金瓯，没有一点残缺。如今突然接受侯景的领地，一旦脱手，后悔都来不及？"朱异揣摩梁武帝的心思，于是决定接纳侯景，任命侯景为大将军，封为河南王。

东魏大将军高澄派人送书信给梁国，再次请求通好。武帝召集群臣商议，司农卿傅峻说："高澄为什么一定要与我们求和通好呢？一定是设离间计，想要让侯景自己起疑心，企图祸乱天下。如果依从东魏必然中其奸计。"朱异等人说："稳住寇贼安息百姓，通和实在是便利的事。"

梁武帝也讨厌用兵打仗，于是听从朱异的意见。侯景果然又有反复。武帝弟弟临川王萧宏的儿子临贺王萧正德，所到之处都极为贪暴，多次得罪武帝。从此忌恨在心，暗中培养死党，储存粮食物资，等待国家有变，趁机起事。侯景得知这一情况，致信给萧正德，请求投效，萧正德非常高兴。侯景在寿阳反叛，领兵进逼长江。尚书羊侃，请求领二千兵马紧急据守采石矶，令邵陵王袭击寿阳，那些乌合之众，自然崩溃。朱异说：“侯景肯定没有渡江的企图。”羊侃的建议只好作罢。羊侃说：“今日是必败无疑了！”武帝任命萧正德为都督诸军事，驻守丹阳郡。萧正德派出几十艘大船，假称装载荻草，暗中接应侯景。侯景纵兵横船江中，在采石矶登岸。有几百匹马、八千名士兵到达慈湖。当时梁国建国四十七年，境内一直无战事，罕见有兵甲器械。侯景叛军突然逼近，官吏百姓非常震惊。萧正德守卫宣阳门，率领手下兵马到张侯桥，迎接侯景进入宣阳门，一直到达宫阙下，萧正德当即篡夺皇位。侯景军队环绕台城周围，然后各路齐攻。

尚书令羊侃竭力拒守，侯景久攻不下。羊侃的儿子羊鷟（zhuó）被侯景抓获，捆绑起来让羊侃看，羊侃不为所动。不久羊侃死去，城中人更加恐惧。当时各位王公大臣及各地救援的军队纷纷聚集京城一带，侯景假装求和，一方面让梁国皇帝发敕令制止各路援军，另一方面更加紧急地攻城。

梁武帝信奉佛教后，只吃素食和粗米饭。到了此时蔬菜都没有了，就吃鸡蛋，因而邵陵王萧纶派使臣给武帝进献了数百个鸡蛋。

侯景兵分几路，昼夜不停攻打建康。武帝听说建康城已经陷落，安静地躺在床上一动不动，叹道：“江山是我得来的，又由我失去，还有什么可遗憾的。”不一会，侯景入城，武帝在太极东堂见侯景，还带了五百名强壮的兵士自卫。侯景在金殿下磕头拜见，不敢抬头看武帝，紧张得汗流满面。他退出太极东堂后对王僧贵说：“我曾经在马背上与敌兵交战，刀箭交错，你来我往，心中一点也不害怕。今日看见萧公，让人毛骨悚立，这难道不是天威难犯吗？我今后再不能见他了。”

侯景任命临贺王萧正德为大司马。萧正德想谋杀侯景，但侯景先下手杀了他。侯景放任部下对帝宫大肆掠夺，宫中人与器具被杀掠个精光。自此以后，武帝要的东西大都不能合他心意，饮食也被裁减，为此，忧伤悲愤得了病。太清三年（549）五月二十六日，武帝躺在诤居殿，口苦求蜜糖没有得到，又说了声“荷荷”就死了。武帝在位四十八年，享年八十六岁。当日，太子萧纲即位，这就是简文帝。

起初，武帝下诏书立萧统为太子。萧统五岁就通五经，读书一目五行，擅长作文章，孝敬恭谨宽和，喜怒不形于色。因为宫里的太监鲍邈之诬告他做厌胜[1]祈祷，而他自己又不能辩明，忧伤悲愤而死。他有三个儿子：萧欢、萧誉、萧察。武帝舍弃孙子立太子萧统的亲弟晋安王萧纲为太子，朝廷内外都认为这不合理，武帝内心有愧，于是封岳阳王萧察都督雍、梁、益、秦、郢、随各州军事。

萧察占据有利地域，又礼贤下士，对百姓施恩惠，因而，依附他的侠客、勇士很多，他管辖的地方治理得很好。

当时正值侯景叛乱，湘东王萧绎不去讨伐侯景，反而与萧察交战。邵陵王萧纶劝阻他，他不听。萧察向西魏乞求援兵，西魏派杨忠救援。萧察后来投降西魏，做了附庸君主，这就是后梁，待后

1.厌胜：古代方士的一种巫术，谓能以诅咒制服人或物。

再叙，此处不提。

梁简文帝萧纲，六岁能写文章，读书一目十行。虽继承帝位，然而被奸臣侯景挟制。侯景与简文帝登上重云殿，向佛磕头行礼发誓，两人之间无二心，互不猜疑。侯景娶简文帝的女儿溧阳公主为妻。侯景请简文帝在乐游苑举行祭礼并喝酒，文帝听着音乐，禁不住凄然泪下。

侯景自称汉王，加封宇宙大将军，都督六合诸军事。简文帝惊奇地问："将军有宇宙的称号吗？"

侯景生性残忍，在石头城上立了一个大石碓[1]，有人犯法，就用石碓碾死，身体被压成肉酱。他常告诫诸位将军说："攻取敌人的城池时，应当把城里的人斩尽杀绝，让天下的人都知道我的威名。"他还禁止人们私语，如果有人触犯了这个规定，就连其外族都会处以刑罚，因此，百姓都不拥护他。

梁朝的湘东王萧绎，在各地散发檄文，下令大举讨伐侯景，可是军队按兵不动。邵陵王萧纶加紧整治铠甲、兵器，准备讨伐侯景。萧绎对他非常忌恨，派王僧辩率兵袭击他。萧纶被打败，收拾残兵败将，派使臣向齐国投降。

梁朝始兴太守陈霸先讨伐侯景，投奔湘东王萧绎。萧绎派遣大都督王僧辩讨伐侯景，驻扎在巴陵，侯景率兵攻打巴陵，没有攻破。萧绎又派胡僧祐攻打侯景，大败侯景，俘虏了侯景的大将任约，侯景逃回建康。萧绎又派王僧辩率兵南下，攻下郢州，俘虏

1.石碓（duì）：舂米用具，用柱子架起一根木杠，杠的一端装一块圆形的石头，用脚连续踏另一端，石头就连续起落，下面是一个石臼。

了侯景的大将宋子仙，并杀了他。

当初，侯景攻下建康，打算等中原平定以后称帝。后来，他娶了溧阳公主为妻，公主才貌双全。侯景杀了太子萧大器以及在建康的王侯共二十多人。太子大义凛然，临危不惧，坚决不向侯景党徒屈服，从容就义。

侯景又派王伟杀了简文帝萧纲，迎立昭明太子萧统的孙子豫章王萧栋为帝。没多久，又废萧栋为淮阴王，将他囚禁在密室中，自己称汉帝。

湘东王萧绎派王僧辩、陈霸先等人攻打侯景，在江中大败侯景军队，驻守石头城的侯景大将卢晖略投降。陈霸先乘胜追击，将士浴血奋战，侯景军队节节败退。侯景用皮袋子装了他的二个儿子，挂在马后，与其一百多党徒骑马向东逃奔，准备渡过大海。与侯景同行的有羊侃的儿子羊鹍，任侯景都督，他杀了侯景，将其尸体送到建康，人头送到江陵。侯景的尸体被扔到街上示众，百姓争抢着割取他的肉吃。溧阳公主因为杀父杀兄之仇，也要吃他的肉，大家拿侯景的生殖器给她，公主把它吃了。

此时，湘东王萧绎派朱买臣将豫章王萧栋沉在水中淹死，自己在江陵即位，这就是世祖梁元帝。元帝命王僧辩驻守建康，陈霸先驻守京口。

元帝瞎了一只眼睛，性格非常残忍。先前，父亲萧衍被侯景围困时，他不去救援，后来，又不尊崇简文帝的历法，不认他为正统。他妒忌兄弟，残杀亲侄，只谋求自己的私利。在江陵称帝以后，喜欢谈论玄学，在龙光殿讲授老子学说。

萧绎的侄子萧察勾结西魏攻打梁国。西魏派于谨、宇文护、杨忠率兵五万攻打江陵，江陵内外戒严。此时，梁主萧绎一身戎装，正在讲授老子。西魏兵分几路攻打江陵，江陵城里有人倒戈，打开四个城门迎接西魏军队，元帝把十四万卷图书都烧了，说：“我读了万卷书，还落得今日下场。”随后乘坐奔丧用的白车，身着白色服装出城投降。元帝在位三年。西魏军队将他杀死，一同被杀的还有太子萧元良，儿子萧方诸、萧方略等人。

元帝的第九个儿子晋安王萧方智，在浔阳登上帝位，当时年仅十三岁。北齐派邢子才收纳了梁武帝的兄长萧懿的儿子萧渊明，致书给王僧辩，声称萧方智年幼不懂事，不能担负重任。贞阳侯萧渊明，论年龄和声望，能保金陵的稳定。王僧辩于是迎回萧渊明登上帝位，封萧方智为太子。

当初，王僧辩和陈霸先二军联合消灭了侯景，因此，二人交情很深。当王僧辩废萧方智拥立萧渊明时，陈霸先四次派使者表示反对。王僧辩不听从。陈霸先叹道：“武帝的子孙，只有元帝能报仇雪耻，他的儿子有什么罪突然被废了，他们想干什么？”于是，陈霸先率兵袭击王僧辩，拿住王僧辩并将其吊死。萧渊明只做了七个月的皇帝，就被迫退位，搬出宫殿。晋安王萧方智重新登上帝位，这就是梁敬帝。敬帝向齐称臣，政事也由陈霸先把持。敬帝在位二年。陈霸先自封为相国，以后在短短时间内，接连不断地被封为陈公，又加封九锡，晋爵为王，不久称帝。敬帝让位给陈霸先，陈霸先废敬帝为淮阴王，不久，陈霸先杀了敬帝，梁朝灭亡。梁朝共经历了四代帝王，历时五十六年。

南朝陈

陈霸先字兴国，吴兴人，是汉朝太丘长陈寔的后代。少时就胸怀大志，经常浏览史书，特别爱读兵书。篡夺梁朝的帝位后，改国号为陈，这就是陈高祖武帝。陈武帝也信奉佛教，曾到大庄严寺出家。他的儿子陈昌起初在江陵，江陵沦陷后，被西魏俘虏。陈武帝即位后，请求西魏放还，西魏不答应。陈武帝在位三年死去，大家拥立他的侄子临川王陈蒨继承皇位，这就是世祖陈文帝。后来，陈昌被放回，陈文帝将他沉在江中淹死。

文帝早年生活艰难，了解民间疾苦，为人聪明，明察秋毫，生活勤俭节约，勤于政事，经常连夜处理奏章，夜里去宫外取奏章的接连不断。他命令传递奏章的人必须到内殿的传更门，把竹签投在石阶上，使之发出声音。文帝说："这样，即使我睡着了，也能被惊醒。"文帝在位七年死去，太子陈伯宗继位。

陈伯宗生性软弱，大权被其叔叔安成王陈顼独揽。陈伯宗在位仅二年，就被陈顼废为临海王，陈顼自己做了皇帝，这就是高宗陈宣帝。宣帝派吴明彻进攻齐国，攻克寿春城，擒获刺史王琳，并将其斩首。接着攻克昌州、徐州等地。

不久听说北周灭了北齐，陈国便想与周争夺徐州、兖州等地。陈宣帝派吴明彻围攻北周的彭城。北周派王轨带兵逼近吴明彻，吴明彻的军队大败，他本人也被周军俘虏。宣帝在位十四年死去，太子陈叔宝做了皇帝，这就是长城公。

陈叔宝在光昭殿前建造了临春、结绮、望仙三座楼阁，均高达几十丈，绵延几十里。楼阁的窗户、门槛都是用沉檀木做的，上面用金玉装饰，还镶嵌着珍珠、翡翠。门上挂着珠帘，屋里配有宝床宝帐。所用服饰珍玩华丽富贵，古今未有。每当微风吹过，香飘数里。楼阁下面用石头堆成假山，引来河水建成水池，周围种植各种奇花异草。陈叔宝自己住在临春阁，张贵妃住在结绮阁，龚、孔二位贵嫔住在望仙阁，有多条道互通往来。

陈叔宝任命宫人袁大舍等人为女学士，当时，江总虽任宰相，却不勤于政事，常常与尚书孔范、散骑王瑳等文士十多人，在后庭陪宴，他们被称为狎客。陈叔宝每次饮酒，命所有的嫔妃、女学士与狎客一同吟诗作赋，特别美艳的诗，被谱以新曲。选一千多名宫女，练习吟唱，曲名有《玉树后庭花》《临春乐》等，大都是根据嫔妃的容貌命名的。陈叔宝与这些人通宵达旦酣歌，习以为常。

张贵妃本名张丽华，是士兵家的女儿，后来做了龚贵嫔的侍儿。她发长七尺，光彩照人，灵敏聪慧，有神采，举止雍容，顾盼多姿，满目光采，辉映左右。侍奉主人善于察言观色，宣帝陈叔宝一看见她就非常喜欢，因而受到宠爱。张贵妃为了取悦陈叔宝，给陈叔宝引荐了许多宫女。各部门上奏文书，多由宦官传入宫内，陈叔宝将张贵妃放在膝上一同处理。因此，宦官、宗亲、外戚，内外勾结，贿赂公行。大臣中有谏阻的都被定下罪名。

沈后生活节俭，穿的衣服都是布衣，没有绫罗绸缎。宣帝待她一直比较淡漠，而她本人从无怨言。平时，她只是阅读史书。她几次上书谏诤，宣帝想要废掉她，可一直定不下来。此时，江南妖异横行，长时间被草堵塞的临平湖，忽然自通了，宣帝为此憎怨沈后，将沈后卖进佛寺做了尼姑。

当时，隋朝已灭掉北周和后梁。后梁皇帝就是昭明太子的第三个儿子萧察，梁武帝封萧察都督雍、梁、益、秦、郢、随诸军事。侯景叛乱，湘东王萧绎不去讨伐侯景，反而与萧察交兵，萧察投降西魏，西魏封他为梁王，不久称帝。西魏借给他荆州等地，并驻军守卫。萧察奉西魏的年历，追封其父为昭明皇帝，任命蔡大宝为侍中尚书令，王操为五兵尚书。蔡大宝办事严谨，有谋略，通晓政务，擅于辞令，王操仅次于蔡大宝。后梁中期兴盛，二人功劳居多。

后梁皇帝萧察，知人善任，对下属施以恩惠，做了七年皇帝死去。他的儿子明帝萧岿即位。明帝为人忠孝慈祥，生活勤俭节约，有做皇帝的度量，在位二十四年死去。他的儿子萧琮即位，在位二年，隋文帝征召萧琮到隋朝，废萧琮为莒国公，后梁灭亡。后梁共经历了三代帝王，历时三十三年，梁、后梁总共历时八十五年。

此时，隋朝统一天下的大局已定，只是陈国还未消灭。隋文帝向高颎请教灭陈的计策，高颎说："江北气候寒冷，农作物熟得晚。江南是水田，熟得早。待到他们收获的季节，我们集结军队，声言要偷袭他们，他们必然屯兵守御，这足以使他们荒废农时。待他们集结军队防御时，我们解除武装，如此反复多次，他们就习以为常了。然后我们集结更多的兵力，他们一定不再相信，在他们犹豫不定的时候，我们的军队渡过长江，攻其不备，一定会大败他们。另外，江南土质薄，房屋大多是用茅竹建的，存放粮食的地方，不像北方的地窖。我们秘密派能干的人，借风放火，将他们的粮仓烧毁，待他们重新修建以后，再放火烧，不出几年，他们的财力自然会消耗殆尽。”隋文帝采用他的计策，使陈国陷入困境。文帝又命令大规模建造战船，有人建议此项工作秘密进行。文帝说：“我将替天行道，消灭陈朝，没有什么可保密的，派人在江中投下大量的木筏。”又说：“倘若他们害怕而臣服我，我还有什么可求的呢？”

戊申（588），十月甲子（二十八日），隋朝命令晋王杨广、秦王杨俊、清河公杨素及韩擒虎、贺若弼等人率领五十一万兵马，舟船上旌旗招展，绵延数千里。杨素从永安出发，通过三峡，顺流东下，陈叔宝任命萧摩诃等人为都督，从容地对身边侍臣说：“王侯之气在我们这里。从前齐兵三次来犯，周师二次进攻，都被我军打败，隋朝又能怎么样？”孔范附和着说：“长江天险，隋兵岂能飞身渡过？”陈叔宝笑着表示同意，所以并没有深加防备，每日里仍不停地奏乐饮酒赋诗。

己酉（589），正月初一的早晨，陈国都城建康大雾弥漫。隋朝贺若弼从北面，韩擒虎从南面齐头并进，沿江的陈国军队都望风而逃。

陈叔宝与萧摩诃的妻子私通，所以萧摩诃并无奋战的意思，任忠率领几名骑兵开门迎接韩擒虎直接进入朱雀门。陈叔宝仓皇失措，自己跳入井下。井旁有个洞穴，洞里有地下室，囤积有金银财物和粮草，可以避难一时。过了一会儿隋朝士兵窥视井下，呼叫陈后主，无人答应。正要将石块投下去，才听见叫喊声。士兵们用绳曳陈后主，却惊奇他过于沉重，等到曳出来一看，原来是陈后主与张、孔二贵妃捆在一起上来。便将他们押送到长安。陈叔宝在位七年，陈国灭亡。陈国共历五位皇帝，三十三年。

晋王杨广派快马寄书给高颎，让他留下张丽华的性命，高颎仍然将张丽华处死，由此杨广忌恨高颎。

沈皇后与陈叔宝一同进入长安。陈叔宝死后，沈后便常跟随着炀帝。炀帝被杀后，她出家为尼，一直到死。

当初，陈宣帝在位时，陈州刺史欧阳纥叛乱。阳春太守冯仆的母亲冼氏，率兵平叛，拿获欧阳纥送往建康。宣帝封冼氏为石龙太夫人。陈灭亡以后，陈国的两广、岭南诸郡县，奉冼氏为宗主，拒守边境一带，冼氏称为圣母。

晋王杨广让陈叔宝写信招降，冼氏夫人大哭，到夜晚才投降，这样，岭南全部平定。

拓跋氏

北朝拓跋氏，本是东部胡族的一支——鲜卑族，是汉朝李陵的后代，世代为酋长，到了拓跋诘汾，居住在匈奴曾经居住的地方。诘汾经常到山泽耕田。有一天，他看见一辆带帷幕、篷盖的大车从天而降，从车中走出一位漂亮的女人，随从很多，其自称天女，她与诘汾合欢后才离开。第二年，天女将生的男孩送还诘汾，这就是力微。力微做了酋长以后，拓跋部日趋兴盛。三国曹魏时代，力微派长子索头沙漠汗入中原进贡。晋武帝时，又派人进贡。幽州刺史卫瓘，奏明皇上将力微留在并州，不久又被遣送回拓跋部，由于各部大人的诬陷被杀。力微终年一百〇四岁，他的儿子番禄、禄官相继继位，禄官死后，索头沙漠汗的第二个儿子猗卢继位。猗卢擅于用兵，打败西部的匈奴、乌桓以后，与刘琨一同攻打前赵，看到前赵不能在短时间内灭掉，就掠夺了很多财物返回拓跋部。

晋怀帝封猗卢为代公，愍帝封他为代王。猗卢准备立他的小儿子为代王，结果他被长子六修所杀。猗卢的侄子普根，杀了六修自立为代王，国内大乱，代国衰弱了。普根死后，百姓拥立他的叔父郁律为代王。郁律占领西部的乌孙，兼并东部的勿吉，雄踞北方。猗卢的妻子惟氏，忌惮郁律的势力越来越强大，担心将来不利于她的儿子，因此，杀了郁律，立她的儿子贺得为代王。

郁律被杀时，他的儿子什翼犍，还是襁褓中的婴儿，什翼犍的母亲王氏，将什翼犍藏在裤裆里，祈祷说："如果老天保佑你，就不要哭。"什翼犍当真长时间一声未哭，这才保住了性命。什翼犍的母亲带他逃到后赵，因此，什翼犍是在后赵长大的。贺傉在位时，其母惟氏专制朝政，贺傅死后，其子纥那继位。

代王郁律的另一个儿子翳槐，住在贺兰部舅舅家中。纥那向其舅索要，其舅没给，于是，纥那带兵攻打贺兰部的弗克。贺兰部以及其他几部大人，拥立翳槐为代王，纥那投奔宇文部。翳槐死后，他的二弟郁屈刚强勇猛，非常狡诈，诸部大人杀了他，拥立他的弟弟郁律孤为代王，郁律孤不愿意，亲自写信给后赵，要求将什翼犍送回，并以自己留在后赵做人质为条件。后赵主石虎被他的义气感动，答应了他的要求。

什翼犍做了代王以后，将国家分一半给郁律孤。当时，代国已经衰弱。什翼犍英勇机智，有雄才大略，百姓都拥护他，代国在他的统治下，又强盛起来，人口达到数十万。后来因为继承人确定不下来，什翼犍被儿子皂君所杀，代国大乱。

前秦主苻坚出兵攻打代国，俘虏寔君，并将他五马分尸。将代国分为二部，派刘库仁、刘卫辰分别统辖。贺氏将寔君的儿子珪归附刘库仁，至此，前秦将代国吞并。

前秦苻氏史略

前秦的祖先，是略阳临近渭水的氐族人蒲洪，世代为西戎酋长，起初，他们家的水池里生长蒲，高五丈，当地的人称他们为蒲家，因此，他们以蒲为姓。蒲洪性格勇猛，有雄才大略，氐族所有百姓都敬畏拥护他。蒲洪起初臣服于晋，后来又投降前赵。后赵派石虎攻打蒲洪，蒲洪兵败，投降石虎。蒲洪劝说石虎迁徙关中的豪杰以及羌、氐族百姓，开发东方。石虎采纳了他的建议，将秦雍一带的豪杰以及氐、羌族百姓共十多万户迁徙到关东。石虎任命蒲洪为龙骧将军、流民都督，让他镇守枋头。石虎死后，石遵篡位，罢免了蒲洪的都督职位。从秦雍迁徙来的百姓成群结队西归，经过枋头，大家拥立蒲洪为主，有十多万人。后赵石鉴惧怕蒲洪威逼，封蒲洪为关中秦雍州刺史。于是，蒲洪又占据了关右，自称大都督三秦王。因为谶文中有草付将来要做王的话，又因为他的孙子蒲坚，字永固，背上有草付二字，因而，蒲洪将姓改为“苻”。苻洪被后赵降将麻秋用毒酒害死。麻秋篡位，在位一年，秋季被苻洪的儿子苻健杀死。苻健占据长安，称天王一年，称帝三年。他死后，他的儿子苻生继位。苻生小的时候瞎了一只眼，能力举千斤，还能空手与猛兽搏斗，跑得很快，能赶上奔驰中的马，击刺骑射，也是天下无敌。但他残忍好杀，不论何人，即使是皇后、丞相，如说他的过错，立即被处死，无辜被杀的、酒后被杀的，以及全族被诛灭的，数不胜数。

当初苻健在位时，他的弟弟东海王苻雄，官做将相，谦虚恭谨，仁慈博爱，苻健非常器重他。苻雄死后，其子苻坚承袭爵位。苻坚性格非常恭孝，学识渊博，才能广泛。爱好结交天下豪杰，与吕婆楼等人的关系特别好。苻生派苻坚攻打姚襄。苻坚擒获姚襄，并将其斩首。姚襄的弟弟姚苌率领部下投降。姚襄、姚苌都是姚弋仲的儿子。姚弋仲是南安赤亭羌人，相传是大舜的后代。姚弋仲臣服于前赵，姚襄投降晋，后来又背叛晋投奔平阳，占据襄陵，准备谋取关中，结果被苻坚打败并被斩首。苻生屡次谋害苻坚，多亏李威营救，才幸免于难。苻生喜欢剥掉人的面皮，然后让其唱歌、跳舞。他还不分昼夜饮酒，喝醉了酒，就大加杀戮，且用的都是奇淫异刑，群臣得保一日，如度十年。于是，薛诣等人劝苻坚为社稷计议。苻坚向尚书吕婆楼请教，吕婆楼建议他向里人王猛请教。苻坚召王猛密谈，谈后非常高兴。苻坚与吕婆楼等人率领部下三百人，大声高喊着进入宫殿。苻生的贴身侍卫和将士都扔下武器归附苻坚。此时，苻生还醉醺醺地大睡。苻生在位二年，被苻坚杀死。苻坚做了皇帝，任用王猛，秦国大治。

秦主苻坚有图谋燕国的志向。正好晋国派桓温攻打燕国，燕国向秦求援。王猛秘密对苻坚说：“燕国虽然强大，但慕容评不是桓温的对手，如果桓温消灭了燕国，晋国的势力必将更加强大，陛下您的大势也去了！不如与燕国联兵打退桓温，即使桓温退了，经过这场战斗，燕国也削弱了，我趁机攻取燕国，不是很好吗？”苻坚采纳了王猛的意见，派洛州刺史邓羌率领二万步兵和骑兵援救燕国。双方在枋头展开战斗，桓温败逃，燕国吴王慕容垂乘胜追击，大败桓温军。慕容垂回到邺城，威名大震，太傅慕容评忌妒他，因而，慕容垂带妻子段氏以及儿子、弟弟、侄子投奔秦国。秦王苻坚在听到燕国太宰慕容恪死亡的消息后，就有图谋燕国的想法，只是忌惮慕容垂的威名不敢出兵，现在听到慕容垂来投，非常高兴，任命慕容垂为冠军将军。

秦主苻坚派王猛攻打燕国，攻克壶关，所过郡县都望风投降。燕国的人非常震惊，燕国长史申孕叹道：“燕国必亡，然而越国得天时而吴国讨伐他们，吴国最终受其祸。现在福德岁星在燕国，秦虽得志，燕国必定在十二年内复兴。”

秦国王猛率兵进入晋阳，在潞州大败慕容评，接着，包围了邺城。晚上，燕国散骑侍郎徐蔚打开邺城北门迎纳秦兵，燕主慕容暐与慕容评逃往龙城，秦兵追击，将二人捕获。前燕灭亡。

王猛认为慕容垂不能久居人下，多次劝苻坚除掉他。慕容垂的夫人段氏有绝色，深得苻坚宠爱，苻坚经常与她同辇在后宫游玩，因而，苻坚不仅不采纳王猛的意见，反而将更多的兵权交给慕容垂。后来，慕容垂得志，封段氏为后。

秦国出兵攻打晋国，攻取成都，接着晋国的梁、益二州都归附秦国。晋国的凉公张天锡沉溺于酒色，秦主派苟苌、姚苌率兵消灭了他，又消灭了代国。于是，高句丽、新罗、西南的夷族都向秦称臣。

秦国清河侯王猛生病卧床，秦主苻坚亲自到其家中探视，向他请教以后的国家大政。王猛说："晋国虽然地处偏僻的江南，然而，正统却在晋国，愿你不要对晋国有所图谋。鲜卑族慕容氏、西羌姚氏都是我们的仇敌，终为大患，应当逐渐消灭他们。"说完就死了。苻坚对太子苻宏说："上天不是要我统一天下吗？为什么这么快就夺去了景略的生命？"景略是王猛的字。当时，除晋国外，其他各国都被秦国吞并。苻坚准备大举灭晋，群臣上书劝阻，苻坚不听。苻坚宠幸的张夫人和小儿子苻诜也劝阻他，苻坚说："军旅大事，不是妇人、孩子所知道的。"苻坚统率百万大军，大举攻打晋国，结果被晋国谢石、谢玄的军队打败。各路军队都溃败，只有慕容垂率领的三万军队完整无损。苻坚带着骑兵一千多人投奔慕容垂。慕容垂的儿子慕容宝和弟弟慕容德都主张杀死苻坚复兴燕国。慕容垂说："当初，我被太傅慕容评所不容，连安身之地都没有，是秦主苻坚给了我安身之地，秦主的恩情不能忘。"

慕容垂将全部兵众给了苻坚。苻坚收集散兵，大约十多万人，向洛阳行进。慕容农劝慕容垂趁机复燕。慕容垂欣赏他的话。行到渑池，正赶上北狄丁零国作乱。慕容垂请求苻坚，允许他镇守北方，苻坚答应了。

权翼、石越等人都说慕容垂一定作乱。苻坚不听，说：“我已经答应他，怎么能食言呢？倘若慕容垂真的作乱，也是天命。”

长乐公苻丕支援秦主弱兵破旧铠甲，又派苻飞龙率领氐族骑兵一千人协助他。慕容垂兵到南阳，夜袭苻飞龙的军队，将他们全部消灭。慕容垂的军队与翟斌的军队会合，慕容垂自称燕王，这就是后燕。慕容垂派使臣到邺城，号召慕容农等人起兵响应，同时，任命自己的弟弟慕容德为车骑大将军，封为范阳王，率领二十多万人，跑步向邺城挺进。慕容农在列城起兵，兵众数万。长乐公苻丕派石越带兵讨伐慕容农，慕容农大败。秦兵杀了石越，于是人群骚乱，盗贼群起。慕容垂兵到邺城城下，慕容农率兵与他会合，一同进攻邺城。

慕容泓在华阴起兵，慕容冲在平阳起兵，秦王苻坚对权翼说：“当初我没采纳你的意见，才招致今天的灾祸。关东之地，我也不再争，讨伐慕容泓怎么样？”于是，苻坚派苻叡都督各路军队，任命姚苌为司马讨伐慕容泓。慕容泓惧怕，准备逃往关东，苻叡又派人给慕容泓下战书。姚苌劝阻他说：“鲜卑人都有思乡之情，因此作乱，应该驱逐他们出关，并在后面鸣鼓呐喊，他们必将什么都不顾，尽快逃跑。”苻叡不采纳他的意见，与慕容泓交战，结果兵败被杀。姚苌派长史向苻坚请罪，苻坚大怒，杀了长史。姚苌害怕被杀，逃到渭河以北，纠集羌族五万多人。众人推姚苌为盟主，姚苌自称秦王，这就是后秦。

羌族十多万人投降后秦。秦国苻窦在河东冲击慕容冲，慕容冲投奔慕容泓。慕容泓率部下十多万，向长安挺进。慕容泓的谋臣高盖杀死慕容泓。慕容泓称王一年。高盖立慕容冲为皇太弟。慕容冲承袭旧制，设置百官，不久，在阿房称帝，这就是西燕。

慕容冲颇有自得之意，骄傲自大。赏罚任凭感情。慕容盛说："十个人的才能，一定要高过九个人。中山王才能不及别人，而骄气日盛，肯定难成大事。"

西燕主慕容冲攻打长安，秦主苻坚亲自督战，满身是箭，鲜血淋漓。慕容冲放任部下大肆抢掠，关中百姓流离失所，千里不见人烟。苻坚非常惊慌。因为谶书上说："帝出五将久长得。"于是，苻坚留太子苻宏坐守长安，他自己奔往五将山。慕容冲进入长安。后秦主姚苌听说苻坚出奔的消息，派骁骑将军吴忠率铁骑包围了五将山。秦兵都败逃，苻坚神色自若，被吴忠抓住。姚苌派人在新平佛寺将苻坚杀死。苻坚在位二十九年。

苻坚的庶子长乐公苻丕，西赴长安，到了晋阳，才知道长安失守，苻坚已死。苻丕于是给苻坚发丧，并继承帝位。同时，向各地发表了讨伐慕容垂、姚苌的檄文。

关中陕西各郡县又归附秦国。西燕左将军韩延杀了西燕主慕容冲。慕容冲在位一年。韩延立慕容冲的大将段随为燕主。慕容永袭击段随，大败段随，率领鲜卑族男女老少离开长安东去。众人推举慕容永为河东王。长安城内空虚，后秦主姚苌从安定门进入长安即位，国号大秦。

西燕慕容永离开长安，在邺城击败秦主苻丕，并杀了他。苻丕在位一年。慕容永占据长安，登上帝位。慕容永想纳秦后杨氏为夫人，杨氏举剑刺杀慕容永，失败，反而被慕容永杀死。慕容永在位九年。

后燕主慕容垂发兵攻打西燕，拿获慕容永并将他斩首。西燕灭亡。西燕共经历了三代君主，历时十一年。

前秦南安王苻登，听说苻丕被杀，给苻丕发丧并登上帝位。戎族与汉族十多万百姓归附他。苻登攻打后秦，所向披靡。攻打安定时，军用物资被后秦主姚苌摧毁。男女老少五万口被掠，苻登的夫人毛氏不仅貌美，而且勇敢，擅长骑马射箭。姚苌兵进入军营，她还在弯弓骑马与敌兵拼死战斗，杀了七百多人，终因寡不敌众，被后秦拿住。姚苌准备纳她为妻，毛氏边哭边骂："姚苌你杀了天子，又要侮辱皇后，皇天后土，岂能容你？"姚苌大怒，杀了毛氏。姚苌病得很重，回到长安，对太子姚兴说："对自己的亲人施以恩情，对大臣以礼相待，做事情讲求信义，对百姓仁厚慈爱。你如保持这四点美德，我就没什么忧虑的了。"姚苌在位八年死去。

太子姚兴封锁父亲死亡的消息，不发丧，自称大将军，率军队攻打前秦，大败前秦主苻登并将其杀死。苻登在位八年死去。

前秦太子苻崇继位，奔逃到湟中，姚兴给父亲发丧并登上帝位。姚崇在湟中称西秦主，后来被乞伏乾归杀死，前秦灭亡，前秦共经历了六代帝王，历时四十五年。

后秦主姚兴，关心孤寡贫穷的百姓，不滥施刑狱，任用贤德之人，罢免不肖之人，铲除贪官酷吏，全国上下对他十分恭敬。姚兴在位二十二年死去。他的长子姚泓继位。姚泓性格懦弱，且体弱多病，在位两年，被晋国太尉刘裕消灭。后来，其国土又被夏主赫连勃勃侵占。

西秦主乞伏乾归，先祖为乞伏部首领，臣服于赵，赵灭亡以后，又臣服于前秦。苻坚失败后，乾归的兄长国仁起兵叛秦，占据凉州、临洮、河州。称帝一年死去。当时，国仁的儿子公府年幼，群臣拥立国仁的弟弟乾归为主。乾归杀死前秦主苻崇，全部占领陇西各地，在位十五年，被国仁的儿子公府所杀。乾归的儿子炽盘又杀了公府，自己做了西秦主。在位十六年死去。他的儿子暮末做了西秦主，在位四年，夏朝皇帝赫连定攻打西秦，暮末穷途末路，抬棺材出城投降，被赫连定杀死，一同被杀的还有其宗族共五百人。西秦灭亡。西秦经历了四代帝王，历时四十七年。

赫连氏和大夏

夏国皇帝，是匈奴右贤王去卑的后代。前赵刘聪时期，刘武因为宗族关系被封为楼硕公，拜为安北将军，雄据肆卢川。刘武的儿子名叫豹子，豹子的儿子名叫刘卫辰。前秦主苻坚，由于代国叛乱，将代国分为二部。黄河以北属刘卫辰管辖，驻守在代来城。等到苻坚战败秦国大乱以后，刘卫辰又拥有了朔方。魏帝拓跋珪攻打代国，刘卫辰兵败，被部下杀死。魏军杀了刘卫辰的宗族党羽共五千多人，将他们的尸体投到河里。

刘卫辰的小儿子勃勃投奔薛干，薛干将勃勃送往前秦骠骑将军没奕干处，没奕干将女儿许配给勃勃，并一起投降后秦。后秦主姚兴看见勃勃，认为他是个难得的人才，任命他为安北将军，镇守朔方。后来，秦魏通好，勃勃非常愤怒，背叛后秦，杀死没奕干，吞并了他的全部人马，自称夏后氏的后代，称大夏天王，改姓赫连氏。后秦主姚兴亲自率兵攻打勃勃，勃勃趁其不备反击，秦兵大败。勃勃在黑水的南面建筑都城，名叫统万。

晋国太尉刘裕攻打后秦，消灭了后秦后就率兵返回晋国，勃勃出兵占领了后秦的国土，大夏国开始强大起来。勃勃性格骄横暴虐，视百姓如芥草。每次兵器造成以后，造兵器的人必然有人被杀掉。他命令用箭射铠甲，箭不入就杀死制造弓箭的人，箭入就杀死制造铠甲的人。因此，夏国的兵器都特别精锐尖利。勃勃在位十八年死去，他的儿子赫连昌继位，在位三年。

北魏太武帝拓跋焘攻打夏国，攻克夏国的都城统万。夏主赫连昌有三个女儿，都是绝代佳人，都被拓跋焘纳为贵妃。赫连昌逃到上邽，率兵攻打北魏的安定城，亲自与魏军交战，魏军认识他，争先恐后与他厮杀。赫连昌大败而逃，由于坐骑绊倒而被俘虏。魏军将其送到北魏的都城平城。基于其女儿的缘故，拓跋焘善待他，将妹妹始平公主许配给他，并封他为秦王。

夏主赫连昌的弟弟平原王赫连定逃到平凉称帝，在位四年。北魏太武帝派军攻打平凉，魏军逼近平城，赫连定非常惊慌，整顿军队攻打西秦，大败西秦，西秦主乞伏暮末抬着棺材出城投降，被赫连定杀死，一同被杀的还有其家族五百人。赫连定又欲渡河攻打北凉王蒙逊，并占领其国土。吐谷浑王派兵打败赫连定，并捉住赫连定，将他送到北魏。夏朝灭亡。夏朝共经历了三代君主，历时二十五年。

后　燕

后燕主慕容垂背叛前秦主苻坚，重建燕国江山，在中山称帝，将中山定为都城。翟斌倚恃自己的功劳，骄横恣肆，欲壑难填，又与前秦苻丕密通，慕容垂杀了他。魏主拓跋珪背叛后燕，后燕主幕容垂派太子慕容宝率兵攻打拓跋珪，结果大败而还。因此，慕容垂亲自带兵攻打北魏，攻克平城，然后凯旋，可走到上谷就死了。慕容垂在位十二年，太子慕容宝继位。

北魏主拓跋珪从井陉直奔中山进攻信都，慕容宝拿出所有的珍宝和宫女，招募群盗攻打北魏。夜袭魏军，结果大败而还。

后燕尚书郎慕容舆皓图谋杀慕容宝，准备拥立慕容宝的弟弟赵王慕容麟，没有成功。慕容舆皓逃到北魏，慕容麟因为此事也不能自保，于是发动叛乱。慕容宝出逃。中山城中立开封公慕容祥为帝，慕容麟杀了慕容祥，自立为帝。魏军攻克中山，慕容麟逃到邺城。慕容麟劝范阳王慕容德迁到滑台。魏军占领邺城，慕容麟给慕容德封了尊号。慕容德是前燕主慕容皝（huàng）的儿子。他仿照其兄慕容垂执政的旧例，称燕王，不久称帝。改名备德，将都城定在广固，这就是南燕。后来慕容麟谋反，被慕容德杀死。慕容德在位七年死去，因为他没有儿子，立兄长的儿子慕容超为继承人。慕容超在位六年。慕容超生性多疑，愈益暴虐，政权被宠幸的大臣把持。晋国太尉刘裕消灭了南燕，慕容超在建康被斩首。南燕灭亡，南燕经历了两代皇帝，历时十三年。

后燕主慕容宝在龙城调兵遣将，准备复取中原。他的儿子长乐王慕容盛劝阻，他不听。军队行到乙连，因为当地的人害怕被征服兵役，长上段速骨趁机作乱，慕容宝逃回龙城。

后燕尚书兰汗与速骨暗中勾通，诱杀了辽西王慕容农。速骨带兵进入龙城，放任部下抢掠。慕容宝和他的儿子慕容盛出城向南逃奔。兰汗派使臣迎慕容宝回龙城。慕容宝认为，兰汗是前燕主慕容垂的舅舅，盛妃的父亲，不会有阴谋，于是跟随使臣回龙城，慕容盛哭着劝阻，他不听。于是，慕容盛与将军张真避开官道藏匿起来。慕容宝行到距龙城四十里远的地方，兰汗派弟弟加难杀了慕容宝和太子慕容策，自称昌黎王。慕容盛想到父亲遇难处哀悼，被张真劝阻。慕容盛说："我现在穷困潦倒，去投奔兰汗，兰汗愚昧浅薄，一定不会杀我，十天半个月，足可以施展我的大志。"于是去龙城见兰汗，兰汗的妻子乙氏和盛妃看见他都涕哭起来，并为他向兰汗求情，因此，兰汗没杀他，待他如初。慕容盛对内离间兰汗的兄弟，对外私结党羽。为了整治军队，兰汗与加难相互对阵。兰汗将李旱、张真视为心腹。李旱、张真平素与慕容盛交好。趁兰汗喝得酩酊大醉，慕容盛翻墙进入兰汗卧室，与李旱、张真等人一起杀了兰汗。朝廷内外对他服服帖帖。慕容盛登上帝位，废除皇帝的称号，称庶人天王。慕容盛在位期间，严刑苛法，人人不能自保。前将军段机等人作乱，慕容盛率领侍卫讨伐段机，受伤而死。慕容盛在位四年。

中垒将军慕容拔等人对丁太后说，因为国家多难，应该立能够长久的君主。于是，废了太子，迎立慕容垂的小儿子河间公慕容熙。熙纳中山尹苻谟的二个女儿为妃，年岁大的苻娀娥封为贵人，年岁小的苻训英封为贵嫔，二人都为绝代佳人，慕容熙非常宠爱她们。丁太后怨恨她们二人，慕容熙派人杀死丁太后。不久，娀娥死去，幕容熙封训英为皇后，又下令建造了龙腾苑，方圆十多里。还造了景云山，高达十七丈。又建起逍遥宫，宫中有数百间房子相连。慕容熙与苻后在逍遥宫中游玩、吃酒，形影不离。苻后死后，慕容熙非常悲痛，哭得死去活来。入殓以后，又开启棺盖，与她交接。服丧期间只喝粥，百官哭而无泪者，以罪论处。送墓地殡葬时，丧车又高又大，拆了北门才出去。慕容熙披发赤足，步送二十多里。

当初，后燕中卫将军冯跋，因为得罪了慕容熙，逃亡山泽。此时，借民怨潜入龙城，趁慕容熙出城送葬时，与左卫将军张兴等人作乱，推夕阳公慕容云为主，关闭城市，据守龙城。幕容熙的军队不知何故突然惊散，慕容熙身穿便服藏在林中，被拿住送到夕阳公慕容云处，慕容云杀了他，一同被杀的还有他的几个儿子。慕容熙在位七年。慕容云登上皇位，改姓高。后燕灭亡。后燕经历了四代皇帝，历时二十四年。前燕、后燕两个朝代，共历时八十八年。

北　燕

慕容云在位三年，被宠幸的大臣离班、桃仁所杀。众人杀了离班、桃仁，拥立冯跋为主，这就是北燕。

冯跋勤于政事，轻徭薄赋，慎重选用地方官吏，因而，百姓都敬爱他。冯跋在位二十年。他病重的时候，命令太子冯翼代理国政，他自己主持军事，并在幕后听政。宋夫人想立她的儿子受居为主，对冯翼说："皇上的病将要痊愈，你为什么还要代他君临天下呢？"冯翼的性格仁厚软弱，听了宋夫人的话，回到东宫。宋夫人假下诏书，内外戒严，谋立受居。冯跋的弟弟中山公冯弘，率领兵众闯入禁地，宿卫、士兵纷纷逃散。宋夫人命人关闭东阁，中山公冯弘的家僮翻墙入内，射死女侍卫，冯跋受惊吓而死。中山公冯弘登上王位。

太子冯翼率领东宫将士出宫，与冯弘的军队决战，结果失败，冯翼被冯弘杀死。冯跋有一百多个儿子，都被中山公冯弘杀死。

北魏太武帝拓跋焘，几次出兵攻打北燕，中山公冯弘屡战屡败，失去很多城池和国土。北魏占领北燕的白狼城，中山公冯弘逃到高丽，后来被高丽人所杀。北燕灭亡。北燕经历了二代帝王，历时二十八年。

后　凉

当初，前秦皇帝苻坚任命吕光为骁骑将军，率领步兵十万，铁骑五千，攻打西域。吕光是略阳的氐族人，字世明，是齐太公吕尚的后代，吕婆楼的儿子。吕光率兵众穿越三百多里沙漠，焉耆等国都投降，龟兹王帛纯，在城四周屯兵固守，并向狯胡国求援。狯胡王派骑兵和其他几国的兵众共七十多万前往救援，结果被吕光打得大败。帛纯出城逃跑。吕光进入龟兹都城，龟兹的都城像长安一样，街市、城镇、宫室都非常繁华。吕光安抚西域各国，恩威卓著。远方各国，以前不能制服它们，现在都来归附。吕光认为龟兹音乐优美动听，想留下来住在龟兹。天竺沙门鸠摩罗什说："此处不值得留下来，将军东归，自会有福地居住。"于是，吕光用二万多头骆驼满载珍宝奇玩回前秦，还带了一万多匹骏马。走到前秦凉州边境，凉州刺史梁熙封锁边境，不让其入境。吕光将梁熙捉住斩首，进入姑臧，自封为凉州刺史，各州县都投降吕光。吕光得到前秦主苻坚死亡的凶信，全军素装哀悼，举州大赦，并更改年历，自称三河王，不久称天王，国号大凉。封秃发乌孤为河西都统。后来，乌孤叛凉，夺取金城，自称平西王，这就是南凉。尚书沮渠蒙逊叛乱，占据金山，建康太守段山背叛后凉，蒙逊率众归附他，这就是北凉。

吕光病重，立太子吕诏为天王，吕光自称太上皇帝。封庶长子太原公吕纂为太尉，常山公吕弘为司徒，并告诫他们说："你们兄弟之间和睦相处，国家就能长治久安；如果你们自相残杀，灾祸很快就会降临。"不久，吕光死去，吕光在位十四年。太子吕绍继位，吕绍的弟弟吕宝的儿子吕超对他说："吕纂为将多年，观其举止，将来一定作乱，请尽早除掉他。"吕绍说："先帝的话还在耳边，即使他图谋除掉我，我也视死如归，我决不忍心除掉他。"吕绍称天王仅五日，他的兄弟吕纂、吕弘率领壮士夜袭广夏门，进入大凉都城。吕超率兵二千人与叛军作战，大败。吕超逃到广武，吕绍自杀，吕纂篡夺天王位。

吕超在广武上书吕纂，向他请罪，吕纂恢复了吕超的职位，又封吕弘为大司马。吕弘认为自己功劳大，而管辖的范围小，率东苑兵叛乱，被吕纂打败，吕弘准备逃往南凉，被吕方拿住送往大凉，吕纂杀了他。吕纂放任部下掠夺东苑，将东苑所有的妇女赏给部下，吕弘的妻子、女儿也在其中。吕纂爱好饮酒，又喜欢打猎。一日，吕纂与吕超等人在内室饮酒，吕超的兄长吕隆不停地劝吕纂饮酒，吕纂喝得酩酊大醉，吕超拔剑刺吕纂，吕纂胸被穿透而死。吕纂在位三年。吕纂的夫人杨氏，命令禁兵讨代吕超，被吕杜阻止。禁兵都放下武器投降吕超。吕超推举他的哥哥吕隆登上天王宝座。杨氏美貌，吕超想纳她为妻，杨氏大骂吕超，自缢而死。

后凉主吕隆，大肆杀戮豪门望族，人人不能自保。焦朗等人派人劝说后秦主姚兴出兵，姚兴派兵从金城过河直扑姑臧，吕超等人率兵迎战，大败，南凉主傉檀、北凉主沮渠蒙逊，相继出兵攻打吕隆，吕隆投降后秦。吕隆在位三年。后来，吕隆及其儿子吕弼因为谋反被杀，后凉灭亡。后凉经历了四代君主，历时十八年。

南 凉

当时，与后凉鼎立的，有南凉，南凉主是秃发氏。秃发的祖先，是黄河西部的鲜卑族。秃发氏和北魏的拓跋氏是同一个祖先。西晋武帝时，秃发树机能攻取凉州，武帝任命马隆为武威太守攻打凉州，大破凉州，树机能被部下所杀。树机能堂弟务丸继位。务丸死后，其子椎斤继位。椎斤活了一百一十岁而死，其子思复鞬继位，思复鞬死后，其子乌孤继位。乌孤英勇且有雄才大志，吕光建立后凉后，封乌孤为冠军大将军、河西鲜卑大都统，封为广武公。没多久，乌孤叛凉，占据金城，后来迁到乐都，自称平西王。湟河、浇河太守都以郡县投降，岭南数万部羌族百姓都归附他。乌孤在位三年，因喝醉酒骑马，从马上摔下来伤了肋骨而死。乌孤的弟弟秃发利鹿孤继位。利鹿孤在位三年死去。利鹿孤的弟弟秃发傉檀继位，在位十三年。

吐谷浑乙弗等部叛乱，傉檀亲自率兵讨伐。西秦王乞伏炽磐袭击乐都，傉檀率兵还，士兵都逃散。傉檀投降炽磐，炽磐用毒酒毒死傉檀。南凉灭亡。南凉开国皇帝是乌孤，经历了三代帝王，历时十八年。

北　凉

与后凉鼎立的，还有北凉。北凉主沮渠的祖先，世代为匈奴族人，因此左沮渠王以官为姓。世代为部曲[1]。后凉主吕光任命沮渠罗仇为尚书。沮渠罗仇受命攻打西秦战败，他的弟弟沮渠麴粥劝他反叛后凉，他不听，结果他与麴粥都被吕光杀死。麴粥的儿子蒙逊，英勇办事有策略，爱好浏览史书。他为父亲和哥哥举行

1.部曲：南北朝时期豪门大族的私人武装。

了葬礼，参加葬礼的有一万多人。蒙逊流着泪对大家说：“吕光无道，滥杀无辜。现在我想和诸部一起为父兄报仇，恢复祖先的江山，怎么样？”众人高呼万岁。于是诸部结盟起兵，攻取凉州附近的松郡，占据金山。蒙逊的堂兄男成劝说段业叛后凉，推举段业为凉州牧。蒙逊率部下归附段业。段业自称凉王，封蒙逊为尚书左丞相，这就是北凉。

北凉主段业忌妒蒙逊的才能，蒙逊因此做事小心谨慎，深藏不露。

蒙逊忌惮索嗣、马权、沮渠男成，借莫须有的罪名，将他们杀害。蒙逊起兵叛乱，段业派将军田曷攻打蒙逊，结果田曷率部下投降蒙逊。段业身边的人都离散，蒙逊杀了段业。蒙逊选拔任用贤德之人，文武百官都敬佩他，愿意替他效力。蒙逊派兵攻取南凉，南凉主傉檀逃到乐都。蒙逊将军队开拔到姑臧，将首府也迁到这里，自称河西王。蒙逊又灭了西凉。蒙逊在位二十九年死去。蒙逊与皇后所生的儿子菩提年幼软弱，众位大臣立他与妃子生的长子牧键为河西王。

北魏太武帝拓跋焘，将妹妹武威公主许配给牧键为妻。牧键的嫂嫂李氏是一位绝色美人，牧键兄弟三人争先恐后地争夺李氏。李氏和牧键的姐姐合谋毒害武威公主，太武帝派御医乘驿马赶去抢救，武威公主才幸免未死。太武帝索要李氏，牧键不给。于是，太武帝出兵攻打北凉。攻取北凉的首都姑臧，牧键出城投降。牧键在位七年，被太武帝拓跋焘所杀，北凉灭亡。北凉的开国主为段业，共经历了三代主，历时三十九年。

西 凉

被北凉灭亡的国家，有西凉。西凉主李暠，字玄盛，是敦煌一带的胡人，汉朝前将军李广的后代。李暠爱好文学，有声望，北凉主段业任命他为敦煌太守，都督、镇西将军。不久，李暠叛北凉，自称西凉公。他攻取沙州、秦州、凉州、酒泉等地，将首都定在酒泉。李暠在位十八年死去（其第七代世孙为唐高祖）。他的世子李歆继位。李歆在位四年，北凉主蒙逊想谋取西凉。蒙逊假装出兵攻打前秦，然后秘密还兵北凉，等待西凉来袭击，西凉主李歆果然中计，率五万步兵、骑兵袭击北凉，北凉主蒙逊率兵迎敌，杀死李歆。李歆的弟弟敦煌太守李恂等人逃到北山。蒙逊任命索元绪为敦煌太守。当初，李恂任敦煌太守时有好的政绩，可索元绪粗野好杀，大失人心。敦煌百姓驱逐索元绪，秘密写信给李恂，召他回敦煌，并推举李恂为敦煌王。蒙逊放水灌敦煌，李恂自杀。李恂在位一年。蒙逊屠了敦煌城，西凉灭亡，西凉经历了三代主，历时二十二年。

仇池国

此外，还有仇池国。东汉献帝时，略阳清水的氐族杨驹，原来住在仇池，此城有一个天然的石角向外突出，像山鸡一样排列在一起，方圆一百顷地，周围是二十多里平地，城四面非常陡峭，只有一条羊肠小道。沿道而上，要转三十六个弯。三国时代，杨驹的孙子杨千万归附魏国，曹操封他为百顷王。他以后相传的后代有：杨飞龙、杨茂搜、杨难敌、杨毅、杨初、杨国、杨俊、杨世、杨纂、杨安、杨定、杨盛。杨盛在晋朝做官，当他听到晋朝灭亡的消息时，对世子杨元说："我老了，死也是晋朝的官，你好好侍奉宋帝吧。"杨盛死了以后，杨元继位。杨元死了以后，其弟杨难继位，后来投降北魏，北魏封他为南秦王。以后相继继承南秦王位的有杨保宗、杨文德、杨元和、杨僧嗣、杨文度、杨文弘、杨后起、杨集始、杨绍先。杨集起、杨集义等人背叛北魏，拥立杨绍先为帝，结果被北魏的梁、秦二州刺史邢峦打败。杨绍先被捉住送往洛阳，仇池灭亡。仇池建于汉献帝时期，灭于梁武帝时期，共经历了二十五代主，历时二百八十七年。

北魏史略

北朝时期的北魏，起初为代国，前秦主苻坚消灭了代国，将代国分裂为二，派刘库仁、刘卫辰分别统治。刘卫辰的后代建立了夏国。夏国前面已经叙述，此处不提。刘库仁招抚离叛的人，一方面施恩于他们，同时信任他们。拓跋珪的母亲贺氏，携带拓跋珪投奔刘库仁，刘库仁对拓跋珪关心备至，不因其兴衰起落而改变主意。刘库仁曾对儿子们说："这个孩子有君临天下的大志，一定能恢复祖先的江山，你们应当谨慎对待他。"前秦发生内乱，各部大人都推举拓跋珪为主。拓跋珪在牛川召开大会，登上代王位。从代国灭亡到此时复兴，经历了十年时间。拓跋珪重视农业生产，百姓非常爱戴他。拓跋珪改国号为魏，臣服于后燕，后来，又脱离后燕。拓跋珪大败柔然，并缴获其三十多万匹马，四百多万头牛羊，国家因此富裕起来。拓跋珪又大败后燕，并占领其二分之一国土。拓跋珪将都城迁到平城，在平城称帝，这就是太祖道武帝。武帝出兵袭击高车国，将其三十多部打得大败，缴获了三十多万匹马，各部非常震惊。道武帝又大败后秦的军队，从此，北魏成为强国。道武帝设置五经博士，增招国子太学生三千人。拓跋珪问博士李先："天下何物对人的神智有益？"李先回道："什么也不如书籍。"拓跋珪于是命令各个郡县广泛收集书籍，全部运往平城。

起初，拓跋珪娶刘头眷的女儿为妻，将她安置在后宫，非常宠爱她。刘氏生子拓跋嗣，这就是明元帝。道武帝攻陷中山城后，又俘虏了燕主慕容宝的小女儿，道武帝又非常宠爱她，准备将她封为皇后，按照北魏的惯例，需铸一个金像来占卜。慕容氏的金像铸成，就被立为皇后。拓跋珪又见贺太后的妹妹貌美，请求贺太后，想纳其妹为妃。贺太后说："不行，因为她长得太美，况且，她已有丈夫。"于是，拓跋珪秘密派人杀了她的丈夫，将她纳为妃子。贺氏生子，就是清河王拓跋绍。拓跋绍非常凶狠，是个无赖。当时，拓跋珪由于服饵丹药，性格变得很暴躁，喜怒无常，发怒时杀人无数。拓跋珪准备立齐王拓跋嗣为太子。按照北魏的惯例，立继承人，必须杀死继承人的母亲。于是，赐拓跋嗣的母亲刘贵人死。拓跋珪召见拓跋嗣，告诉他此事。拓跋嗣非常孝顺，听说要赐他母亲死，非常悲伤，哭个不停。为此，拓跋珪大怒。拓跋嗣回到家后，仍日夜号哭，拓跋珪又召见他。他身边的人说："皇上现在非常生气，你去见皇上，会有不测之祸，不如暂且出去避一下。"于是，拓跋嗣逃出宫外，随行的只有车头王洛儿。因为此事，拓跋珪又迁怒于贺夫人，准备杀死她。贺夫人暗地里向她的儿子拓跋绍求助。在这之前，有一神巫告诫拓跋珪，说他有横祸，只有杀了清河和万人才可以消灾免祸。于是，拓跋珪屠了清河郡，并经常亲自杀人，为的是达到万人之数。拓跋珪寝居的地方，只有他的爱妃万人知道。清河王拓跋绍年已十六岁，万人与他私通。这时拓跋绍想救母杀父，让万人做内应。拓跋绍翻墙入宫，杀死拓跋珪。拓跋珪临死时说："神巫说的清河、万人原来是你们啊！"太祖道武帝在位二十二年。

宫外的拓跋嗣听说宫内有变，派王洛儿深夜潜入平城，号召将军安同等人平定内乱，众人欣然响应。卫士捉住拓跋绍，送给拓跋嗣，拓跋嗣将拓跋绍以及做内应的贺氏、万人等人，分割成块，让大家吃了。拓跋嗣登上帝位，这就是太宗明元帝。魏元帝任用崔浩为相，规劝百姓从事农业生产，人民安居乐业，生活富裕，魏元帝到太庙祭祀，周边数百个国家陪同祭祀，他在位十五年死去。

太子拓跋焘继位，这就是世祖太武帝。他仍任用崔浩为相。魏武帝健壮勇猛，临城对阵，亲自参加战斗，身边的人相继死伤，可他神色自若，因此，将士们都敬畏他，佩服他，拼死作战。魏武帝知人善任，有时从兵士中选拔人才做官。他还注意观察细小的事物，因而，没有什么事能瞒过他。普通百姓有功，也给予赏赐，达官贵人犯法也给予惩罚。因此北魏军事强大，战无不克。先后灭了夏、北燕、北凉、仇池，北方各国都被他吞并。又平定了西域、柔然、高车等国。除江左的南朝以外，各国都纳入北魏的统治。魏武帝振兴文学，开垦荒田，囤积粮食，魏国大治。只可惜他不念崔浩的功劳，因为崔浩写了一部史书，宣扬国家的弊端，他就杀了崔浩，并灭其宗族，这是他的小过。

魏武帝派太子拓跋晃监国，被中常侍宗爱拘禁，晃忧郁而死。魏武帝追悼太子不已。宗爱害怕被处死，先下手杀了魏武帝，立魏武帝的儿子南安王拓跋余为帝。魏武帝在位二十九年。

没多久，宗爱又杀了拓跋余。尚书源贺、陆鹿等人聚集兵马诛杀宗爱。拥立太子拓跋晃的儿子拓跋濬登上帝位，这就是高祖文成帝。文成帝任用高允为相，实行清静无为的养民政策，怀柔中外，魏国大治。文成帝立儿子拓跋弘为太子，让拓跋弘的母亲李贵人记述拓跋弘的事迹，交给她的兄弟，然后按照惯例赐李贵人死。文成帝在位十四年死去。

献文帝拓跋弘继位时，年仅十三岁，冯太后临朝摄政，她虽淫乱，但能重用高允，因此国内没发生什么大事。献文帝的夫人李氏生了儿子拓跋宏，冯太后亲自抚养他，于是把政权交给献文帝，此时，献文帝才亲临朝政。他做事刚毅果断，勤于政事，赏罚严明，表扬清廉的官，罢免贪官污吏，魏国大治。后来，他因为喜爱道家、佛教之学，传位给太子拓跋宏，他自称太上皇帝。

孝文帝拓跋宏称帝时，年仅五岁。他虽年幼，但极聪敏，显祖拓跋弘病痛，拓跋宏亲自为他吮吸。等到准备接受禅让时，拓跋宏非常悲痛，不能自持。显祖问其故，他说："取代亲人执政，实有一种切肤之痛。"群臣奏道："现在皇帝年幼不懂事，国家大政，还是应该由陛下主持。"显祖采纳了这个意见。当初，太上皇拓跋弘的嫡母[1]冯太后宠幸李奕，太上皇非常恼怒，借故杀了他。冯太后因此怀恨在心，秘密派人用毒酒害死太上皇。拓跋弘在位六年，在太上皇位五年被杀。

高祖孝文帝即位，冯太后又临朝摄政。冯太后聪明伶俐，喜欢读书，通晓政事，多权术。她摄政以后，减少佳肴，衣着朴素。然而，她生性淫乱，经常与人交欢。拓跋宏很孝顺，对冯太后百依百顺，无论大小事，听凭冯太后决断。太卜令拓跋叡深得冯太后宠爱，升为尚书令，晋爵中山王。他生病后，太后多次到其家中探视，他死后，太后为他赠谥立庙。一百多文士写了哀悼文章。殡葬时，太后自称与拓跋叡是姻亲旧交，穿孝服哭送的有一千多人。孝文帝任命拓跋叡的儿子代为尚书令。太后自知自己的行为有失检点，害怕别人说她的闲话。下面的人言语中，稍微涉及此事，就被杀死。太后两次临朝，共二十五年死去。孝文帝五天饮食不进，哀毁骨立，悲痛欲绝。当初，太后忌惮孝文帝聪颖敏捷，恐怕不利于她，严寒季节，将孝文帝关在冷室里，三天不给饮食。想废掉他立咸阳王拓跋禧为帝。东阳王拓跋丕等人力谏才没废。孝文帝对太后并没失望，只是非常感激拓跋丕等人。又有人在太后面前陷害孝文帝，太后打了孝文帝数十杖，也没再追究。

1.嫡母：宗法制度下，妾所生的子女对父亲的妻子的称谓。

北魏咸阳公高允死去，高允侍奉过五代帝王，终年九十八岁。此时，孝文帝才禁止同姓通婚，拜祭周公、孔子，施行养老尊长的礼仪。因为平城气候寒冷，风沙不断，孝文帝将都城迁到洛阳。改汉姓——元，初定族姓。兴礼乐，改变风俗，禁止使用胡语，搜集亡佚书籍，在洛阳开办国子学、太学、四门、小学。

孝文帝喜欢读书，手不释卷。擅长写文章，大多是骑在马上口占成文，写好以后，不改一字。太和十一年以后的诏书、国策都是他自己起草的。他爱惜人才，好施乐善，感情丰富。与人交往，一律平等相处。爱护诸弟，与他们亲密无间。精于朝政事务，愿意听取不同意见，从善如流，制定礼乐制度，蔚然成风，有上古三代时的遗风。

孝文帝元宏连年在外，皇后冯氏与大臣高菩萨私通。元宏回朝以后，杀了高菩萨等人，可是不忍心废掉冯氏。他又带领军队与齐军交战取得胜利，可是他自己患了病，因此回朝。行到谷塘原，将儿子元恪托付给弟弟司徒彭城王元勰，元勰害怕权高震主，获得的罪名必然严重，哭着坚决推辞。元宏写了一封信给太子说："你叔父元勰，严守清规戒律和道德修行，有隐士之风，我死后，听任他去官以养其淡泊的性情。"又对元勰说："后宫冯氏久失德行，我死后，让她自尽，葬以后礼。"说完死去。他在位二十九年。

太子元恪到了鲁阳，鲁阳有行宫，元恪在此给父亲发了丧，并登上帝位，这就是世宗宣武帝。他执政期间，宠幸的大臣赵邕和外戚高肇等人擅权处理国事，北魏开始衰落。高肇怨恨彭城王元勰，多次在元恪面前进谗言。并捏造谋反的罪名，用毒酒毒死元勰。全朝莫不悲哀愤恨。宣武帝立儿子元诩为太子，元诩是胡贵嫔所生，北魏从此不再杀死太子的母亲。元恪在位十六年死去。

太子元诩继位，这就是肃宗孝明帝，太后临朝摄政。太后聪明悟性好，喜爱读书，擅长写文章和射箭，能射中针孔，所有的政事都自己处理。令人建造永宁寺佛塔，高九十丈，是土木建筑物中最美的，有一千间僧房，里面珠玉锦绣，赏心悦目。她派比丘慧生往西域求佛书，慧生离开北魏，西行二年，到了乾罗国，得到一百七十部佛书还朝。胡太后杀死了正宫高太后，按照尼姑的礼节安葬了她。孝明帝的叔叔太傅清河王元怿，英俊潇洒，胡太后强迫他与自己淫乱。元怿有才能，辅佐国政，为北魏做了很大贡献。侍中元义、卫将军刘腾，依恃得宠，越权行事，元怿经常限制他们。因此，元义、刘腾诬陷元怿，说他想毒死孝明帝。他们关闭了永巷门，使太后不能出来，抓住元怿，将他杀死。将朝政还给魏主，将太后囚禁在北宫，使孝明帝和太后母子不能相见。太后饥寒交迫。元义辅佐朝政，与刘腾一起控制了朝政。元义嗜酒好色，贪吝财物，下边的地方官吏，也大多贪污成风，百姓生活贫困，人人思乱。刘腾死了以后，孝明帝和太后左右的防卫有所松懈，母子才得相见。太后定计，夺了元义的兵权，赐元义自杀。太后又临朝摄政。太后自从重新摄政以来，非常注重装饰打扮，多次与李神轨、徐纥等人出城游玩，他们都得太后宠幸，郑俨尤其深得太后宠幸。太后令他掌管御膳服用，一天到晚待在宫中。即使是去沐浴，也派人跟着他。郑俨与妻子相见，也只能大略谈及家庭琐事。由于让宠幸的人处理国事，政事松弛，盗贼纷起。葛荣叛乱，国号齐。边疆告急，而国用消耗殆尽。讨虏大都督尔朱荣，兵势强大，魏朝忌惮他。孝明帝逐渐长大，太后自知自己所做的事不慎重，凡是孝明帝亲信的人，就借故除掉，于是母子之间裂痕越来越深。孝明帝和郑俨、徐纥等人，逼太后退位，不成，于是，他们秘密诏令尔朱荣，向洛阳发兵，以此威逼、要挟太后。尔朱荣任命高欢为前锋，行到上党，孝明帝又私自诏令军队停止前进。郑俨、徐纥担心自己招致灾祸，阴谋与太后勾结，用酒毒死了孝明帝。孝明帝在位十六年死去。

朝内立皇子为帝。不久又下诏书说："潘贵嫔所生的实是皇女，已故的临洮王元宝晖的世子元钊，是高祖的孙子，可立。"于是，迎请元钊即位。当时，元钊年仅三岁。尔朱荣听说此事，抗诏，带兵进入宫殿，立彭城王元勰的孙子元攸为帝，这就是敬宗孝庄帝。孝庄帝任命尔朱荣都督中外诸军事，封为太原王。李神轨、郑俨、徐纥等人都逃到偏远的地方。太后以及后宫的宫女都削发为尼。尔朱荣派人拿获胡太后和幼主元钊，将他们沉到河里淹死，还杀了王公以下大臣二千人。

尔朱荣的女儿原是孝明帝的嫔妃，此时，尔朱荣要求孝庄帝封她为皇后，孝庄帝听从了他的意见，尔朱荣十分高兴。

尔朱荣率兵讨伐葛荣，捕获葛荣。冀、定、沧、瀛、殷五州都平定了。尔朱荣虽然住在外藩，但仍然控制朝政。敬宗外面受尔朱荣挟制，内部受皇后威逼，怏怏不乐。只庆幸寇盗未除，才与尔朱荣相持。等到尔朱荣除寇告捷，敬宗很不愉快，心中有除掉尔朱荣的想法。他采用阳城王元徽的计策，声言生了皇子，尔朱荣与元天穆都入朝祝贺。光禄少卿鲁安、典御李晞等人，拔刀冲入，尔朱荣跑起来扑向孝庄帝，孝庄帝横刀于膝，亲手杀了他。一同被杀的还有元天穆和尔朱荣的儿子尔菩提等人，对其余党大赦。朝廷内外奔走相告，百官入朝祝贺。当晚，尔朱荣的堂弟尔朱进隆，率领尔朱荣的部下烧了西阳门，出宫驻扎在河阴，索取太原王的尸体向北逃奔。尔朱荣的侄子尔朱兆听到尔朱荣被杀的消息，在汾州起兵，占据晋阳。尔朱世隆到晋阳与长子尔朱兆会合，拥立太武帝的第五代孙子长广王元晔为帝，大赦天下，并改年号。

尔朱兆率兵轻装疾进，日夜兼程，抄小路从桥西渡河，直叩北魏宫门，此时，宿卫才觉察，拉弓要射箭，弓箭发不出去，纷纷逃散。尔朱兆捉住孝庄帝，将其囚在永宁寺楼上。孝庄帝在位二年。尔朱兆放任部下大肆抢掠，追杀皇子，侮辱嫔妃、公主。尔朱兆杀死临淮王元或等人。孝庄帝非常寒冷，向尔朱兆求头巾，尔朱兆不给，不久，就将他绞死了。

尔朱兆、尔朱世隆等人，认为长广王元晔属远亲，想改立亲近的人来符合众人的心愿。于是废掉元晔，改立献文帝的孙子广陵王元恭为帝，这就是节闵帝。元晔在位一年。

当初，葛荣叛乱，他的部下有二十多万人流散到并、肆各地，因此，各地的叛乱相继发生，尔朱兆为此非常忧虑，向高欢请教平叛的策略，高欢说："应派您的心腹去统一他们。"尔朱兆马上将这个重任交付给高欢，任命他为冀州刺史。高欢从此掌握了兵权，再也不可控制。

北魏河北大使高乾，与其弟敖曹起兵讨伐尔朱兆。高欢在屯壶关，声言准备讨伐高乾，高乾派人秘密会见高欢，劝高欢倒戈。此时，赵郡太守李元忠也劝高欢讨伐尔朱兆，高欢非常高兴，起兵讨伐尔朱兆，立太武帝的玄孙渤海太守元朗为帝，自封为丞相。他利用反间计，使尔朱兆与尔朱世隆互相猜疑。然后趁机出兵，大败尔朱兆，接着又在邺城大破尔朱兆。尔朱兆自杀，尔朱兆党徒全部消灭。高欢将节闵帝幽禁在崇训佛寺，不久又将其杀死。节闵帝在位仅二年。立元朗为帝，一年后，又以元朗是远族宗亲，将他废掉，改立孝文帝的孙子平阳王元脩，这就是孝武帝。

雍州刺史贺拔岳派司马宇文泰到晋阳，观察高欢的为人。高欢惊奇宇文泰的容貌，想将他留在身边。宇文泰执意请求回去复命，高欢只好让他回去。宇文泰回去对贺拔岳说："高欢所以没有篡位，正因为忌惮相公兄弟们，应当暗中有所准备。"贺拔岳大为高兴，以夏州备边重要为名，于是上表请求任用宇文泰镇守该地。不久贺拔岳被陈悦杀害，宇文泰讨伐并杀死陈悦，从而代领贺拔岳手下兵众。

魏国大丞相高欢，举兵反叛。中军将军王思政对魏孝武帝说："高欢的反叛之心已昭然若揭，宇文泰的心思却向着王室，如今前往他那里，回到旧都城，何愁打不败高欢？"孝武帝听取其意见，率五千骑兵西赴长安。宇文泰准备礼仪迎接孝武帝，在东阳驿谒见魏帝。魏帝于是进入长安城，任命宇文泰为尚书令，军国大事都委任他处理。孝武帝下制文数落高欢罪行，又征召荆州刺史贺拔胜奔赴行宫，贺拔胜犹豫不决，后来竟然投奔了梁国。高欢领兵追赶孝武帝不及，便回到洛阳。召集百官朝中元老，立孝文帝曾孙清河太子元善见为帝，这便是孝静帝。将都城北迁到邺城，当时称为东魏。

魏孝武帝元脩到达长安，不久，又与宇文泰有矛盾，被人在酒里下毒药害死，在位共三年。

宇文泰立孝文帝孙、南阳王元宝炬即帝位，建都在长安，这就是西魏文帝。

从此北魏分为东魏和西魏。北魏从拓跋力微到什翼犍改国号为代，共有十三个帝王，起汉献帝庚子（220）迄东晋孝武帝丙子（376），共计一百五十七年，后被前秦所灭。又从道武帝拓跋珪再建魏国，到梁武帝癸丑（533），共一百四十七年，而后分为东西魏。后来东魏、西魏分别被北齐、北周所取代。

东　魏

东魏高欢，字贺六浑，蓨县（今河北景县）人。原在杜洛周手下，后逃奔葛荣，后来又投奔尔朱荣。尔朱荣交给他兵权，封为渤海王。高欢先灭掉尔朱兆，又逼迫魏孝武帝元脩投靠宇文泰军中。高欢立清河太子元善见为帝，因洛阳逼近西魏，于是迁都到邺城。高欢多数时间在晋阳，只派他的大儿子高澄在邺城辅佐朝政。高欢因为宇文泰先前杀死了他的部将窦泰，便率兵到达沙苑，西魏众将领都十分恐惧。宇文深独说："高欢镇守河北一带，深得民心，不容易立刻消灭他。今日率军渡过黄河，可以一战即擒获他。"西魏宇文泰在渭曲迎战高欢。东魏看见西魏兵力少，争先向前进攻，便毫无战形。宇文泰亲自鸣鼓，西魏士兵都奋力拼战，李弼等人率铁骑兵拦腰截击。东魏军队被拦腰切断，于是大败，高欢飞奔逃走。宇文泰回师渭南，在战斗过的地方每人种一棵柳树，以表彰武功。高欢又率全部人马进攻西魏，进攻玉壁城。西魏守将韦孝宽随机抵抗，高欢攻城不下。于是派祖挺劝说他投降。韦孝宽说："进攻者疲劳，守城者安逸。我韦孝宽乃是一个关西伟男子，坚决不做投降将军。"高欢士兵死七八万。有星陨石落在高欢军营中，东魏兵十分害怕，急忙退军。

大丞相高欢得病，让他的二儿子太原公高洋镇守邺城，征调长子高澄奔赴晋阳。高欢做事神秘，终日严肃少语，人不能推测他的内心。做事变化多端，相机处理；制驭军旅，法令严整；听断讼狱，明察秋毫，不可侵犯。文武百官都愿意听他差遣。等到病重时，对长子高澄说："侯景在河南一带专横十四年之久，常有飞扬跋扈的志向。也只有我能够包容含养，并不是你们所能驾驭的。能够与侯景对敌的也只有慕容绍宗。"等高欢死后，高澄秘不发丧。自己出巡各州，进而到邺城朝见魏帝，魏帝设宴款待，高澄翩翩起舞，知道底细的人知道他不会有善终。高澄回到晋阳，任命他的弟弟高洋为京畿大都督，留守邺城，高澄便回晋阳发丧。东魏帝赠与高欢相国齐王，封九锡的特殊荣誉。任命高澄为都督中外诸军事、摄录尚书事。

侯景素来轻视高澄，众位将领如高敖曹、欢彭乐等都以英勇冠盖一时，侯景都予轻视。等到听说高欢病死，就将所辖河南之地投降西魏，后来又投降梁国。

东魏孝静帝，仪表堂堂，膂力过人，箭射得很准；喜欢文学，从容沉静，当时人都认为他有孝文帝的风范。大将军高澄非常忌恨他。起初，高欢一直担心驱逐君王的丑事暴露，对魏帝执礼甚为恭敬。等到高澄执掌国政，十分傲慢。曾有一次侍奉魏帝饮宴，高澄举起一大杯酒让魏帝喝，魏帝非常气愤，说道："自古以来没有不灭亡的国家，朕何必一定要用这个人呢？"高澄大怒，骂道："朕、朕、朕，狗脚朕。"让季舒打了魏帝三拳，夺门而出。魏孝静帝不堪羞辱，吟咏谢灵运[1]诗道："韩亡子房奋，秦帝鲁连耻。"于是便与荀济等人密谋除掉高澄。事情暴露，高澄率兵进宫，见到魏帝并不拜见，坐下言道："陛下为什么要反对我？"于是将魏帝幽禁在含章殿，在集市上将荀济用开水烹煮，领兵回到晋阳。高澄俘获衡州刺史兰钦的儿子兰京做他的厨房奴仆。兰钦请求用自己赎回儿子，高澄不准。兰京多次上诉，高澄鞭打他说："再上诉就杀了你。"兰京与他的同党图谋反叛高澄。高澄宠幸琅琊公主。公主美貌，十分淫乱，沦落为妓女。高澄收纳她，常常住在邺城，高澄不时前往邺城。常将侍卫派到外面，与公主百般淫乐。高澄与陈元康、杨愔、崔季等屏退身边的人，谋划接受禅让称帝。兰京将刀放在盘子下面，假称上前进食，借机杀死高澄。当时变化太快，朝内外一片震惊。起初，高澄弟弟太原公高洋，因为高澄妒忌他，便深居简出，韬光养晦。此时听说高澄死了，神色自若，指挥部分士兵

1.谢灵运（385—433）：南朝宋诗人，阳夏人，谢玄之孙。晋时封康乐公，入宋任永嘉太守、侍中等职，后被杀。诗多描写永嘉、庐山等地山水名胜，创文学史上山水诗派。

讨伐群党，将他们处死，分割他们的肉吃。

东魏孝静帝听到高澄的死讯，私下对身边的人说：“大将军的死，似乎是天意，威权应当重归帝室了。”等到高洋入殿拜谒，带士兵八千人，跟他登台阶的有二百多人，都是捋臂挽袖手按刀剑。高洋让主事者传下奏书：“臣有家事，必须到晋阳去。”又拜一次出来。东魏帝大惊失色，目送他离去后说：“朕还不知道死在什么时候呢！”晋阳的旧臣元老素来轻视高洋。等到高洋到了晋阳，大会文武百官。高洋神采飞扬，言辞敏捷，众人都大惊失色。高澄执政时不妥之处，高洋均加更改。

东魏高洋自己做丞相，都督中外诸军事，封为齐王。高洋任用高德政为书记，对他十分亲昵。徐之才、宋景业二人擅长图谶之术，借高德政之口劝高洋接受魏禅让帝位。高洋将这些告诉他的母亲娄太妃，太妃说：“你的父亲像龙，你兄长如虎，还认为皇位不可妄自侵夺，终身北面称臣。你又是什么人，而想要做舜、禹的事吗？”高洋将太妃的话告诉徐之才，徐之才说：“正因为你赶不上你父兄，才应该早升大位。”高洋铸成自己的像，占卜，预示成功。高洋让侍中张亮等人面见东魏帝，逼他禅让皇位，魏帝走下御座，进入内宫与六宫妃嫔告别，宫内一片哭声。高洋将魏孝静帝废为中山王，共在位十七年，东魏灭亡。

北　齐

高洋即帝位，定国号为齐，这便是北齐显祖文宣帝。西魏太师宇文泰讨伐齐国。齐宣帝亲自率兵驻扎在东城。宇文泰听说齐国军容严整，感叹说："高欢不死呀！"正赶上长时间下雨，牲畜多死掉，于是西魏退兵。于是黄河以南从洛阳，黄河以北从平阳往东大片土地，都归入北齐领地。齐宣帝每次出行，都让中山王（前魏帝）跟随自己。

起初，魏孝静帝的皇后太原公主，是高欢的女儿。到此时降为中山王妃。太原公主常为中山王品尝饮食，亲自看护检查。齐宣帝喝公主的酒，让人下毒药药死中山王，又杀死他三个儿子，一同葬在邺城西。后来又忽然挖出来，投到漳水。逼迫太原公主，让她做仆射杨愔的妻子。高洋大肆诛杀元氏皇亲，前后杀死七百二十一人，尸体全部扔到漳水中。

北齐宣帝刚即位时，留心于朝政事务，坦诚驱使臣下，人人得以尽心竭力。又能以法令制御臣下，朝内外肃然。军国大政都由他一人裁决。每次亲临战阵，亲自抵挡飞石弓箭，所向披靡。几年以后，逐渐以功劳自矜，于是嗜酒淫乱肆意妄为。袒露形体，街坐巷宿。娄太后曾因为他嗜酒，举起手杖打他。高洋说："应当将老母嫁给胡人。"太后勃然大怒。齐帝想让太后笑起来，自己爬在地上，用身体顶起床来，不慎将太后掉在地上，有些扭伤。等酒醒过来，齐帝十分惭愧，口里深加自责，然后整齐衣冠谢罪，不胜悲伤。因而戒酒十天，此后又嗜酒如初。对高氏皇族妇女，不问亲疏，多加以淫乱。有的赐给身边的人，不服从的亲手用刀剑杀死。齐帝收纳娼妓薛氏，对她十分宠幸。清河王高岳，曾因薛氏姐姐的关系迎薛氏到其宅第。齐帝毒死高岳。不久又觉得薛氏与高岳私通，便斩下薛氏的头，藏在怀里。齐帝出外到东山饮宴，刚开始劝酒，齐帝忽然将薛氏的头拿出来，扔在盘子上。又肢解薛氏的尸体，将其髀骨当作琵琶弹弄，满座大惊。又命人收取薛氏的尸体，对其痛哭流涕，装殓尸体出殡。齐帝披头散发，赤着脚，哭着跟在后面。

仆射崔暹去世，齐帝到他的宅第哭灵，对他的妻子李氏说："非常想念崔暹吗？"答道："非常想。"齐帝说："那么为何不去探望呢？"于是亲自杀死其妻子，将其首级抛在墙外，又杀了崔暹的弟弟。因为上党王高涣和永安王高浚多次劝谏，齐帝就命人杀死二人，并将二人的妃子赐给杀二王的身边人。

齐帝高洋性情残暴，喝醉了就杀人，以此为乐。杨愔便挑出死刑犯人供他用，称为供御，三个月未杀死者，则大赦。然而高洋虽然无道，却能将政事委任给杨愔，由他总理朝纲。所以君主昏庸于上，而却政治清明于下，奖掖贤能之士，齐国大治。齐帝高洋死在晋阳，在位共十年。

太子高殷即位，高洋的六弟常山王高演杀死尚书令杨愔、侍中燕子献等人，自己做丞相。高殷在位一年，高演便将他废为济南王而后自立为帝，这就是齐肃宗孝昭帝。不久又将高殷杀死，加谥号为闵悼王。齐昭帝高演答应封九弟长广王高湛为皇太弟，不久又立高百年为太子，命高湛镇守邺城。高湛心怀不满。高演沉稳有气度，熟习朝政之事，励精图治；忠孝有礼，太后身体不好，高演衣不解带。太后曾感到心痛，齐帝侍立在帷帐前，让太后用手抓他手掌忍痛，血都流出衣袖。对各位弟弟十分友爱，没有君臣间的隔阂。在位一年后，忽然梦见文宣帝高洋、杨愔、燕子献等为鬼作怪，病情加重，做各种驱赶鬼邪的活动，各种厉鬼照样歌舞个不停，于是征召长广王高湛立他为帝。又给他一封书信写道："高百年没有任何罪过，可对他善加处置，不要仿效前人。"高演死后，高湛从邺城奔赴晋阳即位，是为世祖武成帝。封前太子高百年为乐陵王。

姜太后去世，齐帝身穿大红色皇袍，照样饮酒作乐。又逼迫他的嫂子文宣帝高洋的妻子昭信宫李皇后与他私通，说："你要是不从就杀了你的儿子。"李后害怕而顺从他。不久有孕，她的儿子太原王高绍德到了台阁前，见不到李后，内心有怨言。李后十分惭愧，生下女儿弄死。齐帝说："你杀我的女儿，我何不杀你的儿子。"当着李后的面举刀乱砍杀死高绍德。李后大哭。齐帝大怒，扒光李后衣服鞭打她。当时白虹贯日，齐帝高湛想要用前太子高百年驱逐邪气。高百年曾写有几个"敕"字，教书写者上奏皇帝。齐帝大怒，让人召见高百年。高百年知道不免一死，割下佩带的玉玦，留给妃子斛律氏，而后进宫。齐帝命身边的人乱捶打死高百年，高百年气息奄奄时被砍死扔到水池里，池水都染红了。斛律氏拿着玉玦哀嚎，绝食而死。死时玉玦还在手里，拳头掰不开。

齐帝高湛骄奢淫佚，赋役繁重，百姓们叫苦连天。皇后胡氏曾宠幸和士开、娄定远等八人，时人号称朝中八贵。这一年有彗星出现，齐帝高湛传位给太子高纬，自称太上皇。高湛在位四年，在太上皇位又四年，而后死去。

齐帝高纬年纪轻，多有宠幸。外宠高阿那肱、韩长鸾、和士开、祖珽等人，内宠乳母陆令萱、宫婢穆舍利等，这些人都擅权用事。胡太后不守妇道，既与和士开等人私通，又与和尚昙献等相好。许多僧人甚至戏称昙献为太上皇，齐帝听说后并不相信。后来朝见太后，看见二个尼姑，十分喜欢，召至跟前才知是男子。于是昙献的事败露，都被处死。

齐帝高纬封斛律光的女儿为皇后，所以委任斛律光辅佐朝政。斛律光十分节俭，不贪图权势。自从结发从军以来，未打过败仗，深为邻国所忌惮。北周勋州刺史韦孝宽秘密为之造谣说："百升飞上天，明月照长安。"又说："高山不推自崩，槲树不扶自举。"令人散布到邺城。宠臣祖珽让他的妻兄上奏给皇帝。齐帝杀死斛律光和他的二个儿子，废掉皇后斛律氏。北周帝听说后大为高兴，为此大赦天下。齐国从此衰微。

齐帝高纬不善辞令，不愿意见朝臣。不是宠幸亲近之人，不与之交谈。继承武成帝高湛奢侈之风，后宫都是绫罗绸缎、山珍海味，竞相为新巧之物。一件裙子值一万疋，一个镜台值千金。大肆修缮宫苑，极尽雄壮华丽。每遇灾异寇盗，就多设斋戒以修德行。自己弹奏琵琶，谱无忧愁的曲调。民间百姓称之为无愁天子。又在华林园设立贫儿村，自己穿上褴褛破旧的衣服，在村中乞讨，以为乐事。又宠幸宦官参与机要大政。由财得官，讼狱贿赂成风。奴仆刘桃枝等人均开府封王。其余歌舞巫觋的人，滥得富贵的人，数以万计。至于狗、马、鹰及斗鸡等，都有仪同、郡君、开府等封号，而供给俸禄。一次戏耍的赏赐，动辄超过巨万。朝廷府库空虚，于是诏令郡县卖官。因而地方官大多由商人们担任。这些人竞相贪逸放纵，百姓民不聊生。

北周皇帝宇文邕谋划讨伐齐国，于是亲自领兵攻齐。军队进入齐国境内，攻克河阳大城，进而围攻洛口，攻下东西二城。周帝因得病，乘夜领兵回国。第二年又领兵伐齐，攻平阳城，于是攻下晋州。

当初，齐国穆皇后失去宠爱，她的侍婢冯小怜大得宠幸，齐帝高纬封她为淑妃，誓同生死。当时正与淑妃在天池狩猎，前方告急者三次入见，丞相高阿那肱说："大家正在兴头上，边远地区小事一桩，有什么事要这么急上奏！"到了晚上来使到行宫，平阳城已经陷落。齐帝想要返回朝中，淑妃请求再杀一回，齐帝听从。亲率大军到平阳，周帝派大将军梁士彦为晋州刺史，驻守平阳，自己领兵回国。齐国军队于是包围平阳，梁士彦坚守不住。齐军大挖地道，继续攻城，城陷十余步，齐军将士乘机想要进入城里，齐帝敕令暂且停止，召淑妃一同观看。淑妃化妆一会儿到阵前，北周军用木柱堵塞缺口，城久攻不下。周帝宇文邕又领兵到平阳进攻齐军。齐帝高纬与冯淑妃并排骑马观战。东部齐军小有退却，淑妃害怕说："我军败了！"齐帝于是与淑妃向北逃去，齐军大溃败。齐帝逃到晋阳，周军随即攻克。齐帝又逃奔到邺城，周军又跟到邺。观天象的人说："必当有大的变动。"齐帝高纬于是传位给太子高恒。高恒当时年仅八岁，高纬自己做太上皇，在位共十二年。

北周军队进入邺城，齐国太上皇与穆皇后、冯淑妃及幼帝高恒等人逃奔青州。高阿那肱秘密召来北周军队，生擒齐太上皇与后妃幼帝并胡太后等送往邺城，北齐灭亡。起梁简文帝庚午（550），终陈宣帝丁酉（577），共有六位皇帝，历时二十八年。后来宇文邕杀死高纬，夷灭其九族。太后、后妃等贫困不能自给，有人做了尼姑、娼妓，有的做了小妾。有人说胡太后擅长彭祖、夏姬采补之术，长得很美。年纪虽老却长得很年轻。太后与穆后、冯淑妃等均沦为娼妓，每日与长安少年们游乐，得以满足其欲望。传说到盛唐时胡太后还活着。

西　魏

当初，高欢举兵反叛朝廷，魏帝元脩投奔宇文泰军中。宇文氏是上古炎帝神农氏的后代。他们的祖先叫“葛乌兔”，雄武多谋略。鲜卑族人敬慕他，便奉他为首领。于是统领十二个部落，世代为酋长。他的后人有个叫普回的，因为狩猎得到一个玉玺，上面刻有“皇帝玺”三字，普回非常惊奇，认为是上天所授。鲜卑族的习惯称天为宇，称君为文，因此号称宇文国，并以此为姓氏。普回的儿子莫那迁居到辽西，九世传到逸豆归，被前燕慕容皝所灭。他的儿子宇文陵在燕国为官，后来归附魏国，迁居到武川。宇文陵的曾孙宇文肱生子宇文泰，生下来有黑气如盖，覆盖着他的身体，所以小名叫黑獭。等到长大以后，身长八尺，美须髯，发长拖地，手垂过膝。仗义疏财，年十八成为葛荣部将。葛荣兵败投奔魏国，成为尔朱荣的统军。不久又为贺拔岳的司马。等到贺氏被陈悦所杀，宇文泰即代领贺拔岳的军队。后来魏帝元脩投奔宇文泰，任命他为大丞相，执掌军国大政。娶孝武帝的妹妹冯翊长公主为妻。魏帝元脩不修闺门礼节，有三个不出嫁的堂妹，都被封为公主。平原公主明月，与南阳王元宝炬是同胞兄妹，与魏帝淫乱，跟从他一同入关，丞相宇文泰让元氏及诸王抓住明月将她杀死。魏帝不高兴，时而弯弓，时而击案，由此与宇文泰有隔阂。魏帝饮酒时被毒死，宇文泰立南阳王元宝炬为帝，这便是西魏的开始。

大丞相宇文泰让人在阳武门放置纸笔，以求直言劝谏者。重用苏绰，待他恩遇有加。宇文泰欲求富国强兵之术，度支尚书苏绰告诉他应该裁减官员，设置里长、党长二长，广置屯田，以供军国之资；选任贤才，设置地方官，于是西魏大治。等到苏绰去世，宇文泰认为他一生廉洁谦让，将他归葬于武功，载上一车的布匹。宇文泰与群臣徒步送灵。并洒酒言道："你知道我的内心，我也知道你的心意。正欲平定天下的时候，你为何突然离我而去？"因而高声恸哭，不知不觉酒杯落在地上。

西魏文帝元宝炬在位十七年后死去，太子元钦即位。宇文泰的儿子们都还年幼，他兄长的儿子章武公宇文导、中山公宇文护都出镇在外，只以几位女婿作为自己的心腹。魏帝元钦密谋除掉宇文泰，事发后，宇文泰将他废黜，安置在雍州，不久又将他杀死，改立他的弟弟齐王元廓，即是魏恭帝。去掉年号，只称元年，恢复旧姓拓跋氏。

宇文泰依照古制，将诸王爵位降为公。宇文泰自己做太师大冢宰。他能够驾驭众位英雄，使他们各得其能。平时喜欢质朴，不尚虚华。通晓政事，崇儒术，好古风。各种制度均仿照上古三代而设置。宇文泰从北面巡行回朝，到牵屯山病倒。快马召来中山公宇文护。宇文护到达泾州，宇文泰对他说："我的几个儿子都年幼，外敌正很强大，天下的事就都交给你处置，希望你努力完成我的志向。"而后死去。

当初，宇文泰娶魏孝武帝的妹妹，生下宇文觉。姚夫人生下宇文毓。毓在众儿子中年纪最大。宇文泰立觉为继承人，当时年仅十五岁。任命宇文觉为周公。宇文护认为宇文觉年幼弱小，想要使他早登大位，以安定人心。借魏帝的诏令将皇位禅让给周，封魏帝为宋公。魏恭帝元廓在位十三年后，皇位被篡夺，不久被杀。宇文觉即皇位，任命中山公宇文护为大司马，西魏灭亡。起梁武帝乙卯（535），迄陈武帝丁丑（557），共历三帝，二十三年。从代国建立到西魏灭亡，共计三百三十七年。

北　周

北周帝宇文觉性情刚毅，讨厌宇文护专权，与司会李植、司马孙恒、宫伯乙弗凤、贺拔提等谋划除掉宇文护。事情暴露，宇文护杀死乙弗凤等人，将北周帝幽禁在旧宅，一个多月后将其杀死。宇文觉在位仅一年，周武帝时被追赠为孝闵帝。宇文护迎请宁都公宇文毓即位，又称皇帝，建年号，这便是周世祖明帝。

宇文毓敏锐有胆识，宇文护忌惮他。将毒药放在糖里，进献给宇文毓食用。宇文毓觉察出来，口授遗诏说："朕的儿子年幼，不能堪当国家重任。鲁公宇文邕，是朕的兄弟，宽和仁厚，雍容大度，一定能弘扬我周国。”说完死去，在位三年。

高祖周武帝即位时，朝中大权全归宇文护。他的几个儿子及其僚属，贪暴蛮横，官吏百姓深以为患。周武帝深自韬晦，秘密与弟弟卫公宇文真、宫伯宇文神举、下大夫王轨、右侍宇文孝伯等谋划除掉宇文护。周武帝常在宫禁中见宇文护，并常行家人礼，此时则引宇文护入见太后，对他说：“太后喜欢饮酒，我多次谏阻都未采纳。”于是拿出怀中酒诰授意他说：“希望你见到太后以此入谏。”宇文护入内，还没读完酒诰，周帝用玉珽从后面击打宇文护，宇文护仆倒在地，周帝跃上前将其斩首，又将宇文护的子弟与党羽抓到殿中杀死，周武帝开始亲理朝政。

周太后叱奴氏死，武帝为之服丧三年。以北齐皇帝高纬肆虐无道，领兵讨伐齐国。抓获齐帝高纬及幼帝高恒等回到国内，于是灭掉了北齐。

周武帝宇文邕生性节俭，灭掉齐国后，毁坏齐国华丽的宫殿，自己常穿布袍、盖布被，后宫也不过十几个人。到此时又诏令后宫只设置妃子二人，世妇三人，御妻三人，其余人一并裁减。每次行军出战，都亲在行阵中，足涉山谷。安抚将士，讲恩义，并且明察果断。法令严明，从此将士畏惧皇威，而乐于效命。

宇文邕为太子宇文赟（yūn）娶妃子杨氏，即隋公杨坚的女儿。太子德行欠缺，王轨、宇文孝伯曾对周帝说：“太子必不能担负社稷重任。”周帝默不作声。王轨又多次称太子不是江山社稷的君王，杨坚有反叛的征兆。周武帝犹豫不定。后来周武帝在讨伐突厥时得病返朝，不久病死。在位十八年，年仅三十六岁。

太子宇文赟即位，便是周宣帝。刚即位即穷奢极欲，面无悲戚的样子，手摸着杖打的疤痕大骂道：“他死得太晚了！”探视宫人，威逼并奸淫她们。越级提拔郑铎为内史大夫，委任以朝政大事。杀死他的叔叔齐王宇文宪，又杀死徐州总管王轨及宫正宇文孝伯，一些忠正之士接二连三地惨遭杀戮。册立杨妃为皇后，封杨坚为上柱国大司马。在位一年后传帝位给年仅六岁的太子宇文阐，是为周静帝。自己称天元皇帝。妄自尊大，恣意淫乱日夜不停。广泛搜罗天下美女，以充实后宫。骄横残暴，喜怒无常，朝内外人人不能自保。

皇后父亲杨坚，位高望重，天元帝十分忌恨他，杨坚十分不安。天元帝备齐法驾，游幸天兴宫，患病返回宫中，当日即死去。杨坚自己做丞相，总揽中外兵马事。革除宣武时的苛政，更为宽大。自身十分节俭，朝内外十分高兴。于是召集公卿大臣对他们说：“如果想求得富贵，那就跟着我杨坚。”夜里又召见太史庚季才问道：“如今夺位的天时人事怎么样？”季才说：“天道太精微了，难以猜测。以人事来预卜，征兆已经定了。”独孤夫人也对杨坚说：“如今已是骑虎难下，努力吧。”杨坚于是任命大儿子杨勇为洛州总管，对诸王不依附自己的大肆杀戮，最后篡夺皇位。静帝宇文阐下诏书，禅位于隋。在位三年，北周灭亡。起周文帝丁丑（557），终周静帝辛丑（581），共五帝，历时二十五年。

窦毅的女儿听说周帝禅让帝位，自己冲到堂下，拍胸感叹道：“只恨我不是个男子，解救舅舅的危难。”窦毅及襄阳公主掩住她的口说：“你不要胡说，小心灭九族。”从此惊奇她的才能。等到长大以后，嫁给唐公李渊。后来取代隋朝而一统天下。

杨　坚

隋高祖文帝杨坚，小名那罗延，魏恭帝赐姓普六茹，本姓杨氏。弘农华阴人，汉代太尉杨震的后代。父亲杨忠在魏及北周做官，因为功劳封为隋公，杨坚承袭爵位。杨坚生下来就很奇怪，他母亲不能抚养他。住宅旁有个尼姑庵，一个尼姑抱着杨坚回到庵中抚养。一天尼姑走出来交给杨坚的母亲抱着，杨坚头上长角身上起鳞，杨母大惊将杨坚掉在地上。尼姑心动，急忙返身回来，见到杨母说："惊吓了我儿，导致他晚得天下。"等到长大，相貌奇特。杨坚深自韬晦，到此时篡夺皇位，建都长安，国号隋。册立独孤氏为皇后。皇后谦恭喜好读书，议论政事多与隋帝谋合。杨坚特别宠爱她，宫中称为二圣。

杨坚杀死周静帝宇文阐，诛灭宇文氏一族。自周太祖以下的宇文氏子孙都被杀死。

大臣高颎、苏威二人同心协力，朝政无论大小，文帝都与他们谋划。几年之后，天下大治，隋相继灭了后梁、陈，统一天下。

隋朝建成仁寿宫，文帝巡幸那里。当时正值酷暑，役夫尸体相望于道，杨素将他们焚烧，文帝不高兴。等到看见华丽殿宇，大怒道："杨素这是为我结怨天下。"杨素担心遭到文帝怪罪，封德彝说："您不必担心，等到皇后到了必有降恩的诏书。"次日皇后安慰他说："你知道我们夫妇年纪大了，无以自我娱悦，极力装饰这个宫殿，这不是忠孝又是什么？”对杨素赏赐丰厚，杨素荐举封德彝，杨坚提升封为内史舍人。

杨坚认为天下盗贼太多，下令偷盗一文钱以上的都要处死刑，如有三人共盗一瓜，抓住即处死，天下人心惶恐。有几个人抓住当官的对他说：“我们岂是贪图钱财？只是觉得太冤枉人了。你为我们上奏书给皇上，自古以来，国家立法，从没有偷一文钱即判死罪的。你不为我们禀告，我们还要来，到那时你们一个也别想活！”杨坚听说此事后，为此停止严刑酷法。杨坚做事严谨，令行禁止。勤于政事，每天早晨上朝听政，到了晚上还不知疲倦。虽然十分节俭，但对于赏赐有功之人则毫不吝惜。将士战死，一定要加以优厚的抚恤。并且仍派使者慰劳他们的家属。爱护百姓，劝课农桑，轻徭薄赋。他自己的奉养务求俭朴，如不是宴会所食，不过只吃一盘肉。乘舆服饰等破旧了随时令人补用。后宫穿戴多次浣洗的衣服，则全国的风气为之一变。士大夫们大都穿绢布衣服，佩带的不过是铜、铁、骨、角等。因此丰衣足食，仓库充溢。杨坚接受禅让之初，全国户口不过四百万，到开皇末年将近九百万。

然而杨坚好猜忌苛刻，易信谗言，实行严刑苛法，据傲临下。常让身边的人窥视朝内外的动向，有过失则加以重罪处罚。又担心官员们贪污，私下让人用钱财引诱，如有犯法立即斩首。常常在朝堂上杖打大臣，一天之内有时达到四次。功臣元老中很少有人得以善终的，以致宗室子弟皆视如仇敌，这是杨坚政治的短处。

当初，文帝让太子杨勇参加议决政事，时有损益。杨勇性情宽厚，直率毫无矫饰。杨坚生性节俭，而杨勇穿用多奢华，杨坚对他的恩宠日渐衰减。杨勇多有宠幸，嫡妃失宠，后死去，所以杨勇多庶生子，独孤后非常厌恶这一点。晋王杨广非常会掩饰自己，暗中谋划夺嫡之计。独孤后赞成杨坚废掉杨勇，并男女宠幸废为庶人，改立晋王杨广为太子。废立的那一天，全国大地震。后来独孤后先杨坚而死，等到杨坚患病，杨素、柳述、元岩等都入阁内侍候。杨坚召见杨广入居殿中。太子杨广准备草拟文帝身后事宜，写书信询问仆射杨素。杨素抄录事状准备回复，被宫人误传到文帝那里。文帝看后勃然大怒。文帝的宠幸陈夫人，是陈宣帝的女儿，长得很美。早晨出来更衣，被太子杨广所逼，抵抗得以免遭欺辱。杨坚奇怪她的神色异常，问她原因。陈夫人流着泪说："太子对我无礼。"杨坚更加气愤，手抵住床说道："畜牲，这怎么能交付给他大事呢？独孤后误我大事。"于是呼叫柳述、元岩说："召我儿来。"柳述等想要叫太子杨广，杨坚说："我叫杨勇。"柳述、元岩走出阁外起草敕书。杨素听说后将此情况告诉太子杨广，于是杨广伪造诏书将柳述、元岩关在狱中，追赶东宫送诏书的士兵，禁中戒严，严禁出入。将宇文述、郭衍等抓起来，让右庶子张衡入殿侍候文帝的病。将后宫男女全部赶出安置在一个地方，不久杨坚死去，在位二十四年。

黄昏时分，杨广封上一个小金盒，派人赐给陈夫人，陈夫人认为是毒药，非常害怕。打开后一看，是一个同心结。夫人气愤地离开座位，不肯答谢，太监们逼迫她，只好答拜使者。当夜太子杨广奸淫了陈夫人。次日为杨坚发丧同时即位，这就是隋炀帝。杨广又伪造杨坚的遗诏，赐原太子杨勇死罪，不为他立后嗣。将柳述、元岩流放到岭南。

起初，隋高祖杨坚与独孤后相亲相爱，没有其他的姬妾。五个儿子都是一母所生，人们认为必定会和睦相处。后来相互猜忌，五个儿子都不得善终。

（以上系原书第二十三回至第二十五回）

南北朝世系表
（420—588）

一、南朝

1. 宋（420—479）

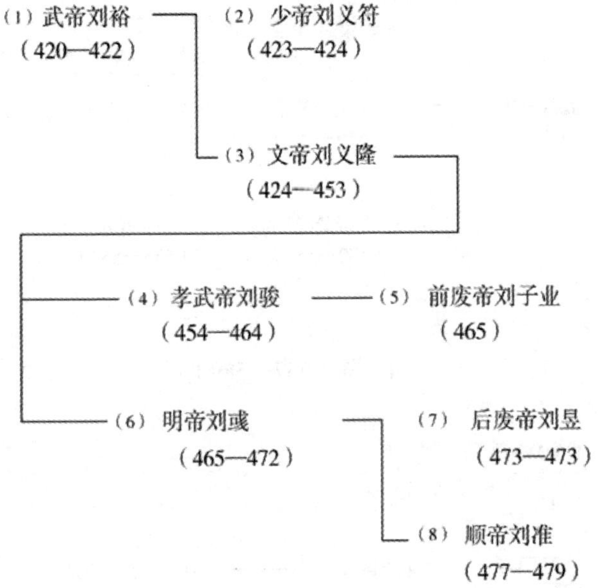

2. 齐（479—502）

（1）高帝萧道成（479—482）——（2）武帝萧赜（483—493）——□——（3）郁林王萧昭业（494）
　　　　　　　　　　　　　　　　　　　　　　　　　　└（4）海陵王萧昭文（494）

（1）高帝萧道成——□——（5）明帝萧鸾（494—498）——（6）东昏侯萧宝卷（499—501）
　　　　　　　　　　　　　　　　　　　　　　　　　└（7）和帝萧宝融（501—502）

3. 梁（502—557）

（1）武帝萧衍（502—550）——（2）简文帝萧纲（550—551）
　　　　　　　　　　　　└（3）元帝萧绎（552—555）——（4）敬帝萧方智（555—557）

4. 陈（557—589）

（1）武帝陈霸先（557—559）

□——（2）文帝陈蒨（560—566）——（3）废帝陈伯宗（567—568）
　└（4）宣帝陈顼（569—582）——（5）后主陈叔宝（583—589）

二、北朝

1. 北魏（386—534）

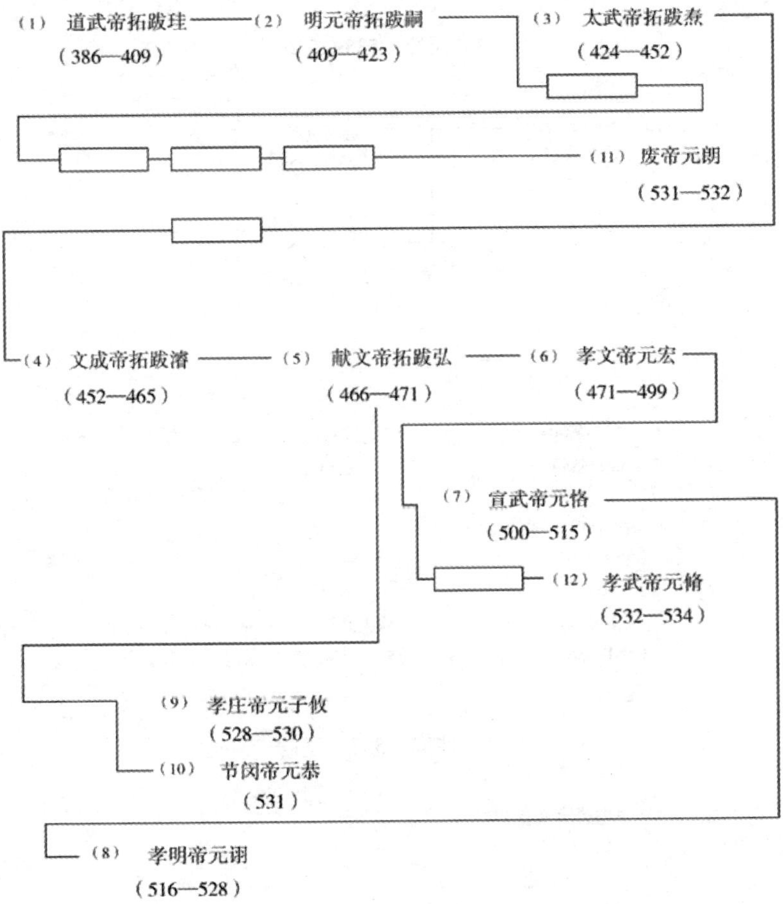

2. 东魏（534—550）

（1）孝静帝元善见（534—550）

3. 西魏（535—556）

（1）文帝元宝炬（535—551）——（2）废帝元钦（552—554）

（1）文帝元宝炬（535—551）——（3）恭帝元廓（554—556）

4. 北齐（550—577）

（1）文宣帝高洋（550—559）——（2）废帝高殷（560）

｜

（3）孝昭帝高演（560—561）

｜

（4）武成帝高湛（561—565）——（5）后主高纬（565—576）——（6）幼主高恒（577）

5. 北周（557—581）

（1）孝愍帝宇文觉（577）

｜

（2）明帝宇文毓（557—560）

｜

（3）武帝宇文邕（561—578）——（4）宣帝宇文赟（579）——静帝宇文阐（579—581）

隋朝

劳民伤财

隋文帝杨坚篡夺北周皇位后，又灭掉了后梁。到了开皇九年的正月，消灭陈国，而后实现全国统一。杨坚的儿子杨广杀死父亲，又杀掉他的兄长，最后篡夺皇位。

杨广小字阿摩，是隋文帝杨坚的二儿子，起初封为晋王，篡帝位后，上尊号为隋炀帝。立萧氏为皇后，命令杨素营建东都洛阳宫殿，又命宇文恺与舍人封德彝等人营造显仁宫，南接皂涧，北跨洛水之滨。征发长江以南、五岭以北广袤之地的奇材异石，运到洛阳，又征求全国各地的奇花异草、上等木材和珍奇野兽，用来充实宫中花园庭苑，从长安到江都[1]，沿途疏引谷水、洛水、汴水、黄河、长江、淮河等水系，使其疏通为水道，宽四十步，两旁修筑御道，种上柳树，沿途设置离宫四十余所。杨广又派黄门侍郎王宏等人到江南修造龙舟及各种船数万艘。东都洛阳的官吏督促劳役过急，致使修建宫室的工匠死了十分之四五，有关部门用车装载死者尸体。东面到成皋[2]，北面到河阳[3]，装尸体的车绵延不绝。又修筑西苑，方圆二百里，苑内是一个大湖。方圆十余里处有方丈、蓬莱、瀛洲传说中的三仙山，高出水面一百多尺，楼台观宇宫殿等星罗棋布。大湖的北面有龙鳞渠，环绕注入湖内。沿渠修建

1.江都：古郡名，隋大业置江都郡，治所在江阳（今扬州）。

2.成皋：古邑名，在今河南荥阳汜水镇。

3.河阳：古县名，治所在今河南孟县西。

有十六座庭院，院门均比邻渠岸。每座花园都由四品夫人主事。楼台观宇等建筑极为华丽，宫内的树木到了秋冬时节都凋谢了，就剪下彩绸做花叶形状，缀在树枝上。颜色老化后，再换上新艳的，使其常如阳春季节。水沼内也剪下彩布做成荷花、菱花、芡花等模样。如果皇上乘轿舆游幸，则抽去水而用布装饰各种花的图案。十六院竞相供献佳肴，以求得到皇帝的恩宠。隋炀帝喜欢乘月色放纵宫女数千骑马游西苑，谱《清夜游》曲，在马上弹奏。

巡游天下

炀帝巡游江都，从显仁宫出发，出洛口后即乘坐龙舟。龙舟有四层，高四十五尺，长二百尺。上层有正殿、内殿、朝堂。中间二层有一百二十间房子，均用金玉沉檀香装饰，供那些妃嫔美女居住。下层是内侍住的地方。皇后乘坐翔螭舟，比龙舟小一些，只有三层。另外有浮景九艘。拉船的有美女九千余人，称之为“殿脚女”。都穿戴绫罗锦绣，光彩夺目。余下数千艘船，坐着后宫众位亲王、公主、文武百官、僧尼、道士、宾客等。拉纤的士兵有八万多人。船首尾相接，绵延二百里，河川陆地五彩夺目。骑兵沿两岸行进，旌旗蔽野。所经过各个州县，五百里之内均令进献食物。多的时候一州停有上百辆送食物的车子，都是山珍海味。后宫食物涨满吃不完，待食物将要发霉的时候，大多丢弃埋掉。

炀帝又命人新制侍卫部队的仪仗服装，督课各州县送羽毛到京。百姓们纷纷捕杀鸭、鹅、鹤等，飞禽所剩无几。乌程县有一棵高大的树，高一百多尺，上面有鹤的巢穴，百姓取不下来，便要砍伐其树根。鹤担心众人杀死鹤子，自己拔除毫毛扔在地上。当时人都认为是一件吉祥的事。

隋朝在巩水东南平原上设置洛口仓[1]，仓城方圆二十余里，挖有三千个粮窖。又在洛阳城北七里处置回洛仓，仓城方圆十里，挖有三百个粮窖，每个窖都能容纳八千石米。

隋朝征发成年男丁一百多万人修复秦始皇时修建的万里长城。

隋炀帝杀死高颎、贺若弼、宇文弼、薛道衡等先朝老臣，那些忠言直谏之士也都处死。炀帝善于撰写文章，但不希望别人超过他。薛道衡被杀后，炀帝说："这回还有能作'空梁落燕泥'诗句的吗？"

炀帝到北方巡游，车驾进发到榆林，所带护卫甲兵五十万人，旌旗辎重千里相望不绝于道。突厥启民可汗，亲自搭篷帐恭候炀帝的车驾。炀帝走进其帐内，启民可汗端着酒上前祝寿，炀帝十分高兴，当场赋诗吟道："呼韩稽颡至，屠耆接踵来。何如汉天子，空上单于台。"随后赐予众人大小不等的物品。

经营西域

西域一带的各族百姓，多到张掖等郡与汉民买卖交易，炀帝命吏部侍郎裴矩掌管其事。裴矩深知炀帝喜好谋略边远之地，

1.洛口仓：又名兴洛仓，606年建，故址在今河南巩县西北。

等到各国各族商人来做买卖时，趁机访察各国山川名胜风土人情，撰有《西域图记》三卷，共记载了当时的四十四个国家，回朝上奏给炀帝。炀帝于是更加倾慕秦始皇、汉武帝的丰功伟业，想要重与西域沟通，建立联系。所以有关周边各国事务都委托裴矩办理，从此西域各族与中原往来日益频繁。所经过的各郡县，忙于迎送，耗费钱财数以万计。西域各族人向隋朝进献土地，隋在当地设置西海等郡。各族人又来到长安，在端门外陈列百戏杂耍等。一个月以后才作罢，花费巨万。各族人又到大城市中做交易，隋朝命人整修装饰商肆货店，广设帷帐，里面装满珍奇物品。凡有西域人经过酒店食品店，则全部邀请进去，酒足饭饱后才让散去，而不要他们一文钱。并哄骗他们说："隋朝物产丰饶，酒饭按惯例都不要钱。"西域人都十分惊讶。个别聪明者觉察出来，看见有用丝绸缠裹树木的，便说道："隋朝也有贫困的人，衣服不能蔽体，为什么不给他们丝绸穿，缠在树上有什么用呢？"中原商人十分惭愧，无言以答。炀帝称赞裴矩有才能，对群臣们说："裴矩非常能够领会朕的意图，凡是所陈奏的事情，都是朕有所会心而未曾实行的，如果不是尽忠报国，谁能做到这一点呢？"

征伐高丽

隋朝征调高丽王来朝，高丽王没有来，裴矩向炀帝进言道："高丽国原本是商代箕子的封地，汉代晋代以来中原王朝都设有郡县，如今却对朝廷不称臣纳贡，正当陛下当位的时候，为什么不攻取他们？”于是炀帝下诏讨伐高丽。又命令幽州总管元弘嗣，前往东莱海口，造三百艘船。大小官吏督促劳役，昼夜站立在水中，船工们腰部以下都生了蛆虫，死掉十分之三四。隋朝在全国范围内征调兵马，无论路途远近，全都聚集在涿郡，又征发长江淮河以南广大地区的民夫与船只，将黎阳仓、洛口仓等粮仓的大米运送到涿郡。运米船首尾相连，绵延一千多里。又装载兵械及攻城略地的器械，在道路上来来往往，常常有数十万之众，死者尸首遍地，全国一片骚动，于是很多人开始聚集在一起反叛朝廷。

大业七年（611）冬季，山东邹平县百姓王簿等人造反，众人占据长白山，抢掠齐州、济州城郊地区。王簿自称知世郎，意思是通晓世事之人。又作《无向辽东浪死歌》，以号召手下民众。那些逃避征调劳役的百姓大多投奔王簿。起义坚持两年，被张须陀的军队消灭。

窦建德在漳南[1]起兵，窦建德身先士卒，待人和蔼，与士兵们一同劳作，从此人们争先投奔他，愿为他效死力。他自称长乐王，不久又改称夏王。

张金在河曲[2]聚众起义，高士达在清河[3]起兵，从此以后，全国各地义旗蜂然而起，不可胜数。

隋炀帝举兵进攻高丽，到达辽东，高丽各个城池，均因坚守而久攻不下。将军宇文述等九支军队，在萨水被打得大败而归。当

1.漳南：古县名，隋开皇十八年置。治所在今河北故城东北。

2.河曲：古地名，指今山西芮城县，西风陵渡一带。

3.清河：古县名，治所在今河北省清河县。

初，隋朝大军渡辽水的时候，总共有三十万五千人之多，等到还朝时，只剩下二千五百人。各种物资器械也损失殆尽。隋炀帝回到东都洛阳，一时间后宫妃嫔公主等仓遑四逃，散失很多，与军士们混杂居住在山谷间。

炀帝再次征调全国兵马聚集在涿郡，召募民间骁勇善战之士，又准备进攻高丽。当时太子杨昭早夭，炀帝便命太子杨昭的长子、代王杨侑留守西京长安，命刑部尚书卫文升辅佐杨侑。又命杨昭次子、越王杨侗留守东都洛阳，命民部尚书樊子盖为其辅佐。

杨玄感反隋

杨素的儿子、楚公杨玄感在黎阳[1]起兵，包围东都洛阳，以蒲山谷李密为谋主。李密年轻时即很有韬略，志向高远，仗义疏财，礼贤下士，官做左亲侍，炀帝非常忌恨他。李密于是不再在朝为官，专心读书。曾经骑着一头黄牛，读《汉书》。杨素遇见他，惊奇地对杨玄感等人说："你们这些人赶不上他呀！"杨玄感亲见隋朝纲纪紊乱，便暗中向李密求计。李密说："如今天子出征高丽，远在边境之外，离幽州尚有千里之遥。您趁此时带兵出其不意，长驱直入攻入蓟州，扼住隋朝的咽喉要道。高丽人听说此事，定会跟踪在隋军的后面，不超过十天，隋军粮草快用光了，到那时招抚隋军将士，不投降即溃逃，可不战而生擒炀帝，这是上策。关中四个要塞都是富庶之地，如今您率兵向西行进，路经各城而不进

1.黎阳：古县名，西汉置，治所在今河南浚县东。

攻，直接攻取长安，占据险要之地坚守，以求慢慢取得天下，此乃中策。派精兵走小路，日夜兼程，袭击东都洛阳，以便对天下四方发号施令。但是如果攻城百天都不能取胜，全国各地的兵马从四面赶来，那就不是我所能知道的了。”杨玄感说：“我看不是这样。如今文武百官的家眷，都住在洛阳，如果先攻下它，足以动摇民心。而且途经各城都不攻拔，又拿什么来昭示威武之师？您的下策，在我看来正是上策。”于是领兵向洛阳进发，围住了东都。炀帝听到这一消息，急忙率军从高丽返回。派宇文述、来护儿等进攻杨玄感。杨玄感重又将韦福嗣视为心腹，不再专门重用李密。李密退出营帐对他的亲信说：“楚公喜欢造反却不想取胜，我辈今日恐怕将要做俘虏了。”杨玄感领兵直奔潼关，被宇文述等追上，杨玄感战败身死。

炀帝命裴蕴专门审理杨玄感党羽，并对他说：“玄感振臂一呼而有十万人响应，由此更觉得天下百姓不应太多，太多则聚在一起做盗贼。如果不全部杀光，怎么能惩戒后人呢？”于是共杀死三十多万人，冤枉而死的占多半。杨玄感当初包围东都时，曾开仓赈济百姓，凡是收受粮米的，都被坑杀在东都城南。

李密逃走，被人抓住，准备押解到东都。李密与王仲伯等暗地里谋划逃跑，便将随身所带的金元宝全都拿出来，交与押解人说：“我们死期临近，这些金子都留给您了，只希望拿出其中一点点将我们掩埋，并请求欢乐一场再死，也就没有遗憾了。”所经各处都寻找酒饭和妓女，大吃大喝，大声喧哗，通宵达旦，像往常一样行路。走到魏郡石梁驿，将看守的人灌醉，于是穿墙逃去。在一个王秀才家收徒教书，郡县派人搜捕，又拿出钱来求得获免。

韦城人翟让官做东郡法曹，因犯罪应当处斩，便逃到瓦岗聚众起义，同郡的徐世勣（jì）、单雄信都归附他，李密从雍丘一带逃出来，也投奔了翟让。各位将领相互说道："如今人们都说杨氏将灭亡，李氏将要兴起。我们听说王者大难不死，这个人三次获救，难道不正是未来的大王吗？"由此更加敬重李密，李密于是便与翟让等人起兵攻打荥阳。隋炀帝改封张须陀为荥阳通守，来讨伐义军。通守，就是宋代以后的通判。李密制定策略，将手下一千多人分散埋伏在丛林间，杀死张须陀，取得大胜。罗士信、秦叔宝等都投靠李密。黄河以南各郡县闻风丧胆，李密劝说翟让："洛口仓积聚粮食较多，将军如果亲自率领大部队轻装偷袭，开仓赈济穷苦民众，远近谁还能不归附我们？百万大军一朝即可齐聚。"翟让于是率领七千精兵袭击洛口仓，一举攻下。开仓任百姓索取，老弱童叟来来往往不间断。翟让于是推举李密为盟主，号称魏公。重用祖君彦为记室。李密向各州郡散发檄文，历数炀帝十大罪状。并且写道："罄南山之竹，书罪无穷；决东海之波，流恶难尽。"这是祖君彦的手笔，成为千古名句。

各地起义

河间一带叛军格谦起兵，自称燕王。炀帝命令王世充讨伐并将其斩首。格谦部将高开道收罗残余力量，在燕地大肆抢掠，重新自称燕王。

杜伏威起兵占据历阳，经略江淮一带，自称总管。任用辅公祐为长史。所经各郡县，小股义军多依附于他们，于是兵众逐渐多起来。

东海李子通渡过淮河与杜伏威会合，自称将军，不久又称帝，国号为吴。

城父人朱粲聚集民众为盗，称之为可达寒贼，自称迦楼罗王。有兵众十多万，领兵辗转掠夺荆沔以及山南各郡县。所经各地烧杀奸淫掠夺，以人为食物，很少有人活下来。

鄱阳叛军操师乞攻陷了豫章城，自称元兴王。侍御史刘子翊领兵讨伐，操师乞中流箭死去，他的同乡林士弘率领其部众继续战斗，刘子翊战败身死。林士弘自称楚帝，从九江以南以及番禺一带均为他们的领地。

鲁郡义军头领徐圆朗攻陷东平，至琅琊以西的地区都归其所有。

朔方鹰扬郎将梁师都率部造反，自称大丞相。马邑鹰杨府校尉刘武周起义，自称太守。二人都向北面依附突厥。突厥册立刘武周为定杨可汗，武周于是自己称帝。攻取楼烦、定襄、雁门各郡，占据汾阳宫。梁师都攻取雕阴、宏化、延安等郡，自称梁帝。

郭子和因犯罪流放到榆林，正赶上当地闹饥荒，他联合十八位勇士杀死郡丞，开粮仓赈济百姓，举兵反隋，自称永乐王。向北面依附突厥。二年后投降唐朝，封郕国公，得到一个好的结局。

金城校尉薛举在陇西起兵，开仓赈济百姓，自称西秦霸王，不久称帝。

武威鹰扬府司马李转占据河西一带，自称河西大梁王。后梁宣帝萧察的曾孙、罗川县令萧铣，率军攻取了豫章、江陵、岭南等地。兵力强盛，号称四十万，自称梁王，不久称帝。

一时间兴兵反隋占据领地的有六十四处。先前各路义军抓得隋朝官员及世家大族子弟通通杀掉，唯独窦建德善加礼遇。从此隋朝官员大多举城投降，窦氏的声势更加壮大。当时隋内史郎虞世基认为炀帝讨厌听见反叛者的活动，各路将领有人报告战败求救的，他都不上报给炀帝，只是说属鸡鸣狗盗之类，各郡县抓捕，很快即可消灭，请陛下不必挂心，等等。炀帝颇以为然，有时甚至杖打报告的使者，认为是虚妄之言。从此反隋义军遍布全国，攻陷郡县，炀帝却都不知道。当时隋朝太仆杨义臣击败张金称、高士达，将他们杀死，降伏河北反军数十万，将此状文上报朝廷。炀帝感叹道："我始终没听说反贼能有如此大的声势，义臣怎么能降伏这么多人呢？"虞世基答道："小贼虽然较多，但不足为虑，杨义臣拥兵较众，所以能战胜他们，他久在外面领兵，这是最不合适的。"炀帝说："你说得很对。"于是急忙派人追回杨义臣，疏散他手下兵马。义军从此更加强盛。

僭赏滥刑

炀帝下诏命文武百僚再次商议讨伐高丽的事，征调天下兵马，各郡县一齐进发。当时全国大乱，所征兵丁多不来京。时值高丽国贫困凋弊，派使者来请求降服，炀帝于是下令班师回朝。再次征调高丽国王元到朝中，高丽国王竟不来。

有二只孔雀，从西苑飞到宝成朝堂栖息，前亲卫校尉高德儒看见后，上奏认为是凤凰一类的祥鸟。但其时孔雀已飞走，无法验证，于是百官称贺山呼万岁。炀帝下诏认为高德儒心诚通灵，遇事机敏得见嘉祥，官拜朝散大夫。

炀帝下诏命令江都再造龙舟一千艘，龙舟造成，送往东都。宇文述劝说炀帝巡幸江都，炀帝大为高兴，听从其意见。群臣中谏阻者都被斩首。宇文述死后，炀帝任命他的长子宇文化及为屯卫将军，次子宇文智及为将作少监。炀帝到达江都，巡游长江、淮河一带，当地官员凡有谒见者，只是询问礼品的厚薄，献礼丰厚的则越级提拔，礼品轻薄者罢官停职。因此各郡县竞相克扣盘剥，用来敬献皇上。百姓外受盗贼侵逼，内苦于赋敛沉重，加上闹饥荒，纷纷采树皮、草根和树叶充饥。各种食物吃光了，就互相蚕食。官府粮仓堆积如山，各级官吏畏惧法令，没有人敢赈济百姓。江都丞王世充由于献上铜镜屏风，迁升为江都通守。又挑选民间美女子献给炀帝，由此更加受到宠信。

炀帝任命唐公李渊为宏化郡留守。李渊待下属宽和，人们大多依附于他。炀帝认为李渊相貌出众，他的名字又应图谶[1]中取代自己的那个人，因此对他十分忌恨。征召他到江都行宫，李渊因病未去谒见。李渊的外甥王氏在后宫，炀帝问他："你的舅舅怎么还不来？"王氏回答说有病，炀帝问："能死吗？"李渊听说此事后十分恐惧。于是纵情酒色，贿赂朝廷，以此来韬光养晦。炀帝于

1.图谶：巫师或方士制作的一种隐语或预言，作为吉凶的符验或征兆。

是任命李渊为山西河东抚慰大使，秉承圣旨升降官员，讨伐抓捕各路反军。

李渊反隋

起初，李渊娶窦毅的女儿为妻，生下建成、世民、元霸、元吉四个儿子。世民聪颖果断，见识过人。看见隋朝正值天下大乱，便暗中有安定天下的志向。他礼贤下士，仗义疏财，广结宾客，深得众人拥戴。

晋阳宫监裴寂与刘文静住在一起，看见城上烽火不断，裴寂感叹道："我等如此贫贱，又遭此乱世，将怎么自我生存呢？"刘文静笑着说："天下大事可以测知，我二人相知如此，何必担心贫贱。"刘文静见到李世民后，视之为奇异之人，与他结下深交，对裴寂说："世民非平常之人，他的豁达像汉高祖，神俊英武又与魏太祖相似。年纪虽轻，却是一代治世的人才。"

刘文静因与李密联姻而获罪，被关押在太原狱中，李世民亲去探视。刘文静说："此时天下大乱，如没有汉高祖刘邦和汉光武帝刘秀的奇才不足以平定。"李世民说："怎么能知道没有这样的人才呢？只是没能识别罢了。我来探望您，并非儿女情长，而是想与您商议大事。将如何制定策略呢？"刘文静说："如今皇上南巡江淮一带，李密带兵逼近东都。各路义军数以万计，当此之际，如有新主乘势驱驾振臂一挥，取得天下便易如反掌。太原的百姓都避乱进入城内，文静做了多年的地方官，深知其中的豪杰之士，一旦罗致门下，可得十万人之众。您手下统领的兵马尚有数万。一言既出，谁敢不从命。挟此威势乘虚入关，号令天下。不超过半年，帝业可以成就。”李世民笑着说：“您所讲的正合我意。”于是暗中部署宾客士兵，李渊并不知道。李世民乘空隙屏退其他人，对李渊劝说道：“如今皇上大逆不道，百姓生活贫困。晋阳城外遍布战场。父亲大人如果恪守小节，那么下有寇盗活动，上有朝廷严刑苛法，身处危亡没有出头之日。不如顺应民心，兴义兵，可以转祸为福，此乃上天授予的好时机。”李渊大惊失色，问：“你怎么能说出这类话？”第二天李世民又劝说李渊道：“如今反叛义军日益增多，遍布全国，您接受诏令讨伐叛贼，可是能消灭干净吗？希望您不必再迟疑。”李渊感叹说：“我一晚上都在考虑你说的话，也觉得很有道理。今天我们家破人亡或是化家为国、一统天下都由着你了！”先前，晋阳宫监裴寂，让晋阳宫人私自侍奉李渊就寝。李渊与裴寂饮酒，酒过三巡，裴寂从容地对李渊说：“你的二儿子暗中豢养敢死之士，想要举大事。我用宫人侍奉您，担心事情暴露一并遭诛杀，故而有此紧急对策。众人的想法已经协调一致了，不知您意下如何？”李渊说：“我儿的确有此谋划，事已至此，又该怎么办呢？正应当顺其自然。”适逢炀帝认为李渊不能够抵御寇贼，派使者押送他到江都问罪。李渊大为惊慌，李世民与裴寂等人又劝李渊说：“事已迫不得已，应当早定大计。”李渊同意。

适值刘武周占据汾阳宫，李世民对李渊说：“父亲为宏化郡留守，而反贼却窃取离宫，不早定大计，灾祸即将来临！”

炀帝大业十三年五月，李渊命令李世民与刘文静等各自召募兵马。十日之内达到万人。王威、高君雅见李渊募集大批兵马，怀疑他有谋反之意，想要讨伐李渊。李渊派李世民埋伏士兵杀死二人。当时刘文静劝李渊与突厥结好，借助其兵马，以壮大声势，李渊听从其意见。派使节到突厥，突厥想要让李渊做皇帝，那样才可以借给兵马相助，李渊不同意。裴寂请求尊奉隋朝天子为太上皇，立代王为皇帝，改换旗帜，杂用绛色和白色，以展示给突厥。李渊说："这可以说是掩耳盗铃，然而事情逼迫不得不如此。"于是同意裴寂的建议。李渊命令刘文静出使突厥，将此决定告知突厥，而且向其借兵。李渊私下对刘文静说："胡族骑兵进入中原，这是百姓的大祸害。我之所以向突厥借兵，是因担心刘武周引狼入室，二股力量共同成为祸患。我只想聊借突厥兵以壮大声势，只用数百人即可。"李渊派李世民领兵进攻西河郡，郡丞高德儒关闭城门拒守，李世民攻下城池，将高德儒抓到军门，李世民责备他说："你将野鸟当作凤凰，欺骗皇上捞取高官，我们大举义兵，正为了诛杀你们这等奸人。"于是将他处死，其余人获免，未动一丝毫毛。远近的人听说后，十分高兴。

李世民等领兵回到晋阳，往返只用了九天，李渊高兴地说："以这种速度行军，足以横行天下。"于是定下进关的计划。

秋季七月，李渊任命小儿子李元吉为太原太守，留守晋阳。李渊率领三万兵马从晋阳出发。在军门众将士发誓言，又将檄文发往各郡县，通告尊立代王的意向。隋代王杨侑，派宋老生率领二万精兵，驻守在霍邑。屈突通率领数万骁勇士兵驻守河东以抵抗李渊。赶上路有积水，李渊军队不能前进。军中缺乏粮草，刘文静未能返回。有人相传突厥与刘武周将要乘虚袭击晋阳，李渊召集众将领商议北还晋阳。裴寂等人都认为不如回师救大本营，以图今后的发展。李世民说："如今麦禾稻菽遍野，何必担心缺粮草呢。宋老生乃是轻狂暴躁的一介武夫，一战即可擒获。李密顾及粮食储备，不敢擅自远行。刘武周与突厥人，外表虽然相互依附，内心实际上相互猜忌。何况刘武周虽然远图太原，岂能忘了近处的马邑。我们本应当兴大义，奋不顾身，以解救苍生的苦难。先攻入咸阳，号令天下。如今遇见小敌，就仓促班师回府，恐怕这些服从大义的兵众，一朝解体。我们还师守太原，整座城都为寇贼所有，将何以自我保全？"李渊不听他的劝说，催促发令回晋阳，李世民准备再次劝谏。适逢太阳落山，李渊已经就寝，李世民不得进入帐内，便在帐外号啕大哭，声音传入帐中。李渊召见李世民，问他何故悲伤，李世民说："如今兵众以大义兴动，前进则能取胜，后退则溃散。兵众溃散于前，敌人乘机在后面得手，我等必死无疑。如何不悲伤？"李渊于是醒悟。当时左路军已出发，李世民与李建成乘夜分兵追赶，促其返回。太原运粮人马也到了军营，八月雨后转晴，李渊领兵逼近霍邑。宋老生率兵三万迎战，李世民以数千骑击败并将宋老生斩首。于是攻克霍邑，又连克临汾、绛郡、韩城、冯翊等。当时河东一时没有攻下，李渊想要引兵西进长安，尚犹豫不决。裴寂说："屈突通拥有重兵，凭借坚城固守。我等舍弃他不顾，如果进攻长安未果，退回来正被河东兵阻截，腹背受敌，这是危险的路线。不如先攻下河东。"李世民说："不是这样，兵贵神速，我们借着多次胜利的威势，招抚归附的兵众，一鼓作气向西行军，长安城必然受到震动。足智不如善谋，英勇不如果断。取河东守敌如同风扫枯叶。屈突通乃守城的俘虏，不足为虑。”李渊对二人的意见各从其半，留下刘文静等人围攻河东，自己领兵向西进发。

李渊率领各路大军渡过黄河，关中百姓纷纷归附他们。李世民所到之处，官吏百姓及义军如潮流般归服。李世民收罗其中的豪杰俊彦，以作为自己的幕僚下属。李渊有个女儿，嫁给柴绍，也率一万多精兵，与李世民在渭北会合，又与柴绍各自设置幕府，号称娘子军。左亲卫段纶，也娶李渊的一个女儿为妻，在兰田聚集兵马，得一万多人，以响应李渊。隰城尉房玄龄在军门拜见李世民，李世民与他一见如故，署为记室参军，引以为自己的谋主。房玄龄也自认为遇到了知己，竭心尽力，辅佐李世民。

李世民领兵驻扎在阿城，兵众号称十二万，军令严明，秋毫无犯。十一月，李渊攻克长安，杀死隋留守官阴世师等十二人。又与百姓约法十二条，全部罢除隋朝的严苛法令。马邑县丞李靖，平素与李渊有隔阂，李渊关押李靖想要杀他。李靖大声喊道：“唐公兴举义兵，除暴安良，怎么能以私怨杀壮士呢？”李世民执意为李靖求情，于是将他放掉。李世民借此将他召为幕僚。李靖年轻时胸怀大志，文武兼备。他的舅舅韩擒虎常常拍抚着他说：“我可以与之谈论用兵韬略的，只有这个小子！”

李渊拥立代王杨侑为皇帝，遥尊炀帝为太上皇，自己做大丞相，封为唐王。隋帝杨侑在位仅一年，即将皇位禅让给唐。唐公李渊即位，改年号为武德，建都长安。封隋帝杨侑为国公。第二年杨侑死去，加谥号为恭帝，年仅十五岁，没有后嗣。

身死国灭

炀帝在江都，睡梦中每次惊吓醒来，都说有贼，一定要让几位妇人抱着他摇拍抚慰，才能够安睡。很多跟从炀帝的骁勇卫士大多逃离江都，炀帝十分担忧，便问裴矩。裴矩答道："人之常情是，没有配偶难以久居一处。请求陛下听任军士们在这里纳妻室。"炀帝听从其意见。将江都的寡妇处女等全部召集到宫殿下，听任将士掠取。有人先前与某女子有奸情，听任其自首，即将该女子分配给他。民间的美貌女子，那些卫士诈称与她们有奸情，全都抢夺去奸淫。

炀帝更加荒淫，宫中设有一百多个房间，各设有寝居设备，每日让一个房子的主人接待他，酒不离口。然而看见天下大乱，也常常心不安。退朝后身着幅巾短衣，走遍各个台阁，仔细地看顾景色，唯恐不足。常常仰观天象，对萧后说："外面有人对你有企图，我们暂且共饮图乐吧。"于是喝得酩酊大醉。又照着镜子自言自语说："我这么好的脖颈，谁来砍呢？"皇后惊奇地问他为何如此，炀帝笑着说："贵贱苦乐，接踵而来，又有什么可悲伤的呢？"

当时江都粮食已用尽，护驾卫士多是关中人，都想着回老家。虎贲郎将司马德戡、直阁裴虔通等人，一同谋划逃走，于是相互招引，在大庭广众下公开谈论叛逃的计划。太监听了，告诉炀帝，炀帝大怒，将太监斩首。从此没有人再敢谈论此事。

郎将赵行枢将此事告诉宇文智及，智及十分高兴地说："皇上虽然无道，威令尚能施行，你们逃走，只不过是送死，不如借机举大事。此乃成就帝王之大业。"司马德戡等人信服。于是推举宇文化及为盟主，将骁卫全都召集起来告诉他们这个打算。当夜在城东聚集兵马，共得数万人，举火与城外相呼应。炀帝望见火光，听见宫外一片喧闹，问发生了什么事，裴虔通答道："草料坊失火，外面的人都在扑救。"到了五更，德戡让裴虔通率领几百骑兵进入宫中守卫。将军独孤盛抵抗被杀。先前炀帝挑选骁勇士兵几百人守卫玄武门，以防备万一。到了此时，宇文化及等人勾结炀帝宠幸的宫妃魏氏，假借炀帝的诏令疏散卫兵。司马德戡于是领兵从玄武门进入宫中，炀帝换上便服逃往西阁。校尉令狐行达拔刀直冲进寝宫，扶炀帝下楼阁，勒令士兵守住。到了早晨以精锐骑兵迎接宇文化及，化及浑身战栗说不出话来。

宇文化及的人马到了宫前，司马德戡等迎入宫内，尊为丞相。裴虔通用骑兵逼迫炀帝出宫，宇文化及说："何必让这个废物出来。"急忙让人带炀帝回寝殿。炀帝哀叹说："我有什么罪，会到这种地步？"叛将马文举历数炀帝所犯罪恶，炀帝说："我实在是有负于天下百姓，至于你们这些人，荣华富贵都有，又为什么要这样？"当时炀帝喜爱的儿子赵王杨杲，年仅十二岁，站在炀帝身旁，不停地哭泣，裴虔通一剑杀死他，鲜血飞溅到炀帝御服上。于是想杀死炀帝，炀帝说："天子自有死法，何必挨你一剑，取毒酒来。"马文举等不答应。令狐行达按住炀帝让他坐下，炀帝自己解下白练头巾交给令狐行达等人将自己勒死。炀帝窃居皇位十三年。萧皇后与其他宫妃，拆掉漆床板做小棺材，将炀帝与赵王杨杲一同安葬在西院的流珠堂。宇文化及杀死炀帝子孙以及隋朝皇室宗亲外戚等，无论年老年幼都斩杀。只有炀帝的侄子秦王杨浩，因平时与宇文智及有来往，得以获免，被立为皇帝，让他居住在别宫，只是发些诏令圈画敕文而已。

宇文化及自己做大丞相，总理各种事务，拥兵十几万。并占据六宫，奸淫萧皇后和妃嫔，肆无忌惮。所作所为一如炀帝。

宇文化及等又以众卫士想西还长安的名义，领兵西行。到达彭城，水路不通，又抢夺百姓牛车，载运宫女及珍宝，而让士兵们自己背着兵械。路途遥远十分疲惫，士兵们满腹怨言。司马德戡与赵行枢等密谋杀死宇文化及，反被宇文化及杀死。

李密占据巩水、洛水一带抵御宇文化及。宇文化及的军队西面过不去，于是折向东都，进入滑台。东都留守得到炀帝的死讯，便奉赵王杨侗即帝位，任命王世充为纳言，封郑国公。宇文化及领兵逼近黎阳。东都官兵听说后，与李密合兵一处抵抗。宇文化及兵败，于是向北逼近魏县。

宇文化及兵势日渐微弱，他与宇文智及兄弟二人无计可施。只是聚首酣饮，演奏女乐，簇拥着萧皇后，纵酒淫佚，喝醉了就抱怨宇文智及，扶着二个儿子哭泣。宇文智及大怒说道："事成之日，功劳没有我的份，等到失败了，便想归罪于我，你为什么不杀了我去投降窦建德？"多次相互争斗，醒酒以后再饮，以此为常事，手下人纷纷逃散。宇文化及感叹说："人生固有一死，怎么能不做一日的皇帝呢？"于是用毒酒药死秦王杨浩，自己在魏县即位，国号为许。

唐高祖堂弟淮安王李神通，在魏县击败宇文化及，宇文化及败走聊城。夏王窦建德率军直逼聊城，大败宇文化及军。生擒宇文化及与宇文智及，以及宇文化及的二个儿子宇文丞基、宇文丞趾和他们的党羽，全部处死。俘获萧皇后与传国的玉玺。不久，突厥派使节迎请萧后，窦建德派人护送萧后到突厥。

宇文化及平定后，王世充自己做相国，封郑王，加九锡的荣誉。不久，郑王王世充将隋帝杨侗幽禁在含凉殿，废为潞国公，自己称皇帝。不久又杀死杨侗，为他加谥为恭帝。这是唐高祖武德二年五月的事。隋朝共历四代，总共三十九年。

（以上系原书第二十六回）

隋朝世系表
（581—618）

（1）文帝杨坚（581—604）——（2）炀帝杨广（604—618）——元德太子杨昭

- 恭帝（代王）杨侑（617—618）
- 皇泰帝（越王）杨侗（618—619）

唐朝

开国皇帝李渊

唐高祖神尧皇帝，姓李名渊，字叔德，陇西成纪人（今陕西巩昌府秦州）。传说李渊是虞皋陶、周老聃、汉李广的后裔，十六国时期西凉武昭王李暠的七世孙。其祖父李虎，西魏时做官有政绩，封为陇西公。父亲李昞，北周时封唐国公。李渊承袭爵位为唐公。

李渊起兵攻克长安后，拥立隋代王杨侑为隋朝皇帝。李渊的部将刘文静，留守围攻河东郡，与隋将屈突通相持一个多月。屈突通的局势越来越窘迫，又听说长安失守，便带兵逃跑，想逃往洛阳。刘文静派窦综等人前去追赶并将其擒获，屈突通只好投降。李渊任屈突通为兵部尚书，并派他到河东劝说隋将尧君素投降。尧君素斥责屈突通："你身为大臣，怎么能叛国投降苟且偷生？"屈突通说："我的力量用尽了啊。"尧君素说："我的力量还没用尽，何必多费口舌。"屈突通惭愧地回去了。

当时，尧君素的妻子在长安，被唐军俘获，唐军又让他的妻子到城下劝尧君素投降，尧君素说："天下的名誉和道义，不是妇道人家能理解的。"说完，拉弓射箭，他的妻子中箭倒下。等到后来听说隋炀帝在江都被杀，尧君素的部下便杀死尧君素投降了。

武德元年（618）五月，隋恭帝杨侑让出帝位，唐王李渊就皇帝位。立李建成为皇太子，李世民为秦王，李元吉为齐王。李元霸的聪明程度和李世民差不多，十六岁就夭折了，追封为卫王。

魏公李密

当初，李密的兵力很强大，唐祖李渊最初起兵的时候，便派使者和李密往来交好。李密在给李渊的信中，骄傲无礼妄自尊大，并提到希望能够齐心协力，建立如当年汉军在咸阳活捉秦朝末帝子婴、周武王在牧野灭掉商纣王那样的大业。李渊当时正用兵于关中，恐怕招来强敌，便故意用谦卑的言辞来夸大他的骄横，李密非常得意。从此，双方使者往来不断。

后来李密以阴险毒辣的手段杀了翟让，从而使其部将多有叛离之心。李密非常骄横自大，毫不顾惜众将士，攻占洛口粮仓，筑起方圆四十里的城作为居处。并开仓放粮，也不加防守，取粮的人随意拿取，有的人离开粮仓以后拿不动了，就随手撒在路上，从仓城到郭门，路上撒的粮食厚达好几寸。各路起义军来取粮的近百万人。李密非常得意地对贾闰甫说："这可以说是粮食充足的缘故啊。"贾闰甫回答说："国家以百姓为本，百姓以粮食为天，现在百姓所以背着包袱潮水一样地涌到这里来，是因为这里有粮食、百姓的天在这里。可是主管粮食的官吏毫不吝惜粮食，恐怕总有一天，粮食没了，百姓也纷纷离去，到那时，谁与您一起成就大业啊！"李密不听劝说。

隋将王世充粮食用尽，便择选精兵攻打李密。李密出兵应战。他根本不把王世充放在眼里，连防御的围墙也没修。王世充趁夜晚把将士埋伏在山谷中，然后纵兵进攻李密。他先找一个貌似李密的人捆绑上藏起来，等到双方打得正激烈的时候，派人把这个人拉到阵前，大声说："已经抓到李密了！"众将士接着一起高呼万岁。李密的将士闻听后惊慌失措，王世充的伏兵乘机从高处冲下来，李密的将士大败而逃。

邴元真、单雄信等人都投降了王世充，李密便与王伯当、魏徵等收罗残兵败将二万人归顺唐军。李密说："我带着百万兵士解甲归唐，怎么还不给我个台司[1]一级的官做？"到了长安，李渊拜他为光禄卿上柱国，赐予邢国公爵位。李密大失所望。秦叔宝、程知节、罗士信等，已经投降了王世充，但觉得他成就不了大业，也转而降唐。徐世勣占据着李密原来的地盘，魏徵写信给他，劝他趁早投降。徐世勣说："这里的百姓土地，都是魏公的。"便把所占据郡县的人口兵马的数目书写造册，写信给李密让他主动献给唐高祖，李渊非常高兴，赐徐世勣姓李。

起初，汾阴薛举占据陇西，薛举死后，其子仁果继续占据此地。仁果发兵围攻唐的陇州，并占领了陇州。李世民想讨伐仁果，便率兵到高墉，仁果派宗罗睺率兵抵抗，李世民率重兵从原北出其不意地发起进攻，罗睺兵士惨败，数千人被斩首。李世民又带二千多骑兵乘胜追击，他说："顺利无阻的大好形势，机不可失。"一直追到城下，围攻到半夜，守城的人争相投降，仁果无计可施，也只好投降。因仁果父子犯上作乱两年，在长安被斩首。

李世民平定了仁果凯旋而归，唐主李渊派李密前往幽州迎

1.台司：台，即台省。唐代尚书省为中台；门下省为东台；中书省为西台，总称台省。司为总管。

接李世民。李密一向依仗自己聪明有谋略，又劳苦功高，在唐高祖面前还常带几分傲气，可是，见到李世民，不禁十分惊讶叹服。他私下对殷开山说："真正英明的君主！不像这样，怎么能平定祸乱！"李密耻于屈居人下，想与王伯当一起谋反，便对唐主李渊说："山东的很多人，都是我过去的部下，请让我去招抚他们，然后去攻打王世充，就会像拣草一样容易了。"李渊同意了，并以王伯当为李密的副帅，把他们派到山东。李密首先占据桃林县，逼迫抓获了很多人，然后直奔南山，又铤而走险向东，想去投奔原伊州刺史张善相。唐行军总管盛颜师率兵讨伐，杀了李密和王伯当，把他们的头带到长安，张善相也投降了唐军。

李 轨

当时，李轨占据河西称帝，唐派张俟德到凉地招抚他。李轨自称他的堂弟大凉皇帝都甘愿在他面前称臣，因而不接受唐主的官位和爵位。唐主非常恼怒，决定兴师讨伐他。李轨的大臣安修仁的哥哥安兴贵在唐室做官，他上书请求去说服李轨，给李轨讲明利害关系。如他不听劝说，弟弟安修仁是他的亲信大臣，让安修仁在他身边寻机暗算，再容易不过了。唐主便派他去了。安兴贵到凉地劝说李轨，李轨果然不听规劝，他便与安修仁暗中结交西域各部族，起兵攻打李轨，李轨应战失败，被安兴贵活捉送到长安，在长安被斩首。李轨叛乱三年。

杜伏威、辅公祏

杜伏威占据历阳降唐，唐主任他为和州总管，封吴王，赐姓李。

李子通占据海陵，武德二年（619）年攻克江都。后又在吴郡打败沈法兴，沈法兴投江自尽。李子通迁都余杭。唐杜伏威派他的部将王雄诞去攻打，余杭被攻破，李子通逃到杭州，杭州又被王雄诞攻破，李子通被活捉送到长安。

当初，杜伏威与辅公祏是一对好友，杜伏威降唐以后，辅公祏留守在丹阳，辅公祏便背叛杜伏威，并杀了王雄诞造反，自称宋帝。唐派赵郡王孝恭、岭南道大使李靖去讨伐辅公祏。王孝恭即将发兵，为众将士设壮行酒宴。突然，坛子里的酒变成了血，在场的人都非常惊恐。王孝恭举止自若地说：“这是辅公祏掉脑袋的征兆。”说完，将酒一饮而尽，大家都心悦诚服。王孝恭、李靖等，向辅公祏发起进攻，辅公祏果然大败。他弃城东逃到武康，被当地人抓获，送到丹阳斩首示众，江淮一带得到平定。这一带从杜伏威起义到辅公祏被杀，战乱了十一年。

刘武周、宋金刚

刘武周勾结突厥侵扰唐的并州，占据了晋阳，守将裴寂统率的唐军也被击溃，齐王李元吉逃回长安。刘武周又派宋金刚攻占了晋州、龙门、浍州等地，关中的安全受到严重威协。武德二年

（619）十一月，秦王李世民乘河水封冻，引兵从龙门渡过黄河，集结在柏壁，与宋金刚对峙，多次击败宋金刚的部将尉迟敬德、寻相等。宋金刚粮草用尽只好北逃，李世民穷追不舍，在吕州大败寻相，然后乘胜向北追去，一昼夜追赶二百多里，战了几十个回合。众将士请求等粮食运到再继续追杀，李世民说："现在宋金刚无计可施，只顾逃命，如稍有怠慢，让他有了缓兵之计，就无法再攻了。"于是，继续策马追赶，一直追到雀鼠谷才追上宋金刚。宋金刚边战边跑，一天之内交战八次，都被唐军打败。李世民已经两天没吃饭，三天没解甲了。他又引兵追到介休，宋金刚于城下再战，又大败，便骑马逃跑。

介休被攻克后，尉迟敬德和寻相在永乐投降。李世民得尉迟敬德非常高兴，任他为右一府统军，并让他把他的旧部下八千人编入各军营。

刘武周听到宋金刚失败的消息，非常害怕，便放弃并州，逃到突厥，宋金刚和一百多骑兵也逃到突厥，并州从此安定。刘武周叛乱四年，后来和宋金刚都被突厥所杀。

朱　粲

楚朱粲聚众二十万，抢劫于江汉之间，每攻破一个州县，就挥霍当地积存的粮食，赤身裸体地奸淫当地的妇女，对她们百般调戏。要离开时，就把剩下的粮食烧掉，将妇女和婴儿煮熟吃掉，并且说："没有比人肉的味道更美的了，只要其郡国有人，何必担心挨饿呢？”没有粮食就吃人，抢掠城里的妇女和婴儿，作为军粮。

淮安土豪杨士林起兵攻打朱粲，各路义军都纷纷响应，朱粲大败，逃到菊潭。杨士林率汉东四郡降唐，朱粲也投降了唐朝。唐派散骑常侍段确去慰劳。段确乘着醉劲儿羞侮朱粲说：“听说你好吃人肉，人肉什么滋味啊？”朱粲回敬他说：“吃喝醉了酒的人，味道就像糟猪肉一样。”段确闻听怒骂朱粲，朱粲将段确煮熟吃掉，便在菊潭大开杀戒，然后逃跑投降了王世充。

王世充、窦建德

当时，王世充已经篡夺了隋朝皇位称帝，唐委派秦王李世民率各路兵马进攻郑地以占领东都，郑河南的多数州县相继投降了唐朝。

投降唐朝的寻相等刘武周的大将又多叛唐而去，唐将怀疑尉迟敬德，把他囚禁在军营里。屈突通、殷开山对李世民说：“尉迟敬德勇武超群，留着他必留下后患，不如杀了他。”李世民说：“敬德如果要谋反，怎么能在寻相之后呢？”命令立即释放，并把尉迟敬德带到卧室里赐予黄金。李世民说：“大丈夫重意气相互敬慕，小小的猜疑不要介意，我绝不信谗言，陷害忠良。你真要走，我就用这黄金资助，以表我们曾经共事的情谊。”不久，李世民率五百骑兵巡行战地，王世充率一万多骑兵突然到来包围了他们。单雄信持槊（shuò）直戳李世民，在这紧要关头，尉迟敬德纵身跃马大喝一声，横穿过来将单雄信刺下马。屈突通率大队人马赶到，大败王世充。李世民对尉迟敬德说："真不知如何报答你千钧一发之际的救命之恩。"赐尉迟敬德一小箱子金银，从此，尉迟敬德更受恩宠。

当初，王世充侵占了夏的黎阳，夏王窦建德攻占了郑的殷州来抵偿。从此，郑夏两国互相憎恨，不相往来。如今，唐军逼近洛阳，王世充听说唐军压境，极为恐惶，便派使者向窦建德求救。窦建德的部下、中书侍郎刘彬说："天下大乱，唐占据关西，郑占据河南，夏拥有河北，三足鼎立。现在唐兴兵逼近郑地，郑地窘迫，它一旦灭亡，夏国也不能独立存在，不如放弃前仇发兵救援郑国。夏攻其外，郑攻其内，里应外合，唐军必败。唐军撤退以后，再慢慢地观察形势的变化，如果能攻占郑国就攻占它，然后合并郑、夏两国的兵力，乘唐疲惫战败之机，就可以夺取天下了。"窦建德听从了他的意见。

当时，唐军围攻洛阳，城里缺少粮食，正在这时，窦建德的救兵赶到了，并写信给李世民，请他退兵潼关，重修旧好。李世民召集部下商议此事，众将都说应避其锋芒，不可硬拼。郭孝恪却说："王世充处境十分窘迫，轻而易举地就可以活捉他，窦建德运粮远道来救他，这简直是上帝想让他们俩灭亡，不超过二十天，就能把他们抓获。"李世民认为他说得对，便率精锐骑兵出战武牢东。窦建德被困在武牢，前进不得，多次交战又总是失利。凌敬对窦建德说："大王应该率全部的兵马过河，攻取怀州、河阳，派得力的大将镇守。然后便大张旗鼓，经过太行，进入上党，夺取汾晋，直奔蒲津，就像入无人之地，拓展地盘广收兵丁，这样就会震惊关中，郑地之围就可不救自解了。”窦建德打算听从凌敬的建议。但王世充派使者告急，并暗中用金玉珠宝贿赂窦建德的将领。众将都说：“凌敬是个读书人，怎么懂得打仗的事？”于是窦建德谢绝了凌敬的建议，凌敬坚持自己的见解与窦建德争辩，窦建德很生气，令人将凌敬拉出去。窦建德妻曹氏说：“祭酒的话是不可以违背的。”窦建德说：“这不是女人能明白的事。”

夏王窦建德率全军出了牛口峪，摆开二十里的阵势。李世民命宇文士及率三百骑兵，由西而南佯攻，并嘱咐说：“敌人如果不动，你应带兵回来；如果敌人出击，你就率兵向东。”宇文士及来到敌人阵前，敌阵果然有行动，李世民说：“可以出击了。”亲自率轻甲骑兵当先，大军跟在其后，激战爆发，卷起满天尘土。李世民率史大奈、程知节、秦叔宝、宇文歆等人，卷起旗帜冲入敌阵，冲杀出敌阵后，张开唐军旗帜。淮南王道元冲入敌阵后一直冲向敌阵背后，再返身杀回，窦建德军大败。窦建德也中槊负伤，杨武威骑马追赶，窦建德从马上摔下来，被杨武威活捉。

李世民将窦建德押至洛阳城下，给王世充看。王世充对众将说：“我所依仗的夏王，现在已被活捉，虽然冲得出洛阳城，但已难成大事。”于是王世充换上白色衣服，率太子和群臣来到唐军营门投降，郑地全部平定。王世充之乱，共三年。

李世民进入宫城，看见隋的宫殿，慨叹说：“穷奢极欲，想不亡国，做得到吗！”下令毁掉华丽的宫殿。

窦建德妻曹氏，率众献国玺降唐，夏地全部平定。窦建德篡位五年。

李世民到长安，献俘太庙[1]。赦免王世充，将窦建德斩首，又将朱粲斩首示众。朱粲之乱共四年。

唐朝天下基本安定，便大赦百姓，减免租赋徭役一年。

当初，窦建德曾挖开邺地的一座古墓，打开棺木，见一妇女，容貌美丽，所穿戴的服饰式样也和当时不同，等了一会儿探一下鼻息，好像还有一丝活气，于是带回军中收养，三天后开口说话，自称三国时期魏文帝的宫女，和甄皇后先后被害，埋葬在这里。提到甄后被害的事，十分清楚明白，窦建德很宠爱她。如今窦建德被杀，唐主想纳为宫人，才说出事情的前前后后，并且说："我被埋葬在地下，已有三百年，要不是窦公怎能重见天日，我不能背叛窦公。"便自杀了，唐主很哀伤。

萧　铣

当时梁萧铣占据江南称帝，有四十万军队，将领们多依仗军功骄横跋扈，萧铣十分忧虑，于是将他们分散到各地屯田，削夺他们的兵权。

唐将李靖为赵郡王孝恭提出十条攻取萧铣的策略。王孝恭上书给唐主。唐主征调巴蜀军队，派王孝恭和李靖率领，自夔（kuí）州顺长江东下。萧铣仓促征调军队，但无法立即调集，只得以现有的几千兵马迎战。李靖率兵奋力拼杀，大败萧铣，并乘胜直达

1.献俘太庙：古时军礼。凯旋时以俘虏献祭于太庙，以告成功。

江陵，攻入江陵外城，又攻破其水城，缴获许多战船。李靖把战船全部放入长江，让其顺流漂泊。众将都不解地说："打败敌人所缴获的，应加以利用，为什么放弃了让敌人利用呢？"李靖说："萧铣的地盘，南临岭南，东接洞庭湖。我们孤军深入，如果攻城失败，敌人的援兵从四面赶来，即使有战船，又有什么用呢？现在我们放弃这些战船，让它们沿江而下，敌人的援兵看见，一定会认为江陵已被攻破，不敢轻易前进，他们往来窥探犹犹豫豫，十天半月就过去了，我们就一定能攻下江陵。"萧铣的援兵看见战船，果然犹豫不前。萧铣被困又无外援，便对群臣说："上帝不赐福于梁，如果一定要等到力尽，百姓就要蒙受祸患。"于是下令打开城门投降。

王孝恭将萧铣押送到长安，萧铣被斩首示众，南方平定了。萧铣叛乱共五年。

刘黑闼

当时窦建德虽被处死，他在山东的将领也解甲归田，但这些将领在当地横行霸道，成为百姓的祸患。唐朝官吏对他们绳之以法，他们非常恐惧便想叛乱。正逢唐主下诏书征召窦建德旧将，范愿、高雅贤等说："我们到了长安，一定不能保全。"便筹谋起义。卜辞说："以刘氏为主。"便推举窦建德旧部将刘黑闼为首，于武德四年（621）七月，在漳南二次起义，设祭坛祭祀窦建德，告诉他要起义复仇。他们先后攻占了冀州，打败了淮安王李神通、李艺和徐世勣等唐军，又占领了相州，唐军多遭失败。半年之内，就完全收复了夏王窦建德的故地。

鲁郡起义军将领徐圆朗曾经投降了唐朝，唐任他做兖州总管，现在也率兵响应刘黑闼。刘黑闼勾结北方的突厥，兵势大震，自称汉东王，建都洺州。窦建德时的文武官员，全部恢复其原来的职位。他的管理方法，完全效仿窦建德，但作战时的勇猛果断则超过窦建德。

唐主派秦王李世民、齐王李元吉去讨伐刘黑闼。李世民夺回了相州，又向肥乡进军，在洺水安营。刘黑闼多次挑战，李世民坚守壁垒不应战，而另派将士去阻断刘黑闼运粮必经之路。这样对峙了六十多天。李世民估计刘黑闼的粮食用尽了，一定来决战，便派人在洺水上游修筑堤坝，并告诉守军决战的时候把堤坝掘开。刘黑闼果然率兵渡过洺水，在唐军营前摆开阵势。李世民亲自率精锐骑兵作战，守护堤坝的唐军把堤掘开，河水暴涨，刘黑闼大败。刘黑闼和范愿等逃到突厥，山东平定了。

李世民率兵回长安，刘黑闼又带突厥兵侵犯山东。唐主派齐王李元吉和淮阳王道元去攻打刘黑闼。道元率兵三万，因和副将史万宝不和，率轻骑兵抢先出击，史万宝却按兵不动，因而战败而死，年仅十九岁。秦王李世民闻听后非常痛惜地说："道元曾经随我征战，看我深入敌阵，心里也想效法，导致这个结果。"说着，为他伤心落泪。

李世民自起兵以来，前后打了几十仗，他常身先士卒，率轻骑兵深入敌阵，虽然多次遇到凶险，但从没被刀箭伤过。太子中允王珪、洗（xiǎn）马魏徵对太子李建成说：“秦王功盖天下，人人心悦诚服，殿下只是因为年龄最大，才位居东宫。现在刘黑闼的兵散离亡失，剩下的人不到一万，殿下应该亲自去攻打他，以获取功名。这样才能巩固自己的地位。”太子便去请战，高祖同意了，他便与齐王李元吉一起率兵去攻打刘黑闼。

刘黑闼断了粮食，众将士多逃亡离散，他也只好逃跑，却被其部下饶州刺史诸葛德威抓获，诸葛德威献城投降唐朝，刘黑闼在洺州被斩首。他受刑前感叹地说：“我在家锄地种菜很安逸，被高雅贤引入歧途才落此下场！”刘黑闼叛乱一年。

徐圆朗战败逃跑，被当地人杀死。其余的农民军有的被隋所灭，有的被并入其他起义军，有的灭亡了，有的投降了唐朝。武德七年（624）燕高开道被其部下张金树杀掉，张金树投降唐朝，辅公祏也被灭掉了。只有梁的梁师都逃去依附突厥，到贞观二年（628），将军柴绍等讨伐，他才被灭。至此，天下又统一了。

兄弟操戈

高祖想杀掉他的民部尚书刘文静，李世民坚决请求赦免，高祖不许，终于杀了他，并没收了他家的财产。这都是齐王李元吉诬陷所致。

当初，李元吉出生时，其母窦氏讨厌他的相貌，不想抚养，侍女陈善意私下喂养他。等他长大，陈善意多次规劝他，他便把陈善意拉出去杀掉。李元吉生来好色，喜欢打猎，经常深夜溜出去奸淫良家妇女，最嫉妒秦王李世民。

李世民得尉迟敬德，李元吉非常嫉妒。听说尉迟敬德善在马上舞槊，他一向以马上舞槊自负，便要和尉迟敬德较量胜负。李元吉操槊跃马，想刺死尉迟敬德。可是，不一会儿，他的槊竟三次被尉迟敬德夺下。

唐高祖认为秦王功劳很大，历代的官职都无法与其相称，便任他做天策上将，官位在各王公之上，从此开天策府，设置属官。李世民认为天下逐渐平定了，便在宫西开设学馆，延请四方有才学的人。他把杜如晦、房玄龄、虞世南、褚亮等十八人，分为三班，日夜轮流值班，供给珍膳，待遇优厚，朝拜公事有闲暇时，他便来到学馆，与各位学者讨论文化典籍，有时夜深了就睡在这里。他让阎立本为这十八个人画像，褚亮作记，赞颂他们，号称十八学士。文人能被选入十八学士，当时的人称他登瀛洲。李建成、李元吉对此非常嫉妒。各府的幕僚多被派去做地方官，杜如晦亦被派往陕州做长史。李世民很担心他。房玄龄说："我倒不值得可惜，杜如晦可是辅佐皇帝的人才。"李世民便奏请皇帝任杜如晦做天策府属官。

最初，高祖于晋阳起兵，是秦王李世民的主意。高祖曾对李世民说："事成之后，应该让你做太子。"等到李渊做了皇帝，他身边的大将便请求立李世民为太子，因李世民坚决推辞才作罢。太子李建成喜欢喝酒，好女色，又爱游猎，齐王李元吉缺点更多，因而他俩都很失宠。秦王的功名越来越大，高祖曾经想以他取代李建成。李建成感到不安，便与李元吉合谋。李元吉想先杀了李世民，接着再杀李建成，然后取代他做太子，便和李建成一起共同排挤李世民。他们假心假意地奉承各位妃嫔，企图通过妃嫔在高祖面前说他们的好话，唯独李世民不干这种事，因此，妃嫔们在高祖面前都争着说李建成、李元吉的好话，说李世民的坏话。

当时李世民、李元吉都住在偏殿，与高祖及太子住的东宫日夜都可以通行，没有什么限制，路上相遇行家人礼节。太子下令，秦王、齐王的吩咐，和高祖的诏令一样有效，管事的官吏常常无所适从，只能根据得到命令的先后来决定。李世民注意论功行赏，曾因淮安王李神通有战功，赐他几十顷田地。而李渊的宠妃张婕妤想要这些田地，李渊便下敕令赐给了她。李神通以田地先交给了他为理由，坚决不给。婕妤告诉了李渊，李渊大怒，斥责李世民，又对裴寂说："我这个儿子带兵在外的时间太长了，被书生教坏了，已经不是过去的儿子了！"秦王每次在宫中陪宴，总是思念太穆皇后死得早，没能亲眼看见皇帝打下天下，有时哭得抽抽噎噎。皇帝对此很不高兴，妃嫔们还添油加醋地说："陛下年事已高，大家在一起应高兴才是，秦王这样，是忌恨我们。陛下百年之后，秦王一定容不得我们孤儿寡母。皇太子仁慈孝顺，陛下把我们这些母子托付给他，才能保全。"高祖为此很伤感。

唐高祖除和窦氏皇后生四个儿子以外，还有十八个儿子。从此，不想改立太子，待李世民也日益疏远，而待李建成、李元吉日益亲近。

李世民跟唐高祖去李元吉的住处，李元吉暗中埋伏甲士想刺杀李世民。李建成发现尉迟敬德、秦叔宝带兵在外，急忙制止了李元吉。突厥屡屡进扰关中，高祖想迁都以躲避突厥。李世民说："戎狄为患，自古已有，陛下圣明英武开创天下的基业，怎么能迁都而遗笑天下呢？臣愧为守疆卫土之吏，愿向陛下请求用几年时间，为陛下取来颉利[1]的头颅，送到您宫门前面。"高祖说："很好。"李建成和妃嫔们诬陷李世民："突厥虽然屡次寇扰边疆，可是得到给他的钱财和好处就会退兵。秦王假借抵御外侮名义，实际是企图总揽兵权，以便实现篡位的阴谋。"高祖大怒，将李世民叫来斥责，李世民疑惑不解，这时正巧有司报告突厥进扰，军情紧急，高祖于是换了一副面孔，慰劳并勉励李世民，下诏命李世民和李元吉带兵出豳州抵御。每次发生外族侵扰，高祖就命李世民率兵讨伐，事后，猜忌更深。

李世民、李元吉和颉利、突利二可汗在豳州相遇。李元吉见敌兵力强大，很害怕，不敢出兵迎战。李世民自己率骑兵到颉利可汗军营前说："国家与可汗已经和亲，为什么负约？我是秦王，可汗勇武，请出来我们单独比试！"又派骑兵去对突厥人说："你们过去和我们结盟，相约有紧急的情况，相互援救，现在却发兵攻打我们，也太没有结盟的情义了！"颉利可汗见李世民轻骑独自迎战，又闻说结盟一类的话，怀疑突厥部众与李世民有约定在先，突厥部众也怀疑颉利可汗与李世民事先有密谋，于是请和，结盟而去。

武德九年（626）六月二十九日，金星出现。李世民和李建成、李元吉有嫌隙，李建成在晚宴上向李世民劝酒，李世民没有喝完

1.颉利：颉利可汗。东突厥可汗，屡扰大唐，贞观四年（630）被俘送长安。

便昏倒了，淮安王李神通将李世民扶回住处，李世民咯血数升，赶紧服了解药，才得痊愈。高祖前去探望，对李世民说："你们兄弟始终不能相安，都在京师，相互争斗，矛盾愈来愈深，你最好去洛阳，将陕西以东归你做主，可以自建天子旗号。"李建成、李元吉商量道："秦王如果去了洛阳，就无法再制约他了。不如让他仍留居长安，这样他就不过是普通的人，想取代他就容易了。"于是派人同高祖谈起封秦王陕西以东的事，说秦王的手下，听说去洛阳，都高兴得欢呼跳跃，看他们的志向和情趣，这一去怕不会再回来，高祖于是将封李世民的事作罢了。

李建成、李元吉见秦王府有许多骁勇的战将，想引诱他们为自己效劳。暗中用一车金器和银器，馈赠尉迟敬德，尉迟敬德推辞不受，并告诉了李世民。李世民说："你的心像山岳一样坚定，即使以斗金来贿，我也知道你是不会动摇的。"李元吉于是在高祖面前诬陷尉迟敬德，高祖要杀他，世民坚决替尉迟敬德求情才得保全性命。房玄龄、杜如晦劝世民效仿周公。李建成、李元吉和后宫皇妃每天在高祖面前说李世民的坏话。高祖相信了他们，李元吉暗中请求杀掉李世民，高祖说："他有平定天下的大功，又没有很明显的罪状，有什么借口杀他？"李元吉说："只要答应赶快杀掉他，还怕没有罪名吗？"高祖没有答应。

这时正值突厥进扰，李建成推荐李元吉带兵迎战。李元吉请求让秦王府骁勇战将秦叔宝、尉迟敬德、程知节、段志玄同行，将秦王府的精兵置于自己指挥之下，并将房玄龄、杜如晦等调离秦王府。东宫官王晊密告李世民说："太子对齐王说：'我和秦王在昆明池为你饯行，借机派武士杀掉他，然后杀掉秦叔宝等人。派人劝说唐主将国家交给我，并且立你为太弟。'”于是长孙无忌、高士廉、尉迟敬德等请李世民拿主意。李世民下令占卜，幕僚张公瑾从外面进来，见到这种情况，拿过占卜用的龟板扔到地上说：“占卜用于决定有疑惑的事，如今事情不容疑惑，还占卜什么？”

七月一日，金星再次出现，长久不息。太史傅奕密奏说：“金星出现在秦地分野，秦王当拥有天下。”高祖将奏状给李世民看。于是李世民向高祖密奏李建成、李元吉与张婕妤、尹德妃及其他后宫嫔妃淫乱的情形。并且说：“臣下对兄弟，没有丝毫背叛和负心，如今要杀臣下，便是为世充和建德报仇。”高祖醒悟，惊愕地说：“明天应当审问此事，你要早点上朝。”七月二日，李世民将要上朝，便夜里犒赏将士，长孙皇后亲自为将士敬酒，将士们都很感动，愿为李世民拼命。于是李世民率长孙无忌等，伏兵于玄武门。张婕妤知道了，密告李建成，李建成、李元吉发觉不妙，拨马向东想要回府，李世民呼喊着在后追赶，李元吉惊慌失措三次都没能将弓弦张满。李世民一箭射死李建成，又将李元吉射落下马。李世民战马受惊，跑到林中，被树枝绊倒，无法起身。李元吉赶到，夺过弓想掐李世民的脖子。尉迟敬德率七十名骑兵赶来，纵马大喝，李元吉想跑到武德殿，被尉迟敬德追上射死。东宫和齐王府兵呐喊着要进攻秦王府，尉迟敬德提着李建成、李元吉首级示众，东宫和齐王府兵都溃散了。高祖对裴寂等人说：“不料今天会发生这种事。”萧瑀（yǔ）、陈叔达说：“建成和元吉忌恨秦王功高望重，狼狈为奸，现在秦王已讨平并杀掉他们。秦王功盖宇宙，人心所向。陛下如果能立为太子，将国家大事托付给他，就没有什么可操心的事了。”高祖说：“好吧。这也是我平素的心愿。”于是立李世民为太子。又下诏说，从此以后国家军政大事，无论大小都由太子决断，然后再上奏。并杀掉李建成的儿子承道、承德、承训、承明、承义等，李元吉的儿子承业、承鸾、承裕、承度等。李元吉之妻杨氏，美丽无比，平时与长孙后关系很好，曾劝李元吉不要与李世民作对。事到如今她亲自到李世民宫中请罪，越发显得光彩夺目，娇柔动人，撩人心旌。李世民不顾及其弟媳身份，将她看作仇家克星，而和她私相交好，即帝位后纳入宫中，非常宠爱。赦免李建成、李元吉党羽，不加任何罪名。洗（xiǎn）马魏徵，常劝太子李建成尽早除掉秦王，如今李世民召见说：“你为什么离间我们兄弟？”魏徵答道：“先太子要是早听我的话，也就没有今天了。”李世民一向重视他的才干，和颜悦色地向他谢罪，又召王珪做谏议大夫，命令放掉宫中豢养的鹰犬，停止各地进贡，倾听百官提出的治国之道，政令简约有效，朝廷内外都很高兴。

高祖自称太上皇，下诏传帝位于太子。太子李世民在显德殿即帝位，这就是太宗文武帝。大赦天下，放还三千宫女。高祖在位九年，又在太上皇帝位九年后死掉，终年七十一岁。

唐太宗

唐太宗名世民，高祖次子，母亲是窦氏。生而不惊。四岁时，有一书生见到李世民说：“龙凤的仪态，天子的仪表，将成年时，一定能济世安民。”书生走后，高祖派人追赶，没有找到。于是用书生的话，取名世民。为人聪明，英武而有远大志向，能礼贤下士，十八岁时起兵反隋。起初，封为秦王，兄李建成、弟李元吉多次想杀掉他，结果反被李世民杀掉。高祖就把帝位传给他。年号贞观，立妃子长孙氏为皇后。

皇后爱读书，举止行为都遵循礼法。太宗李世民做秦王时，皇后侍奉高祖，管理妃嫔，颇有内助之功。后来做了皇后，崇尚节俭，对穿用、车马没有过分要求，刚刚能维持需要，太宗很敬重她。

太宗励精图治，数次召魏徵入内室，询问自己治理国家的得失，魏徵则能知无不言，太宗都很高兴地嘉奖、采纳。王珪等也能数次直言进谏。裴矩当初曾佞幸于隋，至此也能很忠心耿直。太宗神采英武刚毅，进见的大臣，都举止不知所措。太宗知道后，每次接见大臣奏事，都和颜悦色，希望能听到劝谏。曾经对公卿大臣们说：“人要看见自己的形态，一定要借助于镜子；君主想知道自己的过失，一定要依靠忠臣。我若有过失，大家可以无保留地指出来。”

有人曾给太宗一只漂亮的鹞鹰，太宗很喜爱，看见魏徵来，就将它藏在怀中。魏徵奏事时间太长，鹞鹰竟被闷死在怀里。太宗每次与房玄龄商议事情，总是说：“除非如晦否则不能决断。”等杜如晦来到，总是采纳了房玄龄的计策，这是因为房玄龄善于谋划，而杜如晦善于决断。二人同心辅助国家，因此房、杜二人堪称唐之一代的贤相。

有人诬告尉迟恭[1]谋反，太宗对尉迟敬德说："有人说你谋反，这是怎么回事？"答道："臣下追随陛下身经百战，今天能够幸存，可说是死里逃生。现在天下平定，还要怀疑臣谋反吗？"解下衣服扔在地上，露出身上的伤痕。太宗流泪抚摸着伤痕，并且说想把女儿嫁他。尉迟敬德说："我听说与自己同甘苦共患难的妻子是不能抛弃的，臣妻虽不漂亮，但是与我共贫贱很久了。"太宗于是作罢，任命为鄜州都督。

鸿胪卿郑元琦出使突厥回来，对太宗说："戎狄的兴盛或衰败，可以看其牛马牲畜的繁盛或衰弱。现在突厥百姓饥饿，牲畜瘦弱，这是要灭亡的征兆，不会超过三年。"太宗说："是啊，但现在刚刚与之结盟，不可失去信义，要等到有了罪名，才能征讨。"突厥进犯边地，派都督李世勣、李靖、柴绍、薛万彻为行军总管，共十余万人，由李靖统一调度，分兵出击突厥。

李靖率精锐骑兵三千，自马邑进驻恶阳岭，夜里袭破定襄。突厥的颉利可汗没料到李靖会突然到来，大惊失色。太宗派鸿胪卿唐俭前去招抚。李靖带兵和李世勣在白道[2]会合，他们谋划说："颉利可汗虽然失败，但他部众人还很多，如果让他们逃到碛北[3]，今后就难以设法对付了。现在使者到他们那儿，他们一定觉得很宽心，放松警惕，要是挑选万名骑兵袭击，不必激战就可以俘虏他们。"张公瑾说："诏书允许投降，况且使者还在他们那

1.尉迟恭（585—658）：字敬德。朔州善阳人，凌烟阁二十四功臣之一。

2.白道：古道路名。在今内蒙古呼和浩特市西北。是阴山南北重要交通要道。因其地表白色而得名。

3.碛北：漠北。

里，为什么一定要袭击呢？”李靖说：“这就是韩信能够破齐地的原因，唐俭之类的人物没有什么可惜的。”于是连夜带兵出发，李世勣随后，在阴山大败突厥。斩首万余，虏俘十余万，将唐疆域开拓到阴山至大漠一带，并向唐廷发回捷报。

当时隋炀帝皇后萧氏正在突厥，李靖将她送到朝廷。萧氏虽然年已四十有余，但姿色犹存。太宗将她召入宫中，很得宠幸，谈起隋朝的一些事情，太宗很高兴。

颉利可汗失败，逃走投奔沙钵罗[1]设苏尼失部落。任城王道宗带兵追逼，迫使苏尼失擒拿颉利可汗，行军副总管张宝相将其带回献给太宗。苏尼失部落举众投降，漠南从此安定。太宗登上城楼接受俘虏，让王道宗、张宝相等住在太仆寺。

太上皇听说后慨叹说：“当年汉高祖蒙受被困白登之辱，无法雪耻，如今我子世民能灭掉突厥，我把国家托付靠得住的人，还有什么可忧虑的呢！”召太宗和显贵大臣十余人，诸王及王妃，在凌烟阁设酒宴，喝到酣畅时，高祖亲自弹奏琵琶，太宗起舞，公卿大臣纷纷起身为高祖祝寿，直至深夜才罢。

颉利可汗被擒入朝中，靺鞨也派使节进贡，当时边远各国来朝觐的很多，服装形式各异。中书侍郎颜师古请将服饰画成图给王后看，并画王后图，太宗允许。周边少数民族部落的君长来到长安请太宗做天可汗，就是所有这些部族的君长，群臣都高呼万岁表示赞同和庆贺。自此以后，太宗以天可汗身份赐封给这些部族首领玺印。

1.沙钵罗：西突厥可汗。即阿史那贺鲁，室点密可汗五世孙，后自立为可汗。

至此天下太平，粮食也获丰收，年终清理案件，只有二十九人被判死刑。东到大海，南到五岭，都能夜不闭户，行商和外出旅行不用带干粮，沿途都可以随时供给。

长孙皇后去世，太宗说："宫中再听不到规谏的话了，失去了一位好帮手。"

当时齐王元吉改封为巢剌王。妃子杨氏生子明，因而得到宠幸，太宗想立她为皇后。魏徵说："陛下德行好比唐虞，怎么可以因为辰嬴[1]这类女人而毁坏呢？"太宗于是作罢，不久封子明为曹王，使元吉有后代。

原荆州都督武士彟（huò）的女儿，年方十四，太宗听说她很漂亮，召入宫中，做了才人。后来成为高宗的皇后，就是武后。

侯君集灭掉高昌，其地成为唐朝的西州。这样，唐的疆域东到大海，西到焉耆，南括林邑，北至大漠。

当初，太子承乾喜声色田猎，行为奢侈靡烂。魏王泰多才多艺，得太宗宠爱，暗中产生夺取嫡子继承权的心思。太子知道了，暗中蓄养刺客纥干、承基和武士百余人，谋杀魏王泰。太子知道吏部尚书侯君集心怀不满，便将他领到东宫，谋求保全自己的办法。君集因太子昏乱卑劣，想乘机暗算他，就劝他谋反。时逢太宗第七子齐王祐谋反，事情牵连到纥干、承基，以死罪投监，承基上报，告发太子谋反，太宗命中书门审问。谋反的事实已有，被废为平民，侯君集等都伏罪被杀，立晋王李治为皇太子。太宗对侍臣

1.辰嬴：春秋时人。先为晋怀公妻，称为怀嬴，后改嫁为晋文公妻，称为辰嬴，辰大概是其死后的谥号。

说："我若是想册立魏王泰，太子的地位他是可以通过自己的规划创业得到的。自今以后太子行为不轨，分封的藩王企图谋取太子地位的，两者都弃而不立。要传给子孙，永为后世遵守之法。"

太宗觉得太子李治过于柔弱，暗中对长孙无忌说："雉奴怯懦，恐怕保不住社稷。吴王恪英武果决像我，我想立他为太子，怎么样？"无忌坚持争辩，认为不可以。太宗说："难道你以为恪不是你自己的外甥吗？"无忌说："太子仁厚，是真正遵守成法贤明的一国之主。储君是非常重要的，怎么能数次更换呢？"太宗于是作罢。高宗时，房玄龄子房遗爱和高阳公主谋立荆王元景事发，吴王恪因此获罪，含冤而死，他的后代做了南唐主。

魏徵曾举荐侯君集有当宰相的才能，如今因谋反被杀。太宗疑心魏徵徇私，毁掉了他所撰写的石碑。

新罗派使节，说百济与高丽联兵，企图阻断新罗朝贡的道路，请兵救援。太宗派使臣带着盖有皇帝玺印的诏书宣谕诏命，盖苏文不听诏命，使臣返回。太宗说："盖苏文杀了他的君主，残害虐待百姓，如今又违抗诏命，不能不征讨。"李世勣劝太宗讨伐。太宗想亲征高丽，褚遂良极力劝谏也不听。命房玄龄留守京师，太宗到洛阳，下诏亲征高丽。任张亮、李世勣为行军大总管，诏各路军队分道进击高丽。太宗车驾到定州，攻拔辽东，进攻安市城。高丽大将延寿惠真率兵十五万救援。太宗命各路军队一齐发起攻击，当时一个名叫薛仁贵的龙门人，大声呐喊着冲锋陷阵，所向无敌。高丽士兵望风披靡，唐军乘机进攻，高丽军队大败，其将延寿惠真率众投降。高丽全国大为震骇。后、黄城、银城人都逃走，数百里没有人烟。

太宗攻安市城长期没能攻下，因为辽左寒冷得早，大地封冻，草木枯萎，士兵、马匹很难长期留在此地。况且粮食也将用尽，于是下令班师，并在安市城下炫耀一番兵马才撤回。安市城主登上城楼告辞，太宗嘉奖他礼节周到，赐缣百匹，以勉励他能努力侍奉其君。

太宗因征高丽不成功，很后悔，叹息说："要是魏徵还在，一定不会同意我这次用兵。"下令以少牢之礼祭祀魏徵，并将其所撰石碑重新立好，慰劳并赏赐他的妻子。

太宗回京师，派李世勣攻打薛延陀并使之投降。派使节招抚铁勒诸部落，铁勒部有百余万人，他们的酋长都请求入朝进贡。回纥等十一姓，也派使节归顺。太宗大喜，作诗说："雪耻酬百王，除凶报千古。"命刻石于灵州。骨利干[1]派使臣进贡。骨利干居住在西域大漠以北，和铁勒其他部落相距很远。昼长夜短，夏至日落后，天空中还有太阳余晖，羊肩肉刚刚煮熟，太阳就又升起了。结骨[2]俟利发进贡。结骨人身材高大，红发绿眼，自古与中国没有交往，至此入朝进贡。太宗说："当年汉武帝穷兵三十年，也没有多少收获。怎比如今，以德政安抚四方，使偏远之地，都成为大唐的编户！"

金星屡次在白天出现，占卜说："女主兴起。"又秘密记载：

1.骨利干：中国古代民族名，铁勒诸部之一。

2.结骨：中国古代民族名。汉称坚昆，魏晋称结骨，唐称黠戛斯。即现在的柯尔克孜族。

“唐三代以后，女主武王代唐据有天下。”太宗向李淳风问及此事，李淳风答道：“臣仰观天象，推算天道的更迭，这个人已经在陛下宫中。自现在开始，不过三十年，陛下子孙几乎被杀尽。”太宗说：“凡被怀疑和这人相似的都杀掉，怎么样？”答道：“当称王的不会死，只会白白杀死无辜。况且从今往后三十年，这人也老了，很有慈善之心，造成的祸害或许不大。假使能找得到并杀掉她，上天或许会另使更强壮的人替代她，肆虐荼毒，陛下的子孙就不会有能逃脱的了。”太宗这才作罢。

太宗害痢病很重，太子日夜不离身边，有时几天不吃东西，头发也有变白的。太宗流泪说：“你能这样孝顺敬爱，我死了又有何遗憾呢？”后病情日渐加重，诏长孙无忌、褚遂良入卧室，对他们说：“太子仁义孝顺，你们都知道，好好地辅佐引导他。”又对太子说：“有无忌、遂良在，你就不用忧虑天下事了。”于是命遂良起草遗诏。不久，太宗去世，在帝位二十三年，终年五十三岁。太宗消除祸乱功比汤武，治理天下达到太平盛世好比成康；亲临战阵，战无不胜；虚心接受劝谏，爽直没有不能容纳的；自古无人达到的四方部族，无不服从。功业和德行都这样伟大的，自汉代以来，还未曾有过。

高宗李治

无忌等请太子先宣读遗诏，停止东征的战争，然后即帝位，这就是高宗，立妃子王氏为皇后。高宗初年，长孙无忌、褚遂良齐心协力辅政，百姓安居乐业，保持着贞观时期遗留的风尚。

萧淑妃受宠，王皇后嫉恨她。高宗做太子时，在宫中服侍太宗，见到才人武氏很喜欢她。太宗去世，武氏落发为尼。到太宗忌日，高宗去寺中进香，见到武氏，眼中滴泪。皇后听说，暗中令武氏蓄发，接入后宫，企图用来离间高宗对淑妃的宠爱。武氏心思乖巧聪慧且善权术。初进宫时，曲意逢迎侍奉皇后。皇后多次称赞其美德，没用多久大受宠幸，拜为昭仪，皇后和淑妃都失宠，于是轮番向高宗诬陷她，高宗都不听信。王皇后、萧淑妃和武昭仪互相诬陷猜忌。皇后虽失宠，但高宗还没想废掉她。

时逢昭仪生女儿，皇后怜爱地逗弄她。皇后走后，昭仪偷偷回来将婴儿掐死。高宗来到，昭仪假作欢颜，揭被观看女婴，婴儿已死。昭仪震惊悲啼，问身旁的人，回答说："皇后刚才来过。"高宗大怒，说："皇后杀了我的女儿！"昭仪就势哭泣着数落皇后的过错，皇后无法为自己辩白。高宗因此产生了废掉王氏改立皇后的想法，但又恐怕大臣们不答应，就带昭仪同去长孙无忌的家中。酒很尽兴，大家都十分高兴，拜无忌宠妾的三个儿子为朝散大夫。并赐无忌十车金银珠宝和缯帛。高宗就势不慌不忙地谈起王皇后还没有生子，惋言劝导无忌，无忌用别的话岔开了，高宗和昭仪很不高兴地走了。

礼部尚书许敬宗也数次劝说无忌，无忌声色俱厉地斥责他。一天高宗退朝，将长孙无忌、李世勣、于志宁、褚遂良召入内殿。褚遂良说："今天召见，多半是为宫中之事。太尉是国舅，司空是功臣，不应使君上背负杀国舅和功臣的恶名。遂良出身草茅，而且受到照顾和托付，不以死相争，怎么面对先帝？”李世勣称病没有去，长孙无忌等来到内殿，高宗对长孙无忌说：“皇后没有儿子，武昭仪有儿子，现在我想改立昭仪为皇后，怎么样？”褚遂良抢着回答说：“皇后出身名门，是先帝为陛下所娶。先帝临终，拉着陛下的手对我们说：我的好儿子好媳妇，现在托付给大家。这是陛下听到的。话还在耳边，也从未听说皇后有什么过错，怎能轻易废掉呢？”高宗不高兴地离开了。

过了一天又提起这件事，褚遂良又说：“陛下一定要另立皇后，请仔细地在天下名门望族中挑选，为什么一定要立武氏？武氏曾侍奉先帝，众所周知，万代以后，会说陛下是什么样的君主，愿三思。”将笏板放在殿下台阶上，解下头巾叩头流血，说：“将笏板还给陛下，求陛下放我回去种田。”高宗大怒，下令将其架出。昭仪在帘后，大声说：“为什么不杀掉此獠？”当时将西南民族蔑称为獠，遂良是杭州人，因此称其为獠。于志宁不敢说话，韩瑗因上奏，流泪极力劝谏，后又上疏说：“殷因妲己而倾覆，周因褒姒而灭。不料今日，圣明的一代被飞扬的尘土所污染！陛下不信臣下的话，臣恐怕宗庙不再血食了。”话极恳切刚直，高宗都不听从。过了几天李世勣入见高宗，高宗问他：“我想立武昭仪为皇后，遂良固执己见认为不可以，这事该怎么办？”答道：“这是陛下家里的事。何必再问外人。”高宗于是下定了决心。

许敬宗在朝中扬言：“种田的多收获十斛麦，还思量着换妻子，何况天子。”昭仪命身旁的人告诉高宗。将褚遂良、韩瑗等贬为边远州郡的刺史，将王皇后、萧淑妃废为平民，册立武氏为皇后。将原来的皇后王氏、淑妃萧氏囚于别院。高宗常想念她们，偷偷到她们住处呼唤，王后哭泣着说："至尊如果念及昔日的情分，使我们得以重见天日，太幸运了！"高宗说："我自有打算。"武后听说，大怒，派人砍断她们手脚扔到酒坛中，说："叫两个老妇骨醉几天再死。"后来又杀了她们。武后多次见到王、萧两人鬼魂，像死时一样。因此，做太后很长时间，多住洛阳不敢回长安以躲避她们。

削夺太尉赵公长孙无忌官职，贬至黔州，不久杀掉。启用奸臣许敬宗、李义府等人。

高宗慢慢地害风眩症，目不能视，百官奏事，有时就让皇后决断。皇后生性聪明敏锐，涉猎书籍历史，处置事务能符合皇帝的旨意，因此委托皇后处理军政大事。皇后仗势弄权，高宗反为其所制约，朝野内外并称为二圣。下诏以武后为天后。

这时百济依仗高丽的支持，多次侵犯新罗。唐熊津[1]总管孙仁师进攻百济，并占领，百济王丰逃往高丽。高丽王泉和盖苏文死，子泉男生、泉男建争夺王位，男生降唐求救。高宗任李世勣为辽东大总管，征伐高丽，薛仁贵为前锋，与高丽作战，大败高丽；进军至鸭绿棚，又败高丽；进军围困平壤月余，高丽王藏投降，高丽全境平定。分高丽为九个督府、四十二州、百县以统治他们。

起初，王皇后无子，向高宗请求，立高宗子忠为太子。等到武后被立为皇后，废掉忠而立武后子代王弘为太子。弘仁义孝顺，谦

1.熊津：古地名。属朝鲜。七世纪中，唐军攻破百济，分其地置熊津等五督府，各统州县。

恭谨慎，几次忤怒武后。萧淑妃的女儿义阳、宣城两位公主，年过三十，仍然幽居皇宫中宫嫔所住的地方，弘请求让她们出嫁。天后怨恨弘，用毒酒将他杀死，立雍王贤为太子。贤处理事情精明审慎，天后因妒忌而将其废掉，改立英王显为太子。

武周代唐

高宗在帝位三十四年而死，太子显即位，这是中宗。裴炎遵照遗诏辅政，军政大事均由太后决断。册立妃子韦氏为皇后。中宗想任韦皇后的父亲韦元贞做侍中，裴炎坚持争辩，认为不可以。中宗生气地说："我就是把天下都给了韦元贞，有什么不可以，还可惜侍中这么个官位吗！"裴炎很害怕，向太后说了这件事，太后将中宗废为庐陵王，幽禁在别处，不久又迁至房州。房州在今湖广襄阳府庐陵县。立豫王旦为皇帝，居住在别殿。军政大事都由太后主持，皇帝不能干预。

太后改元及官名，服装及旗帜都崇尚金色，建立武氏七庙。裴炎极力劝谏，太后不听。不久裴炎为太后所杀。

李世勣死后，他的孙子李敬业承袭爵位为英公，做眉州刺史。当时武氏家族当权，唐宗室人人自危，众人心中都很气愤、怨恨。李敬业和弟李敬猷、唐之奇、骆宾王、杜求仁、魏思温，分别因事遭到贬斥，他们会聚在扬州，共同策划起兵。他们驱使数百囚徒、工匠，给他们兵甲，起兵扬州，杀掉扬州长史，砸开府库，赦免囚徒，十几天之间，聚兵十余万，并向各州郡发布檄文。檄文为骆宾王所撰写，正义凛然，太后见到，询问说："是谁作的？"有人回答说："骆宾王。"太后说："这样有才华的人，却使他流落民间，是宰相的过失。"派玉钤卫大将军李孝逸，率兵三十万讨伐李敬业。追夺其祖上官爵，掘墓刨棺，改回原姓徐氏。魏思温劝说李敬业："明公以恢复大唐天下为旗帜，应率大军大张旗鼓地进军，直取洛阳。这样天下人就都知道你的志向是勤王，四面八方就会响应你了。"薛重璋说："金陵有王气，且有大江天险，足以凭借固守，请先攻取。"李敬业没有听从魏思温的意见，而采纳了薛重璋的建议，于是取润州。

李孝逸率军至临淮，战事不利。魏元忠劝说李孝逸："李敬业兵马精壮，不能敌挡；李敬猷驻军淮阴，不懂军事，人马也孤单薄弱，请先攻取，然后乘胜前进，没有不可战胜的。"李孝逸采用他的策略，先攻击李敬猷，李敬猷逃走，再攻打李敬业。因为风向对李孝逸有利，芦荻很干燥，便纵火焚烧，李敬业大败，骑马逃走，李孝逸追击，李敬业部将王那相将李敬业、李敬猷、骆宾王斩首后投降。捕获其余党，都斩首，传送神都。神都就是洛阳。也有人说：王那相暗中放跑李敬业兄弟及骆宾王，而找到长得和他们相像的人斩首后投降，三人后来出家做了和尚。

太后规定，百官及百姓，都可以自我举荐。僧怀义，本姓杨，名小宝，在洛阳卖菜。阳物粗壮，凭借和千金公主的关系得以入宫，大得太后的宠幸，让他做了白马寺主持。出入宫廷乘用御马，朝中显贵都对他行叩拜大礼，武承嗣、武三思都以奴仆待主子的礼节侍奉他。怀义聚集一群无赖少年做和尚，横行犯法，没人敢说。

太后借口怀义心灵手巧，让他到宫内建造宫室。补阙王求礼上表请求将他阉割，没有得到答复。苏良嗣做宰相，与怀义在朝堂相遇，怀义傲慢无礼，苏良嗣大怒，命身边的人打他脸颊。怀义向太后诉说，太后说："阿师应当从北门出入，南衙是宰相往来的地方，不要去招惹。"

太后自徐敬业兴兵反对，怀疑天下有很多人在算计自己。而且专制国家大事时间很长，在宫内又行为不端，知道宗室大臣都很怨恨，就想大开杀戒进行威吓。于是用铜铸造一个匣子，能放进去却不能拿出来，放在朝堂上，接受天下的上表、奏疏，大开告密之门。有告密的人，所说如果符合自己的意愿，就越级提升做官，所说不合事实的，也不加以追究。因此告密者蜂起，人人自危。胡人索元礼知道太后的心意，因告密而得到召见，被提拔为游击将军，让他管理讼狱。元礼性情残忍，审判一人必定要让他牵连出几十或数百人。于是周兴、来俊臣之类的人纷纷出现，效法他。

俊臣作《告密罗织经》数千言。太后得到被告密的人，就令索元礼审判。他们竞相制造审讯囚徒的酷法，有定百脉、突地吼、死猪愁、求破家、反是实等名目；又有凤凰晒翅、驴狗拔橛、仙人献果、玉女登梯等刑法。有的是用铁圈将头圈住，加入木楔砸紧，使铁圈勒紧头颅；或将人倒挂，用石头坠着头部，用醋灌入鼻孔；如果是女人则倒挂之后，再用绳勒其阴部，令壮汉用竹片弹打，酸痛难忍，或用刚刚煮熟的鸡蛋，充塞阴部，酸痛非常。每次带到囚犯，先将刑具陈列给犯人看，犯人见状没有不因恐惧害怕而胡乱诬陷别人的。太后认为这些人忠诚，很信任。朝野内外害怕这些人，甚于害怕虎狼。

当时华州赤水南岸有座大山，高二百余丈，忽然白天发出声音，向东移了百步。而雍州新丰县东南平地起一座山，高二十余丈，太后改新丰为庆山县。

太后暗中策划改革，剪除宗室，诸王内心很不安定。武承嗣差人制作祥瑞之石，上面刻写道：圣母君临百姓，帝王之业永远昌盛。派人献给太后，说是得自洛水，太后很高兴，命名为“宝图”。亲临洛水祭拜接受宝图，皇帝、皇子都随同，群臣、诸部族酋长，均依顺序排列。将珍禽奇兽、各种宝物陈列在祭坛前，典制及礼节之齐备，仪仗之盛大，自有唐以来，从未有过。祭祀于南郊，典礼毕，驾临明堂，群臣朝拜，召诸宗室，也朝拜于明堂，诸王都很惊恐。

琅琊王李冲在博州起兵，越王贞在豫州起兵，以恢复唐室天下，兴兵诸王，聚众都不满万人。太后遣将分别率兵将他们杀掉。于是想将诸王全部杀掉，派周兴主使此事。于是将韩王元嘉、鲁王灵夔、黄公撰与常乐公主押于东都，迫使自杀，亲朋都被杀掉。又杀了郑王懰等六人。

太后祭祀万象神宫，改用周历。改十一月为正月，十二月为腊月，夏历正月为一月。改国号“周”，尊称“圣神皇帝”，立豫王旦为皇储，改姓武氏。

太后虽滥用官位俸禄收买人心，但不称职的，不久也会遭到罢黜，或遭酷刑、被杀。执掌刑、赏大权，用以驾御天下，政事完全由自己掌握，明察事理善于决断，因此当时杰出优秀的人才，竞相为之所用。

王庆之多次上表，请求立武承嗣为皇太子。李昭德对太后说："陛下拥有天下，当传给子孙，作为子孙万代的基业。自古没有侄儿做天子，却为姑姑设立宗庙的。"太后很恼怒。王庆之屡次上奏，太后命李昭德杖打他。李昭德将他带出宫门，对前来朝见的人说："这个贼子想废掉皇储，改立武承嗣。"当场杖杀，其党羽也纷纷逃散。

有人告发右丞周兴和大将军邱神勋合谋造反，太后命来俊臣审问此事。来俊臣与周兴一起吃饭，对周兴说："囚犯多不伏罪，应当怎么办？"周兴说："这很容易，拿一个大瓮，在四周笼上炭火，将囚犯装在里面，还有什么事不肯承认？"于是来俊臣要来一只大瓮，按周兴所说在周围笼起炭火，起身对周兴说："有状子告发你，请你进入这个瓮里。"周兴很害怕，认了罪。依法周兴罪当死，太后特赦，流放岭南，路上被仇家杀掉。来俊臣、索元礼等人，不久也被太后杀掉，以快慰人心。

江淮出现旱灾闹饥荒，禁天下屠杀。拾遗张德生儿子，私自杀羊，宴请同僚。杜肃暗藏起一块肉，上表告发。第二天，太后在大殿上对张德说："听说你生了儿子，很高兴啊。"张德叩拜答谢。太后说："从哪里弄到的肉？"张德叩头认罪。太后说："我禁屠宰，但遇有喜庆和丧事并不在此列，你今后招待客人，也应挑选一下。"拿出杜肃的上表给张德看。杜肃非常羞惭，满朝大臣人人唾骂。

太后自垂拱以来，任用酷吏，先杀唐宗室、贵戚数百人，又杀大臣数百家，刺史、郎将以下的，不可胜数。每有一官升迁，那家的婢女就私下说：“做鬼的材料又来了。”不过一个月，就遭逮捕灭族之灾。

监察御史严善思，公正耿直敢于直言。当时告密的人不可胜数。太后也很厌烦。命严善思仔细审查询问，结果查出被诬告和并非真有罪的八百五十余人。给人罗织罪名的那些人，因此不再猖狂。补阙朱敬则、御史周矩都上疏请求宽大用刑。太后表示赞同，监禁的罪人有所减少。

户婢韦团儿诬陷皇嗣妃刘氏、德妃窦氏做憎恶祷告，被太后所杀。有人告皇嗣谋反，太后命来俊臣审问皇嗣的部下。太常工人安金藏高声说：“请让我剖出心来表明皇嗣没有谋反。”便挥刀剖开了自己的胸膛，五脏都冒了出来。太后令人将他抬到宫里，给他敷上药。第二天他才苏醒。太后叹息说：“我有儿子自己却不了解，让你落到这一步。”于是命来俊臣停止追问，睿宗由此得以幸免。太后认为徐有功对刑法的执行工作公平适度，便提升他做殿中侍御史，朝野内外闻听此事，无不相贺。

当时御医沈南璆也深得太后宠幸，僧怀义心中愤怒，便放火焚烧天堂，大火蔓延到明堂，明堂也被烧尽。大风扯开的血像裂成数百块。血像就是怀义杀牛取血画成的大佛像。怀义说是刺自己的血画的。太后很忌讳，怀义心怀不安，言语间多有不合太后心意的地方。太后将他绑在瑶光殿前，派武攸宁率壮士将他打死。

太后挑选许多俊美的少年，任内廷供奉。张昌宗、张易之都很年轻，容貌俊美，太平公主把他们推荐到宫中，大受太后宠爱。这二人常涂脂抹粉，穿着锦绣，得到的赏赐不计其数。张昌宗做散骑常侍，张易之是司卫少卿，都是内宸供奉。武承嗣、武三思等人都竞相守候在他们门前，为他们驾驭马车，称张易之为五郎，张昌宗为六郎。张易之还曾将几名蜀商引入宫中，陪太后宴会饮酒博艺。宰相韦安石见到，将他们赶出宫中。小说家还曾盛传薛敖曹的事，可见太后外遇，当不止怀义、沈南璆、张昌宗、张易之等人。

娄师德将狄仁杰举荐给太后，做同平章事。狄仁杰不知内情，有些看不起娄师德，多次将娄师德排挤在外，太后察觉到，问狄仁杰道："师德善于了解人吗？"回答说："臣和他是同僚，没听说他善了解人。"太后说："我所以能了解你，是师德推荐的结果，可以说他是很善于了解人了。"狄仁杰愧叹说："娄公德行高尚，能宽容我这么久！"

有一天太后对狄仁杰说："我梦见一只大鹦鹉，两只翅膀都折了，这是怎么回事？"狄仁杰答道："武，是陛下的姓氏，两翼是两个儿子。陛下如扶持两个儿子，那么两翼就可扇动了。"从此太后没有册立武承嗣、武三思的意思了。吉顼游说张昌宗、张易之，要他们劝太后册立庐陵王以满足人们的愿望。二人得到机会便多次向太后谈起此事，太后于是借口庐陵王有病，派使者召还，庐陵王和妃子们都来到太后行宫，武承嗣怏怏不快发病而死。原皇储坚决请求让位给庐陵王，太后同意，立庐陵王为太子，赐姓武氏，任豫王旦为宰相。

太后对狄仁杰的信任与器重，是其他大臣们无法相比的。群臣曾称呼其为国老，而不叫他的名字。狄仁杰好在朝廷上与太后当面争执，太后每次都委屈自己而服从狄仁杰。他曾陪太后出游，被风吹落头巾，马受惊奔跑不止，太后命太子追上拉住笼头制止惊马。他多次向太后说自己衰老有病，请求离任，都未获准。狄仁杰每次入宫朝见，太后都制止其叩拜，说："每次看见你叩拜，我的身体也感疼痛。"他死后，太后流泪说道："朝堂空了。"从此，朝中遇到大事，大家无法决断的，太后就叹息说："上天为什么这么早夺走我的国老啊！"太后曾问狄仁杰："我想寻找一位贤能之士任用。"狄仁杰说："不知陛下想任用他做什么？"太后说："想用他做将相。"狄仁杰举荐荆州长史张柬之，太后屡次升迁他的职位，最后终于任用为宰相。又曾推荐姚元崇、桓彦范、敬晖等数十人，太后大都任用，都成为一代名臣。有人对狄仁杰说："天下桃李，都在公门中了。"狄仁杰说："举荐贤才是为了国家，并非为一己私利。"

太后病卧在床，张昌宗、张易之在身边侍奉，同平章事张柬之、崔元暐和中台右丞敬晖、司刑少卿桓彦范、相王府司马袁恕曾密谋杀了他们，便对羽林卫大将军李多祚说："将军现在富贵了，是谁才使你有今天的？"李多祚哭着说："是大帝。"张柬之说："将军想报大帝的恩德吗？"李多祚说："如果对国家有利，只听相公吩咐。"于是和他定下计谋。张柬之又以敬晖、桓彦范及荆州长史杨元琰、散骑常侍李湛为左右羽林将军，并委以重兵。当时太子在北门起居，张柬之派敬晖、桓彦范去谒见，密告谋杀张昌宗、张易之这件事，太子赞成。

张柬之、杨元琰、桓彦范等，率左右羽林兵五百多人，到了玄武门，派李多祚、李湛迎太子，斩了侍卫，破门而入，于庑殿杀了张易之、张昌宗。太后惊起，问："作乱的是谁？"回答说："张昌宗、张易之谋反，臣等奉太子的命令杀了他们。"太后见太子说："是你呀！已经杀了小人，你可以回东宫了。"桓彦范走向前说："太子怎么能再回东宫呢？当初天皇把太子托付给陛下，现在太子已经长大，久居东宫，天意人心思念李氏已很久。愿陛下把皇位传给太子，以顺从天意人心。"太后便传帝位于太子。

中宗重又即皇帝位，太后迁居上阳宫。中宗率文武百官加封太后"则天大圣皇帝"尊号。太后在帝位二十一年，让位后，第二年死，年八十一岁。年纪虽大，但不见衰老，简直是人妖啊！中宗重立韦氏为皇后，赠封岳父韦元贞为上洛王。

韦后与武三思

当初，皇上在房州和皇后同被幽禁，饱尝困苦，情爱深笃，皇上曾对皇后说："有朝一日重见天日，一切让你随心所欲，不再相禁。"至此重新被立为皇后，便干预朝政。

杀了二张，薛季昶对张柬之、敬晖说："二凶虽然被杀死，可是他们的财产、俸禄还在，去草不除根，终有一日会复活。"他二人却说："大事已定，他能怎么样？"刘幽求也对桓彦范、敬晖说：

“武三思还在，公等恐怕是终无葬身之地，应趁早设法对付他。”他们不听。

皇上的女儿安乐公主嫁给了武三思的儿子武崇训。上官仪女婉儿，从小在宫里服役，既聪敏，又会写诗作文，通晓吏事，武则天很喜欢她。皇上即位，派她负责拟订命令，更加受到重用，并拜为婕妤，武三思与她私通，所以婉儿和武氏是同党。她又把武三思引荐给韦后，武三思便与韦后私通。皇上让韦后和武三思玩双陆[1]，自己在旁边点画，从此，武氏的势力重新膨胀。

张柬之等人多次劝谏皇上杀武氏，皇上不听。武三思和韦后日夜诬陷敬晖、张柬之等人依仗有功专权，将对国家不利，不如封给他们王爵，免其政事，这样，对外不失尊宠功臣之名，在内实际上是夺取他们的实权。皇上认为有道理。封敬晖、桓彦范、张柬之等五人为王，罢免了他们的官职。

武三思命文武百官重新按太后的政令行事。不依附武氏的人废弃，被五王驱逐的人官复原职，大权完全握在武三思的手里。

太后在上阳宫病死，皇上守丧，命魏元忠暂居皇帝位处理政务三天，魏元忠一向享有忠诚、正直的声望，武三思假托太后遗命，用好话慰解魏元忠，赐封百户给他，魏元忠接受遗命，感激涕零。知道这事的人说：“大势已去了！”

武三思让郑愔告敬晖等五人与王同皎通谋，并想废掉皇后。于是撤回他们勋封的王爵，分别贬为远州司马。武三思又暗自令人罗列皇后的不轨行为，在天津桥公布于众，请求废黜皇后。皇

1.双陆：古代博戏。由握槊演变而来。因局如棋盘，左右各有六陆，故称。

上大怒，命李承嘉追查核实此事。李承嘉上奏说是敬晖等人所为，请求将他们满门抄斩，皇上批准了他的上奏。大理丞李朝隐上奏说敬晖等人没经过审问，不能立刻处斩。于是把敬晖等人长期流放在边远地区。后武三思假托皇帝旨意杀了他们。武三思杀了五王，势力甚至超过皇上。他曾说："我不知道人世间什么样的是善人，什么样的是恶人，只要是和我友好的就是善人，和我不友好的就是恶人。"

韦后因为太子重俊不是自己亲生，很讨厌他。武三思更忌恨太子，多次密谋要废掉他。太子积怨不能平，便和左羽林大将军李多祚假托圣旨发羽林兵三百多人，和太子侍卫共一千人，冲入武府杀了武三思及其子武崇训。又破关而入，想杀上官婉儿、安乐公主和韦后。皇帝和皇后以及安乐公主、上官婉儿，躲在玄武门楼，皇帝俯身对李多祚的部下说："你们都是我的宿卫兵，为什么跟随李多祚造反？"于是，一千兵马反过来杀了李多祚，太子逃跑，被其侍卫所杀。

安乐公主喜欢武崇训的弟弟武延秀，便下嫁武延秀。当时公主经常超越礼制，在外滥交，而附马必须守贞专一。皇帝的女儿宜城公主的附马裴巽在外面有一位情人，公主派人将她抓来，剥其阴皮，又剥了附马的额皮，把阴皮补在附马的额头，把额皮补在附马情人的阴部，并用线连肉缝在一起，用鹅毛穿通便孔，都敷上鸾胶，不久就长到一起。于是让附马到厅上治事任职，聚集的僚吏都看他，看见他的人都笑得前仰后合。后来公主也觉得不雅观，而且要朝拜，便又剥了这女人的额皮，补在附马的额上，仍旧移阴皮补在女人的额上。这女人羞愧难当，自杀而死。从此，妇女非常害怕，没有敢和附马搭话的。

安乐、常宁二位公主和皇后妹郕国夫人、上官婕妤等人，都依仗权势行事，收受贿赂。即使是屠夫、商贩、奴隶之类的人，只要花三十万钱，就可降下诏书命令给以官爵，诏书斜封交付中书，当时人称之为斜封官。西京、东都各设置两名吏部侍郎，造四本铨选的簿册。每年铨选数万人。

上官婕妤在宫外建造府第，出入毫无节制，朝中人常常与她交游相处，以便求得提升。不久婕妤升为昭容，崔湜与她通奸，昭容就将他推荐给皇帝做宰相。昭容常挑选一些阳物粗壮且擅长淫乱的无赖少年，推荐给韦后。他们穿上女人服装，在宫中日夜淫乐。皇帝和韦后在街市中观灯，放数千宫女出宫游乐，有很多人不再回宫中。

政权由许多派别掌握，滥封的官吏充斥朝廷，国家的府库空竭，民不聊生。许州参军燕钦融上书说皇后淫乱，干预国政，宗楚客企图危及社稷，皇帝当面责问他，燕钦融抗辩不屈，宗楚客伪造诏书将他杀了。皇帝怏怏不快，从此皇后及其党羽开始害怕。

散骑常侍马秦客、光禄少卿杨均，都得到皇后宠幸，害怕事情败露；安乐公主也想皇后临朝听政，以使自己为皇太女，于是他们相互合谋，在饼上下毒，中宗吃后中毒而死，在帝位五年。

太平公主和上官昭容策划，草拟遗诏，立温王重茂为皇太子，皇后摄政，太子即帝位，时年十六岁。

韦后十分忌惮太平公主和相王。相王的儿子临淄王李隆基，暗中聚集贤才勇士，密谋恢复唐室天下。当初，太宗挑选天下骁勇之士，身穿虎纹衣，骑豹文鞍，号称百骑；武后时增为千骑，隶属左右羽林军；中宗时号称万骑，由皇帝亲派使臣统领，李隆基广结其中的豪杰。

李隆基和太平公主以及公主之子薛崇暕、苑总监钟绍京、前朝邑尉刘幽求等人密谋杀掉韦后。时逢置使韦播、高嵩，多次无故殴打万骑骑士，万骑骑士都很怨恨，果毅、葛福顺等人见到李隆基诉说此事，李隆基趁势婉言劝说杀掉韦氏家族，众人都踊跃效力。有人对李隆基说应当启禀相王，李隆基说："我辈做这件事情，为江山社稷献身。事情成功，福归于王，不成则以身殉国，也不连累相王。况且万一他不同意，就要坏我们的大事。"于是未告知相王。李隆基身着便服和幽求进入苑中，在绍京廨舍[1]会合。深夜二更，天上的流星像下雪一样，幽求说："天意如此，机不可失。"于是，葛福顺直接冲进羽林营，杀了诸韦氏将领来祭祀，说："韦后用毒酒谋杀了先帝，企图篡夺社稷，今天晚上应该全杀了他们。拥立相王以安抚天下，谁敢三心二意或帮助韦党，罪行诛连三族！"羽林兵都欣然从命。

李隆基带兵闯入玄武门，诸卫兵都纷纷响应，杀了韦后和安乐公主、武延秀、上官昭容等。幽求说："大家约好今天晚上一起拥立相王，为什么不快确定？"李隆基阻止了他。第二天早晨，朝廷内外都安定了下来，李隆基便去见相王，叩头谢罪。相王说："社稷宗庙，没有被篡夺，都是你的功劳。"于是迎接相王进宫。

1.廨舍：官署。旧时官吏办公处的通称。

然后捕获韦氏亲党及宗楚客等人一一杀掉。封李隆基为平王，赐薛崇暕立节王爵，绍京、幽求共为参知机务，武氏宗族也几乎被杀尽。

睿宗李旦

相王李旦即帝位，这就是睿宗。废太子重茂重新为温王。睿宗要立太子，因宋王成器为嫡长子，平王隆基有功劳，迟疑不决，成器推辞说："国家安定则以嫡长子为先，危机之时则以有功的为先，臣死也不敢位居平王之上。"皇上听从他的意见，以李隆基为太子。又封姚元之为兵部尚书，宋璟为吏部尚书。此二人齐心协力，革除中宗弊政，提拔忠良，废弃不正派的人。赏罚公平，纲纪得到修整重振，当时和顺的景象，让人感到贞观遗风尚存。

加太平公主实封[1]万户。公主，是武后的女儿，皇上的妹妹。她沉静聪敏善权术，武后认为她像自己而偏爱她。诛杀二张，公主出过力，现在又和太子一起杀了韦氏，多次立大功，因而更加受尊重。皇上曾和她商议政事，宰相的任免，凭她一句话。经她举荐而显赫一时及享有清望的人，不可胜数。其实权甚至超越皇上，门庭若市。公主惧怕太子英明勇武，便几次制造流言蜚语来危害他。有一天，皇上对侍臣说："占卜的人说五天之内，会有兵士突然进宫，你们要替我防备。"张说说："这一定是奸人想离间东

1.加实封：唐代封公、侯、伯、子、男等爵位，都无官土，其实际给予封户以食租税的，叫加实封。

宫太子，希望陛下早让太子代理国政，流言就会自行消灭。”姚元之说：“张说的话，是关系到社稷的大计。”皇上很高兴。于是，任宋王成器为同州刺史，王守礼为豳（bīn）州刺史，太平公主安置在蒲州，命太子代理国政。

玄宗李隆基

第二年秋七月，彗星在西方出现，入太微。太平公主让占卜的人对皇上说：“彗星是除旧布新的象征，并且帝座及心前星都有变动，皇太子应即位为天子。”睿宗说：“传位避灾，我决心已定。”八月壬辰，睿宗传帝位给太子，太子坚决推辞。太平公主劝说睿宗，即使已经传位给太子，但仍应自己总揽军政大事。因此，太子即帝位，这就是玄宗明皇帝，尊睿宗为太上皇。在位三年，三品以上官员的擢用任免以及重大的刑罚和政令，仍由太上皇决断。太平公主依仗太上皇的势力，专权揽政，和玄宗发生矛盾。于是与窦怀贞、岑羲、萧至忠策划废立之事，并且又阴谋毒杀玄宗。玄宗和岐王范、薛王业及内给事高力士等人定下计策，用三百士兵，将萧至忠、岑羲召来斩首，窦怀贞上吊自杀，被陈尸示众。

太上皇下诏，自此以后军国大事刑罚政令，全听凭皇帝处置。玄宗下诏，赐太平公主和与公主私通的崔湜等死，她的儿子和党羽等被杀的有数十人。只有儿子薛崇简数次劝谏他的母亲，屡次被鞭打，得到了特别赦免。

玄宗赏赐高力士，任命为监门将军。宦官渐渐增加到三千多人，大多穿绯紫色服装。宦官之盛，自此开始。

开元四年（716）六月，太上皇去世，享年五十五岁。玄宗励精图治，遇事向姚元之请教。姚元之为避讳开元年号，改名崇，后来姚崇告老谢任，推荐宋璟代替自己。当时赋税和徭役都很宽松，百姓富庶。有唐一代贤明的宰相，前期当属房、杜，后期当称姚、宋，其他人都比不上。

玄宗素来友爱，近代帝王都比不上。大臣们因为代王封地迫近京师，请求遵照惯例，将其任命为边远州郡的刺史，玄宗不得已而听从大臣们的建议。废皇后王氏。后宫的武惠妃最受宠幸，生寿王瑁。李林甫靠宦官传话给武惠妃，说愿意竭尽全力保护寿王瑁，武惠妃很感激他，暗中帮助他，被玄宗提拔为礼部尚书。

当时有个名叫安禄山的人，本来是营州胡人，名叫阿荦山，姓康，母亲是巫婆。父亲死后，母亲带他改嫁突厥人安延偃。适逢其部落破败，与安延偃的侄儿安思顺一块南逃入塞，改名禄山并冒姓安氏。

又有个名史窣干的人，和安禄山住同一巷里，两人出生一前一后，相差一天。成年后关系亲密，都因骁勇而闻名。史窣干被张守珪派入朝中奏事，玄宗同他谈话，很喜欢他，赐名思明，就是史思明。

安禄山狡猾诡诈，善于揣摸人的心理。幽州节度使张守珪很喜爱他，认为义子，做讨击使，又任史窣干为将军。到这时张守珪派讨击使安禄山，讨伐反叛的奚人和契丹人，安禄山仗恃自己的勇猛轻敌深入，为契丹人打败。张守珪因为他没有遵守行军作战的纪律，将他囚送京师，请求将他斩首。玄宗爱惜他的才能，赦免了他。张九龄坚持争辩说："不遵守作战的纪律，以致损失军队，不可不杀。况且他貌有反相，不杀必有后患。"玄宗不听。

遇到不应做的事，无论大小，张九龄都竭力阻拦。玄宗在位时间长了，逐渐放纵奢侈，对军政大事怠惰松懈。李林甫乖巧地奉迎玄宗的意思，天天在玄宗面前说张九龄的坏话，玄宗逐渐疏远了张九龄，而对李林甫日益亲近。玄宗即位后所启用的宰相，姚崇、尚通、宋璟崇尚法制，张嘉贞崇尚吏治，张说崇尚文治，李元纮、杜暹（xiān）崇尚节俭，韩休、张九龄崇尚耿直，都是贤臣，各有所长。

当初，玄宗舍弃长子嗣真，立少子嗣谦为太子，嗣谦后改名瑛，是赵丽妃生的。附马都尉杨洄，私下与武惠妃结交，曾经窥探到太子的过失，让惠妃向玄宗哭诉，玄宗大怒，想废掉太子，张九龄竭力劝谏才作罢。如今杨洄又诬告太子李瑛与鄂王李瑶、光王李琚勾结图谋不轨，玄宗召宰相商议此事，李林甫说："这是陛下家里的事，不是我们为臣子所应该参与的。"玄宗于是定下主意，废太子李瑛为平民，赐死在城东驿，连同李瑶、李琚一块都杀掉了。太子瑛死后，李林甫多次劝玄宗册立寿王李瑁。当时武惠妃已死，寿王缺少后宫的支持。玄宗认为忠王李玙年长于寿王李瑁，孝顺恭谨而且好学，想册立为太子，但犹豫不决，因而常郁郁不乐。高力士请求选择年长的册立，玄宗于是决定，立忠王李玙为太子，改名亨。

自开元二十四年，罢免张九龄而用李林甫为宰相。安禄山性情乖巧，善于奉迎，很多人称赞他，玄宗认为他是贤才。开元二十九年，任安禄山为营州都督。此后改元天宝，把年改为载，国事一天不如一天。

李林甫做宰相，凡是才能声望功劳业绩比他高的，或被玄宗厚待的，或文学之士，必定要千方百计地排挤。或者表面上和他很好，用好话恭维，而暗中设计陷害。世人都说李林甫口蜜腹剑。

起初，开元二十三年，娶蜀州司户杨琰之女做寿王的妃子。自从武惠妃死后，后宫中没有称心如意的。有人谈起寿王妃子杨氏的美貌，玄宗立即召见，杨氏体态丰腴艳美，如开满鲜花的花枝。玄宗一见心神为之震动。于是令杨妃按照自己的意思，请求做女官，号太真。另为寿王娶郎将韦昭训的女儿。玄宗暗中将杨太真纳入宫中，宠幸如惠妃，在宫中号称“娘子”。天宝四年（745）八月，册封为贵妃。赠其父杨元琰兵部尚书官衔，叔父杨元珪为光禄卿，堂兄杨铦为殿中少监，杨锜为驸马都尉，姐妹们都赏赐给府第，在京师中得到宠贵十分显赫。

当时杨妃年龄二十七岁，她时常思念寿王，想私下与寿王相会。寿王害怕招来灾祸，避嫌疏远她。后来寿王死于代宗十七年，六个儿子都得封郡王。

杨妃通晓音律，性情机警颖慧，善于奉迎玄宗，得到的恩宠无人可比。民间为此流传歌谣说：“生男勿喜女勿悲，君今看女作门楣。”杨妃想吃鲜荔枝，每年都命岭南通过驿站将鲜荔枝送到。杨妃还曾因泼悍妒忌无礼，被送回杨铦府第，玄宗为此吃不下饭，很快召回。

贵妃姐妹三人，都才貌双全。玄宗称为姨，也得到恩宠，封为韩国、虢国、秦国三夫人。和杨铦、杨锜等五家，竞相比赛奢侈，势倾天下。

任命安禄山兼任御史大夫。禄山身体肥胖腹部赘肉下垂过膝，曾自称三百斤。外表似乎愚直鲁钝，内心其实狡黠，在玄宗面前应对敏捷，不时夹杂诙谐的语言。玄宗曾指着他的肚子说："这个胡人肚子里装着什么，怎么会这样大！"安禄山答道："并没有其他的东西，有的只是赤胆忠心而已。"安禄山为了能经常出入宫中，请求做贵妃的儿子。玄宗与贵妃坐在一块儿，安禄山先拜贵妃，玄宗问他为什么，答道："胡人的风俗是先拜母后拜父。"玄宗很高兴。

安禄山异常矫健，其阳粗壮且善房中事，贵妃很喜欢，与他通奸。玄宗命有司在亲仁坊为安禄山造一座府第，下令说只求富丽堂皇，不限花费财力、物力的多少。安禄山生日，玄宗和贵妃都赐给很多衣服、宝器、酒和吃的。生日后三天，召安禄山入宫。贵妃用锦绣的大襁褓包裹安禄山，派宫女用彩轿抬着。玄宗听到后宫的喧笑声，询问原因，身边的人说贵妃正在给生日第三天的禄山儿洗澡。玄宗亲自前往观看，大喜，赐贵妃洗儿钱，又厚赏安禄山，尽兴而罢。从此，安禄山出入宫禁不受限制，有时和贵妃相对而食，有时通宵不离开，有很多丑闻传出宫外，玄宗从不怀疑。

自唐兴起以来，边疆地区的统帅都用忠厚名臣，不长期任职，任职的边帅都在当地就职，不兼任其他地区的统帅。李林甫想断绝边帅进入朝中任宰相的途径，借口胡人不读书，上奏说：

“文臣做将帅，怯于冲锋陷阵，不如用寒族、胡人。胡人勇敢善战，寒族孤立没有党羽。”玄宗赞赏他的话，从此开始用安禄山等人，诸边镇节度使，都使用胡人担当。李林甫又多次称赞安禄山的长处，玄宗使安禄山兼领平卢节度使，又让他兼任范阳河东节度使，封东平郡王，出镇范阳。

国泰民安，时间久了，玄宗沉溺于声色犬马，将政事都委托李林甫。命百官在尚书省查阅天下进贡的物品，然后用车装载全部赐给李林甫。李林甫讨好身边的人，奉迎玄宗的心意，以便巩固其受宠的地位，杜绝别人上奏言事的途径，将聪慧贤明之士遮掩起来，以便达到他不可告人的目的；嫉贤妒能，排斥打击超过他的人，以便保持他的地位；屡次兴起大狱，诛杀驱逐显贵大臣，以便扩张他自己的势力。自皇太子以下，都畏惧他而不敢正视。在宰相的职位十九年，酿成天下大乱，玄宗却从未醒悟。

杨贵妃的堂兄杨钊，不学无术，在蜀地从军，一贫如洗无法回到长安。剑南节度使章仇兼琼，想巴结杨贵妃作为靠山，找到杨钊，派他去京师进献春彩。并赠给他蜀地的特产价值一千万钱。杨钊到长安，见到妹妹们将蜀地特产分给她们，说：“这都是章仇公赠送的。”于是诸杨天天说章仇兼琼好话。玄宗提升章仇兼琼为户部尚书，而杨钊得到宠幸，权势日益膨胀。任杨钊为度支郎中，他善于敛财，皇家府库十分富足充实，上奏请玄宗观看。玄宗从此视金帛如粪土，赏赐毫无节制。杨钊一年中十五次升迁，被任命为文部尚书。文部就是吏部。杨钊因图谶（chèn）中提到金刀，请求改名，玄宗赐名国忠。

李林甫死后，杨国忠为相国。杨国忠派人诬告李林甫与突厥阿布思谋反，下诏追夺其官爵，剖开他的棺木。

当初，安禄山认为李林甫狡猾超过自己，因此畏惧佩服他。后来杨国忠做宰相，安禄山十分轻蔑，因此产生矛盾。杨国忠多次说安禄山有谋反的征兆，玄宗不信。杨国忠借口陇右节度使哥舒翰和安禄山配合不协调，上奏任哥舒翰兼任河西节度使，和自己共同排挤安禄山。

当时唐帝国强盛，自安远门向西到唐边境，共一万三千里，村舍相连，桑麻蔽野，没有比陇右更富庶的地方。哥舒翰派使者上朝入奏，常乘用白峰驼，日行五百里。

杨国忠说安禄山一定会谋反，并说："陛下试召见他，一定不会来。"玄宗派人召见，安禄山闻命就到。玄宗因此更亲信安禄山。安禄山辞归范阳，玄宗脱下身上的衣服赐给他，安禄山十分惊喜。恐怕杨国忠上奏将他留下，赶快驱马出关，乘船顺流而下，昼夜兼行，一天赶路数百里。回到范阳，立即派副将何千年入朝上奏，请求用三十二名蕃将代替汉将。韦见素竭力说明安禄山已有谋反迹象，他所奏请的事一定不要答应，玄宗不听，准许安禄山的请求。

安禄山在范阳、平卢、河东等地独断专行，暗藏反志，约有十年。蓄养同罗、奚、契丹等投降的八千多人，号称曳落河，曳落河是突厥语，即健儿的意思。家僮百余人，都能力举千钧，骁勇善战，可以一当百。又蓄养战马数万匹，都很高大善奔跑。天下精兵会聚河北。见玄宗年事已高，国家的武装防卫松弛，素有轻视之心。

只因玄宗待安禄山恩情深厚，想等到玄宗死后，再发动叛乱。

杨国忠与安禄山有矛盾，多次说安禄山要谋反，玄宗不信。杨国忠多次借机刺激安禄山，想要他尽快谋反，以此来取信于玄宗。安禄山于是决意立即反叛。适逢有自京师前来的奏事官，安禄山伪造玄宗的诏书，召集诸将说："有密旨，令禄山入讨杨国忠，诸君应立即准备从军出征。"大家相顾惊愕，不敢提出异议。于是征调属下十五万人，在范阳反叛，率兵南下。

当时国家太平的日子久了，百姓都不知什么是战乱，忽然听说范阳起兵，远近都十分震惊恐惧，因此，所过州县，都望风瓦解。玄宗听说安禄山已反叛，召集大臣们商议。杨国忠扬扬得意，说："要反叛的只有禄山一人，他的部下都不愿意。不用十几天，定会把他的头拿到皇帝所在的地方。"玄宗认为他说得对。安西节度使封常清入朝，玄宗任命他为范阳、平卢节度使，乘驿马赶赴东京洛阳募兵，十几天招募六万多人，拆断河上的桥梁，准备防守。封常清和叛兵在武牢关激战，失败，安禄山攻陷洛阳，迁都于此。

当时安禄山的儿子安庆宗，娶宗室女，住在长安，玄宗把他们杀掉，以郭子仪为朔方节度使。平原太守颜真卿起兵讨伐叛兵，派李平走小路到京师上奏。玄宗起初听说河北诸郡都听从叛兵号令，叹息说："二十四郡，就没有一个义士吗？"李平来到后，大喜说："不知颜真卿是个什么样的人，能如此忠诚！"常山太守颜杲卿和长史袁履谦等起兵讨伐叛兵，命崔安石等攻略河北诸郡，说："大军已下井陉关，很快就到，先降的有赏，后降的杀。"

于是河北十七郡都归附朝廷，合兵二十万。依附安禄山的，只有范阳、卢龙、密云、渔阳、汲、邺六郡。

颜杲卿起兵才八天，攻守准备都不完善，况且各路兵马都分别去攻略其他各郡，叛兵将领史思明、蔡希德带大军兵临常山城下，颜杲卿向王承业告急。王承业想窃取他的功劳，城被攻陷对他有利，因此不带兵救援。颜杲卿日夜防守抗拒，无奈矢尽粮绝，常山城陷落。叛军纵兵杀掠，抓住颜杲卿、袁履谦等，送到洛阳，绑在桥柱上施以剐刑。颜杲卿、袁履谦至死骂不绝口，颜氏家族死了三十多人。于是诸郡重被叛兵控制。

安禄山自称大燕皇帝，属下郡臣都加官进爵。真源令张巡起兵征讨，率精兵千人，至雍丘，和贾贲合兵。叛将令狐潮带兵攻雍丘，贾贲出城迎战，战死。张巡全力迎敌，将叛兵杀退，将贾贲兵由自己统领。叛兵像蚂蚁一样爬上城墙，张巡将蒿草扎成捆，灌上油脂，点燃后投向城墙，叛兵无法爬上城头。城中的箭用尽，张巡扎千余草人，穿上黑衣，夜里用绳缒下城外，令狐潮的士兵争相用箭射，过了很久才知是草人，张巡得箭数十万支。此后夜里再次将士兵缒下城墙，叛兵以为又是草人，嘲笑张巡，不加防备，于是这些敢死的勇士执刀斧砍向令狐潮的营垒，叛兵大乱。张巡派部将雷万春在城墙上和令狐潮对话，叛兵用箭射雷万春，雷万春面中六箭仍岿然不动。叛兵以为是木头人，多次问答，方知不是。于是大为震惊。张巡窥伺到叛兵的矛盾，带兵出城攻击，作战六十余天，大小三百次交战，叛兵败退，张巡军威大震。

任李光弼为河北节度使。郭子仪、李光弼大败叛将史思明于嘉山，收复河北十余郡，安禄山大为惶恐。郭子仪、李光弼上奏请求派兵固守潼关，郭子仪和李光弼则带兵攻取范阳，捣毁安禄山的巢穴，这样，叛乱不用多久即可平定。当时叛将崔乾祐在陕州，故意摆出不堪一击的样子，引诱唐军。玄宗派使者催促哥舒翰进兵收复陕洛。哥舒翰上奏说，安禄山善于用兵，一定是摆出软弱的样子引诱我出击，应该防守而不应出击作战。杨国忠向玄宗进谗言，要玄宗催促哥舒翰出击。哥舒翰不得已，抚胸痛哭，带兵出潼关城，在陕西灵宝西源与崔乾祐遭遇。哥舒翰大败，退回潼关，乾祐进兵，攻克潼关，将哥舒翰捉送洛阳，哥舒翰投降叛兵。

玄宗听说很害怕，召宰相商议，杨国忠首先提出到蜀地躲避的办法，玄宗赞同。

第二天黎明，玄宗和贵妃姐妹、皇子、妃主、皇孙及亲近宦官、宫女，自延秋门出城，将在宫外的妃主、皇孙都抛开而离开长安城。到咸阳望夷宫，日已中天，玄宗还没有吃饭，杨国忠自己买来胡饼献上。百姓争相献粗米做的饭，皇孙辈的争相用手抓着吃，一会儿就吃完了。

玄宗来到马嵬驿，将士们又饥又累，都很不满。陈元礼认为祸乱都是由杨国忠引起的，想杀掉他。适逢吐蕃使者二十余人，拦住杨国忠的马，诉说没有吃的东西。杨国忠还没来得及回答，兵士们喊道："杨国忠和胡虏谋反。"杨国忠急忙逃走，被兵士们擒获杀掉，用长矛挑起首级，接着将他的儿子杨暄和韩国、秦国二夫人都杀了。玄宗拖鞋走出驿站门，慰劳将士，命令士兵归队，士兵不答应。玄宗让高力士询问，陈元礼说："杨国忠谋反，贵妃也不应供奉在宫中，愿陛下能将其割舍正法。”玄宗说：“贵妃身居深宫，怎知杨国忠谋反？”高力士说：“贵妃当然无罪，但将士已将杨国忠杀掉，而贵妃仍在身边，他们怎能安心？愿陛下慎重仔细地考虑这件事，将士们安心，陛下才能保住平安！”于是玄宗命高力士将杨贵妃带到佛堂，将其吊死，死时年三十八岁。将尸首用车拉到驿站，陈元礼等进来看到，这才开始整顿队伍准备行军。杨国忠的妻子和小儿子晞、虢国夫人、夫人子裴徽逃到陈仓，被县令薛景仙捉住杀掉。

玄宗将自马嵬驿出发，朝臣中只有韦见素一人。当地父老站满道路请求留下，玄宗拉住坐骑，很久。于是命太子殿后，抚慰父老百姓。父老百姓说：“至尊既然不肯留下，我们愿率子弟追随殿下向东征讨叛贼，收复长安。如果殿下和至尊都入蜀，谁为中原百姓做主？”不一会儿就聚集了数千人，太子不答应，说：“至尊长途跋涉，面临艰难险阻，我怎么能有一刻离开他身边呢？”流泪跋马，想向西追赶玄宗。建宁王倓和宦官李辅国，拉着马缰劝谏说：“叛逆的胡人进犯关中，四海分崩，不依靠人心所向，凭什么复兴唐室天下？如今殿下若跟从至尊入蜀，那中原之地，就等于拱手送给叛贼。不如收拢西北守边的兵马，下诏给河北的郭子仪、李光弼，和他们并力征讨，收复洛阳、长安，迎接至尊，这岂不是孝之大义，何必宥（yòu）于区区温情，如此儿女情长呢？”广平王俶也劝太子留下。父老百姓簇拥着太子坐骑，太子无法行动。玄宗揽辔等待太子，时间很久，还不见太子，派人察看，回来禀告了那里的情况。玄宗说：“天意如此。”于是命令分出后队二千人和飞龙厩的马匹跟从太子。又宣布旨意，想传帝位给太子，太子不接受。太子留下后，不知该去哪里，建宁王倓请太子去平凉，太子同意。一天一夜奔跑了三百里，到平凉招募兵丁五百多人，军队气势稍稍振作。

安禄山没有料到玄宗突然西走，派使者令崔乾祐兵驻潼关共十天，才派孙孝哲带兵进入长安，于是叛兵声势大盛。但没有长远打算，只是日夜纵酒寻欢，专事收集财宝，沉溺美色，没有西出长安的打算，因此玄宗得以安然入蜀。

肃宗李亨

太子北行，也没有被追击的忧虑。到灵武，裴冕、杜鸿渐等上书太子，请求他遵照玄宗马嵬驿的旨意，即皇帝位以号令天下，太子不答应，裴冕等五次上表，坚持争辩，太子才同意。这天肃宗在灵武即位，尊玄宗为上皇天帝，仍称年为载。

当初，肃宗做太子时，和平民李泌有交情。李泌后来隐居在颍阳。肃宗派使臣召见，李泌在灵武谒见肃宗，肃宗大喜，遇事就向他征询意见，所说无不赞同。

上皇到成都，起初跟随的六军，到达的仅一千三百人而已。郭子仪等带兵五万，从河北到达灵武。灵武军威开始盛大起来，人们看到复兴唐室的希望了。灵武派出的使者到达蜀地，上皇高兴地说：“我儿上承天意下顺人心，我还有什么可忧虑的呢？下令从此以后改称制敕为诰，上表及奏疏称太上皇，天下军国重大事情，都先听取皇帝的决断，再上奏给我知道。”命韦见素、房涫、崔涣奉传国玺、玉册，前往灵武正式传位。玄宗在位四十四年。

当初，上皇每次大摆筵宴，先设太常雅乐，接着演奏笙笳箫鼓，宫女跳《霓裳羽衣舞》。还演奏散乐杂戏，驯马表演舞蹈，衔杯上前祝寿，将驯化的犀象牵入，表演叩拜和舞蹈，安禄山见到十分喜欢。到如今，下令搜捕，全都送到洛阳，安禄山在凝碧池大宴群臣，演奏规模盛大的乐曲。驯象怒目而立，不随乐曲舞蹈，全被安禄山杀掉。梨园子弟常常抽噎哭泣，反叛众贼都抽刀睥睨而视。乐工雷海清不胜悲愤，将乐器投掷在地上，面向西方痛哭，安禄山大为恼怒，将他捆在试马殿前肢解。

肃宗想任建宁王李倓做元帅，李泌说：“广平是兄长，假使建宁立下大功，将如何对待呢？”于是任广平王俶做天下兵马大元帅，李泌做侍谋元帅长史，征讨安禄山。肃宗到彭原，住处狭小，肃宗与张良娣博艺，落子的声音外面都听得到。李泌说军情奏报都积压着，现在还不应该做这种事，张良娣因此怨恨李泌。张良娣和李辅国内外勾结，都很厌恶李泌。李倓对李泌说：“先生推荐广平王为元帅，使我能够尽做臣子的礼节，没有什么报答您的大德，请让我替先生清除祸害。”李泌说：“此话怎讲？”李倓借张良娣的行为说明自己的意思，李泌说：“这不是为臣子所应说的话，愿王把这事放在一边吧。”李倓不听，多次在肃宗面前揭露数落张良娣和李辅国的罪恶。张良娣和李辅国诬陷说：“倓没有当成元帅心中不满，企图加害广平王。”肃宗十分恼怒，赐倓死。广平王俶十分害怕，企图除掉李辅国和张良娣，李泌说：“不可以，只要尽到为人子的孝意就行了。”广平王听从了他的话。肃宗封张良娣为淑妃，不久竟册立为皇后，李辅国依附皇后，势倾朝野。

安禄山自起兵以来，眼睛逐渐昏花，至此已经看不见东西。动辄鞭笞身边的人，或干脆杀掉，人人自危。又想废安庆绪，改立宠妾所生的儿子安庆恩。严庄和安庆绪策划，指使太监李猪儿夜里执刀冲进安禄山的帐中，砍破安禄山的肚子，掏出肠子，安禄山血流数斗死掉。

安庆绪即皇帝位，任史思明为范阳节度使。原来安禄山搜刮到珍宝都送到洛阳；史思明手握重兵，占据资财富饶的地盘，逐渐不听从安庆绪的命令，安庆绪无法制约他。

安庆绪派尹子奇进犯睢阳，许远向张巡告急。张巡来到睢阳，和许远联合共同固守，日夜苦战。许远知道自己才智不如张巡，有关战事筹划，全部听从张巡。战斗十六天，叛兵损兵折将，乘夜逃走。尹子奇再次带兵攻打睢阳，张巡杀牛犒劳士兵，全军出城迎敌。叛兵见他们人数很少，嘲笑他们。张巡率领诸将直冲敌阵，叛兵大溃。第二天，叛兵集合再次攻城，张巡夜里在城中鸣鼓集合队伍，摆出准备出城作战的样子，叛兵闻听，通宵戒备。天亮，张巡停止击鼓，命士兵休息，叛兵自飞楼上俯视城中，看到没有什么动静，便解甲休息。张巡和将军南霁云、雷万春等十几名将领，各率五十名骑兵，打开城门，突然冲向叛兵营垒，营中大乱。张巡想用箭射尹子奇，但不认识他，于是削蒿草为箭，中箭的人以为张巡箭已用尽，便去告诉尹子奇，张巡借机认出尹子奇，令南霁云用箭射中他的左眼，几乎捉到他。尹子奇只得收兵罢战。

尹子奇再次围困睢阳，城里情况日益紧迫。张巡于是令南霁云突围出城，向临淮的贺兰进明告急。贺兰进明不肯发兵救援，但很喜爱南霁云的勇武，备上食物招待他。南霁云说："睢阳城里的人，已经一个多月没有吃的东西了，我就是想独自享用，怎么咽得下去？"于是咬下一根手指对贺兰进明说："霁云既然不能完成主将的旨意，就让我留下一根手指作为信物。"回来报告张巡，在座的人都为他落泪。

尹子奇围困睢阳城时间久了，城里的粮食用尽了，有人提出弃城东逃。张巡、许远商议，认为睢阳是江淮的保障，没有睢阳就等于是没了江淮，不如坚守等待援兵。便开始和兵士一起吃茶纸，茶纸吃光了，又吃马，马吃光了，就捕麻雀挖老鼠，麻雀老鼠也吃尽了，张巡的爱妾霍氏说："城被攻陷妾必定得死，尸体腐烂在地上，被蚂蚁吃掉，毫无益处，不如变无益为有益。妾请你把我的身体作为粮食，延长将士几刻钟生命，以等待援救。妾身丑陋的地方，你要自己吃，以保全我的贞操，骨头埋在地下，以还报父母。"张巡十分感佩她的忠义之举答应了。于是献出爱妾杀了吃。许远也杀了他的家奴。然后捆绑城里的妇女吃，吃完了，接着吃年老体弱的男人，人们都知道迟早必定是死，也没有人反抗。剩下的只有四百人。这时，贼寇登上城墙，城中的将士饿得疲惫不堪不能应战，张巡向西拜了又拜说："臣精疲力竭了，活着没有什么报答陛下，死后应当成为厉鬼来杀贼寇！"城便陷落。张巡和南霁云、雷万春等三十人，全都被杀。许远被俘至洛阳，在偃师被杀。

张镐听说睢阳被围情况紧急，一面加速赶往睢阳，一面发布檄文令谯郡太守闾丘晓前往救援。丘晓不接受命令，张镐赶到睢阳，睢阳城已陷落三天了。张镐将丘晓召来，棍棒打死。肃宗犒劳将士，派广平王俶、郭子仪攻长安。对郭子仪说："光复大事的成败，在此一举。"郭子仪回答说："这次行动如不成功，臣必以死相报。"回纥怀仁可汗派他的儿子叶护等人，带四千精兵到凤翔。广平王俶见到叶护，与他结成兄弟。于是率郭子仪、李嗣业、仆固怀恩等，与叛兵在长安城西摆开战场。自午时至酉时，斩首六万，叛兵大溃，收复长安。派使者去蜀地，请上皇回京师。广平王俶、郭子仪等，率兵攻占洛阳。安庆绪发动洛阳的全部兵力，派严庄率领，以抵抗官兵。郭子仪等最初与其交战不利。回纥从南山袭击其背后，叛贼于是溃败。安庆绪逃往河北。广平王俶进入东京洛阳，回纥纵兵抢掠，俶对此很忧虑。洛阳城中父老请求用万匹罗锦贿赂回纥，于是回纥停止抢掠。

上皇到咸阳，肃宗准备好车马在望贤宫迎候，上皇当天驾临兴庆宫，并住在那里。赐郭子仪为汾阳王，李光弼等功臣也都按功劳加官进爵不等。并追赠恪守节义而死的大臣。

安庆绪唯恐史思明力量强大，想要设计暗算他。于是史思明率所管辖的十三州归降唐廷。沧、瀛、安、深、德、棣等州都归降，虽然相州还未攻克，但河北大部已回归唐廷了。张镐上书说："史思明凶残阴险，人面兽心，很难用恩德安抚他，希望不要给他很大威势和权力。将他征入朝中，分散他的军队，补充到皇家军队中，这样动乱就平定了。"这时肃宗已十分宠信史思明，不听劝告。李光弼认为史思明最终必定会成祸乱，暗中派乌承恩寻找时机杀死他。不久计谋泄露，史思明召集将领官吏民众，面向西方大哭说："我带领十三万人归降朝廷，有什么地方辜负了陛下，一定要设法杀掉我。"于是杀掉乌承恩，倚仗着兵强马壮观望朝廷动静。肃宗命朔方的郭子仪、淮西鲁炅（jiǒng）等七节度使讨伐安庆绪，命河东的李光弼、泽潞王思礼二节度使，率领部属援助。

肃宗认为郭子仪、李光弼都是功臣，难以相互统属，因此不设置元帅，只是用宦官鱼朝恩以观军容使的身份监军。郭子仪等在卫州大败安庆绪，将其追赶至邺城并将其围困。安庆绪穷途末路，向史思明求救，并且答应让位给他。史思明反叛，调范阳十三万兵马解救邺城之围。唐廷九节度使各率兵马，没有统帅，号令不一，镇西节度使李嗣业中流箭而死。史思明率大军兵临城下，唐廷步兵骑兵共六十万人，与史思明约定日期决战，官兵还没有布好阵势，史思明率五万名精兵，向官兵猛扑过去。忽然刮起大风，一时间飞沙走石，天昏地暗，相距近在咫尺都无法辨认，双方军队都大惊溃散。郭子仪率领的朔方兵马，截断河阳桥，退保洛阳，战马、盔甲、兵器几乎全部损失，诸节度使带领各自兵马溃逃到各自的军镇。史思明杀掉安庆绪，回归范阳，号称大燕皇帝。鱼朝恩厌恶郭子仪，乘其失败，在肃宗面前攻击他。用李光弼代替他做朔方节度使。史思明再度攻入东京洛阳，并率兵进攻河阳。李光弼将短刀插进靴中，说："战争，是很危险的事，我是国家的三公，不能死在叛贼手里。万一战事不利，诸君抗敌战死，我就自刎，不会让诸君自己去死。"率领诸将拼死战斗，叛兵大败，史思明逃走。

史思明好猜忌性残忍好杀，部下稍不如意，动辄将其一族杀光，以致人人自危。而且喜爱次子史朝清，想杀掉长子史朝义，立史朝清为继承人。史朝义忧虑惧怕，就和步将曹将军策划，带兵闯入史思明大帐。史思明跳墙逃走，中箭落马被捉，被吊死。史朝义派人到范阳，杀掉史朝清，夺位称帝。

当时，李辅国、鱼朝恩和张皇后内外勾结，蒙蔽肃宗以施其奸诈计谋，肃宗也无法制约。上皇住在兴庆宫，经过那里的人，常常要瞻仰叩拜高呼万岁。李辅国对肃宗说："上皇住在兴庆宫，每天和外面的人来往，又有陈元礼、高力士出谋划策，恐怕对陛下不利，应将上皇移居到皇宫内居住。"肃宗不听。适逢肃宗生病，李辅国假传肃宗旨意，带五百名射生手[1]，全副武装，将上皇"迎"入皇宫，住在西侧的甘露殿；将高力士流放巫州，陈元礼被勒令辞官。上皇很不高兴，因此不吃荤腥，不吃饭，渐渐生病。肃宗想派郭子仪统率诸道兵马，攻取范阳，平定河北，被宦官鱼朝恩所阻拦，事情竟然没有办成。肃宗被张皇后控制，竟不敢到皇宫西侧上皇住处朝见。太上皇在神龙殿去世，终年七十八岁。肃宗自仲春患病，得知太上皇的噩（è）耗，病情加重，于是命太子监国，不久，肃宗也去世，在位七年。

代宗李豫

当初，张皇后和李辅国内外勾结，到了晚年产生矛盾，皇后

1.射生手：射取生物者。唐有射生手、射生军。

想杀掉李辅国，废掉太子而册立自己的儿子。李辅国和内射生使程元振将张皇后迁居到另外的宫殿，不久将皇后和她的两个儿子都杀掉了。李辅国带太子穿着白衣和宰相相见，于是即帝位，这就是代宗。李辅国仗恃自己的功劳，日益骄横，公然对代宗说："大家住在宫中就行了，外面的事全听老奴我处置就是了。"代宗虽然心中不平，但因为他手中正掌握禁兵的兵权，只好表面上仍尊敬他，对他以礼相待，尊称他"尚父"而不称呼他的名字，无论大事小情都向他请教，李辅国对此也泰然接受，自封博陆王。代宗指使强盗夜里进入他家，将他首级和一条胳膊砍掉后跑掉。代宗一面假意命有司追捕强盗，一面派宫中使者到他家中慰问。

代宗派宫中使者刘清潭去回纥，重修旧好，并且向回纥征兵讨伐史朝义。当初肃宗将仆固怀恩的女儿嫁给回纥可汗。可汗请求和仆固怀恩会面。仆固怀恩当时在凉州，代宗命他去见回纥可汗。仆固怀恩对可汗说："唐家的恩情和信任不能辜负。"可汗很高兴，派使者上表，请求帮助国家征讨史朝义。

代宗任命雍王适为天下兵马大元帅，仆固怀恩为副将，各路兵马自陕州出发，仆固怀恩和回纥兵为前锋，和李光弼、李抱玉几路大军齐头并进。官军到洛阳北郊，叛兵数万设栅栏以加强防御。官军突施袭击，叛兵大败，史朝义带轻骑兵数百向东逃窜。仆固怀恩进兵攻克东京洛阳，派他的儿子仆固玚，乘胜追击史朝义，连战连捷。仆固玚将史朝义追赶至莫州，并将其围困在那里。驻莫州的叛将田承嗣投降，将史朝义的母亲和妻子捉送官军。史朝义率精兵五千人，冲破北门士兵的围困逃出城，奔向范阳。范阳叛将李怀仙投降，史朝义来到无法进城，穷途末路，吊死在林中，部下都逃散。李怀仙割下他的首级献给唐廷。仆固怀恩和各路兵马得胜还朝，回纥也回国，河北全部平定。安禄山之乱共三年，安庆绪二年，史思明二年，史朝义二年，共九年才平息。

仆固怀恩恐怕叛乱已平自己会失去宠信，就上奏请求任史朝义的降将薛嵩为相卫节度使，田承嗣为魏博节度使，李怀仙为卢龙节度使，李宝臣为成德节度使，作为自己的党羽和支持者。朝廷也苦于长期战争，苟且希望相安无事，也就此将大权交给了他们。此后诸藩镇都招笼安史余党，手握重兵，自行任用文臣武将，不向朝廷进贡。虽然名义上仍是藩臣，也只是维持一种联系而已。

吐蕃进扰，镇守的边将告急，宦官程元振却不把这些消息告诉代宗。等到吐蕃进攻到奉天、武功，京师受到极大震惊和威胁，下诏命雍王适为关内元帅，郭子仪为副元帅，出兵至咸阳抵御。郭子仪被朝廷冷落了很长时间，部下已被解散，如今重新招募，只召集二十余骑。到了咸阳，吐蕃率吐谷浑、党项、氐羌二十万人，绵延数十里。郭子仪派判官王延昌上奏请求增加兵力，被程元振阻拦，竟没有得到召见。代宗刚刚开始整治兵马，吐蕃已经渡过便桥，代宗不知所措，逃往陕州。吐蕃进入长安，大肆掠抢皇家府库、市里街巷，并烧毁房屋，长安城中街市萧条，里巷皆空。

郭子仪到商州，边走边招募兵马，募得四千多人。他声泪俱下地勉励将士，要共同洗刷国耻，夺取长安，将士都受到他的感染，接受他的号令。于是派长孙全绪带二百名骑兵自蓝田出发，白天大张旗鼓，夜里多燃篝火，多设疑兵，并散布流言欺骗敌人：

“郭令公率大军，不知有多少人，已自商州赶到了。”吐蕃大为惊恐，率众逃走。代宗下诏以郭子仪为西京留守。

当初，程元振专权放纵，人们畏惧他甚于畏惧李辅国。有大功的将领，程元振都很忌恨并企图陷害。吐蕃进犯，代宗派使者征调各道兵马，李光弼等人因忌惮程元振在朝中，谁也不肯到长安。太常博士柳伉上疏，请求杀掉程元振以向天下人谢罪，下诏削夺其官爵，贬回乡里。而接着鱼朝恩又专权用事，后来鱼朝恩权势超越朝野所有的人，代宗又与宰相元载设计，将其捉住吊死，将尸首送回他家里，而元载又专权受贿了。

起初，河东节度辛云京和仆固怀恩有仇，上奏说仆固怀恩谋反。代宗下诏为他们调解，派使者征调仆固怀恩到朝中，仆固怀恩不去。仆固怀恩自战事发生以来，所到之处都竭力作战，宗族中为保卫唐室而战死的有四十六人。女儿远嫁回纥，劝说回纥帮助唐廷收复东京洛阳，平定大河南北，功勋卓著，无与伦比，但却被玩弄阴谋诡计的人所陷害，因此他十分愤怒和怨恨。向代宗上书为自己辩解，措辞十分严厉。于是兴兵造反，进攻太原。代宗对郭子仪说：“怀恩父子太辜负我的信任了。听说北方的将士们很想念你，请你为我震慑并安抚河东和汾上的军队。”任郭子仪为副元帅、河中节度使。仆固怀恩部下将士们听说，都说：“我们跟随仆固怀恩做这种有负朝廷恩义的事，有什么脸面见汾阳王呢？”仆固玚围攻榆次，他的部将焦晖、白玉将他杀掉。仆固怀恩听说，告诉他的母亲，他母亲说：“我告诉你不要造反，国家待你不薄，如今大家已经变心，祸患必然牵连到我，你怎么办？”仆固怀恩无言以对退出屋门。他的母亲执刀追赶他，说：“我为国家杀掉这个贼子，剜出他的心，以告谢三军！”仆固怀恩赶快逃跑才免于被杀。于是带领属下三百名骑兵，渡河北逃。

郭子仪将仆固玚的首级送到朝廷，大臣们都上朝祝贺，代宗神情凄惨，不高兴地说：“我的信义不能被人理解和接受，致使功臣陨落到这种地步，深感惭愧，又有什么可祝贺的。”命令将仆固怀恩的母亲用车接到长安，给予优厚的待遇，一个多月后，寿终正寝，礼节齐备地安葬了她，功臣们都很感动慨叹。

郭子仪到汾州，仆固怀恩部下数万人都归顺了他。仆固怀恩北逃到回纥，诱使回纥、吐蕃、吐谷浑、党项、奴剌等部族数十万众，共同进扰，仆固怀恩自己带朔方兵马跟随其后。郭子仪上奏，请求诸道节度使出兵，扼守要冲，代宗答应了。但是诸道中只有淮西道李忠臣当天即出兵，其他均不听从朝廷命令。幸运的是仆固怀恩在途中暴病而死，回纥和吐蕃为各自利益相互争执，不相和睦。郭子仪因从前主持军事时，一向与回纥关系很好，于是不携带兵刃去见回纥首领，劝说回纥和他共同攻击吐蕃，回纥答应了，郭子仪与回纥结盟而回。吐蕃得到这个消息连夜逃跑。郭子仪和回纥联兵追赶，在灵台西原交战，大败吐蕃，斩首万余。

代宗器重郭子仪，对他以礼相待，称其郭大臣而不称其名字。郭子仪住在亲仁里中通永巷，儿子媳妇和侍妾很多，家中人口及奴仆共有三千，每天各道房门都敞开着，直至郭子仪卧室，出入没有限制，外面流传很多丑闻。他的儿子们一再劝谏，郭子仪说：“处于我这样的门第和地位，正想让人有目共睹，这样，各种谗言、坏话就无从说起。如果一旦限制或禁止出入，那么各种猜疑就会接踵而至，必然要招致整个家族的毁灭。儿女之间的小事，不足挂齿。”大家这才感到佩服。他的儿子郭暧娶升平公主，两人曾发生争吵，郭暧说：“你不是依仗你的父亲是天子吗？我父亲只是鄙薄天子不去做罢了。”公主十分恼怒，跑去告诉她的父亲，代宗说：“你还不了解，他的话不错，他父亲如果想做天子，天下怎么会是你家所有呢？”安慰一番并让她回去。郭子仪听说这件事，将郭暧关起来等待判罪。代宗说：“俗谚有句话说，不痴不聋，不做阿家（gū）阿翁。儿女闺房中的话，怎能信以为真呢？”郭子仪回家，将郭暧打了数十板。当时有人盗掘郭子仪父亲的墓，但没有捉到盗墓的人。人们认为鱼朝恩一向忌恨郭子仪，怀疑是他指使人干的。郭子仪回到朝中为官，朝中都担心会因此生出变乱。后来郭子仪见到代宗，代宗对他提及此事。郭子仪流泪说：“臣长期带兵，不能禁绝士兵盗掘别人的坟墓，如今发生这样的事，这是上天降罪，不关别人的事。”朝廷这才安定下来。

德宗李适

代宗在帝位十七年后死去。太子李适（kuò），就是雍王即帝位，就是德宗。肃宗、代宗，本都是才智平庸的君主，凭借人们思念李唐盛世，依靠军中大将的力量恢复先代的典章制度，因此不做长远打算，只知苟且求安，姑息养奸。节度使尚且由军人决定废立，其他就可想而知了。最后造成藩镇强横不服调度，欺凌在上的君主，对下随意废弃，养成动乱的祸根。唐代的法度纲常被严重破坏，无法重新修复，可以说是肃宗和代宗造成的。

德宗即位初，外国进贡的驯象送到，德宗说："豢养驯象消耗财力，而且违背了动物的本性，有什么用处呢？"下令放养在荆山。又将数百宫女放归民间，派中使邵光超赐李希烈[1]旌节[2]。李希烈赠给他奴仆、马匹和七百匹缣。德宗很恼怒，杖责邵光超并将其流放。于是还未回来的中使，都偷偷将所得馈赠扔到山谷中，即使有人馈送，也不敢接受，因此朝廷内外都十分高兴。青淄的士兵，将兵器投掷在地上说："贤明的君主出世了，要处置我们易如反掌。"

德宗当政之初，虽然政治清明，但也有美中不足，虽然励精图治，但性情猜忌刻薄，仗着自己位高聪敏而刚愎自用，以听从忠言正论为耻，却听信奸谄谀佞。先任用杨炎为宰相，专干报复恩仇之类的事情。当初，因为安史之乱，人口逃亡十分之八九。所在之处留守的重兵，其费用不可计量，都靠刘晏办理。刘晏任户部尚书，精力充沛、足智多谋，变通有无，都能圆满完成，恰到好处。唐室所以能够得到中兴，军旅费用不致匮乏，都是刘晏的功劳。刘晏与杨炎有隔阂，杨炎任宰相，刘晏便被贬为忠州刺史。而后，荆南节度使庾准奉杨炎的旨意，诬陷刘晏有不满情绪，皇上便秘密派遣中使缢杀了刘晏。朝廷内外都很怨恨。从此，大臣们

1.李希烈（？—786）：唐燕州辽西人。德宗时为淮宁节度使，奉命讨伐割据淄青的李纳，反与李纳通谋，并与叛乱的河北藩镇朱滔、田悦勾结，自称天下都元帅、建兴王。后攻入汴州，称楚帝。

2.旌节：唐天宝中置，节度使受命日赐以双旌双节，得以专制军事。

人人感到不能自保，都仇视、憎恶杨炎，想杀了他。于是，便提升卢杞任宰相。卢杞相貌丑陋，肤色发蓝，善于辞辩，无比阴险狡猾，他知道皇上性情猜忌，便利用皇上不辨是非离间群臣，劝皇上用严厉、刻薄的手段治理天下，朝廷内外都很失望。术士桑道茂上奏说："陛下不出几年，会有暂时被迫离宫的厄运。臣看奉天有天子气，应该将奉天城修筑得更高大些，以防备非常。"检验几件小事，他都说中了，皇上便命令京兆府发动几千丁夫，与六军将士一起，修筑奉天城。

当初，成德节度使李宝臣和淄青节度使李正己、魏博节度使田承嗣相勾结，相互约定都把土地传给其子孙，所以，田承嗣死后，李宝臣竭力替他向朝廷请求，让朝廷把符节[1]授给承嗣之子田悦，代宗允许了。现在，田悦多次为李宝臣之子李惟岳请求继承。皇上想革除前代弊端，没有允许。田悦便和李正己分别派使者到李惟岳那里，密谋起兵抗拒皇上的命令，使河南一带的兵士百姓骚动不安，李惟岳造了反，皇上便命令张孝忠、朱滔等人前去讨伐。李惟岳的部将王武俊杀了李惟岳投降，成德得以平定。朱滔请求得到深州，王武俊想做节度使，都没有得到允许，因此有不满情绪。田悦闻听此事，便派使者分别去劝说朱滔、王武俊，合谋造反，所得利益可以传给子孙，二人都很高兴，便顺从田悦，合兵造反。平卢节度使李正己死了，其子李纳擅自统领军务，请求承袭父位，皇上没有允许，也起兵造反。于是，朱滔自称冀王，田悦称魏王，王武俊称赵王，李纳称齐王。皇上派淮西节度使李希烈兼

1.符节：示信之物。

平卢节度使去讨伐李纳，李希烈率所部刚行进出镇，就和李纳通谋，自称天下都元帅。李希烈占领了汝州。卢杞忌恨颜真卿，想杀了他，便向皇上建议，因颜真卿德高望重，可派他去安抚招降李希烈。颜真卿到达不久，李希烈想使他投降，便千方百计地逼迫他，但颜真卿始终不屈服，于是李希烈将颜真卿勒死。接着，李希烈又攻占了襄城。

当初，皇上优待体恤将士，每次派兵出境作战，都加倍地供给酒肉，原来供给的粮食仍然给他的家属，而且，一人给三人的粮饷。将士们认为有利可图，都纷纷出兵。但刚过了边境就停止了。仅一个月就花费掉一百三十余万缗。通常的赋税无法满足需要，便征收房屋税、杂税来扩充经费。房屋税，每屋二架为一间，上屋税钱二千，中屋一千，下屋五百。杂税，做买卖的，每缗交官税五十钱。隐瞒收入和没有数的一样，要被加上罪名。于是，朝野内外哀声叹气，怨声载道，实在交不出钱来，朝廷也无法妥善安排。

皇上调派泾原等道的兵力解救襄城。泾原节度使姚令言率兵五千到达京师，将士们冒着大雨，非常寒冷，而且多携家带口而来，希望着得到丰厚的赏赐。可是到了京师，却没给任何赏赐。行至浐水，皇上命京兆尹王翃犒劳将士，王翃却仅以粗米淡菜招待，将士们特别愤怒，一脚将饭菜踢翻，扬言："我们冒着生命危险出征抗敌，却连顿像样的饱饭都吃不上，饿着肚子怎么能有力气抵挡兵刃呢？听说京城的琼林、太盈两座府库装满了金银财宝，不如自己动手去取。"便披挂铠甲，扛起大旗，大张旗鼓地奔回京师。当初，神策军派白志贞负责招募禁军，但是，禁军东征时死亡的，他都隐匿不报，只是私下接受市井富家子弟的贿赂，并将他们编入禁军，这些人虽然都在军籍，拿禁军的俸禄和赏赐，但都住在店铺集中的地方做买卖。如今皇上命令禁军抵御贼寇，竟然没有一个人来。贼寇破关而入，皇上只好带着王贵妃、韦淑妃、太子诸王从宫城北门逃走，宦官左右只有百人随从。翰林学士姜公辅在皇上马前叩拜说："朱泚曾任泾帅，现在被免职留居长安，心里常常怏怏不快，如果乱兵奉他为主，就难办极了，请召他一起走。"皇上说："来不及了！"姚令言与乱兵谋划说："如今众无主不能长久，朱太尉无主闲居，我们到其府第把他请来奉他为主。"众人齐声说好，便派数百骑兵到晋昌里第迎接朱泚。朱泚入宫，住在含元殿，自称权知六军。皇上逃到咸阳，想起桑道茂的话，便去了奉天。文臣百官不久也相继来到奉天，左金吾卫大将军浑瑊也来到奉天，浑瑊平素很有威望，众人仗着他，才觉得安全些。朱泚自称大秦皇帝，不久改国号为汉，对留在长安的唐宗室大开杀戒，以断绝世人对唐室的希望，并且带兵进犯奉天，李晟率兵援救。朱泚对奉天围攻了一个月，城里的粮食费用全部用尽了。这时，李怀光率五万兵力前来救援，与李晟联合，派人潜入城中上奏皇上，皇上非常高兴，城内欢声如雷。李怀光在醴泉打败朱泚兵，浑瑊攻打朱泚，朱泚战败逃回长安。众人都认为，如果李怀光再过三日不到，奉天城肯定守不住了。李怀光从山东来救难，多次和人说起卢杞、赵赞及宦官白志贞奸佞，并且说："我见了皇上该请求杀了他们。"解了奉天之围，他依仗自己有功，认为皇上必以特别的礼节接待他。有人把李怀光的话告诉了卢杞，卢杞非常恐惧，对皇上说，应该派李怀光乘胜去攻取长安，不必入朝逗留。皇上认为有道理，令李怀光带兵直接驻扎在便桥，和李晟约好日期，一起攻取长安。李怀光认为，从数千里外竭诚前来赴难，打败朱泚，解了重围，近在咫尺却见不到天子，非常不快。说道："我现在被奸臣排挤，事情可想而知了！"便带兵出发，行至鲁店，停留了两天才继续前进。

当初，皇上在东宫为太子时，就听说监察御史陆贽很有名气，即位后，便将他召为翰林学士。现在，就战乱之事多次向他询问时事得失，陆贽对政治时务都诚恳直言，皇上多按他说的办，朝廷内外都信赖他。李怀光按兵不动，多次上书揭露卢杞等人的罪恶，众人议论纷纷，也要求追究卢杞等人的罪责，皇上不得已，只好将卢杞、赵赞、白志贞贬为远州司马。皇上下诏大赦，王武俊、田悦、李纳被赦免，都去掉了王号，上表谢罪。只有李希烈仗着兵强财富，即皇帝位，国号大楚。李怀光协同朝廷，把卢杞等人赶下台，感到不安，便有了谋反的意图。同时，他又憎恶李晟独挡一面，恐怕他成功，便奏请和李晟合兵，皇上下诏允许合兵。李怀光屯兵咸阳，逗留多日不进兵，秘密与朱泚通谋。事情的迹象很明显，李晟认为李怀光要谋反是明摆着的，怕事情一旦发生变化，被他吞并，便多次上奏皇上，请求把兵力移到东渭桥，皇上允许移兵。同时下诏加李怀光太尉衔，并赐予铁券，派人送去谕旨。李怀光冲着使者把铁券投在地上说："臣下造反，才赐给铁券。怀光没反，现在赐我铁券，这是让我反呢！"语气很强硬。李怀光暗中与朱泚勾结，他的养子石演芬派门客向皇上通报，事情被李怀光发觉，责备他说：“我把你当成自己的儿子，你为什么背叛我？”石演芬说：“演芬是胡人，只知道应侍奉一人。如能免去贼名，死也心甘了。”李怀光指使手下把石演芬分割而食之。其手下都说：“是义士啊！”用刀割断他的喉咙便离去了。

李怀光派他的部将赵异鸾进攻奉天，浑瑊听到这个消息，立即请求皇上马上去梁州，皇上听从了他的意见。并任李晟为河中同绎节度使，加平章事衔。李晟得以拜官授职，哭拜受命，对手下的将士说：“长安是宗庙所在地，是天下的根本，我若走了，谁去消灭乱贼？”于是修筑城壕，整治队伍，做收复京城的准备。这时，李怀光、朱泚联兵，声势很大，皇帝南逃，人人纷乱不安。李晟孤军处于两伙强寇之间，内无粮草，外无救援，只能以忠义气节感激将士，所以，他的兵力虽然单薄，但锐气不减。

起初，李怀光正强盛的时候，朱泚害怕他，便给李怀光写信，表示愿以他为兄长。李怀光造反以后，迫使皇上乘车南逃，他的部下多背叛了他，势力日趋衰弱，朱泚便给李怀光下诏书，以臣下的礼节待他，并且征调他的兵士。李怀光越来越气愤，便烧了军营，东逃到河中，途中，将士们相继逃亡。李晟和神策军士的家属都住在长安，朱泚对他们好生相待。军中有人念及家人，李晟哭着说：“天子在哪儿，岂敢提家！”朱泚派李晟的亲信送家书给他，家书说：“家里安然无恙。”李晟大怒说：“你竟敢做贼寇的奸细！”随即杀了他。将士们没有春装，甚至到了夏天还穿着冬衣，但始终没有叛离之心。浑瑊率军驻扎在奉天，和李晟东西相应，威逼长安。韩混在江东，运送一百万斛粮食献给朝廷，又运一百船粮，犒劳李晟。李晟大摆兵阵，奉命收复京城，率兵来到通化门外。朱泚兵蜂拥而至，李晟纵兵进击，贼寇战败逃走。再次交战，又大败朱泚兵，贼寇溃不成军，姚令言带兵西逃。李晟把兵屯驻在含光殿前，派掌书记官于公异书写捷报送给居住在梁州的皇帝。朱泚要逃奔吐蕃，跟随他的人边走边逃亡，到彭原西城，他的部将梁廷芬等将他杀掉投降，并将首级送到皇帝所在的梁州。朱泚叛乱，共二年。德宗车驾回到长安，李晟拜见，先祝贺平定叛贼，又向德宗告谢收复长安太晚的罪过。李晟被任命为凤翔陇右节度使，加爵西平王。

当时旱灾、蝗灾连年出现，国家钱粮匮乏，许多人请求赦免李怀光。李晟上书说："李怀光有五条不可赦免的罪过。"马燧上朝上奏说："怀光叛逆罪行严重，赦免他就无法号令天下。愿再请得一月粮草，一定为陛下讨平。"德宗准许他的请求。马燧认为长青宫守卫森严，不拿下长青宫则无法击败李怀光，于是直奔城下，对守将徐廷光说："你们大家为国立功四十多年，为什么忽然要做这种要招致灭族的事？听我的话，不但可以免除灾祸，并且可以谋得富贵。反叛的事都是李怀光一人所做，你们大家并无罪过。宜坚守不要出兵。"大家都说："好吧。"于是打开城门投降。马燧带几名骑兵进城，安抚慰问，众人大声说道："我们又成为天子麾下有功的人了。"马燧等带兵直逼河中。李怀光燃起烽火，诸营兵马都不响应，河中的兵士十分惊恐，很快改换旗号为太平字。李怀光不知所措，自缢而死。将士斩下其首级投降。马燧自辞行出征到河中平定，只有二十七天。

当初，李怀光解奉天之围，德宗任命他的儿子李璀为监察御史。后来李怀光屯兵咸阳，李璀偷偷地对德宗说："我父亲一定会辜负陛下，愿早作防备。"德宗吃惊道："卿是大臣的爱子，当为朕设法弥合。"李璀答道："我父亲并不是不爱我，我也并非不爱父亲和宗族。但我已尽力，无法挽回了。"德宗说："那么你有什么办法自免于难？"答道："我父亲失败，我就和他一块去死，还能有什么办法？假使我卖父求生，那么这样的人对陛下又有什么用？"后来李怀光死，李璀就自杀了。德宗出于李璀的原因，下诏赦免李怀光的一个儿子，收葬他的尸体。

李希烈在蔡州，势力日益局促。适逢李希烈生病，大将陈仙奇指使医生陈山甫将他毒死，率众投降。李希烈叛乱，共五年。德宗下诏任命陈仙奇为淮西节度使。不久，陈仙奇被手下吴少诚杀掉。德宗就势任吴少诚为留后。

吐蕃举兵侵扰，李晟派兵击败，吐蕃首领尚结赞对人说："唐朝的良将，就是李晟、马燧、浑瑊这几个人，当设计除掉。"于是派使者向马燧求和。马燧听信他的话，替他向朝廷请和。李晟说："戎敌没有信用，不如用兵攻打。"马燧和张延赏都和李晟有矛盾，想反对他的谋略，都说还是和亲好，德宗遂定和亲的计谋。吐蕃尚结赞求和，想让浑瑊为会盟使，于是诱骗说："浑侍中信义仁厚，闻名异域，务必请他主持结盟。"浑瑊要自长安出发，李晟告诫他说，结盟之地，不可不严加戒备。张延赏对德宗说："李晟不想让结盟成功，因此告诫浑瑊要他加以戒备。我方如果表现出怀疑，那么他们也会怀疑我方。这样怎能结盟呢？”于是德宗召见浑瑊，再三告诫他对吐蕃以诚相待，不要猜疑。浑瑊上奏报告，决定择某吉日结盟，德宗大喜，拿着浑瑊的奏疏向群臣夸耀。吐蕃在结盟祭坛西边埋伏数万精兵，浑瑊等人不知。到帷幕中去换上礼服，吐蕃击鼓三声，呐喊着冲过来。浑瑊自帷幕后走出，恰好遇到一匹别人的马，骑上逃回。唐军将士都向东逃走，吐蕃纵兵追击，有的被杀，有的被擒。这天，德宗正与群臣庆贺结盟成功是国家社稷的福分。只有柳浑深感忧虑。李晟也说：“柳浑的话有道理。”这天晚上，韩游瑰上奏报告吐蕃劫掠盟会的事，德宗大为吃惊。第二天对柳浑说：“你不过一个书生，怎么会料敌如此清楚？”当初，吐蕃的尚结赞憎恨李晟、马燧、浑瑊，曾说：“除掉这三个人，就可以设法谋夺唐朝天下了。”于是离间李晟，依靠马燧求和，捉住浑瑊后再来出卖马燧，使他们获罪，然后纵兵直犯长安。由于没有捉到浑瑊才下令停止行动。

德宗任李泌为同平章事。李泌有谋略，熟悉军国大事，李泌为官三朝，因事纳谏，做了很多好事，并且善于调停。德宗在处理君臣、父子之间关系上，没有废除太子李诵，是李泌从中调停的结果。但是李泌好求仙访道，不蓄养家室。既然竭力推辞，归隐山野，却又复出做了宰相，这是他的短处。德宗在动乱时期，很信用李泌和陆贽的话。后来动乱差不多平定了，李泌也死了，就罢了陆贽而任用裴延龄等人，并且爱猜忌，轻信谗言，好聚财敛钱，可以说好坏各半。德宗在位二十六年。

宪宗李纯

太子李诵即位，这就是顺宗。当时顺宗因中风失语，深居宫中，只有宦官李忠言、昭容牛氏在身边服侍。百官奏事，顺宗只在帘帷后面听取。王任、王叔文、韩泰、柳宗元、刘禹锡等执掌实权。西川节度使韦皋，上书请太子临时掌管国事。顺宗在位一年即传位给太子，自称太上皇。太子即位，这就是宪宗。贬王伾、王叔文等人。宪宗刚毅明智果断，能听用忠臣之言。西川节度使韦皋死，刘闢自封为留后，请求符节、斧钺。宪宗因为刚刚即位，无力征讨，准许刘闢的要求。刘闢更加骄横，要求兼领三川，宪宗不许，于是发兵反叛，围困东川。臣僚认为其地艰险难以攻取，只有杜黄裳请求征讨，并竭力推荐高崇文为将。高崇文长驱直入，直指成都，所向无敌，攻克成都，擒获刘闢，押入长安斩首。街市未受惊扰，照常买卖，境内十分太平。杜黄裳、裴珀、李绛相继为相。宪宗常和宰相在延英殿谈论治国之道。有时烈日炎炎，暑热逼人，衣服都被汗水浸湿了，宰相恐怕宪宗疲倦，请求退朝，宪宗挽留，说："回到宫中，陪伴的只有宦官、宫女。因此乐于和大家一块谈论治国之道，不知疲倦。"当时，宪宗处理军国大事得当，原来抗命不遵的许多藩镇都畏惧其威严、感念其恩德，归顺朝廷。只有彰义即淮西节度使吴少诚死后，吴少阳自封为留后。吴少阳死后，他的儿子吴元济密不发丧，自己统领藩镇军务，不归顺朝廷。宪宗任命李光颜为节度使，严授为招抚使，督率诸道兵马征讨吴元济。各路兵马征讨淮西，很久没有建立军功，大家都请求停止征讨，只有裴度坚持征讨的必要，而且肯定可以攻取。宪宗任裴度为宰相，将军事大权都委托给他，加紧征讨叛逆。任李晟子李愬为唐邓随节度使，李愬想方设法袭取蔡州，派马少良率十余骑兵巡逻，与吴元济的大将捉生虞侯丁士良相遇，经过一番战斗，活捉了丁士良。李愬下令为其松绑，并还给他衣服兵器，任命为捉生将。丁士良对李愬说："吴秀琳拥兵三千，盘踞文成栅，好比叛兵的左臂，官兵之所以不敢与之交战，是因为有陈光洽为其出谋划策。陈光洽勇猛但轻率，好独自作战，请让我为公擒拿陈光洽，那么吴秀琳就会自动投降了。"于是将陈光洽擒获，吴秀琳果然投降，李愬带兵进城，和吴秀琳谋划攻取蔡州。吴秀琳说："您想取蔡州，非得有李祐不可，我吴秀琳无能为力。"适逢李祐率兵在张柴村收获麦子。李愬派厢虞侯史用诚将其擒获。李愬用对待宾客的礼节对待他，士兵们很不高兴，屡次说李祐是叛兵的内应。李愬担心毁谤之辞先传入朝中，自己不及援救，拉着李祐的手流泪说："难道是天意不想平定叛贼吗？为什么我们两人相知如此之深，还不能胜过众人之口呢？"于是将李祐押送京城，而事先密奏说："如果杀掉李祐，那么就无法成功。"宪宗下诏将李祐交还李愬，李愬十分欢喜，拉着李祐的手说："你能得以保全，是国家的福分。"诸路兵马征讨淮西，四年没有讨平，粮草转运都很困难。李逢吉等都说用兵时间太久，财力难以支撑，想要停止用兵。裴度请求亲自督战，发誓与叛逆不共戴天。宪宗很高兴，命裴度以宰相职兼任彰义节度使，督率各路兵马征讨叛兵。李祐对李愬说："蔡州的精兵都在洄曲和四境拒守，防守州城的都是些老弱士兵，可以乘其空虚直取州城，等到叛兵将领知道，吴元济已被我们活捉了。”李愬很赞同。乘下雪伪称打猎，到半夜雪下得很大，行军七十里来到州城下，城附近有鹅鸭池，李愬下令惊扰鹅鸭，以掩盖军队行动的声音。自从李希烈叛乱，吴少诚抗拒朝廷命令，官军已经三十年没有到过蔡州城了，因此蔡州人也不加防备。四更天，李愬来到城下，没有一个人发觉。李祐等人在城墙上刨出踏脚处登上城墙，壮士在后跟从，鸡叫时进入吴元济的外宅，有人报告吴元济说：“官兵来了！”吴元济还在睡觉，笑道：“不过是些囚犯干偷盗的事罢了，天亮就把他们都杀掉。”又有人报告说：“城被攻陷了！”吴元济起来，到院中倾听，听到李愬军中的军令声：“常侍传令。”响应的近万人，吴元济才开始害怕，率部下登上牙城抵抗。当时董重质率精兵万人驻扎洄曲，李愬说：“吴元济现在所指望的，只有重质的救援了。”于是去重质家探访，极力安抚他，同时又派李愬的儿子李传道带着招谕重质的书信。重质于是单人独骑去向李愬投降。吴元济在城墙上请罪，并从梯上走下城墙，被槛送京城。李愬未杀城中一人，屯驻在鞠场，等待裴度。裴度进城，李愬带好箭囊弓鞘出城迎接，按礼节在路左侧拜见，裴度想回避。李愬说：“蔡州人顽劣悖逆，已经有数十年不知君臣上下名分，希望您借机做给他们看，让他们知道朝廷的尊严。”裴度这才接受。李愬收兵回文城，裴度进入蔡州。宪宗驾临城门接受俘虏，斩吴元济，赐封李愬为凉国公，任李祐为神武将军，赐裴度为晋国公，再迁知政事。

淮西平定，成德节度使王承宗听说后十分害怕，请求以他的两个儿子为人质，并献出德、棣二州，向朝廷交纳租税，并请朝廷任命官吏，宪宗准许。当初淄青节度使李师道指使强盗杀死宰相武元衡，又击伤裴度头部，宪宗没有来得及征讨他。后来看到吴元济认罪被杀，大为惊恐，上表交给朝廷人质，后来又反悔，宪宗恼怒，令宣武、魏博、成义、武宁、横海各镇，共同征讨。李愬、田弘正屡败李师道。李师道见官军不断逼近，征发百姓修整城墙壕堑，劳役甚至累及妇女，百姓日益惶恐且十分怨愤。都知兵马使刘悟带兵捉住李师道和他的两个儿子，斩首，将首级送到田弘正军营。田弘正大喜，发捷报公布消息，淄青十二州都平定。自肃宗、代宗以来，连续六十年，藩镇跋扈，河南河北三十余州，自行任免官吏，不交纳贡赋，至此都接受朝廷的约束了。

此时天下太平，宪宗逐渐奢侈，任用皇甫镈、李吉甫，罢免裴度，政治衰败。并且开始喜好仙佛之事，以烧炼不死药行骗的方士柳泌为台州刺史，让他寻求灵草配制长生药。又派中使到凤翔迎佛骨。刑部侍郎韩愈恳切劝谏，宪宗大怒，想处韩愈极刑，因裴度等说情，贬为潮州刺史。柳泌到台州，驱使吏民采药，一年多毫无收获，因害怕而逃入山中，被浙东观察使捉住送到京师，皇甫镈、李道古将他保护起来。宪宗吃了他的药，日益焦燥干渴，暴躁易怒，身边宦官常常获罪，有被处死的，因此人人自危。内常侍陈弘志，用毒药将宪宗杀死在中和殿，他的党羽都为他隐瞒，只说是药性发作暴死。宪宗在位十五年。

穆宗李恒

中尉梁守谦、王守澄等共同拥立太子李恒。穆宗在太极殿即位，将皇甫镈、李道古贬为远州司户，柳泌认罪处死。翰林学士李德裕，是李吉甫的儿子，和牛僧孺、李宗闵在许多军国大事上主张不同，相互讥讽，而李宗闵又和翰林学士元稹为争取擢用产生矛盾，由此，李德裕、元稹结为一党，牛僧孺、李宗闵、李逢吉结为一党，号称牛、李二党，互相倾轧，持续近四十年。

卢龙军人叛乱，囚禁节度使张弘靖，推举朱克融为留后。成德兵马使王庭凑杀节度使田弘正。魏博节度使李愬听说叛变，涕泣誓师，想进行讨伐，恰逢李愬生病而罢。王庭凑将牛元翼围困在深州，官兵救援他，无法前进，朝廷迫不得已，任王庭凑为成德节度使，并派韩愈前往抚慰，从此再次失去河北，直至终唐再没能收复。

敬宗李湛

当初，柳泌伏罪被杀后，方士的活动又逐渐有些恢复。通过穆宗身边的人，送上金石之药，到现在疾病发作，死去了。在位四年，他的儿子李湛即位，这就是敬宗。李湛年方十五岁，是个德行不好的顽童，荒淫无度，但还能信任使用裴度。裴度在中书省，手下人忽然说："官印丢了。"知道的人都大惊失色，裴度却神色自如地喝酒。过不久又说已经找到了，裴度也不特别高兴。有人问他为什么，裴度说："一定是小吏盗去印制书券去了。追逼太急就会被投入水火中，缓和一下就会被还归原处。"人们都佩服他的胆量和见识。敬宗好游玩嬉戏，与小人亲近，受到宠幸的人掌握实权，擅长击球，好徒手搏斗，性情褊狭急躁，宦官有小过错，动辄遭到杖责鞭笞，因此又怨又怕。敬宗夜间打猎回宫，和宦官刘克明及击毬军将苏佐明等二十八人饮酒，敬宗酒醉入室，更衣殿上的烛火熄灭，刘克明等将敬宗杀死。在位二年。

文宗李昂

刘克明等假称皇帝旨意，以宪宗第六子绛王李悟暂且处理军国大事，知枢密王守澄等率卫兵讨刘克明，杀绛王李悟，立敬宗的弟弟江王李涵（后改名李昂），这就是文宗。那时牛僧孺当权，就打击李德裕；李德裕当权，就排挤牛僧孺，双方都有朋党声援。文宗每每叹息说："除掉河北叛贼易，除掉朝中朋党难。"文宗节俭朴素，上朝的余暇，以读书、史为娱。声乐游猎从不留意，并且能虚心听取劝谏。但优柔寡断，受制于宦官。文宗和李训、郑注设计诛杀宦官，杀掉王守澄后，又想设计杀掉所有宦官，李训怕郑注独占这份功劳，就率金吾卫士抢先发难。事情败露，李训、郑注反而被宦官仇士良等杀害。从此天下大事都由宦官所控制的北司决断，宰相不过动笔行文而已。宦官气焰日益强盛，对上胁迫天子，对下傲视宰相，视朝士如草芥，任意欺凌。文宗有病，休息时，坐在思政殿，召当直学士周墀，赐他酒喝，并问："我可以和前代那位君主相比吗？”答道：“陛下可比尧舜。”文宗说：“我怎敢和尧舜相比，我问你的意思是说，我好比周赧王和汉献帝呀。”周墀吃惊道：“那是亡国的君主，怎能和圣上相比？”文宗说：“周赧王、汉献帝受制于强大的诸侯，而我如今受制于宦官家奴，这样说来，我还比不上周赧王和汉献帝！”说着流泪湿了衣襟。周墀匍伏在地，涕泪交加，从此不再上朝。

武宗李炎

文宗在位十四年死去。太子永死得早，文宗立敬宗之子陈王李成美为太子。宦官仇士良、鱼弘志因为太子不是他们所拥立，假传旨意将太子废掉并杀害，而改立文宗的弟弟颍王李瀍（chán）为皇太弟，改名炎，即帝位，这就是武宗。

武宗英明机敏出众，委任贤能之臣，用李德裕为相。泽潞节度使刘从谏死，儿子刘稹秘不发丧，企图自封为留后。武宗和李德裕商量此事，李德裕说：“刘稹所依恃相比的就是河朔三镇。如果派重世诏告三镇，说河朔自国家动乱中衰以来，历朝君主已允许子孙传袭，与泽潞不同。同时委派成德镇王元逵、魏博镇何弘敬、卢龙镇张仲武攻打，那么刘稹定被捉拿无疑。”武宗听从了李德裕的话，派御史中丞李回宣谕河北三镇，三镇受命征讨泽潞，大败泽潞。邢、洺、磁三州投降。李德裕说：“泽潞的根本都在山东，这三州投降了，那么上党用不多时也会发生变化了。”武宗说：“郭谊，是主谋，他一定会砍了刘稹的头来赎自己的罪。”李德裕说："圣上预料得不错。"不久，郭谊果然将刘稹斩首，并将刘稹一族杀尽，带着刘稹首级投降了。

武宗食用方士的金丹，渐渐觉得身体有病，而方士却认为是在脱胎换骨。凡服用金丹的人，其阳必定暴举，与之交合的女人愈多愈好，开始时确实觉得痛快。因此即使像武宗这样贤明的人，也被迷惑而服用。

宣宗李忱

当初宪宗纳李铸的妾，生光王李怡。李怡幼年时宫中的人都认为他不聪明，文宗后更加注意韬晦不露。后来武宗病重，宦官们在宫中密谋定计，立李怡为皇太叔，改名忱太叔。李怡见百官神情哀伤，他就代理政事。裁决事务都很合理。人们才知道他是有德行而不显露的人。武宗在位六年而死。李忱即李怡即位，这就是宣宗。宣宗罢免李德裕。当初，武宗没有后代，王才人在后宫中最受宠幸，武宗想立为皇后，李德裕认为王才人家族寒素子嗣不兴旺，恐怕不能符合天下的愿望，制止了武宗。武宗病重，对王才人说："我死后你怎么办？"答道："愿跟从陛下同赴九泉。"武宗给她一块丝巾。武宗死后，王才人就自缢而死。宣宗对她敬重，追赠她为贵妃，与武宗同葬端陵。小说家们所说的孟才人就是指她而言。

宣宗善于听取意见作出决断，用法没有私心，从谏如流，不滥封滥赏，恭谨节俭，爱惜百姓、财物，因此当时人称其为小太宗。但却自以苛察琐细小事为精明，缺少仁爱和恩信，从此唐就衰微了。宣宗临朝接见群臣如接待宾客。每当宰相奏事时，旁边没有站立的，其仪态威严，让人不敢仰视。奏事完毕后，却又忽然轻松高兴地说："可以闲谈了。"于是问起市井街巷琐细小事，或谈论宫中游宴，话题无所不至。然后又恢复严肃的表情申饬一番才退朝。宣宗吃了方士李元伯等的药，背上生疽，暗中嘱托王归长等三人拥立其第三子夔王李滋。

懿宗李漼

宣宗在位十三年而死。左军中尉王宗寔斥责王归长等人伪造诏书，王归长等都乞求饶命。于是迎立宣宗长子郓王为太子，改名为漼，将王归长等杀掉。太子即位，这就是懿宗。方士李元伯等认罪被杀。懿宗骄奢无度，淫乐不悛，李氏天下的衰亡从此已成定局。

浙东人裘甫作乱，攻陷象山、浙东，扰乱安南，都护王式将其平定。桂州兵士叛乱，推举判官庞勋为首领，聚众十万。被康承训、朱刑、赤心平定。赤心被赐姓李，名国昌，任命为大同军节度使，就是李克用的父亲。懿宗信奉佛教，施舍无节制。咸通十四年（873）正月，派使者迎佛骨。大臣中有人提起宪宗迎佛骨不久去世的事，懿宗说："活着能够见得到，死了还有什么可遗憾的呢？"懿宗病情很快加重，中尉刘行深、韩文约拥立其少子普王李儇为太子。

僖宗李儇

懿宗在位十四年而死。太子即位，年龄十二岁，就是僖宗。

僖宗年幼，军国大政由臣下把持，南衙北司，相互矛盾。僖宗还是普王的时候，小马坊使田令孜得宠，即位后，让他执掌枢密，提升为中尉。僖宗当时年仅十四，只知游玩，政事都委托田令孜，称其为“阿父”，任用官员也不再报告。自懿宗以来，日益奢侈，不断用兵，赋敛更加急迫，关东连年水旱灾荒，州县官吏不报告实情，上下相欺。百姓流离饿死，无处控诉，聚众为盗，犹如蜂起。鄗州人王仙芝聚众数千人，在长垣起事。冤句人黄巢，少时和王仙芝贩私盐为生，黄巢善骑射，爱抱打不平，粗通书传，屡考进士不中，于是做了强盗，和王仙芝剽掠州县，横行山东。百姓无力承担沉重的赋敛，争相投奔，几个月时间，聚众数万人，犹如飞蝗蔽天，所过之处一片赤地，追随的人日益增加。王仙芝寇掠荆南等地，被招讨使曾元裕大败于申州，被杀万余人，投降万余人。又在黄梅大败，被杀五万余人，王仙芝被杀。起义军将领尚浪率王仙芝余众归顺黄巢。推举黄巢为冲天大将军。剽掠山东、湖广、河南等地，直到江南浙东。开辟七百里山路，攻掠福建，所到之处征发精壮充军。镇海节度使高骈，派兵击败黄巢。黄巢逃奔广南，上表请求做广州节度使，朝廷不许，黄巢攻陷广州。左拾遗侯昌业看到关东到处是起义军，僖宗却只知游玩，赏赐没有节制，田令孜专权，社稷面临危机，上书劝谏，僖宗大怒，将侯昌业召至内侍省，赐死。黄巢挥兵北上，人数多达二十万，兵势很盛，因为两京没有防备，因此攻陷东都洛阳，击破潼关，直指长安。宦官田令孜令五百神策兵，保护僖宗自金光门出逃，只有福王、穆王、泽王、寿王以及数名妃嫔跟从。凤翔节度使郑畋请求留在凤翔，僖宗说："我不想距离大盗太近，暂且到兴元征，以图谋收复。"郑畋刺血上表，请求联合诸道兵马征讨黄巢。黄巢自称大齐皇帝，杀掉留在长安的李唐宗室，无一遗漏。当初，黄巢率众，只知杀掠，到处流窜，至此开始占据地盘。田令孜劝僖宗去成都，僖宗答应了。

砀山人朱温，父亲叫朱诚，在家乡教授五经，生有三个儿子，长子叫全昱，次子叫存，三子叫温。朱诚死后，三个儿子很贫困，受雇于萧县刘崇家。朱全昱没有什么才能，但为人有长者风度。朱存和朱温都很勇武，朱温尤其凶悍，刘崇几次鞭笞他，只有刘崇的母亲爱怜他，告诫家人说："朱三不是平常的人，你们要好好对待他。"黄巢起兵后，朱存和朱温都去追随黄巢，攻岭南时，朱存战死。黄巢攻陷长安，任命朱温为东南面行营先锋，派他攻陷同州，做防御使，守卫华、邓等州。长安陷落后，宦官杨光复慷慨忠义和周岌起兵击败朱温，并攻克邓州。朱温据守华州，高骈害怕，假称患风痹症不再出兵。

高骈在广陵召见董昌，钱镠劝说道："看来高公无心讨贼，不如离开他。"董昌听从他的话，带兵占据杭州，派钱镠攻取越州，董昌也迁往越州坐镇，以钱镠掌握杭州军政，后来钱镠占据浙江等地，封吴越王。

这时寿州屠户王绪率众占据寿州和光州，以王潮为军正，对他十分信任重用，后来王潮占据福建等地，建闽国。

僖宗以高骈部将杨行密为淮南留后，后来占据江南等地，称吴王，建南唐。

起初，大同军人叛乱，杀防御使段文楚，推举李克用为留后，李克用上表请求朝廷任命，朝廷不许，并让李可举征讨李克用，并大败李克用。派李豫征讨李国昌并击败他。李国昌、李克用逃亡到鞑靼，曾说："我们等待天子治罪，愿意效忠而不能。现听说黄巢北来，必成中原祸患，一旦天子赦免我们的罪过，能够和大家向南，共立大功，不是很痛快吗？"监军陈景思代他们请求朝廷，下诏同意了他们的请求。

首相王铎见黄巢猖獗，而高骈又被方士愚弄，无心讨贼，发愤请求出兵，会集诸道兵马进逼长安。官军从四面会集，黄巢日趋困窘，号令不灵。朱温见其兵势日渐衰弱，知道他将要灭亡，于是投降朝廷。僖宗下诏以朱温为招讨副使，赐名全忠。当时黄巢兵力还很强大，王铎在河中十分担忧，于是写信召李克用。李克用率沙陀兵一万七千人和雁门兵四万人奔向河中，军民都穿黑衣，敌军十分惧怕，说："鸦军到了！"李克用和黄巢在渭南交战，一天内三战三胜。各路官军相继而至，黄巢的士兵都逃跑，黄巢焚毁宫室后逃掉。李克用当时年仅二十八，在众将中最年轻，而击败黄巢，收复长安，功劳最大，兵势最强，众将都畏惧他。李克用有一只眼瞎了，当时人称他独眼龙。僖宗下诏以李克用为河东节度使，因为黄巢尚未平定，加封朱全忠东北都招讨使。黄巢虽然逃遁，但兵势还很强大，周时溥、朱全忠都向李克用求救。李克用率蕃兵五万援救。黄巢围困陈州三百天，赵犨兄弟和他交战数百次，虽然粮草将尽，但众人决心更加坚定。李克用会合许、汴、徐、兖兵马到陈州，攻陷尚浪据守的太甫。黄巢知道很害怕，解围而去，奔向汴州。李克用在中牟追赶上黄巢，黄巢大败，尚浪率众投降。黄巢收拾余众奔向兖州。李克用到兖州，朱全忠请他进城，住在上源驿，并在驿中设酒宴，十分恭敬。李克用借酒使气，言语十分不恭，朱全忠心中不平，傍晚罢宴时，李克用的随从都醉了。宣武将杨彦洪和朱全忠密谋，用车相连，堵塞道路，发兵围攻驿站，李克用从城墙上用绳缒下，朱全忠想用箭射他，却误将杨彦洪射死。天亮后，李克用想率兵攻打朱全忠，他的妻子刘氏说："这事应当上告朝廷，如果擅自发兵攻打，那么就无法让人们明白是非曲直，而且也给了朱全忠口实。"李克用听从了她的话，带兵去武陵，率李师悦、尚浪，将黄巢追赶到瑕丘，黄巢大败。黄巢损失殆尽，逃到狼虎口，其外甥林言将黄巢及其兄弟妻儿斩首后投降。黄巢之乱共十年。

周时溥派人献上黄巢首级和他的姬妾。僖宗驾临城楼接受。黄巢的姬妾都是选遍天下挑出的美人，僖宗想将她们纳为后宫，于是问她们说："你们都是勋臣贵戚的子女，为什么跟从贼寇？"其中一个为首的答道："妾等跟从贼寇只不过是失身。至于像国家这样拥有百万之众，还不能抗拒贼寇，以致宗庙都守不住，像我们这些女子即使想保全身体，也不过一死罢了，怎能有能力抗拒贼寇？"僖宗大怒，将她们全部杀掉。王驿平定贼众，得到许多宝器玩物，美女成行，都是艳冶夺目的美人。僖宗派义昌节度使经过魏地，魏博节度使乐从训将他杀掉而夺了他的职位，向朝廷报告说遇上了强盗。宦官田令孜专权目无主上，杀害忠良，制约天子。僖宗不满其专权，时常对身边人说起，除了流泪没有别的办法。李克用上表请求杀掉田令孜，僖宗下诏调解，李克用不听，进逼京城。田令孜夜里挟持天子自奉远门出逃，到凤翔。李克用撤军回河中，上表请僖宗大驾回宫，并数说田令孜的罪状，请求杀掉他。田令孜要僖宗去兴元，僖宗不从。夜里田令孜带兵入宫，将僖宗劫持到宝鸡。朱孜、李昌符带兵追赶，天下都对田令孜十分愤恨。田令孜心中不安，就举荐杨复恭为中尉，自任西川监军，去投靠陈敬瑄。杨复恭驱逐田令孜党羽，任王建为西川利州刺史。后占据蜀地，就是前蜀。下诏削夺田令孜官爵，长期流放端州，田令孜依仗陈敬瑄竟拒绝执行，后来二人都被王建杀掉。当时京城再经兵火，荆棘满城，僖宗只好暂住凤翔。僖宗病情加重，观军容使杨复恭立寿王李杰为皇太弟。僖宗在位十五年而死，弟昭宗李杰（后改名李晔）即位。

昭宗李晔

昭宗形、貌精干，有英气。认为僖宗威令不行，朝廷地位日益下降，因此有仿效前辈业绩的志向，尊重礼遇大臣，即位初，天下欣然。进封朱全忠为东平郡王。当初李克用请求讨伐朱全忠，下诏和解，现在朱全忠请求讨伐李克用。张濬想依靠朝廷外面的势力排挤杨复恭，请求跟从朱全忠一块讨伐李克用。任张濬为招讨使，会合诸道兵马讨伐。李克用养子李存孝，力比猛虎，率骑兵为先锋，身披重甲，腰间悬弓，腿上横槊，独自冲锋陷阵。与黄巢作战，所向无敌。如今河北的骁勇之将，凡是来的，都被他活捉。葛从周、朱全忠都吃败仗逃走。张濬也大败而还，李克用上表陈述冤情，下诏恢复其官爵，让他回晋阳。将张濬贬为绣州司户，张濬投奔朱全忠。刘隐将兵平定广州，昭宗以隐为清海军节度使，治理广州，就是后来的南汉。武安节度使刘建锋，被部下所杀，马殷被推为留后，昭宗任马殷为湖南节度使，就是后来的楚国。宦官杨复恭专权骄横，昭宗将他调出做凤翔监军。杨复恭很恼恨，称病不肯上任，以求在朝中为官，昭宗准许。不久，逃往兴元，和杨守亮造反，李茂贞征讨，将其杀掉，献上杨复恭给杨守亮的信，信中讲他求官的缘由，说道："我在艰难困苦的情况下，拥立寿王，让他得到天子尊位，他却废掉定下这个策略的功臣，竟有这样负心的门生。"昭宗升李克用为晋王，李克用回晋阳，昭宗回京城。当初，李存孝和李存信都是李克用养子，李克用宠信李存信，嫉妒李存孝的功劳，进谗言将他杀了，李克用十分痛惜，为此十几天不理政事。李存孝部将薛阿檀，勇武仅次于李存孝，李克用将他也杀了，从此兵势渐渐削弱，而朱全忠则日益壮大了。崔胤和昭宗密谋，要将宦官全部杀掉，宦官们十分畏惧。

昭宗自华州回京，郁郁不乐，酗酒，喜怒无常，身边的人人人自危。季述说："陛下厌倦了皇帝的宝座，朝廷内外都愿太子监国，请陛下到宫中颐养天年吧。"于是和皇后同车，嫔妃侍从十余人去少阳院。季述数说昭宗数十条罪状，将门锁上，并用铁水将锁封死，在墙上凿洞送饮食，然后伪造诏书，令太子李裕监国，不久让他即帝位。崔胤暗中派人劝说神策军指挥使孙德昭说："如今谋反的只有季述、仲先，你有能力杀掉这两人，迎接昭宗复位，如此可极一时之富贵，忠义美名流传千古了。"孙德昭说："相公命令，我不敢怕死。"于是与右军都将董彦弼、周承海联合，将季述等捉住杀掉，迎上昭宗复位。昭宗说："李裕年幼软弱，不是他的罪过，贬为德王。赐孙德昭等姓李。"并任为使相，留守宫中，赏赐竭尽所有，时人称为三使相。昭宗将军国大事都委托崔胤，宦官们忌恨他，崔胤想除掉宦官。昭宗向韩偓询问此事，韩偓说："不如将那些毫无天良的挑出杀掉，将忠良留下继续使用。为善就赏，为恶即惩，那么就都安心了。"昭宗十分赞同。可是崔胤再次请求将宦官全杀掉，宦官们知道后，日夜商量除掉崔胤的办法。崔胤知道事情败露，情况急迫，赶快给朱全忠写信，说有密诏令朱全忠带兵护驾。朱全忠得信，自大梁发兵，上表请昭宗驾至东都，京师大为震骇。中尉韩全海等在大殿前陈兵，要将昭宗劫往凤翔，昭宗不答应，提剑上乞巧楼，韩全海等人逼迫昭宗下楼，昭宗不得已，和皇后、嫔妃诸王百余人都在马上痛哭，韩全海等火烧宫城。昭宗驾临凤翔，朱全忠军驻河中。崔胤到河中，哭着请求发兵，朱全忠率五万人进攻凤翔。李茂贞几次战败，储备已竭，昭宗卖掉自己和皇子的衣服充用。于是召见李茂贞等商议与朱全忠讲和，李茂贞单独见昭宗，请求杀掉韩全海，然后讲和，回长安，昭宗很高兴，斩韩全海，杀七十余名宦官，还驾长安，以崔胤为同平章事。崔胤再次上奏说宦官掌握兵权、干预朝政，不剪除祸根，就不可免除灾祸，请求罢免诸内司和诸道监军，昭宗准许。

这天，朱全忠出兵尽杀内侍省数百宦官。冤号之声，响彻皇宫内外，又派出使者，将诸道监军全都杀掉。宫中只留下老弱三十人充杂役。朱全忠兵屯河中，杀掉崔胤和郑元规等人，派副将上表说李茂贞屯兵距京师太近，请昭宗迁都邻阳。昭宗说皇后刚刚生产，不能耐受旅途劳累，请求孩子满月后再走，朱全忠不答应。当时昭宗在篮喜楼，下楼时，裴枢已经在催促百官东行，驱赶百姓上路，哭嚎之声充斥于路，人们骂道："贼臣崔胤，召来朱温颠覆社稷，使我们流离失所！"昭宗自长安出发，至华州，百姓夹道高呼万岁，昭宗哭道："不要喊万岁了，我不再是你们的君主了。"住在兴德宫，对侍臣说："俗语说：'纥千山头冻杀雀，何不飞去生处乐。'我如今漂泊，不知会流落何处！"泪湿衣襟，身边的人都不忍抬头看。昭宗书绢诏派人向王建、杨行密、李克用等告急，让他们率领各藩镇兵马以图恢复唐室江山。并说："我一旦到洛阳，就会被朱全忠禁闭，诏敕命令都出自他手，我的旨意就无法通达给你们了！"朱全忠将昭宗迎到新安，杀掉昭宗身边侍从和宫女数人。自崔胤死后，六军伤亡殆尽，只剩内园小儿二百人，跟随昭宗，全忠将他们全杀掉，另选二百人，年龄相仿，穿上他们的衣服顶替。昭宗初不察觉，时间一长才发觉。从此昭宗左右都是朱全忠的人。李茂贞、王建、李继徽合兵征讨朱全忠，朱全忠在河中将他们全都打败。这时李克用兵势衰弱，封疆日益缩小，不能出兵，因而忧形于色。其子李存勖说："朱氏穷凶极恶，人怨神怒，如今走到极端，将要灭亡了！我们家世代忠贞，大人应当韬光养晦，等待时机，为何这样轻易沮丧呢？”李克用十分高兴。

昭宣帝李柷

朱全忠回大梁，害怕发生变故，就让友恭叔琮将昭宗杀了。昭宗在位十六年，立第九子辉王李祚（后改名李柷），年方十三，就是昭宣帝。

宫中人们十分恐惧，不敢出声哭泣。朱全忠知道，佯装哭泣，自己跪地说：“奴才们辜负了我，让我蒙受万世恶名！”到东都伏棺痛哭，并杀了友恭叔琮。友恭刑前大呼道：“出卖我来堵塞天下人痛骂之口，对鬼神又如何交代？”朱全忠辞归藩镇，令蒋元晖邀德王李裕等昭宗的九个儿子，说是在九曲池设酒宴，结果九人都被勒死，尸体投入池中。彗星自西北出，长竟天。朱全忠杀不依附自己的人，在白马驿将裴枢、独孤损、崔远、陆扆、王溥等三十余人杀死，以应天变。李振言对朱全忠说：“这些人常自号清流，应该投进黄河，让他们做浊流。”朱全忠笑着答应了。昭宣帝在虚位三年。为避杀头之祸，派使者到大梁，将皇位让给朱全忠。梁王朱全忠改名晃，称皇帝，国号梁，建都大梁，这就是后梁太祖。朱全忠将昭宣帝废为济阴王，不久杀掉。唐亡。起自高祖，终于昭宣帝，共二十一帝，历时二百九十年。

（以上系原书第二十七回至第二十九回）

唐朝世系表
（618—907）

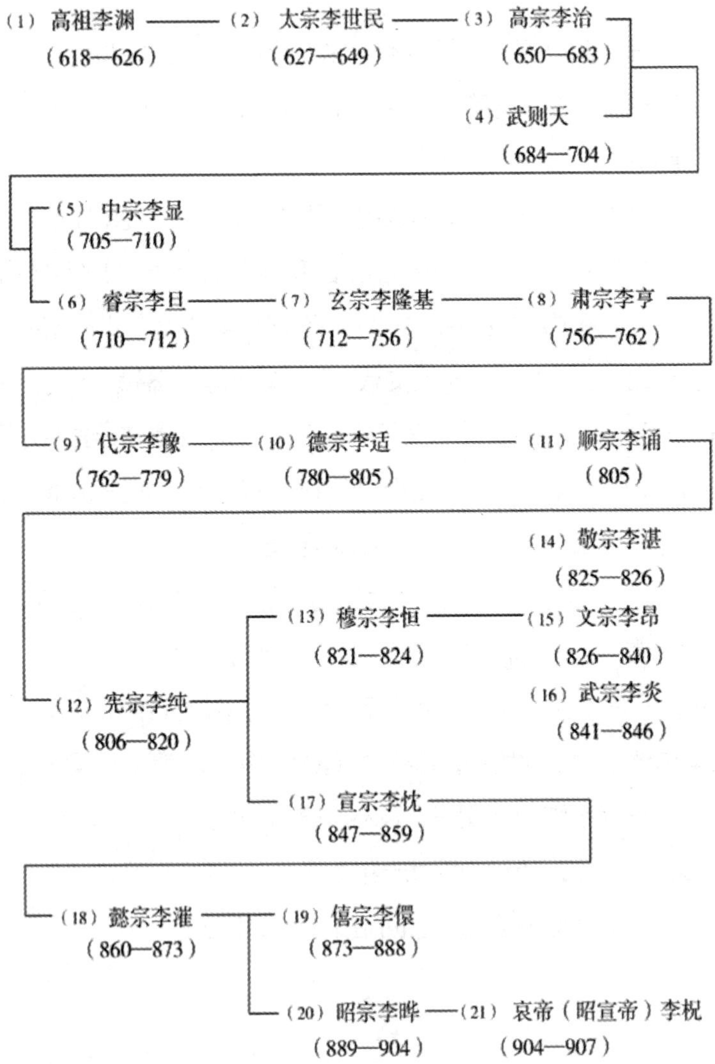

五代

后梁太祖

梁主朱全忠篡位以后，和宗族亲属在宫中饮酒下棋。他的哥哥朱全昱对他说："朱三本来是砀山一普通百姓，后来跟随黄巢做盗寇，天子任你做四镇节度使，富贵极了，怎么一下子毁灭了唐朝三百年的江山社稷？能保证将来我们没有灭族之灾！"梁主怏怏不快地作罢。

当时，只有河东晋王李克用、凤州岐王李茂贞、淮南吴王杨行密的儿子杨渥、西川蜀王王建不尊奉梁的年号，其余的都奉行梁朝的新历法。梁以高季昌为荆南节度使，便占据江陵，后为南平王。契丹人耶律阿保机开始建国，这就是辽太祖。梁派康怀贞率兵攻打晋王占据的潞州，晋地李嗣昭紧闭城门拒守，康怀贞昼夜发动进攻，但半个月也没有攻下潞州，只好在潞州城下修筑长城，内防冲突，外拒援兵，称作夹寨，挖沟守在那里，过了很久，仍不能攻克潞州。晋王李克用死了，其子李存勖立为晋王。李存勖和诸将策划说："朱温所害怕的，只是先王而已，听说我刚立为晋王，肯定有骄傲怠慢的心理，如果简选精兵，绕到后面攻击，出其不意，我们必定取胜！"于是，大阅兵士，率周德威等，发晋阳兵直奔夹寨，擂着战鼓高声喊叫攻入，梁兵大败，向南逃跑。死亡失散的将士数以万计，丢弃下的军资器械堆积如山，解了潞州之围。梁王听说夹寨失守，非常吃惊，接着感叹地说："生儿子应当像李亚子，李克用就像没死一样啊！我的儿子，猪狗一般！"燕王刘守光称帝，国号大燕。晋王闻听此事，大笑说："等他十年，我要问问他谁最强大。"

晋王李存勖屡次打败梁兵，梁主的病情日益加重，对近臣说："我统御天下三十年，没想到太原的余孽如此昌盛！我看他的志向不小，上帝又要夺去我的性命，我若死了，我的几个儿子都不是他的对手，我死无葬身之地了！"便哽噎气绝，后又苏醒过来。当初，张后仪容严肃，足智多谋，梁主很敬畏她。张后死后，梁主便恣意淫乐，在河南尹张宗奭家避暑时，当地的妇女几乎全被他奸淫过。梁主的几个儿子只能在寝宫外，而他们的妻子却经常被召进寝宫服侍梁主。梁主的七个儿子都是亲生子，只有最小的儿子友文原姓康，名勤，是梁主的养子。友文的妻子王氏姿色最美，而且善于看梁主的脸色行事，枕席之间，也应付得恰到好处。另外七个儿子的妻子，虽然也能得体地奉迎梁主，但总还是有些勉强，比不上王氏。梁主很宠爱王氏，王氏请求以友文为太子，梁主答应了她，其他的儿子都不服气。梁主病危，命王氏召来友文，想交代后事。梁主的第七个儿子友珪的妻子张氏知道了这件事，便密告友珪，友珪和统军韩勍合谋，于夜晚杀入寝宫，梁主大惊起身说："我本来就怀疑你这个逆贼，后悔没有早杀了你。你如此大逆不道，上帝岂能容你！"友珪说："将老贼碎尸万段！"友珪的仆夫冯廷谔，一刀刺入梁主的腹部，刀尖直穿出后背，然后用破毡子将他裹上埋在寝宫里。梁主在位六年。友珪即帝位。

后梁末帝

梁将赵岩奉命到大梁，见到梁主的三子友贞，便与友贞密谋杀掉友珪。赵岩说：“此事成败，关键在于招讨使杨令公了。如能得到他一句话告令禁军，我们这件事就会马到成功。”友贞便派心腹马慎交去魏州劝说杨师厚：“郢王篡夺了帝位，人们所希望的主子在大梁，你若能就势成全此事，只需你择一良辰吉日。”杨师厚便派其部将王舜贤到洛阳，暗中与袁象先策划。袁象先率数千禁兵，突然冲杀入宫。友珪闻听事情突然变化，自己料到免不了一死，便令冯廷谔先杀死他的妻子，然后再杀死他，冯廷谔也自杀了。均王便于大梁即帝位，改名为锽，后又改为瑱，这就是梁末帝。

当时晋王李存勖，赏罚严明，举荐贤才，罢黜贪官酷吏，严惩盗贼，重视农业，积存五谷，训陈士兵，又有张承业的辅佐，境内得到了很好的治理。当初，李克用上书奏请刘仁恭为卢龙节度使，后又向刘仁恭征兵来援助唐室。刘仁恭写信谩骂，李克用大怒，发兵讨伐，却被刘仁恭打败。刘仁恭的儿子刘守光，与刘仁恭的爱妾罗氏私通，遭到刘仁恭杖打责骂，刘守光便带兵入宫，将刘仁恭幽禁在别室里，自己立为燕王，不久称帝。晋王李存勖，奉父临终之命，发兵讨伐燕国。燕王刘守光派其部将单廷珪出兵应战，晋将周德威奋力拼杀将单廷珪抓获。晋王分兵夺取燕山，后又攻下八个州，直逼幽州。晋王督率各路兵士四面攻城，拿下幽州，活捉刘仁恭、刘守光父子及其妻妾凯旋而归，献于太庙，并亲临现场斩了刘守光，将刘仁恭锆住送到代州，刺刘仁恭的心血祭祀父亲灵墓，然后将他杀掉。

梁末帝把天雄分成两镇，魏人不服，便投降于晋，并向晋请求援兵。晋王进入魏州，梁将刘鄩以为晋兵都在魏州，晋阳必然空虚，便暗中派兵袭击晋阳。晋李存审将刘鄩打败，刘鄩逃回。梁将王檀密奏请求发关西兵袭击晋阳，梁主准许发兵，兵至晋阳，于夜晚发起猛攻，晋阳城多次险些被攻陷。晋兵北伐，旧将安金全率兵夜间出战，大败契丹。契丹撤兵北归后，梁发兵围困晋的幽州，李嗣源、李存审率兵前后夹击，大败梁兵，解了幽州之围。晋国更加强大。晋王得到国玺，于是称帝，改国号为唐，这就是后唐庄宗。后唐派李嗣源进攻梁郓州，李嗣源占据了郓州。梁敬翔对梁王说："事情非常紧迫，不用王彦章为大将，就难以挽救了。"梁主遂任王彦章为大将。王彦章先后攻占了后唐的德胜、南城，又进攻杨刘。当初，王彦章憎恨赵岩和张汉鼎、张汉杰兄弟乱政，对其亲信说："等我成功归来，就杀掉奸臣，以谢天下。"赵、张得知，很怕他成功，便千方百计地阻挠。因此，王彦章终未成功。梁主也怕他成功后难以控制，便将他调回大梁，用段凝为大将，老将们对此非常愤怒。梁右先锋指挥使唐延孝投奔了后唐，唐主向他询问梁的情况，他回答说："梁地盘不算小，兵也不算少，但看他们办的事情，最终必定败亡。最近又听说想多路出兵，决定在十月大规模行动。我暗中观察梁兵，聚在一起倒是不少，分开的不多。希望陛下养兵蓄力，等到他们分兵之后，率五千精锐骑兵，从郓州直捣大梁，活捉梁主，一月之内，天下就太平了。"唐主非常高兴，便召来诸将商议。郭崇韬回答说：“段凝本来就不是将才，不能根据时机灵活决策，不足害怕；投降来的人都说大梁无兵，陛下如果留兵守在魏州，固保杨刘城，亲自率精兵与郓州合力，长驱直入汴州，那里城中空虚，必定望风自溃。如果拿到梁主的头，诸将自然投降了。”唐主说：“正合我意，大丈夫成功就为王，失败便让位。就这么办！”冬十月，唐主大军过黄河到了郓州，一仗就打败了梁军，并追至中都，围困中都城，城里毫无守备，不一会儿，梁兵溃败，纷纷投降，唐兵将王彦章抓获。唐主想让王彦章投降，王彦章说：“我本是一匹夫，承蒙梁主恩惠，才做了上将，现在兵败力尽，理当一死。”唐主下令将其斩首。康延孝请求赶快攻打大梁。李嗣源说：“用兵贵在神速，现在，王颜章已被抓获，段凝还不一定知道。这里离大梁很近，前面没有高山险阻，大队人马顺利前行，昼夜兼程，两天两夜就能到达，段凝还在河上，友贞已经被我们活捉了。延孝的话很对，请陛下率大队人马在后面慢行，我率一千骑兵做前锋。”唐主同意了他的建议。一声令下，诸军都踊跃地前往。

梁主日夜哭泣，不知所措，放在卧室里的国玺，忽然丢失，实际上已被他的左右偷去奉迎唐军了。梁主对皇甫麟说：“我不能自决，你可以斩下我的头。”皇甫麟哭着遵从，杀了末帝，然后自杀。末帝在位十一年。末帝为人温和有礼，勤俭节约，没有荒废事务、迷于佚乐的过失，但疏远猜忌宗室，宠任赵岩和德妃兄弟张汉鼎、张汉杰等，仗势玩弄权术，卖官鬻爵，离间将相，政事日益紊乱，以至于亡国。后唐毁掉梁的宗庙，追废朱温、朱友贞为平民，并杀了他们全家，梁亡。共二主，历时十七年。

后唐庄宗

后唐庄宗李存勖，本姓朱耶，沙陀人，祖父赤心，赐姓名李国昌，其父李克用，因打败黄巢有功被封为晋王。李存勖承袭晋王，率兵灭梁称帝，迁都洛阳，号为后唐。当初，李克用临终时，赐李存勖三支箭说："梁是我的仇敌；燕王是我立的；契丹背约归顺了梁，这三者是我的遗恨。给你三支箭，不要忘了父亲的遗志！"现在，唐主果然捉住燕王父子，拿下了梁君臣的首级，契丹也归服祭祀太庙，完成了父亲三箭的遗志。唐主任郭崇韬为侍中，郭崇韬在朝廷内外都很有权势，制定法度，忠诚无私，并善于举荐人才。唐主自幼喜好音律，有时亲自舞文弄墨，和优人[1]一起在庭院中嬉戏，以取悦于刘夫人。别人称优人"李天下"，他自己也曾高喊："李天下！李天下！"优人敬新磨冲上前打了他一嘴巴，唐主大惊失色，敬新磨慢悠悠地说："治理天下的，只有一个人，别人谁能这样称呼？"唐主很高兴，给他很多赏赐，并且对刘夫人仍很宠爱。从此，各优伶随便出入宫廷，侮辱耍弄缙绅，群臣都很愤恨，但又不敢出气。当时，府库内钱财堆积如山，不肯赏赐犒劳将士，但对伶人则赏赐无度，又在民间挑选三十多人充入后宫，学习女戏。

蜀王昏庸无道，唐主和宰相商议讨伐蜀王，以魏王李继岌为

1.优人：演杂戏的人。

西川都统，以郭崇韬为招讨使，军机大事都委托给他们办理。同光三年（925）十一月十七日，大军西行进入散关，一路急行军，所经各城镇都诚心归附，大军直接逼近成都。蜀主投降，于是大军进入成都。郭崇韬严禁将士侵扰掠夺百姓，市集贸易照常进行。从出兵到攻克蜀地，一共只用七十天。当时，成都虽然被攻下，但蜀地盗贼很多，遍布山林，郭崇韬怕大军撤离以后，成为后患，便暂时驻守在那里。唐主派宦官何延嗣前去督促，郭崇韬待他很傲慢，何延嗣回来说郭崇韬专权，唐主寄身于虎狼之口。唐主便派马彦珪迅速到成都，去观察郭崇韬的所作所为。刘皇后自作主张令魏王李继岌杀掉郭崇韬，李继岌请郭崇韬登上城楼商议事宜，郭崇韬正上阶梯，李继岌的随从李环击碎了郭崇韬的脑袋，并杀了他的儿子郭延海。另任孟知祥为西川节度使，后来他占据了蜀地。接着，又听信谗言杀了郭崇韬其他几个儿子及功臣继麟，朝野惊骇痛惜。李嗣源叹息说："我的心不负天地，是祸是福，听天由命了。天下不能理解郭崇韬犯了什么罪！"人心惶恐，邺都便发生了叛乱。唐主命李嗣源去讨伐，李嗣源到邺都，下令明日攻城，这天夜里，马直军士张破败作乱，率众兵士大喊烧毁宫廷，李嗣源叱问他，他回答说："将士跟随主上十年，身经百战，统一天下，现在主上忘恩负义，滥施淫威。我们本来没有背叛之心，只是怕死而已。如今想和城里的兵士联合，请主上统治河南，你统治河北！"李嗣源哭着劝他，他仍旧不从。李嗣源假意说依从他把他骗了出来，便带兵直奔大梁，李绍荣上奏说李嗣源已背叛唐主与叛贼联兵，李嗣源派使臣上书禀明事理，一天派去几个人，都被李绍荣阻止，没能通报到唐主，李嗣源因此产生了疑惧，石敬瑭说："凡事果断便成功，犹豫就失败，请赶快遵从大家的意志！"康义诚也说："主上昏庸无道，将士百姓都很怨恨，您遵从众人的意愿则生，固守节操则死。"李嗣源命令安重海移檄文聚合兵力，军势浩大。李绍荣请求唐主去关东招抚，唐主同意去关东。唐主到万胜镇，得知李嗣源已攻占了大梁，各路兵士纷纷叛离，神情沮丧，登上高处感叹地说："面对这种局势，我无能为力了！"命令军队返回。唐伶人郭从谦率领所部攻打兴教门，唐军将士纷纷逃亡。唐主率亲王卫士守城，被流箭射中，鹰坊人善友扶他到绛霄殿，把箭拔出来，用嘴吸出淤积的血水，刘后没有亲自去看他，派宦官送去乳浆，不一会儿唐主就死了。在位三年。善友收聚一些乐器，又在唐主身上覆盖些易燃之物，点火焚烧。刘后骑马满载金银财宝，和她私通的申王李存渥及李绍荣逃走，宫人也都相继逃散，诸军士非常惊恐。这一天，李嗣源到罂子谷，听到唐主已死，放声痛哭，他对诸将说："主上一向深得士心，只是被一群小人蒙蔽迷惑。到了这一步，现在，我到哪里去呢？"后来，便去了洛阳，居住在私人府第，禁止焚烧掠夺，收起庄宗剩下的骨灰安葬了。

后唐明宗、闵帝

后唐由李嗣源临时掌管朝政，他抓获刘后和申王，并把他们杀掉，又杀了李绍荣和魏王继岌等人。同光四年（926）四月，李嗣源采用旁支即帝位的礼节，在唐主灵柩前即位，这就是明宗。明宗不识字，四方上奏，都令安重海读给他听，安重海也不能完全读通，便上奏选任文学之臣，设置端明殿学士，冯道、赵凤被选充任。又任郭从谦为景州刺史，他刚到任，李嗣源就遣使将其满门抄斩。唐开始刻九经活板印书出卖，从此，学者才容易得到书籍。明宗原是胡人，李克用的养子，性情爽直，与世无争，即位时已经过了六十岁，他每天晚上都在宫中烧香祈祷说："我本是胡人，因战乱，被大家推举为主，希望上帝早生圣人，为百姓之主。"天被其真诚所感动，次年生了宋祖。明宗在位八年，很少发动战事，农业也年年丰收。在五代期间，可以称得上小康。他死后，第五个儿子李从厚即位，这就是闵帝，闵帝在位仅一年。

后唐废帝

唐成德节度使潞王李从珂，从凤翔发兵，攻入洛阳，废李从厚为鄂王，不久又杀死李从厚。李从珂本姓王，小名阿王，是镇州平山寡妇魏氏的儿子，明宗把他抢来做了养子。现在，继明宗之后自立为皇帝，这就是废帝（又称末帝），废帝在千春节设酒宴，河东节度使石敬瑭之妻、晋国长公主祝完寿告辞回晋阳，唐主醉醺醺地说："为什么不多留一会儿？这么急着回去，想和石郎谋反吗？"石敬瑭听了非常害怕，接着又将石敬瑭调到天平任职，石敬瑭更害怕了，便和部将合谋说："我第二次来河东任职，是主上当面授给的，而且终身不废除不取代。现在忽然下这道命令，莫非像今年千春节对公主所说的？"都押衙刘知远说："明公长年带兵，深得士卒之心，现占据的地势优越便利，兵马精干强悍，如果兴兵传檄声讨，帝业可成，为什么凭一纸诏书，去自投虎口呢？”书记官桑维翰说：“主上当初即位，明公入朝，那时没调任，却最后授职镇守河东，这是上帝借给明公的锐利武器，明宗的恩德后人是铭记不忘的。而废帝不是明宗的后代，公则是明宗的爱婿，契丹一向和明宗盟约是朋友兄弟，公如能推心置腹屈膝侍奉，招之即来，还用担心大事不成？”于是石敬瑭便下了决心。于是他上书说废帝是唐主的养子，不该即帝位，请他把帝位让给许王。废帝把奏疏撕碎，扔在地上，命张敬达前去讨伐。石敬瑭令桑维翰草拟章表向契丹称臣，而且请求以父礼侍奉契丹，约定大事告成之日，割卢龙一道及雁门关以北各州给契丹。刘知远进谏说：“称臣可以，行父子之礼太过分了。多给一些金银玉帛贿赂，就足以使他发兵，不必用土地许诺。割地恐怕将来成为中国的大患，那将后悔不及。”石敬瑭没听他的话。章表送到契丹，契丹主非常高兴，等到中秋，发全国的兵力前来援助。契丹主耶律德光率兵救援石敬瑭，以五万骑兵与唐将高行周、符彦卿交战，石敬瑭派刘知远出兵帮助耶律德光，唐兵大败。唐主惊恐，下诏亲自出征，诸军傲慢蛮横不听调遣，符彦卿怕他们叛乱，也不敢用军法管束。唐主到了河阳，终日沉湎于歌乐，群臣中有人劝他北行，他说：“你们别说了，姓石的使我心胆落地。”契丹主对石敬瑭说：“我从三千里之外来救援，肯定成功，看你的气色、相貌、见识和胆量，确实是中原之主啊！我想册立你为天子。”石敬瑭假装推辞谦让，文武官员反复劝进，才予答应。契丹主作册封诏书，命石敬瑭为皇帝。石敬瑭割幽蓟十六州给契丹，并答应每年贡送绢三十万匹，改国号为晋，史称后晋。石敬瑭是沙陀人，即是后晋高祖。唐主和宋审虔等四员大将又奔往洛阳，而其他高级武官都飞送书信欢迎晋主。唐主便与曹太后、刘皇后、雍王重美、宋审虔等，带着国玺，登上元武楼自焚。废帝在位三年，后唐灭亡。后唐共历四主、三姓，历时十四年。

后 晋

这天晚上，晋主进入洛阳，唐军纷纷投降。晋主命刘知远部署京城，城中肃然有序。不久，晋主迁都大梁，在位七年。晋主在位期间，招抚藩镇，又善于侍奉契丹，使中国得到了暂时的安定。他死时托付冯道辅佐幼子重睿为帝。冯道和景延广商议，国事繁多艰巨，应该立长君，便尊奉高祖石敬瑭的哥哥石敬儒之子、齐王石重贵为帝。齐王即帝位后，以契丹主耶律德光为祖，以高祖石敬瑭为父，而令生父石敬儒称臣。大臣们商议恭敬地捧着上章表向契丹哀告称臣。当时契丹已改国号为辽。景延广请求送书信给契丹称孙却不称臣，辽主大怒，派使者来诘问，景延广又用不恭顺的话答复他。辽卢龙节度使赵延寿企图取代后晋统治中国，便多次劝说辽主进攻后晋，辽主认为他的话很有道理，便发兵入侵，晋主命刘知远聚合兵力到山东，但各路兵马都未去，晋主怀疑刘知远另有企图。郭威见刘知远面带愁容，便对他说："河东山河险固，又有崇尚武事的风俗，兵多马多，没有战事就勤劳耕种，打起仗来便操练军事，这是称霸的有利条件，你忧愁什么呢？”辽主大举入侵，桑维翰认为国家危在旦夕，请求拜见晋主商讨国事，此时晋主正在宫中驯鹰，推辞不见。他又向执政谏言，执政不以为然，并对其亲信说：“晋国将要灭亡了。”辽兵包围晋国的都城，杜威和李守贞、宋延筠密谋降辽，辽主欺骗杜威说：“景延广威望向来很低，恐怕不能统治中国，你真的投降，就让你当晋主。”杜威很高兴，便投降了。他命兵士们解下盔甲，兵士都失声恸哭，声震原野，辽主派兵攻入大梁，活擒晋主石重贵北归。石重贵在位四年。辽主又杀了桑维翰，囚禁了景延广，后晋灭亡。历经二主，十一年。辽主进驻大梁，杀了张彦泽，景延广自杀，辽封晋主为负义侯，把他带到黄龙府。

后　汉

辽主放纵胡人骑马到四面八方去抢掠，奸淫妇女，因此，人人怨恨契丹，都想赶走他们。当时，晋臣刘知远在河东，诸镇中最为富强，见晋主与辽结了仇怨，知道他肯定有危险，便分兵驻守四境，以防辽兵突然袭击。等到听说辽兵攻入大梁，抓走天子，其部将兵士都请求刘知远尊崇晋主的称号，号令四方。刘知远听从了众将士的意愿。刘知远，名暠，字知远，其祖先是沙陀人，穷困之时成为晋阳李家的女婿。后在晋朝任官，因有功被封北平王。等到晋主石重贵被掳走，便在晋阳即位。刘知远想抢掠晋阳的民财来犒赏军士，其夫人李氏进谏说：“你利用河东创下大业，没有给百姓恩惠，却要首先去掠夺他们生存的财物，不是新天子救济百姓的本意，请拿出宫中所有的财物来犒劳军士，虽然不多，但是人们不会有怨言。”刘知远听了她的劝告，人人都非常高兴。

辽兵大肆抢掠，百姓不堪忍受，东方义军蜂起，辽主耶律德光对其部将说：“我不知道中国人如此难制！”便带着兵马，满载府库中的财物北归，行至杀胡林，耶律德光暴死，部将剖开他的肚子，挖去肠胃，把几斗盐装进去，载尸继续北行，被晋人称为干肉皇帝。晋主刘知远，占领了大梁，诸镇多投降归顺，刘知远仍定都大梁，改国号汉，史称后汉，这就是后汉高祖。汉主任其弟刘崇为太原河东节度使。后来郭威篡夺后汉政权，刘崇改名旻，在晋阳即位，这就是北汉。汉主刘知远病危之时，召来苏逢吉、杨邠、史宏肇、郭威说：“承祐弱小，后事就托付给你们了。”话说完即去世。在位二年。

皇子刘承祐即位，当时十八岁，这就是隐帝。河中李守贞、永兴王景崇、凤翔赵思绾，抗拒朝命，推举李守贞为主，后汉派将士去讨伐他们，许久没有攻下。汉主惧怕，以郭威为招慰使，各路兵士都受他制约调遣。郭威攻打河中，攻到外城时，李守贞和妻子自焚而死。赵思绾好吃人肝和人肉，专拿妇女当粮食，已经约定投降，但因收敛财物，三次改期，郭威将他抓获杀死。郭威派赵晔急攻永兴，王景崇自杀。三镇平定之后，汉主渐渐地傲慢放纵。汉主长大成人，便亲昵宠爱女子，厌恶大臣们对他的控制，身边的人又乘机诬陷那些大臣，便将枢密使杨邠、侍卫指挥使宏肇、三司使王章杀掉。宏肇治军严整，率兵打仗所战必胜，后汉得天下，都是他的功劳。这三人被杀，人人都为他们鸣冤叫屈。汉主又派人到邺都去杀郭威，郭威起兵造反，留下养子郭荣镇守邺都，命郭宗威率骑兵做先锋，自己率大军跟在后面。行至封丘，人心震动恐惧。汉主派慕容彦超等人率兵抵抗，彦超等人战败逃回。这一天，汉主出来犒赏军士，被乱兵所杀。在位三年。冯道率文武百官拜见郭威，郭威回拜。郭威率百官上奏李太后应该尽早拥立新汉主，太后令百官商议，因为高祖之子承训、承勋年纪还小，立高祖之弟刘崇之子刘赟为主。

后　周

这时，正遇辽主入侵，李太后命郭威率大军迎击。十二月，郭威从大梁发兵，在澶州小宿歇息。这天早晨将要发兵，数千名将士忽然大声喧哗，郭威命令关闭屋门，将士翻墙破门而入，说："天子必须由你来做，将士们已经和刘氏成了仇人，不能立刘氏为天子！"有的人干脆撕下黄旗披在郭威身上，并将他抱起来，高呼万岁，拥护郭威南行。郭威便上书李太后，请她报告汉室宗庙，并认太后为母。太后下诏废刘赟为湘阴公，任命郭威临时掌管国政，郭威便即帝位。郭威是邢州尧山人，即现在北直顺德府唐山县人，改国号周，仍定都大梁，这就是后周。太祖郭威罢免四方贡献珍贵物品，在庭院毁掉宝玩，诏令百官上朝议事，爱惜兵士，体恤百姓，用人得当，堪称五代时期的好君主。太祖没有后代，以皇后的哥哥柴守礼之子柴荣为继承人，封为晋王。郭威在位三年而死。晋王柴荣即位，这就是世宗。

北汉得知太祖去世，亲自率三万大军与辽一万余骑兵入侵，周主亲自率兵抵抗，在高平南展开激战。交战不多时，樊爱能、何徽带着骑兵率先逃跑，右军大溃，步兵一千多人解甲高呼万岁投降了北汉。周主见局势危急，便亲自率兵放箭抛石督战，宿卫将赵匡胤对身边的人说："主子如此危难，我们又怎能不去以死相拼！"便身先士卒，猛攻对方的前锋，兵士们也都奋勇当先，以一当百，北汉兵大败。樊爱能等人听说打胜了，又都悄悄地回来，周王斥责他们说："你们都是朝中的老将，不但不能应战，关键时刻却望风而逃，正想把我当成奇珍异货卖给刘崇才算作罢！"把他们全部杀掉。从此，傲慢怠惰的将士才知道害怕，对他们不再宽容。周主对诸军进行大检阅，淘汰老弱怯懦军士，对步兵骑兵都严加挑选，招募壮士充实到各军之中，又命赵匡胤招募壮士补充宿卫。从此，士卒精悍强壮，当时无人能比。周主又下令毁掉铜佛铸成钱币，以改变五代以来钱币缺乏的局面。世宗还召来陈博询问炼丹化成金银的法术，陈博回答说："陛下是天子，应该以治理天下为务，怎么用得着干这个？"周主便遣他归山，并诏令州县长吏常去慰问他。世宗做了周太祖的继承人以后，没有人敢说他是柴守礼的儿子。对柴守礼，以大舅哥对待，给以优厚的俸禄。也没去大梁。柴守礼常以小小的怨恨就杀人，有关方面的官吏不敢追究，世宗知道也不过问。

南唐和北部的契丹联合要攻打后周，周世宗下诏亲自出征，命李重进率兵奔赴正阳。南唐刘彦贞率兵抵抗，李重进大败刘彦贞，并将其斩首，唐人非常恐惧，皇甫晖、姚凤退守清流关，周主命赵匡胤率兵袭击，皇甫晖等逃到滁州，想断桥自守，赵匡胤挥兵渡水，直抵城下。皇甫晖说："人各为其主，请容我列成阵势再交战。"赵匡胤哭着答应了。皇甫晖整队出战，赵匡胤催马冲出营阵，向皇甫晖进攻并将他抓获，同时活捉姚凤，攻克滁州。赵匡胤的威名越来越大，他每次出阵必用马腹带装饰战马，铠甲兵器锃亮。有人对他说："这样恐怕易被敌人认出来。"赵匡胤说："我本来就是想让他们认出来的。"南唐主屡战屡败，非常恐惧，便派李德明来请求去掉皇帝称号，割寿、濠、泗、楚、光、海六州给后周，并且每年贡绢百万匹，以此作为罢兵的条件。周主认为淮南已有一半的地方被周占据，诸将又捷报频传，想全部夺得江北，因而没有答应。唐主非常愤怒，命其弟齐王李景达率二万大兵，直奔六合，赵匡胤奋力拼杀大败李景达。从此，唐的精锐兵力全被消灭。在这次交战过程中，将士中有不竭尽全力的，赵匡胤表面上是督战，用剑砍他的皮笠帽，第二天，把皮笠帽上有剑迹的几十人排成一队，统统斩首。从此，所部兵士不敢不卖命效死。周主任赵匡胤为定国节度使兼殿前都指挥使。

周主回到国都，命将士围攻寿春，却连年攻克不下，周主再次亲自率兵讨伐南唐，抵达寿春。唐寿州监军周廷构率城投降。攻濠、泗二州，二州也先后投降。接着攻下楚州，周主到了迎銮镇，直至江口，派水兵打败唐军，唐主非常恐惧，便南渡逃跑，又耻于投降称臣，就派陈觉捧着奏表，请求传位给太子宏冀，并让他听从中国的号令。陈觉到迎銮镇，看见周兵很强盛，哀告世宗，请派人渡江取唐主的奏表，献出西川，以江为界，作为休战的条件。世宗说："我兴兵只想攻取江北，现在你的主子能举国归附，我还求什么呢？"于是写信给唐主，抚慰并接纳他的奏表，告诉他休兵停战，不必传位。唐主遵照许诺，献出江北、西川，每年还要送去数十万贡品。江北全部平定，南唐主改名景，废去帝号，奉行后周所颁行的历法。世宗宣布收复北部边境，便率兵去沧州，当天率数十万步兵骑兵，直奔契丹边境。契丹率城投降，关南也全部平定了。周主在营帐中设宴犒劳诸将，并商议攻取幽州，适逢周主生病只好回到都城。世宗的病情越来越重，召来范质等人接受遗命。在位六年，三十九岁就死了。

世宗在诸侯府第时，不露锋芒。等到即位以后，人们才佩服他英明勇武。他统御军队，号令严明，谁都不敢违犯；他攻城应敌，能随机决策，出人意料，战无不胜；并勤于治国，百官簿籍，过目不忘，揭发隐匿斥责奸佞，洞察如神。闲暇时就召来儒士，讲读前代历史，研讨其中要义。他生性不喜欢丝竹珍玩一类的东西，重视农业，体恤百姓，制礼作乐，文官武将都各尽所能，受到重用，人们都敬佩他的贤明，怀念他的恩惠，所以他能攻占敌人的大片地盘，所向无敌，堪称贤明的君主。送葬的那一天，远近的人都哀悼思慕。世宗的太子梁王宗训即位，这就是恭帝，当时只有七岁。恭帝幼小，朝野内外的一切政务都由赵匡胤处理，暗中已有拥戴的意思。

黄袍加身

当时镇州、定州传来辽和北汉联兵入侵的消息，周主派归德节度使、殿前都点检赵匡胤率禁军抵御。显德七年（960）正月十三日，从汴京出发。殿前散指挥使苗训，善于观测天象，他看见太阳下面还有一个太阳，昏暗的光芒许久不散，便一边指给楚昭辅看，一边说："这是天意呀。"这天晚上赵匡胤驻扎在陈桥驿，将士们都聚在驿门，殿前都指挥使石守信等合谋说："主上幼弱，我们拼命破敌，谁都知道不如先立点检为天子，然后再北征。"都押衙李处，把这件事告诉了赵匡胤的弟弟赵匡义和归德掌书记赵普，十四日黎明，将士们身披铠甲手握兵刃，直逼赵匡胤寝室，说："诸侯无主，愿册立太尉为天子！"赵匡胤吃惊地赶忙起身，还没来得及披上衣服，黄袍已经被披在身上了。紧接着，众人跪拜，高呼万岁，并把他扶上马背，迫使他回汴京。赵匡胤揽住缰绳，对诸将说："你们自己贪图富贵，拥立我做天子，能听我的命令可以，否则，我不能做你们的主子！"众将赶紧下马说："愿意听命。"赵匡胤说："太后、主上，我们做臣子的不能惊扰冒犯，公卿们都与我地位相等，不许欺侮；朝廷府库，不许抢掠。听从命令的有重赏，否则诛杀九族！"众将士齐声说"好"。便列队前行。

十五日，到达汴京，从仁和门入城，没有任何掠扰冒犯之处。赵匡胤令将士回归营帐，自己却回到公署，将士推举范质、王溥等人到公署责问匡胤违背仪礼，不合大义。匡胤哭着说："世宗对我恩重如山，被六军逼迫到了这一步，愧对天地，可怎么办呢？"

范质等还没来得及回答，列校罗彦环拔剑厉声说道："我们无主，今天必须得立天子！"范质等面面相觑，不知所措，王溥首先退一步跪拜，范质不得已，也只好跪拜。于是迎奉赵匡胤进宫，召见百官。百官排列就绪，直等到黄昏还没有得到禅让诏令。翰林承旨陶谷从袖中拿出周恭帝禅让帝位的诏书，宣徽使把赵匡胤引到殿廷，赵匡胤向北叩拜完毕，便被扶上崇元殿，穿上皇帝的礼服即皇帝位。尊周主为郑王，周主在位半年，后十一年死，宋主匡胤穿素服表示哀悼，停止朝事十天，世宗的七个儿子都死了，尊符后为周太后，迁到西宫。后周灭亡。后周历三主，共十年。五代时期共五十三年。

（以上系原书第二十九回下部至第三十回上部）

五代世系表
（907—960）

后梁（907—923）

（1）太祖朱温（晃）——（2）末帝（均王）朱瑱（友贞）

后唐（923—936）

李克用
- （1）庄宗李存勖
- （2）明宗李嗣源（克用养子）
  - （3）闵帝李从厚
  - （4）废帝（潞王）李从珂（明宗养子）

后晋（936—947）

臬捩鸡（石绍雍）
- 石敬儒——（2）出帝石重贵
- （1）高祖石敬瑭

后汉（947—950）

（1）高祖刘知远——（2）隐帝刘承祐

后周（951—960）

（1）太祖郭威——（2）世宗柴荣（太祖养子）——（3）恭帝柴宗训

十国世系表

吴（892—937）

（1）太祖杨行密
- （2）烈祖杨渥
- （3）高祖杨隆演
- （4）睿帝杨溥

南唐（937—975）

（1）烈祖（前主）李昪——（2）元宗（中主）李璟——（3）后主李煜

吴越（893—978）

（1）武肃王钱镠——（2）文穆王钱元瓘
- （3）忠献王钱弘佐
- （4）忠逊王钱倧
- （5）忠懿王钱俶

楚（896—951）

- （1）武穆王马殷
  - （2）衡阳王马希声
  - （3）文昭王马希范
  - （4）废王马希广
  - （5）恭孝王马希萼（后被奉为衡山王）
  - （6）马希崇

闽（892—946）

- （1）王潮
- （2）太祖王审知
  - （3）嗣王王延翰
  - （4）惠宗王延钧 —— （5） 康宗王昶
  - （6）景宗王延羲
  - （7）天德帝王延政

南汉（905—971）

- 刘谦
  - （1）烈祖刘隐
  - （2）高祖刘岩（龑）
    - （3）殇帝刘玢
    - （4）中宗刘晟 —— （5） 后主刘鋹

前蜀（891—925）

（1） 高祖王建 —— （2） 后主王宗衍

后蜀（925—965）

（1） 高祖孟知祥 —— （2） 后主孟昶

荆南（南平）（907—963）

（1）武信王高季兴 —— （2）文献王高从海

- （3）贞懿王高保融 —— （5） 德仁王高继冲
- （4）贞安王高保勖

北汉（951—979）

（1）世祖刘崇（旻） （2） 睿宗刘承钧

- （3） 少主刘继恩（承钧养子）
- （4）英武帝刘继元

宋朝

藩镇简史

赵匡胤大赦天下，改元建隆，国号为宋，史称北宋，他就是宋太祖。赵匡胤登极后，石守信、高怀德等大将全部加官进爵。华山隐士陈抟（tuán）闻知赵匡胤取代后周自立为帝，兴奋地说："天下从此可以太平了！"

唐朝末年，形成"天子不能制"的藩镇割据的局面，当时河北一带的藩镇大略如下：

卢龙镇，初名平卢镇，即北直隶永平府卢龙县等地，自从唐玄宗任命安禄山为平卢节度使开始，至安史之乱后，一共更替节度使二十七个人，换了二十姓。后梁末帝时，曾任卢龙节度使的刘守光自称燕帝，改元应天，晋王李存勖（xù）攻破幽州后，乘机擒杀了刘守光及其生父刘仁恭。

魏博镇，又名天雄镇，即北直隶大名府等地，唐代宗李豫在位时，安禄山部将田承嗣执史朝义妻子降唐，被授予魏博节度使，此后共更替节度使十九个人，换了九姓。到了后梁末帝朱瑱时，魏博节度使杨师厚病死，魏人遂向晋王李存勖献地投诚。

成德镇，后名武顺镇，即北直隶正定府等地，唐肃宗李亨在位时，安史之乱中的降将李宝臣做了成德节度使，此后共更替节度使十二个人，换了四姓。至后梁末帝朱瑱时，王镕被其部下太保王德明杀害，晋王李存勖又讨伐斩杀了王德明。

泽潞镇，又名昭义镇，即山西潞安府等地，唐代宗李豫时，授命安史之乱降将薛嵩为泽潞节度使，此后共更替节度使三十个人，换了二十六姓。到了丁会担任泽潞节度使的时候，宣武节度使朱全忠（朱温）杀死唐昭宗另立李柷（chù）为傀儡皇帝，于是，丁会便投降了河东节度使李克用。

淄青镇，即山东兖州府东平州，唐肃宗李亨执政时，任命侯希逸为淄青等六州节度使，一共更替节度使五个人，换了二姓。至李师道做节度使时，唐宪宗李纯遣兵征讨李师道，李师道被部将刘悟斩杀，并将其头颅献与唐宪宗。

淮西镇，又名彰义镇，即河南汝宁府等地，唐肃宗李亨诏命平乱有功的来瑱为淮西节度使，一共更替节度使八个人，换了七姓。在吴元济做节度使时，唐宪宗李纯派遣唐邓隋节度使李愬讨伐吴元济，并将他执杀于长安。

沧景镇，又名横海镇，即北直隶河间府等地，唐德宗李适任命程日华为横海军节度使，一共更替节度使二十七个人，换了十五姓。唐昭宗李晔在位时，节度使卢彦威被刘守光的父亲刘仁恭取代。

宣武镇，即河南开封府等地，唐德宗李适执政时，任命刘元佐为宣武节度使，一共更替节度使十九个人，换了九姓。唐僖宗李儇在位时，让朱全忠代替唐实做了宣武节度使。后来，朱全忠篡唐自立，建国为梁，史称后梁，从而揭开了“五代十国”的历史序幕。

南吴

至于唐末五代那些僭号而立的小国，算起来前后共约十国，其中国势最大者要数吴国与南唐。最初，合肥人杨行慜（mǐn）因参加黄巢起义，被官军擒获，刺史郑棨（qǐ）见他举止相貌不俗，释放了他，后来他应募为州兵，渐升至卢州牙将，淮南节度使高骈又择升他做了卢州刺史，改名为行密。当时高骈笃信神仙之道，吕用之、张守一、诸葛殷等妖妄之徒借以呈势，淫刑滥赏，掠夺别人家资财妇女，令人切齿憎恨，导致部将毕师铎、秦彦起兵反叛。秦彦杀掉高骈及其家人亲族，将尸骨并入一穴草草埋葬。同为高骈部将的杨行密，乘机起兵，与秦彦、毕师铎、孙儒等势力在江淮地区兵戎相见，争夺数年，最终夺取了高骈全部故地。景福元年（892），唐昭宗李晔命杨行密为淮南节度使，让他占据了江南江西等地。杨行密掠取濠州时，收留徐州人李氏的儿子为养子，此举引起家中长子杨渥的怨愤。于是杨行密又将李氏子转赐于部将徐温做养子，并给他取名为知诰。知诰比徐家诸子勤勉孝顺，备受徐温喜爱。徐温每每诘问诸子："你们待我，能像知诰那样吗？"遂将家事交付知诰掌管。杨行密节度淮南十四年，曾受封为吴王，奠定了吴国的割据局面，死后由长子杨渥继位。杨渥骄横奢侈，偏信谗佞，常因旧日积怨杀人，点燃十围火烛，用以击毬嬉戏，有时甚至独自骑马出游，令手下人不知他去了何处。左右牙指挥使张颢、徐温对杨渥的荒唐作为屡次哭谏而不被采纳，于是挑起叛乱，杀死杨渥。杨渥继位三年而死，张颢拥立其弟杨隆演为王。徐温暗中派人将张颢斩杀于牙堂，并以杀君之罪暴尸朝野。徐温出外镇守润州，留其养子徐知诰在都城广陵辅佐朝政。杨隆演继位第十年，又僭越王位，次年病卒。此时遥制朝政的徐温入朝，有人劝其自立为王，他正色道："我受杨氏厚恩，纵使杨家无男有女，也应立其为王，再敢妄言者杀头！"于是迎立杨隆演之弟丹阳公杨溥为王。等到徐温死时，吴王赠给了他齐文的谥号，并命徐知诰都督军国之事。吴王杨溥在王位六年，又僭号称帝十一年，终于在天祚三年（937）初为徐知诰所篡夺，号称让皇，不久郁郁而终，谥号为睿，吴国由此灭亡。吴国共历四世，前后三十五年，杨溥称帝十一年。

南　唐

徐知诰废吴帝杨溥后，自立为帝，初立国号大齐，后改为唐，复姓李，易名昪（biàn），建都于金陵，这就是历史上的南唐。南唐皇帝李昪，字正伦，是唐太宗之子吴王李恪的后代。他出身本来微贱，父亲李荣又早死，成长于幼年丧父的落魄境遇中，后流落于濠泗一带，杨行密遇见了他，认为他相貌不俗，便嘱托部将徐温收留他做了养子。长大后，身高七尺，宽额高鼻，气宇轩昂，为人好学，性情温厚且富有谋略。篡取帝位后，追尊养父徐温为忠武皇帝，赠庙号为义祖，设唐七庙以供奉祀。在位六年间，勤俭爱民，兴利除弊，晚年信奉长生道术，因服用方士丹药，中毒后背部疽发而死，庙号唐烈祖，由其长子李璟继位。李璟性格温良柔顺，喜欢舞文弄墨，看好顺承自己的人，于是谄谀之臣日益兴盛，政事日趋混乱。后来相继兴兵攻克建州、湖南，兼并殷、楚两国，更加骄横不羁，萌生了吞并天下的企图，派遣使臣与契丹及北汉通好，相约共图中原。周世宗柴荣率兵征伐南唐，唐兵大败，李璟被迫削去帝号，尽献淮南江北之地给后周，划江为界，并向后周奉表称臣。唐王李璟在帝位十九年，削去帝号后又做了四年国主，迁都豫章，因国土衰微，忧虑成疾而死，庙号唐元宗，古史上又称他为南唐中主。

当时李璟之子李煜留在建康，便即位做了国主，世称南唐后主。李煜酷信佛法，取宫中金钱，招募僧人，都内收容万名僧众，均由官府供养。后主及后妃均穿僧衣，诵佛经，除了跪拜佛祖之外，更无任何嗜好。此时宋朝已经建立，宋太祖赵匡胤闻知此事，便选派一位能言善辩的少年，扮作僧人，南渡去见后主，与之论说生命价值，后主果然深信不疑，称这位少年为一佛出世，从此再也不以治国守边为务。宋朝派遣曹彬率大军进攻江南，李煜却仍旧引领一班僧人道士终日诵经于后宫苑囿，等宋朝大军驻兵城下多日，李煜犹自未知。等他得知后，才派使者命都虞侯朱令赟（yūn）率上江之兵来增援，派吏部尚书徐铉等人献上本土珍奇，上表祈求宋朝退兵。徐铉告诉宋朝皇帝说："李煜无罪，他以小的侍奉大的，犹如儿子侍奉父亲，怎么还要遭到征伐呢？"反复不休的论辩，惹起宋帝的恼怒。宋太祖愤恨地问："江南哪里又有什么罪过呢？只是我要令天下归为一家，卧榻之旁，岂容他人鼾睡！"徐铉闻言，惶恐而归。唐将朱令赟前来增援，号称五十万大军，沿江顺流而下，却不堪曹彬一击，朱令赟也被生擒，金陵孤城形势更加危急。有一天眼看城墙将被攻破，曹彬却突然称病不能视事，部将们都来问病，曹彬对众人说："我的病不是任何药物所能治愈的，只须诸君真心发誓，于攻克金陵之日，不妄杀一人，那么我的病也就自然会痊愈了。"诸将全体允诺，一起焚香起誓。曹彬立即宣称病体痊愈，回师攻克异州，后主李煜率其臣僚亲到军门请罪，曹彬安慰他们一番，待以上宾之礼，请李煜返宫制作还俗服装。李煜做完服装后，与其宰相汤悦等共四十五人，一起赶赴汴京，正式归降于宋朝。开宝八年（975），在位十九年的李煜最终投降了宋朝，南唐遂告灭亡。南唐经历三主，共三十九年。

闽　国

当时被南唐灭掉的国家中，有一个闽国，也叫殷国。唐僖宗李儇（xuān）在位时，寿州有位屠夫叫王绪，与其妹夫刘行全聚众五百，起而作乱，占据本州后，又攻陷光州，并发展成万余人的势力。时任蔡州节度使的秦宗权，上表奏封王绪为光州刺史。光州下属的固始县，有个佐史名王潮，他和弟弟王审邽（guī）、王审知都以才能而著名，王绪就命王潮做军正，并信任和重用他。这时黄巢起义已被平息，秦宗权向光州刺史王绪索要租赋，王绪交纳不上，秦宗权盛怒之下发兵来讨，王绪惶恐无计，被迫悉率光、寿二州兵马渡江避让，转而攻掠江、洪、虔州，然后乘胜攻陷汀漳州，可是这些州地均无法屯扎驻防，只得移师他往。行军途中，王绪以漳州道险粮少为由，下令军中不得携带老弱随队，众皆服从，只有王潮兄弟继续携扶着母亲，因而受到王绪斥责。王潮兄弟争辩道："人人都有母亲，天下没有无母之人。将军您怎么能让人抛弃他们的母亲呢？"王绪更加愤怒，下令斩杀王母。王潮等怒道："我们兄弟侍奉母亲就像侍奉将军您一样忠心不二，现在既然要杀掉母亲，还怎能用她的儿子？请先把我们杀死好了！"其他将士也为之求情，王绪只好饶过他们。有个能观天象的人对王绪说："军中有王者气象。"于是王绪把军中素有勇略、相貌魁武的将士挑选出来，全部杀死，连当初与其一同起事的刘行全也未能幸免，搞得人人自危。军队到了南安，王潮买通前锋将，命勇士暗伏于竹林之中，将王绪当场擒于马上，反绑示众。前锋将推举王潮为将军，率军返回光州，所过之处秋毫无犯，不久夺取泉州，派使者前往观察使秦岩处称降。秦岩奏准朝廷，任命王潮为泉州刺史。王潮智勇双全，招纳帮助离散无靠之人，平均赋税，整饬军事，吏民心悦诚服。秦岩病卒后，王潮受命为观察使。景福二年（893），福州升格为威武军，命王潮为节度使。过了一年，王潮死，其弟王审知被奉封威武留后，朝廷因而任命了他。王审知外貌魁伟，高鼻方口，常骑白马，军中将士都称他为白马三郎。后梁篡位之后，于开平三年（909）封王审知为闽王。王审知持国俭朴，放宽刑罚，减轻赋税，礼贤下士，境内由此得以安定。王审知在位二十九年死。

其子王延翰继承王位，骄横恣肆，残暴异常，自称大闽国王，命其弟王延均为泉州刺史，义弟王延禀为建州刺史，并令他们由民间挑选美女。两个弟弟都不赞成选美之举，兄弟间由此形成裂痕。两兄弟联合进攻福州，杀死在位仅仅一年的王延翰。众人推举王延钧为留后，改名为王璘。王璘喜仙乐道，大兴宫殿，因费用不足，命薛文杰为国计使，专为筹措。薛文杰是个趋炎附势、巧于谄媚之徒，他暗做手脚，专治富户之罪，借此籍没人家的财产，被拘捕入官者，遍体鳞伤后，仍要用铜斗加以熨烫，引起国人痛恨。后来由于太后和长子的一再恳求，王璘才处死了薛文杰。

王璘的王后陈金凤喜好淫乐，所奏乐曲极其美妙动听，深受王璘宠爱，后来由于同近臣归守明、李可殷等私通，遭到臣民鄙夷。有一次王璘病重，长子王继鹏与皇城使李借机杀了李可殷。王璘撑着病体上朝，追究李可殷死因，李深恐事情败露，便率部下鼓噪入宫，杀死王璘，又诛杀了陈王后。王璘在位九年，又称皇帝三年而被杀。

王继鹏自立为帝，改名昶，继位后骄纵恣肆，聚敛财富，赏识方士，扩充宫室，而且忌杀宗族，在位三年，被其叔父王延义杀掉并取而代之。王延义更名为王曦，骄横而残暴，每每乘酒醉滥杀无辜，连旧日宗族功臣也都相继被他诛杀，在位六年，被朱文进杀掉后篡位。

这时王审知的儿子王延政，已在建州割据称帝，改国号为殷。等到南唐大将查文徽奏请攻殷时，南唐主派查文徽督师南下，殷帝王延政便命人前往福州传播谣言说："南唐出兵帮我们殷国讨伐逆臣，大军眼下就要到了！"福州人惶恐不堪，于是杀掉朱文进，归降于王延政。南唐与闽交兵，双方相持不下，查文徽请求国王派兵增援，唐主派将军祖全恩率兵合击，闽国大败。南唐军占领镡州后，乘胜攻取建州。殷王延政被迫降唐，时已僭位三年。此后汀、泉、漳等州相继投降南唐，保大三年（945），闽国宣告灭亡。闽国共传位七次，历四主，历时四十七年，其中称帝二十年。

南楚

当时同被南唐所灭的，还有淮南，也叫楚国。唐僖宗在位时，秦宗权与杨行密争夺扬州，马殷与刘建锋等同为秦宗权的部将，他们协助另一个部将孙儒进攻杨行密，失败后三人收拾残兵七千余人，退往洪州，推刘建锋为主帅。进入江西后，军队发展到十余万人，诛灭武安节度使邓处纳，自称留后。刘建锋得志后，终日嗜酒如命，不问政事。手下长直兵陈瞻的妻子长得貌美，刘建锋就将其据为已有。陈瞻怒杀刘建锋，事后自己也被刘的部将杀死。马殷曾协同刘建锋一道领兵征战，受到将士们拥戴，被推举为留后。乾宁三年（896），唐昭宗又命马殷做了湖南节度使。马殷苦心经营兵马，夺取湖南全部地盘，节度湖南二十一年，晚年建立楚国，在位四年而死，遗命诸子兄弟按年龄长幼相继即位。

马殷死后，儿子马希声继位，在位两年而死，王位又传给了他的弟弟马希范。马希范纵情声色，不分内外之别，彻夜长饮，并扩建宫室，挑选美女，率子弟僚属游嬉其间，在位十五年后，由其弟马希广继位。马希广在位三年，懦弱无能，无法主事，其庶兄马希萼乘隙来争王位。马希广不忍心杀庶兄，反而被其兄马希萼杀掉。马希萼篡位一年，总凭旧日恩怨，滥杀无辜，纵酒荒淫，而将军国大事全部托付于庶弟马希崇管理。马希崇做事总凭个人好恶，导致政刑紊乱，军民人人怨愤。指挥使徐威等人发动兵变，废掉马希萼而立马希崇为王。由于马希萼曾在早年得罪过衡山人彭师暠（hào），马希崇为王后就故意把马希萼发配到衡山去囚禁，实际上是想借衡山人之手杀掉他，然而彭师暠却忠诚地拥戴马希萼，发展起万余人的势力，立马希萼为衡山王。与此同时，马希崇却终日纵酒淫乐，命妇女裸身相侍，处理朝政不公，出语骄蛮狂妄，引起臣民不满。徐威等人对此十分忧虑，于是秘密奏请南唐发兵攻楚。保大九年（951），南唐王命边镐率兵伐楚，马希崇、马希萼全都投降，楚国由此灭亡。楚国共传位六次，历时五十六年，其中建国称王达四十五年。

武平军

南唐平定湖南后，把当地的金帛、美女、仓粟、亭馆、花果之类全部掠往金陵，并派遣郎中杨继勋等前往征收租赋，专事苛刻，令湖南人大失所望。南汉主刘晟派兵争夺岭南土地，大败唐军。原楚国辰州刺史王逵，乘机迎立刘言为主帅，击败南唐军，收复了马氏在岭北的全部地区，只有郴、连二州被南汉吞并。刘言上奏后周，请求投降，得到后周许可，并被任命为武平节度使。刘言在任二年，王逵听从周行逢、张文表的劝告，杀刘言并取而代之，奏请后周封自己为节度使，也获得了后周的认可。后周主柴荣亲率大军征伐南唐，命王逵进攻南唐的鄂州。王逵率兵路经岳州，受到团练使潘叔嗣的殷勤款待。王逵及其将卒贪婪无厌，遭潘叔嗣率部袭击而败亡，在位共二年。潘叔嗣迎立周行逢为武平留后，周行逢诱捕潘叔嗣，历数其罪状后斩杀了他。后周命周行逢为武平节度使。在任第七年，周行逢病危，临终前劝其子周保权道："我死后张文表必然作乱。万不得已时，你要带全家入朝，以免陷于虎口。"周行逢死后，张文表果然作乱，周保权便请求宋朝出兵，宋太祖派兵前往。周保权借宋兵之力诛灭了张文表，而所部牙将张从富却挟持周保权以抗宋，结果被宋军击败。宋军杀死张从富，将周保权押回。获释后的周保权被任为卫将军，不久又升为羽林将军，晚年得以善终。湘湖一带全部平息，自刘言至周保权，共历十三年而消亡。

吴越

此外还有一个吴越国。唐僖宗在位时，王郢叛乱，劫掠浙江、福建等地，攻陷明州、台州，大肆杀掠，生灵涂炭。叛贼平定后，临安人董昌，因率民团平叛有功，升补石镜镇将。钱镠（liú），字具美，临安人，少为乡里无赖，以贩私盐为业。有个精通天象的术士，曾观察出斗、牛二星之间有王气，通过测算，发现是在临安，便隐居临安市中，以相面之术暗中访求他要找的未来的天子。后来这位术士结交县里的录事钟起善，私下将事情告诉了钟起善，让他置备酒筵，把县中豪杰之士全部请去赴会。席间术士遍观所有的人，却没有一个具有王气的。有一天碰巧赶上术士来钟家，钱镠也正好从外归来，术士见后心中暗惊：“这可是个真正的贵人啊！”便对钟起善说：“你未来的富贵，将借助于此人。”在此以前，钟家诸子常随钱镠饮酒博戏，钟起善往往加以阻止，自从听了术士的话后，放纵了诸子与钱镠的交往，并且时常借钱给钱镠，以解其穷困的境况。钱镠擅长射箭和长矛，以骁勇而闻名，从董昌有功，升做都知兵马使。当时王仙芝与黄巢的余党侵掠江淮两浙一带，唯独惧怕董昌和钱镠两人，不敢进犯临安。淮南节度使高骈知道后表彰他们，并请他们参与讨伐叛贼。钱镠看出高骈并无平叛之心，就劝董昌辞去。董昌由石镜率兵入据杭州，镇海节度使周宝无法制御，只好奏准朝廷，任命董昌为杭州刺史。此时中书令王铎的部将刘汉宏占据浙东，企图吞并江西。董昌就对钱镠说：“你能夺取越州，我就把杭州交付给你。”钱镠击败浙东军，攻克越州，即现在的绍兴府，刘汉宏败逃，被台州刺史杜雄擒获后移送董昌处斩首，于是董昌迁镇越州，把杭州府交给钱镠执掌。后来镇海节度使周宝被其部下刘浩、薛朗等人逐出，钱镠出兵平定了他们，并先后攻占常州、润州（今江苏镇江）和苏州。

景福二年（893）唐昭宗任命钱镠为镇海节度使，董昌为浙东威胜节度使。董昌请求封自己为越王，未获朝廷许可，便自称为帝，号大越罗平，让手下人称自己为圣人。钱镠写信给董昌说：“与其闭门称天子，陷九族百姓于涂炭，倒不如开门做节度使，落个终身富贵。现在改悔，还来得及。”董昌不听其言，钱镠率兵来到越州城下。董昌虽败，仍固守越州。钱镠攻破州城，斩杀董昌，将其首级传往京城，朝廷遂命钱镠兼任镇海、威胜两节度使。在苏南、两浙一带形成割据势力的钱镠，又相继攻占淮南的松江、无锡、常熟、华亭、湖州等地，夺取严州、金华和衢（qú）州。朱温篡唐建立后梁，改元开平，封钱镠为吴越王，由此始建吴越国，典章机构的名称，大多等同于天子之制，只不过没有改元称帝而已。后来吴越同吴国为争夺常州，在无锡开战，被吴国打败，吴越将领何逢也临阵被杀，死亡万人。钱镠见了何逢生还的战马，十分悲痛，将士们见状很受感动，都从内心里敬佩钱镠。钱镠自幼从军，夜间从不睡觉，特别疲倦时就卧枕于圆木小枕上，即使睡得再熟，也会因为小枕的倾斜而醒悟，因而命名为警枕。他常把一个粉盘放在卧室内，有所记录便写在盘中。有时睡意正酣，室外有奏报事情的人，只要让侍女摇纸作响，就能把他唤醒。钱镠在位时，善于尊崇北方朝廷，最初与吴国争夺土地，后又与吴国联合，境内得以安定自保。他任节度使三十年，在建立吴越国十年后死。

钱镠死后由其次子钱传瓘继位，改名元瓘（guàn），抚慰将帅，和好兄弟，境内安定，在位九年而死，传位于儿子钱弘佐。钱弘佐喜欢读书，礼贤下士，躬勤政事，择优除奸，任何人也欺骗不了他，在位六年而死，王位由其弟钱弘倧继承。钱弘倧性情刚烈严厉，为大将胡进思所不容。胡进思废掉钱弘倧，改立弘倧弟钱弘俶（chù）为王。钱弘俶对胡进思说："你能保全我哥哥的性命，我才愿承命为王。"得到胡进思答允后，钱弘俶为王，派兵护卫钱弘倧。胡进思屡次想杀钱弘倧，均由钱弘俶出面阻止而不能遂愿。胡进思最终忧愤而死。钱弘俶又把钱弘倧迁往东府，并为其修筑宫室，建立园囿，供奉非常丰厚，使他颐养天年。钱弘俶派使者向宋朝进贡，宋太祖对他说："江南倔强不来朝贡，我将兴兵讨伐它。元帅你不要为别人的谣言所迷惑，你应当出兵助我。"并密告以出兵日期。吴越王钱弘俶听从宋朝吩咐，率兵五万，攻取常州。江南主写信告诫钱弘俶："今日无我，明日哪还有你！一旦宋朝天子易地酬勋，大王你也将沦为大梁城里一位布衣百姓。"钱弘俶不予回复，反将书信上交给宋朝，受到宋太祖下诏褒奖。南唐被宋灭亡，吴越王钱弘俶恐惧不安，宋太祖亦令使者传话，想召见钱弘俶。钱弘俶偕妻孙氏、子惟濬、孙承佑前来朝拜，受到宋太祖的隆重接待，并选大宅令其居住，亲自设宴款待，给予丰厚的赏赐，特准其佩剑着履上殿，上书言事不用具名，还命他与皇弟晋王赵匡义结拜为兄弟，封其妻孙氏为王妃，留居两月后遣送回国。临别之际，太祖赐给他一个封闭很严的黄包袱，并告诫他："在途中秘密观看。"途中打开，则发现全是群臣请求挽留钱弘俶本人的奏章，令他更加感佩惶恐。回国视事时，他命人将王座迁至大殿东角，对臣下说："西北方是神圣的帝京所在之处，距离再远亦如咫尺，天威不可触犯，我岂敢安居正席？"每次奏事上贡，都先陈列于庭堂，焚香再拜而后遣发。

到宋太宗赵匡义当政的第三年（978），吴越王钱弘俶入宋朝拜，但在请求回国时未获恩准。吴越大臣崔仁冀进言："朝廷的意图已很明白了！大王若再不快将国土献上，灾难就会马上降临。"钱弘俶便把吴越境内十三州一百八十六县全部献于宋朝，宋太宗在崇元殿接受了这些国土。钱弘俶朝拜归来，手下将佐才开始忧虑起来，均恸哭道："我们的国王再也不能为王了！"钱弘俶在位三十年，吴越消亡，退位后十年而死，死后被宋太宗谥封为王，子孙辈都做了高官，七个儿子也全都得以显贵。吴越国共历五世，八十一年，其间建国达五十六年。

前蜀、后蜀

此外，十国中还有前蜀和后蜀。前蜀的历史是这样的：唐僖宗时，有个舞阳人名叫王建，宽额头，大眼睛，形貌雄伟，少时无赖，以屠牛盗驴贩私盐为业，乡人称之为"贼王八"，后被宦官田令孜收为养子，拜封为卫将军。唐僖宗为黄巢军所逼，由凤翔逃奔兴元时，命王建为清道使，并令其保管玺印，侍奉左右。到大散关时，凤翔守将李昌符已将栈道焚毁。王建为僖宗牵马，在浓烟中蹈火过关。夜间住宿于山坡之下，僖宗疲乏不堪，枕着王建的腿就睡着了，醒来后感动得流下了热泪，亲解御衣赐于王建。到了田令孜失势以后，王建以田令孜党羽的缘故，出任四川和州刺史。他骁勇善战，知人善任，听言纳谏，将士们都愿意为他所用。他招募溪洞地方的头领豪杰，建立八千人的武装，攻袭阆（làng）州，驱逐杨茂实，而后进攻西川节度使陈敬瑄，且上书朝廷，罗列陈敬瑄的罪状，以便讨平西川取而代之。大顺二年（891）朝廷下诏削去陈敬瑄官爵，改任王建为西川节度使。王建攻占成都，诛杀陈敬瑄。不久，又攻杀梓州的顾彦晖，兼并东川之地。便派使者朝拜纳贡，与权臣朱全忠表示友好。后来朱全忠篡位自立，王建传檄各地，想与歧晋合力兴复唐朝，因无人响应，便自立为帝，史称前蜀。

建国之初，有功名的将领，大多被王建借故诛杀，太子也因作乱而被卫兵杀死，遂将幼子王宗衍立为太子。蜀主王建晚年昏聩，在任节度使十七年、称帝十年而死。继承帝位的幼子王宗衍，奢侈无度，终日与徐太后、徐太妃游宴于贵臣之家，逍遥于左近名山之中，花费不可胜数，又强取民间女子，纳于宫中，太后、太妃亦各有宠爱。每次卖官，都要在众多求官者中捡贿赂多的授给。王宗衍有个宠姬姓徐，别号花蕊夫人，姿色艳丽，以淫乱而闻名。他常喜欢微服出行，酒肆娼家，无所不到，并以韩昭、潘在迎等为狎客，与宫女杂坐一起，百般淫谑，无所不为。王承休的妻子严氏极其漂亮，便被王宗衍据为己有。由于秦州一带多美女，王宗衍又封王承休为鲁国公、天雄节度使，命其赴秦州挑选美女。王承休强夺民间美女，教以歌舞，将府署改建为行宫，请王宗衍观赏。后王宗衍领兵离开成都，后唐主李存勖派其子李继岌与郭崇韬攻蜀。蜀国武兴节度使王承捷通报唐主西进的消息，王宗衍为了与王承休之妻相会，并观看女戏，不以外敌入侵为意，致使王承捷无力拒敌，遂率凤、兴、文、扶四州降唐。王宗衍到达利州，遇见败逃的士卒，方信唐兵入侵之事，本想集兵抗击，却遭将士怨愤，不肯出战，遂告投降，前蜀灭亡，共历二世，三十五年，其间称帝十七年。

王宗衍降唐后，全家均为后唐主所杀。次年，后唐大将郭崇韬遭宦始谗害而被杀，便以董璋为东川节度使，以孟知祥为西川节度使。孟知祥于应顺元年（934）割据蜀地，称帝建国，史称后蜀。孟知祥，邢州龙冈（今北直顺德府邢台县）人，做节度使后，减免赋税，安抚流散人员，颁行宽松和谐的政令，给百姓以休养生息的机会，由此也暗暗存有割据蜀地之意，扩充军备，检视库中铠甲，达二十万件，建置左右牙军十六营。后唐明宗李嗣源在位时，东川节度使董璋反叛，孟知祥与其同反。后唐遣大将石敬瑭领军攻剑州，猛攻不克，回师屯扎在剑门，后因粮草不继，被迫烧营北归。董璋与众将计议，准备取西川成都，反被孟知祥击败，乘胜追至梓州，破城后杀死董璋，因此吞并东川之地。孟知祥上书后唐谢罪，受封为蜀王，不久称帝于成都。孟知祥任节度使九年，僭称帝号一年而死，其子孟仁赞继位，改名昶。孟昶终日荒淫奢靡，密遣暗探赵彦韬带蜡书出蜀，企图勾结北汉夹击宋朝，而赵彦韬把蜡书暗中献给宋朝。宋太祖得此秘报，便有了伐蜀的借口，派文斌为大将，与刘光义、崔彦进、王仁瞻、曹彬等率兵六万，分两路攻蜀，蜀军大败。蜀主孟昶奉表投降，他在位三十二年。宋太祖命吕余庆为成都府知事，后蜀遂告灭亡，共历二世，历时四十一年，其间称帝三十三年。

当初徐匡璋将女儿嫁于孟昶，受封为贵妃，别号花蕊夫人，意思是用花儿不足以喻其美，好似花蕊般轻盈美妙，与孟昶极为相爱。宋军灭蜀，宋太祖听说花蕊夫人之名，就命别将把她护送入宫，纳为妃子。由于孟昶仪表不凡，善于打猎和弹唱，花蕊夫人心中时常忆念起他，愁闷而不敢言，于是自己动手画了一幅孟昶像加以膜拜供奉，并骗别人说："祭祀此神的可以多子。"有一天宋太祖看到画像后问其缘故，夫人也以前述谎言来遮掩，为避讳其姓，遂假托为张仙。自此后世求子的人大都祭奉张仙，且迄今不改。

南　汉

此外还有南汉。起初，上蔡人刘安仁，经商来到南海，在当地安了家，其子刘谦由广州牙将擢升为封州刺史，即今广东肇庆封川县。刘谦死，子刘隐守丧。遇当地土族百余人预谋作乱，刘隐一夜之间将他们全部消灭，因此而被岭南节度使刘崇龟奏封为封州刺史。在刺史任内，刘隐又将另一批乱贼全数擒斩。唐昭宗时，刘隐以重金贿赂、结好朱全忠，被朱全忠奏封为清海节度使，后屡次晋爵为海南王，历十一年而卒。庶弟刘严继立，以为中原王朝内乱纷纷，天下尚且无法安定，哪还虑及未来？遂于贞明三年（917）称帝，改名刘龑（yǎn）。刘龑穷奢极欲，宫殿华丽，所有器用均以金银珠翠为饰；用刑残酷，有灌鼻、割舌、肢解、刳剔、炮炙、烹蒸等刑罚，有时在水中聚养毒蛇，把犯人投入水中，称之为水狱。晚年更加多疑，猜忌臣下，专宠宦官，使宦官势力壮大。任节度使六年，后称帝二十六年而死。

刘龑死后，其子弘度继位，改名玢。刘玢喜好奢侈，不理政事，作乐酣饮，令男女裸体观赏，手下有违背其意的必死无疑，于是满朝没有敢于进谏的人，在位仅一年，就被其弟晋王刘弘熙杀死并取而代之。弘熙改名刘晟，将所有兄弟及其儿子全部杀戮，而把兄弟们家中的女子全部掠走，充入后宫，建离宫千余间，以珠宝装饰，设镬（huò）汤、刀山、锯杵等酷刑，号为生地狱。命宫人卢琼仙、黄琼芝等人为女侍中，朝服冠带，参决政事。宗室勋旧反被诛戮，只有宦官林延遇等获得重用。

刘晟在位十五年，死后由儿子继兴继位，改名刘鋹（chǎng），时年十六岁。刘鋹认为，群臣都有家室，由于顾念子孙而不尽忠朝廷，只有宦官们可以信任。于是军国重事都听任女侍中卢琼仙及宦官龚澄枢等人决断，凡群臣中有才能者以及状元进士，均须先下蚕室施以阉割，然后方可升迁。有位状元听说后非常恐惧，辞官出逃，等他回到家中，却发现阉割他的人已在门口等候。状元请求先与夫人儿子告别，获准于三昼夜之后阉割。三日后，即在其家中动了阉术。刘鋹曾得到一个波斯女人，体态丰腴，妖艳善淫，弹词唱曲极尽其妙。刘鋹十分宠爱此女，并给她赐号为媚猪。刘鋹喜欢观看男女交合，挑选恶少，与宫中雏女相配，令其于后园脱衣露体而交，自己则挽扶媚猪巡行其侧，观看他人交接之势，称之为大体双。若见女子号叫躲避则大喜，而见男子心力不支，则用鞭抽打，另外还择美男子与媚猪交接。此番情景，即使鸟兽看见了，也会仿效作合。

开宝三年（970），刘鋹举兵侵宋，宋太宗命潘美为主将，尹从珂为副将，率军大举进攻南汉。南汉都统李承渥屯兵十万于莲花峰下，列大象阵迎击宋军。潘美调集强弩劲射，大象调头奔逃，乘象兵士纷纷坠地，反而践踏了南汉自己的军队，汉军大败，李承渥仅幸免一死。宋军攻下韶州，又连连攻克英、雄二州，迅速逼近陇头，汉主刘鋹十分惧怕。次年，宋军直进广州，刘鋹焚毁府库宫殿，在战逃两难的情况下，只好向宋军投降，南汉遂告灭亡，共历四世，六十八年，其中称帝五十五年。

北　汉

最后一个小国是北汉。北汉起源于后汉高祖刘知远的从弟刘崇。刘崇，太原人，浓眉大眼，气宇轩昂，少为无赖，嗜酒好赌，曾被刺字为卒。刘知远为河东节度使时，任他为都指挥使。后汉建立，改任太原留守。后汉隐帝刘承祐继位，刘崇被任为节度使，于是招纳豪杰，募民为兵。后来郭威杀隐帝，刘崇本想起兵讨伐，却见郭威立他的儿子刘赟为汉帝，于是高兴地说："我儿子做了皇帝了！"遂不出兵。等到郭威自立为帝，废刘赟为湘阴公时，刘崇派使者请求把刘赟迎归晋阳。后周主郭威答复说："湘阴公在宋州候驾，现在正好可以接他回去，且一定会使他称心如意，您不必为他担忧。"天福五年（951），郭威杀刘赟，刘崇随即在晋阳称帝，史称北汉。北汉所辖，仅有并、代、宪、隆、忻、岚、汾、沁、辽、蔚、麟、石十二州之地，宰相的薪俸，也不过每月百缗（mín）铜钱，节度使则月薪二十缗，其他官员只是微薄的薪俸而已。刘崇对部将们说："我以为高祖创下的基业，已于一朝坠地，今日的位号，是不得已而为之。我算何等天子，而你们又算何等节度使呢？"遂遣使通好契丹，自称"侄皇帝"，被辽穆宗册封为大汉神武皇帝，改名刘旻（mín）。北汉土地瘠薄，人民贫困，又要内供军国，外奉契丹，导致赋役繁重，民不聊生。后得知周太祖郭威去世，北汉主刘旻十分高兴，乞请契丹合攻后周，在高平之南交战，被周世宗柴荣大败而还。周世宗乘胜伐北汉，也同样无功而返。刘旻称帝六年而死，子承钧继位，改名刘钧。刘钧性情柔顺谨慎，即位后勤于政事，爱民礼士，境内稍微安宁。他向契丹上表称子，被契丹号为儿皇帝。当初，北汉世祖刘旻之女嫁给薛钊，生子名继恩，后改嫁何氏，又生子名继元，此二子均幼年丧父，世祖便以刘钧无子，命其收养。刘钧在位十一年死，养子继恩即位，刚两月即被供奉官侯霸荣所杀，宰相郭无为又派人杀侯霸荣，改立继恩之弟继元为帝。继元也是刘钧的养子，也就是何氏的儿子，性情极为残暴，世祖的十余个儿子，都被他杀掉。宋太祖亲征北汉，围太原城，结果无功而返。

当初，宋太祖曾微服出访，雪夜来到宰相赵普家中，与赵普共谋削平北汉的策略。赵普说："太原是守卫西北两面的屏障，若攻克太原，则西北二方的边患，将由我国独自承担，不如等削平诸国后再来对付北汉。北汉蜷缩于太原那块弹丸之地，还能往哪里逃呢？"宋太祖采纳此言，所以虽连年攻伐，击败辽军，而往往逼近太原城下却又退兵不攻，大概就是由于北汉依仗辽国作为后盾，宋太祖只是为了让其诱使辽国出援，疲于奔命，然后将两国一并消灭。因此，宋太祖不灭北汉，是一种用兵之计，并不是力量不足。宋太宗太平兴国四年（979），任命潘美为大将，统领崔彦进、李汉琼等六员战将，率兵进攻北汉。宋太宗又下诏亲征，分路围击，迫使北汉求救于契丹。辽景宗耶律贤派耶律沙率兵救汉，与宋军战于白马岭下，辽军大败。宋朝大军乘胜包围太原，攻势甚猛。在位十二年之久的刘继元，内外交困，只好奉表降宋，被宋太宗封为彭城郡公。北汉灭亡。共历四世，历时二十九年。

北汉主刘钧有位义子名叫刘继业，是北汉有名的将领。他骁勇异常，忠于北汉，杀死过不少宋军。宋太宗派刘继元招降他，并让他取消北汉的赐姓，恢复杨姓，改名业，继续领兵屯守边境，后成为抗辽名将，号称杨无敌。后来王侁（shēn）强令其率兵攻辽，兵败被俘，绝食而死。他就是后世传说的杨家将故事中的杨老令公。杨业有子杨延昭，延昭有子杨文广，文广有子杨贵迁，据有播州之地，任播州宣慰使，相沿至明代万历年间才消亡。

南　平

此外还有一个小国叫南平（或称荆南）。起初，河南陕州硖石人高季昌，年幼时为汴州富豪李让的家童。唐昭宗时，朱全忠任宣武节度使。李让贿赂朱全忠，被收为养子，改其姓氏，取名为朱有让。高季昌借朱有让之势，渐获升迁。朱全忠见到高季昌，很欣赏他的才能，便命朱有让收其为养子，并擢任为指挥使。后来梁兵进攻凤翔，节度使李茂贞坚守不出，高季昌设计诱败，由此声名大震。后梁建立，拜高季昌为荆南节度使。高季昌到任时，但见城邑残毁，人口稀少，便着手安集流散人口，让百姓都恢复旧业，渐渐萌发割据荆南之志，修造战船五百艘，沿城筑壕，整理器械，招聚流亡人口充实兵源，发展与吴蜀的关系，摆脱后梁的控制。梁封高季昌为渤海王，高季昌却又投靠后唐，改名季兴，同光二年（924）被后唐改封为南平王。后唐魏王李继岌率兵灭前蜀，归途押送蜀货四十万，顺江而下，被高季兴杀死并掠走货物。后唐主诘问此事，高季兴答说应去询问水神，唐主大怒，出兵讨伐，后因内乱无功而返。

高季兴在任二十二年死，其子高从诲继位。高从诲禀性明达，礼贤下士，把政事委任给贤臣梁震，并将梁震当作亲哥哥来对待，自已则钻研经史，减缓刑罚，降低赋税，境内得以安定。荆南介于湖南、岭南、福建之间，地狭兵弱，是十国中最为弱小的，自高季兴时就开始劫掠各方往来贡使和商旅，以维持其统治。等到受劫者传书诘责，或兴兵问罪时，迫不得已，只好把劫掠的财物归还人家，但却从不为此而惭愧。

到高从诲在位时，后唐、后晋、契丹、后汉相继控制中原地区，而南汉、闽、吴、后蜀诸国均称帝号于一隅。高从诲为了获取周围各国的施舍，便奉表称臣于所有各国，因而受到各国鄙视，被称为高无赖。高从诲在位二十年，死后王位传给儿子高保融。高保融在位十二年死，从弟高保勖继位。高保勖当政二年而死，又将王位传给高保融之子高继冲。高继冲为王仅一年，宋太祖应湖南周行逢的请求，出兵讨伐张文表，乘便借道江陵，在接受高继冲酒肉犒劳的同时，仍然侵夺了荆南土地，高继冲只好以境内的一切投降宋朝。宋太祖任命高继冲为武宁节度使。南平由此灭亡，共历四世，历时五十七年（907年高季兴为荆南节度使算起）。

陈桥兵变

宋太祖姓赵名匡胤，涿郡（今河北涿州）人。高祖赵朓，唐时任幽都令。曾祖赵珽，为唐御史中丞。祖父赵敬为涿州刺史。父亲赵弘殷，为后周检校司徒、岳州防御史。赵弘殷娶妻杜氏，在洛阳夹马营生下赵匡胤，当时红光满屋，营中飘溢异香，经一夜仍不消散，人们称之为香孩儿营。赵匡胤长大后，容貌奇伟，气度不凡，认识他的人都知道他不是个普通人。后来屡次升迁至殿前都指挥使，执掌后周军政，屡立奇功，成为军中众望所归的人物。周世宗柴荣曾在文书袋中发现过一段长三尺多的木简，上面写有"点检作天子"的字样。当时张永德担任殿前都检点，而世宗改命赵匡胤取代了他。柴荣死，子宗训即位，号恭帝，加封赵匡胤为校点太尉，领归德节度使。当时恭帝年幼，臣民担心他没有治国能力，有半数人内心拥戴赵匡胤。显德七年（960），赵匡胤借率兵出战契丹之机，发动陈桥兵变，在士卒拥立下黄袍加身，遂取代后周，建立宋朝。

赵匡胤受命为帝之时正值五行的火运，因称火德王，定都汴京。建立七庙，分祭七位祖先。增加和修葺学宫，内塑先圣先贤像，并为孔子排位亲书赞语，促进臣下好学风气。任范质、王溥为同平章事。范质等认为，自己作为后周旧臣，稍存以往形迹，且担心宋太祖明察秋毫的洞察力，于是请求废除宰相见天子议事时坐论之礼，改以札子进呈议事，即上书言事，取得皇帝旨意。太祖采纳了这一建议，后世用札子奏事即起源于此。昭义节度使李筠起兵与北汉联合攻宋，被宋朝击败，李筠自焚而死。淮南节度使李重进，在起兵叛宋时被宋击垮，也落了个自焚身亡的同样下场。宋太祖问赵普："天下自唐末以来，数十年间，帝王共易八姓，在位君主也换了十三任，僭越之事接踵而至，战乱纷争经久不息，这是什么原因呢？"赵普答道："这没有其他原因，只不过方镇权力过大，君弱臣强而已。应控制方镇手中的钱粮，收编他们的军队，这样天下就自然而然归于安定。"一席话使太祖茅塞顿开。

杯酒释兵权

建隆二年（961）秋的一天，太祖因晚朝准备了丰盛的筵席，宴请石守信等几名高级将领。席间，太祖令左右侍从退去，对在座诸将说："都是靠了你们，我才有今天。但做天子也很困难，倒不如做节度使快活。看到皇帝的位子，谁不愿坐呢？我没有一个晚上睡得安稳。"石守信等急问："陛下为何说这番话，现在天命已定，谁还敢有异心？"太祖回答说："你们固然没有异心，但你们的部下贪图富贵又怎么办？一旦把黄袍加在你们身上，你虽想不干，却也做不到了。"在座的将领们吓得满身大汗，涕泣叩头道："我们愚顿，一向考虑不到这些事，请求陛下体谅我们，给我们指出一条生路。"太祖接着说："人生如白驹过隙，所以为图富贵，不如多积金帛，厚自娱乐，使子孙不会贫乏。你们何不放弃兵权，到地方上去选买最好的田地、最华贵的宅第，替儿孙们多置备产业，自己也多置歌儿舞女，饮酒作乐，安享天年。这样君臣之间相安无事，不是件大好事吗？”石守信等叩谢道：“陛下如此顾念我们，真是生死骨肉之交啊！”于是，第二天诸将都上表称病，乞求解除兵权，各人均获丰厚赏赐，只有石守信兼职如故，其实兵权已经不在其手了。对那些各州的守士官，宋太祖又用赵普的计策，有的因为身亡，有的因为升迁调动，全部由文官接任。同时规定各州及藩镇，有事独自上奏，不必再经过诸藩，于是节度使的权力日益削弱。命吕余庆参知政事，让百官分批入朝，指陈时政得失，遇有紧急情况，允许随时上章奏报。诏令举荐孝悌勤劳、有奇异本领及文才武略的人加以任用。

金匮之盟

有一天宋太祖上朝时，杜太后也在殿上，群臣叩见称贺，太后却郁郁不乐，身边随侍的人都很诧异，问其原因，太后说：“我听说做皇帝是件困难的事，如果治理天下措施得当，那么他的地位就会受人尊崇；但若方法失当，要回头做个平民百姓也是难以做到的。”太祖听后惶恐，叩拜再三，恳请赐教。杜太后病危时，曾召赵普入宫受命。当时太后对太祖说：“你知道这个天下是怎样得来的吗？”太祖说：“都是祖宗和太后的功德。”太后说：“不对。这是周世宗让幼儿主天下的缘故，才使你得以成为皇帝。如果后周有年长的君主，你哪能得到皇位！你百年后，应当传位给光义，光义传光美，光美再传给德昭。国家有年长的君主在位，是社稷的福气。”太祖表示一定遵从母教。太后又对赵普说：“你同时记下我的遗言，不可违背。”赵普便当场在榻前记下这些话作为誓书，在末尾署道：臣赵普谨记。太后临终前，命将誓书藏入金匮，由谨慎可靠的宫人掌管。

基本统一

建隆四年（963），宋太祖派慕容延钊、李处耘率兵征伐南平，迫使南平国主高继冲及湖南的周保权投降，湘湖地区的割据局面遂告结束。乾德三年（965），太祖又命王全斌等进攻后蜀，蜀主孟昶投降。王全斌放纵部下在蜀地淫掠妇女，夺取财物，给当地人民造成苦难，引起民众的反抗。曹彬前往招慰，击败了反抗者，两川随即平定。在对蜀战争中，只有刘光义、刘廷让、廉谨、曹彬诸将能够严格约束部下，因而受到了皇帝的嘉奖。开宝初年太祖派潘美领兵攻南汉，占领广州，迫降南汉主刘鋹，两广全部荡平。开宝八年（975），太祖派遣使臣谕知江南国主李煜入宋朝拜，李煜不来，于是命曹彬统率十万大军进攻江南。出发之前，太祖告诫曹彬：“江南之事，一切听任你来处置，切勿暴掠百姓，务求广布朝廷威信，让他们自愿归顺，不必急于用兵。”并授予曹彬一把上方宝剑，指示他：“副将以下，不服从命令的斩首！”潘美等人得知后，都为之失色。自从王全斌平蜀以来，杀死了好多人，太祖时常为此而怨恨王全斌。曹彬性情宽厚，受到太祖的信任和重用。曹彬攻克江南后，宋朝封江南主李煜为违命侯。当曹彬自江南率得胜之师还朝时，所乘舟中只载有随身的图书衣物，足见他秋毫无犯的风范。

瓜子金

此后，南方诸国相继被宋朝吞并，引起吴越国的恐惧，于是派使者入宋，行贿于宰相赵普。在此之前，宋太祖时常微服出行，且屡次走入赵普家秘密议事。这天正好太祖又一次驾临赵家，适逢吴越国使者刚到，向赵普献上书信及海物十瓶，放在厢房屋下，还未来得及打发使者离去，太祖已经进门，仓促间无暇退避。太祖看到礼物，问是何物，赵普只好据实回答。太祖说："海物一定很好。"当即命人打开，全是瓜子金。赵普惶恐不安，谢罪道："为臣尚未看信，确实不知原委！"太祖说："你收下吧。他们还以为国家大事，全都由你们这些书生来操纵呢！"事后，赵普更加惴惴不安，向太祖请求辞官，并上书太祖，请他遵照杜太后的遗诏，传位给晋王赵光义。太祖亲手封存了赵普的奏疏，把它藏入宫中。

迁都之议

宋朝以开封府汴梁为都城，称为东京，以河南府洛阳为西京。建国之初，宋太祖曾驾临洛阳，封其父赵弘殷为宣祖，并为他兴建慕安陵，祭拜天地于京郊。都城里的年长者相互议论说："我们这代人从小就饱经战争离乱之苦，想不到今天还能看到太平和天子手下的仪仗和卫士！”有的长者甚至在说这些话时激动得流下了眼泪。太祖想以洛阳为都，群臣都来谏阻，但谁也改变不了太祖的主意。在晋王赵光义也提出反对意见之后，太祖说：“若迁河南不成，我最终也会迁都长安。”赵光义问其为何非要迁都，太祖说：“我要西迁，是为了占据山河形胜，借以裁汰多余的兵员。”赵光义说：“国家强盛与否，在于实行德政，而不在于占据险要地势。”后经赵光义极力陈请，太祖还是听从了他的建议，迁回到汴京，但临行却慨叹道：“不出百年，天下民力将被消耗干净。”

五星聚集于奎宿。窦俨说：“天下自此太平，文明自此日盛！”宋太祖平日喜爱赵光义，多次到赵光义的府第，对赵光义一家恩宠甚厚。有一次赵光义生病，太祖亲手为他灸烧艾草调治，赵光义觉痛，太祖亦取艾自灼，以分其痛。这段灼艾分痛的美谈，遂被后世用来比喻兄弟间的手足之情。太祖原配夫人贺氏早死，继娶王氏、宋氏。宋氏想立皇子德芳为帝。开宝九年（976），十月十四日夜间，天下大雪，太祖召晋王赵光义入宫，嘱托后事。屏退所有宦官宫女，不让侍从们接近，远远看去，但见烛光下，晋王时而离席，似有退让之状，继而太祖抓起玉斧戳在地上，吃力地喊道：“好自为之！”过了一会儿，太祖去世，在位十七年，享年五十岁。

宋太祖一生仁孝豁达，质朴自然，不事矫饰，宫中所用苇簾，边上都用青布包缝，连日常所穿的衣服，也是洗得发白的旧装，性情恬淡凝重，行事严密谨慎，平素少言寡语，唯一的爱好就是读书，即使身在军中，也仍旧手不释卷，凡听说别人手中有奇书，总要不吝千金去购买。太祖曾阅读《尚书》的《尧典》和《舜典》，感叹地说：“尧舜的时代，四个不服控制的部族首领犯了那么大的罪，也只不过遭受了流放之苦，为什么近世的法网如此严苛呢？”于是在法律条文中规定，体罚不行于殿堂，辱骂不及于公卿，臣下除谋反外，不得诛戮。因此臣下们得以有为，而忠君爱国之心，也就油然而生了。

高梁河之战

宋太祖死后，他的弟弟晋王赵光义继位，改名炅（jiǒng），这就是宋太宗。太平兴国三年（978），吴越王钱弘俶前来朝见，太宗留下他不让回国。钱弘俶心里害怕，把自己的国土全部献给了宋朝，被宋太宗封为淮海王，南方的割据势力至此完全削平了。接着，宋太宗又把消灭北汉的事提上日程。太平兴国四年（979），经过充分准备，宋太宗派潘美等人，兵分四路围攻北汉的太原，而自己率兵士继其后。辽朝派使者来见宋太宗，问其征伐北汉的原因。太宗对辽的使者说：“河东不服朝命，该当问罪，若北朝不援，将按和约行事，不然则惟有一战！”潘美等将领屡败北汉军队，北汉求救辽朝，辽朝派兵赴援，被潘美等打得大败。北汉皇帝刘继元在宋朝的重兵围攻下，被迫投降。宋太宗兵发太原，讨伐辽朝，意在夺取后晋石敬瑭割给辽朝的幽云十六州。双方交战之初，宋太宗乘辽朝防备空虚，率兵长驱直入，辽将多溃败投降，宋军未费什么力气就抵达了幽州城南。幽州是辽的南京，又是一座军事重镇。驻守幽州的辽将耶律学古，凭借坚固的城防设施，竭尽全力抵御宋军，眼看形势不支，辽朝派耶律休哥率领援兵到达幽州。宋太宗亲自督师，与辽将耶律沙率领的一股援军大战于高梁河，在辽军即将败逃之际，耶律休哥率大队兵马赶到，与耶律斜轸从左右两翼对宋军进行包抄，激战中宋军大败，在辽军的猛追下，丢盔弃甲仓皇溃逃。宋太宗在慌乱中乘一辆驴车才得以逃脱。从此再也不敢轻易对辽用兵。

宋太祖死后未能得到皇位的皇子赵德昭，曾跟随太宗攻灭北汉。太宗从幽州败逃回来后，因为听说有天晚上军中发生夜惊，不知道太宗是否还能活着回来，有人准备立赵德昭为帝，就把战败的怒气倾倒在赵德昭身上。回朝后，由于北征失利，太宗长时间不对征北汉时立下战功的将士行赏。当赵德昭提醒他应该行赏时，他竟大怒说："等你自己做了皇帝，再行赏也不迟！"赵德昭听了这席话，知道宋太宗怀疑自己要篡位，就回府拔剑自杀而死，成了幽州之败的牺牲品。太宗得知，非常懊悔，前往府中抱起赵德昭尸体，哭道："傻孩子何至于做出这等事啊！"后追封赵德昭为魏王。

秦王赵光美案

北汉削平以后，天下复归一统，只有契丹占据河北幽、蓟一带，与宋朝对峙。宋朝派兵前去征讨，屡遭失败，天下再也恢复不到汉唐盛世的规模了。宋太祖在位时被罢去宰相职事的赵普，连年朝见宋太宗，意欲复出，却遭到卢多逊的大肆诋毁，说他当年在立宋太宗为帝的问题上没有起到好的作用，使赵普更加郁郁不得志。后来，宋太宗做晋王时的旧日僚属柴禹锡等人告发秦王赵光美骄横恣肆，将要阴谋夺取帝位，引起宋太宗的猜疑。太宗为这件事征求赵普的意见，赵普乘机请求授予自己权力，以便查清谋乱情由。并说自己作为旧臣，受权贵陷害，还把当年接受杜太后遗命及上书太祖请传位于晋王光义等事提了出来。太宗听了这些话，就从宫中打开金匮，找到太后遗誓，阅览赵普当时的那封奏疏，对照无误后，召见赵普，对赵普说："人非圣贤，谁能无过？我尚不满五十，已知四十九岁以前的过错了。"遂任赵普为司徒，兼任侍中。当年杜太后在遗命中要求宋太祖传位给太宗，太宗传位于光美，光美再传位于德昭。而德昭自杀而死，德芳也相继夭亡后，光美才开始忐忑不安，被柴禹锡借机告发。宋太宗一时难以决断，乃召见赵普，向他提起当年杜太后的遗旨。赵普说："太祖已经失误，难道陛下您还要一错再错，将皇位传给弟弟吗？"于是，赵普受到太宗信任，恢复了宰相职务，卢多逊被罢官流放，赵光美被定罪后郁郁而死。

为叔求情赵元佐，宰相气量吕蒙正

宋太宗的长子赵元佐，自幼聪慧机敏，相貌酷似他的父亲，因此受到太宗钟爱。赵光美遭贬迁往房州时，赵元佐曾竭力救护过他。赵光美死后，赵元佐因忧愤而致神经失常。重阳节时，宋太宗召诸王到禁苑中射猎欢宴，赵元佐因刚病不久未能参加。等天色将晚，诸王宴罢回家，路过赵元佐住处，赵元佐怒道："你们与圣上一同欢宴，只有我不能参与，这明明是抛弃我呀！"于是更加气愤，借酒消愁，当晚纵火焚烧自己的居室。宋太宗盛怒之下，将赵元佐废为庶人，同时罢免赵普的宰相职务，命吕蒙正为参知政事。吕蒙正初入朝堂时，有个朝中官员指着他问道："这位先生也要参知政事吗？"吕蒙正假装没有听到而匆匆走过，与他职位相同的官员却对此义愤难平，非要上去盘查问话者的姓名。吕蒙正赶紧上前劝阻道："如果我们盘问了人家的姓名，恐怕会使人家顿生拘谨，不如不去盘查为好。"当时人们都因此事而佩服吕蒙正的气量。

西夏建国

雍熙年间，夏州党项贵族李继迁发动叛乱，投靠契丹，对抗宋朝，于淳化元年（990）被契丹册封为夏国王，后来逐渐形成了与宋、辽鼎立的西夏国。

吕　端

宋太宗在位多年，尚未确立皇太子，便由凤翔召寇准入朝。太宗问寇准："我家儿子中谁能继承大业？"寇准答道："对儿子的了解，没有人能比得上他的父亲。但愿陛下选定能担负起天下重任者。”太宗问：“寿王元体可以吗？”寇准说：“圣上的意见既然认为可以，那就赶快决定吧。”于是太宗立寿王赵元体为太子，改名恒，任命寇准为参知政事，吕端为平章事。在吕端被任为宰相之前，有人告诉宋太宗说：“吕端为人糊涂。”太宗说：“吕端小事糊涂，大事不糊涂。”遂决定任用吕端为相。

至道三年（997），宋太宗病重，宣政使王继恩由于豪横日久，担心太子英明过人，继位后对己不利，便与参知政事李昌龄、殿前都指挥使李继勋等人密谋，欲立被废作庶人的旧太子楚王赵元佐为帝。宰相吕端入宫探问太宗病情，发现太子赵恒不在太宗身边随侍，怀疑其中有变，便在手中的笏（hù）上写下一个大大的“渐”字（意为病危），命手下的亲信官员执笏去见太子，请太子马上入宫侍奉太宗。宋太宗在位二十三年而去逝，享年五十九岁。

宋太宗死后，李皇后命王继恩通知吕端入朝，一起商议皇位由谁继承。吕端知道其中将有变故，就哄骗王继恩，让他进入书阁检查太宗生前手写的遗诏，把他锁入书阁，然后急忙入宫。皇后当时正为皇位的继承问题而烦恼。便问吕端：“皇上已去世，皇位的继承，应以长子为先，这是顺应祖制的做法。可是现在怎么办呢？”吕端说：“先帝册封太子，正是为了让他今日继位。现在先帝刚刚离去，怎么可以马上违背他的遗命而另生异议呢？”皇后无言以对，遂立太子赵恒为帝。宋太宗一生仁恕恭俭，爱惜百姓，礼贤下士，除喜欢读书外，平日没有其他爱好。李昉、吕蒙正、张齐贤、吕端、寇准、李沆、向敏中等一批贤臣，相继受到太宗的信任和重用。由此可见，宋太宗是个善于守成的有为君主。但他更改金匮之盟的行为，既违背了母亲的遗命，又辜负了皇兄的期望，何况一个弟弟、两个侄子又都因此而不得善终，后世不能不对他有所指责。

至道三年（997）三月，太子赵恒即位当了皇帝，这就是宋真宗。真宗在登基仪式上，垂帘接见群臣。吕端被宣上朝，没有立刻叩拜，他请求皇上卷起帘子，并登到殿上审视一番，认清了继位的的确是原太子，然后才下来率领群臣一同叩拜。等到吕端因病去职后，真宗改命寇准为平章事。

澶渊之盟

当初，夏州李继迁作乱，时而叛宋，时而降宋。在他投降宋朝时，被宋太宗赐姓名为赵保吉。赵保吉死后，他的儿子李德明继位。曹玮上书宋真宗说："李继迁曾擅自割据黄河南北二十年之久，现在出其不意，擒获李德明送进关内，将河西地区恢复为郡县，这是个大好时机。圣上应施恩宠于李德明，下诏来招抚他。然而，李德明毕竟是我朝的西顾之忧，若不乘其国危子幼，即刻加以扑灭，日后再度强盛，就难以控制了。请圣上给我一支精兵，讨平西夏，擒获李德明。"真宗想对李德明施以恩德，让他接受招抚，不料李德明却投靠了契丹，并受其册封为西平王。

景德元年（1004），辽朝皇帝耶律隆绪率军大举入侵，边事告急，一夜之间竟有五封告急文书发往京城，朝野为之震恐。宰相寇准扣压前线消息，照常宴饮，谈笑自若。宋真宗得知真情后，大惊失色，便用话探问寇准，寇准回答说："陛下要想弄清情况，最好在五天内亲自驾临澶州。"真宗听了此话，感到很为难，想回宫暂避，却被寇准劝止，要他立即考虑起驾。当时与寇准同任宰相的毕士安，也力劝真宗皇帝接受寇准的建议，而担任参知政事的临江人王钦若，却主张真宗迁都金陵。签书枢密院事陈尧叟是阆州人，他又主张真宗迁往成都。真宗无所适从，征求寇准的意见。寇准说："陛下神武，将臣齐心，若能大驾亲征，敌人将不战自逃。否则，出奇兵骚扰辽军，坚守阵地使辽兵因长期不得进展而疲劳涣散，我们也能稳操胜算。如果抛弃在京城的宗庙，跑到别处去，势必让敌人感到我们软弱可欺，到那时人心崩溃，敌人乘胜长驱直入，大宋的天下还怎么来保全呢？"在寇准的竭力劝说下，真宗终于决定率军前往澶州应敌。

从此以后，王钦若、陈尧叟二人开始仇恨寇准。真宗由京城出发时，寇准以为王钦若是个有智谋的人，因此深恐他再到圣上面前妄谈迁都之事，妨害国家大事，于是命其出镇大名，执掌天雄军。待辽军攻至城下时，王钦若却束手无策，只有闭门修斋诵经而已。宋真宗抵达澶州，宋军士气大受鼓舞。辽朝先锋大将萧挞览出营视察地形，被宋威武军头领张环用床子弩发箭射死。辽朝皇帝临阵失将，大为恐惧，打算率军撤退。而此时数十万宋朝大军刚刚到达。宋真宗来到澶州南城，望见辽兵军势旺盛，群臣建议皇上驻足屯扎。寇准坚持要求宋真宗车驾渡过黄河，远近宋军望见皇上渡河的御盖，万众踊跃，"万岁"的欢呼声响彻数十里，宋军士气由此大增，而辽兵更加军心动摇。辽派骑兵进袭薄城，又被高琼击败。辽朝皇帝遂决定立刻同宋朝议和，以迅速脱离危险境地。寇准本想乘胜进击辽军，无奈宋真宗已经厌战。他说：“我不忍生灵再遭涂炭，姑且接受辽朝的议和请求吧。”辽朝遣使臣携带书信前来缔盟，宋朝派曹利用抵契丹军中议和，双方使臣往返商谈，议定宋朝所要交纳的岁币数额。宋真宋吩咐曹利用说：“如果不得已的话，虽然百万财货之数，也可以答应。”寇准闻言后，悄悄把曹利用叫入帐内，对他说：“虽有皇上谕旨，但你所答应的数字超过三十万，我也一定要杀了你。”经过讨价还价，曹利用最终与辽达成和议：宋朝每年以银十万两、绢二十万匹，作为岁币向辽朝交纳；宋、辽成兄弟之国，宋朝为兄，辽朝为弟，双方使者定期互访。这个协议，就是历史上有名的“澶渊之盟”。自此而后，南北双方各自弭兵而归，其实是寇准从中尽力斡旋的结果。

宋辽“澶渊之盟”订立后，寇准深受宋真宗的信赖和倚重，却遭到曾经力主真宗迁都金陵的王钦若的妒恨。有一天会朝后，寇准先退。王钦若看到真宗目送寇准时流露出一种敬重之情，便问真宗：“陛下敬重寇准，是因为他对社稷有功吗？”真宗回答：“是。”王钦若挑拨说：“城下之盟，《春秋》书中认为是可耻的事，澶渊的举动也同样是城下之盟。陛下听说过赌博的事吗？嗜赌的人钱将输光时，就会罄其所有全部押上，称之为孤注。陛下就是寇准的孤注，实在太危险了。”这一席话使真宗对寇准的感情一下子由敬重变为怨恨，后来竟罢去寇准平章事（宰相）的职务，让他到陕州做个知州，改命王旦为平章事。真宗深以澶渊城下之盟是难以洗刷的耻辱，经常闷闷不乐。王钦若明知真宗害怕同辽打仗，却故意对他说：“陛下只要出兵攻占幽、蓟，就可以洗刷这个耻辱了。”真宗说：“河北生灵，刚刚免受战乱之苦，我怎么能忍心出兵呢？可以再想其他办法。”王钦若提议：“唯有封禅可以镇服四海，夸示戎狄。然而，自古封禅，必须有天瑞出现才能进行。天瑞哪能说有就有呢？前代曾有过人为制造天瑞的做法，只要人主（皇帝）深信不疑，布告天下，也就与真的天瑞出现没有什么两样了。”真宗沉思片刻后说：“把详情告知王旦，恐怕没有什么不可以吧。”王钦若说：“我把圣上的旨意转告他，他不会不理解的。”遂乘便将真宗的意旨转达给了王旦。在王旦勉强顺从后，真宗又亲自召见王旦，请他饮酒，并赠一樽酒让他带回去与妻子同享。王旦回去一看，里面装的全是美珠，知道这是皇上要堵住自己的嘴，也就不再提出异议了。

封禅泰山

大中祥符元年（1008）正月初一，宋真宗召见群臣时说：“我于去年十一月二十七日将近半夜时，刚刚睡下，忽见室内出现一道闪光，有一个头戴星冠身着绛衣的神人飘然而至，告诉我说‘将有天书三篇降抵人间’，刚才看到皇城司的奏言，说是承天门上发现黄帛，悬挂在城楼屋顶的鸱尾上，那不就是天神所降的天书吗？”王旦等人再拜称贺。真宗步行来到承天门，派两名内侍爬上屋顶，小心翼翼地取下“天书”，王旦跪地双手接过，然后献于真宗，真宗再拜后接受，交给陈尧叟启封，读其言辞，则很像老子的《道德经》。“天书”读罢，被盛入金匮。群臣纷纷称颂这是天降祥瑞，只有龙图阁待制孙奭（shì）表示怀疑，他问真宗：“以臣愚见，不知天是何物，哪还有什么天书下降呢？”真宗沉默不语。

“天书”制造出来后，真宗开始着手封禅。经过半年多的准备，宋真宗带着王旦、王钦若等朝中大批官员及众多的护驾军队，从京城出发前往泰山举行“封禅”仪典，然后大赦天下，满朝官员也都因“封禅”而得到封赏。

两年后，宫女李氏生下皇太子。李氏是杭州人，初入宫时侍奉刘修仪，秉性庄重，不多言语，被真宗命为司寝。怀孕后，有一次随真宗登临观景台，不慎将玉钗掉落地上，真宗心内祷告“玉钗如能完好无损，将会生下男孩”。左右侍从捡起玉钗献上，真宗一看，丝毫无损，满心欢喜。不久，李氏果然生下一个男婴，却被刘修仪夺为己子，李氏未敢声张，宫廷内外也都不知，真宗晚来得子，喜不自胜，但婴儿刚生下来时，昼夜啼哭不止。有个道士声称能使婴儿止哭，召入宫后，对婴儿喊道：“莫叫，莫叫，何似当初莫笑！”婴儿果然停止了哭叫。这大概是因为真宗当初祭拜上帝求子时，上帝问群仙，谁愿前往超生，众皆不应，唯独赤脚大仙嫣然一笑，遂受命降生为真宗的儿子。后来皇太子在宫中爱好赤脚，也从另一方面验证了此事。被宋真宗册封为皇后的刘氏，虽家世贫寒，但生性机敏，有权术，从一个宫女逐渐爬上皇后的位置，成了真宗决策朝政的得力助手。当她把李氏所生皇子据为己有后，权势更大，劝真宗立自己的儿子异王赵受益为太子，改名祯，其实仍是李氏所生的那个儿子。

真宗为人宽仁慈爱，有帝王的涵养。景德年间以前，任用吕端、张齐贤、李沆、吕蒙正、毕士安、寇准、王旦等贤臣辅政，足称继世之贤君；祥符年间以后，改用王钦若、陈尧叟、冯拯、丁谓、曹利用等一批小人，从此信奉道教，为邪说歪道所迷惑，伪造“天书”，封祀泰山，迷信骗局接连不断。乾兴元年（1022）宋真宗去世，在位二十三年，太子赵桢继位，这就是宋仁宗。

宋仁宗与“狸猫换太子”

仁宗即位时年仅十三岁，五日一登承明殿，由母亲刘太后垂帘听政。宰相丁谓想独揽朝政，暗中勾结太监雷允恭，让他私下请太后颁诏，指出：“皇上每月初一召见群臣，其他时间如有大事，可以上奏太后，由太后召集有关辅臣会商决定；一般小事，可减去繁琐程序，直接交雷允恭传奏，在宫内签署意见。”这样一来，雷允恭更加仗势专横，与丁谓相互利用，排斥异己，一时间权倾朝野，众莫敢抗，只有王曾一人敢于正色直立朝堂，时人都很佩服他的勇气。当初真宗临终前，曾说只有寇准、李迪可以托付后事。然而，丁谓痛恨寇准，加之太后不满意李迪，有人奏请任用寇准和李迪，也被诬为寇、李朋党而遭贬谪。王曾认为处罚过重，遂提出质疑，丁谓却愤恨地盯着王曾说：“你这个曾将第舍借给寇准的人不要再多嘴了，否则你也免不了罪责。”这样连王曾也不敢再多说什么了。

当时宋真宗的陵寝尚未告成，遂命丁谓兼山陵使，内侍雷允恭为都监，协理陵寝事宜。在一次勘查陵址时，司天监邢中和对雷允恭说："现在山陵上百步，即是佳穴，法宜子孙，我只担心下面会遇到石头和水。"雷允恭说："把墓室移就上穴即可。你尽管督工改筑，我先入宫禀告太后，她肯定会允准的。"雷允恭这时正受朝廷宠信，没有人敢反对他的意见。太后让他与山陵使丁谓商议处置办法，丁谓却唯唯诺诺。不久在挖穿上穴时发现了石头，石头清除后便有水渗出，众人担心对渗出的水无法控制，就遣内侍毛昌达回宫奏请太后，寻求解决办法。太后降旨让王曾前去巡视。王曾回来报告说，丁谓包藏祸心，有意让雷允恭将墓室移至绝处。太后听后，大惊失色，盛怒之下，想把雷允恭和丁谓一并杀掉。冯拯劝阻说："当今皇帝初承大统，即命诛杀大臣，恐怕会惊骇天下臣民。"于是太后就未杀雷允恭，仅将丁谓贬职，改命王曾为平章事，吕夷简为参知政事。

当初，刘太后在收宋仁宗为自己的儿子之后，就与杨太妃一起养育，而仁宗的生母李氏，仍旧生活在先朝留下的嫔妃群中，从不自命特殊。人们因畏惧太后的权势，都不敢在仁宗面前提起此事，因此仁宗虽逐渐长大成人，但仍不知自己是李氏的亲生子。后来李氏病危，仍然自我克制，被晋封为宸妃。等李氏死后，刘太后想以一般宫女的礼仪来办理她的后事，在宫外为她治丧。此时吕夷简为宰相，奏请李氏的葬礼应该从厚。刘太后闻奏，便把仁宗叫起来，退往幕后商议。过了一会儿，刘太后独自站在帘后说："一个宫女病死，相公如此用礼，这是为何呢？"吕夷简回答："臣待罪为相，凡事无分宫内宫外，都应当认真参与。"刘太后怒道："你是想离间我们母子的关系吗？"吕夷简说："太后还想不想在日后保全你们刘家的基业？"不久颁诏，想凿开内宫城墙来出殡，以免李氏灵柩经过后宫正门。吕夷简得知后，就对内侍罗崇勋说："宸妃生下了皇上，她的葬礼却不成体统，他日必然有人要承担今天的罪过，到那时不要怪我吕夷简没有提醒大家。以我之见，应该用太后的服饰入殓，用水银防腐。"罗崇勋听后也害怕承担责任，于是赶紧跑去请示刘太后，终于获得刘太后允诺，以太后之礼葬了李氏。这件事就是后来被艺人广为渲染的《狸猫换太子》的故事。

刘太后对待仁宗就像自己的亲生儿子一样，仁宗也很孝敬她，关系十分融洽。等刘太后死后，仁宗亲政，尊杨太妃为皇太后。仁宗与吕夷简商议，想把曾经依附过刘太后的张耆、夏竦、陈尧佐等旧臣全部罢免，吕夷简表示支持。仁宗退朝后，把情况说给郭皇后听，郭后问仁宗："难道只有他吕夷简没有傍依过刘太后吗？只不过他善于随机应变，玩弄权术罢了。"于是吕夷简也同时被罢免。当罢免诸人的诏书颁发时，正赶上吕夷简上朝押班，他听到唱名，大吃一惊，不知道自己为何同时遭贬，便让平日与自己有深交的内侍阎文应在宫中刺探原委，才知道事因郭后而起，遂对郭后深表不满。

到后来吕夷简再次出任宰相时，尚美人、杨美人都在受宋仁宗宠幸，并且多次同郭后发生争执。有一天，尚美人在皇上面前说话时冒犯了郭后，郭后怒不可遏，遂伸手抽打尚氏面颊，皇上急忙起座拦阻，不料被郭后一掌批中脖子，皇上大怒。太监阎文应乘机挑拨，请求仁宗废弃郭后，并劝仁宗将被打的掌痕给执政官员验看。当仁宗让吕夷简验看时，夷简因对郭后怀有旧怨，就力主皇上废黜郭后。仁宗犹豫不决，拿不定主意。吕夷简进一步劝道：“汉光武帝素称明主，为了郭后怨怼（duì），竟致坐废。现在郭后如此失礼，仅仅废黜她的皇后名号，何况她还动手伤了陛下的颈呢？”中丞孔道辅串通谏官范仲淹、宋庠等人，在皇上面前竭力反对废黜郭后，因而全都遭到贬谪。郭后被废为净妃，迁往瑶华宫居住，宋仁宗又秘密派人去召她，被她拒绝道：“除非让百官上朝，通过正规仪式册封我为皇后，否则我不会接受召见。”内持阎文应由于曾经诬陷过郭后，所以很怕郭后重立为皇后。郭后有一次生了点儿小病，宋仁宗派阎文应请太医为郭后诊治，郭后却突然死去。宫人怀疑阎文应贿嘱太医，用药毒死郭后，但苦无实据，只得以暴卒奏闻。仁宗闻郭后死，很是悲悼，遂为她追复皇后名号，按照礼制安葬。

阎文应因受开封府知府范仲淹参劾，被宋仁宗流放岭南，死于途中。荆王赵元俨，是宋太宗的第八子，性情威严刚毅，无人敢于冒犯，被人称为八大王。由八大王出面对仁宗说，陛下是死于非命的李宸妃的亲生骨肉。仁宗这才得知自己是宸妃的儿子，为此痛哭多日，下诏自责，并亲临洪福寺祭拜宸妃亡灵，为宸妃开棺易容、更换棺木，以水银装殓，使之下葬时面色如生，穿戴皇后的冠服。事后仁宗感慨道：“人们关于我的身世的说法是真实可信的啊！”由此对养母刘氏的礼遇更加优厚了。

议和西夏

景祐五年（1038），夏州赵元昊（hào）谋叛，进犯环庆，改元称帝，国号夏。夏军进攻保安军，被指挥使狄青击败。由于宋朝将帅各自把守防地，互不支援，被西夏军队攻陷了边境不少要塞，朝廷只好派范仲淹担任延州知州，对付西夏的侵扰。范仲淹到达延州后，积极革除军事上的积弊，一改以往兵无常帅、将不识兵的弱点，把延州的一万八千名士兵分配给六名将领统带，日夜训练，根据敌兵进犯人数的多少，轮番出战，收到了很好的防御效果。敌人相互告诫说："不要再打延州的主意了。现在小范老子胸中有数万甲兵，不比大范老子（指范雍）软弱可欺啊！"赵元昊率西夏军进犯三川诸要塞，陕西安抚使韩琦，派任福率兵夜奔白豹城，黎明时攻破城池，歼灭西夏四十一族，焚毁其房舍财物后撤还。这时辽朝皇帝乘宋朝与西夏交兵之机，派使者要求割让关南十县土地，宋仁宗只答允增加岁币，派枢密直学士富弼两次出使辽朝，以坚词厉言折服契丹，双方最终以岁增银、绢各十万，达成协议，加上以往的岁币数目，则为每年赐给辽朝银、绢各五十万，双方的和好局面重新获得巩固。宋仁宗命韩琦、范仲淹为陕西路安抚经略招讨使，二人号令严明，爱抚士卒，使边外诸族既害怕又敬重，不敢轻易入侵。边境上军民传诵着这样的民谣："军中有一韩，西贼闻之心胆寒；军中有一范，西贼闻之惊破胆。"天下遂将二人并称为韩范。宋、夏经过数年军事冲突，对抗逐渐减弱。庆历四年（1044），西夏皇帝赵元昊改名曩霄，上书称臣，请求与宋朝和好。在西夏表奏和好誓约后，宋朝答应每年赐给银七万二千两、绢帛十五万三千匹、茶三万斤，从此以后边境得以安宁。

共治时代

范仲淹为官清正廉明，于庆历三年（1043）被宋仁宗任命为参知政事，主管监选班簿事务。他不畏权贵，敢于直言，大胆推行了改善吏治的“庆历新政”。当时范仲淹查阅各路转运使的“班簿”（名册），每见有庸碌无能者，就用笔勾了记号，依次更换。富弼对他说：“你每勾一笔，就会有一家为之痛哭啊！”范仲淹却说：“一家哭，怎比得上一路哭呢？”坚决罢免那些不称职的官僚的职事。

庆历七年（1047），王则率领县州士兵起事，朝廷派文彦博等领兵讨平。皇祐四年（1052），广南壮族首领侬智高起兵叛宋。次年，宋朝令狄青率兵南下镇压，侬智高兵败逃往大理。仁宗命赵抃（biàn）为殿中侍御史。赵抃，弹劾不避权贵，秉公直言，凛然正气，京师人称“铁面御史”。以文彦博、富弼同平章事，文彦博辞退后，又命韩琦为平章事，一时间朝野上下共称用人得当。任命包拯为开封府知府。包拯在朝中以刚直闻名，贵戚宦官无不对他惮惧，他的清廉、明断，使任何人都无法欺瞒。他不畏强暴，敢于为民请命，是当时妇孺皆知的人物。因为他曾被授予天章阁待制的清要职衔，所以又被人们号为“包待制”。京城中的百姓因为他刚正无私，作歌谣说“关节不到，有阎罗包老”。意思是说只有包拯不能用贿赂和请托打通关节，更有人比喻他“笑比黄河清”。当时有个隐居于河南的名士叫邵雍，此人养就一种超然世外的隐士风度，朝廷屡授官职，均称病不赴任，精通易理，遇事能先知，其学说经后人发展为算命学。

宋仁宗原有三个儿子，均不幸早亡，为了选取皇位继承人，遂将宋太宗曾孙汝南郡王赵允让之子赵宗实招纳入宫，由曹皇后收为养子。赵宗实四岁入宫，长大后并未被立为太子，而令其仍回归到父王府中。在他为父亲汝南王守丧期间，司马光、欧阳修、包拯、吕景初、赵抃、吴奎等大臣全都上疏，力请早立皇太子。当时担任过宰相的文彦博、富弼、王尧臣曾相继劝告宋仁宗，让他早立太子，可惜均未被采纳。司马光上疏说：“以前臣进言请求早立太子，陛下恩准马上进行，但至今未见任何动静，想必是有小人从中进了谗言，说什么‘陛下年富力强，为何急于做这种安排后事的不祥之举呢’，小人们没有远见卓识，只是为了乘将来仓促之际，推举与自己亲近的人继承皇位。由国老操纵朝廷大事，把天子当作门生一样来使唤，这样的祸事古来已不可胜数！”仁宗看了这段奏疏，心里大受感动。与此同时，担任江州知州的吕诲，也在上疏中请求早立太子。仁宗召见韩琦，让他阅读司马光和吕诲的奏疏，然后焦急地问他：“我也早有立皇太子之意，然而谁最合适呢？”韩琦惶恐地答道：“这不是我们做臣子的人所能讨论的，应当由陛下裁决。”仁宗说：“宫中曾收养过两个儿子，年岁小的非常愚昧，近似于痴呆，只有年岁大的那个还算可以。”韩琦询问名字，仁宗说就是以前的养子赵宗实。后来在韩琦等人的极力赞助下，仁宗终于决定立赵宗实为太子。当确立赵宗实为太子的诏书下达时，赵宗实坚请居父丧期满后就太子之位，受到了宋仁宗的恩准。待赵宗实居丧期满后，仁宗于至和二年（1055）再次召他入朝，他却极力推辞。仁宗又命翰林学士王珪起草诏书，正式册封赵宗实为皇太子，赵宗实仍复称病推却。司马光对仁宗说："皇子推脱意料之外的富贵，说明他的贤德远远超过了常人。然而，父亲的命令不能不从，君主的旨意更不能延误。请陛下以臣子的大义来斥责他，想必他一定会听从的。"仁宗按司马光的建议行事，果然为赵宗实所接受。入宫之前，赵宗实告诫家中仆从们说："替我守好房舍，等将来皇上有了嫡传，我还要回来。"于是赵宗实乘坐肩舆入朝，各色随从不满三十人，行李更为稀少，只带了几柜子书籍。尽管这样，他还是受到了朝野上下的隆重恭贺。赵宗实做了皇太子后，改名曙。赵宗实在太子位上谨小慎微，恭俭礼让，没有什么宏大作为，天下人都打心底里佩服他的品德。

宋仁宗恭俭仁恕，敬天重民，始终如一。官府曾请求仁宗把道教传说中天帝所居的玉清旧址开辟为馨苑，仁宗说："我继承先帝们留下的苑囿，尚且觉得宽余，为什么还要另辟新苑呢？"仁宗还广泛征召蒙受冤屈的人，让他们都能获得重新评议的机会，经他手而得以减刑活命的人每年数以千计。仁宗曾说过："我从来未曾用死这个字来咒骂过别人，更何况要滥用刑罚呢？"有一次仁宗对近臣说："昨晚因深夜不眠而感到饥饿，忽然间想吃羊肉。"近臣问他为什么当时没有索要，他说："我担心自己开下先例，养成习惯。若不能忍奈一夕之饥，势必要导致无穷的杀戮啊！”仁宗日常居家宴饮总是穿戴洗濯多遍的旧衣，帷帘被褥也多用破旧的粗糙织物做成。有人献上珍奇蛤蜊二十八枚，每枚价值千钱，仁宗说：“动一次筷子竟费达二十八千，这样的富贵是我所不忍为的。”有一次辽朝使臣对仁宗说，由于高丽国不按时朝贡，计划出兵征伐高丽。仁宗对辽使说：“这只是高丽王子的罪过，不关百姓的事。现在对高丽用兵，未必能擒获其王，反倒会给百姓造成杀伤。”在仁宗的规劝下，辽朝终于没有进攻高丽。

仁宗好学崇儒，曾在讲解儒学的经筵上对侍臣说：“我对学习儒家圣典即使盛夏酷暑也从未稍有倦怠，唯一担忧的就是过分劳累你们。”仁宗还下诏命各州县设立学校，并选定太学生员。王尧臣和吕臻进士及第时，仁宗分别赐予他们《中庸》篇及《大学》篇，于《礼记》一书中，专门表彰颂扬这两篇经文，激励儒臣重点学习，实则为确立“四书”之开端。后来，程颐在《中庸》《大学》之外，又选配《论语》《孟子》，再经南宋理学家朱熹集注，遂成后世儒学的入门书。

宋仁宗庆历年间以前，朝中未尝没有小人，但其能量不足以胜过贤臣；庆历年间之后，则君子满朝，贤者云集。正史为仁宗立传时评价说：“为人君者以宽仁为宗旨，在这一点上仁宗的确称之无愧。”

宋英宗

嘉祐八年（1063），宋仁宗在位四十二年去世，皇子赵曙即位，这就是英宗皇帝。英宗继位后，尊曹皇后为皇太后，仁宗的遗诏颁行之日，举国哀悼，虽深山穷谷之地，人们也莫不奔走悲号，如丧考妣。后来英宗生病，诏请曹太后权宜一同处理军国重事。曹太后生性慈俭，颇涉经史，听政以后，多引经据典来决断政务。内外奏章，每日虽达数十件之多，太后仍能一一记录纲要，妥为处置，唯独对待曹氏外戚及身边的内侍，毫不顾惜，他们亦不敢越轨行事，朝野上下无不肃然起敬。

宋英宗病情加重，逐渐发展为举止失常，对宫中内侍尤其暴怒，令手下人多不高兴，为发泄心中的怨愤，遂在太后、皇帝之间制造谗言，使双方离间成仇，宫廷内外均为之担忧惧怕。知谏院吕诲急忙上书曹太后和宋英宗，语真意切，道出许多别人不便陈说的劝解之词，但两宫之间的积怨仍未消除。有一天，韩琦、欧阳修在曹太后帘前奏事，却见太后双目垂泪，呜咽不止，把英宗举止变态的事全部抖搂出来。韩琦说："皇上暂时生病，导致性情失常，痊愈以后，一定有所改变。况且太后为母，皇上为子，子有病，难道你做母亲的不能包涵吗？"太后仍然没有想通。欧阳修又奏道："太后侍奉先帝数十年，仁德高厚，天下共仰。从前张贵妃得宠，死后又得追封为温成皇后。对温成那样的荣宠，太后尚能处之泰然，如今母子相关，何至不能相容呢？"太后闻言，方才收泪。韩琦又大声说："我们为臣之人远在宫外，皇上病体如果失于调护，太后是无法推脱责任的。"太后听罢，吃惊地说："这话从哪里说来？我心里更愁得紧哩！"内侍们听了这番对答，都不禁瞠目咋舌，暗生虚汗。几天后，韩琦独入内廷，向英宗问安，英宗略谕数语，便道：“太后待我，未免少恩。”韩琦忙对道：“自古圣帝明王，也有不少，独称舜为大孝，难道其余人都不孝吗？只不过父母慈而子孝，乃是常事，未足称扬而已。只有父母不慈，子仍尽孝，方可称名千古。臣恐陛下侍母不周，有亏孝道，天下岂有不慈的父母？”英宗闻言，大有感悟。

英宗自六月以来久未上殿，有一天初临紫宸殿会见百官，即被韩琦劝说，乘肩舆前去祈雨，而且素服出行，举措至诚，遂使民心大受感慰。英宗病情稍愈，命侍臣讲读经史于迩英阁，翰林侍读学士刘敞进读《史记》，读至尧授舜以天下之事，即拱手讲解道：“舜出身寒微，尧禅授给他大位，天下归心，万民悦服，这并非因为舜别有他术，只因他孝亲友弟，德播远近，所以讴歌朝觐，不召自来。”英宗悚然改容，遂大彻大悟。太后得知英宗的变化以后，也非常高兴，两宫间的疑忌逐渐得以化解。不久立高妃为皇后。高后的母亲曹氏，正是曹太后的胞姐，因此高后自幼被太后养育在宫内，且与英宗同岁，又一起受到过太后的抚育。当时宋仁宗就曾预言二人，“他日必成婚配”。高氏长大后果然离开太后，做了英宗的妃子，婚后生子三人，此时被册封为皇后。韩琦为使太后撤帘还政，便挑选十余件事禀奏英宗，英宗都裁决得当。韩琦遂将英宗裁定之事复奏太后，太后对每件事都一一点头称善。韩琦随即向太后道出皇上圣断英明，又兼太后训政，自请告老休养。太后道：“朝廷大事，全仗相公，相公如何可去！倒是我应该退居深宫了。我每日在此垂帘，并非为了干政，而是因为皇上抱病，不得已而为之。”朝琦即称前代母后，贤如马、邓，尚不免顾恋权势，今太后便拟归政于皇上，实为马、邓诸后所不及，但不知太后决定何日撤帘。太后当即离座，示意撤帘。韩琦遂命銮仪司遵旨撤帘。英宗从此得以亲政。

内侍任守忠，曾在英宗生病期间，乘间进谗两宫。忽有一日，韩琦拿出一道空头皇帝诏令，自己署名签字之后，又让两位参知政事签名。当时的两位参知政事，一个是欧阳修，另一个是赵概。欧阳修一句也未说就当即签名，赵概却有难色。欧阳修就对赵概说："你不妨照签，韩公定有说法。"赵概不敢违命，只好勉强签字。签字毕，韩琦坐于政事堂上，召任守忠至，命其立于庭下，当面叱道："你的罪状本当杀头。"遂取空头诏令，亲手填写，付与任守忠，下令即日押送出都，贬往蕲州。韩琦的意思是，如不当机立断，恐中途生变。任守忠的余党史昭锡等人，也被一律斥逐，流放到偏远的南方。一时间，朝廷内外，拍手称快。

治平四年（1067），英宗再次生病，一连十多天不能上朝理事。韩琦入宫探问起居，即进言道："陛下多日未视朝政，朝廷上下惊疑不定，请早立储君，以安社稷。"英宗微微点头，当即命召学士承旨张方平，入福守殿起草诏书。英宗坐在那里，说的话谁也辨别不清。张方平奉上纸笔，英宗勉强接笔，在纸上写道：立大大王为皇太子。张方平请求写出大大王的名字，英宗竭尽全力，才写下了"颍王顼"（xū）三字。张方平即遵照英宗旨意，草就立颍王顼为皇太子的诏书。立储诏书写毕，英宗不觉慨叹一声，忍不住泪流满面。韩琦等当即退下。文彦博在归途中对韩琦叹道："看见皇上的表情没有？人生至此，虽父子亦不能不动情啊！"英宗在位四年去世。他凭借天资明哲，荣膺继承大统的天命，在位期间，礼贤下士，爱民如子，上奏一经裁决，多出群臣意表，因此被称颂为良主，然而过早去世，令其不能大有作为，实在让人痛惜啊！

神宗与王安石变法

皇太子赵顼即位，这就是宋神宗。神宗继位之初，册封已故宰相向敏中的曾孙女元妃向民为皇后。他励精图治，既不修宫室，又不外出游猎，勤俭持国，立志破辽灭夏，大有作为于天下。宋神宗首先担忧的是国家长期贫弱，财用不足，为寻求富国强兵的改革方略，破格召翰林学士王安石入朝。王安石对神宗说："立国之本，首在理财。从前周朝设置泉府等官，借以掌管国家税收，购储市上滞销货物，变通民利，后世只有汉代桑弘羊、唐代刘晏的做法大致切合周朝的理财思想，学者们却不理解先王治理天下的一番苦心，只是简单地认为，作为人君，不该与民争利。现在若要理财，就应当仿效周朝的办法，设泉府以收利权。"神宗点头称是。王安石犹恐神宗不能决意任用自己，又进言道："从前尧命群臣共择一人治水，尚且九年不成，只是在历经挫折后才获得成功。现在要变革理财之法，或许一时用人不当，十人中定有一二人不肯协力，怎能确保不引起异议呢？关键在于陛下能够掌握利害得失，不被别人的异说所蛊惑，坚定不移地推行新法，久而久之，自然可以收到好的效果。"

熙宁二年（1069），神宗经过深思熟虑，决意任王安石为相，以求推行新法。当时有个名叫唐介的大臣提议说，王安石为人率直，心胸狭窄，精于治学，但拘泥经术，不通世务，若令他辅政，必然成害，陛下欲求贤相，则最好任用吕公著、司马光、韩维等得力人选。神宗不信其言，坚持升任王安石为参知政事。王安石辅政以后，士大夫们普遍认为朝廷用人得当，只有知谏院吕诲独持异议，含忍不住，遂拟就一篇弹劾文书，入朝面奏。途中恰遇司马光同行，司马光问他今日所奏何事，吕诲便道："我袖中有篇奏疏，将要弹劾新参政王安石。"司马光吃惊地说："满朝上下都高兴地称道任用得人，你怎么会参劾他呢？"吕诲叹了口气，说道："你也说出这样的话吗？王安石虽然名噪一时，但好执偏见，轻信谗奸，喜欢奉迎，听其言语很美妙，实际办事却极疏陋，将来贻害天下苍生的，必然是他。"遂上殿跪呈劾文，极力奏请罢斥王安石。神宗当时正信任着王安石，听到吕诲的话，不禁怒形于色，当即命吕诲退去，下诏贬任为邓州知州。到了后来，王安石为政日益偏执，司马光由此叹服吕诲有先见之明，并自以为不及吕诲有识人之能。

当王安石借助宋神宗的信任，推行新政以后，吕诲愤而上奏朝廷，辞官归居，病危之际，曾手书遗嘱，请司马光为自己撰写墓铭。司马光闻讯前往，但见吕诲已气息奄奄。司马光大声问："还有其他嘱咐吗？"吕诲勉强睁眼，断断续续地说："国家大事尚可扭转，你可要努力抗争啊！"言毕遂终。

王安石一心要推行新法，但朝中大臣有很多人反对他，于是被迫择用吕惠卿、章惇、曾布、韩绛等一批奸邪不轨、巧于奉迎之徒为心腹。这伙人经过仔细酌商，相继提出农田水利、青苗、均输、保甲、免役、市易、保马、方田等多项措施，号称新法。新法颁行天下，导致民不聊生的结局。在新法中，农田水利法的目的在于鼓励开垦各处废地，兴修水利设施，对财力不足的，官府给予贷款资助，从中收取税利，即使官宦之家，也须与农户同等出力，不得私加袒护；青苗法则规定，在夏、秋庄稼未熟之前，让农户估算自己需要多少粮食方够自用，到新粮产出，报请官府借贷钱粮，待收获之后加息十分之二还粮或还钱；均输法是让承担供应京城货物的各路州郡，都要均平当地的物价，由政府派出发运使以平价统一采购，然后发运京城，从中获利；保甲法规定，乡村民户以十家组成一保，五十家为一大保，十大保为一都保，分设保长、大保长和都保正，都保正有二人，一正一副，均由保内选出众望所归的人担任，令各户出人为保丁，自备弓箭器械，农闲习武操练，防御盗贼滋扰；免役法就是由国家出钱雇人充役，按户等对当役人户收取免役钱；市易法是以金帛财物为抵押，由官府向中小商人提供贷款，限期偿还本息，半年付息为十分之一，年息二分，逾期不还的，利息之外再加罚款；保马法则是命令保甲有偿为官府养马，马匹死亡要作价赔偿；方田法是以东西南北各千步为一方，丈量土地，按肥瘠定为五等，以此为依据，均定税额。以上诸法的推行，皆害民不浅，而尤以青苗法最为厉害。

当年宋英宗在位时，邵雍客居洛阳。有一天陪客人在天津桥上散步，忽闻杜鹃鸣叫，邵雍一时惨然不乐。客人问其缘故，邵雍回答说："洛阳从前没有杜鹃，今天是第一次看到杜鹃飞来。国家兴旺时，地气的走向将是自北而南；天下散乱时，地气则为自南而北。如今南方地气北来，禽鸟飞类就是预知地气先兆之后，才飞到北方的呀！据我推测，过不了两年，朝廷将任用南方人为宰相，官府上下也将大批择用南方人士，极力推行变法，天下从此不再太平了！”邵雍的这番话果然到此得以应验。此时神宗仍执意任用王安石，推行新法，致使万民同仇，怨声载道。于是，富弼、韩琦、司马光、赵抃、张方平、苏轼、苏辙、吕公著、吕公弼、范纯仁、程颢、欧阳修、郑獬、孙觉、李常、张戬、刘庠、范镇、王拱辰、韩维、刘挚、杨绘、唐坰（dòng）等人相继上书神宗，极言新法为害，力请恢复“祖宗之法”，恪守先朝旧制，神宗一概不听。于是诸臣纷纷辞官归故乡居住，有的甚至横遭贬逐。然而王安石生性执拗，不但不听劝告，反以巧言粉饰新法，顽固推行所谓“新政”。

熙宁六年（1073）至熙宁七年，黄河流域连年大旱，加上官府征敛苛急，遂使北方一带民不聊生，许多人背井离乡，沦为乞丐，但见漫天风沙，饥民扶携塞道，老弱病残，愁眉双锁。甚至有的衣不遮体，号寒啼饥，有的嚼草根，有的茹木实，还有的身带锁械，支撑不住，却仍须搭上身家性命，抵偿赋役。惨状累累，无法尽述。当时有个叫郑侠的官吏，任职监安上门，他把灾民饥困情形绘成一幅《流民图》，连同奏疏一起遣驿马飞递入京，向神宗皇帝奏称：旱灾是由王安石变法违反天命引起的，若陛下听臣下之言，罢黜王安石，十天之内仍不见老天落雨，则请诛杀我，以正欺君之罪。神宗看完奏章，又反复审视《流民图》，不禁长叹数声，把图揣进袖中入宫，当晚辗转叹息，难以入睡。次日临朝，特颁谕旨，废除青苗、免役等新法，百姓得知后，踊跃欢呼，互相庆贺。上天确也奇怪，居然在颁诏当天下起大雨，令远近各方普受恩泽。力行新法的吕惠卿和邓绾恼羞成怒，遂诽谤郑侠为狂夫，按擅自遣马递书治罪，将郑侠先拘于狱中，而后流放到英州。吕、邓二人又极力说服神宗，使新法依旧畅行各地。当时担任湖州知州的苏轼，曾借吟诗来讥讽朝政。他咏青苗法说，“赢得儿童语言好，一年强半在城中”；咏征敛赋役的官吏为“读书万卷不读律，致君尧舜终无术”；咏农田水利法道“东海若知明主意，应教斥卤变桑田”；咏盐禁为“岂是闻韶解忘味，迩来三月食无盐”。这些冷嘲热讽的诗句，一时间广为传诵，引起了朝中官员们的极大愤慨。后来，在御史中丞李定、监察御史舒直上章弹劾下，苏轼被朝廷逮往京城下狱，且以诋毁朝政罪，险遭杀身之祸。太皇太后曹氏在病中得知苏轼一案，遂向前来问安的神宗说情，才使苏轼得免一死。

当初，青涧城守将种谔迫降西夏将领嵬名山，把宋朝势力扩展到绥州城。西夏皇帝李谅祚，却假意和谈，于治平元年（1064）诱杀宋将杨定等人，挑起双边争端，战火复燃。宋神宗即位后，意欲吞并西夏，屡次派兵出击，西夏也针锋相对，不断入侵宋朝边塞，双方互有胜负，宋朝在征战中夺取了西夏边塞六堡之地。后来宋神宗派宦官李宪为帅，统领大军，分路进剿，企图一举灭夏，不料在灵州、永乐一带遇到夏军顽强抵抗，宋军因长途跋涉，后援不足，冻馁疲惫，死伤惨重，丢弃钱粮银绢不可胜数。前线将士大败溃逃的消息传奏朝廷，神宗临朝恸哭，不思饮食，从此一蹶不振，再也不敢蓄意进攻西夏了。

与此同时，西夏也因与宋朝连年交战而日益穷困，于是派遣使臣入宋，上表称臣，请求重修和约，得到了神宗的嘉许。然而，这时的辽朝得知宋朝推行新法，富国强兵，非常担心宋朝强大后对己不利，遂遣大臣萧禧出使宋朝，请求割让土地，重定边界。对待辽朝的无理要求，宋廷内部争执不下，王安石对神宗提议："我朝欲图灭辽，暂且让他一步亦无不可。"神宗最终用王安石之言，答应辽朝，割让河东土地，双方改以黄嵬山分水岭为界，计东西丧地达七百里之多，从此国势益显衰弱。由割地一事可以看出，神宗以前，宋朝还算兴盛太平；自神宗以后，宋朝日渐步入丧乱深渊。后来，王安石因爱子王云之死而悲伤不已，请求解职归里，获神宗恩准后，退居江宁，不久去世。

元丰八年（1085），宋神宗病情日重，立年仅八岁的第六子延安郡王赵傭为皇太子，赐名煦（xù），奉请皇太后高氏权宜共同处理军国重事。数日后，神宗去世，时年三十八岁，共计在位十八年。宋神宗一生的最大作为，是在熙宁年间，任用王安石推行新法，史称"熙宁变法"。

高后听政

神宗死后，太子赵煦继承皇位，这就是宋哲宗。哲宗时年只有八岁，被尊为太皇太后的高氏临朝听政，次年改年号为元祐，废除王安石新法十余项，起用反对新法的司马光、吕公著、文彦博、韩维、范纯仁、苏轼、吕大防、刘挚及程颐、苏辙、范祖禹等人，将推行新法的吕好问、吕惠卿、蔡确、章惇（dūn）等人贬职地方，所有新法令全部禁止，全国一片欢腾，史称“元祐更化”。高后听政期间，首先任用司马光辅政，在废弃新法的同时，恢复旧制，使天下得以安定。司马光死后，又相继任用吕公著和吕大防、范纯仁辅政，进一步稳定了国家大局。

元祐七年（1092），宋哲宗十五岁，太皇太后高氏决定为其选配，历采世家女子百余人，入宫备选。其中有一位眉州防御使兼马军都虞候孟元的孙女，性情娴淑，颇得高氏欢心，于是高氏宣谕辅臣道：“孟氏女能执妇道，应册立为皇后。”遂命吕大防拟定册后六礼，封孟氏为皇后。宋哲宗大婚后，高后谆谆教导他说：“得贤内助，是你一生的大事。皇后这个人看上去端庄贤惠，不会惹什么是非，只可惜她福分太薄，他日国家发生事变，不免要由她来承担灾祸。”

元祐八年（1093）九月，太皇太后因病卧床不起，无法听政，吕大防、范纯仁入宫问病，太皇太后对他们说道：“先帝临终时追悔往事，以致流泪，其中原因应该使皇上深深理解。我病将不起了，身后唯一担忧的是皇上年幼，容易受人戏弄迷惑。他日皇上不听你们劝谏时，你们也应尽早退职，让皇上另选一批新人辅政。”说到此，招左右侍从问道：“今日正值秋社，社祭供奉的饭食赏用了没有？”于是吩咐吕、范二人，“你们各去吃一匙社饭，待明年社饭时，恐怕二位就要纪念老身了。”过了数日，太皇太后去世。太皇太后听政期间，召用故旧名臣，废除新法苛政，又将边寨土地赐还西夏，使国家得以安定，连辽朝皇帝也不得不对其臣僚们说："南朝尽行仁宗旧政，国势又将昌盛，我们千万不可挑起疆场事端。"太皇太后前后临政九年，朝廷清明，华夏安定，力行善政，杜绝外戚私情，被礼臣尊谥"宣仁圣烈"，并称为女中尧舜。

绍圣党争

太皇太后死后，哲宗皇帝亲政，于元祐九年（1094）改元绍圣，一帮小人乘机改变太皇太后听政时的国策，贬逐吕大防、苏轼、苏辙、范祖禹、范纯仁等人，改任章惇、蔡京、吕惠卿、曾布等。章惇被起用为相，专以绍述宋神宗熙宁年间的新政为名，凡"元祐更化"时革除的青苗、免役等新法均予恢复，视司马光等为奸邪，荐用亲信党羽蔡卞、林希、张商英等担任要职，听由他们大肆攻讦，朋比为奸，排斥异己，报复仇怨，从此挑起了朋党之争。章惇等人刚一得势，就竭力怂恿哲宗，诏谕天下，复行新法，借机进行政治报复。

当时在元祐年间协助高氏废罢新法的主要人物司马光、吕公著、王岩叟、傅尧俞及孙固明、宗愈等，虽然均已去世，还是被追贬官爵，并被诬蔑为倡行奸谋，诋毁先帝，擅改法度，罪恶深重。章惇、蔡卞等甚至要求掘开司马光、吕公著的坟墓，劈棺暴尸，以泄私愤。时值大名府知府许将内迁为尚书左丞，哲宗向他问及掘墓一事，许将回答说："掘墓是有悖仁德的事，请陛下三思！"于是哲宗制止了掘墓行动，但还是追夺了赐给司马光和吕公著的谥号，并派人捣毁了两人的墓碑。其他在元祐年间支持革除新法的著名官员，则被列为元祐党人而贬官，当时遭贬的计有韩维、刘奉世等以下三十人之多，吕大防、刘挚、苏辙、梁焘、范纯仁等地位较高的官员，更被流放到岭南，有的甚至死在流放之地。章惇、蔡卞还蓄意构陷宣仁太皇太后，诬其听政时曾密谋废黜年幼的哲宗皇帝，请求哲宗追废宣仁太皇太后为庶人。向太后得知此事，不禁义愤填膺，哭着找哲宗问道："我当初终日在崇庆宫侍奉太皇太后，深知她的为人，天日在上，那些谣言因何而起呢？如果皇上执意要追废太皇太后，可想而知，他日还有我吗？"哲宗听了太后这番话，才有所感悟，遂取章惇、蔡卞请求追废的奏疏焚于灯下。次日，章、蔡二人再次上奏，坚请废后，被哲宗斥责道："卿等如此做法，岂不让我将来无颜进入英宗的庙堂吗？"言毕，竟将奏疏怒掷于地。章、蔡二人的报复阴谋遂告破产。

当时宫中有位刘婕妤，恃宠成骄，经常轻视孟后，不循礼法，引起孟后不满，双方遂成嫌隙。章惇密结刘婕妤，设法陷害孟后，唆使哲宗，借故下诏废黜孟后，命其出居瑶华宫，赐号华阳教主玉清静妙仙师，改立刘氏为皇后。有个叫邹浩的大臣，对废后立后一事上书谏阻，却未获哲宗采纳。宋哲宗在位十五年去世，在他亲政后的六年之中，奸党专权，祸乱天下，百姓怨声载道。对于当时权势显赫的奸党人物，民间曾并称他们为"二蔡""二惇"。"二蔡"是指蔡京、蔡卞兄弟；"二惇"则是指章惇、安惇二人。

“万事皆能”宋徽宗

宋哲宗死时无子，为了确立皇位继承人，不得不请出向太后主持立嗣。向太后召见辅臣，哭着说：“国家不幸，我们德高望重的皇上没有子嗣，现应立即择贤继立，以慰朝野。”章惇闻言抗声道：“依礼律而论，应当立皇上的胞弟简王似为帝。”向太后道：“老身无子，诸王均为神宗的庶子，不该如此区分。若欲立长，则申王佖应当为帝，但他患有眼疾，不便为君，在他之下，则应属端王佶（jí）了。”章惇势处孤立，料难争执，只好闭口不言。于是太后宣旨，召端王赵佶入宫即位，这便是徽宗皇帝。

宋徽宗继位之初，向太后临朝听政，暂时一起处理军国重事。向氏是个恪守旧制的人物，听政后马上追复了司马光、吕公著等元祐党人原来的官职，起用韩忠彦、范纯仁等人担任朝中要职，蔡卞、章惇、蔡京等人则被罢官逐出朝廷，使政局有了好的转机。次年，向太后去世，徽宗亲政。徽宗为了调和变法派与守旧派的矛盾，任命守旧派人物韩忠彦为左相，变法派人物曾布为右相，做出两派兼用的姿态，并改年号为“建中靖国”，表示要大正至公，消释朋党。

建中靖国元年（1101）正月初一，天上有一颗流星自西北方划空而过，恰好撞在一颗巨星上，产生的强光照彻了整个大地，当晚又有一道赤光自东北延至西南，赤色中复带着二股白气，赤白二光将散时，又有黑气浮现于旁。执掌规谏之责的右正言任伯雨认为这样的天象不是吉兆，提醒徽宗反思时政得失，改弦更张，却未被徽宗采纳。曾布专权后，极力绍述新法，排斥元祐年间力行旧制的一批大臣，先后罢免了任伯雨、范纯仁、江公望、陈瓘等人的官职，借以扶植自己的党羽，竟把巨奸蔡京重新召入朝中。当时恰逢徽宗派遣亲信宦官童贯前往江南寻访书画奇巧，在苏杭一带监制御器贡品，而向太后听政时被贬任为杭州知州的蔡京，也是个能书善画的人，于是他不惜代价同童贯交游，托童贯把自己的书画进献给徽宗，并经童贯推荐而获得徽宗的赏识。不久，徽宗相继罢免韩忠彦和曾布的相权，改拜蔡京为相。

蔡京当政后，又打起了绍述新法的旗号，对元祐党人，进一步加以打击，把辅政大臣司马光等、侍从苏轼等、文臣程颐等、武臣王献可等、宦官张士良等一百二十人，罗织罪状，定为奸党，由徽宗亲自书写名单，刻石立于皇宫的端礼门，称为党人碑，诏谕天下，元祐党人子弟不得在京师做官，还向各州县颁布元祐党人碑，统令刻石立于公堂。当时长安有个叫安民的刻石工匠，本该担负刻字工役，却向府官推却道："小民愚笨，不知立碑的意思。但如司马相公，海内统称其正直，今却称之为奸邪，令小民无从理会，所以不忍镌刻！"府官得知，十分气恼，以违抗朝廷之罪相威胁。安民痛哭道："我充当的差役固然不敢推脱，但我请求在石碑的末尾免刻安民二字，以免得罪天下，令后世阅碑者为我羞愧！"

在宋徽宗在位的二十多年中，蔡京等人长期受到信用，他们勾结党羽，窃弄权柄，穷奢极欲，粉饰太平，使宋朝的统治日趋腐朽。他们先奏请徽宗，把反对自己的任伯雨等十二名官员贬逐到遂州，极力吹捧王安石，说他的道德文章可以与孔子相提并论，名位仅次于孔子和孟子。蔡京的长子蔡攸，被任命为枢密直学士，家中其他子弟也都得到擢升重用。为了粉饰朝政，徽宗居然命蔡京效法周公，监铸九鼎。鼎成之后，在九成宫举行奉安大典，徽宗亲自临幸，对照九鼎的方位、名称，依次酌酒献祭。当酌献到北方“宝鼎”时，宝鼎忽然破裂，引起一阵慌乱，许多人推测，这是北方将要发生变乱的预兆，只有蔡京一味穿凿附会，反说所献之鼎破裂将预示辽朝分裂，或许可以借机收复北方，引得徽宗皇帝转惊为喜。

徽宗性喜机巧，会多种制作技能，为了满足自己的嗜好，便大兴土水，挥霍玩乐，无所不用其极。蔡京知道徽宗特别爱好花石，就命苏州人朱勔（miǎn）私下掠取浙中珍异花木进献。第一次寻得三棵罕见的黄杨，进献后受到徽宗的称赞，此后花石的进献数量逐年增多，所进奉的奇花异石都要通过大运河和汴河，用船运到京城，称为“花石纲”。后来，宋徽宗索性在苏州设置苏杭应奉局，由朱勔总负其责，借以搜刮东南地区更多的花石。朱勔按照朝廷的旨意，凡士庶之家的一石一木，只要稍有玩赏价值，即率兵士闯入门户，用黄封表识，指为贡品，令该家小心看护，等待搬运。略有不慎，便加以大不敬罪。到了发运的时候，必撤屋毁墙，辟一大道，小心谨慎地抬运出去。因此民家每发现一件异物，均被人指为不祥之兆，唯恐毁之不及。运送花石的篙工舵师，也借机仗势贪暴横行，凌辱过往州县，致使途中行人怒目侧视。

宋徽宗崇信道教，邀集大批方士，还为道士们设置了专门的官职。王老志、王仔昔因对未来之事能够先知先觉而最早得到徽宗的宠信，后来又有一位叫林灵素的温州道士受到专宠。林灵素本无其他能耐，只是稍通一点祷雨的五雷法，在徽宗面前验证过一手呼云唤雨的些小伎俩而已。徽宗不仅给予林灵素大量赏赐，还竭尽国库财力，在景龙门内大兴土木，修建上清宝箓宫作为斋醮的场所。上清宝箓宫遍植假山异石，佳木清流，以复道与皇宫秘密连接，更为徽宗迷恋道教提供了方便。徽宗还假借玉皇大帝的旨意，诏谕天下，于洞天福地之所，修建道教宫观，塑造圣像，命林灵素给各地士庶讲解道经。自此以后，每设大斋，往往费钱数万缗。经道篆院上章提议，册封宋徽宗为“教主道君皇帝”，并规定凡有关道教的奏疏，都要用这一尊号。由于宋徽宗专宠道教，经常同道士一起，编造天书、云篆一类的骗局，用以惑世欺众，许多想往上爬的朝士，也都纷纷效尤。于是，宋朝的政治更加腐朽不堪。

继蔡京之后，一贯巧于奉迎的王黼（fǔ）充任宰相，他与蔡攸相互勾结，宠倾朝野，经常出入宫中。王黼和蔡攸曾向宋徽宗进言道：“人主处在太平盛世，正应该及时行乐。人生岁月短促，何苦要枉自辛劳呢？”宋徽宗本来就是个风流天子，对玩乐有着特别的嗜好，王、蔡之言正中下怀，于是时常微服出游，专事寻觅声色享乐。徽宗又下令大造苑囿，苑内房舍全部仿照杭州建成白屋，不施五彩，并修筑许多村居野店，从四面八方搜聚来的数千只珍禽异兽，饲养于园中，以致京城一带每逢秋风静夜的时候，禽兽之声相闻，响彻四野，使人宛如置身山林，被有识之士视为不祥之兆。王黼身居相位，借应奉局之手，大肆劫掠民间珍异之物，而最终进献入宫者不足十分之一，其余都中饱私囊。位居开府仪同三司的蔡攸，权倾一时，与其生父蔡京相互倾轧，父子各立门户，成为势不两立的仇敌。

朝纲不振，天怒人怨。当时，西方天上出现彗星，有星如月南行，有龙出现在京城军器作坊，士兵争相取食。大雨连下七日，积水达十丈有余。起居郎李纲上书请诏求直言，以答天戒，昏聩的徽宗赵佶非但不予采纳，反而竟怒贬其官。方腊、宋江起义就在这个时期爆发了。

方腊、宋江起义

睦州清溪县民方腊，家有漆园，以种植漆树为业。浙江是著名的漆产地，朱勔坐镇东南总领花石纲，借应奉局之名，对吴中民众多方扰害，方腊的漆园也不得幸免。于是，方腊利用民怨暗中联络了一批贫民与无业之辈，以诛伐朱勔为名揭竿起兵，自号圣公，建元永乐，置将委官，轰轰烈烈，不及十天，远近响应的达数万人。方腊的起义军连陷睦州、歙州、衢州、杭州、婺州、处州等地，东南大为震动。宋徽宗急忙委任童贯为浙江宣抚使，领兵十五万南下镇压。方腊节节败退，最后逃至其家乡的清溪帮源洞中。在与官军力战失败后，方腊深居岩屋三窟，外人不知入口。这时，王渊帐下的裨将韩世忠用潜行法偷入溪谷，由一村妇引路找到了方腊营寨，格杀数十人，生擒方腊。把守在帮源洞口的官军乘机突入，活捉方腊妻子及丞相方肥等五十二人，杀害七万余人，其余全部溃散。不久，方腊就义。

还在方腊威震东南之前，宋江的大名业已蜚声河朔、京东一带了。宋江以三十六人为天罡，七十二人为地煞，横行河朔，转战十郡，数万官军莫不畏避其兵锋。亳州知府侯蒙向朝廷献计说，贼寇宋江必定才干过人，诛讨不如招降，让他征伐方腊，以功赎罪，不失为良策。徽宗遂任侯蒙为东平知府，张叔夜为海州知府，侯蒙未及赴任而死。宋江起义军由京东、淮南转移至海州，知府张叔夜派人探知宋江率众直趋海滨，劫得大船十几艘，装满辎重和战利品。于是，张叔夜便招募死士约千人在海州近城设下埋伏，然后出轻兵向宋江诱战，待宋江领兵应战之时，事先躲匿在海边的官兵一举焚毁了宋江义军的舟船，趁机又俘获了宋江的副将。在士气大丧的情况下，宋江接受了张叔夜的招安。宋江起义至此以失败告终。

联金灭辽

政和五年（1115），辽朝统治下的女真族首领完颜阿骨打叛辽，并多次打败辽国军队，在混同江边正式建立金朝，阿骨打即皇帝位，他就是金太祖。宋徽宗认为辽朝每况愈下，决定联金灭辽，借机恢复燕云失地。于是派遣武义大夫马政渡海出使金朝。宣和二年（1120），宋、金订立“海上盟约”：双方南北夹击辽朝，金军攻取中京大定府，宋军攻取南京析津府和西京大同府；灭辽后，燕赵之地归还宋朝，宋将原来每年贡给辽的岁币转送与金朝。随后，金军攻占辽的中京、西京，辽天祚帝败逃至夹山。宋朝遂命童贯领兵十五万以应金击辽，不料被拼死抵抗的辽兵打得落花流水。宋徽宗见势不妙，只好诏令班师。这时，辽朝遣臣使宋说："女真背叛我辽，这本为大宋朝所不齿，可如今你们为了眼前小利，竟舍弃百年友好，去结虎狼之邻，必后患无穷，这实在是得不偿失。希望大宋救灾恤邻，重修旧好。"童贯无言以对。朝散郎宋昭上书痛陈利害，认为辽不可攻，金不可盟，请求把通金攻宋的王黼、童贯、赵良嗣等奸臣问斩。徽宗不听，并下令把宋昭谪官到海州了事。

辽天祚帝延禧逃往夹山后，辽臣又拥立亲王耶律淳为帝，自称天锡皇帝。耶律淳在位数月即死，其妻萧氏秉持军国政事，远在外地的天祚帝次子耶律定被遥立为帝，改元德兴。宋徽宗认为时机已到，再次派遣童贯进兵攻辽，辽将郭药师因不满萧后称制，遂献城投降。宋朝无力攻下辽南京，转请金朝助攻。

宣和四年（1122）十二月，金军由居庸关三路进兵，辽军不战自溃，一举夺取辽南京（燕京），萧太后乘夜出奔天德，宰相左企弓、参政虞仲文等捧着降书降表，到金营请罪投诚，至此辽国的五座京城全由金国占领。开始宋、金约定，联合灭辽后，燕云十六州归宋，余地归金。可是，宋使赵良嗣到达金国后，要求将五代时幽州节度使刘仁恭割让给辽国的营、平、滦三州，一并归还宋朝。阿骨打以宋不守信用为由，予以拒绝。辽国降臣左企弓向阿骨打献诗："君王莫听捐燕议，一寸山河一寸金。"所以阿骨打想撕毁成约，讨价还价，贪求无厌。赵良嗣归朝奏明原委，王黼急于求成，请求徽宗再次出使金国，答应在将辽国旧岁币四十万转贡金国外，每年再将燕京租税钱一百万贯给予金朝。阿骨打闻言大喜，于是把燕京和涿、易、檀、顺、景、蓟六州交还宋朝，而山后诸州，及西川接连一带山川不在归还之列。宋徽宗在王黼等人的怂恿下，勉强照办金议。然而，在交割之际，燕京城中的金帛财物和职官富民，全部为金人席卷而去，只留下一座空城而已。其余诸州也被金人掳掠殆尽。交割完毕，阿骨打满意北归。

战端再起

金人撤出燕京，驱使着辽国降臣左企弓、虞仲文、曹义勇、康公弼等人，随同燕京大家富民向东北缓缓而行。燕民们流离道路，其苦不堪名状。当行至平州时，有燕民向平州守将张瑴（又作张觉）进言说："都是因为左企弓等人无力守燕，才害得我们流离失所。现在大人您仍坐拥重镇，掌握强兵，如果您能为辽朝尽忠效力，我等必能复返故土。大家都把希望寄托在您身上了！"张瑴本是辽将，闻听此言不禁心痒，于是召集诸将商议对策。诸位部将激励他说："听说天祚帝在漠南的兵势重新振强，您不若仗义而起，兴师勤王，奉迎天祚恢复帝业。如今之计，应将左企弓等以叛降之罪杀掉，把金人掳去的燕民送还燕京，使他们各复旧业；暂以平州归附宋朝，即使将来金人加兵问罪，我们内有营、平军队依恃，外有宋廷兵士声援，还有什么可惧怕呢？！"张瑴言听计从，首先历数左企弓、虞仲文等十大罪状，全部缢杀；再遣使李石送燕民返里，并面谒宋燕山府路宣抚使王安中，力陈张瑴为人干练，平州地势险要，希望宋廷接受张瑴的投诚归顺。王安中向宋廷奏闻此事，王黼极力劝说徽宗接纳张瑴的诚意，而赵良嗣却不以为然，进谏说："我国新与金国缔有盟章，如果让张瑴归宋，必然失去金国的欢心，因此而挑起战事，将追悔莫及。"徽宗最终还是答应了张瑴的请求，下诏改平州为太宁军，委任张瑴为节度使。金朝得知宋廷纳叛将张瑴，怒不可遏，派斡离不（完颜宗望）攻打平州，张瑴惊慌失措，急忙逃往燕京，向王安中寻求庇护。金人扬言宋廷背弃盟约，擅行招降纳叛，若不立即交出叛将张瑴，将移师攻打燕京。徽宗万般无奈，遂诏令王安中把张瑴送与金人，王安中遵旨缢杀张瑴，将他的头割下连同张瑴的两个儿子送至金营谢罪。辽国降将郭药师此时是镇守燕京的王安中的副将，他知道张瑴的下场后，忿恨地说："今日金人要张瑴的头即给了他，明日金人若索求药师的头，也将拱手奉送吧!"从此，辽国诸降将不再信任宋廷。而对中原觊觎已久的金人却还是以宋朝招纳金朝的叛徒为借口，开始向宋朝兴师问罪了。

宣和五年（1123），金太祖阿骨打（完颜旻）病死，其弟吴乞买（完颜晟）继位，他就是金太宗。宣和七年（1125）二月，金军俘获了辽天祚帝，辽国从此灭亡。同年十月，金军分两路大举向宋朝进攻：西路由左副元帅粘罕率领，从云中府进取太原府；东路由右副元帅斡离不率领，从平州进取燕山府。粘罕在攻克朔州、代州之后，直逼太原城下，太原知府张孝纯登城誓众，悉力固守，金兵久攻不克，被迫罢兵。而斡离不连陷檀、蓟二州，郭药师率兵四万五千名迎战于白河，败还燕山后，竟劫持了知府事蔡靖向金军投降。金军即以降将作向导，迅速攻取了燕山所属诸州县，乘胜长驱南下，逼近黄河，赵宋江山岌岌可危了。

“不做亡国君”

宋徽宗得到金兵日迫的消息，慌忙下罪己诏，召天下勤王之兵。大敌当前，徽宗想委命太子留守京师，自己则东奔避难。太常少卿李纲犯颜直谏：“如今敌势猖獗，情势危急，除非传位于皇太子，恐怕不足以号召四方勤王的英杰。”在位二十六年的宋徽宗只好传位于太子赵桓，他就是宋钦宗。赵桓即位后，将宣和年号改为靖康，以明年（1126）为靖康元年，尊奉徽宗为教主道君太上皇帝。并授命李纲为兵部侍郎，派遣给事中李邺赴金师，报告宋徽宗已经禅位于宋钦宗赵桓，请求罢兵修好。斡离不放还李邺。本想收兵休战，而降将郭药师却向他建言：“南方的宋军未必有防备，何不进军渡河呢！”斡离不听信了郭药师的建议，于是攻陷了信德府，驱军南犯，战火漫天。

六贼误国

这时，宋廷上下舆论大哗。太学生陈东率诸生上书痛陈国事：“蔡京、梁师成、李彦、朱勔、王黼、童贯六人，实在是败坏今日天下的祸国民贼，伏请陛下斩此六贼，传首四方，以谢天下！”钦宗迫于形势，把王黼放逐到永州，中途被杀；李彦、梁师成被赐死，朱勔被解职归田，全部籍没家产。六人中只有蔡京、童贯得以随从太上皇出奔亳州，退居镇江。

靖康之难

金师进入相、浚二州后，宋徽宗急忙委派宦官梁方平率领守卫京师的禁兵屯于黎阳黄河北岸。梁方平忽见金兵涌来，即抱头鼠窜，河南守桥的宋兵望见金军旗帜，烧桥后逃命。金军便在毫无抵抗中用小舟从容渡过黄河，发现黄河南岸竟没有宋兵踪影，斡离不不禁开怀大笑说："看来宋朝是无人了，不然的话，如果用一两千人把守黄河天险，我们难道能插翅飞渡吗！"接着，金军进取滑州，威逼京师。

金军渡河的消息传来，宋廷的宰执官李邦彦、白时中等人纷纷劝说钦宗皇帝赶快出幸襄邓之地，暂避敌锋。吴敏切谏反对，但一无结果。这时，李纲泣拜请求钦宗留守京师，并以死相邀。钦宗无可奈何，便任命李纲为尚书右丞兼东京留守，勉强答应留京御敌。但是，当李纲于第二天清晨入朝时，看到的却是钦宗即将命驾出幸的情状，李纲便冒死入奏说："陛下已经愿意固守京师，怎么又要出行呢？如今六军父母妻子都在都城，誓死保卫东京。万一中途散归，还有何人保护陛下？再说，金兵迫临城下，倘若侦知陛下的车驾出行未远，驱马来追，陛下将如何御敌自卫呢？！"宋钦宗觉得李纲言之有理，随即召中宫还都，亲自宣谕禁卫六军，不再出行避难。六军欢欣鼓舞，三呼万岁。宋钦宗又命李纲为亲征行营使，部署京城的防御。数日后，京城的守战工事初具规模，斡离不部已经进抵城下。

宋钦宗召集群臣商讨和战事宜，李邦彦等主张割地请和，李纲则力主抗战。结果宋钦宗听从李邦彦的求和建议，乃命同知枢密院事李棁出使金军。李纲向钦帝请求说："国家安危在此一举，臣下恐怕李棁怯懦而耽误国事，愿代替李棁出使金军谈判。"宋钦帝不予答复。当天夜里，金军攻打宣泽门，李纲率兵奋力抵抗，斩敌一百多人，天亮时金军败退。

李棁来到金营，斡离不蛮横地提出罢兵条件：宋须交金五百万两，银五千万两，牛马骡各一万头（匹），骆驼一千头，杂色缎一百万匹，绢帛一百万匹，作为犒赏金师之物；割让中山、太原、河间三镇；宋帝尊奉金帝为伯父；以宋亲王、宰相做人质，送金军北渡黄河才能退兵。贪生怕死的李棁对金人的开价不敢措置一词，便偕同金使萧三宝奴、耶律忠等入城索求赂金和人质。斡离不所提出的要求，其实都是郭药师从中教唆的。宋钦宗慑于金军竟然答应如约照办。他尽管避殿减膳，括借都城金银，甚至倡优妓人家财，费了九牛二虎之力，才凑得金二十万两，银四十万两。主战的李纲义愤填膺，抗辩说："金人所需要的金币，纵使竭尽天下人的财物也不足其数，何况一个都城呢？三镇是国家屏藩，割让掉屏藩如何立国？两国相交应以平等对待，如何有伯侄之称？至于遣送人质，即使宰相可以前往，而亲王也不能前往。如果能够坚守数日，等到四方勤王兵齐集都门，孤军深入的金人必将迅速退兵。这时候再与金人订立盟约，他们则不敢蔑视宋国，而和平也可以长久。”可是，李邦彦之流坚请从金议，于是派张邦昌和康王赵构前往金营为人质。金兵以金币未足为由，仍驻兵城下。一日，金兵攻打通津门和景阳门，李纲亲自督战，斩杀敌将校官十余人，杀敌士兵数千众，宋将何灌力战而死。金人从康王赵构之请，解围退师于孟阳，只有少数游骑散兵守护在都城外的牟驼冈。

驻守陕西等路的宋军，获报京师被金人包围，立即由种师道、姚平仲等率兵前来勤王，加上各地乡兵和百姓自动集结来的援兵共达二十多万人。李纲进言：“金人贪婪无厌，凶悖日甚一日，非用兵不能解京师之围。况且敌兵号称六万（不及六万），而我勤王兵已经集结二十余万。他们以孤军深入重地，若扼守河津，继绝饷道，坚壁清野，待敌人粮尽力疲北撤时，再中途邀击，必能取胜。”宋钦宗欣然同意。但是，姚平仲想与种师道争功，向李纲谎称兵士斗志高昂，请求夜劫敌营。李纲竟答应了他的请求。姚平仲遂率万名步骑兵，乘夜向敌营砍杀过来，不料，姚平仲刚刚挨近金营，却遭到斡离不的迎击，宋兵惨败而归，姚氏畏罪潜逃。金军借机再次包围了京城，李纲率部将出封丘门，与金兵在幕天坡展开战斗，李纲命令兵士用神臂弓射退了金兵。

斡离不回营后，立即召见张邦昌、康王赵构，诘责宋廷用兵违誓的原因。张邦昌因恐惧而涕泪满面，叩头求饶；康王赵构挺立不动，神色自若。斡离不见状，联想到康王曾经与金人比箭，百发百中，因而怀疑这位宋朝亲王必定是将门子孙假冒。于是派遣王汭入城责问，要求更召另外的亲王作为人质。王汭来到宋廷，李邦彦告诉他："用兵劫寨是李纲、姚平仲的主意，并非朝廷所为。"因此，宋钦宗和太宰李邦彦罢免李纲，向金人谢罪。为了讨好金军，宋钦帝想遣人至金营，辩明劫营并不是朝廷的旨意，大臣们都不愿意承命，最后宇文虚中慨然到金师说情。宇文虚中刚刚出城，太学生陈东等在宣德门上书，奏言李纲奋不顾身，以天下为己任，可谓社稷重臣，而罢免李纲正是金人所求之不得的。极力要求复用李纲，罢免李邦彦等人。闻讯赶来的数万名军民，喧呼动地，愤怒地砸碎皇宫前的登闻鼓，打死宦官几十人。宋钦宗恐生变故，不情愿地宣布李纲复官，兼任京城四壁防御使；解除元祐党籍学术之禁，追封范仲淹、司马光等人。

金使王汭随宇文虚中再次来到宋廷，催割三镇和易质亲王。宋钦宗遂命肃王赵枢代为人质，并诏割太原、中山、河间三镇给金人。斡离不既得肃王为质和三镇割地，而且听说宋廷复用李纲，京师守备严固，便不等金币如数完纳，就放还了张邦昌和康王赵构，撤军渡河北归。肃王受挟北去，京师得以片安。

金军撤退后，御史中丞吕好问向钦宗皇帝进谏说："金人得志北还，会更加轻视中国，秋冬之季必将倾巢南犯，我们应当及早做好御敌的准备。"宋钦宗不以为然。相反，他自觉天下从此太平无事，拟迎还出亡江南的太上皇赵佶。当初，扈从太上皇的童贯、高俅等人，由于久无音讯，以致讹传四起，有人说赵佶要复辟，有人说童贯要谋反。钦宗开始疑惧不安起来，朝议授聂昌为东南发运使讨平叛乱，李纲从旁谏止，并自请至南京迎接太上皇返京。

当李纲来到南京面见太上皇时，具道钦宗圣孝恩慕之意，请太上皇早日还都。赵佶感悟不已，拿出玉带、金鱼、象简等物赏赐李纲。李纲返京向钦宗奏明太上皇慈爱如初，绝无复辟之念。钦宗如释重负，便将太上皇迎回了阔别数月的京师。随后，在群臣的抗争下，宋钦宗不得不将恶贯满盈的蔡京流放到儋州，蔡京死于途中。并诛杀蔡攸、童贯，后枭首示众。

三镇之一的太原虽然割让金人，而张孝纯仍固守不失，金军久攻不下。宋钦宗命令种师中和姚古进军援助太原，种师中却乘机收复了寿阳、榆次等县，屯兵于真定府。种师中老成持重，不欲急进，可是朝廷遣使屡促进兵，并指责他故意逗留。种师中只得领兵出战，杀熊岭一役，被金兵团团包围，士卒溃散，种师中身负重伤而死，姚古军稍战即溃。宋廷又命李纲为河南河东宣抚使，以刘韐为副使，解救太原之急。李纲正要会合诸路兵进击，不料朝旨飞至，召他还京。八月间，金主吴乞买任命粘罕为左副元帅，斡离不为右副元帅，分兵两路再次南下攻宋。粘罕急攻太原，坚守数月的太原粮尽援绝，不久城陷，知府张孝纯被金人俘获，劝令降金后，重新委任为太原城守副都总管。宋守将王禀投汾水溺死。

金兵大举南侵，宋钦宗召集百官商议对策。这时，种师中已死，李纲贬官，由主和派耿南仲、唐恪等把持朝政，唯以遣使讲和为事。金人佯称议和罢兵，而攻城略地依然如故。金兵围攻袭庆府，吕诲之子知府吕由诚亲率军民固守，城陷后，吕氏一家四十余人全部遇难。金兵再次渡过黄河，粘罕遣使索割两河，宋廷百官面面相觑。宋钦宗无奈诏命康王赵构重赴金军讲和，行至磁州时，知州宗泽迎谒康王说："肃王一去不返，难道大王要重蹈前辙吗？况且敌兵压境，去也无用，请大王不要前行绝路了。"州民也纷纷遮道留王，康王遂留居磁州。金国骑兵每天到磁州城外，探察康王行踪，情况万分危急。相州知州汪伯彦得知后，赶忙请求康王转赴相州躲避。康王抵相州时，汪知州身披戎装，率兵出城迎谒于河滨。康王下马慰劳说："他日见到皇上，我一定以京兆之职举荐你。"汪伯彦再三拜谢。从此，汪伯彦成为康王赵构的心腹。

相州汤阴人岳飞，字鹏举。其父岳和、母姚氏节衣缩食，周济饥寒，有贫苦之家侵占了他的耕地，便割让与人，借赊他的财物不求偿还，因而有闻乡里。岳飞自少志存高远，家贫力学，尤其喜爱《左氏春秋》、孙吴兵法等书，尚未成年，即能拉开吃力三百斤的劲弓，引发吃力八石（约合千斤）的腰弩。刘翰宣抚真定时，下令招募敢死斗士，岳飞应征入伍，并多次擒获金贼。靖康元年（1126）十二月初一，康王赵构在相州建置天下兵马大元帅府，岳飞志愿从军抗金，并被授予承信郎。这时，斡离不和粘罕所率的东西两路金兵已经先后渡过黄河，包围了宋都开封。各地的勤王兵早已被唐恪、耿南仲遣返净尽，守卫京城的只有禁军卫士及弓箭手七万人。南道都总管张叔夜向宋钦宗献言，金兵锋锐不可当，不妨效法唐明皇避安禄山叛乱于蜀的先例，暂且出奔襄阳，以图后计。钦宗拒绝了张叔夜的逃亡建议，诏命康王赵构率师援京，康王心怀鬼胎，踌躇不前。兵部尚书孙傅竟然保举一个自称精于六甲神术的市井游民郭京做了成忠郎，妄图以神功来抗御金兵。郭京自行募集七千七百七十七名年命合于六甲的游惰无赖，谎称选择吉日出兵三百人，即可生擒粘罕、斡离不二将，并且能够追击金军至阴山脚下。如此胡言，有识之士莫不嗟叹宋廷无能。金军攻打通津、宣化二门，何桌、孙傅让郭京出城迎击。郭京率兵行至城外，见金军分四翼鼓噪而来，仓皇逃窜，死亡惨重，郭京六甲不攻自破，金军乘胜登城而入。宋钦宗闻听京城被金人攻陷，不禁恸哭失声。金帅恐怕钦宗皇帝由众兵潜护逃走，便宣言可以议和退师。于是，宋钦宗命何桌到金营议和。粘罕、斡离不见到何桌来使，不屑一顾地说："自古有南必有北，二者缺一不可。如今所要商议的是割地事项，让你们的皇帝亲自来营订立盟约。"何桌返回宋师向钦宗报告了实情，宋钦宗顾不上君臣名分，让何桌草拟了降表，亲自出郊来到金营，向金帅长揖递上降表。粘罕、斡离不高据胡床，接过钦宗手中的投降书，要求以黄河为界，割让河东、河北两河之地；纳金一千万锭，银二千万锭，帛一千万匹。宋钦宗开始还不肯答应，留宿胁迫两日，只好签字画押。钦宗自金营归来，已是涕泪满面，他看到道旁迎谒的士民和太学生，掩面大哭说："是宰相贻害了我们父子！"观者也流涕不止。

金帅遣使索取割地和金帛，宋钦宗传令廷臣大肆搜刮金银，并委命刘韐（gé）、陈过庭等为割地使，分赴河东、河北处理交割事宜。两河百姓听说割地使来，闭门拒使，坚不奉诏。为了息事宁人，宋钦宗亲自劝谕他们归顺大金。靖康二年（1127）正月初十，金又遣使来索金银，并邀钦宗至金营再行面议。钦宗自知凶多吉少，面露难色。何桌及吏部侍郎李若水进言，事到如今，别无良策，劝帝但去无妨。钦宗来到金营，粘罕命人把钦宗的衮衣换成胡服，留在金营不许返朝。随行的李若水和钦宗相抱大哭，痛骂金人背信弃义，与猪狗同类。金人把李若水曳出帐外杀死。刘韐闻讯赶到金营，金人劝降不从，上吊自尽。刚刚即位两年的钦宗被掳后，金人又征召太上皇赵佶和郑太后，一同拘留在金军的营寨中。并依照皇族的玉牒谱籍，按名征召皇后、太子、公主、妃嫔及诸王宗室眷属三千余人，全部押解金营。

金人把徽、钦二帝废为庶人，命令吴拜、莫俦召集宋廷百官，商议另立一个赵氏以外的异姓皇帝，众官不敢作声，王时雍探知金人想以前太宰张邦昌为帝，便以张邦昌的姓名写入议状，请百官在议状上署印。张叔夜不肯署状，且请立皇太子，而被金人逮至军中。太常寺簿张浚、开封士曹赵鼎、司门员外郎胡寅等人逃入太学，以避署名。御史马伸、吴给，中丞秦桧，相约自为议状，力辩不可另立异姓皇帝，而应该迎还钦宗复位，天下才能安定，否则以蠹国乱政的张邦昌为皇帝，必然导致亡国的危险。粘罕十分恼火，命人又将秦桧捉拿归营。三月初八，风霾怒号，日晕无光，金人送来册宝，立张邦昌为楚帝。因为在此前一天，合门宣赞舍人吴革密结内亲事官数百人，在金水门外举事，焚烧了张邦昌的宅居，杀死了他的妻儿。结果，范琼诱杀了吴革父子，才算平息了一场事变。所以说，张邦昌是在百官惨沮、诚惶诚恐的情势下，草草受册登基的。张邦昌自觉金人北归后，掌握河北重兵的宗泽和康王赵构必然不会承认他这个傀儡皇帝，因而在拜封百官时，心虚地于职衔上加一“权”字。

靖康二年（1127）四月初旬，金军以胜利者的姿态，将掳来的两个皇帝和皇室、宗戚男女，以及孙傅、张叔夜、秦桧等文武大臣，分别由斡离不、粘罕押解，取道滑州、郑州北还。同时，北宋王朝所用的礼器、法物、卤簿、教坊乐器和八宝、九鼎以及浑天仪、铜人、刻漏、圭璧、古器、天下府州县图籍，皇宫侍女、娼优、伎艺工匠等，全都携载一空。唯独宋哲宗赵煦的皇后孟氏，因废居私第才得以幸免。金人北行之日，张邦昌率领百官，身服赭袍，高擎红盖，亲至金营饯别。

元祐皇后与康王

这时候，康王赵构尚有八万兵马驻扎在济州，由于宗泽等人的拥卫，并且屡败金兵，金人未敢对康王下毒手。金兵去后，张邦昌失掉靠山，不免忧心忡忡。吕好问便乘机对他说：“相公大人是真想做大楚皇帝呢，抑或是姑且塞责金人而另有打算呢？您也知道中国人心的背向吧，黎民百姓之所以近来相安无事，是惧怕金兵留居中土对他们不利。如今金兵业已撤还，就难保他们不滋生变故，这样，相公的宝座也许会动摇不稳了。”张邦昌忙讨问对策，吕好问胸有成竹地答道：“幸而天下兵马大元帅康王赵构拥兵济州，元祐皇后孟氏废居在家，这是上天的旨意，相公大人应立即退位让国，把政权奉还赵宋，这样才能易祸为福。所以，大人应当先奉迎元祐皇后入宫，暂且摄理国政，再请康王早正大位。”监察御史马伸也具书力言，请张邦昌不失时机地奉迎康王进京登基，以正视听，顺乎民心。张邦昌读着马伸这封大不敬的书，气得昏厥过去。张邦昌不得已还是把元祐皇后迎入禁中，垂帘听政，接着又派谢克家到济州请康王回京。可是，康王不肯答应。吕好问遣人向康王报告说：“如果大王不早日自立为帝，恐怕有不应当立而立的人取代大王。”康王勉强同意。于是，张邦昌派遣康王母舅、忠州防御使韦渊，奉着“大宋受命宝”到济州劝进，同时，孟后也派来了奉迎使冯澥（xiè）等人，康王恸哭受宝。恰巧就在这时，副元帅宗泽和权应天府尹朱胜非到了济州，朱胜非力陈应天府是大宋的发祥地（宋太祖赵匡胤曾任归德节度使，应天府即归德），四通八达，水陆相宜，愿迎康王在应天府即位。康王慨然应允。康王赵构从济州起驾来到应天府，宣抚司统制官韩世忠、鄜延副总管刘光世、西道总管王襄等各领兵马，全都到应天府会合护驾。

丁未（1127）五月初一，康王赵构登上应天府门左首临时筑起的受命坛，恸哭北向遥谢被金兵掳去的徽、钦二帝后，正式即皇帝位，照例颁诏大赦天下，改靖康二年为建炎元年，应天府定名为南京（后定都于杭州），从此开始了南宋的历史，康王赵构便成为南宋皇朝第一个帝王——宋高宗。

北宋起自宋太祖建隆元年（960），终于宋钦宗靖康二年（1127），其间共有九个皇帝，即宋太祖赵匡胤、宋太宗赵炅、宋真宗赵恒、宋仁宗赵祯、宋英宗赵曙、宋神宗赵顼、宋哲宗赵煦、宋徽宗赵佶、宋钦宗赵桓，历时一百六十七年。

偏安一隅

建炎元年（1127）五月初一，康王赵构在南京应天府登坛即位，史称宋高宗。之后，宋高宗遥尊宋钦宗为孝慈渊圣皇帝，遥尊生母韦氏为宣和皇后，遥立嘉国夫人邢氏为皇后，尊元祐皇后孟氏为元祐太后。宋高宗赵构是宋徽宗第九子，据说在赵构降生时，宋徽宗恰巧梦见吴越王钱镠入宫，宋高宗定都临安，享年八十一岁，与钱镠相同。赵构做康王时，曾在金营拘为人质，因与金人比箭连发连中，被金帅疑为将门子弟，便遣还赵构，由肃王赵枢代替。真相大白后，金帅派人急追，这时，疲惫的赵构正酣卧于崔府君庙，恍然有一神人告诉他："金国追兵将至，请赶快逃命，为你备好的马在庙堂门口。"赵构不禁惊醒，跃马向南奔去，待渡过河对岸，马止步不前，仔细一瞅，原来自己胯下所乘的竟是一匹泥马。

宋高宗即位后，任命李纲为尚书右仆射兼中书侍郎，也就是宰相职权。李纲请求罢免伪楚皇帝张邦昌同安郡王爵，安置于潭州，其他接受张邦昌伪命的臣僚如王时雍、吴幵、莫俦、李擢、孙觌（dí），也一并安置于外州。又封赠诸路死节之臣，恢复元祐党籍人官爵。同时，派遣宣义郎傅雱出使河东金军，并写信给粘罕，询问宋徽宗、钦宗二帝情况。

宋高宗召集群臣商议定都之地，李纲建言以关中为上，襄阳次之，建康为下，并请求高宗先巡幸南阳，以使天下人心悦服。然而，李纲的建议遭到黄潜善、汪伯彦之流的反对。宋高宗依从黄、汪之议，准备放弃中原而南下扬州。李纲拜相之初，曾上书“十议”，言辞直切，宋高宗多所采纳。可是，由于黄潜善、江伯彦、张浚等人的百般排斥，李纲逐渐失去宋高宗的信任，降调为尚书左仆射兼门下侍郎，而委黄潜善接任尚书右仆射兼中书侍郎。不久，仅做七十余天宰相的李纲被落职为提举洞霄宫。随着李纲罢相，他所规划的一切军民政事，全部废弃，因而葬送了复兴宋朝的希望。随后，宋高宗和黄潜善、汪伯彦沆瀣一气，将上书乞留李纲、力主抗金保国的太学生陈东和崇仁布衣欧阳澈杀害，天下吏民无不称冤。

宗 泽

建炎元年六月，宋高宗诏立沿河、沿淮、沿江帅府十九个，大小郡七十七个，规定帅守兼都总管，郡守兼钤辖、都监，共置军九十六万七千五百人。在李纲的举荐下，任命宗泽为东京留守、知开封府事。此时，尚有一部分金兵留居河上，金鼓之声，昼夜相闻，而东京开封城内的军用瞭望台——楼橹，全部报废，兵民杂居，盗贼横行，市井萧条，凄楚不堪。宗泽深孚众望，上任后，首先整饬治安，捕诛盗贼，抚慰军民，修缮楼橹、加固城防。为了壮大抗金力量，宗泽主动与河北、河东和中原一带的忠义民兵，以及所谓流寇联络，使他们归附效命。如河东巨寇王善，拥众七十万，车一万辆，是一支不容漠视的武装队伍。宗泽便单骑匹马驰入王善大营，泣不成声地说：“大宋朝廷正当危急存亡之秋，假使有一两个像您这样的豪杰，金人怎敢逞强为患呢？现在是您建功立业、报效国家之时，万不可坐失良机呀！”王善感激涕零，率众下拜说：“愿听大人吩咐！”王善解甲归降后，往来于京西、淮南、河南、河北等地的杨进、丁进、李贵、王再兴、王大郎诸人，各率部众归顺宗泽麾下。宗泽又将王彦的“八字军”（因脸上刺有“赤心报国，誓杀金贼”八字）从山西调至河南，布置在沿河重要据点。在开封城内，设立东西南北四壁，各置防御使领兵坚守，并制造一千二百辆战车备用；在开封城外，依势建筑二十四所坚固的保垒，驻兵数万人。同时，沿黄河南岸，修造起鳞次栉比的连珠寨，联结河北、河东山水寨忠义民兵。于是陕西、京东、京西诸路人马，都愿受宗泽的节制。一切准备工作就绪后，宗泽不厌其烦地连连上书，吁请宋高宗回銮开封，以慰天下人心。可是，怯懦胆小的宋高宗不仅没有驾临东京，而且以巡幸江淮为名，由南京应天府直奔扬州去了。

建炎元年十二月，金兵进犯汜水，宗泽正拟遣将往援，赶上误犯军令的岳飞来到开封。宗泽见岳飞相貌非常，不忍加罪，再问及战略军事，岳飞应对自如。宗泽不禁吃惊地说：“这是大将之材呀！”于是，宗泽要他率领五百骑兵前往汜水，立功赎罪。岳飞禀命大败金兵，凯旋归来，宗泽擢升岳飞为统制。宗泽对他说：“你的智勇才艺，甚至超过了古代的良将，然而好野战，却不合古人兵法。现今你还只是偏裨将领，这样做尚无不可，以后做了大将，就决非万全之计了。”宗泽便取出一本《阵图》给岳飞研读。岳飞阅后，回复宗泽说："阵而后战，是兵法之常理，然情势千变万化，不可拘泥行事。且运用之妙，存于一心。"宗泽首肯其言，岳飞因此闻名遐迩。

建炎二年（1128）正月，金太祖第四子兀术率兵南犯。不久，兀术自郑州抵白沙，想直取东京。宗泽镇定自若，先遣部将刘衍至滑州，刘达至郑州，来牵制金兵。又以数千精锐骑兵绕出敌后，邀击金兵归路，使其腹背受攻，一举击溃了金兵，从此不敢轻犯东京。宗泽前后向宋高宗疏奏二十四次，愿圣驾及早返回东京。但是，每次奏本到了扬州，黄潜善、汪伯彦却以宗泽包庇盗匪为辞，肆意攻讦，百端阻难。年届七十的宗泽见奸臣当道，徒劳无功，竟忧愤成疾，背生毒疮，卧病不起。诸将前来探视时，宗泽说："我因二帝蒙尘，积愤至此，你们若能歼敌报国，我死无遗恨！"七月初一，宗泽吟诵杜甫赞颂诸葛亮"出师未捷身先死，长使英雄泪满襟"的诗句之后，连呼三声"过河"而死。东京士民闻听留守大人死讯，不胜悲悼，一致请求朝廷让宗泽之子宗颖继任父职。宋高宗不予理睬，诏令北京留守杜充任东京留守兼开封府尹，追赠宗泽为观文殿学士谏议大夫，赐谥忠简。杜充酷虐刚愎，大失众望，上任不久，原归顺降服宗泽的各路武装便鸟兽四散了。

刘豫降金

尚书左丞张悫（què）举荐中奉大夫刘豫出任济南知府，刘豫见北方大乱，请改派江南一郡执政，被拒绝后，才怏怏不乐地就职。建炎二年十二月，金元帅左监军挞懒率兵围攻济南，刘豫遣子刘麟打退了金兵。挞懒派人利诱招降刘豫，刘豫遂杀济南骁将关胜，率济南百姓向金人投降。百姓不答应，他便独自缒城纳款出降。

慌不择路

宋高宗抵达扬州后，任命汪伯彦为右相。这时，金兵横行，盗贼蜂起，作为左、右相的黄潜善、汪伯彦，既毫无戒备又不向宋高宗奏报。而宋高宗则对臣下说："潜善做左相，伯彦做右相，我何愁国事不济呢！"

金将粘罕领兵于建炎三年（1129）正月攻陷徐州，徐州知州王复及子王倚等全家近百人被杀。二月，宋高宗诏令驻守盱眙的刘光世阻挡金兵渡过淮河，刘光世没等金兵到来便逃之夭夭。粘罕率金兵进陷天长军，前锋直指扬州。内侍邝询慌忙向宋高宗报告金兵已到扬州北门外。宋高宗吓得手足无措，迫不及待地与内侍康履、御史中丞张浚、御营都统制王渊，带着御前侍卫数人，披甲乘骑驰出南门，一口气跑到瓜州，截得小舟向江对岸的镇江驶去。夕阳西下时，君臣几人才算到达镇江府。

宋高宗出逃时，汪伯彦、黄潜善率领同僚正聚精会神地听克勤法师演讲佛法。听讲完毕，正待就食，只见堂吏大呼："金兵已至，皇上的御驾已起行啦！"两人相顾失色，仓皇策马南奔。此时，扬州居民争相夺门逃命，儿哭女啼，人仰马翻，死亡载道，无不怨愤。司农卿黄锷逃至江上，被逃散的军士们错认为是黄潜善，纷纷指骂："误国误民，都出自你这个奸贼之手！"黄锷方欲辩白他不是黄潜善，脑袋已搬了家。太常少卿季陵从扬州带着大宋九庙神主的灵牌出奔，刚出城数里，回首望见扬州城已经湮没在一片火海之中。在金兵的追逼之下，季陵竟将太祖赵匡胤的灵牌遗失路上，被金国的铁骑踏得粉碎。金兵把扬州的财富和宋高宗丢弃的朝廷御物洗劫净尽之后，面对滔滔江水生叹良久，便挥师北还。

苗刘兵变

宋高宗到了镇江，吏部尚书吕颐浩请求高宗留在镇江，作为江北的声援，而御前都统制王渊则称镇江只可捍御一面，若金人自通州渡江占据苏州，镇江即不可保，不如撤至前有扬子、后有钱塘重江险阻的杭州作为行都。心有余悸的宋高宗遂决定到杭州避难。宋高宗抵达杭州后，以知府衙门为行宫，下罪己诏，大赦天下。中丞张澄等人起奏弹劾汪伯彦、黄潜善，宋高宗被迫将其二人落职外任知府。同时，任命朱胜非为尚书右仆射兼中书侍郎，王渊同签书枢密院事。王渊素无威望却骤升要职，群臣多怀不平。尤其是扈从统制苗傅自负世将，刘正彦招降有功，并且是护送太后、六宫到杭州的功臣，却不见皇上加赏，怨愤不已。于是，苗傅、刘正彦串通嫉恨内侍恣横的中大夫王世修，乘刘光世晋升殿前指挥使，召百官入听宣制的机会，伏兵杀死王渊及内侍康履等一百余人。他们逼迫宋高宗传位于三岁幼子赵旉(fū)，请隆祐太后垂帘听政。太后见危急万分，对苗傅等人诉苦说："如今强敌当前，由我一个妇道人家抱着三岁幼儿在帘前决断国事，如何号令天下？恐怕反而会招致敌人轻侮，请你们不要草率行事。"苗傅等人固执不从，强令宋高宗作退位诏书。皇子赵旉嗣位，太后听政，尊高宗为睿圣仁孝皇帝，避居以显宁寺改成的睿圣宫。又诏令大赦，改元明受，加授苗傅为武当军节度使，刘正彦为武成军节度使。

两天后，赦书至平江，留守张浚怀疑宫廷必有兵变，因而秘不宣布赦书。这时，张俊率领八千人来平江会晤张浚，谈及朝廷政变事，两人相抱大哭，决计兴兵问罪。于是，他们与江东安抚制置使吕颐浩、刘光世、韩世忠相约，合兵回城讨伐苗傅、刘正彦逆臣。并由张浚草写檄文，声讨苗、刘大逆不道罪行。苗傅、刘正彦见势不妙，忧恐万状，急率二千精兵打开薄金门乘夜南逃。吕颐浩、张浚等人的勤王兵从北关入城后，向宋高宗伏地痛哭请罪。宋高宗慰劳再三，当即解下所佩玉带赐给张浚。韩世忠擒来苗、刘逆党吴湛、王世修，命斩首示众，其余如王元佐、王瑗、范仲容、时希孟等人贬谪从事。宋高宗复位后，免去朱胜非的宰相职务，任命吕颐浩为尚书右仆射兼中书侍郎，李邴为尚书右丞，郑瑴签书枢密院事，韩世忠、张俊为御前左右军都统制，刘光世为御前副使，凡参与勤王的僚属将佐，一并加秩晋官。张浚等请宋高宗暂且驻留江宁府，韩世忠受命追获刘正彦和苗傅、苗翊兄弟，押回杭州处斩。宋高宗亲书"忠勇"二字，悬于揭旗赐与韩世忠。

不久，皇太子赵旉病死，谥号元懿。

避难海上

东京留守杜充以勤王为借口，舍弃开封南逃。金人很快占领了开封府，并乘势南下入寇。宋高宗不敢久留建康，打算重返杭州。建炎三年（1129）七月，宋高宗命升杭州为临安府。闰八月，宋高宗命杜充兼江淮宣抚使，留守建康；韩世忠为浙西制置使，守镇江；刘光世为江东宣抚使，守太平、池州。他本人连忙起驾奔向临安府。十一月，金帅兀术率军进破建康府，守臣杜充卑躬屈膝投降了金国。宋高宗闻听杜充降金，吓得魂不附体，匆匆召来吕颐浩问计，吕氏胸有成竹地说："万不得已，莫如航海。敌兵善于骑马，不习惯乘舟。等待敌兵退去，我们再还浙地。他入我出，他出我入，这正是兵家之奇计。"宋高宗连连点头，许为妙策。十二月，宋高宗来到明州——宁波府。不几日，金帅兀术率领的两路大军就进驻了临安府。兀术派大将阿里蒲卢浑领兵追赶宋高宗。这时，宋高宗乘楼船经定海县到了昌国县。金兵进犯越州时，安抚使李邺开城迎降。转眼就是大年除夕，阿里蒲卢浑率兵抵至明州西门，张俊派遣统制杨沂中、知州刘洪道迎战金兵，歼敌数千人。相持几日。攻城不下，兀术率军来援，张俊、刘洪道相继弃城而去，明州随之陷落。金兵入城后，大肆屠掠，居民几乎全部被杀。兀术乘胜攻陷昌国县，搜寻宋高宗的行踪。兀术用舟师追击三百余里，被张公裕统率的几艘大舶痛击退却。金兵北还后，宋高宗才乘船回到温州，结束了海上的漂泊生活。直至绍兴二年（1132）春天，宋高宗重返久违的临安府。

黄天荡之战

金兵“搜山检海”归来，受到宋军民的尾追堵塞。首先是江淮统制岳飞率部在广德军邀击金兵，六战全胜。韩世忠早已把三军部署在青龙镇、江湾和海口，伺机截断金师的去路。等到兀术率兵由秀州到平江一路抢掠而来时，韩世忠移师镇江严阵以待。韩世忠分析兀术想渡江必经江心中的焦山，他把队伍和艨艟巨舟开进焦山要塞，然后对将士们说：“堵死焦山，金贼必定到附近的金山察看阵地。而山上有一座龙王庙，兀术想必要进庙俯望我军虚实。”于是他遣将苏德带壮兵二百名，一百人埋伏庙中，一百人潜藏在庙下岸侧，命令他们等金人登山进庙，以江中鼓声为号，鼓声一响，岸兵先入，庙兵继出，里应外合，共捉金贼。果然金兵见焦山堵塞，即有五名骑将登山直奔龙王庙视察地形。不料，庙中的伏兵没听到鼓音先行杀将出来，敌骑掉头就跑，岸兵拦截不及，仅俘获二骑，其余三骑飞马脱逃。逃掉的三员金将中，有一人红袍玉带装束，被蹶身下马后，又跃马疾驰而去。诘问被擒金将得知，那个坠马人正是金兵元帅兀术，韩世忠好不惋惜。随后，兀术约期会战，双方在江上接战。韩夫人梁红玉亲自击鼓，宋军将士果敢杀敌，激战几十个回合，金兵渡不过江去，只好收兵退却。兀术的爱婿龙虎大王也成为韩世忠的战利品。兀术麾众回到大营，不禁怯战心寒，便派使者向韩世忠求情，只要答应放金兵一条归路，情愿将所掠获的财物和女真名马全数献给韩世忠。韩世忠叱退金使，不许假道北归。兀术窘迫不安，遂率兵自镇江溯流而上，企图易地渡江。可韩世忠领兵沿北岸随行，夹江相对，不肯放松。一日黎明，金兵进入只有进路而无出路的黄天荡，兀术叫苦不迭。这时，有人献计说："从此往北十余里，有老鹳河故道，虽然淤塞不通，但是如果发兵开掘，便可凿通秦淮河。"兀术立刻命令金兵挖土清淤，很快凿开了一条长约三十里的通道，随即向建康进发。没承想刚到牛头山，忽然鼓角齐鸣，岳飞率军拦住去路，一阵厮杀之后，兀术策马返奔至新城，怎奈岳飞力追不舍，兀术被迫又回到了黄天荡，而金兵已损折无数。兀术惊魂未定，被守候在荡口的韩世忠用铁链大钩曳沉了多艘战船。兀术走投无路，祈求韩世忠放他生还，誓不再犯。韩世忠高声答道："长江是我大宋领域，决不许敌人通过。你若要保全性命，假道北还，必须还我二帝，复我疆土。"兀术无言以对，返棹回营。两兵在江上相持不下，兀术望见宋军大船乘风使篷，往来如飞，便召来诸将说："宋人使船如我策马，运行自如。而我们北归必经江上，有什么办法才能对付他们呢？"一将士想出悬赏求计的策略，于是揭贴榜文，购募破阵之策。数天后，有一位闽人名叫王郉水的秀才登舟献策，教金人造小船，趁风平浪静时出动，用火箭射击韩世忠有风才能航驶的大战船，篷布易燃，这样可烧灭韩营。兀术如法炮制，韩营猝不及防，顿时烟焰冲天，军阵混乱，烧溺而死者不可胜算。兀术乘机率兵仓皇北渡。韩世忠以八千人拒战兀术的十万兵马达四十八日之久，金人从此不敢再渡越长江天堑。兀术率兵在建康大肆焚掠后，带着掳来的建康青年女子和财货从静安镇渡江到六合县的宣化镇，再次遭到岳飞军和乡民的夹攻，结果活捉金兵三百多人，夺回了金人所掳掠的大半财物和女子。岳飞又率部收复了满目疮痍的建康城。

五国城的徽钦二帝

金太宗吴乞买废宋徽宗为昏德公，宋钦宗为重昏侯，押解到韩州，后又迁徙至距金上京会宁府东北千里的五国城。宋使洪皓从云中秘密遣人到五国城送给二帝桃、梨、粟、面等物，并致书说明了康王赵构即位迁都事。建炎四年（1130）九月，郑太后在五国城病死。绍兴五年（1135），太上皇宋徽宗病故于五国城。四年后，邢皇后也抑郁而死。

金扶植反宋势力

建炎四年九月九日，刘豫被金王朝册立为大齐皇帝，建都大名府，名义上统治着金人侵占的河南、陕西之地。册文中写有“世修子礼”等语。绍兴二年（1132），刘豫将伪齐傀儡政权迁都于汴京，配合金军侵宋。

早在靖康二年（1127），秦桧随从宋徽宗赵佶和宋钦宗赵桓被金兵掳至燕京，秦桧便投靠了金大将挞懒。建炎四年秋天，挞懒率金兵由山东攻略淮南，秦桧以参军兼转运使的身份随行。秦桧妻王氏姿色娇美，与挞懒私通，因而得以同行。十月，在挞懒的暗示和纵容下，秦桧携带王氏和僮仆使女，从楚州乘船回到南宋，目的是让秦桧充当金国的内奸。当秦桧在越州见到宋高宗赵构时，谎称他是杀掉监管他的金兵，夺舟奔来。宋高宗深信不疑，高兴地说："秦桧忠朴过人，我见到他喜不能寐。一喜得闻二帝、母后消息，二喜得到秦桧这样的佳能人才。"于是，授予秦桧礼部尚书，三个月后，又提升为参知政事。从此，南宋朝廷对金国由且守且和转为解仇息兵，不克自振。

和尚原之战

建炎四年（1130）九月，金军妄图入寇蜀川。宋川陕宣抚处置使张浚命令都统制刘锡率五路大军与金兀术、讹里朵、完颜娄室所部在富平会战，结果环庆经略使赵哲畏敌先逃，宋军溃败，陕西各路军马因而丧失大半。富平之战失利后，都统吴玠和弟吴璘收拾散兵，扼守于凤翔大散关附近的和尚原。绍兴元年（1131）十月，兀术率金兵再次猛攻和尚原，吴氏兄弟以伏兵夜袭金军，金兵大败而逃，兀术身中两箭，险些丧命。绍兴三年（1133），金将完颜杲绕道攻饶风关，吴玠抵御失败，退守仙人关，以阻挡金军入川之路。第二年春天，兀术、完颜杲率金军进犯仙人关。吴玠等预先整治好"杀金平"战场，顽强抵御，重创金军，金军从此不再进窥川地。

镇压农民起义

金兵撤退后，南宋朝廷稍得喘息，便想把那些流移靡定、叛服无常的“游寇”一网打尽，以安定内部。建炎四年（1130）冬，宋高宗任命张俊为江淮路招讨使，负责征讨江淮一带的巨寇李成，通泰镇抚使岳飞等听从张俊节制。第二年春，张俊、岳飞率兵首先克复为李成部将马进占据的筠州，在楼子庄大败马进后，乘胜追杀引兵渡江的李成，在蕲州黄梅县攻破敌阵，马进被杀，李成率余众北去投降了伪齐刘豫。李允文、张用相继接受张俊的招安，江淮游寇全部荡平。这时，闽贼范汝为攻陷建州，韩世忠率水陆兵马三万人，进取建州。韩世忠在凤凰山安营扎寨，围城五日，大破范汝为，范汝为自焚而死，活捉范汝为的军师谢向和裨将陆必强等五百余人。

平定范汝为之乱后，韩世忠又奉命进讨湖广诸盗。为了对付拥众十余万的曹成，宋高宗起用老臣李纲为荆湖、广南宣抚使，又委命岳飞代理湖南安抚使和潭州知州，共讨曹成。岳飞领兵从道州、贺州、连州、郴州，一路跟踪追击曹成。当曹成途穷无计，转往邵州时，正巧撞上韩世忠平定范汝为凯旋归来，迅速由处州、信州直达洪州赣江之滨，连营数十里。曹成进退维谷，终于在绍兴二年（1132）闰四月率众八万投降了韩世忠。绍兴三年（1133）四月，岳飞又奉令镇压了活动在江西吉、虔二州的彭友、李满等人领导的农民武装。九月，岳飞、岳云父子受诏朝见宋高宗，赏赐衣甲、战袍之外，特赐御书“精忠岳飞”字样的一面军旗。

建炎四年（1130）二月，钟相在洞庭湖滨发动了一场南宋时期规模最大的农民起义，建立大楚政权，改年号天载，设置将相官属。轰轰烈烈，声势恢宏，很快攻占了鼎州、澧州、岳州等地十九县。钟相被匪军首领孔彦舟杀害后，由杨么（yāo）领导起义军，自称大圣天王。他们实行陆耕水战，凭借水军优势，发挥车船威力，屡败进剿官军。绍兴五年（1135），宋廷命令荆南制置使岳飞前往镇压杨么义军。岳飞经过精心筹划，采取政治诱降手段，利用叛徒黄佐、杨钦、全琮、刘诜等人分化瓦解起义队伍。在水寨被攻破，车船被撞碎的情况下，杨么投水自杀，被官军水手孟安救出俘获。岳飞杀害杨么和钟相之子钟子仪，并函首送往都督行府。宋高宗满心欣喜，下诏把岳飞的官阶提升为检校少保。

戒石铭

宋高宗利用金兵休整的间隙，曾下诏颁布黄庭坚书写的《戒石铭》，让各州县将其刻石立于衙门前，铭文是：“尔俸尔禄，民膏民脂；下民易虐，上天难欺。”

伪齐攻宋

刘豫迁都汴京后，便派其子刘麟与金兀术联兵自泗州、楚州两地渡过淮河，大举南侵。这时，担任南宋朝廷尚书右仆射兼知枢密事的赵鼎力劝宋高宗亲征，宋高宗闻知韩世忠在江北连战告捷，便御驾来到平江。金齐联军日趋南下，张浚长驱直至临江，召命韩世忠驻守扬州，张俊驻守建康，刘光世驻守当涂，以抵御敌兵渡江。韩世忠在大仪镇包抄金兵，金兵全部就擒。从滁州南下的金军进围庐州，岳飞令部将牛皋及时救援，金军大败退去。屯兵在泗州的挞懒和屯兵在竹墩镇的兀术，被韩世忠军死死扼守不敢轻举妄动。时值冬月，风雪交加，金人的粮道阻塞，原野空荡无物，只有杀马充饥，士气不振，怨声载道，兀术领兵乘夜北还。剩下的刘麟、刘猊等伪齐人马，见兀术率金兵撤退，仓皇抛弃军械辎重接踵而逃。宋高宗还宫后，兴冲冲地任命赵鼎、张浚为左、右宰相。张浚召集诸将庆功，并派遣张俊驻扎盱眙，韩世忠驻扎楚州，刘光世驻扎庐州，岳飞驻扎襄阳，杨沂中驻扎泗州，试图恢复中原失地。

岳飞在襄阳，连战连捷。他派牛皋率兵收复镇汝军，杨再兴收复河南长水县，并亲自督军作战，连败归降刘豫的李成、孔彦舟，乘胜攻克蔡州城。岳飞又派王贵、郝政、董先等部将收复了虢州和卢氏县，再进军唐州，捣毁刘豫兵营。于是，岳飞踌躇满志地疏请宋高宗，进军恢复中原。宋高宗诏饬从缓，岳飞只得还兵鄂州。刘豫惧怕岳飞征伐自己，向金国告急求援，以便先行出师南侵。而即位不久的金熙宗完颜亶对刘豫不屑一顾，只遣兀术到黎阳坐山观虎斗。刘豫遭到回绝后，仍不惜孤注一掷，凑成乡兵三十万，分兵三路进犯两淮。刘麟率中路军，由寿春出发进犯合肥；刘猊率东路军，由紫荆山出涡口进犯定远；孔彦舟率西路军，由光州出发进犯六安。东路军在藕塘一地被杨沂中拦击，大败而逃，刘猊边跑边说："我刚才看见的大胡子将军锐不可当，真不愧是杨殿前呀！"刘麟听说刘猊败逃，也慌忙拔营回奔，杨沂中和王德领兵直追至寿春以南。

金人闻听刘豫败北，遂有废弃刘豫之议。第二年（1137），金熙宗命令兀术亲至汴京逮捕了刘豫，废为蜀王（后改封为曹王），撤销伪齐国，同时在汴京宣布成立金国行台尚书省。

孤胆王伦

韩世忠、岳飞请求攻打金国，收复中原，朝廷没有答复。当初，何藓（xiǎn）从金国返回，才得知太上皇和太后的丧事。宋高宗在丧礼大殓后穿着丧服，任命王伦为奉迎梓宫使，前往金国。王伦向宋高宗辞行的时候，宋高宗命令王伦转告挞懒说："河南与陕西地区，既然贵国无法占有，与其交给刘豫，怎么比得上归还敝国呢！"及至金人捉住刘豫，王伦由金国返回，入朝回答宋高宗的问话时说："金人允许交还先帝的灵柩、太后以及河南、陕西地区。"于是，宋高宗又派遣王伦前往金国。当初，赵鼎、张浚同时出任丞相，后来赵鼎罢相，张浚独任丞相，再往后来，张浚罢相，赵鼎独任丞相。此后，赵鼎被秦桧欺骗，便向宋高宗进言说秦桧可以委以大任。至此，宋高宗任命秦桧为丞相，罢免了赵鼎的相职。秦桧专门主张与金国停战媾和，于是中兴已经毫无希望了。

宋高宗将京城定在临安以后，王伦与金国使者一同前来，商议把河南、陕西地区交还给宋朝。金国使者号称“颁诏晓示江南”。礼部侍郎曾开应当草拟国书，朝中议论国书写得低声下气，过于软弱，宋高宗没有接受这一意见。于是，晏敦复、尹焞（tūn）、朱松、李纲等人极力进言国书写得不妥，胡铨（quán）上疏极力直言，结果被贬黜到广州。秦桧使勾龙如渊担任御史中丞，使孙近担任参知政事，对凡是不附和自己的人们，便动摇他们的地位，使他们全部离职而去，于是大权完全掌握在秦桧手中了。与金国达成停战协议以后，宋高宗任命王伦为东京留守。王伦来到汴州，金人归还了河南、陕西地区。宋高宗任命方庭实为东、西、北三京宣谕使。方庭实来到西京洛阳，首先去朝拜历朝诸帝的陵园墓室。自宋太祖以下诸帝的陵墓全部遭到发掘，宋哲宗的尸骨甚至在露天之中，无所遮蔽，方庭实只好脱下衣服，盖在尸身上面。方庭实回朝以后向宋高宗禀报，秦桧对他怀恨在心。张焘（tāo）从金国回朝，宋高宗问他诸帝的陵园墓室情况如何，张焘没有回答，只说他本人永远不会忘掉这伙贼人，宋高宗沉默不语。秦桧厌恨他们，使他们二人都获罪被贬。

兀术向金熙宗完颜亶（dǎn）进言说：“挞懒、蒲卢虎主张将河南、陕西割让给宋朝，肯定会有阴谋。现在宋朝使者正在汴州，不要让他越过边境。”王伦得知消息以后，立即派遣消息传递人员把情况全部报告给朝廷。适逢孟庾来到汴州，王伦便让孟庾暂时代理留守的职务，自身以使者的身份前往金国议事。正巧赶上挞懒反叛，金人便扣留了王伦，要求归还河南、陕西地区，王伦极力反对。金国打算使王伦归降，王伦不肯屈服。他头戴朝冠，身穿朝服，面向南方拜了两拜，痛哭着说："已故的先人文正公旦因言行正直而得以辅佐太宗、真宗两朝，我怎么敢有辱使命？"于是他被金人杀死。金国的兀术、撒离喝兵分两路入侵宋朝，再次攻陷河南、陕西各州郡。

顺昌大捷

东京副留守刘锜率领部下四万人奔赴东京开封府，来到涡（wō）口的时候，听到金人撕毁盟约，出兵南下的消息。刘锜与将士丢开船只，登陆行军，急忙赶到顺昌。探子报告说东京开封府已经归降金军，知府陈规来见刘锜，问他有何对策，刘锜说："只要城中还有粮食，我就能够与您共同守城。"陈规说："城中有数万斛米。"刘锜说："这就行了。"他便与陈规商议收聚兵马进城，去做防守的打算。当时，城中没有任何足以凭依的防守设施，刘锜督促人们取来车轮车辕，埋在城上，又撤掉百姓的板门，在周围遮蔽起来。总共用了六天时间，准备粗略完成，而这时金国军队便将全城围困起来了。刘锜在夜间派遣一千多人进击金军，杀掉很多敌人。不久，金国的乌禄率领三万兵马逼近顺昌城，刘锜使用破敌弓，辅以神督弩，将金军射退。刘锜又派出步兵截击敌军，淹死在河里的敌军多得不计其数。于是，金军将营寨迁移到李村。刘锜派遣阎充募集了五百名健壮的战士，在夜间前去猛劈金军的营地。这一夜，天将下雨，闪电四起，阎充军只要见到头发结成辫子的人就予以歼灭。刘锜又募集了一百人，折来竹管，做成可以吹响的物件，就像儿童游戏一样，每人手拿一个物件作为标志，径直进入敌营，乘着闪电的光亮奋力进击。他们听见吹响物件的声音就聚集在一起，闪电一停，便潜伏不动，敌军人众大为混乱。当此时，宋军整夜自行战斗，敌人的尸体堆满了原野，敌军退到老婆湾才驻扎下来。

兀术在汴州得知消息以后，当即要来靴子穿上，翻身上马，率领十万人马前来援救。兀术来到顺昌城下，责备各位将领损兵折将的罪责。大家都说："此次南朝用兵，并非往日可比。元帅亲临城下，自然就会看到。"刘锜派遣耿训送书信去约定交战的日期，兀术生气地说："刘锜怎么有胆量与我交战？用我的兵力攻破你们的城池，简直就如同用靴子尖把它踢倒罢了。"耿训说："刘太尉不仅要求与您交战，而且说您肯定不敢渡过颍河。我们愿意送给你们五座浮桥，让金军渡过河来，再大战一场。"黎明时分，刘锜果然在颍河上搭起五座浮桥，敌军便从浮桥上过了颍河。刘锜派人在颍河上游的水里以及城外的草丛之中撒了毒药，告诫军中将士即使渴死，也不允许喝颍河水。当时，正当盛暑时节，敌军远道前来，疲乏困顿，人马又饿又渴，喝了颍河水或吃了颍河边的草的人员马匹，就立即中毒病倒。刘锜军士气安闲自若，各军轮番休息。刚到早晨的时候，刘锜按兵不动，等到正午刚过的未时和申时，这才出兵交战，以锐利的斧头猛冲敌军，敌军大败而逃，死去的人有数万之多，这一天夜晚又下起了大雨，平地上水深一尺有余，兀术便逃回汴州去了。

十年功力废于一旦

韩世忠派遣军队收复了海州，张俊派遣王德收复了宿州，王德乘胜进入亳州。岳飞收复了河南的许多州郡，将大军留在颍昌驻扎，命令各位将领分路出兵交战，自己却率领轻装骑兵驻扎在郾（yǎn）城。兀术会合了龙虎大王、盖天大王以及韩常的兵马，率众进逼郾城。岳飞派遣儿子岳云带领骑兵径直猛冲敌阵，岳云与金人交战，共计打了数十回合，金军尸体布满原野。兀术指挥一万五千人组成的拐子马冲上前来，岳飞告诫步兵用麻扎刀，冲入敌阵，都不往上看，只去劈砍马腿。拐子马连在一起，一匹马扑倒以后，别的马就不能行进。岳飞军奋力进击，大破拐子马。兀术非常悲痛地说："自从海上起兵以来，我都是用这拐子马取胜，现在完了。"他气愤已极，又来侵犯颍昌，岳飞派遣王贵、岳云再次将他打得大败。兀术连夜逃走，岳飞军追击了十五里地，牛原士气大振。岳飞派遣梁兴渡过黄河，与太行山义士和两河豪杰会合，在垣曲打败了金人，接着又在沁水打败了他们，于是攻下怀州和卫州，切断了太行山的通路，使金人非常恐惧。岳飞又在朱仙镇大败兀术，兀术逃回汴州。岳飞派人修整诸帝的陵墓。

兀术打算丢弃汴州北去，有一位书生挽住兀术的马缰进言说："太子不用走，岳少保就要退兵了。"兀术说："岳少保用五百名骑兵打败了我的千军万马，京城百姓日夜盼望他前来，他怎么会退兵？"书生说："自古以来，没有专擅权势的大臣在朝廷用事，而大将在外面能够建树功勋的。岳少保本难免一死，何况打算完成功业呢！”兀术醒悟过来，便留在那里，不再离开。

当时，梁兴会合太行、两河的义军豪杰，结成了忠义社。中原地区的磁、相、泽、潞、晋、汾、隰、卫各州，都已定下出兵的日期，与官军会合。各州将所举的旗帜，一律以“岳”字为号。父老百姓争着拉车牵牛，给各军运送干粮。自燕京以南，金人的号令失去了效力。兀术打签令征兵，抵抗岳飞，河北地区没有一人去响应他。于是兀术叹息着说：“自从我由北方起兵以来，还没有受到过今天这样的挫败。”金军将领乌陵思谋平素号称骁捷英勇，狡黠多谋，这时也不再能够控制自己的部下。他只告诉部下说：“不要轻举妄动，等岳家军来了的时候，你们就投降吧。”金军将领王镇、崔庆以及韩常等人都率领人众归附朝廷。岳飞大喜，对部下说：“等一直打到黄龙府的时候，再让我与诸位痛痛快快地饮酒吧。”

当时，金熙宗完颜亶纵情饮酒，耽于佚乐，荒废政务，将士人心离散。蒙古兵兴起以后，金国势力逐渐微弱，善于领兵打仗的将领只不过兀术一人，宋朝有收复失地的时机。然而，秦桧正打算将淮北地区划归金国，以图与金国讲和，便暗示御史台的官员上奏请求宋高宗命令各位将领撤军。而且，秦桧知道岳飞锐意进取，难以让他回军，因而他上奏说：“岳飞孤军深入，不可久留，请迅速将他召回。”于是，岳飞在一天时间里便接到宋高宗召他回军的十二道金牌。岳飞极度悲愤，眼泪夺眶而出。他面向东方拜了两拜，说道：“十年的努力，在一日之内便遭废弃，实在可惜。”于是岳飞带领兵马从郾城撤回。百姓拦住岳飞的坐骑放声痛哭，还告诉岳飞说："我们头顶香盆，运送粮食，准备迎接官军，金人完全了解这种情况。相公离开以后，我们便无法存活了。"岳飞也悲痛地流下了眼泪。他拿出诏书给大家去看，还说："我不能够擅自留下。"于是，哭声震动了原野。岳飞停留了五天，以便等候百姓迁居，跟随岳飞南下的百姓多如市集的人群，岳飞连忙奏请在汉水沿岸六郡闲置的田地上安顿这些人们。岳飞撤回以后，他新近收复的河南府各个州县，重新被金军占领了。

"莫须有"

岳飞来到鄂州，极力请求解除自己的兵权，宋高宗没有答应。不久，岳飞入朝进见，宋高宗对他安慰一番，岳飞只是下拜称谢而已。秦桧极力主张停战媾和，唯恐各位将领难以控制，打算完全收回他们的兵权，便将韩世忠、张俊罢免为枢密使，将岳飞罢免为枢密副使，将刘锜罢免为知荆南府。当时，兀术给秦桧写了一封书信，内言："你们天天都在请求停战媾和，但岳飞正在计划收复河北，所以你们必须杀掉岳飞，金宋两国才能够议和。"秦桧也认为如果岳飞不死，终究妨碍停战媾和，肯定会为自己招来祸事，所以极力谋划杀掉岳飞。于是他暗示谏议大夫万俟卨（mò qí xiè）等人轮流上章，论说岳飞在接受圣旨援救淮西的时候畏惧敌军，逗留不进，使他被罢黜为万寿观使、奉朝请。

秦桧决意杀害岳飞，便与张俊秘密策划，诱引岳飞的部下中能够控告岳飞的人，用重赏优待告发人，但始终无人答应。秦桧听说岳飞部下统制王俊善于告发别人的隐私，号称“雕儿”，便让人开导他，王俊应承下来。张俊便由自己写好状文，交给王俊，让他凭空说副都统制张宪图谋占据襄阳，使岳飞重掌兵权。张俊捉住张宪，将他押至镇江行枢密院审讯，张宪被拷打得体无完肤，但始终不肯屈服。秦桧诈称有诏传召岳飞父子验证张宪之事，岳飞笑道：“上有天，下有地，我这一片心迹终究可以表白。”于是，他与岳云前往大理寺接受审理。秦桧指使中丞何铸、大理卿周三畏审讯岳飞。何铸将岳飞拉到庭前，责问他反叛的情形，岳飞撕开衣裳，将脊背显示给他，但见脊背上面有以往涂墨刺下的“尽忠报国”四个大字，字迹深深刺入皮肤里面。不久，经过核实，指责岳飞的罪责全无证据。何铸看出岳飞受到冤枉，便把情况报告给秦桧，秦桧说：“这是圣上的意图。”何铸说：“强大的敌人还没有消灭，却无缘无故地杀死一员大将，这会使将士离心，并非国家的长久之计。”秦桧便改让万俟卨审讯岳飞。万俟卨平素与岳飞结有嫌怨，因此他便诬陷岳飞指使于雕、孙革给张宪和王贵写去书信，让二人凭空申报探子得来的消息，以便震动朝廷，说是岳飞给张宪写去书信，指使他设法安排岳飞重返军中，而且说岳飞的书信已经被烧掉了。

岳飞获罪被押，历时两个月，没有足以证实他有罪的事实。大理卿薛仁辅等人都说岳飞无罪，判宗正寺赵士㒟（niǎo）请求以自家一百口人的性命来担保岳飞，秦桧全然不听。韩世忠心中愤慨不满，责问岳飞犯罪的事实，秦桧说：“虽然岳飞的儿子岳云给张宪写去的书信没有明证，但这件事在情势上说来或许还是有的。”韩世忠说：“‘莫须有’这三个字，怎么能够使天下人心服呢！”韩世忠直言上疏，陈述秦桧欺骗君主、贻误国家的罪行，秦桧暗示谏官抨击他，使他被罢免为醴泉观使。从此，韩世忠闭门独处，谢绝宾客，闭口不谈用兵之事，时常骑着驴，带着酒，让一两个侍从的童子跟随在身边，纵情游览西湖，聊以自得其乐，平日的将领佐吏很少能够同他见面。这样过了十多年，韩世忠便故去了。当时，已经到了年底，但岳飞的罪过仍然不能定案。有一天，秦桧亲手写了一张小纸条交给监狱，监狱当即上报岳飞死去，这时岳飞才三十九岁。岳云与张宪都被判处死刑，在闹市处决，凡是为岳飞昭雪冤情的人，有的被贬官，有的被处死，罗织拼凑成岳飞罪案的人，一律晋升官位品级。

当时，洪皓（hào）正在金国，他用蜡丸密封的书信上奏，说是金人畏惧并佩服的将领，只有岳飞一人，及至金人听说岳飞故去，各位首领都斟满了酒相互庆贺。岳飞侍奉老人极为孝敬，慷慨地立下志向，念念不忘恢复中原，对自己的日常供养非常菲薄。凡是准备有所行动的时候，岳飞便召集各位统制前来商议，商议出成算以后才去交战，因此他战无不胜，仓促遇到敌军，也毫不动摇。所以敌人形容他的军队说：“撼山易，撼岳家军难。”有一次，张浚向他询问用兵的方法，岳飞说：“仁、智、信、勇、严，缺少一条也不行。”岳飞礼遇贤士，广泛涉猎经书史籍，风雅地吟诗作赋，在宴会上以箭投壶，谦卑顺和得就像一个念书人一样，然而他恪守忠信，高亢激昂，发表议论时坚持正义，不肯阿谀，终于因此招致了杀身之祸。

宋金和议

达成停战协议以后，宋高宗任命何铸为签书枢密院，让他前去向金国上表称臣，还将唐、邓、商、秦等地割让给金国。何铸等人向宋高宗辞行，宋高宗把他们叫到内殿，告诉他们说：“朕盼望身在北国的父母亲人，眼泪都流干了。你们见到金主，应该说朕的母后大人留在金国，只不过是一位老妇人而已，对于本国来说，所关系到的却十分重大。你们要用最大的诚意去说服金主，或许他会受到感动。”

何铸来到金国。首先便请求让太后归国，金熙宗完颜亶说：“前朝已经这样处理了，怎么能够擅自改变？”副使曹勋再三恳切请求，金熙宗完颜亶才答应下来，于是打发何铸回国。金国派人带着君主穿戴的礼服和礼帽前来，册封宋高宗为大宋皇帝，归还了宋徽宗皇帝以及宋徽宗的皇后郑氏、宋高宗的皇后邢氏的遗体。宋高宗的生母韦氏从金国归来，居住在慈宁宫。宋高宗将贵妃吴氏立为皇后。吴皇后是开封人氏，读书颇多，熟悉历史，擅长诗文书画，才能与姿色兼备，曾经身穿军装在宋高宗身边服侍，宋高宗非常爱她。宋高宗可怜邢皇后身陷金国，所以虚称等待邢氏来做中宫皇后。至此，宋高宗才将吴氏立为皇后。从此，宋高宗向金国称臣纳贡，边境略微安宁了一些。

身前身后

秦桧自认为天下太平，自己立了莫大之功，便专门以猜忌贬斥朝中忠良为己事。秦桧前去上朝，仗义之士施全在道上手中持刀，拦住秦桧的轿子刺杀他，没有刺中，结果被杀。秦桧决意杀害赵鼎、李光、胡铨、张浚等人，及至赵鼎故去，秦桧仍然怀恨不已，便将赵鼎的儿子赵汾等人押进大理寺的监狱，诬陷他们与张浚、李光、胡寅、胡铨等五十三人阴谋反叛朝廷。对他们的审理刚刚定案，秦桧已经病得无法写字，被诬告的人们这才获得释放。宋高宗颁诏将秦桧封为建康郡王。当天夜里，秦桧死去。

秦桧担任宰相十九年，控制国君，提倡和议，贻误国家，一时间忠臣良将几乎被斩尽杀绝；他公然大开收受贿赂之门，拥有的财富可与国家相匹敌，直到他死后，仍然有外国的珍宝送上门来。秦桧晚年尤其残忍，屡次制造巨大的罪案。秦桧因妻子嫉妒而没有儿子，便把内侄王熺（xī）过继为子嗣。至此，宋高宗勒令王熺辞官回家，将他尚在官位的亲近同党贬官。秦桧的坟墓坐落在金陵江宁镇，岁久年深，一片荒芜。到明成化二十一年秋八月，秦桧的坟墓被强盗发掘，得到的财物数以万计。强盗被捉获以后，主管部门故意替他开脱罪行。秦桧与妻子王氏超越职分，使用水银装殓尸身，面色有如生前。主管部门暗中让人将他碎尸，分别丢进各处的厕所中，这也算令人为之一快的事情吧。

完颜亮南侵

金国的完颜亮杀掉金熙宗完颜亶，自立为国主，准备吞并宋朝，完成统一之业，便将画工暗中隐藏在使者中间，让画工描绘临安的湖山景色，带回来作为屏风。他让画工将自己的肖像画在吴山的最高处，还在画上题写了诗句，其中有“万军车书盍混同，江南岂有别疆封？提兵百万西湖上，立马吴山第一峰”的句子。于是金废帝完颜亮派遣使者向各道征调兵马，将都城迁徙到燕京。宋钦宗在金国故去，宋钦宗的皇后朱氏在五国城生下皇子赵训，在金国不知死于何处。金废帝完颜亮让高景山、王全前来索求汉水淮水地区，宋高宗向他们问话，王全说：“现在赵桓已经死去了。”宋高宗这才知道靖康帝的死讯。

完颜亮准备南下入侵的时候，太后徒单氏居间劝阻，完颜亮杀死太后徒单氏，便大规模地入侵南宋。完颜亮拥有人众六十万，号称一百万，南宋远近各地非常震惊，淮南东路和淮南西路失守。完颜亮率领大军亲临长江上的采石誓师，准备第二天横渡长江。适逢虞允文接受命令前往芜湖迎接李显忠，让王权把军队交接给他，并且在采石犒劳官军。虞允文来到采石的时候，王权已经离去，张显忠还没有来到，敌人的骑兵比比皆是，而官军三五成群，稀稀落落。虞允文认为，坐等张显忠，就会耽误国家大事，便立刻召集各位将领，以忠义勉励大家，大家请求奋死出战，虞允文这才命令各位将领结成阵列。部署刚刚完毕，敌军已经在大声呼喊，指挥百万船只渡江前来。敌军抵达长江南岸，径直向宋军压来，宋军稍有退却。虞允文进入阵列中，抚摩着统制时俊的脊背说："你的胆量才略四方闻名，如果你站在军阵的后面，就成了小儿女子了。"时俊立即挥动双刀出战，战士在江心拼死战斗。宋军用海艏战船冲击敌人，敌人的船只全被击沉。敌军有一半已经战死，另一半仍在战斗，直到天色向晚还没有退却。恰好有溃逃的宋兵从光州来到采石，虞允文将旗帜和战鼓发给他们，让他们从后山绕道而出。敌军怀疑宋军有援兵赶到，便开始退逃。虞允文命令劲弩手尾随追赶，放箭射击，将敌军打得大败，完颜亮只好率领军队前往扬州。

金人对完颜亮的残暴心怀怨恨，便另外拥立曹国公乌禄为金帝，乌禄改名完颜雍。完颜雍下诏揭露完颜亮的数十条罪恶，派遣兵马截断了他的归路。完颜亮来到瓜州，召集各位将领，约定在三天以内渡过长江，否则，将他们全部杀掉。将士恐惧不安，又听说曹国公乌禄在辽阳即位，便一起图谋杀死了完颜亮。金军渡过淮水，回到北方，金世宗完颜雍派遣使者前来宋朝通问修好。宋朝派遣起居舍人洪迈出使金国，去祝贺金世宗即位，并且请求收回黄河以南的土地，打算与金国更正敌国之礼，完颜雍没有同意。

孝宗中兴

当初，宋徽宗和宋钦宗二帝车驾北行，金国根据宋朝皇室族谱玉牒去追捕宋太宗的后人，宋太宗的后人很少能够保全性命，只有宋高宗得以逃脱。宋高宗的后人只有元懿太子赵旉（fū），但在三岁的时候便已死去。由于宋高宗没有儿子，便选定宋太祖的儿子秦王赵德芳的五世孙赵偁（chēng）的儿子赵伯琮（cóng）作为自己的儿子，命令张婕妤（jié yú）养育他。赵伯琮六岁的时候，宋高宗将他封为普安郡王。普安郡王天姿英明，性情豁达，气量宽宏，平时的服饰、车马、器用等项物品，都很俭朴，经常以经书史籍自娱情怀，骑马射箭，诗词书画，都高人一筹。至此，赵伯琮已经三十岁了。宋高宗知道赵伯琮贤能，便为他改名为赵瑗（yuàn），将他立为皇侄。没过多久，又为他改名为赵昚（shèn），将他立为皇太子。宋高宗在位三十六年的时候，将帝位传给了皇太子，自称太上皇，退居德寿宫，还对群臣说："交托皇位的人选选择得当，我没有什么忧虑了。"二十六年过后，宋高宗故去。

赵昚（shèn）即位，这就是宋孝宗。宋孝宗恢复了岳飞的官职爵位，按照礼仪为岳飞改葬，还将岳飞的六个孙子任命为官。宋孝宗一心收复失地，任命张浚为枢密使，让他统领长江、淮水地区的兵马，在建康设立府署，辟置僚佐。张浚入朝进见，认为："秋天一到，金人肯定要在边疆制造祸患，应当赶在他们发兵之前来攻打他们。"宋孝宗认为言之有理。史浩阻止攻金，宋孝宗不肯听从，便计议出兵渡过淮水。适逢李显忠、邵宏渊二人也进献攻打虹县与灵壁二城的计策，宋孝宗命令事先将这两座城池绘制成图。张浚便派遣李显忠由濠州出兵，奔赴灵壁；派遣邵宏渊由泗州出兵，奔赴虹县。金国都统萧琦用拐子马前来抵御，李显忠与萧琦奋力交战，于是收复灵壁。李显忠进城后，宣布朝廷的恩典，没有诛杀任何一人，因此，前来投奔依附的中原将士前后相继。邵宏渊谋取虹县，历时经久，未能攻克，李显忠派遣归降的灵璧士兵以孰祸孰福的道理开导虹县的金兵，金国守将这才出城投降。邵宏渊因自己没有建立功劳而深感羞耻，适逢有归降的金军千户申诉邵宏渊的士兵夺走他的佩刀，李显忠当即将该人斩杀，从此两位将领关系不睦。李显忠在宿州打败并擒获了金将萧琦，收复了宿州城。捷报上达朝廷，宋孝宗亲自写信慰问张浚说："近日边境上报的消息，使朝廷内外深受鼓舞，十年以来，还没有取得过这样的胜利。"金国的孛撒复率领步兵、骑兵十万人，前来攻打宿州，李显忠率领部下奋力作战，将孛撒复击退。邵宏渊因前一次自己没有立功而深以为耻，因而按兵不动，而且看着大家说："时值盛夏，连扇扇子乘凉都没有工夫，哪有闲暇身披盔甲，艰苦出战呢！"于是人心动摇，斗志丧失，诸位将领各自逃走。李显忠形势孤立，难以成功，便在夜间领兵退回。来到符离的时候，李显忠军纷纷溃散，军用物资与器械几乎丧失一空。

张浚回军扬州，上疏弹劾自己的过失，宋孝宗因军队在符离溃散，便计议讲和，因而将张浚贬官。张浚出行，驻扎在余干，便得了病，数天后故去。于是，宋孝宗拿定主意与金国定立和约。这大概因为当时正值金世宗完颜雍为政贤明，没有可乘之机。适值金国派遣使者前来责问宋朝，同时也来督促宋朝交纳每年应该进贡的钱币。宋孝宗派遣魏杞前往金国，改正与金国之间的敌国之礼，将给金国的上表改为上书，把向金国称臣改为称侄，减少宋朝每年交纳的钱币十万，才返回宋朝。于是，两国言归于好，双方都得到休息生养的机会。

宋孝宗明察善断，刚毅过人，节省用度，爱护百姓，喜欢学习，勤于政事，接受劝谏，崇尚儒理，推重道学，疏远并贬斥宦官，严格整治贪官污吏，在游乐纵欲方面无可指责，成为南宋贤明的君主。宋孝宗任命虞允文、梁克家、陈俊卿等人为宰相，政治清明，国家安定，人民乐于从事本业。

朱熹及其朋友圈

朱熹所著《资治通鉴纲目》一书写成，进献给宋孝宗。朱熹，字元晦，婺（wù）源人氏，婺源便是现在的江南徽州府婺源县。朱熹从少年时代起便有追求大道的志向。父亲朱松官居知饶州，病情恶化的时候，嘱咐朱熹说："胡宪、刘勉之、刘子翚（huī）三人很有学问，是我敬畏的人物。我死以后，你应当拜他们为师。"于是，朱熹便前去投师学习。

胡宪，是胡安国的侄子。宋高宗在位时期，禁止程颢、程颐倡导的理学，胡宪与刘勉之寻求到程颐的著作，暗中抄写，默默诵读，夜以继日。刘勉之盖了一所草堂，自己在草堂中读书，勤勉耕作，自给自足，性情恬淡，与世无争。刘子翚，是刘韐（gé）的儿子。刘勉之与胡宪、刘子翚每天互相往来，讨论学问，向他们求学的人接踵而来。刘勉之将女儿许配给朱熹为妻，朱熹得到道学的正统，便是从就学于刘勉之而起步的。

朱熹又听说延平府李侗（tóng）就学于罗从彦，罗从彦就学于杨时，杨时就学于程颢、程颐，便步行前去跟随李侗学习。朱熹得到《大学》《中庸》《论语》和《孟子》各书的传授，便撰写成《四书集注》一书，开创了后世儒家学说的宗派。朱熹的弟子蔡沈还撰写成《书经集传》一书。朱熹又与张栻、吕祖谦等人交往。张栻，字敬夫，是张浚的儿子，世称南轩先生。吕祖谦，是吕好问的孙子，世称东莱先生。吕祖谦的曾祖吕希哲与程颐等人交游，以儒学与品行知名于世。所以吕氏子孙素有中原图书文物的传授。朱熹历来出任地方官员，至此，宋孝宗任命朱熹为兵部郎官。兵部侍郎林栗说："朱熹在所到之处，带着数十名门生，习惯表达春秋战国年代的志趣，虚妄地仰慕孔子与孟子到处接受征聘的风气，按照治理人世的法则衡量他们的行为，便是搅乱人心的祸首。"于是，朱喜辞官而回。

宋光宗

宋孝宗淳熙十四年（1187）十月，太上皇驾崩。宋孝宗孝敬奉养太上皇无微不至，在太上皇驾崩的日子里，宋孝宗哀痛孺慕，尤为深切，决定为太上皇服丧三年。群臣屡次请求遵照以日易月，缩短服丧期的制度，宋孝宗不肯听从，便颁诏让皇太子参与决断朝中各项政务。

宋孝宗在位二十七年，把帝位传给了太子赵惇，这就是宋光宗。宋光宗将宋孝宗尊为寿皇圣帝，寿皇圣帝退居重华宫。

宋光宗打算诛杀宦官，亲近宦官都害怕了，便策划离间寿皇圣帝与宋光宗皇后的关系，宋光宗怀疑其事，无法使自己解脱出来。适逢宋光宗得了心疾，寿皇圣帝买来上好的药物，打算趁宋光宗前来重华宫的时候交给他。于是，宦官告诉李皇后说："太上皇合成一大丸药物，等皇上的宫车经过的时候，便要下药，万一发生意外，宗庙社稷将怎么办呢？"因此，李皇后心中衔恨寿皇圣帝。不久，内宫举行宴会，李皇后请求将嘉王赵扩立为皇太子，寿皇圣帝没有答应。李皇后退席后，拉着嘉王赵扩在宋光宗面前哭诉，说寿皇圣帝有另行废立的打算。宋光宗被李皇后所迷惑，便不再朝拜寿皇圣帝。李皇后又因黄贵妃得到宠爱，便趁着宋光宗祭祀太庙祖先，在斋宫住宿的机会，杀害了黄贵妃，却按黄贵妃突然死去上报宋光宗。第二天，宋光宗合祭天地的时候，风雨大作，祭坛的灯烛灭了，合祭的礼仪还没有完成便作罢了。宋光宗听说黄贵妃故去，又赶上这一变故，又惊又怕，病情加重，便不再上朝断事，朝中政务多数由李皇后决定，李皇后更加骄傲放纵。寿皇圣帝听说宋光宗生病，急忙前往南内探望宋光宗，而且将李皇后责备一番。李皇后对寿皇圣帝的怨恨更加深了。宋光宗病愈，群臣请宋光宗前往重华宫拜见寿皇圣帝，宋光宗已经应承下来，李皇后从中阻挠，结果便没有成行。自从宋光宗因病不能上朝断事以来，胡晋臣与留正齐心辅佐朝政，朝廷内外都很安定。

寿皇圣帝身染疾病，宋光宗与皇后却在玉津园游玩。兵部尚书罗点请宋光宗首先去重华宫探望，宋光宗没有答应。起居舍人彭龟年接连上疏恳切劝谏，宋光宗不作答复。上疏请宋光宗探望寿皇圣帝的群臣接连不断，宋光宗又借口有病，推辞不去。彭龟年、黄裳等人上奏，请宋光宗让嘉王赵扩前往重华宫问候寿皇圣帝的病情，宋光宗应承下来。嘉王赵扩来到重华宫，寿皇圣帝为此而感伤悲痛。寿皇圣帝驾崩以后，宋光宗托称有病，不肯外出。留正与赵汝愚经商计请宋孝宗的母亲吴太后暂时垂帘主持丧事，将宋高宗的皇后寿圣皇太后吴氏尊为太皇太后，将寿成皇后谢氏尊为皇太后。叶适对留正说："皇上染病，不能主持丧事，将拿什么话去向天下交代？如今嘉王已经长大，如果能够及早将他立为太子，让太子参与决断朝政，疑虑与谤言就会消散了。"留正依言而行，率领同平章事、参知政事、左右丞、枢密使等入朝上奏说："皇子嘉王已成就了仁厚孝敬的品德，应当及早确立太子之位，以便安定人心。"宋光宗没有答复。隔了六天，宋光宗批示说："朕经历世事已有多年，想要退位赋闲了。"留正得到批示，非常恐惧，便乘朝见之机，佯装扑倒在殿庭之前，随即走出京城大门，上表请求告老。赵汝愚打算让太皇太后降旨把帝位禅让给嘉王赵扩，恰好宋光宗上朝的时候，忽然扑倒在地，当时正要举行除服祭礼，赵汝愚、叶适等人便与知阁门事韩侂（tuō）胄定下计策。韩侂胄是韩琦的五世孙，是太皇太后吴氏妹妹的儿子。韩侂胄将准备实行帝位禅让的意图禀告给太皇太后吴氏，太皇太后同意。

绍熙五年（1194）甲子日举行除服祭礼的时候，赵汝愚率领同事向太皇太后上奏言事，从袖中拿出拟定的表章上奏，说是"皇上因病至今无法主持丧事，曾经亲笔写下打算退位赋闲的批示，因此，可以让皇子嘉王赵扩即皇帝位，将皇上称为太上皇"。太皇太后看完奏章说："很好。"便命令赵汝愚颁旨谕示皇子嘉王赵扩即位，这就是宋宁宗。众人扶着皇子赵扩来到几筵殿，举行祭奠，极尽哀痛，于是身穿丧服前往重华殿登上帝位，待百官朝见问候结束以后，他才入内举行除服的祭礼。赵汝愚当即在举办丧事期间奏请将留正召回，百姓心悦诚服，朝廷内外安然无事。宋光宗在位五年便禅让帝位，又经过六年驾崩。

宋宁宗

宋宁宗任命留正、赵汝愚为左、右丞相，任命朱熹为待制兼侍讲。韩侂胄打算就定计拥立宁宗一事请功，赵汝愚说：“我是皇室同宗，你是外戚，怎么能够邀功请赏？”赵汝愚只将韩侂胄提升为宜州观察使兼枢密都承旨，韩侂胄大为失望。然而，由于韩侂胄经常传达诏书的旨意，逐渐受到宋宁宗的亲近宠爱，时常乘机暗中恃势弄权。被罢免左丞相职务以后，留正夜以继日地图谋使赵汝愚离开相位。他首先引荐同党在御史台和谏院任官，罢免了朱熹的职务。赵汝愚上书请求将朱熹留下，宋宁宗没有同意。韩侂胄谋划驱逐赵汝愚，但为找不到适当的名义而为难，便与京镗（tāng）商议，京镗说：“那人是宗室同姓，诬蔑他图谋危害国家，就能够一网打尽了。”韩侂胄认为言之有理。由于李沐对赵汝愚怀有怨恨，韩侂胄便引荐他担任右正言，指使他参奏赵汝愚。于是，宋宁宗罢免了赵汝愚的右丞相职务，外放他为知福州，大权全部掌握在韩侂胄手中。李祥、章颖、徐谊、杨简等人纷纷直言上疏，请求将赵汝愚留下，李沐弹劾他们结党，宋宁宗将他们全部贬斥。太府寺丞吕祖俭上书，为赵汝愚的忠诚辩白，同时论说朱熹、彭龟年不应该遭受罢黜，宋宁宗将吕祖俭流放到吉州，使他最终在被贬之地故去。韩侂胄怨恨赵汝愚，打算诬陷朱熹等人有罪，便上疏参奏朱熹的门人以及知名之士，将其学说视为欺世盗名的“伪学”。宋宁宗将原来的宰相赵汝愚流放到永州，赵汝愚来到衡州的时候突然故去。天下之人得知这一消息，都替赵汝愚冤枉。朱熹住在家中，起草了长达数万言的密封上奏的奏章，极力陈述邪恶之人蒙蔽君主的祸患，申明赵汝愚的冤屈。誊写完了以后，家中子弟和门下各位学生都劝阻他，认为肯定将会自招祸患，朱熹不肯依从。门人蔡元定请求通过占卦决定上书与否，结果占得由《遁》卦变为《同人》卦，朱熹沉默不语，将奏稿拿出来烧掉，而自己也因此次占卦而自号遁翁。

当时，禁止伪学更为急迫，《六经》《论语》《孟子》《大学》《中庸》等书，被当世严加禁止，宋宁宗颁诏命令各监、各司、各军主帅、各地长官在推荐人才或改迁官职的时候，一概要在奏牍前面声明自己不是伪学中人。适逢举行乡试，主考的部门事先调取考生填写的年貌册，一定让考生写上“不是伪学”四字。于是设置了登记伪学的花名册，其中有赵汝愚、留正、周必大、王蔺（lìn）、朱熹等，一共五十九人。婺州尚未入仕的读书人吕初泰上书请求杀掉韩侂胄，宋宁宗颁诏将吕初泰发配到钦州牢城，加任韩侂胄为太傅，封为平原郡王。韩侂胄嫌以前的做法不得人心，打算稍加改弦更张，以便消除朝廷内外的非议，便恢复了赵汝愚的官职，对伪学的禁阻也松弛下来，因伪学而被贬黜的人们又逐渐官复原职。

开禧北伐和嘉定和议

当时，有人劝韩侂胄应该建立盖世功名，以巩固自己的地位，韩侂胄深以为然，收复失地的提法于是兴起。丘崈（chóng）劝阻韩侂胄，韩侂胄不肯听从。宋朝制造战船，增设襄阳骑军，追封岳飞为鄂王。后来，宋理宗又给岳飞追加“武穆”的谥号。宋宁宗向全国各地颁布了讨伐金国的诏令，任命程松为四川宣抚使，任命吴曦为副使。吴曦平素便有反叛朝廷的打算，在得以回到四川后，又拥有了兵权，便决意反叛，暗中将阶、成、和、凤四州献给金国，以便要求金国把他封为蜀王。韩侂胄分路出兵。王大节率领军队收复蔡州，未能取胜；郭倪让郭倬（zhuó）、李汝翼、田俊迈会师以后前去收复宿州，结果被打得大败，金人将田俊迈捉获；皇甫斌在唐州战败；李爽在寿州战败。由于出兵毫无建树，韩侂胄便让丘崈替代邓友龙担任两淮宣抚使，驻军扬州。丘崈来到扬州，布置各位将领率领殿前司、侍卫马军司和侍卫步军司驻守长江的全部军队，分别防守长江与淮水。宋朝廷将王大节、李汝翼、皇甫斌、李爽等人贬官，在镇江杀掉了郭倬。金人分路出兵，前来侵犯宋朝，宋朝廷让丘崈督促视察江淮军马。金人攻打淮南日益急切，有人劝丘崈放弃庐州与和州两地，做防守长江的打算，丘崈说：“如果放弃淮水地区，就使我国与敌人一齐拥有长江天险了。我自当与淮南共存亡。”于是他又增加兵员，防守淮南。金兵渡过淮水，进入安丰军，于是围困和州，长江南岸的人们大为震惊。丘崈派遣使者前往金军讲和，金人答应了他的要求，回军下蔡，解除对和州的包围。金国将吴曦立为蜀王，吴曦叛宋降金。四川转运使安丙与监兴州杨巨源、四川总领刘崇之、兴州中军李好义等人起兵诛讨吴曦，收复了西州、和州、阶州、成州、凤州以及大散关等地。宋朝让参谋官方信孺出使金国，金人允许讲和，但要求宋朝把伐金的主谋人绑送金国。

自战事兴起以来，公私的财力消耗殆尽。然而，韩侂胄因人们打算惩治伐金主谋以安定国家，便又执意出兵伐金，朝廷内外的人们为之忧愁恐惧。但是，人们都畏惧韩侂胄，无人敢于发言。史弥远入朝回答宋宁宗的问话，趁机陈述宋朝面临危险促迫的形势，请求杀掉韩侂胄，以期安定国家。皇后杨氏平素便怨恨韩侂胄，这时也让皇子荣王赵曮（yǎn）上疏，说韩侂胄再启战端，将要危及国家，杨皇后从旁极力赞成，宋宁宗便同意了他们的说法。第二天，韩侂胄前来上朝，史弥远命令殿前司夏震率领三百士兵，把韩侂胄拥簇到玉津园，将他杀掉，由官府没收了他的家产，并且诛杀了他的同党苏师旦。宋朝廷将韩侂胄和苏师旦的头颅交给金国，以此请求讲和，还任命史弥远为丞相。

金国起义军首领李全

当时，蒙古奇渥（wò）温铁木真在斡（wǒ）难河称帝，屡次打败金军，金军逐渐衰弱下去。金国潍（wéi）州平民李全聚众起兵，定远平民季先领着他归附了宋朝。到了宋理宗在位的时候，任命许国为淮东制置使，李全的妻子杨氏前往郊外迎接许国，许国不肯接见，杨氏羞惭地返回。许国又极力压制李全，李全便袭击许国，并将他杀死。蒙古在青州包围了李全，李全便投降了蒙古。李全从蒙古军中回到宋朝统辖的地区，募集人马，袭击宋军，赵范与赵葵出兵进击，并斩杀了他，他的妻子杨氏投降了金国。

史弥远把持朝政

宋宁宗有八个子女，都在小时候死去，因而没有子嗣，于是将沂王过继给自己的儿子赵贵和立为皇子，给他改名为赵竑（hóng）。沂王赵柄是宋孝宗的孙子，他也没有儿子，赵竑其实是赵德芳的九世孙，宗室赵希瞿的儿子。宋宁宗将赵竑立为后嗣，沂王又没有儿子了，宋宁宗便命令挑选十五岁以上的宋太祖的后人，召到宫中教育，就如同宋高宗挑选普安王的先例一样。由于宋宁宗没有封立太子，史弥远打算借着为沂王物色后人的名义，暗中选择有可能被立的宗室后人，作为皇子的人选。适逢门下教书先生余天锡请假回乡，史弥远暗中告诉他说："现在，沂王没有后人，如果宗室之子中有贤明仁厚的人物，万望把他的名字告诉给我。"余天锡乘船前往浙江，船行抵庆元府西门的时候，他到全保长家中避雨。全保长知道余天锡是丞相门下的教书先生，便杀鸡做饭，盛情招待，对他甚为恭敬。一会儿，有两个少年出来站着侍奉客人，全保长说："这是我的外孙赵与莒和赵与芮（ruì），都是太祖长子赵德昭九世孙赵希垆（lú）的儿子。”于是余天锡想起史弥远的嘱托，便返回临安，告诉了史弥远，史弥远便召见了赵与莒和赵与芮二人。史弥远善于看相，认为他们的天姿非常奇特，便将赵与莒留下，为他改名为赵贵诚，把他立为沂王的后嗣，委任他为秉义郎。这时赵与莒已经十七岁了，端庄持重，沉默寡言，品行修洁，上进好学，见到他的人，都为之肃然起敬，史弥远越发另眼相看。史弥远让学录郑清之教他读书，他的学问日益长进。当时，史弥远当权的日子长了，权势炙手可热，皇子赵竑心中愤愤不平，曾经在案头写道：“应当判处史弥远发配八千里。”还曾经把史弥远称呼为“新恩”，这是说史弥远将来不是发配新州，就是发配恩州。史弥远闻讯非常恐惧。宋宁宗得了重病，史弥远诈称有诏将沂王的过继儿子赵贵诚立为皇子，改名为赵昀（yún）。

宋宁宗在位三十年驾崩。史弥远打发皇后的哥哥的儿子杨谷石把新君废立的事情禀告给杨皇后，杨皇后没有同意。杨谷石等人在一夜之间往返了七次，流着眼泪跪下来说：“朝廷内外以至将士百姓都已经从心里归附于他，如果不将他立为嗣君，就一定会产生祸患和变故，杨氏一家就难以存活了。”杨皇后沉默了许久，才说：“这个人现在在哪里？”史弥远当即在宫中派出快速传令之人前去宣旨召见赵昀，并命令此人说：“现在要宣旨召见的，是沂惠宁王府中的皇子，并不是万岁巷中的皇子，如果领错了人，就将你们全部处斩。”赵昀进宫去见杨皇后，杨皇后抚摩着他的脊背说：“你现在就是我的儿子了。”史弥远把赵昀带到宋宁宗的灵柩前面，待到举行哀悼的礼仪结束以后，才去叫赵竑前来。史弥远也把赵竑带到宋宁宗的灵柩前面，待到举行哀悼的礼仪结束以后，便将他领出帷幔，派殿帅夏震看守着他。于是，史弥远召集百官站好朝班，来听宋宁宗的遗诏，夏震便将赵竑领到他原来的班位，赵竑惊讶地说："照今天的事情来说，我怎么应该仍然站在这儿的朝班中呢？"夏震哄骗他说："遗诏宣布以前，你应当站在这里，遗诏宣布以后，你就可以即位了。"赵竑以为言之有理。不久，赵竑远远望见烛光照耀着的大殿上，已经有人坐在皇帝的座位上，赵昀已经即位了。赵竑不肯下拜，夏震便揪住他的背部，使他下拜。于是，赵昀声称遗诏将赵竑封为济阳郡王，不久又将他封为济王，让他离开京城，住在湖州。赵昀即位，这就是宋理宗。宋理宗幼年在家中生活的时候，成群的孩子在一起游戏，宋理宗往往登到高处，独自坐下，去当大王，命令这群孩子下拜，成群的孩子们都把他叫作赵大王。至此，他果然即位。宋理宗追封亲生父亲宗室赵希垆为荣王，追封赵希垆的妻子全氏为国夫人，让他们的儿子赵与芮承袭封爵，侍奉先人的祭祀。

史弥远打算在大家心目中树立自己的声望，征召任用了真德秀、魏了翁等人。湖州人潘任起兵，图谋拥立济王赵竑，他们的党羽只不过是太湖的渔民，为数仅有几十人而已。济王赵竑知道事情难以成功，便率领军队讨伐并平定了他们，史弥远却因此将济王赵竑杀死在湖州。魏了翁、真德秀相继直言济王赵竑冤枉，史弥远将他们视为心病，便让梁成大担任监察御史，把他们全都弹劾离位。梁成大与莫泽、李之孝一起充当史弥远的鹰犬，对于凡是违背史弥远心意的人，这三个人肯定相继出面抨击排挤他们，当时的人们把这三个人视为“三凶”。

当初，孟宗政担任知枣阳军的职务，屡次击败金兵，号称忠顺军。孟宗政故去以后，宋朝廷派江海去代替孟宗政的职务，大家不服，朝廷便让孟宗政的儿子孟珙（gǒng）去代替江海，大家这才安定下来。

蒙古派遣王楫前来宋朝商议共同攻打金国，京湖制置使史嵩之奏称，应当应允蒙古的建议，宋理宗派遣邹伸之向蒙古回报致谢。蒙古承诺等到攻打金国成功以后，便把河南地区归还宋朝。金哀宗完颜守绪逃到蔡州，向宋朝借粮，宋朝没有答应。史嵩之让孟珙等人率领军队攻打金兵，孟珙率领军队进入蔡州，蒙古军随从孟珙军到来。金哀宗完颜守绪上吊自杀，金国灭亡。

史弥远独自担任丞相历时二十六年，他的权势超过了朝廷内外所有的人。他最初打算一反韩侂胄的所作所为，所以收罗贤才，召用声望素著之人，安排在朝廷之中。及至济王冤死，人们议论纷纷，史弥远便专门任用谄媚卑鄙的小人担当御史台与谏院的职务，一时间朝中君子几乎被贬逐一空。宋理宗感激史弥远对自己的拥立，对他唯言是从，所以史弥远终生受到恩宠。至此，史弥远故去，宋理宗开始亲自处理政务，励精图治。郑清之也慷慨激昂，以安定天下为自己的责任。

端平入洛

宋朝分别将陈州、蔡州西北地区归属蒙古。史嵩之让孟珙分兵屯驻在京西。赵范、赵葵请求抓住时机，招抚并平定中原，收复东京开封府、西京河南府和北京大名府，郑清之极力主张此说。群臣都认为敌人来势正猛，恐怕一旦发生争端，会招致战争爆发，史嵩之、杜杲也都认为不能马上收复中原。宋理宗没有听从群臣以及史嵩之等人的意见，便命令赵汝移出镇黄州，限定日期进军，颁诏命令全子才会合淮西一万兵马奔赴汴州。当时，汴京都尉李伯渊等人受到崔立的侮辱，准备将崔立杀掉，及至他们听说全子才的军队前来汴京，李伯渊便杀死崔立，率领汴京守军投降。赵葵率领军队与全子才在汴京会合，并且派遣徐敏子率领军队进入洛阳。

当时，蒙古听说宋朝前来争夺河南，便回军向南开进，在黄河寸金淀决开河水，冲灌宋朝军队，宋朝军队多数淹死水中。史嵩之担心此举会招惹事端，因而没有给北进的宋军送去粮食，各军的粮食用度接济不上，而他们收复的州郡大多都是空荡荡的城池，兵力与食品都没有凭借之处，全子才深感为难。赵范、赵葵对各军的督促越发急迫，便发布檄文命令范用吉等人领兵前进，命令徐敏子担任监军，还命令杨谊率领军队随后开进，分别给各军五天的口粮，让他们开赴洛阳。徐敏子进入洛阳的第二天，军中的食物已经吃光，只好采集蒿子和在面中，做成菜饼充饥。杨谊来到洛阳东面三十里处，士兵正在分散坐着吃早饭，这时，蒙古的伏兵却突然从深深的蒿草中冲出。杨谊仓促无备，于是士兵纷纷溃逃。蒙古军队来到洛阳城下，徐敏子与蒙古军队交战，胜负参半。将士缺少口粮，因而杀战马充饥。徐敏子等人无法留在河南，便撤兵返回，赵葵、全子才也都率领军队返回南方，宋理宗颁诏命令降诸人的官职俸禄各有不同。

孟氏父子力挽狂澜

宋理宗顺从民众的愿望，将真德秀和魏了翁二人召回朝廷。真德秀将自己撰写的《大学衍义》一书献给宋理宗。二人极力陈述当时施政措施的得失，宋理宗嘉许并采纳了他们的意见。

宋理宗使孟珙在襄阳驻扎，以便防备蒙古。蒙古派遣王楫前来说："你们为什么毁弃盟约？"从此，淮水、汉水之间，没有安宁的时候了。

蒙古太子阔端[1]率领兵马图谋四川，知天水军曹友闻将他打败，于是带领兵马据守仙人关。及至曹友闻战死，蒙古军便长驱直入四川，屠杀成都全城人民。城中的尸骨共计一百四十万具，城外死去的人们尚不在此数之内。

当时，宋朝军队屡次被蒙古打败，襄汉、江淮地区每天都在进行军事争夺，各位守城将领中守节而死和力不能支而反叛投降的人接连不断，宋理宗对以前决定收复中原的做法感到非常后悔。郑清之被免除了丞相的职务，赵葵因罪被罢免官职。蒙古军没有一天不在攻打和掳掠各州各县，宋朝依靠孟珙、杜杲屡次出战，才击退了他们。宋理宗任命孟珙为荆湖制置使，执掌岳州，让他前去收复荆襄。孟珙派遣兵马首先收复了郢州以及荆门，史嵩

1.阔端：元太宗窝阔台的次子。

之收复了光州，孟珙又收复了樊城和襄阳。孟珙上奏说：“襄阳与樊城是朝廷的根本重地，如今经过频繁的战斗才得到该地，如果没有十万兵马，就不够分兵防守的。”于是朝廷加设了先锋。孟珙又派遣军队在蜀口抵御蒙古军，进而收复了夔州。孟珙收复四川以后，便大兴屯田，以便防守。宋理宗任命余玠（jiè）为四川制置使。播州的冉琎（jìn）、冉璞兄弟请余玠将合州城迁移到钓鱼山，以守卫四川，余玠大喜，依言而行。钓鱼山的城池告竣以后，四川地区初步可以防守，宋理宗便任命孟珙兼知江陵府。沮水与漳水原来由江陵城西流入长江，孟珙堵截河道，将二水引到城东，绕到城北，让二水流入汉水，从而使三水连通成一个整体。同时，孟珙随着地势的高低起伏来开通渠道，三百里以内的水道都泄蓄到此处，使此处成了浩淼的湖泽。为此投入的土木人工有一百七十万，百姓不怕劳役辛苦，于是使此地成了江陵天险。孟珙的曾祖孟安跟随岳飞指挥作战，所以他的父亲孟宗政也善于用兵，因而孟珙用这种办法延长了宋朝的寿命，终于成就了大功。

宋理宗为周敦颐、张载、程颢、程颐、朱熹封赐爵位，并且让他们作为孔子的陪祭，同时不再让王安石陪祭。宋理宗还颁诏搜求他们留下的著作，重新为张栻、吕祖谦封赐爵位，也让他们作为孔子的陪祭。

贾似道

当时，阎妃恃宠骄横，丁大全、马天骥执掌朝政，有一位不知名的人在朝门写了八个字，即是："阎马丁当，国势将亡（阎马官运亨通，玉佩丁当，国家的局势将要走向败亡）。"蒙古汗蒙哥[1]亲自率领军队进攻四川，皇弟忽必烈率领各军渡过长江，进兵围困鄂州。宋朝大为震惊，宋理宗颁诏命令各路出兵抵抗蒙古军，拿出内府的大量银钱犒赏军队。当初，宋理宗任命贾贵妃的弟弟贾似道为藉田令，贾似道仗着皇上的宠爱，行为很不检点，天天在妓女家纵情游荡，直到夜晚，仍然在西湖宴饮游乐，流连不返。有一次，宋理宗在夜间登高远望，望见西湖中的灯火不同寻常，便对身边的人说："这肯定是贾似道了。"第二天一问，果然是他。宋理宗让京尹史岩之告诫贾似道，史岩之回答说："虽然贾似道的习性好尚不同于别人，但是他的才能足以委以大任。"至此，宋理宗任命贾似道为右丞相，让他援救鄂州。

蒙古人攻城越发急切，贾似道大为恐惧，便秘密派遣宋京去见蒙古军元帅，请求向蒙古称臣，交纳钱币，皇弟忽必烈没有同意。适逢元宪宗蒙哥在合州城下故去，死讯传出以后，阿里不哥打算承袭元宪宗的帝号，翰林学士郝经请求回军言和，贾似道也第二次派遣宋京前往，忽必烈这才答应下来，而且约定了每年宋朝向蒙古交纳钱币的数量，然后撤除营寨离去。贾似道让夏贵等人在新生矶杀死了蒙古军队殿后的一些士兵。贾似道隐瞒了他与蒙古议和称臣、向蒙古交纳钱币的真情，把攻杀虏获蒙古军队殿后士兵的情况上表，以各路宋军获胜上报给宋理宗。

宋理宗认为贾似道立下了使国家再获生机的功劳，将他召

1.蒙哥：元太祖幼子拖雷的长子，由元太宗窝阔台抚养。

回朝廷，任命他独自担当丞相，封为卫国公。蒙古派遣翰林学士郝经前来要求重归于好，贾似道正在以他援救鄂州的功劳颂扬自己，害怕邪恶的阴谋显露出去，便命令把郝经关押在真州忠勇军的营房中，让驿站的吏卒加意看守，比关在牢狱中还要严密。郝经屡次向宋理宗上书，都无法送到宋理宗手里。郝经说："从天时与人事来估量，宋朝的皇位恐怕不会长久了。"知泸州刘整，是宋朝骁勇善战的将领。贾似道攻杀蒙古军队殿后的士兵，刘整出力居多。至此，贾似道为了防止奸谋泄露，打算杀掉刘整，刘整恐惧不安，便投降了蒙古。湖南制置使向士璧屡次打败蒙古军，贾似道认为他有事不向自己禀告，对他怀恨在心，便建议委派官员核查边防费用。于是，赵葵、史岩之等人都因侵占隐瞒边防费用而获罪，被罢免官职，征缴财物，清偿所欠。而向士璧耗费的边防费用尤其多，便被贬谪到潭州安置，终于死在那里。贾似道还拘捕了他的妻妾，征发她们服役。潭州人得知消息以后，有的人流下了眼泪。

宋朝实行经界、推排法，使所有的土地都载入官府的土地簿册，东南地区大受搅扰。贾似道又因国家用度缺乏，便在浙西六郡购买公田。开始，占田在二百亩以下除外，后来，占田在一百亩以下除外，买田时支付给银两绢帛，或者付给可免税役的僧尼出家凭证、委任官职的文凭，被购买的田地折价都非常低廉，官府一共购买公田三百五十余万亩。最初购买公田时，力求数量多，不考虑田地的好坏。及至收取租米的时候，由于有的田地不足原数，有的田地土质瘠薄，有的佃农家境贫苦，有的佃农愚顽不化，只要租米发生亏欠，便由田主全数赔偿。因此，浙西六郡百姓没有不倾家荡产的。接着，在平江各路也增设了推行公田的官员。

当时，蜀郡已经失陷，宋朝可以恃为天险的地方，只有襄樊一带。刘整向蒙古人进言说："南人可以仗恃的人只有吕文德了，然而，吕文德是可以利诱的。请派遣使者送给他一条玉带，要求他在襄阳城外设置交易场所。"蒙古人同意了。蒙古使者来到鄂州，向吕文德请求，吕文德应承下来。有人对吕文德说："设置交易场所可以使我们获利，而且可以暗中与蒙古友好往来。"于是，吕文德为蒙古人向朝廷请求，在樊城外开设交易场所。蒙古人在鹿门山筑起土墙，在土墙外面进行往来贸易，在土墙里修筑堡垒。蒙古人又在白鹤修筑堡垒。从此，敌人有了固守的据点，可以凭借此地控制南北救援。蒙古军还时常出动巡逻的兵马，在襄樊城外劫掠，兵威越发盛大。吕文德的弟弟吕文焕知道已经受了蒙古人的欺骗，写书信劝阻，吕文德这才醒悟过来，但是已经无可挽回了。吕文德非常悔恨，经常说："使国家受到妨害的人，就是我了。"于是，他背发毒疮而死。

宋理宗没有儿子，便以亲生父亲荣王赵希声的孙子、同母弟赵与芮的儿子赵孜为后嗣，为他赐名赵禥（qí），将他立为皇太子。宋理宗在位四十年驾崩，太子赵禥即位，这就是宋度宗。宋度宗将宋理宗的皇后谢氏尊为皇太后。谢氏是天台人，贤明有德，宋朝投降元朝以后又过了七年，寿满而终。

宋度宗当太子的时候，认为贾似道有功，及至即位，每当贾似道朝拜的时候，宋度宗必定回拜，还将贾似道称作"师臣"，而不直呼其名，朝中臣僚都把贾似道称作周公。将安葬宋理宗的事办完以后，贾似道径自弃官，返回家乡闽粤，同时暗中命令吕文德谎报蒙古军紧急进攻下沱。朝中百官极为惊骇，宋度宗与太后谢氏都亲手写诏请他赴任，贾似道这才回到朝廷。贾似道时常用自己离位要挟国君，宋度宗甚至哭泣着下拜挽留他。江万里用身体遮挡着度宗说："自古以来，君臣之间没有这种礼法，陛下不应该下拜。"贾似道无话可说，表面上向江万里承认了错误，但对他的忌恨越发加深，不久便外放江万里为知潭州。宋度宗任命贾似道为太师、平章军国重事，允许他每三天上朝一次。贾似道上疏请求回家养老，度宗命令大臣随在贾似道身边侍候，传旨再三挽留，还赐给他一所建筑在西湖葛岭之上的宅第，派人将他迎接到宅第中奉养。于是，贾似道每隔五天才乘着西湖上船只前往朝廷去一次，也不到都堂办事，全由吏人抱着文书，前往他的宅第，呈送给他签署意见。朝中政务无论大小，一切取决于门客廖莹中和堂吏翁应龙，其他同平章事、参知政事、左右丞、枢密使等只是在相位上勉强凑数而已。正直的人士几乎被罢免排斥一空；官吏争相收受贿赂，以图担任将帅、监司、郡守的官吏多得无法计算。外有战事挫败，下有百姓困顿，但没有人敢于发言议论。

蒙古将领史天泽筑起了围困襄阳的长圩，蒙古将领阿术率领军队包围了樊城。张世杰、夏贵、范文虎率领军队援救襄阳，都被打得大败。蒙古军对襄樊的围困日益急迫，贾似道天天坐在葛岭上，建造楼台亭榭，修筑"半闲草堂"，延请道士，为自己塑像，放在楼堂中。他娶宫女叶氏以及姿色漂亮的娼尼为妾，每日纵情淫乐。有一次，贾似道与众妾蹲在地上斗蟋蟀，与他亲昵嬉戏的人开玩笑说：“这是军队与国家的重大事务吗？”贾似道还多方收罗奇器异物，酷爱珠宝珍玩。他建筑了一座多宝阁，每天都要登阁观赏，从此，他有时接连几个月不去上朝。有人进言边防事务，他便加以贬官斥逐。有一天，宋度宗问道：“襄阳被围困三年了，如何是好？”贾似道回答说：“北国的军队已经撤退，陛下是从哪里听到这种说法的？”度宗说：“刚才有一位贵宾讲的。”贾似道查清此人，以别的事情诬陷他，度宗赐他自杀而死。从此，虽然边防事务日益紧急，但是没有人敢向度宗报告。

襄阳守将吕文焕降元

蒙古将领张弘范对史天泽说：“如今谋取襄阳，围困严密，不急于进攻的目的，想来是要等候宋军自蹈败亡。然而，夏贵趁着长江涨水的时机把衣服、口粮送进城中，我军没有防备的办法。同时，取道襄阳之南的江陵、归州和峡州的旅客接连不断，宋军哪有败亡的时候？如果在万山修筑堡寨，切断襄阳西面的通路，在灌子滩竖起栅垒，断绝襄阳东面的通路，这才是消灭宋军的办法。”史天泽上报请示，依计而行，于是在万山筑起堡寨，从此襄阳交通断绝。

蒙古将国号改称为元。当时，襄阳被围困了五年，没有援兵到来，吕文焕竭尽全力抵御敌军。李庭芝派遣统制张顺、张贵前去援救襄阳，发出船只一百艘，乘风破浪，径直冲进重重包围。元军为了躲避援军的势头，纷纷惊慌溃散，犹如随风倒伏，援军终于抵达襄阳城下。及至收兵的时候，唯独张顺失散不见。过了几个月，有一具漂浮着的尸首溯流而上，身披盔甲，手握弓箭，一直抵达桥梁之下，人们一看，却是张顺。张顺受伤四处，身中六箭，当时正值盛夏，张顺满脸怒气，栩栩如生。各军大惊，认为张顺神明有知，便建造坟墓，收殓了他的尸首安葬。张贵进入襄阳以后，吕文焕再三请他留在城中，共同防守，张贵自恃骁捷勇敢，打算返回郢州，便挑选了两个能够潜伏在水中一连几天不吃东西的战士，带着蜡封的书信赶往郢州请求援军。两个战士终于返回郢城报告，李庭芝答应派出五千兵马，前往龙尾州驻扎，以便协助夹击敌军。时日已定，计划泄露了。张贵擂鼓呐喊，冒然进军，在临近龙尾州的时候，远远望见军船插满旗帜，张贵以为是郢州兵马前来会合，及至两军碰在一起，才发现前来的兵马都是元军，郢州军已经在前一天退去。张贵受伤十处，力不能支，于是被俘。张贵被押去见阿术，阿术打算让他归降，张贵不肯屈服，于是被杀。元朝人把张贵的尸体送到襄阳城下，防守城池的战士纷纷哭泣，城中士气颓丧。吕文焕把张贵合葬在张顺的坟墓旁边，为二人修建了一座祠庙来祭祀他们。

当时，樊城被围困了四年，守将张汉英、范天顺、牛富奋力作战，不肯投降元军。张弘范进军攻打樊城，被乱箭射中了肘部。他包扎好伤口去见阿术说："襄阳在汉水南岸，樊城在汉水北岸，如果我军攻打樊城，襄阳就会出动水军前来援救，攻打襄阳也是如此，到头来还是难以攻取。倘若我军截断汉水的通道，阻断救兵，水陆两路攻打樊城，樊城就一定会被攻破，襄阳也会被攻克了。”阿术依计而行，便派遣军队截断汉水，同时派出精锐兵马直逼樊城。樊城失陷，张汉英死难，范天顺仰天长叹说：“我生是大宋的臣，死是大宋的鬼。”当即在防守处上吊而死。元军进入樊城，牛富率领敢死之士进行巷战，死伤的元兵多得数不胜数。牛富辗转激战奋进，烧毁民房，使人无法在街道上通行。牛富身受重伤，奔入火中自焚而死。副将王福叹息着说：“牛将军为国捐躯，难道我能独自存活下来吗！”于是他也奔入火中，自焚而死。

樊城被攻破后，襄阳孤立无援。每当吕文焕巡视城防的时候，总是望着南方痛哭一场，然后向朝廷发布告急文书。贾似道不但没有督促各位将帅赶去援救，反而屡次上书请求让自己巡行边防，同时暗示御史台和谏院的官员上书把自己作为“师臣”留在朝中，说是让贾似道前去襄阳，就不能顾及淮南东西两路，让他去淮南就不能顾及襄阳，不如让他留在朝廷中筹划全国之事。于是，宋度宗对贾似道说：“师相怎么可以一日离开朕的身边呢！”阿术增兵攻打襄阳，吕文焕力不能支，适逢元世祖忽必烈派人前来招降，吕文焕便率全城投降。襄阳失守后，东南地区便无法防守了。贾似道因母亲去世而离开相位，度宗颁诏重又起用贾似道。太学博士陈著率领太学的众学生恳切劝谏，度宗置之不理。

元灭宋之战

宋度宗从当太子的时候，便以贪恋女色闻名。即位后，沉溺在酒色之中，每当他在宫中，怀中总是抱着女人。根据惯例，嫔妃姬妾被送进宫侍奉皇帝以后，要在第二天清晨前往阁门感谢皇帝的恩典，有关人员要记下该人侍奉皇帝的日期。度宗沉湎女色，一天之内，前去谢恩的妇女多达三十多人。度宗在位十年驾崩。皇子赵㬎（xiǎn）即位，当时只有四岁，皇太后谢氏当朝处理国务，行使皇帝的权力。皇太后谢氏封自己的哥哥赵昰（shì）以及弟弟赵昺（bǐng）为王，颁诏命令贾似道独自站在朝班前问候安康。群臣将谢太后尊为太皇太后，将全皇后尊为皇太后。

元朝命令平章事史天泽以及左丞相伯颜率领二十万军队南下侵犯宋朝。吕文焕领着伯颜由襄阳奔赴郢州，刘整领着唆部由枣阳奔赴淮泗，元军的旗帜连绵数百里，水路与陆路一同进发。元朝阿术由青山矶横渡长江，伯颜侵犯阳罗堡，夏贵不能防守，丢下军队，逃回庐州，宋军纷纷溃散。伯颜进入阳罗堡，渡过长江，会同阿术奔赴鄂州，知汉阳军王仪率全城投降。元将吕文焕侵犯鄂州，守将程鹏率全城投降。于是，伯颜率军队东进，谋取荆湖。

鄂州失陷后，宋朝廷大为恐惧。太学外舍、内舍、上舍的学生以及群臣上书，认为非"师相"贾似道亲自出兵不可，贾似道迫不得已，才在临安开设督都府。这时史天泽已死，伯颜与阿术顺流东进，以吕文焕作为向导。长江沿岸的各位将领，都是吕文焕的部下，所以望风归降。贾似道的女婿范文虎率安庆叛归元朝。贾似道率领军队驻扎在芜湖，由于害怕刘整，不敢进发。及至贾似道听说刘整已死，便高兴地说："这是上天在帮助我。"于是，他上表要求出兵，抽调各路精锐兵马共三十万人随行，装载金银丝帛和军用物资的船只，船头与船尾相接，连绵一百多里。贾似道派遣宋京前往元军，请求向元朝称臣，每年交纳进贡的钱币，就像他以往与蒙古军约定的那样，伯颜没有许可。贾似道将精锐兵马七万人全部托付给孙虎臣，孙虎臣率军驻扎在池州下流的丁家湾，夏贵率领二千五百艘战船绵亘在长江中央，贾似道带领后军殿后。夏贵曾经在鄂州战事中失利，既担心贾似道开设督都府成功，又忌妒孙虎臣新近晋升，虽然他结成阵列对敌，但是极无斗志。元将阿术挺身登上战船，擂起战鼓，鼓声震天动地。他派人攻掠宋军的船只，大声呼喊道："宋军败了！"孙虎臣的前锋将领姜才刚刚接战，孙虎臣忽然前往其妾乘坐的船上去，大家看见他往后走，便大呼道："步兵逃走了！"于是宋军大乱，夏贵不战而逃。贾似道仓皇惊惧，举止失常，连忙敲钲收兵。阿术、伯颜水陆两路夹攻，被杀死和淹死的宋兵多得数不过来。贾似道惊慌不定，传召夏贵议事，夏贵说："各军已经极度惊惧，我拿什么去与敌人交战？师相您只有前往扬州，召集溃散的人马，迎接皇上到海上去。我只有誓死防守淮西了。"于是夏贵驾船离去，贾似道便与孙虎臣单独乘着一条船逃到扬州。第二天，溃散的宋兵遮蔽着长江的水面顺流东下，贾似道派人登上江岸，举起旗来召集他们，士兵全然不肯响应，还有人恶语辱骂。于是，贾似道发布公文，命令各州县前往海上迎接宋恭帝，姜才收兵扬州，元朝军队便乘胜东进。赵溍（jìn）丢开建康逃跑，各地知府也都放弃城防逃跑，有人叛国投敌，有人守节而死。元人攻打池州，通判赵卯发代理州中事务，与妻子雍氏相约共同守节。清晨起来以后，赵卯发在几案上写道："国家不可背叛，池州不可投降；夫妇同时赴死，节义也成一双。"于是他与雍氏在从容堂中自缢而死。元人攻打饶州，知州唐震和原先的丞相江万里自杀。江万里在芝山后园中开凿水池，在亭子上题写匾额称作"止水"，人们都不晓得他的用意。及至州城将要攻破的时候，江万里便跳到池中死去。

当初，汪立信进献守卫边防和罢兵言和两项计策，贾似道都没有采用。至此，汪立信因气逆于喉而死。谢太后颁诏命令全国各地出兵援救朝廷，李庭芝派遣兵马入京应援，张世杰率军队入京护卫。诏书送到赣州，文天祥捧着诏书哭了起来。文天祥性喜豪华，日常奉养丰厚，面前总是充斥着歌妓和姬妾。至此，文天祥痛切地限制自己，把家中的资财全部充作军费，于是发动本州的豪杰之士，并联合溪洞山蛮，募得一万人马入京护卫。李芾（fèi）也派遣兵马入京应援。

陈宜中当初依附贾似道，得以骤然成为丞相。及至翁应龙从军中返回朝廷，陈宜中问贾似道在什么地方，翁应龙回答说不知道，陈宜中料想贾似道已经死去，便上书请求诛杀贾似道。谢太后没有允许，只将贾似道罢免为醴泉观使。凡是贾似道实行的各项毫不顾惜百姓的措施，一律依次罢除，国家购买的公田全都归还给田主。

有两颗星在天空中撞击，其中一颗陨落。主持政务的官员及侍从弃职逃跑的有数十人，太皇太后谢氏诏谕他们，但仍然不能禁止。

元世祖忽必烈派遣礼部尚书廉希贤、工部侍郎严忠范携带国书前往建康。廉希贤请求拨给自卫的兵马，伯颜说：“使者运用言辞而无须借助兵马，兵马多了反而会招致嫌疑。”廉希贤再三请求，元世祖忽必烈便派遣五百人马护送他们。廉希贤等人来到独松关，张濡的部下杀死严忠范，捉住廉希贤，将他送往临安，廉希贤生疮而死。

太皇太后谢氏颁诏命令张世杰等四路出兵抵抗元军。张世杰与刘师勇、孙虎臣等人全力出动水军战船一万余艘，在镇江焦山驻扎下来，张世杰命令以十艘战船为一方，没有命令，不允许起锚开船，以显示必死的决心。元朝的阿术来到焦山，用带火的箭支攻打宋军，宋军战船的篷帆与桅杆全被烧毁，浓烟烈火遮蔽了江面。宋军大乱，但又不敢起锚开船，投江而死的有一万多人。元将张弘范、董文炳又率领精兵拦腰冲击宋军，于是张世杰不再能够指挥军队，便逃往圌（chuán）山，刘师勇返回常州，孙虎臣返回真州。

太学外舍、内舍、上舍的学生与御史台、谏院的官员以及翰林学士、给事中、六部尚书与侍郎等纷纷上书请求杀掉贾似道，太皇太后谢氏没有答应。王爚再次论定贾似道的罪行，太皇太后谢氏颁诏由官府没收他的家产，将他发配到循州安置。会稽县尉郑虎臣因父亲曾经被贾似道流放，请求让自己承当监督押送贾似道的任务。当时，贾似道寄居在建宁的开元寺中，侍奉身旁的姬妾仍然还有数十人。郑虎臣来到建宁开元寺，将他的姬妾悉数屏除，夺去了他的珍宝玉石等物，撤去他乘坐的轿子的顶盖，使他在秋天的日头下暴晒着赶路，叫他给轿夫唱杭州歌曲，借以捉弄他，让他受窘受辱，无所不至。来到漳州木绵庵时，郑虎臣暗示贾似道自杀，贾似道没有服从。郑虎臣说：“我为天下杀死贾似道，即使我死了，又有什么值得遗憾的呢！”他便在厕所里将贾似道肋骨摧折而死，把其上半身投入茅坑，随即在木绵庵的侧屋里埋葬了他。

元将阿术围困扬州，李庭芝坚守州城，难以攻克，于是伯颜决定继续向纵深开进。元军越过扬州，横渡长江，分兵东进。元军攻克独松关后，相邻城镇的人们望风而逃，各处官军纷纷溃散。朝廷大为恐惧，便派遣柳岳前往元军元帅处请求讲和，伯颜不肯应允。他说：“你国杀害我国的使者，所以我们才发兵打到这里。你国从小孩子手中得到天下，也从小孩子手中失去天下，你还要多说些什么？”

伯颜率军在皋亭山驻扎。文天祥、张世杰请求将太皇太后、皇太后和宋恭帝三宫迁移到海上，而让他们自己率领人马背城一战，陈宜中没有同意。太皇太后谢氏派遣监察御史杨应奎向元朝进献传国玉玺投降。伯颜接受请降，派遣使者传召陈宜中前来商议有关归降事宜，陈宜中弃官逃回温州清澳。张世杰、苏刘义、刘师勇率领未战即降的各将帅所统辖的兵马离开临安，进入海上。杨应奎从皋亭山返回朝廷，说伯颜打算与执掌朝政的官员当面商议归降事宜，太皇太后便任命文天祥为右丞相，让他与吴坚一同前往皋亭山。文天祥见到伯颜后，要求元朝将军队撤退到嘉兴，等待双方和解，据理争辩，不肯屈服，伯颜大怒，便将文天祥扣留起来，而将吴坚遣还。伯颜让人开导文天祥，打算让文天祥归降，文天祥只自痛哭，拒绝投降。驸马都尉杨镇拥奉益王赵昰和广王赵昺逃往婺州，伯颜派遣范文虎追赶他们，将杨镇捉回临安。杨淑妃与弟弟杨亮节拥奉益、广二王相继来到随州与温州，太皇太后颁布亲笔诏书谕示各州县一律归降元朝。伯颜驻兵湖州，派遣张惠、阿剌罕等人进入临安府，封闭库存，收取史馆收藏的图书以及百官的印信和委以官职的凭据，废除了宋朝的官府及其侍卫军。当时，元军分别驻扎在钱塘江的沙滩上，杭州人正在庆幸元军会遭潮水吞灭，但是三天时间里早晚都没有涨潮。

景炎三年（1278）三月，伯颜进入临安，将宋恭帝以及太皇太后谢氏、太后全氏、福王赵与芮连同众臣僚和太学外舍、内舍、上舍、诸生及内侍人员等全部押送到北方。宋恭帝在位二年，国家灭亡，当时只有六岁，后来宋恭帝落发为僧，也有子嗣。太皇太后谢氏不久故去，太后全氏后来也出家为尼。

元人押解文天祥前往北方。来到镇江的时候，文天祥与他的门客杜浒等十二人在夜间逃亡到真州。苗再成出城迎接，既高兴，又悲泣。文天祥写书信给李庭芝，主张派遣使者前往各地，纠集兵马，缔结誓约。当初，文天祥还没有来到真州，那时有一个从扬州脱身回来的士兵说，元人秘密派遣一位丞相进入真州劝降来了。李庭芝信以为真，认为文天祥是前来劝降的，便指使苗再成赶快将他杀掉。苗再成于心不忍，哄骗文天祥说请他出城巡视城堡，出城后便将制置司的公文拿给他看，并将他关在城门之外。文天祥前往扬州，准备进城，听说置制司下达命令，逮捕文丞相，情况非常紧急。文天祥便改变姓名，由通州取道海上前往温州，去寻找益、广二王。陆秀夫、苏刘义听说益、广二王在温州，便率领兵马前来会合。杨亮节听说陈宜中在清澳，便派遣使者传召他。陈宜中前来谒见，他们在一起共同商议兴复宋室，于是拥戴益、广二王为都帅，进入福建，前往福州，发布公文召集各路忠义兵马，宋军的声势稍有振作。陈宜中、张世杰等人拥戴益王赵昰在福州即皇帝位，这就是宋端宗。宋端宗为身陷元朝的宋恭宗等遥献孝恭懿圣皇帝等尊号，尊奉自己的母亲、宋度宗淑妃杨氏为皇太后，并请皇太后杨氏与自己共同处理政务。文天祥从温州赶到福州，宋端宗任命他为右丞相。文天祥在南剑州开建府署，辟置僚佐，筹划江西事务，于是收复了邵武军。

元朝阿术围困扬州，历时经久，未能攻克，李庭芝越发努力防守。及至临安朝廷归降元朝以后，元人将宋恭帝押送到北方，李庭芝与姜才率领四万人在夜间攻打瓜洲，夺取宋恭帝，元军簇拥着宋恭帝躲避到别处，结果没有成功，只好返回。阿术带着太皇太后谢氏的亲笔诏书劝李庭芝归降，李庭芝登上城头，对元朝的使者说："我接受诏命守城，没听说有诏书叫我投降。"李庭芝不肯从命。不久，福州朝廷的使者来到，李庭芝命令制置使朱焕防守扬州城，而自己与姜才率领五千军队奔赴泰州。李庭芝出发以后，朱焕立即率城降元。阿术率领兵马追赶李庭芝，李庭芝逃进泰州。适逢姜才背上生了毒疮，无法作战，泰州守城将领孙贵、胡惟孝便打开北城门，将元军放进城来，李庭芝与姜才都被捉获。阿术打算让他们归降，李庭芝与姜才不屈而死。

东莞平民熊飞起兵抗元，会同赵溍收复了韶州和广州。文天祥率军在汀州驻扎，派遣赵时赏、张日中等人带领一支军队奔赴江西，以便攻取宁都，又派遣吴浚带领一支军队攻取雩（yú）都，刘洙等人都在江西起兵前来会合。元人包围韶州，守城将领刘自立率全城投降，熊飞率领军队展开巷战，后投水而死。秀王赵与择与元人在温州交战，战败自杀。

宋端宗住在泉州港湾的船只上面，由于抚招使蒲寿庚发动变乱，宋端宗逃往潮州，蒲寿庚率泉州降元。文天祥收复了海州。陈文龙守节赴死以后，陈文龙的侄子陈瓒起兵收复了兴化军。文天祥由梅州出兵江西，于是收复了会昌县，张日中、赵时赏的军队都来与他会合。张世杰收复了潮州。文天祥在雩都打败元军，驻兵兴国县，让赵时赏、张日中等人率领军队收复吉州、赣州各县，于是包围了赣州。宋端宗迁移到潮州浅湾的船只上面。张世杰会合各军在泉州讨伐蒲寿庚，蒲寿庚关闭城门，自行防守。张世杰向各路传递檄文抗元，于是收复了邵武军。当时，宋朝军队逐渐强盛起来，元世祖忽必烈颁诏命令塔出、李恒、吕师夔（kuí）等率领步兵进入大庾岭，从陆路出发，命令忙兀台、唆都、蒲寿庚、刘深等人率领水军出海，从水路出发，以便追赶益、卫二王。李恒派兵援救赣州，准备亲自领兵攻打文天祥。文天祥没料到李恒会突然赶到，便带领兵马退逃。来到方石岭时，李恒赶上了文天祥。巩信与张日中领兵抵抗，全都战死，军队全部溃散。文天祥的妻子欧阳氏、儿子文佛生、文环以及两个女儿都被活捉。赵时赏在后面坐在轿子里面，元人问他是谁，赵时赏说："我姓文。"元军人众以为他是文天祥，便将他捉了起来。文天祥因此得以脱身，与长子文道生以及杜浒、邹渢（féng）骑马逃走，于是逃奔循州。赵时赏被擒，破口大骂，不屈而死。

元将唆都来到兴化军，陈瓒关闭城门，坚持固守。唆都前往城前开导他，城上箭石像雨点般落下。唆都大怒，攻破军城，捉住陈瓒，将他五马分尸。唆都还屠杀全城百姓，血水涌流，淙淙有声。

元将刘深率水军袭击浅湾，宋端宗迁移到秀山。陈宜中逃到占城，不再回国，后来死在暹（xiān）罗。宋端宗迁移到井澳的船只上，海上强烈的风暴大作，宋端宗因此身染疾病。元将刘深前来袭击井澳，宋端宗迁移到谢女峡。都统凌震收复了广州。宋端宗迁移到碙（gāng）洲。夏季四月，宋端宗驾崩，凡在位二年，活了二十一岁。

宋端宗的弟弟赵昺在碙洲即位，太后杨氏与他共同处理朝政。恰巧有一条黄龙在海中显现，因而更改年号为祥兴，将碙洲升为龙翔县。杨太后临朝听政，与群臣谈话仍然自称奴。陆秀夫与张世杰共同执掌朝政，张世杰认为碙洲不可久居，而厓（yá）山地处海中，距离潮州、广州各有四百多里，两山相对，格局颇为宽广，其中有一港湾，其出口有如大门，可以隐蔽船只，张世杰认为这是形势险要之地，便拥奉宋帝昺迁移到压山驻扎。张世杰派人进山砍伐树木，建造了一千间军房。行宫正殿称作“慈元”，杨太后便住在这里。将广州升为祥兴府。当时，宋朝的官员、百姓、士兵还有二十多万人，多数居住在船中，物资口粮都由广右各郡提供。朝廷又命令工匠打造船只，制作器械仪仗，百姓难以承受，开始产生了叛离朝廷的想法。

文天祥听说宋帝昺即位，便请求前来朝见，宋帝昺没有同意，而加任他为太子少保，将他封为信国公。适逢军中流行严重的瘟疫，将士死去很多，文天祥的儿子文道生也在此时死去，家属一个不剩。文天祥驻扎在潮阳，邹㵯、刘子俊都聚集军队与他会合。强盗陈懿引导张弘范的军队渡过潮阳，文天祥力不能支，便率领部下逃往海丰，张弘范随后追赶。文天祥正在五坡岭吃饭，张弘范领军突然到来，大家来不及交战，纷纷伏在丛生的杂草中叩头。文天祥匆忙逃走，千户王惟义将他捉获。文天祥将龙脑香吞下，没有死去，邹㵯自杀。刘子俊诈称自己就是文天祥，希望可以使文天祥幸免于难。及至元军将文天祥捉到以后，各说自己是真，对方是假，元人便将刘子俊活活煮死，而将文天祥押到潮阳。见到张弘范以后，张弘范身边的将领让文天祥下拜，文天祥不肯屈服，张弘范为文天祥松绑，以对待客人的礼节与他相见。文天祥坚决要求处死自己，张弘范没有答应，还为他寻找被俘的亲属，全部交还给他，将他安置在船中。由于文天祥随着张弘范由潮阳港乘舟渡海，遇到一个在土堡中侦察敌情的将领，这才知道宋帝昺现在何处。

有人对张世杰说：“如果北国的兵马派出水军堵住海口，我军便无法进击退守，何不抢先占领海口，幸而取胜，是国家的福气，不能取胜，还可以向西而行。”张世杰担心长期住在海中，将士人心涣散，便说：“连年在海上行船，什么时候才能了结？”于是将一千多艘大船结成一字阵，抛锚海中，用粗大的绳索连接在一起，周围竖起楼棚，就如城堞一般。张世杰拥奉宋帝昺住在里面，做了必死的打算，人们都深感忧惧不安。厓山港湾的两个出口有两山对立如门，北面的出口处海水很浅，船只无法开进。元人由厓山东侧转向南面，进入大海，与张世杰的军队相遇，元军逼迫宋军，而且派出骑兵，切断宋军汲取淡水的通路。宋军的船只打造坚实，攻打不动，元人用船只载着茅草，浇上油脂，乘风放火，焚烧宋军船只。但宋军的船只全部涂泥保护，还拴上长木杆来抵挡火攻，所以船只无法烧毁，张弘范也无可奈何。张弘范招降张世杰，张世杰不肯听命，张弘范便派遣水军据守海口，宋军打柴汲水的道路被切断了。士兵口渴异常，便下船捧海水喝，海水味咸，只要喝了海水，就呕吐腹泄，士兵的处境非常艰难。张世杰率领苏刘义、方兴等人天天与元军激战，张弘范便将自己的军队分成四支，自己带领一支军队，与其余三军相距一里左右。张弘范下令说："听见我这奏乐，你们才能出战。"他命令李恒趁着早潮退去的时候，先去攻打厓山的北面，张世杰率领两淮兵马拼死战斗。

及至午潮上涨的时候，元中军奏乐，宋军因而逐渐懈怠。张弘范用船攻打厓山的南面，四支军队同时前进，张世杰前后受敌，士兵都已疲乏，不能再战。不久，随着宋军有一只船桅杆上的旗帜坠落下来，各船桅杆上的旗帜全部坠落。张世杰知道事情已经没有希望，便将精兵抽调到中军，各军纷纷溃散，元军逼迫中军。适逢天色向晚，风吹雨落，大雾四起，一片昏暗，人们相距咫尺，即不能辨认，张世杰便与苏刘义砍断绳索，带领十六艘船夺路出港而去。陆秀夫跑进宋帝昺的船里，宋帝昺的船很大，而且各船连接在一起，他估计无法出港，便先将他的妻子儿女赶到海里，随即背着宋帝昺一同跳海淹死。宋帝昺在位二年，只有九岁。随同死去的后宫女眷和朝廷诸臣为数甚多。剩下的船只仍然有八百艘，全部被元人得到。七天以后，海上浮起的尸首有十万多具。元军于是得到了宋帝昺的尸体以及颁发诏书的玺印。

张世杰重新返回厓山收聚兵马的时候，遇见了杨太后，打算拥奉她来寻找赵氏的后人，再立他为帝。杨太后刚一听说宋帝昺驾崩，便捶着胸口，极端悲痛地说："我垂死挣扎，辗转曲折地到这里来的目的，正是为了赵氏仅存的后人，现在没有希望了。"说罢便跳海而死，张世杰在海边埋葬了她。张世杰打算前往安南，来到平章山下的时候，遇到海上的强烈暴风猛吹起来，船主准备将船划到岸边停歇，张世杰说："没有必要了，替我拿一炷香来。"船主把香拿来了以后，张世杰仰面向天大呼说："我维护赵家，也算已经仁至义尽了。一位国君故去，便再立一位国君，现他又故去了。我所以没有去死，是希望在敌军退去以后，另立赵氏为君，以延续宋室的香火而已。现在成了这个样子，难道是天意吗？如果上天想让我不再维护赵氏的存在，就让大风吹翻我的船只吧。"于是船翻了，张世杰投水而死，宋朝灭亡。

以上所述，南宋起于高宗建炎元年，止于帝昺祥兴二年，凡有九位国君，一共经历了一百五十三年。两宋通计凡有十八位国君，总共经历了三百二十年。

人生自古谁无死

张弘范将故宋丞相文天祥押送到元大都，囚禁在监狱中。元世祖忽必烈由狱中召见文天祥，打算任用他，文天祥坚决推辞。元世祖打算将他杀死，他越发不肯屈服，元世祖便赦免了他。

文天祥在元大都逗留了三年，平时在一小楼上坐卧起居，从不下楼外出。元世祖经商议准备释放文天祥回家，让他以道士的身份以备咨询。适逢山中狂人自称宋朝国君，说是打算夺取文丞相，元世祖便传召文天祥入朝，问他说："你有什么心愿？"文天祥说："但愿一死而已。"元世祖同意了他的要求，在元大都的柴市中将他杀害。临刑前，文天祥从容不迫地对吏卒说："我的事情了结了。"他面向南方拜了两拜，于是赴刑而死，当时他年方四十七岁。他的衣带中有一赞文说："孔子提倡成仁，孟子提倡取义（孔曰成仁，孟曰取义），既读圣贤之书，应当学习什么？自今天以至于未来，我也许可以问心无愧。"妻子欧阳氏收葬他的尸首，他的面色仍然栩栩如生。有一位叫张毅甫的人，将文天祥的尸骨背回吉州安葬。文天祥的儿子都已死去，临终前他留下遗嘱，让弟弟文璧的儿子作为自己的后人。

又听说信州谢枋（fāng）得当初迎战元军失败，因有九十三岁的老母，便改换姓名，逃亡到建宁府的唐石山去奉养老母。妻子李氏连同两个儿子、一个女儿都已死去。及至母亲故去以后，元世祖听说谢枋得是一位贤才，便打算任用他，谢枋得不肯屈服。元人将他押往元大都，谢枋得绝食而死。儿子谢定之得到他的尸骨，送回信州安葬。

（以上系原书第三十回下至第三十一回、第三十三回）

北宋世系表
（960—1127）

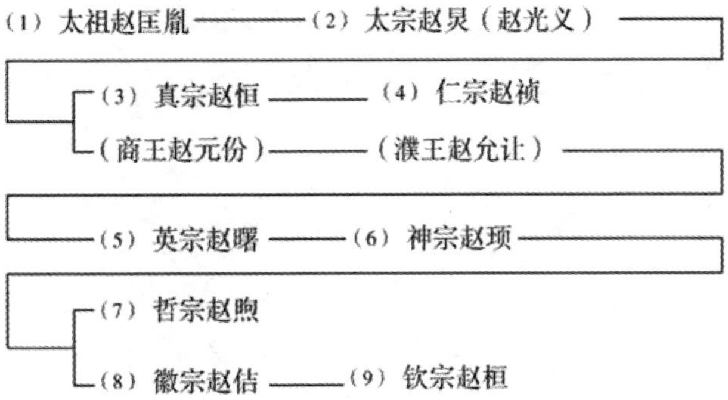

南宋世系表
（1127—1279）

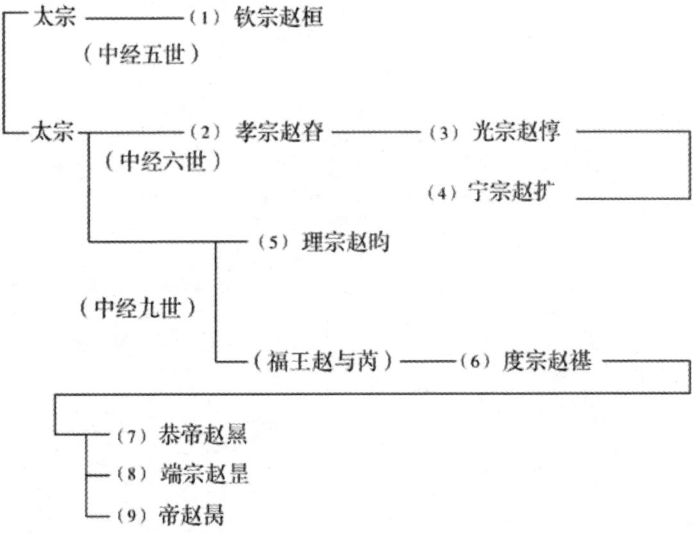

辽、金、西夏

契丹发家简史

辽国是契丹族建立的王朝。契丹族是我国北方古老的民族之一，早在北魏登国四年（389），古文献上就有关于契丹历史的记载。北魏时，过着渔猎和畜牧生活的契丹八部落各自独立活动，以车马为家，逐水草迁徙，并开始对外掳掠，以马匹、皮毛与北魏交换物品。从南北朝到隋朝，契丹先后受到柔然、突厥等族的控制，但是与中原的汉族封建王朝，一直保持着朝贡往来。隋末唐初，契丹各部逐渐在军事上组成部落联盟，联盟长由大贺氏选充，拥有胜兵四万。唐太宗贞观年间，契丹摆脱了东突厥的控制，开始内附于唐朝。唐朝在契丹住地设置松漠都督府，以大贺氏联盟长为松漠都督，并赐姓李氏。武则天统治期间，曾出兵攻击契丹，契丹遂叛唐而依附于突厥。从此以后，契丹对唐朝叛服无常。唐昭宗天复元年（901），迭剌部贵族耶律阿保机被推选为部落联盟的军事首领夷离堇。他以雄勇之才，用武力击灭七部，东征室韦、女真，西取突厥故地，南掠汉域，一时声威大震。唐哀帝天祐二年（905），唐王朝奄奄一息，阿保机率兵三十万入寇云州，与晋王李克用结为兄弟，相约共讨梁王朱温和卢龙军节度使刘仁恭，但终因无利可图而背盟附梁，晋王恨之入骨。天祐四年（907），遥辇氏痕德堇可汗死后，耶律阿保机被契丹贵族奉为可汗，称天皇帝（太祖）。后梁贞明二年（916），耶律阿保机大会群臣、属部，按照汉王朝的体制，更名亿，自封大圣大明天皇帝，庙号辽太祖，建元神册，立长子耶律倍为皇太子，其妻述律氏称为地皇后。契丹从此建国。

随后，燕节度使刘守光遭到晋王李存勖的侵袭，遣使向契丹国求救，并献上平、营、滦三州之地。契丹派兵援燕，又被晋王兵打败，李存勖进而吞并了燕地，可是，平、营、滦三州仍为契丹占有。起初，刘守光派遣韩延徽出使契丹时，韩氏见到辽太祖不甘下拜，便被罚作牧马，后来，皇后述律氏发现韩延徽聪颖贤达，诵诗属文，无所不能，于是，劝请耶律阿保机优加礼遇。韩延徽帮助契丹人营建衙府，修筑城廓，造立市里，使杂居其地的汉人择偶婚配，垦荒种地，安居乐业。契丹建国伊始，百端待举，而韩延徽对于契丹能够威服诸国做出了贡献。天显元年（926）正月，辽太祖占领了扶余城，逼降了渤海国，在辽东渤海国的土地上建立东丹国，封长子耶律倍为东丹王，号称人皇，命次子耶律德光守西楼，号为元帅。同年七月，辽太祖自忽汗城还军，在扶余病死。

述律后支持耶律德光即位

辽太祖病殁后，皇后述律氏想立次子耶律德光为帝，于是来至西楼，让其长子耶律倍和次子两人乘马立于大帐前，对诸位酋长说："这两个儿子都是我所钟爱的，不知应该立哪个为嗣君，你们认为谁是契丹皇帝，就用手拉着他的马辔。"话音刚落，酋长们心领神会地争执耶律德光的马辔。述律氏高兴地说："众望所归，我怎能违抗呢！"便立德光为皇帝，他就是历史上的辽太宗。辽太宗把耶律倍遣还东丹国，尊述律后为皇太后，一切国事全由太后决断。辽太宗为人孝谨，每遇母后生病不食，他也废食服侍，而政事托付给韩延徽全权处理。辽太祖葬在木叶山，太后左右有桀黠不驯的臣下，太后就命令他说："替我向先帝传话去吧！"送至墓地斩首，这样先后被杀掉上百人。最后又要把平州人赵思温送到木叶山问斩，赵氏坚拒不从。太后说："你对先帝亲近无间，为何不肯去呢？"赵思温答道："若论亲近比不上太后，只有太后前行，臣才敢接踵而至。"太后不耐烦地说："不是我不愿随先帝于地下，只是顾念嗣君幼弱，国家无主，不忍心撒手尘寰呀！"说完，举刀砍断自己一只手腕，令人放置太祖墓中，赵思温幸免一死。

石敬瑭割让燕云十六州

辽太宗天显十一年（936），后唐潞王（废帝）李从珂怀疑河东节度使石敬瑭图谋不轨，调遣石氏镇守天平，石敬瑭抗命不就，潞王便发兵征讨石敬瑭。石敬瑭在太原举兵叛唐自立，危急之下，向契丹求援，认辽太宗耶律德光为父，并许诺事成之后割地称臣。契丹兵南下一举消灭后唐，册封石敬瑭为大晋皇帝，这就是后晋。石敬瑭如约将燕云十六州割与契丹，每年纳帛三十万匹。随后，契丹人以幽州为燕京。会同五年（942），石敬瑭死，其子石重贵（晋出帝）继位，对契丹不奉表不称臣，辽太宗恼羞成怒，率兵南下攻晋。大同元年（947）正月，辽太宗领兵进抵晋都开封，后晋灭亡后，正式改国号为大辽国。辽太宗病死于灭晋的归途中。

辽朝由盛转衰

辽太宗死后，随驾从征的耶律安抟等人拥立耶律倍之子耶律阮即皇帝位，他就是辽世宗。自从耶律倍遭到后臣排挤后，逃奔到后唐，后唐明宗李嗣源把庄宗李存勖的夏妃许配为妻，并赐汉名李赞华，拜为节度使。后来，耶律倍（李赞华）被潞王李从珂杀害。辽世宗即位后，追尊其父耶律倍为辽义宗。

应历元年（951），辽世宗在举兵南下攻打后周的路上，被耶律察割谋杀，辽太宗耶律德光之子寿安王耶律璟追杀耶律察割后，即皇帝位，他就是辽穆宗。穆宗性好打猎饮酒，不恤国事，每夜酣饮通宵达旦，白天则嗜睡不醒，国民称他为“睡王”。有人向穆宗报告周世宗柴荣调兵攻取了三关瀛、莫、易之地，他毫不在意地说：“这里本来就是汉地，如今复归汉人，有什么可惜呢！”穆宗酒醉之后又常以杀人取乐，烙炮、铁梳等奇巧刑具无所不备，在他即位十八年后，近侍小哥、花哥、辛古等人，乘穆宗出猎之机，合谋处死了这个昏君。继辽穆宗之后，辽世宗耶律阮的儿子耶律贤即位，他就是辽景宗。辽景宗在位时，任命萧守兴为尚书令，纳其女萧燕燕为皇后，由于景宗患有风疾，国政大事全都取决于萧后。乾亨元年（979），宋太宗赵炅亲征伐北汉，辽遣兵救助北汉，大败而归。宋灭北汉后，乘胜攻打辽南京，试图夺取幽燕失地。辽将耶律休哥、耶律斜轸等分兵夹击，大败宋军，宋太宗落得个乘驴车而逃的下场。乾亨四年九月，辽景宗病亡，其年仅十二岁的儿子耶律隆绪继位，他就是辽圣宗。萧太后专权擅政，宠信韩德让。统和四年（986）六月，宋太宗遣将曹彬、潘美等北上伐辽，萧太后和辽圣宗亲莅南京督战，契丹将耶律休哥大败宋兵。统和二十二年（1004），萧太后和辽圣宗率兵二十万大举入寇宋朝，宋宰相寇准力劝真宗皇帝亲自督师抵抗。宋真宗到达澶州后，宋兵士气振奋，辽军先锋萧挞览被宋兵射杀。寇准再次劝请宋真宗渡河作战，辽军大惧请和，从此宋辽两国各守旧界，弭（mǐ）兵休战，边境稍安无事。

统和二十七年（1009），萧太后病死。萧氏机谋善断，每每披挂上阵，英勇督战，深得群臣拥戴。萧后与宠臣韩德让私通，韩德让不久也死，陪葬萧氏陵旁。萧太后死后，辽圣宗哀毁骨立，悲痛欲绝，大臣们请求更改年号，或以日易月，一概不许施行。太平二年（1022），宋真宗赵恒驾崩归天，辽圣宗召集蕃汉大臣、后妃以下诸人举哀致悼，他泣不成声地说："吾兄与我同月出生（澶渊盟约规定辽朝皇帝称北宋皇帝为兄），只是年长两岁，现如今他已离开人世，而我还能存活多久呢！"他还特意设置宋真宗灵位，建立资福道场，隆重祭祀一百天。太平十一年（1031）六月，在位四十九年的辽圣宗病死，弥留之际，他对儿子耶律宗真说："希望你能够信守与宋朝的盟约。"耶律宗真即位，他就是辽兴宗。辽兴宗在位二十四年期间，国内安定，户口增长；宋朝又将岁币银绢各增十万两（匹），每年总共五十万两（匹）；辽国疆域划分为五京六州，一百五十六个军城，二百〇九个县，六十个属国，东至大海，西至流沙，北至胪朐河，南至白沟，幅员达万里。重熙二十四年（1055），辽兴宗死后，由其子耶律洪基继位，他就是辽道宗。辽道宗统治长达四十六年，辽朝由盛转衰。乾统元年（1101），辽道宗死，因太子耶律濬早亡，遂立皇孙耶律延禧继统，他就是辽天祚帝。天祚帝怠于政事，骄奢淫逸，无恶不作。他后来做了金兵的俘虏，断送了契丹先人建立的辽朝。

天祚帝不敌阿骨打

天庆四年（1114）九月，辽属国生女真完颜阿骨打举兵叛辽。女真族的先民原属古肃慎氏，是黑水靺鞨（mò hé）的后裔，世居长白山和黑龙江下游，即所谓的白山黑水之地。辽朝灭掉靺鞨人建立的渤海国后，黑水靺鞨改称女真，或叫女直。为了分而治之，辽朝把一部分女真人迁至辽阳以南，编入辽朝户籍，称“熟女真”；没有南迁的女真，不编入辽籍，称“生女真”。生女真散居在山河之间，从事农业和狩猎。完颜部是生女真几十个部落中强大的一支，活动在安出虎水一带。到乌古迺做完颜部首领时，开始设立官属，他成为周围各部落联盟长，并接受辽朝加封的节度使称号。其地原不产铁，他们用优厚的价酬从邻国换来甲胄铁器，修造弓箭，制作器械，兵势逐渐强大起来。辽道宗时，乌古迺死，其子劾里钵继任联盟长，由于在军事上实行全民皆兵，号令严明，部落联盟更加巩固。劾里钵生有十一子，长子乌雅束，次子阿骨打。劾里钵临终前，唤来弟弟盈哥告诉他：“乌雅束优柔寡断，若想败辽自立，只有阿骨打力能胜任。”劾里钵病死，其弟颇刺淑继任联盟长。颇刺淑死，其弟盈哥继任。盈哥死，其兄之子乌雅束继任。天庆三年（1113），乌雅束死，其弟阿骨打继任，自称“都勃极烈”。次年六月，辽天祚帝授予阿骨打节度使称号。

辽天祚帝不理朝政，暴虐无道，每年向女真人勒索北珠和海东青（一种能捕捉天鹅的名鹰），使者来到女真，奸淫抢掠，贪残无厌，女真怨苦不堪。天庆四年（1114）九月，阿骨打以辽国容纳女真叛臣阿疏为由，正式举兵抗辽。阿骨打按猛安（千夫长）、谋克（百夫长）编制军队，规定三百户为谋克，十谋克为猛安，出兵前，他传梃誓师，勇气百倍。阿骨打领兵攻克江宁州城后，辽天祚帝命都统萧嗣先率军七千征伐女真。阿骨打领兵三千七百人迎敌，乘夜鸣鼓举燧而行，黎明前抢渡鸭子河，两军会战于出河店。此时大风骤起，尘埃蔽天，阿骨打乘风追杀，辽军弃甲而奔，俘获车马甲兵不计其数。从此，辽军士无斗志，不堪一击。女真兵长趋直入，连克宾、祥、咸等州。天庆五年（1115）元旦，阿骨打称皇帝，取汉名旻（mín），建国号金，立年号收国，都会宁府。阿骨打就是历史上的金太祖。

辽派使臣向金请和，金人不许。辽天祚帝穷兵黩武，率领号称百万大军亲征女真。阿骨打带领女真兵攻打辽北重镇黄龙府，当兵临混同江时，无舟渡江，阿骨打让一人作前导，自己乘赭白马过江，对诸军将士说：“你们随着我的马鞭指向前进。”女真兵过江时，水仅至马腹，等全军渡过混同江，再让船公测量渡江路线，深无边际。金人攻占黄龙府后，辽军已经到达混同江岸，金太祖听说天祚帝御驾亲征，便在军前用刀划破自己的脸面，大哭说："开始我与大家起兵，是因为不堪忍受契丹人的欺辱，想自立为国。而今天祚帝亲率大军来攻，恐怕寡不敌众，凶多吉少。你们不如杀灭我们一家，向辽军迎降，或许是生路一条。不过，辽军对我女真有切骨之恨，天祚帝骄横无情，纵使你们迎降也难逃厄运。怎么办呢？"全军将士跪拜在金太祖面前，宣誓说："事到如今，一切听从我金主指令！"金太祖激励官兵："只有人人以死相拼，才能死里逃生！"他又说："敌众我寡，不可分兵作战，敌方中军最为坚固，天祚帝必在中军，如果击破中军，就可以大获全胜。"于是，金太祖合兵攻击辽中军，天祚帝惊惶逃遁，辽兵溃不成军，大败而归，横尸遍野，惨不忍睹。辽军失败的消息传来，辽东京及所属州县和被编入辽籍的熟女真，全部降附金朝。金太祖命完颜希尹和叶鲁创制了女真文字（大字），于天辅三年（1119）颁行。

大辽灭亡

金与宋朝相约攻辽，金军相继攻取辽上京临潢府、中京大定府和西京大同府。天祚帝被迫逃入夹山，此时辽秦晋国王耶律淳和汉人宰相李处温等尚留守燕京。辽皇族耶律大石，李处温、萧干、左企弓等人拥立耶律淳称帝，上尊号为天锡皇帝，史称北辽。北辽由耶律大石掌握军权。耶律大石是辽太祖耶律阿保机的八世孙，兼通辽、汉文字，善于骑射，考取进士后，被授予翰林学士承旨。辽人称翰林为林牙，因而称大石林牙。三个月后，耶律淳病死，萧干等遥立天祚帝次子秦王耶律定为帝，由耶律淳妻萧太后称制行事。李处温密谋叛乱，被萧太后赐杀。金太祖阿骨打率兵千人袭击天祚帝，以其子斡离不为前锋，双方战于石辇驿。天祚帝自以为金军在重重包围中，必胜无疑，于是和妃嫔登高埠观战。斡离不以铁骑冲击天祚帝，天祚帝夺路而逃，辽兵大败。

天辅六年（1122）十二月，金太祖阿骨打分兵三路进攻辽燕京，辽以重兵把守居庸关。金兵至关时，崖石自崩，辽兵多被轧死，其余辽兵不战而溃。金兵乘胜南下，一举攻克燕京，辽将相奉表投降。耶律大石被金兵俘获，萧太后和萧干在城破前逃奔天德。至此辽国五京全被金国占领。辽天祚帝奔居四部族，萧太后来见被斩，追废耶律淳为庶人。金将斡离不、银术可、娄室等分道追击天祚帝，辽天祚帝奔至应州避难，其子秦王耶律定、纪王耶律宁，以及妃嫔从臣，全都被金兵活捉。天祚帝西奔云中，西夏遣人请其前往，行至应州东，被金将娄室擒获，金降封为海滨王，辽朝从此灭亡。

辽朝自辽太祖耶律阿保机建立契丹国（916）至天祚帝被金军俘获（1125），共传九帝——辽太祖耶律阿保机、辽太宗耶律德光、辽世宗耶律阮、辽穆宗耶律璟，辽景宗耶律贤、辽圣宗耶律隆绪、辽兴宗耶律宗真、辽道宗耶律洪基、天祚帝耶律延禧，历时二百一十年。

西辽兴衰

在天祚帝被金兵捕获之前，耶律大石从金营领兵逃脱，在夹山见到天祚帝。天祚帝斥责大石擅立耶律淳为帝，耶律大石心不自安，便率骑兵二百乘夜逃向北庭都护府，自立为王。耶律大石领兵至镇州，召集七州十八部落，以复兴大辽为号召，征得精兵万余人，设置官吏，预备器械，重新组成统治机构。延庆七年（1130），耶律大石在回纥王毕勒哥的迎送下，西行万里，数国归降。至寻思干，西域诸国举兵十万拒战，耶律大石分三军进击，大败西域兵，僵尸横陈数十里。耶律大石在寻思干驻留九十天，回回国王纳贡来降。又西行至起儿漫，文武百官册立耶律大石为帝，号天祐皇帝，又号古儿汗，改元延庆，仍用辽国号，史称西辽，又称哈喇契丹（黑契丹）。耶律大石就是西辽德宗。

耶律大石率部东还，行走二十余日，在楚河南岸八剌沙衮建造都城，号为虎思斡耳朵，改延庆年号为康国元年（1134）。耶律大石建都后，曾出兵东征喀什噶尔，进至和阗（tián）；向西征服撒马尔罕和花剌子模。康国十年，耶律大石病死，因其子夷列年幼，遗命皇后塔不烟主权国事，号感天皇后。塔不烟称制七年后，还政于耶律夷列，在位十三年而死，庙号仁宗。西辽仁宗死后，子幼不立，由其妹普速完代为摄政，号承天皇太后。普速完与其夫萧朵鲁不之弟朴古只沙里私通，让萧朵鲁不为东平王，借机谋杀。萧朵鲁不之父萧斡里剌为西辽元帅，领兵包围皇宫，射杀普速完和朴古只沙里，并迎立耶律夷列次子耶律直鲁古为帝，改元天禧。

西辽天禧三十四年（1211）秋天，耶律直鲁古出猎时，被乃蛮国王屈出律的八千伏兵逮捕，屈出律篡权自立，奉耶律直鲁古为太上皇，两年后死。南宋宁宗嘉定十一年（1218），屈出律被蒙古军灭国斩首。西辽自德宗延庆元年（1124）至末帝直鲁古天禧三十四年（1211），共传三帝二后——西辽德宗耶律大石、感天皇后塔不烟、仁宗耶律夷列、承天皇太后普速完、末帝耶律直鲁古，历时八十八年。

金熙宗完颜亶

再说金朝。金太祖率军攻破辽燕京后，病死在北返途中。其弟完颜吴乞买继位，更汉名晟（shèng），改天辅年号为天会元年（1123），他就是金太宗。辽朝灭亡后，金太宗遣将斡离不、粘罕入寇北宋，攻破宋都，掳走二帝，宋朝天下丧失半数；又遣太祖第四子兀术及粘罕、娄室、斡离不等多次南下攻打南宋，册封伪齐皇帝刘豫为傀儡，如此等等，兹不赘述。天会十三年正月，金太宗病死，由太祖阿骨打嫡长孙完颜合剌即皇帝位，更汉名亶（dǎn），即是金熙宗。金熙宗自幼勤勉好学，喜雅歌儒服，厌兵事。他即位后，派兵袭执刘豫，废除属邦齐国；与南宋通好，议定以淮水为分界，宋向金纳币称臣；采取汉族官制，实行科举考试，颁布女真小字；提倡儒家学说，在上京会宁府修筑孔庙，特封孔子支派四十九代孙孔瑶为衍圣公，元朝因循其旧。其实，孔子嫡源已经从宋南渡居于浙江。

金熙宗在位十四年。金熙宗晚年嗜酒如命，并一再杀逐大臣，朝政日趋混乱。金太祖之孙平章政事完颜亮（金太祖第三子辽王完颜宗干之子）与皇后裴满氏阴结死党，密谋篡夺王位。因忌恨金熙宗之弟胙王完颜常胜等人，将其陷害致死。金熙宗与裴满氏积怨既深，遂杀裴满氏，而召弟妇胙王之妻撒卯入宫为继后。在金熙帝寝殿当差的大兴国，因曾遭杖责而心存怨恨，完颜亮勾结大兴国为内应，皇统八年（1148）十二月某夜，二鼓时分，大兴国偷偷地把金熙宗常置榻上的佩刀投到卧榻下，再开启殿门，等候殿外的完颜亮与左丞相完颜秉德、驸马唐括辨等潜入寝殿，金熙宗求刀不得，被完颜亮刺杀毙命。

海陵王完颜亮

完颜亮本名迪克乃，篡位后，改年号为天德，他就是金海陵王（一名废帝）。完颜亮上台不久，即大肆杀戮宗室官员，先后诛杀曹国王完颜宗敏、左丞相完颜宗贤、太傅领三省事完颜宗本、判大宗正府事完颜宗美、东京留守完颜宗懿、北京留守完颜卞，以及太祖子孙七十余人，粘罕（完颜宗翰）子孙三十余人，又杀完颜秉德、唐括辨等合谋者。同时，任命其弟完颜兖领三省事，起用渤海、契丹和汉人执掌尚书省，以巩固其统治根基。天德三年（1151），完颜亮诏令扩建燕京城，改筑宫室，依照宋都开封皇宫的规模，所有宫殿以黄金为底色，再配以五彩。兴修时，金屑飞空，如落雪一般。成而复毁，毁而重建，修筑一座宫殿要耗费亿万之巨，极尽铺张华丽之能事。贞元元年（1153），正式迁都燕京，改燕京为中都，并将原居上京会宁府的诸宗室亲族和女真猛安谋克人户迁至中都，以防叛乱。

完颜亮杀害皇叔曹国王完颜宗敏，纳其妻阿嫩，封为昭妃。又纳宗室妇女四人入宫。金海陵王完颜亮与崇义节度使乌带之妻定哥旧有私通，完颜亮篡帝位后，指使定哥杀乌带，并以皇后相许。定哥不忍心加害丈夫，完颜亮便威迫她说："若不杀乌带，我就除掉你们一家！"定哥杀夫后被封为贵妃。迁都燕京后，完颜亮亲自选择良家美女一百三十人充实后宫，供他淫乐。寿宁县主什古（完颜宗望女）、静乐县主布拉及锡纳（完颜宗弼女）、师姑儿（完颜宗隽女）等人本来是完颜亮的从姊妹，也被分属诸妃位下，出入皇宫，恣意淫乱。甚至在他与妇人交媾时，必须撤去帷帐，由教坊乐工伴奏，宫女裸体嬉戏，妃嫔列坐睇观。完颜亮听说江南多美女玉帛，南宋刘贵妃姣艳动人，于是想举兵灭宋。嫡母太后徒单氏劝谏他不要南侵，完颜亮十分恼火。正隆六年（1161）六月，完颜亮迁都南京开封府，徒单太后居住宁德宫。完颜亮因为与太后侍婢高福娘私通，引起太后不悦，完颜亮便派点检大怀忠等人到宁德宫勒死了徒单太后，并焚尸弃骨，又杀太后侍婢及弟侄十余人，而加封高福娘为郧（yún）国夫人。同时，留居金国的宋、辽宗室人等，也被杀戮殆尽。

正隆六年（1161）九月，完颜亮命令六十万（号称百万）大军出征南宋，分兵五路，水陆并进，枢密使完颜昂、尚书左丞纥石烈良弼分任左、右领军大都督，工部尚书苏保衡统领水师由海道向南宋都城临安进发，刘萼为汉南道行营兵马都统制自蔡州发兵，徒单合喜为两蜀道行营兵马都统制自凤州入川，完颜亮自任中军统帅，带着妃嫔南渡淮河。当完颜亮领兵攻入和州时，因为梁山泺干涸少水，先前所造的大船无法前进，于是派左领军副大都督李通更造小船，并拆城中民房为材木，煮死人膏代油。完颜亮暴虐无道，人心离散，将士纷纷逃亡北还，甚至有人公然高喊："我们现在要回东京立新天子啦！"十一月八日，完颜亮身披金甲督兵过江，结果在采石一地被宋将虞允文所率的宋军打得落花流水，仓皇退守和州。这时，忽得北方急报，随从完颜亮南下的女真猛安完颜福寿率万余兵士返回辽阳后，杀死东京副留守高存禄，拥立金太祖之孙、东京留守完颜乌禄即皇帝位，更名雍，年号大定，史称金世宗。并下诏列举完颜亮数十条罪状，遣兵切断其退路，而宣谕各路将士北归安业。完颜亮闻讯，不禁拊髀生叹："我本想攻灭南宋后，改元大定，这难道不是天命吗？"于是，他召集诸将帅共商罢兵北还事宜。李通献计说："陛下亲征，无功而还，恐怕将士解散，敌兵蹑后袭击。如今之计，不如再次发兵渡江，然后焚舟绝其归路，这样，陛下就可以安然北还了。"完颜亮认为是万全之策，遂移师扬州，限令诸将三日从瓜州渡江，否则格杀勿论。将士们无不惶恐，浙西都统制耶律元宜和猛安唐括乌野商计，进退无路，不如杀死完颜亮北归向新皇帝金世宗请功。第二天黎明，耶律元宜等人闯入完颜亮的御营，完颜亮听到帐外兵戈铁甲声响，误以为宋兵劫寨，急忙揽衣而起，拾取射入帐中的流矢一看，愕然大叫："这是我们金兵！"正要取弓自卫，已中箭倒地。

诸将士拥进大帐，把他活活勒死，拖出营帐举火焚尸。随后，将从征的妃嫔和李通、郭安国等人全部处死，耶律元宜又派人把居守南京的太子完颜光英斩除。同时，退军三十里，遣人渡江与宋议和，并代请向金世宗赦罪。金世宗得知完颜亮已死，即从东京辽阳府进据中都燕京，下令尽撤南征之师，遣使与宋议和。大定二年（1162），已经去世的完颜亮被降封为海陵郡王，谥号炀（yáng）。大定二十年，又降封为海陵庶人，史称海陵王。

风雨飘摇的金朝后期

金世宗完颜雍为人宽厚仁孝，崇尚节俭，倡行儒学，究心治平。于大定四年与南宋重订和议，双方各守旧疆，宋对金不再称臣，改称侄皇帝。此后几十年，南北讲和，与民休息，群臣守职，上下相安，财政充足，仓廪有余，盗贼匿迹，几致刑措，史称金世宗为“小尧舜”。金世宗在位二十九年病死，因太子完颜允恭早亡，由皇太孙完颜璟即帝位，他就是金章宗。李妃专擅国政，宗亲矛盾激化，南北战乱频仍，国势逐渐衰弱。金章宗在位十九年病死，李妃等拥立柔软无能的金世宗第七子卫绍王永济即位，史称后废帝。这时，北方兴起的蒙古族连年发兵侵扰金西北边地，虽多次请求罢兵，蒙古兵仍继续南侵。金将独吉千家奴率兵在灰河与蒙古军相遇，结果战败退师，大同府失守。蒙古成吉思汗领兵追杀，先后在野狐岭、会河堡大败金军，乘胜掳掠辽阳府，进军居庸关，围攻金中都。驻守中都城北的右副元帅胡沙虎屡战屡败，于贞祐元年（1213）八月领兵入宫逼杀卫绍王永济，迎立金世宗孙、完颜允恭庶长子完颜珣即帝位，他就是金宣宗。

蒙古兵逼近中都，京师戒严。右监军术虎高琪在城北狙击蒙古兵，大败而归。胡沙虎气极败坏，要把术虎高琪斩首示众。术虎高琪先发制人，领兵将胡沙虎围杀于家中。金宣宗赦免术虎高琪之罪，仍授左副元帅抵御敌兵。蒙古兵分三路攻掠黄河以北的山东、河东、河北路州县，直抵登州、莱州海滨。贞祐二年春，蒙古兵带着席卷来的大批金帛子女、牛马羊畜返回居庸关一带，围攻中都。金宣宗献纳人口财物求和，并将卫绍王完颜永济之女歧国公主嫁与成吉思汗。蒙古军这才退出居庸关，罢兵北还。金宣宗恐怕蒙古军再来扰乱，于是迁都南京开封府。宣宗南迁后，成吉思汗借口既和而迁，是对蒙古心存狐疑，于是派木华黎领兵南下，攻占中都、辽西州郡。金宣宗遣兵解救中都，兵至霸州被蒙古军击败。蒙古军攻取中都后，吏民死伤惨重，宫室付之一炬，大火月余不熄。金宣宗没来得及迁移走的珠宝珍玩和妃嫔宫女等被洗劫一空。留守中都的都元帅完颜承晖服毒自杀。

兴定元年（1217），成吉思汗封木华黎为太师、国王，委托他统率蒙古军专攻金朝。数年间，木华黎率兵攻取了金辽东、辽西、山东、河北、河东、陕西等地。元光元年（1222），木华黎领兵攻打凤翔府受挫。次年春，木华黎退兵至解州病死。同年十二月，金宣宗完颜珣寿终正寝，太子完颜守绪即帝位，史称金哀宗。金哀宗停止侵宋战争，集中兵力保守河南、潼关一线。自洛阳至邳（pī）州，东西设置四个行省，驻守二十万精兵。正大五年（1228），蒙古军自泾州入寇大昌原，金平章政事完颜合达命忠孝军提控完颜陈和尚为前锋，率四百骑大败蒙古军八千人，士气百倍。这是金蒙战争以来金军首次告捷，因而完颜陈和尚名震金国，以功升定远大将军、平凉府判官，世袭谋克。正大六年（1229），蒙古窝阔台即汗位，继续出兵侵金。正大八年（1231）四月，蒙古军攻克凤翔府。九月，蒙古军分兵三路，窝阔台亲率中军攻河中府，转攻河南府；斡陈那颜率左军进击济南府；拖雷（成吉思汗幼子）率右军自凤翔府至饶风关，由金州而东直趋金都。窝阔台攻破河中府，拖雷进军邓州。金哀宗诏命枢密副使完颜合达与副使移剌蒲阿自潼关移驻邓州。拖雷兵至禹山，完颜合达所部武仙一军殊死力战，蒙古兵退走。第二天，忽然不见蒙古兵行踪，派骑兵巡探才知道蒙古兵潜入光化北岸枣林中，昼食夜宿在马上四天，林外竟不闻音响。金兵原想蒙古兵已退，全部解散，等到蒙古兵突然袭来，金兵不战自溃。天兴元年（1232）正月，完颜合达与移剌蒲阿率步骑十五万开赴南京，进至钧州三峰山，天遇大雪，拖雷率蒙古兵全线进击，金军全军覆没。完颜合达领数百骑败入钧州，蒙古军进破钧州后，斩杀完颜合达。这时，随从完颜合达退走钧州的完颜陈和尚自避隐处走出来，自称金国大将，有事要面见蒙古将帅。蒙古兵把他押到拖雷帐前，问其姓名，完颜陈和尚从容自若地答道：“我是金国忠孝军总领完颜陈和尚，在大昌原、卫州、倒回谷口挫败蒙古兵的就是我陈和尚。我与其死于乱军之中，不如今日明明白白死去！”拖雷劝他投降，陈和尚厉声拒绝，于是不屈而死。有些蒙古义士用马乳汁酹（lèi）地，虔诚地祈祷说：“这样的好男儿，但愿来生来世我能得到他！”

三峰山一役，金国精锐军全部被消灭，蒙古兵乘胜进围南京开封府。南京军民拼力死守，双方激战十六昼夜，城门幸未攻破。金哀宗献出大量金帛珍宝，并派皇侄曹王完颜讹可做人质请和。窝阔台接受了求和条件，蒙古军暂且撤退。不料，刚刚休战两月，蒙古军以三十几个蒙古使臣被金国飞虎军士杀害为借口，再次挑起战事。金哀宗以南京弹尽粮绝、孤立无援而逃往归德府。出逃前，金哀宗入宫与太后、皇后和诸妃道别，不禁失声恸哭。待逃至归德后，金哀宗遣人回南京迎接后妃，却被愤怨气极的守军截留还宫。蒙古元帅速不台率军逼攻南京，内外交通断绝，米价涨至二两银子一升，死者枕藉，人自相食。留守南京的西面元帅崔立见民势汹汹，人怀危惧，趁机杀死左右二相，勒兵入宫劫持金太后、皇后、诸王、妃嫔和宗室男女五百余人，乘车三十七辆，出城向蒙古速不台投降。速不台杀掉梁王完颜从恪和荆王完颜守纯，以及其他族属，余下的后妃被送往蒙都和林。一路上的艰辛苦楚不可名状，比较当年金将粘罕押解宋徽宗、宋钦宗及其后妃北归时，有过之而无不及。速不台率军进入南京城时，崔立尚在城外，蒙古兵首先闯进他家，将其妻妾宝玉掳掠而去。这位曾经淫暴一时的崔立赶来，家徒四壁，抱头痛哭。后来，崔立被都尉李伯渊刺杀，枭（xiāo）首示众。

金哀宗天兴二年（1233）六月，金哀宗听说蔡州城坚池深，兵众粮多，遂率群臣自归德府奔向蔡州。此时，阴雨连绵，随从的朝臣军士赤足行走在泥水中，只有掇取青枣代粮充饥，足胫无不浮肿。行至亳州，扈从者仅剩二三百人，马五十匹。在亳南双沟寺避雨时，但见蒿艾满目，荒无烟火，金哀宗悲从中来，不禁有生灵涂炭之叹。逃入蔡州后，金哀宗任命完颜忽斜虎为尚书右丞，总领省院事。完颜忽斜虎文武双全，上任后，经过选括士马，缮治兵甲，使军威稍复振作。八月间，蒙古都元帅塔察儿派遣王檝（jí）出使南宋，约宋夹攻金国，并以灭金后将河南之地归还宋廷相许。南宋欣然同意，并派军队护送王檝还营。在襄阳的宋京湖制置使史嵩之便如约移师于金息州南，驻守息州的金兵纷纷向宋军投诚。息州刺史请求金哀宗派兵增援，金哀宗就以参知政事抹撚兀典率五百忠孝军开赴息州。临行前，金哀宗召见抹撚兀典说：“蒙古军兵强马壮，智勇兼备，我实在难以抵御。至于宋人，则不足挂齿。我若有三千甲士，就足以横扫江淮之间。”不久，金哀宗又派完颜阿虎带向宋国借粮，并告诉他说：“宋廷欺人太甚，辜负了我大金国的深情厚谊。现在乘我疲敝危难，攻掠寿州、邓州和唐州等地，他们的见识太短浅了。蒙古灭国四十后，又消灭了西夏国，如今举兵攻金，等我国灭亡后，必然要攻灭南宋。唇亡齿寒，自然之理，若宋人愿意同我们合作，既帮助了我国，又可以保障他们自己的安全。请你将此意转告给宋廷。”完颜阿虎带到了南宋，宋理宗不予理睬。

蒙古军围住蔡州，每日在城下耀武扬威，战旗遮天蔽日，城中士民不寒而栗。宋将史嵩之助桀为虐，命令孟珙、江海率师二万、运米三十万石来帮助蒙古军攻打蔡州。塔察儿得宋援助，十分高兴，酌来马乳汁犒赏孟珙，并结拜为异族兄弟。蒙古军加紧修筑工事，斫木之声传入蔡州城，城中军民更为惊恐。尚书右丞完颜忽斜虎每天用国家恩泽、君臣大义来安抚百姓。十二月，宋师配合蒙古军向蔡州城发起攻势，蔡州民丁全力以赴防守，民丁不足，又挑选壮年妇女身着男子衣服运石守城。孟珙率宋兵逼近柴潭楼，潭外是汝水河，潭高出河床五六丈，相传潭底有龙，人不敢接近，而且城楼伏设巨弩，宋兵畏惧不前。孟珙召集部属饮酒壮行，酒过两巡，他对将士们说："柴潭楼并非天设地造，神不可测，况且伏弩只能远射，而不能射到近处，金人所倚仗的不过是柴潭水，若决潭出水，其涸立等可待。"于是，孟珙下令凿开潭堤，潭水顺势注入汝水，将干涸见底的柴潭塞进苇草。这时蒙古军也扒开练江大堤，顺利过河，两军鱼贯而上，一举攻破蔡州外城。蒙古军及宋师又乘胜进逼土门，攻下西城。完颜忽斜虎赶忙选调三面精锐兵士，于城上立栅自蔽，勉强遏止了进犯敌兵。大敌当前，金哀宗一筹莫展，他无奈地对侍臣说："我做金紫光禄大夫十年，太子十年，皇帝十年，自知无大过恶，死无遗恨。只是祖宗开创的百年帝业，至我终绝，使我与自古荒淫暴乱的亡国君并列，实在于心不安呢！"自从天兴二年九月至次年正月元旦，蔡州受围三个月，城外四野相望的是蒙古军及宋师的饮宴欢歌，而城内早已断炊绝粮，马鞍、破鼓煮食之后，继以人肉充饥。一天，孟珙见有一团黑气压在蔡州城头，日色昏黄无光，便下令诸军将士衔枚以禁喧闹，悄悄运送云梯以备攻城。当夜，金哀宗召集百官，宣诏传位于东面元帅完颜承麟。完颜承麟拜泣不敢受诏。金哀宗动情地说："我之所以传位于你，是不得已而为之。我肌体肥重，难以鞍马突围，而你平日矫捷有谋，万一幸免得脱，我金国后嗣不绝，这是我梦寐以求的夙愿。”次日，完颜承麟正式受玺即位。百官称贺礼一结束，便亟出御敌。可惜孟珙军率先攻克南门，敌兵蜂拥竞进，南城楼已经竖起宋军旗帜。金哀宗完颜守绪在幽兰轩自缢而死。完颜忽斜虎惊闻哀宗死讯，对将士们说：“我赴汝水从君去了！”遂投汝水自尽。随后，参政孛术鲁小娄室、兀林答胡土，总帅王志，元帅王山儿、纥石烈柏寿、乌古论桓端及军士五百余人，全部投水从死。完颜承麟率兵退保子城，听说金哀宗自杀，领群臣哭祭亡灵。哭奠未毕，蔡州全城已陷入敌手，仅即位一日的完颜承麟被乱兵杀害。金朝至此灭亡。金国自太祖完颜阿骨打称帝（1115）至末帝完颜承麟被杀（1234），共传十代皇帝：金太祖完颜阿骨打（旻）、金太宗完颜吴乞买（晟）、金熙宗完颜亶、金海陵工完颜亮、金世宗完颜雍、金章宗完颜璟、金卫绍王完颜永济、金宣宗完颜珣、金哀宗完颜守绪、金末帝完颜承麟，历时一百二十年。

西夏发家史

夏朝建国早于金朝，而被蒙古汗国所攻灭也在金朝之前。夏朝史称西夏，是以西北地区党项族为主体民族建立的国家，党项是羌族的一支，拓跋氏是其势力最强的一个族姓。唐贞观八年（634），党项首领拓跋赤辞归隆唐朝，赐姓李。唐在其地设置懿、嵯、麟、可等三十二羁縻州，拓跋赤辞为西戎州都督。随后，迁居夏州一带的党项部落称平夏部。唐僖宗时，平夏部拓跋思恭因纠合部众会同唐鄜延节度使李孝昌等人镇压黄巢起义有功，诏升任夏州定难军节度使，统领夏、绥、银、宥（yòu）四州地，再赐姓李，并晋爵夏国公。从此夏州拓跋氏改为李氏。乾宁二年（895），李思恭死，弟李思谏继位。李思谏死后，由李思恭孙李彝昌继位。后梁开平四年（910），李彝昌为部将高宗益杀害，其族父李仁福继任定难军节度使，臣附于后梁、后唐，受封为朔方王。后唐长兴四年（933），李仁福死，子李彝超继为留后。李彝超死后，兄李彝殷执政夏州。建隆元年（960），宋朝建立后，宋太祖赵匡胤加封李彝殷为太尉。李彝殷死，宋赠太师，追封夏王，子李克睿继位。李克睿死，子李继筠继位。李继筠死，弟李继捧继位。李继捧为了摆脱族属内部的矛盾，于太平兴国七年（982）率领族人入朝，以四州八县进献。宋太宗赐与千两白金、千匹帛和一百万钱，并遣使将李继捧缌麻（五服中最轻的一种，人死服丧三个月）以上的亲属护送入京，李继捧便留居宋都开封。李继捧族弟李继迁因反对降附宋朝，率领部分族属出奔夏州东北三百里的地斤泽，不断侵扰宋边。雍熙二年，李继迁袭据银州，自称定难军留后，向辽朝称臣请婚。辽圣宗以女儿许配为妻，并册封为夏国王。宋太宗因屡次对李继迁用兵无效，再次任命李继捧为定难军节度使，赐姓名赵保忠，派他回镇夏州。赵保忠与李继迁在安庆泽展开战斗，李继迁身中流矢逃遁。李继迁向宋朝奉表谢罪，宋廷诏命为银州观察使，赐姓名赵保吉。李继捧叛降辽国，被封为平思王。不久，李继迁又叛宋，在浦洛河劫击宋运往灵州的四十万军需粮草。宋太宗大怒，亲命部将五路出兵征讨李继迁，先期相约会师平夏。可是出师不利，诸将失期，无功而还。宋真宗时，李继迁相继攻陷宋清远军、灵州，改灵州为西平府。随后，李继迁率众越过黄河攻占西凉府，杀死知府丁惟清。吐蕃族大首领潘罗支伪装投降，骗取了李继迁的信任，乘其不备，集合吐蕃各部众突袭李继迁军营，李继迁受箭重创，奔还灵州。李继迁自觉孤危无依，临终前再三嘱咐其子，一定要奉表谢罪归附于宋朝。李继迁死后，子李德明继立。李德明向辽请求册封，又多次向宋朝纳贡奉表乞和。景德三年（1006），宋真宗以李德明为定难军节度使，加封西平王，并赐银一万两、绢一万匹、钱三万贯、茶二万斤。不久，辽朝也册封李德明为夏国王。李德明在本国自称皇帝，而对宋、辽则奉表称臣。李德明再度攻克西凉，杀死潘罗支，进破甘州、瓜州等地，控制了河西走廊。李德明还在灵州怀远镇筑造城池，更名兴府。

李元昊

宋仁宗明道元年（1032）十月，李德明死，由长子李元昊嗣位。李元昊五月五日出生，圆脸高鼻，性格刚毅，雄才大略，工巧擅画。每次出兵，李元昊令将士各陈己见，择善而从。李元昊即位后，改姓嵬（wéi），名氏，发布秃发令，颁行新制西夏字，积极整饬军政。经过数年攻掠，占据了夏、银、绥、宥、静、灵、盐、会、胜、甘、凉、瓜、沙、肃诸州，升兴州为兴庆府，扩建宫城，准备建国称帝。

宋景祐元年（1034），李元昊始建年号开运，又改为广运。天授礼法延祚元年（1038），李元昊正式称帝，更名曩霄，国号大夏，他就是西夏景宗。宋廷得知后，削去元昊赐姓官爵，继绝贸易往来，并颁令悬赏，杀李元昊者即授予定难军节度使。李元昊率夏兵连破金明、安远、塞门、永平诸砦，乘胜进围延州城，大败宋师。自后夏兵屡次入寇宋境，多次击溃宋军，以致宋廷宵衣旰食，惶惶不安。多亏韩琦、范仲淹等人捍御有方，狄青等宋将勇猛善战，使李元昊不能深入宋腹地。李元昊麾下有野利、天都二将，骁勇无前，屡建殊勋。宋人种世衡利用反间计，让王嵩写信给野利，函称你既然有志归降宋朝，请及早见机行事。故意把信送至李元昊，李元昊见信，因疑而杀野利。于是，王嵩又将一篇祭文书写在木版上，为野利与天都同归宋朝而不获成功表示悲痛哀悼。正在宋、夏边境设祭时，木板被夏兵抢去献给了李元昊，李元昊又杀害天都。从此，元昊的兵势稍弱，于天授礼法延祚七年（1044）与宋达成和议，规定元昊以夏国主名义称臣，宋每年送给夏国银、绢、茶等二十五万五千匹（斤），并准许夏国自置官属。同年，辽兴宗亲率三路大军渡河攻夏，夏人坚壁清野，乘势纵击，辽军溃败。李元昊在重创辽师后，与辽议和。因而形成北宋、辽、夏三足鼎立的局面。

西夏灭亡

夏朝自李元昊至乾顺，历代叛服无常，恕不一一详述。李元昊初娶野利氏为妻，生子宁令哥，被立为太子。后来李元昊为宁令哥娶没移氏，已经完婚，见没移氏姿色绝伦，便自纳为妃。宁令哥无比愤恨，用刀砍杀父皇，却只削去了李元昊的鼻子。宁令哥藏身于国舅没藏讹庞家中，讹庞乘机杀害了宁令哥及其母后野利氏。天授礼法延祚十一年，在位十七年的李元昊因鼻伤死去，时年四十六岁。没藏讹庞与大将诺移赏都等拥立年幼的李谅祚为帝，生母没藏氏为太后，与其兄没藏讹庞及三大将共揽朝政。李谅祚在位十六年死，庙号毅宗，年仅七岁的长子李秉常继位。李秉常在位十九年死，庙号惠宗，由三岁幼子李乾顺继位。李乾顺在位五十四年死，庙号崇宗，长子李仁孝继位。李仁孝之母曹氏本是汉人，李仁孝十分重视儒学教育，曾下令各州建立学校，尊孔子为文宣皇帝，并设科取士，始立唱名法。李仁孝在位五十五年死，庙号仁宗，子李纯祐继位。李纯祐在位十四年，镇夷郡王李安全（李乾顺之孙）废黜李纯祐，自立为帝。不久，李纯祐死，庙号桓宗。

李安全在位时，蒙古军三次侵夏，李安全纳女请降。夏国向蒙古称臣后，与金国迭起战事。李安全在位六年死，庙号襄宗，宗室齐王李遵顼继位。夏、金战争约十年，两败俱伤，精锐殆尽，于是两国修好停战，夏对金称弟而不称臣，各用本国年号。蒙古军再次攻夏，李遵顼逃往西京西平府，留太子李德任防守都城。蒙古军撤退后，李遵顼派李德任出兵攻金，太子拒不受命。李遵顼在位十三年，传位于次子李德旺，自称太上皇。四年后，太上皇李遵顼死，庙号神宗。乾定三年（1226），蒙古成吉思汗亲率大军攻夏。蒙古兵分东西两路，七月间，两军会合，攻陷西凉府。李德旺在位四年，忧虑恐惧而死，庙号献宗，其侄南平王李晛（xiàn）继位。十一月，蒙古军攻取灵州，进围中兴府。蒙古军围困中兴府半年，城中粮尽援绝，李晛被迫遣使乞降。李晛在赴降途中，被蒙古军擒杀。西夏朝从此不复存在。西夏朝自宋仁宗宝元元年（1038）李元昊称帝至宋理宗宝庆三年（1227）末帝李晛被杀，共传十帝：西夏景宗李元昊（曾改姓嵬名，更名曩霄）、西夏毅宗李谅祚、西夏惠宗李秉常、西夏崇宗李乾顺、西夏仁宗李仁孝、西夏桓宗李纯祐、西夏襄宗李安全、西夏神宗李遵顼、西夏献宗李德旺、西夏末帝李晛，历时一百九十年。

（以上系原书第三十二回）

辽朝世系表
（916—1125）

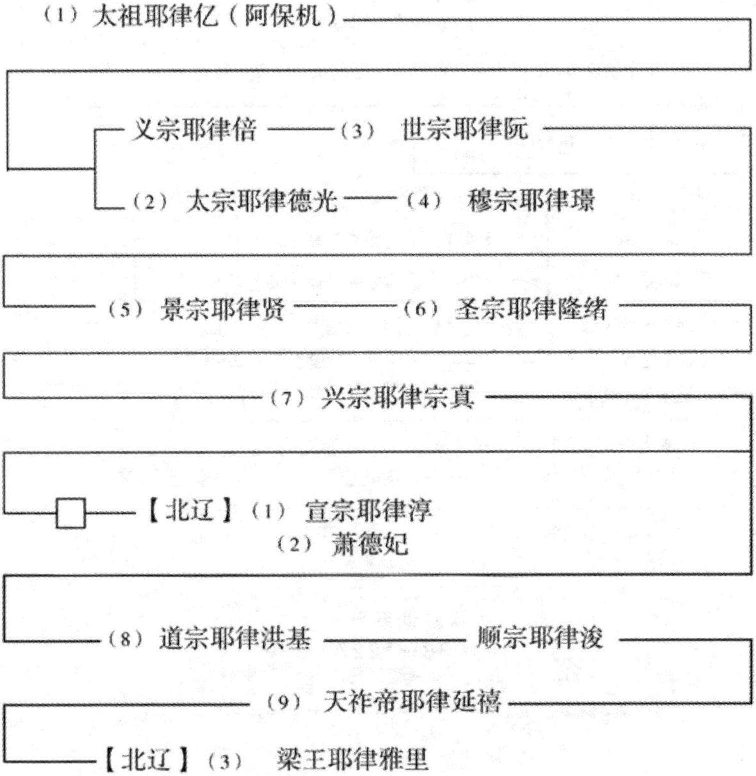

西辽世系表

（1124—1211）

（1）德宗耶律大石（阿保机八世孙）——（3）仁宗耶律夷列

（2）感天太后塔不烟（德宗后）　　　——（4）承天后耶律普速完（仁宗妹）

（5）末主耶律直鲁古

金朝世系表

（1115—1234）

【金先世】始祖函普——德帝乌鲁——安帝跋海——献祖绥可

——昭祖石鲁——景祖乌古迺

——世祖劾里钵——康宗乌雅束

——肃宗颇剌淑——【金】（1）太祖完颜旻（阿骨打）

——穆宗盈歌——（2）太宗完颜晟（吴乞买）

——（绳果完颜宗峻）——（3）熙宗完颜亶

——（辽王完颜宗干）——（4）废帝（海陵王）完颜亮

——（讹里朵完颜宗辅）——（5）世宗完颜雍

——（宣孝太子完颜允恭）——（6）章宗完颜璟

——（7）卫绍王完颜永济　——（8）宣宗完颜珣——（9）哀宗完颜守绪

——（10）末帝完颜承麟

西夏世系表

（1038—1227）

（1）景宗李曩霄（李元昊）——（2）毅宗李谅祚——（3）惠宗李秉常——

（4）崇宗李乾顺——（5）仁宗李仁孝——（6）桓宗李纯祐

（越王李仁友）——（7）襄宗李安全

□——（齐国忠武王李彦忠）——（8）神宗李遵顼

——（9）献宗李德旺

——（清平郡王）——（10）末帝李晛

元朝

铁木真

元朝初名蒙古，在女真之北，唐朝时称蒙兀，又名蒙骨斯，是室韦族的一个部落。蒙古人生性强悍善战，夜间犹能视物，穿着用鲛鱼皮做成的甲衣，可以抵御流矢。相传，其先祖叫孛端叉儿，他的母亲阿兰果火产下二子后，因丈夫丧命而寡居。有一天夜里，阿兰寝睡帐中，梦见一束白光白天窗入帐，化为金色神人来到她的卧榻前。阿兰惊醒后，遂有孕生子——孛端叉儿。孛端叉儿状貌奇异，沉默寡语，人们戏称为“痴皇帝”。

孛端叉儿死后，十传至也速该，经过吞并周围诸部落，势力日渐盛大。一次，也速该攻打塔塔儿部，并俘获了塔塔儿首领铁木真。凯旋归来，恰巧其妻诃额仑降生长子，于是便以铁木真命名。也速该被塔塔儿人毒死后，年甫九岁的铁木真历经忧患，终于以善扶部众、深沉有谋、用兵如神而成为一名强有力的乞颜氏首领。当时的泰赤乌贵族虽然地广民稠，但是内部各支互争雄长，以强凌弱，其属部照烈氏等纷纷率部归附铁木真。不久，塔塔儿部背叛金朝，金遣丞相完颜襄统兵征讨。铁木真闻讯，发兵自斡难河迎击塔塔儿北逃人马，并捕杀了其首领。铁木真因此被金朝授予“招讨”大权。

鉴于乃蛮部的强盛，铁木真对其恭谨从事，可是，乃蛮部却恃强肆行侵掠。铁木真与乃蛮部众鏖战于纳忽昏山，大获全胜，诸部慕名投归，从而奠定了他称雄漠北的局面。于是，就在宋宁宗开禧二年（1206），即金章宗泰和六年的春天，铁木真号召诸部在斡难河源头举行大会，高高竖起九脚白旄（máo）旗，登上大汗宝座，群臣上尊号为“成吉思汗”。从此，成吉思汗统率蒙古大军征西域，灭西夏，所向披靡，举世震惊。

起先，金朝皇帝派遣卫绍王完颜永济前往净州接受成吉思汗的岁贡，成吉思汗见他懦弱无能，对他颇为冷漠少礼。完颜永济怀恨归朝后，曾请求出兵蒙古除掉成吉思汗。金章宗完颜璟死，完颜永济嗣登皇位，成吉思汗遂决意与金断交，并兴师伐金。几番南攻。金兵屡败，丧权失地，惨不忍闻。成吉思汗每次出征作战，多以雄勇善谋的木华黎和忠勇善战的博尔术、博尔忽、赤老温为将帅，人称“四杰”。然中原战事，木华黎位居首功。

宋理宗宝庆二年（1226）七月，成吉思汗亲征西夏，翌年七月病死于军中，享年六十六岁。他临终前，还向少子拖雷和左右诸将嘱咐灭金方略：“金国精兵在潼关，而潼关南据连山，北靠大河，难以快速破关。宋、金世代为仇，如能假道南宋，必定不会拒绝。那时即出兵唐、邓二州，直捣开封。金军告急，必由潼关征兵救助。潼关数十万兵千里赶援，人疲马乏，即能赶来也不能作战。这样，攻破开封是料中之事。”说完，成吉思汗便命归黄泉。元朝正式立国后，追尊成吉思汗为元太祖。

元太宗窝阔台、耶律楚材

成吉思汗死后，由四子拖雷监国。第二年，成吉思汗的第二子窝阔台从霍博赶来奔丧，耶律楚材以成吉思汗遗诏召诸王百官集会，由窝阔台正式继承汗位，史称元太宗。窝阔台宽宏大量，信任贤臣；耶律楚材审时度势，勠力辅政。一时间，国家殷实富足，百姓安居乐业，商贾旅人，畅行无忧，堪称治平之世。约宋灭金后，蒙古国势更加昌盛强大。窝阔台在位十三年病死，遗命其孙失列门为汗位继承人。第六妻乃马真氏违抗遗诏，亲自临朝听政，擢升奥都剌合蛮为相国。耶律楚材劝请乃马真氏遵守遗诏还政，乃马真氏拒不服从，无论大小政务，任由宠臣奥都剌合蛮专权裁决。耶律楚材郁闷不乐，常常称疾不朝，三年后，忧愤而死。

元定宗贵由、元宪宗蒙哥

乃马真氏临朝四年，为形势所迫，才召集诸王大臣开库里尔泰会，立太宗长子贵由为大汗，他就是元定宗。贵由为乃马真氏所生，虽即汗位，而朝廷政事仍由母后把持。乃马真氏病死后，贵由汗将奥都剌合蛮处死。贵由在位三年去世，后追谥为简平皇帝。这一年，国内大旱，河水涸竭，野草自焚，民不聊生。诸王及各部又派员四出征求财货宝物，络绎不绝，致使百姓困苦不堪。贵由死后，皇后斡兀立海迷失又自抱太宗之孙、曲出之子失列门临朝听政三年。朝廷久不立嗣，诸王大臣不服。于是，诸王拔都、末哥及大将兀良合台等人共拥戴拖雷长子蒙哥即位，他就是元宪宗。蒙哥即位后，追尊其父拖雷为睿宗。失列门对蒙哥为汗心怀不平，蒙哥趁机将其差官等诛杀，从此朝廷局势得以安定。

自窝阔台执政以来，群臣擅权专横，政出多门。蒙哥即位后，所有诏令他亲自起草，罢免不必要的赋役，严明军纪以安民心，因而朝政渐趋统一。蒙哥命令其弟忽必烈主管漠南汉地民户军事，领开府金莲川。忽必烈派遣赵璧召来苏门隐士姚枢，姚枢见忽必烈精明干练，大有可为，于是上书数千言，从此两人相处融洽，姚枢成为忽必烈的左右重臣。姚枢举荐任用杨惟中、史天泽等人，倡行屯田积谷，练兵守险，国家日益富强。忽必烈又召用畏吾儿部人廉希宪为京兆宣抚使，廉氏能够抑强扶弱，体恤民艰，治境安定。忽必烈召见僧人海云禅师，海云邀刘秉忠一道前来。忽必烈初次面见刘秉忠，刘秉忠应对称旨，屡承顾问，通论天下大事，了如指掌，博得忽必烈的喜爱与信赖。凡有谋议征伐的军国大事，都向刘秉忠咨询讨教。

元世祖忽必烈

蒙哥即位九年时，发兵大举南侵。蒙哥让忽必烈进攻江南路，他自己引兵由西蜀南犯。蒙哥在督兵围攻川东合州时，中箭身亡于合州城下，蒙古诸王大臣遂解合州之围北归。进围鄂州的忽必烈得知蒙哥死讯，正想率兵还去，恰在这时，南宋右丞相兼枢密使贾似道遣使请求称臣纳币，忽必烈遂拔营班师。贾似道乘机遣兵追杀了一些落在蒙军队伍后面的士兵，伪称战胜北军以向宋廷请功。忽必烈回来后继承汗位，他就是历史上的元世祖，尊谥为圣德神功文武皇帝，改国号为元，时咸淳七年（1271）。忽必烈遣伯颜率领二十万大军南下灭宋，从而统一了中国。随后，元朝又征服了高丽、交趾、南诏、占城等国，使元朝疆域超过了历史诸朝。唯有日本、爪哇八百媳妇等始终没有攻克。

元世祖忽必烈仁明英武，功勋卓著，连年征伐，统一中国。元世祖在位期间，任用许衡、姚枢、刘秉忠、史天泽等文臣运筹朝廷，任用伯颜、阿里海涯、张弘范、董天炳等武将攻城略地，各展才能，制礼作乐，规模宏远，民康物阜，致治之盛，古今罕见。遗憾的是，他把天下人分为十等，并有七匠、八娼、九儒、十丐的名目。又放纵西僧杨琏真珈发掘宋朝陵寝及大臣坟墓一百余处，听任其到处奸淫妇女。平章政事阿合马专权恣横，病国害民，而元世祖宠信有加，不治其罪，于是朝野怨愤沸腾。千户官王著令部下冒充太子，击杀阿合马。元世祖把王著处以极刑后，才开始觉悟阿合马欺君害民罪状，对其剖棺戮尸，籍没家财，并诛杀其作恶多端的子侄。又有相臣桑哥，祸朝乱政，诬杀谏臣，听任其贪赃枉法达四年之久，后来由于奉御官彻里屡次上书极言桑哥奸赃罪行，才被籍没家产，他拥有的财宝竟占朝廷内府的半数。诸王、公主、驸马、部曲等恣意扰害百姓、奸淫妇女，忽必烈本人也广选民间美女入宫，除自己留用外，还让臣下采择纳配，民怨载道。同时，规定在新年元宵这一天，不禁奸淫，以致军民相率互换妻室饮酒作乐，至于弟收兄妻，子承父妾，沿习成风，恬不为怪。另外，忽必烈执政颇无男女之别，这大概是蒙古习俗所使然，而无法更改吧。

忽必烈即位初年，从海道运粮，多被风浪漂没失踪。至元二十八年（1291），郭守敬倡议开凿自大都至通州的通惠河，使南北运河贯通，从此，运往大都的粮食由海道改为河道。

过去，孔子的嫡系宗支随从南宋定都临安府而渡江南迁，此时故宋衍圣公孔洙寓居浙江衢州。有人说孔洙为孔子嫡孙，忽必烈召他北赴宫阙，而孔洙只回迁到曲阜故地。忽必烈称赞说："孔洙宁肯舍弃荣贵不违背宗亲，真不愧是孔圣后裔。"于是授封孔洙为国子祭酒。

忽必烈起初纳弘吉剌氏为妃。弘吉剌氏贤慧练达，对忽必烈时常有所规劝辅佐。弘吉剌氏病死后，忽必烈又立其妹弘吉剌氏为后。因忽必烈年事已高，弘吉剌氏参预朝政大事。忽必烈在位十九年时灭掉南宋，统一全国，此后又执政十六年，前后在位三十五年，享年八十岁，至元三十一年（1294）正月二十二日病逝于紫檀殿。

元成宗铁穆耳

皇太子真金仁孝恭俭，优礼大臣，喜好读书，颇有贤德，早年病死。其三子铁穆耳正在和林抚军，闻知世祖死讯，匆忙自军中还朝奔丧。诸王宗亲、文武百官议奉皇孙继嗣皇帝，铁穆耳遂在上都即位，他就是元成宗。铁穆耳追尊其父真金为元裕宗。元成宗承继世祖遗志，垂拱而治，可谓善于守成的君主。只是晚年常常卧病不理朝政，国家政事内则专决于后妃，外则委付于大臣，致使动乱时起时伏。成宗在位十三年病死，谥为钦明广孝皇帝。

元武宗海山

因皇太子德寿早死，安西王阿难答与左丞相阿忽台等密谋，推举铁穆耳后伯岳吾氏垂帘称制，安西王阿难答辅政。右丞相哈剌哈孙佯装有病，暗中收拾百司符印，封储府库，亲自守宿掖门，提防不测。连夜派遣使臣到怀州，向爱育黎拔力八达报告说："怀宁王远在千里，不能马上赶至，阿难答等人阴谋篡权，事不宜迟，请你火速入宫筹划大计。"爱育黎拔力八达征得太后的同意，率领卫士入宫，诛杀左丞相阿忽台，擒拿安西王阿难答，囚禁伯岳吾后。随后，派人到北边迎接其兄怀宁王返都即位。怀宁王海山是元世祖太子真金的孙子，他从北边赶至上都后，废掉皇后伯岳吾氏，出居东安州，又将安西王阿难答等一并赐死。大德十一年（1307）五月二十一日，海山在上都正式即位，史称元武宗。同日，追尊其父答剌麻八剌为元顺宗，尊母弘吉剌氏为皇太后。六月，诏立母弟爱育黎拔力八达为皇太子。

元武宗初年，颇想创治改法，有所作为，因而封爵太盛，授官众多，行赏逾制，政失之宽。这样，造成百姓生计维艰，盗贼蜂起。有西番僧人欺行霸市，强购民柴。卖柴人向上都留守李璧告状，李璧方才坐堂审问原委，那西番僧人已率僧徒手持棍棒闯入公府，不分青红皂白，隔案揪住李璧的头发，摔地撕打，直至头开目肿，拽归禁闭空室数日，才得放归。李璧气愤填胸，驰至燕都奏报武宗。元武宗命卫士逮西僧下狱，事隔两日，竟又赦免西僧。不久，僧徒龚柯等与诸王合儿八剌妃争道抢行，将王妃拉坠车下，拳打足踢，并且出言不逊，轻蔑皇帝。王妃诉状，也置而不问。西僧之所以势焰嚣张，都是元朝倚重佛教、纵僧害民的恶果。不惟如此，有些西僧甚至公然与后妃、公主和大臣妻女交欢，美其名曰“舍身大布施”。更有西僧四出投宿民舍，迫逐男子，奸污妇女，往返无度。此外，西僧时常假作佛事为名，容纳杀人越货的罪犯，举凡奴仆杀主，妻妾害夫之人，都可以向僧人寻求庇护，以获赦免。富民则多用钱财买通僧寺，欺压贫民。侵占民田，强奸民妇，无所控诉。因为罪犯入寺抱持佛脚或剃度为僧，即可免罪不咎，所以全国佛寺以数十百万计，僧众有亿万之多。加上官无常俸，取给于公田，而实无公田可取，全部摊派到百姓小民身上。所以凶恶横行，良善坐毙，积贫积弱，以致武宗执政直至元朝灭亡，各地英雄并起，农民暴动如火如荼。

元仁宗爱育黎拔力八达

元武宗在位五年死，其弟爱育黎拔力八达即位，他就是元仁宗。元仁宗即位后，对殃民误国的丞相脱虎脱等人依罪正法，对其党羽尽行罢黜。元仁宗天性慈孝，恭俭过人，兴儒尊道，纳贤斥佞，勤于政事，爱养民力，恪守元世祖一代成宪制度，确实称得上元朝盛德守文的贤君。元仁宗在位十年而终，死时三十六岁，群臣上谥为圣文钦孝皇帝。

元英宗硕德八剌

元仁宗死后，其子硕德八剌即位，他就是元英宗。英宗天性至孝，仁宗有疾，他焚香祈告，泣愿上天罚殛（jí）己身，使父皇永为民主。英宗即位后，在大安阁见到太祖、世祖遗留下来的衣物，全是缣素木棉做成，并且重加补缀，不禁嗟叹良久，他对侍臣说："大元祖宗创业艰难，如此节俭，我怎敢不时刻牢记在心呢！"因此，英宗朝用法果断，奸党必诛。英宗初用铁木迭儿为相，铁木迭儿怀私固宠，广植爪牙，乘间肆毒，陷害忠良。元英宗察知铁木迭儿奸恶不仁，起用拜住为相，逮杀黑驴、失列门、哈克微、脱忒哈和亦列失八等乱臣贼子。拜住勠力辅政，知情必奏。铁木迭儿死后，罪恶昭彰，英宗下诏追夺其官爵，又令卫士查抄其价值累万的家财。御史大夫铁失等余党人人自危，心不自安，密谋生叛。至治三年（1323）八月，元英宗自上都南还，暂住南坡。这天夜里，铁失伙同知枢密院事也先帖木儿、诸王按梯不花等谋逆，铁失密命阿速卫兵守住行幄，作为外应，他亲自率领奸党赤斤铁木儿持刀入内，砍杀拜住和英宗于卧榻。铁失遂推按梯不花、也先帖木儿为相，北迎裕宗真金之孙、英宗之叔晋王也孙铁木儿即位。

元泰定帝也孙铁木儿

也孙铁木儿于同年九月在龙居河旁架起黄幄，接受御宝，正式即皇帝位，他就是元泰定帝。

泰定帝即位三年后，将也先帖木儿、赤斤铁木儿、铁失等人诛杀于燕都，并戮及子孙，籍没家资；诸王按梯不花等被流放到海岛。泰定帝施政遵守祖宗成法，天下太平无事，号称治世。泰定帝在位五年死于上都，太子阿速吉八嗣位。丞相倒剌沙以太子年幼，擅权自恣，独断专行。

嗣位之争

当初，武宗传帝位于弟仁宗，约定依次传武宗长子和世㻋（là）。然而，仁宗即位后，丞相铁木迭儿想固宠专权，便立仁宗子英宗硕德八剌。他又与太后幸臣失列门共谋诬陷武宗长子和世㻋，被封为周王出镇云南。和世㻋行至金山时，西北诸王闻讯率众来附，因而留居北部。等到泰定帝死于上都，皇后弘吉剌氏和皇太子遣使到燕都，命平章政事乌都伯剌收掌百司印章，宣谕安抚百姓。这时，留守燕都的签书枢密院事燕帖木儿先发制人，乘乌都伯剌召集百官令缴印章之机，率人带刀闯入，厉声命令说："武宗皇帝有两个儿子，孝友仁文，名声远播，今日正统应归还武宗嗣子，敢有再紊乱邦纪不从迎立者，例当处斩！"因为周王和世㻋远在沙漠，难以立即赶至，于是遣人乘着快骑到江陵迎接周王弟怀王图帖睦尔。怀王至燕都后，再三辞让说："大兄在此，我不能越次僭位，以长以德，才能威服天下。"燕帖木儿说："大王让德，卓越古今，只是时值人心向背之机，刻不容缓，一旦坐失良机，后悔莫及！"怀王说："万不得已，应当明告中外，然后再行即位。"怀王图帖睦尔遂入宫即位，改元天历，布告天下摄位代政之意。拥立泰定帝子阿速吉八为帝的倒剌沙遣兵分道攻打燕都，燕帖木儿率领数万大军出居庸关迎战，大败南下元兵。随后，燕帖木儿命令齐王月鲁帖木儿、元帅不花帖木儿率兵进围上都，梁王王禅缒城逃跑，倒剌沙无奈开城奉玺出降，幼主阿速吉八不知所终。泰定帝后后来成了丞相燕帖木儿的夫人。怀王遣使到漠北迎立其兄和世瓎，周王和世瓎还至和宁之北，设帝幄即位，他就是元明宗。明宗又遣使至燕都册立其弟怀王图帖睦尔为皇太子。图帖睦尔自燕都出发，向北迎明宗。

元泰定五年（1328）九月十八日，朱元璋降生。

元顺帝妥懽帖睦尔

明宗在位仅半年，太白星经行天际。天历二年（1329）八月初六，明帝驻跸于旺地，忽察都、皇太子入见，明宗格外欢慰，在行殿中大宴皇太子和诸王大臣。这天夜里，明宗和世瓎暴亡。皇太子图帖睦尔在上都正式即位，他就是元文宗。明宗后八不沙被谗赐死。文宗在位五年死，丞相燕帖木儿请立文宗子燕帖古思，文宗后卜答失里弘吉剌氏以文宗遗命，传位于明宗嫡子懿璘质班，他就是元宁宗。宁宗时方七岁，百司政务全由皇后决断。宁宗在位二月而死，燕帖木儿再次请立文宗子燕帖古思为帝，文宗后说：“我儿尚幼，明宗庶长子妥懽帖睦尔现在广西，已经十三岁，循礼应当立为帝。”于是，派人到广西静江迎接妥懽帖睦尔入宫称帝，他就是元顺帝。文宗后宣称："在妥懽帖睦尔之后，再传位于燕帖古思。"

有人认为，顺帝明为明宗庶长子，其实是南宋恭帝瀛国公赵㬎的儿子。赵㬎在北方为僧时，与娼妇罕禄兽氏名叫迈来迪的亲善而生子。后来，明宗在漠北见到迈来迪美艳，遂载归为妃，并以迈来迪子视为己子，即是顺帝妥懽帖睦尔。元朝诸帝都不很失德，只是无限制地宠信僧人而已。可是到了顺帝，荒淫无道，终于葬送了元朝。

宁宗死后，丞相燕帖木儿议立文宗子燕帖古思，文宗皇后卜答失里弘吉剌氏却迎立顺帝妥懽帖睦尔。这时，妥懽帖睦尔远在广西静江，丞相燕帖木儿初次见到他，与他并马徐行，并且陈说迎立之意。妥懽帖睦尔因为年幼而畏避不语，燕帖木儿心存疑虑，所以返回京都后，迟迟不愿拥立妥懽帖睦尔为帝，而朝政大权由燕帖木儿独揽。燕帖木儿酷爱女色，美女充斥后房，并强夺他人美妇，淫乐三日再归还。由于燕帖木儿宣淫无度，对善淫者奖赏，对不善淫者鞭挞，以致众妇聚淫，燕帖木儿竟体羸溺血而死。

燕帖木儿死后，文宗皇后与诸大臣迎立顺帝，顺帝命伯颜为右丞相，燕帖木儿之弟撒敦为左丞相。撒敦死后，由其子唐其势代为左丞相，唐其势之妹是顺帝皇后。右丞相伯颜专权用事，骄恣凌人，唐其势怨望不愤，阴谋另立亲信。事情败露后，伯颜率兵入宫追捕唐其势与其弟塔剌海。塔剌海吓得躲藏在皇后座位底下，皇后用衣裙蔽护，还是被拽出斩杀，鲜血溅满皇后衣裙。伯颜又让人捉拿皇后，皇后向顺帝呼救，顺帝说："你的兄弟阴谋叛逆，我怎么能相救呢！"于是，皇后被牵拉出宫，杀害于开平民舍中。顺帝又封伯颜为秦王，受封当天，秦州[1]发生山崩地裂。

脱脱大义灭亲

伯颜杀灭唐其势及其弟、妹之后，更加自恣无忌，独秉国钧，虐国害民，顺帝敢怒而不敢言。伯颜的倒行逆施，引起其侄金紫光禄大夫脱脱的忧虑，脱脱暗中向其父马札尔台禀报说："伯父骄纵日甚，万一天子震怒起来，那时我们全家都要遭受诛戮之祸。何不事先预防患难的发生呢？"马札尔台也以为然，可是犹疑不决。脱脱又向他的启蒙老师吴直方请教，吴直方慨然答道："《左传·隐公四年》有言'大义灭亲'，大丈夫只知道忠君谋国，你还有什么可顾虑呢！"脱脱辞归老师，寻机向顺帝表白忠君决心。顺帝遂与脱脱定计谋杀伯颜。伯颜催请顺帝到柳林打猎，顺帝借机命太子燕帖古思代行。伯颜企图挟制太子废掉顺帝，便欣然同意。伯颜随太子赴柳林后，脱脱命令各亲信宿卫兵布列城下，另遣都指挥月可察儿率三十骑到柳林秘密召还太子。深夜侍奉顺帝居玉德殿，草诏历数伯颜罪状，派平章政事只儿瓦歹带诏赴柳林，伯颜闻听宣诏被贬为河南行省左丞相，气极败坏地驱马奔回都门，脱脱踞坐城上，不放他进城，伯颜要求亲自向顺帝辞行，脱脱严词拒绝。伯颜无可奈何，狼狈南下，途中又接到朝廷传

1.秦州：治所在今甘肃天水。

旨，命令把伯颜安置在南恩州阳春县。行至江西隆兴驿，伯颜连病带气而死。

天灾人祸频现

至元六年（1340）六月，顺帝以明宗被文宗陷害致死为由，下诏撤去文宗庙主，把文宗皇后卜答失里徙至东安州，不久死去；又流放太子燕帖古思于高丽，途中遇害。顺帝任命脱脱为右丞相，掌管军国要事。脱脱全部更改伯颜旧政，恢复科举取士，昭雪冤诬，与民休养生息，中外统一和谐，称为贤相。可惜，顺帝生性优柔寡断，法度废弛，政治日非，天灾异祸层出不穷。譬如，在汴果，天上下起血雨，穿的衣裳都染成红色，又下绿毛线雨，有民谣唱道："天雨线，民起怨；中原地，事必变。"湖广、河南等地大旱，三个月未曾下雨。

同年八月，太白星白天显现；京城又发生地震，鸡鸣山崩陷为池，方圆百里，人畜死亡不计其数。浙江从春季直至八月份，干旱不雨，百姓饥困无食。又有星孛于王良，没于贯孛。彗星出现在东北天际达六十四日，自昴星至房星，历经十五宿星才消失。上都下起冰雹，大如拳头，形状像小儿、狮子、大象、乌龟、环形玉器等；汀州大水成灾，平地水深三丈，淹没民舍房屋八百余家；常州山洪暴发，水势高一丈，冲坏百姓房舍；漳德有西北赤风，形如斧子，削之有屑，击之有声；饶州、信州等路黍谷随雨而下，百姓取拾充饥；陕西地震，连续一百余日不止；会州公署围墙断裂，发现弓弩五百余张，长的一丈有余，短的八九尺，人力不能搬动；霍山崩陷，三日前山如雷鸣，禽兽惊散，陨石堆积数里；大都晴空万里，未有积云，而雷声轰鸣；汴梁城东的汴河，暑日结冰，呈现五色花草纹；有流星自西北而来，至州二十里落下；有星大如月，入北斗，震声如雷；还有二颗行星陨落在耀州，化石如平常所画的布袋和尚。京师民饥，有的父子相食。又有陨石落棣州，呈黑色，其中有微小的金星，先有声起，白天伸手不见五指。枣阳张氏，生一男孩，刚一周岁，就长到四尺多高，容貌异常，大腹臃肿，见人嬉笑。湖广还有雨加黑雪，从天而降；陕西有一山，向西飞移十五里，山的旧地变成一片深潭。有两日相荡，又日傍有一星一月。彰德有李树结的果实如黄瓜。此前有童谣唱道："李生黄瓜，民皆无家。"大名有星如火，向东南流逝，坠地有声，火焰蓬勃，过了很长时间才熄灭，观其化石，青黑光莹，形状如狗头。朝廷下令将其收藏，司天监上奏说是天狗星陨落。有龙在乐清江相斗，飓风大作，飓风所到之处，有火光如球，百姓死伤万余人。大都白天大雾。静江路山崩地陷，大水横溢。大同路夜间黑气蔽天，西方声如奔雷，东北方有云如火，相互交射中天，遍地全是火光，空中有兵戈撞击的声响。山东、河东、河南、关中等处发生蝗灾，蝗虫铺天盖地，阻塞道路，人马难以行走，百姓饥苦不堪，以致发生人吃人之事。彗星出现于危、室，光芒长一丈有余，呈青白色，行过太阳，只有星而无光芒，行至昴宿，长达三十四日才熄灭。又有长星出现四十余日，形状如练，长数十丈，在北方虚宿、危宿之间。山东有赤气千里；大都下雨如牦，长一尺有余。绍兴卧龙山崩裂；绛州天鼓轰鸣，犹如两军在空中战斗。皇太子寝殿后面新砌的砖井中涌出一条龙，光焰烁人，吓得宫中人等趴在地上请求饶命……尽管如此，顺帝仍不思反躬修德，反而骄奢淫逸，不理朝政。再加上连年水旱虫灾，百姓愁苦，毫无生路，便纷纷揭竿而起。

朱光卿起义

其时，饥民加上强盗，聚结于运河沿岸，抢劫商船三百艘；又有人将用金粉饰的太庙神主也偷走了，沿河剽掠，更为厉害，地方官无法禁止，也搜捕不到人。广东朱光卿率领民众举行武装起义，自称大金皇帝，不久失败。

方国珍起义

至正八年（1348），台州黄岩县佃农方国珍起义。方国珍世代以贩盐为业，怨家陈氏向官府讼告他与海盗勾结，方国珍愤怒至极，杀死陈氏和前来捉拿的捕吏，便和兄方国璋、弟方国瑛、方国珉等六人驾舟下海，聚众数千人起义。顺帝命令浙江参政朵儿只班前去征讨，方国珍正要焚舟出逃，可元兵自相惊溃，朵儿只班反被方国珍擒获。方国珍胁迫朵儿只班奏闻元廷，表示愿意接受招降，朝廷赦免其罪，下诏授予方国珍为定海尉。方国珍嫌官卑禄微，不肯受命赴任。方国珍以大海为据点，很快攻取了台州、温州、庆元（就是现在的宁波衢州等地）。后来，方国珍占据浙东二十余年，时而降服元朝，时而保持独立，势力强大，天下百姓群起仿效，元政府曾授官太尉，封衢国公，后为朱元璋讨降。

刘福通起义

黄河多次决口，丞相脱脱召集群臣商讨对策，众说纷纭，莫衷一是，唯独新任都水监的工部郎中贾鲁力排众议，倡议堵塞北河，疏通南河，使黄河复归故道入海，必须大兴工役，才能杜绝黄河决口泛滥。于是，脱脱委派工部尚书成遵和大司农秃鲁等视察黄河。成遵等沿河勘查归来，认为河流故道难以恢复，并说："山东连年荒歉，民不聊生，若聚众二十万在这里，恐怕他日生变。"脱脱不予理睬，特授贾鲁为工部尚书，充总治河防使，征调黄河南北民工十五万和驻军二万，兴工治理黄河。至正十一年（1351）十一月，黄河诸埽（sào）堤竣工，河复故道入海。

河工告竣，兵变迭兴。在至正十年（1350），河南、河北到处流传着一首童谣："石人一只眼，挑动黄河天下反。"到贾鲁治河时，果然在开凿黄陵冈的地下掘出一个生有一只眼睛的石人。于是，颍州人刘福通乘机鼓动民众起义。栾城人韩山童，其祖父信奉白莲教，谪徙永年后，韩山童继续在河南、江淮一带宣传教义，并倡言："天下大乱，弥勒佛出世。"刘福通等又宣称韩山童是宋徽宗的八世裔孙，将重新做中国皇帝。并聚众三千多人宰杀白马黑牛，誓告天地，准备以红巾为号宣布起义。不料事机不密，地方官派兵搜捕，韩山童不幸被俘，韩山童妻杨氏及其子韩林儿潜逃到武安。刘福通逃至颍州正式起义，至正十一年五月，刘福通率兵攻克了颍州，乘胜攻破牛皋、罗山、真阳、舞阳、叶县等地，至九月，连陷汝宁府及光州、息州，队伍状大到十万人。至正十五年（1355）二月，刘福通等迎立韩林儿为皇帝，又号小明王，建都亳州，建国号为宋，改年号为龙凤。随后，刘福通部将毛贵进破齐南路，元河南行省董搏霄被杀，同一天，其弟董昂霄在淮南也被义军击杀。至正十八年（1358）五月，刘福通攻下汴梁，定为国都。又有部将关先生攻打保定路失利后，跨过太行山，火烧上党，连破辽、晋、冀、云中、雁门、代郡，又攻大同，破上都，焚元宫，转战数千里，凯旋而归。

红巾军把元朝廷搅得晕头转向，于是起用沈丘人察罕帖木儿和罗山人李思齐共同征讨红巾军。红巾军将领李武、崔德率军西上攻破商州、武关，直趋长安，又分兵进取同州、华州诸地。元豫王惊惧大恐，御史王思诚献计向察罕帖木儿求救。察罕帖木儿得到豫王的求救书，便与李思齐率领五千人马赴援，从而镇压了红巾西路军。元朝廷论功行赏，任命察罕帖木儿、李思齐镇守陕西。至正十九年（1359），察罕帖木儿统率秦晋大军攻破汴梁，刘福通和韩林儿退往安丰。至正二十二年（1362），察罕帖木儿进兵攻破山东全境。察罕进围益都城（青州府），红巾将领田丰、王士诚佯装出城投降，在田丰请察罕视察营垒时，王士诚乘机刺死了察罕帖木儿。田丰、王士诚入城固守。顺帝追封察罕帖木儿为忠襄王，并命其子扩廓帖木儿继任父职。扩廓帖木儿攻陷益都城后，挖取田丰、王士诚的心脏来祭祀亡父，其余红巾军将士全部被杀。

至正二十三年（1363），割据在苏州的张士诚派部将吕珍攻破安丰，杀害刘福通，称帝为王的韩林儿退往滁州，投奔了朱元璋。朱元璋的部将想拥戴韩林儿为帝，被刘基劝止。

至正二十六年（1366），朱元璋派人迎韩林儿到南京，行至瓜步，韩林儿舟沉溺死。关先生领兵想再次攻打元上都，却被元将孛罗帖木儿击降。

徐寿辉等人起义

与刘福通同时起兵的有蕲州罗田县人徐寿辉（又名真一）。徐寿辉布贩出身。至正十一年（1351）八月，徐寿辉与麻城人邹普胜和彭莹玉等利用白莲教组织农民起义，徐寿辉被拥立为帝，攻下蕲州、黄州、饶州等地后，以蕲州为都城，国号天完，年号治平。不久，攻陷汉阳、兴国、武昌诸郡。安陆知府丑驴战败被杀。在攻打江州时，总管李黼出战击退了义军，随之诸路守臣纷纷弃城而逃，李黼孤力无援，终于城破而死。徐寿辉军也以红巾为号召，在部将涂祐、彭莹玉等人的率领下，攻陷南康路及袁州、瑞州、岳州、房州、归州，直至攻占浙江杭州。

沔阳渔民陈友谅，本姓谢，其祖千一入赘于陈姓，遂从陈姓，父名陈普才。陈友谅自幼力大过人，精于武艺，曾做狱吏，后投从徐寿辉，为倪文俊簿书掾，不久，升为领兵元帅。倪文俊原本黄陂渔民，与徐寿辉共同起事。倪文俊在攻破沔阳、汉阳、襄阳、荆州、常德、衡州、沣州诸路后，至正十六年（1356）重建国都于汉阳，迎徐寿辉自蕲州迁至汉阳。倪文俊阴谋杀害徐寿辉，事情败露逃往黄州，陈友谅袭杀倪文俊，自称天完平章事，驻扎在江州。陈友谅攻陷安庆，元守将淮南行省余阙战死，乘胜进破龙兴（南昌府），江西诸路全部陷落。徐寿辉闻知陈友谅攻取龙兴，想迁都到龙兴，陈友谅忌恨不乐，设伏兵杀害徐寿辉的随从卫士，仅留徐寿辉一人，都居江州，事权旁落陈友谅。

至正二十年（1360）五月，陈友谅废杀徐寿辉，自立为帝，国号汉，年号大义。徐寿辉共称帝十年遇害，而陈友谅称帝四年被朱元璋灭亡。

起初，随州人明玉珍，世代务农，身高八尺，双目重瞳，以信义威服乡党。徐寿辉起事后，明玉珍自青山率领乡兵投归徐寿辉，成为倪文俊的部将，镇守沔阳。至正十七（1357）年，明玉珍领兵西取重庆，攻破成都后，蜀川群县纷纷降附。他听说陈友谅杀害徐寿辉自立，遂于至正二十三年（1363）在成都称帝，国号夏。明玉珍在位四年，传位于子明升。

明洪武四年（1371），朱元璋派兵攻下四川，明升归降明朝，被封为归义侯。

郭子兴起义

与徐寿辉同时起兵反元的还有萧县人李二、彭早住、赵均用等八人，相约攻陷徐州及附近各州县。李二绰号芝麻李，也是利用烧香聚众起事的。

至正十二年（1352），濠州定远人郭子兴在濠州起义，自称元帅，攻陷濠州。元将彻里不花率兵前来意欲收复濠州，可是元兵惮惧不前，只在城外掳掠百姓，而向朝廷指称为叛民以邀功请赏。因此，百姓更加自危不安，纷纷入城投归郭子兴以自保。朱元璋在皇觉寺做和尚，为生计所迫，也参加了郭子兴的起义军。郭子兴见他状貌魁奇，留作亲兵。朱元璋每次随郭子兴出战，英勇陷阵，战无不胜，郭子兴满心欢喜，遂将养女马氏许配朱元璋为妻。元丞相脱脱见天下大乱，亲自请求出兵南讨。脱脱在徐州击破芝麻李，打败赵均用、彭早住，顺帝遣人颁赏至军，加封脱脱为太师。脱脱班师还朝后，义军烽火益加炽烈。赵均用、彭早住被脱脱军打败后，自徐州投奔濠州，郭子兴以赵、彭所部暴横，委屈求全，反而被他们挟制。朱元璋见郭子兴自甘懦弱，便率领徐达、汤和等乡里壮士二十四人南游定远，夜袭横涧山，破义兵营，获得降众二万余人，进拔滁阳为据点。这时，郭子兴被彭、赵挟持到泗州屯守，朱元璋遣人贿赂买通彭、赵二人，迎郭子兴入滁，号称滁阳王。不久，彭早住病死，赵均用更加专横。后来，赵均用袭杀刘福通将领毛贵，朱元璋率兵自滁阳至益都，执杀赵均用。至正十五年（1355）郭子兴病死后，朱元璋掌握实权，接受韩林儿的封号，任左副元帅，军中文告都用小明王龙凤年号。

张士诚起义

至正十三年（1353），江苏泰州白驹场亭民张士诚据高邮起义。张士诚臂力过人，不苟言笑，轻财好施，与弟张士义、张士德、张士信等以操舟贩盐为生。张士诚为盐场牙侩，乡里富家视为贱役，动加侮弄，弓兵丘义窘辱张士诚尤甚。张士诚大怒，率领诸弟及壮士李伯升等人杀掉丘义和平时羞辱他的人，并纵火焚其家，遂召集盐丁攻陷泰州、兴化。张士诚占据高邮后，自称诚王，建国大周（不久改国号为吴），年号天祐。元淮南行省遣知府李齐招降张士诚，张士诚让李齐下跪拜见，李齐不屈而死。张士诚相继攻陷扬州、盱眙和泗州等地，元丞相脱脱将兵来攻，张士诚大败。不久，脱脱因谗罢职，张士诚重新振作起来。张士诚率兵入据平江（苏州府），又分兵攻破湖州、松江、常州、杭州。至正十七年（1357），张士诚向元朝廷请降，元赐给他御酒、龙衣。张士诚向元京师海运大米十万石。张士诚占据北起济宁，南至绍兴的大量领土。至正二十三年（1363），张士诚再次自立为吴王。至正二十七年（1367），朱元璋率军攻破平江，执杀张士诚。这时，割据浙东温州、台州、庆元一带的方国珍，被迫向朱元璋请降。

此外，一时起兵逞强者达百余处，其兴灭始末不可胜记。各地官兵或淫掠妇女，或杀平民指为盗贼邀功。因而，南北暴动风起云涌，此起彼伏。

元顺帝沉湎酒色

元丞相脱脱领兵在外，而顺帝却怠于政事，荒于游晏，召用哈麻为右丞相，因而宫中乌烟瘴气，不堪入目。哈麻和妹婿秃鲁帖木儿向顺帝引进西蕃僧人，演行房中运气术，又有西僧伽璘真入宫传授淫乐秘诀。元顺帝喜出望外，当即授职西蕃僧为司徒，伽璘真为国师，并各赐宫女三四人服侍，叫作“供养”。秃鲁帖木儿密奏顺帝说：“陛下虽贵为天子，富有四海，也只不过百年而已，我听说黄帝因御女成仙，彭祖因采阴致寿，陛下若熟习西僧秘术，广采女精，即可长生不死。”元顺帝言听计从，乐此不疲。元顺帝一面亲受西僧秘传，一面命令秃鲁帖木儿督率宦官广选良家美女入宫，演练种种秘术。元顺帝把宣淫密室称为“皆即兀该”，译成汉语是“事事无碍”的意思。后来更加恣意妄为，不论君臣上下，统聚一处淫戏，甚至男女裸体公然相对，淫声艳语达于户外。两西僧又召来僧徒与妃嫔、宫女公开交媾，毫无禁忌。西僧又令宫女十六人列成一队，头戴象牙佛冠，身披缨络大红销金长裙，云肩鹤袖，锦带凤鞋，手执乐器，边舞边敲，逸韵悠扬，美其名为“天魔舞”。

元顺帝在内苑建造龙舟，亲自制作样式，穷极奢华。建成的龙舟全长一百二十尺，宽二十尺，上有五殿，龙身和殿宇俱由五彩金装饰，二十四名水手全部穿着金紫衣服。龙舟自后宫至前宫山下海子内，往来游戏，舟行则龙首及口眼爪尾无不活动，栩栩如生。元顺帝又督制高达六七尺的宫漏，造木为匮，壶置匮中，运水上下，匮上设有西方三圣殿，匮腰是捧着刻筹的玉女，时至则浮水上升，左右站立两个金甲神人，一侧悬挂钟，一侧悬挂钲（zhēng），夜间由神人自动按更击打，不差分毫。

脱脱受谗而死

脱脱率兵出征，连战大捷，进军高邮，分兵六合，张士诚蹙困孤城，无计可施。然而，正当脱脱一意征伐之时，元廷中的右丞相却指使监察御史袁赛因不花等起奏弹劾脱脱出师三个月，略无寸功，而倾国家财资为己所用，朝廷之官半数随从出征。顺帝只顾恣情酒色，不问是非曲直，就诏夺脱脱官爵，安置淮安。脱脱率领的元兵由知枢密院事雪雪等人代为统率。脱脱当下召集将士告别，副使哈刺答挥泪说："丞相此行，我辈必死他人手中，今日宁肯死于相公面前，以报知遇之恩。"说完，即拔剑自刎而死。脱脱抚尸大哭，众将也不胜悲感，泣不成声。脱脱赶到淮安不久，哈麻又矫诏改徙云南。脱脱流离滇边，哈麻遣人递上密诏，特赐一樽鸩（zhèn）酒，脱脱一饮而尽，命归黄泉。从此，听任各路义军攻城略地，元守臣或死或降或逃，蒙古人建立的元朝倾覆在即。

哈麻兄弟因泄密而死

元顺帝一味荒淫，昏聩如故，哈麻、雪雪兄弟操持国家权柄。一日，哈麻忽然觉得从前引西僧入宫是奇耻大辱。他对父亲图噜说："我们兄弟位居宰辅之职，应该引导皇帝步入正途，可如今妹婿秃鲁帖木儿在宫专意教唆顺帝淫亵，这样，天下吏民必定讥骂我不能劾佞除奸。而且顺帝日趋昏迷无知，难以治理国家。现在皇太子已经长大成人，聪明可爱，不如立为皇帝，奉顺帝为太上皇。”不料，这话被哈麻的妹妹转告了秃鲁帖木儿。秃鲁帖木儿暗想太子称帝，自己必招杀身之灾，于是谎报顺帝，哈麻认为陛下年老多病，应当传位皇太子。顺帝大惊失色，骂道：“我发未白，齿未落，怎么说我老呢？恐怕是哈麻别有异图。”于是，顺帝命削哈麻兄弟官职，哈麻流放惠州，雪雪谪戍肇州。在押解途中，两人被监押官活活杖死。

权臣挟制朝政

顺帝怠于政事，任命搠思监为右丞相，太平为左丞相，太子爱猷识理达腊监国。不久，太平称疾辞职。这时，阳翟王阿鲁辉帖木儿拥兵数十万，准备进犯京师，并遣使对顺帝说：“祖宗交付你的天下已经失掉大半，如果你把国玺交给我，我可以自立为帝。”顺帝回答说：“人生有命，富贵在天，你可以为所欲为。”顺帝命令知枢密院事秃坚帖木儿等领兵截击阳翟王，军士受挫溃散，秃坚帖木儿败退到上都，阿鲁辉帖木儿率兵进逼上都。太子对太平怀恨在心，于是故意请求顺帝起用太平为上都留守。恰巧，阿鲁辉帖木儿的部将脱驩是太平之子也先忽都的故将，他引兵缚住阿鲁辉帖木儿送到太平军前，太平不以己功自居，命令将阿鲁辉帖木儿绑平赴阙下伏诛。太平幸得无事，顺帝想起复为丞相，太子却从中作梗，竟派人诬奏太平罪状，逼令自杀。右丞相搠思监内媚奇皇后，外谄皇太子，他诬陷御史大夫老的沙和宣政院使也先忽都图谋不轨，搜捕同党，逮治入狱。搠思监和宦官朴不花同恶相济，趋附于皇太子，竟罗织罪名将也先忽都（太平之子）等人贬谪而死。老的沙逃匿大同镇帅孛罗帖木儿部下，顺帝下诏削夺孛罗帖木儿官爵，令他解甲归田。孛罗帖木儿拒不受命，遂派秃坚帖木儿率精兵驰入居庸关，皇太子率侍卫兵截击，行至古北口，卫兵逃散，太子向东退至兴松。秃坚帖木儿乘势直抵清河，京师官民震惊不已。顺帝只得遣国师达达请求秃坚帖木儿罢兵，秃坚帖木儿要求交出搠思监、朴不花二人。顺帝忍痛把搠思监、朴不花缚送秃坚帖木儿，双双被秃坚军士剁死。并诏复孛罗帖木儿官爵，加封太保，仍旧镇守大同。秃坚帖木儿引兵自健德门入京，顺帝于延春阁召见秃坚帖木儿，秃坚帖木儿伏哭请罪。顺帝慰劳备至，赐以御宴，并授予秃坚帖木儿为平章政事。秃坚帖木儿洋洋自得地驱军退还大同。

后来，孛罗帖木儿、老的沙、秃坚帖木儿再次率兵内犯，顺帝被迫授孛罗帖木儿为左丞相，老的沙为平章政事，秃坚帖木儿为御史大夫。不久，孛罗帖木儿晋升为右丞相，节制天下军马。孛罗帖木儿和老的沙整天酣饮沉迷，荒淫无度。顺帝密令威顺王子和尚暗中勾结勇士上都马、金那海、伯达儿等，潜伏宫门，召孛罗帖木儿入宫，伯达儿乘机跃出刺杀孛罗帖木儿。老的沙挈孛罗帖木儿老母和妻儿出都北逃，全部被伯达儿等追兵杀害。秃坚帖木儿引兵逃至八思儿地方，也为守兵所杀。顺帝遣使带着孛罗帖木儿的人头到冀宁召还太子。

元朝灭亡

再说朱元璋在滁阳王郭子兴病死后，亲自统率大军渡江攻取金陵等地，日益强盛。朱元璋先行消灭陈友谅，继而执杀张士诚，于是命令大将徐达、副将常遇春挥师北定中原。徐达等由淮入河，攻克沂州、峄山，进取益都路，元平章政事保保投降，宣慰使普颜不花、总管胡浚、知院张浚等战死。普颜不花之妻阿鲁真怀抱其子投井自尽，其女及妾也随溺而死。徐达军开至东平，连陷莱州、济宁，兖州以东各郡县相继投降，山东之地全部荡平。徐达军至河南，所向披靡，至德州，元兵望风奔溃，京都大震。在通州，元五十八国公率敢死军一万余人出战南军，郭英设伏败敌，此时，京城元兵卑弱无备，顺帝闻报大惊，只得聚集三宫后妃及皇太子妃，准备避兵北行。左丞相失列门、知枢密院事黑厮、宦官赵伯颜不花等极力劝请顺帝固守京城，顺帝徘徊叹息说："今日岂能效法宋徽宗、宋钦宗被金人掳获呢！"于是，命淮王帖木儿不花、丞相庆童等留守京城。顺帝乘夜自健德门出居庸关向北逃奔。元顺帝在位三十六年。

洪武元年（1368）八月初二，明军进入元都，擒下淮王帖木儿不花、丞相庆童等斩杀，封存府库图籍档案，宫人、妃主等由宦寺监护待命。元朝从此灭亡。

元朝自宋宁宗开禧二年（1206）铁木真称汗，至元顺帝至正二十八年（1368），共十五主，历时一百六十三年；自元世祖至元十六年（1279）灭宋，至元顺帝至正二十八年，共十一主，历时九十年。顺帝逃归蒙古高原两年后，在应昌病死。不久，明左将军李文忠等率军攻克应昌，俘获元皇孙买的里八剌和后妃、宫人、诸王、省院官，以及宋元玉玺、金宝等物，并降服兵民四五万人。唯有皇太子爱猷识理达腊率数十骑逃跑，因而元廷荡然无存。李文忠满载归来，明太祖朱元璋赐封买的里八剌为崇礼侯。

（以上系原书第三十四回至第三十五回）

元朝世系表
（1206—1368）

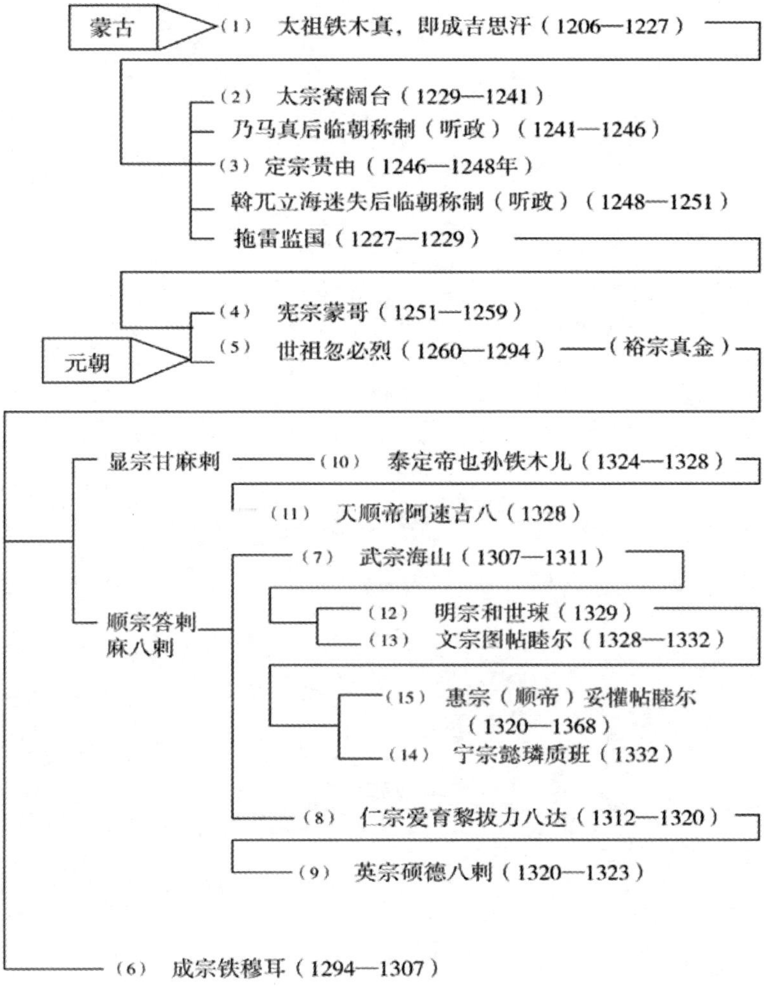

白/话/演/义

白話二十四史

下

吕安世　著
张宏儒　主编

團结出版社

明朝

少年朱元璋

明太祖高皇帝朱元璋，字国瑞，濠州人。父朱世珍由他乡迁居到钟离太平乡。母陈氏生有四子，元璋排列第三。元璋生于元文宗天历元年（1328）九月十八日，那天傍晚，天空中红光闪闪，邻居都呼喊："朱家起火了。"但赶到朱家，一切如常，按当地风俗，三天后洗沐。父亲到河中取水时，忽见有红罗漂浮而来，便拿回给元璋做了衣服，因而他们的住所便叫作"红罗障"。元璋幼时常得病，世珍觉得元朝重视佛僧，便想把元璋送到寺院当和尚。

元惠宗至正四年（1344），濠泗一带大闹饥荒、瘟疫流行，元璋的父母、大哥和幼弟相继死去。朱家当时一贫如洗，无钱备办棺木，只得用稻草裹尸，元璋与二哥抬着尸体走到山脚下时，绳索断了，二哥回家取绳索，留下元璋守尸。这时忽然电闪雷鸣，瓢泼大雨从天而降，元璋无奈，便到村寺中躲避。天将破晓，元璋去寻尸体，只见原地已积成一座高坟。这块地本是属于同乡刘继祖所有，继祖对此事也深感惊讶，便把这块地送给了元璋。不久，元璋的二哥也死了，年仅十七岁的朱元璋只好入皇觉寺当了小和尚。一个月后，皇觉寺也断了炊，元璋便离开了寺院化缘云游于江淮一带。三年后，又回到了皇觉寺中。

义军领袖

当时，元朝政治腐败，各地义军纷纷起兵。至正十二年（1352），定远人郭子兴率兵起义，攻占了濠州。元璋想知是否能躲避兵乱，便到寺中焚香卜卦，先问远行，不吉；又问留下，还是不吉。因而暗自发问："莫不是让我带头起义？"果然大吉。该年闰三月初一他便到濠州投奔了郭子兴。子兴惊奇元璋的才干，便把养女马氏嫁给他为妻。这后来就是高皇后。

元璋早有拯救天下民众的宏伟大志，便集合各路义军一同起兵。此后，元璋的威名日益显著，英雄豪杰如影子般地追随他。徐达[1]、汤和[2]等人首先归附。当时赵均用、彭早住败给了元丞相脱脱，投奔到濠州。郭子兴委屈地把自己置于二人之后，结果反被二人所控制。彭、赵对下属不仁不道，元璋便把他招募来的七百人放还，只留下徐达、汤和、吴良、吴祯、花云、陈德、顾时、费聚、耿再成、耿炳文、唐胜宗、陆中亨、华云龙、常遇春、郭英、郭兴、郭海、张龙、陈桓、谢成、李新材、张赫、周铨、周德兴二十四人，带他们南巡定远。定远附近张家堡驻扎着民兵，称驴牌寨，元璋诱使寨主归顺，于是驴牌寨民兵烧毁旧营，全部归降，元璋得到三千壮士。随后，又招降秦把头八百余人。定远人缪大亨率兵二万聚集在横涧山，元璋派花云深夜突袭，一举将其攻破，大亨也率兵归降，此时义军名声大震。定远人冯国用、冯国胜兄弟也

1.徐达（1332—1385）：字天德，濠州人。明初大将。

2.汤和（1326—1395）：字鼎巨，濠州人。明初大将。

率兵来投，朱元璋佩服国用的儒者风度，向他询问大计。国用回答说："金陵是虎踞龙盘、帝王建都之地，应先攻取金陵定下帝业，然后再扫除群寇，拯救百姓于水火之中。不要贪图女色和珠玉绫罗，倡导仁义；使人心归服，天下就不难平定。"元璋听罢大喜。留他运筹帷幄。元璋哥哥之子文正、姐姐之子文忠前来投奔，文忠年仅十二岁，元璋让马氏收他为养子，还收养了定远人沐英[1]为子。

元璋攻克滁州，迎立郭子兴为滁阳王。子兴的两个儿子讨厌元璋的威名，暗中把毒药放入酒中，邀请元璋宴饮。元璋先已察觉，暂且答应，与其一同前往，二子暗喜元璋中计，行至途中，元璋忽然从马上跃起，仰头朝天，若有所见，过了一会儿，勒转马头回转，痛骂二子："我何处对不住你们，刚才天神说你们要用酒毒死我。"二人吓得双腿哆嗦而逃，再不敢有加害元璋之心。当时有位铁冠道人，叫张中，他精通数学，能预料未来之事，他来拜见元璋说："您生得龙眉凤目，有帝王之相，眉骨入鬓，声音洪亮，贵不可言，千日之内必有应和。"后来果然和此。此时，胡大海、邓愈、郑遇春、李善长[2]等人也归附了朱元璋，军势更为壮大，元璋攻占和阳，手下将官多掠夺妇女，元璋命其把人放回，百姓十分高兴，愿意服从他。至正十五年（1355）三月，从十二年（1352）二月举起义旗，纵横驰骋了四个年头的郭子兴，一病不起而死。他的一支义

1.沐英（1345—1392）：字文英，定远人。死后追封黔宁王，世代镇守云南。

2.李善长（1314—1390）：字百室，定远人。明初大臣。

军，便归元璋统领。

元璋驻扎和阳已久，欲东渡攻取金陵，却愁于无船。恰好此时，巢县人廖永安、永忠兄弟，俞廷玉及其子通海、通源、通渊等人各自聚众停船于巢湖，连接为水寨，以抵御寇盗，听说义军用船便率舟师来投，元璋大喜，亲自去巢湖慰劳他们。元璋率军渡江时，正刮北风，顺风而行，大小船只齐发，顷刻便到达牛渚。元军布阵于采石，常遇春举戈首先冲入阵中，元兵战败逃走，于是攻占了采石。乘胜又夺取太平，并由此路向金陵进军。元将陈野先投降后又叛离，被义军斩杀，其子陈兆先战败被擒，再次归降，元璋仍任用不疑。元璋攻克金陵，元御史大夫福寿战死。元璋进入金陵城告知父老百姓："我来是为民除乱的。凡旧的政策法令中不便的东西，全部去除。"百姓心悦诚服。接着，发命攻下镇江，并命邓愈等率兵攻取广德。诸将尊奉元璋为吴国公。元璋夺取宁国，生擒元大将朱亮祖。朱亮祖勇猛善战，先降后叛，此次是再次被擒，元璋重又任用他。随后，元璋又派兵夺取了江阴、徽州、池州、扬州。

朱元璋命康茂才为营田使，对他说："理财之道，莫先于农，关键是兴修水利，做到高地不怕旱，洼地不怕涝，蓄泄得宜，才能粮食充足。若所至之处侵扰百姓，便非我命你任此官的原意。"康茂才立即组织民兵万户府，办法是精选民间武勇之人，编集为五人一组，农忙时耕种，农闲时操练，战事便用来打仗，战事结束后，有功的升迁奖赏，无功的重新务农。元璋取婺州后，召儒士在宫中为其讲经书，并兴办学校。元璋想顺利拿下浙东诸郡，便召集诸将说："军队行进，气势如同烈火。你们身为大将，若能不乱杀无辜，非但有利国家，于自己也有好处。"他派徐达等屡败张士诚兵，而方国珍以温州、台州、庆元归降，却仍占据该地。元璋攻取处州，派人召请青田人刘基[1]、浦江人宋濂[2]、龙泉人章溢[3]、丽水人叶琛[4]。元璋喜曰："我是为天下而委屈四位先生。"并向其询问时事，甚为尊重有礼。刘基精通天文兵法，曾游西湖，见有异云从西北方升起，与他同游的人都以为是喜庆之云，欲赋诗赞颂，只有刘基纵饮不顾，说："此是天子之气，应在金陵，十年之后有王者出现，我应去辅佐他。"当时杭州城犹处全盛之时，众人听了大为惊骇，认为他疯了。至此时，元璋果然重礼招聘，刘基即陈述时务十八策，元璋高兴地一一采纳。

讨伐陈友谅

陈友谅攻陷太平，知府许瑗战死，守备花云被缚。花云举臂高呼，挣断绳索，夺守者刀，连杀五六人，被贼人射死。其妻郜氏也投水殉节。侍女孙氏抱花云之子逃跑时，遇到汉军抢走了船只，

1.刘基（1311—1375）：字伯温，青田人。明初大臣、文学家。明建立后，参与制定明初诸大典制。

2.宋濂（1310—13 81）：字景濂，号潜溪，浦江人。明初大臣、文学家。主修《元史》。

3.章溢（1314—1369）：字三益，号匡山居士。任御史中丞。时廷臣伺元璋意多行苛刻，章溢独务火体。福王时谥莊敏。

4.叶琛（？—1362）：字景渊，丽水人，归明后任营田司佥事，迁洪都知府。祝宗等复叛被执，不屈而死，赠南阳郡侯。

并被汉军投入江中。孙氏与小儿幸依断木，漂至一块陆地，才免于一死。孙氏取莲实喂食小儿，熬过七日。忽然碰到一姓雷老人，偕行找到元璋。孙氏抱儿泣拜，元璋也落下了泪，他把小儿放在膝上说："这是将种。"并命赐给雷老衣物，但老人忽然不见了，令在场的人惊讶不已。

陈友谅篡夺了其主徐寿辉之权，自称皇帝，国号为汉，扬言要东下攻击朱元璋军，建康为之震动，或欲投降，或欲占据钟山，独刘基请求抗击，元璋深以为然。当时陈友谅派人约张士诚一同侵犯建康，元璋顾忌二寇相合不能抵御，欲让陈友谅尽快来攻，便召康茂才说："你与友谅旧有交情，应先作伪降书，召他速来。"茂才按元璋计策而行，友谅果然相信并且进兵。元璋埋下伏兵抗击，大败汉军，于是又乘胜攻下江州及蕲州、黄州等郡。友谅无奈，只好率残兵败将逃向武昌。占据温、台、庆元的方国珍，见朱元璋战胜陈友谅，且军力日益强大，便以金玉饰马鞍献给元璋。元璋说："我所需要的是文武才能之人；我所用的是粗布豆谷之物，宝玩非我所好。"没有接受。汉江西行省胡廷瑞守南昌，遣使来降，请求不要分散其部派给苦差事，元璋初有难意，刘基从后面踹其所坐胡床，元璋醒悟并答应了他，廷瑞于是归降。元璋命朱文正守南昌。友谅愤其疆土日益减少，做大战舰，统率其疆域之兵六十万，空国而来，乘江水涨潮时直抵南昌，包围南昌城。朱文正、邓愈督兵死守，遣千户张子明赴建康告急。元璋亲率舟师二十万，进驻湖口，友谅闻知，即解围东出，与元璋遇于鄱阳湖之康郎山。友谅将舟连接纵战，望去如山，元璋军船小，不敢正面迎战，往往退缩。郭兴说："敌船这么大，我方与它大小不敌，非火攻不可。"元璋认为言之有理。次日，东北风起，元璋令诸将乘风放火，烧毁汉军水寨舟船数百艘，友谅弟友仁、友贵及其平章陈普略都被烧死。第二天，重新联舟大战，汉兵大败，友谅收敛舟船自守，不敢出战。相持三天，友谅无计可施，只好冒死突围，将奔武昌，元璋指挥诸将半路截击，友谅中流箭，穿透眼睛及颅骨而死。其将张定边乘夜用小船载友谅尸体及其子陈理直接逃回武昌，重新立陈理为皇帝。

鄱阳湖之战开始时，元璋也屡次陷于危机。一天，包围未解，指挥韩成穿戴元璋冠服，对着敌众被投于水。围稍解，待救兵赶到才得幸免于难。又一天，元璋刚与友谅激战毕，刘基忽跃起说："难星过，快换船。"元璋急忙换了船，只见原乘船只已被敌炮击碎。

元惠宗至正二十四年（1364）正月，元璋立为吴王，命有司先立宗庙社稷，定文武科取士之法，又命有司访求古今书籍以备阅读。

陈理回武昌后，元璋一面进兵包围，一面派其将罗复仁入城劝降。陈理见势单力薄，难以与之抗争，便口衔玉玺袒露身体率张定边等投降。元璋怜他，宽慰友谅父母，凡府库储蓄，让陈理自取，妻子资装，仍都归他，并封陈理为忠义侯。武昌城中饥困，元璋命给谷物赈济。于是湖广、江西全部平定。

讨伐张士诚

其时张士诚在平江自立为吴王，建宫室，立官属，将政事委托给其弟士信。士信只好酒色荒淫，又委托王敬夫、蔡彦夫、叶德新管理朝政。这三位皆为奸邪之人，善巧言谄媚，对政事则蒙蔽于人，当时有歌谣说："丞相做事业，专用王蔡叶，一朝西风起，干瘪。"元璋以徐达为大将，常遇春为副将，率师二十万讨伐张士诚。将要出兵，元璋问诸将："此次出兵先攻何处？"遇春答："只有直捣姑苏才能速战速胜。"元璋说："不对。士诚是盐贩出身，与张天骐、潘原明有手足之情，如果士诚窘迫，一旦天骐出兵于湖州，原明出兵于杭州，内外夹攻，怎么能取胜？不如先攻湖州，使他疲于奔命。羽翼除掉后，再移兵姑苏。如此进军，将万无一失。"诸将敬服。

军队至湖州，张士诚出兵来援，徐达等大败士诚兵，守将李伯升、张天骐举城归降。李文忠率兵下浙江，杭州守将潘原明遣使到军门投降。徐达领诸将进逼姑苏，士诚率兵抵抗，大战于尹山桥，士诚大败，后又败于鲇鱼口，于是躲入围城，徐达筑长围以围困士诚，城中大震。士诚被围时间一长，便想突围，由于城左阵严，不敢轻出；便转至磐门，要奔常遇春营。遇春先派骁勇战将王弼乘铁骑抗击，敌人稍稍后退；遇春率众兵乘胜追击，大败敌军，许多人淹死在沙盆潭中。士诚的马惊，也坠入水中，几乎无救，被人用花杆抬入城内。三天后，士信正在城楼上督战，忽然被飞来的炮弹击碎头部身亡。徐达统率将士破葑门，常遇春破阊门，下午四时左右，士诚部队溃败，于是诸将兵登上城墙。士诚对其妻刘氏说：“我已兵败将死，你该怎么办？”刘氏说：“君不要发愁，妾必不负于君。”于是在积云楼下堆起木柴，士诚将群妾及侍女赶到楼上，放火焚烧，刘氏自己则自缢而亡。日落之时，士诚关上房门上吊自缢，旧将李伯升破门将其解救，并用旧盾牌把他抬到船上，送到建康。元璋欲保全士诚性命，谁知他竟在居室自杀了。于是改平江为苏州府，浙西、吴会也都平定。又派遣大将军徐达、副将军常遇春率兵二十五万向北伐平定中原。命胡廷瑞为征南将军，何文辉为副将，由江西向南攻取福建。命杨璟为主帅，周德兴等为副帅，率领荆、湘之兵攻取广西。命汤和等率师讨伐方国珍。国珍逃到海岛，元璋又命廖永忠率师从海道讨伐。国珍惶惧，便让其弟国珉等带家属投降，浙东全部扫平。接着又命汤和、廖永忠协助攻福建。

立国建号

李善长等人奉表劝元璋做皇帝，元璋说：“恐德薄不足以当皇上。”善长等人再三请求，元璋才答应。洪武元年（1368）正月，朱元璋即皇帝位，定国号为“大明”，建元洪武，追尊祖上四代皆为帝后，立马氏为皇后。还早在刚渡江时，皇后对元璋说：“今豪杰并争，虽不知天命所在，然而妾总认为惟以不杀人为本，人心所归，也就是天命所在。”元璋深以为然。她曾经在仓促之中，宁可自忍饥饿，怀揣干粮糕饼给元璋吃。一次，元璋曾被郭子兴所猜疑，皇后于内劝解、宽慰，才得免于难。所以元璋十分赞赏她的贤德。立世子朱标为皇太子，以李善长为左丞相，徐达为右丞相。元璋自至正十二年投军到即皇帝位，前后十七年而成就帝业。元璋制定律令，颁布戊申历。元璋所住新宫初建时，他命除去其雕琢奇丽之饰，制皆朴素，命人把古人行事中可为法为戒之事书于壁上，又命将《大学衍义》书于两边廊庑。下诏衣冠之制悉如唐朝，稍加改动。定南郊社稷宗庙之礼。定卫所官军及将帅领兵之法：凡有事出征，则下诏颁总兵官佩带将印；战事结束返回，则上交将印，官兵各自返回本卫，大将军还本第。严禁太监参预政事典兵，不得读书识字。

平定南方

汤和、廖永忠等人协助攻闽，进兵延平，遣使告知元朝福州平章陈友定投降，友定不从。汤和等进攻福州，元参政文殊海牙以福州城降，捉拿陈友定，押送京师。胡廷瑞等进兵攻克兴化，元汀州路守将陈国珍归附。于是各郡县相继投降，福建全部平定。元璋命廖永忠为征南将军，朱亮祖为副将军，由海道攻取广东。待广东平定，立即移师协助攻广西，斩杀元尚书普颜帖木尔等人，各州县相继降，再攻平乐府。杨璟等人攻克全州，引兵进攻靖江，元平章也儿吉尼督促众人坚守，朱亮祖等人也从平乐来会合，攻城更急，也儿吉尼仓皇逃走，明军追击，将其捉拿。廖永忠等人兵进南宁，元千户宋真擒拿其守将平章咬住等人来降，广西全平。

徐达北伐

徐达等人出师北伐，先平定了山东、河南，接着率师至通州，元朝皇帝北逃。元都平定后，徐达、常遇春等进取山西。此时，汤和、杨璟等人南征还师，元璋命汤和、杨璟为偏将军，率军协助徐达等人进取山西，又调副将军冯胜率兵从河南向山西进军，他们所经过的郡县大多归降。这时，扩廓帖木儿奉元朝皇帝之命由太原出兵，取道保安，径由居庸关进攻北平。徐达等人便乘虚进兵，直取太原。扩廓帖木儿听说后，回兵往救，其先锋十分精锐。傅友德、薛显率领敢死之士抗击，将其打退。敌军在城西扎营，郭英、常遇春请求趁夜袭击，正好扩廓之将豁鼻马派人约定归降，请求为内应，徐达大喜，于是与他定下时间。明军趁夜袭击，内外夹击，元军大乱，扩廓贴木儿闻听有变，慌忙之间赤着一足跨跃营帐，跟随十八铁骑逃走。于是攻克了太原，其他猗氏、平阳等县皆降。徐达攻克河中府，集合诸将攻取陕西，营造浮桥，攻西安府，元平章王武率官属、军民归降。徐达遂派冯胜进取凤翔，元将李思齐率所属军士逃奔临洮。徐达进兵陇州、秦州及巩昌，又派遣冯胜统兵进攻临洮。李思齐被攻急迫，不得已举城投降。明大军围攻庆阳，元将王保保[1]率兵前来增援，被明军拦截，不能到达。庆阳城被攻破，守将张良臣投入井中，被拉出斩杀。庆阳攻取后，又挥师下平凉，王保保、贺宗哲都向北逃跑。陕西全平。徐达

1.王保保：又名扩廓帖木儿。蒙古伯也台部人，赛因赤答忽之子。

等班师回返京师。

巩固措施

朱元璋封九个儿子为王。又大封功臣，分为公、侯、伯几等，死了的人画肖像祭祀。设置六部官吏，分管各种政务。释放元朝宫人。广泛寻求隐逸以及忠孝能干、贤良方正的文学之士。建立大本堂，下令取古今图籍收藏其中。邀请儒臣教授太子、诸王。任用孔子后人孔希学袭封衍圣公、孔希大为曲阜县知县。元璋还亲自耕种所属之田，免除各地缴纳的田租。没过多久，又将天下所有田租全免。元璋命皇后亲自养蚕。命翰林作文时，不得用浮华词藻和四六文辞。下诏各地郡县都建立学校。群臣亲朋年纪大了可以回家侍养。

讨伐大夏

这时，天下已经平定，只有大夏国主明昇仍占据巴蜀。洪武四年（1371）正月，朱元璋命汤和为征西将军，与杨璟、廖永忠、周德兴、曹良臣等人率舟师从荆湘，经过瞿塘峡，直趋重庆，傅友德为征虏将军，与顾时、陈德、汪兴祖等率骑兵从陕西，经过秦岭，直趋成都。临行前，朱元璋对友德说："蜀人闻听我西伐，必然集合其全部精锐部队东守瞿塘峡，北阻金牛，若出其不意，直捣阶州、文州，门户已毁，腹心自然崩溃。"友德顿首受命。傅友德进兵，扬言出兵金牛，直捣阶、文，连续战斗，攻克阶、文、绵、汉四州。廖永忠仍与汤和分道并进，相约与重庆府相会。永忠之师前行，沿江州县皆望风归附，乘胜直抵重庆。明昇君臣大惧，其臣刘仁劝其投奔成都，其母彭氏说："事已如此，即使投往成都，也只不过延命旦夕，有什么好处？不如投降。"明昇于是面缚衔玉上表投降，蜀地也全部平定。明昇到京师，元璋封他为归义侯。

约束僧道

元璋遣使祭祀历代帝王陵寝。设置通信使，奏事时禁止使用关文。放还苑囿中的禽兽，只把老虎捆到光禄寺。禁止僧道之人闲游，没有度牒之人，不许越境，每个县只许存寺观一所，每月奏报所理之事；男女年不过四十，不许出家为僧尼。制定大明律法。

胡惟庸案

朱元璋想让胡惟庸做丞相，刘基极力劝阻，但元璋不听，终于委任胡惟庸丞相的职务。于是胡惟庸陷害刘基，元璋听其谗言，剥夺了刘基的俸禄，但仍让刘基留在京师。胡惟庸想谋划叛乱，担心刘基反对，就用毒酒害死了刘基。洪武十三年（1380），丞相胡惟庸阴谋反叛，谎称他家井中涌出澧泉，邀请元璋前去观赏。元璋乘车正要起驾，内侍云奇已知胡惟庸的阴谋，上前勒马上诉，因事体重大，急得上言不搭下语，不能表达意思，元璋对云奇的不恭敬非常生气，命令左右棍鞭乱打，云奇临死前仍用手指胡惟庸的宅第，并不为疼痛而缩回。此时，元璋方才醒悟，立即登城眺望察看，发现胡府的屏帷间层层埋伏兵甲。元璋急忙返回，发兵包围胡府，罪人一一被捉，全部被杀。元璋想召云奇，但他已经死了，深为哀悼，追封云奇为右少监，赐葬钟山。胡惟庸供出与李善长有牵连，但元璋赦免了李善长。宋濂的孙子宋慎与胡惟庸案有牵连，全家被抄，宋濂也被用枷铐押解到京师。元璋发怒，要处死他，皇后劝谏说："宋濂亲自教授太子、诸王读书，怎能这样处置他！何况他早就回家住，必不知情。"这样，元璋才免宋濂死罪，发配茂州安置，但只到了夔州，宋濂就死了。胡惟庸死后，元璋十分思念刘基，命刘基的孙子袭爵诚意伯。

平定云南

其时天下已经大部平定，只有元梁王把匝剌瓦尔密占据云南。朱元璋屡次遣使诏谕；梁王不仅不听，反杀害使者。元璋十分恼怒，遂于洪武十四年（1381）九月，命令颍川侯傅友德为征南将军，永昌侯蓝玉[1]、西平侯沐英为副将军，率师三十万征伐云南。元璋亲自在九江为他们饯行，授以既定方针。大军南征，旌旗蔽江而上。傅友德到达湖广，分派都督郭英等率兵五万，由四川向乌撒进军；自率大军由辰沅向贵州进军。友德等至普安，元梁王把匝剌

1.蓝玉（？—1393）：定远人，明初大将。洪武十二年封永昌侯，后晋凉国公。能征善战。

瓦尔密派遣平章达里麻率领精兵十余万驻扎在曲靖以抵抗明军。元军刚到曲靖，傅友德率师加倍赶路快速前进，出其不意，直接进军曲靖。快到曲靖之时，忽然大雾弥漫，便冒雾而行，又被河水所阻。此地正是白石江。顷刻大雾消散，达里麻望见大惊，傅友德想要渡江追击，沐英说："不行。"于是整顿明军临江装出渡河模样，暗派数百人从下游渡江，出敌阵后，在山谷间鸣金鼓，竖旗帜作为疑兵。达里麻急忙撤退部队去抵抗，沐英这才拔剑督促军士渡江。元军阵脚已动，明军奋力进攻，大败元军，生擒达里麻，平定了曲靖。傅友德分遣蓝玉、沐英率师进军云南，自率数万进攻乌撒，为郭英等声援。把匝剌瓦尔密闻知达里麻战败，就弃城逃跑，携带妻子儿女一起去滇池而死。蓝玉、沐英等部至云南，元右丞观音保投降，云南平定。从出师到平定云南，仅百余日。云南平定后，朱元璋召傅友德班师回京，留下沐英镇守云南。沐英是定远人，皇上初起兵时，收留他为养子，所以命他留守。

招贤纳士

朱元璋求贤若渴，命天下朝觐官各自推荐一名有才干的人；又派遣使者分赴各地寻求德才兼备之士。江夏秀士曾泰有才有德，且学识渊博，朱元璋便任命他为户部尚书。

洪武十八年（1385），皇后马氏去世。马氏性格宽俭仁厚，常常劝元璋积德，不可枉杀人，元璋认为她非常贤慧。皇后死后，元璋终身不再立皇后。

朱元璋下诏选拔僧人分别侍奉诸王。有一僧人叫道衍，原姓姚名广孝[1]，苏州人，自幼出家，改名道衍，字斯通，喜好读书，擅长诗文，遇异人传授法术，能预知人的凶吉。文皇朱棣被封为燕王，开府北平，广孝拜见燕王说："殿下若能用我，我一定奉上白帽子让大王戴。"因此燕王自去求其父，元璋答应广孝去侍奉他。朱元璋还派遣御史去登录各省的囚犯，审察冤狱，颁行科举成式。规定生员巾服的制式，亲自审察，必求典雅，一共改了三次，最后定为襕衫（上下衣相连的服装）。还下诏命各公侯回乡，分别给予赏赐。当时朱元璋正大杀京师百姓中有怨愤不忠的人，李善长请求赦免他的几个亲戚，元璋大怒，遂赐李善长死。

捕鱼儿海之战

洪武二十一年（1388），朱元璋令大将军蓝玉征沙漠。蓝玉率兵直至捕鱼儿海，派人侦探得知元主营在海东面八十里，就乘风沙直逼敌营。元主惊恐而逃，蓝玉追击千余里，没有追上而返回。这次征战俘获元主的次子地保奴以及后妃、公主一百三十余人，抓获吴王朵儿只等将相官校三十人，男女七万，马驼五万。元璋大悦，下玺书表扬。秋七月，班师回京。元璋闻知蓝玉在北征中奸淫元主妃，便又痛加责备。

1.姚广孝（1335—1418）：幼名天禧，长州人，十四岁出家，名道衍。

大开杀戒

洪武二十五年（1392），皇太子朱标去世，朱标很有贤行，谥号懿文太子。元璋立嫡孙朱允炆为皇太孙。

凉国公蓝玉恃功横暴，元璋屡加谕诫管束。蓝玉郁郁不乐，又感前途渺茫。遂聚集甲士、家奴，暗藏兵器，准备反叛。元璋闻知，将蓝玉逮捕，并凌迟处死，尽灭其家族。一时，公侯大官，以至将卒，以同党罪名处死的人有二万多，再加上胡惟庸的同党，前后诛杀了四万多人。元璋又因为元宵灯谜画一妇人手怀西瓜乘马，而马后脚甚大，说："你们拿皇后寻开心。因为画中暗指淮西妇马后脚大。"于是大杀京民中不守本分的人。元璋又曾微服出行，遇到一老妇人，叫元璋"老头儿"，于是又大杀京民中怨愤不忠的人。这二次所杀又数万人。此外，由于怀疑而被诛杀的人更多。作为朱明王朝的臣民，实在悲惨至极！

朱元璋聪明而有远见，神威英武，收揽英雄，平定四海，纳谏如流，求贤若渴，重农桑，兴礼乐，褒节义，崇教化，制定的各种法规都很相宜。自古以来，前所未有。但是他性格严明，晚年偏好诛杀，使一代开国元勋，很少有善始善终的。这就是他的缺点。

建文削藩，燕王反叛

元璋在位三十一年，洪武三十一年（1398）年闰五月去世，享年七十一岁。皇太孙朱允炆即位，就是建文皇帝。他根据遗诏遣派使者通知各地藩王哀悼，谥祖父朱元璋为钦明启运峻德成功统天大孝高皇帝，庙号太祖，尊母吕氏为皇太后，追尊父懿文太子为兴宗孝康皇帝，下诏行孝三年但仍管理政事。

户部侍郎卓敬密书上奏要求削弱藩王的势力。疏入宫中，朱允炆搁置不理。于是燕、周、齐、湘、代、岷各藩王竞相煽动。齐泰[1]、黄子澄[2]首先建议削弱藩王，而采取何种方式，意见不一：齐泰提议先削弱燕王，黄子澄请求先削弱燕王的同党。朱允炆采纳黄子澄的意见，便命李景隆到河南捉拿周王朱橚和他的儿子、妃嫔，送到京师，削去王爵，贬为平民，迁到云南。燕王见周王被捉拿，就选拔壮士为护卫，以钩逃军为名，招揽异人术士。浙江鄞县人袁珙擅长相术，僧人道衍游嵩山佛寺时曾遇到袁珙，袁珙给道衍看过相后说："宁馨胖和尚就是你啊，你长得三角眼，飘白，形如病虎，偏好杀人，将来就像刘秉忠那样。"道衍大喜，于是把他推荐给燕王。燕王召他到北平，派人与他到酒店喝酒，燕王改装混在卫士中，也入酒店喝酒，袁珙一见，急忙上前拜燕王说："殿下为何轻贱自己到如此地步，殿下将来就是太平天子。"燕王大喜，即令袁珙住在道衍的僧舍中。

四川岳池教谕程济通晓术数，见火星占据天空中心，便上书说："预计明年北方要起兵乱。"朝廷因为程济胡言乱语，把他召

1.齐泰：明初大臣，溧水人，洪武进士。太祖临终，召授顾命辅皇太孙。首先建议削藩。后燕兵入京，被杀。

2.黄子澄（1350—1402）：名湜，江西分宜人。和齐泰一起建议削藩。燕兵入京也被杀。

入北平处死。程济说：“求陛下先把我关起来，如果明年无兵乱，再杀我也不迟。”于是程济被囚于狱中。燕王入朝，沿皇帝走的道而进入，登陛不拜。监察御史曾风韶弹劾燕王对皇上不恭敬，朱允炆说：“骨肉至亲，无须问罪。”户部侍郎卓敬密奏说：“燕王智虑过人，酷似先帝。北平是强盛之地，金元两朝皆由此兴旺发达起来，最好把燕王改封到南昌，以杜绝祸根。”允炆亦不听劝告。燕王回北平后便声称有病，时间一久，又称病重。时遇太祖小祥（古代父母死后十三月之祭），燕王派遣世子高炽及次子高煦、三子高燧到京师祭奠，齐泰、徐辉祖请求皇帝扣留他们，徐增寿却力保他们没有他图，所以允炆仍放高炽等人返回。燕王大喜说：“真是天助我啊。”允炆又派人捉拿湘王朱柏，湘王大怒，焚烧了其宫殿美人，自己也乘马执弓，跃入火中烧死。接着先后废掉了岷王朱梗、齐王朱榑、代工朱桂爵号，降为平民。燕护卫百户倪谅上书告发燕府官于谅、周铎等人阴谋叛乱，允炆派人将他们逮捕到京师，全部处死，并下诏责备燕王。于是燕王假装疯病，在街市上边跑边叫，夺取他人的酒食，语言错乱，有时倒卧地下，数月不醒。张昺、谢贵来探视病情，见燕王盛夏围着火炉还瑟瑟乱抖，说：“太冷了。”在宫中，也拄着拐杖行走。这样朝廷便稍不注意燕王的意图。燕府长史葛诚秘告张昺、谢贵说：“殿下根本就没有病，你们不要掉以轻心，否则一旦出事，心中无数。”谢贵等人越发加紧对付燕王。齐泰上奏允炆派内官逮捕燕府官属，又密令北平都指挥史张信，亲手捉拿燕王。张信大惊，将此事告知其母，其母说：“不可，你父曾说燕地将出皇帝，帝王是命定的，不是你能捉拿的。”张信前往燕邸求见，召入后张信拜在床下，燕王假装中风，不能说话，张信说：“殿下不必如此，有事应该告诉臣下。”燕王更称自己有病，张信说：“王爷果真不想告诉我实情？我这已接到立即捉拿您的密令。”燕王这才说实话，并立即召来道衍商量对策。正在这时，檐瓦掉在地上摔得粉碎，燕王很不高兴，道衍说：“上天想让殿下换黄瓦了。”燕王这才转忧为喜。与道衍定下谋略。这时谢贵等人集结军队布阵包围燕王府城，又用木栅阻断端礼门。燕王急呼护卫指挥张玉、朱能等人率八百将士来保卫，燕王问：“对方军队满城而我兵甚少，怎么办？”朱能说：“先擒拿谢贵、张昺，其他人便无能为力了。”燕王说：“这必须智取。现在奸臣派内官来逮捕官属，可按他们所要逮捕的人一一捉拿，然后令内官告诉谢贵、张昺，让他们来带人，他们一定会来，二人一来就将他们捆绑起来。”

第二天，燕王声称病愈，亲临东殿，四周设下伏兵。谢贵、张昺未加深思，果然入殿，被壮士抓住，两厢房伏兵全部出击，把葛诚揪下殿。燕王扔去拐杖起身说：“我有什么病？只是被你们这等奸臣逼迫装疯罢了。”于是，把谢贵、张昺、葛诚推出斩首。围城之兵惊恐相告，结果，谢贵、张昺所率之兵全部溃散，燕王因此占据北平。根据明太祖制定的《皇明祖训》载：“朝廷内若有奸臣，允许诸藩王起兵清除君王跟前的坏人。”因此，燕王以诛杀齐泰、黄子澄的名义，废去建文年号，仍旧称洪武三十二年，把他的起兵称为“靖难”，自己任免官名，任命张玉、朱能、丘福为指挥佥事。燕王朱棣又上书皇上，请求诛杀齐泰、黄子澄。允炆下诏削去燕王属籍。燕王派遣张玉攻破通州、蓟州，燕王又亲自率兵攻陷怀来，开平、龙门、上谷、云中等地守将都投降。

这时建文帝正锐意文治，天天与方孝孺[1]等人讨论周官法度，认为北方的兵乱不足为畏。黄子澄说："北方兵历来强悍，如果不早抵御，恐怕要丧失河北。"于是命耿炳文为大将军，以李坚、宁忠为副将军，率师三十六万北伐。又命安陆侯吴杰、江阴侯吴高等率师并进。提拔程济为军师，护众将北行。大军号称百万，数道并进，直捣北平，发出檄文令山东、河南、山西各省联合供给军饷。建文帝告诫众将："一门之内，自逞兵威，是不仁之最，你们务必要理解此意，不要让我担负杀害叔父的罪名。"耿炳文到真定，率所属部队分别扎营在滹沱河南北，徐凯率兵十万驻扎河间，潘忠驻扎莫州，杨松统率先锋九千人占据雄县。

燕王乘中秋佳节戒备松懈之机，亲自率兵攻破雄县，杨松与手下九千人全部战死。燕王推断驻扎莫州的潘忠肯定会率兵来救援，便在桥的两侧及水中设下伏兵，不久潘忠等果然来救，燕王进兵迎击，伏兵突起，潘忠腹背受敌，还未到桥边便被生擒。燕王率师直攻真定，耿炳文部将张保投降燕王，并告知燕王耿炳文有兵马三十万，先到的只有十三万，分别扎营在滹沱河两岸。燕王认为如果率兵迫近北岸，南岸的军队则会渡河增援，很难取胜。便安抚厚待张保，派他回去报告雄县、莫州兵败惨状，让耿炳文合并其驻兵。张保依计而行，慌称兵败被俘，盗马逃回，并说燕王之兵很快前来攻击，如果将南岸之兵移并北营，就能集合全部兵力抗

1.方孝孺（1357—1402）：字希直，一字希古，号逊志，宁海人。

击燕军。耿炳文竟然采纳张保之言，将南岸兵调至北营。燕王派遣张玉、谭渊、马云、朱能等率兵奋击，并用奇兵袭击耿军背后，沿城夹击，横贯南阵，炳文大败，逃回真定。耿军被杀五万人，淹死之人不计其数。

耿炳文一向以老将知兵而著称，至此兵败，建文帝也开始担忧，召群臣询问对策。黄子澄说：“胜败乃兵家常事，区区开府北平的一位藩王，怎能抵抗我统有全国的兵力，我愿调兵五十万，四面围攻，燕军寡不敌众，必然失败。”允炆问：“谁能担统帅之职？”子澄答：“李景隆文武全才，可当此职。”允炆同意子澄建议，并亲自在江浒为李景隆饯行。同时将耿炳文召回京师。李景隆乘驿传之车到德州，收集炳文败亡将卒，并调各路兵马五十万进驻河间。燕王闻知，直呼李景隆的小名说：“李九江，一个纨绔子弟而已，少谋略又骄傲，未学过打仗，给他五十万兵马，真是自取灭亡。”于是计划出兵诱敌。朱允炆深知几位叔父之中，燕王善战，宁王善谋。担心宁王和燕王联合，便下诏削去宁王三护卫。燕王闻知高兴地说：“这回定能取大宁。”遂派人给宁王送信，告知自己情况紧迫请求帮助，暗地里却率军进攻大宁，驻师城外。燕王单骑入城，会见宁王，拉着他的手大哭说：“北平很快被攻破，如果吾弟不上表奏，我肯定活不成了。”宁王为他起草表奏谢罪，要求皇帝赦免。燕王住了几日，与宁王情投意和，燕王辞去，宁王到郊外饯行，燕王的伏兵进攻，把宁王及其妃妾、世子、宝货挟持到北平。恰在此时，都督瞿能英勇善战，与其二子率领精锐骑兵千余人杀入张掖门，城几乎攻破。李景隆妒忌瞿能的战功，派人阻止他进攻，于是城中防守更为坚固。燕王用攻取大宁之兵还击，城中之兵也出击，内外夹攻，景隆抵抗不住，结果兵败逃回德州。黄子澄等人隐瞒败绩不奏，只称因天寒暂住德州，待明年春天再大举进攻。

建文二年（1400）四月，李景隆又从德州进军，过河间，与郭英、吴杰[1]等人合军六十万，号称百万，进军白沟河，与燕王的“靖难”兵交战。都督平安与瞿能父子率众奋勇进攻，箭石如雨，杀伤甚众。建文帝之军飞矢如注，齐射燕王坐骑，马三次被射中，燕王三次换马，马后退而被河堤阻挡，几乎被瞿能追上。燕王急忙登堤，佯装挥鞭，好像指挥后面的部队，李景隆怀疑有埋伏，不敢冲上河堤。恰好突起旋风，吹折南军大将旗，南军大乱，崩溃之声如雷，瞿能父子力战而死。燕王于是下令顺风放火，焚烧南军各处营寨。郭英等人溃败向西逃窜，李景隆溃败南逃，南军被杀死淹死之人有二十多万，燕军攻入德州。

燕王率兵围攻济南，山东参政铁铉[2]、统兵盛庸等尽全力抵御，大挫燕军。燕王下令决开河堤用水灌城，城中大惧。铁铉说：“不要怕。”便佯装下令军民出城投降，请求燕王不要多带兵马入城。燕王大喜，答应了他，燕兵也停止决堤放水。铁铉定下计策，当燕军用炮击城，城将破时，他书写太祖高皇帝神牌悬在城上，燕军便不敢炮击。燕王围济南城，三月不能攻破。铁铉又假降，让勇士开城门，悬铁板在城上，等燕王入城时，突然放下，但因放得

1.郭英、吴杰：原本作郭吴杰，脱漏。据《明史》校补。

2.铁铉（1366—1402）：字鼎石，河南邓州人。官拜兵部尚书。

太早，击中燕王马头，燕王大惊，换马逃走。燕王为此恼羞成怒，但又难以攻破城池，只好撤兵。铁铉、盛庸等乘势收复德州，南军兵势稍振。建文帝召回李景隆，用铁铉为兵部尚书，盛庸为平燕将军，以抵御燕军。燕王率军至汶上，夺取济宁，盛庸、铁铉悄悄跟随燕军后营到东昌。燕军进攻东昌，盛庸、铁铉背城布阵，布置火器、毒箭准备抵抗。燕军到，立即边叫喊边向前冲锋，但却被南军火器所伤。正巧平安带兵赶到，与盛庸军会合，由盛庸指挥南军大战。燕王以精锐骑兵进攻南军左翼，冲进中坚。盛庸军层层围住燕王，朱能率领西域骑兵冲入，奋力死战，把燕王救出。张玉不知燕王已冲出包围，突入阵中营救，结果死于乱箭之下。盛庸军乘胜抓获并斩杀万余人，燕兵大败，向北逃跑，盛庸督兵追杀，死者不计其数，燕王单人独骑殿后，追杀者数百人，由于已奉皇帝之诏，所以不敢杀死燕王。恰在此时，燕王世子朱高煦指挥华聚等人赶到，击退盛庸之兵。北平闻兵败消息，全城震动。僧人道衍对燕王说：“我以前曾说，率兵进攻必胜，只是要用两日。两日为昌字，从此必获全胜。”道衍与朱能极力劝燕王再次起兵进攻。燕王亲自著文祭祀阵亡将士张玉等人，泪如雨下，脱下所穿战袍焚烧祭奠死者，意为给死者穿上战袍。燕王遂重率“靖难”兵进攻，与盛庸大战于夹河。忽然东北风大起，尘土飞扬，盛庸军中一片昏暗，咫尺之外，什么也看不见，燕兵大声呼喊，乘风向前进攻，盛庸军大败，被踩死之人不计其数，只好撤退保卫德州。燕王派遣都指挥李远焚烧南军的军备粮饷。李远等再到济宁，烧毁粮船数万艘，粮食数万担，军资器械全被烧成灰烬。德州粮饷短缺，京师大为震动。

燕王朱棣决心直接向金陵进军。遂率师从北平出发南下，攻陷东河，进入沛县。平安等人与燕兵在淝河边展开激战，燕军布置伏兵击败南军。平安的战将火耳灰者、哈三帖木耳都被活捉，平安退驻宿州。燕兵攻陷萧县，总兵何福、都督平安等人屯兵于灵壁。朱允炆命令徐辉祖率师会合何福等人，与“靖难”兵大战于齐眉山。何福击败燕兵，在阵前斩杀燕大将陈文。平安继续向前进攻，在北阪与燕王遭遇，燕王处境危急，几乎被平安用枪刺中，平安的战马忽然腿向后踢不肯前行，燕军西域骑兵指挥王骐跃马冲入阵中，救燕王脱险。南军勇气百倍，一时传言“靖难”兵失败北归。朝廷中有大臣说：“燕兵已北逃，京师不可无兵。”朱允炆听从其言，便把徐辉祖召回京。何福孤军无援，燕王派骑兵截获南军粮饷，何福下令部队移驻灵壁以筹粮饷。燕兵来劫粮，平安等人率师援救何福，被燕军伏兵杀败，何福、平安等人只得入营坚守，燕兵趁机层层包围。这天夜晚，何福下令：“待明天闻听三声炮响，立即突围出兵淮河筹粮。”第二天天未亮，燕军进攻灵壁南军营垒，燕王率诸将首先登城，军士像蚂蚁般跟随而上。燕军发出三声炮响，何福部队以为是自己的炮声，急忙冲向营门，门被堵塞冲不出去，军营中一片混乱，燕军急忙进攻，于是攻破南军之营。何福逃走，平安被捉，南军势力更加衰败。

当时，驸马都尉梅殷娶高皇帝长公主为妻，镇守淮安，尽心防御。燕王前来借路，被梅殷严厉抵抗。燕王不能从淮安南下，便转而渡泗水攻盛庸，盛庸率领骑兵、步兵数万人，战舰数千艘，列营淮河南岸。燕王下令将舟船编筏，扬旗大喊，好像将要渡河，暗下却派丘福、朱能、狗儿等人向西行二十里，用小舟偷偷渡河进攻盛庸背后。将接近盛庸军营时，连放数炮，南军惊吓逃跑，盛庸双腿颤抖不能上马，仓忙中乘一小舟逃去。燕兵缴获盛庸军全部战舰，乘胜渡淮河，驻扎南岸。樊士信战死。燕兵又攻陷盱眙、天长，进兵扬州，扬州守将崇刚、监察御史王彬战死。燕王又攻陷高邮、仪真。

朱允炆下诏全国调兵勤王，讨伐燕王。仪真已破，燕军之船往来江上，旌旗遮天，燕王驻师长江以北。朝廷六卿、六臣大多从保全自己的立场出发，请求出去守城，都城空虚。只好遣使四出，征兵守卫朝廷。方孝孺请求皇帝，以吕太后之命派庆城郡主到燕军去议和，条件是将国家分为南北。庆城郡主是燕王的堂姐，燕王见到郡主后大哭，郡主也哭。燕王问："周王、齐王在什么地方？"郡主答："周王被召回，没有恢复爵位，齐王仍被囚禁。"燕王悲痛不已。郡主慢慢地说了割地之议，燕王说："你前来讲情，都是为了奸臣！先皇父分给我的地都不能保全，怎么敢希望再割地？替我谢天子。我与皇帝为至亲，没有其他意图，只等抓到奸臣，祭祀孝陵，朝拜皇帝，恢复旧的典章制度，免去诸王之罪，立即返回北平，做好藩王辅佐的事情。另外替我对各位弟妹说，我差点免不了这场灾祸，靠宗庙神灵保护，今后会有相见之日。"郡主返回，告知皇帝。朱允炆与方孝孺商议，方孝孺说："长江天堑，只要全部烧毁江北渡船，燕军怎能飞渡过来？"燕王之兵到达浦子口，盛庸手下诸将迎战燕王，打败了燕军。恰在这时，朱高煦带燕军骑兵赶到，燕王大喜，抚摸高煦背说：“你好好打仗吧。世子多病，事成之后，我立你为太子。”高煦于是殊死而战。燕王率精锐骑兵直冲盛庸之阵，盛庸军稍稍后撤。朱允炆派都督佥事陈瑄率舟船前往增援盛庸，陈瑄却投降燕王。陈瑄准备舟船到江上来迎接燕王，燕王便誓师渡江。盛庸军驻扎江边的船只、兵马，绵延二百里。燕军逐渐靠近江岸，盛庸军整装以待。燕王指挥诸将击鼓登岸，用精锐骑兵数百冲击盛庸军，盛庸军溃败，燕军追出数十里，盛庸单骑逃走，其余将士都投降了燕军。燕王又招降镇江，继续前进。

方孝孺请求让诸王分守城门，朱允炆遂命谷王朱穗、安王朱楹分守都城城门。接着，允炆召集群臣，痛哭不已。有人劝皇帝巡幸浙江，有人说：“不如巡幸湖湘。”方孝孺请求坚守京城等待援军，万一失利，再车驾巡幸西蜀，收集人马，以图后举。齐泰逃奔广德州，黄子澄逃奔苏州。允炆长叹说：“事由你们引起，现在却都弃我而去。”叹息不已。燕王整兵前进，屯兵在金川门。这时谷王朱穗与李景隆把守金川门，见大势已去，便开城门投降。魏国公徐辉祖率师迎战而败，京城被攻破，朝中文武全部受降。

削发出家避难

朱允炆以徐增寿暗地通燕，导致北伐失败，十分恼恨，便命左右抓来徐增寿，责以大义，亲手杀了他。急忙命人举火焚烧宫殿，皇后马氏投火而死。朱允炆亦要自杀，翰林院编修程济说：

“不如出逃。”少监王钺跪拜说：“当年高皇帝去世时留有遗箧，嘱咐‘遇到大难时可打开’，现小心收藏在奉先殿之左。”群臣齐言赶快拿出来。一会儿，抬来一个红色小箱，四周都用铁皮围固，两个锁也灌了铁。允炆见后大哭。程济急忙砸碎红箱，得到三张度牒，一名应文，一名应能，一名应贤，还有袈裟、僧帽、僧鞋及剃刀，另有白银十锭。箱内还有一张朱书，上写：“应文从鬼门出，其余人从水关沿沟而行，日落时会集在神乐观西房。”建文帝说：“天命如此。”程济便为皇帝剃发。吴王教授杨应能愿剃发随皇帝出家，监察御史叶希贤说：“臣名贤，是应贤无疑。”亦削发。三人各自更换僧衣，一共五六十人，都发誓随皇帝出逃。允炆说：“人多不便出走，你们各自从便。”九人随同皇帝到鬼门。这时一只船停靠岸边，上面是神乐观僧人王升，见皇帝来叩头称万岁，然后说：“臣已知陛下要来。昨天夜里梦见了高皇帝，他让臣来此等候。”于是乘船到太平门。王升引路到神乐观，已是日落时分。一会儿，杨应能、叶希贤等十三人同来，一共二十四人。允炆说：“今后只以师兄弟相称，不必拘于君臣之礼。”约定杨应能、叶希贤、程济三人不离皇帝左右，杨应能、叶希贤称比丘，程济称道人。给运衣食之人六个，有冯漼、郭节、宋和、赵天泰、王之臣、牛景先，其余六人分住各处应援。黎明之时取道溧阳而去。

建文帝在位四年，孝敬宽和，仁慈节俭，尊贤礼士，一时风俗醇厚，天下都爱戴他。可惜他拘泥古礼，擅自篡改祖制，被昏庸迂腐所执，没有驾驭英雄之才，所以难免不败。当初，建文帝在宫中分别时，兵部侍郎廖平请求他，将皇长子朱文煃隐藏带走，寄养在黎平土司曾长官家中，于是朱文熚改姓曾。廖平又把小妹嫁给他，他们的后代重新改姓朱，至今仍繁衍生存。建文帝出逃后，先入蜀，不久，又入滇，曾经往来于浙东、天台、广西、云贵各地寺庙中。明英宗正统五年（1440），曾到滇南，对寺中僧人说："我是建文皇帝。"寺中僧人大惊，上告思恩州官，又转而将他迎到藩司堂，众人见他坐南朝北，自称建文帝，于是便把他送到京城，朝廷命建文帝在位时的太监吴亮审视，建文帝一见吴亮便说："你不是吴亮吗？"吴亮说："不是。"建文帝说："我当年御便殿，食子鹅，赐给你肉，你手提壶，我把肉扔在地上，你爬在地上像狗似的舔鹅肉。还说不是你吗？"吴亮伏地大哭。建文帝左脚趾有黑痣，吴亮抚摸观之，又大哭，不能仰视，退下自走。于是把建文帝迎进宫内，宫中人都称他"老佛"，程济等听说后便走了。建文帝二十六岁出逃，归京时年已六十四岁，后来寿终正寝，葬于西山，西山不植树木。此是后事。

清算建文朝官员

这时京城已被攻破，诸王及文武臣僚都劝燕王做皇帝，燕王命朝拜孝陵后，然后入城。建文四年（1402）七月初一，朱棣于南郊大祀天地，于是即皇帝位，便成为明成祖文皇帝，下诏这一年仍称洪武三十五年，第二年为永乐元年。恢复周王朱橚、齐王朱榑爵位。清宫三天，原宫人、女官、内官多被杀，只有得罪过建文帝之人仍留下。朱棣责问宫人、内侍建文帝在何处，这些人都指马皇后尸为应。于是朱棣命人从烧过的灰烬中抬出尸体，哭着说：“小子无知，才至于此。”并召翰林侍读王景问葬礼应当如何进行，王景答：“应当以天子之礼埋葬。”朱棣依王景之言而行。迁吕太后之陵到懿文太子陵，并将懿文太子之子允熥、允熞、允熙降为郡王，很快又降为平民，后来都不得其终。又将建文帝小儿子幽禁于广安宫，后也不知所终。朝廷出榜公布齐泰、黄子澄等奸臣百余人的罪行，悬赏捉拿他们。

自此后，以告发、擒获奸臣得官之人甚多，乘机报私仇的人也不少。文皇帝朱棣召徐辉祖，亲自问罪，待取过状纸一看，辉祖只写其父有开国功劳，子孙应免死等话，文皇大怒，勒令其回私第，革除其俸禄。当初就是道衍把方孝孺秘密推荐给文皇，因此文皇把方孝孺召来，方孝孺披麻带孝，来到皇宫就大哭。文皇要他起草即位诏书，方孝孺只写了几个大字：“要杀就杀，诏不可草。”然后把笔扔在地上，边哭边骂。文皇大怒，就杀尽方孝孺全族，一时间以方孝孺同党罪被杀的人有八百七十余人。兵部尚书铁铉也被捉到京城，见朱棣时毅然背立，大骂不屈，被碎刀割死。文皇命人抬来大锅，倒入数斗油熬沸，投入铁铉的尸体，顷刻便化成炭。文皇又命人将其尸朝上，辗转向外，命内侍用十来根铁棒夹住残骸，令其面朝北，文皇笑着说：“你今天也来向我朝拜吗？”话未说完，锅中热油沸起，飞溅丈余，烫烂了诸内侍的手，吓得他们丢下铁棒就跑，铁铉之尸反背如前。文皇大惊，命人安葬之。户部尚书卓敬、礼部侍郎陈迪、刑部尚书暴昭、右副都御史练子宁、礼部侍郎黄观、大理寺丞邹瑾、佥都御史司中、大理寺少卿胡闰、刑部尚书侯泰、监察御史高翔、王度、董镛、巨敬、宗人府经历宋征等人都坚贞不屈，全被惨杀，尽灭其族。朱棣又命人把黄子澄、齐泰捉到京城，皆杀死，灭其族。一时被杀诸臣的妻女还没有自杀守节的，或给配象奴，或发配到教坊为妓，或纵容士兵轮奸后发配为娼，死则裸露其尸。此外前朝的官员有的与妻奴全家自尽，有的痛哭自尽，有的不屈被杀，有的躲藏起来，这样的人数不胜数。

佥都御史景清知道建文帝出逃，还想复兴，就假装归附文皇。正好灵台官奏称有文曲星急犯帝座，其颜色赤红。八月十五日早朝时，景清独自穿绯红的衣服上朝，令人生疑。朝毕，景清奋力向前跃起，就要行刺皇上，文皇急命左右将他捉住，从他衣中搜出佩剑。景清知道他光复之志已失败，就起立大声谩骂。文皇命人拔去他的牙齿，景清便将满口鲜血直喷御衣之上，文皇命人剥其皮，里面塞上草，系在长安门上，并剁碎其骨肉。那天傍晚，景清的魂多次出现，文皇车驾过长安门，绳索忽断，所悬的皮向前行走数步，似乎仍要侵犯御驾，文皇大惊，命人将其烧掉。事后，皇上午睡，梦见景清举剑绕御座追，醒来说："难道景清成为祸害了吗？"就命人诛杀其全族，村里也变为废墟。

大封功臣，建立储君

文皇大封靖难功臣丘福、朱能、张武、郑亨、顾成、王聪、陈珪、孟善、郑亮、王忠、徐忠、张信、李远、张辅、谭忠等，论功封赏，分别对待。立皇妃徐氏为皇后。

明成祖文皇帝，号永乐，既然已夺过皇位，就下诏以北平为北京。恢复代王朱桂、岷王朱梗的封爵。朱棣与大臣商议立继承人，武臣都请立高煦，说他有护卫之功。只有文臣金忠、解缙、黄淮说："嫡长子继承皇位是万世正法。"解缙又说："好圣孙。"（文皇非常钟爱长子高炽的大儿子）于是文皇立朱高炽为太子，封朱高煦为汉王，朱高燧为赵王。

姚广孝探亲不成

成祖任命姚广孝为太子少师，赈济苏湖一带。姚广孝前往探视其姐，姐拒绝见他说："贵人何必到贫家来？"不让他进来，于是姚广孝换了僧服又前往探望，姐仍坚不肯出，家人劝她，姐不得已，出来立在堂中，姚广孝赶忙下拜，姐说："我还用得到你许多拜吗？什么时候见过连和尚也做不到底的人，还是个好人吗？"马上回到屋里，不再见姚广孝。

李景隆图谋不轨，编造预示吉凶的图，称十八子应当做皇帝，于是被处死。

平定安南

安南国王陈日焜，被大臣黎季犛杀死。黎季犛窜改姓名，上表伪称陈氏无继承人，要求自己主持国事。文皇同意他的请求。

第二年，已故安南国王的孙子陈天平逃到京师，上告诉冤。

文皇派人遣责黎季犛，黎季犛上表认罪请求陈天平回国。文皇就命广西都督黄中派兵送陈天平回国。黎季犛在半路设埋伏杀了陈天平，黄中等人领兵回返。文皇闻知此事，大怒说："卑鄙小丑，罪恶滔天。我诚心诚意对待他，却被他所骗。这种人不杀，要兵何用？"于是命朱能、张辅等率兵分道前去讨伐。朱能有病，便留守龙州，不久病死。张辅等人率兵攻入安南。黎季犛守备甚严。张辅袭破其西城，又用布画上猛狮蒙在马上，用神机铳攻破敌方的大象阵，攻克了东都。黎季犛逃入海中，被张辅军追上杀败，活捉黎季犛及他的儿子黎澄，余下的将士全部投降。安南被平定，得十五府、四十一州、二百〇八县、三百十二万户。

唐赛儿起义

山东蒲台县妇女唐赛儿[1]起义，能剪纸人马助战，并称能预料未来之事。最初她以新寡之妇，祭祀夫墓，获得书剑，于是削发为尼。后重又蓄发，占据益都等地，杀伤官军甚多，势力甚为强盛。文皇朱棣派安远侯柳升前去剿伐唐赛儿，结果失败而逃。文皇捕捉唐赛儿心切，连累了普通妇女百姓。唐赛儿忽然自首，裸身被捆绑，却怡然不惧。临刑时刀枪箭火器都不能伤她，一会儿便又隐身逃走。

1.唐赛儿：明初农民起义军女首领。

成祖北征

闻浚会通河，文皇命皇少子监守京师，自己巡幸北京。又命皇长孙留守北京，皇上亲率众人北征到清水源。清水源之水咸苦，不能喝，人马皆渴。忽然在大营的西北处有清泉涌出，于是朱棣赐名为“神应泉”。朱棣到了上清塞，夜间仰天遥望北斗思念故乡。当车驾驶到元太祖始兴之地干难河时，遇到本雅失里率兵抵抗，朱棣一鼓作气将其打败。本雅失里远逃，于是文皇班师回朝。

第二年，瓦剌顺宁王马哈木[1]没有进朝纳贡，而且要骚扰边界。文皇朱棣再次率兵亲征，击败马哈木之兵。马哈木向北逃去，文皇便班师回京。因此将都城定在了北京。文皇封次子朱高煦为云南王，高煦推说太远不肯去，文皇又将他改封青州，但他仍不肯去。高煦还暗地里制造兵器，豢养死士。文皇听说后大怒，要杀高煦，太子朱高炽竭力相救，文皇便又改封他到乐安州，并说：“如果他要起祸，可以早晨出发，傍晚就抓住他。”蒙古鞑靼部将领阿鲁台侵犯边境，杀死兴利守将王焕，文皇亲自征讨阿鲁台。当皇驾行至鸡鸣山时，阿鲁台闻听消息，乘夜逃跑。阿鲁台杀了可汗本雅失里，自称可汗，再度骚扰边界。朱棣复又亲征到上庄堡，鞑靼王子也先土干率领众兵将来降，朱棣取胜班师回京。

1.马哈木：明朝蒙古瓦剌部酋长，永乐六年封为顺宁王。

是非功过，后人评说

第二年，阿鲁台又侵犯大同，文皇命皇太子监国，自己亲率众人征讨，大学士杨荣[1]、金幼孜随从。皇师到达清水源，阿鲁台远逃。文皇睡梦里见神人相告说："天上大帝喜好生命。"这种梦反复出现，于是赶紧班师。行到苍崖时，文皇感到不舒服。七月二十七日，部队到达榆柳川，文皇病势加重，召来张辅传授遗命，传位给皇太子。第二天，文皇去世，杨荣等人密不发丧，秘密将大行皇帝讣闻传到京师，皇太子派遣皇太孙前往开平迎接梓宫，此时军中才发丧。

明成祖朱棣文武全才，宽严并济；知人善任，谗间不行；用兵应变，机智如神；郡县有遇灾伤，免租赈谷；容受直言，保全功臣。外国受封之国有三十余个，国势极盛！唯独对建文忠臣，男子诛杀，女子为娼，不能说是没有遗恨的。成祖在位二十二年，寿六十五岁。

仁宗朱高炽

文皇的梓宫运至京师，皇太子朱高炽即位，成为仁宗昭皇帝，改次年为洪熙元年。立妃张氏为皇后，任用蹇义、杨士奇[2]、杨

1.杨荣（1371—1440）：字勉仁，建安人。建文进士，辅政四朝，是明朝名臣。

2.杨士奇（1365—1444）：名寓，以字行，号东里，泰和人，明朝大臣。

荣、夏原吉、金幼孜、黄淮、杨溥[1]等人，天下称颂其统治。

高炽将建文时的奸党族属赦免放还归家，将发放至教坊的人宽恕从良，还给田产。当时有从南京来的人，高炽询问他们所经过之地情况，来人回答说："淮、徐、山东地区，百姓多缺食，但有司征税却很急。"高炽没有令部议，便召来杨士奇拟草诏，将上述地区的税收全部免除，然后才让户部、工部得知。高炽皇帝明于星象，一夜忽见有星变，忙召蹇义、杨士奇等人来说："天命尽矣。"于是叹息道："我监国二十年，被谗言邪恶所扰，心之忧危，我们三人相同。依赖皇父仁明得蒙保全。我去世之后，谁还能知我三人之心呢？"边说边流下眼泪，蹇义、杨士奇亦流涕。五月，高炽患病，召蹇义、杨士奇、黄淮、杨荣到思善门，命人书写敕令，劲马飞驰将皇太子从南京召回。第二日昭皇帝去世。仁宗天禀纯明，至性孝友，从善改过，恭俭爱民，足称令主。在位仅一年，寿四十八岁。

宣宗朱瞻基讨平汉王

当时皇太子尚未至京，群臣请郑王、襄王监国。洪熙元年（1425）六月，皇太子朱瞻基由南京到达北京，于是即皇帝位，他就是明宣宗章皇帝，改次年为宣德元年。立妃胡氏为皇后。汉王朱高煦在乐安州，没有一日忘掉谋反，到宣宗皇帝即位时，谋反之心更为坚决。他召集亡命之徒，又派人秘约英国公张辅等人作为

1.杨溥（1375—1446）：字弘济，石首人。建文进士，明朝大臣。

内应。张辅立即把来约之人捆缚上告皇上。高煦上书指责夏原吉等人为奸佞，应当诛杀。章皇帝说：“高煦果然是要谋反。”乘夜召辅臣商议。杨荣首劝皇帝亲征，朱瞻基面有难色，夏原吉又说：“兵贵神速。”杨荣也说：“对！”于是朱瞻基下决心亲征。

第二天，章皇帝诏谕百官亲征。瞻基等大军准备停当，便与蹇义、夏原吉、杨士奇、杨荣、杨溥兵发京师，并命郑王、襄王留守。章皇帝车驾到乐安，汉王大为恐惧。章皇帝下书给汉王说，让他将谋反的首犯抓来，如果他愿意归命朝廷，尚可以保全性命。又把敕令系在箭头上射入城内，命令城中之人抓高煦来献。城中之人大多想执献高煦。章皇帝驻军于乐安城北，发射神机铳，声震如雷，城中之人吓得浑身哆嗦。高煦狼狈失去控制，于是偷偷出城，顿首谢罪。章皇帝于是抓获汉王父子，班师回朝。群臣想要顺势取赵王，唯独杨士奇认为不可，杨溥与杨士奇意见相合。章皇帝便封了群臣奏章，派使臣交付赵王，令他自处。赵王大喜说：“我可以活命了。”于是献护卫，上表谢恩，言者始平息。章皇帝回到京师，将汉王高煦废为庶人，拘禁在大内逍遥城。章皇帝去看高煦，高煦出人不意，伸出一脚，将皇帝勾倒在地，左右急忙救起皇帝。章皇帝大怒，命令大力士抬铜缸盖住高煦，铜缸重三百斤，但高煦有力，竟把缸顶起，于是朱瞻基又命人在缸上积炭如山，燃烧木炭超过一个时辰，熊熊烈火将铜缸熔化，把庶人高煦烧死，他的几个儿子也都被杀。

安南后黎朝入贡

安南人黎利反叛，屡次打败官军。黎利请示朝廷，请求重新立陈氏之后为安南国王。朱瞻基认为国中疲惫，远征无益，于是答应了他，册封陈暠为安南国王，罢征南兵。后来黎利篡夺陈暠之位自立为王，派人入朝纳贡谢罪，请求皇帝册封群臣。有人请求皇帝讨伐黎利，朱瞻基不许，封黎利为安南国王。安南国也就是交趾国，自此之后朝贡不绝。

废胡皇后而立孙皇后

朱瞻基想立贵妃孙氏为皇后，便用意开导胡皇后，让她以有病为由辞掉皇后之位。朱瞻基由此废了胡皇后而立孙氏为皇后，胡后居住别宫，但朱瞻基亦不亏待她，恩御进膳如常，每到宴会，必命她居位于孙后之上。

喜峰口大战

章皇帝朱瞻基担心秋高马肥时胡人骑兵侵犯边疆，于是整顿兵马，驻扎喜峰口以待敌军。守将奏报兀良哈率领万名铁骑骚扰边界，章皇帝精选铁骑兵三千飞奔前往。敌人望见远处来军，以为是戍守边疆之兵，即以全军来迎战。章皇帝命令将铁骑分为两路夹攻敌军，并且亲自射杀敌军前锋，杀死三人。两翼飞矢如云，敌人不敢前进。继而，章皇帝又命连续发射神机铳，敌军人马死者大半，剩下的全都溃逃。章皇帝用数百铁骑直驱前行，敌人望见黄龙旗，才知道是皇帝亲征，于是全部下马拜倒在地请降，章皇帝将这些人都捆缚抓获，大胜而归。

任用贤人，臻至治平

宣宗宣德十年（1435）正月，章皇帝患病，百官于文华殿朝见皇太子。第二天章皇帝去世。宣宗章皇帝朱瞻基在位十年，寿仅三十七岁。宣宗皇帝天资英畅，敬礼大臣，勤恤民隐，慎于用人，严惩脏吏；或说臣下有过失，密加详察，实则加罪，诬陷则重惩诬告之人。张辅、夏原吉、蹇义、杨士奇、杨荣、杨溥、金幼孜、吕震、胡濙等人同心辅政，号称治平之世。

英宗朝权宦王振

宣宗皇帝去世时，皇太子年仅九岁，内臣议论颇有想立长君之说。英国公张辅、杨士奇、杨荣等人，哀临哭毕，请见皇太子，见后立即叩头呼“万岁”，浮议于是平息。皇太子朱祁镇即皇帝位，是为英宗睿皇帝，改第二年为正统元年。

太监王振，山西大同人。最初，在东宫侍候朱祁镇，等朱祁镇即位后，便命他掌管司礼监，对他非常宠信，称他为“先生”而不呼名字。王振于是擅自专权，作威作福。张太皇太后御临便殿，将英国公张辅、大学士杨士奇、杨荣、杨溥、尚书胡召入殿内。朱祁镇立于东面，太皇太后对他说："这五个人为先朝所检验，用来辅助皇帝，凡是有所行事，必要与他们商议。"又命宣王振来，太皇太后一见到他脸色顿时变化，想要杀他。朱祁镇跪下为他请求宽恕，才得以解脱。

正统二年（1437）六月，京师闹大旱，当时御巷小儿为土龙祈祷求雨，拜地歌唱说："雨帝雨帝，城隍土地；雨若再来，还我土地。"成群结队地呼喊，却不知此歌从何而来。没过多久，便有监国即位之事，接着又有复辟之举。有人说"雨帝"，指的是"与帝"；"城隍"则指的是"郕王"；而"再来还土地"，指的是复辟。后事全都应了这支歌谣。

太皇太后张氏死后，王振更加肆无忌惮。侍讲刘球弹劾王振专权，结果被投入监狱，接着，王振派小校到狱中将刘球砍头杀死。王振平时最恨大理寺少卿薛瑄，于是便设法把他下狱。王振将要杀薛瑄时，幸得各位大臣相救，才免除一死，将他放归故里。没过多久，杨士奇、杨荣、杨溥都去逝了，王振越发横行。福建人邓茂七[1]造反起事，自尊为闽王，集合民众数十万人，一时引起很大震动。邓茂七的儿媳廖氏，尤为善战。御史张楷讨伐并斩杀邓茂七，宁阳侯陈懋削平邓其余同党。

1.邓茂七：名云，建昌人。明中叶福建农民起义军首领，于1448年起义，自称"铲平王"。

土木堡之变

正统十四年(1449),北方大敌也先[1]派两千来使来朝进贡马匹,但却慌报为三千。王振因为这里有诈而大怒,削减马价。北使回去报告也先,两国于是失和,也先发兵寇边。此时天上火星占据南斗位置,久不退去。侍讲徐珵,苏州人,颇知天文,看到这种天象便说“大祸不远了”。写信让他的妻儿南归。他的妻儿对重迁有难色,徐珵大怒说:“你想做鞑子的妇人吗?”北敌也先果然大举进攻,大同之兵失利,边塞城堡大多被攻陷,声息甚急。王振不与大臣们商议,便挟天子英宗率师亲征。文武百官伏地恳求皇帝不要亲征,英宗不从。

七月十七日,皇驾起行,命令太监金英辅佐郕王居守京师,文武大臣都匆匆随皇帝出行,官军连同私属共有五十余万人。大军出居庸关,经过怀来,到达宣府。连日来不是刮风就是下雨,军中人情纷乱,北敌声息更急。守边之将并原等人接连报来败绩,随驾文武大臣连连上表章请求留在该地,王振大怒,下令将这些人于阵前拷打。大军还未到达大同,兵士已开始缺粮,饿死之人满路皆是。大军到达大同后,王振便要进兵,而且北行之心更加急迫。成国公朱勇膝行听命,户部尚书王佐整日跪伏于荒草之间,只有钦天监正彭德清怒斥王振说:“天象已经示警,不可再向前行。一旦有差错疏忽,谁负得起这个责任?”王振大怒说:“即使

1.也先:蒙古瓦剌部酋长。土木堡事件后,杀脱脱不花,自立为大元田盛大可汗,诸部不服,被杀。

如此，也是天命。”担任前锋的西宁侯朱瑛、武进伯朱冕都全军覆没，王振开始有回转之意，定下第二天班师。大同副总御郭登说皇驾应该从紫荆关回京，或许可以保全没有疏漏，王振不听。王师过鸡鸣山时，敌军追到，朱祁镇派遣朱勇率兵五万抵御。敌军于山下分成两路夹击，将朱勇人马全部杀尽。兵部尚书邝埜请求皇帝坐车飞奔入关，用严兵殿后。王振愤怒地说：“腐儒怎么知晓兵事。”

第二天，车驾行至土木堡，天还未亮，离怀来城只有二十余里路。朱祁镇想入怀来城，但王振检点自己辎重还缺少千余辆马车，便命大军驻兵土木堡等待这些车辆。敌军见明军不往前行，便假称后退，派使持书来通和。皇帝朱祁镇召曹鼎草拟敕令与敌议和，并派遣两名通事与敌军使臣一同前往敌营。王振急忙传令移营南行。大营向南行进还不到三四里路，敌人从四面包围追来。士兵争先逃走，行列大乱。敌军铁骑兵跳入阵内，大声呼喊：“解甲投刃者不杀！”于是明兵连忙弃甲逃窜，互相拥挤踩死之人，满山遍野。朱祁镇与亲兵乘马突围，没有冲出去，于是下马盘膝面向南而坐，有一敌将向皇帝索许衣甲，朱祁镇不给，他便想杀害皇帝。这时敌将之兄赶来说：“这人不是凡人。”结果把朱祁镇带给也先之弟赛刊王。朱祁镇问他：“你是也先吗？还是伯颜帖木儿？或者是赛刊王？大同王？”赛刊王听皇帝之语，大为惊奇，赶忙见也先说：“部下抓获一人甚异，莫非是大明天子吗？”也先便召曾经出使中国的人来察看，问是不是大明皇帝，一人见后大惊说：“是！”也先说：“我曾仰天祝福，求老天让大元统一，今天大明天子落入我手，该怎么处治呢？”众人都想杀死皇帝。伯颜帖木儿却说：“不可。大明天子坐在云端里，上天不知因何原因把他推了下来。他能在万众死伤之中，一箭不沾，寸兵不染，我知道这是上天有意如此。我等曾受他恩赐，不如把他放还，让中国派使来迎接。一旦他重新登上王位宝座，我们不是有传万世之美名吗？”众人都说：“对呀！”于是也先把朱祁镇送到伯颜贴木儿之营，令人守护。伯颜帖木儿是也先的弟弟。英宗皇帝在位十四年，这才是第一次北巡，护驾的百官之中，英国公张辅、尚书邝埜、王佐、学士曹鼎、张益等都死于此行。激战中护卫将军樊忠从朱祁镇身旁用他所持的铁棰将王振杀死，然后突围，杀死敌军数十人，自己也战死。

清算王振同党

战况报到京师，朝野大震。皇太后遣使臣携带重宝文绮，装满八辆大车。皇后钱氏，也尽括宫中贵重之物辅助。使臣带着重金来到也先营，请求放还皇驾，也先却没有答复。群臣气愤已极，请求诛杀王振家族。郕王迟疑未决，锦衣卫指挥马顺呵斥群臣百官。众人说：“马顺是王振一党。”争着向前痛打他，马顺在踩踏抢裂之下，倾刻死亡。接着又搜索到王振的亲信随从毛、王两人，众人也将这两人打死。由于众人竞相喧哗，朝班错乱，无法再行朝仪。都御史陈镒奉郕王之命，率众人到王振家，将王振阖家老小，连同他的从子王山一同押到市中，全部斩杀，众人这才平定下来。王振家在京城内外有房产数处，重堂深阁，模拟帝王之居，器服绮丽，皇帝都不如他。还藏有直径一尺以上的玉盘十面，珊瑚树高达六七尺，金银六十余库，币帛珠宝无法计算。

也先挟制英宗远遁塞外

皇太后任用于谦[1]为兵部尚书。也先将朱祁镇挟持到大同，索取金币，以换其南归。广宁伯刘安等人搜得公私金银共万余两，出来迎接圣驾。当他们把金银献上后，敌人又拥持英宗皇帝离去。都督郭登谋划夺驾，没有成功。英宗皇帝被带到塞外，住在也先之营。一次，也先要加害英宗，就在这时天空响雷震死也先所乘青骗马。接着也先又派人于雪夜行刺英宗皇帝，却见一条大蟒蛇绕护在英宗帐外，来人吓得逃走，于是也先只好更加礼遇英宗皇帝。派袁彬、哈铭及卫沙狐狸三人侍候英宗皇帝左右，供给薪水，三人劳苦备至。

朱祁钰即位

皇太后传下旨意："皇太子幼小，不能履行职责。郕王年长，应该早日继承大位，以安国家。"于是文武百官交表进章劝郕王做皇帝，郕王便选择吉日行了大礼。正统十四年（1449）九月，郕

1.于谦（1398—1457）：字廷益，钱塘人。永乐进士，明朝大臣。英宗复辟时被杀。

王朱祁钰即皇帝位，称为景皇帝。遥尊英宗为太上皇。下诏大赦天下，以次年为景泰元年。尊皇太后孙氏为上圣皇太后，尊生母吴氏为皇太后，立妃汪氏为皇后。也先又派使者致书，词语冲撞怠慢。兵部尚书于谦叩见景皇帝，流泪说道："贼寇不道，不久会长驱直入。应紧急派遣百官招募士兵，日夜训练，以补前仗死亡之人数。通州霸上的仓粮，应赶快让百官开支为月粮，以免敌寇占据此地久留。"景帝赞许并接纳此议。

于谦力主抗敌

当初，杨洪、石亨[1]守卫宣府，坐视不救皇驾，被逮捕入狱。这时于谦请求赦免释放二人。命杨洪仍守宣府，石亨总领京师兵马，立功赎罪。太监喜宁，从前为鞑靼人，土木之变时，投降也先，将中国虚实情况全部报告给也先，并为敌军充当向导。敌军带着太上皇来入侵，仅七天就打到大同城下。郭登说："依赖天地祖宗之灵，国家已有君王。"也先知道明朝已有准备，没有进攻便离去了。第九日又到达广昌，破紫荆关，朝野上下议论纷纷。侍讲徐珵，这时才有了名气。太监金英召来徐珵询问计策，徐珵说："通过星象验证，天命已去。请皇帝巡幸南京。"金英呵斥徐珵，让人扶出。第二日，于谦向景帝上奏说："京师是天下之根本。宗庙、社稷、陵寝、百官、平民百姓，国库、储藏都在这里，若一挪动，则大势尽去，宋朝南渡之事可以引以为鉴。徐珵胡言乱语，当斩。"金

1.石亨：渭南人，明朝大将，1460年，以图谋不轨之名下狱而死。

英当众宣布说："要死，则君臣同死。有言说迁都的人应斩杀！"于是出榜告谕，固守京城之议已决。

于谦闻听敌寇逼迫城关，心想各处粮食数以万计，恐成为敌军之资，于是做清野之计，紧急派人将这粮食烧毁，然后奏报皇帝。也先长驱直入到京城西北关外，于谦身着甲胄，身先士卒，出德胜门扎营。于谦流着泪告谕三军，人人感而奋发，勇气倍增。接着，宣府杨洪带领援兵到达，军声大震。这时，各路大军二十二万人列于城下，敌寇见明朝大军气盛整严，不敢轻易来犯。石亨从安定门杀出，与他的从子石彪一起手持巨斧，杀入敌军中坚，所向披靡。敌军向西退却，石亨追杀到城西。敌军又向南退，神机营都督范广用飞枪火箭攻击敌军，杀死敌军许多人。于谦派密探到敌营，得知太上皇已移驾很远，便命令石亨等人深夜用大炮攻击敌营，死者上万人。也先带着太上皇向北逃去。脱脱不花听到战败消息，便不敢入关，也逃走了。京师这才解除了危急。杨洪等人班师回京，景皇帝封杨洪为昌平侯、石亨为武清侯。加封于谦为少保，总督军务。

英宗南归

也先挟太上皇北逃，到达小黄河苏武庙，伯颜帖木儿之妻阿挞剌阿哈剌命令侍女设帐迎驾，宰杀牛羊，递杯进膳。很快便到了太上皇生日，也先给太上皇祝寿，进送蟒衣貂裘，大开筵席。哈铭、袁彬经常睡在太上皇身旁，此时天气甚为寒冷，每天夜里太上皇都让袁彬用两胁给他暖脚。太上皇派哈铭向伯颜之妻表示谢意，并让她劝伯颜送自己还朝。哈铭时时劝慰太上皇不要太着急，以免忧虑成疾。喜宁却让也先继续侵略边界，并且不想送太上皇还朝，太上皇十分厌恶喜宁。喜宁又忌恨袁彬，将袁彬诱骗出营，想要杀害袁彬，正在这时，太上皇赶来救援，袁彬方幸免一死。袁彬与太上皇策划诛杀喜宁，于是派喜宁入京传命，并让军士高磐与他一同去，太上皇书写密令系在高磐大腿之间，命他到宣府与总兵等官合计抓拿喜宁。喜宁到达宣府，参将杨俊出来迎接，与喜宁在城下饮酒，高磐突然抱住喜宁大喊，并从两腿间解下太上皇之书，杨俊于是捉拿喜宁送到京师诛杀。也先听说喜宁被杀，便与赛刊王等人分道来犯边界。

大同参将许贡请求派使臣与瓦剌修好，兵部尚书于谦说：“敌人是否晓理知报，必不可知。”景皇帝认为于谦所言极是。于是守边之将人人声言战守。也先想挟太上皇为重人质却不成功，方才谋划送回太上皇。也先派参政完者脱欢等人携带书信请和。景皇帝下诏任命礼科给事中李实为礼部右侍郎，充当正使；罗绮为大理寺少卿，充当副使，携带玺书来答复。书中只言息兵讲和之事，却不提及迎接太上皇之意。太上皇身居伯颜帖木儿的大营，住毡包穿毳服，饮食也都是膻酪，有一乘牛车作为移营的工具，左右只有袁彬、哈铭。李实等人见到太上皇后，失声痛哭，太上皇也落下泪来。太上皇说：“朕不是为了游玩打猎而出塞的，之所以陷在此地，是因为王振。”太上皇又问候太后、皇上、皇后，具都无恙。接着又询问两三个大臣的情况。太上皇说：“也先想送我南归，卿等回去报告朝廷，善意图取。”日落时，李实等人回到也先之营，也先酌酒相待。李实等人表明迎回太上皇之意，也先说：“中国派你们是来通好，而不是迎接太上皇，若要归还太上皇，赶快派遣大臣来。”李实等人于是告辞回归。李实等人还未到京，这时瓦剌又遣使来议和，朝廷又派右都御史杨善、中书舍人赵荣来答复，半路碰到李实。李实告之原故，杨善说：“既然如此，即使没有敕书，也可以成功了。”杨善等人到达也先营，也先非常高兴。杨善因此竭力请求太上皇还京，反复劝说数千言，也先心悦诚服。瓦剌平章昂克问：“要迎回太上皇，用什么来交换？”杨善说：“如果带财物而来，后人都认为你们贪图财物。今天没带财物而来，却迎回太上皇，载入历史，后人都会称颂。”也先认为他说得很对。

第二天，也先设宴为太上皇饯行，亲自率妻妾为太上皇祝福。又过一日，大宴使臣。接下一日，伯颜帖木儿设宴为太上皇饯行，并于次日宴请使臣。次日，太上皇起驾南行，也先率领众头目拜地辞别。伯颜送太上皇到野狐岭，痛哭良久，方才别去，仍命令其部将率领五百骑兵护送太上皇到京。八月，太上皇进入关塞。礼部商议迎接太上皇的仪礼，没有确定。太上皇派使先到京，下诏避皇位，以免群臣以皇上之礼相迎。群臣百官在安定门迎接太上皇。太上皇从东安门进入皇城，景皇帝出来迎拜。两个各自陈述让位之意，谦让很久，最后送太上皇入南宫，群臣行礼后退下。景皇帝下诏大赦天下。

朝局暗流涌动

景泰二年（1451）正月，百官请求朝见太上皇，未获准许。景皇帝命靖远伯王骥守备南宫。北方敌军来请和，要求用所抓的男女汉人换米，每个人换一石米。广州大盗黄萧养，瞎一只眼，却很有智慧。他被关在监狱中，所睡竹床忽然长出竹子，众人以为这是好兆头，便都来依附他。因故，黄萧养越狱造反，屡败官军，占据广州称王。经过数月，都督董兴等人讨平黄萧养。

景帝废英宗太子朱见深为沂王，立自己的儿子朱见济为皇太子。群臣请求朝见太上皇，景帝不许。景帝又废掉皇后汪氏，另立妃子杭氏为皇后。杭皇后为太子的亲生母亲。没过多久，皇太子见济死亡。南京大理寺少卿廖庄上疏，请求景帝经常拜见太上皇，以表示亲亲之恩。御史钟同、礼部仪制司郎中章纶都请求皇帝朝见太上皇，恢复太子地位，结果都被投入狱。御史高平说南宫南城多树，其事不可猜度，于是便将这些树全部砍伐，这时正值盛夏，太上皇时常倚树憩息，待树被伐，又弄清原因，便大为惊惧。少保于谦称病告假在家，景帝派太监兴安与舒良去看他，见于谦自己生活非常勤俭，相互叹息，因此报告皇帝。景皇帝为他考虑所用资物，一切都由皇帝所给。

天顺复辟

天顺元年（1457）正月，景帝患病，由于皇储位还没定，所以中外都感忧惧。兵部尚书于谦与廷臣上书请求立太子。石亨明白景帝之病必不可治，思念请求重新立东宫太子，不如请太上皇重登皇位，可邀功请赏。于是，石亨便与都督张軏、太监曹吉祥商议南城复辟阴谋，并找太常卿许彬商议。许彬请与徐元玉策划。徐元玉是徐有贞之子，徐有贞也就是徐珵的原名。石亨、张軏于十四日夜在徐有贞家聚会，徐有贞说："你们所谋划之事，太上皇知道吗？"石亨、张軏答说："一天前已经秘密告知太上皇。"徐有贞又说："等有了南宫的答复才可进行。"石亨、张軏告辞。

到十六日日落时，又去见徐有贞说："已得到南宫答复，计划将怎样实行？"徐有贞便登上屋顶，观看天象，又急忙下来说："事情就在今晚，不能失掉机会。"这时有守边官吏告警，说北方之敌要侵犯京师。徐有贞、石亨、张軏、张輗与王骥、杨善、陈汝言等人，借准备应变非常之事之名，暗中串通中官曹吉祥、蒋冕等人，给孙太后通信，没收各城门钥匙。深夜四更时，打开长安门，放入军兵千人，值夜卫士都很惊讶，不知要干什么。石亨等人率领众兵迫近南宫，摧毁宫门和宫墙而入，一同将太上皇架上轿出了南宫。一行人进入大内，守门人将众人呵止，太上皇说："我是太上皇。"守门人便不敢拦驾。于是太上皇登上奉天殿，坐上宝座，敲响钟鼓，打开各大门。这天文武百官入朝，等候景帝视朝，商议立太子之事。徐有贞大声对众臣说："太上皇复位了。"驱赶百官来贺。百官大为惊骇，只得排好队来祝贺。景帝听到钟声鼓声大作，也吃了一惊。听说是为太上皇所鸣，只得连声说："好，好！"

第二天，太上皇临朝，下诏将景泰八年改为天顺元年，并把少保于谦、王文投入大狱。皇帝朱祁镇认为于谦卫国有功，不忍心杀他。但石亨、徐有贞与于谦之间有仇怨，非要杀于谦不可，于是便将于谦与王文、范广及太监舒良、王诚、张玉、王勤一起在市中斩杀，并把于谦之妻发配边疆。英宗皇帝按迎他复位之人功劳大小，封石亨、张輗、张郕、杨善等人分别为公、侯、伯。论随驾之功，提拔哈铭、袁彬为锦衣卫指挥佥事。恢复廖庄、钟同等人官位，每人都有一子因此而入太学。英宗将景帝仍废为郕王，皇后废为王妃，迁居西内，不久景帝便去世。景帝在位七年，以亲王之礼埋葬。景帝知人善任，在外依仗于谦，在内宠信兴安，不动声色，使江山社稷转危为安，可谓英明之主。只是在天性之间未能尽善尽美，因而使奸臣趁机作怪，可惜啊！

诛杀宠宦曹、石二氏

英宗皇帝重新立太子朱见深为皇太子。曹吉祥、石亨对徐有贞不满，设法将徐有贞贬到云南。徐有贞走后，曹、石二人更为横行。后来曹、石二人败落，才被放还老家。英宗深知石亨等人骄傲恣行，避着人对太学士李贤说了此事。李贤回答说："权力不可以下移，只有独断专行才对。"英宗谈到他们的夺门之功，李贤说："景帝患病，群臣应当上表请陛下复位，何用夺门？这些人是借陛下感激而图富贵而已。假如当日事情败露，这些人倒不足为惜，不知道陛下将处于何等地位了。"英宗听后大悟，逐渐疏远了二人。于是，忠国公石亨便与定远侯石彪一同谋反。事情被英宗发党，石亨等被下狱，接着处死，其同党也都伏诛。接着，太监曹吉祥与其从子昭武伯曹钦也阴谋反叛，事情泄露，英宗派人于大内抓住曹吉祥，曹钦与王师大战于东华门，大败，曹钦投井自杀。英宗下令将曹吉祥在市中实行分裂尸体之磔刑，同谋者全部处死，抄斩全家。

当时，河套地区有空地三千里没人守御，突然被北敌所占领，便成为中国的大患。英宗患病，紧接着病势加重。英宗复位后又当了八年皇帝，便去世了。英宗前后在位二十二年，寿三十八岁。当初宠信王振，后又宠信曹吉祥、石亨，政治上固不足为称。但到晚年，任用李贤，听言纳谏，仁俭爱民，美善很多。

宪宗朱见深

太子朱见深即位，成为宪宗纯皇帝，改次年为成化元年。尊英宗钱皇后为慈懿皇太后，尊生母周贵妃为皇太后。钱太后无子，性情忠孝严谨，不妒忌。当初英宗被北敌拘禁时，钱皇后夜间哀哭拜天，哭累了便卧地而睡，因而损伤一条腿，又因哭泣太多，瞎了一只眼睛，她还倾宫中所有财宝，用作迎回皇驾的费用。英宗复位后，钱后对景帝仍然尽礼。见深立妃子吴氏为皇后，但很快又将她废掉，立王氏为皇后。后来纪妃生皇太子朱祐樘，因为废后吴氏保护得十分严谨，才免受万贵妃之难。再后来万贵妃之子祐极死，见深便立祐樘为太子。没想到纪妃突然暴病去世。

宪宗下诏恢复于谦官位，派人祭扫他的坟墓，并让其子于冕世袭为千户。于谦的女婿朱骥等人，也被归还家产。这时，荆襄有生民千斤造反，聚众达四五万人，宪宗命抚宁伯朱永讨伐千斤，将其平定。又有陕西周原土官满四占据石城造反，宪宗派右副都御史项忠讨伐平定。又有襄阳人李胡子作乱，宪宗命项忠将其讨平。宪宗即位之初时，任用李贤、彭时、商辂等人，天下称颂其统治。但接着却宠信万贵妃。万贵妃认万安为兄弟，并将万安提拔入朝办事，任意罢免提升官吏。又设置西厂，命太监汪直提督外事，于是汪直便随意罗织罪名生事。汪直仗势将陈钺、威宁伯王越变为自己的羽翼，依附自己之人便任用，不听自己话的人则排挤打击，权势极为显赫，天下都惧之三分。

汪直又想在外立功，所以胡乱进行边界挑衅。宪宗命汪直掌管十二团营。当时有个名叫阿丑的中官，善演诙谐幽默戏，经常在宪宗面前表演院本戏，颇有汉代东方朔用滑稽方法进谏之风。一天阿丑假装醉人酗酒，旁边一人佯装说："某官到。"阿丑仍装醉大骂，人又说"皇驾到"。阿丑还是醉骂如故，那人又说："汪太监来了。"阿丑所装的醉人赶快惊恐地安定下来。旁边一人问："天子驾到都不怕，却害怕汪太监，这是为什么？"阿丑答说："我只知有汪太监，不知有天子。"自此以后汪直逐渐失宠。此时，王越、陈钺讨好汪直，三人结为死党。阿丑一日又作戏，演汪直持双斧向前而行，有人问其缘故，他回答说："我用兵只仗这两把钺（yuè）。"人又问钺为何名，回答说："王越、陈钺。"宪宗听后微笑。于是御史徐镛等弹劾汪直欺君弄权，擅开边衅。宪宗接纳其言，便赶走汪直，并将其党羽一并铲除，朝廷内外都感到大快人心。宪宗由于相信房中术所以宠信妖僧继晓，赐给他十多个美女，金宝不计其数。刑部员外林俊直言规劝，宪宗大怒，将他下狱。经历张黻出言相救，也被捉入狱。宪宗下令将林、张二人每人杖打数十下，并要杀死。当时有太监怀恩，常用忠直之言劝导皇帝，这时叩头争说："自古以来没有杀上谏之官的，臣不敢奉诏。"宪宗气极，顺手拿起御砚向怀恩扔去，林俊等人才被释出狱。宪宗又因为信符水之术，宠信江西人李孜省，将他提拔为礼部侍郎，掌管通政司事。主事张吉、舍人丁玑等上疏规劝，都被贬职。

当时又有东宫内监覃吉，经常以正道辅助太子，他对太子说："我老了，还求什么富贵，只求天下有贤主就满足了。"宪宗皇帝英明仁爱宽恕，天下无大事，只可惜宠用奸邪，不能说没有缺陷。他在位二十三年，活了四十岁而死。

弘治中兴

皇太子朱祐樘继承皇位，成为孝宗敬皇帝。改第二年为弘治元年（1488）。尊太后为太皇太后，尊皇后为太后，立妃张氏为皇后，又追尊生母纪氏为太后，以抱养抚育之功奉废后吴氏太后之礼。李孜省及妖僧继晓相继伏诛。孝宗皇帝在宫中发现一个小箱，其中都是房中术，上面都写有"臣万安进献"的字样。孝宗便派内监怀恩把万安带到阁下，把这些东西给他看，并说："这岂是大臣所为？"万安惭愧流汗，吓得一句话也说不出来。怀恩摘下万安所挂牙牌，并说："滚出去。"万安这才仓皇退走。

有熊从京师西直门处进入城内，兵部尚书马文升等请求加强戒备。兵部郎中何孟春说："熊在字面上讲是能火，应该谨慎火灾。"不久禁中和礼部都着了大火，果然应了何孟春之言。孝宗皇帝敬谨英明，仁慈恭俭，节欲爱民，礼贤纳谏。即位之初，任用徐溥、刘健入内阁，王恕入礼部。自那以后，众贤并进，有李东阳、谢迁、丘浚、马文升、刘大夏、戴珊、王鏊、杨廷、林俊、杨一清等诸位君子相继涌现，辅佐皇帝，内外安宁，几乎到了刑法被放弃的地步。孝宗去世之日，远近悲哀之声，震天动地。孝宗患病时，曾召来刘健、李东阳、谢迁等人授以顾命之责。刘健等在御榻前叩头，孝宗说："张皇后所生东宫太子，已经十五岁，虽然天性聪明，却好玩乐安逸，先生仍须经常请他读些书，帮助他做个好人。"刘健等叩头说："臣等哪敢不尽心竭力。"五月，皇帝去世，在位十八年，寿三十六岁。

武宗朱厚照诛杀权宦刘瑾

皇太子朱厚照即位，他便是武宗毅皇帝，改次年为正德元年（1506）。尊太后为太皇太后，尊皇后为太后，立妃夏氏为皇后。厚照任命刘瑾掌管司礼监，兼领提督团营。刘瑾，陕西兴平人，本姓谈。景泰中，在宫中入刘太监名下，因而从刘姓。厚照做东宫太子时，刘瑾以演俳优之戏，为厚照所喜爱。到厚照即皇帝位，刘瑾朝夕与其同党八人扮演狗马鹰犬，欢歌快舞愉悦武宗皇帝，使武宗皇帝与他们亲近，整日与之游戏而没有节制。大学士刘健、谢迁、李东阳等人上疏规劝，厚照却不听。户部尚书韩文聚合九卿诸大臣一同上疏进谏。太监王岳也是东宫旧臣，素来刚直不阿，与太监范亨、徐智等人想协助外廷大臣除去刘瑾等人。刘瑾知道后，上诉武宗，武宗于是将王岳逐到南京，派人在半路将他杀害。于是刘健、刘大夏、谢迁等人也各自上疏辞去官职。武宗皇帝又罢韩文之官，其他参与进谏大臣吴翀、刘玉、吕种、戴铣、薄彦徽等都被下狱，贬斥为平民。兵部主事王守仁[1]直言上谏，被杖打五十，贬为贵州龙场驿丞。刘瑾经常编造一些杂戏，用男女声色取悦武宗，等武宗高兴了，便递上许多外廷奏章，请武宗批阅。武宗便不高兴，说："我用你是为什么？还拿这些东西一再烦我。"从此刘瑾便独自决断大事。刘瑾假传圣旨，榜示朝堂，把刘健、谢迁、韩文、李梦阳、王守仁等五十五名大臣带到朝堂，追夺刘健、谢迁、马文升、刘大夏、韩文、许进等六百七十五人的诰敕，把他们降成平民充军。正德五年（1510）二月，居住在陕西的宗室、安化王朱寘鐇（fán）造反，武宗起用都御史杨一清，命令太监张永与他一同督兵讨伐寘鐇。

八月，活捉寘鐇。于是，杨一清暗下对张永说，请皇帝处死刘瑾，并教给他如何恳求皇上的方法，说："公公班师回京，拜见皇帝时，间或地说到宁夏之事，皇帝必然会询问公公。公公这时便呈上寘鐇的伪檄书，并说他乱政矫旨，图谋不轨，呈上状子，皇帝英明必会领悟。但必须一见皇帝便行事，若稍迟缓，天机泄露，则

1.王守仁（1472—1529）：字伯安，余姚人，明朝著名理学家。曾在阳明洞讲学，学者称阳明先生，亦称王阳明。

会招来大祸。”张永挽着杨一清之臂一口答应。待回到京师，献上俘虏，武宗在东华门迎接张永，并赐宴招待。当天夜里，刘瑾先退去，张永从怀中掏出呈状，细说刘瑾激变宁夏图谋不轨之罪状，张永一党张雄、张锐也上前帮言，武宗听后大悟，应允张永所奏。当天夜里，便命令禁兵逮捕刘瑾。当时正交三更，刘瑾正在熟睡，禁兵破门而入，刘瑾披衣而起，奔出房门，被活捉，关入监狱。

第二天，武宗皇帝下诏，将刘瑾贬放到凤阳闲住。皇帝最初并无杀刘瑾之意，但到抄家时，从刘家共得黄金二十四万锭〇五万七千八百多两，元宝五百万锭又一百五十八万三千六百多两，宝石两斗，又搜获金甲、玉带蟒袍，衮衣盔甲、弓弩等物甚多。武宗见到这些大怒说：“刘瑾果然要造反了！”便命将刘瑾凌迟处死，其亲属也都问斩。刘瑾同党张彩死在狱中。武宗又罢免太学士刘宇、曹元、焦芳等人，将他们全贬为平民，天下人心大快。

刘六刘七起义

当初，霸州文安县大盗张茂，家中建有层层高楼，还有许多深窖，盗马贼刘六、刘七、齐彦名、杨虎等人都依附于他。张茂以金钱贿赂结交内监，曾进入豹房，窥探皇帝蹋球，郡县对他无可奈何。到此时，御史宁果捉住张茂折断其大腿。刘六、刘七等人势单力穷，从狱中劫取已被抓的齐彦名等人一同造反，一时贫民百姓响应的人有数千之多，他们攻下了霸州文安县。文安县有生员赵风子，名鐩，勇敢任侠。刘六等人攻取文安县时，赵鐩为了避难，站在水中，正在这时数名强盗劫持他的妻子来到岸上，并要奸淫她，赵鐩大怒，夺刀杀伤二名强盗，但因寡不敌众被敌人所擒。于是赵鐩便与其弟赵鐇、赵镐都投降了敌人，被招成党羽。刘六等人势力更为增加，又扫荡了几个州县，并聚众向北行进，京师此时已经严加戒备。不久赵风子、刘六等人分别侵入河南、山东一些州县，攻克徐州，夺取淮西，屡屡打败官军。武宗皇帝命太监谷大用总督军务，调来宣府、大同守边之兵一同讨伐赵、刘。大同游击江彬，宣府人，骁勇善战，却阴险狡诈，他随从征讨流贼，却以杀掠良民百姓邀功请赏。刘六等人乘船转战，来往于江上，到通州狼山时，遇到飓风，将舟船全部吹翻，船上刘六之兵全被淹死，幸存之人也都被官军擒杀。

四处出巡

官军班师回京后，江彬贿赂太监钱林，由钱林引入豹房，见到皇帝。江彬人很机警，善于逢迎主人意图，武宗很喜欢他，留在身边使用，并把他提升为左都督，改姓朱，并认他为义儿。

一次，江彬引诱皇帝出行，让皇帝与老虎戏玩，结果皇帝被老虎咬伤，卧病在床几月不起。江彬又说宣府非常好玩，把皇帝诱出居庸关，到达宣府。江彬在宣府为皇帝营造一所镇国府，运来豹房中的珍玩美女在府中侍奉。在宣府，武宗经常深夜微服出行，见到高门大户，便进入其中，公开奸淫府中妇女。江彬更是搜民间美妇人进献给皇帝，使皇帝乐而忘返，把宣府称为“家里”。

武宗回京后没有多久，又提议要北巡，自己假称为威武大将军太师镇国公朱寿来巡边，并让内阁大臣杨廷和、梁储等人替他拟草敕，梁储等人对他说君王不能称臣名，所以不肯起草。武宗于是便自己称臣名，又巡幸宣府，到大同，最后至榆林才返回。武宗认为南方多美女，便又下令南巡。

王守仁平定宁王

当初，宁王朱宸濠通过贿赂，得到了护卫屯田，时时想反，朝廷群臣十分担忧。于是武宗便起用王守仁为金都御史，巡抚南赣、汀州、漳州等地。王守仁提请督领军务，武宗准许了他。到这时，皇帝南巡的命令下来，人们议论纷纷。正在此时御史萧淮又弹劾宁王有不法之事，说宁王朱宸濠与和他关系甚厚的乡宦李士实、举人刘养等人正准备起兵造反。宁王之妃娄氏曾流泪规劝，并坚决制止宁王谋反，宁王却不听劝。于是宁王设计杀死南昌守臣孙燧、许逵等人，夺取南昌，又派手下闵念四、吴十三等人夺取其他州县，并顺江而下攻克了南康和九江。宁王朱宸濠亲自率兵攻打安庆，安庆知府张文锦等人率众死守。提督南赣军务的都御史王守仁与吉安知府伍文定等人起兵讨伐宁王，直接袭击南昌。朱宸濠解救了安庆之围，又派救兵到鄱阳湖，王守仁领兵与宁王激战，杀得宁军大败，活捉了宁王朱宸濠，并把他关入槛车押往京师。娄妃投水而死。朱宸濠说："昔日纣王听妇人之言失败，今日我没听妇人之言也失败，后悔也来不及了！"

出京“亲征”宁王

这时，王守仁得胜的消息还未传到京师，武宗还想要南游，便下诏借亲征宁王之名南下。皇师出兵进驻良乡时，王守仁捷音才到，武宗让把报功奏章退回，等他到了南京再另奏。梁储、蒋冕竭力请求皇驾回銮，武宗却不听。王守仁从南昌出发，准备把俘虏献给皇帝。内监张忠、朱泰等人却说，应该把宁王放入鄱阳湖，等皇上亲自与他交战，然后再论功行赏。王守仁不听，乘夜过玉山，这时张永已在杭州等候，张永对王守仁说：“我这次出行，是因为一群小人在皇帝左右，我为皇上家奴，只有默默辅佐圣躬，并不是为了掩盖你的功劳。只是皇帝一意孤行，如果顺着皇上之意行事，犹可挽回，万一不然，白白激怒一群小人，有什么益处。”王守仁也认为没有其他出路，便把朱宸濠交给了张永。张忠、朱泰屡次假传圣旨召王守仁来，王守仁不来，于是张、朱二人便在皇帝面前说王守仁坏话：“王守仁肯定要反，不信皇帝试着召他，他必然不来。”张永听说后，暗地派人急报王守仁。等到皇帝召王守仁，他立刻来了，张永又在旁边协调保护，武宗最后说：“王守仁是个道学家。”便仍然命他回江西。

武宗住在南京，时间一久，便有游览苏杭，泛游江浙，入绍兴，逆水而上进入湖湘，登临武当山之意。杨廷和、毛纪请皇帝回銮，梁储、蒋冕等人也流泪劝皇帝返京，长跪在地不起，武宗不得已，只好听从。张永让王守仁重新报上克宁王的捷音，朱宸濠及其党羽全都伏诛。后来到了嘉靖元年（1522），才追录平定朱宸濠之功，封王守仁为新建伯。

大礼仪之争和壬寅宫变

正德十六年（1521）正月，武宗回到京师。当初，江彬进淫药给皇帝，武宗服药后，每日幸妇女十多人。到了这年三月，武宗患病，不久便加重，于是死于豹房。武宗皇帝在位十六年，寿仅三十一岁。太监陈敬、苏进把皇上死亡的消息告知慈寿皇太后，于是便将棺移到了大内。太后传下懿旨，将江彬于市上分尸处死。抄江彬之家，共得黄金七十箱，每箱一千五百两，白银二千二百箱，其他珠玉、首饰、宝玩不计其数。当天，太后召杨廷和等人商议传遗旨，立兴献王朱厚熜为嗣子。

四月，孝宗皇帝从弟兴献王朱祐杬之子厚熜来到京师，即皇帝位，成为明世宗肃皇帝。下诏以第二年为嘉靖元年（1522）。厚熜命令礼部商议崇祀兴献王的典礼。杨廷和请求皇帝以孝宗为皇父，而以兴献王及王妃为皇叔父、皇叔母，另立益王之子朱崇礼为兴献王之后。厚熜却说："父母哪是可以如此换来换去的？"再议时，厚熜一定要让兴献王做皇父，而以孝宗为皇伯父。观政进士张璁、南京主事桂萼都迎逢皇帝之意，迅速被升为学士。大学士杨廷和、蒋冕等人力争不得，于是便辞官离去。毛纪、石瑶、丰熙、马理等人竭力劝阻皇帝，厚熜仍不听。于是，何孟春、王元正、杨慎等二百二十多人都跪伏在左顺门，嘴里高喊："高皇帝！""孝宗皇帝！”声音响彻大内，厚熜派司礼太监让他们退下，这些人不从。杨慎、王元正于是摇着奉天门大哭，群臣也跟着大哭，声震宫廷内外。厚熜大怒，命捉拿为首之人戍边充军，四品以上官员剥夺俸禄，五品以下官员则杖打贬职。

于是，议定了大礼，以孝宗皇帝为皇伯父，慈圣太后为皇伯母，追封兴献王为恭穆献皇帝，称作皇父，封亲生母亲蒋氏为章圣太后，尊祖母宪宗贵妃邵氏为寿安皇太后。立妃子陈氏为皇后，七年后陈皇后崩，又立张妃为皇后，接着又废掉张皇后，立德妃方氏为皇后。一次厚熜临幸曹妃宫，刚刚入睡，宫女杨金英等人便来谋刺皇上，把丝带系在皇帝脖颈上。另一个宫女张金莲发现后飞跑报告了太后，太后及时赶到，厚熜才幸免于难。太后因故杀死了曹妃，为此厚熜经常怨恨太后。

岑猛之乱

广西田州土官岑猛造反作乱，两广总督姚镆奉命征讨岑猛，一举将其讨平。没过多久，岑猛一党卢苏、王受又发动叛乱，世宗任命王守仁为两广总督将卢苏、王受之乱平息。

严氏父子擅权

世宗即位之初时，任用张敬孚、桂萼等专门阿谀逢迎、仗势弄权的奸臣。张敬孚即张璁改名后的名字。等到任用夏言[1]为大学士时，他忠诚为国，风气才正。但没过多久却又罢免了夏言，任用严嵩[2]为大学士，严嵩窃取皇帝威权，独断专行，内外官员如有奏章建议，必须先经过严嵩，严嵩准许后才能上奏皇帝听知。于是，许多官员都依附严嵩，就像车轮上的辐条集中到中心一样。御史叶经弹劾严嵩，严嵩大怒把叶经杀死。严嵩之子严世蕃，仗父权势，专权纳贿，世宗略有所闻，便又重新起用夏言，并将其位置于严嵩之上，严嵩为此十分忌恨夏言。正在此时，都御使曾铣夜袭北方敌巢，获得大胜，因而他又提议收复河套地区，夏言也表示支持。恰在这时，北敌入侵弄得人心惶惶，仇鸾便借故攻击曾铣有开衅之罪，严嵩认为曾铣有开启边衅之过，夏言由于附会曾铣也应问罪。法司开会商议，把曾铣以失陷城池罪、夏言以与曾铣勾结之罪一同判处斩刑，他们的妻子被流放到二千里之外，为此天下人怨声载道。

俺答入寇

仇鸾以重金贿赂严世蕃，结果被提升为大总兵。北方蒙古鞑靼部的将领俺答[3]率兵侵入宣府，由蓟州进入古北口，转而又攻克

1.夏言（1482—1548）：字公谨，号桂洲，贵溪人。明朝著名大臣，为严嵩所陷被杀。

2.严嵩（1480—1569）：字惟中，号介谿，江西分宜人。明朝奸臣，当权时专擅国事，排斥异己，侵吞军饷，致使国家几不能支。

3.俺答（1507—1581）：蒙古鞑靼部右翼土默特万户首领，称阿勒坦汗。隆

怀柔、顺义，这样便直接威迫通州。接着，俺答之兵又从北河东渡，直接逼近京师，大量掠夺金银丝帛妇女儿童之后返回北地。仇鸾却假称是他将敌军打败，驱逐出境，并给兵部尚书丁汝夔捏造罪名并将其杀害。两年后，俺答重又进犯大同和蓟州，徐阶[1]奏禀皇上仇鸾通敌误国，世宗于是将仇鸾全家当市问斩，并抄了他的家。

俞大猷、戚继光平倭寇

南方又有倭寇侵犯浙江之事，倭也就是日本国，宅所统辖的地域只有五畿、七道、三岛，有郡五百七十三个，这些郡都依水附岛而建，名虽为郡，实际上只不过相当中国一个村镇而已。鄞人宋素卿早年奔赴日本，教倭寇侵掠中国。此时，又有徽州人汪直以做海盗为生，横行海上，倭寇喜爱并且佩服他。这些倭寇个个都十分憨勇，不畏生死，每遇激战时便赤身裸体挥舞三尺大刀勇猛向前，并且善于以少胜多，所以沿海地区没人能够抵抗。倭寇的魁首都是浙闽人，经常奸淫掳掠，玩弄妇女来饮酒取乐，中国百姓大受其害。

工部侍郎赵文华为此祈祷海神相助杀灭贼寇，世宗皇帝于是便派他到浙江。赵文华来到浙江后，凌驾欺压官吏，搜刮财物，官吏百姓都深受其苦。没过多久，总督张经在嘉兴大败倭寇，几

庆时封为顺义王。

1.徐阶（1503—1583）：字子升，号少湖，华亭人。嘉靖进士，明朝名臣。

乎将其全歼。赵文华恨张经不依附于他，反而先上奏章弹劾张经轻视敌寇殃害人民，并将他杀害。于是倭寇便攻入浙江、江南、闽广、山东，几乎片刻不停。后来依靠总兵戚继光[1]、俞大猷[2]等人奋力抗战，才把敌人全歼在福建平海卫，至此，倭寇才全被平息。

严氏一党覆灭

这时，大学士严嵩与他的儿子太常卿、后为工部侍郎的严世蕃，家仆严年，门客罗龙文、牛信，门下赵文华、鄢懋卿、万寀等人，相互勾结，招权纳贿，中伤好人，颠倒是非，非常猖狂。大臣厉汝进、徐学诗、王宗茂、杨继盛、沈链、吴时来、张翀、董传策等人先后多次上疏皇帝，报告严嵩等人奸状，结果有的被贬官降职，有的被杀死，还有的被流放充军，于是文武百官都惧怕严嵩，不敢直言。内阁大臣吕本也依附严嵩，因而独行专权二十多年。

后来，世宗皇帝也开始怀疑严嵩，逐渐接近徐阶。御史邹应龙便借此机会弹劾严世蕃犯有相互贿赂等各种不法之罪，并说其父严嵩培植党羽，遮蔽贤能，溺爱恶子也应处罚。世宗看过奏章后，心中已有所动，便命严嵩辞官，并将严世蕃捉拿入狱，把鄢懋卿等党羽交法司处理，只有赵文华在这之前已经因违抗严嵩而去职，所以不在其内。严世蕃因所犯之罪被充军雷州，严氏爪牙罗龙文、严年等都被远戍边陲。但是，严世蕃等人却都根本不去

1.戚继光（1528—1587）：字元敬，号南塘、孟诸，定远人。明朝抗倭名将。
2.俞大猷（1507—1579）：字志辅，号虚江，晋江人。明朝抗倭将领。

所戍之地，竟然返回家中，纠合工匠大造宫室。推官郭谏臣因公事而路过严嵩家乡时，看到严家正在大造宫室，便将此事揭发给御史林润，林润上疏皇帝说："臣巡视上江一带，详细察访江洋盗贼下落，发现他们多入逃脱充军的罗龙文之家，罗龙文卜居深山，乘坐高官之车，身穿蟒袍玉带，暗地里存有造反之心，只以严世蕃为主子。近日借建筑房第为名，聚众达四千人，弄得人心惶惶，传说可能要起兵反叛。"世宗看过奏章后，便命林润去逮捕二贼。林润将严世蕃、罗龙文捉拿到京，下法司以定罪状。徐阶稍稍进行审问，不等二贼服气，便上疏皇帝，说："事情已查明，他们暗通倭寇，密谋叛逆，都有明显证据，求陛下以正典刑。"世宗应允，命令将严世蕃、罗龙文于市中斩首。抄二贼之家，金银珍宝满库，几乎可以与天府相比。万寀、鄢懋卿等人再次充军。严嵩寄食他人之家。最后死去。

世宗逝世

世宗皇帝即位以来，喜好道术，恰好宫中出现黑病，方士陶仲文治病有方，世宗便十分尊宠他，累加其官最后至礼部尚书，封他为恭诚伯。陶仲文死后，世宗又相继宠用方士王金、陶仿、刘文彬、申世文、高守中、陶世恩等人。晚年，世宗斋戒居住西苑，专意修炼。然而，却也并不废弃政事，批阅奏章从未停晷，所以不至于使政事松弛荒废。世宗晚年还十分好言祥瑞之词，不爱听死亡等语。户部主事海瑞[1]罗列世宗种种过失，直言上谏。世宗看后大怒，命令把海瑞捉拿入狱。没有多久，世宗由于服用方士所炼之药，渐渐发起内火，十二月病势更重，从西苑返回乾清宫，接着便驾崩了。世宗皇帝英明苛察，严以驭吏，宽以治民，可以称为一代人君，但他任用奸臣严嵩，枉杀忠良，好道教，宠信方士，却不能说没有缺陷，他在位四十五年，寿六十岁。

穆宗朱载垕亲贤臣、平冤狱

大学士徐阶等人公布遗诏，请皇帝第三子朱载垕继承皇位，即为穆宗庄皇帝，改元隆庆，立妃子陈氏为皇后。追录先朝忠良直谏诸臣杨继盛、沈炼等，官复原职，并赠给祭文。同时恢复了海瑞的官位。还追赠王守仁为新建侯，谥号文成。载垕做了皇帝后，便诛杀了方士们。载垕又任命张居正[2]为大学士。由于徐阶辞官，便任用高拱为内阁大学士。

把汉那吉事件

北敌俺答之孙把汉那吉，为俺答之妻所养育并且深爱宠爱，因为一些小矛盾，把汉那吉便率领其家仆阿力哥来投降，总督王

1.海瑞（1514—1587）：字汝贤，一字应麟，号刚峰，琼山人。明代著名清官，以犯颜直谏、刚直不阿闻名。

2.张居正（1525—1582）：字叔大，号太岳，江陵人。嘉靖进士，明代著名大臣。

崇古收留了他。但守边官吏为此大哗，认为不能收留，王崇古不听，将此事报告了朝廷。朝廷群臣议论纷纷，认为这样做不妥。御史叶梦熊反对尤为强烈。穆宗却说："敌人因仰慕我的仁义来降，应该公开加以奖励。"并任用把汉那吉为指挥史，封阿力哥为五千户，每人还赐给一袭新衣。俺答之妻害怕中国人杀死她的孙子，日夜抱怨俺答。俺答自己也已悔恨，于是便拥众十万，大兵压境。王崇古派人对俺答宣布皇恩，并且让他把反叛之人赵全捆缚而来以示信义。俺答夫妇十分感动，惭愧地说："汉人肯保全我孙，我们咬臂立盟，从今后世世代代称臣服属，不会再有叛人！"于是两国定下盟约，彼此通商。俺答抓来赵全献给中国，王崇古也将把汉那吉送回北方，穆宗还封俺答为顺义王，并因王崇古之功提升他为兵部尚书，世袭锦衣千户。

穆宗去世

隆庆六年（1572）五月，穆宗感到不舒服，进而大病，便召内阁大臣高拱、张居正、高仪到乾清官接受顾命。第二天穆宗便去世了，他在位共六年，寿三十六岁。穆宗皇帝宽仁大度，勤俭爱民，留心边陲之事，处理都恰到好处，可以称为明主。

神宗朱翊钧、冯保、张居正

庄皇帝去世时，皇太子朱翊钧年仅十岁，便继承皇帝之位，成为神宗显皇帝，以次年为万历元年。当时太监冯保仍在宫中用事，很有权力。于是，张居正便与冯保交结，以巩固自己的地位。内阁大臣高拱设计想赶走冯保，结果反被冯保所逐。没过多久，惶恐不安的高仪亦因病去逝，张居正便成为首位辅政大臣。

有一天，小皇帝翊钧上早朝，走出乾清宫时，看见一个无须男子，装成太监的样子，袖中藏有佩刀，正仓皇而逃，便命左右将其抓获。冯保立即审问该人，这人回答说："我是南兵，叫王大臣，是从总兵戚继光处来的。"张居正因此秘密对冯保说："可以借此机会除掉高氏。"因而教他说，高丞相对皇帝怨恨，派他来行刺，愿意自首免罪。群臣对此事都忿忿不平。到了会审之日，阴霾大作，狂风夹着冰雹扑天盖地而来，砸得王大臣不堪忍受，十分害怕。冯保问他："谁是你的主使之人？"王大臣回答说："是你教我说是高相公主使。"冯保害怕露出真相，于是停审。接着王大臣被人下毒，哑不能言，便被处以斩刑。自此，张居正威望日重。张居正虽然在内结交冯保来巩固自己的地位，但由于他生性沉稳，足智多谋，亦不十分贪图钱财，因此还是能以正道引导皇帝。他请皇帝每天都要到经筵学习，又进《帝鉴图说》和各种讲章、宝训、日录等读物，以帮助皇帝养成做君王的美德。张居正本人做官，能够赏罚分明，知人善任，救济饥荒，免除积欠的租借，一举一动，深合机宜。他还消灭岭东贼寇蓝一清，又派张佳元视师两浙，在不动声色之中又平息了两浙的民乱。在治河方面，张居正任用潘季驯；治兵上则用李成梁、戚继光等人，在他的辅助下，天下大治。但是，刘台等人却上疏弹劾张居正专权独行，张居正只好借故父丧而辞职，翊钧亲自下诏宽慰挽留他，张居正只得留下。可是，吴中行、赵用贤、艾穆、沈思孝、邹元林等人却又交奏章攻击张居正贪图官位而忘了亲情，惹得张居正大怒，翊钧皇帝对上述诸人都给予杖打贬职。由于张居正在家服丧，凡是内阁中事，都让官吏携奏折来论处，翊钧皇帝的手诏中往往恭敬地称他为元辅、太师或先生，经常宽慰他。

万历六年（1578）五月，神宗皇帝才正式加冠，主持大事。三月，立妃王氏为皇后。万历十年（1582）六月，大学士张居正病逝。神宗沉痛哀悼张居正，以至于不能上朝。神宗派遣司礼太监张诚监护张居正丧事，朝廷对张居正恩赐甚厚，两宫太后及中宫各妃也都赐给金币，光赐给的祭坛就有十六个，赠他上柱国，给他谥号文忠。没过多久，神宗将司礼太监冯保废掉，令他在南京闲住。冯保经常裁决压抑他人，不让他们参与朝政，所以内侍大多怨恨他，他又经常以辅佐皇帝为名，训导皇帝，因而神宗也恨他，所以才被贬职。

这时潞王大婚之礼所需珠宝还未备办好，太后因故对皇上言及此事，神宗说："办此事不难，这些年来，朝廷大臣无耻，为巴结张居正、冯保，把珠宝都献给了二人。"于是，便命御史羊可立追论张居正罪恶，一时间攻击张居正之人锐气不可减。因此神宗下诏，夺去张居正的封诰、赠谥，抄没其家，株连了很多人，但张居正的家财却不很丰富。

张居正之事闹得整个荆州骚动，张居正长子张敬修耐不住苦刑，上吊自杀，张居正之弟张居易，次子张嗣修及仆人张顺、张书等人都被发配烟瘴地区充军。刑部尚书潘季驯上言说:“张居正家产已奉旨抄没,国法已正,民愤已平。但他八十多岁的老母亲衣食不全,其子孙相继死亡或远离,这样做失去对有罪之人不落井下石的天意。”神宗听后产生同情之心,便下诏有司保全居正之母。自此后,大臣都不敢实心任事了。神宗后来又任用申时行、王锡爵入内阁办事,天下得治。

矿税之祸

到了张位掌管大权时,奸人史锦、王君锡等请求开矿。万历二十四年(1596)冬,张位认为天地自然之利有益国家发展,对百姓采矿也无害。于是便派太监张忠到山西,曹金到两浙,赵钦到陕西,鲁坤去河南监督开矿。一时间朝廷派出许多内官,到处开矿。这些内官到了所派之地后,便把有钱的人编为矿头,如果矿中实在无银,便勒索民间百姓纳银交税,不服从的就令其家破人亡。随后张位又命令内监到广州采珍珠,并且在广州、福建设立大船市,还命人到云南开采大理石。这些内监在各地肆虐无度,弄得民不聊生。临清为此发生民变,将税使马堂几乎殴打致死。又有武昌税监陈奉常占据百姓黄金,拷打妇人,并勾结钟祥县知县邹尧弼等人欺压人民,弄得远近百姓大为震惊。结果,武昌也发生民变,赶走陈奉,陈奉藏在楚王府之中,气愤的百姓把陈奉的左右随从六人捉住扔到江中。神宗下旨把该地知县知府降为民。太监孙隆到浙江采税,住在苏州,激起市民造反。饥饿百姓为倡行正义,杀死上面派来官员七人。有一名按法应处的乱民葛成，因与其他人不同，只有他认服，所以被判下狱论死。云南矿务太监杨荣恣意独行，作威作福，杖杀数千人之多，并且鞭打掠夺指挥樊高明等人，引起公愤。指挥贺世勋、韩光大带领众人杀死杨荣，焚烧了他的官署，杨荣的随从、行李都化为灰烬。这件事被神宗得知，气得吃不下饭，说："死个杨荣到不足为惜，但纲纪却何致顿废到这种地步。"于是将贺世勋下狱处死，韩光大发配戍边。

御史况上进、王立贤，给事中杨应文、包见捷、田大益，刑部侍郎吕坤，礼部侍郎冯琦、郭正域，户部尚书赵世卿、辅臣朱赓等人先后上表章，极力言说矿使的危害，神宗却不听。凤阳巡抚李三才上疏说："矿税繁苛兴旺，万民却失业挨饿，千里地区，各种中使遍及各地，加上无赖亡命之徒，也如虎狼附翼，沿途掘挖祖坟，直到挖出财宝才止，奸淫妇女，侮官虐民。皇帝之心能安吗？不安吗？试看朝廷发出这样的政令，天下出现这样的景象，天下哪能不乱啊！"结果这一奏折也没有答复。

抗倭援朝

朝鲜国，也就是高丽国，该国自古以来与中国辽东接壤，共有土地六千里，富饶并且美丽。这时，其国王李昖沉湎于酒色，而日本国宰相丰臣秀吉虽然由奴才出身，但篡位自立，以他的骁勇善战攻据了六十六个州。丰臣秀吉闻听朝鲜戒备松弛；于是便攻陷了朝鲜。李昖逃到辽东求救，神宗由于他平时纳贡严谨，便派总兵祖承训率兵渡过鸭绿江去援救他。祖承训攻平壤失利，神宗又派宋应昌为经略，李如松为大将前来增援，于是在平壤打败倭寇，但明朝精锐部队也损失惨重。

正在这时，日本国遣使来进朝贡，群臣商议应赶快休战，于是便撤兵返回。朝廷任命李宗城为正使，杨方亨为副使到日本，封丰臣秀吉为王。李宗城在去日本的路上，处处索取贿赂。到达对马岛时，太守义智把许多美女轮番送到李宗城的行帐中，李宗城十分高兴。李宗城又听说义智之妻很美，一定要奸淫她。义智大怒，骗李宗城随从说："倭将反叛了。"吓得李宗城丢弃玺书逃回京城。神宗得知此事，十分气愤，将李宗城下狱。随后又改派杨方亨为正使，沈惟敬为副使出使日本。

没过多久，倭寇重又攻陷朝鲜，神宗又命邢玠为经略，杨镐为经理，任命麻贵、刘綎为将军征讨倭寇。前后经过三年，直到丰臣秀吉病死，倭寇才陆续逃回日本。麻贵、刘綎等分道进兵，追击破敌，生擒敌将平秀政、平正成等。万历二十六年（1598），南海才彻底平定。（因为开始发生于万历壬辰年，故又称壬辰倭乱。）

播州之乱

万历二十七年（1599），四川播州宣慰司、北宋名将杨业之后杨应龙，设关据险，起事造反，劫掠州县。他还让当地的苗民当着父亲强奸女儿，当着丈夫淫乱妻子。蜀臣将其罪恶上报朝廷，神宗命将军刘綎等发兵讨伐。刘綎誓师后，将部队分几路并进。杨应龙之子杨朝栋统领数万苗兵来迎战。官军几路夹攻，大败杨朝栋。杨朝栋退守关险。刘綎派人从山间小道攀援直入娄山关，官军营火照彻夜空，杨应龙大惧，于是与两个爱妾闭门上吊而死。官军抓获杨应龙之妻献于朝廷。于是，明朝将该地改为遵义、平越二府。

李贽之死，刘天叙谋反

当时，姚安知府李贽[1]寄居麻城，主张大道不分男女，作观音问，引诱士大夫的妻女入教，用邪术掩人耳目，假称到房中传道，实际上是白日行淫。神宗下诏将李贽捉拿入狱，李贽自杀而死。又有凤阳人刘天叙与其党羽，抬着一座小佛像，沿乡村募捐化缘，假称有法术，能指天令天打开，画地令地陷入，并能预知人生三世之事，引诱愚人妇女为信徒，选择美貌年轻的妇女，声言传道，实际却带去行淫，聚众上万人，准备谋划造反，据城称王。有司将刘天叙等人活捉，神宗下诏，为首之人分尸而死，从者处以斩刑。

东林党

当初，申时行做宰相时，性宽平，对他所批评之人必然立即提拔。到这时沈一贯为相，他以才自许，不为人下。文选司郎中顾

1.李贽（1527—1602）：初姓林，名载贽，后改名李贽，号卓吾、宏甫、温陵居士等，晋江人。明代著名思想家，反道学和儒学。

宪成[1]由于言事被谪贬归家，他便在东林讲学，东林也就是过去的杨时书院。孙丕扬、邹元标、赵南星等人都以刚直不阿、仕途不顺而自负，经常与政府对立，他们都依附了顾宪成。顾宪成讲学，声名日盛，天下许多人投归他，他还交结淮抚李三才，遥控朝政，当时号称东林党。

万历晚期朝局混乱

神宗皇帝晚年因为生脚病，高居深宫，只宠爱郑贵妃一人，对于国事完全置之不理，来了奏折，一概留中，却不作任何处理，只是对那些言论有所悖、不奉圣旨之人便都给罢官。于是各省台之势，积重难返，当时有齐、楚、浙三方鼎峙之名。诸大臣之间结为党派，相互攻击，奏章日益增多，神宗却一概不理，甚至连大臣告老乞求休息的表章也不发，许多大臣不等皇命下达，竟擅自归乡。结果造成诸司官员欠缺，但神宗也不补官。镇抚司缺了理刑官，时间很久，无人断案。致使有的监犯由于时间长久死于狱中，这些人的家属百余人，聚集在长安门大哭。朝廷大员不管是否贤正，都被言官所弹劾。群臣只为自己，不为国家。中举的南北官员互相诋毁，纷如聚讼。户部库存银子只剩八万两。国家衰败，天下将亡。

1.顾宪成（1550—1612）：字叔时，号泾阳，无锡人。万历进士，明朝东林党领袖。

萨尔浒之战

这时，大清太祖高皇帝努尔哈赤在东方崛起。万历四十四年（1616）正月，努尔哈赤建元天命，当时称该国为后金。后金之兵进入抚顺，将明军杀得大败。明朝以杨镐为兵部右侍郎，经略辽东。神宗皇帝担心出兵时间长，财源缺乏，便命大学士方从哲、兵部尚书黄嘉善、兵科赵兴邦等人，发红旗，催促杨镐进兵攻打后金大军北路，命令杜松攻打西路，李如柏攻打南路，刘綎督领朝鲜兵攻打东路。此时，蚩尤旗出现天空，光芒闪闪，长可竟天，东方又出现彗星，星陨地震，识天象之人认为这是将要失败的征兆。

万历四十七年（1619）正月十九日明军出兵，正值天下大雪，部队不能前进，军心松懈。杜松想要争立首功，便率兵越过五岭关，先期抵达浑河，将要渡河时遇到埋伏，杜松浴血奋战，终不能敌，力竭而死，他的部队也寸兵不存。马林率军由三岔堡抵达二道关，听说杜松大败，便扎营自己保存力量。后金军队乘胜攻击马林，马林战败，游击麻岩也战死。刘綎单独率兵从马家寨口入，深入三百多里，攻克敌人十几个寨子。但后金兵冒充成杜松部队，假称为刘军做向导，结果将刘军引入重围，刘军失败溃散，刘綎阵亡。只有清河一路，李如柏奉经略之命撤回，获得保全。也有人说，李如柏是由于前些日子游击李永芳投降后金，暗中勾结才得以保全。这次战役，明军将士死亡达四五万人。事情传到朝廷，京师大为震惊。紧接着，后金军队又攻克辽东许多城邑卫所。明朝起用前御史熊廷弼[1]经略辽东，捉拿杨镐、李如柏进京听候发落，最后都施以斩刑。

国本之争和妖书案、梃击案

最初，神宗继皇帝之位时，立王妃为皇后，王后无子，王恭妃生皇长子，郑妃生皇三子，神宗宠爱郑妃，加封她为贵妃。给事中姜应麟、主事孙如法上言，认为王恭妃生育皇长子，五年未闻加封，郑氏一生子就封为贵妃，天下不能无所疑。神宗大怒，把二人贬为典史。自那以后，沈鲤、申时行、许国、王锡爵、王家屏等九卿科道都曾交奏章请皇帝立太子，神宗讨厌他们随便议论朝廷大事，更加置之不理。等到皇长子十三岁时，辅臣王锡爵坚持请立太子，神宗才诏命让皇长子与皇三子一同出阁讲学读书。这时，河南闹大饥荒，以至于到了人吃人的地步，神宗与郑贵妃阅读奏章心生同情。郑贵妃请求自己拿出私房五千金来救济灾民，神宗听后非常高兴，自己也拿出五千金，河南靠此渡过了饥荒。诸臣再次请求立太子，到万历二十九年（1601），神宗才立长子朱常洛为皇太子，此时常洛已经二十二岁了，才举行了行冠礼。又封了福王、瑞王、惠王、桂王，他们也都到这时才行冠礼。随后又册立郭氏为太子妃。

这时，有人写匿名书贴在各处，这些匿名书一夜之间从宫门到大街小巷满街都是，内容大致是说郑贵妃要危害太子，匿名书

1.熊廷弼（1569—1625）：字飞白，号芝冈，江夏人。明末著名将领。

名为“续忧危竑议”，竑指的是宋宁宗的世子，宋宁宗想立赵竑为太子，但到了宁宗一死，史弥远篡改遗诏，杀害赵竑而立了理宗。神宗皇帝听说匿名书一事，十分生气，下令搜捕妖书作者，很快长安城中没人再敢谈及此事。吴江人沈令誉被怀疑是匿名书的作者被捉拿，又捕获高僧达观，株连甚重。最后抓得皦生光，皦生光受不了酷刑，便自己承认是匿名书作者。侍郎李廷机、尚书赵世卿劝辅臣沈一贯、朱赓用力支撑起皦生光，械具下狱，后把他分尸于市，妻子戍边。然而，妖书并非皦生光所作，后来中书舍人赵士征生重病，承认他才是作者，结果被凌迟处死。

万历四十一年（1613），群臣联合上疏请福王朱常洵赶快到洛阳就国。这时，有练武之人王曰乾设计向皇帝揭发有奸人孔学与郑贵妃宫中的姜内相互相饮酒结盟，并请懂妖术之人王三到家中诅咒太子。神宗知道此事后大怒，一时慌得不知身处何处，以至于把御案掀翻。辅臣叶向高手持密谒奏禀神宗说：“王曰乾、孔学等人都是京城游手好闲之人，此事非常像往年妖书之事，但妖书匿名，无处可纠，今天告者与被告者都在，一经审问，事情立即会见分晓。”神宗这才默然无声，怒气渐消，也就不再追问。叶向高因而秘密奏请神宗，速令福王到他所属的封地去，神宗同意，便命令福王到河南去。

万历四十三年（1615）五月，突然有男人闯入东宫，用棍棒打倒把守宫门的一名内侍，众人一齐将其抓获，皇太子亲自奏请将该人送刑部审理。该犯名叫张差，御史刘廷元上疏说，该人行迹类似疯魔，相貌狡诈贼滑，刑部郎中吴士相等把他定为疯病。提牢官王之案重新进行审问，张差说有个叫马三道的人把他领到庞、刘两个太监处，教他来行刺太子，其中多次提到郑贵妃的弟弟郑国泰。科臣何士晋上疏，请神宗将此事追究到底，于是群臣纷纷弹劾郑贵妃不已。神宗为此大怒，传旨将本犯张差立即凌迟处死，不许波及一人。很快又把太监庞保、刘成处死在内庭，事情才算平息。

光宗朱常洛和红丸案、移宫案

万历四十八年（1620）夏四月，王皇后去世。五月，神宗患病。七月，病情加重，他召内阁大臣方从哲托嘱后事，随后便去世了。

皇太子朱常洛即位，成为光宗贞皇帝，下诏以第二年为泰昌元年。光宗皇帝下诏停止征收矿税，撤回派往各地的内监，选拔补上了各种废官，发白银一百万两来救济九边之民，天下都欢庆称颂。万历四十八年（1620），刚做了一个月皇帝的光宗突然患病，内廷御医崔文升给光宗服用通利药，结果皇帝一夜之间腹泻不止，起来三四十次，弄得光宗气息奄奄，支离于床褥之间。光宗封元妃郭氏、才人王氏为皇后，又因为选侍李氏服侍皇帝尽心尽力，不辞劳苦，所以封为贵妃。这时，鸿胪寺丞李可灼进了一丸红铅丸，说能治皇帝的病，光宗服后病情稍微见好，李可灼便又进一丸，谁知光宗服后于九月初一去世了。光宗皇帝在位一月，寿三十九岁。有人说是郑贵妃用泄药害死了皇帝。

光宗去世，内廷急忙宣召各位大臣，诸臣进殿后，给事杨涟说："李选侍不是可以将少主托付给她的人，应该赶快请求见嗣子，对他呼万岁来定危疑，然后我们拥他出宫，移住到慈庆宫才是。"诸大臣都认为很对。于是大学士方从哲率领诸臣哭祭完先皇，便请叩见皇长子。皇长子开始很久没有出来见他们，诸大臣竭力相请，皇长子才出来。于是，诸臣便拥着皇长子到达文华殿，行五拜三叩头的大礼，高呼万岁，群臣请求皇长子即日登极。皇长子下谕旨九月初六即位。接着，群臣又把皇长子拥入慈庆宫，内阁大臣刘一璟奏曰："现在乾清官还未清除，请殿下先暂居慈庆宫。"因为这时，李选侍仍居住在乾清官，御史左光斗、给事杨涟请李选侍立刻移宫，李选侍不得已，移居仁寿殿。

熹宗朝的辽东局势

皇长子朱由校即皇帝位，成为熹宗哲皇帝，下诏从当年八月起到十二月止仍为泰昌元年，以第二年为天启元年。当初，光宗服用李可灼红丸药病情稍有好转时，方从哲拟旨赏给李可灼五十两银子，到这时群臣纷纷交奏章论崔文升、李可灼有杀君大罪，应交给法司究问，最后刑部判二人充军。熹宗下诏立张氏为皇后。

当时，经略熊廷弼在辽东修筑城池，训练军士，通商贾，集粮饷，竭力支撑，才使得两年内没有边疆大事。然而御史冯三元、顾糙、科臣姚宗文等人却因为私愤弹劾熊廷弼无谋而欺君，熊廷弼不服，这样辽东的存亡便不知还能有多久了。这些人又怂恿其党羽魏应嘉、郭巩、张修德、魏应科等人先后交奏章论熊廷弼的不是。于是熹宗下诏让熊廷弼回原籍听候审查，兵科杨涟上疏救熊廷弼，熹宗不听。接着熹宗又下诏将熊廷弼革职家居。任命袁应泰经略辽东。后金兵攻克沈阳，明军大败，总兵贺世贤、尤世功、陈策、童仲揆、石柱宣慰司上官秦邦屏等人都死于该战。接着后金兵攻克辽东，明军又大败，经略袁应泰、巡按御史张铨、守道何廷魁、监军崔儒秀等人都在这些战斗中战死。

事情发生后，京师大震。当初，辽东巡抚薛国用称病辞官，这时熹宗又任命王化贞为辽东巡抚。御史张秉谦上疏，替熊廷弼申诉冤屈，说如果熊廷弼在，绝不会使辽东之事败坏到这等地步。熹宗于是下诏召熊廷弼到京，重新任命为辽东经略。这时，辽西尚未丢失，熊廷弼驻扎在右屯，认为大败之后，没有兵力可以战斗，应该固守。但王化贞却误信有辽西之兵相助。竭力主张进攻以收复辽东。朝廷同意王化贞的意见。于是，催促他们尽快开战。王化贞命令总兵刘渠移军振武，这样广宁（今属辽宁）便空虚了。后金兵攻到振武，大败明兵，斩杀刘渠。王化贞吓得浑身哆嗦，不战而逃，跟他一起逃走的有数十人，当他们逃到闾阳时，正遇到经略熊廷弼从右屯引兵而来，王化贞向熊廷弼大哭，熊廷弼说："您不招募铁骑，不把广宁的兵撤到振武，便不会有今天的败局。此时只有保护百万生灵进入山海关，不要再留给敌军就够了。"于是二人整理军队西行入关，辽西也失掉了。明兵只好严守山海关。朝廷为此逮捕王化贞、熊廷弼听审。这样朝廷中一些大臣又以私愤报复熊廷弼，商议把他与王化贞一同问斩，最后把熊廷弼传首九边。从此后，忠良解体，明朝之事已不可挽回了。

奢安之乱、徐鸿儒起义

由于辽事日益急迫，朝廷便于四方征兵。四川永宁宣抚使奢崇明与其子奢寅素有叛逆之心，这时他们请求提兵三万到辽东救援，并派遣其部将樊龙、樊虎到重庆。四川巡抚徐可求来检查，发现樊龙等人过分奢侈，致使军饷都发不出。樊龙便鼓动众人造反，杀死了徐可求，紧接着便引兵逼迫成都。左布政使朱燮元全力抵御。石柱土司秦邦屏在辽宁战死，其妹秦良玉掌管他的大印，此时提兵前去救援，与朱燮元一同在成都城下大破樊龙等叛军。奢崇明父子闻讯拔营逃走，返归重庆。事情奏报朝廷后，熹宗任命朱燮元为四川巡抚。奢崇明失败后，便引诱与他关系密切的死党、贵州水西土目安邦彦一同造反。安邦彦占据平彝、龙里等地，又攻破乌撒，进而包围贵州，他用诈降之计杀死巡抚王三善。这样贼兵势力大增，便分为三路进兵，一路攻云南，一路攻遵义，奢寅则专攻永宁。奢寅生性凶淫，见到部下妻女稍有姿色的，必定要奸淫，见到有财富的，便要勒索，如果谁要不从，他便将其杀死。因而，奢寅部下苗老虎、阿引等人都十分恨他，乘他酣歌醉卧之时，把他杀了，并且投降了明朝。但奢崇明和安邦彦的气焰仍在，直到崇祯年间，总督朱燮元才将其讨平。

这时又有山东人徐鸿儒，于万历末年创立了白莲教，聚众达数千人。深州人王森，因为救了一只妖狐之命，狐狸让他割断自己的尾巴收藏，说这样便能知道他人的美善罪恶。遇见人妖狐的尾巴能释放香气，人们闻到香味便自愿来归附，王森因此得到了资产数万。这时，王森之子王好贤与景州于宏志约徐鸿儒一同造反，他们连续攻破郓县、邹县、滕县、巨野县，又攻陷长镇，掠得粮船四十余艘，集合民众十多万人，于是他们便占据兖州、济南等地，势力十分强大。从五月到九月，用了四个月的时间巡抚赵彦方才将其讨平。

魏忠贤和客氏

然而，这些人的起事对明朝还都没有大损，真正损尽明朝元气，导致明朝灭亡的乃是明朝内贼魏忠贤和客氏。客氏本是定兴县民侯二的妻子，生子国兴，十八岁时进宫给皇太孙做乳母，又过了两年成为寡妇，于是便留在宫中侍奉皇太孙。魏忠贤原名进忠，肃宁县人，少年之时便十分狡黠聪慧，目不识丁，只好饮酒，善于骑马射箭，有胆力，由于赌博失败，便自宫做了太监，隶属于司礼太监孙暹名下。由于他带皇太孙游玩，十分得太孙的欢心，因故又与客氏臭味相投，相互通奸。同时，另一太监魏朝也私通客氏。熹宗即位后，一天晚上魏朝与魏忠贤争抢客氏，在乾清宫暖阁中争先后，争吵之声传到皇帝那里。这时熹宗已经就寝，听到吵闹声后十分生气。魏朝与魏忠贤等吓得都跪在皇帝的御榻前听候皇命。客氏已经讨厌魏朝而喜欢魏忠贤，因而向熹宗进言，于是熹宗便赶走了魏朝，独宠魏忠贤。魏忠贤假传圣旨把魏朝发配凤阳，并令其上吊自杀，这样魏忠贤便独得了客氏。司礼太监王安历来刚正不阿，在熹宗登极时，与诸位大臣同受顾命之责，此时见魏忠贤侵权，想要重重惩罚他，但魏忠贤却先怂恿给事中霍继华弹劾王安，客氏也从中附和，因而假造圣旨革了王安之职，又谋划杀死了王安。

从此，客氏与魏忠贤相互串通，恣意乱为，多行不道。御史王一心、倪思惠，科臣侯震旸等人相继上疏弹劾客、魏，却都遭到谪贬。魏忠贤设置内兵上万人，都穿盔戴甲出入，鼓乐之声吵得宫内不得安宁。内监王进在熹宗面前试用火器。火器爆炸，炸伤王进的手，几乎伤害到熹宗。御史刘之凤、李应升、黄尊素、宋师襄交表章议论此事，魏忠贤便假拟圣旨一一严厉指责他们。光宗的选侍赵氏与客、魏二人有矛盾。魏、客便假造圣旨将她赐死。熹宗的裕妃张氏刚刚怀孕，客氏嫉妒她，便在皇帝面前说张氏的坏话，结果断绝了她的饮食，致使裕妃倒在穰道屋檐下而死。冯贵人曾劝皇帝撤去内操，因而客、魏二人恨她，没多久，他们便设法把冯贵人也赐死了。李成妃为冯贵人说话，也被二个奸人假造旨意革去封号，绝进饮食，李成妃吸取裕妃被饿死的教训，秘密把食物藏在夹壁间中，坚持数日不死。这时客、魏二人怒气稍减，便将她斥为宫人。皇后张氏素来精明，客、魏对她也畏惧三分。皇后怀孕后腰痛，客氏秘密吩咐心腹宫人设法使皇后小产。魏、客二人又在上郊之日，杀害胡贵人，却说她是得暴病而死。魏、客二人还庇荫客氏之子与魏忠贤的弟弟、侄子加官进爵，赐给田地。

都御史杨涟上疏弹劾魏忠贤犯有二十四大罪行，熹宗却下旨指责他，并且决不宽恕。这全是因为熹宗并不识字，旨意都出自魏忠贤，而魏氏也不识字，一切都是其党羽李永贞、李实、李明道、崔文升等阿谀魏忠贤之意所做。群臣见了这种情况，无不激愤，于是南北科道卿寺魏大中、周宗建、左光斗、赵南星等人继杨涟之后接连上疏申奏之人不下百数，无一不危悚激切。但皇上不识字，又怎么能理解呢？结果反而下诏削去都御史杨涟、左光斗的户籍，罢免尚书赵南星、都给事魏大中等人官职，一时间正人尽去，都署空缺。大学士魏广微等人依附魏忠贤来巩固自己的地位，崔呈秀、阮大铖、倪文焕、武臣、田尔耕、许显纯等人也都是因为讨好魏忠贤而受到重用。

熹宗天启四年（1624）三月，刑科傅櫆诬参左光斗、魏大中，奏词中牵涉已故内臣王安以及中书汪文言等人，于是又逮捕惩治汪文言，将他杖打并革职为民。同年十二月，御史梁梦环重又论及此事；大理寺丞徐大化又诬陷杨涟、左光斗；工部主事曹钦程重又诬劾赵南星、周宗建、张慎言、李应升、高攀龙、魏大中等人受熊廷弼之贿，以汪文言为中间人。于是，熹宗又下诏逮治汪文言，并命锦衣卫指挥许显纯审问他，逼迫他牵连赵南星、杨涟、左光斗、魏大中、缪昌期、袁化中、王之寀、施天德、周朝瑞、黄光龙、顾大章等人。虽然严刑拷打两个多月，汪文言仍宁死不屈。最后严审时，用了残酷极刑，汪文言不能忍受，仰视许显纯说：“任凭你巧为，我承认就是了。”许显纯便让他诬陷上述诸人受了熊廷弼的贿赂，汪文言听后竭尽全力起来说：“天大的冤枉呀！这样污蔑清廉之士，我宁死也不能承认！”然而这些奸巨仍然把杨涟、左光斗、周朝瑞、顾大章、袁化中等人投入北镇抚司大狱鞭抽荆打，甚为残酷，最后都杀死在狱中。熹宗赐给魏忠贤一块大印，上写“顾命元臣”，同时也赐给客氏一块写着“钦赐奉圣夫人”的印。

这时，魏大中在押送京师途中经过吴县，辞官的吏部主事、苏州吴县人周顺昌正在家居，他把魏大中留在家中数日，殷勤款待，还把自己的女儿许配给魏大中的孙子为妻。负责押送的官吏催赶魏大中快走，言语中冲撞了周顺昌，顺昌怒目呵斥他说：“你不知道人世间有不怕死的男子汉吗？你归京入朝后对魏忠贤说，我就是过去的吏部郎周顺昌。”等到魏大中关入监狱，御史倪文焕便以联姻之事弹劾周顺昌，魏忠贤假造圣旨下令逮捕周顺昌。

天启六年（1626）三月，捉拿周顺昌的官吏到达吴县，吴中一片沸然。百姓历来尊敬周顺昌，听说他被抓都十分气愤。周顺昌改穿囚服出门，百姓拥送之人达数千之多，他们都恳求巡抚毛一鹭上疏搭救周顺昌。毛一鹭急得满头大汗，说不出一句话来。提押官厉声斥责百姓说：“东厂抓人，你等鼠辈怎么敢多嘴？”这些话激怒了众人，市民颜佩韦等人上前直言相问：“圣旨是出自朝廷呢，还是出自东厂呢？”提押官说：“圣旨不出自东厂，还能从什么地方出？”民众听后大怒，哄然向前，与提押周顺昌的官兵殴打起来，当即杀死一名官兵。周顺昌因为告别亲朋好友，私自赴京，结果被投入镇抚司大狱。许显纯对周顺昌严刑拷打，将他杀死在狱中。毛一鹭上奏说发生了民变，朝廷来密旨把颜佩韦等五人问斩。

这年八月，清太祖高皇帝努尔哈赤去世。九月，清太宗文皇帝即位，下诏以第二年为天聪元年（1627）。明熹宗身边能说会道的奸臣、浙江巡抚潘汝祯请求为魏忠贤建生祠，又乞求皇帝赐给扁额，熹宗下诏依从，于是潘汝祯便在西湖山脚下建立一座魏忠贤祠堂，装饰得极为华丽，熹宗亲赐扁额“普德”。当下，四方都仿效这种做法，请建祠宇，结果魏忠贤的祠堂几乎遍及全国。各地还都出于曲意献媚的目的，务求穷工极作之巧，有的用沉香木造魏忠贤像，眼、耳、口、鼻、手、足犹如生人。

朱由检诛杀魏氏和客氏

天启七年（1627）八月，熹宗患病，由于他无子，便召御弟信王朱由检入内，告诉他应该做尧舜之君，好好看待中官，并委托任用魏忠贤。信王走后，熹宗去世。熹宗皇帝朱由校在位共七年，只活了二十三岁。魏忠贤想篡位却又不敢，只得亲自出来迎进信王。但信王感到很危险，他怕魏忠贤谋害他，便将食物藏在袖子中带进宫中食用，并且不敢睡觉，秉烛独坐以待天明。

第二天，信王朱由检在中极殿即皇帝位，受百官朝贺，天空中突然有鸣响之声，朱由检改第二年为崇祯元年。魏忠贤乞求辞官，朱由检不许，又命令奉圣夫人客氏搬到外宅居住。御史杨维垣、首参崔呈秀，出言进攻魏忠贤。吏部主事钱无壳也上疏参奏魏忠贤。又有嘉兴县贡生钱嘉征上疏参魏忠贤十大罪状二十二月，崇祯帝将魏忠贤贬到凤阳守皇陵，抄没其家。魏忠贤走时，拥送的徒众甚多，崇祯帝听说后，赫然震怒，下令锦衣卫将他逮捕治罪。魏忠贤行到阜城时，知道他的罪行不可免，所以自杀了。原来上清宫中的宫人身怀有孕的有八人，都是客、魏两家的侍妾，因为怀孕固而藏在宫中，就如战国时秦宰相吕不韦的故事。崇祯帝为此大怒，立即命令将这些宫女与客氏一道送浣花局打死，抄没其家。客氏之子锦衣卫指挥侯国兴与魏忠贤之侄宁国公魏良卿等皆伏诛。魏忠贤、客氏还受到分尸处罚。崔呈秀、许显纯、田尔耕等魏忠贤的党羽同时一概斩杀。凡是依附奸党之人，以罪行的大小定为七等，天下人心大快。然而明朝元气已因此丧失殆尽，上天又不保佑，此时又闹起旱灾、蝗灾，造成各地农民纷纷起义，明朝于是行将灭亡。

王朝黄昏，妖异频现

明朝将亡，各种灾害也特别严重，如夜间天空光亮如白天，日食、地震的出现，地裂涌出血红的浆液等，不一而足。闽县有一个少妇，在菜园中摘菜，老虎越园而入将少妇掠走奸淫，少妇吓得几乎送命，少妇家人一同将虎赶走，后来少妇生下一虎，弃之于野外。又有余杭县周氏与龙交媾，生下四条蛇。太原静县民李良雨忽然从男人变为妇人，与同姓之人苟合为夫妇。睢宁下大雨，河堤决口溢水，天空云中出现五条龙，忽有一天，又有龙被蜘蛛网所挂，不能逃脱，不一会儿有一条龙纵火焚烧蛛网，龙才脱去，蛛死于山中，丝网却仍弥于山谷中。万载县有一块巨石从天而降。张方伯修甘州城时，得小棺材五百多具，每具均约二尺多长，启开棺盖来看，每具棺中装殓一人，男女老少各有不同，却都头戴纱帽、身着红袍、凤冠霞帔，其中少妇都十分美丽动人，去衣观看尸体，都莹白可爱。又有南宿州村民妇，一胎生下七个男孩，孩子的皮肤红白黑青，各不相同，家人认为是妖怪，让人埋掉。当天夜里，村中有一个长辈睡梦中梦见天神说："明天有七位将军遇灾难，路过你村，你们应当救他们。"长辈启开门板一看，果然见有一人携带一筐，筐上用衣服盖着，内有许多小儿哭啼之声，询问才知缘故，于是长辈便遵照天神之语收养了他们。待这七个小儿长大后都勇猛异常，崇祯时都是农民军首领。

万历二十二年（1594）九月初六夜里，天空中出现一颗星，圆大似碗，颜色如血，红光照耀大地，霎那间又变为五颗星，也如碗大，都是血红色，到三更时又合并为一颗，四更时又分为五颗，五更又总归为一颗，如米箩大小，呈血红色，甚是怪异。顺德县有民妇生下一女，该女暴长，一个月内便长如成人。万历三十二年（1604）二月，厚载门皇城一带，忽然出现城郭、山川、树木、人物的幻影，又出现无数铁骑降临城下，城墙上出现竖立的旗帜。京城发大水，有个巨人从北方来，身穿白衣，头戴白帻，双耳下坠，身高二丈多，双目炯炯，火光射地，向南而去。苏州城东太学陆邦杰家有一妇人，生下一个肉胞却没有血，刺破肉胞，里面有百余个小儿，都一二寸长，能够蠕动。苏城吴乙之妻产下金色鲤鱼，长四尺，家人把它投入水中。山东一带有一人家在仓中收藏小黑马料豆，却都飞得不见踪影，结果在仪真从天而降，有人捡到，有得一撮有二三合之多。

天启二年（1622）六月，日正当午，北方出现一星，随太阳而转。当涂县有一民妇生下一物，如乌鸦却没有羽毛，片刻之间化为一摊血。平阴县有人养蚕，蚕刚吐丝，还未成茧，一夜之间忽然变成一面面黄旗，长度都有一丈多。崇祯帝即位，将要坐上宝座时，忽然大殿西侧发出巨大声响，如同天崩地塌，卧马都惊，群臣百官更是惊恐万状，并且在五凤楼前捡到一个黄包，包内有一个小函，上写："天启七，崇祯十七，还有福王一。"

崇祯元年（1628）七月二十三日，杭州仁和县牛头堰村民于望云家生下一子，孩子刚满月，忽然发大水，大潮水汹涌而来，于家人惶惧逃跑，小儿被潮水卷走。第二天，赭山港渔民捕获一条大鱼，重达百余斤，众人将鱼抬到彭敬全家，换了酒米。打开鱼肠一看，有一小儿在其中端坐不动，大家认为神异，正巧彭家无子，便把小儿当自己孩子喂养，于望云家亦无其他孩子，听说此事后，便到彭敬全家请求送还孩子，彭家不允。于望云便到官府告状，官府判得鱼腹中能得全子，乃是千古异事，让两家共同拥有该子。到该子长大后，两家各自为他娶妻。住在于家之妇生的孩子，便是于家之孙；住在彭家之妇所生孩子便是彭家之孙，后来各自生了数子。松江有一姓莫老翁，其女儿已经嫁人，却忽然变为男人。河南遭大旱，密县民妇生下一个造成旱灾的鬼怪。河南某地的草木都长得如战斗中人马披甲持矛的形状。孟县村民孙光显家的祖墓以及同村王氏、党氏家的墓地一带，生长出一种葡萄草，夏天抽发新枝，枝条呈万种形状，有的为美人、书生、达官贵人；有的为龙、凤、龟、麟、雀、鱼、蛇、鼠状；有的为蝉、孔雀、鹦鹉之状，都有五彩点染，栩栩如生，奇巧可爱。和州某地种芥菜结茄子。宣城城墙出血。京师城门有女子啼哭之声，又有空中炮鸣，深夜鬼哭之声。山东天降血雨。京师宣武门外斜街有人家中养了一只白条鸡，羽毛鲜艳，好斗，纯红色，逐渐长大，重达四十多斤，有占卜之人说："这是一只鸭子，所见之处该国要亡。"崇祯十二年（1639），凤翔闹鼠灾，大鼠成群，能吃牛，甚至还吃人，将人咬得露出骨头。该年四月，有一颗星坠落于凤翔彭画师家，却不着地，像金属一样旋转，很久以后渐渐升高飞走，照耀数十里，同时各处都听得见鬼哭之声，声如咆哮，随声音还有影像出现。松江出现一条大鱼，长约数十丈，鱼眼中可容纳三人却没瞳仁。襄阳春山乡村民捕获一头牛，生有两头二目。德安府天降鱼雨。

崇祯十三年（1640）九月十五日，两日并出。崇祯十五年（1642），顺天府的河县，天空中忽然坠落一龙，牛头蛇身，有鳞有角，在沙上中间宛转号叫，人们用水泼它，便稍稍停止，三天后死掉。泰州的两座山忽然合而为一，居住在两山之间的人都不见了。京师中的铁炮忽然自己鸣放。四川有水变成血，井中发出鸣响之声。山东有一妇人生下一小儿，人身，双猫之首，头上长角，角的上方有眼，手长垂过双膝，兼有雌雄两体。嘉定有一男子没有家室，忽然肚子增大，面色蜡黄，人们都以为他中了蛊毒，其邻居夜里听见呼喊声，进入他家一看，这个男人却生下一个男孩，邻人把此事报告官府，男人却已抱着孩子逃走。蕲州县闹鬼，大白天列成阵，在屋墙上行走，嘲弄住居之人。奉先殿顶上的鸱吻忽然落地，变成披发鬼状哭喊着出宫而去。

崇祯十六年（1643）正月，京师军营的巡捕军夜间宿营在棋盘街之西，刚交更时，有一老人来说："夜半子时，有一个妇人浑身缟素，哭泣着自西而来，她要向东去，你们不要让她过去，如果让她过去，就要遭厄运，到鸡鸣时便没事了。我是土地庙的神仙，所以来告诉你们。"夜半子时，妇人果然来了，值班军士按老者之言，不让她过。但在五更前，军士偶然睡着，妇人便向东逃去，很快妇人又返回，把巡逻之人弄醒说："我是丧门神。上天命令我行罚这里，你为什么听老人之言阻拦我，灾祸马上降临你头上。"巡逻之人赶快回家告诉家人，话还没说完就倒地而死。又有瘟疫横行，人鬼混杂，天还未黑人就不敢出行，一时间买卖贸易中所用纸钱都要先投入水中，有声响的便是钱，没声的则是纸。大瘟疫过后，河北有小儿见到一人，脸上有白毛，便把这人赶到废棺之中，发棺时白毛飞满空中，没过多久，便又发生了羊毛疫。羊毛疫逐渐传染到江南，百姓互相告诫："不要吃茄子，吃茄子必然生病。"既而试验，把手中茄子分成两半，立即就有羊毛出现。用药治这种病难逃一死，只有把中指刺破，流出紫血，去了羊毛才能痊愈。汤溪种李却结黄瓜。义乌有牛生两个头，一身有八条腿。

崇祯十六年（1643）十月初十黄昏时，皇家御库中银子忽然飞出一大片，银子的边相触发出声响，自西向东飞去。光州下了棉絮雨。皇宫中出现黑病。杭州出现鸺鸟，鸟身人面，两翼四足。沅州、铜仁连界之处，挖掘出古碑，上面有两行字，说："东也流，西也流，流到天南有尽头。张也败，李也败，败出一个好世界。"凡是有流贼所到的城邑，三天前必然先有鬼到，这些鬼千百成群，先大然后逐渐变小，每到一处，城中之人都不知该怎么办，任凭它奸淫屠戮。各种灾异现象，多不胜书。因而说：国家将亡，必有妖孽！

刚愎自用的君臣

崇祯帝，清朝加给的谥号为愍帝。愍帝杀了魏忠贤后，天下人歙然期望得治。无奈愍帝虽然英明勤俭，爱民图治，但是个性却刚愎自用，专以察验为明，结果反被群臣所蒙蔽。而且在粮食及赏罚上，既不了解人，又不知兵，丝毫没有驾驭经济的才能。而他的两三个文臣，都是只会纸上谈兵的腐儒，根本无用，却只知道相互结党，只为自身打算，并不为天下国家大计着想。他的几个武臣则又都认为消灭了农民军，可以太平无事了，所以必然被文臣所欺凌，因而他们虽然屡次打败农民军，却不肯彻底消灭他们，完全是为了挟持农民军以自重，所以当时有一段民谣说："崇祯十七年（1644）三月十八，明朝诸臣送礼给李自成，具柬说：'谨具大明江山一座，奉申敬，文八股顿首拜。'"这是出于气愤这些腐儒的亡国之罪。

愍帝刚刚即位时，便起用袁崇焕[1]为兵部尚书兼右副都御史，总督蓟、辽、登、莱、天津各地的军务。袁崇焕由于私愤杀死左都督毛文龙。事情的起因是，游击毛文龙奉辽抚王化贞之命安抚猪岛、黄鹿岛等处，结果他带领二百人占据铁山皮岛，并且召集许多亡命之徒，聚众达十万人，逼近辽东，成为牵制后金的大患，但

1.袁崇焕（1584—1630）：字元素，东莞人。万历进士，明末大将。天启二年曾大败努尔哈赤。

是，袁崇焕恨他刚愎自用，便把他给杀了。由于毛文龙于崇祯二年（1629）四月被杀，于是明朝的灭亡是必然的了。

起义此起彼伏

崇祯元年（1628），陕西延安地区大闹饥荒。府谷民王嘉胤领导起义，同时又有不沾泥、杨六郎等人起事。延安人张献忠[1]也随同这些人一同举事。张献忠足智多谋，当时号称“八大王”。这时，又有白水人王二起兵响应王嘉胤，向北与王嘉胤之兵会合，人数达到五六千人。他们一路进攻，迅速攻陷延安、蒲县、韩城等地。米脂人李自成[2]也去投奔了王嘉胤。李自成家境贫困，性情聪颖，善于飞跑，能骑能射。没过多久，参政洪承畴[3]奉命镇压这些起义，并打败起义军，相继俘获了不沾泥、杨六郎等人，李自成逃走藏匿在延安的山泽间，得以幸免。崇祯二年，官军围剿并平定了汉南起义军，张献忠占据米脂县十八个寨子，此时也只好向秦巡抚杨鹤乞求投降。但杨鹤昏庸无能，为了邀功，又派遣官吏四处招抚起义军，起义军的一些首领，如黄虎、小红狼、一丈青、龙江水、掠地虎、郝小泉等人都来投降，杨鹤都给了他们免死牌。这

1.张献忠（1606—1646）：字秉忠，号敬轩，延安柳树涧人。明末农民起义军首领。

2.李自成（1606—1645）：本名鸿基，陕西米脂李继迁寨人。明末起义军首领，曾建立大顺政权。

3.洪承畴（1593—1665）：字彦演，号亨九，福建南安人。万历进士，后降清，官至兵部尚书，翰林弘文院大学士等职。

样，这些起义军首领表面上虽然投降，实际上仍存反叛之心，大患已经形成了。

这年冬十月，皇太极亲自率兵南下。大军路过京城时，群臣便想一举夺取大明，皇太极下不了决心，于是便班师北归了。

明朝中了后金的反间计，将蓟辽总督袁崇焕逮捕下狱，接着又在市中磔杀，从而使明无力抵抗后金，无奈只得警诏天下勤王。山西巡抚耿如杞奉诏率兵来援，他所统率的兵将都是常守边疆的劲卒，到达京师后进行戒严，兵部多次调动其兵不止，同时又不发给其粮饷，于是该部在涿州哗变，大肆攻掠良乡。朝廷将耿如杞逮捕，把他论为死罪，致使他的部将叛乱为盗，大扰山东。接着，耿如杞残部又与李自成会合，聚众上万人，共同推举高迎祥[1]为闯王，李自成为闯将，流动于山西、河南等地。崇祯三年（1630），秦川一带闹旱灾，粮食价格十分昂贵，军饷匮乏，部队无粮，兵士便都逃到山间落草为寇。

这时山东一带起义军日益发展，朝廷为此议论核发兵饷，各边镇一共筹集兵饷数十万，然而部队仍有许多哗变，并且率领饥饿百姓一同起事。又有给事中刘懋请求裁掉一些驿站，说这样每年可以省去金钱数十万，崇祯帝依从了他。哪知道，河北游民一向以劫持驿站为生，这时无处得食，便索性一同投奔了农民军，叛乱起事之风更为强烈。给事中吴执御请求皇帝罢免各种加派、捐助及搜刮这三项沉重负担，以松懈对百姓的困扰，崇祯帝却不听；吴执御又请求在边疆的诸城邑，选择好的官吏借助本地的钱粮，

1.高迎祥：一名如岳，陕西安塞人。明末农民起义领袖。

训练土著兵丁，各自为守，使起义军无处落脚，然后再发兵征讨，这样便能取胜，崇祯帝还是不听。

六月，曹文诏在阳城击败并杀死了王嘉胤，起义军又推举王自用为首领，号称“紫金梁”，起义军其他的头领，也都各有自己的称号，如老回回、八金刚、闯王、闯将、八大王、择地王、闯塌天、破甲锥、邢红狼、乱世王、混天王、显道人、乡里人、活地草、草里狼、左金王、曹操、关索、混天星、过天星、独行狼、蝎子块、一字王、射塌天、混十万、可天飞、混天飞、点灯子、王老虎、金翅鹏、满天星、混天猴、上天龙、马志虎、独头虎、上天猴、黑煞神、飞山虎、一只虎、撞天王、翻山鹞、整齐王、紫微星、托天王、十反王、小秦王、混世王、上天王、一连莺、一盏灯、钻天哨、开山斧、一座城、通天柱、爬天王、抓地虎、滚地狼等名号。上面诸人，或一个人率领一营，或二、三、四、五个人率领一营，一共分为三十六营。这时，张献忠等人重又反叛而去，分兵陕西、山西、山东、河南、四川、湖广、河西几路，由北到南，自南而北，所过之路，烧杀抢掠，其惨状亘古未闻。

朝廷将总督三边的都御史杨鹤下狱，以被起义军诈降被欺定罪。这时，各地义军一旦打了败仗，便投降官军，随降随叛，朝廷大臣任其所为，所以有官贼之称。而此时官军由于无饷，也到处奸淫掳掠，于是民不聊生，都纷纷参加义军，几乎可以说没有百姓了。八月，崇祯帝下令让洪承畴总督三边军务，洪承畴、曹文诏击败义军赵四儿，将他活捉，一问他便是点灯子。崇祯五年（1632），陕西义军进入山西，四处攻杀。山西巡按罗世锦将责任归咎于陕西，说以邻国为壑。给事裴君锡为山西人，上言请求责成秦巡抚把义军赶回秦地，然后再议围剿招降之事。处事之人这等无识。洪承畴、曹文诏在西澳打败起义军，又在铁角城获得胜利，斩杀农民军头领可天飞、独行狼等。曹文诏忠勇无敌，屡建大功，但却因此为文臣所排挤，由于他没有后援之力，结果在娑罗寨自刎身亡。此时，文臣之间结党营私，武臣则在一旁畏缩观望。农民军诸部队没有一天不攻陷几座城邑的，有的城邑只经过一次攻击，有的城邑经过数次攻击，这些经过数次攻击的城邑的妇女、百姓、屋舍几乎全部无存，只剩下一座空城而已。

崇祯六年（1633），崇祯帝命内阁诸大臣各自巡视行营，这些内官动不动便以皇威欺压下面的官吏庶司，傲慢无礼，于是官吏庶司群起来抵抗内官，这样军事上的事则被掩制了。张道濬抓获满天星，总兵张应昌逮住一盏灯，延绥巡抚陈奇瑜击斩钻天哨、开山斧、一座城等人。山西、陕西又闹大饥荒，饥民饿急了便互食人肉，因而百姓投奔农民军的人更多了。

崇祯七年（1634），总督陈奇瑜在车厢峡包围李自成，这时天公不作美，淫雨连绵四十多天，农民军无处得食，迫不得已，便自己捆缚着向陈奇瑜乞求投降，陈奇瑜也就受降。没过多久，天气好转，农民军渡过了难关，于是又不受约束而反叛。闯王的先锋官高杰因为夺李自成之妻，所以向贺人龙乞降。山西巡抚戴君恩将农民首领通天柱诱杀。山西、陕西一带的饥荒更重，农民军的势力就越来越大。崇祯帝一怒之下削去总督陈奇瑜之职，听候发落。洪承畴奏禀皇上说：“贼兵猖獗，动不动就达到数十万人，而官兵只不过一两万人，贼兵有许多精骑，经常跨双马，而官军中骑兵只有十分之三，其他都要步行，所以无法追赶；贼到之处攻掠城堡，立即可得到食品，而官军必待转运，如果不大发兵饷，怎么能克敌制胜呢？”与此同时，河南也发生大旱，许多人也投奔了农民军，农民军更为强盛。

崇祯八年（1635），陕西农民军数十万人入关，分兵几路进入山西、河南、两湖、四川。河南农民军也进入江南。赵六安攻陷凤阳，焚烧皇陵，恣意奸淫掳掠。皇陵被烧之事报到朝廷，崇祯帝穿素服退避殿内，亲自祭祀太庙，遥告祖先。蕲黄村村民抓获并杀死爬天王，爬天王父子每日吃人肉，双目赤红。

崇祯九年（1636），武举人陈启新上言说：“科举无用，只知道虐待剥削人民来养肥自己，百姓能怎么办？不被逼为盗还能干什么？圣上的天下不断送在这些章句腐儒手上他们是不甘心的。”崇祯帝惊奇他的言论主张，便提拔他为吏科给事中。然而陈启新实际上也没有什么异能奇才可用，到崇祯十四年（1641），因为匿丧被弹劾，崇祯帝下令捉拿审讯他，结果陈启新吓得逃跑了。这一年，总理卢象升在谷城打败农民军，斩杀首领黑煞神、飞山虎。

崇祯九年（1636）四月，大清太宗皇太极称帝，建国号“清”，将该年由金天聪十年改为清崇德元年。七月，明朝陕西巡抚孙传庭[1]抓获闯王高迎祥及刘哲等人，送往京师，崇祯帝下令把他们分尸处死。高迎祥死后，农民军将士共同推举李自成为闯王。明朝副大将祖大乐在永城打败农民军，杀死首领混天王。紫金梁、扫

1.孙传庭（1593—1643）：字伯雅，振武卫人。万历进士，明末大将。

地王等许多农民军头领都归附了李闯王。

崇祯十年（1637）正月，老回回等人奔向桐城，总兵秦翼明等人将其在麻城打败。老回回所属部下整齐王、八大王九营分四路溃逃，一支败走罗田，一支溃走团风，一支逃向蕲水，还有一支投奔岐亭。闯塌天等诸头领又分为两路到江北，一路自桐城进犯庐江、舒城，一路由光固翻越霍山向六合东行，接着这一路又分为数十股，分扰江北各地。这一段时间内，各路农民军首领节节胜利，混天星侵入商洛，李自成纵横西安，过天星盘踞汧陇，独行狼打下汉南，蝎子块焚掠河西，气势十分猛烈。明朝剿援总兵左良玉[1]在舒城、六安之间打败农民军，连战三捷。秦翼明在细石岭大战闯塌天，也将其打败，捕获农民军头领一条葱、新来虎，农民军暂时逃入大山之中。张国维督促左良玉入山搜捕，左良玉害怕入山，迟迟不去，而其兵将则每日在外夺掠，抢回数千名美女取乐。张国维再三催兵，左良玉才从舒城进发，但此时农民军已出境了。为此，崇祯帝下诏革去左良玉之职，让他杀敌赎罪。随后，崇祯帝又命陕西巡抚孙传庭兼理河南之事，并任命熊文灿为兵部尚书，总理直隶、山东、陕西、四川、两湖军务，督促他围剿农民军。

崇祯十一年（1638）正月，左良玉、陈洪范在郧西攻破农民军张献忠部，张献忠无奈再度投降于陈洪范。八月，曹操在陕州会合诸农民军首领革里眼、过天星、托天星、十反王、整齐王、小秦王、混世王、整十万等人之兵，然后进犯襄阳。熊文灿迅速赶到

1.左良玉（1599—1645）：字昆山，临清人。明末大将。福王即位后，封宁南侯。

襄阳，派遣副将龙在田向革里眼、射塌天在双沟一带邀战，并一举将其打败。老回回奔走枣阳，其他义军也跟随他。只有曹操独自留在内浙，势单力孤，于是他便向明提督太监李维政乞降。李维政把曹操之求告之熊文灿，于是熊文灿下令诸军不要进攻，曹操率所属九营全部归降，曹操被授为游击将军，粮饷军资都很齐备。由于罗汝才（自称曹操）自言不愿意做官，愿意成为百姓耕田为生，朝廷分给他所属之部房屋，在竹、郧、均等城邑，与百姓错壤而居。这时张献忠在谷城诈降屯兵，罗汝才与他互为声援，遥相呼应。

李自成虽然攻陷泸溪，但洪承畴、孙传庭却在襄阳取得大胜，将李闯王围困在潼关。当初，闯王的父亲李守忠在华山祈祷，梦到天神把破军星下凡给他做儿子，因而生下自成，所以称他为黄来儿。李自成的妻子韩氏，原来是娼妓，县役盖君禄曾与她通奸，李自成将二人杀掉，带着李过逃兵到甘州。后来李自成又娶刑氏为妻，刑氏又与高杰私通，高杰带刑氏私奔后，投降明朝。潼关失败后，李自成再娶的妻子以及女儿又都被官军所抓，只有他的随从十八骑兵跟随他逃出，路过谷城时，李自成依附了张献忠。张献忠为了探得李自成的虚实，便请李自成饮酒，喝到半醉时，张献忠把手放在李自成的背上说："李兄怎么会愿意随我一起投降而疲于奔命呢？"李自成仰头笑道："不愿意。"张献忠心想既然如此不如让他走吧，便给了李自成一些衣服、马匹，让他投奔了老回回之营。李自成卧病半年后，老回回给了他一百人马，让他带领这些人马出阶文，奔陕西而去。这时，左良玉又大败农民军，射塌天投降，射塌天就是李万庆，投降明朝后屡立战功，官至副将，负责镇守襄阳城，后来李自成攻陷襄阳城时将他斩杀。

经过这些年的激战，各路农民军几乎都已被平定，但是总督熊文灿庸懦无能，调度失宜。到了崇祯十二年（1639），张献忠在谷城第三次反叛。此时又发生蝗灾，飞蝗多得蔽日遮天，将五谷粮食全部吃得精光，饥饿之民又一哄而起纷纷加入农民军，罗汝才所属的九营也又反叛，响应张献忠之举。七月，张献忠、罗汝才在房县会合，左良玉奉命追讨他们，却大败而归。事情传到朝中，崇祯帝下令将熊文灿逮捕弃市，并任命大学士杨嗣昌率兵征讨农民军。罗汝才、过天星等七股义军这时已进入四川，攻陷夔州，石柱女帅秦良玉[1]向农民军邀战，杀死了东山虎。秦良玉率兵勤王，当她进见巡抚时，却公然带着十几个美貌男妾。与此同时，李自成在陕西重振声威。九月，秦良玉之兵在函谷关大败李自成之兵，李自成的兵马几乎全军覆没。秦良玉在北边逼迫，左良玉之军则扼住南边，李自成之军被逼得没有其他出路，而且粮食也吃完了，许多人被迫自杀而死。李自成的养子李双喜前来救援。明将把李自成团团围住，甚为严密，督师杨嗣昌说："围师必然有缺陷，不如空出武关一路，等待其逃走时再抓他。"李自成被困无奈，将军中所带妇女全部杀掉，自己率领五十名骑兵冲破重围向南而逃，明诸将不能抵御，于是李自成从武关逃入郧阳。这时，河南也正闹饥荒，李自成所过之处，百姓跟随者数万人，于是李自成又重振军

1.秦良玉（1574—1648）：忠州人。明末女将，为石柱宣抚使马千乘妻。骁勇有智，善骑射，马千乘死后，她统领其部下。

威。杨嗣昌即杨鹤之子，父子两人前后两次误国。

崇祯十三年（1640），秦良玉军又在峭函大破李闯王的部队，被杀者数千人，蝎子块被杀，其他农民军首领如整十万、扫地王、小秦王、金翅鹏、托天王、过天星、关索、满天星、张妙子、刑家米、大天王、镇天王、一条龙、小红狼、九梁星等相继投降。李闯王突破重围后，出走河南。偏偏老天不作美，南北两京加上山东、河南、山西、陕西、浙江均闹大旱、蝗灾，草木都被吃尽，只能互食人肉度日，所以，农民军的势力又开始上升。又有开州人袁时中聚众攻打开州，十天之间，追随者数万人。而这时官军不杀农民军，反而每日肆意淫掠，杀死从军之男的妻子以邀赏。遇到家境稍富的，府县等官吏又给他加上通贼之名，杀死后抄没其家；遇到家中有美貌妇女的，便将其收为婢妾。遇到真正通农民军的，却又害怕不敢问罪。百姓根本没有逃生之路，于是被迫投奔起义军，农民军日益壮大，明朝灭亡之日迫近了。

崇祯十四年（1641），河南、山东的农民军全部归附于李自成。李自成带领群兵攻陷河南府。李自成将福王杀死切成小块，又混杂鹿肉，取名“福禄酒”，用来下酒。福王乃是神宗的爱子，其母为郑贵妃，富甲天下，后宫中珍珠宝藏堆积如山，都为李闯王军所得。李闯王席卷其子女玉帛进入山中，接着又命部队围攻开封。周王朱恭枵拿出五十万金钱，招募人马抵御闯王，才将其打退。与此同时，张献忠也率部袭击襄阳，焚烧了襄王府，活捉襄王。张献忠坐在王宫宝座上，令襄王坐在堂下，张献忠向襄王劝酒说：“我想砍下杨嗣昌的头报仇，可惜杨嗣昌却远在四川。今天当借王爷的头，促使杨嗣昌投降伏法。”于是斩杀襄王。张献忠的一些部下奸淫宫中妇女，夺掠财宝，获得的军资器械堆积如山。这年三月，督师杨嗣昌在军中上吊自杀。李闯王攻陷归德后，牛金星投降闯王，李自成把自己的女儿给他做了妻子。牛金星向闯王推荐了一个算卦的人，名叫宋献策，说他善算河洛之数。宋献策高不过三尺，见到李自成献上图谶说：“十八子将要统治天下。”李自成听后大喜，立即拜宋献策为军师。此时闯王之军已有五十万人马，曹操重又与其会合，农民军愈加强盛。崇祯帝为了用人，从监狱中赦免出兵部尚书傅宗龙，任命他为陕西总督。李闯王攻打项城，傅宗龙率兵来救援，闯王大破傅宗龙军，傅宗龙大骂而死。闯王攻陷了项城后，又分兵进攻商水扶沟，接着又合兵攻取叶县，镇守的将军刘国能战死，他就是降将闯塌天。

这时农民军力量有所减弱，其中有些不坚定的已经投降了官军，而一些意志坚定又勇猛顽强的则都归附了李闯王。只有老回回、革里眼、左金王、曹操、八大王、袁时中仍然独立存在活动。老回回真名马守殷，革里眼原名贺一龙，曹操也就是罗汝才，而八大王即张献忠。老回回、革里眼、左金王攻陷了宿松、英山、潜山等处，张献忠拿下了郧西，有部队数十万人。张献忠又率兵攻打信阳，但被左良玉打败，于是张献忠投奔了李自成。李自成却想杀张献忠，张献忠不得已，只好向东与老回回、革里眼相合。老回回、革里眼、左金王及张献忠最后在河南会合，聚众超过百万人，并打下了襄阳城。当初，陕西巡抚汪乔年掘李自成家祖墓，挖出一条蛇，形状像龙，腾空而去，将太阳咬了几口才坠落，汪乔年便命人将蛇斩杀示众。而到这时，汪乔年率兵来救襄阳城，结果吃了败仗并被杀死。又有米脂县县令边大绥挖李自成家祖坟，挖出一物，浑身长满鳞甲，边大绥下令把它剁成肉酱焚烧成灰。农民军攻陷南阳后，杀死唐王。李自成、张献忠又合兵夺取了禹州，杀死明朝的徽王。接着，二人又一同围攻开封，周王朱恭枵与巡抚高名衡、总兵陈永福竭尽全力固守。陈永福用箭射中李自成的左眼，李自成屡攻开封不下，只好退兵屯驻朱仙镇。

崇祯十五年（1642）正月，李自成攻打开封更为猛烈，他命令用洞车靠近城墙，又命令汴梁人凿挖城墙，将城墙的土挖空，共挖了几十个宽十多丈的大窟窿。然后运来数万斛（斛hú，十斗为一斛）火药填实在大窟窿内，外面再填上实土，做成一个个小土山来掩盖这些洞。农民军身穿盔甲，手持长矛，准备看到火药将城墙炸崩后便一拥而上。没想到当点燃火药时，由于旧土比较实，而新土较虚，所以火药一炸，砖瓦土石都外起崩天，并向城外乱飞，结果反把围布在城墙外的农民军战士炸死炸伤许多，农民军战士都十分惊惧，只好解围而去。老回回、革里眼、左金王、李闯王、曹操等人率领各路农民军八十万人夺取陈州，又接连攻陷了睢州、太康、归德、宁陵、考城等地。明朝督师孙传庭十分愤怒，杀死总兵贺人龙。贺人龙是米脂县人，以诸生资格被提拔起来为朝廷效忠，在镇压农民军的战斗中屡建战功，但崇祯帝却怀疑他与农民军秘密相通，便下密令让孙传庭杀了他。农民军听说贺人龙被杀，高兴得举酒杯相互庆祝说："贺疯子死了，我们取关中就像拾草一样容易了。"

没过多久，山西、陕西又闹起鼠灾，这些老鼠据说产于哈蟆肚子中，一产便有数十个之多，它们把粮食禾苗全都吃光了，百姓没得吃，饥饿之急便相互吃人，许多人便投了农民军，使队伍更为壮大。老回回、革里眼、左金王、曹操、李闯王、张献忠等人率兵第三次围攻开封，开封守臣告急，总兵许定国命令山西之兵渡河救援开封。但是由于农民军势力强盛，官军十分害怕，全都不战自逃。覃怀督师丁启睿以及来救援的各路部队杨文岳、左良玉、虎大威、杨德政、方国安等人都在河上溃败。山东总兵刘泽清也来救援开封，在米家寨扎营，农民军连续攻打了三天，由于没有其他援军，刘泽清也率兵而去。开封城久被围困，粮食已尽，人相食。开封城北靠黄河，巡抚高名衡等人依仗可引黄河之水来因而仍然固守，农民军便决开黄河大堤，使河水直接灌入城内，河水之势如同小山直压而下，浪高有两丈多，城中兵士百姓淹死了数十万，农民军本身也有数万人被淹死。高名衡、陈永福与周王朱恭枵等人都乘小船穿过开封城，到城西登上小山，寻路逃跑。城中还剩下几万活着的人，于是农民军乘船入城，夺掠而去。张献忠再次攻陷六安，将城中之人全部砍断一只手臂，男左女右。总兵黄得功、刘良佐率兵来援救六安，结果被农民军打败。张献忠接着又策划渡过长江，攻取南京，做皇帝、改年号。张献忠南下后，结果在潜山被黄得功打得大败，接着在安庆又与刘良佐率领的官军遭遇，并且再次战败。十月，张献忠率兵向西逃入蕲水。黄得功忠勇双全，打仗无敌，当时人称他为“黄闯子”。而李闯王一路农民军这时会合各路农民军攻取了汝宁、攻陷襄阳，将崇王朱由樻及世子、诸王、妃嫔全都俘虏带走。农民军又拿下武冈，杀死岷王。崇祯十六年正月，李自成攻破承天府，巡抚宋一鹤、钟祥、知县萧汉在该战中遇害。

当初，李自成率领农民军活动于秦、晋、楚、豫一带，攻下半个天下。接着又连续攻陷荆、襄、鄢、郢，席卷整个河南，部队人数达到百万人之多，因而李自成便当然地认为没有人能够与他争天下了，一心想着占据城邑，择立名号。其他农民军首领都奉李自成的号令，推举他为“奉天倡义文武大元帅”，李自成占据襄阳城后，把它称为“襄京”。李自成还把他所攻陷的其他郡县都改易名号。随后，李自成又重修襄王宫殿作为他的元帅宫，并且设官分职。而老回回这时也归附了李自成。革里眼、左金王虽然与李自成合兵，但他们自恃所属人多，所以与李自成貌合神离。这年三月，李自成备酒设宴招待左金王和革里眼，然而却在席上把二人杀死，合并了他们的部队。李闯王又命罗汝才攻打郧阳，罗汝才久攻郧阳不下，他所属的部队死伤很大，所以心中怨恨李自成。四月，李自成派几十名骑兵突然闯入罗汝才的大营，趁罗汝才仍睡卧未起时，把他杀死。罗汝才所属农民军全军哗然，过了七天方才平定，其中大部分人分散而逃，有的投降了陕西督师孙传庭。袁时中这时想要归顺大明，被李自成发现，五月，李自成率兵将袁时中杀死。自此以后，只剩下李自成、张献忠所率领的两支农民军驰骋于中原了。

崇祯十五年（1642）十月，张献忠败走蕲水，第二年正月，他率军夜间偷袭蕲州，并拿下蓟州。张献忠命令城中所有缙绅、孝廉、文学等官吏从城东门入，西门出，将这些人全部杀死。随后又将整个蕲州城中之人斩尽杀绝，只留下一些少年及美貌妇女，让他们光着身子毁坏城池，如果稍有不听话，便立即杀掉。到了三月，张献忠再度攻下蕲水，接着便从蕲水飞奔到黄州，乘着天下大雾攻打黄州城。黎明时分，黄州城被攻破，农民军捉拿副使樊维城，樊维城不服，被杀死。张献忠又率部队沿江而上，全军出征攻下汉阳，接着由煤炭州渡江，直逼武昌城下。此时，武昌城库藏空虚，但楚王本人却积金百万，长史徐学颜请求楚王拿出几十万来赡养军队，楚王不听，却反而招募兵士帮助守城。农民军来攻城时，参将崔文荣拼死抵抗，杀死了不少农民军士兵，但是楚王府新招募的兵士却为农民军做内应，这样城池便被攻破了。崔文荣与前大学士贺逢圣以及楚王府长史徐学颜都战死或被杀。农民军活捉楚王，将他投入西湖淹死。农民军进城后，获取楚王宫中积金数百万，杀死楚宗及他的随从，将尸体投入江中，浮尸多得掩盖了江面，顺江水之流而下。张献忠部队便占据了楚王府，一些人奸淫宫中妇女。张献忠把武昌改为京城，并设置了六部五府，他还给自己铸造了西王之宝，模仿历朝开科取士，授封郡县之官。李自成听到张献忠的所作所为后非常愤怒，派人假装向张献忠祝贺说："老回回已经归附了我，曹操、革里眼、左金王都被杀，马上就要轮到你了！"张献忠听后十分惧怕，并且心中十分恨李自成。七月，方国安会合左良玉部副将徐懋德、马士秀率领步兵和骑兵二万人乘夜偷袭农民军，并取得了胜利。左镇诸军一并向前进发，张献忠留下一部分农民军守卫武昌，自己率兵进攻岳州。官军收复了武昌，接着又收复了汉阳及其他各地。张献忠攻陷岳州后，又一举拿下了长沙，在长沙拆毁桂王的宫殿。接着张献忠又以长沙为京城，开科取士。同时，张献忠又发兵进攻江西，连续攻陷了瑞安、临江、新喻、分宜等地，将这些地方焚杀一空。随后，张献忠一鼓作气攻下袁州和吉安。同年十一月，江督吕大器率兵收复吉安。左良玉率军移镇武昌，命令马士秀等人进攻长沙，扰乱农民军后方，又命令马进忠等人进攻袁吉，袭击农民军前锋。官军各路一齐出袭，农民军抵挡不过战败，官军又夺回了岳州及袁州等地，将张献忠所封的官吏全部杀死。

崇祯十七年（1644）正月，张献忠放弃长沙，率领步兵、骑兵数十万人进入夔州。六月，张献忠攻陷涪州、泸州，蜀王在江南告急。张献忠夺取重庆后，瑞王整宫人员全部遇难。八月，张献忠攻下成都，蜀王也阖宫被害。张献忠自称西王，改元大顺，并且下令，大力搜捕全蜀的官吏绅士到成都，全部把这些人杀掉。接着又公开张榜考试读书人，宣布将不来赴告之人全部杀死，吓得各地文人诸生争相来赴试，张献忠却用兵把考场包围，将这些考生全都杀死，其中许多人都是手握笔策而死。蜀中的文人士大夫被斩尽杀绝后，张献忠又开始屠杀百姓，或者将人剥皮，或者将人割去手足，或者割去少妇阴部与足然后吃掉，结果弄得全蜀境内渺无人烟。张献忠占领了两川之地后，得知清兵就要来了，而四川之内又没有人迹，没有地方可去，便从以前所掠的美女中选择数百人，白天黑夜花天酒地，行淫玩乐。对他不喜欢的妇女便蒸来吃掉，吓得这些妇女百般向他献媚，以求得活命。张献忠没过多久便因此患病，但他越是有病，越是玩乐不止，结果病死了。清兵攻进四川，张献忠的部下全部投降。也有人说，清军攻进四川后，张献忠出战迎敌，被流矢射中而死，他的尸体化为黑虎又伤害了无数人，但不知哪种说法是正确的。

李闯王自从崇祯十六年（1643）五月与袁时中合并之后，在荆襄一带大造战船，策划在荆州自立为王。为此，李自成派亲信大帅二十九人分别把守各处郡县要害，任命刘宗敏为步兵总领，白旺为骑兵总领。李闯王进兵行军，既使他的左右也不知道他欲往何处。并且闯王行军不带粮米，到达一地便劫粮而食，吃饱便丢弃其他多余的，实在没有粮便吃人。兵将中一些人都携带美女作为妻妾奴婢，只供享乐，生下小孩便丢弃。李自成手下的百万大军，对李自成唯命是从，行起军来如风云席卷。如果遇到大河，则用土堵塞上流来渡河。李自成抓来十五岁以上的男子，便收为养子。每到有重大谋划之事时，便把这些人召集到一起商议，李自成听他们发表意见，却不评价谁对谁错，但却暗里使用那些有本领的人。李自成攻城，对那些望风而降的人一概不杀，对坚守一两天的人杀死十分之三四，对坚守五六天的人，则必然杀死。因而，李自成也杀人数万，并将尸体堆积起来焚烧，称为“打亮”。

此时，农民军起义已经十多年了，从北京向南，南京向北，纵横数千里之间，白骨满地，人烟断绝，行人稀少。崇祯帝召保定巡抚徐标入京进见，徐标说：“臣从江淮而来。数千里地内荡然一空，即使有城池，也仅存四周围墙，一眼望去杂草丛生，听不见鸡鸣狗叫，看不见一个耕田种地之人，像这样陛下将怎么能治天下呢？”崇祯帝听后，潸然泪下，叹息不止。于是，为了祭祀难民，祭典阵亡将士和被杀的各位亲王，崇祯帝便在宫中大做佛事来祈求天下太平，并下诏治罪自己。催促督师孙传庭赶快围剿农民军。

八月，孙传庭到达阌（wén）乡，攻克宝丰，杀死农民军封的州牧陈可新，进入唐县，将农民军的家属全部诛杀。孙传庭又收复郏县，李自成曾率军抵抗，结果失败。此时，孙传庭的前锋已将左金王、革里眼的旧部全部收降，这些人都立志要杀死李自成，而高杰所统率的诸将对农民军的内部情况知道得十分详细。李自成派遣他的弟弟一支虎李过来抵抗，结果三战三负，不得已李自成奔赴襄阳。官军不断进逼，李自成累累败退，无奈只好挑土筑墙坚守城池，然而不久城中断食，人们面有饥色。李自成策划往何处去，牛金星请求先取河北，然后直捣京师，杨承裕则主张先占据河南，只有顾君恩说：“不对，不对。如果先占据河南，则势居下流，难以成大事，这个计策失之太缓。而直捣京师，万一不能取胜，便没有退兵之路，这个计策失之太急。如果先取关中，那里是元帅您的故乡，秦邦百里山河，足以建国立业。然后再向旁谋略三边，借助其兵力，攻取山西，最后进攻京城，这样进退有余，才是万全之策。”李自成依从了他的计划。正当李自成要进取关中时，赶上大雨连旬，孙传庭的军队缺乏粮饷，在汝州哗变。农民军降将李际遇私下里与闯王相通，李闯王率领各路骑兵赶到，官军与闯王部队展开激战，官军陷入农民军的埋伏之中，被打得大败，孙传庭与高杰败走河北。李自成得胜后带兵奔赴潼关，孙传庭亦整兵向潼关进发，官军人数仍有四万之多。一支虎李过攻陷阌乡后，迅速转向潼关，夺下督师军中大旗，农民军把大旗给守关者看，乘机闯入潼关，将官军打得大败而溃。农民军入关后向西行进，一支虎攻陷华阴，孙传庭只好后退，屯兵渭南。

这年冬十月，农民军几十万人一举攻下渭南，孙传庭战死在阵中，杨暄被活捉，他宁死不屈，因而被杀，农民军占领了渭南。李自成随后攻陷商州，商洛道台黄世清战死。接着，李自成一鼓作气拿下西安，陕西巡抚马师孔、按察使黄炯、长安知县吴从义、指挥崔尔达、秦府长史章世炯等人都死于该战。李自成占据了秦王府，活捉秦王，又分封授权诸将军之职。秦王府粮食充足、富甲天下，拥有资产数百万，全部为农民军所有。农民军分兵攻打其他各县，迅速攻下并占领了这些地方。李自成把西安府改为长安，夺掠当地有钱有势的大户人家的财产，以此作为军饷。十一月，李自成攻取延安，又拿下凤翔。总兵高杰率兵逃奔山西。高杰即翻山鹞，后来率兵进入江南。李自成夺取榆林，明备兵副使都任、总兵尤世威及他手下各将，一城男女老幼都被杀死。紧接着，农民军又直捣宁夏，宁夏投降。农民军于是又攻陷庆阳，活捉韩王，并杀死抵抗者。之后农民军迅速拿下平阳，杀死河西王等数百人，山西其他各县见到这种情况，都望风投降，款待并归附农民军。农民军派遣牌使到山西各地下书，其书措辞多是反对明朝的用语。

明崇祯十七年（1644），清世祖章皇帝福临登基，改元顺治元年。这年正月，李自成在西安称王，建立“大顺”国，改元永昌。农民军出兵进攻河东、河津，一路攻陷所有城镇，大获全胜。李自成派使给明朝兵部下书约战，说将于三月十五日攻进北京。崇祯帝由于担忧农民军就要攻进北京，颠覆明朝，所以悲叹不止。大学士李建泰说："皇上如此担忧，臣下哪敢不尽心竭力。臣下愿意用家财来辅助部队，带兵西行，剿杀农民贼军，建功立业。"崇祯帝听了非常高兴，说："爱卿如果出征，朕当仿效古人推轮礼而行。"于是命令大学士李建泰出师。崇祯帝用公牛为牺牲祭告祖庙，授予李建泰上方宝剑，并且亲自驾临正阳门，设宴作乐为李建泰送行，他亲自举杯为李建泰劝酒，并说："先生此次去，如同朕御驾亲征一样。"李建泰叩谢皇帝，随后起行，崇祯帝目送他很远。这天，正赶上刮大风，黄沙飞满天空，根据占卦说，这种天气不宜出师。果然李建泰走出没有多远，大风将旗杆刮折，识天相的人都为此十分担忧。李建泰出师后，听说山西烽火甚急，他的家也已经被农民军所破，因而进退两难，只得奔赴涿州，到那儿没多久便被农民军活捉。

二月初一，崇祯帝像平常一样上朝，忽然收一封伪书，打开来一看，里面的词语十分荒谬，该书最后说："限定于三月十五到顺天府会同馆来缴印投降。"一时间朝内大臣都相顾失色，下朝后也不敢再问此事。这时李自成的部队已攻到太原，太原没有重兵把守，巡按蔡懋德派出绕勇战将朱勇、朱孔训出战，结果朱孔训被大炮所伤，而朱勇则于乱战中阵亡，全军覆没。李自成派人到远近传檄，有的上面写道："皇帝并非十分昏暗，但是却被孤立，而且经常被蒙蔽。朝廷诸臣结党营私，甚至行贿勾通官府，真正尽忠公正之人绝少。朝廷的威福日益转移，转入外戚宦官之手，百姓的血汗脂膏都已被他们榨干枯竭。"又有的上面说："公侯都是一些吃喝玩乐的纨绔，但皇帝却以他们为腹心；宦宦都是一些食粮的猪狗，但皇帝却借他们为耳目。监狱中囚徒累累，读书人没有报国之心；各种苛捐杂税重重，平民百姓都有拼死而战的深仇大恨。”人们读后大多为其中之言所震动。蔡懋德明白自己根本无法抵抗农民军，因而写下遗表，命令监纪贾士璋悄悄寻路奏报京师。农民军攻下太原，抓获晋王。巡抚蔡懋德、中军盛应时等人都战死。没过多久，李自成的部队便到达正定，知府丘茂华投降，农民军派了一些骑兵进城没收库藏钱财和户籍。这时，农民军距离京师只有三百里了，但却没有人报告朝廷。吏部都给事中吴麟征请求放弃山海关，把吴三桂调来保卫京师，但群臣却都认为弃地不是良策，不同意。李自成大兵逼临宁武关，总兵周遇吉竭尽全力拒守，用大炮杀死农民军万余人。但是他的火药用尽，也有说是因为农民军势力太盛，所以周遇吉大声说：“奋战三天，杀死敌人数万人，我们还有什么可怕的？如果能取胜，那么我们全军都是忠义之士，万一不能获胜，把我绑起来交给敌人，你们可以保全性命。”说完便打开城门出击，周遇吉军穿着与农民军相同的衣服，举的旗帜也与农民军一样，但他们自己却做了记号，这样弄得农民军分辨不出敌我，阵脚大乱，结果又被杀死了数千人。有的农民军士兵吓得想要退却，忽然有人出了一个计策说：“我们人多，敌人数少，请大家脱下帽子来识别，见戴帽的人便杀，这样就可以将敌歼灭了。”于是农民军又重新来战，全都脱帽作为识别标志，结果打得明军大败。周遇吉全家自焚，他本身手挥短刀奋力拼斗，看见马上要被活捉，便大骂而死了。农民军顺利地拿下了宁武关。李自成也很佩服周遇吉，他叹息说："如果所有守臣都像周将军这样，我怎么能杀到此地呢？"李自成接着又攻下大同，杀死代王，总兵朱三乐、巡抚卫景瑗等人都卫城而死。

崇祯帝见农民军日益追近，便把群臣召来询问战守之计策，群臣此时却没有一个人说话。崇祯帝叹息道："并非朕是亡国之君，实在你们这些大臣都是亡国之臣啊！"于是拂袖而起。正在此时钦天监奏禀说，天上帝星下移。李自成攻下保定，御史金毓峒及其妻子王氏与他们的从子金振孙等人都被杀死。农民军抓获督师李建泰。这样，李自成便得以长驱直入宣府，太监杜勋与他的部下向李自成投降。巡抚朱之冯独自巡城，看见城上有炮，便命令众人点燃，部下不应，朱之冯便自己亲自点火，兵民却都拉着他的手不让他点，朱之冯无奈夺下士卒的刀自刎而死。于是宣府军民全部投降农民军。

这时，朝廷内库不肯发放饷银，必须从户部取银。户部之银很快便用完了，只好征召功勋亲戚官宦出钱助饷。崇祯帝派遣太监徐高面谕嘉定伯周奎带头响应。周奎推说没有，但迫不得已奉捐万金。太监王之心家中最富，接到皇上面谕，也仅拿出万金。其余官宦功臣奉捐多寡不一。只有太康伯张国纪捐出两万金。后来农民军拷问王之心，追出现银十五万两，其他金银器玩也有不少。在周奎家抄出现银五十二万两，珍币也有数十万。农民军的威胁日益追近，有人劝皇帝南迁，崇祯帝大怒说："你们这些人平日一门心思经营自己的小家，今天让你们死守，有什么可多说的？"于是将部队分布在各个都门，设置大炮，发给九个城门的守卫者每人一百钱，征召以前的太监曹化淳守城。据说，当农民军日益逼近北京时，南京太祖皇帝的孝陵夜间曾发出哭声。不久，农民军从柳沟出发直抵居庸关，派他们所授权的将军送檄书到京师，上面说："十八日到幽州会同馆暂时居扎。"京师为此大为震惊，崇祯帝下诏令三大营屯兵齐化门外。农民军攻陷昌平，总兵燕守铄大骂农民军，不屈而死。农民军在昌平焚烧了明十二陵的享殿。这个消息传到京师，崇祯帝这才同意原来吴麟征的奏疏，飞马传檄给吴三桂，让他入关救援，然而这时已经来不及了。农民军骑兵飞马过昌平，太监高起潜丢弃关卡逃往西山。农民军分出部分兵力夺取通州粮库。

三月十六日，崇祯帝临朝御殿，召考所选的诸下臣入对，询问裕饷安人的对策。滋阳知县黄国琦的回答令皇帝满意，便授予他给事中之职。其余之人仍在轮流对答，然而还没有答到一半，便有秘封传入，崇祯帝看后脸色大变，立即起身入内。诸臣站在那里等候片刻，崇祯帝才派人传命他们全部退下，这才知道原来昌平失守了。当天夜里，农民军进犯平则门，整夜焚烧，火光映红天空。京师内外的大小城墙共有十五万四千多尺长，而此时登墙守城的士兵却只有少得可怜的五六万人，况且他们又没有炊具，只有到街市上买饭来吃，但是军饷却又很久不发，每人仅给几百钱，根本无法充饥，因而这些部队也慢慢解体。农民军派出一些人装扮成大商贾，运载着金钱，排列在都门边，又派人带着重金装成衙门的官吏，专门打探内部消息，结果对内部的消息了解得又详细又全面。

三月十七日早晨，崇祯帝临朝，面对诸臣哭泣。没过一会儿听说农民军大部队已到京师，刚刚才报告说过了卢沟桥，不一会儿就攻下了平则门和彰义门。城外的三大营全部溃散投降了农民军，守城的火车、巨炮都归为农民军所有。农民军调转炮口攻城，轰响之声震天动地。诸大臣此时都陪着皇帝，襄城伯李国桢单人独骑飞奔到殿下，汗水沾衣，内臣将他呵斥住，李国桢说："现在是什么时候了，君臣只求立即相见，不能多耽误。"崇祯帝将李国桢召入，李国桢向皇上奏报说，守城之兵都不听命令，刚用鞭子把一人抽打起来，另一人便又爬下了。崇祯帝因而下命让内侍全部出去守城，一共也就凑了千余人，崇祯帝搜刮内外库存二十万金犒赏军队。这一天，百姓中也有痛哭着拿出金钱劳军的，对这些人崇祯帝每人都授给锦衣卫千户的职位。

何苦生在帝王家

三月十八日，农民军攻城更紧，炮声不绝，天上的飞箭流矢如同下雨一样密集，农民军将士抬头对守城的明兵说："快开城门，否则便杀尽你们。"守城者害怕，便把大炮不装铅子，空着向城外发射，并且仍然向农民军挥手示意，等农民军稍退后才发，所以只有硝烟满天，却丝毫没有杀伤力。李自成面对彰义门设下座位，并让晋王、代王在他左右席地而坐，已经投降了的太监杜勋等人在下面服侍。杜勋对城上人说："不要射箭，我是杜勋，可以用绳子从城上放下一个人来对话。"守城人则说："我们留下一个人为人质，请公公上来说话。”杜勋回答说：“我一个小小杜勋死了无所谓，要人质干什么？”于是提督太监王承恩把杜勋用绳子拉上城墙，杜勋进入大内后，夸张地说：“农民军兵多势重，皇上应该尽早做好打算。”守皇陵的太监申芝秀在昌平投降了农民军，这时亦被拉上了城，入内见到皇上，详细述说了农民军犯上不道之语，请求皇帝逊位。崇祯帝大怒呵斥住他，诸内臣请求留下杜勋，杜勋说：“农民军有代、晋二王为人质，我若不返回，二王的性命便保不住了。”无奈，只有将杜勋放出，仍用绳子放下城墙。杜勋对守城的内监王则尧等人说：“我们这些太监的富贵全靠自己了。”当初误传杜勋已经殉难，赠他为司礼太监，在锦衣卫立祠，到此时方知道他已经投降了农民军了。崇祯帝一急之下下诏要亲征，召来驸马巩永固，策划派家丁保护太子南行，巩永固回答说：“臣等怎么敢私自蓄养家丁呢？即使有，又怎么打得过贼兵呢？”于是计划落空。

这天下午四点左右，彰义门开启，原来守城太监曹化淳也已投降了农民军开门献城。李自成率领大队人马迅速入城，沿途杀掠，大学士蒋德璟此时住在会馆，因而被创。崇祯帝听说后立即召内阁大臣入内，说：“你们知道京城已被攻破了吗？”众人说：“不知道。”崇祯帝说：“事情紧急了，现在你们有什么良策？”众人都回答说：“陛下有福之人，不用多顾虑。如果一旦失利，我们宁可巷战，也誓不负国。”崇祯帝便命他们退下。当天夜晚，崇祯帝忧虑难以入睡。天还没亮，内城便被攻陷了，一个太监急忙跑进来报告，崇祯帝忙问：“大营兵在哪儿？李国桢在哪儿？”回答说："大营之兵已经散了，皇上最好也赶快走吧。"说完这个太监也立即跑了，崇祯帝召呼也不回来。崇祯帝立即同太监王承恩等人出巡南宫，登上万岁山，向下一看，全城烽火烛天，他们在这里徘徊了大约一个时辰。接着，崇祯帝返回乾清宫，用红笔书谕内阁大臣："成国公朱纯臣提督内外各类军事，你们辅助他立为东宫太子。"并命内臣把朱书送入内阁。随后，崇祯帝又命令进酒，他连灌数觥后叹息说："苦了我的百姓了！"崇祯帝又把太子、永王、定王分别送给外戚周、田二家，然后对皇后说："大事已去了。"说完众人都放声大哭，宫人也在周围哭泣，崇祯帝挥手让她们退下，命令她们各自逃命去。皇后叩头说："妾服侍陛下十八年了，当初不听一句话，致使有今天这样的结局。"她用手抚摸着太子、二王痛哭不止，崇祯帝只好将她遣出，后来皇后便自杀了。崇祯帝又把公主召来，公主此时年仅十五岁，崇祯帝望着她叹息说："你为何生在我家呀？"便狠心用左袖掩面，用右手挥刀将公主的左臂砍断，公主当时未死，而崇祯帝也颤抖着再也下不去手了。崇祯帝又命令袁贵妃自杀，在袁贵妃几乎要活过来时，崇祯帝拔剑向她的肩部砍下，接着他又亲手杀死了他所宠幸的几个嫔妃。随后，崇祯帝把王承恩召来对饮，过了一会儿换上靴子出了中南门，手中拿着三眼枪，夹杂在数十个内监之中骑马、持斧出了东门。守城的内监，怀疑发生了内变，结果向崇祯帝等几十名内监发射箭石。此时成国公朱纯臣正守卫齐化门，因而崇祯帝便奔成国公府第而来，谁知府中连守门的人都跑光了，崇祯帝叹息着离去。转而又来到安定门，可是城门坚固无法开启，天也渐渐亮了。

三月十九日鸡叫之时，崇祯帝御临前殿鸣钟召集百官，然而却没有一个人来，于是崇祯帝仍回到南宫。最后，崇祯帝登上万岁山的寿皇亭自杀了。寿皇亭是刚刚建成的，是皇帝观阅内操之处。太监王承恩也对着皇帝上吊而死。崇祯帝上吊时披散着头发，身着蓝衣，光着左脚，右脚上穿着朱红履，衣服前面写着："自从朕登极到现在的十七年间，逆贼逼近京师，虽然朕薄德匪躬，惹得上天愤怒，然而也都是因为诸臣误了我啊。朕死无面目去见地下的列祖列宗，所以将皇冠摘去，用头发遮住脸面，任凭贼人将我分尸，不要伤害一个百姓。"又有一行书写道："文武百官全都到东宫行在去。"原来崇祯帝还以为内阁诸臣已经见到了他所写的朱书，却不知道实际上内侍将朱书送入内阁时，阁臣们早已四散逃命，内侍放在桌子上便走了，因而文武群臣并没有一个人知道此书。当初，大内中有一间秘室，看管得十分严密，相传其中有刘诚意所藏的秘记，说没有重大变故不能开启。到此时，事情紧急，众人启开来，得到绘图三轴，最末一轴图像酷似崇祯帝之容，身穿白背心，光着左脚，披着头发悬在空中，于现今情况没有任何差异，这实在是天数如此啊。

三月十九日这一天，天气异常，一会儿晴朗，一会儿下雨，一会儿又下起小雪，京城已被攻陷，农民军骑着马堵塞街巷，不断放箭，命街上人赶快归家，闭门者得免一死，于是百姓全都在门上写上顺民，闭门不出。农民军路经象房桥，一群大象哀鸣不断，泪如雨下。太子跑到周奎府第，周奎还睡卧没起，太子叩门却没人应，没办法太子只好藏在内宫外舍。当初，崇祯帝出走南宫时，曾派人去懿安张皇后的住所，劝皇后自裁，但由于仓促没能传达到。此时宫中已经大乱，懿安皇后用青衣蒙住头，徒步跑到成国公府中。尚衣监太监何新进入宫中，看见长公主断了左臂仆卧在地，于是与宫人把公主救醒，抬出宫去。

魏氏、费氏殉国

没过多久，农民军便杀入宫内，宫人魏氏大声喊道："贼人入了大内，我们必然遭到奸污，有志之人应该早下决心。"说完便跳入护城河自杀，顷刻之间跟随她死的有一二百人。李自成头戴毡笠，身穿淡青色衣装，乘着乌驳马，先派人清宫，接着便进入宫内，询问皇帝在何处，并大加搜索仍然找不到，于是便下令有献皇帝的人赏给万金，并封伯爵，如有藏匿皇帝之人，要诛杀九族。第二天中午时分，农民军才得知崇祯帝已经在煤山自杀了，李自成下令用双门板把皇帝、皇后的尸体抬到东华门侧，用柳棺装殓，上面用蓬草覆盖，没有一个人敢去哭祭。农民军分夺宫嫔，有一个宫人费氏，年仅十六岁，投井自杀，却被农民军士兵用钩子钩出，见她有些姿容，便争着相夺。费氏骗这些人说："我是大明长公主，你们如有无礼行为，我必定要告诉李自成。"农民军带她见李自成，李自成命令内官审问，结果发现她不是长公主，于是便将她赏给了一个姓罗的部将。费氏又欺骗说："我确实是天潢的后代，在危难中与将军苟合，希望将军能选择吉日，以成大礼。"罗将军惊喜万分，饮酒尽欢，费氏却身揣利刃，等到将军喝醉了，便割断了他的喉咙，接着自刎而死。李自成大惊，命令将二人收葬。有内臣抓来太子献给李自成，李自成封他为宋王，太子不屈从。清康熙十年（1671），康熙帝下令改葬崇祯帝以后，用樟棺两副重新装殓，用丹漆涂崇祯帝之棺，用黑漆涂皇后之棺。并为崇祯帝加戴皇冠，穿上兖玉渗金靴，皇后也如此。大明朝灭亡了，它一共有十六位皇帝，统治天下二百七十七年。

死难赴义之人

诸臣惊闻这一变故，大学士范景文及其妻妾，户部尚书倪元路与他的一家十三口人，左都御史李邦华，副都御史施邦曜，大理寺卿凌义渠，兵部右侍郎王家彦，刑部右侍郎孟兆祥与其妻何氏、儿子孟章明、儿媳王氏，左谕德马世奇并其妾朱氏、李氏，左中允刘理顺并其妻万氏、妾李氏及儿子、奴仆婢女满门共十八人，太常少卿吴麟征，左庶子周凤翔与他的两个妾，检讨汪伟与他的妻子耿氏，户部给事中吴甘来，御史王章，御史陈良漠与其妾时氏，御史陈纯德、赵譔，太仆寺丞申佳允，吏部员外许直，兵部郎中成德与其母张氏、妻张氏及儿子，兵部员外金铉并其母章氏、妾王氏及其弟金镍，光禄寺署丞于腾蛟与他的妻子，新乐侯刘文炳与他的祖母和弟弟，左都督文耀及其妹与全家子孙男女共十六人，驸马巩永固与安乐公主及他们的五个子女，惠安伯张庆臻与他全家满门男女，宣城伯卫时春与他的全家，锦衣卫都指挥王国兴，锦衣卫指挥同知李若珪，锦衣卫千户高文采与他一家十七口人，顺天府知事陈贞达，副兵马司姚成，中书舍人宋天显、腾之所、阮文贵，经历张应选，阳和卫经历毛维、张儒士、张世禧及他的三个儿子，百户王某（姓名已失）、顺天府学教官五人（都已失了姓名）、长州生员许琰都被杀害或战死或自杀。在这些人中，只有孟正祥守卫正阳门，战死于门下；王章、赵馔因骂敌而被杀；范景文、申佳允、刘文炳、卫时春跳井自杀；金铉、滕之所、阮文贵、张应选投护城河死；施邦曜服毒药而死；凌义渠被掐死；巩永固与安乐公主、张庆臻自焚而死；其余之人都是上吊而死的。

李国桢之死

襄城伯李国桢听说农民军将皇帝和皇后的梓宫抬到东华门外设厂，文武百官经过那里，没有人敢进去看一看，李国桢用泥涂脸去掉头帻，踉踉跄跄奔到东华门外，跪倒在梓宫前大哭不止。农民军捉拿了李国桢，带他去见李自成，李自成好言相劝李国桢投降。李国桢则说：“你要依从我三件事，我便投降。第一件事是明代历朝祖宗的陵寝不可以掘；第二件事是必须以天子之礼厚葬崇祯帝；第三件事是不能伤害太子和二王。”李自成全部答应了这三件事，叫人把李国桢扶出。于是，农民军以天子之礼把愍帝葬于田贵妃之墓，只有李国桢一人穿着未缝底边的丧服徒步前往送葬，等到丧事做完，李国桢哭着作了几首哀悼的诗章，接着便在帝后的陵寝前自缢而死。布衣平民汤文琼看见愍帝梓宫经过，恸哭着一头撞在大石头上死去。农民军占领京城之后，一时间明朝的诸臣百官有许多自杀尽节，如果稍微不刚烈，则被农民军抓到朝中，施以极刑，让他交出重金，如果所交出的金钱不能令人满意，便仍要受刑，受刑熬不住，便也自杀而死。农民军士兵充满大街小巷，有些人恣意奸淫夺掠，但是对那些殉难了的大臣之家，农民军则不敢骚扰。城中所关押的罪犯囚徒，全部被释放，京师中为此议论纷纷。

李自成建国立号

早就有官吏百姓劝李自成做皇帝，有一份劝进表上说李自成“比尧舜而多武功，迈汤武而无惭德”。这些字句实是出自有才华的读书人之手，一时间相传甚远，却为士林所耻笑。李自成果然称了帝，在武英殿即皇帝位，建国号大顺，改元永昌。但是，每当李自成坐上御座时，便感到头晕目眩，恍惚看见有数丈高的穿白衣之人站在面前。李自成命人铸造永昌钱，但却字不成文，又命人铸造九鼎也未铸成。李自成还对明朝的制度任意更改，有远见的人早已看出他的皇帝做不了多久。大清皇帝听说了这些变故，立即起兵前来救援，在山海关大败农民军，接着便攻克了京师，李自成带兵向西逃走。十月初一，清皇帝福临定鼎燕京。

朝鲜投降后金

大清王朝自太祖努尔哈赤开创基业以来，国势极为强盛，后来太祖于天命十一年（1626）八月宴驾，将皇位传给太子皇太极，皇太极成为清太宗，改元为天聪。太宗继位后仍然遵循太祖的遗志，把八旗部队训练得十分精练能干，随时候命出发。不到半年，正好赶上朝鲜人韩润、郑梅得罪了国王，逃进了后金，自愿为清兵充当向导。于是太宗便命令二贝勒阿敏[1]为征韩大元帅，整齐兵马，出师讨伐朝鲜，这些满族兵一进入朝鲜，便势如破竹，先攻陷了义州，接着又拿下定州，随后占据汉山城，杀得朝鲜兵丢魂丧胆。

朝鲜国王李倧从来都是依靠着明朝的势力，没有训兵做过准备，此时见满族兵已经长驱直入打到了国都，早已吓得不知所措。忽然有一个大臣来奏报说："请国王一面派使臣求和，一面迅速奔赴江华岛暂时躲避。"李倧听了这句话，连忙召集他的嫔妃们逃走，同时又命大臣修好国书一封，派使去求和。朝鲜使臣来到后金大营，被阿敏大声痛斥了一顿，不答应他们的求和，仍然命令部队前进。眼看着离朝鲜国越来越近了，忽然又接到报告说朝鲜国王派遣他的族弟李觉求见。阿敏将李觉召入，李觉献上了一张礼单，上面开有战马百匹，虎豹兽皮百张，还有棉、绸、苎布四百匹，布一万五千匹，阿敏看后不觉喜动眉梢，命令军士将礼物查收。随后阿敏派遣副将刘兴祚与李觉一同前往，并嘱咐刘兴祚说："如果要议和，也要等待我杀入国都后。"刘兴祚等人告辞出帐。在帐外，贝勒济尔哈朗[2]留住刘兴祚，又与他秘密商谈很长时

1.阿敏：清大臣，满族，爱新觉罗氏，努尔哈赤之侄。

2.济尔哈朗（1599—1655）：满族，爱新觉罗氏，努尔哈赤之侄。初封贝勒，

间，刘兴祚心领神会，便随同李觉一同前往江华岛去了。阿敏自从刘兴祚走后，仍然命令手下兵士攻城。

这一天，阿敏正亲自督兵攻城，正好赶上刘兴祚回来，刘兴祚对济尔哈朗说明，朝鲜已经承认他们的献礼，现在让他带领李觉前来订约。济尔哈朗说道："这样就可以订盟约了。"刘兴祚说："应当先禀报了元帅再说。"济尔哈朗却说："不必了。"刘兴祚说道："如果元帅怪罪下来，怎么办呢？"济尔哈朗说："有我你不必怕。"于是便把李觉召入，并与他签订了草约。随后方入内进见阿敏，并且说和约已经签订了。阿敏大怒说："我是元帅，签约之事为什么不先向我禀报？"济尔哈朗说："朝鲜人已经愿意纳贡，何苦还要劳兵伤财呢？"阿敏说："我不答应朝鲜人的求和。"济尔哈朗却笑而不答。正在此时，忽然有人报道："圣旨到，请元帅接旨。"阿敏急忙命令手下排列香案，率领军中大小官员出帐跪接圣旨。差官宣读圣旨，其中说："朝鲜有意求和，应当与其订定和约。和约签订后立即班师，不得再骚扰朝鲜。"阿敏无可奈何，只好起身接圣旨。接着，在给差官饯行之后，把盟约签署完毕。阿敏心中暗暗怨恨济尔哈朗，料想此事一定是他暗中密报皇帝的。阿敏为了保名誉，又想捞财物，只好派亲信军队暗地里四处擒掠，又夺得无数女子玉帛，这才满载而归。李觉随同后金部队一同入朝。皇太极出城犒劳部队，与元帅阿敏行抱见礼。赐给阿敏御衣一袭，诸贝勒都受赐骏马一匹，李觉随即进来叩见清太宗，太宗命他起来赐坐，赏给他蟒衣一件。接着，清太宗命令大开筵宴，封赏

后为亲王。

有功的各位官员。过了一些日子，李觉便回国去了。

宁锦之战

清太宗征服朝鲜之后，便一意想要进攻明朝，于是他传下命令御驾亲征。他命令贝勒杜度阿巴泰留守，自己率领八旗精兵，由德格类、济尔哈朗、阿济格、岳托、萨哈廉、豪格等人作为前锋部队攻城，诸将携带着云梯、盾牌，并用骆驼运载着辎重，作为后备部队，前呼后拥，渡过了辽河，向大、小凌河进发。这时，辽东经略王之臣与袁崇焕不和，明朝廷把王之臣召还，让袁崇焕一人统领关内外各路军马。袁崇焕听说后金兵又来侵犯边界，急忙命令赵率教率领部队前去支援。赵率教带兵到了锦州，便有探马报告说："大凌河已经被后金兵攻陷。"赵率教便命令军士们挖战壕、掘沟堑，多运箭矢和石头放在城上，接着又派人向宁远告急。第二天，忽然城下来了大约一两千的明兵，在城下大叫开门，赵率教上城探视，并询问来人："你们从何而来？"城下之兵回答说："我们是从大凌河逃回来的。"赵率教见他们一个个并无兵败逃脱的狼狈之形，便大声喝斥说："朝廷养兵千日，为的是用在一时，难道是叫你们临阵逃走的吗？"说完，城下的兵士仍然喧哗不止，赵率教便命令军士放箭，射倒一个士兵之后，赵率教又大声说道："你们要是再这样喧闹，叫你们个个如此。"没想到城下的兵竟然一哄而散。原来这些兵中间有一半人是被后金兵抓住充当内奸的，有一部分则是后金兵伪扮的，想要来诱骗锦州城守军。幸亏被赵率教识破了他们的诡计，不然一定会中计。赵率教下了城楼回到府中，心中想道：女真人的诡计虽然被识破，明天必定要猛攻，这里的守兵少，而救援之兵又不来，如果失掉了城池，该如何是好？想了很久，突然有一个念头使他猛省说：“有了。”当即命令亲兵请钦差大臣纪用前来商议。纪用本来是一个太监，因为巴结权贵才得了这个锦州的差使。没有多一会儿，纪用来到，两人叙完寒温，赵率教便把清兵犯界，现在这里缺少守兵，救兵未到，倘若有差失，难免被朝廷见罪的想法跟他说了，并说特请钦差大臣前来商议。纪用却说：“此事全仗经略调停。”赵率教一面派兵坚守城池，一面派人请求袁崇焕发兵援救。

清太宗派兵来骗锦州城，被赵率教识破，心中大为气愤，便命萨哈廉、瓦克达等人带兵前往锦州，极尽全力攻城。赵率教力不能支，只得弃城，向明京师逃走，锦州便陷落了。第二天，清太宗命令阿济格、岳托等人进攻宁远。驻扎在宁远的抗军袁崇焕，听说锦州失守后，知道满兵必然要来进攻宁远，便命令兵士在城四周设下埋伏。等到清兵一到，四下伏兵一齐进发，将阿济格等人紧紧围困。阿济格见明军有所准备，急忙命令撤退，幸亏得到萨哈廉、瓦克达等人的援救，才从重围中逃出。清太宗见阿济格受伤，只得另外命令部将瓦克达率领精兵来接应萨哈廉，又命令军士逐渐向后退却。袁崇焕由于被萨哈廉和瓦克达二人牵制，不能追赶。清太宗退军数里后，查点兵士伤亡，见损伤不少，萨哈廉、瓦克达二人也未归，过了很长时间，才见两人身负重伤，狼狈逃回。清太宗咬牙切齿地说：“这个袁蛮子真是厉害，皇父在的时候怪不得经常吃他的亏。此人如果不除掉，怎么能够夺得大明朝的江山？”于是便命令济尔哈朗断后，把大军逐渐移至锦州。袁崇焕听说满兵退兵而去，也就收兵不再追赶。接着，清太宗整齐队伍，一队一队退回沈阳去了。

孔有德、耿仲明叛明

袁崇焕击退了满军后，派人向朝廷告捷，本指望明朝皇帝能降旨给他论功，不料朝廷圣旨下来，不但没有奖赏他的功劳，反而责备他不救锦州之罪。袁崇焕接到圣旨后十分气愤，于是上表乞求告老还乡，朝廷下旨准奏，仍然命令王之臣代替他经略辽东。大清太宗皇帝听到这一消息，高兴得举手称庆，拟定第二年再发兵攻明。不料正在此时，明熹宗皇帝驾崩，皇五弟信王继承了皇位，崇祯帝继位后先诛杀了魏忠贤及其阉党。到了崇祯元年四月，探马来报说袁崇焕又被重新启用督师蓟辽了。清太宗跺着脚说道：“我刚想发兵攻打明朝，怎么就又使用了这个袁崇焕呢？”原来袁崇焕的免官，都是因为魏忠贤暗中反对他，到崇祯帝登了基，杀掉了魏忠贤等奸贼，便又重新召用了袁崇焕。袁崇焕见崇祯帝时，皇帝首先问他经治辽东的方略，他奏称说：“假如给臣以不须请示就能灵活处置的权力，五年之内我便可以收复全辽。”当时，给事中许誉卿曾说袁崇焕是言过其实。

到崇祯二年（1629），也就是清太宗天聪三年，太宗因为久坐无聊，便时常外出打猎，校阅军队来消遣。有一天，太宗出猎刚回来，便有亲信来报说："明朝有两个人来我国投降。"太宗听说后，立即命人把这两个人带来召见。二人见了清太宗后，伏倒在地，放声大哭，太宗问他们出了什么事，其中一人奏报说："我姓孔名叫有德[1]，他姓耿叫仲明[2]，我们二人都是东江总兵毛文龙的部将。因为袁崇焕督师蓟辽，无缘无故将我们的主帅毛文龙杀死，我们恳求大皇帝发兵攻明，我们愿意为您做向导。"原来，毛文龙曾盘踞东江，因为他素性倔强，袁崇焕怕他飞扬跋扈，难以控制，便借着阅兵为名，把毛文龙给杀了。孔有德、耿仲明二人想替主将报仇，便逃向了后金，为虎作伥。

清太宗说："但山海关外，由袁崇焕把守，不容易进取，你们是否有什么良策？"二人想了很久说："山海关内外不容易得手，为什么不绕道西北，从龙井关攻入呢？"太宗问道："龙井关在什么地方？"孔有德说："在明都城的东北长城口。由此到那去，经过蒙古，便可以沿着长城走，然后入关。一入龙井关，便可以分兵向洪山、大安二口直入，捣毁遵化。遵化一旦被攻下，明朝京师便动摇了。"太宗听后非常高兴说："你们愿意做向导吗？"二人说："愿意！"皇弟多尔衮[3]这时在一旁问道："你们二人来时，是不是曾被明守兵察觉？"二人一齐说："不但明守兵未知，就连袁崇焕也还蒙在鼓里呢。"多尔衮说："要是这样的话，你们速回登州。"太宗说："我要攻打明朝，让他二人做向导，你为何让他们

1.孔有德：辽东人，明末叛将，清初藩王。

2.耿仲明（1604—1649）：字云台，明末降清，后受封为怀顺王、靖南王。

3.多尔衮（1612—1650）：满族，努尔哈赤第十四子。初封贝勒，后封和硕睿亲王，辅佐顺治即位。

回登州？”多尔衮说：“这次攻明，不是一两个月就能完成的事，如果被袁崇焕发觉了，从登莱调来水师杀入我国，我们不是顾此失彼了吗？”太宗说：“叫他们回去好是好，但是却没有人带我们去龙井关了。”多尔衮说：“蒙古的喀尔沁部已经归顺我国，我军到达蒙古后，选择一个熟悉这条路的人做向导，不就可以入龙井关了吗？”太宗大喜，便指着多尔衮对孔、耿二人说：“这是皇弟多尔衮，足智多谋，你们就依他的计策而行，仍然先回登州，秘密准备，将来立了功，不怕没有重赏。”孔、耿二人领了命令回转登州。

取道龙井关，直逼北京

这年十月，清太宗亲自整齐八旗劲旅，刚要起行，听到奏报蒙古喀尔沁部派遣台吉布尔噶图入朝纳贡。太宗接见布尔噶图，并问他：“你是否认识去龙井关之路？”布尔噶图说：“奴才几年前曾经去过一次，大略识得这条路。”于是太宗便命令他做向导。后金国内的文武百官，除留下守国的外，全部随皇驾出征，旌旗满天，戈铤耀日，浩浩荡荡。没有几天，便到了蒙古喀尔沁部，喀尔沁亲王设宴迎接皇驾，犒劳军士。太宗到了龙井关，见关上只有几百个守兵，这些人一见后金军队打来，都吓得逃跑了。于是，后金军队进入龙井关，兵分两路，一路攻打大安口，由济尔哈朗、岳托为统领，率领四旗；一路进攻洪山口，由太宗亲自率四旗，两路部队连夜进发。

此时明军只一心一意守山海关，对大安、洪山两口十分轻视，因而毫无准备，只好听任后金军队攻入。接着，满兵又连夜进攻遵化。明廷听到军情奏报告，飞马传檄山海关调兵前去增援。总兵赵率教遵照檄书出兵去援救，他们星夜兼程，到达遵化东边的三屯营。向前一眼望去，全都是后金军队，把三屯营里三层外三层团团围住，像一个铁桶一样，赵率教回头看看自己的军队，还不及满兵的四分之一，心中想自己必定不是对手。但也只有背水一战了，当下鼓励将士分成几个方队，大喊一声，竟然向黑压压的后金大部队中冲去。满军见有人来进攻，便将其放入阵中，接着重又合围，把赵率教团团围在当中。赵率教虽然勇猛无敌，却怎奈后金军队越杀越多，而自己的部队却越杀越少，实指望三屯营中能够出兵相救，可谁知却没有人相应。又杀了一会，眼看着日已西下，只得在重围中杀出一条血路，直奔城下，大叫“打开城门”。没想到城上却矢石乱下，赵率教大声说：“我是山海关总兵赵率教，奉朝廷圣旨前来增援遵化，请你们速开城门。”忽然听到城上守兵说：“我们主将有令，无论是敌兵，还是援兵，一律不许入城。”赵率教到此没了去路，自己已身负重伤，再看看手下的兵士也已经伤残无几，也没有能力再战，于是便仰望天空叹息说：“天亡我啊！”接着便向北叩拜几下，拔剑自刎了。

这时，后金兵已经逼临三屯营城下，将赵率教率领的残兵杀得干干净净，随即便开始攻城。三屯营中守将姓朱名国彦，一心打着闭关自守的主意，活活把赵率教的性命给丢了，此时自己也没了主意，只得与妻子遥向北方，叩头辞拜，然后双双上吊自缢。后金兵得了三屯营，又向遵化前进。遵化巡抚王元雅竭尽全力固守城池。后金兵四面围攻，守兵抵挡不住，被打得措手不及，于是遵化城被攻陷，城中大小官吏全部殉难。清太宗入了遵化城，命令兵士将殉难的明诸官吏的死尸掩埋，并大大犒赏部队。第二天，便率师向前进发，所过的州县，见后金兵攻来都望风归附。不到一个月，后金军队已经占领了蓟州、三河、顺义、通州等地，直逼明都北京城下。

皇太极实施反间计

明廷听到这一消息大为震动。幸好明朝有一著名勇将名叫满桂，见后金兵大兵攻近，率领部队前去增援前线。路上遇到了后金部队，满桂率军与其撕杀了半日，却未分出个高低胜负。忽然听到城上一声大炮响，弹丸四射，后金兵才稍稍后退。不料满桂之兵也有被打伤的，满桂本人也中了一弹，幸好还不致命。清太宗收兵，就驻扎在城北的土关东首处，下令明天再继续攻城。忽然见贝勒豪格与额驸恩格德尔慌慌忙忙走来，上前禀报说："袁崇焕现在领兵赶到了。"太宗慌忙问道："这是真事吗？"原来，明京师被后金兵的节节胜利吓得魂飞胆破，连忙飞檄传书，命令各地将领率兵前来救驾，袁崇焕接旨后，先派赵率教、满桂领兵前来增援，自己随后也带着两个总兵及其部队进京。不料，赵率教战败身亡。等袁崇焕赶到北京时，其他各地勤王之兵也陆续来到，各地勤王将领入朝进见崇祯帝，崇祯帝命令袁崇焕率领援兵与满桂一同迎战后金军兵。

清太宗见袁崇焕又来了，心中大为不乐，豪格与恩格德尔劝他说："袁崇焕又能怎样，皇帝何必吓得如此？趁他初来乍到，我们先劫了他的营垒，便可以获得大胜。"清太宗说："袁崇焕足智多谋，能没有防备吗？你们愿意劫营也可以，只是要处处留心，以防他设有伏兵，这样才可以万全。"这样豪格便领兵出去劫营。不料明军果然有所准备，满兵遇到埋伏，被杀得大败，幸而极力抵御，才未致全军覆没。清太宗对豪格等人说："我说袁崇焕善于用兵打仗，你们不信，却如此莽撞，本应该治你们的罪，但念你们的忠心，姑且饶恕这一次。但有袁崇焕在，便阻碍我攻下大明，总要除掉他才好。"第二天，探马来报说："明朝大营比昨天更显得强盛。"太宗说："他是想与我打持久战。他们知道我远道而来，粮草跟不上。不知诸位将官有什么高见。"诸将议论纷纷，意见不合。太宗见身旁有一名大臣只是微笑却不说话，仔细一看，是内阁大学士范文程[1]，于是便问："先生有什么妙策吗？"范文程说："现在有一策，但是秘密不能泄露，容得臣下向皇帝当面细奏。"太宗便命左右诸将退下。范文程于是便与太宗秘密商议起来，太宗越听越笑，诸将却不知是何良策。过了一刻，范文程便出帐走了。过了一天，便有传报到明廷，说在德胜门和永定门外遗有两封议和的书信。又过了一日，后金兵捉住了两个明太监。又过一日，后金军向后退了数里。又过一日，奏报明太监逃走了。再过一日，便传出了袁崇焕被投入监狱的消息。

1.范文程（1597—1666）：字宪斗，号辉岳。清初大臣，历经清初四帝，备受信任。

原来，范文程的计策不过是因为袁崇焕阻碍后金兵不能前进，便利用反间计使明廷对崇焕生疑，最后将他除去。果然，崇祯帝派遣太监出城访查，回去将所见所闻都加以禀报。崇祯帝本来就因为袁崇焕擅自杀掉毛文龙而怪他独断专权，所以立即命锦衣卫把袁崇焕抓回投入大狱。明总兵祖大寿、何可纲听说主帅被无故下狱，随即便率领所属部队回山海关去了。明兵见没了主将，个个心情涣散松懈。清太宗见此情形，立即命令出师进攻。结果明兵被后金军队杀得丢盔卸甲，魂飞魄散。幸亏满桂领兵增援，后金兵才稍稍后退。崇祯帝便封满桂为经略，统辖全军。满桂率军屡战后金兵，相互之间各有胜负。清太宗忽然又心生一计，命令后金兵改扮成明兵，乘黑夜混入明军之中，在军中乱杀。满桂没有防备，误以为是城中的援兵，结果竟被杀死在乱军之中。后金兵获得大胜，正要登城时，不料清太宗竟然传下命令让他们退兵，众贝勒都不知发生了什么变故，便都竭力阻谏。太宗把他的想法向诸贝勒大臣分析明白，随即便率领全军退至通州。此时是清太宗天聪四年。

随后，清军重又在通州渡河，向东攻克香河，夺陷永平。快到遵化时，忽然见有明军来拦路，开炮向后金部队打来。太宗正要后退，却不知何故，明军的大炮突然爆炸，反而把自己炸死炸伤不少人。太宗趁此机会，催促兵士前进，将明朝领兵之将杀死。这位明朝领兵大将原来就是庶吉士金声保举的、出身翰苑的刘之伦。刘之伦闻听后金兵退回的消息，料想他们必然走遵化一路，当下便约了马世龙、吴自勉两位总兵抄小路先到遵化，见后金兵来，便出来拦截。谁知马世龙、吴自勉二人却违约没有来，只剩下刘之伦孤军一支，怎么能是后金军兵的对手。一时间，清太宗将战败的刘之伦军的残兵扫尽，重又领兵攻陷迁安、滦州诸地，进至昌黎。这时又听说，明崇祯帝启用孙承宗代替袁崇焕把守山海关，太宗恐他带兵前来断了归路，于是便急急忙忙收兵回国。

大凌河之战

回到国都之后，留守的百官出来迎接，并且纷纷上表章向太宗祝贺。第二天，太宗临早朝，论功行赏，推举范文程功劳最大。尽管这次进攻明朝，取得了胜利，但太宗仍是闷闷不乐，众贝勒都前来问安，太宗说："我想袁崇焕虽然已被投入大狱，但如果明朝廷悔悟过来，将他释放，重新使用，岂不枉费了我们一番苦衷吗？"恰巧这时忽然有探马来报说："明朝经略袁崇焕已经被分尸而死。"太宗听了大喜道："袁崇焕已经死了，咱们攻取明朝天下，可以毫无阻碍了。"范文程却说："袁崇焕虽死，孙承宗也是深谋远虑的人，山海关还是不易得手。"太宗便说："等到明年再图进兵之事吧。"孙承宗到了山海关后，恐怕后金兵来进犯边界，便检阅兵马以备抵御，可是辽东巡抚丘禾嘉与孙承宗不和，做事总是与孙承宗对着干。

清太宗天聪五年（1631）八月，太宗重又带领精兵杀到了大凌河，四面合攻，并命令贝勒阿济格领兵前往锦州堵截山海关的援兵。后金兵连战连胜，不断报捷。大凌城的守将便是祖大寿和何可纲。他们二人因为明皇帝杀死袁崇焕，早已怀恨在心，但碍于孙承宗的面子，只得坚守。祖大寿有一个兄弟，名叫祖大弼，乘黑夜率领敢死队从城上沿绳子下城，来偷袭满军大营。此时太宗正在帐中阅览文书，见祖大弼首先冲入帐中，忙在身边拔下佩剑，将祖大弼拦住，但大弼勇猛，太宗力不能支，正在着急，幸亏众贝勒前来护驾，一齐将祖大弼击退。祖大弼乘夜回城，没有死一兵一卒，只有少数人受了点轻伤，真不愧是一员勇将。

第二天早晨，清太宗便下令猛攻大凌城，祖大寿、何可纲极力抵御，满军才稍稍后退。几天之后，满军从国内运来了红衣大炮，将大凌城城墙轰坏了多处。祖大寿等人仍然拼死坚守抵抗。直到冬天过后，大凌城中粮食已尽，加上援兵也不来，清太宗又多次用箭射招降书入城，祖大寿无奈，只好与何可纲秘密商议投降之事。何可纲不愿投降，祖大寿只好一个人沿绳下了城墙，到后金大营内投降。何可纲听说后，立即赶来截止祖大寿，却被祖大寿一箭射倒，被后金兵抓了去。城中人听说主将降清，顿时大乱。后金军劝何可纲投降，何可纲不答应，结果当即被处死刑。祖大弼也不服其兄的降意，独自率领一军逃往他处。祖大寿见了清太宗后，受到格外的礼遇。清太宗命令祖大寿仍然驻守大凌城。自从降清后，祖大寿夜里做梦，常梦见何可纲前来索命，醒了之后，心中甚觉不安，便自己忏悔了一番。第二天，太宗升帐，商议取锦州之计，祖大寿说："臣的家小现在都在锦州，锦州守将现在还不知道我已经投降，臣假装被打败了逃往锦州，然后作为内应，这样取锦州就十分容易了。"太宗依从了他的计策，于是顺利地拿下了锦州，仍然命令祖大寿留下来守城。第二年，明朝派兵攻打登莱，孔有德派人飞书向后金告急，太宗命令他先回归后金。孔有德到了沈阳，见到太宗说："辽东的旅顺乃是交通要塞，现在空虚，可以派兵直接攻下。"太宗乃命令孔有德、耿仲明带兵去袭击旅顺。没过几天便传来捷报，旅顺副将尚可喜[1]归降。太宗命尚可喜仍然留守旅顺，孔有德、耿仲明二人则随从太宗班师回国。

改国号为大清

又过了一年，清太宗养得兵精粮足，便分兵四路征讨蒙古，将内蒙古各部落统一并收服。先是有察哈尔部来投降；接着额哲率领其家属部将也向后金乞降，原来，其父林丹汗被太宗征讨，逃奔了青海，一病不起，最后身亡，额哲势单力孤，只好投降。太宗命令开城放他入城，额哲叩见完毕后，献上一颗蒙古族元朝历代的传国玉玺。太宗得了宝玺后，便焚香向天祈祷。群臣纷纷上表祝贺，并请太宗上尊后称帝，各国也纷遣使归降。太宗便命令添造宫室殿陛，并让范文程监工。没有几个月，宫殿竣工。于是选择吉日，设置祭坛祭天，尊太宗为"宽温仁圣皇帝"，国号为"大清"，改天聪十年为崇德元年（1636）。上列代帝祖尊号，并谥努尔哈赤为"承天广运圣德神功肇纪立极仁孝武皇帝"，庙号为"太祖"。随后又追封功臣，让他们陪享太庙。同时还加封贝勒、亲王

1.尚可喜（1604—1676）：辽东人，清初藩王，天聪八年降后金，后封智顺王。

及各种大臣的官爵。

朝鲜投降

但太宗心中仍有一丝不乐，主要是因为朝鲜使臣从中作梗，不肯按照太宗之意行事，因而违逆了太宗的心意。当即朝廷将朝鲜使臣遣回国，并且另派差官前去传书责难。差官回来后，奏禀说：“朝鲜国接到我们的国书后根本不看，而且言语上多加不逊。”太宗立即召开群臣会议，睿亲王多尔衮、豫亲王多铎都请太宗下旨出兵，太宗说：“朝鲜国本不是我国的对手，肯定是受了明朝的欺骗蛊惑。如果要征讨朝鲜，必须先进攻大明，以避免明廷出兵来牵制我们。”众臣都说：“主上所见甚是，那么就请下旨先攻打大明吧！”太宗便命令多尔衮和多铎为征东的统帅，并对他们说：“这次攻明，只要去骚扰它一番便可以回来了，只让阿济格等人前去就行了。”所以又立即派阿济格为先锋前部，率兵二万，前去征讨明朝，并且当面教授他进攻方略，教他稍微得手便立即返回。阿济格领命前去，不到一个月的时间，阿济格便连续攻克明朝的十六个城池，并抓获人、畜十八万多，派人回国报告胜利。太宗命阿济格立即班师。这次清兵攻打明朝，主要目的不过是威吓一下，让阿济格班师后，正好趁此机会征讨朝鲜。此时，正值寒冬腊月，太宗祭告天地太庙后，便率领着诸位贝勒、亲王以及蒙旗、汉军，分前后两路出兵朝鲜，一路上大军浩浩荡荡，直捣朝鲜国都。朝鲜国的兵将，都从来没有打过仗，一听说清兵攻来，早已吓得望风而逃，四处溃散，因而所有的关卡要塞都被清兵攻入并占领。清军一直打到朝鲜都城，朝鲜国王李倧吓得没了主意，急忙派使臣来投降迎接清军进城，并且奉书请罪。太宗把降书掷回给来使，并将其喝退。李倧听到这一消息，更是吓得魂不附体，连忙亲自率领文武百官，并带上准备献上的女子、玉帛，出来迎降。清太宗存有治理好远疆之地的心愿，所以禁止手下兵士奸淫掳掠，入城三日后，犒赏三军。

这时，天气已近残冬，太宗便在朝鲜国都大开筵宴，祝贺新年。过了一些日子，太宗又率领大兵渡过汉江，打算攻打南汉山，朝鲜国内全罗、忠清二道各自发援兵来到南汉城。清太宗下令军士们驻扎汉江以东，背靠汉江设立水寨，命令先锋官多铎率兵迎敌，朝鲜援兵与多铎打了几个回合便阵脚大乱。李倧听说援兵又失败了，再次派遣使臣到清军大营求和。清太宗命令英俄尔岱和马福塔二人一齐到朝鲜军中下敕令，让李倧出城觐见太宗，并且把战斗中的魁首抓来献给太宗。李倧答书中说愿意称臣，但请太宗免去出城觐见和抓缚魁首两件事。太宗不答应，重又命令军队发起进攻，由长山品出发攻克昌州，拿下安黄。朝鲜国宁远等地又派来援兵迎战太宗，太宗便命令多尔衮监督制造小船，然后袭击江华岛。朝鲜兵听说清兵打来，只能勉强应战，但怎么抵挡得了大清旗兵的锐气，霎时间朝鲜兵便被打得大败，所有阵地都插上了大清的旗帜，清军一方面派人到御营报捷，一方面继续战斗。太宗再次传谕给李倧，上说：“迅速遵照前旨行事，将罪魁抓来献上，方可以稍加饶恕。”李倧无法，只好上表乞求投降，并一一遵旨行事，还将世子作为人质送到清营。太宗三次又传谕给李倧说，以后应该奉大清的仪注，所有依照大明礼制之处都改为依照大清的礼制。李倧到了这一地步，也只得老老实实俯首听命。当下在汉江东岸建筑高坛，约定吉日前来朝见太宗。

到了朝见日期，多尔衮率领李倧出城，到了南汉山下，便步行前往高坛，李倧见天空中旌旗耀日，高坛上坐着一位至尊之人，连忙来到跟前，只是呆呆地立着。忽然听到旁边有人喝道："至尊皇上在上，为什么不叩拜？"李倧慌忙跪倒在地，行三拜九叩大礼。两边鼓乐齐鸣，重复迭奏，奏完后，坛上有大臣宣读诏书说："你既然已经归顺了大清，每年必须朝贡一次，不能够过时不贡。"李倧连连点头答应。太宗又命令将李倧长子李溰来作为人质。接着，太宗大犒三军，次日便下令班师回国。李倧跪送出十里之外，又与长子话别，情形十分凄惨。太宗下令免了今明两年的贡税，由后年开始按照条例入贡，李倧赶快谢恩，垂头丧气地回去了。太宗也整振军旅，胜利归国，并将朝鲜国内主张败盟的罪魁祸首带回国内正法。

卢象升战死

太宗征服了朝鲜之后，没有了东顾之忧，便一心一意想要攻打大明朝。出乎意料的是，此时正值明朝国内农民军首领李闯王、张献忠等人活动于陕西、河南、四川各省，势力甚为旺盛。明朝的将官大多被调去围剿农民军，没有多余的力量顾及边疆之事。于是清太宗命令孔有德、耿仲明、尚可喜三员降将攻入东边，明朝总兵金日观战死。

崇德三年（1638），太宗授命多尔衮为奉命大将军，岳托为扬武大将军。命令二人分别统率左右两翼兵马，分道攻打明朝，二路兵马入长城青山口，在蓟州会合。这时，明朝所有的守边之将只要一见清兵打来，都逃的逃，走的走，不到一个月，清军连续攻下四十八座城池，一直打到了高阳县。明朝原来的督帅孙承宗此时正在家中闲居，听说清兵入城，想要抵抗，但无奈手无寸铁，如何是好，竟然服毒身亡，他的子孙十几个人各持兵器，尽全力迎敌，清兵对此没有提防，也被杀死了数十人，但孙氏子孙终因寡不敌众，陆续战死。接着，清兵又从德州出发，南下山东，杀入济南，活捉明廷德王。明德王乃是明朝宗室，名叫朱由枢，是崇祯帝的亲兄弟，被封为济南王。这时，山东巡抚颜继祖、山西总督卢象升[1]分别率军来保卫京师。但此时大清之兵已经渡河北行。颜继祖入朝奏报说："清兵已经长驱直入，我们与之交战，胜负未卜，不如向他们请和吧。"卢象升却是一意主战。崇祯帝让他们二人相互商议，但一个主战，一个主和，意见就是不能统一。紧接着他们又奏请皇上要与杨嗣昌、高起潜二人分兵权，互相不受节制。表奏上去后，崇祯帝发兵部复议，最后决定，把宣大、山西之兵归卢象升统领；山海关、宁远之兵属高起潜调拨。崇祯帝准此奏议，加封卢象升为尚书衔。择日出师迎敌。卢象升奉命向涿州进发，途中听

1.卢象升（1600—1639）：字建斗，宜兴人。明末大将，善射，娴将略，能治军。

说清军是分三路进攻，于是也把自己的部队分成三路来拦截。怎奈清军兵多势大，明军根本无法与之相战，只能是望风而逃。兵部尚书杨嗣昌奏请皇上削去卢象升的尚书衔，同时又按下兵饷不发，使出种种与卢象升作对的办法。卢象升到达保定后，又与清兵相遇，起初双方势均力敌，不分胜负，但是由于兵部不发军饷，没有几日，军中便开始缺粮，军士们都自采野菜糊口。卢象升心里知道，自己此战必死无疑，因而第二天早晨出了大帐后，向兵将四面拜道："卢某与你们同受国恩，不怕不能生，只怕不能死。"其言悲愤感慨，手下兵士禁不住大声哭喊道："我们愿随主将去杀敌！"卢象升出了保定城，到达臣鹿，查点手下军兵，只剩下五千多人了。只见清朝大兵杀来，一下子便把卢象升的五千人团团围住。卢象升把人马分成左、中、右三队，自己率领中间一路，径直冲入清营，拼死决斗。清军数次合围，卢象升也数次冲破重围。清军见他勇猛无敌，不要了性命，也就逐渐退了下去，卢象升也收兵扎营。当天夜半三更之时，卢象升听到营外杀声连天，知道是清兵乘夜来围攻，连忙率领军士出来迎战。眼看着自己一方兵尽力竭，卢象升说："我受命出师抗清，早知必死无疑。请诸位将军弟兄赶快突围逃走，我从此便与你们永别了。"于是他手执佩剑，冲入敌阵，杀死数十名清兵，身负重伤，吐血而死。清军大获全胜，正要继续前进，忽然接到清太宗的传谕，命令他们立即回国。多尔衮等人不敢违抗皇命，只好仍从青山口出关回国。

松锦之战和洪承畴之降

回国后，多尔衮询问太宗为何大胜之际却要班师，太宗回答说："要想夺取中原，必须先攻下宁远、锦州诸城，然后再夺取山海关。山海关一得，便可以长驱直入。不然，如果我军深入中原后，明朝派兵在山海关内外切断了我们的后路，兵饷不能及时运到，我们岂不是自讨亏吃吗？"多尔衮听罢，立即请太宗下令攻打宁远、锦州。太宗准奏，命令立即发兵，直抵锦州。锦州守将乃是降将祖大寿，此时他又反清归明，并屡次打败清军。

崇德五年（1640），太宗率兵亲征，仍然攻不下锦州城，彼此相持，不分胜负。范文程为太宗出谋划策，说："我们为什么不先去袭击他的辎重呢？"他与太宗把地图仔细研究了一番，便把多尔衮等人召入帐内。太宗命多尔衮率兵去偷袭明军的辎重。多尔衮领命后，便率领兵士按地图寻路，来到了杏山左侧，由此翻过杏山，到了塔山。多尔衮等人上山一看，只见前面山冈下有七个营盘，全都寂寂无声。多尔衮说："我看前面的七个营盘，肯定是护着粮草的人马，我们现在乘他们不备，杀将过去。"把所率人马兵分两路，直接扑向明营。明军此时正在睡梦之中，哪能迎敌呢，霎时间七座营盘全部被清军冲打溃散。清军上了山冈，把数百辆辎重搬运下山，从原路飞快返回清营。等到洪承畴得知这一消息时，早已来不及追赶了。太宗料定明军丢了辎重后，必然前来拼命，因而做了准备。果然第二天洪承畴率领将士前来冲杀，但打了几个回合，毫不见效，于是洪承畴想出了一个偷营的法子。他故意退兵三十里，然后让军士们吃饱喝足，将部队分成四路，命令王朴、唐通为第一队；白广恩、王廷臣为第二队；马科、杨国柱为第三队；曹变蛟、吴三桂为第四队，自己与巡抚丘民仰把守大营。清太宗见明军并没打败却退兵，知道其中必有诈谋，便命令豪格、阿济格等人从小道出兵，包抄明军的后路，袭击明营，又命令多尔衮埋伏在营外。这样，明军的计策不仅未能得手，反而受到清兵的攻击，损伤了不少兵马。清太宗又料到，明军经过这一仗，必然要撤退，当即又命令诸将分路埋伏。明将洪承畴由于辎重被清军所袭，知道难以进行持久战，于是传令六个总兵陆续后退。快要到达杏山时，忽然前面闪出一路清军截住退路，明军个个吓得毛发都竖了起来，更别提反抗，没奈何只好退到了松山城中。清兵也不再追赶，收兵回御营报功去了。清太宗命令范文程将将士们的战功一一记录下来。紧接着太宗又与范文程商议招降洪承畴之事。范文程说："要想招降洪承畴，应该多写几份招降书，分别投给他的部下，让他军心摇动，相互产生疑虑，这样方能下手。"太宗称赞这是一条妙计并依计行事。

洪承畴经过这次大挫之后，心情沉重，又加上没有了军饷，犹豫着心想不如一死了之。正当洪承畴要上吊自缢的时候，不料背后有一人将他抱住救下，并且将他用绳子捆缚带走。原来救下洪承畴并把他带走的是夏承德与李永芳。他们二人已经投降了清太宗，太宗让他们回城作为内应的。所以当他们看到洪承畴要寻自尽，便赶快把他救下，然后将他绑了送到清营。洪承畴心想这回我是死定了，所以拒不开口，太宗让人给他松了绑，并且劝他归降。洪承畴还是不答应，范文程在一旁再三劝解，正在此时忽然听到奏报，说有明朝差官持书前来求和，太宗说道："明朝既然来求和，我们理当恭敬以待。"于是派人将差官迎入，太宗自己退殿而去。时间刚过中午，忽然有永福宫的太监来求见，并奏报说："洪承畴已经被娘娘劝说得归降了。"太宗听了大喜说："这真是一件奇事呢！"原来所说的这位娘娘便是后来入关定鼎的世祖章皇帝福临的生母，也是清太宗最得宠的妃子。本来，洪承畴拒不肯降，因而被囚禁于别室。上午十点左右，洪承畴心中正在胡思乱想，忽然闻到一股沁人心脾的异香之气，不由得心中一动。抬起头来一看，只见一个绝色女子，犹如出水芙蓉，轻启狱门，走了进来。只见她手中捧着一把玉壶，走到面前，轻启朱唇叫了一声"将军"。洪承畴本来就是一个好色之人，此时见了娘娘，不自觉地骨软筋麻，答又不好，不答又不忍心，因而就轻轻地应了一声。哪知道，洪承畴不应犹可，这一应倒引出了这女子长长短短的许多话来，不由得打动了洪承畴的心事，只说得个承畴心悦诚服，只得投降了。清太宗知道后大喜，便封洪承畴贵爵，又赐给他十多个美女，洪承畴感激万分，从此也就安心事清了。

秘密议和事败露

明朝派马绍愉前来议和，清太宗设宴相待。宴席之间讨论起和议之事，太宗表示赞成，于是彼此签订了和约。过了一天，马绍愉等人谢别，太宗赐给他貂裘白金，并命令李永芳等人送出五十里之外。马绍愉回国后，把和议签订的情形秘报给了兵部尚书陈新甲。陈新甲随手把和议书放置在桌子上，谁知被家僮误当作例行的塘报，发了抄，结果弄得全国皆知。朝廷中主战的人都上表弹劾陈新甲主和出卖国家，陈新甲不服气，结果被崇祯帝正法处死。原来，陈新甲因为洪承畴打了败仗，与崇祯帝秘密商议与大清议和，崇祯帝为了保全体面，让他秘密行事，直到和议被发了抄，引得尽人皆知，崇祯帝也生了气，恨陈新甲不遵照御旨办事，恼羞成怒，所以将他斩首。从此，明清议和之事便永远断绝了。

太宗逝世及其后事安排

清太宗得到议和失败的消息，便命令贝勒阿巴泰等人率领大军攻明，他们捣毁长城，杀入蓟州，接着转至山东，一共夺取八十八座城池，掠得子女、玉帛不计其数。阿巴泰由北向南行进，接着又由南转北，纵横中国境内，竟毫无阻滞。这一回大明朝廷真是吓得不得了。阿巴泰夺掠抢劫已满，大明王朝几乎被他搜刮了三分之一去，然后从从容容地领兵回国去了。清太宗听说阿巴泰凯旋班师，照例论功行赏，摆酒慰劳。宴筵席散，太宗回到了永福宫，那位聪明又绝色的娘娘吉特氏又陪着太宗饮了许多酒，当天夜里，太宗就住在了永福宫。不料半夜时分，太宗竟发起了寒热病，头昏目眩。

第二天，召来太医诊视，病情已渐渐加重，一切朝政大事，都交给了郑亲王济尔哈朗、睿亲王多尔衮来代理。多尔衮因与太宗有手足之情，而不时入宫问候病情。一天晚上，太宗自知自己的病好不了了，便握住吉特氏的手，气喘吁吁地说："我不能再到中原与爱妃同享快乐了，想起来不免有所遗恨，现在福临已经立为太子，我死了以后，应该让他继承皇帝大位。可惜他尚年幼，还不能亲政，将来就要委托亲王辅政了。"吉特氏听了这些话，悲哀不已。接着，太宗又命令立即宣召郑亲王、睿亲王两人入宫。没过多久，两人便应命进入宫内，他们先向太宗请安，太宗对他们二人说："我今天一病不起，看来很难恢复，即将与二位亲王永别了。由于太子年龄尚幼，不能亲政，一旦他继承了皇位，希望两位王爷看在同祖一脉的关系上，同心辅助幼主，那我也就虽死无憾了。"二王连忙回答说："奴才怎敢不尽心竭力呢？"太宗又命令吉特氏把太子福临带到床前，并用手指着他们对二王说："他们母子二人，今后全都托付给二位王爷了。"二王连忙回答说："我们如果违背皇帝的嘱托，皇天不佑。"正说着，忽然听到吉特氏一声娇滴滴的呼唤："福儿过来，给两位王爷请安。"此时多尔衮才想起了太子，济尔哈朗早在旁边给太子行过了礼，多尔衮感觉到自己失了礼，连忙向太子答礼。礼毕，多尔衮便与济尔哈朗一同到御榻前向太宗告辞。多尔衮回府之后，一夜不曾安然入睡。

第二天，又有太监前来宣召两位王爷入宫，等见到太宗时，他已是奄奄一息了。太宗命令二人代他草拟遗诏。遗诏拟好后，呈给太宗阅览，太宗看完，将纸一扔，便溘然长逝了。整个皇宫之中都十分悲哀，两位亲王随即出宫，命令大学士范文程先草拟一份喜诏，然后又拟了一份忧诏。喜诏是关于太子即位的，忧诏是宣布大行皇帝已经宴驾了。接着，两位亲王一面率领文武百官大举哀悼太宗，一面奉太子福临登上了皇帝位。

摄政王多尔衮

太子福临奉先皇遗诏继皇帝位，由多尔衮、济尔哈朗两位摄政亲王率领文武百官前来朝驾，行三跪九叩大礼之仪。并且由内阁大臣宣布，尊先皇为太宗文皇帝，皇后和生母并尊为皇太后，改明年年号为顺治元年（1644），王公大臣以下官员各加一级，接着新皇上便退殿入宫了。自此以后，皇太后吉特氏因母以子贵，所以尊荣无比。但吉特氏是一个盖世聪明的女子，她自念现在已是孤儿寡母，终不能久安。幸亏外面有多尔衮与她心心相印，一切政事，都比郑亲王济尔哈朗更为尽力。一天，多尔衮揭发检举科达礼和硕托等人大逆不道，暗地里鼓动他自立为王，并且命令将二人交给刑部责讯，当时便将二人正法。皇太后听到这一事，格外感激，于是传出懿旨，命令多尔衮今后有事可以不须请示，灵活处置，也不必避嫌。从此，多尔衮出入宫闱，毫无顾忌，以致生出了许多不尴不尬的闲言碎语来，连郑亲王也受了风言风语煽动。多尔衮见此情况，便奏明皇太后，下令让郑亲王率师出兵攻打大明，郑亲王只得奉旨前去。该时，明朝正任用吴三桂为宁远守将，清兵屡次攻打都未能取胜，只能骚扰一番，便又班师回朝。

过了年，便到了大清顺治元年，也就是明崇祯十七年（1644）。正月元旦之日，清顺治帝受到百官朝贺，各国也纷纷入朝纳贡，呈现出一片生机勃勃的兴旺景象。这一天，摄政王多尔衮正在书房批阅文书，忽然大学士范文程进来报告说："从探报那听说，明朝京师已经被李闯攻破，崇祯帝自缢身亡。李闯已经在明京称帝，建国号为大顺，改元为永昌。"多尔衮听后惊道："有这样的事？我国应该乘此机会出师，驱遂流寇，定鼎中原，现在正是大好时机。"说完后，便立即采取行动，一面奏请皇太后，一面亲自检阅兵马。接着又选择吉日，让顺治帝祭告天地太庙，不日便启行攻打中原。

大清国摄政王多尔衮闻听大学士范文程奏禀说，李闯已经在明都北京做了皇帝，便说："料想这个李闯一定是有大本领的人，不然怎么就能把个明室的江山给夺了，竟然自己称起帝来了呢？"范文程连忙说："王爷，话不是这么个说法，这也是李闯应了时运。一来，明朝皇帝昏庸无能，不善于用人，所任用的尽是一些小人，而把正直之士都疏远甚至排斥了；二来，明朝内地流贼四起，所以才把事情弄得一团糟，最后连江山也丢了。现在听说李闯也非常残暴，把京城内外掳掠一空，他还把所有的附降大臣都捆绑起来，向他们勒索金银财宝，并且施以重刑，所以现在明朝上至官宦，下至百姓，都把他恨得咬牙切齿。我国若是能乘此时机进兵，人民将像大旱之中盼望雨水一样盼望我们。"多尔衮沉吟了半晌，然后答道："此事再议。"范文程怕失掉机会，便又说："如此大好的机会，可千万不能失掉啊！"多尔衮因为另存有一番心机，还是未下决心。范文程怏怏不乐，只好告辞而出。

当天晚上，多尔衮入宫去见皇太后，便把范文程的想法奏明了太后。太后说："范先生才识过人，他所说之事甚对，先王也十分佩服他。他既然出了这一计策，王爷就照他说的办好了。"多尔衮却说："人生一世犹如朝露一样短暂，我能与太后常享安乐之福，已经十分满足，何必非要争夺这个中原呢？"太后说："不然，我国虽然统一了满洲，但却不及中原繁华的万分之一。趁此机会得了中国，岂不是能够与你加倍地享受快乐吗？"多尔衮仍是不答应。太后见他不愿率兵出师，便故意装作生气说道："王爷平日想怎样就怎样，我今天让你出师中原，你就不去了？"多尔衮一听这话，吓得慌了神，连忙跪下说："奴才愿意去，奴才愿意去。只是有一层，豪格[1]那家伙与我不合，我出师之后，恐怕对于幼主不利。"太后便说："此事由你做主，怎么办都行。"于是，多尔衮出宫之后便秘密召来许多人，联名共奏肃亲王豪格言语悖谬，扰乱了纲纪，并且与郑亲王一道进行公讯。豪格不服，出言顶撞，多尔衮说这证明他的言语悖谬，的确属实，便将他降为庶人。这件事办完后，多尔衮便请顺治帝祭告太庙，选择了吉日，准备出师中原。到了出师这一天，顺治帝福临端坐在恭殿之上，颁发给多尔衮一块大将印。多尔衮叩头谢恩，带着亲王、贝勒、贝子，率领八旗劲旅、满汉健儿浩浩荡荡，挺进中原。一路上，行行停停，旌旗招展，遮空蔽日，向山海关进发。

1.豪格（1609—1648）：满族，皇太极长子。从太宗征蒙古，后封和硕肃亲王，掌户部。

吴三桂献关降清

此时山海关的守将正是吴三桂[1]，前明封他为平西伯，驻守宁远。因为当时农民军烽云四起，所以召他入京增援，于是他便率兵西行。快到山海关时，听说京城已被攻陷，崇祯帝也已经殉国，他只得命令兵士在山海关扎营。忽然，有探马来报，说他的家属全都被李闯捉去了，吴三桂便又要起兵入关。恰在这时，李闯忽然又派人前来招降，吴三桂答应归降，并立即交了印。没过几天，李闯派来守山海关的人就到了，吴三桂便率领自己的精兵向燕京进发。队伍行到滦州时，有吴三桂家人来求见，详细禀明了三桂全家被抓以及李闯在京城之内的暴虐行为。吴三桂说："没关系，只要我一到京，李闯立即便会放回家人。"家人又说："昨天听说姨太太也被李闯抓去了，并且选入了后宫。"吴三桂慌忙问："是哪一位姨太太？"家人说："是陈姨太人。"吴三桂又问："想必是陈姑娘[2]了？"家人说："不是她，还能是谁？"吴三桂一听这话，登时昏了过去，幸亏家人相救才算缓了过来。陈圆圆乃是吴三桂最宠的爱妾，听说被李自成抢去纳入了后宫，他一气之下又率兵返回了山海关，将闯王的兵将赶了出来。吴三桂又下令，让兵士为崇祯帝发丧，设位遥奠。将这些事办完后，这才整顿人马，发誓为大明朝报仇，消灭李闯。这事传到京师，被李闯得知，他立即下令亲征，

1.吴三桂（1612—1678）：字长伯，高邮人。明辽东总兵，后降清，封平西王，据云南。

2.陈姑娘（1623—1695）：即陈圆圆，苏州人，原为妓女，后被吴三桂纳为妾，最后出家为女道士。

发兵二十万，命令降将唐通、白广恩为先锋，率领两万骑兵远出关外，夹攻吴三桂。此时清兵也正好抵达山海关外。吴三桂惶恐不安地想：“关内有闯贼之兵，关外又有清军，我如何对付得了？”心中转念又一想：“与其将大明江山送给闯贼，还不如送给大清。”于是便修书一封，让副将杨坤、游击郭云龙带着它到清军去投降乞援。

清摄政王多尔衮正领兵前进，在距离宁远数里之处，听说平西伯吴三桂遣使求见，马上便将杨、郭二人传令入帐。杨坤将吴三桂之书呈上，多尔衮拆书阅读完毕，又交给大学士范文程、洪承畴二人看过。范文程看完后说：“恭喜王爷，这回一定可以定鼎中原了。”多尔衮说：“全仗先生费心了。”范文程又说：“这次进兵与前几次有所不同，请王爷下令、传谕所有将士，凡是所经过的州县，不许妄动民间一草一木，如有敢违犯之人，定按军法处治。请王爷先招降吴三桂，让他先与李闯之兵交战，我们率领精锐部队继其后，何患灭不了闯贼，拿不下中原呢？”多尔衮说：“那么，就请先生给吴三桂复书吧！”范文程一挥而就，写好答书，呈上给多尔衮过目，然后又交给杨、郭两个来使，令他们带回。

第二天，吴三桂又派人来催清兵赶快入关。不料，清军还未到，李闯王倒先来了。吴三桂连忙登城固守，正在布置兵力时，忽然听到一声炮响，吴三桂料定是李闯王来了，恨不得将他伸手擒来，并将他碎尸万段。于是，他便率领将士们开关出战。李闯王见吴三桂杀来，指挥手下兵士把吴三桂团团围在中央，吴三桂毫不惧怕。双方战到日将落之时，吴三桂怕手下兵士疲乏，便一马当先冲出重围，率领兵士杀回山海关城内。闯王也不追赶，传令部下逼近山海关下寨。吴三桂入城后，查点兵马情况，见已经伤亡不少，吴三桂十分悲痛，其他将士也都同声感叹。忽然听到有人来报说，闯王的降将带着两万兵马，又从关外杀来。吴三桂大吃一惊，登上城楼一看，果然都打着闯王的旗号。吴三桂正在受两面夹攻，十分危难之际，只听到东北方向大炮震响，有一军飞奔而至，旗帜分为五种颜色，吴三桂想必定是清军到了。正在瞭望之时，有人来报，清豫王、英王率兵到此，吴三桂这才放下心来。立即告谕手下诸将和兵士说："清朝大军已到，诸将只管安心坚守，明天早晨，我出城去见清军。"当天晚上，各自休息。第二天一早，吴三桂挑选了精骑兵五千人，开关出城，冲开一条血路，直奔清营。到达清营后，下马求见。多尔衮令他入帐相见。吴三桂进帐后，见到多尔衮立即倒身下拜，多尔衮赶忙下帐将他扶起。吴三桂便哭诉说："李闯多行不道，不但毁坏宫室，使明主自尽，而且连我的全家也被抓走。请王爷为吴某报仇，我永世不忘大恩大德。"多尔衮说："如果得皇天保佑，得以定鼎中原，必定以王爵之位相报今天开关之功。"吴三桂连忙谢恩，并请求赶快发兵相救。多尔衮便命多铎、阿济格入帐与吴三桂相见，随即率领兵士出发，先迎战关外的二万闯王之兵。

唐通等人见清兵来援救山海关，知道清兵厉害，早就望风逃走了。吴三桂便请多尔衮进入城内。由吴三桂点名，手下诸将都来参谒多尔衮。接着，分列坐次，一同商议军事大事。吴三桂说："闯贼兵士虽多，却都是乌合之众。三桂不才，愿意冲打头阵。"多尔衮应允。接着多尔衮下令，兵分四路，一同进攻。李闯王此时正在山上督战，忽然见身旁烟尘四起，暗无天日，霎时间烟尘散开，却见有无数留辫子的兵士横跃入阵，而且督兵的将官都是红顶花翎顶戴，不觉大吃一惊说："这不是清兵吗？怎么已经到了这里了？"急忙将自己的麾盖去掉，向山下退去。闯王之兵见没了主将，纷纷逃走，阵脚大乱。清兵与吴三桂之军向前追赶了数十里路，杀死闯王之兵数万人，才收兵返回山海关。多尔衮下令让汉民汉军全都剃发。吴三桂听到这一命令，率先遵照实行，剃去头发后，便请求作为先头部队先行一步。多尔衮率领精锐部队紧随其后。李闯王奔向一关，吴三桂就攻克一关，李闯王逃向一城，吴三桂便又拿下一城，一直追到了燕京城下。李闯王入城后，命令兵士分营驻扎在城外。吴三桂追兵赶到，首先奋力踏营，没过多久，便将城外所有闯王所扎之营全部攻破。李闯王十分害怕，连忙派使向吴三桂求和。吴三桂一见来使，没等他开口，便大声喝道："拉下去斩了！"接着便下令攻城。

正当军兵加紧攻城时，忽然听到城墙上一片喧哗，吴三桂抬头一看，见是自己亲生父母被绑缚押来，他们大喊说："三桂快投降，以保全你双亲性命。"吴三桂沉思一想，李闯既然用我父母来挟制于我，谅他也不敢伤害他们，于是便奋声大呼说："不降！"话音刚落，就听到城上"扑扑"声响，从城上一连扔下二三十个首级来。三桂一见正是父母亲人的首级，心中一急，身子一晃，便从马上栽了下来。两旁的兵士连忙将他扶起，吴三桂捶胸顿足，号啕大哭。此时清兵也赶到了，多尔衮听说这一变故后，安慰了吴三桂一番。清兵乘着一股锐气，奋力攻城。李闯王见清朝大军攻城，知道实在难以把守，赶忙商议逃走之事。他传令部下将所夺的金银宝玩收拾妥帖，把整个明朝宫院殿宇以及民舍全都放火烧了起来，自己率领家小打开西门连夜逃奔山西、陕西去了。清兵攻城正紧时，忽然见城中着起了大火，烈焰腾空而起，料想李闯肯定已经逃走了。清兵随即登上城墙，把城门打开。吴三桂一马当先，冲入城内，兵士亦陆续进入城内。冲到宫前，下令让兵士救灭余火，可惜一座花花的大明宫室，顷刻之间已化为灰堆。吴三桂正要率兵追赶，忽然祖大寿、孔有德率兵赶到，传令吴三桂不要追赶，吴三桂只得罢手。

清朝入主中原，福王弘光政权

摄政王多尔衮入北京后，一切国家大事都交给范文程、洪承畴两人料理。范、洪二人便立即拟就了几道告示，命人四处张贴。京城的百姓因为在李闯入京时，受到了夺掠和蹂躏，巴不得有人出来将李闯给驱除了。此时一见告示，得知清军已经入城，李闯已经逃走，因而都十分欢喜。等到看见清朝政府为明崇祯帝发丧更是格外感激。摄政王多尔衮见民心大多已服，于是便召集民夫重修武英殿。到工程完毕后，摄政王多尔衮升殿入座，召集文武百官，百官都上表表示祝贺。这一天，多尔衮缮好奏折，命令辅国公屯齐喀和托等人到沈阳去迎接两宫皇太后和顺治帝。辅国公等人去后，忽然有人来报告，说明朝福王朱由崧[1]在南京建南明监国，发誓要与清朝对立。洪承畴说："朱由崧没有什么了不起，只是兵部尚书史可法[2]令人担心，他是祥符县人，具有远见卓识。但他有一个弟弟倒是识时务之人，如果能招降了他的弟弟，事情就好办了。"多尔衮说："此事再仔细商量斟酌吧！"没过几天，去沈阳请驾的大臣差人回来禀报，说两宫已经选准了于九月之内起驾来北京。又一日，探马来报：明福王朱由崧在南京称帝，改元弘光，并命令史可法统辖淮、扬、庐、凤四重镇，江淮一带都驻扎了重兵。多尔衮听到奏报后，仍然与洪承畴商议，此时洪承畴已经托史可法之弟带书劝史可法投降，所以说等有了回音再商议。

这一天，摄政王多尔衮接到沈阳传来的谕旨，得知两宫已经起銮，于是便派阿济格和多铎等人率兵出城巡视。接下来的几天，不断传来奏报，说圣驾已经到了某处了，多尔衮便命在通州城外先设置一座行殿。接着听说圣驾已进入了山海关，节节向北京靠近。多尔衮立即传令召齐王公大臣、满汉文武百官，全都穿上礼服，前往接驾。这一天，圣上銮驾到达了通州，只见龙旗飞舞，焕发风采，銮辂和铃，两旁威武的侍卫拥着一位只有七岁的少年天子，只见他生得隆准龙颜，气宇非凡。天子的身后跟着两宫皇太后，皇帝的生母吉特氏端严之中带着一种妩媚。摄政王多尔衮率领王公大臣依次跪倒接驾，顺治帝由太监传旨让他们"平身"，王公大臣这才一齐起来。圣驾进了行殿后，七岁的天子升了御座，两

1.朱由崧：南明皇帝。明神宗之孙，福王朱常洵之子。

2.史可法（1602—1645）：字宪之，河南祥符人。南明大臣，抗清名将。

旁按王公大臣的等级排列站好，一一唱名，行五拜三叩首之礼。礼毕，顺治帝退殿少息。大约两、三个时辰以后，又命令起鸾，从永定门进入大清门，王公大臣仍然迎送如仪。北京城内居民早已听说清朝皇帝入城的消息，家家焚香，户户结彩。圣皇的鸾驾徐徐行进，进入了紫禁城。王公大臣们全都退出城外，只有摄政王随同王驾进入紫禁城。突然多尔衮发现，那位已经被革掉爵位、废为庶人的肃亲王豪格也翎顶辉煌，昂首挺胸地进入宫内，心中不免十分怀疑，但当时也不好明问，只得随驾入宫。十月初一，顺治帝福临亲自到南郊，祭告天地社稷，并将历代神主之像奉安太庙。然后，顺治帝升武英殿，即中国皇帝之位，满汉文武官员全都跪卧在地，拜祝庆贺。礼毕，顺治帝下诏颁布天下，建国号为大清，定都燕京，纪元为顺治。随即便加官进爵，由于多尔衮功高一等，因而加封他为摄政王；加封济尔哈朗为信义辅政叔王；晋封阿济格为武英亲王；恢复肃亲王豪格的爵位；赐予吴三桂平西王册印。

李自成之死

皇帝谕旨一下，国事大定。于是，又命令直隶巡抚卫国允等人商议今后的长谋远略。这时听说，李闯王已经西入陕西，行至平阳，分兵把守关隘，接着又进入西安。清朝立即派兵向西讨伐农民军，李自成率军迎战，但却遭大败，李自成只得放弃西安，走商洛，出潼关，分兵南下，移兵到郏襄一带。清兵平定了三秦之后，接着又下河南，入楚汉，夺取荆襄。李自成无奈只好向南奔赴辰州，屯兵于黔阳。农民军经过这许多仗，损亡惨重，伤亡大半以上，只剩下十余万人了。农民军由于缺食少粮，只得派人四处夺掠，结果弄得黔阳鸡犬皆尽，最后无东西可吃了。旧明朝川湖总督何腾蛟[1]派兵进攻农民军。李闯王宿营于罗公山，凭倚天险修壕堑，以便能够坚持持久战。但是由于形势越来越紧迫，粮食也吃尽了，所以农民军逃走的人也越来越多。李自成想率领轻骑抄道突围，可是，何腾蛟设下伏兵，与李自成决战，打得李自成大败，手下兵士几乎被杀尽，最后只好率领着十几个骑兵逃走。李自成带兵到了当地村中，想要寻找些食物，但村民们都筑设壕堑固守不救，并且一同围杀闯王等十几个人。李自成指挥左右与之拼斗，但却陷于泥淖之中，村民们一同上前围攻李自成，结果，一代农民军领袖在此人亡马毙。村民们不知杀死的就是李自成，割下他的首级献给何腾蛟，何腾蛟检查首级上左颅的故有伤痕，才知道这是李闯王的首级。

李过听说李闯王被杀，率兵前来拼命，仅夺了李闯王的尸身，灭了该村而回。李过用稻草替闯王做了一个头，然后给他穿上衮冕，埋葬在罗公山下。残余的农民军又推举李过为首领，李过改名为李绣，接着又改名为李赤心，最后这支农民军也都亡散了。也有人说，李闯王从保定走延陵，经过通城时，命令其部下先行。通城也有一座罗公山，山上有一座元帝庙，山民们正举行大会准备

1.何腾蛟（1592—1649）：字云从，黎平卫人，南明大臣，后被清兵俘获，不屈而死。

捍卫李自成。李闯王率领二十四骑人马经过该山，下令其他人都在山下等着，他自己单人独骑登上罗公山，进入元帝庙，见到帝像便伏地拜谒，突然觉得好像有东西击中他，不能起来。村民们不知他是李自成，以为他是劫盗，便用荷锄砸碎其头而死。又有人说，李闯王是死于泥淖，死在元帝庙的乃是其弟李过，而不是闯王，到底哪种说法正确我也不敢说。李自成死时，正是顺治二年（1645）。

弘光政权内部不和，扬州十日记

摄政王多尔衮接到史可法的答书，当即交给洪承畴，让他念过，多尔衮听罢说道："看来史可法是不肯投降了。"洪承畴说："听说明福王任用马士英、刘孔昭等人办事，那么他必然灭亡。"多尔衮说："他还有史可法呢。"洪承畴又说："马、刘二人向来只顾贪鄙，单靠史可法一人也是没有用的。"史可法认为福王朱由崧有七大缺点，因而不能成为皇帝，这七个缺陷就是：一贪，二淫，三酗酒，四不孝，五虐待下级，六不爱读书，七干预有司。因而史可法打算迎立潞王朱常淓为帝。偏巧这时，马士英勾结总兵高杰等四人，准备好了甲仗，将福王护送到了仪真，接着便迎入南京即位，改元弘光。史可法、吕大器等人与其争持不下，自此之后史可法便与马士英等人不合，于是他便请求出京镇守扬州。朝中则全由马士英以奸邪用事。没过多久崇祯帝的长子逃难来到江南。但杨维垣扬言说，有一个叫王之明的人面貌酷似太子。于是，弘光帝便派遣官吏严讯太子，一定让他承认自己是王之明。南宁侯左良玉对此十分气愤，带兵向东挺进，发出檄文讨伐奸臣马士英，部队行至九江时，左良玉吐血而死。这时，河南尚为南明的属地，清顺治帝命令豫王多铎[1]率兵向河南征讨。多铎率兵一路上长驱直入，如入无人之境。史可法听到这一消息后大吃一惊，命令高杰出师徐州，抵抗多铎率领的清军。没有多长时间，清军已经夺下了河南，高杰进兵屯驻归德。高杰想与睢州总兵许定国取得联络，没想到此时许定国已经投降了清营，高杰误入许定国之府，结果被杀。

接着，清军都统准塔奉命接应多铎，多铎命令准塔率领他的部下出兵淮北，自己率本部出兵河南。清军一路攻克徐州，夺取宿迁，拿下淮安，淮北一带见清兵到来都赶快投降。多铎则由归德趋兵泗州，渡过淮河，逼近扬州。镇守扬州的南明将领史可法，心怀一片报国赤心，听说清兵已渡过了淮河，赶忙率领部队来抵抗。刚刚出发还没走几里路，却忽然接到从南京来的飞檄，说左良玉谋反，从九江进犯南京，调他回去抵御。史可法因事情紧急，便又折返江南。可是当史可法刚渡过长江抵达燕子矶，就又接到谕旨，说黄得功已经打败了左良玉军，命令他迅速返回淮扬。史可法还想援助攻打左良玉，但又听到报告说泗州已经失陷，不得已只好急忙返兵回扬州，哪知道为时已晚，清兵已经从天长、六合两地攻来，距离扬州只有三十里了，扬州守兵一听清兵来了，早已吓得逃得干干净净了。史可法此时是战不能战，守又无可守，只有

1.多铎（1614—1649）：努尔哈赤第十五子，封和硕豫亲王，清初大臣。

等到清兵兵临扬州城下再作打算。等到清兵到来攻城时，史可法极力抵抗，但是清军进攻猛烈，炮石交加，将城墙炸开了一个大缺口，史可法手下军兵伤亡大半，清军踏着尸体进入扬州城内。史可法唯恐伤残太多的兵士，便奋身大呼说："我是史督帅。"清兵也不问真伪，上来一阵乱刀砍下，将史可法砍死。多铎夺了扬州之后，下令屠城十天。后人著有《扬州十日记》一书，就是对此的记载。

弘光政权投降

扬州已经被清军攻破一事传到了南京，谁知福王只顾得贪图玩乐，所有朝政大事只靠奸臣马士英处理。马士英一听此变，赶忙派遣总兵扬文聪、郑鸿达率兵前去抵抗。可是这两个总兵一见清兵蜂拥般杀来，连面也不敢见一下，就一个逃往苏州，一个逃往杭州去了。于是清兵攻克镇江，又从丹阳进兵，径直向金陵扑来。弘光皇帝朱由崧听说清兵马上就要打来了，心中急作一团，如热锅上蚂蚁一般，忽听身旁有太监奏报说："听说黄得功驻兵于芜湖，皇上赶紧逃到他那儿去，让他来保驾吧！"弘光皇帝不由分说便带着爱妃，悄悄打开通济门逃了出来。第二天早晨，马士英等人听说皇帝已经逃走了，全都束手无策，便召集各大臣来，经过商量，决定投降，于是便写了降书，派人投送到清营。这一天，清军正在前进，见有探子来报说："南京派人前来投降了。"多铎见到降书后大喜，准予纳降，率兵进了南京城。进城后，多铎下令安民休息一天，便派遣贝子、贝勒进兵芜湖，追踪捉拿弘光帝。顺治二年（1645）五月，多铎在芜湖擒得南明弘光皇帝，并将他遣送京师。南明总兵黄得功、高杰，进士黄淳辉，原任苏松巡抚、山阴人祁彪佳，大学士高弘图，左都御史刘宗周等人都死于该战。

扫荡中原

此时，明朝鲁王在台州避难。六月，郑遵谦、张国维、方国安等迎立他为帝，鲁王在绍兴独立。清兵夺了金陵后，便来征讨鲁王，顺治三年（1646）六月，鲁王逃入舟山，没过多久便被抓获，并送往京师。

与此同时，还有唐王之子在两浙避难，郑鸿达、郑胜等人将他带到福建。郑芝龙等人又在福建将他立为皇帝，建年号为隆武。任用郑芝龙主持朝政。清军也很快将其讨平，郑芝龙逃到海上，没过多久，也就投降了。

又有隆武的弟弟逃到广东，当地苏观生、何吾驺、顾元镜等人将他迎立在广州，称为监国，改元为绍武。到该年十二月，清总兵李成栋将他击败并斩杀。

此外，桂王之子永阳王朱由榔逃难到梧州，丁魁楚、瞿式耜等人，迎立他于肇庆府，改元为永历。下诏颁布于湖南、云贵等省，当时的湖广总督何腾蛟、湖南巡抚堵胤锡等人都奉诏称臣。这时，闻听明降清之将李成栋奉了贝勒博洛之命，由福建趋兵广粤，连续攻下潮州、惠州及广州，并从广州出发，分出一部分兵攻打高雷各州，自己亲自督军攻打肇庆。瞿式耜此时还在峡石，便奏请永历王派兵增援，要与清兵决一死战。偏偏有司礼大臣王坤，一个劲儿只是劝桂王向西逃跑，丁魁楚也赞成王坤的意见，而不支持瞿式耜。于是桂王连夜出逃，等到了肇庆，梧州已经失陷了。王坤等人又商议投奔湖广去倚靠何腾蛟，于是便护驾前往湖广。独有丁魁楚行进较缓，几天之后，丁魁楚竟然秘密派人到李成栋之营请求投降，李成栋不准，还把他给杀了。

没过多久，清廷命令孔有德为征南大将军，率领耿仲明、尚可喜等人进兵湖南，所向披靡，长驱直入，连续夺取长沙、湘阴，进而又进攻衡州。此时，清降将金声桓派人密约李成栋重归明室，李成栋仍然踌躇未决。李成栋的爱妾珠圆，见李成栋闷闷不乐，便问他是何事扰心。李成栋把金声桓的信给珠圆一看，珠圆也怂恿他反正，结果他便通书给永历皇帝，决定反正。由于他认为自己职位较轻，所以一面上表给桂王，一面传书给远近部队。他的这一令一出，四方引起骚动。张献宗、孙可望、李定国等人都分别占领了云南、山西等地，弄得清廷异常忙碌。

摄政王多尔衮立即召开军事大会，说："汉人终究不能依靠，非要派亲贵大臣到各地征讨不可。"于是命令都统谭泰和洛辉为征南大将，率领兵马奔赴九江，会同耿仲明、尚可喜两将专攻江西、广东；又命令济尔哈朗会同孔有德攻打湖南和广西；命令博洛、尼堪两位郡王攻打大同；命令吴三桂、李国翰等人分别征讨山西、陕西。这次一发兵，各路之兵奋勇前进，所征之处纷纷传来捷报。谭都统率兵到达江西后，连拔九江、南康诸府，直逼到南昌省城。叛将金声桓赶快派兵抵御，被清军一阵猛攻，将城池打开，金声桓投水而死。清军攻下了南昌后，又进攻赣州，李成栋逃亡信丰，他的部下死伤、逃亡了大半以上。李成栋心焦苦闷，其左右为他进酒，他喝得酩酊大醉。清兵追到时，左右把他拖上战马，到了河边，策马过河。行至中流时，人马一同沉入河中，其部下各自奔散了。清兵进而攻陷了广州，整个赣、粤全部平定。

与此同时，郑亲王济尔哈朗正在攻打湖南，湖南诸镇毫不抵抗，皆望风奔溃。何腾蛟带兵退入湘潭城据守，一见城中早已空无一人。等清兵一打来，何腾蛟竟带着随从投奔清营之中，然而在清营中他不说一句话，不吃一口饭，到第七天上绝食而死。湖南也已经全部平定。郑亲王济尔哈朗及都统谭泰率领的两路大军，均已告捷，清廷将郑亲王召还朝。留下博洛、尼堪两位郡王率军共出征大同，但镇守大同的姜环顽强固守，博洛等人多次进攻不下。而且明朝故宫又召集来许多散兵，东一处、西一处，比比皆是，博洛分兵各地剿讨，但苦于兵力不足，不能顾全，所以向清廷申请增兵。摄政王多尔衮接到报告后，竟亲自率领英王阿济格等人带兵出居庸关拿下浑源州，直抵大同。多尔衮与博洛会合，仍然攻不下大同。但没过多久，由于大同城中已经弹尽粮绝，因部将刺杀了姜环，开城迎接清兵入城。山、陕两省也平定了。夺取了山、陕之后，多尔衮将政务交给地方官办理，自已率兵班师还朝。

多尔衮之死

多尔衮因全国各处大多平定，心中好不快活，在府邸中闲着无事，经常与肃王寻欢取乐。后又派官到朝鲜索取了国王的两个公主来朝。哪知道，他这样一味贪图女色，不考虑后患，结果竟然染上了咯血症，一病不起，不久便死了。顺治帝对多尔衮的死十分悲伤，辍朝为他治丧，照皇帝之制为他丧葬。顺治八年（1651），议立多尔衮的长子多尔博继承睿亲王爵位。

桂王奔缅甸

明桂王逃窜到南宁后，势力也日益穷迫，不得已求救于农民军将领孙可望[1]。孙可望因为占据云南全省，于是便自立为王，设立国号为后明。因为他劫持永历帝，被帝手下党羽李定袭破，只好投奔长沙，归降了清廷洪承畴。洪承畴在孙可望来了之后，向他详细打听了桂王的情形，然后上表请求发兵西略。清顺治帝乃命令贝子洛托为宁南靖寇大将军，会同洪承畴从湖南进发；命令平西王吴三桂为平西大将军，偕都统从汉中、四川两地进发；命令都统卓布泰为征南大将军，率兵向广西进发。三路兵马同时抵达贵州会齐。

没有几天，三路讨军便接连传来捷报。顺治帝又命令豫章

1.孙可望：原名可旺，延长人。明末农民军起义首领，先抗清，后降清，封义王。

王子信郡王铎尼为安远大将军，率领劲旅到达贵州，统率三路兵马，每路兵马五万人，浩浩荡荡前进。这时，桂王政权的军务都归李定国执掌。李定国听说贵州已经失陷，便派兵防守诸险要关口，但是清朝大军分几路杀来，李定国如何能够抵抗得了，便率领部队逃回云南，拥着桂王从永昌逃到右甸去了。等到清兵追到后，李定国仍然不敢迎战，于是又同桂王匆匆忙忙西走腾越，转向南甸，渡过了木囊河。这木囊河乃是中国与缅甸国的交界。缅甸人命令随从官员一律交出兵器，才准予他们前行。桂王一行人到达缅甸都城，见缅甸人大多穿着短衣，光着脚，桂王便也与他的随从换上缅甸服装，混入缅甸人的贸易市中，从此就在缅甸国中苟延岁月。大清信郡王铎尼因为桂王等人已经逃奔缅甸，便向清廷奏捷。清帝传旨，命令大军还朝，留下吴三桂镇守云南，又担心三桂反叛，便命令其子吴应熊在京供职。

郑成功远赴台湾

顺治帝以为这次平定了云贵，将江山版图一统，便可以享受承平之福了。却又忽然听说，江南数十个州县都被郑成功[1]得了去，现在南京也危在旦夕了。顺治帝大为吃惊，说："朕即位十多年了，东征西讨，没有一天的清闲日子，这皇帝做得真不自在。朕细细想来，倒不如做个和尚更适意呢。"于是便传下圣旨，检阅兵

1.郑成功（1624—1662）：字明俨，号大木，泉州南安人。清初民族英雄，抗清败后退到台湾。

马，御驾亲征。他这一下旨，可吓慌了文武百官，连忙奏报说："区区一个小丑，何劳圣上挂虑呢？"次日，顺治帝升殿，正准备拟定日子出师，忽然兵部尚书呈上江南总督郎廷佐的表章说，郑成功已经被崇明总兵梁化凤荡平，他所占各处也都收复了。顺治听后大喜，下旨封梁化凤为江南提督，并授达素为安南将军，进攻厦门，以斩草除根。郑成功抗清失败后，逃回厦门，仍然准备再度起兵。正往前行时，不料从上流来了一股清兵，正面迎击他。郑成功无心抵御，便率兵奔赴了台湾岛。

吴三桂追击桂王

吴三桂留守云南，平时安居无事，便欲铲除明朝宗室余孽，于是上了一本奏章，上面说"李定国带人东抢西夺，不把他连根尽除，是没有安逸的"等话。顺治帝因为已统一了中国，不想再兴师动众，接到这个奏报后，心中犹豫不定。无奈众大臣都赞同吴三桂之议，只好命大臣爱星阿率军奔赴云南会同吴三桂一同剿袭李定国。爱星阿到达云南后，与吴三桂一同进兵木邦，活捉白文选。接着直抵缅甸都城，一面追拿桂王，一面派人向朝廷飞报胜捷。

顺治帝之死，康熙帝继位

顺治帝接到这一捷报后，知道大功已经告成，便决心远走出家。只是宫中有一位董鄂妃，乃是一位江南的汉人姑娘，顺治帝格外宠爱她。没想到有一天董鄂妃突然一病不起，不久竟然过世。顺治帝与她少年恩情，悲痛不已，辍朝五日为她哀丧，并且奉太后懿旨，封董鄂妃为皇后，这是顺治十七年（1660）的事。顺治帝经过这一次打击，便更加决心脱离尘世。于是于次年正月，只留下了一封遗诏，便出家了。这个遗诏一传出，文武百官十分惊疑，都说："昨天早朝时，圣上身体还健康如常，怎么一夜之间就会宴驾了呢？"无奈，只得遵照遗诏行事，照例入朝哭临，一面又由辅政大臣奉八岁的新天子在太和殿即皇帝位。这位新皇帝，就是皇三子玄烨，拟定年号为康熙，改第二年为康熙元年（1662），尊为圣祖仁皇帝。

（此原书第三十六回至第四十回）

明朝世系表
（1368—1644）

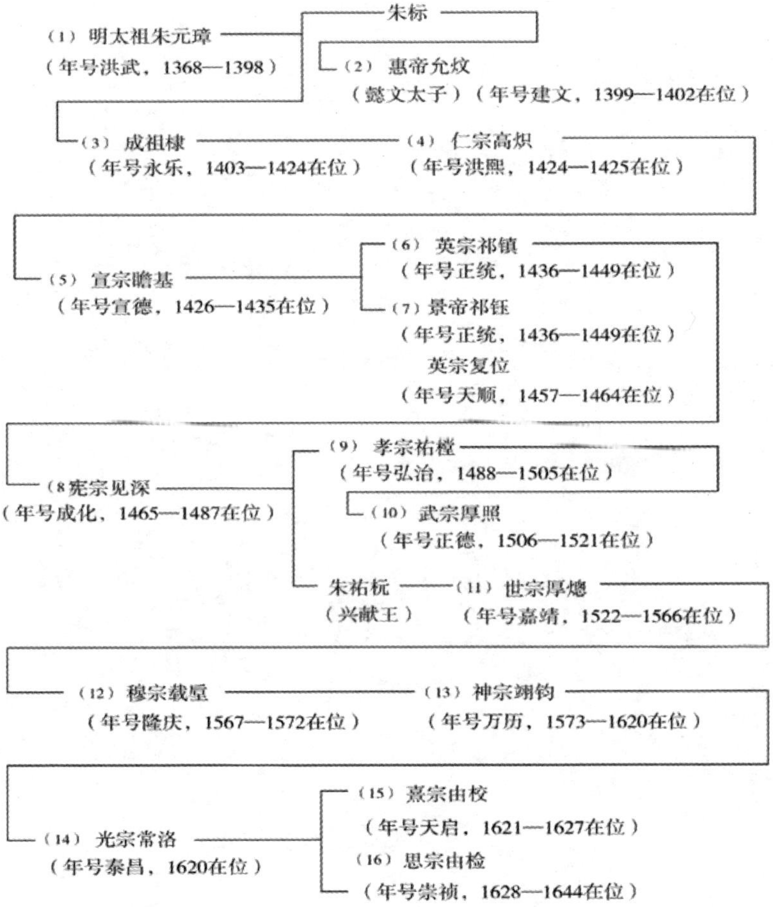

清朝

吴三桂绞死桂王

清世祖顺治自入关以来，东征西讨，打下二百几十年的基业[1]。其中圣明平庸的皇帝代代相继，那些昭彰隐晦繁纷交织的事迹，不依照次序述说是不能周详明瞭的。到了康熙继位，有四位辅政大臣尽心协助料理政务，首先废除了所有内宫的弊端。这道上谕一发，宫廷内外的臣民读了，无不同声颂扬。

到了康熙元年（1662）三月，平西王吴三桂因缅甸送献明朝桂王朱由榔和亲属到他营下，当即就命令将其拘禁在特定的屋子里，然后跟爱星阿商议向皇帝请旨处置办法。爱星阿不敢独自议事，而是由吴三桂写奏折呈报皇帝。圣旨下达，对明朝桂王施恩，不作为俘虏献送，命令将他们就地处死。吴三桂便立即下令将桂王全部亲属二十多人绞死。意料不到的是，桂王的儿子，年仅十二岁，却指着吴三桂骂道："我朱家有什么对不起你？上天有知，怎么能让你有好死？"

张煌言之死

当时，李定国听说缅甸人将桂王献给吴三桂，便率军队追劫，半路上得到桂王被害的消息，向北面大哭，吐血数升，不久便死了。

1.二百几十年的基业：计自努尔哈赤建后金国，至溥仪退位，国祚长达296年；若自顺治帝清兵入关起算，则为268年。

李定国虽然死了，领导反清复明却还有张煌言、郑成功二人。张煌言隐居在浙江象山南面的南田岛，郑成功则占据着台湾。张煌言时常去信敦促郑成功举兵反清，不料郑成功一病身亡。张煌言得知后，捶胸顿足，沉痛地说：“成功一死，我就没有指望了。”于是，他独自避居深岛，打算与世隔绝。一天，他正在庄前向远处闲望，却看见许多人穿着明朝衣服走到跟前来，向他恭敬施礼。开口便问道：“您不就是张煌言先生吗？”张煌言见他们这样问话，很是奇怪，不敢说出自己的真实姓名。来人见他态度犹疑，便说：“我们都是明朝的遗民，因为被清朝逼得无地生存，才避难到深岛。现在见清朝的防范放松了，听说先生避居这里，特聚集志同道合者数千人，来请先生出山，共倡义师，恢复明朝。先生莫不是以为我们是清朝派来的奸细，才不敢说出真实姓名？”张煌言见来人口口声声讲忠义，句句话都思念明朝，估量不会有欺诈，便跟来人畅谈。来人还说：“现在海口有几条大船，船中的志士都在静等跟先生见面，以便订立盟约，共谋复明大业。”

张煌言因急于恢复明朝，便同来人到达海口，果然见有几条大船停泊在海岸。张煌言正要上船，忽然从船内出来许多人，都是剃了额发拖着辫子的清兵，他们上前将张煌言捆住。张煌言知道是中计了，便大声呼喊：“人的志向不可夺，要杀便杀。”只见岸上诱引张煌言来的人上前截住他的话，说：“不可，不可！”便一同上船，乘风解缆，一路顺风，抵达宁波又转到杭州才上岸。清兵将张煌言抬着一直奔向巡抚衙门。浙江巡抚赵廷臣一见张煌言，便百般开导，劝他降清。张煌言坚守忠义，绝不苟且屈服。巡抚无计可施，只得命令兵卒押出去，让他自尽。

康熙帝擒鳌拜

康熙帝因为郑芝龙的儿子郑成功据守台湾反清，郑成功死后，他的儿子郑经继承父志仍据台湾，便将郑芝龙和他的三个孩子成恩、世恩、世荫一起斩首。郑芝龙的孙子郑经听说祖父被杀，虽很愤激，却无办法，只得暂时隐忍，再作打算。这时，康熙在位已经四年，清朝统治稳定了，真是刀枪入库、马放南山，一派升平景象。到康熙六年（1667）秋天，鳌拜专断朝政，捏造辅政大臣苏克萨哈藐视皇帝的罪名上奏，将他处死。后又捏造罪状陷害苏克萨哈的子孙，康熙帝未批准，他竟敢挥拳殴打幼主。康熙帝回宫奏报皇太后，太后百般劝慰，皇帝只得隐忍。虽然这样，康熙对鳌拜已经另有打算。过了几个月，便单独召见鳌拜入宫，宣布他结党营私、陷害贤能。鳌拜不服，仍然像过去一样傲慢不驯。康熙喝令侍卫将他拿下，先痛责一顿，然后又派两人拖出再次审讯。让审讯者据实讯问定罪，不得徇私包庇。这两人遵旨，陈奏了鳌拜三十条大罪。皇帝下令将他立即处死。幸亏有二三大臣请求从轻议处，康熙鉴于他是有功的老臣，便将他削去官职收押。

三藩之乱

康熙惩处鳌拜，当时内外臣僚都认为很英明，不敢胡作非为了。这件事一传开，功高权重的老臣吴三桂等倒觉得心中不安。

吴三桂自从投降清朝，顺治帝便封他为平西王，留他镇守云南，又把他的儿子吴应熊招为十四公主驸马，享受的荣耀真算得第一等了。不料康熙将鳌拜收押，吴便心中惶惶不安，唯恐自己也重蹈覆辙，陷入危机。他便派官员到广东会见尚可喜、去福建会见耿继茂的儿子耿精忠，一同上奏，呈请撤销他们的兵权。这本来只是一种试探，哪知奏折一上，康熙随即批准，并派钦差大臣到各藩办理撤销兵权事宜。吴三桂知道此情后大惊，没想到弄假成真，便向亲信询问："这事该怎么对付呢？"部将马宝说："王爷主见如何？如愿解甲归田，也就罢了。要不然，就应谋自立呀！"吴三桂说："我请撤兵，原是试探皇上心意，不料皇上竟然批准了。等派出的官员回来再议对策吧！"马宝说："我倒请王爷先训练军队、检阅人马，等派出的使者回来，看军心如何，便好行事。"吴三桂当天便登上王爷的官座，一面传告将士和两个女婿都到阅兵场听候命令，一面召集将士，百般激励，说皇帝将他调离藩王的职位，吉凶莫测。众将士被他一片谎言鼓动，众情愤怒，将两个钦差杀害，连巡抚朱国治也一同杀了。吴三桂假意问众人："你们这样胡闹，叫我如何处理？"众将便说："王爷本是明臣，清朝皇帝这样不讲恩情，不如造反，杀到北京，灭除清国，恢复明室，有什么难办？"吴三桂道："倘若北京派兵来怎么办？"众将大声呼喊："我们愿以死抗拒！"第二天，吴三桂便向部属传达命令，捏造一个什么崇祯帝的三太子，建国号大周。并派人到福建、广东约会耿精忠、尚可喜两人，择日带兵前来会合，一同进攻北京。

吴三桂一反，附合的人起兵响应，反对抵制的人便调兵固守。这时，户部员外郎萨穆哈正在贵州办理公事，迎接吴三桂亲属到北京。他一听这个信息，急忙上马，昼夜不停，赶到北京，将这件事奏报皇帝。王大臣惊慌地问："这事如何办理？"康熙帝说："吴三桂既反，无论如何是难再听从朝廷命令的。"于是，立即命都统巴尔布、珠满等各率兵三千，由常德、岳州，准备分路进攻云南。

吴三桂既踞云贵等地，也调兵遣将进攻临近各省，攻陷了湖南、四川。耿精忠也从福建率兵由东路攻打浙江各地。只有尚可喜始终侍奉清廷。吴三桂派遣使者联络，不料尚可喜将来使拘禁，把吴三桂的书信呈奏清廷，请派兵援助。吴三桂听说他派的使者被扣留了，大怒。只好送信给耿精忠，令他攻打广东。耿精忠又致书郑经，命他起兵来攻广东海面。这时，中原动荡不安，南方内地几省一半归附吴三桂，各省告急文件像雪片似的纷纷呈送朝廷。康熙接到这些呈报，立即命贝子[1]、贝勒[2]，大臣、经略使、统领等出兵援救。另外，委任亲王喇布为扬威大将军，镇守江南一带。哪知清兵出一路败一路，吴三桂的兵进一路胜一路。清兵不是投降就是归附，反把吴三桂的势力壮大起来。怎么会这样呢？实在是因为满人领兵主将都是皇亲国戚，一旦兵权在手，动不动就摆

1.贝子：满语，爵位名，贝勒的复数，在早期满族社会中，贝子是天生贵族的意思。清代颁定宗室爵号，贝子在亲王、郡王、贝勒之下，也以这种称号封蒙古贵族。

2.贝勒：满语，原为满族贵族称号，复数为贝子。清崇德元年（1636）定封爵称号，置贝勒于亲王、郡王之下。崇德前即指后来的亲王。

架子，或是用威力吓人。军队暴乱的时候，用这种手段怎么行得通呢？

康熙在这之前派哲、博两钦差[1]到云南，宣布朝廷谕旨，命吴三桂永久镇守云南，令他停止叛乱撤兵，以免将来惨遭覆灭，追悔不及。吴三桂不从，当时就把两个使者拘禁起来。吴三桂听说陕南军事进展顺利，就派兵分扰陕甘边界，自己率大军出云南，开赴常德、澧陵督战。临行的时候，吴的妻子张氏上前扯住他说："你这样背叛作乱，皇帝一定会将我的儿子应熊处死。你要还我儿子。"吴三桂被妻子纠缠不放，只好再三劝说解释。无奈女人见识短浅，总不顺从。他只好将拘禁的两个钦差放出，央求他们回京奏报皇帝，他愿跟清兵议和："如果皇帝不杀我儿子，当即息乱退兵。"两钦差得到释放，像出笼的飞鸟，连声答应，奔回京城去了。吴三桂又派使者到西藏，托达赖喇嘛代为请命，也不外这几句话。康熙听到了呈报也很焦急，又得到哲、博两使的奏折和喇嘛的陈文，内心格外惶惶不安，便召开王大臣会议。这时，大学士明珠上前奏道："吴三桂不除掉，终究是祸患，奴才听说西洋人南怀仁[2]善造火炮，比我国所造的炮更加精良，而且还轻便。"康熙说："南怀仁不是现任钦天监的副监官[3]吗？"明珠回答说，就是他。

1.哲、博两钦差：博似为傅之误。当时康熙曾派侍郎哲尔肖、学士傅达礼为撤藩使赴云南。

2.南怀仁（Ferdimand Verbiest 1623—1688）：比利时人，天主教耶稣会传教士。顺治十六年（1659）来华。初在陕西传教，次年到北京。后以汤若望案下狱，释放后幽居北京。康熙七年（1668）被起用。管理钦天监监务，制造天文仪器，监铸大炮，著有《数要序论》《康熙永年历法》等书。

3.副监：明清设钦天监，由正监、副监主持观察天象、计算节气、历法等事。

于是，皇帝指示户部拨发白银，令南怀仁召募西人赶造，不得延误。随即便将吴三桂的儿子吴应熊以及吴应熊的儿子吴世霖一同处死。

吴三桂既放了清廷的使者，实是指望使者回报皇帝，康熙一定会允准他的请求。他统率的一些将士有请求渡江北上的，有请求直攻京城的，吴三桂都不听从。等到听说他的儿子应熊和孙子世霖都被杀了，便大发雷霆，怒不可止。于是留七万兵士守岳州、澧陵等重要口岸，分兵数万把守湘、赣等地的重要据点，他自己率大队人马由陕西进兵，打算直攻北京。吴三桂所部到达松滋，正要派遣将领攻打郧阳，探马忽然报告：平凉失守，王辅臣投降清朝。吴三桂听到报告大惊。忽然又有报告：留驻长沙的夏相国乞求援助。吴三桂问长沙为什么会告急？来人就把清廷如何运去大炮、由安亲王岳乐统率、眼下正在进攻湖南的情况一一奏报了。吴三桂说：“这样急迫的情况，我不能不回救湖南。”在回兵途中得到汇报，所有江湖要塞都被清兵占领了。

安亲王岳乐奉命南征，将要到达江西建昌（今南城），正当清军攻打白显忠据守的城池。岳乐督战，未能攻下。后来从北京运来大炮，立即连续攻城，白显忠十分恐惧，弃城逃走。于是，清军攻下了广信（今上饶）、饶州（今波阳）。接着便进兵湖南。一路攻取袁州（今宜春），逼进湖南澧陵。探马忽然报告：“敌将高大节领兵由小路进攻袁州了。”岳乐说：“袁州是我们的后路，倘若被截住，我们就无退路了。”随后又有报告：“吴三桂的将领夏相国由前路来到了澧陵。”岳乐道：“前有来将，后有敌兵，我们不能不退呀！”当即传令退兵。后撤大约一百里，天色已晚，见前面有一座大山，岳乐立即下令：“就在这里扎营，明天再走。”刚刚扎好营，忽然听到山上炮声轰响。岳乐忙派人侦察这座山叫什么名字，回报说是螺丝山，山势弯弯曲曲，像螺丝一样。不知道山上有多少兵马，只见他们都打着大周旗号。岳乐说：“不用管他，你们用大炮向山上攻击吧！”一连轰击了几十发炮弹，旗帜打倒了不少，却没有一点动静。岳乐这才说：“不好了，我们中了敌人的疑兵计。”急忙命军士将大炮抬回，不再施放。他刚要进营帐，只见山上跑来一匹马，奔到他面前大声喊叫：“岳乐哪里走！”岳乐还在山下瞭望，忽然看见一匹马跑来，吓得魂不附体，拍马就逃。军士见主将逃走，立即陷入混乱，辨不清道路，向四处溃散，自相践踏。岳乐逃过螺丝山，见没有追兵，心中才稍微安定。这时，天色已明亮，便收拾残兵，奔回袁州。一到城下，看到都是大周旗号。他正疑惑不解，却听到四面的呐喊声，岳乐登高一看，正是敌兵在追杀清兵。他赶紧整理队伍，上前营救。敌将正杀得高兴，忽见后面军队纷纷奔溃，不过，那个敌将很厉害，岳乐料定不能取胜，便领兵杀出，向他方逃奔。那个敌将也没有追赶，就收兵入城了。

原来杀清兵的将领就是高大节，岳乐经过这次败仗，才知道了高大节的厉害。他感到这个人久留江西，不是好事。他孤军难恃，便跟喇布会合，一同开到南昌去了。不料后来高大节被胡国柱的副将韩大任害死。高大节既死，袁州就被喇布占踞。这并不是喇布的本领大，可以说是托了康熙帝的洪福。从此以后，各地便渐渐稳定了。

广州的尚可喜因郑经由台湾率兵攻打，急忙派他的儿子尚之信前去抗拒，哪知尚之信不遵父训，背叛了清朝，反而让部将把他父亲拘押起来。尚可喜非常气愤，呕血数升而死。尚之信见父亲已死，更加无所顾忌，就跟吴三桂联合。吴三桂封尚之信为辅德亲王，命令他筹款助饷。尚之信听到吴三桂的安排，就说："三桂是想来限制约束我呀！"急忙跟他的部将们商议，决定仍旧归降清朝。于是，便将吴三桂派来的官员全部拘禁起来。一面率军民按清廷的服饰规格剃发留辫，反叛吴三桂；一面出兵，西拒马雄，东抗耿精忠。精忠正要跟他交战，却听到探报，说汉兵已进入浙江西南部的仙霞关了，便急忙率军退回湖南。半路上又听说曾养性、白显忠统统都已投降清朝。等到赶回福州，又得知清兵将要开到，建宁、延平（今福建南平市）等地的守军也都已归降清朝。耿精忠经受这样的惊吓，竟晕倒了。身边的人将他救醒，老半天他才说："这下全完了！"等他安定之后，他的随从才送上一封信，拆开一看，正是清朝康王写来的劝降书，长达数百字。耿精忠心里暗想：投降是不好，不降又敌不过清兵，怎么是好呢？沉思半天，想出一条计谋。他一面派儿子到延平去迎接清军，一面将总督范承谟绞死。为什么这样做？就因为他要降清，唯恐范承谟揭发他的劣迹。康亲王接到耿精忠的信，便率部开进福州，耿精忠带领一班文官武将把康亲王迎进了城。康亲王令他立功赎罪，并把收降的情况奏报皇上。尚之信也派人到喇布军前乞求投降。喇布便把这些情况据实上报朝廷。康熙鉴于吴三桂还没有投降，对于这些降将也不追究罪责。只是颁发谕旨，命令他们依旧承袭王位，立功赎罪。

浙江、福建、广东的反清活动先后平息，现在只剩下广西一省还不安宁。广西守将孙延龄本来是孔有德的女婿，孔有德一家遭难，家破人亡，只留下一个女儿，孤苦零丁，蒙太后把她留养宫中，享受郡主的待遇。后来嫁给孙延龄为妻，便随孙延龄镇守广西。没料到，孙延龄受吴三桂煽惑，背叛清朝，降附吴三桂，被封为临江王。孙延龄对于降吴的事，起初还瞒着郡主。后来，郡主知道了，劝他归附清廷，他不答应。现在听说各地都已投降清朝，内心焦虑不安，思前想后，无计可施，只好请求郡主庇护，希望能减轻罪责。他退入后堂，不免感到羞愧。无可奈何，只好向郡主要求宽恕过失，他说："前些时实在是我太愚昧，如今后悔不及，希望郡主稍加维护，虽死也感激不尽。"说罢，泪流满面。郡主见他这副样子，于心不忍，就进京向太后求情。谁知孙延龄这种反复态度，已被吴三桂察知，派从孙吴世琮将他诱杀。

吴三桂自反清以来，已经五年。康熙十三年（1674）假借明代年号，以立崇祯之后为名，其实是称周国。他内心是早有称帝念头的。到康熙十七年（1678），便在衡州（今湖南衡阳）筑土设坛，祭告天地，自称大周皇帝，年号昭武。由于他恶贯满盈，该受上天惩罚，即位之时受了一点风寒，竟致一病不起，于康熙十八年（1679）春天死去。

吴三桂临死，曾对夏国相等留下遗嘱，要他们辅佐太孙吴世璠继位。夏国相等秘不发丧，暗中派人到云南迎请吴世璠来衡州即位。百官叩贺，改元洪化。至此才颁发哀诏，布告百姓。这时，清兵听说吴三桂已死，人人精神奋发，都想讨伐立功。安亲王岳乐、简亲王喇布各自统率大军开进湖南，攻克岳州、常德。只有顺承郡王勒尔锦常驻荆州，在吴三桂未死之前，他按兵不动，连头也不敢出；这时听说吴三桂已经死了，他就张狂起来，大着胆子率兵渡过长江，攻打长沙，直逼衡州。夏国相等看到这种情况，哪里还敢迎战，只好弃城而走。吴世琮在陕西也被将军莽依图打死。这时，四川、陕西汉中都已被清军收复，大周国吴世璠的地盘几乎都被清兵占领，眼下所剩的只有云、贵两省了。康熙帝见各处虽然频频报捷，却总是不能平息反清活动，认为是将领不肯效命，便传旨把他们一律调回治罪。另派贝子、贝勒、都统、将军统率大军，由四川、湖南、福建、广东进兵云南、贵州，直捣周国的老巢。周兵见清军大队云集，吓得魂不附体，纵然勉强迎战，跟清兵一照面就溃逃了。至此，吴世瑶又丢失了贵州。到康熙二十年（1681）十月间，城中粮食用尽，军心涣散。城中守将方志球暗中勾结清朝的督军蔡毓荣，放蔡军入城。于是，各路清兵继进，将周朝文臣武将统统擒获，兵士溃散。吴世瑶见周国即亡，就悬梁自尽了。所俘虏的兵将，解送京师处置。至于那些先降后叛的藩将，也一律押往京城问罪。各路清朝将领见大功告成，也都先后班师凯旋。

三藩既平，中国十八省和东三省都属于大清国版图，只剩下台湾一岛还被郑经占据。后来郑经病死，他的儿子继位，直到康熙二十三年（1684）才亡。

征俄罗斯和蒙古

康熙帝既已平定了国内反清活动，又想征服入侵边境的外邦，决定先从俄国着手。于是命令都统郎坦侦探俄国城堡的虚实，然后出兵。直到康熙二十八年（1689），中俄才订立条约，归于和好[1]。康熙二十九年（1690），清兵出长城攻蒙古三部，康熙帝亲征往返三次，到康熙三十年（1691），内蒙古部分归附清朝。

嗣位迷雾

康熙三十六年（1697），康熙帝立胤礽为太子，至康熙五十一年（1712），他又将胤礽废黜，决意不立太子。众多皇子及王大臣不知道皇上是何用意。到了康熙六十一年（1722），康熙已经六十九岁了。大学士、九卿等朝官正打算明年为圣上祝贺七十大寿、预备大庆典礼。谁知人有旦夕祸福，康熙竟生起病来，而且日渐沉重，服药无效。一天，康熙到畅春园，众皇子都随驾前往。过了几天，皇帝的病更重了，他便召隆科多入内室，命他传召十四皇子到内室来，只是这时康熙的舌头已经僵涩，说出“十”字便停住，又说出“四子”二字，隆科多出来，立即派宫中太监去请皇四子，次日

1.编者注：这里所说的条约即1689年中俄订立的尼布楚条约。条约规定中俄以额尔古纳河、格尔必齐河为界，再由格尔必齐河源顺外兴安岭往东直到海边。岭南属中国，岭北属俄国。乌第河和外兴安岭之间地方暂定存放另议。条约并规定：自签约之日起，两国人民持有护照者，可过界来往，并许互相贸易。

晨，四皇子到畅春园，见过母舅隆科多，便到内室给康熙请安。康熙见他到来，手指着他说道："好，好！"只这两个字，便一命归天了。众皇子一齐痛哭。隆科多说："请诸位阿哥收泪节哀，听读遗诏。"便读道："皇四子人品贵重，处事果断，很有像我之处。必能继承大统。由他继承皇位。"皇四子随即继承了帝位，然后完全遵照祖宗归章办理丧事。康熙在位六十一年，现由四皇子胤禛[1]即位主丧。次年改元雍正。

雍正帝建立秘密立储制度

雍正帝登基后，便召王大臣文武官员入宫。王大臣等到了宫内，见雍正南面高坐，忽然告谕众臣说："皇父在世时，直到晚年王储地位一直未定，他心中时常为此不宁。我现在想，公开预立王储，恐怕他们兄弟争夺，弄出大祸。我想出一条计谋，打算将拟定皇储的诏书，由我亲自写好密封，藏在匣子里，放到正大光明殿匾额后面，可好？"王大臣道："臣等怎敢随便议论这样重大的事。"于是，雍正命诸位臣子退出，只留总理事务大臣（领班大臣），自己密写太子的名字，封藏匣内。命令内宫的侍从太监登梯子上去，将这个匣子悬放在乾清宫正大光明匾额后面。后来雍正去世，打开匣子，立即知道了他早已立定的王储。

1.胤禛（1678—1735）：康熙帝的第四子，继位后年号雍正，在位十三年（1723—1735）。

平定青海之战

雍正元年（1723）忽然接到四川总督年羹尧八百里紧急禀报：青海造反。青海位于西藏东北，当时青海首领罗卜藏丹津自号“达赖浑台吉”想要独立，脱离与清朝的关系，暗中约请策妄阿拉布坦作后援，举兵反清。兵部侍郎常寿由青海奔回京城奏报。雍正只认为是青海内部的纷争，仍命常寿前去调停。常寿一到达青海，便被罗卜藏丹津拘留。四川总督年羹尧听到情报急忙奏告皇上。雍正立即命年羹尧为抚远大将军，提督岳钟琪为奋威将军，共同率兵前往讨伐。兵分两路，迅猛前进，势如破竹，杀了上万人，一直逼到青海境内。罗卜藏丹津听到清兵进展的消息，大为吃惊，送还了扣留的清使，上书请罪。清廷不准，催令年羹尧继续进兵。岳钟琪呈报说：“青海面积辽阔，叛军人数不多。我军四面合攻，贼兵一个也逃不了。”年羹尧同意。果然在雍正二年（1724）五月，把青海的叛乱平定了。年、岳二将军奏报胜利，撤回兵马，到北京领功。

诛戮大臣

雍正本是个刻薄狠毒的皇帝，他见到外患已经平定，就唯恐国内发生事变，于是想出一条毒计，打算把功高权重的大臣统统清除。他先把两个兄长允禩、允禟贝子用捏造的种种罪名，予以拘禁；并将为他策划取得帝位的人统统处死，免得日后泄漏他的密谋。大将年羹尧因为少年时代受皇帝扶持，再加上功高势大，不免骄傲任性。突然有一天，雍正下了一道圣旨，把他降为杭州将军，又连降他十八级，罚他守城门，对他严加看守。有些王大臣看到这种势头，也落井下石，把他的言行编排成九十二条罪状，奏明皇上。雍正下令把他处死。哪知督察院事先就弹劾了隆科多包庇年羹尧，奏陈他犯了十恶不赦的重罪。雍正据此颁发圣旨，处死隆科多，但不株连其他人。然而，后来还是有许多文臣武将，稍微有点嫌疑都受到连累。雍正既将这一伙人惩办，便觉得心满意足了。世上没有比这种人更薄情寡义的!

鄂尔泰平苗

雍正四年至雍正九年（1726—1731），苗族人不服从清政府的统治，镶黄旗的鄂尔泰费尽苦心，才使苗族人民服从，这样就把苗族居住的两千多里的领域，归入大清的统治范围。

“十全老人”

到了雍正十三年（1735），苗族人又发生了变故。鄂尔泰由于苗人再次反叛，心中也自感不安。有一天，他正在家里吃晚饭，忽见宫中太监奔来报告，说皇帝得了暴病，请大人立即进宫。鄂尔泰急忙进宫，正好皇后也已到了。鄂尔泰上前揭皇帝床边的御帐，不觉“哎呀”一声，急忙把帐子放下。当时，庄亲王、果亲王都到了，一面商议办理后事，一面请太子继位。于是，将那个匣子取下，打开广看，当即宣读。写的是这样一句话："皇四子弘历继朕登位。"这时，皇子弘历等都已入宫奔丧。随即遵照遗诏，命令庄亲王率大臣等侍奉弘历即位。次年改元乾隆，这便是清朝的高宗皇帝[1]。

乾隆即位后，朝政宽厚平实，皇室的人因故被拘禁的，一律释放。封允禵等为公爵。他自己的同母兄弟都封为亲王。在朝王大臣和外省官员都提升一级，对于过去的老臣和心腹都加功授勋。一般官吏和小民都称颂当今皇帝仁德。只是由于云南苗族又有反清活动发生，未能及时平定，才召回张照哈等治罪。另外授给张广泗七省经略的官职，统辖各路军马。选择吉日发兵直抵苗民居住地区。经过两个月，苗族地区就平定了。这时国内一片太平景象，乾隆停息武力征讨，崇尚文治。四方境外的民族和八面荒僻的地区都来进贡称臣。直到乾隆六十年，他把人生富贵荣华的各种处境和享受，没有哪一件做不到，也没有哪一件想不到。

传位太子，自封太上皇

直到有一天，乾隆忽然召见各位王大臣入内宫，向他们宣称，打算把帝位传给太子，自称太上皇。王大臣们没有什么惊慌和疑惑，只不过请求他暂缓归政。乾隆又开导教诲大家一番，他说："我遵守先皇遗法，已将太子的名字密藏在正大光明匾后了。"当

1.高宗：即爱新觉罗·弘历（1711—1799），年号乾隆。1735—1796在位。

即命宫内太监取下，打开匣子一看，乃是皇四子颙琰[1]。就扶他继帝位，决定明年改元嘉庆。乾隆虽说已将帝位让给太子，但仍然掌握大权，唯恐一下子交卸了权力，会违背旧有的制度。后来见嘉庆帝天资聪颖、通达事理，温恭谦让，对于礼制特别尊崇，乾隆便决定归政。嘉庆元年（1796）元旦，举行了归政典礼。王大臣率领其他大臣、文武百官都上表恭贺。随即颁行了太上皇的传位谕旨，并在全国实行大赦。

白莲教起义

嘉庆元年四月，太上皇开千秋宴。正在热闹的时候，忽然太监送来湖北提督的奏折，报告枝江、宜都两县境内白莲教徒聂杰人、刘盛鸣等聚众闹事，请求派兵进剿。嘉庆帝看了奏折，立即敕令湖北巡抚惠龄专办剿抚事务。谁知告警的奏疏、表章像雪花一样不断，其中有林之华起事于当阳、姚之富崛起在襄阳、齐林妻王氏举事在保康，同时跟着起来的有几十个州县。白莲教的声势几乎遍及湖北全省。嘉庆帝十分惊慌，急忙进宫禀告太上皇。太上皇斟酌后传旨：命西安将军恒瑞率兵到丹阳进剿林之华，都统永保等进剿姚之富、齐王氏。枝江的白莲教则由湖广总督毕沅、湖北巡抚惠龄剿办。各路将军领兵进发，数月后，先后奏报取得胜利，杀了教民数万。白莲教徒聂杰人被总兵富志擒获，但余众反而更加激烈地反抗官府。

1.颙琰（1760—1820）：年号嘉庆，1796—1820在位。

白莲教由来久远，元末有韩林儿，明代有徐鸿儒。后遭镇压，但并未被彻底歼灭，所以日后又重新活动。乾隆年间，安徽人刘松是白莲教首领，被官方抓住，徒众流亡到甘肃。另有未被捕获的徒众刘之协、宋之清等分别到四川、陕西、湖北一带传教，不过是为了骗取钱财。到了乾隆晚年，教徒竟发展到三百多万。他们造谣说："清朝鸿运已过，劫运将来，现在真命天子已经出世。你们若要免祸去灾，必须访求真命天子保护。"百姓听说，都请求刘之协把真命天子指出来。刘之协就将他的同党，一个姓王的儿子发生，冒充明朝皇室后裔，指为天子。然后广泛召集党羽，各处劝募钱财，制作旗子，制造武器，择定日期准备起事。后来被官兵知道了，将那一伙人和王发生一起抓起来。刘之协用钱贿通押解的官兵，半路被放走，只把王发生解送到京城。乾隆见他还未成年，将他充军。其余徒众都杀了。然后乾隆就传旨令各地大力搜索刘之协。这道圣旨一下，地方官正好乘机掳掠骚扰百姓。四方的百姓不甘受苦，数十州县的激愤群众，一起造反，攻州州破，攻县县灭。四川达州的徐天德与太平县的王三槐等聚合群众造反，弄得清朝的南方半壁江山岌岌可危，告急章奏纷纷呈送到了京城。嘉庆帝见了很是焦虑，扼腕叹息。他立即命令内务府大臣额勒登、将军保明亮等先后带兵，去剿平暴乱。令额勒登、保明亮一路急驰达州，一路赶赴湖北，专管剿办白莲教事务。又责令各省总督、巡抚、将军、都统等会同剿办。如果再无功绩，立即捉拿问罪。这道谕旨下达后，各路统兵将帅都认真行动起来，有的主张分剿，有的建议合攻，议论纷纷，难以统一。这时，将军明亮、都统德楞泰率兵接连打败徐天德、王三槐等部；四川中部的乡勇罗思举配合清兵出击；先后残杀白莲教徒数万人，白莲教气势大为衰落。没想到又有河南的大股白莲教分道进入四川，徐天德部白莲教又重振声势，会合齐王氏、姚之富等部众，将清将明亮、德楞泰、惠龄、恒瑞等打得东逃西奔。白莲教头目准备乘胜向北进击，因遇清朝总兵王文雄带领三千劲旅，奋力还击，白莲教徒才向后退却，齐王氏部退向东南，又由山阳去了湖北。明亮等得知消息，率兵追赶，到达郧西地界，一面快速命令郧西乡勇截击，一面悬赏齐王氏的人头。

这时正好四川东乡县的乡勇罗思举、桂涵投入清军兵营，受命去斩齐王氏。罗思举是一个智勇双全、胆量谋略出众的人，他受命后就率桂涵等攻下了王三槐的据点。桂涵曾经是大盗，能飞檐走壁，日行百里。他听说清军招募士兵，才跟罗思举投营当兵。他一入营就立了大功。他们探知齐王氏住在大寺里，二人就在夜间改换装束，使用飞檐走壁功夫，直接进入寺内，俯伏在屋上。看见室外护卫的人很多，不便下去，就将瓦揭掉两层，往下一看，他们的位置正对着齐王氏的卧室。但室外的人仍然没有散去，他二人不想耐心久等，即沿着屋檐下到卧室，走近床前，手执大斧向帐子里砍去。忽见帐子里一个飞脚踢出来，直踢向桂涵的双跟。幸亏躲得快，未被踢着。他又抡起斧头砍过去，剁下一只女人脚。只听“哎呀”一声。他二人怕惊动外面的人，自己不能逃出室外，就提着那只脚出了房门，又腾飞上屋，回营去了。这时，天已大亮，他们把那只脚呈给明亮献功。明亮检验完毕，立即传令快速进攻。

当时，齐王氏被人削去了一只脚，正在床上昏卧，听说清兵大队人马开来，就命令姚之富的部众抬着她逃走。姚之富在前面开路，冲出重围，逃入了山林。这一天的战斗，杀死白莲教众八九千人，还抓住了一个叫王如美的头目。对于这个头目，清兵并不处死，而是好言好语劝慰，让他指出白莲教徒的聚集地址。明亮等人带着王如美登高瞭望，王如美说教众驻在左山，明亮就下令向左山猛攻。又怕右山有教众支援，就由德楞泰率先攻进去，他左手执盾牌，右手提刀，迈步冲锋，兵士也紧跟在后面。这一场冲杀好像宋朝的岳飞大破朱仙镇一样，杀得白莲教徒无路可逃，只好向山崖退去。谁知那山岩是悬崖绝壁，掉下去便是死亡。齐王氏已是独脚，结果跌下去摔死了。左山的教众被杀得一个不留。这就清除了齐王氏、姚之富为首的那一股白莲教众。明亮命令清兵将齐王氏和姚之富的尸体捡出来，分解尸首、割下头颅，把消息传知各省。

人们以为白莲教的头目被杀，从此一定可以把教众起义平伏了。偏偏是死一个又生一个，死两个又生一双，竟弄得年年不得太平。白莲教头目王三槐、徐天德不久前被罗思举率领乡勇捣毁了据点，狼狈出逃以后，齐王氏等部的教众又活跃起来。现在齐王氏、姚之富已经被杀，王、徐所部教众觉得势单力薄。眼下听说四川道台刘清奉四川总督勒保的命令前来招抚他们，心里也愿意投降。为什么刘道台一出面，王三槐便愿意降伏呢？这是因为刘道台当过南充县知县，那里百姓都称他是“刘青天”，人人佩服。勒保以前镇压百姓时，本是一个蛮寨的女子帮了他的忙，他就冒别人的功，谎报皇上。皇上不知，以为真是勒保的本领，所以任命他为四川总督。哪知川中白莲教众格外强悍，勒保率兵进剿，竟被王三槐所部杀得大败，束手无策。勒保部下有一个起草文稿函札的先生替他想了一条计，他说："现任建昌道的刘清，百姓都很佩服他，让他去招降王三槐。三槐若来，将他逮住，押送京城，岂不是你大帅的功劳？"勒保听从他的计谋，便派刘清前去招降王三槐。刘清奉命带了两个随员前往，一个是替刘清办理文书函札的，一个是勒保的下属。王三槐听说刘青天到寨子里来，赶忙跪拜迎接。刘清把投降的话说了一遍，王三槐恐怕川督是派刘来诱捕教众的，所以没有立即应允。刘清往返三趟，并且将随员留下作人质，王三槐才答应。他随着刘清出寨子，教徒们一向信任刘清，因此也不加阻挡。王三槐将到清军大营，由刘清引入。勒保故意摆出威武的架势，喝令将王三槐拿下。刘清一见便上前说："大帅用这种办法，那两个充人质的随员怎么办呢？"勒保大声吼道："王三槐是白莲教头目，已是不能赦免的人，两个随员有什么要紧？"刘清不能抗辩，叹息悔恨而归。一天，刘清押在白莲教那边的随员刘星渠忽然逃回了。刘清问他逃回的原因和经过。他答道："教众见王三槐没有回寨，就打算让我们偿命。我们没办法，只得哄骗他们，说勒保要重用王三槐，暂时留住了。教众们将信将疑。我说愿意前去代为探访信息，教众知道我是大人身边的人，所以没有阻挡。勒保那边的那位都司也要同来，被教徒留下了。倘若勒公不守信用变了卦，他的这位属员就性命难保了。"刘清说："他既失言不守信用，我也不能在这里待下去了。"于是，写了辞职的呈文，派人送给勒保，自己带了文件，匆忙离去。过了几天，皇帝颁下谕旨，给勒保升官加衔。一面将王三槐押送京城，交刑部治罪；一面进兵攻打白莲教余党。当时，教众们见王三槐已被清廷问罪，就推举冷天禄为首领，继续抗击官兵。官兵昼夜攻打不停，冷天禄眼看自己的粮食快吃完了，便假装投降，夜间却袭击清兵营垒。清兵没有防备，被杀得大败而退。勒保又想招降，可教众们这一次再也不上当了。

和珅自尽

嘉庆四年（1799）正月，太上皇忽然得病，医治无效，不久便病逝了。乾隆帝于二十五岁继皇位，在位六十一年，观政四年，到临终共九十年。嘉庆帝捶胸大哭，过了几天，命令军机大臣起草了一道上谕，颁发给各省的将帅。各省将士接到圣旨都觉得比以往的谕旨要严厉得多，每个文官武将都有些恐惧。有一天忽然下了一道谕旨，命令捉拿大学士和珅交刑部议论擅权专横的大罪。原来嘉庆帝一向痛恨和珅，因为太上皇在世，大臣和皇帝不便上书斥责他。如今太上皇已经死了，许多官员都上疏数说和珅的卑劣行迹，共列了二十条大罪。嘉庆帝一见这些奏疏，立即传旨赐他自尽。经和珅举荐引用的官员人等一律革职。

勤于政事

处死和珅以后，就传旨提王三槐由皇帝亲自审讯。王三槐只供了“官逼民反”四个字，其余的话就没了。嘉庆帝再三讯问，也只这四个字。嘉庆帝说：“难道四川官吏连一个好的也没有吗？”王三槐答：“只有一个刘青天。”嘉庆帝问：“哪个刘青天？”王三槐说：“现任建昌道刘清。”嘉庆帝又问：“其余人就没有好的了吗？”王三槐答：“巴县老爷赵华、渠县老爷吴桂虽不及刘青天，也算是好官。”嘉庆帝听了他的话，叹息一声，就将王三槐关入监狱。嘉庆帝经过审讯王三槐，立即下了整顿吏治的谕旨。京城和地方官吏接旨后，才知道皇帝平日留心政治，对于所有统兵将帅虽不能完全撤换，总是渐渐地作了些变更。

自此以后，嘉庆帝每颁一道谕旨，都雷厉风行，所有官吏都谨慎遵守，不敢再像过去那样懈怠了。各省领兵将帅也都振作精神。只有勒保因冒功受奖得以掌握大权，常是让人家打先锋，自己从中获取渔人之利。这一次额勒登保一支人马斩杀了冷天禄，德楞泰所部与徐天德相持不下，明亮率兵在陕西境内追逐，没有取得全胜，而勒保总是见到白莲教就胆怯，按兵不动。他这种态度被新上任的湖广总督倭什布向朝廷参奏了一本。嘉庆帝看了奏折大怒，立即派官员前往捉拿勒保回京治罪，他所管辖的事务，由明亮代理。后来因为明亮剿杀白莲教未建功绩，又跟永保互相攻讦，于是把他们两个都逮送京城审讯。明亮的职务，命令额勒登保代任。额勒登保接任后，施展他平日的用兵才华和谋略，统筹全局，向东发兵，向西进剿，大张声势。这时，正当德楞泰追逐徐天德，半路跟另一支白莲教众高均德部相遇，德楞泰率部冲击，将高均德抓住杀掉。消息上奏朝廷，圣旨下达，授德楞泰为参赞军务大臣。但是，高均德死了，又有冉天元奋起抗官，也被德楞泰斩杀。其余白莲教首领王廷诏、徐天德、樊人杰等也在嘉庆六年（1801）先后被擒获，遭到杀害。到嘉庆九年（1804），白莲教起义才算平定了。

李长庚讨伐海寇

西北平定，东南的海寇又骚扰作乱。乾隆末年，安南的阮光平父子窃据该国王位，国内财政拮据，他想了个主意，召集沿海的盗贼，给他们封官授爵，要他们在海上抢劫过往的商船，以补充安南的开支。这样一来，海寇骚扰一天比一天猖獗，海贼的胆子越来越大，不仅劫夺商船，还想上岸抢掠。浙江定海总兵李长庚，生长在福建海滨，对于海上的险礁要地都很熟悉，为人忠实勇敢，受人钦佩。有一天他得到报告，便率领三镇的水师出海追剿盗贼。那一天飓风狂虐，雷雨交加，海盗的艇船有一多半被风浪撞沉。那些偷偷逃上岸的人也被清朝兵士全部搜捕，一个不漏。被捕捉的人中有四个头目，他们佩带有安南总兵的大印，长庚大怒，把印摘下，将四人杀死。然后写好公文送到安南，将大印也一并送还。正碰上安南国发生内乱，原广南王的后裔阮福映自暹逻返回故国，灭了阮光平，恢复了原先的统治。阮福映见到清朝送来的文书，害怕清政府派兵问罪。就一面声明这种事是阮光平父子干的，一面备好文书向清朝进贡。嘉庆帝见到文书，也不愿把安南前朝的罪过归咎于新主，就封阮福映为越南王，命他严惩海上的盗贼。阮福映接旨，表示要遵照办理。但海寇一时难以消灭干净。其中有两个为首的，一个叫蔡牵，另一个叫朱濆（pēn），他们号召海寇以福建沿海口岸作出没的根据地。又勾结大陆上的白莲教，暗中接济他们枪械，万分猖狂。清朝官兵都无法对付，只有李长庚还能跟他们对战。嘉庆帝认为李长庚忠勇可嘉，把他提升为福建提督。后来又调往浙江任提督，他跟浙江巡抚也相处得非常好。他们筹集了十多万两银子，建造大船数十只，铸造大炮四百尊，配备在各艘船上。这些炮船每天沿着海岸来往巡逻；在歧头、东霍洋面，擒获海寇头目张如茂，兵威大振。

后来蔡牵被李长庚追剿得无路可逃，便带着银子到闽浙总督玉德那里乞求投降。玉德见到几万两银子，像见了父母一样，就派人前去招降。李长庚明知蔡牵不是真心归降，但那是福建提督出面招降，他不能从中作梗，只得叹息退出。谁知蔡牵经过这一次包庇，暗地里将船修好、粮米配装充足，又私下指使奸商替他制造一只大船，装好货物。表面上说装货是为了出口。哪知船一出口，就交给了蔡牵。蔡牵一得到船，立即扬帆远去，在海上横行霸道。跟朱渍联合起来，再度骚扰温州。温州总兵胡振声率领一支装备不齐、缺乏训练的水师出海抵抗，被蔡牵、朱渍打得七零八落，连胡振声也被打落水中。蔡牵、朱渍等海寇掉转船头，直接进入福建，闽中一带竟然没有一个人敢出来抵抗。嘉庆帝知道了这种情况，就派李长庚统率福建、浙江两省水师。李长庚接受命令后，将温州、海坛两镇的水师分为左右两翼，日夜加强操练。

嘉庆九年（1804），这些水师向马迹洋开去。这年冬天，在甲子洋打败朱渍。次年春，又在青龙港打败蔡牵。蔡牵越打败仗越颠狂，索性聚集了一百多艘船向东进犯台湾，并勾结岸上的土匪，攻打台湾府城，自称镇海王，台湾震恐。福建提督急忙奏报朝廷。嘉庆帝立即责成成都将军德楞泰以钦差大臣的名义，调动三千四川兵进剿蔡牵；并以将军赛冲阿为副将，分两路向台湾进兵。这两位将军还没有出福建，李长庚率部已抵达台湾。他见鹿耳门被海匪封锁，就到别处找到一个名叫安平的小港登陆，直扑府城。还紧急下令，让总兵许松年、王得禄驾驶小船率兵隐蔽前进。他自己带领大队守住南北两汕的重要关口，以备截断蔡牵的退路。蔡牵以为鹿耳门已被阻塞，便放心大胆地往前挺进。没想到许、王两路清兵由小路攻了进来，向海寇猛烈进攻。

蔡牵分兵抵抗，每次战斗都失败了。人员船只损失很大。他预料台湾难以攻占，便想从北汕逃走。正当他率部将要出口时，看见口岸边有许多大船阻塞了出路。远远望去，那只大船上站着一位大将，手执令旗，像天神似的威武。仔细一看，正是那个百战百胜的浙江提督李长庚。他叹了一口气，说："遇到这位，我没有命了。"谁知天老爷偏要保佑恶人，陡然间刮起一阵怪风，清兵站立不住。蔡牵却趁机逃跑了。等他一出海口，哪里还挡得住呢？清兵仅夺取了几十只船。谁知嘉庆帝昧着良心，斥责李长庚让海寇远走高飞。于是下了一道圣旨，摘去他的花翎顶戴，连德楞泰所领的清兵一律撤回。李长庚受到这种处分，非常愤怒。他重新组织部众奋力剿杀。海寇退到福宁上岸，并无清兵夹攻。蔡牵、朱渍见李长庚势单力薄，便联合海寇反攻，被李长庚猛烈的抗击杀退。

蔡牵便跟朱渍分别窜扰镇海、定海，李长庚紧追不舍，专门攻打蔡牵的船。蔡牵受伤再次撤退。清廷降下圣旨，恢复李长庚被摘去的花翎顶戴。

李长庚因恢复官职，稍得安慰。不料浙江巡抚阮元由于守丧而去任，李长庚抚胸叹息，为失去了一位好的主持者忧伤。他的部属说："阮公虽然离职了，一省政务何至于没有人才承担？现在闽浙总督玉公不是比阮公更高明些吗？"李长庚道："不要提那位玉公了吧。我自出师以来，多亏阮公关照。若是换了玉公，我是一样事也做不成。"闽浙总督玉德的劣迹激起众怒，大家便催促李长庚根据实情，上奏朝廷。嘉庆帝心明如镜，深悉下情，革除玉德的职务，捉拿问罪。另外任命阿林保接任。没有想到去了一个坏的，又来了一个丑的，真是忧患无尽头！阿林保到任后又跟李长庚不和。不到一个月，他就三次向皇帝弹劾李长庚。皇帝内心怀疑，但对于阿林保的奏折留在宫中不发下去、也不批复。密令浙江巡抚清安泰调查后奏报。清安泰虽然不及阮元，可也不是糊涂人。他把李长庚在海上攻剿贼寇的情况综合起来，向朝廷详细奏报。嘉庆帝本是明君，一见到他的奏章，就知道弹劾是出自阿林保忌功。于是颁发圣旨责备阿林保说：倘若再忌功诬劾，玉德就是你的镜子。另外命李长庚监督制造大船三十只。

这时，李长庚在内部再没有人牵制，外面也无人阻碍，他以为可以实现自己的志愿了。没想到阿林保受了这次责备，更加恼怒，总想把长庚置于死地。长庚正想修造船只，敌不过阿林保不断对他发出催战文书，三天一封，五天两封，责令他不许休战。不到一个月，下了十几道檄文。李长庚面对这种处境叹惜地说：“我不死在海贼手下，也难逃奸臣的手心。看来跟海贼战到同归于尽就是幸运了！”于是，他召集将士，即日出发。他们凭着灭贼的锐气，驾船出港，贼船看到李长庚船队开来便望风而逃。他们追到竿塘，抓获了蔡牵的侄儿蔡天来。李长庚率船队在海面来回追逐，使蔡牵无路可逃。他便兵分两路，一路命许松年追击朱渍，另一路由他继续追杀蔡牵，连打几个胜仗。这时，蔡牵逃到黑水洋面，再也无路可走了，只得决一死战。李长庚亲自擂鼓，打了三四个小时，蔡牵船上的风帆被子弹打裂了。李长庚立即命令兵士放火焚烧贼船，火随风势烧到蔡牵船上。不料蔡牵船上忽然发出一发炮弹，打进李长庚的船内，兵士回头一看，李长庚已跌倒在船板上，急忙抢救，但他已因弹片击中咽喉而死。船上的张见升是阿林保手下派去的人，他见李长庚死了，便率领兵士撤回基地。蔡牵也就乘机逃往安南去了。消息传到京城，嘉庆帝很是惋惜，追封李长庚为壮烈伯，赐谥号忠毅。

王得禄、邱良功讨平蔡牵

这时，朝廷改任方维甸为闽浙总督，阮元复任浙江巡抚。李长庚的部将王得禄、邱良功都升任提督，分别统领原来的军队，他们同心协力为李长庚报仇。

王、邱二位提督听说许松年在福建海上打死了朱渍，朱渍的弟弟朱渥率部众乞求投降，许松年已经立了大功。他们唯恐落在许松年之后，被人嘲笑为无能，便慷慨誓师，决心捕获蔡牵。这时，蔡牵的势力日益衰败，召集余众又来沿海骚扰，一直窜到定海渔山。王、邱二将率部追踪到绿水洋，而蔡牵的贼船又逃跑了。王、邱二人非常义愤，决心分兵合围，全力进剿蔡牵。有一天，他们再次追踪到黑水洋。没想到邱良功的船与蔡牵的船竟并泊在一处，王得禄的船也赶到了，正好合攻蔡牵。谁知邱良功的船刚停泊不久，就被海贼扯毁了帆，又用大碇扎住邱良功的坐船，使船不能移动。邱良功持刀上前砍碇绳，被海贼的长矛刺中了脚。邱良功的部下见主将受伤，只好毁碇摆脱海贼的围困。蔡牵看到这种情况，自己也想逃跑。王得禄带兵冲上前。海贼船上枪弹已经用尽。王、邱便大声呼喊："海贼弹药已经用尽，大家要努力擒贼，俘虏者有赏。"于是，官兵一拥而上，一面放火，一面用矛钩扯撕船帆。蔡牵知道再也不能脱逃了，就用炮将船击裂，连船带人一同沉入海底。其余海贼纷纷投降，王、邱二将收兵回营。他们当即用红旗报捷。战功上奏，王得禄被封为二等子爵、邱良功受封二等男爵。至此，福建、浙江的巨匪都消灭了，广东的海盗也告平息。

天理教起义

嘉庆十六年（1811），西边天上出现了扫帚星，钦天监[1]奏报

1.钦天监：掌管观察天象、推算节气历法的官署。秦汉以来由太史令掌管观天象、制历法等事宜。唐代始设太史局，后改为司天台，隶属秘书省。宋、元有司天监，与太史局、太史院并置。明清改名钦天监，设监正、监副等官职。清制满汉并用。也有个别欧洲传教士参加，如南怀仁等。

说，这种星象预兆兵灾。嘉庆帝问：在什么时候？钦天监查核后回答：应在嘉庆十八年闰八月中。如果将嘉庆十八年闰八月改作嘉庆十九年闰二月，或许可以消弥兵灾。嘉庆帝准许改历。转眼两年过去，嘉庆帝已把这桩事忘记了。

这年七月，皇帝到木兰去狩猎。圣驾出京后，宫中竟闹出一起大祸。原来在京畿地带南面有一些流民，立了一个教，名叫天理教，又称八卦教。教义跟白莲教差不多。他们广召教徒，徒众遍布各省，教内有两个首领，一个叫林清，在直隶（今河北省）传教；一个叫李文成，在河南传教。这两个人内外勾结，煽动群众反对清朝，自己一心想当皇帝。他们听说钦天监预测星象预兆兵灾，曾改变闰月，就想利用这个机会起事。于是，造出两句歌谣："二八中秋黄花落，清朝最怕闰八月。""天数是难逃，改也不得了。"利用这两句歌谣很轻易地就在一般百姓中起了煽惑作用。正巧这一年直隶发生旱灾，饥民成群结队流动求生。林清用几万两银子，买通宫内太监刘金等三人，充当内应。又暗中把李文成请进北京，作为外援。李文成到京，与林清约定，九月十五日，也就是钦天监所说的嘉庆十八年闰八月十五日发动。

林、李二人以为这次谋划是无人知道的。谁知河南滑县的知事强克捷早已听到了风声，他立即派人向巡抚高杞、卫辉府知府郎锦麒禀报，请他们迅速调兵捕捉人犯，要等这事发生就迟了。但巡抚、知府不信他的禀报，反而责怪他造谣，无事生非。强克捷焦急万分，再次申报，上司仍无反应。他心想，李文成是本县人，他要谋反，朝廷怪罪下来，不说上司不发兵，反会怪我知情不举。

我既然不免一死，不如先发制人，就是死了，也算是为国为民。主意已定，等到傍晚，便私下传召县衙的吏役，一齐到衙门听候命令。到时候，衙役见县知事早已坐堂，强克捷便令众人：“你们随我来！”这时一切使用物件都已备齐。强克捷出衙乘轿先行，衙役跟随在后，来到李文成住宅，将前后门把住。其中虽有跟李文成有来往的，也不敢多问。强克捷由前门进入，直到内室，将李文成捉住，用铁链锁上，带回衙门，立即坐堂审讯。李文成故作镇静，笑问道：“老爷要拿人，也要访明罪过。我并未犯法，捉拿我是为什么？”强克捷大怒说：“你私下勾结土匪，谋图造反，本县官已查访明白，你还敢抵赖吗？赶快招来，免得受刑。”李文成不招，强克捷道：“你这样胆大妄为，看来不用刑是不会招的。”于是命令衙役给他套上夹棍，收一下绳子夹得紧一分，把李文成夹得死去活来，脚胫被夹断了，晕死几次，总不见招。强克捷心想：他的脚胫骨断了，估量他不能逃跑，等一等再想办法审问吧！这时，李文成的党羽听说首领被捕入狱，便一同商议劫狱，将李文成救出来。大家商议妥当，九月初七，便聚众数千，直接进入滑县衙门。县衙门只有几个衙役，并无一兵一卒。劫狱的人一冲进去，役吏都吓跑了。县衙里只乘下强克捷一家大人孩子。劫狱的人不由分说，上前去你一刀我一刀，把强克捷和他的家人全部砍死。急忙到狱里救出李文成，抬着跑出了县衙。

李文成说：“直隶林首领本约我于十五日到京城接应，今天这么一闹，路上必定会有官兵阻拦。”但眼下众教徒既然已将县官杀了，此地也无处容身。只得分兵进攻，才有希望成就大事。便向山东、河北进兵。谁知嘉庆帝在木兰已经得到了报警，用每天六百里的速度传下谕旨，责令山东、河北、河南的总督、巡抚迅速派兵防堵截击。这道圣旨一下，几省都出兵防堵。

林清在北京眼看发动起事的日子临近，指望李文成率教众来京支援。谁想到李文成却因事泄被捕，虽说他已被教众救出，但各省已经风声鹤唳，都在防范，李文成已不能如期到达。等到林清起事，外援断绝，也就无法成功。

嘉庆帝在木兰打猎，忽然想起钦天监禀承的那一番话，就立即启程回京。京城的文武百官也都前往迎接。再说林清，眼看发动起事要到期了，他事先派教众二百人，暗藏兵器，潜到城里。自己则在城外等侯消息。这二百人在紫禁城附近四处走动，专等内应发动。等到黄昏，见有二人前来，一看正是刘金、高广福两位太监。教众一同迎上去，由二人引导前行。众教徒立即发难，一半人攻打东华门，一半人攻打西华门，都以白布包头，作为联络暗号。看守东华门的清廷侍卫见有教众进来，一齐奋力抗拒，教徒败退，侍卫关好东华门。但西华门来不及防御，被教徒们冲了进去，反把门关好，以抗拒禁卫兵的反攻。然后，教徒们便向内宫杀去。但是他们不知道通往内宫的路，正在寻路，忽然看见阎进喜到来为他们引路，让他们向西，直接进攻皇宫。这些教徒原指望立即就可以攻入皇宫，抢得金银珠宝满载而归。哪晓得宫中楼阁环绕，道路不清。左旋右转，见前面一所大屋，以为是皇宫，便一齐冲了进去，到里面一看，什么也没有。教徒们点火一照，见匾上写的是“文颖馆”。他们又越过几进房屋，都没有人迹。有的闯到隆宗门，有的撞到养心殿门，都关闭得很牢固。一个教徒便说：“我们只顾乱闯，什么时候才能找到大内呀？我看这墙里面必定是皇宫。我先扒进去看看，你们随后进来，免得老在外面找。”说罢就手执白旗，正准备扒上墙头，忽然飞出一个弹子，正打中这人的左眼，只听他“哎呀”一声，便跌落墙下死了。连扒几个人都被弹子击中，落地身亡。放弹子的人原来是皇次子绵宁。当晚他在上书房，忽然听到外面大喊，他问发生了什么事，内宫的侍从太监告诉他，土匪攻进了紫禁城。皇次子随印佩上撒袋，挂上腰刀，手持鸟铳，带着侍卫来到养心殿。命令侍卫太监放好梯子，他就缘着梯子上到高处，正往四面观望，看见一个拿着白旗的教徒正要上墙，皇次子即时发出一弹，打中他的左眼死了。又上一个，又中弹而亡。贝勒绵志也打死了一个教徒。其余的教众都不敢再上了。教徒们攻不进去，就到隆宗门放火。皇四子正在着急，忽听得霹雳一声，立即雷雨大作，将火熄灭了。众教徒看到进攻没有得手，就想撤退。但天昏地暗，道路不清，有的人竟掉在池塘里淹死了。这时，王公大臣带着亲兵入宫保卫皇室，各处搜查，抓到了教徒六七十人。立即审讯，教徒们都说是内宫太监刘金、高广禄、阎进喜等引进宫的。便立即命兵士将三个太监捉来审问。三人见教徒已把事情供出来了，无法抵赖，只说：“该死，该死！”于是，一面将情况飞报嘉庆帝，一面将那些教徒处死。

嘉庆帝在行宫接到皇次子禀报的全部情况，立即封皇次子为智亲王，其他亲王、贝勒也都有提升和奖赏。随后，尚书托津英和回到北京查办天理教。皇上命令陕西提督那彦成为钦差大臣，率兵到河南进剿。随后嘉庆帝便从白涧回到北京。托津英和将到黄村，便听说林清已被逮住，于是他也回到了京城。九月二十三日，皇帝在大殿亲自讯问天理教首领林清和私通教徒的几个太监，问明情况属实，便下圣旨，把这些人都凌迟处死。

当时，李文成因为胫骨断了不能行走，只好把他留在滑县城。其他教徒本打算准时增援林清起事，没想到被雨阻隔，又受官兵堵截，不能成行，只好都聚集在道口镇。哪知道嘉庆帝派钦差大臣那彦成与提督杨遇春率兵一同到了河南卫辉府。然后，杨遇春带领几十个亲兵到道口镇，进剿教徒。教众见亲兵到，准备迎战。忽然看见亲兵中飘扬的一面大旗，上面有一个“杨”字，他们一向知道杨遇春的威名，便吓得逃进城去。杨遇春向前直追，杀死教徒数百。正准备退兵，却发现少了两个亲兵。他又单身冲进教徒队里，杀了几个人，把两具亲兵的尸首夺了回来。随后，杨遇春率领人马暂时住在北岸，等待那彦成钦差到来，再一同进兵。谁知那彦成胆小怯战，不敢前进。嘉庆帝知道了这个情况，就传下谕旨催促他快速进兵，那彦成才大胆前行。杨遇春进攻道口，教徒一见就大叫：“不好了，杨胡子来了！”不敢正面抵抗。但这时已有探报说直隶的教徒已经平息，又得知山东的教众也被肃清了。杨遇春听到这些消息，就跟那彦成说：“其他两省叛乱都已平伏，唯独我们未建功绩，怎么办呢？”他们正在议论，忽接探报，索纶奉谕旨带兵来此助剿。那彦成请他进来，共同商定兵分三路进攻河南天理教的计划。教徒支持不住，便护卫着李文成出了城，准备逃进太行山。杨芳跟踪追到辉县山，奋勇剿杀。忽见山中起火，李文成被烧死，教徒又逃入城中。杨芳围起城来，用大炮四面轰击，约两小时，城角崩坍，官兵争先冲入城内，守城的教徒首领牛亮臣、徐安国等都被抓住，用囚车押送京城处死。天理教起事被镇压，河南局势安定，官兵奉命班师。

箱工起义

正当此时，皇帝有旨，命令那彦成率领部众到陕西去进剿三才峡的盗贼。所谓三才峡盗贼，其实多是木材商和运夫、差役，因为年成不好发生饥荒，他们就停工抢粮，地方官搜捕得紧迫，他们推万五为头目，集众抵抗官府。后来被祝廷标等镇压。此后各地的反抗活动也相继平息了。

崇尚节俭的道光帝

嘉庆二十五年（1820），皇帝照例到木兰打猎。亲王贝勒也随同侍候。不料，嘉庆帝在热河避暑山庄染上了霍乱病，病情日渐沉重。皇帝便传旨召见大臣，向他们说："嘉庆四年，我已遵照家法，立次子绵宁为皇太子。现在绵宁正随同我驻在这里，就让他继承王位。"不久，嘉庆帝去世。他在位二十五年，享年三十八岁。皇次子智亲王捶胸顿足，嚎啕大哭，十分悲痛。随即派御前侍卫火速回京，尊奉母后钮钴禄氏为皇太后。皇太后颁下懿旨，告谕皇太子，尽快正式继承皇位。皇太子恭护先皇灵柩返回北京，安放在乾清宫。然后正式在太和殿即皇位，颁布诏书，普告天下。改明年为道光元年，这便是宣宗[1]。对于已逝的先皇加谥号，尊为仁宗。经占卜，安葬在昌陵。

道光帝即位几天后，想起从乾隆、嘉庆年间直到现在，东征西讨，国库款项已被用尽，如再不节省，国用怎么能充足呢？便从宫中防止浪费、奢侈、浮华做起，自后妃直到用人，一律崇尚节俭、朴实。并命令亲王、贝子、贝勒、王公、大臣等不准过多招纳姬妾，不得随意挥霍。王公大臣听到命令有的认真奉行，有的阳奉阴违、表面朴实暗中照旧奢华。皇上怎么能察觉呢？崇尚朴实、节约的上谕，能不能实行，不过在各人。

平定张格尔

道光五年（1825），新疆回民首领张格尔聚众反叛朝廷。原因是钦差大臣斌静跟回部伯克章京内外狼狈为奸，干了许多坏事。道光帝派将军庆祥前往调查，庆祥就暗中把斌静平常违法乱纪的真情实况，奏告了皇上。道光帝降旨将斌静革职，捉拿审问。另派永芹代理他的职务。张格尔叛乱后势力渐强，清兵镇压屡次失败。永芹不敢隐瞒实情，只好上奏乞求援助。道光帝召回永芹，任命将军庆祥继任。庆祥因故不能到任，又派长龄代任这个职务。庆祥领兵前往讨伐，被打败。张格尔一连攻下七座城镇，逼得庆

1.宣宗（1782—1850）：即爱新觉罗·旻宁（原名绵宁，即位后改为旻宁），庙号宣宗，年号道光。1820—1850年在位。

祥无路可走，竟上吊自杀了。道光帝得到奏报，便派杨遇春为钦差大臣，率领陕、甘军队五千人，驰赴新疆，会合其他方面的军队，共同进剿。皇帝又授命长龄为扬威将军、山东巡抚武隆阿统领吉林、黑龙江的兵士协同陕甘总督杨遇春共剿回民。自从杨遇春到了新疆，军务才稍有好转。

道光七年（1827），清军将领长龄、杨遇春带领中军，以武隆阿、杨芳作为左右两翼，三路进兵，继续追剿。将士个个斗志旺盛。回民抵挡不住，纷纷溃败，丢下许多粮草、牲畜。这时，清兵正缺乏粮食，便全部搬回兵营。得到粮食，清军的士气格外旺盛。得到追剿的命令，勇气百倍，杀死了许多回民。经过追逐，清军抵达喀什噶尔城下，一鼓作气，登上城墙，擒获了张格尔的侄子和两个统帅伯克，杀死回民数万，俘虏四千多人。清军上奏报捷，长龄原指望因此可以受到提升和赏赐。没想到圣旨传下反说未能抓住张格尔，不该让他脱逃。将长龄、杨遇春、武隆阿免去职务和官衔，下令限期捕获张格尔。三人得旨后，分别进行各项准备事务。长龄的上奏中有“请求释放回民首领”的话，道光帝看了大为恼火，斥责他昏聩，颁旨革除官职，幸亏杨遇春为他多方策划。回民原来就分为白、黑两派：一派叫白山党，一派叫黑山党。张格尔一贯虐待黑山党，黑山党回民很愤怒，他们暗通清兵，谋划袭击张格尔。长龄上奏所说释放张格尔就是这样的主意。杨芳命令黑山党散布清兵都已撤退的流言，说喀什噶尔城已经空了，回民大众都盼望和卓回来。这些话传到张格尔的耳朵里，他便纠合残余的回众，又派人探听消息，果然没有见到官兵的踪迹。于是他率部开进了阿尔古城。到年末，清军打算等到除夕那一天攻城。到了那天夜晚，张格尔巡视城防，看见东北面有人马行动，大吃一惊，叫道："清兵来了！"急忙开城逃走。杨芳带兵紧追不舍，奋勇进击，一鼓作气，抓住了张格尔。杨芳等立即用红旗报捷，道光帝看到捷报很高兴。于是，命令长龄等将领率兵凯旋。皇帝特在午门典阅俘虏，审讯张格尔，罗列罪状，将他砍杀分尸，枭首示众。

通商浩罕

道光帝听说内外局势安宁，就把那彦成、杨芳召回北京。没想到道光九年（1829）召回了这些将领，道光十年（1830）又有安集延[1]入寇。后来，中亚的浩罕国要求通商免税，奏报皇上，道光帝命长龄处理，允许了他的要求，签订和约，这件事才算了结。

虎门销烟

道光十一年（1831）六月初九，皇帝得了一个皇子，取名奕詝，他就是日后继位的咸丰帝[2]。

道光十九年（1839），皇后钮钴禄氏之死让道光帝非常忧伤。他命皇四子奕詝守灵、行大礼，侍奉在灵柩边。丧事刚刚办完，东

1.安集延：古国名。其地在今乌兹别克斯坦费尔干纳盆地东南部。

2.咸丰帝（1831—1861）：即爱新觉罗·奕詝，庙号文宗。1850—1861年在位。

南海疆的官员就报称西洋的英吉利国见各国在中国贸易的人很多，就制造了许多航海商船，运送货物到中国来通商。位于亚洲南部的印度，见到英国到他们国家贸易，很有恶感，两国开战，印度战败，被英国灭亡了。英国逐渐强盛起来，就把印度出产的鸦片，运到中国，高价销售，后患无穷。道光帝即位后对外的头一件大事就是禁止鸦片。他一面颁发禁烟谕旨，一面任命重要大臣对于进口船只严加检查。无奈刁钻的商人、狡猾的官吏从中受贿，鸦片烟的输入反而急剧增多。

湖广总督林则徐恳切上疏说：不严禁鸦片，后患无穷。道光帝见了呈报，便召林则徐进京，当面授予方略，给他颁发钦差大臣的关防，命令他到广东查办禁烟事务。林则徐奉命立即前往广东，发出一道雷厉风行的告示，其中载明：吸食、贩卖鸦片的，在指定期限内务必戒除，并交出鸦片和烟具，日后如再有违犯，吸烟判绞死罪、贩烟判杀头罪。他部下的官员、役吏、胥徒都能尽心办事，不徇私舞弊。后来在零丁洋查获了英国贩运的鸦片二万数千箱。林则徐备文呈报皇帝，道光帝颁旨，命林则徐将那些鸦片在广东就地销毁。林则徐遵旨就于道光十九年四月二十二日（1839年6月3日）在虎门将收缴的两万多箱（袋）鸦片[1]，投入事先砌好的池子用生石灰销毁，冲入大海。这就是闻名中外的虎门销烟。

1.编者注：准确地说是19187箱，又2119麻袋，共计销毁鸦片237万多斤。

鸦片战争

从事罪恶鸦片贸易的英国商人不甘心失败，英国商务代表义律借故寻衅，说动英国政府发动了侵略中国的鸦片战争。

英国领事将侨居中国的几十户英国人移居到其他地方。暗中招来英国兵舰突然袭击九龙，清兵将一艘英舰击沉。义律心惊，央求葡萄牙人代为调解。他表示愿意遵守清朝法律，但要求删除“人即正法”这一条。林则徐之所以作这样的规定旨在禁绝外人贩烟，烟贩子既屡不遵令停止输入鸦片，林则徐自然不允删除这条文字。义律便呈报英国国王。英国大臣和议会曾经议论，也有人不主张维护鸦片贸易。英王说：“总以服从多数为是。”随即授命布尔利为陆军统帅、伯麦为海军统帅，水陆并进，攻打中国。道光帝知道战争已经开始，命令林则徐任湖广总督，统领两广军务，调邓廷桢为闽浙总督，守卫福建海疆。林则徐购买外国报纸，侦察西方情况，得知英王执意挑起战争，急忙整顿陆海军军备，以便应战。募壮丁、练水师，军民抵抗侵略的气势异常高涨。

道光二十年（1840）五月，英国军舰抵达珠江口外洋面，准备攻打虎门。由于广东准备充分，林则徐广招渔民为水勇，教以夜袭之法，并宣布英国兵船如进入内河，准许“人人持刀痛杀”。英军放弃攻虎门，按英国政府的训令，封锁珠江口，主力北上。同年六月英军侵犯福建厦门，邓廷桢派水师奋力反击。金厦兵备道刘曜春固守炮台，英军来犯，开炮还击，打毁几只英舰。英军估量福建也难得逞，便又将军舰开往浙江海面。浙江官吏失于防范，被英军攻入，定海总兵张朝发阵亡，定海失守。道光帝得知消息，派两江总督伊里布赶赴浙江督师，伊里布尚未到达，英军又分兵北上。七月，英国舰队到达天津海口，义律带数十名英兵登岸，直入总督衙门，投递英国首相巴麦尊给清政府的照会。直隶总督琦善听说英国代表到来，赶忙迎入衙门。他看了英国首相的信，对于英方提出的要求，只是沉吟不语。义律见他胆怯，不敢表态，反用大话吓他，他竟反去为义律说情。

道光帝出于维护清朝封建统治阶级的利益，派林则徐赴广东，表示支持禁烟活动。战争爆发之初，他愚昧无知，盲目自大，以为英军不堪一击。定海失守，他立即派将调兵，准备会剿。等到英军北上到了天津，他就有些恐慌了。加上清朝一般腐朽官僚，听说英军要攻打天津，便纷纷上奏，指责林则徐办事过于急躁，以致跟英国开战。甚至造谣说林则徐接受英国女王的文书，私自销毁，想把林则徐置于欺君黩武的死地。又说英军前来不过是为了要求通商、赔偿过去的货价欠款，希望皇上招抚远人，以罢兵息战为宜。在这种妥协投降舆论的包围下，道光帝于收到琦善转呈的英国文书后的第二天，就表示要处分林则徐等人，替英国人“代伸冤抑”，并命令琦善到天津海口去跟英军谈判。

琦善跟英军谈判就按照朝廷定要惩办林则徐的调子笼络对手，对于英方的要求只是含糊地说只要英军退到广东，一切都好商量。对皇上，他竭力夸大英军实力，认为他们船坚炮利，难以取胜，即使今年得胜，明年他们还会来犯。英军对琦善的答复并不满意，但当时他们的兵力很小，无力挑起战端，也就同意南去。英军从天津海口南撤，道光帝竟以为琦善办事有方。便于9月中任命琦善为钦差大臣，到广州去跟英人谈判。几天以后，道光帝便以“办理不善”“祸国害民”等莫须有的罪名，下令将林则徐、邓廷桢撤职查办。

再说，林则徐正在加强海防，严禁私自贩运鸦片。没料到琦善忽然来广东奉圣旨要查办他。11月底琦善抵粤，一天，琦善宣读圣旨：责备林则徐，要押解他到北京交刑部治罪；命琦善署理两广总督。琦善到任后，一面查核林则徐的所谓罪状，一面尽改林的政策。他以为只要能退敌就可以建功，满以为撤了林、邓，赔偿烟价，允许英人贸易就可以让英军撤退了。谁知道英国在谈判时态度强硬，除了以上条件外，还要求割地。琦善派他的心腹向英人乞求退兵，并说除了割地他不敢作主，其他条件都可以慢慢商量。英国看透了他怯战惧洋的卑劣心理，于1841年1月派兵攻占沙角、大角炮台。英军进攻炮台之后，镇守虎门的李廷钰曾向琦善请援兵，他说：“沙、大两炮台都陷落了，英军又进攻虎门，请大帅速发兵救援。”琦善答：“我已令鲍鹏（翻译）前去议和了。”李廷钰说：“鲍鹏是看英军眼色行事的汉奸，怎么能过于信任呢？虎门一旦失守，广州省城就保不住了。”经过再三申诉，才调拨了五百名士兵。李廷钰只得带着他们去保卫虎门炮台。

琦善受到侵略者的威胁，立即屈服，接受了英国提出的包括割地在内的一系列要求。道光帝原以为只要惩办了林则徐、邓廷桢，赔偿烟价就可以使英军撤退。等到得知了琦善的交涉结果，道光帝被侵略者的野心激怒，转而倾向抵抗，决心对英宣战。

他派皇室兄弟奕山任靖逆将军，到广州主持军务。痛责琦善“误国”，下令将琦善革职、锁拿回京，抄没家产。

义律得知清廷决意主战，就跟伯麦商议，趁清廷新任命的奕山、杨芳、隆文等将领还没有到达广州之前，调集兵舰进攻虎门。广东水师提督关天培正驻守在那里的清远炮台。他见英军迫近，奋力开炮轰击，但没有击中敌舰要害。英军攻入炮台，关天培在无援兵的情况下誓死顽抗，壮烈牺牲。守卫虎门的将士也无一生还。靖远、威远、横档三座炮台和虎门要塞都失守了。幸亏随奕山来广东的参赞大臣杨芳率领湖南五千兵士赶到，广州城内才得以保全。这时，琦善已经押解京城问罪，英军仍然不断进攻，都由杨芳督战，击退来敌。一天，美国领事到清军营求见，杨芳将他请入，美领事说，英国本不愿生事，只不过要求通商。杨芳答：那要等请示皇帝后再议。他跟新任两广总督怡良联名向朝廷奏报了美领事为英国请求通商的事。道光帝不允许，下达圣旨只是要尽快剿办。奕山等人看到局势很艰难，他们就请林则徐来一同商议对策。林则徐说：“现在敌人已经深入我内河，只有将他们诱出外海，然后再将重要口岸暗下设置梅花桩，配置重炮把守，才可保证安全。”这时，道光帝重新授予林则徐四品京堂官衔，让他到浙江去协助办理军务了。

接着，英国领事派人来索取被销毁的鸦片价款，奕山把英人斥责了一顿，令他退去。然后便整顿军队出战，烧毁了三只英国船，打死打伤了不少英军，也误伤了一些美国人。正在兴高采烈的时候，忽然得到快报：英军率大队人马攻占了天字炮台，停泊在港口的水师船只六十多艘都被英军指使汉奸烧光了。现在英军正在攻打四方炮台，情况非常紧急。接着又有报告说，四方炮台也陷落了。奕山听到这些消息大吃一惊，几乎摔倒。杨芳立即率兵士上城防守，但抵挡不住英军的进攻。1841年5月下旬，英军攻占广州，奕山竖白旗投降。他派人跟英军签订可耻的《广州和约》，答应在一周内向英军缴纳六百万银元的“赎城费”。清军退出广州城六十里以外。事后奕山向道光帝谎报，反说是英军遭到清军痛击，乞求通商。同时又在下面搜刮广东的库款和民财交给英军。道光帝也以假作真，说是体谅奕山等人“不得已的苦衷”，批准和约，准予通商。

道光帝以为和约签订，从此就可以无事了。哪知道，英国外交大臣接到义律跟琦善达成的协议后很不满意。就召回义律改派璞鼎查为侵华全权代表，增派军队，要扩大侵华战争。1841年8月，英军攻陷福建厦门，9月，再次攻占定海。这时，林则徐、邓廷桢等抗英官员已被发配到新疆伊犁充军了。闽浙总督改为颜伯焘。颜伯焘也是主张抵抗侵略军的，他组织过战斗，但英军火力猛烈，清军抵挡不住。这期间，两江总督裕谦受命到浙江视师，清政府还在执行裁勇撤兵谕旨，而英国侵略军的增兵已经到了。裕谦曾说：“英军常增，我反裁兵，这是穆彰阿（当时的军机大臣）误国。”中国军队在这种情况下遭到英军进攻，自然只有被动挨打。在定海战斗中，总兵葛云飞、王锡朋、郑国鸿率领四千军队，曾经英勇抵抗，奋战六昼夜，全体官兵壮烈牺牲。裕谦在鸦片战争中是坚决支持林则徐抗战的。英军再次攻打浙江时，他集合官兵宣誓决不退却逃走。见到葛云飞等三总兵和大批军队阵亡，他说：“各处失守，浙江难守了。”正当向皇帝发出死守国土的奏章，召集部将宣誓抗敌时，英国侵略军已经迫近城下了。裕谦立即派遣兵将出城抵抗，杀死很多英兵。但是英军兵械精良，进攻火力强，招宝山、金鸡岭先后失陷。那里的守将余步云临危逃走。镇海危急，裕谦已无兵将可供调遣，城陷之时，他投澧池自杀。有人说，他被家人救起，抬到余姚几天后才逝去。英军攻占镇海又继续攻入宁波。道光帝为组织抵抗，道光二十一年（1841）秋，派皇侄奕经为扬武将军，从川、陕、豫等省抽调兵力应敌。奕经跟奕山一样腐败无能，他受命后，带着一批亲朋好友，一路游山玩水，招养歌妓，饮酒作乐，从北京到浙江，竟走了四个月。如何对英军作战也缺少研究和切实的部署。道光二十二年正月二十九日（1842年3月10日），他在完全不了解敌情的情况下，抱着侥幸心理，分三路进兵，冒雨夜袭宁波、镇海、定海，结果全军溃败，三座城市没有收复，又丢掉了慈溪，奕经逃回杭州，从此不再言战。

签订丧权辱国条约

为应付浙江的败局，道光帝派盛京将军耆英和不久前被撤职的伊里布到浙江准备跟英军议和。英国侵略军看到清朝官吏的昏聩腐朽，侵略气焰更加嚣张，决心进一步实施军事打击，迫使清政府接受它的要求。道光二十二年四月初十（1842年5月19日），英军攻陷浙江海防重镇乍浦。同年五月（6月），进攻长江口吴淞炮台。江南提督陈化成，已年近七十，他亲率官兵与敌人激战，使英军受到很大伤亡。两江总督牛鉴见陈化成御敌有方，大喜。等到英军以强大枪炮反击，他就吓得慌忙撤退。他还接连三次要陈化成从炮台撤退，陈化成率部顽强抗敌，最后中炮弹身亡。英军攻占吴淞炮台后，进而攻陷上海。7月，英军沿长江进攻镇江，那里的守卫官兵，顽强抵抗，与英军展开激烈巷战，沉重打击了侵略者。8月初，英军舰船停泊到南京江面。这里是江南重镇，英军威胁着供应京城的粮米运输，清政府立即派钦差大臣耆英、两江总督牛鉴、浙江巡抚伊里布赶往南京与英军议和。道光二十二年七月二十四日（1842年8月29日），耆英等与英国代表璞鼎查签订丧权辱国的《江宁条约》（又称《南京条约》）。共十三条，主要内容如下：

一、中国割让香港；

二、中国向英国赔款二千一百万银元；

三、中国开放广州、厦门、福州、宁波、上海五处为通商口岸；英国可在这些口岸设领事馆，派驻领事等官员；

四、中国废除行商制度，允许英国商人自由地跟中国商人进行买卖。

五、英国商人的货物进出中国海关应缴税款，须由中英两国“秉公议定”税则。

这是中国近代史上第一个不平等条约，也是一个划时代的历史事件。从此，中国社会开始发生根本的变化。

道光二十三年（1843），英国又强迫清政府签订了《五口通商章程》和《五口通商附粘善后条款》(也叫《虎门条约》),作为《南京条约》的附约。在这两个条约中,英国又取得了领事裁判权和片面最惠国待遇等特权。同时中英双方又按照英方意愿制定了海关规则,开了中国与外国协议关税的恶劣先例。

中英《南京条约》签订后,美国、法国、意大利、瑞典、比利时,荷兰、普鲁士、西班牙、葡萄牙先后派领事或公使到广东,要求通商。道光二十四年五月(1844年7月),美国强迫清政府签订了中美《望厦条约》,同年九月十三日(10月24日),法国强迫清政府签订了中法《黄埔条约》,取得了中英条约中的全部特权。

反英入城斗争

经过这次重大打击,清政府在人事上有些变化。道光二十七年(1847)春,道光帝授徐广缙为两广总督、叶名琛为广东巡抚。英国人又要求进广州城。两年前英国人提出这一要求,就曾遭到广东人民的强烈反对,如今又提了出来,广东人民更加义愤。地方官也劝英国侵略者勿犯众怒,英国的要求并未得逞。为此,道光帝还对徐、叶二人予以嘉奖,认为他们有抚内安外之功。其实,他们并无抵抗侵略的谋略。

咸丰帝即位后亲贤远佞

这些事务告一段落,道光帝已近七十岁了,经过鸦片战争和一系列的对外交涉，他已心衰力竭，时常生病。随后皇太后和亲属相继病殁，也使他很受刺激。道光三十年（1850）正月，皇帝召集御前大臣、军机大臣，令人到正大光明殿匾后取下秘匣，向他们宣示了他的御书，乃是五个字：“皇四子奕詝。”便立为太子。道光帝又向诸位大臣下达了这样的顾命：“我死后，你们诸位大臣应该辅佐太子，护卫王室，要以国计民生为重。我也不再多说了。”延至中午，道光帝去世了。皇四子奕詝率文武大臣等在痛哭中安排了遗体的装殓。然后，王公大臣等便恭奉皇太子奕詝即位，这就是文宗皇帝。次年改元咸丰元年。咸丰即位后，留心政策，亲近贤能的人才，疏远奸佞。对林则徐、周天爵、达洪阿、姚莹都复了官，并提升到重要职位。把穆彰阿、耆英等人革职降级。朝野好像出现了一点新气象。

洪秀全创建拜上帝教

但是，就在咸丰元年（1851），两广地区出现了饥荒，盗贼四起，抢劫横行，人民无法生活。百姓向官吏请求整治，官吏不理睬，人民只好自办团练，自求保卫。这是清王朝日益衰败的表现。人民忍无可忍，只得走上反抗的道路。当时，广西已有天地会发动反官府的斗争。

在这种环境里，广东花县出了个大首领名叫洪秀全。他生于嘉庆十七年（1814），家庭贫苦，节衣缩食，供他进村塾读书。他七岁发蒙，五六年间读完了四书五经和一些古文。十六岁时因家穷停学，一度当过本村的塾师，多次赴广州应试，希望通过科举进入仕途。道光二十三年（1843）他三十一岁时再去广州应试，又失败了，这是他最后一次应试。回家后他异常苦闷，开始有了丢掉科举功名的思想，对现实产生了不满。他偶然翻阅五六年前在广州应试时，街头传教士送的一本名叫《劝世良言》的书，受到基督教基本教义的启发，开始想到敬拜上帝劝人改恶从善、救世救人。从此他开始了创立拜上帝会的活动。最早参加这些活动的人，除了他的父、母、兄、嫂、侄儿外，只有他的同学冯云山、族弟洪仁玕。他把基督教的平等思想与中国历史上某些传统思想结合起来，创造了一个以宗教为外衣的农民革命组织拜上帝会。冯云山跟他境遇相近，也当过塾师。为了扩大传教，他们先在广东省跑了广州、顺德、南海、番禺、从化等许多县城，后来又到广西桂平、武宣等地，结识了桂平的杨秀清、韦昌辉，贵县人石达开、秦日纲，武宣人萧朝贵。他们克服了许多困难，逐渐在一些地方设立教堂，扩大了拜上帝会的影响和实力。

为了扩大拜上帝会的影响，在道光二十八年（1848）前后，洪秀全和冯云山精心编造了一个上天承命的神话故事。说洪秀全十年前生过一场大病，病中他曾上天，遇到一个高踞宝座的老人，那就是至高无上的天父上帝；还遇到一个助他诛妖灭魔的中年人，那就是天父的长子耶稣。上帝曾赐给他一把宝剑和一方大印。命令他回到人间来斩邪留正。并且一再告诉他，宝剑只许斩除妖魔鬼怪，切不可妄杀兄弟姐妹。还编造说他本不想回来了，但上帝说他尘根未净，命他回到人世斩杀妖魔、劝化愚民，等功成圆满，上帝会接他上天堂。还说上帝在他返回人世时曾有几句话，叫他不要泄漏。但他认为为了点化大众，还是说了吧。那就是清朝气数已尽，百姓将要受害。如要免害，可以加入拜上帝会。还让群众捐钱、在簿子上写名字，表示入会，参加的人越来越多。他们用这种办法扩大了队伍，又向民众灌输了反满清、反官府的革命思想。

金田起义

经过这些活动，拜上帝会逐渐发展到几万人。武装起义的准备工作完成了，起义的时机也成熟了。1850年7月，洪秀全便下总动员令，要求各地拜上帝会会友，务必在11月4日以前到达广西桂平金田村。各地会友接到命令就将田产家业全部变卖，全家老小一起到金田村来。其中有失业的矿工、有饥民，大多数是贫苦农民。到了金田，便将变卖田产家业所得的现金，全部交给“圣库”，各人的衣、食、杂用，再从“圣库”领取。过着一种平均主义的军事生活，接受军事训练。到道光三十年（1850）年底，拜上帝会已发展成为拥有两万多人的农民革命大军。

这时洪秀全、冯云山正藏在平南花洲胡以晃家里，秘密布置武装起义。敌人探听到了消息，立刻派兵把花洲围住。杨秀清等人正在金田村总部，听到洪、冯被官兵围困的信息，立即派蒙得恩带领精兵前去救援。道光三十年十一月二十四日（1850年12月27日），蒙得恩所部将官兵全部歼灭，救出洪秀全和冯云山，这就是太平天国革命史上有名的“迎主之战”。后来，清军又有两次进攻金田村，都被太平军打败。这些小战的胜利，大大鼓励了太平天国教众的革命士气。太平军的领袖们经过商议，决定在洪秀全三十八岁生日那一天，即道光三十年十二月十日（1851年1月11日），在金田村正式宣布起义。国号太平天国，以咸丰元年为太平天国元年。

武宣称王

金田起义后，天地会就有罗大纲、丘二娘、苏三妹率众前来会合，太平军声势更加浩大。地方官有的逃跑，有的被杀。桂平县官陈报广西巡抚郑祖琛，请急速派兵援助。郑祖琛听到这个消息，犹如晴天霹雳，惊慌焦愁。他一面召集将士会商出兵进剿，一面写好奏折飞报清廷。咸丰看了奏折，立即派云贵总督林则徐为钦差大臣、任命向荣为广西提督，速急奔赴广西剿办。又命郑祖琛就地出师进剿。郑祖琛胆怯惧战，虽说遵旨督师，到了半路就不敢前进了。

这时，向荣已率兵到了桂林，但他心里想：既然郑巡抚已带兵南征，谅可取胜，他便向柳州方向进发，去剿办另一股土匪去了。他一面通知郑巡抚，一面出柳州向南宁进兵。但郑巡抚驻扎平乐，并不严密设防。洪秀全、杨秀清等便乘机积极进兵，扩大战果。他们听说林则徐奉旨来广西主持军务，倒是有些惊慌。但不久就听说林钦差死在来广西的路上了，清政府已改派李星沅继任，原广西巡抚郑祖琛也被撤职充军了，改由周天爵担任。咸丰元年（1851）二月，太平军向武宣进发，大本营设在东乡莫村，同月二十一日（3月23日）洪秀全称天王。因此，在太平天国历史上这一天便是“登极节”。这时，太平军在武宣城郊打败了周天爵、向荣的围攻，挺进象州。

永安分封

4月，清政府鉴于前方将帅不合、军队作战不力，又作了人事变更，派大学士赛尚阿到广西接任钦差大臣，统率各路兵马。还派了都统、副都统、总兵等将领以充实清政府的镇压力量。广西巡抚也改由邹鸣鹤继任。7月，赛尚阿到桂林，立即对太平军组织围剿，9月，洪秀全领导太平军突破清军重围，取得官村之战的胜利，乘胜攻占永安城。

为了加强纪律、提高战斗力，洪秀全在永安发布了许多诏令：如攻城杀敌所得金银财宝要全部缴归圣库；要恪遵十款天条，犯奸邪淫乱者，一律斩首，制定具体奖惩条例等。

咸丰元年十月二十五日（1851年12月17日），洪秀全在永安分封五王：杨秀清为东王，萧朝贵为西王，冯云山为南王，韦昌辉为北王，石达开为翼王。西王以下都受东王节制。又封秦日纲、胡以晃为丞相，罗大纲为总制，确定了太平天国初期的建制。

南王冯云山命丧全州攻城战

太平天国长期驻扎永安，虽然建立了官制、训练了队伍、注重了纪律，但清朝调兵合围，形势也日益严重。特别是粮食、药品、食盐非常短缺。1852年4月，太平军决定全面突围，洪秀全、杨秀清率部出北门，令洪大全部出东门，萧朝贵等部出南门，林凤祥等出西门，乘着黑夜，一齐向四门突击。经过激烈战斗，太平军受到一些损失，也斩杀了清军四个总兵，缴获了不少火药和器械。太平军原想乘势进攻桂林，由于清兵防守坚固，屡攻不下。6月，太平军攻占全州，在这次战役中，南王冯云山中炮牺牲。太平军在全州作暂短停留，便挥师北上，进入湖南。

血战蓑衣渡

进入湖南后，太平军原打算水、陆并进，直取长沙。但遭到清朝知府江忠源在蓑衣渡设下埋伏的猛烈攻击。太平军与江忠源部清兵展开激烈肉搏战。前后两天持续战斗，太平军损失惨重，兵员已不足一万，军械大量损毁丢弃，船只也大都丧失了。

发布文告，号召民众

但是，由于太平天国起义的影响，湖南天地会早有零星的反官府斗争和小规模起事，只是缺少领导，时起时灭。太平军到湖南后虽有失利，但他们立即在湖南实行扩军计划，号召天地会众和贫苦百姓参加太平军。为了扩大政治影响，太平军在湖南广泛发布他们从广西北上一路逐渐形成的文告。主要有《奉天诛妖救世安民》《奉天讨胡檄布四方》《救一切天生天养救一切中国人民》等。这些檄文历数清廷的“弥天罪孽”，声言太平天国倡导“天下一家，四海皆兄弟”；有上帝作主，扶天王开国，推翻清朝。劝告听命清朝的团练和天地会众幡然悔悟；号召有志之士、名儒学士、英雄豪杰，奋起反清，共图大业。在这种政治鼓动下，当时湖南天地会众参加太平军的人就达五六万。其中有几千名挖煤工人，他们组成的土营，在后来的攻城作战中发挥了很大的作用。太平军的声势重新振作起来。与此同时，清军也采取了分防远堵的方针，湖广总督程矞采驻扎衡州，在永州、道州、湘桂边界布置军队。但朝廷派遣的赛尚阿、和春等人，却都采取拖延进兵、保持自己兵力的游移态度。于是，太平军向防守薄弱的全州进攻，未经激烈战斗，清军就溃退了。

岳州武汉之战

太平军占领全州后，休整两月。8月，东进夺取郴州。洪秀全和杨秀清探知清军在长沙防守薄弱，就派西王萧朝贵率军二千人，攻打长沙。9月，太平军抵达长沙城郊，袭杀清兵六百多人，然后炮击长沙。萧朝贵兵力单薄，他为了激励士气，亲自上阵督战，中炮阵亡。太平军闻讯，立即调大军赶赴长沙，清政府也作了各路兵马支援长沙的部署。除原有的将领外，另授徐广缙为钦差大臣、署理湖广总督。根据这种情况，1852年11月，太平军撤离长沙，向西北攻益阳，渡洞庭湖，于12月夺取了岳州。这里是湖南、湖北两省重要关口。为进兵湖北奠定了基础。

太平军进驻岳州后，许多渔民、船夫和贫民纷纷加入，同时在战斗中又缴获了大量武器、船只，于是建立了水营。这年12月，太平军乘胜北上，连克汉阳、汉口，孤立了武昌。武汉三镇的江面布满了太平军的水师。尽管清政府急忙命令湖南的军队火速救援，又从北面派署理河南巡抚琦善率兵南下救援，太平军还是于1853年1月攻占了武昌。

定都南京

太平军在武昌纪律严明，散发《天条书》《三字经》等读物，召集群众“讲道理”，设立圣库，负责管理从清政府没收的金银以及剥夺官绅豪强的贵重财产。又一次开展扩军工作，壮大了革命队伍。二月二日是太平天国壬子年除夕，太平军与武昌人民共庆胜利后，于十日放弃武汉三镇，分水、陆两路，顺江东进，直逼南京。上万只船连成一片，清朝沿江守军闻风逃避，一路攻克九江、占领安庆。安徽巡抚蒋文庆上吊自杀。太平军在安庆缴获了安徽省藩库的白银三十多万两，白米四十余万石。继续东下，先后又攻占了太平、芜湖，打死福山总兵陈胜。于农历正月底，抵达南京城下，连接的营盘数十座，水陆大军号称百万。城里的清朝总督、将军、都统虽然率兵固守，但在太平军的强大攻势下，城内弹药用尽，又无外援，加上太平军发挥土营的优势，3月19日在凤仪门挖地道，埋地雷，炸坍城角，只用了七八天，就攻占了外城。两江总督陆建瀛见城防已破，自尽身亡。太平军一鼓作气，很快又攻占了内城。清朝的江宁将军被斩杀，太平军完全占领了南京。

洪秀全用缴获的大量金银财物，犒赏将士，部众欢呼万岁。洪召集各王、军师、丞相会议，关于北伐、开科取士、设立捐税、建立官制、通商贸易等事项都在议论之列。但洪秀全说，定都金陵是首要大事，这样才可以号令众军、影响全国。杨秀清很赞成这个主张，他说："定都金陵，以长江为天堑，是很好的。但必须先攻占镇江、扬州，以堵塞清政府的南北通路，这样才能巩固京城金陵。"洪秀全征求大家的意见，由谁担这项重任。林凤祥自告奋勇前往，又以罗大纲、李开芳等为副将，带兵数千，直取镇江。随后又乘胜夺取扬州。派罗大纲镇守镇江，令曾立昌驻扎扬州。又在金陵城内街巷和城外高岗建造望楼，在交通要道和关隘据点立下军营，使金陵的巩固有了保障。夺取镇江、扬州的各将领把一部分缴获的粮食、布帛、金银、钱财送到金陵，天王大喜，鼓励守将奋力防守城池，准备继续北伐。

洪秀全又跟诸王会商建都建制的事务。东王杨秀清说："我朝既然称作天朝，我主又称天王，为什么不把南京改为天京呢？"天王很赞同这个建议，就把原先的朝天宫改为皇宫，将总督衙门改作东王府，又将清朝官绅的一些宅第改为其他各王的王府。派工匠大加修饰，焕然一新。进而，定官制、立朝仪、订法律、建礼规。还有一个亘古未有的特点，便是设立女官。为了登基大典，又建造龙凤殿，悬挂上了“龙凤朝阳”的匾额，配上光彩的楹联，真是一派新朝帝王的气派。一切就绪，洪秀全于三月初一（1853年4月8日）升龙凤殿，就天王位，受百官朝贺。礼毕，就在殿中设宴招待文武百官。

保卫天京

太平军攻占南京之后，清将向荣率领一万七千多人，紧随太平军，赶到南京，把军营扎在紫金山孝陵卫（南京城东郊）一带，号称江南大营。钦差大臣琦善和直隶提督陈金绶、内阁学士胜保也领兵驻扎在扬州城外，扬言有五万兵，叫作江北大营。这两个大营的目标都是夺取天京，剿灭太平天国。面对这种严峻形势，洪秀全召集诸王研究防御退敌的计划。杨秀清向洪秀全建议：“派翼王石达开率部夺取安徽一带，令北王韦昌辉进攻江西。我助天王共守天京，静候他们的捷报。此外，年轻将领李秀成、陈玉成等都是很有作为的人才，有他们共扶天朝，向荣、琦善两妖虽说强悍，又有什么可怕呢？”洪秀全认为完全正确，随即派翼王、北王各领人马，分别向安徽、江西进军。两王率兵出发后，杨秀清又派遣将领对天京内外各要塞、据点如雨花台、天保城、秣稜关等地，加强防卫，布置得像铁桶一般，使清兵无隙可乘。

翼王、北王进兵，旨在夺取长江中上游各省，扩大天朝的领域，巩固武汉、九江、安庆，以确保天京，这就是有名的西征。在西征取得一系列胜利之后，洪秀全还与诸王研究制订了一个派精兵良将北上夺取北京，在短期内一举推翻清政府的北伐战略计划。这样，新建立的太平天国政权就面临着天京地区的保卫战、西征、北伐三个战场，同时打击清军的艰巨任务。

太平军北伐

根据北伐计划，1853年5月初，在天官副丞相林凤祥、地官正丞相李开芳率领下，两万太平天国精兵，自扬州出师北伐。与此同时，春官正丞相吉文元等也从天京江北的浦口带领一部分太平军、另有殿左三检点朱锡琨白天京经六合统兵北上，三股人马合计约有四万人。北伐的太平军一路攻滁州、下凤阳，一路出浦口，占亳州。两路会合，进兵河南。长江北岸的清兵见太平军声势浩大，呼吁增援，清廷令胜保出击进剿。谁知胜保的军队还没有行动，林凤祥、吉文元所率的太平军就已经攻占了归德（今河南商丘）。河南巡抚陆应得到报告，正打算领兵前去剿办，林凤祥、吉文元领兵又转入了开封。陆应急忙通知主管全省钱粮赋税的沈兆澐，加紧守备。还没有来得及行动，太平军已经到了开封城下。在城内守兵正无法应战的时候，正巧清朝新任江宁将军托明阿路经河南，他所带的清军跟开封守城兵合击，才把林凤祥、吉文元等部太平军杀退。太平军立即攻打荥阳、怀庆（今河南沁阳），意在主动进攻，牵制清兵。这种战略是遵照天王洪秀全、东王杨秀清所定的“师行间道，疾趋燕京”的方针行事。他们攻击清军虚弱地带，不贪恋一城一地的得失。

太平军北进，越接近燕京，清廷的防卫越是加强了。朝廷多次接到太平军进军的警报，派直隶总督纳尔经额为钦差大臣，与尚书恩华率兵赶赴河南救援。清军在接近怀庆的地方跟林凤祥、吉文元所带领的太平军相遇。怀庆城内的清兵听说有了救兵，出城攻击，再加上胜保所领的清兵已赶到。尽管太平军奋力作战，毕竟处于三面受敌的不利地位。这时，清兵向太平军开炮放火，攻势猛烈。吉文元中弹牺牲。林凤祥见损丧太大，便从安下的营寨撤出北行，攻入山西，打下垣曲，直到洪洞县。1854年2月，太平军由天京派出曾立昌率领两万军队增援北伐军，由于清军阻击未能与林部会合。林凤祥就命令一部分太平军化装成清兵，暗中开近直隶临洺关。清廷的钦差大臣纳尔经额因为刚刚调转了军队的进攻方向，不辨来兵的真假，已被林凤祥部追上，冲杀进去，攻破了临洺关，清兵无力反击，除死伤外，全部逃入了深州。太平军乘胜追击，又攻克了深州。咸丰帝听到战败的消息，立即派惠亲王绵愉为大将军，科尔沁亲王僧格林沁等督率京城旗兵的精锐部队，急忙赶往山西进剿。僧格林沁是清朝的第一员名将，有勇有谋。现在他奉旨出师，自然比汉人格外卖力。他一到深州，就督促部下的亲兵奋勇作战，只用了半天，清军就将太平军驻扎的营寨破除了十多座，杀死太平军一千多人。林凤祥支持不住，只得放弃深州，向东行进。迎面又碰上了胜保的清兵拦击，只好退到静海，1854年10月攻占静海独流镇。从1853年3月出发，这支太平军在清军势力强大的中心地带顽强拼杀了一年半。

太平军对阵曾国藩

再说西征的太平军。自1853年5月出兵，一路进展顺利，6月上旬石达开部攻占安徽省城安庆，下旬韦昌辉部又攻克了江西省城南昌。杨秀清派遣胡以晃、赖汉英驻守两座省城，扼要固守，往来接应。这时，清廷授命江忠源为江南按察使。他听说江南形势紧急，从小路抄捷径前去救援，才解了南昌之围。江忠源攻下南昌，大力组织防卫。他一面向朝廷飞快奏报胜利消息，一面急忙写信到湖南告急求援。湖南巡抚骆秉章召开会议讨论，会上有人说：湖南有一个大绅士，他胸怀辅佐朝廷治国的才能，具有济世救民的谋略。咸丰元年（1851）皇帝下诏求臣民直言，他曾详细陈述了皇帝应具有三项德操，由于语言过于急切直率，触怒了皇帝。幸亏大学士祁寯藻和他参加会试时的主考官季芝昌两人大力解说救助，才免于治罪。咸丰二年（1852），这个人因为母亲去世，在家守孝。当洪秀全、杨秀清起事时，朝廷有旨，令他帮助巡抚督办团练。他因在居丧期间，本不想过问军事，后经友人郭嵩焘劝告要他学习古人以忠君为重，穿着丧服从军卫社稷，才能使自己生得显要、死也光荣。他听了这番劝告，拂袖而起，招募无业百姓充当兵勇，用书生担任长官。他所选的那些长官不是他的同学，就是近亲好友。这些人都胸怀经邦济世韬略，可以说是谋划调度于内、决胜千里之外的人才。现在，这个人已创立了几营武装。只怕这个人不出来。他只要一出来，哪愁太平天国不被剿灭？

这个人就是清朝的大臣，姓曾名国藩，字伯涵，号涤生。湖南湘乡人。道光十八年进士，道光末年升为礼部右侍郎。跟骆秉章是志同道合的好友，时常往来，交情很深。眼下见到江忠源乞求救援的信，曾国藩就对骆巡抚说："江岷樵（岷樵是江忠源的字，古人这样称呼以示亲切）有平伏内乱的才能，不应让他坐困危难境地，请救助他吧！"曾国藩认识江忠源，也深知他的才能，才这么进言。骆秉章便说："就请老兄帮助他吧！"曾国藩答应了。于是，他跟骆巡抚议定：派遣湘勇一千二百人，楚勇二千，防营兵六百，由翰林编修郭嵩寿、道员夏廷樾、知县朱孙诒三人带领。江忠源的弟弟江忠济和诸生罗泽南二人，每人也带领一些同乡随同到江西去救援。

这一支队伍将要到达南昌，正遇上太平军攻城，郭嵩焘立即督促这些兵勇上前阻击敌人。哪知这些兵勇都没有经过长期操练，也没有临敌实战的经验，被太平军杀死了数百人。幸亏江忠源从城里出兵接应，才使这支增援队伍得以进入南昌。随后，郭嵩焘等便跟江忠源商议打败太平军的策略。江忠源说："兵不练不精，剑不磨不利。湘楚兵勇都没有经过训练，不能跟这些强悍的太平军争战。不如先用他们去剿灭土匪，若能把土匪平伏了，使官兵少受牵制，也就是为官兵做了支援。不知各位看法如何？"大家都表示同意。于是，夏廷樾、罗泽南、江忠济等人分别带领乡勇去攻打樟树、安福、泰和等县的土匪去了。不足一个月，几个县的土匪都被剿平，这些乡勇也先后回到了南昌城里。这时，江忠源便跟率领乡勇的各将一同出城，跟太平军打了一仗，竟将太平军杀退了数十里。

郭嵩焘当时向江忠源建议："南方地势不同于北方，南方几个省大半是水多，沿江一带尽是太平军的船。他们用船，我们陆地上步行，他们安逸，我们劳累。这样下去，哪一天才能平伏他们呢？要想镇压他们，不办水师沿江防堵是不会有效果的。"江忠源认为他说得对。就派郭嵩焘回湖南去请曾国藩代为奏陈朝廷。曾国藩写了奏折，陈请造船购炮，招募士兵，练习操法，以补充水师实战的需要。皇帝批准他的奏请，命令曾国藩按照奏折所说的内容去做。曾国藩得到圣旨后，从长沙到衡阳，赶造战船，创办水师。经过多次的考察和实际检验，选择许多机器和型号，才造出了三种船：一种叫快蟹，船最大；一种叫长龙，略小一些；一种叫舢板，船最小。快蟹是营官的坐船，长龙是哨官[1]的坐船，舢板是副哨的船。他从衡州、湘潭招募了水师五千人，共编成十个营。任命褚汝航等四人为营官，日夜操练。选择熟悉水师的人担任总统。又招募陆军五千人，分设十三营，派周凤山等分别担任各营的管带[2]。此外，他还保举游击[3]塔齐布为副将，充当先锋。水陆两支军队共有一万多人，由曾国藩亲自管辖。只等船只和枪炮弹药配备齐，粮食器械补给充足，就打算沿江而下，去跟太平军决一胜负，目的就是消灭农民起义。就在这时，忽然接到报告说太平军率大队人马已攻陷了九江，向湖北各地进兵了。一天，曾国藩接到了一

1.哨官：清末新军编制的官名，约相当于现代的连长。

2.管带：清末新军编制的官名，约相当于现代的营长、舰长。

3.游击：清军旧制的官名。

封湖广总督乞援的公文，他拆开一看，原来是他中进士时的主考官，新任总督吴文镕求救的公函。曾国藩正在为枪炮器械没有配备齐全，暂时不能去救援而苦恼。因为有朝廷圣旨催促，又加上座师的要求，他不得不斟酌情况派几个营去救援。[1]正准备调派军队，忽然又接到吴文镕的一封信，才知道太平军已被击退。信上还说，在衡阳、湘乡的水师应该集中精力加强训练，千万不可轻率疏忽，那是关系大局的事。曾国藩这才放了心，没有调拨军队去救援。

没想到一波未平，一波又起。忽然接到安徽的警报，说太平军一连攻占了舒城、桐城，又打到了庐州。朝廷已颁发圣旨，授江忠源为安徽巡抚，并责成曾国藩出兵前去救援。曾国藩因为各项部署还未决定，不敢轻易发兵。江忠源鉴于庐州形势紧迫，决定先到湖北。刚到达六安（今安徽六安），由于将士中生病的人很多，不能前进了。江忠源只得把总兵音德布及生病的兵士留在六安，自己挑选强健的官兵二千多人，再加上几百名亲兵，共计三千人，迅速赶往庐州，全力防守城池。没想到太平军首领秦日纲秘密联合清朝知府胡元伟作内应，将南门偷偷地打开，放进了太平军。一时火光升空、杀声震天，形势就像开了锅一样。江忠源知道大势已不可挽回，他在杀了几个太平军后，由于自身已经几处中弹，便投水自杀了。

消息传到衡州，曾国藩叹息不止。随后又接到黄州的不幸消息，说湖广总督吴文镕阵亡，曾国藩听了大吃一惊。经探询才知道

1.座师：又称座主，明清科举制度应试者对自己的主考官、总裁官的尊称。

黄州失败是由于巡抚崇纶的倾轧陷害，这使他怒不可遏。正在这时，又接到圣旨，令他速率炮船救援武昌。曾国藩集中了大批水陆兵马、船只，从衡州出发，聚会长沙。然后，水师沿江而下，陆军分道前进。行军途中几次传来报告，说太平军已经攻下岳州、占领湘阴，进入宁乡了。曾国藩听了这些消息不禁大叫："了不得了！"于是，立即下命令：水师开往湘阴，陆军直赴宁乡。他令褚汝航率领几艘船在前面开路，将要到达湘阴，太平军便闻风撤走了。曾国藩听说先遣船队取得胜利，就督促后面各船迅速跟上。船到湖口，突然刮起飓风，船只被吹得摇摇晃晃。等到风停，已有几十条船损坏了，被水淹死的兵士达数百人。他急忙下令将所有船只统统开进港内避风修理，再考虑进军办法。接着又得到报告清军在宁乡打了胜仗，太平军统统逃跑了。又得知储统领在追击太平军时，中计身亡，曾国藩甚感惋惜。后来又有报告说邹、杨两位统领在追击太平军的时候，被清军统领王鑫的败兵冲击，以致使太平军反败为胜，反而把清军冲散了。曾国藩对王鑫深表愤慨地说："他平日不听我的话，自树一帜，以致大败。可惜我军反被他牵扯连累，如果不去救他，那就不知会糟到什么程度。"因此，还是派褚汝航带水师三营赴岳州支援。褚汝航刚出发，又接到警报，说太平军杀进湘江，占领了靖港，分几股绕道攻打湘潭，占了长沙上游，这样，就把清军牵制住了。这都是王鑫自诩才高造成的。曾国藩心里虽然很愤怒，却不能因他一个人破坏了全局，于是，迅速向塔齐布传达命令，要他立即增援湘潭。曾国藩自己便率领水师迎击靖港的太平军。正要出兵，恰好贵州道台胡林翼来到。原来胡林翼是受已去世的总督吴文铬的调遣，前来助吴的。现在吴文铬已经战死，他只好来见曾国藩。曾对于胡林翼一向是很敬慕的，两人相见，都很高兴。曾国藩便令他率领黔勇跟塔齐布一同救援湘潭。曾国藩自己率水师去靖港，却被太平军乘风杀进去，清兵纷纷溃逃。

曾国藩看到情势危急无法挽救，便仓惶投水自尽。多亏他身边的部属捞救，才未丧生。曾国藩只好带领这些残兵败将退到城外妙高峰寺暂时住下。然后召集众将领共商对策，曾国藩说："靖港这一仗打败，湘北地区也就动摇了。如果湘潭再失守，南面又要受威胁。"杨载福接着说："眼下只有增兵救援湘潭，才能保证没有后患。"曾国藩问："谁可去呢？"杨载福答："我杨某虽然才疏学浅，倒愿带领一营水师去帮助那里的守将塔齐布。"彭玉麟接着表示："杨载福的话讲得很好，我彭某愿跟他同去。"曾国藩见他二人意志相同，立即同意他们的主张。彭、杨二人便集合船只，扯起风帆，迅速向南方驶去。他们逐渐接近湘潭时，老远就听到一片呐喊声，知道正在进行战斗，也就加速前进。当他们见到太平军正在水、陆两面夹攻湘军时，只见塔齐布、胡林翼在分头迎敌。杨载福、彭玉麟都率先投入战斗，火药枪射击、带火的弹子直接飞向太平军水师的船上。太平军首领正在督促士兵进攻，没想到清军水师突然赶到，子弹密集得像遮天蔽日的蝗虫飞动，烟雾弥漫，打得太平军手忙脚乱，不敢对抗。他们便舍弃船只登陆，所剩的船只就不多了。那些上了岸的太平军官兵，被塔齐布、胡林翼拦截击杀了一多半；乘小船逃走的，又受到杨载福、彭玉麟的剿杀，使得太平军水上、陆地都难以容身！很快便逃散得渺无踪影。这一场会战，太平军被杀戮四五千人。塔、胡等将领将收复湘潭的情况派人到长沙去报捷。曾国藩得知胜利，非常高兴，总算在靖港惨败之后得到一点安慰。他立即将靖港和湘潭战况写成奏折呈报皇上。

随后，京城传来圣旨，湖南提督鲍起豹畏敌回避，不敢迎战，应予革职，任命塔齐布署理。曾国藩接旨后，立即通知塔齐布到省城来就职，并责成他把湘潭的水陆各军整顿好。这时又遇到广西知府李孟雄、广东副将陈辉龙各自率领水勇、战舰赶到长沙来随同曾国藩进剿太平军。这两个人很自命不凡。曾国藩对他们勉励一番。

1854年2、3月间，太平军不仅取得了攻克岳州、湘阴、宁乡的胜利，并分兵联系湖北会党，攻取了华容、澧州、常德等地区。曾国藩听到这些消息，立即组织各路清军，分为水师三路、陆军三路，共同进剿。第一路水师营官褚汝航与太平军刚刚接战，曾国藩所率的杨载福、彭玉麟部组成的第三路船队也已赶到。紧接着陈、何的第二路也到了。三路夹击，太平军被迫弃船撤退。曾国藩见水师取得了胜利，便通知陆路的塔齐布、胡林翼与水师配合，直攻岳州。守城的太平军见清军来势凶猛，兵队很多，便向湖北撤退。塔、胡攻占岳州后，迎曾国藩进城。稍事安顿，就听到探报说，太平军并没有走多远，就在岳州附近。于是，曾国藩又令各路将领分头出发追剿，他自己则在岳州守候捷报。不久，从城陵矶传来了水师胜利的消息，说缴获了船只七十六艘，斩杀太平军千余人。接着擂鼓台也传来消息说，取得胜利并斩杀了太平军首领曾天养。

正在曾国藩和他的将领们得意洋洋，为胜利所陶醉的时候，忽然传来了不幸的消息，清军水师追剿太平军到螺矶，途中遇上逆风，太平军乘势放火反攻，烧毁清军战船三十多只。褚汝航等五个将领坚持不退，先后战死。曾国藩得到这些消息惊慌失色。他原打算亲自督率几路水、陆清军不仅解除长沙之围，还要乘胜攻克靖港，把湖南的太平军一齐歼灭。谁知太平军在靖港用炮击、火攻，重重打击了他所统率的水陆各师。在危急时刻，他曾严令官兵不能溃逃。但这些命令没能挽救败局，军队溃逃，使湘军陆上军队人心惶惶，遭到太平军围歼。曾国藩悔恨不已，又一次投水自杀。经部下救起，神情沮丧。但是，太平军自从湘潭失利，进入湖南的兵力已感不足，钳制长沙、围歼湘军的计划被迫放弃。由于石祥祯部太平军北撤，使湘军在惨败之后，又有了喘息时机。加上杨载福、彭玉麟抵御得手，塔齐布又攻克了擂鼓台，才使曾国藩重振精神，准备再次组织水陆军队，合力反攻。但他又恐怕塔齐布一支军队不足调遣。

正在主意不定的时候，忽然有人禀报周凤山、罗泽南自长沙到来。这二人见到曾国藩便说："我们是奉骆巡抚之命来助剿太平军的。"接着又有人报告，李孟群也来了。曾国藩见各处都陆续派兵相助，非常高兴。于是命令周凤山赴擂鼓台，罗泽南去城陵矶。李孟群请求充当前锋，曾国藩就派他到城陵矶去帮助水师。这一番调度完毕后，水陆并进，塔齐布军最先杀向敌阵，湘军继续跟进。太平军的营垒被冲破，几十座营地被摧毁。清军夺取港口数处，进驻螺山。

曾国藩得到捷报，立即奏陈朝廷。圣旨下，赏曾国藩三品顶戴。他因母丧，守制三年还未期满，上书诚恳辞谢皇上的赏赐。并附带奏陈李孟群的勇猛顽强，为报父仇，剿杀太平军。朝廷降旨提升李孟群为道员，跟随曾国藩军营效力。曾国藩又令他所带领的水陆各军，出金口向前追剿。

1854年10月，湘军在湖北，得到荆州将军派遣魁至、杨昌二人率水师五千相助，分三路猛攻武汉，湘军水师李孟群部盘踞长江与汉水的会合处，隔断了武昌与汉阳之间的联系。太平军奋战一天，汉阳、汉口相继被清军攻占。武昌太平军守将石凤魁、黄再兴仓皇撤退，置太平军西征水师不顾，致使五千多艘船只全被清军焚毁，石、黄二人被逮回天京，按律处斩。

曾国藩接连攻下了汉口、武昌等大城，上表奏捷。朝廷颁旨，赏他二品顶戴，加赏花翎，任命他署理湖北巡抚，不准上书谢辞。他手下的将领也都受到不同的奖赏。并责成他统率水陆各军，沿江东下，乘胜追击。曾国藩率领军队一路进展顺利，撤退的太平军来不及组织抵御防线，清军攻到田家镇，才受到太平军的狙击。

武汉失败以后，太平天国的东王杨秀清立即派燕王秦日纲从九江赶到田家镇布防固守。这里是军事要地，势在必争。秦日纲将田家镇跟蕲州、半壁山用筑土城、架铁索、篾缆联成一个整体，江面上布置了五座大木簰（pí），上面架设枪炮。曾国藩督率劲旅猛烈冲击，都遭到失败。11月下旬，他以更大兵力袭击太平军，于是展开了血战。太平军守将石镇仑战死，半壁山失守。湘军用烘炉、大斧破铁索、竹缆，放火烧木簰，烧毁太平军船只四千多艘。太平军退守九江。湖北完全被清军控制。西征的太平军丢失了武汉，形势恶化。

太平军北伐失败

再说北伐的太平军。自从咸丰四年（1854）正月，林凤祥自深州被僧格林沁击败，退据静海之后，清将胜保多次进攻，都没有得逞。后来，在僧格林沁、胜保两军夹攻的情况下，林凤祥兵力不敌，才向南撤退。北伐军在天寒地冻、缺衣少粮的艰难条件下坚持战斗，已经精疲力竭。3月，在夺取阜城的战斗中，平胡侯吉文元阵亡。5月到达连镇，沿途损失惨重，只能坚守待援。天京得到北伐军自静海南撤的消息后，立即派了夏官又副丞相曾立昌、丞相陈仕保等去接应。这支援军经豫东、入江苏，插进鲁西，3月底包围临清。4月中攻占临淹。这时两支太平军已经相距很近，但是，由于清军退出临清时已将粮草全部焚烧，援军无粮。胜保和新任山东巡抚崇恩又合兵围困临清。这支援军就出现了抢劫财物、哗变逃亡的严重情况，只好撤出临清。这时曾立昌主张北上，但多数将领却要求南撤。5月初在江苏丰县渡过黄河故道，由于清军紧追不舍，除两千多人过了黄河外，曾立昌和其他援军全部牺牲。渡过河的部队在转战中伤亡很大，陈仕保也战败而死。只有极少数回到太平军中。太平军原想组织第二次北援，但由于后来西线战事紧迫，并未实现。

待援的北伐军困守连镇，只剩下两千人，在清军重围下，弹尽粮绝。3月清军攻入连镇，林凤祥挥刀冲杀，中箭被俘，押解北京被寸磔[1]而死。另一路北伐军在李开芳率领下困守冯官屯，被僧格林沁所部清军层层围击，引水灌屯。屯破，全军覆灭。李开芳被俘，丧失气节，六月被杀。僧格林沁凯旋，受到皇帝的优厚奖励。至此，北方的太平军被清军全部镇压了。

九江湖口战役

西部的形势也日益严重，自从太平军在湖北失利后，湘军塔齐布、罗泽南、李续宾、蒋益澧和湖北的胡林翼都已进驻九江城下。曾国藩则到南昌添置炮船，以备接济。九江是兵家必争的战略重镇，太平军也必须全力打击西线的湘军，固守九江。天王和东王派遣翼王石达开为统帅，由胡以晃率大军自安庆赶到湖口。罗大纲也从饶州领兵赶到湖口协助防务。年轻的骁将陈玉成从江北来到九江，协助林启容固守九江。两军决战阵势已经摆开。清军对九江的攻势猛烈，城内的太平军已经到了绝粮的程度，林、陈等将领仍组织官兵顽强抵抗。石达开面对强敌，深谋远虑，认为只有沉重打击敌人水师才可出奇制胜。他一面派兵不断扰乱官兵，一面佯装撤退湖口防御，引诱一部分敌船深入鄱阳湖，然后，重新封锁湖口，把湘军水师分成两部分。1855年2月，石达开、罗大纲

1.寸磔：又称凌迟。一种古代酷刑，即一刀刀割肉处死。

乘敌不备，率轻舟逆流而上，直接攻击曾国藩的座船，斩杀座船的管驾和监印，太平军乘势围攻，喷筒、火弹齐发，火光万丈，杀声震天，把湘军水师打得辎重丧失，溃不成军。曾国藩万分狼狈，神情不宁，又一次投水自杀。经救起一时无力反击太平军。塔齐布在战后病死。曾国藩急忙赶赴祭奠塔齐布，送灵柩回籍。

九江、湖口战役，太平军取得大胜，粉碎了湘军沿江东下的进攻计划，也增强了长江两岸太平军陆军的实力。就在清朝湖北巡抚陶恩培接任后两个月，长江北岸的太平军罗大纲、韦俊部和南岸的罗大纲部，分兵合击，于1855年4月第三次攻占武昌。此外，太平军在江西也收复了被湘军攻占的城池。

罗泽南之死

这时，罗泽南向曾国藩上书，谈他对形势的看法。他认为东南大局，系于武昌的得失。要控制江苏、安徽，非夺取武昌不可。守株待兔似地留在江西，对于控制大局毫无帮助。曾国藩对他的见解表示称赞。但是，由于塔齐布刚死不久，杨载福、彭玉麟又没有赶到，暂时没有答复他。罗泽南见无回音，就亲自到军营来找曾国藩，陈述他的全盘战略设想，曾认为是切实可行的，于是，给他调拨了五千兵，并令幕宾[1]刘蓉随同前往，以便给予帮助。罗泽南

1.幕宾：原称幕友，指将帅幕府中的参谋、书记等人员，后来成为地方军政官员聘用办理文书、刑名、钱谷等佐助人员的通称。也称为“幕僚”“西宾”“师爷”。

大喜，并对曾国藩说：“九江陆师只宜防守，不可进攻。”曾国藩答：“敬听你的安排。”罗泽南又说：“此去如不克复武昌，誓不回来见您。”曾国藩见罗泽南脱口说出了不吉利的话，心中又感激又叹惜。罗泽南又请郭嵩焘与他同去，郭嵩焘说：“你去武昌，此地必定不能坚持，如果有其他的不测，怎么是好呢？所以我不能与你同行。”罗泽南说：“曾帅自己创练水师，当能够自立，必不会有什么滞碍吧！”于是，他与郭嵩焘揖手告别，独自率兵西行。

罗泽南一路上屡次传来捷报，传说湖北巡抚胡林翼已攻下武昌，心中大喜。罗泽南把带去的军队分为三路，自率中军进入湖北。一连攻克通城、崇阳，进取蒲圻，收复咸宁。其实，当时正是胡林翼兵败的时候，胡林翼从汉阳渡江跟罗泽南会面。罗泽南问：“现在德安一路战况如何？”胡林翼说：“德安一路比从前大有好转，以前为杨制军（杨霈）所弃，现在朝廷任命官文为湖广总督，稍有振兴。”他们正谈论时，忽有报告说，太平军的翼王石达开领兵五万，将要到蒲圻城下了。罗泽南听后就说：“我去杀他一阵再说吧！”胡林翼道：“你先行，我作后继。但愿将强悍的敌人扑灭，我们再合攻武汉吧！”于是，罗、胡两支人马先后启行。到达蒲圻，正碰上石达开的先头部队。罗泽南率部勇往直前，毫无畏惧。接着，胡林翼部也赶到了，与石达开的军队展开激战，罗、胡全力猛烈挺进，石达开领军退入江西。罗泽南说：“太平军到江西，恐怕曾帅的处境要危急了。但也只有等武昌克复后，才可能去救援江西！”就与胡林翼合攻武昌。太平军也多次出击劫营，但总是被罗泽南部杀退。

咸丰六年（1856）三月初一，忽然看见一颗大星落到西北方向。次日早晨，大雾遮天，太平军蜂拥出城，直扑罗泽南所率的湘军。尽管罗泽南指挥得法，但对方军队太多，加上枪炮子弹如下雨一样密集。罗泽南忽然被子弹打中了左额，只好撤兵。没有几天，他就死了。

江西之战

胡林翼将情况上奏朝廷，皇上降旨，赐罗泽南谥号，抚恤家属，令李迪庵代理罗军的首领，驻扎洪山。胡林翼就驻扎在五里墩。不料，这时江西一再告急。胡林翼便派四千兵前往救援。但援军还没有到，江西省已被太平军攻占了一半。在此之前的战况是这样：先是石达开战败，退到安徽，攻破省城安庆。接着秦日纲攻破庐州，打死江忠源。石达开又从侧面插入湖北，被胡林翼的军队一攻，才退入江西。他们会合广东的土匪，攻打江西边界，一连攻占了几座县城，以致南昌戒严。这时，在江西的陆军只有周凤山一军，水师又在湖北。现在大股的太平军扑上来，所以情况万分紧急。曾国藩正是鉴于这种情况，才焦急地写信求援。正在筹划对策，忽然有一个人布衣草鞋，徒步走进军营。曾国藩见了面，才知是彭玉麟，十分高兴地说："你来得正好，赶紧统率水师，赶到临江县阻剿太平军。"彭玉麟还没有启程，周凤山失败的消息已经传来了。曾国藩急忙赶到南昌去帮助巡抚文俊守卫省城。

江西总共有七府一州五十余县，绝大部分地区都被太平军攻占了，只有南昌、广信、饶州、赣州、南安五郡还归清朝所有。广信府是一位女将军在助夫守城。太平军杨辅清部却屡攻不下。这位女将军就是广信知府沈葆桢的夫人，林则徐的女儿。这时，知府正在河口筹办粮食，听说太平军到达，城中官兵都逃走了。知府赶忙回城，见守兵都已溃散，进了知府衙门，也不见一人。只见夫人出堂，沈葆桢说："贼兵将到，夫人何不逃避？"夫人答："你是为君国大节留守，我是为道义留守。赶紧设法守城吧！"沈葆祯说："孤城怎么能守呢？"夫人道："府衙内库金银还有，可以用作犒赏军队。堂上有大锅一口，可以为军队做饭。现在只管命令民兵守城，再说公牍文书的事务吧。一切不劳你过多操心。"于是，沈葆桢召集民兵进入知府衙门，夫人取出金银等财物，向民兵们说："贼兵将要到了，这座城不能保守。现有金银在此，你们随便取些，作为路上的盘费，免得受累。"民兵们说："我们情愿同老爷一起守城，不愿逃走。"沈葆桢道："你们既是一片忠诚之心，我就来为你们办炊事。没有什么难处吧？"民兵格外感激，都竭力固守。夫人又写了一封血书，派人到浙江总兵饶廷选那里去求救。饶廷选见夫人血书，兼程赶到。正碰上太平军首领杨辅清也到了。他们见城上旌旗蔽空，心中感到怀疑，没想到城中会突然拥有这样一大队生力军。他们像龙虎一样勇猛，将太平军杀得大败，不得不退后五里安营扎寨。随后，饶总兵又领军进攻，太平军怎么能支持得住呢？即便这些民兵都退走，太平军也不再进犯这座城池。

这种情况传到曾国藩营中，他便将沈夫人出谋划策守城的事迹奏报朝廷。圣旨下，提升沈葆桢为兵备道。后人把这座城称为夫人城。

曾国藩自从得到胡林翼援军四千、骆秉章巡抚的数千兵，以及他弟弟曾国华所募义勇数千，分路接应，才将新昌等城克复，使江西与湖南、湖北的道路逐渐沟通。

太平军一破江南大营

咸丰六年五月，钦差大臣向荣鉴于琦善疏忽防务，以致瓜州被太平军首领赖世英率部攻陷。太平军派遣军队四面袭击，使整个江南都不能安宁。于是向荣派兵前往援助，指望收回瓜州。他派遣张国梁前往剿办。张国梁屡战屡胜，迫使太平军一起退入了金陵。张国梁乘胜向前跟进。老远就看见清军大营起火了，知道清营中发生了事变，急忙折返军营。到了孝陵卫，却不见大营，也不知道向荣的下落。向左右两面扫荡、出击，也找不到向大帅的踪迹。正在他内心焦灼之时，忽然见东南边火光照红了半边天，露出了“向”字大旗。他就向那个方向奋勇冲杀，才见到向荣大帅正在万分危急之中。他便大喝一声：“国梁来了！”急忙冲进太平军队伍中，保护向荣大帅冲出重围。向军见到张国梁率领的援军到来，也就振奋起来，他们突围后便退驻丹阳。向荣因此忧愤成疾，不几天就死了。他临终时一面把兵权托付给张国梁，一面向朝廷奏明情况。皇帝降旨，命令张国梁代为统领这支队伍。

天京事变

洪秀全自从打败向荣的军队后，变得异常骄傲奢侈。杨秀清也更加荒淫暴虐。他们之间的矛盾日益突出。其实，太平天国领导集团内部矛盾由来已久。洪、杨之间矛盾的起因可以追溯到太平天国革命发动期间代天父传言。那时这样做起到了巩固拜上帝会的作用，但是，从此杨秀清也就具有了一种特殊地位。因为，上帝既是全知全能的唯一真神，洪秀全自称是他的次子，次子总是秉承天父意旨办事的。杨秀清能代表天父讲话，就有可能责令洪秀全听从自己的安排，在宗教程序上说，并不悖理。但是，洪秀全是天王，杨秀清只是东王，东王在政治上应该接受天王领导，这也是天经地义的。因此，在宗教与世俗的权力之间就不可避免要产生矛盾。这种矛盾随着形势的发展，杨秀清的权力日益增大，变得更为尖锐了。在永安封王时，就已规定，东王在天王之下，节制其他诸王。从广西一路北上，杨秀清的确充分发挥了他的政治、军事才能，许多重大事情，特别是军事上的紧急情况都是东王主持。定都天京后，天朝的实际事务大都是先在东王府商妥，再会奏天王，天王无不照准。洪秀全深居简出，权力实际上集中在杨秀清手里。但洪秀全并不甘心居于形式上的最高领导者，在他头脑中“生杀由天子，诸官莫得违”的观念，依旧很强烈，而且还幻想子孙世袭，万方来朝。因此在政治权力上的矛盾也是迟早要互不相容的。随着杨秀清权力扩张，他开始滥用代天父传言的权力，折辱天王和其他诸王，独断专横，争权夺利。他曾借天父下凡，把天王召进东王府，跪在面前听取他以天父名义发布意旨。

咸丰三年十一月二十四日（1853年12月24日），杨秀清又一次假借天父下凡，责怪洪秀全处罚女官过于苛刻，不仅迫令他认错，而且要打他四十大板。直到洪秀全准备挨打，再次承认错误，东王才以上帝的名义赦免。此外，杨秀清专横跋扈，为了庇护他的同庚教，不惜杖责燕王秦日纲、兴国侯陈承瑢、卫国侯黄玉昆。黄玉昆是翼王石达开的岳父，除了被杖责三百外，还被革去侯爵，降为伍卒。这样的事不止一二件，在太平天国将领中自然产生了很大的反感。北王、翼王、燕王都对东王积怒成仇。

1856年8月，在西征取得胜利、天京外围也打败了向荣，天京形势好转的时候，杨秀清本已九千岁，却逼着洪秀全封他为万岁，洪秀全被迫说："东王打江山，亦当是万岁。"接着杨秀清还要洪秀全封他儿子为万岁。洪秀全原以为太平天国的政治原则是："洪蒙天下杨家将。"如今，杨秀清竟逼他到这种地步。于是他密令在江西前线的北王韦昌辉和在丹阳前线的燕王秦日纲回京，于9月2日杀掉杨秀清。杨的部下人人自危，奋起反抗，韦昌辉策划种种阴谋，将他们斩尽杀绝。他和秦日纲总计屠杀了两万多人，老弱妇孺都不能免。

翼王石达开赶回天京，指责韦昌辉、秦日纲滥杀无辜，韦昌辉、秦日纲又想杀石达开。石达开用绳子从城墙放落，逃出天京。韦昌辉又把石达开留在天京的家属一起杀掉。秦日纲派兵追赶，在江北西梁山消灭石达开的驻防兵。石达开将武昌洪山的四万军队调回，讨伐韦昌辉和秦日纲。石达开在领兵回京的路上，上书天王，请杀韦昌辉、秦日纲，并威胁说，不杀这两个人，他就要“攻灭天京”。11月2日，天王下诏，杀了韦昌辉及其追随着二百多人，同时把秦日纲逮回天京斩首。派人把韦昌辉的人头专程送给石达开。当时，清兵正在包围宁国，石达开率部进击清军，解了宁国之围，然后才回天京。

石达开到京，满朝文武都欢迎他，他们向天王保举石达开辅政，把翼王称作“义王”。但是，受杨秀清专横跋扈之苦的洪秀全，眼看大家拥护翼王，反而内心不安。他虽然用翼王，却另封自己的长兄洪仁发为安王，次兄洪仁达为福王。这两个人目光短浅、逐利弄权，时常牵制石达开。石达开对于洪秀全的不满日益增长，终于1857年5月带兵出走，经安庆到江西，沿途张贴布告散布对洪秀全的不满，却始终坚持反清“灭妖”斗争。这就是有名的“天京事变”，从此，太平天国走向衰弱。

清军趁势反攻

曾国藩在江西得了两湖的援军，又听到了太平天国内乱的消息，他和他手下的水陆将领无不兴高采烈。他们在江西境内向太平军发动猛烈进攻。自1857年9月到1858年9月，一年间清军先后攻下了袁州、瑞州、湖口、临江、建安、抚州、吉安。杨载福率水师四百余艘、李续宾率陆军八千由江西到两湖，后来都围逼水陆要地九江。九江的战斗也最残酷，林启容率一万七千太平军坚守城池，天京完全不能接济，他们只好种粮自食。后来官军挖地道、炸开城墙，大兵拥进。太平军与官兵展开巷战，短兵肉搏，全部壮烈牺牲。曾国藩重金犒赏了三湘官兵，慰劳湘军的功绩。

安徽的形势也是官军在各地地主武装配合下，连续攻夺了三河、庐江、和州、巢县，把太平军李秀成围困桐城，安庆也就被孤立了。天京附近的清军江南大营，自向荣战败后已难以威胁太平军。这时，又由和春、张国梁重新组织起来，并攻占句容、溧水，进逼镇江。1857年底，镇江被清军攻占。

曾国藩在九江过了年，忽然接到他父亲去世的讣报，痛苦不已。又接到王璞山病死的消息，王璞山是奉骆秉章之命调赴临安的。当时正是耆龄新任江西巡抚，他唯恐临安失守，就把王璞山调往吉安。王到吉安正碰上出走的石达开所率太平军开到，两兵相接，王璞山一场胜仗也没有打，竟因此忧郁成病，以致身亡。幸好曾国荃的军队赶到，才稳定了军心，曾国荃便率军猛攻石达开。石达开因全家在天京被杀，自己拉着队伍出走，在装备、军心上都不如从前，只好带兵退离江西。

江西、安徽、江苏的军事斗争形势都是清军扩张，太平军败退。出现了太平军四面据点先后丧失，清军逐渐形成进逼天京的危急局面。

第二次鸦片战争

就在清政府全力镇压太平天国农民起义期间，英、法侵略者借口亚罗号事件[1]和马神甫事件[2]向中国发动了第二次鸦片战争。最初是英国侵略军闯进省河、炮轰广州，一度攻进广州城，烧杀抢掠，连总督衙门也被洗劫一空。部分清兵和广州人民奋起抵抗，英军只二千人，无力占领省城，当晚退出。

英国于1857年2月决定对华战争，派额尔金率领一支侵略军杀向中国。法国以保护教会名义，也派军队，与英国勾结，共同侵华。1857年12月，英法照会两广总督叶名琛，提出修改条约、赔偿损失、严惩广西西林官吏，进入广州城等要求，限十日内答复。叶名琛昏聩，他既不理睬照会，又不积极备战。限期到，英法侵略军一举攻占广州，叶名琛抱不抵抗宗旨，和其他官僚都成了敌人的俘虏。当时人们讥笑他的对敌六不方针是“不战，不和，不守，不死，不降，不走。”1859年，他在印度囚禁中死去。广东人民进行自发的反抗斗争，在港澳谋生的中国工人二万多人罢工回家，使外国人的各项活动陷于停顿。1858年，英法联军北上，胁迫清政府于同年6月订立中英、中法《天津条约》。美国则声称调解，在英、法之前也与清政府订立了中美《天津条约》。中英、中法条约内容

1.亚罗号事件：1856年10月8日，中国广东水师检查走私船只，从中国船亚罗号上拘捕十二人。英国驻广州领事巴夏礼借口该船在香港领过停泊登记证，对中国水师的检查横加干涉，还伪造中国水师撕毁英国国旗的情节。事实上所谓登记证早已过期，该船并未挂英国旗，也就不存在撕毁英国旗的事了。但英国巴麦尊内阁却利用这一事件，发动了第二次鸦片战争。

2.马神甫事件：又称西林教案。1853年法国天主教神甫马赖，非法潜入广西西林活动，作恶多端，激起广大人民的愤恨。1856年西林知县张鸣凤逮捕马赖等二十六人，依法判处马赖死刑。次年，法皇拿破仑三世以这一事件为借口与英国联合发动了第二次鸦片战争。

有：1.增开牛庄等十口通商；2.外国公使常驻北京；3.外国人可进入内地游历、通商，自由传教；4.外国商船有权在长江各口往来；5.中国给英国赔款银四百万两，给法国赔款银二百万两；6.修改海关税则。规定一年内在北京互换批准书。

1858年5月，沙俄利用英、法侵略军攻占大沽炮台的时机，武力迫使清朝黑龙江将军奕山与它订立《瑷珲条约》，强行割去中国领土六十多万平方公里。

枞阳会议，转危为安

再说国内政治斗争状况。太平天国为扭转不利形势曾作了多方面的努力。洪秀全采纳李秀成的劝告，严法令、正赏罚。罢黜了洪仁发、洪仁达的王职，封陈玉成、李秀成、李世贤、韦俊等青年将领为前、后、左、右军主将。杨辅清脱离石达开，率部回到安徽，被封为中军主将。陈玉成、李秀成在淮北扩军，争取皖北的捻军，使太平天国的军事实力有了很大增长。

1858年8月，太平军将领在枞阳集会，会后陈玉成、李秀成在安徽南部分兵合击，围攻浦口清军江北大营，钦差大臣德兴阿和主要将领焦虑不安，逃往扬州。重炮和器材被太平军缴获，一万多清兵被歼灭。江北大营被摧毁。浦口与天京一江之隔，收复浦口，扩大外围，使太平军确保天京有了保障。

三河镇战役，李续宾战死

与此同时，清朝湘军中最强悍的一支队伍由李续宾率领，攻打安徽，他在不到一个月的时间内连续攻陷了太湖、潜山、桐城、舒城，与多隆阿、鲍超等由北南下的清军配合，准备夺取安庆。11月中，陈玉成部与李续宾部展开激战。李秀成也率部前来支援。李续宾与陈玉成交锋时，也曾向胡林翼请求援军，但胡林翼因守丧去任，总督官文是满人，见了文书，并不在意。以致援兵一个没有。李续宾愤怒地说："就是无援兵，我也要攻破他们的坚固堡垒。"到了冲锋的时候，他自己最先冲进太平军营地，忽然看见对方军队众多，一齐压上来，一面"侍王李"、一面"英王陈"的大队，正严阵以待，把李续宾层层围住，李续宾左冲右突，不能出围。他只好仰天长叹地说："我的性命就丢在这里了！"下令让追随他的官兵各自逃命。一些将领说："你不辜负皇上，我们怎肯辜负你呢？"李续宾便传令等到月亮出来，就突围。当月亮出来时，他发现太平军密集包围，无法脱逃，就上吊死了。他的将领二十多人、兵士难以计数都被打死。湖广总督官文、湖南巡抚骆秉章急忙将情况奏报朝廷，朝旨调曾国藩移师援助安徽。曾国藩请求起用去任的胡林翼任湖北巡抚，皇上允准了。

左宗棠防守湖南

胡林翼接受任命后，驻扎在黄州，组织官兵，严守地盘。曾国藩率兵开进安徽，刚入省境，就听说庐州被太平军攻占了，清将李孟群战死。又听说石达开率兵开进了湖南，湖南是曾国藩的故乡，他只是焦急并无好办法。于是写信给湖南巡抚骆秉章，请他组织力量抵御。骆秉章幕府里有一个大人物，此人就是左宗棠。他字季高，湖南湘阴人，常以管仲、乐毅这类历史名人自比。不免有才高招怨的事，险些把性命断送在骆秉章手里，幸亏曾国藩、胡林翼二人上书，举荐左宗棠的才能可以担重任，才保住他的性命，免罪回乡。到石达开打进湖南，骆秉章便再次请他出来任职，让他从事军务，招募军队，择险设防。一个月的时间竟组织起了四五万人。石达开在湖南不能立足，就开往西南去了。

曾国藩听说湖南安全了才放心。他正在安徽忽然又得圣旨，督促他到四川去堵剿石达开。他到了黄州，又听说石达开并没有入川，就暂留黄州。在他跟胡林翼会面的时候，谈起了左宗棠的为人，胡巡抚说："此次石逆进犯湖南，若是没有左季高在此地，我真是照顾不及啊！"曾国藩说："圣旨责成我去攻打安徽，我如到那里去进剿，你老兄一定要帮助我！"胡林翼答："这就无须嘱咐了！"曾国藩告别，直去武昌，拜望湖广总督官文。两人相见格外谦和恭敬，随后，曾国藩就由武昌到建昌去了。胡林翼也迁移到了英山，并命令多隆阿统领几路军队，以鲍超为前锋，蒋凝学为后卫，浩浩荡荡，向太湖地区杀去。

太湖之战

陈玉成被清军污蔑叫“四眼狗”，他听说清军大队来进攻，急忙召集捻军首领龚瞎子[1]等，由庐州进发。多隆阿听到这消息，便急令鲍超率部回头攻剿，正好跟陈玉成相遇。陈玉成的军队比鲍超多几倍，把鲍超所率清兵围得水泄不通，多次冲锋突围都失败了，急忙飞书向多隆阿告急。几天后并不见救兵，只好写信向曾国藩、胡林翼告急。曾国藩见信，知道事态危急，立即发兵前往救援，胡林翼也派兵相助。鲍超得到救援，精神大振，就乘着风势放火突围，一连烧了太平军七十多座营垒，陈玉成见军队大乱便率众撤退。捻军更是逃得无踪影了。太湖地区的太平军得知此消息，也弃寨散逃。于是，太湖完全被清军控制。

再破江南大营

也就在这时候，太平军认为清军江北大营虽然摧毁了，但江南大营仍然威胁着天京。李秀成与1859年才到天京、如今正辅助天王的洪仁玕商定，清军挖壕固守，正面进攻很难。便决定断绝对方粮饷供应的后路。江南大营调兵救援，就可乘虚回击。1860年1月李秀成作了部署，就经宁国、武康，直攻杭州，3月中占领杭

1.龚瞎子：即龚得树，捻军白旗总目，安徽雉河集（今涡阳）龚古寺人。捻军起义后，为张乐行部军师，足智多谋，捻军中人尊称“龚先生”。他力主捻军与太平天国联合，曾率部多次配合太平军陈玉成、李秀成部作战。1861年随陈玉成第二次西征，在湖北罗田松子关中炮牺牲。

城。清朝钦差大臣和春、帮办军务张国梁果然调兵援救杭州。太平军只留旗帜作为疑兵，大队迅速撤离。同时从苏南、皖南和天京城内多路进兵，使江南大营兵力分散应战，远在杭州的军队一时难以调回。

1860年5月，太平军多路人马扫清外围之后，便直逼孝陵卫的清军江南大营本部。钦差大臣从睡梦中惊醒，上马窜逃，营内存放的十多万两白银以及大量的枪炮、火药、铅子都被太平军缴获。围困天京的长壕、营垒被铲平。前后延续八年的江南大营被全部摧毁了，协助江南大营的清军舰艇也闻风逃走。于是，太平军为夺取江浙物产丰富的地区扫清了道路。清朝钦差大臣和春退守常州，后又被追兵进逼，再退苏州，守城清兵不让入城，和春羞愤交集，吞鸦片自杀身亡。张国梁则是在突围退逃中，策马入水淹死的。曾国藩听了这些消息不胜叹息，把死者和战况奏报朝廷，得到朝廷的抚恤。决定另派大臣任两江总督，朝中议论，多数人推举胡林翼，唯独肃顺奏折中说曾国藩较为适当。咸丰帝同意后者，就任命曾国藩为两江总督，办理江南镇压太平军的事务。

火烧圆明园始末

曾国藩接旨后，便保荐左宗棠当副手，襄办军务，朝廷特别施恩给左宗棠加升为四品京堂。曾国藩又跟胡林翼会商调鲍超率领的六千人和朱品隆、唐义训等部三千人，渡过长江，驻扎到徽州祁门县。洪秀全听说曾国藩带兵进驻皖南，料定他必然要进攻江宁。他便命令李秀成带领古隆贤、赖裕新等统兵数万，直逼安徽。曾国藩鉴于鲍超、左宗棠的军队还没有到，只是下令戒严，并不进攻。正在布置期间，忽然接到朝廷以当时最快的传递速度（驿传每天八百里）送来的紧急文件，催促曾国藩带兵去保卫皇上。

原来是因为天津条约签订后，约定次年调印换约。咸丰九年五月（1859年6月），英、法、美三国公使各率舰队先后到达大沽口，准备换约。俄国早在4月已与清政府换约。当时正是僧格林沁在大沽口修筑炮台，见外国舰队开来，忙派人出口与三国公使商议，告诉他们大沽正在设置防务，请改道北塘登陆，经天津进北京，随从人员不要超过二十人，不得携带武器。这本是主权国家应具有的正当权力。但英、法侵略军坚持要乘军舰经大沽口溯白河到天津，进入北京。他们还无理地要求清政府拆除大沽口外设置的障碍物。6月25日，英、法侵略军的舰队炮轰大沽口炮台，用陆战队强行登陆，中国守军还击，经过一夜激战，击沉击伤英、法军舰多艘，打死打伤侵略军近五百人。英舰队司令何伯被打伤。美国曾帮助英、法作战，并未挽回败局。英、法舰队逃出大沽，退往上海。美国公使却遵照清政府的规定，由北塘进京换了约。

英、法政府得到这个消息后，决定扩大对华战争。1860年8月初，英军一万八千多人、法军一万五千多人在北塘登陆，向新河发动进攻。僧格林沁以马队迎战，三千蒙古族骑兵，手持战刀，冒着敌人的炮火，冲入英军阵地，杀死了不少敌人。最后，大部分骑兵在激战中壮烈牺牲。英、法联军从后面进攻北炮台，提督乐善率部迎敌，英军投掷开花弹，飞入弹药库，炮台被炸毁，守炮台的清兵被炸得尸骨横飞，乐提督的尸首也找不到了。僧格林沁只有带兵自守南炮台。朝廷颁旨，令他撤退，他退到张家湾，正碰上大学士瑞麟统带旗兵九千出防，僧格林沁对他说："我守南炮台可以抵制敌人，为什么要令我退回，实在难以理解。"瑞麟说："顺亲王瑞华和尚书肃顺都主张议和，现在已派侍郎文俊和粤海关监督恒祺往天津磋商去了。"但是，不久就传来了英、法侵略军攻占天津的消息，文、恒二人已经被他们拒回。清廷派桂良往天津议和。英、法进一步提出增开天津为商埠、增加赔款、带兵入京换约。桂良上奏，咸丰拒绝。9月，侵略军向通州推进。咸丰一面命令僧格林沁在通州布防，一面派怡亲王载垣到通州议和。载垣劝侵略军停止进兵，退回天津，派代表到通州谈判。在双方初次会谈中，载垣接受了侵略者的全部要求。英、法代表又提出进京后要向清朝皇帝面递国书。载垣坚持拒绝。咸丰则认为外使面交国书必须行跪拜礼。谈判再次破裂。

9月中，英法联军从通州向西进攻，夺取八里桥，进逼北京。京城内外惊恐不安，有的官员请皇帝到木兰去暂时躲避，有的人则认为皇帝不应轻易行动，以免涣散民心。直到胜保的军队赶到又吃了败仗，英、法联军已逼近城下，犹豫不决的咸丰帝才带着后妃和一批王公大臣逃到热河行宫去了。咸丰临行，任命他弟弟恭亲王奕䜣为钦差大臣，留在北京，负责与外国侵略者议和。僧格林沁、瑞麟、胜保的军队也驻留北京城外。奕䜣又一次派恒祺找英使磋商议和事务。侵略军气焰嚣张，继续炫耀武力，10月，英法联军绕道西北郊，焚烧洗劫了圆明园。圆明园是清朝花费一百五十多年时间，集中全国大量人力、物力、财力经营的一座举世闻名的大型皇家宫苑。园周长二十多华里，占地五千多亩。园内陈设豪华，收藏了许多金银珠宝、艺术珍品、稀有典籍、历史文物。焚烧之前，侵略军先大肆抢劫、破坏，火烧三日，圆明园变成一片废墟。恭亲王派人请联军停止焚烧、抢劫，无效。

在侵略军的刺刀下奕䜣跟英、法议和，除1858年《天津条约》交换批准书外，又订立中英、中法《北京条约》，主要内容：1.增开天津为通商口岸；2.准许华民到英、法属地或外洋做工；3.发还没收的教堂、准教士在各省租买土地；4.割让九龙司地方给英国；5.对英法的赔款都增至八百万两。俄国乘英、法联军侵占北京期间，威逼清政府订立《北京条约》，把原由奕山订立、未经清政府批准的《瑷珲条约》，正式承认有效。四年后，又强迫清政府订立《中俄勘分西北界约记》，割占了巴尔喀什湖以东以南的中国领土达四十四万平方公里。这样，沙俄前后割占中国领土共计一百四十四多万平方公里。美国并未与清政府另订条约，但根据片面最惠国待遇，英、法取得侵略权益，它都得以享受。在掠夺大量侵略利权后，英法撤兵。清政府传旨不要各地派兵入京勤王了。

安庆之战

再说曾国藩驻扎在祁门，接到清廷勤王的诏书后，跟胡林翼反复筹划，一时不能带兵进京。因为，当时太平军李世贤、杨辅清于1860年9—10月先后攻下徽州、休宁、绩溪，威胁着曾国藩的大营。曾国藩急调鲍超等带兵回援。接着太平军又发动第二次攻势，三路攻打祁门，切断了曾国藩大营与外界联系的粮道。吓得曾国藩失魂落魄，曾向家人交代后事。由于鲍超、左宗棠拼死相救，才得解围。在祁门危急时，曾国藩一度移驻东流。战局有了转机，他便令鲍、左两军合攻景德镇。

太平军陈玉成部听说安庆吃紧，率兵赴援，被曾国荃、胡林翼阻挠，难有进展。于是，陈玉成改攻湖北，连克英山、黄州，又占德安、随州，气势大振。胡林翼急忙派兵回援，陈玉成除派兵留守德安外，自率大军并调回杨辅清部同援安庆，直捣曾国荃大营。清军多隆阿自东岸进攻，太平军退集贤关。曾国藩派鲍超、杨载福、多隆阿水陆各军截击太平军后路，双方激战十余日。7月上旬，清军毁太平军营垒十八座，安庆外围据点尽失。8月，太平军又组织强大兵力反击，一度冲入集贤关，9月初，清军挖地道以火药炸城，安庆陷落。守城的太平军一万多人都壮烈牺牲。这一座被太平军占据九年的战略重地，被曾国荃部清军攻克，曾国藩自然欣喜若狂，他亲自到安庆检点俘虏，飞速向朝廷报捷。

祺祥政变

就在这时（1861），忽然接到热河发来的公文，拆开一看，才知七月十七日咸丰帝在热河病死。曾国藩阅后不禁捶胸顿足，嚎啕大哭。咸丰帝在位十一年，享年三十一岁。跟随皇帝护驾的大臣载垣、端华、肃顺等遵照顾命，扶佐六岁的皇太子载淳于灵枢前即帝位。追谥已去世的咸丰帝为文宗显皇帝。尊奉皇太后为慈安皇太后，对皇帝的生母则尊奉为慈禧皇太后，后人称为东太后、西太后。

载垣、端华、肃顺三人，扶佐新皇即位，自称参赞军务王大臣。先颁喜诏，后发哀诏。这些事都发生在热河。而在京的王公大臣当时多到恭王府奕䜣处议论政事。恭亲王向他们说："现在皇上逝世，新王年幼，一切大权总揽在怡、郑两王及尚书肃顺手里。"在京的王公大臣本来都怨嫉肃顺，看到恭亲王对这种状况不满意，便一齐说："王爷您是已逝皇帝的胞弟，如今主上年幼，理应由王爷摄政，怡、郑二王怎么可以总揽大权呢？那肃顺就更不用说了。"正议论时，忽然呈报宫内太监安德海，从热河来了。恭亲王知道一定有机密事务，就将安引到秘室，密议了半天。第二天早上，安德海便匆匆离京去了热河，恭亲王并向热河发出他自己要去奔丧的折子。怡、郑二王看过折子，便递给肃顺看。肃顺说："恭亲王来这里，是以奔丧为名，想要总揽大权啦！"怡、郑二王便问："这事该怎么办呢？"肃顺道："不难，就说京师重地，不可无人。何况皇帝灵枢马上就要运回京城，请恭亲王不必来这里。把原折批回，免得别人再来纠缠。"怡、郑二王说："好！"便由肃顺在折子上加批，发回。三个人以为这事已经妥善处理了。谁知道咸丰临终时，那颗传世受命的御玺，早已被西太后取走，肃顺等再狡猾，终归是无用的。

西太后见怡王等独断专行，一切表章奏折都不禀告太后，所以，她就跟东太后商量，并且把事情说得非常危急。东太后见她这么一说，也就心动了，便道："对于怡王等不便处置，怎么办呢？"西太后说："除了召见恭亲王，别无他法。"东太后同意了，西太后就拟定懿旨，请东太后盖御玺，仍然命安德海连夜去召恭亲王。不久，恭亲王到了热河。肃顺立即报告怡王等，怡王听到报告大吃一惊。他正在考虑怎样对付，就有人禀报恭亲王见王爷。他们三个把恭亲王接入内室，怡王就问六爷（恭亲王兄弟排行老六）到这里来有什么事？恭亲王答："拜祭皇帝灵柩，并向东、西两位皇太后问安。"正谈话时，怡王身后忽然有一个人高声叫道："拜祭皇帝灵柩是应该的，入内宫见皇太后就不大方便吧！"恭亲王见他们人多势众，不便争论，便说："既然不方便，就请诸公代我问安好了！"随即告辞返回寓所。谁知安德海已在寓所里等候他。恭亲王便跟安德海密议了一番，安竟然想出了一个办法。恭亲王也答应这么办，安德海告辞了。

当天晚上，避暑山庄大门外，忽然来了一辆车子。车中坐着一位宫女打扮的妇女，门口的侍卫见是妇女，就由她随安太监进去了。次日天明，宫门一开，仍由安太监引出，乘轿子走了。那天上午，恭亲王便到皇帝棺材前哭灵，然后到怡、郑二王处辞行。恭亲王是奉太后懿旨召来的，为什么不见太后就要走呢？上文已说过的那个宫女打扮的妇女，忽来忽去，其实，那就是恭亲王巧妙装扮入宫的，计谋定好，才又回去。怡王等人不知底细，正中了宫中的密计。恭亲王走后，东、西两宫太后便传懿旨，立即供奉先皇灵柩回京。这时，怡、郑二王又暗中秘密会议。肃顺说："回京的事，等我们入宫去见了太后再定吧！”他们三人入宫见太后，太后便说：“灵柩回京的日子，你们拟好了吗？”他们三人答：“听说京城还未平静。”太后哼一声说：“京城有什么不平静呢？你们受先王顾命，又自称赞襄大臣，扪心自问，哪一件事能对得起死去的先王呢？就是董元醇上的那个折子也有可取之处吧！你们如果肯竭诚帮助，我们妇女又何必要干预政事呢？梓宫[1]奉安、幼主回京，这两件事，你们究竟办好没有？”怡亲王听了太后这些话，心里很不高兴。便说：“我们赞助皇上，也不能事事听命太后啊！”太后大怒道：“我也只是叫你赞襄皇上，我们后宫哪个要你赞襄呢？但皇上是天下共主，一日不回京，人心一日不安。所以才叫你们定个日子，奉丧护驾，也好早日到京，你们赞襄的责任也就交卸了。”端华说：“只因京城还没有平定，所以推迟些时日。”西太后道：“京城早已平定了，不必过分疑虑。还是尽早回去为好。”这三个人退出后又商量了一条计策，他们预备派怡亲王担任侍卫，护送太后，在古北口将太后刺死。谁知西太后非常狡猾，她密令侍卫荣禄，带着一队兵士，紧紧跟随两宫。启行的那一天，遵照清朝礼制，行完了各种礼仪，太后和皇上先行，他们的车轿在前，先皇的灵柩在后，这就便于在京城奉迎。怡、郑二王等看见荣禄不离开两宫，也就不敢下手。就这样一路平安地回到了北京。农历九月二十九日，太后、皇上到达京城北门，恭亲王率王大臣出城迎接。东太后传旨，命令各王起身，恭亲王谢恩就跟随皇上、太后的车轿后面进了城。

1.梓宫：皇帝的棺材。

怡、郑二王见城外尽是军营，心中惶恐不安。他们回到各自的官邸休息了一夜。第二天起身，正考虑上朝去。却看见恭亲王奕䜣、大学士桂良等带领侍卫兵数十人迎面走来，向着他说，圣上有旨，令怡亲王解除赞襄职务。怡王说：“我奉侍先皇的灵柩，哪个命令我解职？”这时，郑亲王正好来到了，他见恭、怡两王争吵，不知发生了什么事。恭亲王见郑亲王也来了，便说：“真巧，现在奉圣旨，将怡、郑两王解任。”郑王听了笑着说：“皇上谕旨需要我们拟定，你们这谕旨是哪里来的呢？”恭亲王说：“现在的文书有皇上御玺，你们难道不遵命吗？”怡亲王问这印是哪儿来的。恭亲王答：“大行皇帝临终时，亲自交给两宫太后的。”怡、郑二王道：“太后不能解我的任，皇帝年幼，更不必说了。”恭亲王听了这些话大怒，他说：“你们两个敢不接旨吗？”怡、郑二王道：“无旨可接。”恭亲王说：“这御玺是先皇传授下来的，你敢说不算吗？”便喝令侍卫将怡、郑两人捉拿下去。怡、郑二王问：“我们两人有什么罪？”恭亲王说：“你们听着。”便宣读谕旨。二王道：“你捏造罪词，嫁祸害人，我们同你去见太后。”恭亲王命令侍卫，将两人牵出，送宗人府交宗令看管，自己便回宫复命去了。

究竟还是西太后的手段毒辣，将怡、郑二王先革去爵职，再命宗人府会同九卿严厉议论治罪。另派睿亲王仁寿、醇亲王奕譞速将肃顺捉拿问罪。睿、醇二王奉旨，就带领侍卫百名出城，准备假托迎接先皇灵柩的名义，诱擒肃顺。走了一百多里，正碰上灵车，两王下马，肃顺也下马相见。礼毕，二王又到灵车前行礼。肃顺想探听皇上、太后车轿的消息。并问两宫太后和皇上平安否。

二王说：很平安。醇亲王奕譞说到驿站再谈吧！等到了驿馆，奕譞起身说："皇上有旨，捉拿已革职的肃顺。"肃顺大惊地问："我犯了什么罪？"奕譞说："罪多啦，到宗人府再论吧！"肃顺絮絮叨叨，也不多辩。二王命令侍卫押着肃顺，连夜赶回北京。次日，皇帝降旨，将肃顺革职，交宗人府治罪，派人抄了他的家产。于是朝廷授恭亲王奕䜣为议政王，在军机处行走。过了两天，先皇的灵柩到了德胜门。太后和皇上出宫跪迎，入紫禁城，停乾清宫。咸丰逝世之初，在热河就有御史上奏，请两宫垂帘听政，怡、郑二王和肃顺等以"有违祖制"，予以反对。如今这三个人已除，王公大臣、大学士、都统等近臣都吁请太后垂帘听政，并拟订新皇帝的年号。起初拟的是"祺祥"二字，两宫嫌意义重复，命军机大臣改拟，议政王揣摩太后慈怀，进呈"同治"二字，西太后以为这两个字的寓意正符合两宫同治，就决定以明年为同治元年，颁告天下。第二天，降下一道圣旨，宣布载垣、端华、肃顺三人，骄横跋扈，不守臣规，罪大恶极，辜负了先皇的重要付托，免其解肢分尸，立即处以斩刑。

这三个人处死后，上下臣僚，人人不敢违抗两宫意旨，清朝大政完全由西太后独断专行。

1861年11月，朝廷把东西军务托付两江总督曾国藩，令他统辖江苏、安徽、江西三省和浙江全省军务，这四个省的巡抚、提督、总兵和他们所管辖的官员，都归曾国藩节制。对于一个地方官委以这样的重任是从古未有的。

左宗棠督办浙江军务

湖北巡抚胡林翼，自从由太湖救援湖北，一路收复德安、黄州等地，积劳成疾，在武昌咯血而死。他临终前在遗疏中推荐李续宜接替自己的职务，朝廷降旨允准，李续宜便就任了湖北巡抚。曾国藩鉴于他统辖的地区太大，特上奏推荐左宗棠督办浙江军务，朝廷也同意了，命令左赴浙剿杀太平军，提督、总兵以下官员都听从左宗棠调遣。

部署围困天京

曾国荃攻克安庆以后，想一鼓作气，消灭太平军，跟曾国藩商议攻打南京的事。曾国藩恐怕兵力不足，命令曾国荃回湖南招募湘勇，以增强兵力。朝廷论功行赏，赏曾国荃头品顶戴，授予浙江按察使职务。任命鲍超为浙江提督，恰好都是援助浙江。当时，浙江巡抚已改任王有令。太平军李秀成、李世贤两支军队，原先一支到了安徽，一支进入江西。受到左宗棠、鲍超的阻击，都打进浙江。这时清廷任左、鲍的职务正是想让他们继续攻打这两支人马。曾国荃得到湖南募来的几万湘勇，就跟曾国藩商议进攻江苏。曾国藩调集各路军队，分路进剿，自己居中指挥，清军在各地取得了进展，纷纷向曾国藩陈送捷报：都兴阿攻占天长，左宗棠攻克遂安，彭玉麟占巢县、和州、太平府，多隆阿击败陈玉成攻陷庐州。陈玉成撤退到团练出身、后来投入太平军的苗霈霖防地。

他不知道，反复无常的苗霈霖这时已经接受清朝胜保的招抚。苗霈霖逮住陈玉成，解送到胜保军营，然后押解到北京，1862年5月中被清廷杀害。后来，苗霈霖又反叛清朝，胜保也因此被捕，这是后话，这里不赘述。

1862年5月，湘军主力曾国荃所率陆军和彭玉麟所领水师抵达天京城郊。陆军驻扎雨花台，水师泊护城河，太平天国面临着严重的威胁。洪秀全万分焦急，忙调李秀成、李世贤两军回京救援。天王一日三诏，催远在上海的李秀成火速回京。6月，李秀成在苏州召开军事会议，决定从苏州调运大量军火粮食和一部分军队回援天京。但洪秀全却希望李秀成全部调回，歼灭曾国荃部湘军。为此，他派人到苏州坐催，甚至面责李秀成有“自图之意”。李秀成为了解除洪秀全的怀疑，曾把自己的家属送回天京。8月，李秀成派杨辅清等部进攻宁国，以牵制清军继续增援曾国荃部，缓解天京的压力。李秀成自率主力攻打天京城下的曾国荃营垒。不久，在浙江的李世贤也带兵返回天京。两部分太平军对围城的清军展开猛烈攻击，双方都有很大的伤亡。太平军又进攻湘军的饷道，指望切断湘军粮饷。两次决长江水淹清军运粮路线都失败了。战斗异常激烈，曾国荃脸部被枪子打伤，血流满面。曾国藩听到战败的消息，焦虑万分。他想分兵赴援，却无兵可派；上报朝廷请派援兵，朝廷无一兵派出，只好自己克服困难。但是，太平军在安徽的牵制性进攻，成效不大，他们自身也缺少粮食和寒衣，到11月中，停止对湘军的进攻。处于危难中的湘军稳住了阵脚，他们依仗长江水师接济粮饷弹药，恢复了战斗力。曾国藩得知这个消息，非常高兴。

中外合力绞杀太平军

再说东线战场。1860年6月，李秀成就率部打到了上海外围。美、英、法等国公使，公开宣布用武力保卫上海。当时清政府与英法联军作战还未结束。买办出身的粮道杨坊谋划成立了以美国人华尔为首的洋枪队。华尔是在本国犯罪后逃亡到上海的一个流氓，他在走投无路的情况下就干起屠杀中国人的勾当。后来由于外国人强调他们只是为了通商，希望太平军不要攻入上海，洪秀全曾同意1861年之内太平军不打上海。1862年1月李秀成率部第二次进军上海。这时中外反动势力已经勾结起来，准备联合镇压太平军。一部分英法军队和洋枪队于2月在上海高桥与太平军交战。李鸿章率淮军到达上海后便跟清政府苏松道吴煦和程学启、郭松林等会商，联络英法各军，设会防局。把华尔的洋枪队调到清军营中，由李统辖。李鸿章抚慰他镇压人民的功劳，令他用心训练兵勇为清政府效力。华尔见李鸿章待他很客气，也就满口答应。于是把洋枪队由几百人扩充到三千人，改名常胜军，归华尔统领。李鸿章倾心待他，他也尽心为清朝办事。

不久，朝廷降旨授李鸿章为江苏巡抚。李鸿章接印就任后，活动就不限于上海一地了。他命令参将李恒嵩会同华尔、联络英法军进攻各县。正在这时，得到报告，李秀成率部攻下了太仓，已进兵嘉定，洋兵大败，嘉定失守，进而攻打清浦。李鸿章派程学启又邀英法军队同去救援。英法军正在攻打奉贤，接到文书便回兵相救，正好碰上李秀成的军队，法军首领中弹而死，英、美军的首领也溃退了，李秀成攻上海，逼近程学启营地，程学启感到兵少力薄，不敢迎战。只是牢固防守，太平军伤亡很大。他们仍准备突击攻城，忽然一声炮响，程学启看到李鸿章带的救援队伍，便呐喊出击，太平军后撤，李、程合兵追击，收复嘉定等县。随后，太平军慕王谭绍光等再攻太仓。李鸿章又派华尔救援，在战斗中华尔被打死。常胜军由美国人白齐文统率。白齐文是一个更坏的家伙。他曾经闭城索饷、纵兵抢劫。李鸿章把他撤职，他便去投靠李秀成，后被浙江清军擒获，掉在水里淹死了。这样，苏州松江道所属的几座县城都被清军收复。太平军的头目都按名检验，全部被处死，兵士中凡投降的可不杀，不降的也一齐杀掉。李鸿章呈送捷报，朝廷降旨，给他加太子少保衔。将领们也都有升有赏。然后便兵分两路：一路由李鸿章亲自率领，进攻常州；另一路由程学启率领，攻打浙江。程部打近嘉兴，被太平军堵王黄文金从湖州截击，程学启中弹身亡。李鸿章所部攻打常州也是久攻不下。他恼怒万分，又把嘉兴的兵调来支援，才攻下常州城，把俘虏的太平军首领全部斩杀。到这时，江苏全省，除江宁一城外，都已恢复了清朝的统治。

石达开兵败大渡河

再说南线的另一支太平军。翼王石达开自江宁出走后，入江西、走湖南，孤军南行，都站不住脚。后来到达广西，已独树一帜，跟洪秀全互不通信。他心想要独霸一方，就非联络四川、湖南的反清起义首领不可，于是把军队开进四川。当时四川总督是骆秉章，清廷命他先剿灭蓝大顺、李永和起义之后，再去捉拿石达开。那时，石达开刚要入川，又转广西。骆秉章对于石达开的军事政治才能是有所了解的，看到他这样流散不定，就跟幕友刘蓉商议对策，认为他治军杂乱，完全不是最初深思远虑的气概了。既无据点，又无粮饷弹药供给，是难以持久的。后来，他被清军逼到大渡河紫打地时，正逢大雨，河水猛涨，失去渡河机会被清军困在老鸦河。他为解救士兵，自赴清营，要求赦免太平军士兵。结果，1863年6、7月间他被押解成都，凌迟处死。他部下的官员二百多人、士兵两千多人一夜之间也被清军全部围杀。少数逃出的人，则被当地夷兵截杀。

天京陷落

洪秀全领导的太平天国起义曾占领了大片地区、重要城池。到这时都被曾国藩、左宗棠、李鸿章先后收回了，只剩一座江宁城还存留着。太平军部众流散各省的小股势力已不足威胁清朝的统治。洪秀全看到战将相继牺牲，对各地头目纷纷封王，总数竟达两千多个。他希望这些王能够就地扩军壮大势力，再谋振兴。但曾国藩却因未拿下江宁，正在激励清军将士，准备进攻。

李秀成自从由上海救援江宁后，见大势已去，曾经规劝洪秀全迁都，另谋进取。洪秀全不同意。李秀成只好写信给李世贤，让李世贤在江西就地自给，自己则留在江宁。他也曾屡次攻打曾国荃的大营，都被击退。这时，不仅曾国荃新招募的兵勇已经训练成了可以作战的劲旅，曾国藩又通知杨载福、鲍超、彭玉麟等将领分路进攻，截断太平军的增援，还命令李鸿章协助攻打江宁。

曾国荃费了许多心机，经过长久战斗，好不容易把江宁围住，现在看到李鸿章到来，唯恐分了自己的功。哪知李鸿章觉得自己也是曾国藩举荐的，不愿分曾国荃的功，就以生病为借口，拖延不进兵，并将各项军饷调拨给曾国荃。曾国荃得知这些情况，非常感激。随后他便激励将士攻占地保城，也就是龙脖子山北面的坚固堡垒。又在地保城上建造炮台，用火炮向城里攻击，引起城内恐慌。当时，城内粮草已经断绝，不仅军民忍饥挨饿，连天王府也没有东西吃。到同治三年五月（1864年6月），天王洪秀全因为吃“甜露”得病而死（一说是服毒自杀）。洪秀全的长兄、次兄仁发、仁达等，扶立秀全之子十六岁的洪天贵福继位。曾国荃得到消息，命令军士猛烈攻城，挖掘地道三十余处。地道告成，曾国荃悬重赏，鼓励攻城有功人员；宣布后退者必杀。7月19日士兵们追随将领从各个城门攻入。太平军与清兵展开逐屋争夺战，终因援绝力竭，被清军占领天京。

清军进城后，烧杀抢掠，全城一片火海，延烧达七八昼夜，当时天京城内有作战能力的太平军三四千人，一部分战死，一部分冲出城去，另有千余人在李秀成带领下保护幼主冲杀出城。李秀成逃入荒山被清兵俘虏，经曾国藩严刑和诱骗，留下一份供词后，被杀。曾国藩听说幼主从破城处突围逃走，他将攻城情况据实上奏，朝廷颁旨论功行赏。曾国藩移驻江宁后，还命令兵士掘出洪秀全的尸体，焚骨扬灰。并将洪仁发、洪仁达斩杀。幼主洪天贵福逃到广德与洪仁玕会合，随即由堵王黄文金迎入湖州。左宗棠、李鸿章侦知消息，率兵追赶。黄文金部势单无援，转战于浙赣边境，10月，在江西广昌覆灭。洪仁玕和幼天王先后被俘，11月，解往南昌。江西巡抚沈葆桢将他们处死。一般小首领也都被杀。到同治三年十二月以天京为中心的太平天国主体部分全被镇压了。

东捻军被镇压

洪秀全占据金陵前后十二年（1853—1864）[1]，主体部分被曾国藩、左宗棠、李鸿章等人歼灭后，余部又联合捻军[2]，继续战斗。起初，西太后派曾国藩为钦差大臣，1865年7月驻防临淮，专门负责剿灭捻军。但他的进剿计划被捻军粉碎。捻军于1866年10月进

1.编者注：原为“一十四载”，误。应为十二年，即1853—1864年。

2.捻军：太平天国时期北方的农民起义军。捻军发源于捻子（今称捻党），鸦片战争前，一股势力称“一捻子”。小捻子数人、数十，大者一二百人不等。常在苏、鲁、豫、皖一带护送私盐，并与清朝官府发生武装冲突。1852年首领张洛行聚众万人攻占河南永城。次年，太平天国北伐军经安徽、河南，捻党响应。1855年张洛行被推为盟主，称大汉永王（一作大汉明命王）。制定《行军条例》，组成捻军，建立黄、红、蓝、白、黑五旗军制。1857年张洛行接受太平军领导，被封为成天义，转战豫、皖、苏、鲁等省，屡败清军，张洛行晋升为征北主将，封沃王。1863年张洛行被俘牺牲。1864年张宗禹率捻军与太平军遵王赖文光会师。1865年改为东西两路活动，东捻由赖文光率领，西捻由张宗禹率领。

兵河南，分为两支：以遵王赖文光、任柱（任化邦）为首的一支进入山东，称东捻；以梁王张宗禹为首的一支西走陕西，称西捻。1867年由李鸿章代替曾国藩继办剿捻任务。他与各将领决定，先剿东捻，后剿西捻。一切计划，沿袭曾国藩的旧制。清军得知东捻军由鲁西折回河南、又转到湖北境内，便通令各路统领，四面围攻。东捻再入鲁西，在清兵围攻下，抢渡运河，直趋鲁东。由于清军重重包围，东捻被迫南进苏北。11月，苏北赣榆一战，鲁王任柱被叛徒杀害。12月下旬，寿光一战，又折损三万多人，主力丧失惨重。1868年1月，赖文光因伤被俘，1月10日被吴毓兰杀害。其他东捻军余部也惨遭杀害，东捻被镇压。李鸿章等向朝廷上奏报捷，朝廷立即颁发恩典，李鸿章和诸将领都升赏一级，曾国藩筹饷有功，升体仁阁大学士。

捻军中有一位张七先生，原籍江南（今江苏）仪征人，因科举考试落第，投奔周星垣门下，拜他为师。后周星垣集徒招摇行骗，被两江总督镇压。周星垣的门徒逃往山东，以传教为名，不论男女，一概收纳。当时，正逢捻军在山东活动，他借筹防为名，占据黄崖山。后来又跟捻军会合，共同起事。直到捻军失败，清军就在黄崖山滥杀无辜，百姓普遍遭殃。周星垣这一支队伍也被消灭，东捻再无留存了。

西捻军被镇压

西捻首领张宗禹，带领人马自河南进入陕西，正当回民在陕西、甘肃起义，他们便共反官府。陕西回民头目白彦虎、甘肃回民头目马化龙（隆），他们是在太平天国起义的影响下，乘机起来反清的。清廷赦免胜保的罪，令他带兵前往讨伐，久久未能建功，并讳败为胜。被逮捕问罪，赐死。调多隆阿接替胜保，也受重伤身亡。再命杨载福督师，杨告病请求解甲归田。西边的警事惊动了朝廷，高官中的恪靖伯左宗棠被激怒了，他自己请求前去讨伐，两宫太后很高兴地批准了，立即任命他为陕甘总督。

左宗棠到达陕西，听说回民与捻军联合，就上奏提了两条进剿原则：剿捻宜急，剿回宜缓。朝廷批准了他的奏议。左宗棠就令提督刘松山、总兵郭宝昌等带兵驱赶捻军，不让他们跟回民联合，壮大声势。张宗禹率领捻军从陕西到山西，进河南入河北，1868年2月，一直打到保定、易州等地，游骑曾到达房山。北京被迫戒严。朝廷降旨调盛京将军都兴阿，赴天津防堵；又调李鸿章督师北上，联合会剿。

西捻军攻打北京是要吸引围困东捻军的大批清军，解东捻之围，现在目的是达到了，但时机错过，东捻军在一个月前已被镇压。由于各路清军合剿，西捻军处于不利地位，不得不迅速南下，以免被困。张宗禹率西捻军由河北到河南，又由河南返河北，来回游动作战，使清军疲于奔命。朝廷一度降旨谴责左宗棠作战不力，连李鸿章也被革职留任。左宗棠遭到谴责，便气愤地到前敌督战，亲自跑到京南地带跟李鸿章会商，决定严守运河防线，逼迫西捻退到东海边。张宗禹被迫趋向天津，郭松林率队冒雨忍饥，日夜走百余里，绕道捻军之前，迎头堵截，重创捻军。

张宗禹从陕西到京南地区，行动异常迅速，原指望马到成功，既救东捻，又威胁敌人心脏地区，扩大声势。没想到淮军的行踪也非常敏捷。日夜追剿，未能完全如愿。只好来回进退，牵制淮军，以便伺机再攻北京、大沽（津沽）地区。他们的战术是出敌不意，占据点，扼险要，予敌重创。偏碰郭松林熟悉捻军这一套策略，往往迎头截堵，逼得捻军转移到运河以东地带。李鸿章竭力主张防守运河，先控制西北段，堵死捻军出路。于是，他飞速责成郭松年首先行动，又调集淮、直、豫、皖、楚各军，各守自己的地段。他本人亲自率领周盛行一队人马，由德州沿运河勘察形势。他还没有折返营地，张宗禹所率捻军已经到达并发起进攻。淮军匆忙应战，预料不能战胜，立即后退。淮军退到盐山，遇到两支大军：一支是湘军刘松山，另一支是豫军张曜、宋庆，是由左宗棠统率来的。这两支军队跟捻军交锋，捻军大败。

从此，清军节节进逼，捻军步步败退。张宗禹率众退到沙河附近。1868年3月，饶阳一战，淮王丘远才、幼沃王张禹爵战死。5月，西捻军多次抢渡运河，企图摆脱清军的围困，都被清军河防军打败。从此，西捻军就被清军困在天津以南、黄河以北、运河以东的长方形海滨地区。在危难形势下，强悍的头目张正邦、张正位、邱麻子等七人率部分党羽投降。刘铭传率部进攻，张宗禹难以回旋，他的儿子张葵儿、哥哥张宗道、弟弟张宗先、侄儿张正江和几个慓悍的头目，都在阵前被清军杀害。张宗禹从乱军中冲出，向东北方逃走，到了徒骇河边，难以渡过。回头看看，只有八个人骑马追随着他，不禁大为悲伤。又见官兵追来，估计无法逃脱，就下马跟那八个人诀别，投河淹死。官兵追上，六个人战死在刀下，两个被俘虏，也都被处死了。（一说张率十八骑逃至徒骇河，水大难渡，不知所终。）西捻军于同治七年六月二十八日（1868年8月16日）全军覆灭。战况上报朝廷，降旨左宗棠、李鸿章复职，其余将领官兵都有不同程度的奖赏。军机大臣、恭亲王奕䜣及贝子、贝勒、王公大臣，也因协助办理军务有功加升一级。

陕甘云贵起义

捻军平定后，陕甘地区的回民起义并未平息。左宗棠晋见朝廷时，曾奏明五年以后，可以奏报战绩。两宫太后听了非常欣慰。就令左宗棠立即到陕西，左宗棠接受朝命去到任所。

云南一带，这时也有回民起义。云贵总督潘铎被起义者杀死，幸亏代理藩司[1]岑毓英暗中安抚回民首领马化龙，联合袭击另一首领马荣，歼灭了后者。这时，朝廷任命劳崇光继任云贵总督。劳崇光到任后，见到岑毓英就大加赞扬，把全省军务委托给他。当时云南又有苗族陶新春兄弟为首的起义，被岑毓英讨平。岑毓英所带军队还没有回到省城，滇西回民首领杜文秀又起兵抗清，攻占大理府，攻陷二十余城，直向省城扑来。劳总督急命岑毓英

1.藩司：即布政使。官名，明代有承宣布政使司，宣德以后，全国的府、州、县分统于两京和十三布政使司，每司设左右布政使一人，为各省最高行政长官，后设总督巡抚等官职，布政使权位渐轻。清代定为督抚的属官，专管一省的财政赋税和人事。与专管刑名的按察使并称两司。康熙六年后，每省设布政使一人，不分左右。

率军进剿，踏破回民营垒数十个，迫使杜文秀退回大理。两宫和皇上料想陕、甘、云、贵一带的动乱可以尽快荡平，就把心思转向吃喝玩乐方面去了。

丁宝桢计斩安德海

古语说，静极思动。慈禧在宫里宠幸太监安德海。安德海很会揣摩主子的意图，百般献媚，宫中称他小安子。当时朝中有个贾铎，秉性耿直。他听说小安子滥用权势，专引太后每日看戏，心里很愤慨，就切切实实地向朝廷上了一本。他在呈奏中自然不便指责慈禧，只是说太监胆大妄为，请下令立即禁止，才可以防微杜渐，免得日后发生祸患。太后看了这份奏文立即下了一道谕旨，责成总管太监认真严察，如果太监有不法行为，由总管太监检举揭发。倘若知情不举，一定将总管太监革职，还要重加惩处。所有臣僚见到谕旨，都说太后从谏如流，歌颂太后的圣明。哪知，这一道谕旨不过是西太后沽名钓誉的手段。安德海仍然引导太后，随心所欲。

也是小安子的阳寿该满了，他想出外游玩一番。当时正值同治帝已近成年，两宫太后要为他选皇后，派恭亲王等会同内务府及礼、工两部，预备大婚典礼。小安子乘机秘密请求太后，派他亲自到江南去督办龙衣。西太后说："我们清朝祖宗的制度是不准内监出京的，还是不去的好。"小安子道："太后这么说，我怎敢不遵呢？但是，江南织造龙衣，每次呈送上来的都不合适。现在皇上大婚，这龙衣总要非常讲究。就是太后的常用衣服，也要适合的式样。奴才我去督办，只不过想顺便去看看景致。”太后被小安子说动了，又不好立即答应。小安子又说：“太后慈祥英明，像置办龙衣的事，还要遵照祖制。这祖制两个字，连太后也被它束缚住了！”西太后本是一个高傲的人，听了小安子这番话，似乎连太后也不能自由决定一些小事。便随口答道：“你要去就去吧！但是一定要保守秘密，倘若被王公大臣知道了，又要弹劾，连我也不能袒护的。”小安子听到太后答应了他的请求，连忙叩头谢恩。太后又叮嘱了一番，小安子总不以为意，有恃无恐，在同治八年六月出京。那般州府县官，都知道他是太后宠爱的太监，又是钦差，哪个不巴结他呢？偏偏就有这么个对头，最终结束了他的性命。

一天，小安子一行到了山东，山东巡抚丁宝桢，在他的公事房里有上呈下达的公文卷宗。忽然接到德州送来的一封文书，报称钦差安德海过境，应不应责令地方政府供奉他的一切需用。丁宝桢说：“安德海是个太监，怎么敢出都门呢？莫不是朝廷忘记了祖宗的制度？”便拟定一份奏稿，让幕友抄好，派得力人员以每天六百里的快速，经驿站赶送到北京。先把奏折送到恭王府，托他代为呈送。恭亲王一贯憎恶小安子，接到丁巡抚的奏章，知道小安子擅自用权作威作福，便立即进宫去见太后。正好西太后在宫内园子里看戏，来不及向她汇报，恭亲王就禀告了慈安太后，将丁巡抚的奏章送上，慈安一看，便说，应该将小安子正法，但必须与西太后商量。恭亲王道：“安德海违反了祖制，擅自出了都门，是不容赦免的大罪，命令丁宝桢逮捕处死就是了。”慈安说：“既然这样，就命军机处拟写圣旨，颁发山东吧！”恭亲王拟好谕旨，令太监取过笔砚写了几行，请慈安太后用御玺，恭亲王取出谕旨，立即交原人带回山东去了。丁宝桢接到密谕，就命令总兵王正起带兵前往捕捉。他们骑马奔到泰安，正好赶上小安子在运河上的坐船。王总兵呼喊命令停船，水手毫不在意，以为不是叫他们停船，仍然顺风行驶。王总兵就在河边雇用民船，飞速摇桨追赶上去，带领兵士一齐跳进安德海船中。安德海听说有兵来便大声吆喝：“哪里来的强盗，敢进我的船！”王总兵说：“奉圣旨捉拿安德海！”安德海大笑着说：“我是奉旨南下督办龙衣，并没有犯法，为什么捉拿我？你有什么朝廷专寄的公文吗？”王总兵说：“有圣旨在，难道会假？”便命令兵士锁拿他。安德海怒吼道：“当今皇上也不敢捉拿我。你要找死不成？”士兵被吓住了，不敢动手。王总兵两眼瞪圆，亲自动手，先拔去他的蓝翎大帽，然后将安德海拉倒，命令士兵把他锁住。士兵见主将动手，也就一齐动起手来，将他捆住。船上的随行人员也全部带下了船，水手即时放回。

丁巡抚在省城等候消息，过了两天，王总兵已将安德海押解到了。丁立即传见王总兵，说了几句话，便传令两旁员司，巡抚出坐大堂，士兵带上安德海。安仍然大言不惭，他说：“丁宝桢！你安老爷从不犯法，你真是混账。”丁巡抚也不跟他辩驳，便离开座位，将密谕对他宣读。当读到“就地正法”四个字时，安德海才有些害怕了，但心里总还怀疑，不会有这样的事。安德海央求丁抚台[1]，代为转奏。丁抚台说：“圣旨已经说明，毋庸再请！”随即传令

1.抚台：对巡抚的习惯尊称。

绑出堂外，将安德海的头斩下来。其余随行人犯，全部收押。请旨如何处置。圣旨下：令将随从太监一齐绞死。其余男女，有的充军边疆、有的流放。这些事都处理完毕后，慈禧太后还一无所知。等到案情结束，消息传到太监李莲英耳朵里，他才转告慈禧。西太后无话可说，心里只恨慈安太后没有事先和她商量。她本想将这事的前后处置经过弄个明白，经李莲英劝说解释，方才息怒。随后，莲英便补了安德海的缺，受到慈禧的宠爱跟安德海一样。

天津教案

光阴似箭，又过一年。同治九年五月（1870年6月），由于法国天主教传教士在天津望海楼设立教堂，搜罗爪牙，拐骗人口，强占民地，激起民愤，发生了天津教案。法国领事丰大业持枪捣毁三口通商大臣衙门，开枪打死天津知县随从。群众被激怒，当场打死丰大业和他的随从西蒙。随后鸣锣聚众焚毁法国教堂、育婴堂、领事署及英、美教堂，打死教士、商人二十人。事后，英、美、法等七国向清政府提出抗议，并集结兵舰在天津、烟台示威。清廷派直隶总督曾国藩查办，又派李鸿章会同办理。曾、李杀害群众二十人，充军二十五人，天津知府、知县革职充军、派三口通商大臣崇厚为钦差赴法国赔礼，付赔偿费及抚恤费（白银）五十万两，才算了结。

刺马案

一事了结又生一事。两江总督马新贻被刺客张汶祥刺死。凶讯到京，朝廷降旨调曾国藩再任江南总督，曾国藩谢恩退出，于同治九年十月出京，沿途平安无事。到达江宁接印就职后，便办理刺马案件。清廷以江督被刺事关重大，特地命钦差郑敦谨南下，会同曾国藩审问。审讯公堂，兵勇列队，威严赫赫。曾总督和郑钦差并坐升堂。两旁兵役推张汶祥上堂，当面会讯。曾、郑二人先用威胁，后用刑讯。张文祥毫无确实的供词，只说刺死马新贻，可以泄忿。现在个人的大事已经办完，愿受刑法处置。曾国藩问他：是什么人主使。汶祥大声呐喊："要刺马新贻的是我，要杀马新贻的也是我，一人做事一人当，凭你处置！"郑钦差百般诱骗，最后也没有得到实际供词。再三讯问，他就说："主使人就是你。"弄得曾、郑二人毫无办法。只好上奏朝廷说，该犯确实没有受人指使，应当处以死刑。朝廷批准了！

同治帝选后

同治帝即位十年，已十七岁了。在一般百姓家都该娶妻成家了，何况是至尊的天子呢？满蒙王公家，有几个还未许配婆家的女儿，哪个不想嫁入宫中，做皇亲贵戚？慈禧太后只有这一个儿子，也想择一个好媳妇，成全一双美满的婚姻。她从同治八年（1869）起，就责成礼、工二部着手预备大婚典礼。

直到同治十年冬月(11月)，才挑选了几个好姑娘：一个是赛尚阿的女儿，一个是崇绮的女儿，一个是凤秀的女儿富察氏，一个是崇龄的女儿赫舍里区。这几个女子才貌都差不多。慈禧已经选定，就跟慈安太后商量，慈安说："女子以德为主，才貌倒是次要的。不知这四个女孩之中哪个德行好一些，可以够得上做皇后。"慈禧道："听说这四个孩子里面，崇绮的女儿年纪最大，今年十九岁；凤秀的女儿年龄最小，才十四岁，太年轻了。"慈安说："皇后要为天下做母亲的立楷模，还是年长的好，年长也老成些。"慈禧说："凤秀的女儿虽年轻，听说她很贤惠淑静。"慈安道："皇后册定了，妃嫔也不可少啊。这几个女孩子就都选作妃嫔好了！"慈禧说："这事还须传恭亲王奕䜣进宫，让他也斟酌一番。"慈安点头赞成。随即命太监去召恭亲王。恭亲王进宫行完礼，慈禧就说到选立皇后的事，恭亲王也主张年长为好。经过两次商议，几个人都认为这样选名正言顺。慈禧不得不听从。第二天便降旨，命钦天监选择吉日，于同治十一年九月举行大婚典礼。

曾国藩病死

宫里正在为筹备大婚忙碌，朝中忽然接到江苏巡抚奏报，两江总督曾国藩病死了。连恭亲王也因这消息吃了一惊，他急忙进宫奏告皇太后。两宫太后都很惋惜，便命同治帝三日不上朝；颁下谕旨，追赠曾国藩太傅[1]，按照大学士惯例赐予抚恤，授谥号文

1.太傅：封建时代的官名，多为大官加衔，官位仅次于太师，但无实权。另指

正。并在湖南、江苏两省设立祠堂，享受祭祀，将他的经历和政绩交付史馆立传。命他的儿子纪泽继承一等侯的爵位，长孙等后人都给予不同程度的奖赏。曾国藩去世后，两江总督的职位，朝廷便任命李鸿章继任。

同治帝大婚

同治帝的大婚吉日已经临近。九月十二日，先派官员祭告天地。次日，同治帝亲自到太和殿察看封给皇后的宝印，派钦差正副使捧奏黄册到皇后的住所，册封阿鲁特氏为皇后。又派钦差正副使到另外三个女孩子的住所，册封她们为贵妃。第三天，命正副使及太监抬着大花轿到皇后住所，导引皇后入宫，行合卺（jǐn）礼。这样的大婚，热闹非凡，就不用细说了。到第四天，皇上带着皇后到寿星殿行礼，同时到两宫太后面前行礼。行礼完毕，皇上到乾清宫，各个贵妃由皇后带领朝贺皇上。再过一天，皇上给两宫太后呈上徽号，并接受群臣百官的朝贺。过了几天，内阁就传出一道上谕：鉴于皇上已经册封了正宫皇后，已到独揽朝纲之年，两宫太后打算不再主持君国大事，倡议归政。令钦天监选择吉日。同治亲政就定在十二年正月举行。

辅导太子的官，统称太子太傅。

杜文秀起义和董福祥起义

皇帝既然要亲政，便将亲政日期颁布到各省。这时，朝廷又接到云贵总督劳崇光病逝的奏报，便降旨由巡抚刘岳昭升任，并令刘岳昭与巡抚岑毓英共同商议，合作进剿回民起义。由刘总督坐守省城，岑巡抚带兵出去剿办，如前所说，岑毓英命令已经受政府招抚的马如龙再去招抚其他回民首领，一同攻打杜文秀。杜文秀这时已经势单力薄了。1873年岑毓英围困大理，宣布："投降免死。"杜文秀吞了鸦片到清营求官方免杀回民。岑毓英立即斩杀杜文秀，其他回民首领杨荣、蔡廷栋被岑军擒获，也都分尸处死。大理和附近县城的回民大量遭屠杀，财物被洗劫。清廷得到云南的捷报，赏赐岑毓英轻车都尉[1]。

同治帝亲理政事之初，曾经向清廷立下五年平回乱的左宗棠，也以陕甘总督的身份奏报他收降造反的首领董福祥，以及先后收复名城，驱逐陕西的回民、捉拿甘肃的回民首领等战功。实际上，左宗棠前后对陕西、甘肃、青海的回民进行了残酷的镇压。在金积堡、肃州等重大战役中，清军破城后，回民大众惨遭杀戮，虽说有六十以上、十五以下免诛的军令，实际上男女老少，多有株连。经过这样的镇压，左宗棠受到清廷褒奖，其下属将领也分别给予奖赏。随后，清廷宣称海内肃清，共庆升平。

1.轻车都尉：清代的爵衔，并无实权。

同治帝逝世

同治帝眼见各地的反叛都平息了，非常高兴，只是他跟慈禧太后的意见往往不合，使他颇感烦恼。西太后虽说已撤帘归政了，但心里总还是想着要干涉国政。凡有军国大事，她先派身边的太监探听明白，然后再问同治帝，指望他和盘说出自己的见解。而同治帝不但不尽述己见，反而隐瞒自己的看法。这就使西太后有些不愉快。西太后就把皇后传进宫去，让她劝说皇帝。谁知道皇上跟皇后毕竟是少年夫妻，恩爱相投。皇后跟皇上的看法相同，她竟把太后跟她说的话全部告诉了皇上。同治听了更加烦恼。而太后又埋怨皇后，把她看成仇人。这时，有两个太监怂恿同治帝重修圆明园，正符合了皇上的心意，就允准了。于是，颁发谕旨：责成总管择期施工。

恭王奕䜣关心国家大事，看出财政日不敷出，于是向皇上建议阻止那种浩大的开支，话说得絮絮叨叨，惹得同治帝大怒，回宫去了。恰巧恭王的儿子载澂来见皇上，同治帝怒气未消，不见他，载澂感到莫名其妙，无意中咕噜了一句皇帝摆架子，被太监听见，奏告皇上，同治帝更加怒不可遏，立刻命令军机大臣文祥进宫草拟一道圣旨：恭亲王傲慢无礼，命令他立即自杀。文祥跪下为恭王说情，请求免他一死。同治笑道：你们是一党，即使不处死，也得革去他一切官职。文祥草拟好圣旨，请皇上过目。然后立刻跑到恭王府密报。恭王听后心里害怕，邀请知己好友商量对策，一面赶紧把事情经过向慈禧太后禀报，请求保护。太后把这道草拟的谕旨留下不往下发。后来同治上朝，看到恭王仍旧按他原来的官职穿着朝服侍立着，立即召文祥进来问明原因。文祥把一切推到太后身上，皇上把他痛骂一顿，亲自提笔写了几行，命令内侍张贴出去。恭王、文祥二人见皇上这样做，又进宫向太后哭诉。太后安慰他们一番，召皇上进宫进行了严厉的训斥，命令恢复恭王原来的官职。同治只得照办，让内阁重新颁发一道恢复恭亲王官职和爵位的圣旨。从此以后，同治帝每天怏怏不乐。内监文喜、宝柱二人，为了给主上解闷，竟想出一法：让皇上改穿民间装束出去走走。当时，城南一带妓院很多，同治帝听了内监的话，果然去了。从此，瞒着太后，每日花天酒地，嫖娼狎妓，再不听从忠告。太后知道后，也感到无可奈何，只得把朝廷中的大事托付给恭亲王等，命令他们要格外留心。同治帝也就越加放荡。不想乐极生悲，染上了梅毒。到了十月间，连头面上都有杨梅疮。宫中传说皇上得了天花病，太医也不知道发病原因，按出天花用药，敷衍搪塞。由于用药不对症，病情越来越重，以致无法治疗，于十二月十五日在养心殿病逝。

文宗入继大统

同治帝既死，亲王、郡王、贝子、贝勒和王大臣等奉旨进宫，见太后神色与往常不同，也不敢问。太后道："皇上驾崩了，虽然听说皇后已怀孕，但不知是什么时候生产，也不知是男是女。"恭王道："皇后产期想必快了，不如先不发丧，如果皇后得一儿子，自然是皇位继承人；如果是女儿，再商议另立新皇吧。”太后道：“国家不可一天没有君主，怎么能长期保守秘密？一旦被人发觉，反而动摇了国家基础。”军机大臣李鸿章等连忙跪奏附和：“太后英明见解，臣等佩服两宫太后。”

于是商议立醇亲王奕譞（xuān）的儿子载湉（tián）作为文宗（咸丰帝）的嗣子继承皇位，并为同治帝上谥号为穆宗。新皇接位，改国号为光绪，以明年为光绪元年。

皇后阿鲁特氏之死

同治皇后阿鲁特氏，对这一决定自然非常悲伤，再加上太后对她恶毒，心想即便日后生下儿子，也已无益，不如自杀，倒还成全了以身殉主的名节。主意打定，与父亲崇绮见了一面，算是诀别。第二天，宫中便传出皇后去世的凶信。宫中对同治帝的丧事，按照过去为皇帝发丧的旧例；对皇后的丧事，则草草了事，不过为她加上了孝哲两字作为谥号。光绪四年（1878），将穆宗帝、后合葬于惠陵。同治一朝到此结束。

曾纪泽出使俄国

光绪六年（1880），左宗棠已经平定新疆边境阿古柏作乱，率军胜利回来，在朝中任职。他听说崇厚作为专使去俄国谈判，受到俄国百般勒索，中俄两国订立条约十八款，已经草签，报告送到总理衙门。王公大臣们见了都认为俄国蛮不讲理。于是他们向两宫太后奏报，要求调兵与俄国开战，有的说把专使崇厚杀了，就可吓倒俄国人，两宫太后听从了王公大臣们的意见，驳回崇厚的报告，一面将他逮捕问罪，一面向左宗棠征求关于和、战的意见。左宗棠上表提出建议，太后照准。立即命令曾国藩的儿子、世袭勇毅侯曾纪泽为专使，去俄国谈判修改崇厚签订的条约；同时，整顿海防，命北洋大臣李鸿章预备战舰，又命令彭玉麟巡视长江海军，重新起用一般旧将。俄国也派军舰在海上游弋，两国险些开仗。幸亏曾纪泽足智多谋，能言善辩，与俄国方面反复争辩；但对方一味坚持已订条约，不得解决。这时正好俄皇被刺身亡，接着新皇继位，负责谈判的俄国使臣不敢再坚持原约。重新谈判，修改了前次所订条约中的七条，双方谈妥签约。这时已经是光绪七年（1881）。只有新疆西北边境一时不能全部收复，沿江海一带，照常戒严。后改新疆为行省，各方才告平息。

慈安太后去世

光绪七年（1881）四月五日，宫中传出凶信：慈安太后突然去世。王公大臣们非常惊讶，因为从未听说太后有病，感到不可思议，但也不敢多说，只得按照清宫旧例办丧事，将慈安太后合葬于东陵咸丰帝文宗陵墓中，加谥号为孝贞显皇后。

吴长庆平乱朝鲜

光绪八年(1882),东邻朝鲜国又出一桩祸乱,几乎酿成中日交涉事件。当时朝鲜是中国的藩属,国王李熙是已故国王的旁支继承王位的,他幼年接位,封自己的生父李昰(shì)应为大院君,主持国政,拒绝和日本通商。李熙长大成年后亲自执政,大院君只好退居无权地位。王妃闵氏,才貌双全,受到李熙宠爱。闵妃娘家同族中人依仗闵妃权势,反对大院君,主张开放口岸,与日本通商。王公大臣们一般为守旧派,见闵氏族人仗势横行,于是请大院君出来领头反对闵氏家族。

当时,朝鲜国内士兵因为缺饷发生哗变,守旧派乘机作乱,闯进京城,杀了几个朝中大臣,又杀入王宫,企图加害闵妃。闵妃已经得到风声,躲避出去了。大院君又率领众多守旧派闯进日本驻朝鲜使馆,杀了好几个日本人。消息传到中国,代理直隶总督张树声忙派提督吴长庆,带领军队开赴朝鲜。吴长庆为了智擒大院君,假意说中国出兵是来帮助大院君的。大院君信以为真,到清军营中来会见吴长庆,吴长庆乘机把大院君本人以及他的所有党羽统统捉住,押解天津。等到日本军队赶到,一场暴乱已被吴长庆平息了。日本军队只好在朝鲜驻扎下来,要求赔偿人命损失。吴长庆又为日朝双方调解,由朝鲜承担赔款了结。从此日本在朝鲜开商埠、驻军队,国王李熙只好服从,中国也把军队驻扎在朝鲜京城。大院君押解到天津后,由直隶总督请示皇上,将他幽禁保定,事端才算平息。

中法之战

这一年，中法之间也布满战争风云。中法两国之间的交涉，由越南问题引起。早在咸丰、同治年间，越南经常受到法国的侵袭，总是以割让领土请求和解、订立条约而宣告结束。法国贪得无厌，得寸进尺，过不了两年，就又以越南虐待传教士为名，寻衅出兵。当时，惹恼了黑旗军首领刘永福。黑旗军原先是太平军的一支。刘永福曾经和越南的黄崇英一起，帮助越南王抗击法国侵略者。同治十二年（1873），他听说法国军官安邺驻扎在河内，设法从小道伏击法军，一举将安邺杀死。越王害怕法国报复，主动派出使团与法国议和。法国提出条件：法国承认越南为独立国家，越南必须与其他国家断绝宗藩关系。后来越南边境曾两次发生动乱，仍是向清政府请求援助，清兵一去，就平定了，越王很感激中国。不料被法国知道，谴责越南违反条约规定，越王不作答复。法国派驻交趾支那舰队司令李维业进攻河内，被黑旗军刘永福打败，杀了李维业。法国为此派大批远征军从海陆两路向越南进攻，攻陷了几个县城，唯有山西一带是刘永福把守，攻不进去。于是转而攻打越南都城，守城兵见法国兵来攻打，吓得魂不附体，赶紧护卫着越王逃出都城，法国军队随即进驻了越南都城。越王再次派使节向法国求和，法国要求：越南降为法国的保护国，并割让东京。越王只好答应。

消息传到北京，清政府大吃一惊，急忙通知驻法国公使曾纪泽进行交涉，表示不承认法国与越南订立的条约。任命岑毓英为云贵总督，出镇南关（今友谊关）督师，与黑旗军刘永福共同防范法军；命令一班有丰富经验的旧臣老将，分别在边境各地担任防守要职。法国见清政府布置严密，不敢轻举妄动，派出海军舰长福禄诺等到天津，与直隶总督李鸿章会谈，表示愿意和中国和好；不过，越南必须作为法国的保护国。李鸿章对此既不认可，也不拒绝，用模棱两可的态度应付。天津海关税务司德国人德璀琳从中调停，经双方认可，李鸿章和福禄诺订立协定五条，上报朝廷，得到批准，由李鸿章签字。远在云南边境的兵将，不知道在天津已经签订了李福协定，滇军开赴谅山，法国军队也进入谅山，双方对峙，引起冲突，经过半天的交锋，法国兵损失很多。捷报传到京城，人人振奋，主战呼声高涨。法国人打了败仗，反而照会总理衙门，硬要中国赔款一千万镑，总理衙门自然不答应，法国增加援兵，攻陷北宁。另外又从海路进攻台湾，占据基隆。这时刘铭传奉皇上谕旨驻防台湾，率军队严阵以待，法国驻远东舰队司令孤拔，见防守严密不敢侵犯，转而向福建沿海进攻。驻守福建的船政大臣张佩纶，有虚名而无真才实学，见法国军舰驶入福州湾，他毫不在意。及至法军击毁福州炮台，击沉战舰，才焦急起来，带了两名亲兵，暗地逃走了。法军乘胜进攻，攻破福州炮台，占领了各要塞港口。

清政府得到消息，立刻命令左宗棠火速去福建，派原陕甘总督杨岳斌协助左宗棠帮办福建沿海军务。左宗棠到福建，首先查办张佩纶临阵脱逃，清政府谕旨押解回京治罪：革职充军，发配黑龙江效力。这时战报传到北京：在福建马江中国吃了败仗，谅山失守，镇南关守将杨玉科阵亡。慈禧太后大怒，将所有率军队与法国作战的主将分别治罪，并责怪以恭亲王为首的军机处，在处理中法两国间的和战问题上“委靡因循”以致贻误战机，下谕旨免去恭亲王的一切职务。任命礼亲王世铎为军机大臣。另起用一批将领，如提督冯子材、总兵王孝祺等与法军会战。他们个个英勇善战，任凭法军炮火猛烈，照样勇往直前，法军见他们这样勇敢，心中就害怕起来，于是放弃谅山，退出中国境内。这次战役打死法国官兵数十人，所得器械不计其数。法国舰队司令孤拔听到法军被打败，上书请求国内增派援兵以便再战。法政府对和战问题犹豫不决，孤拔非常气愤，擅自率舰队闯入三门湾。当天深夜，明月当空，他攀上舰艇桅杆，想亲自观察一下内地形势，不料一声炮响，顿时从桅杆上跌落下来，当即死去。镇守当地的提督欧阳利见当即奏报胜利消息，朝廷传旨嘉奖，所有参战将领，都得到升迁。孤拔一死，法军气馁；而清军官兵听到这个捷报，士气高涨，恨不得立刻收复越南所有失地。忽然接到天津与法国讲和的消息，个个摇头叹息。亲赴广东会办防务的兵部尚书彭玉麟怒发冲冠，说这是哪个和事佬做的事？便提笔写了一道五不可和五可的奏章，上报朝廷。清政府因为和约已经达成，也就没有什么好说的了。由此，惹出后来许多事情。

傀儡光绪帝

光绪十四年（1888），皇帝已十八岁，到了册封皇后的年龄，皇后照例由西太后挑选。这次选皇后不比以往，太后想起自己胞弟桂祥有个女儿，年龄和光绪差不多，可以选来与光绪帝订婚。立即下一道谕旨：立副都统桂祥之女叶赫那拉氏为皇后。又选长叙家两个女儿作为妃嫔。第二年皇帝结婚，一切礼仪都按旧例进行。光绪十七年（1891），醇亲王病逝。慈禧太后因为他是光绪帝的生父，而且向来能顺着太后的意愿行事，所以丧葬礼仪格外优厚隆重。醇亲王死后，光绪帝亲政。慈禧太后恐怕光绪帝亲政后不按她的意旨行事，重蹈同治的覆辙，经常派太监李莲英暗中探察。光绪帝倒也没有做什么违反她意旨的事情。自光绪十五年到二十年（1889—1894），在对外关系方面，与英、俄两国有些交涉，中国方面派出使臣和他们先后订立协定，总是以英、俄两国得到利益，中国吃亏，割让领土而结束。

甲午战争和马关条约

光绪二十年（1894）由于朝鲜国事酿成中日交涉，以致兵戎相见。中国海军被日本击沉兵舰五艘，其余逃回海口躲避；陆军更是一败涂地，使中国蒙受极大耻辱。警报送到北京，光绪帝非常气恼。下谕旨：将统兵主将撤职，严厉谴责李鸿章。李鸿章也自己请求处分。日本乘胜继续进兵，攻破威海卫等几个重要防守阵地。

光绪帝派北洋大臣李鸿章去日本议和。李鸿章到日本后，日本要求：割让山海关、大沽口和天津三处，才答应议和。李鸿章感到很难答应，心中忐忑（tǎn tè）不安，不料此时恰好遇到刺客，他的脸面被击伤，因而引起了西方各国的公愤，都谴责日本。日本自知理亏，先向各国解释，后到李鸿章寓所道歉，答应和议还有回旋余地，经过谈判，订立条款十一条，于光绪二十一年（1895）三月签订条约。中日战事，至此结束。

瓜分中国狂潮

光绪二十三年（1897），中国和德国又发生交涉。德国借口两名德籍传教士在山东巨野被杀，扩大事端，于1897年11月，派出舰队强占胶州湾，实现其蓄谋已久的夺取中国一个港口的计划。清政府被迫屈服，将胶州湾周围百里地区租借给德国，租期99年。俄国人见德国人得手，也想来分肥，借口协助中国抵制德国，于1897年12月，派舰队进占旅顺，清政府派总理衙门大臣李鸿章与俄国人谈判，把旅顺、大连两处租借给俄国，租期25年。法国马上在保持“东方均势”的借口下，于1898年4月，提出要求。清政府无力抗拒，同意将广州湾租借给法国，租期99年。英国原本在中国既得的权益最多，现在看到旅顺、大连被俄国占去，便要求占有威海卫，以对抗俄国；同样，为与法国租借广州湾相对抗，要求占据九龙。清政府已经屈服于德、俄、法国，便也无法抗拒英国。在不到半年的时间内，列强一起向中国扑来，从北到南攫取了五处海湾港口，使我国沿海的黄金口岸，分别落入列强手中。中国的山河破碎，国力衰竭。

维新变法和戊戌政变

光绪二十四年（1898）二月，恭王患肺结核病，于四月间去世。由他的孙子溥伟继承亲王爵位。谁知不幸事竟接连降临到皇亲国戚家。醇亲王奕谭的福晋，又得病与世长辞。光绪帝内丧生身慈母，外失贤明顾问，自己处于孤立无援的境地，又受太后压制和太监李莲英的百般谗言陷害，非常忧虑烦闷。只有和太傅翁同龢（hé）还能谈谈。翁同龢见皇帝如此烦恼，就向他推荐工部主事康有为。光绪帝立即召见，对康有为关于各种问题数万字的陈述，全部采纳。康有为受到鼓舞，接连上了三道条陈，都是关于推行维新方面的政策性意见。光绪帝有心变法，先到颐和园向太后禀告他的想法，太后并不阻挠。于是光绪帝决心实行新政，接连下了几道谕旨：废除八股文，设立新学堂，裁减多余官员，并颁布决意变法的上谕。康有为又推荐梁启超等多人，说他们学问渊博。光绪帝分别封赏他们为四品官衔，并命令在军机处办事。自从康有为进见皇帝后，朝廷官员便分成了两派，一派是维新党，就是康有为等人；另一派是守旧党，就是原来的一班旧臣。

维新党认为要推行新政，必须排斥太监。李莲英无法，带着他的妹妹到颐和园，向太后哭诉，请求庇护。于是慈禧和李莲英定计，秘密向直隶总督荣禄寄去一道太后懿旨。荣禄接旨后，立刻上了一道奏折，请皇帝侍奉太后一起到天津阅兵。光绪帝入内奏告太后，太后很高兴，命光绪帝传下圣旨，决定于九月初五（1898年10月19日），侍奉太后去天津阅操。光绪对太后的决定有点犹豫，召见维新党入宫商议。康有为条例分明地陈述：这次去天津阅兵恐怕前途凶险。光绪帝赶紧摇手示意，让他们出去商议妥贴后再来奏告。康有为退出与同党商议：先杀荣禄，然后处置太后。商议定后，由康有为入宫，把这一对策秘密奏告皇帝。光绪听了康有为的计策，觉得京城里的兵权掌握在荣禄手中，如果不先夺去荣禄的兵权，不能成事。但一时又想不出一个能办这件大事的人。正好直隶按察使袁世凯来朝见皇上，光绪认为此人胆大，敢作敢为，于是立即召见。光绪先试探着问他对推行新政有什么看法，袁世凯表示极力赞成。光绪又问："如果由你统率军队，你肯尽心吗？"袁奏道："愿尽全力效劳。"当天，皇帝下一道谕旨：直隶按察使袁世凯办事勤劳，操练认真，提升到侍郎[1]职位，专门检阅操练军队。这道谕旨一下，守旧党十分惊讶，急忙入宫向太后禀报。太后命光绪帝下谕旨：凡二品以上官员受到委任，必须到颐和园太后处谢恩。袁世凯遵照旨意到颐和园去谢恩。太后召见，袁世凯对太后有问必答，太后暗示他行事要小心谨慎，袁世凯自然答应。八月初五（1898年9月20日）袁世凯准备出京请皇上训示，光绪召见，告诉他密谋的内容，望他遵照行事，并交给他小箭一支作为证据。

上午袁世凯坐车出京，下午荣禄就到了北京，入宫向太后把

1.侍郎：为二品官衔，相当于现今的副部长。

袁世凯告诉他的光绪密谋和盘托出，并呈上小箭一支，作为物证。还说：袁世凯带兵数千，随后就到。太后道：“很好，你快召兵进来，迅速将禁城侍卫调出，立刻回天津，拦截捉拿康有为及其同党。”荣禄奉命而去。没有料到宫内有一个太监，向来是光绪帝的亲信，很快将这一情况报告了皇帝。光绪得知密谋事已泄露，恐怕康有为被捕，赶紧派内监出宫秘密通知，让康有为赶快逃走。康有为接到通知，来不及告诉其他同党，自己悄悄地去了城门，乘火车逃往塘沽，又搭轮船到上海。船将进入吴淞口，海关洋人对照相片将他截住，带回海关，然后改乘英国军舰，径直到香港去了。

这时，荣禄在京城，挨门逐户搜查，康有为同党全被捉拿归案。唯有康有为、梁启超二人没有捉到。于是火速通知各省督抚，地方官员，命令他们迅速缉拿，不可漏网。京城中整整闹了一夜。第二天清晨，光绪帝登太和殿，忽然宫中太监传出太后懿旨：请皇帝去西苑。光绪奉命随太监到了西苑太液池边，由李莲英将皇帝簇拥到船上，送到瀛台。光绪一到那里，料定必无好事。不一会儿，太后、皇后都来了，光绪急忙跪接。太后手指光绪，将他痛骂一顿。皇后见此情景，便也跪下代帝恳求饶恕，结果也被骂了一顿。将皇后幽闭密室，将光绪囚禁于瀛台。太后将帝后发落完毕，就回宫去了。命令把捉拿到的康、梁余党关进刑部狱中。一面召集王公大臣等，商议如何废立皇帝。太后心想，如果直接废立，恐怕会引起各国在外交上的干涉。不如用光绪帝名义，请太后训政为好。主意已定。王公大臣们自然不敢有意见。这道谕旨一下，光绪帝事实上就被废了。只是康、梁二人没有抓获，太后心中不快，随即传谕旨，将康、梁余党统统斩首。因这一事件发生在按干支计算的戊戌年（1898），所以史称戊戌政变。

废立事件

太后除掉了新党，反对掉了新政，便称心地过了一年。转眼到了光绪二十六年（1900）上半年，有一天，太后忽然想召集王公大臣们商议，为已经去世的同治帝立后嗣。却又顾虑，唯恐大臣们会以光绪帝正在壮年为理由，出来阻止。正巧崇绮、徐桐、启秀[1]三人也在密谋废立皇帝。他们准备拥端王[2]的儿子溥儁代替光绪。考虑到朝中大权如今统归荣禄掌握，如果不与他联络，恐怕难以成事。于是三人去见荣禄，请他仿效古代名臣伊尹、霍去病废除昏君、另选贤明的故事。荣禄恐怕事情难以成功，惹出祸来，当时没有答应。后来崇绮、徐桐二人上疏，向太后密陈此事，太后听了，正合心意。便立即召集各位王公大臣商议，提出把端王之子溥儁立为大阿哥（皇太子）继承穆宗。决定后随即颁发谕旨通知群臣，并召大阿哥进入东宫居住。由于溥儁当上了皇太子，端王的势力也就比先前更大了。不料这时出了一件大事，使得端王大祸临头，这便是义和团运动起来了。

1.崇绮：满族镶黄旗人。同治皇后的父亲，当时任户部尚书。徐桐：汉军正蓝旗人。同治帝的老师，当时任礼部尚书。启秀：满族正白旗人。总管内务府大臣。这三人都是太后的亲信。

2.端王（1856—1922）：爱新觉罗·载漪，嘉庆帝第三子惇亲王绵恺之孙，他的妻子是慈禧太后的侄女。

义和团运动

什么是义和团？义和团是一个民间的秘密结社组织，最先流行于山东、河北等地，原本是白莲教的一支。设坛练习拳棒，以“保卫身家，防御盗贼”为号召，吸引社会中下层人民参加。扬言凡练过拳的，遇到敌人，可以刀枪不入。山东巡抚李秉衡对这一组织并不阻止。后来山东巡抚换了一个名叫毓贤的满族官员，他也认为义和团是义民防身组织，于是义和团在这一带日益发展起来。当时天津北正在挖河，掘出来一块石碑，上面有二十个字，好像是歌谣，写道：“这苦不算苦，二四加一五，满街红灯照，那苦才算苦。”大家都不明白这是什么意思。等到义和团运动发展起来了，才明白说的正是这件事。义和拳民，有两种技艺：一种是金钟罩，声称“刀枪不入”；另一种是红灯照，都是青年妇女参加，身穿红衣红裤，手提红灯。据说：“一入兵阵，视死如归”。

新上任的山东巡抚毓贤，本来是端王的走狗，一心想巴结上司，就把义和团的事密报端王，说山东出了一班拳民，技艺高超，可以帮助大阿哥顺利登上皇位，毫不费力地把洋人驱逐出去。端王一听非常高兴，入宫向太后禀报，说得天花乱坠。太后命他调查清楚，并行文到山东，命毓贤将一班拳民送来京城验明，并设立团局安置他们。团局大都分散设立在四乡民屋，便于拳民们白天练拳。至于天津拳民，为数更多。河北省涞水县有一天主教堂，因某乡民与教徒打官司，屡打不胜，于是请来义和拳民，将教堂围住，劈开大门，闯进里面，杀了洋人。官兵前来镇压，拳民反把副将杀了。直隶总督裕禄，不得不奏报朝廷，谕旨命令严办肇事首要分子，并命大学士刚毅等三人出京处理。有被拿住的拳民，都命松绑，由大学士刚毅等带回北京，入朝向太后复旨，请任用义和团，以便抵制洋人。太监李莲英也从中附和。太后听信，下令由大学士刚毅领导拳民。于是京城内外到处是义和团。再有董福祥的军队，他们本是甘肃一带回民起义军投城过来的，毫无纪律。自从被荣禄调来为武卫后军，来到京城地带，毁电线，拆铁路，烧洋房，无所不为，又连日攻打各国使馆。各国公使责问总理衙门[1]，总理衙门不予理睬，反而赞扬拳民和甘军。一日忽报日本使馆书记生杉山彬，被甘军杀死，德国公使克林德也被拳民打死，端王连声叫好。正在洋洋得意，不料直隶总督裕禄递进一件公文，端王拆开一看，顿时皱起眉头，忙入宫奏知太后。太后道："洋人真可恶，八国联军[2]来索要大沽炮台，这事很难办。"端王道："有拳民、甘军，怕他什么，请太后降旨向洋人宣战吧！"端王又假造一个洋人照会，激怒太后。太后不辨真假，果然大怒。就由启秀写出宣战谕旨，呈太后过目后，即命军机处颁发，电告各省督抚。各省虽然上奏建议阻止，但北方已经开战了。

各国兵舰，齐集大沽口，要求占据炮台，提督罗荣光拒绝。各国兵舰开炮轰击，罗提督支持不住，跑回天津。联军统帅西摩尔

1.总理衙门：主管外交事务，相当于现今外交部。

2.八国联军：1900年，帝国主义组成的侵华联军，主要由英、美、德、法、俄、日、意、奥八个国家的军队参加。联军统帅初为英国驻华舰队司令西摩尔；攻陷天津后，改由德国陆军元帅瓦德西担任。

登岸追赶，途中遇拳民，打了一仗。西摩尔寡不敌众，退回海上。拳民取得小胜，直隶总督裕禄忙向京师报捷，朝廷下旨重赏拳民、甘军。于是两路兵马合并起来。恰遇洋兵又鸣鼓蜂拥而来，势如破竹，直逼天津城下，直隶总督裕禄命令守卫天津的武卫前军提督聂士成迎战。不到一个时辰，聂军大败，聂士成阵亡。于是又下令由义和拳民抵抗，谁知洋兵一开炮，拳民便往回奔，反而冲乱了官军阵地。及至联军逼近城门，命令拳民防御，拳民仍说没事。第二天拳民、甘军会集一起，出城迎战，但洋兵一开炮，就被打散了，联军乘势入城，裕禄从北门逃出，投奔马玉崑营而去，天津陷落。联军士气大振，长驱北向，直指京师。朝中惊恐异常，端王急忙进宫报告。太后道："前日洋人的照会，是你和启秀唆使军机处连文冲捏造的，我已查出。你不要痴心妄想，小心点吧！"端王出宫，正在外面打听消息，忽有太监向他密报，说太后正命令荣禄置办礼物，差庆王奕劻去各国使馆慰问，并拟定谕旨电召各省发兵保卫皇室。

当时，凡是上奏朝廷规劝太后阻止战争和反对端王的大臣们，全被端王捏造罪名将他们处死。这时洋人又攻破北仓，一天天逼近京城。杨村失陷，裕禄自杀，李秉衡也服毒自尽，武卫军各处乱逃。

八国联军和《辛丑条约》

光绪二十六年（1990）七月十七日八国联军进入张家湾，十八日攻破通州，二十日直逼京城，荣禄连忙入宫禀报，太后已懊悔不及。荣禄道："太后赶快考虑妥当安全的办法。"正商议间，载澜忽入宫报道："不好了，洋人来了，已经在攻城了！到了这个时候皇太后、皇上不如先去外地，免得受洋人的气。"太后道："那就暂时避出去吧。"随即传旨：命刚毅、赵舒翘、王文韶三人，整理行装，等候圣旨出发。太后随即改着汉人服装，又命光绪皇后和瑾妃全都改装，扮作百姓模样，召来三辆大车，带进宫中，在天未明时齐集，让光绪帝坐一车，皇后、瑾妃同坐一车，大阿哥溥跨辕，太后自己坐一车，共三辆骡车。天不亮驶出神武门，端王等四人跟着走，一直到颐和园，刚想休息一下，内监报洋人追来了。太后慌忙带领皇帝上车，急奔了一天。太阳西下，一行人还未吃饭，到了市上，也没有卖的，好歹弄点儿稀粥吃吃。这样走了几天，才到怀来县，县官吴永没有接到报告，及至太后来到县公署，才连忙跪接，迎入县署。太后到怀来住下，众大臣也赶到，互相诉说途中苦状。太后命庆王奕劻回京，与联军议和，庆王只休息了一天，便遵旨回去。这时京城已经陷落，各国洋兵进城，乘势抢劫。各大臣见京城失陷，有十几位殉难。这真叫国存俱存、国亡俱亡呀！

联军进入北京城，大肆抢掠，土匪也乘乱骚扰。满、汉族官员殉难的有十多人。承恩公崇绮和荣禄两人，追随太后、皇帝，奔走效劳。到保定，住在莲花书院。崇绮见国家多难，写绝命诗一首，上吊自杀。荣禄将崇绮遗诗呈送太后临时住所，太后急忙召见，先问宫中情形，并问崇绮死的情况。荣禄道："这次乱事，都因端王庇护拳民引起，只有先杀端王，向联军道歉，后灭拳民，清除作乱根源。”太后迟疑不决。光绪帝见国家困难窘迫到这地步，心里很着急，便召荣禄进见。命他迅速将端王处死，不可迟缓。荣禄说：“太后未下谕旨，我可不敢擅自行事，皇上又不是可以独自作主的时候。”

庆亲王奕劻，奉太后谕旨，同李鸿章一起与联军议和，李鸿章由广东回北京，先与庆亲王会合商议，后去拜会联军统帅德国人瓦德西，瓦德西得知李鸿章前来议和，非常高兴地和他叙旧。当提起和议事，瓦德西说：“这事要与各国共同商议。”庆王又去拜会各国公使，公使们议论不一。庆王、李鸿章便与瓦德西正式会谈。瓦德西提出两点：一要惩办罪魁，二要请皇帝、皇太后返回京城，作为谈判的先决条件。庆王、李鸿章二人听后，立即电奏太后。这时，太后已经到了西安。联军提出条件后，没有得到答复，扬言要向西紧迫，所以太后不敢停留。接到庆王、李鸿章电奏以后，太后心中不想惩办祸首。庆王、李鸿章又来电报，说：“如果现在还要袒护，恐怕会引起公愤，再一决裂，局面就更难收拾了。”太后只得下谕旨：刚毅现已病死，毓贤充军去边疆，董福祥撤职留任，端王撤职监禁。这道谕旨到了北京，各国公使不答应。庆王、李鸿章二人又将各国公使的反应电奏西安。太后见从轻发落不能生效。预料很难保全他们了，只得再下谕旨：赐英年、赵舒翘[1]自尽。启秀、徐承煜[2]二人在联军攻陷北京时已被日本兵捉住，

1.编者注：英年，户部侍郎；赵舒翘，军机大臣兼顺天府尹。二人都主张利用义和团抗拒洋人。

2.徐承煜：刑部侍郎。大学士徐桐之子，徐桐在八国联军攻陷北京时已自杀。

于是庆王、李鸿章密奏太后，说启、徐二人是国家大臣，现在被日本拘留侮辱。不如下一道谕旨将这二人处死。庆王、李鸿章二人往来于各国使馆之间，对于各国所提两条，尽量照顾行事，待谕旨认可，然后再论和议。

经谈判多次，才算有了点眉目。共计十二条。庆王、李鸿章二人将各条电奏太后。太后依议，并命他二人全权签订，这就是《辛丑和约》。一面电谕各省督、抚：凡有拳民的地方，极力剿灭；一面命总理衙门催缴各种赋税，为朝廷迁回北京作准备。对于因提了有违太后本意的建议而被罢黜的大臣们，全都官复原职；再命亲王大臣等，分别到德国、日本使馆，遵照条约谢罪；此外，又下了一道保护洋人的上谕，颁发到京城。各国见清政府已悔过，也就将联军撤回，各归原地。

李鸿章去世

1901年太后听闻联军已经撤走，京城平静，于是决定回京。选定秋凉后，带领光绪帝等由西安启程回京。走了没有几天，忽报议和全权大臣李鸿章病故。太后下令抚恤从优，并赐谥号为文忠，命王文韶继任议和大臣，接办李鸿章尚未完成的议和手续。太后一行直到十一月才回到北京。

德龄担任翻译

过了几天，太后想笼络洋人，在宫中殷勤接待各国公使及公使夫人。因自己不懂外文，不好直接款待，心想如果能有精通外文的人替她招待就好了。可巧有个满族官员裕庚，由军功升为公使，曾经出使日本，后又出使法国，出任公使期间，都是带着家属同去的。他有两个女儿，大女儿名德龄，二女儿名容龄。裕庚这时正好任满回国进宫朝见。太后得知，要裕庚带着两个女儿到颐和园来见她。裕庚接到谕旨后，就请夫人带着女儿去颐和园。母女三人按时来到仁寿殿外，由太监引入殿旁耳房暂时休息。过了一刻，就有总管太监出来，裕夫人一见，好像面熟，忙起身相迎，那总管走到裕夫人面前，简单问了几句，就转身走了。裕夫人这才想起，便告诉两个女儿说："这总管就是李莲英。"不多时，又有几个宫眷出来，引导母女三人出了耳房，走到正殿。殿的匾额上写着"乐寿堂"三个字，殿里面站着好几个妇女，其中有一个满族妇女，装束与众不同，裕夫人看了认是光绪皇后。正想进殿请安，忽然看见很多宫女拥着太后，从屏风后面出来，朝中间坐下，后面跟着总管李莲英，传懿旨让裕夫人带领女儿朝见太后。于是裕夫人母女三人进殿，一齐跪倒，自报姓名向太后请安，太后特命平身，并略微问了几句，裕夫人都一一作了回答。太后又看了她两个女儿，很是喜爱，便站起来拉着两个女孩的手说："你二人肯在这里陪伴我吗？"两女赶紧跪下谢恩。太后道："不要太讲礼了，你听我的话，叫我老祖宗，我就喜欢了。"两女都说遵旨。太后又命光绪皇后与她母女相见，裕夫人母女随即过去请安。后又与各宫嫔妃相见。太后吩咐皇后："你可领她母女在宫内玩玩，我到朝房去，一会儿就回来。"没有多大会儿，太后回来了，赐母女御宴。直到夕阳西下，才让母女回家，裕夫人谢恩辞别。太后叫她经常进宫来，裕夫人遵旨。从此裕夫人就经常带着两个女儿进宫。

太后对德龄姊妹说："我不懂洋文，听说你懂数国语言，以后如果有洋人前来朝见，你替我当翻译。平日没有事，可给我保管珠宝库。"德龄奏道："臣女年轻，恐怕担当不起此等大事。"太后道："你不要过于谦虚，我看你很聪明伶俐，不会误事的。"德龄姊妹听了再次谢恩。过了几天，忽报俄国公使柏兰荪夫人前来觐见。太后命德龄前去接待，自己则带李莲英到仁寿堂接受朝觐。德龄带领俄国公使夫人进殿向太后行礼，双方寒暄问候，全由德龄翻译。太后又命德龄引公使夫人去见皇后，然后赐午宴。下午，公使夫人谢太后宴后就回去了。太后对德龄说："你通法语，怎么又会俄语呢？"德龄道："俄使夫人讲的多半是法语。"正说话间，有人来报荣中堂（荣禄）去世。太后十分悲伤。第二天上朝，朝房里递上荣中堂遗折，太后看后，对大臣们道："自从庚子之乱[1]以来，荣中堂对朝政尽心尽力，现在他去世了，实在使人非常悲痛。"于是拨出银两为他治丧，命亲王前去祭奠，赐谥号为文忠。

1.编者注：指发生在1900年的义和团运动，按天干地支纪年，1900年为庚子年。

日俄在东三省作战，清廷“中立”

有一天，宫里接到报告，说日俄两国将要开战，把东三省当作他们的战场了。太后对此感到焦虑，说：“日俄交战，我国的地方又要遭殃了。”这次日俄交战，正是光绪三十年（1904）。太后着急是因为祖宗陵墓在东三省。于是召集庆王和大臣们前来商议，并说：“这次日俄交战，不知会不会伤着祖宗陵墓；保持中立，也许可免遭殃。”先发电报询问各省高级官员，征求他们的意见。庆王遵照太后的旨意，向各省发了电报，各省回电一致表示赞成。于是太后颁发谕旨，照会日本使馆，中国政府遵照万国公约，在日俄战争中宣告中立。并命驻日公使杨枢与日本交涉：交战国双方无论胜败，不得有损中国帝王陵寝，保证城市、官署、人民财产的安全；战后东三省主权仍归中国。日本使馆全部答应。于是斟酌议订中立章程，以及战争涉及地区、规定等，通告中外。过了几天，接连报道俄国兵舰被日本击沉，又报俄国陆军接连被日本打败，太后道：“日本战胜，辽东可以保全了。”正说着，外面递进西方通信报道，德龄翻译出来，太后看了大吃一惊，原来是日本、朝鲜签订了朝鲜归日本保护的条约。太后道：“外国人是不讲公德的，照这样看来，朝鲜是不能保了。”这时庆王又入宫报告，说俄国兵舰逃到了上海，日本公使照会我外务部，要求迫使俄国舰只退出上海，现正在交涉中。太后道：俄舰逃入上海，是破坏了我们的中立章程。于是命令外务部电告南洋大臣，迫使俄舰服从中立条规的处置，庆王遵照旨意办了。

光绪三十一年（1905）日俄战争进行将近一年，还没有结局。俄国海、陆军屡次被日军打败，日本进一步攻陷了旅顺口，把中国的奉天省城沈阳强占了去。俄国不甘心，派波罗的海舰队准备进攻日本京城，不料半途被日本设下埋伏，打得大败。俄国舰队无法再战，又无法逃脱，大都投降成了俘虏。美国总统罗斯福出面调解，呼吁双方停战。俄国人因为屡战屡败，来不及调兵；日本鉴于俄国毕竟是个大国，也怕战争持续下去，不好对付。双方趁势听从美国调停将就着停战议和。日本议和专使小村寿太郎提出条件十一款，俄国谈判使者只肯承认七款，经日本同意，和议终于达成。中国领土被人为地分为南满、北满，成为日、俄两国的势力范围。东三省名为中国领土，实际上已落入日、俄两国手中。本是日俄两国打仗，却使中国失去国土。总是国家积弱，遭强邻欺侮，有冤无法申辩。

早期反清革命运动

自从日俄战争以后，中国有识之士认为国家一蹶不振，都是由于民众无权过问国家大事。于是起而反对专制，要求把专制政体改作君主立宪政体。慈禧太后虽然很不愿意，但也没有什么抵制办法，只得召集王公大臣商议对策，决定停止科举，设立新式学堂，废除旧有弊端，采用新的章法，又派出五位大臣[1]出国考察政

1.五位大臣：指镇国公载泽、户部侍郎戴鸿慈、兵部侍郎徐世昌、湖南巡抚端方和商部右丞绍英等五人。

治。光绪三十一年（1905）七月，五大臣启程，许多官员前来送行，来到正阳门车站，忽听哗啦一声，飞来一个炸弹，顿时满地硝烟，尘土飞扬，五大臣虽未受伤，却已被吓得魂飞魄散。关于这一炸弹事件的来龙去脉，还得从康有为、梁启超二人说起。康有为、梁启超出走时，由英国人和日本人保护，先后到达香港和日本。他们从此游历各国，召集同党，于光绪二十五年（1899）成立了保皇会组织，联络了不少居住在海外的华侨。

与此同时，广东省出了个伟大人物，姓孙，名文，号逸仙。在日本时曾化名为中山樵，因而后世都称他为孙中山先生。他生于1866年，少年时代曾在教会学校念书，对于自由、平等、博爱等道理，很感兴趣，时常讲解。后来阅读太平天国历史，就把排满兴汉的宗旨，印入了脑海。1886年进入广州南华医学校学医，第二年转学香港西医书院。毕业后，先后在澳门和广州以行医为名，致力于挽求民族危亡的革命活动。1894年曾经北上天津，上书当时的北洋大臣、直隶总督李鸿章，提出各项革新自强的主张，遭到李鸿章的拒绝。不久去檀香山，集合志同道合的同志于11月间创立兴中会，提出："驱除鞑虏，恢复中华"的民主革命主张。并筹集资金，从国外购买枪枝弹药，约定日期，准备在广州起义，不料消息走漏，两广总督悬赏高价搜捕，风声很紧，他只好逃亡国外。总督又电告各国公使，秘密寻访捉拿。1900年时，兴中会成员史坚如谋刺两广总督德寿未遂，反被德寿抓获处死。后来又有一位名叫唐才常的，曾与康有为、梁启超等提倡新学、酝酿变法，康、梁失败出走后，唐才常曾与孙中山等革命党人有接触，他自树一帜，组织自立会、自立军等，想在汉口发动“勤王讨贼”，占据湖南、湖北两省，于1900年8月间被湖广总督张之洞抓获处死。

同年10月，孙文联络广州三合会首领郑弼臣，在惠州起义，又遭失败。这一时期，有不少革命志士，眼见列强瓜分中国的野心毕露，清政府腐败无能，在各地奋起。黄兴在湖南进行革命活动，于1904年和宋教仁等在长沙成立华兴会，准备在长沙起义，由于事前走漏消息，遭到搜捕，只得逃亡日本。

蔡元培、章炳麟在上海创立中国教育会、爱国学社等，提倡民权，宣传排满革命，邹容写《革命军》，揭露清政府卖国罪恶，号召推翻清朝封建专制统治，他们都因谋划泄露，书刊被查禁，有的逃亡海外，有的被关进监狱。

吴樾行刺五大臣

光绪三十一年（1905）七月，桐城人吴樾，听到清政府派五大臣出国考察政治，非常愤慨，奋臂而起，怀里揣着炸弹，悄悄地来到北京。刚到车站，正巧遇五大臣入站，本想径直挤过去，未曾想炸弹受挤引起爆炸，警察闻声赶来，只见火车站外面有几具尸体。其中有一具尸体经检查发现身上带有名片一张，上书“吴樾”，下书“湖北人”三字，猜测可能是革命党人，为这件事，直闹了一个多月，才逐渐平静下来。

五大臣出洋考察

五大臣受到这一惊吓，有的就不愿意出洋了。清政府又另派山东布政史尚其亨、顺天府丞李盛铎二人和载泽、戴鸿慈、端方一起分两路乘轮船出国。一路由美国转赴德国、意大利和奥地利等国；另一路前往日本、英国、法国和比利时等国考察。他们在国外时拟定奏折，详细叙述各国宪政情况，电奏清政府：尽快改为立宪政体。慈禧看了奏折并不采纳。第二年七月，五大臣回到国内，太后召见多次，五大臣各抒己见，说得委婉动听，才促使太后颁发一道谕旨：派载沣[1]等编撰新官制及设立宪政编查馆等，命庆王奕劻为总理大臣。奕劻上奏陈述官制改革意见：除保留军机处外，把原来的六部改为十一部，每部设正副职各一人，满、汉民族，一视同仁。这算是在京中央一级官制的改革。外省从总督、巡抚以下，也参照新编官制定额设置官员，就算是地方官制改革。机构方面，设有直属军机处的宪政编查馆，下设编制、统计两个局；还有资政院（中央一级咨议机关）；各省设有咨议局。派出汪大燮等分别到英、德、日各国考察宪法。

萍浏醴起义

光绪三十二年（1906）同盟会员刘道一、蔡绍南回湖南，动员军队，联络会党，宣传同盟会纲领，于12月间在江西萍乡，湖南浏

1.载沣（1883—1951）：奕譞之子，袭封醇亲王。溥仪生父。

阳、醴陵一带起事。清政府调集大批军队镇压搜捕革命党人和起义群众。刘道一、蔡绍南二人被捕牺牲。这一带才又恢复平静。

徐锡麟安庆起义

光绪三十三年（1907），安庆巡警学校举行毕业典礼阅兵，巡抚恩铭被革命党人徐锡麟枪杀。徐锡麟，浙江绍兴人，光绪二十九年（1903）曾考中癸卯科副贡生。在故乡办学堂，其中有两个学生，一个叫陈伯平，另一个叫马宗汉。后来陈、马二人一起去日本留学。学成回来，徐锡麟和他俩谈起各自的抱负，竟是志同道合。徐锡麟不断联络同志，组成光复会，认真接办绍兴大通学堂，暗中积蓄革命力量。光复会同志陶成章，和徐锡麟是同乡，他劝徐锡麟在官场谋个差事，以便作掩护。徐锡麟依言买了个官衔：安徽候补道员，能经常与巡抚恩铭接近。徐锡麟的谈吐受到恩铭赏识，便委任他为陆军小学堂总办，兼任巡警会办（总办的副职）。徐锡麟得到这一差事，正合自己心意。暗中与海外同志通信，托他们秘密运来军火，伺机举事。不料两江总督端方发来密电，说革命党人已悄悄进入了安徽，叫恩铭搜捕查办。恩铭立即召见徐锡麟，并将总督电文给他看。徐锡麟看后假装不知道。巡抚向他交代，要他认真查办。徐锡麟退出后，立刻与马宗汉秘密商议，计划先发制人。

光绪三十三年（1907）七月，正值安庆巡警学校举行毕业典礼，有阅兵仪式，徐锡麟发动全体学生发难，自己首先举枪打死恩铭。在场官员纷纷逃出，陈伯平当场牺牲，马宗汉被俘，徐锡麟被一姓方的医生截住，把他带到督练公所[1]，经布政史[2]冯煦审问，徐锡麟毫不隐瞒，当堂挥笔直书，写毕掷到冯煦的面前。冯煦得到实据，准备按照张汶祥刺马案惩办。一面电奏朝廷，一面将徐锡麟、马宗汉二人收监。不久朝廷颁下谕旨，同意按奏议惩办。徐锡麟、马宗汉被处以死刑。

广东会党反清

安庆事件刚刚了结，广东方面又出了事。自从太平天国失败以后，不少人隐姓埋名，避迹江湖。听到革命党起来反清，便乘势出来。以“三点会”“三合会”为名。三点隐喻太平天国天王洪秀全的姓氏偏旁。革命党人与这两会党有联系，暗中互通信息，叫他们起事。因此广东省境内，经常有起来闹事的，只要官兵一出动，这些会党就四处分散，躲藏得无影无踪。

清末立宪运动

直隶总督袁世凯、湖广总督张之洞，深感内忧外患，接踵而来。认为各校学生，好谈革命，风气不好，便奏请实行立宪政体；设立存古学堂，保存中国旧学，以改变“颓废”的世风。清政府很

1.督练公所：清末训练新军的机构。
2.布政史：相当于省级民政长官。

欣赏这一主张。将两位总督召来北京，授予军机大臣职务，以实现满、汉民族一视同仁的诺言。并命令在京和外省的主要官员，呈递条陈，各抒己见。

慈禧太后看了送上来的各种各样的建议后，把考查馆改为宪政编查馆，按年编纂。准备从光绪二十九年（1903）编起，到光绪四十二年（1916）止，将所有准备开办的事，在十年时间内，陆续办齐。按年列表，上报慈禧太后。宫中以为这道谕旨一下，就可以消除祸患。哪知这样一来，民情越发激愤，民众革命意志更加高涨。各种各样提议，都来与政府交涉，使军机处忙得不得了。

镇南关起义

光绪三十三年（1907）十二月，革命党人在镇南关举行起义，夺得三座炮台，清政府接到报告，下旨痛责广西巡抚，命令他立即收复炮台。巡抚接到圣旨，赶忙调兵遣将，派提督龙济光、镇南关防军统领陆荣廷出击。清军武器完备，革命党人孤军作战。相持了几天，被清军打败，逃往海外。广西巡抚便向朝廷报捷，谕旨升赏有功人员。

二辰丸事件

光绪三十四年（1908）二月间，日本公使送来照会一件，说广东海关扣留日本轮船“二辰丸”，侮辱日本国旗，要求外务部赔偿损失等等。外务部害怕，正想拍电报去询问，两广总督张人骏主动来电报告。原来是“二辰丸”私运军火，接济革命党人，被海关查获，搜出枪枝弹药数十箱，才将该轮扣留，并卸去日本国旗。日本公使强词夺理，不肯承认。外务部不敢得罪日本人，只好赔偿损失，并鸣炮谢罪。国家衰弱，政府无能，强邻欺侮，不敢自卫，使每个正直的中国人引为耻辱，于是发起抵制日货运动。持续八个月，使日商大受损失。

溥仪即位

光绪三十四年（1908）夏秋以来，太后身体不适，时常有病。光绪帝自西安归来后，仍旧幽居瀛台，终日抑郁寡欢，精神不振。有喜欢搬弄是非的人在太后面前进谗言，说皇上听到老佛爷（慈禧）有病，面露喜色。太后听了，非常生气地说，我不能死在他前面。出于对光绪的厌恶，太后想趁早按她的意愿立下皇太子，于是召集王公大臣们前来商议，表示想把醇亲王载沣的儿子溥仪立为皇太子。王公大臣们意见不一致。太后不耐烦地说：我已决定立溥仪，你们不要多议论了。随即命溥仪入宫。光绪对立嗣一事，自然任凭太后作主，不置可否。这年十月初十是太后七十三岁诞辰，按照惯例，光绪率领王公大臣们前去拜寿。不料刚刚步出瀛台，就被前来传达太后懿旨的太监挡驾，说皇上有病，不必前去行礼了。光绪一听，先是惊愕，继而大哭而归。其实这时恰恰是慈禧已经病倒数日，每日腹泻不止。

十月二十一日，宫中突然传出令人惊愕的凶信：光绪帝病逝。王公大臣们急匆匆入宫，随即传谕旨颁发皇帝遗诏和新皇继位喜诏，命载沣为监国摄政王。当天刚从外地回京的庆王得知这一消息，急忙入宫，禀报太后："新皇继承大统，到底是继承穆宗（同治）呢，还是继承大行皇帝[1]呢？"太后说："当然是继承穆宗。"庆王说："如果继承穆宗，那么置大行皇帝于什么地位？不如一子兼祧（tiāo，既为穆宗又为德宗的嗣子），两全其美。"太后只得同意，命庆王草拟谕旨，以新皇名义颁发。至此光绪帝总算也有了后嗣。太后原本有病，此时病重，自知不可能痊愈了，便召集王公大臣们进宫说："今后一切国家大事，归摄政王办理。"命令军机大臣草拟谕旨。到了午后，太后昏昏沉沉，随即去世。仅两天时间，遭到两次国丧，宫中非常忙碌，过了一天，向全国颁发遗诏，办理丧事。摄政王扶持新皇溥仪继位，颁告天下，以来年为宣统元年。

熊成基反清殉难

这时安徽又有人起来闹革命，使京中惊慌异常，后来查探清楚，原来是安徽炮队营官熊成基干的。自从徐锡麟牺牲以后，熊成基心怀不平。炮队营长范传甲与徐锡麟是老朋友。徐锡麟死后，他曾经抚尸大哭，被巡抚看见，幸亏及时逃脱，未遇害。现在听说皇帝、皇太后先后去世，便秘密回到安庆，动员熊成基起事。

1.大行皇帝：指皇帝刚去世还未上谥号时的称呼。此处指德宗，即光绪帝。

熊成基答应了。他便立即召集营兵宣布革命，营兵们全都赞成，议定于11月19日晚起事，让部下薛哲在城内接应，时候一到，全队出发，先去枪械室，后到弹药库搬枪弹，装备自己，指望能顺利进城。不料事情泄露，城门关闭，薛哲被人看住，难以出来接应。于是在沿着城边的小山上架炮轰城，连放几炮，城没有攻破，反而遭到城内还击，死伤了不少人。忽然又听得长江海军，奉两江总督端方的命令，前来增援安庆。熊成基料想不能坚持，只得率领军队退却，在路上听到范传甲谋刺安庆城里大官不成，被抓获处决的噩耗，熊成基只得远走辽东暂躲。

宣统二年（1910），载洵出使英国，熊成基想在半途行刺，没有机会，准备等载洵回国时再下手，与石德宽、喻培伦相约共同行事，不料事情未成，即被发觉，熊成基被抓获，解到吉林，经巡抚审讯，他供认不讳，英勇就义。

袁世凯辞职

摄政王载沣见国内暂时平静，便想到光绪帝临死时留下遗诏，要他尽力办到的一件事，便召集各亲王大臣们来到醇王府，取出光绪临终前亲笔写的最后一道谕旨：“袁世凯处死”五个朱红大字。庆王一看说：“这事做不得，现在京城兵权，掌握在他一人手中，如果动他，恐怕会使军心激变。听说他现正患足疾，不如给他假期，再作计划。”袁世凯听到风声，就主动以脚病为名，辞去官职，回老家河南项城养病。摄政王见袁世凯已除，便调端方任直隶总督，保卫京城。

日韩合并

宣统二年（1910），朝鲜国被日本吞并，国王被废，东亚各国为之震动。各省议政团体，纷纷派代表来北京请愿，要求发兵，被日本发觉，进行干涉，不许中国发兵。

摄政王遇刺

同盟会员汪兆铭[1]，原在日本和东南亚一带追随孙中山从事革命工作。由于武装起义多次失败，他决意回国进行暗杀活动，潜伏在北京，与同志黄树中一起在前门外开了一家照相馆，作为掩护，实际是暗杀机关，打算谋刺摄政王。他们在银锭桥埋设炸弹时，被巡警发觉。带到警察厅后，二人直言不讳。于是移解到民政部，尚书善耆审讯后，报告摄政王载沣。载沣认为他们图谋不轨，应该重办。善耆说：革命党人，我们已重办了不少，他们不怕死，即便把这二人杀了，还是越聚越多，办不胜办。不如将这二人关进监狱，使他们感恩，也许可逐渐消除人民的革命意志。摄政王同意。便将汪、黄二人送到法部狱中监禁。

1.汪兆铭：即汪精卫。

黄花岗起义

汪、黄两人失败。赵声、黄兴等同盟会领导人商议，准备先夺取广东，作为根据地，以便逐步扩展到各省。革命党从南洋等地筹集经费二十余万元，在国外购买了大批军火。恐怕运输途中盘查，由革命党中的女同志陆续运入广州。租了几间较大房屋，门口贴上某公馆或是某某工厂等牌子。又把各种文书及有关告示，如保护外国人告示，照会各国领事文书等准备齐全，以便起义成功后使用。专等时机成熟，发动起义。

宣统三年（1911），清政府迫于国内外的压力扬言预备立宪，开国会。但是当立宪派请愿要求速开国会时，清政府又指使民政部下令国会请愿团尽快解散，不准在京逗留。如不遵命，立即捉拿查办。各省代表只得出京，议论更为强烈。革命党人见时机成熟，共同推举黄兴为总司令，集合同志，相约于宣统三年四月初一（1911年4月29日）起义。不料铁路工人温生才于三月初八将广州将军孚琦刺杀，当场被捕，审讯后被杀害。黄兴等听到这一消息，顿足慨叹：这次起事又被温生才耽误了。于是召集同志密商对策，大家的意见不一致。只有黄兴主张提前起义。当时广东省城戒严特别紧，黄兴说："与其被捆住手脚等死，不如冒险，或许还有转危为安的希望。"

三月二十九日（1911年4月27日），傍晚六点钟，由敢死队员坐着轿子，装作拜访总督的客人，抬进总督衙门。一进大门，就动手掷炸弹，劈劈啪啪响个不停，炸坏了头门，又炸二门，直冲进内堂。总督府里连家眷都毫无踪影。原来张鸣岐已事先得到预先把家眷搬出，衙门里就留他一人。这时听到外面的枪声，早已吓得手忙脚乱，刚要派人出去打探，外面报告革命党已进了衙门，巡警扶着他上了楼，窗外就是隔壁当铺的后墙，张鸣岐忙从窗户爬出，逃到当铺里面。当铺朝奉认出他是总督，赶忙接待。张鸣岐又从当铺步行到海军提督衙门，提督李准已经听到总督衙门起火，正要调兵去镇压，不想总督已经穿着便服来了，赶忙出来迎接。总督命他发兵捉拿革命党。李准请总督在书房休息，自己便去调城防卫队赶到总督署，见防守营兵正在与革命党人激战，革命党人士气高涨，眼看营兵要败，李准大喊："捉住革命党的人有赏！"营兵听到有赏，精神一振，奋勇战斗。革命党人虽拼命死战，终究因为人少，没多久就被杀得大败，中弹而死的很多，被捉住的也不少，只得退却。李准指挥卫队将他们团团围住，不许走脱一个，赶来援助的革命党人也被击退，城里到处搜索革命党人。闹腾了好几天，到四月上旬，方才平静。

这次起义使革命党人伤亡几百人。党内自己清点损失，著名首领八十九人，其中七十二人埋葬在黄花岗。张鸣岐回到总督衙门，亲自审讯擒获的革命党人，革命党人对自己的所作所为毫不隐瞒。张鸣岐命令把这些人一半处以死刑，一半投入监狱。这次起义，只有黄兴、赵声、胡汉民和李燮（xiè）和四人幸免于难，避往香港。这是革命党人在广州的最大流血事件。赵声见起义失败，极为愤恨，吐血而死。在广州镇压起义的捷报传到北京，清政府给海军提督李准奖励：赏穿黄马褂。

四川保路运动

从此，清政府明里提倡立宪，暗里仍行专制。组织新内阁，命庆王奕劻为内阁总理，徐世昌、那桐为副总理。所有过去内阁尚书、侍郎等官职，全部更改。另外增设海军部，命载洵为海军部大臣；设立军咨府，命载涛为军咨大臣。咨议局联合会[1]上书，声称：内阁责任重大，不宜任用皇亲贵族，请另派大员进行改组。一连上书两次，才得到谕旨答复：任用人的权力是属于君主的，议员们不可随便议论。这道谕旨一颁发，全国舆论大哗。邮传部大臣盛宣怀以提倡铁路国有为名，想把已经商办的铁路收归国有，怂恿摄政王实施。但是百姓商民不肯接受，群起反对。中央咨议机关资政院也奏请政府收回关于铁路国有的成命，盛宣怀不但不理，反而怂恿摄政王狠狠地下了几道谕旨，说什么不准违旨，否则格杀勿论。百姓看了更加愤怒。

特别是四川省，各界民众召开保路大会，进行反抗。恰值端方刚被摄政王免去职务，进京来，化了十几万元托人求情，争取复职。盛宣怀帮他运动疏通，要他去镇压四川民众，如他同意，可望升任四川总督。端方利欲薰心，满口答应。草草收拾行装，立刻动身去四川。将到武昌，听得川民已闹得不可收拾。他想四川总督赵尔丰，听任民众要挟，怎么能当总督。连夜拟好一道奏折，参奏赵尔丰，由文案缮写清楚，第二天就发出去了。随后得到了复

1.咨议局联合会：又称议长请愿团，清末立宪派政治团体。

旨：命他入川查办。端方便向湖广总督瑞澂借兵两队，即日南下。川督赵尔丰，听得端方带兵入川，不觉焦虑起来。这时外面传进一张自保商榷书来，下列十九人的姓名，其中五人先来进见。赵尔丰看了五人的名片，是咨议局议长蒲殿俊、罗纶和四川铁路股东会员颜楷、张澜、邓孝可。赵尔丰说：都是这些人作怪，如不惩办，反而会被他们拖累。于是传令升堂，传这五人进来。五人一看气氛不对，非常惊异，只听得赵尔丰大声道：你们五人到这里来干什么？邓孝可说："来见制军，是为了保路事。听得端方督办带兵入川，求制军上奏朝廷阻拦一下。"赵尔丰说："你们敢违抗谕旨吗？本制军只知道遵守旨意。"不料这一句话，惹恼了蒲殿俊。他说："这是朝廷立宪谕旨，制军为什么不遵守？四川铁路归商办，是先皇谕旨，即便当今皇上也是继承先皇遗旨的，哪能容得卖国的奸臣胡作非为呢？"问得赵尔丰哑口无言，恼羞成怒。便说："你们想保路，必须好好商量。为什么要罢市、罢课，抗粮免捐，这不是谋反吗？"蒲殿俊说："这是民众一致的意见。"赵尔丰随即将自保商榷书掷在地上道："这上面明明写的是十九人，你们五个人领头闹事。难道朝廷立宪，是叫你们造反吗？"五人还想争辩，忽听一声喝令：将五人拿下！卫兵正要来捆绑，忽听到外面人声沸腾，一个个头上顶着德宗的牌位，口口声声要求释放蒲、罗等五人，惹恼了赵尔丰，命令卫兵开枪。命令一下，枪声四起，弹如雨点一样射来，伤了前面不少人。民众怒不可遏，拼命闯进衙门。幸亏成都将军玉崑赶来，先安抚民众，再挤进衙门里面，与赵尔丰商量，不要采取强硬手段，以免引起激变。赵尔丰不听。玉崑不等赵同意，硬将蒲、罗等五人释放；又劝民众回去。赵尔丰怒气未消，竟会同湖广总督瑞澂，联名上奏，说乱民围攻督署，想要闹独立；幸好事前作了防备，把首要分子抓住了。并说如何与匪徒大战七日，满纸都是捏造的谎言。瑞激听说四川议员萧湘经过湖北，就派人将萧抓起来，解到武昌看管。

清政府接到赵的奏摺，以为四川大乱，便起用岑春暄前往四川，与赵尔丰会商对乱民的清剿或安抚等事务。赵尔丰听到这个消息，大惊道：前有端方，后有岑春暄，两路夹攻，来夺我的位置了。连忙写信阻止岑春暄入川，说川事月内可以肃清，不用劳驾了。岑春暄接信，便装病不再前去，暂住武昌，借八旗会馆作为办公地点。

武昌起义

宣统三年（1911）八月中秋，湖北省戒严，说有大批革命党来到武昌。岑春暄毫不在意。听说总督衙门抓获了几个革命党人，他也不派人去探听。直到十九日（即1911年10月10日）那天天黑，还毫无动静。到了半夜一点多钟，忽听到外面劈劈啪啪的响声，接着又是脚步声、马蹄声、枪声、炮声、人声，一片嘈杂。连忙起身，走出房间去看，只见外面火光触天，把屋内照得通红。忙问仆人外面发生了什么事，仆人报道："城内兵变。"岑春暄说："恐怕是革命党，我们是来查办四川问题的，对湖北地方闹事没有责任，快走吧。"连忙收拾行李，装扮成商人模样，只带了一个皮包，便和仆人出门走了。走到城门口，见守城的兵，手臂上都缠着白布，他也不知是什么意思。混出城来，到汉口搭上轮船，直接回上海去了。这一夜，就是革命党人武昌起义的日子。

原来湖广总督瑞澂于八月初九就接到外务部密电，说大批革命党人，私运军火来武昌准备起事，并动员三十三标作为内应，可能在十五六日发动，希望湖北方面迅速加强防备。瑞澂见了电文，急忙命令第八镇统领张彪分段布防。督署内外，布满巡警、士兵。过了十六日，不见动静，才放下心来。过了一天，他又接到荆襄巡防队电告，说在汉口英租界，抓获革命党人刘汝夔（一名刘复基）、邱和商两人，已经派卫兵押送省城。第二天又接到来电，说在小朝街抓获革命党人八名，其中有一名女性；另外还有陆军宪兵队什长彭楚藩，私通革命党，已把他逮捕。接连三起抓到革命党人多名，当日审问清楚的，立即处死。没有供词的，暂且关进监狱。还搜出印信、公文、名册等多件。瑞澂命张彪看过之后，在军营中按名册逐个捕人，士兵人人自危。革命党人见形势危急，便暗中联络，约定于10日夜间起事，以放火为号。先到弹药库，搬出子弹；后攻总督署。

十九日夜间，瑞澂、张彪还在梦中，一时火光四起，新军第八镇工程第八营，在营正目熊秉坤的领导下，首先发难，起义官兵列队整齐，左臂缠白布作为记号，扯掉肩章，遇到有人拦阻，就一颗子弹送他归西天。到了楚望台，有八旗兵出来拦阻，便以排枪扫射开路，把他们打得踪影全无。然后奔入弹药库，搬出子弹。这时，新军第十五协和工程营也起事，两部分队伍会师在大操场，一起去攻打总督署。遇到督署守兵前来拦阻，起义士兵大声喊道，我们都是同胞，何苦自相残杀。守兵听到喊话，就加入了起义队伍。队伍扩大了，起义士兵公推工程营左队队官吴兆麟为革命军临时总指挥，熊秉坤为副总指挥。兵分三路：一路攻凤凰山，一路攻蛇山，一路攻楚望台。占领制高点，然后架起大炮，向总督署射去。起义的士兵，冒着炮火去寻找瑞澂，瑞澂早已携带妻子逃出城门去；再去寻找张彪，他也像瑞澂一样逃得毫无踪影，起义士兵占领了总督衙门，聚集在一起推举首领。士兵们一致推举新军第二十一混成协黎协统。

黎元洪

黎协统名元洪，字宋卿，湖北黄陂人，北洋水师学堂毕业，熟悉陆海军战术，以善于治军著称。平时注意笼络士兵，因此新军士兵对他普遍存有好感。黎元洪在10月10日晚上，曾想用血腥手段镇压起义官兵，后来看到形势不妙，就换上便衣，跑到黄土坡他部下刘文吉参谋家里躲藏起来。当革命士兵把他从卧室床底下搜查出来的时候，他吓得浑身直打哆嗦。士兵们要他到楚望台去见在那里领导起义的吴兆麟，他不肯；士兵以强硬的口气威胁，他才迫不得已答应。到了楚望台，他满脸愁苦地对吴说："你为什么要革命？这是要全家诛戮的事！""快叫大家各回各营，事情再闹大了，更不得了！"正午时，黎元洪被送到咨议局。当起义首领要他出任都督时，他面色惨白，急得大喊："我不能胜任，休要害我！”经过吴兆麟的婉劝，张振武等胁迫，黎元洪仍旧坚决拒绝，不肯就任。一时满座哗然。有人不耐烦了，大声叫骂：“黎元洪太不识抬举了！”这时，有人送来一份预先写好的安民告示，要黎元洪签署。黎元洪用颤抖的声音说：“莫害我！莫害我！”拒不肯签。李翊东气得举枪对黎元洪说：“我们不杀你，要你做都督，你还不愿意。再不答应，我就枪毙你。”黎元洪还是不肯签。李翊东就拿起笔来签了一个“黎”字，说：“我代签了，看你还能否认不成。”这样，都督总算推举出来了。经过书记缮写后，一张张安民告示：《中华民国军政府鄂军都督黎布告》，当天贴遍了武昌城。但这个黎都督却变成了“泥菩萨”，整天呆坐着，不言不语，甚至不吃不喝。有人去看他，黎元洪就咕噜一句：“我的脑袋被你们这些人送掉了。”然后就一言不发，盘膝闭目。直到武汉三镇全部被革命军占领，黎元洪才表示倒向革命军一边。

黎元洪出任都督后，便将咨议局改为军政府，请议长汤化龙任民政长。安排妥当，传下密令，命统带（相当于团长）林维新去袭击汉阳城，又分兵过江，占领汉口镇。汉口有各国租界地，军政府照会各国领事，请他们中立，并声明愿保护在华外侨生命财产安全。各国领事见都督办事文明，便声明了三条中立条件。军政府全部承认。于是各国领事宣布中立。

清朝反扑，各地响应起义

湖北军政府写出声讨清政府的文书，电告全国各省。朝廷得知武昌兵变，派出陆军两镇，由陆军大臣荫昌率领，赶赴前线。所有湖北各军都归他调遣指挥；又命海军加派军舰，由海军统制萨镇冰亲自带领驶向湖北；命程允和率领长江水师立刻增援。瑞澂、张彪二人被撤职，命他二人在限定日期内收复武汉三镇，戴罪立功。

朝廷谕旨传到武昌，黎都督便分派军队，严守武汉，只等北边军队到来便和他们决一死战。由于民军只有四个旅，三个团，两个营，防御力量不足。黎都督出告示招兵。不到三天，约有两万人报名入伍。便命各队长日夜操练新兵。发出一道剪发的命令，把满清人的标志——猪尾巴似的辫子全都剪去。选定八月二十五日举行升旗仪式，标志民国五族共和的旗帜，为红、黄、蓝、白、黑五色旗。在升旗仪式上，黎元洪和全体起义官兵，都恭恭敬敬向国旗致敬，并和大家一起饮了同心酒。

升旗当天，听到北方派来镇压起义的第二十二团到达汉口，驻扎在江岸。清陆军大臣荫昌带领海军停泊在江心，双方配合夹攻民军，形势紧迫。黎元洪探听到，清朝海、陆军已与汉口领事团订约，不损伤租界；并知道清朝海军无用，于是专门对付陆军。二十六日，派遣步兵一团到刘家庙，布置在兵站附近，与张彪率领的清军遭遇，湖北起义军放了一排枪，打伤数十人，清军随即退去，起义鄂军没有追赶。第二天，清军又来，仍然是张彪的军队，但是与河南援兵一起来的。革命军的督战员是何锡蕃。暗下传令：军队散开，匍匐前进，与河南来的援兵接火交战，双方激战数小时，河南兵败退。不一会儿，清军又来进攻，仍然败退。入夜，又在江心激战，战舰开炮，掩护陆军作战，民军向江心开炮，命中战舰，船身受伤，驶离而去，其余各舰也跟着退走了。第二天发现这些军舰都驶回了九江。第三次开战，民军又胜，缴获枪枝弹药、军饷银两不计其数。第四次开战再胜，缴获机关枪一挺。第五次战斗，清军大半缴械投降。鄂军经过这五次战斗，便将捷报电告全国，各省接到电报，纷纷响应起义军，几十个州县，竖起白旗。八月三十日，湖南民军起义，驱逐巡抚余诚格，杀死统领黄忠浩。陕西省也举起义旗，领导起义的是第三十九混成协司令部参谋兼二标一营营长张凤翙和西安同盟会领导人钱鼎等，他们都是留学日本士官学校的毕业生。其他军官中，有自杀的，有被杀的，还有逃跑的。在九江领导起义的是新军五十三标标统马毓宝，驱逐了九江道员保恒和知府璞良。九江是江西全省主要防守要塞。要塞失守，全省震动。攻下省城也就是顷刻间的事了。

袁世凯出山，各省独立

各省危急的情况，不断飞报到北京，摄政王急得手脚冰冷。庆王说：要平定乱事，非起用袁世凯不可。摄政王沉默不语。庆王又说：不用袁世凯，大清就完了。载沣没有办法，不得已下谕旨授袁世凯为湖广总督，并将盛宣怀撤职。过了两三天，袁世凯复电，推托称病不肯出来。庆王说："授他为钦差大臣。"命冯国璋统率第一军，段祺瑞统率第二军，还有长江海军，统归袁世凯指挥。袁世凯还是推托，说脚病没有痊愈。摄政王说："老袁是对上次光绪遗诏的事不满，不愿奉召就职。”这时广州来电，说广州将军凤山，被革命党人炸死，摄政王十分害怕，不得已命大臣荫昌，亲到河南项城，请袁世凯出来就职。袁世凯见荫昌亲自来请，只得答应。荫昌告别袁世凯，回到信阳州，与部下合计道：现在革命军气焰很高，打仗时我们先挂起白旗，等待他们走近时，再枪炮齐发，可以一鼓作气把他们消灭掉。部下官兵，按照他的计策行事。待湖北革命军到来，他们果然挂起了白旗，革命军不知是计，没有防备，只一仗被他们打死好几百人，只得退回汉口。荫昌十分得意，向朝廷报捷，朝廷下谕旨，给予嘉奖。岑春暄见局势不好，向朝廷上书请求辞职。摄政王载沣见老臣都托辞不干，硬留下也不起作用，只得催促袁世凯赴湖北前线。于是袁世凯从河南老家动身去了湖北，与荫昌会合，荫昌将兵符印信文件等交代清楚，回北京复命去了。

袁世凯一到职，部下官兵士气一振，冯国璋又由南京来到汉口，与民军对峙，冯国璋下令官兵开火，民军寡不敌众只得退走。清兵在胜利的形势下，无所不为，放火烧毁大片民房。正在得意之际，不料民军派敢死队杀来，个个奋勇善战，无不以一当百，且民军后援部队相继而来，杀得清兵大败，死伤三千多人。清兵非常痛恨，正想整队报复，忽然袁世凯下令，不许军队擅自行动，胡作非为，如以后不听命令，擅自行动，即按军法处置。各路官兵，不知是什么意思，只得服从命令。原来袁世凯琢磨：现在革命党气势正旺，怎么能杀得尽？不如灵活办理，改剿办为安抚，以和平代替战争。如果用安抚和解的办法，须先向清政府提出几条要求，才好进行。于是向朝廷呈上一道奏章，大意是召开国会，改为立宪政体，罢斥皇族内阁等。摄政王接到这封奏折，一时摸不清袁世凯的真正意图。正沉思间，各省报告纷纷送到：山西省独立，巡抚陆钟琦被打死，阎锡山当了都督；江西推举协统吴介璋为都督；云南省响应武昌起义军，逼走巡抚李经羲，推举协统蔡锷为都督，与江西省同时独立。摄政王见到这些警报，急得不知所措。大臣们见局势危急，纷纷辞职。京城中各部机关，十室九空。摄政王见大清朝落到这种地步，实在是欲哭无泪。庆亲王一心想依靠袁世凯，便主动让出内阁总理的位置，劝摄政王听从袁世凯的意见。摄政王只得下谕旨，让袁担任内阁总理，并取消内阁暂时章程，叫他在湖北把事情安置妥当，就到京城就职。资政院的老臣们请摄政王先下罪己诏，允许不同政见的党派合法存在，以便共同修改宪法。摄政王采纳了老臣们的意见。于是由资政院草拟宪法十九条，定于十月十六日颁布全国，并到太庙宣誓。无奈民众的革命意识日益高涨，任凭你想出什么办法，全都反对。

上海机器制造局，被革命党人陈其美占领。大家推举陈其美为沪军都督。各地都起来响应，到处竖起白旗，表示归附革命军。十一月四日晚，革命党人派了几十个士兵到苏州兵营去活动，号召官兵起来革命，大家都表示赞成，起而响应。天亮时，和上海来的士兵们一齐开进城去。江苏巡抚程德全，被大家胁迫着宣布独立。他也就此被推举为江苏大都督。接着，杭州独立。在攻打杭州抚台衙门时，光复会女会员尹维峻，手提炸弹，身先士卒，极为英勇。不少官兵归附了革命党。推举宪兵营督队官童葆暄为临时司令。第二天在省咨议局开会，选举议长汤寿潜为都督。这时长江流域各省大半已掌握在革命军手中。

正在欢庆胜利的时候，贵州省独立的电报传来了，由贵州陆军小学校总办杨荩诚为都督。湖南早已宣告独立，推举咨议局议长谭延闿为都督。这时，驻扎在信阳的钦差大臣袁世凯，接到了摄政王叫他回北京当内阁总理的谕旨，便派遣蔡廷幹、刘承恩两人到武昌，和黎元洪都督谈判和平。黎元洪提出要清朝皇帝退位，才能答应谈判。蔡、刘两人再三和他商量斟酌，请他不要提先决条件，黎元洪和民党首领终究没有同意。他俩只好把情况回报袁世凯。袁世凯见和议不成，就密令冯国璋、段祺瑞两统领严密防守，自己乘车回北京了。袁世凯还没有到京，新内阁向太庙宣誓就职的期限已到，便由摄政王率领各大臣到太庙焚香磕头，将新订宪法十九条祭告清朝历代皇帝，并宣告全国各地臣民。但民心不肯听命这个君主立宪的做法。两广、安徽、福建，都先后独立。广西的独立，是由巡抚沈秉堃提出的，于是公推他当都督，原来的军队，都改称广西国民军。安排妥当以后，沈秉堃自愿离开广西北上，把都督的大印让给了王芝祥和张荣廷两人，自己带家眷回原籍长沙去了。广东也相继独立，起先推举张鸣岐为都督，龙济光为副都督，然而去把印信送往都督府的时候，张鸣岐不知哪里去了，龙济光也不愿意任职，后来就又推革命党人胡汉民为都督。当时因胡汉民才离开湖北，还没有到达广东，就推举协统蒋尊簋（guǐ）暂时代替。胡汉民到达以后，才把印信交给他。

这时，南方各地，只有南京和福建省还没有独立，各省组织起来的联军，准备进行讨伐。

福建的革命党人设法争取驻闽新军第十镇将领。该镇统制孙道仁决心率军起义反正，和咨议局副议长刘崇佑互相联络，联合行动。于八日向总督松寿和福建将军朴寿摊牌。这两人都是满族官员，坚决不同意，民军得知他们要反抗，决定当天晚上起义，武力占领各要害部门。松寿见大势已去，便自杀了。朴寿率领旗兵和起义军对抗。起义军奋勇登上于山，居高临下，将满族兵杀退，朴寿被起义军打死，旗兵只得投降，福建独立。

江南第九镇统制徐绍桢已于11月8日起义，这时被推举为江浙联军总司令，攻打南京。清军方面，两江总督张人骏、江宁将军铁良、江南提督张勋，率领士兵抵抗。无奈各省都已独立，只剩下南京一个城市，怎么抵挡得住？只好拍电报向袁世凯告急求援。袁总理复电只有“无兵可拨”四个字。张勋接到回电后说：“既然没有援兵，守住了这座孤城又有什么用？”联军中的淞军司令黎天才攻得很猛烈，幕府山、狮子山的各个炮台都已经失守，士兵被打死了一千多人，越想越难守。张勋对张人骏、铁良说：“与其把守这座孤城，不如带了队伍往北走，再作长远打算。”于是派部将胡令宣出城求和，向联军方面提出四点要求。第二天联军总司令作了答复，同意了三条；但对张勋要求率领军队回北方这一条没有同意。张勋得知后大怒，带领士兵又打了起来。但见四城门火起，张人骏等都躲避到外国领事馆中。张勋只得命令部下官兵扯起白旗投降，自己囊括库存所有银钱，从旁门逃出。待民军入城，已经空无一人，南京城光复。推举林述庆为临时大都督。

各省纷纷独立，山东也不例外。对庆王来说，山东独立，对他震动不小。因为山东巡抚孙宝琦，和他是儿女亲家，他总认为山东是靠得住的。谁知亲家迫于形势，也效法各省，通电宣告独立。才确实感到大势已去，无可挽回了。不仅地方各省纷纷独立，海军各种舰艇共十九艘，也都附和革命军方面了。

南北议和

摄政王所听到的是到处独立的消息，不再抱有一点希望。唯有庆王仍在盼望袁世凯赶快回北京。袁世凯却并不着急，一路上走走停停，过了好几天，才到达北京。相见以后，袁谈到黎元洪不肯议和等情况。摄政王说："既然不肯和，想必还得打。"袁总理说："打仗没有钱，怎么打啊！"庆王说："太后手里现有宫中遗留下来的积蓄，请摄政王进宫去要点出来。"袁总理表示赞成。摄政王进宫，把来意向隆裕太后奏明以后，太后只得拿出若干给摄政王，让他转交给袁世凯组织内阁。原以为重新组织内阁的谕旨，一旦颁发，各方人士自然会立刻拥护，聚集在新内阁周围，群策群力。哪知事实恰恰相反，人们对此毫无反应。新任内阁各部人选，连个人影都找不到。

袁世凯见组阁不成，便把太后给的宫内积蓄运往湖北前线。命北洋第一军统领冯国璋，第二军统领段祺瑞二人率领军队南下攻打汉阳。冯、段两人尽力与鄂军作战。鄂军总司令黄兴指挥士兵攻击清军，激战两昼夜，清军大败，梅子山一带都被鄂军占领。

冯、段二人设计，命令清军士兵改着鄂军服装，去袭击美娘山，鄂军以为是援军到来，放松了戒备。被清兵杀得大败，及至弄明白，中了清军计谋，已经来不及了。民军接连丢失雨淋山、龟山和汉阳城。黄兴司令见情况不妙，赶紧到上海求援去了。黎都督唉声叹气，埋怨黄兴丢了汉阳，只得亲自出城对民军安抚、慰问一番，并告知黄兴已去搬援兵，很快就到，请大家放心，使军心稍为安定。

冯国璋、段祺瑞夺回了汉阳，随即向北京朝廷报捷，亲王、大臣们眉头舒展，又高兴起来。唯独袁世凯不露声色，心中另有一番打算。黄兴回到上海，准备召集各省民军，组成联军去援救湖北，召开军事大会，联军各代表公推黄兴为大元帅，黎元洪为副元帅。黄兴就职后，正准备派兵去湖北，忽然传来清政府委派袁世凯为全权议和大臣。他预料战事即将结束，决定暂缓派兵。

袁世凯当上全权议和大臣后，就委派唐绍仪为议和代表去湖北。唐绍仪到汉口会见黎元洪，先发表看法，后倡导南北议和。黎元洪道："现在黄兴已被推举为大元帅，一切军事由他决定。"于是唐绍仪又去了上海。这时法学博士伍廷芳，已被代表们推选为南北议和民军方面的代表，一切需要商议决定的事情都由他主持。于是借上海市政厅为会议地点，于12月18日开始南北议和会谈。会议对究竟实行君主立宪，还是民主共和等问题进行争论。

这时英、美、日、俄、德、法六国在上海的总领事以调解为名，进行干涉，实际是向革命党人施加压力，要求做出让步，尽快结束战争，以免他们的商务利益和侨民受到损失。革命党人内部也出现了妥协苗头，对袁世凯的面目认识不清。早在议和之前黄兴曾明确表示，只要清帝退位，结束专制，袁世凯拥护共和，就可把临时大总统一职让给袁世凯。袁世凯得到这一则权力让予的信息，心中暗喜。表面上让唐绍仪在上海力争君主立宪，实际他自己在朝廷面前以南方谈判要求共和为要挟，为逼迫小皇帝退位作准备。

孙中山就任临时大总统

正在南北议和争执不下的时候，宣统三年十一月初六（1911年12月25日），孙中山从欧洲回到上海，各省代表对这位革命元勋带着海外华侨的捐赠归来大为欢迎。29日，十七省代表们齐集一起开大会，孙中山以十六票（每省投一票）压倒多数，被选为临时大总统，黎元洪被选为副总统，随即电告各省。于十一月十三日（1912年元旦）在上海组织成立中华民国临时政府。孙中山立即赴南京上任。当天午后，到达南京，各国领事和社会各界前来欢迎，进入总统府。由各省代表呈上大总统印章，孙中山起立接受，成立中央政府作为行政机关，并由各省代表组成临时参议院，作为立法机关。通电各省，改用公历。仿照美国的总统制，各部设总长、次长，民国政府正式成立。

清帝逊位

这一举动使北京的袁世凯大为恼火，他不仅命令唐绍仪辞去代表职务，停止南北和议谈判，而且公开质问南京临时政府：国体问题还没有议妥，匆忙选举总统是何用意？临时政府中的立宪派议员纷纷为袁世凯出谋划策；各国外交官员也来向南京临时政府施加压力，为袁世凯助威。孙中山回国之初，原想要坚持革命到底，不主张议和，但在国内外势力夹攻下，面对革命同志内部的涣散状态和既成的议和事实，他无能为力，随即电告袁世凯：只要清帝退位，宣布共和，本人当立即宣布辞职，大总统一职，非君莫属，临时政府决不食言。袁世凯方吃下一颗定心丸，便着手按照民军方面提出的四项条件，大致为：一、清朝皇帝退位；二、改为民主政体，总统由选举产生；三、优待清朝皇室；四、酌量安置满族人，向清廷皇室方面进行工作去了。

清皇室方面，摄政王载沣，早在袁世凯当上内阁总理大臣时，就已感到大权旁落，也就不再想当徒有虚名的监国，辞去职务，退居家中，不问政事。隆裕太后命袁世凯全权办理南北双方和、战事务。这时袁世凯又电令唐绍仪恢复和议，唐复电：请召开国民会议，先解决国家政体问题。袁世凯将唐绍仪的意见转告皇族及大臣们。皇族不答应。唐绍仪提出辞职，议和谈判由袁世凯亲自处理。

这时，各地纷纷传报：四川总督赵尔丰被杀；新疆将军志锐被杀；陕甘总督长庚被杀；蒙古、西藏独立。一连串的坏消息，袁世凯一一奏告太后，建议依了唐绍仪的建议，召开国民会议，解决国家政体问题。太后犹豫不决。袁世凯表示，如不同意，他也就只好辞去议和大臣职务不干了。太后没有办法，命庆王去竭力挽留，并决定召开御前会议商量对策。王公大臣们已被接连不断的被炸被杀事件吓得胆战心惊，特别是被反对南北议和、反对清帝退位最激烈的皇族宗社党首领良弼于1月26日在北京被同盟会员炸死这一事件，吓得不敢出门，有的准备逃离北京，哪个还敢反对清帝退位？隆裕太后迫不得已，授权袁世凯与民国伍廷芳代表商谈清室优待条件。汪兆铭作为民军和谈代表伍廷芳的助手，参与商谈和议条件，主张对清室的优待条件格外丰厚，呈隆裕太后过目后盖上大印，袁总理也在后面签上自己的名字。隆裕太后下了清朝最后一道谕旨：皇帝退位诏书，于宣统三年十二月二十五日，也就是中华民国元年（1912）2月12日颁发全国，清朝统治，到此宣告结束。

（此原书第四十一回至第四十八回）

清朝世系表
（1616—1911）

（1）太祖（努尔哈赤）——（2）太宗（皇太极）
（1616—1626）　（1627—1643）

（3）世祖（福临）——（4）圣祖（玄烨）
（年号顺治，1644—1661在位）　（年号康熙，1662—1722在位）

（5）世宗（胤禛）——（6）高宗（弘历）
（年号雍正，1723—1735在位）　（年号乾隆，1736—1795在位）

（7）仁宗（颙琰）——（8）宣宗（旻宁）
（年号嘉庆，1796—1820在位）　（年号道光，1821—1850在位）

（9）文宗（奕詝）——（10）穆宗（载淳）
（年号咸丰，1851—1861在位）　（年号同治，1862—1874在位）

（醇亲王奕譞）

（11）德宗（光绪载湉）
（年号，1875—1908在位）

（醇亲王载沣）——（12）（溥仪）
（年号宣统，1909—1911在位）

民国

清朝结束，民国建立

孙中山先生当选为临时大总统，1912年元旦在南京就职。这一天，国旗迎风飘扬，军乐威武雄壮，广大民众载歌载舞，欢庆节日，说：“过去我们受封建专制奴役，如今创建民国，今后可以享受到自由、平等和幸福了。”元旦以后，代表们仍天天开会。转眼十余天过去。这时，从宣统三年十一月十七日（1911年12月18日）开始的南北议和已经有了进展。民军方面的伍廷芳代表交来《清室优待条件》草案，要求立刻议定。代表们就先将别的事情放一放，专心致志，逐条议论推敲对清室的优待条件，经临时参议员们讨论修改通过。主要内容为：清帝逊位之后，原来尊号仍保留不废；每年由中华民国政府付给四百万元费用；暂居宫内，日后移居颐和园，侍卫照常留用；清室宗庙陵寝由民国政府特别保护等。由负责办理文案的人员誊写清楚，作为正式文件，一方面通知临时政府，转交伍廷芳代表，转告北京；另一方面以中华民国政府的名义，照会各国公使；并告知海牙万国和平会议备案。

袁世凯把修改后的《清室优待条件》看了一遍，立刻送呈隆裕太后。隆裕看后对袁世凯说：“这些亲王大臣，都是不中用的无能之辈，谅必也议不出什么来。你就作主办理，日后他们不会有意见的。”袁世凯得到太后的同意和委派，便着手准备草拟皇帝退位诏书去了。他找来原江苏省咨议局长、立宪派头子张謇，请他执笔草拟。这退位诏书该怎么写？总觉得逊位（也就是自动退位）的

“逊”字，有损清朝皇帝的体面。在开御前会议讨论时，皇族中也有人提出异议，认为需要写得含蓄一点。张謇为了讨好袁世凯，兼顾全清朝皇帝的面子，竟在“诏书”中写进了“由袁世凯以全权组织临时共和政府。”这样一句话。拟好的《皇帝退位诏书》送进宫中，请太后和宣统皇帝盖印，于中华民国元年二月十二日（宣统三年十二月二十五日）颁发各省。这一天，民国南北统一。北京城里，悬挂起五色旗。延续了二百六十八年的清王朝，到此完全结束了。

孙中山祭明孝陵

孙中山看到清朝皇帝的退位诏书后，当即指出：“共和政府不能由清帝委任组织。”为了实践诺言，准备让位于袁世凯；但提出最后协议五条，内容为：一、清帝退位，由袁同时知照驻京各国公使，电知民国政府；二、袁须宣布政见，绝对赞成共和主义；三、接到通知清帝退位布告后，孙文立即辞职；四、由参议院举袁为临时总统；五、袁被举为临时总统后，誓守参议院所定之宪法，方能接受事权。这些内容，1月18日，由议和代表伍廷芳转告北京。当时袁世凯正奉隆裕太后谕旨，命他组织临时政府。接到伍廷芳的电报，看到四、五两条，乐不可支，随即复电表示同意。临时大总统孙中山接到回电，便向参议院提出辞职，又发荐贤自代咨文两件交到参议院。议员一律认可，定于2月15日开大会重新选举临时大总统。

这一天上午，由孙中山率领各位将校，各部总长、次长出南京朝阳门（今中华门）拜谒明孝陵。由孙中山主祭，宣告恢复了汉族的统治地位。现在是由民国统一的自由平等社会。主持祭祀的官员读完祭文，两边奏乐，乐声庄严悠扬，远近军民一齐欢呼拍手。各国领事官也都前来观礼，无不点头称赞。军士鸣礼炮十七响，奏乐、唱歌，孙总统就位站立当中，各部总长、次长按照次序向孙总统鞠躬敬礼，孙总统一一答礼，然后向大家演讲："这次清朝皇帝退位，使南北方归于统一，全靠无数革命同志流血牺牲，换来一个中华民国的局面。北京方面，多亏袁世凯先生尽全力筹划办理，才能成功。今天选举总统，不可把袁先生忘了。如果能选他为总统，他必定能使民国巩固发展。前天接到他的复电，其中有一句'永远不许君主政体再在中国出现'，想他日后一定会履行诺言。但是南京是民国开创基业的地方，临时政府唯有设立在南京最为适宜，以便作为永久的纪念。不像北京地方，由于受历代皇朝专制政体的压制，看起来毫无生气。今后南京地方成为首都，必定比以前更好。我虽已辞去总统职务，也仍然是民国一分子，自然要竭尽全力，为新政府效劳，希望各位诚挚正直的同志，理解我的心意。"孙中山演讲完毕，大家欢呼拍手，震耳欲聋。又奏乐数次，响彻云霄。礼成，大家欢呼"民国万岁万万岁"，才散会。

袁世凯"全票"当选，建都争论

当天下午，临时参议院开会选举总统。到会的有十七省的议员，每省各投一票，共计十七票。投票以后，揭开一看，全是"袁世凯”三字，全体一致，选举袁世凯为第二任临时大总统。议员们打电报到北京，说明原临时大总统已报告参议院，提出辞职书，并且推荐袁世凯继任总统，请袁总统迅速来南京共和政府就职，不要去听从清朝皇帝随便委派的、旨在破坏共和政府的立宪组织的任何安排。如果是因为北方局势未定，也可推荐合适人选在那里坐镇。袁世凯接到这封电报后，心想：“我的势力全在北方，如果到南京去担任临时大总统，身边连一个亲信也没有，再受南方那帮革命党人的约束，岂不是成了他们的傀儡？”于是随机应变，复了一封电报，并请唐绍仪去南京协商。

孙中山接到袁的电报后，只得再到临时参议院商议，看怎么办合适。参议院委员长李肇甫和直隶议员谷钟秀等说：“临时政府的地点，还是设在北京好。第一，在北京可以控制全国，使全国统一巩固，局势稳定，且能稳定四万万民众的心。第二，表示民国是由五大民族联合组成，从此可以结合得更紧密，汇合成一个大中华民国。第三，上次各省代表开会定南京为临时政府所在地，是因为那时长江以北还有清军盘踞，不得不将就办理。现在南北已经统一，都归民国了，政府不如仍旧设在北方为好。”这种论调一出现，遭到不少议员反对。有的说：“还是设在南京好。”有的说：“临时政府不可设在北京。”议论纷纷，各不相让，定不下来，没有办法，只好采取投票解决。投票后，主张临时政府设在北京的有二十票，主张设在南京的只有八票。于是以多数赞成通过的意见答复孙中山；但是孙中山的意见，认为还是设立在南京好。于是根据“临时政府组织大纲”第十四条关于“临时大总统对于参议院议决事件，如不以为然，得于具报后十天内声明理由，交院复议”的规定，提出意见，交参议院复议。

参议院接到孙中山交来的意见，再开会讨论。这一次会议的结果与上次又大不相同了。大多数赞成建都在南京，不赞成在北京，双方又争论起来，经中立派分别对双方劝解调和，重新投票解决。投票结果，主张在南京建都的占了大多数。就将这一情况正式答复孙中山。孙中山接到参议院议决的文件，立刻拍电报到北京，请袁世凯速来南京，并派出专使到北京欢迎袁世凯南下就任临时大总统。

袁世凯接到电报，表面上不拒绝南下，只是借口北方秩序不易维持，不能立刻启程。黎元洪则致电南京临时参议院，希望辞去临时副总统职务。参议院再开会重新投票选举副总统，结果，全体一致仍选黎元洪为临时副总统。黎元洪感到既然是参议院决议，自己不能一再推辞，只好同意就职。

南京专使邀请“新总统”南下就职

南京临时政府派教育总长蔡元培为专使，汪兆铭、宋教仁为副使的十人代表团到北京去迎接袁世凯。刚要动身，袁世凯派来协商谈判的专使唐绍仪到了，互相问候客气一番。唐绍仪看到形势已经到了这一地步，也没有什么可协商的了，没有进入南京城，就准备同专使一起回北京。临走前，先把情况电告袁世凯，与袁世凯商量下一步的对策。2月22日唐绍仪随同蔡元培、汪兆铭和宋教仁等人出发北上，于27日来到北京。见正阳门外，搭起彩棚，用柏树叶扎成的“欢迎”两个大字作为匾额，两旁竖立两面五色国旗。彩棚左右站着军队，持枪立正致敬，还有袁世凯特地派来的以赵秉钧、胡惟德为首的十三位迎宾使，一见他们到来，急忙上前迎接问候，表示欢迎。城门大开，鼓乐齐奏，鸣放礼炮十几响，以最高的礼仪欢迎专使的到来。蔡元培等专使和唐绍仪一齐下车，进入正阳门，迎宾使向他们致敬，双方脱帽握手行礼，一起入城。来到迎宾馆，那里早已准备得十分周到、妥贴，宾馆外面由卫队特别保护。蔡元培等进入馆内，与迎宾使应酬几句，迎宾使把他们的生活起居安排妥当，交代清楚，当即辞别。唐绍仪也按自己的使命，向袁世凯汇报去了。

当天晚上，北京不少知名人士前来拜访专使，他们应酬寒暄之后，陈述了老袁离开北京南下的利与弊，专使们则说专门为迎接袁总统南下就职而来，希望袁总统能早一天离北京南下，以便满足南方军民的渴望。对方又说，北方民众都以袁公为安全保障，如果袁公一走，北方失去依靠力量，一旦发生意料不到的事情，将会后悔莫及。况且元、明、清三朝都是以北京作为京都的，一旦挪动，恐怕会有许多不便。南京地处东南一隅，作为都城，将来对东三省及蒙古等地，恐怕会鞭长莫及，难以统治。总之，如果移都南京，令人忧虑的问题很多，还望各位灵活通融办理。宾主互相谈了一会儿，各人陈述自己的意见，问题没有解决。双方都感到疲劳，看天色已晚，随即告辞。

第二天一早，蔡元培、汪兆铭、宋教仁等人商量怎样开始进行工作，认为还得先去拜访袁世凯。于是振作精神，来到袁公馆，先将名片递入。袁世凯一见，连忙迎了出来，互相行礼问候，分宾主坐定，略为寒暄几句，谈话转入正题。蔡专使站起来先交孙总统的私人书信，又交参议院的公文。老袁站起一一接过，袁世凯看完书信说道："我原本想南下，与各位共同从事统一大业。因为北方还没有恢复平静，需要我在这里维持社会安定。况且我也快六十岁的人了，谅也活不多久了，扪心自问，实在没有能力担当总统这一重要职务。不知道南方诸位，怎么就选了我这个老而无用的人？难道南方众多人士，就没有一个像我这样的人吗？"蔡元培道："因为先生德高望重，全国都敬仰您，您老当选，令人感到民国因任人得当而前途无限光明。不知先生为什么这样谦虚？况且江南军民正如饥似渴地盼望您能尽快光临呢。如果先生不去，南方人将会怀疑先生是不是对革命还有别的看法哩。"袁世凯道："这还真有点为难呢，北方人要我留在北京，南方人又要我快去南京，这可真正苦死我了。"宋教仁年少气盛，忍不住说道："袁老先生的主张，我认为不可取。这次民军起义，从武昌开始，到南京告成。南京又设有临时政府和参议院。因为孙总统辞职，大家特意选举老先生继任。老先生受全国民众重托，当然要以民意为依据，何必单顾虑北京一地呢？"袁世凯说："南京地处中国东南一角。六朝以来，都只能作为偏安江东的小朝廷，始终未能统一中原。北京是历朝京都，元、明、清三朝都是以北京为根据地，统一全国。现在一定要舍北京而就南京，不但北方人不能归顺，即使各国使馆怕也不愿搬迁呢。"宋教仁侃侃而谈，又据理驳斥一番。

袁世凯正想答辩。忽然唐绍仪进来说:“渔父(宋教仁号)先生又在发表宏论了。”宋教仁说:“少川(唐绍仪字)先生,你请坐下。今天我们前来,是为了邀请袁公到南方去就任总统。”唐绍仪说:“若是为了建都问题,可以召集议会,共同讨论解决。你们既然前来邀请袁公,何必在这里费口舌讨论。袁先生也应当体贴他们远道而来,诚恳邀请,如果能从繁忙中抽出时间去一趟,那就最好,免得辜负了他们的好意。”袁世凯说:“少川说得有理。我理当追随各位同去南京,感谢孙总统及参议院各位议员推举我的盛情。请稍待数天,如果北方平静,没有什么变动,我便南下就是了。”说完就命令备筵席为各位专使接风洗尘,隆重款待。蔡专使坐首席,其余客人依次坐下,袁世凯坐主位相陪。席间无非谈些彼此都熟悉的旧事,敷衍应酬而已。宴毕散席,订了下次相会的日期,专使们便告辞。

北京兵变

回到迎宾馆,专使们闲聊一会儿以后,便议论起袁世凯的言行来了。蔡元培最为忠厚老实,具有学者风度。宋教仁遇事深谋远虑,已看出袁世凯老奸巨滑,满肚子的计谋,恐怕这次来北京,不会有什么结果,不过是来回奔波白辛苦而已。他在白天会晤时一番忍不住的发言,已让袁世凯察觉到他的才能,从而遭到袁的忌恨。

这天晚上,睡梦中,忽然听到外面枪炮声大作,蔡专使惊醒,开窗一看，外面火光触天。正惊慌不定，一粒流弹飞入窗户，险些打在蔡专使身上，蔡元培着急道："这是怎么回事？难道发生兵变？"宋教仁说："哪里是兵变，这是老袁的计谋，耍点手段给我们看看。"正说着，听见外面有人喝道："这里是南方专使下榻的地方，不要吵闹，我们到别处去弄点好处去。"另一人道："管他南使不南使，现在袁大人要到南方去了，横竖是没人管我们了，越是南使越是要袭击他，好歹闹一场罢了。"蔡元培听了，心里更慌，说这是和我们作对的。宋教仁道："他们如果闯进来，胡乱开枪，难道我们就这样白白把性命送了？还不如走为上计。"说着忙将重要的东西收拾一下，往怀里一塞，一起朝后面跑。幸好后面的短墙不很高，赶紧叫宾馆工人搬桌椅过来，以便搭脚往上爬。谁知连叫几声，无人答应。可巧墙根有两条破凳，汪兆铭、宋教仁两人各拿一凳，用全力向后墙撞去，连撞几下，后墙凿开一洞，三个人顾不得察看一下，就从洞口钻出，外面是一条笔直的小胡同。幸好没有人阻拦。蔡专使心中稍定，说："万幸万幸，现在我们到哪里去呢？"宋教仁说："这里离老袁住宅不远，只好到他那里去。他是成心欺侮我们，但也不能不顾我们。"汪兆铭连声叫好。于是继续往前走，是白天走过的熟路。不一会儿就来到袁府门口，见有无数士兵，荷枪实弹站着，一见三人走来，就举枪瞄准。蔡专使连忙说："我是南方派来的专使，要见袁公，请通报一声。"士兵向蔡要名片，他向怀中一摸，没有摸着，心又一急。原来匆忙出走，根本没有考虑带名片。幸好下面衣角口袋里还有几张旧名片，急忙递给士兵，转交门房听差，向里面报去。

好长一会儿，才见听差出来，说了一个“请”字。大家才放下心来，迈步进门，见台阶上已有人迎出来，定睛一看，正是袁世凯。他说：“让各位受惊了。”宋教仁问：“外面发生了什么事？闹得不成样子，究竟是盗匪，还是乱兵？”袁世凯道：“我正派人去查问。诸位请进客厅，外面冷得很。”走进客厅，仆役奉上香茶。袁世凯道：“想不到今晚会有这等动乱，让诸位受惊了，实在抱歉。”宋教仁说：“北方靠您老主持，怎么会有这种变乱？”袁世凯正想回答，忽见厅外走进一人，报说：“东安门外及前门外，现在还在闹呢，到处放火，喧哗、扰乱闹得真凶。”袁世凯问：“究竟是盗匪，还是兵？为什么没有人去弹压？”来人说：“有兵也有匪，夹杂在一起，虽有弹压的官员，恐怕他们一时还办不了。”袁世凯骂道：“混账东西，就是清朝皇帝退位了，别忘了还有我在呢！”蔡专使说：“京城是重要地方，竟发生这种事件，如何得了？不知民众今夜要受多少灾难呢！袁先生赶紧去平息乱事，免得百姓继续遭殃。”老袁急忙道：“正在为这事考虑呢。”这时外面又来人报道：“京城的卫兵听得大人要去南方，才有这次激变，目的在成心与南方专使为难。”老袁向来人喝道：“不要乱报。”来人道：“乱兵头目这么说的。”袁世凯转向蔡元培道：“你看，我还没有去南方，他们就先闹开了。如果我真走，还不知道要闹到什么地步呢。尽管孙总统催促，我总要周密谨慎办理才行。昨天宋先生说我舍不得北京，一定要住在这里，这把我弄得很为难。”接着又说：“我们只顾谈话，不知现在几点钟了，想来已是深夜，诸位必定饿了，且饮几杯酒，取暖充饥。”便向门外招呼道：“厨房快快准备酒菜。”听差答应而去，一会儿，酒菜上来，邀请各位入席饮酒。不多久，天就亮了。有人来报，说乱兵已经散去。老袁说：“知道了。”酒席散后，听差引导专使们到客房休息。约摸八点钟，袁世凯又踉踉跄跄地跑进来，并递过一张纸片给蔡专使说道：“蔡先生，你看看，这动乱一处未了，一处又起，天津、保定也有兵变消息。昨天一夜间商店和居民不知被劫了多少家。现在知道的是这两处，不知别的地方怎么样。叫我怎么能动身呢？”

一连过了几天，老袁再不露面，只是不断地传来警报。蔡专使既忧虑又烦恼，向宋教仁、汪兆铭二人道：“北方这么多事，也不能强迫他离京南下。”宋教仁道：“这都是老袁的计谋。”蔡专使道：“不管他是不是在耍计谋，只要促使他上台，他一定要把临时政府设在北京。如果他真能使中国和平统一，管他设在哪儿呢！”

袁世凯在京就职

那天晚上，老袁同蔡专使筹划商量，说：“南下问题，看来有点困难，连日来天津、保定士兵闹事，有关这方面的文书像雪片一样飞来，我现在实在没有时间和你们讨论。请各位代为转告南方当局，非常感谢。”蔡专使答应了，并立即草拟电报，将几天来在北京遇到的情况，电告南京：“当前最重要的问题是迅速建立统一的政府，其他问题都可迁就。”孙中山接到这封电报，先与各部部长们商议。有的说：“袁世凯不到南京来，就请黎元洪副总统到南京来，由黎副总统代为宣誓就职，或者将南京政府迁移到武昌，袁世凯就会来了；否则，请黎元洪就近在武昌代为宣誓。”这些议论交到临时参议院议决，各议员全都反对。到3月6日才由参议院议出六项议决案，由南京政府转告北京。袁世凯接到电文一看，第一条就是参议院电知袁大总统可以在北京就职。只此一条，就使袁世凯心满意足，其余五条都不在话下。

1912年3月10日，袁世凯遵照参议院议决案，高高兴兴地在北京举行临时大总统就职典礼。这天，凡是在北京的官员，都恭恭敬敬，排班敬谒总统，表示祝贺。蔡元培和宋教仁、汪兆铭等人，也只得随着大家去总统府表示祝贺。就职典礼上军乐队齐声奏乐，参加的人高声欢呼，热闹非凡。礼毕，由袁总统以电报方式向参议院宣誓，参议院按照惯例，发贺电对袁世凯颂扬一番。

颁布《临时约法》，组建新内阁

临时政府是各省独立后，由各党派代表组成的，曾议决《组织法大纲》，分四章，共二十一条。这次军事行动宣告结束，应把《组织法大钢》酌情修改得更详尽完备。

中国历史上，从来没有实行过民主政体，现在开创，还得以外国实行的共和制政体作为参考。当前实行共和制的国家要数法、美两国最为完备。法国内阁，选举总理的标准是老成持重，有声望，总理对全国行政机关负完全责任。总统并没有什么大权，一般称为“内阁制”。至于美国，内阁也是由各部组成，但是不设总理，由总统亲自担任行政上的一切责任，一般称为“总统制”。

南京临时政府组织法大纲，采取美国体制。因为武昌起义，各省联军，与美国十三州联络抗英的做法差不多。因此，前次建立南京临时政府不设内阁总理。现在南北统一起来，就与美国的情况不大一样，需要采用法国式的内阁制了。此外，革命党人虽然推选了袁世凯当临时大总统，但对他总还保持有一定戒心。采用内阁制，可以对总统起一点制约作用，使袁世凯不至于有太大的权力。于是各位议员赶紧修改组织法，赶在袁世凯就任总统前夕修改完毕，称为《中华民国临时约法》，分七章，五十六条，寄给袁世凯过目后，于3月11日，即袁世凯就任临时大总统的第二天颁发了。

《临时约法》颁布，袁总统便依据约法规定任命国务总理，组织新内阁。袁世凯提名唐绍仪为国务总理，电告临时参议院议决。参议院未提不同意见，电复总统：议决通过。袁世凯就遵照参议院议决任命唐绍仪为国务总理。唐绍仪毫不推辞地接受了，并立刻行动起来。奉袁大总统命令，径直来到南京组织国务员，且提出要修改体制，在原有九部外，再增设三部，共十二部。其中外交、内务、财政、陆军、海军、司法、教育七个部照旧不变，交通分为交通、邮政两个部，实业分为工业、商业、农林三个部，一共十二个部。

如今南北统一，所有南北两方面的人都需适当照顾安排到各个部门中，并通过参议院议决，方才有效。否则参议院有权依据约法进行否决。所以唐总理也感到处境困难，只得亲自向参议院去说明修改机构体制的情况。果然，参议院不同意，只准实业分作工商、农林两个部。邮电仍归在交通部里面，不另设部。这也算是给唐绍仪一点面子，毕竟采纳了他的部分意见，比原先多设了一个部。

3月29日，唐总理亲临参议院，将各部总长名单提出，请参议院议决。议员们取名单一看，上面开列的是外交总长陆徵祥，内务总长赵秉钧，财政总长熊希龄，陆军总长段祺瑞，海军总长刘冠雄，司法总长王宠惠，教育总长蔡元培，农林总长宋教仁，工商总长陈其美，交通总长梁如浩。这十个总长分属各个党派，只有陆徵祥一人属无党派人士。熊希龄属于新组成的统一党，宋教仁、陈其美、蔡元培、王宠惠是同盟会同志，唐绍仪本来是官僚派，前次作为议和代表来南京，才与同盟会的人有接触，到组阁时才加入同盟会，所以当时人称唐绍仪是“同盟内阁”。关于梁如浩，议员中多数不赞成，没有通过。唐绍仪只得执行，并向北京报告会议结果。袁世凯接电后下达正式任命。各部都已有人主持，至于交通总长一席还未通过，可以暂缺，由唐总理暂时兼任，待参议院议决通过后，再另任命。

第一任临时大总统孙中山，见统一内阁已经组成，便实践诺言交卸总统职务。于4月1日向参议院提出辞职宣言，议员们一致赞成，孙中山便将临时大总统的大印交到参议院，由参议院全体议员接受大总统交来的大印，并由议长代表全体议员复电孙中山表示接受辞呈，孙中山正式告退。

参议院议决临时政府迁往北京，南京划归江苏省，由袁总统任命前陆军总长黄兴为留守，指挥约束南方的军队。召唐绍仪回北京。唐绍仪提出交通总长一职还无人担任，自己兼职有困难，提出请施肇基出任交通总长，交参议院议决通过，并电告袁总统，由袁世凯下达正式任命。这时十个部的总长都配备齐全了。唐绍仪邀请王宠惠等各部总长一同去北京，其中陈其美不愿意走，表示随后就到，唐绍仪只好听任他自便，和其余各部总长先走了。参议院各议员，也定于4月29日，一起搬到北京去。黎元洪副总统辞去副元帅职务，由袁总统另外物色人选。取消前清对地方官员的一切职称名目，各省都督改称为省长。

善后大借款

这时临时政府对地方各省的统治，基本就绪，只有蒙、藏两地还未纳入临时政府范围。袁总统在前些时候因为忙于大政方针，没有时间过问，现在腾出手来派人携带公函一件，命令两地取消独立，拥护中央临时政府。而这时英、俄两国也正虎视眈眈，图谋攫取蒙、藏两地，扩充他们的势力范围。蒙、藏的活佛、喇嘛由于受到帝国主义的挑唆和搬弄是非，不肯由袁世凯的一纸空文，就拱手受命就范。袁世凯见公文无效，一时想不出更好的办法，只得表面上略为敷衍。其实，在袁世凯心目中，最关心的问题，并不在蒙、藏，而是在南方。只要南方稳定，就可保住政权稳定。首先考虑的是裁兵，也就是遣散南方各省的军队。裁兵意味着要钱。自从革命军兴起，到南京临时政府成立，处处需要用钱。全靠孙中山在海外华侨中捐赠的款项和募集的债券过日子。临时政府与日本有关方面洽谈过几笔借款，如苏路借款、招商局借款和汉冶萍公司借款等，总因日本方面企图通过借款，控制中国长江流域的利益，以便取代英国在该地区的势力而遭到国内外的强烈反对而作罢。唐绍仪南下组阁，南京临时政府撤销，迁到北京。以前所有一切债券和借款，都要由北京政府负责归还。这次裁兵，又需要大笔款项。实在无法可想，袁总统只得命内阁总理唐绍仪设法去向四国银行团（指英、法、美、德四国）借款。以英国为首的四国银行团，企图垄断在中国的金融市场，不许别国插手。袁世凯为了得到帝国主义对他的支持，在就任临时大总统前夕答应了四国银行团“有承办大规模善后借款的选择权”的要求。四国银行团随即同意先借给七百万两，在谈妥签约以前先垫付二百万两。由于北京发生兵变，银行团借口局势不稳，没有继续垫付。

唐绍仪南下组阁时，因为迫切需要用款，曾经与比利时设在中国的华比银行谈判借款一千万镑，签约之前先垫付一百万镑以应急用。唐绍仪这一举动打破了四国银行团对借款的垄断局面，引起他们强烈不满，因而提出责问，唐总理自知理亏，无言以对。只得先单独央求美国公使，代为向英、德、法三国去疏通一下。美国公使请唐总理和他一起去拜访三国公使。先向各国公使道歉，并且委婉地解释：“上次向华比银行借款，实在是因为急用。如果贵国肯借给我们巨额借款，我们可把欠比国的钱还清，和比国订的借款协定就可取消。”美国公使在一旁也为唐总理美言几句，三国公使脸上才露出了笑容。同时提出三条意见，作为借款前提，其中包括不得再向其他国家借款，和退还向比国的借款，取消与比国的借款协定这两层意思在内。唐总理点头答应，并回报袁总统，当说到各国公使提出的那三条意见时，袁总统说："取消与比国的协定，这事恐怕很难办。"唐总理说："一个华比银行，哪是四国银行团的对手，他们哪能抗议？想来这事也还是容易办到的。"袁世凯道："那就由你去办吧！"

唐绍仪接受了这项任务，只好再去央告美国公使从中调停一下，设法与英、法两国公使商议，请他们劝告各自国家的有关银行不要与华比银行联合借款，断绝他的财源，并勒逼华比银行退还先前的借款协定。比国公使明白自己国家力量单薄，敌不过英、法等国，乐得把人情卖给美国公使，答应给本国商人做工作，取消借款协定。比国商人不甘心；但是与自己合股贷款的英、法银行都已经退出，本身又受到公使的逼迫，只得取消；但提出要求归还已经垫付的一百万镑。于是唐总理与四国银行团商议，请他们在六星期内，先借给三千五百万两银子应急，待日后大借款告成，再从中扣除。

四国银行团狡猾得很，觉得中国人用钱这么滥支，借这么多钱，究竟要干什么？需要问个明白。于是派代表到唐总理府上商谈。唐绍仪出来接见，代表问起借款的用途。唐总理不加思索，一项项指出用处，信口说来，或多或少，前后不一致。代表见唐总理说话自相矛盾，又笑问道："总理上次向比国借的一百万镑，是做什么用的？"唐总理又一项项说明用途，凑不够一百万镑的数字，就说其余的都由北京政府用掉了。代表道：“贵国用钱这样大方，但要知道，有借钱的日期就会有还钱的日子，难道就是有借无还的吗？”唐总理被这么一问，哑口无言，也觉得难为情。代表又说：“无论贵国是不是遣散军队，动用借款时必须由银行团监督才行。否则，一概无效。”唐总理说：“这种办法恐怕不行。”那代表随即站起身来说：“总理既然说不行，那就只好作罢。我们也不是一定要借款给你们。”说毕怒气满面的要走。临行又说道：“有关借款的事情就再也不要和我说了，请直接和我国公使商量。”说毕，不欢而散。

唐总理谈判借款破裂，只得报告袁总统。袁总统见向西方借款不成，再三考虑，多方面联系想办法。有日本正金银行，俄国道胜银行正想分润一点对华借款，假意仗义出来，说句公平话，说西方银行不近人情，既然本国政府愿意帮助中国建设，银行为什么还要横生枝节。英、美两国公使被日、俄两下里一激，又恐怕即将到手的买卖，反而被日、俄两国揽去，于是照会临时政府，愿意出来调停。袁总统见事情有转机，非常高兴。仍旧委派唐绍仪前去协商。唐绍仪因为屡次受气，不大愿意再去，正在犹豫不决，恰好财政总长熊希龄来到北京。熊希龄是湖南凤凰厅人，这次到北京就任财政总长。唐总理正为遇到借款问题，感到困难，见财政总长到任，就把这事推到他身上。把谈判的前后经过与熊希龄谈了几句，请他接着办理，熊希龄答应了。唐就用公函告知银行团：关于借款的谈判，以后归财政总长办理，银行团答复表示同意。

第二天熊总长就与银行团会晤开始谈判。把中国对这笔借款的用途说得头头是道，银行团同意先垫付一部分。至于裁兵遣散军队时需要的款项，仍旧需要选派外国军官，会同中方人员共同监督实施。熊总长再三申辩，才议定双方各选派审核人员查对确实用于遣散费用，双方签字，才能向银行团支取款项。银行团答应先垫付三百万两，作为南北两处的急需用款。发放军饷的费用，必须由新关税务司（由外国人充当关长的中国海关）监督才行。至于善后大借款，要等到银行团在伦敦举行会议以后，才能商定。

为了这笔借款，财政总长熊希龄便又到临时参议院，和议员们汇报借款谈判的情况，议员们对裁兵遣散费用，要派外国人会同中方人员共同监督实施一事议论纷纷，各抒己见，以致无法表决。于是熊总长又去内阁，很快就得到总统和总理的秘密指示，告诉他已经拟好了与银行团草签的垫款合同。这事后来被参议院知道，提出质问。唐总理只得把实际情况说了出来，议员们认为，虽然是份草案，但这是将来正式文件的基础，如果不及早从长计议，恐怕会留下后患的。于是写了请愿书，要求总统把这份草签合同交参议院开会讨论通过。袁总统接受了这一请求，将草签合同提交参议院议决。参议院开了三天会议，不见一点实效。唐总理、熊总长一再到会讲话解释，各议员一律鼓掌欢迎。但具体到合同的内容：由外国审计人员查对，海关外籍税务司的监督等，实在感到是干涉中国内政，有损国家尊严。如果政府与银行团商量能在不损害我国主权的前提下借款，那就好了。

一天，由南方发来两封公函，一封送总统府，另一封交参议院。内容是："垫款合同，不仅是监督我国财政，简直是监督我国军队，这种合同千万不可签，请总统和参议院责令熊总长取消这种借款合同。国家财政困难，可以发行兑换券；实行国民捐，向社会各界劝募，组织国民银行作为后盾"等，信末署名为南京留守黄兴。接着江西、四川等省也来电对借款合同表示反对。

袁总统对这一情况不再过问，参议院也袖手旁观。唯独熊希龄这个财政总长，无法推托，不是被人骂，就是被人评，弄得他一肚子闷气。提笔写了一个电稿："垫款无着落，只得令各省自行设法，或由中央另想办法以救目前之急。"拍发各省。各省省长接到电文，一时摸不着头脑，个个哑口无言。于是熊总长上书总统辞职，经袁总统再三安慰挽留，才算作罢。再与银行团商谈，取消审计员和海关税务司的监督权，银行团代表答复："现在期限紧迫，等伦敦会议后，再考虑修改吧。"

所谓伦敦会议，是指四国银行团在英国伦敦召开会议，研究对中国的大借款和日、俄两国加入银行团，联合起来，控制中国财政，垄断中国金融市场的办法。原先是四国银行团，现在加入日、俄两国，就是六国银行团。但四国银行团都各有指定的银行应付，不准其他银行参加。如今日、俄两国还没有定出是该国哪家银行兑付，会议过程中险些为此事破裂。经法国代表从中调停，仔细商量一个多月后，在巴黎继续开会，确定俄国可以在俄比银行兑付，日本可以在日法银行兑付，至于英国汇丰银行、法国汇理银行、德国德华银行、美国花旗银行，照旧不变。这六国之中，只要有一国对借款提出不同意见，就可停止付款。这就是说，中国将来要受到六国银行的监督。

伦敦会议以后，六国银行团成立。各国相约到中国外交部，与外交总长陆徵祥会谈并报告银行团成立日期。又与熊希龄、陆徵祥两位总长谈论借款情形。陆总长已经得知在巴黎会议上订了更为苛刻的条件，与熊总长秘密商量，只要小额借款，不要巨额借款，熊非常赞成。与银行团代表会晤时便说：承蒙贵国银行团的美意，愿意借给巨额款项，帮助我国建设。但我国政府已经借了不少债。我国只愿仍旧按照目前的垫款办法，每月请垫付六百万两，从六月份起到十月底止，这样就可以了。

六国银行因为揽中国大借款这宗大买卖，费了多少心思，现在一听中国不愿意要大借款了，哪肯罢休？他们立刻横眉冷眼地说：“既然贵国不愿借巨款，干脆把已经垫付的六百万两也退还了吧。”陆总长见气氛不对，连忙说：“不是我国不愿意借，是贵银行团会议所提的条件太苛刻了，恐怕人民不承认，所以只请借垫款部分。”银行团见话不投机，怒气冲冲地走了。于是大借款谈判宣告中断。熊、陆两位总长见交涉破裂，只得到唐总理处再作商量。

唐绍仪辞职

到了唐总理寓所，才知道唐绍仪已于两天前走了。向门房打听总理去向，回说不知道，原来唐总理自从到任以来，各部意见不少，都与他不合，开了几次国务会议，缺席人数达一半以上，心中已感到不安。去见总统时，又遭总统亲信的嫉妒，每每挑拨离间，以致与袁总统发生争吵，袁世凯经常对他怒目而视。种种意见，都不能有相同的看法。唐绍仪就径自先乘车去天津，后向总统送去辞职书。辞职书中也没有说出什么原因，只提请求解除职务、另任贤明字样。袁世凯命总统府秘书长梁士诒去天津，假意挽留。唐绍仪再次递上辞职书，托梁士诒带回北京。袁世凯见唐绍仪决意要辞职，就批准他的辞呈，改任总理。

唐绍仪在天津住了一个多月，便回南方去。半途遇到了刺客黄祯祥，幸好被唐察觉，问他受谁指使，刺客直言不讳地说是受袁世凯指使。唐绍仪不再说什么，便将刺客放了。自己安然南下。

陆徵祥组阁风潮

袁总统看中陆徵祥，于是根据《临时约法》第34条，提名陆徵祥为国务总理，交参议院议决。议员中有各种党派，袁总统提名陆徵祥为总理，同盟会极端反对；但议员中的共和党已受到袁世凯的笼络，表示同意，并代为运动，把统一党也联络好了。所以投票时，除同盟会投反对票外，其余多数同意，当即通过。

第二天，袁大总统发出命令，委任陆徵祥为国务总理。哪知陆总理一上任，各部总长大半辞职。包括交通总长施肇基、教育总长蔡元培、司法总长王宠惠、农林总长宋教仁和未到任的工商总长陈其美及代理总长王正廷，一个个依次递上辞职书。袁总统一一照准。财政总长熊希龄见大家都辞职，他也递上一份，袁总统也一样批准。然后将他中意的心腹，列出一名单，提交参议院议决。对袁世凯的做法，陆总理一概不问，参议院开会，他坐着轿子来了。议员们以为陆总理长期从事外交工作，必定见多识广，此来必定有一番高论，大家表示欢迎。及至登场，发表讲话，满嘴啧啧哑哑，不知说的什么。原来他常在外国，洋文倒还可以，中文没有一点基础。等到大家欢迎他的暴风雨般的掌声过后，仔细一听，他竟说些吃西餐、过生日一类的话。大家就不像开头那样严肃，也嘻嘻哈哈起来。这个说，怪不得这样，原来总理是经常出国留洋的；那个说，不然总理哪能知道西餐的滋味；另一个说，想必总理快过生日了；又一个接上来说，菜味必定是挑选好的。你一言，我一语，把一个陆总理弄得尴尬万分，脸上无光，悄悄下台，将名单交给议长，自己出门坐上轿子走了，连一个送他的人也没有。

共和党人后悔选了这样一位总理，同盟会员更加愤慨；仍用投票的办法决定取舍。及开票一看，半数以上议员不同意。但总统已经任命，这可怎么办？像这种腐败的人物，怎能胜任国务总理这样重要的职务？如想另换他人，非得先把陆徵祥弹劾下去不可，多数议员表示赞成，于是提出“弹劾总理案”，历数陆总理的腐败与无能，写成正式公文，送交总统府。老袁将参议院送来的公文束之高阁，不予理睬。陆总理听说后，感到难为情，主动提出辞职，总统不许。又另选一班人物充当各部总长，交到参议院议决。唯恐参议院不能通过，预先派人向议员们打招呼，但还是遭到议员们的反对，不得通过。

袁世凯老奸巨滑，见议员们屡次拒绝，恨透了这班人。于是怂恿军警等到处散布流言蜚语，说我们这些人扛起枪，干革命，抛头颅，洒热血，才建立起民国，现在参议院故意设置障碍，弄得有政府，无内阁，这到底算什么政治？如果再议不出什么结果来，我们只好请他吃“卫生丸”（暗指枪弹）了。这风一放出来，京城里面，人人知道，恐怕过去那样的动乱局面又快来临了。那一百多个议员，个个害怕，每天连门也不敢出。袁世凯一见这光景，心中暗暗得意。看来议员们再也不敢提反对意见了。于是办了十几桌酒席，邀请参议员们到袁府宴会。参议员们真是进退两难。开会商量对策，一致决定谢绝。袁总统知道他们胆怯，再派秘书长梁士诒登门邀请。

各位议员见梁士诒亲自来邀，才敢答应，由梁士诒在前面引路，直接去总统府，袁总统也到场迎接、应酬，对各位恳切诚挚。袁总统历来手段毒辣，为什么要这么恭维议员们呢？无非因为议员反对内阁，恐怕长此下去事情难办，不得不用软的一手敷衍一下。到入席时，老袁就回里面去了，只有梁秘书长相陪。敬酒三遍，梁士诒略微客气几句，表明袁总统宴请诸位不言而喻的那层意思。议员们哪里敢再违抗，只得从命。宴毕散席，议员们恭敬谢宴告别。

第二天，议院开会对各部总长进行表决，除对蒋作宾任工商总长表示异议外，其余全都同意通过。袁总统又提出刘揆一任工商总长，交参议院议决。同盟会议员们，与刘揆一有矛盾，但敢怒不敢言，只得通过，袁总统对议院通过的各部总长给予正式任命。内阁总理陆徵祥，因屡次受到参议员们的奚落，自觉惭愧，就托病请假，住院治疗。有关国事，一概不问。国务会议全由总统府直接过问。原先定下的采用内阁制，总统是没有多大权力的，自从被军警一顿吵嚷，反倒把总统的权限扩大了。

裁兵经过

同盟会员们这次被军警胁迫，心中不服。袁世凯又通电各省，从分析利弊说明军警不该干预政治；希望各政党对上次军警喧哗闹事不要介意；命令军警以后不准再无理取闹。这则通电一发，人们都认为总统这次的论点很正确，其实袁世凯自有他另一层用意。到了民国五年人们才逐渐明白。袁总统自从胁逼议员们按他的意旨办事以后，又在另一方面施展权术，要各省省长们拥护中央政权，换句话说就是听命于他；还要遣散各地军队，以便巩固他的地位。南方军队林立，一天不遣散，袁总统一天不得放心。现在南北统一，南京临时政府已经迁移到北京，他认为军队就该裁减。例如，上海都督陈其美、镇江都督林述庆、扬州都督徐宝山、清江都督蒋雁行等，每人手下都有一二万人！现在既然统一了，就该适当裁并。于是，袁总统命令南京留守黄兴办理裁兵，并派王芝祥南下，协助黄兴办理。

黄兴接到袁总统的命令后，电告各省省长遣散军队，办理完毕。黄兴打电报给袁请求辞职，袁总统复电请暂缓辞职，并派陆军次长蒋作宾赶紧南下挽留，并征求意见；但黄兴坚决不愿再干，再次电告总统，请求辞职。于是袁总统命令江苏省长程德全到南京接替留守职位，并请黄兴立刻来京，商量讨论国家重要政务。

新订官制、旗帜

孙中山卸任大总统职位后，游历各省，到处鼓吹演说民生主义。在清朝推翻之初，百废待兴，共和政体初创，此时谈民生主义，只是一种善良的愿望，很难激起人们的热情，因此陷入了困境。袁世凯乘机发电报邀请孙中山北上共同商议国家大事。一面正式任命各省省长，一面规定任命官员等级，予以公布，分特任、简任、荐任、委任四等。制定勋章等级，大勋章上雕饰有日、月、星辰、山、龙、华虫（动物图案）、宗彝（宗庙祭祀用酒器形图案）、藻（水藻形图案）、火（火焰形图案）、粉米（白色米形图案）、黼（fǔ，黑、白色相间花纹）、黻（fú，黑、青色相间花纹），共十二章；次一等的勋章也分九等，上面雕饰嘉禾（长得特别茁壮的禾稻，表示祥瑞），以佩带的颜色分等级。勋章之外，还有勋位，勋位又分五个等级。

官制确定以后，按照等级次序颁发。又制定旗帜，以五色旗为国旗。海军以青天白日旗为军旗；陆军军旗先用十八星旗，后又加一星为十九星旗。一般工商厂家挂五色国旗。其余一切礼仪及衣冠服饰，都以绘制不同的图案定等级。若有特别礼仪，另外参照制定。关于民事、刑事及诉讼法也分等次制定。

改组参、众两院

原先的参议院是民国创始时的临时机构，现在民国统一，应将参议院改为国会。《临时约法》第五十三条有明文规定：限十个月内召集国会。袁总统不能违约，参议院也不能缓议。为此召集会议，讨论制定《国会组织法》及《参众两院议员选举法》。《国会组织法》共二十二条，分设参议院和众议院两院。参议院议员由各省省议会选举产生，多少不一。参议员任期六年，每二年改选三分之一议员。众议员任期三年。两院议员责权共七条。关于预算、决算及议定宪法，由两院合在一起议决。议案须有半数同意，才能决定。议案是否成立，由议长决定；如遇大事不能决定，会议可以延长。以上是《国会组织法》的大略内容。至于省议会议员选举法，也与众议院选举法大致相同。各项选举法，经参议院议决，送呈总统，由总统公布实施。

平定康藏叛乱

正在筹划召开国会、改选参议员的时候，四川都督尹昌衡打来电报报告西藏发生动乱，并主动请战，愿率军队西征，袁总统照准。四川都督的大印交陕西的胡景翼暂时代理。尹昌衡亲自率领军队二千五百人向西出发。正走着，前方侦察人员送来情况报告，尹督拆开一看，原来是滇军统领顾品珍已平定西藏，派人前来报捷。尹督非常高兴，可省一番周折。于是在打箭炉地方驻防。

打箭炉地处川、藏间往来要道，清末已改为康定府。尹督就在康定府驻扎防守。

反黎风潮

自从袁总统要求裁兵，所有各省，虽是先发饷银，然后遣散，但那些被裁遣掉的士兵，游荡不定，有的仍逗留在原地，一旦将发给的饷银用尽，有的未免聚众作乱。那还没有遭裁的士兵们，也秘密开会，仍谋求干革命。如南京第七师所属赣军、苏州先锋三营、滦州淮军、山东省城防军、奉天北关外混成第三标、安徽北门先锋队、滁州第一团七八两连兵士等，相继发生哗变。幸好各处长官，能随时平定。只是湖北省——革命军的发源地，气氛不太平静。黎元洪想通过裁兵，扩大自己权力，排挤打击革命党人。以致军队中风潮不断。不仅有兵变，甚至高级军官也想谋求独立。襄阳府司令张国荃，对黎元洪关于裁遣军队的安排有意见，拥兵自立，将调查员周警亚杀死。黎元洪调兵镇压。张国荃知道很难取得胜利，跑到郧阳县去了。还有军官祝制六、江光国、滕亚纲等，想推翻湖北军政府和民政长，黎元洪派警卫人员将祝等人逮捕，并搜出声讨文书、布告、名册、徽章、令旗、请愿书、印信等项多件。三人也不抵赖。被黎元洪按照军法枪毙。此外，在汉口法租界查获政治性暴动组织人员多名，黎元洪命令将搜出的名册烧掉，免得牵连别人，用以收买人心。并再三开导，有人听从劝告，于是把这些人放了。此事刚了结，又报省城兵变。黎元洪当即派军队前去镇压，把变兵团团围住；一面派亲信到现场做瓦解工作，对士兵们百般开导，并问明起事的原因。士兵们说因为刘协统强迫命令士兵退伍，大家就闹起来了。黎都督答应撤换刘协统，并说只要指出谁是领头的，其余人都无罪。士兵们被逼承认领头的是陈兆鳌。黎元洪当即派人逮捕陈兆鳌，审问清楚之后，按军法处死。

张振武案

临时大总统袁世凯，对首先起义革命的湖北地区当然不会掉以轻心。黎元洪虽然是他在南方的最重要支柱，而且格外小心，察访军队的动静，及时镇压；但黎元洪毕竟不是袁世凯的北洋嫡系军人，还得提防着，唯恐黎元洪倒向同盟会。于是他利用湖北民军的内部矛盾，玩弄阴谋诡计。派人到湖北，私下里对黎元洪说："三'武'[1]不去，则副总统无权。大总统准备召他们逐个进京，待以高官厚禄。这样做，对副总统有益。"袁世凯的调虎离山计，正合黎元洪心意。

1912年5月间，"三武"先后奉命北上。袁世凯授他们以总统府军事顾问的虚衔，张振武对此非常不满。屡次向袁世凯要求主持屯垦事务。为了敷衍张振武，袁世凯委任他为蒙古屯垦使。当张振武要求设立专门机构以便开展工作时，袁世凯便不加理睬了。张振武一气之下，不辞而别，返回湖北。凭借他在湖北的实力，准备招募一师精兵，赴蒙古镇抚屯垦。黎元洪对张振武的重

1.编者注：指湖北省军务部部长孙武、顾问蒋翊武和副部长张振武。

返湖北，感到忧虑。袁世凯却不断电请张振武再次进京。黎元洪乘机假意表示关切，主动赠送路费四千元。在袁、黎二人的哄骗推拉下，张振武于8月上旬邀集将校团团长方维等多人，再次来到北京，在前门外西河沿旅馆暂住。第二天下午，正值张振武外出，突然有军警闯入，将方维等人用铁链锁上，将校们正要反抗，军警们说："有罪的就是张振武、方维二人，与各位没有关系。对各位是奉命邀请，请你们去，无非是问明一下情况；如果反抗，可别怪我们无情。"说毕拔出手枪指向各将校。将校们见这架势，只得随同前去。军警们将方维带到京畿军政执法处；将校们交外城军政执法分局。这时，张振武还蒙在鼓里。当天下午，他为了调和南北感情，在六国饭店宴请北方将校们，北洋将领段芝贵等出席敷衍。晚10时左右，酒阑人散，张振武乘马车准备返回旅社，途经正阳门，段芝贵指挥早已潜伏在那里的军警突起拦截，将张振武捆绑起来。张振武毫无思想准备，感到莫名其妙。不一会儿来到京畿军政执法处，见方维已在那里。正想问个明白，这边执法官传令上堂，张振武走到堂上，执法官将黎元洪拍来电报[1]，宣读一遍。读毕，又宣布大总统命令。张振武听了以后，如梦方醒。临刑前对行刑士兵愤怒地说："不料共和国如此黑暗。"方维也同时被处决。其余同来的湖北将校们一律释放，发给路费，仍命令他们回湖北，将校们捡得性命，赶紧离京南下。

张振武是共和党人，党员们得知张、方二人被杀，对于黎都

1.编者注：黎元洪的电报说：张振武在湖北"蛊惑军士，勾结土匪，破坏共和，倡谋不轨……"。袁世凯根据这封毫无根据的电报杀了张振武。

统有意苛求、袁世凯玩弄权术非常气愤，共同商议后，提出《质问政府枪杀武昌起义首领张振武案》，通电全国，黎元洪也命令秘书陆续写稿回击。由于袁世凯的袒护，张、方事件虽然有同志出来申张正义，也只落得不了了之。

三雄聚会

袁世凯十分重视利用革命元勋孙中山、黄兴的影响来巩固自己的统治地位。自从唐绍仪、陆徵祥内阁风潮相继发生后，袁世凯为了缓和同盟会议员们的反对情绪，一再邀请孙中山、黄兴二位北上，共商国家大计。孙中山、黄兴从巩固新创民国的良好愿望出发，打电报给袁世凯，表示同意北上。不少同盟会员鉴于张振武案，觉得袁世凯反复无常，反对孙中山赴京。孙中山觉得既已答应，不能失信，坚持出发。黄兴为群情所动，决定暂不进京，观察动静。8月24日，孙中山到达北京，只见数千人站在两旁，有各界代表送进名片表示敬意。孙前总统才明白这些人士，都为欢迎而来，连忙向左右鞠躬答礼，表示谢意。袁总统接到孙中山关于北上的电报，也早派出委员在火车站等候。及至相见，代表袁总统作诚挚的欢迎，并备好车马。孙中山上车来到临时府邸休息。第二天，孙中山到总统府去拜会，袁世凯出来迎接，在客厅坐下，寒暄几句，孙中山就告别回府。过一天袁世凯前来回访，虽然双方都想尽量靠拢，但两人志趣各不相同：一个是致力于共和政体，一个是向往专制制度，两个人怎么能说到一起呢？

双方经过礼节性的互访之后，就开始了引人注目的秘密会谈。两次会谈以后，孙中山打电报给黄兴，请他消除疑虑，迅速北上，共同会谈。

这天孙中山、袁世凯二人正在谈论，忽报南京前留守黄兴来电：9月11日晚到北京。袁总统说："克强[1]来得正好。"孙中山听说黄兴将到，很高兴，就先回府等待去了。袁世凯赶紧派人去迎接黄兴。欢迎仪式与孙中山到京时一样隆重，并安排与孙中山同住一处。黄兴到京后，与孙中山一起去见袁总统。袁世凯照例优礼招待。黄兴稍微谈了几句，引起袁世凯的注意。黄兴也不再往下说。于是告辞，和孙中山一起回到寓所。便与孙中山密谈："我看项城[2]为人，将来恐怕会有违反约法的举动。为了预防起见，我们必须先巩固我们的党。倘若将来他有违反约法行为，也好抵制。"

国民党成立

与此同时，同盟会正在酝酿与各党派团体合并改组为国民党。先是宋教仁从唐绍仪内阁的垮台中，深感同盟会要反对袁世凯利用混合内阁把持权力，必须联络各党派成立一真正强大的政党，组成政党内阁，以便与袁世凯政府相抗衡。因此，他积极主张改组同盟会，计划与各党派联合起来，组成一个统一的大党。黄兴也认为应召集同盟会员及邀请统一共和党，前来秘密商议，双

1.黄兴：字克强。

2.编者注：指袁世凯，其为河南项城人。

方互相联络。现在参议院中有一小半是同盟会员。如与统一共和党联合起来，占到参议院中的多数，便可以与袁世凯的政府相对峙。政府不违法便罢，如有变动，参议院可提出质问、弹劾，谅他袁政府也不敢轻举妄动了。

孙中山对宋教仁、黄兴的建议极为赞成。于是首先与统一共和党谋求合并。统一共和党在陆徵祥内阁风潮中摇摆不定，受到北洋势力的指责，便转而与同盟会取得一致态度，主张政党内阁。在合并改组问题上，提出在变更同盟会名义、取消民生主义宗旨和改善内部组织的前提下与同盟会合并。以岑春煊为首的上海国民公党，得知同盟会与统一共和党合并的消息，派代表到京，表示也愿意合并进来。除同意统一共和党的三条外，再加一条：取消“男女平等”的内容。同盟会为了求得合并成功，对这些条件，原则上一律接受。在北京的国民共进会、共和实讲会以及全国联合进行会三个小政团，也派代表来联系，表示愿意合并进来。这样六个政党合并起来改称国民党。于8月25日在北京集会，通过宣言，正式宣告国民党成立。

四巨头协定

袁世凯也有他的对付手段，他一心笼络利用孙中山、黄兴二人，在会见之前已经授予黄兴陆军上将衔；因见孙中山有志于修筑铁路，就顺着孙中山的思路谈话。孙中山提出建立中国铁路总公司，借外债六十亿元，分四十年还清。袁世凯心里明白行不通，但表面上赞成，随即授命孙中山全权筹划全国铁路，一切借债招股等事，全由孙中山决定，并交参议院议决。他又与孙中山、黄兴协商制定内政大纲八条，电报征求黎副总统的意见，经黎元洪赞同后，由总统府秘书厅通电颁布全国。孙中山感到国家政体已定，便打算离京，向袁世凯辞别，动身南下。黄兴因国民党刚改组合并，还有些事情要做，未能与之同行。

赵秉钧

总理陆徵祥屡次请假，不愿到任，袁世凯以总理人选关系重大为由，与黄兴商议，提出由沈秉堃或赵秉钧两人中选一个。黄兴觉得沈秉堃刚参加国民党还没有取得大家的信服；赵秉钧在唐绍仪任总理时已加入同盟会，又在寓所与各位议员商议，决定属意赵秉钧为总理。黄兴将这一选择转告袁世凯。袁世凯一听正合他的心意，立刻将名单送交参议院。参议员们开会大多数都投同意票，只有两票反对，按大多数通过回复袁总统，发表任命。陆徵祥解职。

谁知黄兴等抬举赵秉钧上台，正中了袁世凯的计谋。随后袁世凯又派遣杨度参加国民党，以便探听党内情况。凡黄兴开会讨论党纲，袁世凯必定派人作为来宾到会，听黄兴的演讲，并悄悄地记笔记，向袁世凯汇报。所有国民党党内事情，袁世凯无不探听得一清二楚。召开国务会议，名义上虽是赵秉钧总理主持，暗中却是由袁世凯策划，袁世凯说怎么干，赵秉钧就遵命。后来黄兴发觉了这一情况，觉得自己北上与袁世凯议论巩固共和制度，浪费了两个月时间，毫无实效，后悔不已。便向北京各机关辞行，回南方去了。回到上海，同志们迎接，并问他北京情况如何，黄兴答道："老袁阴险，他今后必定违反约法，我们十多年来流血牺牲，却换来一个假共和。"大家将信将疑。过了数天，黄兴就返回长沙老家探亲去了。

光复纪念庆祝活动

时间过得飞快，转眼到了民国光复纪念日。各省都悬挂起五色旗，举行庆祝活动。总统府由临时大总统袁世凯派遣赵总理为代表，备办三牲作为祭礼，祭祀为革命流血牺牲的烈士们。袁总统也参加了祭礼。

外蒙独立

外蒙古自辛亥革命爆发后宣告独立以来，袁总统屡次去电劝他们取消独立。但外蒙在沙俄的策动下不但不取消独立，反而设立政府，推库伦活佛第八世哲布尊丹巴为帝，改国号为"共戴"，建立起蒙古帝国来。后来见中国革命成功，南北统一，恐怕中国责问，就以沙俄为靠山，预作准备，并派杭达多尔济出使俄国，请求沙俄出面向中国政府交涉，提出外蒙独立，中国不许干涉。沙俄答应了这一要求，杭达随即离俄回国。俄国方面马上电告俄驻华公使，转告北京政府，提出三点要求。外蒙方面也由内阁大臣电告北京，宣布正式独立；并对袁世凯接任临时大总统表示祝贺。袁总统接到电报后，当即劝令外蒙取消独立，几次电报往返，都没有效果，袁总统只得采用笼络的手段，暂时维持。

哪知外蒙政府竟煽动西蒙，以唆使东蒙各旗，出兵南下，侵入洮南府（现在的吉林省洮安）境内，袁总统紧急命令东三省各都督派兵出击，一战即告平定。

五族翊赞共和

国庆期间内蒙与甘珠尔瓦呼图克图到北京晋见袁总统，袁世凯又施用笼络手段，赏赐丰厚。并命令蒙藏事务局总裁贡桑诺尔布写信规劝内外蒙古，前后西藏，归附民国，共同缔造共和政体。前藏达赖喇嘛因四川尹昌衡都督就驻防在川藏边境，乘势答复，声明愿意内附民国；东蒙古十旗，也以公函答复，情愿归附民国。袁总统接到报告，便派蒙古科尔沁亲王及吉林都督陈昭常、东三省查检使张锡銮三人参加了东蒙和西蒙分别召开的蒙古王公会议，会期三天，宣告汉、满、蒙、回、藏五族共和，拥护民国，各旗代表都表示赞成。会后三委员回京报告。袁总统以为解决了蒙、藏两大部的问题，从此民国政令可以顺利贯彻了。

英、俄分裂中国

不料俄国驻华公使送来照会一件，内容竟直说蒙古地方属俄国势力范围，应与中华民国脱离关系。俄蒙双方已于1912年11月3日订立《俄蒙协约》，共四条，内容大致为：规定俄国扶植蒙古自治，帮助蒙古练兵；不准中国军队进入蒙古境内；不准华人移居蒙古；蒙古无论与何国订立任何条约，未经俄国政府允许，不得违背本约及附约所订内容。另有附约《通商章程》十七条，给俄国人以广泛的权利。梁总长接到这份照会，拆开一看，满篇都是俄文，不但中国没有了主权，连外蒙古自己也没有了主权，吓得了不得，越想越是难办。想了半天，忽然自言自语："有了，我就这么办。"他将俄国照会带上，径自向总统府去了。接连两天，没见他露面。大家还以为他在总统府商讨国家大事，谁知他竟请病假离开了北京。

过了两天，从总统府中捡出一封梁总长的辞职信，说是自己有病，不能胜任，请另派有才能的人接替。袁总统看了，只得一笑置之。一时也找不到合适人选，只得请前总理陆徵祥任外交总长，提交参议院议决。议员们感到俄蒙交涉紧迫，当即通过。陆总长立即到任办理俄蒙交涉。一时还理不出头绪。

正在着急，英国驻华使馆又送来一件照会：催促上次要求拟订的条件。陆总长找出上次英国关于西藏问题的照会一看，内列五大条：一、英政府不许中国干涉西藏内政；二、反对华官在西藏行使行政权，不承认中国把西藏视为与内地各省等同的地位；

三、不许在西藏境内留有无限华兵；四、暂时切断中国经过印度进藏的通道（当时，这是中国进入西藏的唯一通道）。五、以上各节先立约，英国方能将承认之意施于民国。陆总长考虑了一会儿，就带着照会到总统府去了。

袁总统见陆总长到来，赶紧起身相迎，宾主坐定后，袁总统先说热河来电，科布多及开鲁县收复等情况。陆总长忙将英国公使照会取出，送请总统过目。袁总统道："这英国，前天已经说过，今天又来催逼，可不能不答复了。"于是召开国务会议，国务员们议论了好久，才议出了答复内容：北京政府今后的对藏方针是：不施行新制，仍依旧法，地方自治；恢复达赖的封号；保护英国人在西藏的生命财产安全。于8月17日将这一答复送英国驻华使馆。英使收到后一时没有答复。中国政府也就先放下再说。

外蒙听到西藏也想与库伦一样，背靠英国闹独立，于是派遣使节到西藏，表示欢迎达赖喇嘛去库伦，共同商议独立问题，达赖派亲信德尔智去库伦秘密谈判。于1913年初订立《蒙藏条约》九条，议定双方相互承认，脱离中国而独立，互相援助，等等。通过这一行动，蒙、藏两地等于得到了俄、英两国的支持。消息传到中国，比较激进的将士们，都主张用武力解决，有的说先去打蒙古，有的说先去打西藏，一时议论纷纷。但袁总统却不肯轻易出兵。这是因为：自从1912年7月间六国银行团与财政总长熊希龄会议，没有结果，谈判中断以来，熊希龄辞职，袁任命周学熙继任财政总长，将熊希龄调任热河都统（地方军政长官）。为急于用款，暗地里托洋员莫理循去英国活动。从伦敦借到款一千万镑，议定当年交三百万镑，第二年交七百万镑，利息五厘，以盐税作为抵押。这才使政府暂时有了钱用，勉强维持。哪里还有多余的钱支付军饷出兵蒙、藏呢？

中俄交涉就外蒙问题停顿

关于蒙古问题，从1912年11月起陆徵祥总长与沙俄驻华公使库朋斯基会谈，直到第二年5月，会谈二十多次，到1913年5月20日才达成协议草议六条。主要内容为：俄国承认外蒙古为中国领土完整的一部分，尊重中国旧有权利，中国不更动外蒙古历来的地方自治制度，允许有组织军队警察的权利；拒绝非蒙古族人的殖民主权；外国不派兵驻扎外蒙，不办殖民，中国以和平办法在外蒙施行主权；中国政府同意《俄蒙协约》所给予俄国的商务利益。这一协议草案送交参议院讨论，没有通过；俄国政府对“外蒙为中国领土完整的一部分”一句，也有意见。中俄交涉陷于停顿。

隆裕太后逝世及清室善后工作

1913年1月10日，为前清隆裕太后生日，袁总统派总统府秘书长梁士诒前去祝寿。到乾清门下轿，由前清内务府大臣世续出来迎接。梁士诒走进去，见隆裕太后端端正正坐在殿上，满脸病容。梁士诒递上国书，里面写着“中华民国大总统致贺”。隆裕太后致答辞，由世续代为诵读，大致是：承蒙大总统前来祝贺，实在感念您的大恩大德等话。世续读一句，隆裕哭一句，梁士诒看不下去，当即告辞走了。

第二天，隆裕太后就病倒了，到正月中旬，病情愈加沉重，经宫中医师诊治无效，到2月21日就去世了。前清太后去世，一切丧葬仪式照旧例。入殓后，灵柩停放体元殿。宫内一帮小太监，乘办丧事之机捣乱，鼠窃狗偷，纷纷搬挪宫中珍珠宝物，世续也管束不住。只得吓唬他们说："袁总统派段芝贵（北京拱卫军总司令官）进宫来了，你们这样胡闹，以后要按军法处置。"小太监们听了，这才安静。虽然如此，宫中已经丢失十余万元珍宝。

世续正式操办隆裕丧事。袁总统派荫昌、江朝宗等人去协助世续；又命令国务总理发出通告二则。各部派员前去吊唁；复查清室优待条例；代为修妥光绪陵墓所有未完工程；所用经费，全由中华民国政府支付。并将隆裕后附葬于光绪的崇陵。小皇帝宣统归瑾、瑜两位太妃抚养。清室善后工作告一段落。

宋教仁案

1913年3月19日袁总统发布正式召集国会的命令，又命各省行政长官也召集议员召开议会。这两则命令发下去，各省先要办理选举议员的事情，有的省已选出，有的省还没有选举。没有选出的主要是由于各党派竞争，使得提名面临左右为难局面。提了这一党的人选怕那一派不愿意，提了那一派的又怕这一党有意见，弄得选民们自己连一点主权也没有。中华民国的第一次选举，发生了不少弊端。袁总统得知这一情况，就严厉命令各选区，必须遵守法律；选举时派监督在场；将刑律第八章摘录，悬挂在投票所；投票所内外加派卫兵，保护秩序。各选区见总统布置了这么多防范措施，才算平静一点。但暗地里仍难免结党营私。不过到底是国民党人数众多，所以大半是国民党员当选，而袁总统最忌讳的就是国民党议员多了。这次选举，得知参议院中，被国民党占去十分之七，考虑将来必定受国民党的牵制。于是设想用阴谋暗杀手段，除去国民党中有威望的党员。

前任农林总长宋教仁，自从卸职以来，一直为国民党办事，主持党务。当初孙中山、黄兴组织同盟会，宋教仁加入为同盟会员，协助办《民报》，鼓吹革命。孙中山回国，在南京设立临时政府，都靠宋教仁联络组织。及至南北议和，为了统一全国，一开始就由宋教仁陪同蔡元培北上，迎接袁世凯南来就职。后来因京津兵变，袁世凯没有成行，仍在北京就临时大总统职位。唐绍仪组阁时，宋教仁任农林总长，不到两月，唐绍仪内阁倒台，宋教仁也就辞职了。他经过这一番经历，已经看清了袁世凯的内心真正意图。于是决意从改组政党着手，以同盟会员为核心把共和统一党联络起来，都吸收为国民党员。党内都推举宋教仁为理事，这时他已经回到原籍不愿再出来担任任何职务了，偏偏党员们一再恳请，劝他再到北京，主持党务。他本来年轻气盛，为国为民，抱着一腔热血。看到袁世凯两次改组内阁，革命派人物多半不被袁选用，闲居无事可做；又觉得袁世凯野心勃勃，锋芒毕露，于是辞别老母妻儿，来到上海。

得知教育总长范源廉辞职回杭州，宋教仁想探听一下袁政府的内情，到杭州会见范源廉。约略谈了几件事，就使宋教仁愤怒不已。正好催他去北京主持党务的电报又来，就告别范源廉返回上海，再由上海来到南京。

国民党江南支部开会欢迎宋教仁的到来，江苏省省长程德全主持欢迎会。因患口疾还未痊愈，托人代表他念报告："宋先生革命多年，政治修养好，请宋先生发表政见。"于是宋教仁上台演说。每说到切中时弊处，大家都拍手赞成，掌声不时传出屋外。宋教仁演讲完毕，又有参加会议的人上台演说。说的大都是认为宋先生说得切中要害。散会后，宋教仁在南京住了几天，又回到上海，到处演说，内容都属于抨击袁政府的不当之处，阐发国民党的政见。

这时北京出现一个名为"救国团"的组织，通电各省，斥责宋教仁所讲都是荒谬的。宋教仁据理一一反驳，登在报上作为答复。宋教仁正为这事感到愤慨，忽然接到袁总统的急电，邀请他立刻北上，有重要事情与之商议。当时一般人都以为这是老袁醒悟，召宋教仁进京，委他重任。宋教仁也自以为这次进京，可望组织政党内阁。他预定3月20日动身去北京。

宋教仁走的那一天，乘坐晚上十点多的火车，上海方面同志纷纷前来送行。在车站议员招待室略坐片刻。忽听汽笛响，催旅客上车。宋教仁起身走到检票处，只听得"啪"的一声，一颗子弹从宋教仁背后飞来，直穿前胸。宋教仁忍痛喊道："我中弹了。"还没说完，又有两颗子弹飞来，幸好没伤着人。乘客们顿时大乱。

黄兴等人也非常惊慌，连忙扶宋教仁往回走，出月台，赶紧叫巡警捉拿凶手，哪知连一个巡兵也找不到，只见有一辆空汽车停在道旁。于是急忙扶宋教仁上车，嘱咐司机快开，送到沪宁铁路车站医院。待巡警赶到，凶手也不知跑哪去了。于是致电各机关，请协助侦察缉拿凶手。

当时国民党办事人员于右任送宋教仁去医院。送到医院，已是半夜，医生们都下班走了，只得在院稍等。一时宋教仁面色苍白，自料难以治好，抚着于右任的头，嘱托他三件事。其中之一是："望各位同志仍旧努力奋斗，不要因为我遭人暗算而退缩，以致放弃作为国民的责任。"于右任当即答应。医生来后，见伤势很重，说必须先取出子弹，才能医治。经于右任同意，医生开刀取出子弹，并上了止痛药，希望他安睡休息。宋教仁呼叫不止，挨到天亮，黄兴等都来探望。宋教仁抽泣着说："我要死了，各位同志总要努力向前。"黄兴点头答应。宋教仁又请黄兴报告北京中央政府，简单陈述他的心意。由黄兴代为发电。另外又用电报召请医术高明的医师，来上海诊治，医师一见病人，都说不行了。到晚上，宋教仁长叹一声，气绝而逝。在座各同志，都痛哭失声，坐待天明，才议论安葬等事。大家意见照一张遗像，留作纪念。天亮派人去照相馆，请摄影师来医院。黄兴主张，先将上身伤痕露出，拍一张；然后穿上衣服，再拍一张。方才下棺入殓。

当时革命党人来送葬的，男女老少不下千人。过了一天，自医院移棺木到湖南会馆存放。

袁世凯接到宋教仁的电报后，连发两则电报，第一封电报表示慰问，并命令江苏行政长官悬赏重金缉拿凶手。由于上海方面打电报告诉袁世凯，宋教仁已不治身死的消息，第二封电报是致电吊唁。并关照“宋身后一切事情，希望会同沪宁铁路总办钟文耀，妥为办理。所用治丧费用，可向财政报销”，等等。

宋教仁案发生后，江苏省长官通电各地方官，一律悬赏重金缉拿杀人凶手。黄兴、陈其美又秘密请公共租界总巡卜罗斯，托他侦察捉拿，如能破案，酬金一万元。铁路局也悬赏五千元。俗话说：“天下无难事，只怕有心人。”一班侦探都想发这笔财，渐渐地竟探出点形迹来。

那天，宋教仁还在医院时，就收到过一封奇怪的信，信封署名为“铁民自上海本支部发”几个字。拆看内容，满篇都是嘲笑的内容，下面落款是“救国协会代表铁民启。”看完这信，就猜到这不可能是一个人干的，而且这伙人现仍在租界中。当时正值23日晚间，上海地方非常热闹，一班阔少爷，嫖娼狎妓，车水马龙。总巡卜罗斯与洋人侦探安姆斯脱郎，带巡捕（租界内的外国籍警察）在迎春坊季桂玉妓院里查获一个名叫应夔（kuí）丞的人，带到总巡捕房。这应夔丞就是暗杀宋教仁的要犯。

第二天，卜总巡会同法租界巡捕房总目，到应家捉拿一名操山西口音的外乡人，还有其他男客，一齐带到巡捕房。当场搜出手枪一支，枪内还有两发子弹。仔细一看，与从宋教仁胸中取出的子弹一模一样。又搜出不少重要证据。马上派人到车站，找到当时正在服务的仆役，让他仔细回忆辨认。车站仆役来到捕房，寻认犯人，当走到操山西口音的人跟前，仔细一看，说：“就是他。”那人一听，赶紧垂下头来，自报姓武名士英，与应夔丞认识，但没有参与暗杀活动。当天由法国领事与英租界会审员关炯之及城内审判厅官员，一同会审，将武士英带上堂来审问。武士英起先不肯招供，经不断审问，武才说："本姓吴，名叫福铭，山西人。这暗杀事都是一个姓陈的朋友叫我做的。陈又是受姓应的所托。我把事情办完，已将手枪还给了姓陈的朋友。"审判官问："姓陈的叫什么名字？"武答："不知道。"审判官又问："你暗杀成功后给多少酬劳费？"武答："他们答应给我一千元。"审判官又问："姓陈的到哪里去了？"武答："不知道。"第二天开庭再审，武才说："姓陈的名字叫玉生，刺死宋教仁事，都是陈玉生叫干的，与应夔丞没有关系。"

江苏省长程德全因为这一案情重大，亲自来上海和黄兴等商议办法。此时孙中山正在日本访问考察，得知宋案后，于3月25日由日本返回上海，齐集在黄兴府中共同研究案情。陈其美问程德全："应夔丞自称江苏驻沪巡查长，是程督您委任的吗？"程答："有这事，他是由内务部秘书洪荫之（即洪述祖）推荐来的。"黄兴说："洪述祖与袁世凯有关系，这事不止是应夔丞一人。"程德全表示再去细查。黄兴等再三致谢。研究多时，决定由交涉使陈贻范照会各国领事，说明："宋案发生地点在火车站，那里属中国地界；所拿获的犯人，也是华人。所以这案应由中国官员自己审理。请指定日期，将宋案罪犯解交过来。"英国领事接到照会，有心同意，但因目前宋案的余党还没有全部缉拿归案，等案件办得有了头绪再移交中国法庭审判。陈贻范交涉不得要领，只得耐心等待。法国领事认为应夔丞居住在法租界，应该归法国会审公廨会审。英国领事认为应夔丞在英租界里捕获，应当归英国会审公廨审判，或者交由英、法会同审判办理也可以。法国领事就将罪犯武士英押解到公共租界会审。武士英一副毫无惧怕的样子，应夔丞依仗有人在外为他活动，聘请著名律师为他辩护，心中更是坦然。在会审公堂上，只见律师互相辩护责难，审判官却一句不问。就是武、应两罪犯也是今天这样说、明天那样说，口供一天一个样。审判只得延期。应夔丞又买通狱中人员，送信进来，嘱咐武士英翻供，就说刺杀宋教仁全出于他自己的意愿，这样说不妨事的。等案情过去，将以某银行的存款若干为谢。武士英果真到法庭翻案，说："做下的种种事都是自己一人干的。与那个姓应的人根本不认识。"审判官问他："你为什么要杀死宋教仁呢？"武答："宋教仁这人骄傲自大，恐怕他将来作乱，我杀他是为同胞除害。"审判官又去审问应，应夔丞也编谎言乱供，将宋案推得一干二净。孙中山、黄兴想索取巡捕房搜出的往来书信和物证看看，捕房不肯交出来。

这时，国务院传来一则通电，说应夔丞曾经写信向政府报告：近来发现一种印刷品，上写为了监督议院、政府，特成立神圣裁判机关的宣言。这则通电传到上海，更使人怀疑。又有国民党和交通部也接到好几封匿名信，通篇内容都是虚声恫吓。大家分析情况，已经知道宋案与袁总统大有关系。这时从巡捕房传出消息，在应夔丞家中搜出的证件中，有应与洪述祖往来信件多封。程德全省长邀江苏省民政长应德闳同到上海，到电报局调查，将应夔丞拍往北京的电报，一一译出。才知道与宋案有关人员，不仅为洪述祖一人，连北京赵秉钧总理都有牵连。由程德全会同地方检察长陈英，打电报到北京，请将洪述祖拘留。谁知洪述祖已闻风逃走。

孙中山、黄兴等屡次向上海领事团交涉，要求将证据和犯人交给中国方面，北京内务部、司法部也打电报到上海，命交涉员援引《洋泾浜租界章程》中有关“内地发生案件，犯人逃往租界，由捕房协同缉拿，犯人应交中国官厅办理”的规定，就能将这一案件移交中国自己办理。交涉员陈贻范接到电报，就向英、法领事交涉。英、法两领事馆也不再推诿，将两个犯人及查获的证据全部移交给中国当局，由上海检察厅接受审理。凶犯押解过来不到两天，犯人看守所呈报上来，说凶手武士英，也就是吴福铭在押期间暴病死亡。程省长和应民政长听得这消息，连忙派法医会同检察厅四人，解剖尸体，化验结果，属于服毒身死。至于死因，有人放出风来，说吴福铭受人指使，犯下死罪，又受骗上当，翻了口供，说杀人全是他自己一人干的。回来想想，杀人要抵命，如今反正是活不成了，不如自杀算了。但也有另一种分析：应、吴两犯不过是受人唆使的枪手，幕后自有大人物策划。如今两犯由租界捕房移解到上海检察厅，归中国人自己审理。革命党人和广大群众强烈要求追出元凶，幕后策划者唯恐两犯供出真情，因此下手，杀人灭口，是情理中事。

迫于孙中山和黄兴的强烈要求，程德全和应德闳不得不将从应夔丞家中搜查出的证件中最有说服力的捡出来，公之于众。其中有赵秉钧、洪述祖与应夔丞之间的来往电报和洪、应之间往来密函多封。宋案真相，终于暴露。上海检察厅根据这些真凭实据，电请政府组织特别法庭，审讯案犯。这电报发出后，袁总统没有复电，赵总理也置之不理。于是上海审判厅开庭审理，提应犯审问，应夔丞一味胡搅蛮缠。双方请律师到庭辩护。原告律师金泯澜到庭提出要求，要洪述祖、赵秉钧两人到庭对证，否则这案难以水落石出，审理清楚。但洪述祖当时在青岛，赵总理更不必说，哪能到庭受审？只是各地追悼宋教仁的挽联中，处处隐含指责政府，耻笑洪、赵二人，受人利用，为虎作伥。赵秉钧自己感到难堪，递上辞职书。照例由总统出面挽留。应夔丞关进监狱。宋案就此悬挂起来。

林述庆之死

宋教仁被刺案发生后不到一个月，从北京又传来林述庆在北京一家日本人办的山本医院突然去世的惊人消息。林述庆是老同盟会员，思想比较激进。早在前清福建武备学堂学习时，接受反清革命思想。武昌起义时，在镇江率军起义，任都督。因反对与袁世凯议和，于1912年1月被迫下野。后袁世凯使用手腕把林述庆请到北京，担任总统府军事顾问。宋案发生后，林述庆公开表示要为死者复仇。这次暴死于北京，人们对袁世凯的毒辣手段不无疑虑，但苦于无真凭实据。

首届国会开幕，选举正副议长

宋教仁、林述庆逝世前后，北京方面正筹备召集议员，举行国会开幕典礼。由袁总统颁布召开国会的命令。各省议员都已经选出，聚集北京，定于民国二年（1913）四月八日举行国会第一次会议。

到了这一天，国旗高悬，军乐雄壮，自总统以下，所有国务员全体出席，齐立在国旗前行三鞠躬致敬礼，推举议员中年龄最长的云南参议员杨琼为临时主席，宣读开幕词。读毕，应该由袁总统前来致辞祝贺。偏这一天袁世凯没有到会，只派遣秘书长梁士诒作为代表到会宣读总统贺辞。读毕，国会开幕典礼完成散会。前来参加会议的和列席参观国会开幕盛况的都陆续走出会场。依照《约法》第二十八条，国会成立之后，临时参议院完成任务即可解散。因此参议员又来到议院，举行结束仪式。这时，南美洲的巴西国打电报给中国国务院，表示承认中华民国。

两院议员都应选举出正副议长，当时议员中间共分四个党派：国民党、共和党、民主党和统一党，其中以国民党人数最多，其他三党不肯退让，互相联合起来，与国民党对抗。袁世凯巴不得推翻国民党，以利于他推行专制独裁。只是三个小党合并起来，从人数上仍然是国民党占优势，两院为选议长，开会选举两三次，才算定下。参议院议长张继，是国民党员；副议长王正廷，众议院议长汤化龙，是民主党人；副议长陈国祥，是共和党人。

签订善后大借款合同

袁世凯趁两院选议长、副议长竞争激烈的时候，竟自独断专行干了一件大事：未交议院议决，就在六国银行团的大借款合同上擅自签了字。自从中国向伦敦鲁意特银行签订了一千万镑借款以来，六国银行团就很不高兴，说什么中国的盐税在前清早已作为庚子年的赔款抵押出去，不能再作为伦敦新借款的抵押金。经外交部答复，如今征收的盐税，已比前清原先抵押出去时增加了三四倍，这次抵押的是新增加的部分，与原先抵押出去的并不矛盾。六国银行团说如果这样我们的大借款也可再次商谈。袁世凯心中正想运动当正式总统，苦于没有活动经费，巴不得能借到钱。于是派财政总长周学熙与六国银行团谈判大借款，六国银行团乘机提出极为苛刻的四项条件，周总长感到事关重大，不敢擅自作主。提到国务会议上讨论，另外提出借款大纲五条，并交议院议决，议员们见所提条件没有重大关系，便通过了。后来才明白这次议决案落入了袁世凯的圈套。原来周学熙与六国银行团会谈搁浅，幸亏有伦敦那笔小额借款每月提供几十万镑，还可将就。哪知英国驻华公使来照会，要求在民国元年年终将所有过去的赔款、借款一律还清，否则就将中国征收的厘金（一种地方性捐税）全部没收抵债。这时日本和法国两国的驻华公使出来调解。六国银行团与中国政府重开谈判，由银行团代表向赵总理、周总长重新提出借款条件。赵、周二人将情况向总统汇报。袁总统委任周总长为办理借款专员。周学熙先与伦敦银行团联系，想取消鲁意特银行一千万镑小额借款的优先权，伦敦银行团自然不答应。周总长想方设法提些伦敦银行团一时办不到的事，以便就此中止借款，加上英国政府反对这笔小额借款，怕影响了六国银行团的巨额利益，于是和周总长商谈：小额借款中的五百万镑提前付清，付款时打百分之三折扣，也就是少付十五万镑，作为赔偿；其余五百万镑借款，并入六国银行团的大借款当中。与英国银行团的借款合同随即终止。与六国银行团的借款谈判重新开始。议了一个多月，才算有了头绪。商定借款两千五百万镑，借款条件非常苛刻，要由六国派员任中国的财政顾问，将会使中国财政处于外国人的监督之下，赵总理将这些关键性条文，设法运动议员秘密通过，其余一般性条件由周总长报告议院，公开议论一番。这便是上面提到的落入袁世凯圈套的那项议案。议员们后来明白自己被袁世凯利用，但议案已经通过，也就无法补救了。

周总长把前后经过报告总统，袁世凯非常得意。正要签字，六国银行团又横生枝节，说现在欧洲银根紧，借款利息增加到5厘5。袁世凯心中明白这次借款已经吃亏太多，于是想出三种办法，照会各国公使，公使们全都不买帐，还是英国公使朱尔典出来调停，赞成其中一项，又代为向俄、法两国公使疏通，好不容易征得俄、法两国同意后，急忙照会中国政府，要中国政府先聘请外国财政顾问，然后订立借款合同。于是周总长出面聘请外国顾问三名，包括丹麦、德国、意大利各一名，各国公使对聘请德国顾问表示反对。美国公使出面调停无效。法国提出换一名俄国顾问，却又遭到美国政府的强烈反对。这时正逢美国政府新旧更迭，威尔逊出任总统，发表宣言，退出六国银行团。这样一来，六国银行团成了五国银行团。美国的退出，对其他五国来说无关大局；但顾虑到美国可能会单独对华借款，独享专利，于是五国银行团重新集会，另提条件。

各国政府争权夺利，袁世凯却急于用款，也顾不得什么主权问题，为了调和各国矛盾，增加聘请外国顾问六名，任审计顾问等职；借款利息照旧为五厘，才算谈妥。所有条件也不再交议院议决，就命令国务总理赵秉钧、外交总长陆徵祥和财政总长周学熙于4月22日与银行团草签合同，24日签订正式合同。借款已成定局，参议院与众议院还不知是怎么一回事。袁总统发一咨文，通知两院。议员们一看，都吃了一惊。议员中的国民党人见袁总统处理借款问题违反约法，不肯承认。开会提出质问，请政府解释。总理赵秉钧觉得这次借款事关重大，违反约法问题自己有嫌疑，恐怕受到打击，就主动提出辞职。袁世凯准他请假，命令陆军总长段祺瑞为代总理。议院提出责问，由段祺瑞出席说明原委，说这是因为政府财政特别困难，实在无法可想，不得已而变通办理，请各位议员原谅。议员们责问声四起，段祺瑞无法对付，干脆说："这事根本不是我办的，各位能通融就通融，也是各位一番好意。"说完就径自走了。

众议院里议论纷纷，有说应弹劾政府的违法行为的，有的说应把总统的咨文退回去。议长汤化龙提出对借款合同是承认，还是不承认，大家投票表决。投票结果，不承认的居多数，承认的只占少数。议员中的统一党是拥护袁世凯政府的，他们从中做共和党和民主党人的工作，怂恿他们承认。共和、民主两党感到进退两难。袁世凯得知这一情况后，又嘱咐统一党用金钱买通属于这两党的议员们，这些人受了贿赂，就都闭口不再过问这事。唯有国民党，始终团结一致，不收受贿赂，不承认借款。袁世凯对于国民党议员的责问采取不予理睬的态度。这让国民党更加愤怒。于是拟出电稿，分发到各省长官，说袁总统擅自签订大借款合同，违反约法，请各省主持公论，不要承认。进步党又出来为袁政府申辩，电告各省，说政府大借款，实出于不得已，议院中有人反对，都是出于私人成见。财政总长周学熙也电告全国，这次大借款，并没有违反约法。各省长官接到这么多意见不一的电文，有的省长也是倾向袁世凯的，都不答复。唯有江西都督李烈钧、安徽都督柏文蔚和广东都督胡汉民及湖南都督谭延闿都是国民党员，得知政府违法借款，提出指责，并电告参议院必须负责。袁世凯面对四省都督的责问，一面极力抵赖与银行团的秘密交易，一面蓄意分化四督联盟，软硬兼施，既解释又训斥。在袁的压力下，国民党内妥协倾向抬头，大借款问题被局限于国会之内。而国会内斗争十分沉闷，软弱无力。不久二次革命爆发，国会对大借款案也就不了了之。

白朗反袁起义

河南地方，是袁世凯的故乡，都督兼民政长张镇芳是袁世凯的表弟，张镇芳仗势作威作福，无所不为。以致盗贼横生，政府也不过问。引发当地士绅工商各界公愤，拟定张都督六大罪状，电告参议院，请议员们弹劾检举。议员们见到电文后，由河南议员孙钟等提出查办河南案情，议决通过。找出六大案，都是有确凿证据的，进行弹劾，提交政府查办。袁世凯痛恨议员们多事，见到这份查办公文，搁置起来，不加理睬。

河南一带，连年灾荒，加上张镇芳横征暴敛，以致民不聊生，乞丐成群。铤而走险，拉杆起义的也大有人在。为首的有：秦小红、宋老年、崔张记、杜起宾、张三红、李鸿宾等。其中有一个叫白朗的宝丰县人，本名阆齐，因长得身材高瘦，腿长善跑，所以也有称他为"白狼"的，这些人结成一起，纵横河南十多个州县，官军进剿，也常被他们打败。

白朗为筹款购买枪支弹药，设计将宝丰县长的儿子劫去，作为"肉票"待赎。南阳镇守马继增得到这个消息，派兵进剿，但白朗已经远去，没有追上。这时接到第六师师长李纯命令，调马继增去信阳。马将剿办白朗的任务交给营务处田作霖，就到信阳去了。田作霖接手以后，听得白朗等在独树岗，于是率领军队去打，在小顶山小关口一带，将白朗的队伍打散，白朗、李鸿宾等退回舞阳县母猪峡基地。以"打富济贫"为旗号，鼓励穷人造反。被裁遣的士兵、游民、饥民等，闻风归附。到1913年春，已拉起一支二三千人的队伍。官军进剿，他们将金银财物丢弃道旁而退，官军贪财，丢弃枪械去抢财物，白朗军反攻过来，官军贪财惜命逃走。白朗用这一战术，打败了由营长苏得胜率领的官军，团长张敬尧奉师长李纯的命令去截阻，又被白朗打得大败，丢失了许多野炮、过山炮、机关枪、快枪、子弹和银饷等。白朗得到了这么多武器、军饷，声势更加壮大。

反袁内部不统一

这时张镇芳都督才注意到他的境内不稳，需要发兵剿办。但这时中国东南又打起仗来。7月11日，李烈钧在江西湖口起义，二次革命爆发。以李纯为师长的第六师被调南下。剿办白朗的事只好暂时搁置。

国会成立前后，发生了好几起重大事情。宋教仁被暗杀，搜出的证据公布以后，洪述祖、赵秉钧由于袁世凯的袒护，仍然逍遥法外。河南发生了张镇芳把河南省统治得与革命以前没有什么两样，老百姓对张镇芳格外怨恨，由于袁世凯的袒护，搬不动他。再就是袁世凯在大借款上的违法签字，使革命党人对袁世凯的义愤达到了高潮。

孙中山在这些事实面前摈弃了与袁世凯合作、共同建立民国的善良愿望，主张发动第二次革命，武力讨伐袁世凯。但这时革命党人内部在反袁的策略上发生了分歧。黄兴认为，如果动用武力，南方的兵力敌不过袁世凯掌握的北洋军队。因此主张按法律程序，推翻袁世凯。或者也采用袁世凯所一贯采用的暗杀手段，把袁世凯除掉。孙中山、黄兴二位意见有分歧，争议不决。于是在4月下旬和5月上旬革命党人在上海召开了两次秘密军事会议，江西都督李烈钧、安徽都督柏文蔚极力主战，湖南都督谭延闿态度不明朗，广东都督胡汉民虽然主战，但广东内部意见不一致，其他革命党内部的统兵将领大半同意黄兴看法，认为目前准备不足，仓促上阵，将会导致失败，不如先练兵。两次秘密军事会议，没有结果，武力讨袁的计划被搁置。

“血光团”事件

国民党内部由于思想不统一，组织涣散，发生了几起意想不到的事件。被袁世凯利用，收买个别叛徒，故意扩大渲染，用来转移视线，抵制人们由于宋案真相暴露引起的对他的谴责。一起是所谓“血光团”事件。宋教仁案发生之后不久，有一天，北京出现一名女学生，主动向政府投案，自称姓周名予儆，谎称受黄兴指使，组织血光团，悄悄来到北京，准备投掷炸弹，目标是炸死政府要员。哪里设有秘密机关，哪里埋有地雷，哪里藏有炸弹、手枪等，说得煞有介事。按她的口供，京津军警四处搜捕“血光团”，乘机逮捕了好几名国民党议员。一面命令上海司法机关，传黄兴到北京对质。黄兴得知这一消息，问心无愧，既未做此事，当然不怕对质。毅然到上海租界会审公廨，表示愿意赴京对质。只是因为北京方面证据不足，上海租界当局没有让黄兴到案。

徐企文案

另一起是徐企文案。5月29日上海制造局电告北京：有三百多人打着“中华民国国民军”的旗号，突然闯入局中，图谋抢劫枪枝弹药。幸亏防卫严密，将扰乱分子击退。并抓获为首一人，是工党首领徐企文。袁世凯接到电报，立即派海军中将郑汝成、团长臧致平等率领卫队和士兵近千名，乘船赴上海借镇压查办的名义，使拥袁的北军进驻上海制造局。

四省都督卸职

随着南方革命党人反袁情绪的高涨，袁世凯方面也加强了战争准备。分别于4月30日和5月6日在北京召开两次秘密军事会议，除部署军事外，还决定采取措施制裁反袁的报纸，让由于宋案受到舆论攻击的赵秉钧装病住院，命陆军总长段祺瑞代理总理，以加强军事控制，决定作战方略，摆好了决战的阵势。与此同时，袁世凯仍然没有放弃他玩弄权术的一贯手法：设法分裂国民党，笼络一部分意志薄弱的人，瓦解他们的反袁斗志。在袁的策动下，国民党成立不到半年，便先后从党内分裂出去国事维持会、超然议员社等七八个小政团。使国民党在与袁世凯决战前，就已经四分五裂，丧失了战斗力。

袁世凯部署停当，于6月间借口江西都督李烈钧、安徽都督柏文蔚和广东都督胡汉民曾联名通电反对善后大借款，是不服从中央的行为，先后罢免了他们的都督职务。另外派员接任。因为江西与湖北相邻，江西都督由黎元洪兼任。这命令一颁布，人们以为必有一番大的较量。哪知三位都督因得不到国民党内反袁的统一部署，李烈钧顾虑重重，打起了退堂鼓；柏文蔚意志消沉，认为大势已去；胡汉民因广东将校都反对武力讨袁，感到孤掌难鸣。因此都二话不说，交卸了职务。

刺黎行动

湖北省本是武昌首义发源地，袁世凯为了稳定湖北局势，极力拉拢黎元洪，特意拨给湖北一百万元作为军饷。黎元洪得着甜头，对袁唯命是从。往下布置：如发现有人“作乱”，前来报告，将论功行赏。不久，武昌城里就出现了“诛奸团”“铁血团”“讨贼团”等名目不一的团体，都被黎元洪都督一一破获，并搜出文件、印信等各种证据。有一天，都督府门前来了一名仿佛女学生模样的姑娘，要见都督，卫兵们觉得行迹可疑，加紧盘问，并唤出府内女仆搜身，结果从姑娘身上搜出炸弹。由军法科审讯查明，原来是“铁血团”的副头目苏舜华，前来行刺都督，随即判处枪毙。接连又有两名女子，一名周文英，一名陈舜英，都是到都督府来伺机行刺黎都督的，全都捉住枪毙了。黎都督见屡次出现这类事情，就实行戒严，同时电告袁总统，袁世凯命令严厉查办。

二次革命

“铁血团”等见武汉不能立足，纷纷逃往江西，江西地方士绅怕影响本地时局，电请黎都督来江西就任，黎元洪原本是湖北都督兼任江西都督，没法分身，于是推荐欧阳武为江西护军使，贺国昌为护理民政长，到江西上任。恰巧九江要塞总司令陈廷训打电报向黎都督报告：乱党们带着大量银钱来到江西，准备买通军队，约定日期发动起义。黎都督接到电报，秘密电告北京政府，请派兵增援江西；袁世凯当即命令第六师师长李纯为九江镇守使，以备发生非常事态。护军使欧阳武打电报向黎都督报告："江西很平静，何必用重兵来这里镇守？况且北军（指第六师）一到，在各个要塞严密布防，使当地商家、民众都非常惊慌不安。"请都督转告北京政府，不如撤防为好。

黎都督接到这份电报，更加感到疑惑不解，只得说是陈廷训司令告急，所以命李纯司令前来。回答欧阳武的电报刚刚发出，陈司令又来电报告急，说接到湖口炮台报告：前都督李烈钧带领几名外国人，乘轮船来到湖口，会同九、十两个团，调去工程、辎重两个营的兵力，勒令将湖口炮台交出，由这两个营把住湖口。李烈钧占据湖口炮台后，即分兵进逼金鸡炮台。德安混成旅长林虎，已成为李烈钧的后援部队。形势紧急，希望火速添兵。

黎都督接到这电报，感到虚实难辨，打电报问欧阳武，立等复电，但是欧阳武没有回电。唯有九江镇守使李纯有急电来请示，说李烈钧已经占领湖口炮台，宣布独立。代理镇守使俞毅和旅长方声涛都已与李烈钧联络一起，驻扎在德安的林虎旅长也已与李烈钧相应，特电告并请示黎都督。二次革命爆发，黎随即电令李纯，留驻九江。并电告北京政府，详细汇报欧阳武和李纯的不同态度。北京政府根据黎都督的汇报，致电江西责问欧阳武，欧阳回电说："李烈钧虽然占据湖口，幸好别的团没有发生兵变，现已派兵去湖口。"并表白自己"当竭尽全力效劳"。北京政府将欧阳的汇报转告黎元洪。黎元洪还是心存疑虑。忽然传来《讨袁军檄文》，为首的是总司令李烈钧，下面依次是欧阳武、贺国昌、俞应麓等。声讨袁世凯的檄文，大致内容为痛斥袁世凯"乘机窃取权力，推行专制，暗杀革命元勋，违反约法，擅自作主借款。凡此种种行为，实在有负国民的委托。我们民众急待起兵维护自己的权利，与全国共同声讨独夫民贼。"黎元洪看过檄文，说道："前年革命，使多少民众处于极端困苦的境地。才隔一年，又要打仗，我只好保全秩序，可别受他们的牵连。"正在想着明哲保身的办法，黄兴、柏文蔚又有电报到来，黎元洪只好置之不问。一会儿，九江镇守副使刘世钧打来加急电报，请黎元洪催李纯迅速攻克湖口；不久，接欧阳武通电，说："北方来的军队无缘无故分三路进兵到达江西，江西民众愤恨，由省议会顺从民意，公推武为都督，本人为顾全大局，不得不暂从民意。"没多久，李纯来电，说已经与林虎开战了。

自从李烈钧占据湖口，林虎率军队相应，过沙河镇时，被李纯派兵截住。李烈钧早已知道李纯是实力强大的对手。上次请欧阳武出面电告北京政府逼李纯撤军，就是这意思。李纯怕情况有变，所以驻防九江，专门防止林虎到来。林虎既到湖口，直逼李纯军营。首先开枪袭击，李纯见林虎军队开枪，也就组织还击，两下里打了起来，不多时，各自收兵。李纯立刻分头打电报告急。当天，接到袁总统的命令，勒令彻底清剿。李纯一面读电报，一面随即将电报内容向军队官兵宣告，于当天夜间出战，直扑林虎军营。林虎率领军队迎战，两下里又激战半天，林虎军眼看子弹将尽，秩序散乱，只得退回，李军又追打一程，方才收兵。

袁世凯接到李纯的告急电报后，已经派遣段芝贵为军长，带领军队南下，前来协助李纯作战，归黎元洪指挥；并命令与欧阳武妥为商量今后的军事部署。其实这时欧阳武已发通电为起义军都督，不过袁世凯还不知道。黎元洪便把欧阳武的态度电告北京政府。

段芝贵率领军队会同李纯进攻湖口，李烈钧虽然占据湖口，但是没有后援部队，孤军一支，怎能长久支持？黄兴、柏文蔚和陈其美等知道李烈钧势单力薄，赶紧分头起事，声援李烈钧，以节制袁世凯的兵力。黄兴从上海到浦口，策动南京第八师，闯入都督府，逼都督程德全独立，出兵讨伐袁世凯。程德全感到进退两难，干脆推托有病让位，请黄兴主持。黄兴一听，正合心意，稍稍谦让一番，答应就职。程德全收拾行李，带了家眷和亲信卫队，辞别黄兴，径自走了。黄兴据都督府，总揽江苏全省大权，宣告独立。凡江苏省独立后应办理的一切事情，全由黄兴一手办理。

柏文蔚和陈其美等，听说黄兴已经在江苏宣布独立，便起来响应。柏文蔚在安徽临淮关，组织讨袁军。陈其美在上海设司令部，树起讨袁旗帜。长江巡阅使谭人凤回湖南活动，要求都督宣布反袁独立；驻扎在徐州的江苏第三师师长冷遹（yù）率领部队投入讨袁军事行动。

袁世凯听得这一消息，随即任命张勋为江北镇守使、倪嗣冲为皖北镇守使、冯国璋为第二军军长兼江淮宣抚使，限期南下。又恐怕议院中的国民党员，招引同伙在北京闹事，便任命前总理赵秉钧为警备司令，陆建章为副司令，严密部署，加强北京城的防卫工作。

程德全在南京托病让位以后，来到上海。将在南京的情况，电告北京。袁世凯回电，把他斥责了一顿，随即命他在上海设立临时都督府，以图日后恢复。忽然接到南京来电报告：四路要塞总司令吴绍璘、讲武堂副堂长蒲鉴、要塞掩护团教练官程凤章等，都被黄兴率领的讨袁军捕杀。袁世凯接电，当即免去黄兴、柏文蔚和陈其美三人的职务，并命令张勋、冯国璋各率军队赶紧赴南京剿办。张勋对这一差使格外卖力。因前次在南京被驱逐而怀恨在心，这次重返南京，正好报仇。于是连夜进兵，走到韩庄，与黄兴从南京派来的军队遭遇，双方开战。打了一天，未分胜负。张勋大怒，亲自出战。士兵们见主将出战，个个奋勇当先，一鼓作气将南京军队杀退。张勋乘胜前进。这时从邮局递来一封黄兴的公函，张勋拆开一看，就将来信撕得粉碎，并说："我只知道老袁，其他事一概不问。"

第三师师长冷遹听说宁军被打败，连忙率军队增援，正遇到张勋率领的军队，双方交战不分胜负。这时曹州镇总兵田中玉领兵前来援助张勋。两边夹攻，打败了冷遹率领的军队。于是张勋占领了徐州。

攻占九江口的李纯，这时又得到段芝贵的援助，实力大增，便商定联合进攻湖口，并出告示劝驻守湖口的讨袁军投降。李烈钧派兵出战，屡战屡败，处境十分危险。团长周璧阶见形势危急，率所部拼死抵御，不料被部下营长龚星胜开枪击毙，龚即率残部向北军投降。李烈钧见龚星胜叛变，军心动摇，十分恐慌，即向各处讨袁军求援。

国民党领袖孙中山，因怕党人失败无处安身，一面通电号召各省独立，一面发电要求袁世凯退位。哪知袁世凯早已下定帝制自为的决心，怎能主动退位？又见国民党军连战连败，向各处告急，就乘机把所有反对他的人赶走，以便为他建立袁氏帝国扫清道路。于是，他首先下令撤销孙中山筹办全国铁路全权的职务。这时如汪精卫、唐绍仪等人，也都来电劝袁世凯退位，但都被袁世凯用轻描淡写的几句话搪塞过去了。当时有许多不明真相的人，还以为袁世凯是为维护国家的统一而用兵，说此次事件的发生，是因为孙中山、黄兴、柏文蔚、李烈钧等人故意煽动变乱，使无辜百姓受害，因此愿为袁世凯镇压国民党人充当前驱。

安徽都督孙多森本是袁世凯的心腹，在江西、江苏宣布独立后，他非常害怕，当安徽国民党人要求他宣布独立讨袁时，他借口“我不懂军事，不能督师”，不愿举兵讨袁。于是大家推举安徽第一师师长胡万泰为都督、孙多森为省长，宣布安徽独立，并任命宪兵营长祁耿寰为讨袁军总司令。哪知驻扎在芜湖的旅长龚振鹏，看不起胡万泰、孙多森，已率先宣布独立。龚振鹏宣布独立后，财政困难，便率部下将大通盐厂存银抢掠一空，并将护厂卫兵全部打死。胡万泰、孙多森见此情形，知很难在省城立足，急忙化装逃走。省城无主，十分混乱，当众人正商议再推举都督之时，忽听说柏文蔚领兵来到，即出城迎接。原来柏文蔚在临淮关听说省城大乱，便火速率兵前来，途中正遇逃出的胡万泰，就一同奔赴省城。柏文蔚受众人劝迎入城，被推举为都督兼民政长，立即派兵抵挡北军的进攻。这时孙多森已逃到上海，发电报告袁世凯他在安徽被逼出逃的情形，请求速任命新都督来安徽镇压国民党。袁世凯接电后，即把讨伐安徽的事交给帮办河南军务的皖北阜阳人倪嗣冲办理。于是倪嗣冲即率所部由淮北向省城安庆进发。

这时广东都督陈炯明听说黄兴已在南京宣布独立讨袁，便到省议会宣布袁世凯的罪状，并以武力威胁议员赞同讨袁，议员们只得听命。于是陈炯明宣布广东独立，自称粤军讨袁总司令，并派兵增援黄兴、柏文蔚、李烈钧等人。接着湖南、福建、重庆也相继宣布独立，起兵响应孙中山、黄兴所领导的讨袁军。袁世凯所控制的中央政府，急忙派兵分头抵御。但袁世凯最关心的还是江苏、江西两路战事。由于李烈钧部在湖口已被包围，受到北军水陆两路的夹击，终于抵挡不住，只得放弃湖口，退往湖南。北军占领湖口后，即发电向袁世凯报捷。袁世凯闻报大喜，一面下令悬重赏缉拿李烈钧，一面拨银十万两犒赏攻占湖口的官兵。同时又下令命江西宣抚使段芝贵负责办理一切善后事宜。

上海讨袁军总司令陈其美接连攻打制造局，屡战屡败，退至吴淞口。这时松江军队已推举钮永建为讨袁军总司令，派兵开赴沪南，誓与北军决战。当松军到达龙华时，即向该处军火制造分厂进攻。谁知厂内竟无一兵守卫，松军即整队进厂，先将厂内火药、子弹检查一遍，贴上封条，命该厂厂长严加防守，即拔队向上海进发。

这时上海制造局督理陈棍与海军总司令李鼎新，正为接到江苏讨袁军总司令黄兴来电，要求他们宣布独立，苦无对策，左右为难的时候，海军中将郑汝成率领北洋第四师一个团的陆军来到，让陈、李十分高兴，便共同研究对策。郑汝成对李鼎新说，袁大总统本已责成海军防守制造局，现在海陆军齐全，枪械充足，正好设防坚守，不必为黄兴的一纸空文所动摇。况且上海领事团又有咨文照会双方，要求不要在上海开战，谅不可能打起来。又说，你守护海军各舰，我守护制造局，倘若国民党军来攻，我负责正面抵挡，你只要开炮相助就行了。于是郑汝成与李鼎新联合防守上海制造局之策议定。

陈其美在攻打制造局屡败之后，便在上海南市设立讨袁军总司令部，积极运动吴淞要塞司令姜国梁宣布独立。姜国梁在陈其美的鼓动下宣布独立后，陈基美就在上海划定战区，照会各国领事，声明外国船只不准在所划战区内停泊。这时上海遍地皆兵，北军的增援部队逐日增加，都住在制造局内，听候郑汝成的调遣。郑汝成恐局中原有的警兵不可靠，便一律赶出局外。陈其美见郑汝成防守严密，不敢轻易开战，遂商请上海商会团长李平书与王一亭前往制造局劝说郑汝成，只要郑汝成率部退出制造局，便以三万金相送。不料郑汝成拒不接受，还将李平书、王一亭二人训斥一番。于是陈其美决意开战，分兵三路向制造局发起进攻，郑汝成也分兵迎战。制造局内有受陈其美买通的一部分北军不愿参战，纷纷离去。经过一天激战，讨袁军伤亡很大，败溃而逃。第二天陈其美又令吴淞要塞司令姜国梁攻打制造局，结果也被北军打败。第三天，有一艘军舰满载北军驶入吴淞口，登岸后即迅速进入制造局。郑汝成得这支生力军来援，声势更盛。这时陈其美也由江苏调来一支援军，不料刚进入战区，就遭到北军的猛烈轰击，死伤惨重，不得不向后撤退。郑汝成即派兵追击，中途正遇钮永建所率的松军来援，于是双方展开激战。由于北军火力较猛，松军抵挡不住，也败退下来。不料路经法国租界，又遇到法国兵的阻拦，令他们缴械后才让逃走。

这次上海之战，讨袁军除死伤及逃跑外，被俘的也不少，都被送到吴淞炮台效力。上海绅商见讨袁军无取胜的可能，便出面调解，要求双方停战。陈其美开始不肯答应，后经红十字会长沈仲礼的劝说才应允。唯钮永建心中不服，召集残部意欲再决一死战，并请日本炮兵相助。这次战斗比前次打得更激烈，北军兵舰也被打伤。但讨袁军终因实力不足，越战越少，最后溃散了。

这次上海战事以讨袁军失败告终，但北军的伤亡也不少。开始，袁世凯听说上海战事激烈，曾多次派兵增援；今见郑汝成得胜，便特派人送银来上海犒赏官兵，并委任郑汝成为上海镇守使。后来郑汝成得知讨袁败兵均逃往吴淞口，吴淞要塞司令姜国梁已逃跑，吴淞炮台为新任要塞总司令居正所掌握，而居正本来和陈其美是一党，于是决意去攻打。郑汝成即与海军总司令李鼎新商定，派水陆军两面夹攻吴淞口。袁世凯得报后，又命令海军总长刘冠雄率军舰运兵增援。

黄兴在南京听说江西、徐州、上海三路讨袁军相继失败，知道大势已去，无法挽回；又听说袁世凯下令严拿党人，暗想“此时不走，更待何时”？遂改换西装，邀请日本人陪伴，又调一连士兵护送出城。士兵一直护送黄兴到江边，见他乘日本轮船离去才回城。黄兴到达上海，原想与孙中山商议下一步如何行动，哪知上海领事团命令巡捕房缉拿党人的名单中第一个就是他黄兴，其余还有李烈钧、柏文蔚、陈其美、钮永建、刘福彪、居正等人；还看到上海工部局张贴的不准党人在租界内停留及驱逐孙中山、岑春煊等人出境的布告。黄兴感到无处存身，便前往吴淞炮台与钮永建、居正等人告别，次日乘日本轮船逃离上海。

黄兴既已逃走，江苏代理民政长蔡寅，即请第八师师长陈之骥及第一旅旅长周应时等人出来维持南京秩序。先宣布取消独立，再请都督程德全回南京继续执政，又草拟几条安民告示贴出，人心这才稍定。接着推举几位代表去上海迎接程德全，并报告第一师师长洪承点已经逃走，大家公举周应时为第一师师长。不料程德全不仅不肯下委任令，还要将周应时的旅长职务罢免，引起士兵不满，险些激起哗变。等到杜淮川接任第一师师长时，冯国璋、张勋两军也正开往南京。

这时，上海《民权报》主笔何海鸣率党人忽然来到南京，便又宣布恢复独立。但第八师师长陈之骥反对，派兵将何海鸣等人逮捕，并关进监狱，又出告示取消独立。南京绅商恐张勋的辫子兵入城蹂躏，便商议推举代表迎请冯国璋的军队进城，劝阻张勋的军队不必进城。众议既定，遂派代表出城迎冯。冯国璋亲自接见绅商代表，对所请之事满口答应。代表们回城转告陈之骥，并促陈之骥亲自出城去迎冯国璋。哪知第一师官兵听说第八师师长陈之骥出城，竟去抢劫第八师司令部。第八师官兵毫无准备，抵挡不住第一师的进攻，一齐逃出兵营。第一师官兵乘机将何海鸣等人救出，护送至都督公署，再次宣布独立。何海鸣又施用笼络手段，诱使第一、第八两师分守要隘，两师官兵大多听从命令，只有少数不肯附和独立的官兵，均令其缴械回籍。出现这种情景，等张勋、冯国璋两军开到，南京难免又要打仗了。

前面说到，袁世凯令海军总长刘冠雄亲率军舰运兵增援上海，在吴淞口受到居正的炮击不能靠岸，只好绕道至浦东登陆，把兵开进制造局。刘冠雄与郑汝成议定联合攻打吴淞口，密令各军舰驶抵吴淞口开炮轰击。居正亲自登上吴淞炮台，指挥炮兵还击，双方炮战约一小时之久。过了两天，双方又进行了一次激烈的炮战，吴淞炮台被击坏几处。刘冠雄听说吴淞炮台士兵因被围缺食，均无斗志，遂致函仍在上海的江苏都督程德全，要他勒令居正、钮永建等人投降，但居、钮二人皆不听从。只有福字营统带刘福彪有意献台投降，被居正发觉，把他赶跑。刘福彪竟去投靠程德全，并报告吴淞炮台的内部情形。刘冠雄得知炮台内情，即命令海陆军联合猛攻。居正知钮永建懂得军事，便把守吴淞口的全权交钮永建执掌。

钮永建驻守在宝山县城。上海红十字会长沈仲礼请外国医生柯司借医治伤兵为名，进宝山县城去见钮永建。钮永建问：“你看伤兵情况如何？”柯司答：“死尸遍地，不堪入目。”柯司接着煽动说："你是松江人，带的是松江兵，为何不替家乡兄弟着想？你自命讨袁，现在袁世凯未打倒，你的家乡兄弟可已快被打光了。"钮永建悔恨道："我自知有错，但现在处境如此，我能有什么办法呢？"柯司进而劝道："与其拼命战死，不如率部退出战场，也免得生灵涂炭。"钮永建说："如此甚好，只要北军不伤害我的部下，我就没有什么要求了。"柯司说："你可以把条件写出交我，我愿冒险去见刘冠雄总长投递。"钮永建遂将条件写成书信交给柯司，并将柯送出城外。柯司直奔刘冠雄军营，递上钮永建的书信。刘冠雄看过心中高兴，又征求郑汝成、李鼎新两人意见，都表示同意。于是刘冠雄即刻给钮永建写封回信，大意是希望钮永建遵守信约，不要反悔，派人送往宝山县城。钮永建立即回信，表示按约进行。

次日，柯司仍以医治伤兵为名，再入宝山县城，四处察看，已无一兵，钮永建也走了，只留下一封书信与四名职员等待柯司再来。柯司看过钮永建留下的书信，立即奔赴吴淞炮台。原来钮永建已将让柯司联系投降的密约告知炮台守兵，所以士兵见柯司的到来均表欢迎。柯司见各事已定，又劝慰士兵一番，便将红旗升起。驻守在吴淞口外的八只北军兵舰看到红旗信号升起，知道守台炮兵已降，便陆续开进吴淞口，直到炮台下停泊。刘冠雄下船登上炮台，分派水兵把守军舰，又将红旗扯下，升起海军旗帜。各军向柯司行礼致谢，柯司又给全体官兵拍照一张，留作息兵停战的纪念，然后辞别而去。刘冠雄即向袁世凯发电，报告吴淞炮台克复。袁世凯任命刘冠雄兼南洋巡阅使，下令严拿党人。钮永建因被缉拿甚急，便同居正一起逃往海外。李烈钧、柏文蔚、欧阳武、陈炯明等人，也因袁世凯下令悬赏缉拿，纷纷逃亡。

袁世凯看到李烈钧退出湖口、柏文蔚被胡万泰赶走，其他各处讨袁军也先后失败，领导人也灰心丧气地四散逃走；已独立的取消独立，未独立的更加服从他的统治，讨袁军同盟会也已解散，大局已定。唯有南京还被何海鸣占据，尚未取消独立，便令冯国璋、张勋两军加紧进攻。冯、张二人商议，先派徐宝珍、张文生两师长各率所部向南京城发起进攻。激战数日，反被何海鸣指挥的讨袁军用大炮轰毙数百人。特别是徐宝珍部，仅营连长就被打死好几个，徐宝珍本人也受重伤。张勋闻报大怒，亲率全军进攻，先攻下紫金山，继又攻下天堡城。不料就在这时，柏文蔚率领一支讨袁军来援，从背后猛攻张勋军，又将天堡城夺回。张勋闻报更怒，一面催促冯国璋速派兵前来助战，一面令徐宝珍拼命夺回天堡城。讨袁军轮番争夺，都被打退。讨袁军越战越少，北军援军越来越多。柏文蔚登城观望，见北军营帐如柴堆一样遍地皆是，即对何海鸣说："北军大队已到，南京即被包围，此城恐怕守不住了！"何海鸣答："万一此城被攻破，张勋军入城，还可以与他进行巷战。"柏文蔚闻听不语，第二天即带领从人出南门离去，只留下书信一封。何海鸣看见书信，知道柏文蔚已走，便改任韩恢为都督。这时，冯国璋、雷震春率军一齐来到城下，四面围攻。

北军攻城越来越猛，韩恢不敢出面指挥作战，南京城很快就被张勋、雷震春两军攻破。何海鸣从南门飞速逃走，张、雷也不派兵追赶。北军攻进城后，便借搜查党人为名，纵兵大掠三日，奸淫抢夺，无恶不作。百姓苦不堪言，都纷纷跑到教堂内以求保全生命。三日过后，雷震春进城，淫掠稍减。接着冯国璋也率部进城，会同刘冠雄联名向袁世凯发电报捷。袁世凯接电后，立刻发来两份电令：一份是免去程德全江苏都督令，一份是任命张勋为江苏都督令。张勋如愿得官大喜。只是南京的老百姓因受张勋的辫子兵淫掠摧残，正苦无处申诉。哪知在这场战事中偏偏打伤了三个日本商人，日本领事遂向袁世凯政府提三项交涉条件：一要袁政府赔礼谢罪；二要下令严惩凶手；三要赔款抚恤。袁世凯不敢得罪日本人，立刻派员南下，先向日领事赔礼道歉。日领事遂向来人讲述南京被张勋兵蹂躏的惨情。袁世凯闻报后，不得不发电责备张勋几句。而冯国璋军入城后纪律稍好，两下对比，老百姓都喜冯而恨张。由于南方战事至此结束，不久冯国璋、刘冠雄也都率部回原任所去了。其他如四川重庆也曾宣布独立，但在都督尹昌衡的镇压与劝诱下，只将为首的党人捉拿正法，余众都表示归服。

这次战事史书都称作“二次革命”。由于它发生在民国二年（1913），即阴历干支纪年的癸丑年，所以又称作“癸丑革命”。

白朗反袁势力扩大

袁世凯把参加“癸丑革命”的国民党人都视为乱党，一律下令缉捕，于是重要党人纷纷逃往海外。只有河南的白朗与党人不同，他仍领导农民军继续坚持反袁斗争。起初白朗所领导的农民军只有数百人，在河南南部一带进行劫富济贫的斗争，很快就发展到几千人。“癸丑革命”发生后，江苏讨袁军总司令黄兴派人来约白朗联合反袁，并答应如果讨袁成功，便将河南都督的官职让给白朗。这时由于袁世凯把各省的军队都调去进攻讨袁军，白朗的农民军因无兵阻挡，便乘机攻城夺镇，声势大增。及至黄兴等人所领导的“癸丑革命”失败，河南田作霖统领便向河南都督张镇芳献计；三路围剿白朗军。但张镇芳不听，只任命旅长王毓秀为剿办白朗军总司令。哪知王毓秀不会用兵，反被白朗所领导的农民军打败；且到处烧杀淫掠，百姓苦不堪言。于是河南省议员等纷纷指责王毓秀，并呈文上告袁世凯。袁世凯这才电饬张镇芳将王毓秀撤职查办，并勒令各军加紧进剿白朗军。张镇芳无奈，只好亲自督率各军，向白朗军占据的驻马店进发。

白朗得知张镇芳亲自率兵来攻，便把农民军分成三路，埋伏在驻马店附近等候。刚布置完毕，就见有汽车开来，还有大队人马随后。白朗军见有汽车开来，知是张镇芳无疑，大家都想夺取头功，不等汽车开到近前，便开炮轰击，顿时枪炮响声动地。张镇芳被吓得丧魂失魄，急令调转车头飞速逃命。白朗见部下因过早开炮把张镇芳吓跑，很惋惜地对大家说：“你们太性急了，没把张镇芳打死，只把他给吓跑了！”随后，他便率农民军向安徽境内进发，接连攻克霍山、六安等县城。这时白朗已探听到黄兴等人因战败逃往海外，便率领农民军由安徽折回向西，越过京汉铁路，进入湖北境内的随县、枣阳地区。

讨伐国民党

张镇芳自被白朗农民军的大炮吓跑后，便托病逃往北京。河南都督遗缺，袁世凯即令河南民政长田文烈代理。此时袁世凯因正忙于剪除异己，准备帝制自为的事，也就顾不得再派兵去围剿白朗军等事了。袁世凯首先运动国会，提出一项讨伐国民党的决议案。议长张继见党人讨袁失败，因涉嫌疑，便主动辞职。由于国民党人在议会中人数减少，进步党人便占据了优势。有议员提议："临时政府是按照《约法》组织机关，如有窃据地盘、私立名号反对政府者，就是背叛民国，政府应采取严厉手段，以乱党对待。"袁世凯政府得此议案，便以冠冕堂皇的名义，命令北京检查厅传讯国民党议员，问黄兴是不是国民党党魁；如果以后谁再与他发生联系，政府就取消谁的议员资格。甚至还要求国民党议员自动宣布将黄兴开除。

正当国民党议员被迫有的脱党、有的辞职，处境十分艰难之际，袁世凯政府的一桩密事忽然泄露，立即引起舆论大哗。原来在袁世凯为了武力镇压党人而筹集军费的善后大借款未成立之前，就已向奥地利国斯哥答军火公司秘密借款三千二百万镑，并附有损害国家利益的特别条件，双方已经签字画押。这件秘密现已传到议员耳中，无论哪个党的议员，都认为政府违法，于是纷纷提出质问。袁世凯见无法隐瞒，只得承认。议员不好弹劾总统，就弹劾国务员。这时国务总理由段祺瑞代理，因秘密借款事在前，与他无关。但其他国务员不能辞其咎，因此纷纷辞职。除陆、海军两总长一时不好更换，仍由段祺瑞、刘冠雄担任外，其余各部总长均更换人选，另组新内阁。

袁世凯原以为进步党议员都听他的话，没想到他们因借款事件也起来反对他，恐怕以后更靠不住，便打算先将国民党剪除，再慢慢摆布进步党。于是袁世凯一面通饬各省，将所有国民党机关全都拆除；一面派侦探四处缉拿党人，如有事涉嫌疑者，立即处死。同时又下令将所有反对过他的人，一律按匪类惩办。经过这样一番摧残，国民党的威势大减。唯有袁世凯的众亲信们高兴异常，都想把他抬上皇帝宝座，自己好做开国功臣。可惜袁世凯现在还是临时总统，于是大家商议先设法让国会选举他为正式总统，再慢慢图谋称帝。

袁世凯“当选”正式大总统

由于国民党的势力大减，参众两院议员都惧怕袁世凯的威势，遇事只好随声附和。这时大总统选举法尚未制定，两院议员急忙开会研究，认为只有先将选举法公布，然后才能选举正式总统。于是立即召开国会讨论，决定先制定宪法，后选举总统，并仿照西方各国宪法规定，组织两个机关，分别起草宪法和总统选举法，最后大家一致赞同。9月5日，先提交众议院开会投票表决。在袁世凯及其亲信的威逼与操纵下，多数议员投票赞同先选举总统，后制定宪法。接着又提交议院全体投票公决，仍是多数赞同先选举总统。按照常规，宪法尚未制定，根本不能提出选举总统的议案，但由于大多数议员被胁迫同意先选举总统，也只好通融。于是决定由议院派人组织一个委员会，负责起草总统选举法，然后提交议院全体会议表决。结果一致通过，《总统选举法》立即颁布施行。

总统选举法既已颁布，议院便于10月6日，依法进行投票选举总统。袁世凯虽然得票最多，但尚未达到法定当选票数，不能生效；接着进行第二次投票，仍不足法定票数。这时议长王家襄偷偷地对议员们说："我看这次选举总统，大家非投袁世凯的票不可；况且老袁左右的人都想扶他称帝，好当开国功臣。大家不如赶快选举老袁为正式大总统，让他心满意足，也好打消他称帝的念头。"众人只得答应，于是准备进行第三次投票，如果还是老袁得多数票，就照选举法第二条说明施行，即经过三次投票，如果仍没有人达到当选票数，就以得票最多者当选。

就在众人正待第三次写票投箱之时，忽然有一百多人闯进会场，叫喊着："我们是公民团，来看大总统选举的！"把议员包围起来。议员们见此情景，已知是袁世凯的指使，今天如不选他是走不出会场的。于是大家便不再多想，迅速在选票上草草写上"袁世凯"三个字，投入箱内。开箱验票，结果票票都是袁世凯。至此，那一帮自称"公民团"的人，才欢呼雀跃而去。

袁世凯当选正式大总统的消息传出后，拥护他的人都欢呼雀跃，自不必细说。第二天，又投票选举黎元洪为副总统，一次投票通过。选举事结束后，由国务院向全国发出通电，由外交部照会各国驻华公使。

这次袁世凯就任大总统的一切礼仪，自然非常隆重；又加上是在这年的10月10日国庆节举行，格外洋溢喜庆的气氛。就职礼节由国务院发布通知，就职地点在大清帝国皇宫的太和殿。就职时袁世凯面南而立，护卫人员分立左右。侍从捧上誓词，袁世凯宣读完毕，文武官员遂趋前向他行三鞠躬礼，他也以鞠躬礼相答。

就职礼毕，袁世凯退入休息室。大礼官即引导外国来宾进入礼堂，排班站立，又请袁世凯入礼堂面南而立。这时，鼓乐齐鸣，袁世凯慢步登上礼台。外交部长便引导各国公使至礼台前向袁世凯行鞠躬礼，袁世凯以鞠躬礼答谢；一位公使代表外交团宣读贺词，袁世凯宣读答词。礼毕，各公使再行私见礼，由大礼官按次序一一引见，彼此敬礼如仪。礼毕，各公使退出接待室。

接着，大礼官又引导清室内务府大臣世续与袁世凯相见，两人互致敬意后，世续退出，大礼完毕，文武各官照例三呼大总统万岁！在鼓乐齐鸣的军乐声中，袁世凯缓步走下礼台，进入休息室。

袁世凯休息片刻，陆军总长段祺瑞即进来请袁世凯到天安门阅兵。袁世凯请各国公使及世续一齐前往观看，各公使皆欣然答应。于是袁世凯在前，各公使随后，来到天安门依次坐定。只听一声令下，万兵齐集，一齐向前行参见礼。礼毕，各军献技，分外纯熟，袁世凯感到十分快慰。阅兵完毕，袁世凯返回总统府。

当天下午，袁世凯颁布命令，文武各员都加官晋级。欧洲各国得知袁世凯就任中华民国正式大总统，纷纷咨照外交部，正式承认中华民国。为了表示欢庆，国务院各部发出通知，一律放假三日。各省长官也都上书祝贺。这时黎元洪既被选为副总统，也只得宣布就职，国务院及各省均有函电祝贺。但黎元洪对被选为副总统，心里并不十分高兴，所以对各省函电祝贺也只是淡淡答复几句了事。而黎元洪所兼任的江西都督理应辞去，他便保荐第六师师长李纯接任。

袁氏与国会交恶

袁世凯鉴于前任临时总统时所有事情都要国会通过才能生效，认为国会专权，心中不免生气。现在既被选为正式大总统，如果事事仍由国会决断，自己一点主权也没有，将来如何能随心所欲呢？于是他就把给议会的咨文刊登公报，要求宪法中写明总统的主权。议院接到此文，认为各事须经国会议决是通例，总统无权干涉。当时议院正忙于起草宪法，没有时间答复袁世凯所提问题。袁世凯因未见复文，更认为非得独揽大权不可。

正当国会议员专心起草宪法之时，忽然有施愚、顾鳌等八人闯进会场，口称奉大总统命令前来陈述意见，并转交袁世凯的咨文，要求必须按咨文行事。议员们看过咨文，对八人说："民国立法，权在国会，一切不受行政干涉，你们来实系违法。请你们回去转告大总统，请他收回成命。"八人齐说："咨文在此，你们再仔细看看。"于是众人再看一遍，说道："大旨已定，不能更改。况大总统所拟条例，都是君主制的法例，与民主立宪法例不合。本会只知遵民主条例办事，希望你们不要横加干涉。"你想，这八个人碰了一鼻子灰，回去对袁世凯能有好话说吗？他们见了袁世凯，自然要添油加醋地夸大一番。袁世凯听罢，说道："你们去吧！我自有治服他们的办法。"

次日，袁世凯在向各省长官发去反对宪法大旨的通电中说，制定宪法，关系民国存亡，其权操于国会，稍不如意即行弹劾，何况又有种种谬误。请各省长官于接电五日内，迅速提出修改意见，以便采择施行。

袁世凯并非不懂法例，实因刚当选正式大总统，不好任意胡为，便想出一个花招，令各省长官出头作梗，这样一来就可以借此制服国会。而各省长官见袁世凯威势日盛，哪个不乘机巴结他呢？于是这个说解散国民党，那个说撤销国民党议员。袁世凯见各省函电纷纷传来，都是向着他说话，即召集国务总理及各部总长开会，商议取消国民党事宜。大家都说两事均可从速办理。袁世凯立即下令，把解散国民党与撤销国民党议员两事同时进行。

此令一下，就连其他各党议员也都担惊害怕，大家商量要与政府辩论曲直。哪知袁世凯手段更毒，一面下令解散国民党，一面派军警包围议员住所，强迫国民党议员缴出证书徽章，稍有迟延就以手枪相逼。国民党议员无奈，只得全部缴出。一夜之间，勒缴证书徽章三百多份；甚至在二次革命之前就已脱离国民党的议员，其证书徽章也要一律收缴。又派军警看守两院议员，凡不在收缴名单上的议员方准出入。

由于两院议员已被驱逐大半，如何还能开会议事？袁世凯虽然有令增补，但各省议员见此情景，哪个还敢来京？袁世凯见议员们噤若寒蝉，个个吓得不敢出声，就索性下令将各省议员也一律取消，这才满意。云南都督蔡锷，于二次革命时曾联络调停息战，哪知也为袁世凯所忌，遂调他入京监视。云南都督遗缺，令贵州都督唐继尧兼署。湖南都督谭延闿、福建都督孙道仁，都因附和二次革命被下令免职。湖南都督改任亲信汤芗铭、福建都督令刘冠雄兼署。袁世凯更换三省都督的做法，各省都没有异议；唯国会不足法定开会人数，在手续上不合法，各省时有不满言论。于是袁世凯便挑选一些有名人物，组成一个机关，叫作“政治会议”。任命清末官僚李经羲为会长，张国淦等七人为副会长，另由总理推举二人、各省、各总长各推举一人、外加法官二人组成。也就是要用政治会议代替国会。接着袁世凯又授意各省长官，叫他们提出取消国会的建议。于是即由副总统黎元洪带头，联合各省长官致电袁世凯，要求取消国会。

黎元洪联合各省长官通电以后，即有参议院议长王家襄来鄂，说奉大总统命令，邀请副总统入京面商要政，黎元洪遂将湖北都督职务交民政长饶汉祥代理，偕同王家襄进京。

袁世凯请黎元洪来京，是有重要政治目的的。原来袁世凯的长子袁克定，听他爹话中有称帝的意思，十分高兴，便乘机催促加速进行。而袁世凯恐画虎不成，便派人先向段祺瑞示意，因为段祺瑞是陆军总长，手握兵权，如果他能出来鼓吹帝制，别人就不敢反对了。哪知段祺瑞闻听此言，心中大怒，遂将来人训斥一番。来人反报袁克定，袁克定这才派王家襄南下请黎副总统来京，以为黎元洪定会帮助他鼓吹帝制，同时也借机把段祺瑞调出京，叫他去当湖北都督，以便撤去他的兵权。

黎元洪一到北京，便上书要求辞去湖北都督职务。袁世凯立即批准，就派段祺端前去接任。紧接着又下令免去江苏都督张勋的职务，改任长江巡阅使，江苏都督由冯国璋接任。原来张勋本是袁世凯的部下，他除一贯效忠清室外，只服从袁世凯一人，所以至今辫子仍然保留。袁世凯深知张勋保留辫子的意图，唯恐实行帝制他会反对，故先将他的都督免去，只给他一个闲职。继又任命亲信赵秉钧为直隶都督。袁世凯这一连串的人事调动，是想先布置稳妥，然后再改变政体，为实行帝制开辟道路。

对于袁世凯的这些非法举动，偏有两院议员手执约法前来质问。国务院见这些议员啰嗦，便答复道：“两院既不足法定人数，当然应当停止开会议政。大总统乃是当今英豪，更不得以常例来约束他的行动。”议员们因抵制不过，也就不再过问了。

冬去春来，转眼到了民国三年。袁世凯忽然颁发一道命令张贴出来，大意是说约法不好，全部议员都应当撤换，重新改选新国会，等等。其中议员有明白内情的，就领几文路费回籍去了，但也有不明白的，还在继续纠缠。

袁、冯的政治婚姻

袁大公子克定，见其父所为与自己的想法一样，把所有反对派都驱逐了，心中暗想，帝制的路是走上了，就是缺少一个有力的帮手，遂与段芝贵商议去联络冯国璋，因为冯国璋的势力不亚于段祺瑞。段芝贵平日自称智囊，今见袁大公子请他去联络冯国璋，他想这件事要想马到成功，非施用美人计不可。于是便向袁克定耳边如此这般地讲述一番他的打算。

原来袁世凯总统府中请了一位叫周道如的家庭女教师，是江苏宜兴人。她的父亲在前清做过内阁学士，因此随父来京。后来父亲病故，只有一个弟弟还年幼，因此她一心要侍奉母亲终身，不愿嫁人。这周小姐因家境清寒，为养活老母及小弟，便出来到总统府谋事。袁世凯很赞赏她的才干，聘为家庭教师。袁世凯的第三房夫人闵氏，平日与周小姐交情最厚。一日闲谈，闵氏问周小姐为何不嫁，周小姐叹道："前因老母尚在，有心服侍终身；今母亲虽已去世，而我年岁已大，哪还有贵人相聘？"三夫人即用一番妙语挑动，直说得周小姐动了心，不由得满面绯红地叹气。三夫人接着说道："我与你情同姐妹，有话不妨直言，我自然替你帮忙。"周小姐说："我愿学那宋朝的梁夫人，怎奈我年岁已是入木之人，只好等来生吧！"三夫人说："你愿学梁红玉，我给你找位韩蕲王（韩世忠），以慰你夙愿就是了。"三夫人辞出，立即转告袁世凯。袁世凯本有为周小姐撮合的打算，怎奈一时不得其人，只得暂时搁下。

一日，冯国璋来总统府议事，忽然看见周道如小组，不由连连称羡，因问袁世凯"这位是什么人？"袁世凯乘机答道："此人是宜兴周小姐，现在我家当教师。闻你夫人去世多年，我替你作媒，聘为继室如何？"冯国璋说："我虽丧正室，尚有姬妾，犬子又大，我也年过半百，此事周小姐能答应吗？"袁世凯说："这位周小姐年岁也不过比你小十余岁，我和她商议商议再说吧！"冯国璋连忙称谢告辞。

不久冯国璋出任江苏都督，临行前文武大吏都来祝贺饯行，席间段芝贵又向冯国璋提及与周小姐的婚事。冯国璋说：“我是一介武夫，人家周小姐学问比我高。我是很愿意的，就怕人家讨厌我这大胡子呢！”大家听了又打趣一阵，然后散去。

次日，冯国璋别友出都，到南京上任去了。

一日，袁克定又问段芝贵联络冯国璋进行情况如何，段芝贵遂将现行的美人计说明。次日，段芝贵到总统府，乘机又向袁世凯说明促成周小姐与冯国璋婚事的意图。袁世凯说：“我因事忙，一时竟忘了此事，不知他们两人是否同意？”段芝贵道：“只要大总统作媒，哪有不同意的？现在他们都很感激大总统的玉成，以后大总统有事，还怕他们不效力吗？”袁世凯听罢点头。段芝贵去后，袁世凯便叫三夫人去找周小姐提亲。三夫人说：“我早已与周小姐说妥了。”袁世凯一高兴，立即致函冯国璋，要他践约与周小姐成婚。冯国璋复函表示“遵命”。于是选定1914年（民国三年）1月19日举行大婚礼。1月12日，袁世凯就派袁克定与三夫人，率周家姻亲及主婚代表等人，送周小姐去南京完婚。

当时南京的热闹情景，自不必细说。再说周小姐等人渡过长江，即被早已等候的大轿抬到专为女方准备的坤宅。转眼即到19日婚期，这天冯国璋身穿上将礼服，胸前挂满勋章，乘坐彩车出了都督府。这时大总统的代表、介绍人、司仪人、近亲人等，以及全副仪仗队，前呼后拥地把冯国璋送到坤宅。冯国璋下车入室，行过迎亲礼，稍休息一会儿即回都督府。又过了约一小时，即由送亲人等簇拥着彩车把周小姐送入都督府。司仪官登台，先请冯国璋出来，又请新娘下车，由两个侍女搀扶进入礼堂，与冯国璋并肩而立，行新式结婚礼。

先由大总统代表宣读贺词，再由新郎代表宣读答词，接着，司仪员高喊新郎新娘相对行三鞠躬礼，夫妇互行礼毕，两新人又向总统代表、介绍人行谢礼，代表、介绍人亦答礼，依次行礼完毕，新郎新娘即被送入洞房，最后行合卺礼。大婚事毕，袁克定等人才回京。

赵秉钧之死

袁世凯一心进行帝制，处处皆从变政上入手，至于像蒙、藏危机等国家大事，也全然不顾，认为只要帝制事成，就是丢失点疆土也不算什么。不久，他又下令取消地方自治。各省长官均知老袁的心意，于是由直隶都督赵秉钧领衔，呈请将各省议员也一律解散，袁世凯立即批准。对于袁世凯这些违法行为，当时任内阁总理的熊希龄非常气愤。原来熊希龄初任总理时，雄心勃勃，打算施展胸中抱负，把中国变成一个法治国家，但现在看到袁世凯处处违法，逢国会也被解散了，便上书辞职。袁世凯虽表示慰留，怎奈熊希龄去志已决，只得照准。同时与熊希龄有关系的一些人，也都纷纷辞职，袁世凯一律批准，熊希龄内阁至此结束。

1914年（民国三年）2月的一天，总统府忽接一电，内称直隶都督赵秉钧暴死。赵秉钧本是袁世凯的心腹之人，刺杀宋教仁一案就是他指使应桂馨干的，是老袁的功臣。至“二次革命”失败，国民党要人都逃往海外，应桂馨也从狱中逃了出来，在上海躲藏数月，自忖刺宋有功于袁大总统，便北上托赵秉钧介绍去见袁世凯，希图邀功。这时赵秉钧任直隶都督，驻在天津。应桂馨到天津求见，赵秉钧优礼接待。应桂馨请赵秉钧介绍去见袁世凯，赵秉钧即用电话先与袁世凯联络，并派卫队随应桂馨乘火车进京。但应桂馨走后不到一个小时，即传来应桂馨被刺的消息，赵秉钧闻讯大惊，即向总统府打电话询问刺应桂馨原因，对方只回答：“总统命令杀他”几个字。这时赵秉钧很后悔，即向总统府发电请病假。袁世凯立即批准，并派医生来津给赵秉钧看病。医生看完病后，开方下药，哪知药刚入腹，赵秉钧就呜呼身亡了。袁世凯接到赵秉钧暴死的电报后，心中暗喜，便去电说些赵秉钧忠厚谨慎的表面话，拨款治丧了事。

袁世凯一意孤行，破坏约法，摧残民意，并集陆海军大权于一身。这时他认为军政人权都已夺到手，再不用顾虑段祺瑞等武人反对，于是下令将段祺瑞由湖北调回北京继续任陆军部长职，但仍令他沿途剿办“土匪”。袁世凯既令段祺瑞回京供职，所遗湖北都督一缺，即任命亲信段芝贵署理。

白朗起义失败

再说白朗所领导的农民军，这时已被河南护军使赵倜等人由豫、鄂逼入陕、甘境内。由于袁世凯勒令北洋军及各省地方军尾追、堵截，致使白朗军不得休整、伤亡过重；加之西北苦寒，许多将士都不愿意继续前进，纷纷要求返回河南。白朗无奈，只得同意将士们的要求，便率队由甘肃折回。白朗率农民军刚回到豫南，即遭到官军的重兵围堵，最后在临汝的虎狼爬岭与官军发生遭遇战，在突围时白朗身受重伤，抬至宝丰县大刘庄原籍死去。至此，白朗所领导的这支农民军也被袁世凯消灭了。

袁氏加速称帝步伐

这时袁世凯所操纵的约法会议，已拟订出一个《中华民国约法》草稿，共十章六十八条，送交袁世凯审定公布，内容都是为他顺利实行帝制而订的措施。接着袁世凯又任命他的老搭档徐世昌为内阁协理，把国务院的官制一律取消。又在总统府内设立政事堂，秉承大总统意旨办理一切政务，并以国务卿为政事堂首领，协助总统监督政事堂工作。还设立左右丞及五局一所，各置长官；并选派参议员参与议论政事。

这时的袁世凯一心想要改变政体，除在内政方面进行一系列便于他专制独裁的改革外，同时在外交方面他也采取一些措施。他认为东西各国既然承认中华民国，难道就不能承认中华帝国吗？但他又恐帝制实行以后，万一各国不承认，必招来麻烦。于是他又想出一个以防万一的办法，即聘请几位外国人为总统府顾问，到帝制实行时以便利用他们去疏通本国政府承认帝制。

一战爆发

1914年，就在袁世凯加紧进行帝制的时候，第一次世界大战已在欧洲爆发了。这次大战的起因，是由于奥地利国皇太子斐迪南，在萨拉热窝检阅奥匈帝国军队演习时，被塞尔维亚民族主义组织“青年波斯尼亚”成员刺死。奥皇即向塞国问罪，并提出许多苛刻条件逼塞国答应。塞国本是小国，很难照行。于是奥皇即向塞国下战书，派兵攻打塞国。

塞国一面应战，一面向俄国求援，俄国即出兵援助塞国攻打奥国。奥皇见俄国出兵帮助塞国，也请求德国出兵助奥抗俄。德皇素有称霸全球的野心，只是没有机会用兵，今幸有奥皇相请，遂出兵向俄国宣战。哪知法国与俄国原缔结过同盟条约，此时也宣布出兵助俄抗德，于是德国又与法国宣战。

但德、法两国之间隔着比利时，比利时是各国公认的永远中立国，今德、法开战必要向比国借道运兵，比国不允，德国即强行运兵通过比境。英国见德强行通过比境运兵，要求德皇尊重比国的中立，德皇不听。英国见德皇蛮横无理，也向德国宣战。这就形成了英、俄、法、塞与德、奥互相攻战，彼此争雄的局面。而地处东方的日本，因与英国订有同盟条约，也宣布与德国决裂。唯有美国与其他各国严守中立。中国原拟追随英、日对德宣战，乘机收复青岛。但遭到英、日的反对，只好保持中立。袁世凯即依据中立国条规，宣布严守中立。

日本对德宣战，趁机占据青岛

不料，日本因欧战发生，宣布与德国绝交后，即出兵攻打德国的胶州湾租界地。而胶州湾本是中国租给德国的领土，日本吞为己有，明显是破坏中立条规，中国是不能允许的。但是袁世凯私心窃想："只要日本人能赞助实行帝制，就是违背点中立法也不必计较。"于是给日本人划出数十里战区，任其自由进兵。日本人对此十分高兴，立即派兵进攻青岛。

当时驻守青岛的德国兵只有五千人。日攻德守，两下相持数月，皆有伤亡。最后德国人因弹尽援绝，于1914年11月7日向日本人乞降。于是日本人乘机占据了青岛。

"终身大总统"

袁世凯对日本人攻占青岛不闻不问，只是一心一意进行帝制的准备。1914年（民国三年）8月，袁世凯授意总统府内史监梁士诒提出《大总统选举法》修正案，12月底修改完毕，向全国公布，共十五条。其中规定大总统任期为十年，可以连选连任，这就明白规定他将成为终身大总统；还规定后任大总统人选，必须从前任大总统推荐的三人中产生。这三个人的姓名，由前任大总统书写于嘉禾金简之上，钤盖国玺，藏于金匮石室之中。金匮的钥匙由大总统掌管，石室的钥匙分别由大总统、参政院院长和国务卿掌管，但没有大总统的命令是不能开的。这就是说，以后大总统也就不必再选举了，袁世凯自己做一任、连一任、再连一任；以后再打开金匮石室，取出被荐三人名单，如果是他儿子，儿子又荐孙子，子子孙孙接替下去，岂不就是袁氏的家天下吗！

袁世凯既将总统选举法改定，便逐步按照计划行事，不必细说。过了两天，他又定出一项国玺条例，共分三项：一为中华民国玺；一为封策玺；一为荣典玺。其他如大总统印、陆海军大元帅印，仍称为“印”，但均附入国玺条例中。

亡国“二十一条”

转眼已到民国四年（1915）元旦，各级官员都要按照规定礼节向大总统祝贺自不必细说。再说日本既占领青岛，一切权利都被日本夺去，袁世凯对此表示担心。因为他在青岛德华银行中原存有巨款，是留作运动帝制所用，今青岛已被日本人占领，恐存款会被没收，遂急中生智，立即致函英、德、日三国，要求他们撤出战区。大意是说现在青岛战事已经结束，为了大家的安宁，中国应设兵防海，故不能不要求各国撤兵。

日本见袁世凯处处揽权，意在称帝，便送来一份照会，其中说：“你何必独亲近德国，难道我们日本就不能帮你的忙吗？”

袁世凯看了照会，心中甚喜，便请来日本顾问，请他转达本国政府，请求帮忙。岂知日本内阁总理大隈重信本是外交老手，得到袁世凯这个消息，即于1915年（民国四年）1月18日提出“二十一条”[1]要袁世凯答应，说这是将来有事帮忙的报酬。袁世凯见这些条件都有涉中国主权，自然不敢立即答应。原来日本早就打算吞并中国未能得手，今乘欧洲大战之机，他国无暇干涉，所以提出这些条件来要挟中国。袁世凯对此不敢表示可否，陆军总长段祺瑞则奋然说：“这些条件我们决不能承认，不如立即退还回去，免生事非。”袁世凯说：“我国极弱，倘若有一件不依从，恐怕就要导致决裂。”国务卿徐世昌说：“这事责任属于外交，应由外交部长向日本政府婉言解释，要求他们收回这些条件。”这时外交部长是孙宝琦，他知道这事难办，即借故辞职，举荐总统府外交顾问陆徵祥代理。陆徵祥知道这二十一条关系重大，不愿就任，后经袁世凯秘密嘱托，陆徵祥才答应接任。于是陆徵祥即照会日本公使日置益来部商谈。日置益带领书记官与陆徵祥交涉数次，均无结果。最后陆徵祥说：“须请贵国政府将所提条件加以修改，方能开议。”日置益坚持不能修改，即告辞而去，一连数日未再开议。

这时日本政府逼迫中国政府签订有损中国主权条约的消息已经传出，各国都有照会给日本政府，说在欧战期间日本不得乘机单独索取中国的利益。而日本政府在答复各国的复照中，只说这些都是日中两国从前未了之事，现在提出与中国讨论解决。同时又电告日本驻华公使，赶快逼迫中国签约。日置益接电话，再与

1.编者注：二十一条是日本旨在灭亡中国的一个秘密文件。1915年1月18日由日本驻华公使日置益向袁世凯提出，共分五号，计二十一条。所有条款，就是要把中国变成日本的殖民地。由于袁世凯要想复辟帝制，为求得日本的支持，接受了除第五号以外的全部条款。但国会没有批准这个文件。

陆徵祥开议，逼陆徵祥尽快承认签约，陆徵祥仍是不肯答应。日置益大怒，说“你们总统的心事，我们是知道的，速将山东及中俄条约以内的权利转交我国，以了结目前之案。”陆徵祥答道：“此事须等到欧战结束后再议。”日置益不等陆徵祥把话说完，即大声嚷道：“你们就这件事已经拖延多日，未免太欺负我国了。”说罢愤愤而去。

袁世凯政府之所以对日本所提的“二十一条”不敢很快答应，主要原因有三；一是“二十一条”过于苛刻，严重损害了中国的主权；二是日本要求绝对保密是不可能的，一旦泄露出去，必然招致全国人民的强烈反对；三是认为日本必然与第三国早有默契，如果答应日本的要求，欧美列强就会据此要求“利益均沾”。但袁世凯政府对日本的要求又不敢完全拒绝，要考虑满足日本的一些要求，而又要避免与其交涉有关主权各项。因此，就一面让陆徵祥与日本公使日置益谈判时表示条件过于苛刻，坚持要日本政府必须修改后方能开议；一面密电冯国璋联合十九省都督发通电，要求政府拒绝日本所提条件，声称不惜与日本开战。与此同时，袁世凯政府还故意向中外报界透露“二十一条”的一些主要内容，用以鼓动舆论反对，企图借此向日本表示，答应全部条件确有困难。这样一来，“二十一条”的一些主要内容，很快就被中外报纸刊登出来，共分五号：

第一号，承认日本继承德国在山东享有的一切权利，并加以扩大。

第二号，延长租借旅大及南满、安奉两铁路，期限为九十九年，并承认日本在南满及内蒙东部的土地租借权或所有权，以及居住权、工商经营权，建筑铁路和开采矿山的独占权。

第三号，汉冶萍公司改为中日合办，附近矿山不准公司以外的人开采。

第四号，中国沿海港湾岛屿不得租借或转让给他国。

第五号，中国中央政府须聘用日本人为政治、军事、财政顾问，中国警政由中日合办，军械半数以上应采自日本或设立中日合办的军械厂，允许给日本建造湖北、江西、广东之间重要铁路权，以及日本在福建设资、筑路、开矿的优先权等。

中国人民获悉中日议约的主要内容后，无不义愤填膺，纷纷要求舍身为国捐躯，誓与日本抗争，力图挽回。于是有抵制日货的，有组织排日团体的，一时全国震动。就连一些外国人看了“二十一条”后，也都严厉批评日本政府蛮横无理，欺人太甚。

然而袁世凯并不惊慌，3月5日又派陆徵祥到日本使馆，要求正式谈判。日置益怒视不理，陆徵祥则低声下气地说：“愿对条约中第一、二、三号全部接受。”日置益仍不甘心，又继续谈判。当时中国人民的觉悟已经提高，越想这“二十一条”越厉害，倘苦袁世凯政府全部承认，中国非灭亡不可，便致电各省长官，请他们劝告政府一定要坚持拒绝。于是各省都督、民政长都纷纷致电袁世凯，力请不要与日本签约。袁世凯答复说：“对于此项条约，自然不能承认。望大家尽心各省军政等事，不必考虑外交。如有故意造谣生事之人，请各级地方官严加禁止。待此事解决后，立即向全国宣布。”

陆徵祥外长继续与日使谈判，双方争论激烈。日使先用大言恐吓，继又愤怒地表示要退出会场。后经外交次长曹汝霖劝慰，才又继续谈判，但仍未能达成协议。又过了两天，听说日本以换防为名，调集海军出发；又在山东、奉天等地增加陆军，大有开战之势。袁世凯听说日本增兵，心中着实惊慌，一面询问日本增兵何意，一面指使陆徵祥继续与日使谈判。不料日本公使日置益因骑马把脚跌伤，不能行动，要求会谈地点改在日本使馆进行，定于3月23日继续开议。到这天，陆徵祥、曹汝霖二人前往日本使馆，日使还未起床，陆、曹二人只得忍气到日使床前商谈，说贵国所提条件都关系到中国主权，实难应允。又过了两天，日使脚愈，遂乘车到中国外交部，大声嚷道："现奉本国政府训令，所有条件都已修改好了，你们如不答应，也就不必谈了。"说完，将修正案取出交给陆徵祥。陆徵祥看过，并未提出异议，即拿去与袁世凯商量。袁世凯、陆徵祥商量结果，承认数条，拒绝数条，至第五号，完全不能接受。当陆徵祥将此意见转达日使时，日使冷笑道："这些条件都是我国政府修改过的，如不全部承认，我国将采取最后手段，你们莫要怪我！"

果然，日本政府因中国未能承认全部条件，一面继续胁迫袁世凯政府答应，一面下动员令，宣布戒严，准备开战。驻山东渤海口的日本军舰，也积极准备进攻。这时各国驻华公使见此情景，纷纷来到中国外交部，劝中国与日本和平解决，不要开战。5月7日，日使也派人来到外交部送上最后通牒，限四十八小时答复，并说此案中国非得完全承认不可，否则定要开战。

袁世凯看了日本送来的最后通牒，心中犹豫不定，立即召开国务会议商讨，有几个人激烈主张与日本开战。但袁世凯从内心里不愿与日本决裂，他怕如果真的打起来，他的皇帝梦就做不成了。因此，他主张除第五号容日后再商外，其余各号全部承认，和平解决。于是袁世凯立即下令起草咨文并派陆徵祥、曹汝霖二人亲自去日使馆送交。5月9日，日本公使即来中国外交部迎宾馆，双方正式订约签字，正文三份，换文十三件。这次的中日条约，是中国自古以来从未有过的丧权辱国条约，是中国的奇耻大辱，凡是中国国民是永远不该忘记的。条约签订后，在中国人民强烈的反对声中，一些政府要人纷纷辞职。

筹安会鼓吹恢复帝制

中日条约签订后，各省大多数官员与人民都认为袁世凯政府经此一大挫折，应当学越王勾践卧薪尝胆的教训，发奋图强，以求复兴。哪知袁世凯意不在此，反而倡导起“筹安会”来。什么叫“筹安会”呢？就是袁世凯进行帝制活动的首脑机关。这会中有六个主要人物，他们是杨度、孙毓筠、严复、刘师培、李燮和及胡英。这六人中竟有国民党元老，不知何故竟追随起袁世凯来了。原来袁世凯总统府中有个美国顾问叫古德诺的博士，他说在中国实行民主政体不如君主政体好。杨度等人闻听此言，心领神会，遂秘密商量组织一个筹安会机关，公开鼓吹民主制不如君主制。起初国人还不知道筹安会是个什么东西，后见他们的宣言才知道是要改变政体的。

然而，就在筹安会大肆鼓吹帝制的时候，忽然有两篇呈文送上表示反对：一篇是贺振雄上肃政厅转呈袁世凯的；一篇是李彬上检查厅转呈袁世凯的，都是弹劾杨度等六人，说他们祸国乱民，应从重治以死罪。呈文送上后，盼望能有回音，哪知过了数天连一点消息也没有。唯有总检查厅长罗文干尚知奉公守法，见了贺振雄、李彬二人呈文，即送交司法总长章宗祥批阅。章宗祥看后，向罗文干答道："这样的文字，理会它干什么？"罗文干说："这都是弹劾筹安会鼓吹帝制的。"章宗祥说："前日朱启钤看到李彬的呈文，说他多事，遂将呈文撕毁，你看这事还能办吗？"罗文干无话可说，即告辞回署了，连夜写了一封请假信送至办事处，竟收拾行李、带领家眷出京去了。

罗文干去后，筹安会鼓吹的帝制风越刮越紧。北京人称杨度等六人为"六君子"，杨度等人也以君子自命，所以组织"筹安会"鼓吹帝制。此事本受袁世凯的嘱托，否则他们是不敢这么干的。袁世凯一心要实行帝制，又恐国人反对，正当他想不出好主意来的时候，忽然大儿子克定来向他报告说："筹安会已通电各省，现在都来了复电，均表示赞成帝制。今将复电送来，请父亲一阅。"袁世凯接过电稿，先看署名，再看电文，看过即扔过一旁，并对克定说："你以为各省军政长官赞成帝制就是喜事吗？现在在我身边的段祺瑞，他就首先反对帝制，不肯帮助我。"袁克定正恨段祺瑞，即回答说，现在海陆军大权统归大元帅掌握，如果把他赶走便容易成事了。袁世凯说："我正想把他赶走，因陆军总长无合适的人接任而未动。”袁克定说：“为何不请王士珍来接任呢？”袁世凯说：“恐怕他不肯出来。”袁克定说：“儿愿亲自去请，保管把他请来。”袁世凯说：“由你亲自去请，那就太好了。”

王士珍出山暂代陆军总长

于是袁克定立即出京，前往正定去请王士珍。见面后，袁克定即行子侄礼，寒暄数语，遂谈及国事。袁克定说：“侄奉父命，专程来请老伯出山，任陆军总长。”但不管袁克定如何说，王士珍均表示绝不接受。袁克定无奈，只得回京复命。随即又拿着袁世凯的手书返回正定，再三劝驾，并跪地请求，王士珍这才答应不日赴京听命。次日，袁克定回京报告。袁世凯即下令免去段祺瑞陆军总长职务，任命王士珍代理。至此在军人方面袁世凯也就没有什么可顾虑的了。

“公民”请愿

但是要进行帝制，处处需钱，用款甚多，袁世凯便令税务处督办、素有财神之称的梁士诒设法筹措，梁士诒表示愿全力承担。为了进一步讨好袁世凯，梁士诒又献策说，如能利用“民意”二字号召天下，就没有办不成的事。袁世凯不太相信地说：“恐怕未必能办到吧？”梁士诒正想在袁世凯面前大显身手，于是就先用钱运动参政院，令作“民意代表”的上级机关；另组织“公民团”，令作“民意代表”的下级机关。他认为只要上下联络一气，帝制数月即可办成。于是梁士诒就密嘱参政员沈云霈将参政院作为民意机关加以提倡，请张镇芳组织“公民请愿团”从下面配合。在北京设总机关，在各省设分机关，并要求设得越多越好，不怕帝制不成。于是各种请愿团纷纷成立，并联合召开会议，公推沈云霈为会长；又拟定了宣言书，准备公布。这时湖北都督段芝贵忽然来京，立刻引起大家的注意。原来段芝贵听说袁世凯即将称帝，特从湖北赶来向袁世凯举荐几个人作推行帝制的帮手。于是鼓吹帝制之风更盛，各欲立志争功。

“筹安会”见“公民团”势力越来越大，即与它联合；又见段芝贵来京，知他是袁世凯的干儿子，更要与他联络。此时“公民团”的章程及宣言书都已印好，即送请段芝贵审定，段芝贵看过之后问道：“正副会长选定了吗？”梁士诒就把正副会长及各成员的名册送上，段芝贵看过，便说：“很好！我要回湖北，你们就加紧进行吧！”梁士诒说：“你是长官要人，请你出面联络各省长官会衔请愿如何？”段芝贵说：“我已电约各省，尚未得复。你们先提倡君主立宪，我与各省长官再联合上书推戴，再派人到各报馆疏通，事情就好办了。”梁士诒说：“北京各报馆已经打通，唯上海各报馆尚须费些手续。”段芝贵说：“天下无难事，只要有银子，没有办不成的事。”大家听罢，欢笑而散。

段芝贵回湖北去联络各省，参政院也由沈云霈运动成熟，帝制请愿书如雪片呈进，袁世凯十分高兴。唯黎元洪自被诱骗来京，袁世凯恐他反对帝制，便把他软禁起来，派人暗中监视他的行动，并任命他为参政院院长；同时又指使梁士诒去劝他上书推戴，好作为民意的带头人。哪知黎元洪不仅不肯上书推戴，反而上书要求辞去副总统职务，袁世凯不予批准。

再说段芝贵回到湖北，已得各省长官复电，大都表示愿联衔推戴。于是段芝贵就电请袁世凯改易国体，速变民主制为君主制。袁世凯接到各省长官的联名推戴电后，便找梁士诒商议，先令参政院进呈请愿书，又派杨士琦到参政院发表政见演说。大家明知杨士琦是代表袁世凯发表宣言的，都鼓掌欢迎。杨士琦取出一张纸上台宣读完毕，参政院长黎元洪正想上台发表反对意见，怎奈在场众人都已串通一气，不给他发言的机会，只得返回原位。接着，即宣布散会。

过了十余日，全国各机关团体纷纷来电请愿，要求立即实行君主制。甚至连妇女、小孩及乞丐也推举代表前来请愿。参政院因收到许多请愿书，只得开会商议。黎元洪没有出席，会议由副院长汪大燮主持，有的说应征求国民会议的意见，有的说应广泛征求民意，大家议论不一。最后汪大燮说，不如将两种意见都呈报上去，由总统自己抉择，大家表示同意。次日，即得袁世凯咨复，说是应提交国民会议，征求正确民意公决。不料有一位叫顾鳌的参政员出来反对，认为国民会议不能决定政体，于是他即去质问沈云霈，沈云霈又同他去找梁士诒申述意见。梁士诒说："我岂不知道国民会议不能解决政体吗？但这是总统的命令，当然是要国民会议表决，不然设此会还有什么用处呢？"沈云霈说："要开国民会议，议员还得重选，恐怕来不及。"于是他让文案员写了一份呈文送给袁世凯，说是国民会议不能解决国体问题，还是交参政院解决。

于是参政院又开会研究，多数主张还是另订办法解决。哪知请愿书越来越多，副院长汪大燮知袁世凯心急，便说请愿书中都赞成速行君主政体，大家又要另订办法解决，时间恐来不及，究竟如何才好？梁士诒说："最好开国民大会，选出国民代表来决定国体。这会就叫作'国民代表大会'，会中章程就叫作《国民大会组织法》，由主席指定八位起草人，急速起草，明日开会议决。"次日，梁士诒等人到院，即将起草的《国民大会组织法》草案送上，共十六条，由主席汪大燮当众宣读一遍，大家没说什么，于是就算经全院通过了。又加上一份咨文，立即呈送到政事堂。

袁世凯看到《国民大会组织法》及咨文，料到帝制之事已成功大半，便将民国四年（1915）的"双十节"国庆纪念活动停止；又令梁士诒、江朝宗去清宫逼宣统撤去帝号。江朝宗是个武夫，一到清宫就立逼宣统撤销帝号，弄得双方争吵起来。幸有梁士诒从中解劝，说容他们商量后答复。这时清室内务府大臣世续也接着说："等禀明太妃，再行报命。"二人遂回总统府复命。过了两天，听说清室庆亲王奕劻死了。袁世凯问道："庆亲王是怎么死的？"梁士诒说："想必是前日要求废除宣统帝号，气闷死的。"袁世凯说："我当皇帝，当然要令他取消帝号。"梁士诒说："等你登基坐上皇帝位后，再令他们撤去帝号，名正言顺，难道他们还敢反抗吗？"袁世凯即密嘱梁士诒说："此事全仗你去疏通了！"

于是梁士诒又找顾鳌商量办法，并禀告袁世凯同意，即向各省发出通电。这时的梁士诒最得袁世凯的宠信，凡袁世凯的一言一行，都是由他作代表传达；而且他又会弄钱，所以大家都看他的眼色行事。

由于袁世凯一心要实行帝制，凡是有远见的人都料到此事难成，纷纷辞职离去。唯国务卿徐世昌一时不能脱身，只好仍留京师。这时忽然传出段祺瑞被刺的消息，后知幸未遭毒手。但段祺瑞从此闭门谢客，即便是至亲好友也不接见。然而袁世凯对他仍不放心，唯恐他做出什么不利于帝制的行动来，所以派了不少密探监视他的行动，一连多日未见他有什么动静才稍放心。只有山东都督靳云鹏见段祺瑞离职心中不安，便联络冯国璋以为自保之计。哪知此事很快传入袁世凯的耳中，袁世凯便将忌恨段祺瑞之心转移到靳云鹏与冯国璋的身上，便令袁克定在京选练模范军以抵制段祺瑞；又调第四师、第十师驻上海，第五师一旅驻苏州，安武军一师驻南京，以防备冯国璋。

蔡锷巧计迷惑袁氏

还有云南都督蔡锷，也是袁世凯所忌恨的人，早在“二次革命”后就调他来京，表面上对他优礼相待，但暗中则派人监视他的行动。蔡锷平时也怕他的言行引起袁世凯的忌恨，所以每次和袁世凯见面都故意说些呆话。哪知袁世凯对蔡锷特别警惕，常对亲信们说：“松坡（即蔡锷）太用心计了。”亲信们回答说：“谁人不想高官富贵，倘大总统给他差使，他还能不俯首听命吗？”袁世凯听闻大喜，便对蔡锷不断加官晋秩，先后委任他政治会议委员、参政院参政、将军府将军、全国经界局督办等职。

袁世凯一心想笼络蔡锷，而蔡锷却一直不动声色，袁世凯猜不透是什么原因。一日，袁世凯召蔡锷进府谈话，说到帝制之事，蔡锷连忙站起身说道："我起初是赞成共和的，及至'癸丑之役'失败后，才知道中国不能无主，自此我本想倡言君主政体，因想着'宋案'，不敢发言，今天总统说及此事，我是很赞成的。"袁世凯心中暗想，蔡锷是民党首领，未必能心口如一，于是问道："你既赞成君体，前日赣宁起事，为何只居中调停呢？"蔡锷回答说："前日我僻处南方，在民党势力范围之内，又离大总统太远，不得不那样做，尚望你宽容一二。"两人又闲谈一阵，蔡锷才起身告辞。

蔡锷回到自己寓所，心想袁世凯虽被我一时瞒过，但我现在身居虎口，终难久安。可恨我当日来京没有很好考虑，连家属也一齐带来，实在太鲁莽了。现在我若脱身出京，家属必受连累。左思右想也想不出好主意来，最后他忽然自言自语地说："我堂堂七尺之躯，就想不出个避害的办法来吗？"即安然而睡。

次日天明，起床后即去一班帝制派经常活动的场所，跟着他们随声附和，忍情耐性地和他们打交道，不久也就渐渐亲近起来了。这时一些帝党中人皆说蔡松坡果然是好人，过去是我们错怪他了。于是大家便邀请蔡锷一同组织个"消闲会"。所谓"消闲会"，就是大家在一天公事完毕之后，都聚集在一起饮酒谈心的娱乐地方。这个说帝制好，那个说共和不如帝制。蔡锷也接着说：

“共和不是不好，只因我国人还不够共和制的程度，所以才吃了共和的亏。”蔡锷话音刚落，忽然有一人大声问道：“松坡兄，现在你也知道共和制的利害了吗？”蔡锷回头看问话之人，正是“筹安会”的首领杨度，于是二人争辩起来。后经众人解嘲，才一笑而罢。怎奈杨度终不信蔡锷赞成帝制，便从包里拿出一张帝制请愿书来对蔡锷说：“你既然赞成帝制，应向总统请愿，你愿在请愿书上签名吗？”蔡锷说：“我早已在总统面前请过愿了，你叫我签名，有何不可？”遂接过请愿书，提笔写上“蔡锷”二字，又画了押，即交给杨度。大家看到蔡锷如此爽快，都称赞不已。

蔡锷每日与杨度等人在一起吃喝玩乐，早有人报知袁世凯。袁世凯对袁克定说：“此人果然喜欢过这样的生活，我就可高枕无忧了。”但袁世凯仍每日派人侦察他的行踪，回来报告。对于袁世凯派人监视，蔡锷早有察觉，所以格外故意胡闹。后来蔡锷终于想出条脱身之计，先将家属送回云南，自己再随后离开北京。

一天晚上回寓，等侍婢们都睡熟了，又四处察看见无人监视，遂回卧室将妻子叫醒，先说明必须赶快脱身的情由，又如此这般授以密计。妻子说：“要不是你先说明情况，我还真以为你太薄情了呢！”次日早晨，蔡锷到总统府送上一张求见的名片，侍卫官说：“总统尚未起床。”蔡锷故意装出焦急的样子说：“我有急事要面陈总统，等总统起床后请禀报一声，打电话召我即到。”侍卫官答应照办，蔡锷即回寓所。

等到袁世凯起床，侍卫官禀报蔡将军求见，说有急事面陈。袁世凯即令侍卫官打电话相召。不多时侍卫官回报说：“蔡将军正与夫人打架，闹得不像样子。蔡夫人把家中所有物件都打坏了，此时不好劝说。”袁世凯闻报，心中正在怀疑不知是何原因，恰巧内务总长朱启钤与参政院参政王揖唐同来进见，袁世凯急令二人前往蔡宅劝解。朱、王二人奉命来到蔡宅，见蔡夫人已披发倒在地上，蔡锷正挥拳欲打；又见满屋都是被打坏的什物。只听蔡夫人痛哭流涕地说道：“我劝你不要贪色，这也是为了你好，可是你只听那美人的话，要把我打死，好让她来陪你享福。我一定要走，再不能等着被你打死了！”朱、王二人见此情景，便劝蔡锷说：“你们既然闹到这种地步，看来也不能在一起过了，不如你就派人把夫人送回南方好了。”蔡锷说：“她要走就走好了，免得在此惹我生气。”蔡夫人更气愤地说道：“我这就走！我在这里是你的眼中钉，我走了好让你带回心爱的美人、妓女来就称心了！”朱、王二人又对蔡锷说：“夫人回去，你要多给她些路费才是。”蔡锷回答道：“也只好这样办了。”说着便从怀中掏出一叠钞票递给仆人说：“你就送她回去吧！”朱、王二人这才对蔡锷说：“总统正等着召你去谈话呢。”蔡锷故作惊诧地说：“我只顾闹家事，把总统召见的事都忘了，请二公不要见笑！我这就去，只是太便宜这泼妇了。”于是蔡锷反催促二人说：“我们快走吧！让她们慢慢收拾去，女人出门不像男人说走就走了。”

蔡锷与朱启钤、王揖唐来到总统府，先由朱、王二人进去向袁世凯回报在蔡宅看到的情况。袁世凯说：“我只当蔡锷是干才，没想到连家事也治不好，何能治国？”便传见蔡锷，问道：“你一大早就来找我，有什么要事吗？”蔡锷答道：“现在各省正在划界，亟须派人调查，特请大总统简派。”袁世凯说：“就是为各省经界之事呀，此事你去拟定数人，派去就是了。”接着袁世凯又问朱启钤与王揖唐：“国民代表大会的进行情况如何？”二人回答：“现接各省来电，都正在准备进行投票选举，数日即可了事。”袁世凯又说：“近省较容易办，像云南等省恐怕就不太容易办了。”王揖唐见袁世凯说这句话时目光注视蔡锷，已知其用意，便转问蔡锷：“松坡兄，就请你写封信给唐继尧都督、任可澄省长，催他们赶快办理如何？”蔡锷说：“我正要给他们发电，现在就去发，一定催他们快办。”于是蔡锷辞出，径直去电报局拍发两份电报，电文只有：“帝制将成，速即筹备”八个字。这八个字是双关语，就是袁世凯派人侦察，也不会看出什么问题来。其实蔡锷电文中的“筹备”二字，就是叫唐继尧、任可澄二人急速筹备兵械，预备起兵讨伐袁世凯。蔡锷发电后，急忙返回寓所，又派亲信王伯群速回云南，向唐继尧、任可澄等人报告他在京的一切情况，并说不久即设法脱身回滇，帮助起兵讨袁。

各方旁观

这时国务卿徐世昌见袁世凯一心要当皇帝，恐怕事不成自己受累，便托病请假。袁世凯照准，令他去天津治病，遗缺令外交总长陆徵祥兼理。同时袁世凯委任董康等数人稽查国民会议选举事务，又令各省选定投票日期。不久得到各省复电，选定的投票日期极不一致。于是，袁世凯命令办理国民会议事务局电告各省，统限于10月28日至11月20日为投票日期，不得拖延。但各省长官并不认真去办，都存怀疑观望心理。

就在袁世凯加紧进行帝制的时候，不料法、意两国公使来到外交部说：“袁总统违背民意，又私允日本要索，我等来告诫你们，不要改变政体。”说完即递过一封警告信。外交总长陆徵祥接过信后，急令翻译成中文，阅后大吃一惊，忙对来使说：“我们总统本无实行帝制之心。况我国政体是否改变，正待国民公决，请转告贵国政府，不要为此事顾虑。”来使们哼了一声说：“你们总统的心里想什么，我们早就知道了。只要你们政府能保证太平，不出乱子，各国就不干涉了。”说完告辞而去。陆徵祥、曹汝霖二人忙将此事报告袁世凯，袁世凯令二人咨复。二人回到外交部，即令秘书拟稿，又呈送袁世凯看过，即咨复各国公使。过了两天，日、法、意三国公使又来警告，仍由外交部答复，只推说按民意公决。于是各国公使便袖手旁观，等着看袁世凯如何上演帝制的把戏。

帝制拥趸郑、蒋被刺

到了11月10日的晚上，忽然有一封急电送到总统府，报告上海镇守使郑汝成被刺身亡，使袁世凯大为震惊。原来郑汝成因日本国庆，前往日本领事馆致贺，中途被王明山、王小峰二人开枪打死，连同郑汝成的副官、车夫一同击毙，凶手当场被英国巡捕抓获。袁世凯一面饬上海地方官把凶手引渡回来，立即执行枪决；一面拨款优恤郑汝成的家属。但不久又一凶电传来，说“筹安会”分会头目蒋士立，也因鼓吹帝制，在日本东京被人行刺，身受重伤。

蔡锷逃亡日本

正当袁世凯思考对付乱党办法，忽见袁乃宽匆忙进来禀报，说蔡锷勾通云南的唐继尧、任可澄，图谋起兵反抗总统，并请速派人到蔡宅搜查证据。袁世凯因无凭证不想派人去搜查，但禁不住袁乃宽再三激劝，便命令警兵前往蔡宅搜查。这时蔡锷正出外未归，虽翻箱倒柜，并未搜出任何证据。次日蔡锷回寓，即有朱启钤前来，说：“昨天大总统误听人言，派人至贵宅搜查，纯属误会。大总统现派我前来道歉，希望不要介意。”蔡锷后来访明是袁乃宽密报，于是去心更急，便前往“云吉班”找小凤仙商量脱身办法。二人计议结果，采用“金蝉脱壳”之计，终于离京到了天津，11月18日又乘轮东渡日本。

谁知侦探因找不到蔡锷的下落，慌忙跑去禀报袁世凯。袁世凯正要派人再去寻找，忽然接到蔡锷由日本发来一封请假治病的电报，顿时心中恨道：“这个小子狡猾，但谅你也逃不出我的手心。”于是一面令驻日公使陆宗舆就近稽查蔡锷的行踪；一面又恐蔡锷由日本返回云南，即派人去蒙自等候刺杀蔡锷。

国民“推戴”皇帝

再说各省都督、巡按使奉命捏造民意投票选举国民会议代表，结果共选出一千九百九十三人，这些人都是赞成君主制的。袁世凯闻知大喜，即令财政总长拨款，作为各省代表来京的路费。这时参政院又密电各省，叫他们上推戴书。各省长官接此电后，都纷纷来电，有上书称臣的、有上奏折的、也有称皇帝陛下的，袁世凯都认为很好。过了数日，各省选出国民会议代表因领到了川资，纷纷来京，袁世凯派专使热情接待，都住进招待所，照顾十分周到。

到了12月11日上午，由参政院召集各省国民会议代表开会，进行国体投票表决。这天参政院参政员全都到会，只有院长黎元洪装病未到。会场中设有两个投票箱：一个是君宪投票箱，一个是共和投票箱。投票时大家都排队入场，领票填写完毕，都投入君宪箱内。开箱验票结果，一千九百九十三张票一张不少。当场宣布，齐呼万岁！这时杨度乘机提议说：“大家都赞成君主制，应奉当今袁大总统为中华帝国皇帝。”于是大家又三呼万岁！杨度又接着说：“本参政院由各省委为全国国民会议总代表，现应用总代表的名义恭上推戴书。”于是急令秘书员起草推戴书，当场宣读。接着各省代表，也都代表各省官民上推戴书，一致推戴现任中华民国大总统袁世凯为中华帝国皇帝。各省宣读完毕，大家又三呼万岁！至此一切手续算办完了，才宣布散会。

书记将推戴书写成正式呈文送上去后，不到一小时袁世凯的申令就下来了，却假惺惺地推辞不愿接受，叫代表们另行推戴他人。于是杨度等人又召集代表到会，再次呈文推戴，并恭候回复。不多时果然有答复下来，仍推辞不接受。杨度说：“大总统虽然谦让，但因民意一致，也未过于拂意，但需再由本院用总代表名义，再次上书推戴。”于是又叫秘书起草呈文，当场宣读后进呈。这次进呈的推戴书，袁世凯不再谦让，终于接受了。

袁世凯既然接受推戴当皇帝，即由总统府将登基的日期传出，说是定于1916年（民国五年）1月1日袁皇帝正式登基。袁世凯帝位既定，接着颁布明令，将京内外官员一律加官进爵。这项命令一发，更为朝野注目，都说新天子就要登基了。这时袁世凯非常高兴，所有皇帝应用物件，全让御侄袁乃宽一手经办。怎奈开支太大，虽有皇妃、世子等筹集数十万，仍不够用。这时梁财神士诒又显神通，立即筹拨五百万元，才将应用一切办理齐备。

随着登基的日子越来越近，外边的风潮也渐渐多了起来。首先是上海的国民党人联合海军学生陈可钧等人，夺取“肇和”军舰，攻打制造局，被海军司令李鼎新及松沪护军使杨善德击退，袁世凯降旨记功。

云南反袁

接着，政事堂又忽然接到从云南发来的一封密电，内容是斥责袁世凯称帝，并宣称要与他开战，便急忙呈报袁世凯。袁世凯说：“前日并无人反对，莫非是乱党假冒所为？”即令陆徵祥去电询问有无此事，并叫回电者署名。袁世凯哪知自蔡锷派王伯群秘密回到云南后，云南便已准备宣布独立，竖起讨袁大旗，只因蔡锷未到，尚未起兵。蔡锷到了日本，立即引起日本政界及新闻界的注意，纷纷前来访问。蔡锷为防备发生意外，积极设法尽快返回云南。于是他一面假装治病躲进医院，一面向云南连发数函，要求唐继尧、任可澄等人加紧准备起兵。经过周密安排，蔡锷于12月19日匆忙返回云南。在路过蒙自时，曾遇到袁世凯所派刺客多人行刺，幸都被蔡锷的保卫人员击毙，这才安全回到昆明。

唐继尧、任可澄听说蔡锷回来，忙出城迎接。蔡锷首先问军事准备如何，唐、任回答说一切准备就绪。蔡锷说："那就在年内宣布起兵吧！"等到袁世凯来电询问，这时云南已通电各省，正式宣布起兵讨袁了。起义者开会商讨定什么名称，有人说叫共和军，有人说叫联合军，也有人说叫靖难军。蔡锷说："此次为救国起义，不如直称救国军或护国军。"最后大家一致同意用"护国军"名义。接着，大家又讨论组织法，最后确定：唐继尧仍任云南都督，蔡锷任第一军总司令，李烈钧任第二军总司令，第三军由唐继尧兼任，留守本省。议定后，一面张贴安民告示，一面照会各国领事。各事布置完备，即下动员令，首先出兵向四川进发。

袁世凯接到云南起兵的通电后，因只顾办理盼望已久的登基大事，无暇顾及南征。而各级官员也纷纷进言，都说只此云南一省，怕他作甚？袁世凯说："蔡锷已到了云南，此人是最要紧的，不可不防。"于是即电令驻岳州的曹锟，速率所部征讨云南。同时又给唐继尧发去一电，叫他不要为蔡锷所惑；随后便让参政院奏弹唐继尧三大罪状，下令取消他的勋章爵位，听候查办。

袁氏登基称帝

正当袁世凯为云南起兵事怒不可遏，忽然袁乃宽进呈龙衣，并问用什么年号，袁世凯都一一作了指示。袁世凯又对袁乃宽说："现在云南已起兵反我，我是不怕的。我只怕外国干涉，但现在也顾不了这些了，只等改了元再说吧。"

次日，即是阴历大年除夕，袁世凯正式颁发改元令，即以民国五年（1916）为"洪宪元年"。到了晚上，袁世凯家宴，因与夫人于氏闹了一场，所以多吃了几杯酒。及回到居仁堂，以为还像往常一样办事，但抬头一看，见国务卿、左右丞等人都已排班站立，正静静等候他登基。再看自己的身上，不知何时已穿上皇帝的龙袍，向头上一摸，尚未戴冕旒[1]。这时御侄袁乃宽从背后走出，双手捧着一顶皇冠献上。袁世凯笑道："你们为什么演这把戏？"话音未落，忽听"皇帝万岁！"的呼声传遍居仁堂。袁世凯这时也只得心满意足地笑着谦虚几句。于是那六君子、十三太保等即恭请皇帝升座。袁世凯犹豫再三，说道："正朔已颁，登基事且等以后再说吧！"说着即往内室走去，迎面正遇上众妃嫔前来朝贺。袁世凯说："你们来得太早了！"众妃嫔中唯有洪姨嘴最乖巧，忙向袁世凯说道："皇帝陛下，哪有改元以后不见天子登基的？"袁世凯说："你懂什么？"洪姨道："你不过怕外交团反对罢了！其实外交团

1.冕旒（miǎn liú）：冕是指帝王冠，旒是冠前后的珠串。

反对也没什么关系，我们老袁家做皇帝与他们何干？况且我们做的是中国皇帝，又没有做他们外国皇帝，更与他们无关。今日是元旦令辰，正好就此登基坐殿，受百官朝贺。”众人见洪姨说得有理，袁世凯一时也无言以对，于是众人便拥袁世凯入座，一齐跪下叩头朝贺，三呼万岁！袁世凯此时心中乐开了花，一切规矩礼节，都按照皇帝礼仪实行。袁世凯既然称帝，即与民国脱离关系。

反袁事件频发

这时云南护国军政府已于12月25日成立，仍遵照民国旧制组织都督府，大家公举唐继尧为都督。次日，由蔡锷、李烈钧率领全军在昆明校军场祭告天地，正式誓师讨袁；由唐继尧宣读誓文，并于是日用护国军的名义发出一道《讨袁檄文》，历数袁世凯十九条罪状，把袁世凯背叛民国、帝制自为的所有罪行全都公布出来。遂即蔡锷、李烈钧所统率的第一、二两军，分向四川、广西同时进发。袁世凯闻报，即兵分三路前去迎敌。

1916年1月10日，参政院代行立法院奏请袁世凯速正大位，以平内乱。此时袁世凯派专使赴日，不料反被日本政府拒绝，正不知日本政府因何拒绝专使，忽见段芝贵从新华门气喘嘘嘘地跑进来，见到袁世凯也来不及行礼，就从袖中掏出一封信呈上。袁世凯接过信一看，见信封上写着：“袁瑛密呈张作霖”几个字。再看内容，大意是约张作霖克期举兵，共讨袁逆等语。袁世凯看完此信十分生气，即命段芝贵去将袁乃宽叫来。原来写信人袁瑛不是别人，正是御侄袁乃宽的二儿子。不多时袁乃宽来到，袁世凯说：“袁瑛是你爱子，他要勾结张作霖来讨伐我，你看怎么办？”袁乃宽吓得立即跪下，正要回答说不知，忽从头顶上飞下一纸，袁乃宽拣起一看，正是二儿子袁瑛的手笔，不好抵赖，只是磕头请罪。袁世凯正色问道：“你儿子在家吗？”袁乃宽回答：“逆子不在家中。”说着满脸垂泪。袁世凯见状，怒气稍平，说道：“我料你也不知情。你赶快去把他找回来，不要再纵容他了。”袁乃宽忙磕头谢罪而去。

哪知宫中忽又查出一颗炸弹，仍是袁瑛埋放的，想要炸死袁世凯。次日，又从邮局寄来一封信，大意都是警告袁世凯不要称帝的话。袁世凯正欲召袁乃宽来见，只见袁乃宽已慌忙进来禀告说：“逆子袁瑛已被天津警察厅拿获，即日就可解送来京。”正说着，袁世凯又从头上扔下一张纸来，袁乃宽一看，又是儿子寄给袁世凯的。袁乃宽忙叩头说：“臣知罪了，等逆子解进京来，一定带至陛下面前请死。”袁乃宽回到家中，正躺在床上生气，忽报二少爷回家来了。袁乃宽急忙起身下床，正遇袁瑛站在面前，便伸手打去。袁瑛转身就向外走，见门口站着一位警官，正是天津警察厅长杨以德。袁乃宽即请杨以德将儿子带进新华门去。不多时宫内传出话来：“着将袁瑛解送执法处，先监禁起来；乃宽无罪，令他回家去吧！”

次日，京师警察厅总监江朝宗，奉密令捕拿沈祖德、勾克明等人，并搜出盟单，便又照单捕人。及至审讯，所有罪证都被驳倒，无法定罪，遂将诸人送往执法处。执法处长雷震春已得段芝贵的密嘱：审讯如无实证，即行释放，以免构成大狱。

再说自云南独立后，接着贵州也宣布独立，公推刘显世为都督，并与滇军共同北伐。袁世凯得报，即命令张敬尧、冯玉祥率部分路抵挡。

袁世凯日思登基，选定民国五年阴历正月初一或初四正式举行登基大典。不料这时又传来湖南西部已被贵州护国军占领，现正节节向前推进的消息。袁世凯得报大惊，即命令湖南将军汤芗铭督兵防剿；又特任广东广惠镇守使、广东陆军第一师师长龙觐光为临威上将军兼云南查办使，速率兵由广西进攻云南；又饬广西将军陆荣廷速招兵二十营，协助龙觐光进攻云南护国军。

哪知陆荣廷也反对袁世凯称帝，主张共和，所以对于袁世凯的命令置之不理，而今见亲家龙觐光到来，反觉进退两难。因此当龙觐光来看他时，他只推说心病未好，不能办公，所有一切军政事务都交巡按使王祖同代理：又说今亲翁既然奉命而来，正好借助大才办理，弟可向中央请假休息。龙觐光说："我本想向家弟（指广东将军龙济光）处借兵，只因广东迎有乱事，兵力抽调不出。弟今奉中央命令，让在此处招募二十营，请亲翁大力促成。"陆荣廷说："弟因有病不能帮办此事，请亲翁与王巡按使商量吧！"龙觐光遂告辞去找王祖同。

次日，龙觐光来到王祖同使署，商议招兵办法，王即以兵饷难筹不能迅速招募为词推脱。龙觐光见王祖同也故意推诿，便非常着急地说："政府已有命令，款项很快就能汇来。"王说："我昨天也曾向北京发电催解汇款，但不知何日能到。"龙觐光又问招兵地点设在何处。王祖同答："暂借军械局开办。"龙觐光说："同去看看如何？"于是王祖同即陪同龙觐光到军械局巡视一遍，龙觐光留住在此，王祖同即回署。

不多日京款汇到，龙觐光赶紧招兵。但一连数日，任凭他如何劝导仍未能成军。这时忽接一电，说龙济光已击败乱党，现已封为郡王，龙觐光即发电祝贺，并请拨粤军由海道速来南宁，以便进攻云南。但龙济光复电说，现乱党虽退，而各要隘仍均须严加防备，实无兵力可拨，请自招兵为要。龙觐光见援兵无望，不敢再拖延时日，只好将新招募的兵编为二十营，分五路向云南进发，自己暂留在南宁，仍向袁世凯发电请求派兵增援。

袁世凯接龙觐光来电大喜，认为龙家兄弟确实忠心效劳，有这二十营新兵，广西边境一带就不空虚了。另外四川、湖南一带，也已派兵不少，谅也不会有什么问题了。唯有南京的冯国璋，前日曾调他来京，不知为什么至今还未来到，于是便派靖威将军蒋雁行去南京，看那里的防务究竟如何。蒋雁行奉命去南京见到冯国璋，冯国璋见面就说了些袁世凯办事心口不一的气话。蒋雁行说："过去的事都不必再说了。你既然与他有多年的交情，现在就应当助他一臂之力才是。"冯国璋说："怎奈我现在有病，力不从心，请你回去后转告袁总统体谅一二吧！"蒋雁行接着说："总统也知道你有病，特派弟来探望，并要弟代兄检查防务情况，等兄病好了，再销假办公。"冯国璋急忙说："近来一切政务，我已委镇守使王廷桢代理了，不必劳兄大驾。"蒋雁行不好再说什么，立即告辞，又到王镇守使处叙谈多时，回寓后即将冯国璋的言行电告袁世凯。

次日，袁世凯即让政事堂传下申令："冯国璋因病请假，一切政务着王廷桢代理。"此电传出，凡是与冯国璋有交情的人都认为袁世凯要免冯国璋的职，于是纷纷致电袁世凯，要求挽留冯国璋，声言冯国璋保障东南，关系大局，不宜更动。袁世凯不予理睬，因为他现在已改变了当初拉拢冯国璋的想法，便派内使监阮忠枢去徐州拉拢张勋。哪知张勋心中一直想着清室故主宣统，及至袁世凯称帝，他表面上虽然表示赞成，而内心里实则反对，故曾上《四不忍书》呈送袁世凯。袁世凯知张勋心念故主，并未责备他，心想，张勋这个人本性直爽，我只要用好言慰抚，便可以收为我用，不致生变。等阮忠枢来到徐州，张勋迎接宴请，二人先谈些笑话，很快转入正题。阮忠枢先用言语挑动张勋说："长江一带多亏有张大帅坐镇才保无事。"张勋忙接着说："老百姓并不要造反，只是外面的革命党、里面的袁项城（即袁世凯）无事生风，所以弄得国家不得太平。"阮忠枢说："袁项城也希望太平。"张勋说："你是十三太保的头领，故说此话。项城此次实行帝制，如果把宣统帝请出来就好了。但他自己要当皇帝，恐怕很难成功。"阮忠枢说；"大帅不也曾上书推戴吗，何故如此健忘呢？"张勋颇有愧色地说："他多次来密函要我劝进，我的秘书不过说我不反对，中国人多，总有人出来反对的。现在云南、贵州已成立护国军，我料定会有这事。如今想叫我去替他打仗，我不愿惹人骂。我已呈上过《四不忍书》，劝他醒悟。"阮忠枢问："云、贵之事，大帅如何打算？"张勋答："我只想整自己的兵，保自己的境，其他事一概不问。"阮忠枢说："项城欲添设长江上游巡阅使，须抽调些军队帮助防守，你看如何？"张勋答："他添他的巡阅使，但我的军队是从来不服别人节制的，抽调我的兵有害无益。"谈到这里，阮忠枢已明白了张勋的态度，不好再问，次日便回京复命去了。

由于阮忠枢徐州之行的目的落空，袁世凯遂令统率办事处组织征滇第二军；命令张勋、倪嗣冲及驻鲁、陕、奉各军与各省，各抽调数营，总共数十营兵力，统限月底开赴战区。不料各省皆托词不愿遵命，不是说本省防务吃紧，就是说本省也有变乱。袁世凯接电后又气又急，无计可施，最后说："调兵不成，只好招兵。"即命令军务处于直、鲁、豫三省速招兵二万，听候调遣。同时发电催促各军前进，并调湖南、湖北、四川的军队协同配合，接济粮饷。

自正月至3月，袁世凯陆续派往四川、湖南前线的军队已有十余万人。怎奈云南的护国军师出有名，锐气正盛，或分攻、或合围，连连得胜，进展迅速。攻川一路，自叙州直达湖北的宜昌；攻湘一路，自沅州直趋常德，战线约二百余里。第一路军司令蔡锷，由贵州攻入四川境内，听说曹锟领兵来战，即遣刘云峰、赵又新、顾品珍三位梯团长率兵迎敌。只因众寡悬殊，战斗失利，纷纷后退，三位军官遂向蔡锷告急。蔡锷闻报，知曹锟率众兵来攻，若与死战，徒增伤亡，不如改攻为守，待机反攻，遂令刘、赵、顾三人率部且战且退，自己也退至永宁固守。曹锟见蔡军后退，即与冯玉祥分兵大举前进，分别攻占了綦江与叙州。张敬尧也乘机攻占了泸州。第一路司令马继增见三路大胜，遂率部进攻贵州，然刚至辰州，不知什么原因竟突然死去，经验视见全身青黑，只得报告袁世凯另派主将。这时双方都暂时按兵不动。

再说龙觐光由广西进攻云南边防要塞剥隘，这里的守军只有两连，闻敌兵来攻，一面拼命固守，一面向李烈钧告急。由于众寡悬殊，很快就被龙军攻破，广东第一混旅长、先锋司令李文富即向龙觐光报捷。这时龙济光之子龙体乾因攻下个旧，也向龙觐光报捷。龙觐光见初战即胜，心中高兴，遂缮奏折上呈。袁世凯览奏大喜，立即赐给几个勋位勋章以示嘉奖。于是龙觐光所部各军官无不欢喜，决心乘势杀入云南，大有一日就要把整个云南全部占领之势。龙觐光见此情景，便下令全军即刻启程移住百色，以便指挥向云南境内进攻。

正当龙觐光高兴之时，不料在他背后的广西突然一声霹雷，亲家翁陆荣廷也竖起了独立讨袁的大旗，把他吓得目瞪口呆，进退不得。

广西为什么突然宣布独立呢？原来陆荣廷的宗旨前面已经说过，只因儿子裕勋被袁世凯征召入京充当侍卫，实际上是作为人质扣留京师。陆荣廷恐宣布独立袁世凯先伤其子，故托病请假，函告儿子回来看望。裕勋得父病叫回之信，即禀告袁世凯请假南归。袁世凯照准，并派人护送，行至汉口，裕勋忽得暴病而死。袁世凯即电告陆荣廷，极表哀惋之意。陆荣廷明知儿子是袁世凯派人毒死的，只得以假应假，复电感谢，而内心对袁世凯已恨入骨髓，决计独立讨袁，但因粮饷不足，遂向袁世凯要求饷银百万两、枪械五千支，自报奋勇要协助龙觐光进攻云南。袁世凯如数拨给，但令他立即率军进攻贵州，而广西将军一职让他交给广西第一师师长陈炳焜代理。陆荣廷接袁世凯电令后，即召集军官开会商议。恰在这时梁启超突然来到，劝陆宣布独立讨袁，陆荣廷表示同意。又请陈炳焜来商量，陈炳焜亦表示赞同，并请陆荣廷立即宣布独立。

于是陆荣廷召开全体军官会议，把助袁还是助滇两事提出，请大家公决。陈炳焜首先发言，他说："袁世凯得罪天下，是全国的公敌，罪在不赦。"又转向陆荣廷说："何况你与袁世凯又有杀子之仇！如你帮助袁世凯，会立即遭到国人反对；若立即宣布独立讨袁，尚可转过为功。再者，你若不宣布独立，我可要宣布独立了。"陆荣廷遂向众人问道："我如宣布独立，大家都赞成吗？"全体军官齐声回答："赞成！"陆荣廷遂当众宣布独立，并下动员令。接着陆荣廷又派一支军队日夜赶赴百色，托名进攻云南，暗中却截断了龙觐光军的后路。陆荣廷又亲率十二营驻扎柳州，扬言要进攻贵州，实则准备取道桂林进攻湖南。

这时龙觐光如在梦中，正派遣李文富乘胜进攻贵州。云南护国军第二路总司令李烈钧早得探报，即派第一团黄开儒部迎敌，并与陆荣廷约定夹攻龙军。此时唐继尧也派司令官黄毓成绕道贵州，偷偷进入西林，准备攻击龙军右翼。三路商定，一齐突袭龙军，使龙首尾难顾。

先是桂军将领马济，密嘱营长黄自新率本部开至百色去见龙觐光，佯作要求协助龙军攻打贵州，龙觐光即派黄自新率部开往前线助战。等黄自新部来到前线时，李文富正率兵与黄开儒部激战，没想到黄自新部开到后，却调转枪口向他射击。滇军亦乘势进攻，只杀得李文富军大败而逃，中途又遇马济率生力军截杀一阵，李军已伤亡过半，幸遇龙觐光率军来救，李部残兵才得以逃脱。龙觐光又调侄子龙体乾军回援，怎奈军心已变，不听调遣，有的竟逃回广东去了。最后龙体乾只剩下数十残兵来到百色见龙觐光。龙觐光见此情景，满面垂泪地说："看来我与你都要死在这里了。"龙体乾也哭着说："如今只好速电我父（指龙济光）转请丈母（指陆荣廷之妻）向老陆说情，或可有救。"龙觐光因别无他法，只好按龙体乾所说发电。此办法果然生效，于是双方停战。次日，陆荣廷之子裕光来到百色，向龙觐光传达父命："着龙军全部缴械投诚。"龙觐光无奈，只得全部缴械。陆荣廷又令将龙军军官全部遣散回籍，士兵一律改编。

此时袁世凯正在宫中饮酒作乐，忽然接到陆荣廷宣布独立的通电，急得顿时说不出话来。亲信们有主战的、有主和的，议论不一。袁世凯说；"现在只好责成龙济光，要他先守后战。"此时陆荣廷也致电龙济光，劝他速举兵讨袁，但几天未见回音。陆荣廷知龙济光不愿宣布独立，便决定派兵攻粤。他一面照会各国领事，说一切仍按照条约办理；一面发布讨袁檄文。檄文传到百色，军民们硬逼着龙觐光宣读。龙觐光被迫宣读完毕，又电请陆荣廷保全他生命，并要求放他返回广东。陆荣廷看在亲家的情分上，答应龙觐光的请求，除送他路费外，又派兵护送他出境。这时广西巡按使王祖同也要求陆荣廷放他回籍。原来王祖同是袁世凯派来监视陆荣廷的，现在陆荣廷已宣布独立讨袁，自己生命已十分危险，于是请求放他回籍，陆荣廷即表示答应。陆荣廷此时已将军事行动准备完毕，便一面给龙济光送去战书，一面下令派兵攻粤。

再说固守在永宁的蔡锷听说广西陆荣廷也宣布出兵讨袁，心中大喜，认为已无后顾之忧，便率军回川攻击张敬尧部。进驻泸州的张敬尧得知南川、江安相继失守，即率部往援，不料被当地土人卢叫鸡诱入纳溪小路，被早已埋伏在此地的蔡锷军杀得大败而逃。张敬尧怒不可遏，立即将卢叫鸡乱刀砍死，又逃回泸州固守。

蔡锷亲自统兵至泸州城下，见防守坚固，料难攻破，便挥军后退，休息一日，将军务交给刘云峰主持，自己选带五百人前去探路。行至山峰转弯处，恐走错路，正欲向土民询问，忽见有一位老汉走来，蔡锷忙向前问路。老汉审视蔡锷一番，问道："你是蔡将军吧？"蔡锷点头。老汉说："我叫王孝思，今年七十多岁了。我们这一带人受北军祸害太苦了。现在将军领兵前来打北军，我们川民又得重见天日了。"蔡锷问道："此地叫何名？"老汉说："此地叫松坑，是埋兵设伏的好地方。"蔡锷恐老汉是北军的密探，不敢相信。老汉看出蔡锷的心思，便说："请将军上山观看。"说着即快步登上山顶，向綦江望去，见北军人走旗动，便对蔡锷说："北军来了！"蔡锷登山一望，果见有北军大队而来，忙令五百人左右埋伏，待令冲杀。不多时北军已进入伏击圈，只听蔡锷一声喊"打"，五百伏兵一齐冲出，顿时枪声大作，很快北军就已死伤大半，只有少数逃脱。战斗结束，蔡锷点检五百兵士一个不少。再找老汉，已不知去向；四处寻找，在丛林中发现老汉已中弹身亡，蔡锷深表哀惜。

次日，蔡军又与北军交战，双方互有死伤。蔡锷又用诈败计，诱敌追赶，张敬尧不知是计，亲自率军猛追，行至丛林中又被蔡锷的伏兵杀得大败。张敬尧连战皆败，只得死守泸州等待曹锟派兵来援。哪知曹锟也已战败，无力前来增援。张敬尧知泸州难守，便率残部连夜弃城逃走。蔡锷也不去追赶，即率部进城。泸州攻克，全川震动，护国军声威大增。

帝制取消，共和再造

张敬尧逃出泸州后，连电向袁世凯告急。正当袁世凯惊慌无措之时，不料外国公使团的照会又送到了外交部，大意是说中国政府无能力平乱，滇、黔军是为维护共和制而起，不得视为叛乱，各国决定承认他们是交战团体，并要求袁世凯取消帝制，避免中国长久战乱。袁世凯对外国使团的照会正苦于无法答复，忽又接到一份长电，开头就说："速行取消帝制，以安人心。"电尾署名是：江苏将军冯国璋、山东将军靳云鹏、江西将军李纯、浙江将军朱瑞，以及驻扎在徐州的长江巡阅使张勋。这五人都是袁世凯的脊梁骨，今联衔发来此电，只气得袁世凯手足发颤，立即躺倒。众人见袁世凯倒下，只道他是气晕了，仔细再看，只见他眼睁眉竖，样子十分吓人，急忙叫人去请太子来。不一时袁克定来到，急呼"父皇"。袁世凯一见袁克定，挣扎着坐起身来，用手指着袁克定说：“好！好！好！你劝我作皇帝，我听了。不知费了多少心血、花了多少银钱，终于惹出这场祸来。现在人心已变，叫我如何下台？”袁克定说：“不就是三个省吗？没有什么要紧的。”袁世凯指着案上的电报急嚷道：“你再去看看五将军的电文吧！”袁克定走到案前，见秘书才抄出一半，就已吓得魂飞魄散了。袁世凯又对袁克定嚷道：“你还不快请段祺瑞去！”

袁克定急忙乘车来到西山段宅，哪知段祺瑞却闭门不见，只得又乘车去天津请徐世昌。徐世昌在袁克定的苦苦请求下，只得进京来见袁世凯。徐世昌问袁：“你现在打算是仍坚持帝制，还是取消帝制呢？”袁世凯说：“只要外面太平，我无不从命。”徐世昌说：“你若能取消帝制，我就去请段祺瑞出来维持大局。”袁世凯这时也只得答应。于是徐世昌很快就把段祺瑞请来见袁世凯。三人商议定后，袁世凯即命政事堂起草取消帝制令，又经徐世昌修改后，于次日（3月23日）颁发取消帝制及废止“洪宪”年号令；又拟定善后办法三条，通电全国。

徐世昌、段祺瑞二人接受袁世凯的请求，仍各任前职，全力进行南北调和、罢兵息战等事项。徐世昌、段祺瑞又邀请黎元洪联名给唐继尧、蔡锷等人发电，说现在已取消帝制，请各率所部返回本省，维持治安。但滇、黔等省对此电内容均不理睬，却在给徐世昌、段祺瑞的复电中说，欲求和平，袁世凯必须承认六项条件：一、袁世凯必须退位，留他一命，但一定把他赶出中国；二、判处杨度等十三人死刑；三、云南等省起义军费，必须由抄没袁世凯、杨度等人的家产补贴。其余三条，有不准袁氏子孙三代任事、袁世凯退位后由黎元洪依法继任等内容。还说袁世凯一天不退位，议和就一天不能完成等。

徐世昌、段祺瑞将此电报知袁世凯，袁世凯仍要他们出面说服各省继续维持他的总统职位，但均无成效。这时，所有帝制派及袁世凯的亲友家人，都要求袁世凯仍用武力镇压。于是袁世凯再电各省要求拥护他对南方用兵，但各省长官见众怒难犯，都不附和袁世凯的要求。

自云南护国军起兵讨袁后，流亡国外的一些老革命党人纷纷回到广东，积极组织反袁力量，今天你占一府，明天他占一县，弄得广东将军龙济光无力对付，便于4月6日奏请袁世凯宣布假独立，用以欺骗各讨袁军。龙济光宣布假独立后，一面发电邀请广西的陆荣廷及梁启超来广东共商大计；一面又命令广东警卫军统领颜启汉，将海珠护国军司令徐勤请来开会的梁启超的挚友汤觉顿（以陆荣廷、梁启超代表的身份先期来到广州）、陆军少将谭学夔、警察厅长王广龄，以及徐勤所部护国军中路司令吕仲铭、广州商团团长岑伯著等人打死，制造了有名的海珠惨案，徐勤也被迫逃走。梁启超、陆荣廷闻讯大怒，一面向龙济光提出：必须立即交出袁世凯的死党广东禁烟督办蔡乃煌，以及制造海珠惨案的凶手颜启汉等六项条件；一面命令桂军东下进攻广州。但陆荣廷的桂军只开到肇庆就停止前进了。

这时浙江也正在酝酿独立，将军朱瑞闻风逃走，巡按使屈映光便迎接旅长童保暄，电告全省，宣布独立。广东将军龙济光看到南方已有数省宣布独立，自己的处境更加孤立，为自保，遂表示愿意接受陆荣廷所提的六项要求，立即下令将蔡乃煌枪毙，以示和袁世凯决裂，并宣布愿与桂军联合，遵约北伐。

再说徐世昌自接到冯国璋来电，知他已改变拥袁主意，立即报告袁世凯。袁世凯惊惶焦急地说："还请你这位老朋友为我设法。除不逼我退位外，其余万事都可答应。"徐世昌即草拟一份新内阁成员名单，内有蔡锷、戴戡等六人，交袁世凯过目。袁世凯看过后表示同意，即分别发电请六人来京组阁。很快便接到蔡锷的复电，非要袁世凯退位不可，其余一概不谈。徐世昌看了蔡锷的复电，即对袁世凯说："你闹到这个地步，叫我也没法收拾。除非请段祺瑞出来组阁，是战是和，全由他定吧！"于是袁世凯又任命段祺瑞为国务卿，宣布政府组织令，修正总统公文程式，恢复民国政体。此电一发，张勋、冯国璋、倪嗣冲三位将军立即复电说，准备发起南京会议，讨论国事问题。

这时广东各护国军已推举岑春煊为总司令，出师北伐。但冯国璋等人发起的南京会议已到开会日期，未独立各省都派代表前来参加。袁世凯也派蒋雁行等人到会。会议由冯国璋主持，第一个问题就是讨论袁世凯总统的去留问题，各省代表赞成留任的少，反对留任的多。冯国璋见不能通过，便宣布休会，改日再议。

散会后，徐州及蚌埠的代表，即向张勋、倪嗣冲发去急电，报告会议情况。倪嗣冲竟带兵来到南京，打算用武力胁迫各省代表承认袁世凯留任总统。次日开会，倪嗣冲即以安徽代表身份到会发言，坚决主张保留袁世凯的总统职位，立即遭到十多省代表发言反对。倪嗣冲见此情景，就蛮横地说："我只知挽留袁总统，其他一概不管。”冯国璋恐怕惹出祸来，遂出面调解。虽经再三商讨，袁世凯总统的去留问题仍未达成一致意见。于是山东、两湖等省也都酝酿独立反袁。

就在南京会议召开后不久，上海革命党首领陈其美被人行刺身亡。但不几日凶手即被捕获处死。袁世凯听说陈其美被刺死，心中正在高兴，忽又接到陕西急电，报告陕北镇守使陈树藩宣布独立，将军陆建章逃走。袁世凯看到此电又大为生气，不觉渐渐生起病来。紧接着全国各地警告之电纷纷传来，不是痛骂，就是劝他退位。急得袁世凯又得了尿毒症，医药无效，竟一病不起。

就在袁世凯病卧在床时，又接到四川将军陈宧宣布独立的电文，恰值陈宧之妻正入宫请安，袁世凯便怒问陈妻：“你知道你丈夫已经宣布独立了吗？”陈妻回答：“不知。”袁世凯即将电文扔向陈妻说：“陈宧在四川，我无法惩办他，只好将你作为人质了。”即令侍女将陈妻带出囚禁起来。

原来四川将军陈宧和湖南将军汤芗铭，都是袁世凯的心腹，因见云、贵的护国军逼境，为自保，被迫宣布独立，并发电劝袁世凯退位，否则要起兵征讨。袁世凯见到这种情势，哪能不气？又兼有病，忽然一阵昏迷，似梦非梦，只见光绪帝与隆裕皇后站在面前，怒气冲冲；又见被他下令杀害的无数屈死冤魂向他索命，只吓得浑身发抖，说不出话来。这时他的儿子们陆续进来问候，见其父病得这样厉害，都怨恨老大克定撺掇老父称帝，实是祸首，因此兄弟之间争吵起来。到了6月5日，袁世凯忽然清醒过来，便叫袁克定去请徐世昌来，托以家事，并立遗嘱，希望他死后诸子不要相争，又召袁克定等诸子入宫，听徐世昌宣读遗嘱，命诸子照遗嘱办理。又说他死后丧事办理从简，不要铺张，办完丧事后全家都要速回原籍。嘱毕，舌已僵硬。至次日天明，徐世昌进宫，见袁世凯面显红光，口中连说："杨度误我！"说完，把口张了两下，竟死去了。

袁世凯死时，正是6月6日，时年五十八岁。正当全家大哭，忽然有一人急忙走进来说："我来迟了！我来迟了！"原来是段祺瑞拿着拟定的遗命进来，欲呈袁世凯过目，见袁世凯已死，故惊呼"我来迟了！"只得交给徐世昌酌情定夺。徐世昌看过说道："快颁发下去，速请副总统黎元洪就任，一切礼仪从简。"

黎元洪依法就任大总统后，连接颁发数道命令。于是各省纷纷取消独立，并来电祝贺黎元洪依法就任大总统。唯有云南、贵州等省仍不愿取消独立，来电提出六项条件，其中有恢复民国元年旧约法、召集非法解散的旧国会、惩办帝制祸首十三人等，并说如果新政府能条条照办，南中各省才答应取消独立。还有河南督军赵倜、江苏督军冯国璋来电也是此意。但黎元洪的新政府却置之不理。

因此，旧国会议员便在上海登报宣布，要自行召集旧国会。除以前追随袁世凯的议员之外，其余限6月30日以前都要到上海开会。国务总理段祺瑞闻讯，即电南方各省及各主要机关团体阻止开会，遭到南方各省的极力反对，要求非恢复民国元年的约法不可。但段祺瑞不同意恢复民国元年约法，并提出要对民国元年约法进行修改。正当双方坚持己见，各不相让之时，段祺瑞又接到上海来电，说上海海军即日宣布独立，公推李鼎新为总司令，并发通电说：“如果现政府只根据袁世凯擅自修订的约法宣布实行，那是不行的；如果不恢复民国元年约法、召开旧国会、正式成立内阁，上海海军就决不接受北京海军部的命令。”段祺瑞接电大惊，立即电请江苏将军冯国璋及淞沪护军使杨善德出面调停。哪知冯、杨二人并不答应。与此同时，聚集在上海的旧国会议员也发来电报，强烈要求恢复民国元年约法。段祺瑞无奈，才与总统黎元洪商议恢复民国元年约法，黎元洪表示赞同。于是黎元洪下令遵用民国元年3月11日公布的《临时约法》，直到新宪法制定并通过实行之日止，并宣布于8月1日正式召开国会。

命令一下，举国欢呼，新内阁很快组成。首先进行官制改革，将各省将军改为督军，民政长改为省长。而应颁布的《官爵条例》及《惩办祸首条例》均搁置一旁不管。

原四川将军陈宧虽曾宣布独立，但川人仍对他不满。所以黎元洪即命蔡锷督川，调陈宧督湘。这中间虽曾发生些冲突，也就不必细说了。唯广东的龙济光宣布独立并非真心，所以不久又宣布取消独立，仍与云南、广西军为敌。因此，滇军司令李烈钧与桂军司令莫荣新即联合攻打龙济光。龙济光屡战屡败，急忙电告政府说李烈钧等不听中央停战命令，擅行出兵攻粤。黎元洪就任命陆荣廷为广东督军，并电告龙济光等陆荣廷到粤交卸后，来京候用。广东人民听说龙济光被调走，都很欢迎。

再说陈宧由四川去湖南就任督军，立即引起湖南人民的反对，并公推刘人熙为湖南督军，电请政府任命。黎元洪接到湖南民众来电，感到为难，遂召开内阁会议，讨论解决湖南、广东的纠纷问题。但大家的意见不一致，后经段祺瑞提议，广东督军仍命陆荣廷接任，湖南督军听从民众要求，命刘人熙署理。黎元洪表示同意，才下令任命。唯陆荣廷不愿去广东赴任，仍留驻广西的桂林不肯动身。

再说这时在京的帝制派，自知有罪，都托词告病。而唐继尧、岑春煊等人，因帝制祸首未能惩办，对黎元洪政府时有啧言。黎元洪不得已，遂下严惩帝制祸首令。此令一下，帝制派人物纷纷逃跑，等到去捕拿时，都早已逃离出京，结果一个也没有拿到。

帝制祸首虽然没有拿获惩办，但有这样一道命令，已使唐继尧等感到满意。于是西南抚军长唐继尧等十三人联名发出通电，大意是说现在临时约法及旧国会都已次第恢复，大总统也已遵约继任，这些都与各省独立宣言要求相同，因此各抚军的政务也应于即日宣布撤除，国家政事悉听大总统与国会主持。此电到京，黎元洪、段祺瑞等人异常高兴，立即复电表示欢迎，随即正式颁发南北统一命令。

至此，北京的中央政府才算有了代表全国的责任。唯广东的龙济光与李烈钧仍相持不下，直到海军总长萨镇冰率军舰来到广东，陆荣廷才接任广东督军，龙济光交卸后即离开广东，李烈钧也宣布撤兵。

这时原山东的民军因受山东督军张怀芝的攻击，非常气愤，打算与张怀芝决一死战。幸亏国务院派曲同丰前来调和，两方军队一律改编，统归中央节制，矛盾才算解决。

由于国会恢复，各议员又都回到北京，重开国会。这是第二次召开国会，非常隆重。会议自8月1日开始，并制定了会议事项与礼节。当时京中人士称赞道："国会开幕第二次，民国再造第一日。"会议闭幕后，政府即改定公文程式，新订进见大总统礼节八条，均仿照民国元年例制实行。到此，内阁也算一律就绪。

民国再造，转瞬已到了民国五年（1916）的"双十节"，仍照元、二、三年例制，举行国庆大礼。至赏功一节，也已分级排定。创造民国之功，首推孙中山、黄兴，余均按功颁赏，并抚恤死难诸人。国庆这天，清室代表及各国公使都到总统府祝贺，总统黎元洪热情接见，并赠送勋章，大家都欢声道谢。

国庆节过后，参众两院联合开会，商讨选举副总统日期，择定10月30日。接着又组织总统选举会，议定五条办法。很快到投票选举之日，两院共到议员七百二十四人。选举结果，冯国璋得票最多，合法当选副总统。当选举会把选举结果呈报黎元洪，黎元洪即致电冯国璋表示祝贺，并让他仍兼任江苏督军。各省也都致电冯国璋表示祝贺。

黄兴、蔡锷逝世

次日，总统府接上海来电，报告上将黄兴于10月31日在沪病逝。总统黎元洪即下令从优议恤，以表彰开国殊勋，遂拨给治丧费二万元，令江苏省长齐耀琳妥为办理，并派王芝祥来沪致祭。

黄兴的丧事刚办完，忽又从日本接到蔡锷病逝的讣告。原来蔡锷自任四川督军后，政务繁忙，过于劳累，旧病复发，送到日本福岗医院治疗，开始尚有好转，后来日渐沉重，至11月8日去世。国人闻耗，无不叹息！黎元洪接电后，也下令从优议恤，并拨给治丧费二万元，待灵柩回国再派员致祭，并令驻日本公使章宗祥就近妥为照料。此令一下，全国皆知。及灵柩运回，又令人护送返乡安葬，照国葬条例办理。

府院之争与张勋复辟

再说段祺瑞主持国务院，表面上虽拥护总统黎元洪，而遇事却经常发生矛盾，致使府、院之间生出种种恶感。幸有北洋元老徐世昌居中调解，将两方生事人员免职才算了事。还有浙江督军吕公望免职，杨善德督浙，以及对外的中美借款、中日交涉等案的矛盾暂不细述。

冬去春来，转瞬到了1917年（民国六年）2月。一天，驻京德国公使忽然送来一份通牒，说德国政府决定要对上海采取潜艇封锁政策，以阻止与德交战各国的商船驶往上海。中国政府对于这件事甚为作难。按照国际公法，德国政府不应对未参战国这样做。当时美国政府曾向德国提出抗议。段祺瑞也想仿照美国的做法向德国提出抗议，曾再三鼓动黎元洪令外交部向德抗议。哪知抗议照会发出后，德国竟不予理睬。于是段祺瑞召开国务员会议研究，准备与德国绝交，而总统黎元洪表示不同意与德国绝交，双方争持不下，段祺瑞一气之下提出辞职，并离京去了天津。

黎元洪见段祺瑞辞职，急请副总统冯国璋设法挽留。冯国璋说："除非你同意与德绝交，或可设法挽留。"又说了些与德绝交后的种种利益。黎元洪说："既然如此，就请你去挽留吧！"于是冯国璋乘车赴津，当晚果然偕同段祺瑞回京，径至总统府商议一切，意见取得一致。遂先给驻各国公使发电，让他们探询各国政府对中国与德国绝交的态度。旋接各公使复电，都说中国与德国绝交，将来订约时必对中国有利。

然而与德绝交的成案必须经国会通过，议员们对此意见很不一致，有同意绝交的，有反对绝交的，也有请政府保持中立的。3月9日，段祺瑞及各部总长，正式请参众两院开会讨论与德绝交问题。经投票表决结果，同意与德绝交占多数票，于是最后决定与德绝交。正在草拟致德绝交的照会时，德国公使致中国的照会已先送到外交部。段祺瑞见来照中虽有保护航运的表示，但封锁战略仍不肯撤除，中国政府所提的抗议未能解决，只得仍坚持与德绝交的决定。于是缮好照会，请黎元洪盖印后，即送交德使，并发给护照，让他出境。又致电驻德公使颜惠庆，要他向德国政府索取护照，下旗回国。同时又电致各省长官，让他们依照现行国际公法办理有关与德绝交事项。此令一下，德国公使辛慈即卸旗回国，德国驻各埠领事也相继出境。

对德绝交事刚办完，接着段祺瑞又提出加入协约国集团，对德国宣战的问题。总统黎元洪表示坚决不同意，于是府、院之间又发生矛盾。段祺瑞为达到对德宣战的目的，遂于4月初以讨论裁兵节饷的名义，致电各省督军来京开会。会议自然由段祺瑞主持，他即改变会议的主题，而要求讨论对德宣战问题。段祺瑞主张非对德宣战不可，要求大家表态。由于各督军均是武人，都赞成对德宣战。段祺瑞即将督军会议的决议送给黎元洪交国会通过。时称这批专横的军阀为“督军团”。黎元洪明知段祺瑞借督军团的势力逼他同意对德宣战，也感到不能再拒绝，便让段祺瑞代拟咨文。段祺瑞即令秘书起稿，送交总统府盖印后，即送往国会进行表决。

5月10日，正当议院开会审查对德宣战草案时，突然闯进来一帮自称“请愿团”的人殴打议员，声称不通过对德宣战，就不准议员离开会场。议长汤化龙让他们推举六位代表入会旁听。汤化龙退入后室，即打电话要求国务总理速来会场劝导。不多时段祺瑞即率警察总监吴炳湘来到会场，“请愿团”仍喧闹不止，派人劝导也无效；段祺瑞为掩人耳目，即打电话令马队速来，这才将“请愿团”驱散。六代表见众人已散，也赶快溜走了。会议也因此终止。

次日，黎元洪下令饬警察厅长派警兵将昨天闹事的人查出究办，并令司法部依法严惩。司法总长张耀曾知此事难办，遂上书辞职。接着，外交、农商、海军各部总长也相继辞职。原来这几位总长都与段祺瑞宗旨不合，所以极力反对宣战。段祺瑞一心要达到宣战目的，屡催议院开会表决，而议长总以会场安全没有保证等词拖延。又过了七八天，才由议员储辅成倡议，说现在阁员多已辞职，待新内阁组成，国会再开会讨论。段祺瑞得知这项提议后勃然大怒，即与督军团商议欲图泄忿。他们首先从宪法上作文章，拟定一篇修改宪法的呈文，要求解散国会。由吉林将军孟恩远领衔，一面送呈总统，一面通电全国。但呈文送上后，黎元洪并无动静。督军团知道无效，就纷纷离京去天津，都到直隶督军曹锟署中秘密策划。

恰在这时，张勋发来一电，表示支持各督军解散国会的主张，并邀请各督军来徐州会议。于是各督军都去徐州与张勋密议，订约后散会。过了两天，即5月23日，总统黎元洪下令免去段祺瑞国务总理职务，委外交总长伍廷芳代理，并通电各省。在徐州会议时各督军就想与黎元洪决裂，但怕他免段祺瑞职，打算先发制人，致电质问。但质问电尚未发出，黎元洪免段祺瑞职令已下，电后署名为黎元洪、伍廷芳二人。各督军正在惊慌，忽又接段祺瑞通电，内言"我已卸职寓居天津，此后有关国事问题，段祺瑞概不负责。"段祺瑞发此电，就是授意各督军向总统黎元洪发难，责他违法。

各督军接到段祺瑞电后正在犹豫，忽见长江巡阅使张勋首先发难，说免段令由伍廷芳副署不合法律。于是各督军这才纷纷发电附和张勋的意见。就在这时，众议院也提出质问。代总理伍廷芳根据约法，并引申民国以来先后任免总理的程序，说明免段令完全合法。但督军团坚持让总统黎元洪收回免段成命。黎元洪坚决不肯收回成命，便将督军团来电放在一旁。

伍廷芳见督军团如此拔扈干政，非常愤慨，又因自己的代总理只是总统任命，未经国会通过，所以提出辞职。黎元洪为稳定北洋派与拉拢张勋，便于5月25日向国会提交任命李经羲为国务总理的咨文，国会于27日开会通过。不料就在这时，突然发生了北方数省宣布独立的变局，吓得李经羲躲在天津租界内不敢出来，更不敢去北京上任，所以黎元洪仍不能批准伍廷芳辞职。

原来，5月29日督军团中轰隆一声，首先由安徽省长倪嗣冲发难，指责政府中群小当政、国会乘机煽乱，宣布独立，与中央脱离关系。此电一发，立即有八九省响应，都纷纷宣布独立，弄得黎元洪手足无措。接着宣布独立各省派代表到天津开会，共同组成“各省总参谋处”，公举雷震春为总参谋，算作临时政府，召开临时会议。这种局面，更使得黎元洪焦灼难安。

就在这时，长江巡阅使兼安徽督军的张勋，由于一直念念不忘复辟清室，认为目前的政局对他有机可乘。于是他致电黎元洪，历陈稳定目前时局的见解，劝黎不要固执己见，并表示自己愿意出面代为维持。黎元洪正无计可施，接张勋此电，便以为张勋是个好人，急盼他来京调停政局。这时躲在天津租界的李经羲也劝黎元洪召张勋进京，并说目前唯有张勋能够进行调解。于是黎元洪即发电召请张勋进京。张勋接电暗喜，即刻率兵北上。当时明眼人都看出中央政局要发生重大变化，纷纷上书辞职。就连副总统冯国璋也致电国会，要求辞去副总统职位。黎元洪更加着急，便催促张勋及李经羲尽快设法挽救时局。

再说张勋于6月7日率五千辫子兵起程进京，第二天就到了天津，与李经羲等人密商后，先派兵进京，接着又提出“调停”的两项先决条件：头一条就是解散国会；第二条是撤销警备。黎元洪明知不行，但因他是被请来的调停人，不能不依，遂下令先将警备撤去，然后电告张勋，说解散国会万不能依从。张勋即复电说：“如果国会不解散，调停就不能生效，我来此无用，不如回去。”黎元洪接电非常惊慌，正在设法磋商之际，忽有美国驻华公使送来一份公文，黎元洪看过即对伍廷芳说：“友邦来文劝慰，这是美国的好意。但眼下时局危险，还望你设法维持才是。”伍廷芳说：“张勋要求二事，撤警备已经照允，解散国会民国无此先例，况事关重大，他偏蛮横要求，如何能行？上月免段祺瑞职有法可依，各督军还要反对，如果解散国会，全国都会反对的。不如派人去天津先和张勋好好商量，看他有何反应，再作计议。”

次日，黎元洪派去与张勋商议之人回来复命，说张勋非坚持解散国会不可，并限三日之内就得发布解散国会命令，否则他即行南归。

6月12日，黎元洪在张勋的逼迫下，准备下令解散国会，又召伍廷芳来府商量，劝伍廷芳副署解散国会的命令，遭到伍廷芳的拒绝。黎元洪再三敦请，并以任命其子伍朝枢为外交次长作为交换条件，伍廷芳认为这是侮辱人格，坚决不允。张勋这时也派人恐吓伍廷芳，说如再拒绝副署，将以激烈手段对付，伍廷芳依然置之不理。后又经黎元洪转请王士珍和江朝宗去劝说，伍廷芳仍断然拒绝，并说：“职可辞而名不可署，头可断而法不可违。”再次上书辞职。伍廷芳的这一行动，充分表现出这位老外交家的刚正气节。

再说张勋要求解散国会的三天期限已到，伍廷芳又坚决拒绝副署命令，总统黎元洪无计可施，便在公府召开紧急会议商量对策，一直讨论到次日三时半，仍无结果。这时步兵统领江朝宗说道："这国会又不是今天才创立的，大总统为大局起见，暂且同意解散，以后再作计较也是可以的。"黎元洪说："伍廷芒不愿副署，已上书辞职，还有何人能挑这个担子呢？"江朝宗说："如果找不到人，就让我来干吧！"黎元洪明知此法不妥，但眼下再也没有救急的办法，遂令秘书起草命令，次第颁发。第一道是免伍廷芳代理国务总理职；第二道是任命江朝宗代理国务总理；第三道是解散国会。这三道命令当然都是江朝宗副署。江朝宗也怕因此招怨，便通电解释一番。命令虽已发出，但黎元洪总觉不安，遂又发了一道表明自己不得已的通电。

议院接到国会被解散的命令后，各议员只得收拾行装，纷纷出都赴沪。而督军团见要求解散国会的目的已经达到，便各自宣布取消独立。他们设在天津的"总参谋处"，也由雷震春宣布撤除。

再说广东督军陈炳焜、广西督军谭浩明，一向附和黎元洪。今见黎元洪被迫解散国会，已经怒不可遏，又见各议员离京来到上海，便分电南方各省，说约法规定总统无解散国会之权，江朝宗乃是武人，更不能代理国务总理。又说，黎总统虽当时被逼下令解散国会，但现已承认违法，故解散国会之令已经无效。最后郑重声明，非等国会恢复，或重新组织新国会，否则决不听从中央命令。尽管两督军时有反对言论发表，怎奈地处边隅，鞭长莫及，督军团始终不予理睬。

6月14日下午，张勋见国会解散，便偕同李经羲乘专车进京，并在北京城内到处张贴定武军的安民告示。张勋本是安徽督军，为什么要在北京张贴安民告示？有识者早知他的用意，预料政局必有大的变化。6月24日，张勋让李经羲就任国务总理，重组新内阁，并免去原司法及农商总长张耀曾、谷钟秀职。张、谷都是国民党人，此令一下，国民党人的势力大为削弱。到30日夜，竟闹出复辟的事来。复辟并非奇闻，而是张勋多年来日夜不忘的志愿。第一次徐州会议他就有这个打算，第二次徐州会议就是讨论复辟的问题，当时各督军都奉他为盟主。今见黎元洪、段祺瑞决裂，正是实行复辟的好机会。所以他明着是来京调停时局，暗里却是前来复辟。直隶督军曹锟本也列名督军团，听说督军团中议论复辟，便请问徐世昌复辟是否可行？徐世昌说："不可不可，少轩（张勋字）本意是为忠清，这样反倒害清。"曹锟因受了徐世昌的指点，知道张勋所为不合时宜，便保守秘密，静观成败。待张勋到了天津，知他实为复辟而来，曹锟也不置可否。

若要人不知，除非己莫为。前国务总理熊希龄听说张勋前来是要复辟，即发通电反对，并申明有五大危险。副总统冯国璋接到熊希龄的通电，即表示赞同。黎元洪接到熊希龄的通电，也发通电表明自己的心迹。就是张勋的亲朋好友，也都有电来劝阻复辟。张勋则复电说："待大局粗定，内阁组成，即领兵回任，复辟一事谣传也就自然消失，请放心勿虑。"而张勋的参谋长万绳拭，日夜怂恿张勋复辟，又电请康有为进京，好作张勋复辟的帮手。康有为接电后，立刻进京来见张勋。张勋要康有为进言，康有为即草拟诏书，送张勋过目。张勋看过草诏说："这事恐不便即行吧？”康有为正要回答，万绳拭忽然抢先说：“大帅志在复辟，还有什么不能干的事呢？”张勋说：“此话有理，不管怎么样，我现在就干一回吧！”遂唤心腹数人，分头去请京津一带警备总副司令王士珍、江朝宗等几位大员来议事。

不多时王士珍等人请来，张勋便直截了当地提出“复辟”二字，请他们表态。众人闻听商议此事，颇有畏难之色。张勋见此情景，即厉声说：“事若不成，一切后果由我承当，概不累及诸位。”王士珍等人见张勋如此蛮横，便不敢多说什么。张勋便令京师警察厅总监吴炳湘，于当夜打开北京城门，让定武军进城，明日即行复辟。为怕人向外发电，即派兵占领电报局。

次日黎明，有人来报：“定武军已经入城了。”张勋闻报，即起身说道：“我们一同前往清宫，请宣统帝即刻登殿复辟便了。”说着张勋首先穿戴好朝服，并令大家都穿上朝服，一齐来到清宫大门，由定武军把门叫开，张勋等人进入内宫。这时宫中之人还不知发生何事，见一群穿朝服的人进来，忙去报知两太妃。太妃即领内务府大臣世续等出来询问何事进宫，张勋答道：“今日复辟，臣等特请少主登殿。”太妃、世续闻听要复辟，又惊喜又害怕，心怀疑虑地说：“如果复辟不成，反要累我全家。”张勋说：“一切由我作主，尽管放心勿虑。”世续怕再不答应，恐张勋有意外举动，只好请出宣统帝来，由张勋等人扶着登殿。张勋先向宣统帝行三跪九叩礼，三呼万岁。接着王士珍等人也只得跪叩欢呼。当即由康有为起草诏书，颁布天下。京内各官，降旨封赏；京外各官，都照宣统元年例制，曹锟等各省督军均改称巡抚。

复辟既成，张劫心里乐开了花，即令北京城内一律悬挂龙旗。但为了保全黎元洪总统的面子，总统府中可以不挂龙旗。当日清室大臣来到总统府，要求黎元洪宣布张勋复辟情况。黎元洪说："我召张勋来京是为了调停政局，不是叫他来复辟的。"来人反复陈说，黎元洪总是不答应。来人又用大言恐吓，黎元洪终不为所动，只得辞去。黎元洪想发电报请救兵，听说电报局已被张勋兵看守，即派人出京拍发。黎元洪又与府中人商议救急办法，众人说："现在京中兵权全在张勋手里，如果他提出的要求总统不答应。他必对总统采取激烈手段。目前总统不如先行退避，等候援兵到来，再图恢复。"黎元洪说："你们叫我到何处去避？"众人说："只好求助于外国人。"黎元洪说："我已决意辞职，只是无处交卸。但约法中有大总统遇有行使职权受到阻碍时，副总统有代行职权之规定，此事只好交卸给副总统冯国璋来处理了。"遂收拾物件准备逃走。

正当黎元洪准备逃去，忽有李经羲来见，并上呈辞职。黎元洪即命草令两道：一是准李经羲辞职，仍任命段祺瑞为国务总理；一是请冯国璋代行大总统职权。并将所有大总统印信，派人送到天津交段祺瑞保护。要事安排完毕，黎元洪即带领唐仲寅、刘钟秀及仆从三人，去日本使馆请求保护。日本使馆除答应黎元洪请求保护外，又请驻京各国公使协力保护，以重邦交。

段祺瑞马厂誓师，再造共和

再说段祺瑞寓居天津，得到张勋在京复辟的消息，正打算出兵征讨，听说前司法总长梁启超也在天津，于是派人把梁启超请来商量大计，两人都主张兴兵讨伐张勋复辟。这时京津警备副司令陈光远有兵数千驻在天津，段祺瑞、梁启超即去陈营商议讨伐张勋，陈光远表示同意。于是即由梁启超拟定讨伐通电，段祺段自任讨逆军总司令。自通电发出后，各省皆有讨逆电发来，一致反对复辟。段祺瑞见全国都反对复辟，料讨伐事必成，就亲临马厂誓师，连发两电通告全国。这时副总统冯国璋也来电，表示愿与段祺瑞联合讨逆，因此讨逆军声威大震。同时，浙江、直隶都电告已出师讨逆，并公推段祺瑞为讨逆军总司令。于是段祺瑞便在天津造币厂内设立讨逆军总司令部，委任曹锟、段芝贵为东、西两路司令，率部分途进攻北京。

再说宣统自被张勋拉出来复辟后，几天以来总感到提心吊胆，一切大事全听张勋的安排。被任命的一些官员，都感到复辟难以成功，不敢赴任。张勋对此正在忧闷，忽传来军报，说曹锟、段芝贵两军分东西两路向京师杀来。张勋急令出兵迎战。怎奈他只带来不足五千的辫子兵，此外并无一兵来援。辫子兵明知寡不敌众，也只得鼓起勇气向前抵挡一阵。刚到达廊房，即遇段芝贵领兵从正面杀来，双方接战，辫子兵本已不支，又见曹锟、陈光远领兵从背后杀到，腹背受敌。辫子兵不敢再战，遂四散而逃。

次日，代行大总统职权的副总统冯国璋下令，革去张勋的长江巡阅使及安徽督军职务，并命令东西两路讨逆军司令段芝贵、曹锟，立即率部进攻北京，扫除复辟逆氛。张勋闷坐京城，连接战败消息，万分焦急，事前赞成他复辟的各省督军及一些要人，此时不仅不支持他反而出兵讨伐他，张勋对此更加愤恨。就将复辟酝酿经过情形通电全国。电文的大意是说，这次复辟之举，“凡我北洋胞泽，多与其谋，东海（指徐世昌）、河间（指冯国璋）尤深赞许，信使往返，俱有可征。推原其始，责有攸归”。最后则说“唯有听诸公论”。但是张勋的哀求与威胁，丝毫改变不了自己的困境。这一点他也是清楚的，所以通电发出后，就收集残兵死守天坛及天安门等处，打算背水一战。

各国公使团见京城危急，恐波及使馆，便联名照会清室，劝张勋解除武装，取消复辟。清室只得将公使团的照会交给张勋。但张勋不肯应允，定要决一死战。这时张镇芳、雷震春等一些复辟骨干分子，见形势不妙，纷纷逃跑，随即被讨逆军在丰台车站及天津车站等处拿获，并由冯国璋下令革去官职。其他如康有为逃到美国使馆。而万绳拭等也想逃走。惟有张勋不肯下台，仍在督兵顽抗。

7月12日，讨逆军三路进攻北京，张勋的辫子兵究竟寡不敌从，纷纷投降。讨逆军勒令全部缴械方准免死，辫子兵只得遵从，一齐缴械后领资还乡。

张勋见大势已去，无法挽回，仍固守南河沿公馆，后由德国人用汽车将他和家眷送到荷兰驻华使馆内躲避。讨逆军即于当日收复京城，并发电向驻守天津的讨逆军总司令段祺瑞报捷。段祺瑞便于14日驱车进入北京。随后就有徐世昌前来拜访。徐世昌对段祺瑞说："此次复辟，清室本无此心，希望不要加罪。张勋虽是祸首，但他只是一个鲁莽武夫，望念北洋胞泽份上给予宽恕。"

段祺瑞入京后，见京中一切恢复平静，就到国务院正式行使国务总理职权。首先命令江朝宗往日本驻华使馆迎接黎元洪回总统府，同时下令缉拿复辟祸首张勋归案。

黎元洪见段祺瑞派人前来迎接，遂谢过日本公使，乘车回到自己的住宅，立即通电全国，宣布辞去大总统职位。第二天，又连发两份通电，详述辞职情由。黎元洪既然辞去大总统，依法应由副总统冯国璋继任。冯国璋看过黎元洪辞职电文，对自己依法继任大总统自然也表示一番谦让，说现在京师已经平静，应该迎接黎大总统入府视事，自己所有代行大总统职权一事，现在也应奉还黎总统才是正论。黎元洪见冯国璋电，仍旧表示坚决辞去大总统职位，又电请冯副总统速来京接任。这时段祺瑞以国务总理的身份再次组织内阁，很快就拟定出新阁员名单[1]，只因这时总统职位黎、冯二人正在推让，悬而未定，所以任命阁员之令没有颁发下来，段祺瑞心中未免有些着急。

这时段祺瑞的亲信、新拟陆军部次长徐树铮想为主子分忧，便去见黎元洪说："段总理本是辞职在野之人，此次督师讨逆立

1.编者注：段祺瑞所拟定的新内阁名单：外交总长汪大燮，内务总长汤化龙，财政总长李经羲（半月后改任梁启超），陆军总长王士珍（半月后段祺瑞自兼），海军总长萨镇冰（半月后改任刘冠雄），司法总长江庸（半月后改任林长民），教育总长范源濂，农商总长李盛铎（半月后改任张国淦），交通总长龙建章（半月后改任曹汝霖），参谋总长王士珍（代）。

功，想总统应当有相当的封赏才是。”黎元洪说：“我已经提出辞去总统职务，继任者依法当属冯河间，河间不日入京视事，赏功罚罪，一切自有河间作主。”又说：“此时阁员名单虽已提出，但由于国会已经解散，不能开会通过，只得等冯河间来京下令特任各部总长，然后下通缉令捉拿复辟要犯。”徐树铮也不好再说什么，立即辞出。

这时复辟首犯张勋正寄居荷兰使馆，一手持枪，一手持函，扬言说：“我手中拿的都是当初赞成复辟诸人的凭据，如果一定要逮捕我，我就将这些凭据宣告国人，甘愿与他们同死。”而这时张勋留在徐州的部下，得知复辟失败的消息后，都想发动叛乱，旋被江苏海州镇守使白宝山率部缴械。当段祺瑞接到白宝山平叛的电报后，来电表示慰劳。这时清室也将这次张勋逼迫复辟的情况，由内务府署名函致段祺瑞，详述一切经过。于是段祺瑞即电告仍在南京的新总统冯国璋，提出对清室的优待条件照旧不变。

再说国民党人。在张勋复辟后，孙中山便积极倡导护法运动，认为民主共和国的法统不可废，国会被迫解散不合法，段祺瑞就任总理组织新阁是在黎元洪被胁迫下做出的决定，不能成立。他们仍想扶持黎元洪继续担任大总统，由于黎元洪再三表示坚决辞职，未免使他们感到失望。于是孙中山派唐绍仪、汪精卫等人，运动原海军总长程璧光及其他海军舰队司令，提出否认解散国会的政府，并于7月21日通电宣布独立，公举程璧光为海军总司令，率舰驶往广东。段祺瑞接到海军独立的通电后大为恼火，致电仍在南京的新总统冯国璋下令革除程璧光等人的职务。

由于国事纷繁，新总统冯国璋又迟迟不肯来京上任，段祺瑞就多次发电催促冯国璋进京正式接任大总统的职务。冯国璋为什么迟迟不肯进京接任大总统职务呢？最明显的原因有两个：一是怕段系恃讨伐张勋复辟之功势力更盛，入京后受其挟制；一是他正在考虑安排入京后如何还能保持他在长江中下游的势力，作为自己的政治资本。于是他想到现任江西督军李纯。因为李纯在辛亥革命时跟随他征讨过武昌起义军，从此二人关系一直较好，便想调李纯接任他的江苏督军职位，以作为自己的可靠势力。所以他要先派人去江西和李纯商量，在征得李纯同意后，这才放心启程进京赴任。

7月23日，冯国璋来到北京，首先到东厂胡同黎元洪家中假意劝黎元洪复职，黎元洪决意让冯国璋。接着，又去国务院找段祺瑞商议，段祺瑞向冯国璋提出当仁不让的建议。冯国璋接受了段祺瑞的建议，决定8月4日去总统府正式就职。遂由国务院通告全国，申明大总统已莅任视事。通告发出后，许多省都来电祝贺，唯南中数省以拥护民国元年约法为宗旨，不愿服从以冯国璋为首的中央政府。

冯国璋既已就任大总统，江苏督军空缺出来，因前已与江西督军李纯说妥由他接任，于是便将此事提出与段祺瑞商议。段祺瑞明知冯国璋调李纯接任江苏督军的用意，因冯国璋刚来京，不好与他为此事立即闹矛盾，只好隐忍同意。即下令调李纯任江苏督军，江西督军遗缺令陈光远接任。段祺瑞也提出调亲信傅良佐任湖南督军，冯国璋也知段祺瑞的用意，但也不好拒绝，只得允准。这时冯国璋与段祺瑞的关系表面上还比较融洽，所以段祺瑞自然又提出对德宣战的老问题。

段祺瑞前因对德宣战问题未能达到目的，曾经与总统黎元洪闹翻，被黎元洪免职去了天津。现在冯国璋继任总统，内阁成员都是段祺瑞一手挑选的，当然都同意他的主张。段祺瑞见大家都同意对德宣战，即报告总统冯国璋，请冯总统下对德宣战令。冯国璋因中国与德国相距遥远，不可能真正打起来，也就同意段祺瑞的请求，即让秘书拟出对德宣战的文件，修订公布。同时又照会各国公使，声明中国已与德、奥宣战。奥地利驻华公使接到照会后，只得下旗回国。中央既宣布与德、奥宣战，各省也都应与中央采取一致行动，于是纷纷抄录大总统布告，出示晓谕各国领事，并照会奥国领事闭馆，同时收回各省区的德、奥租界地自管。唯有南中各省仍不服从中央，自行其事。

戴戡亡身秦皇寺

再说四川第二师师长刘存厚的部下，都是本省士兵，具有强烈的排外思想，概不准外省军队入境。这时原贵州护国军将领戴戡任四川督军，所部黔军自然为刘部所恨，以致两军发生冲突。由于黔军势孤力单，被刘部击败。戴戡急向云南督军唐继尧求援，唐继尧派兵将刘部击退。刘存厚不甘心，便收集残兵再攻击戴部。戴戡又向唐继尧请援，唐继尧出兵将刘存厚赶跑。刘部退到秦皇寺，正与戴部相遇，双方展开激战，戴戡中弹而死。这时代理四川督军周道刚即将戴戡战死消息电达中央，冯国璋下令追赠戴戡为上将衔，优赐抚恤金。

护法运动

自从总统黎元洪在张勋的逼迫下解散国会后，议员纷纷离京，有的回籍，有的去了上海，参加孙中山所倡导的护法运动。7月6日，孙中山率领海琛、应瑞舰离沪赴粤，准备在广州建立护法政府，邀请国会议员来粤召集国会以定大计。这时议员们看到，段祺瑞虽起兵打败张勋、复任国务总理，但他仍不肯召集国会议员回京，所以各议员遂应孙中山的邀请，陆续前往广东，并于8月25日在广州城外会议场自行召开会议，因只有一百五十余人，不足法定人数，所以叫作“非常会议”，议员们一致同意否认违法的中央政府，提议在广州另组护法政府。于是大家投票选出孙中山为护法军政府大元帅。

孙中山就职后，立即发布通告，指责段祺瑞等人背叛民国、破坏约法、结党营私等罪状，并说现在国会在广州选举产生的护法军政府已经正式成立，即将誓师北伐等语。段祺瑞接到这个通告后，虽然认为孙中山好说大话，但因南方数省已经宣布脱离中央，唯恐受孙中山的鼓动引起变乱，心想要彻底解决南方问题，非用武力讨伐不可。但是段祺瑞也清楚地知道，要对南方用兵，非有军费不行，于是召集亲信们研究筹措军费的办法。

徐树铮是段祺瑞手下的第一员干将，他极力主张筹措军费非向外国借款不可。于是段祺瑞便让财政总长梁启超向四国银行团商谈借款，梁启超又委派财政次长李思浩具体经办。李思浩接密令后，即与四国银行团接洽，商借一千万元。但各国都因正与德国交战，用款甚多，不肯答应。唯有日本虽然已加入协约国集团，而用款较少，故愿独自认借一千万元，但条件是要以中国的盐税与厘金作抵押。段祺瑞自然答应，借款协议成立。

正当段祺瑞加紧筹借军费，准备对南方用兵之时，不料湖南的刘建藩也宣布独立。原来自段祺瑞派傅良佐督湘后，便将零陵镇守使刘建藩撤职。刘建藩借湘人反对北洋军入湘的不满情绪，即联合旅长林修梅及各要隘司令等宣布独立，号称湖南护法军；联合海军总司令程璧光共同反对傅良佐。傅良佐电告段祺瑞要求宣布刘建藩的罪状，并请求速派兵讨伐。怎奈段祺瑞所借一千万元军费很快就用光了，如果派兵讨伐刘建藩，已无军费可拨。段祺瑞只得密嘱交通银行，再向日本秘密借款三千万元，作为“平叛”用的补充军费。款借到手后，段祺瑞即请冯国璋连下两道命令：一道是通缉广州军政府大元帅孙中山及非常国会议长吴景濂；一道是通缉兰天蔚联合刘景双等人扰乱西北，并要求有关各省长官务必拿获严惩。同时又召集各省参议员来京组织临时参议院以代替国会职权，以免外人议论。

再说总统冯国璋自前年经袁世凯撮合与周道如小姐结婚后，夫妻感情甚好。但不幸周夫人突然于1917年（民国六年）9月病逝，遂择日送灵柩回籍安葬。自周夫人去世后，冯总统终日思念，余痛未消，心绪自然不好。怎奈总理段祺瑞反经常借事前来打扰，今天说定要派兵对南方进行征讨，明天说军费难筹非向外国借款不可。冯国璋对段祺瑞的这些要求虽都表示同意，但心中也开始对段产生了恶感。

再说湖南自刘建藩宣布独立后，督军傅良佐即派湖南第一师师长李佑文率部攻讨，不料李佑文反与刘建藩联合起来攻击傅良佐。傅良佐见情势危急，忙电请段祺瑞调北洋军增援，段祺瑞即调北洋王汝贤的第八师、范国璋的第二十师，又笼络湖南第二师师长陈复初，合攻刘建藩。这时，原湖南督军兼省长谭延闿，在段祺瑞要求冯国璋下令任命傅良佐为湖南督军后，明知冯、段二人意见不合，所以他只向中央请假治病，一直未宣布辞职让位。这时段祺瑞立即批准谭延闿请假，继派傅良佐任湖南督军，又派周肇祥任湖南省长。傅、周二人都是段祺瑞的亲信，意见自然一致，又有段祺瑞拨款接济，他们即用此款犒赏北军将士。北军将士得到金钱，打起仗来自然卖力，所以连战皆胜。捷报传到北京，段祺瑞感到十分欣慰。

段祺瑞既然与德、奥宣战，便须派兵援助协约国，但因军械不足，又要向日本订购军械。这消息一传出，立刻责言四起，都说中国军械归日本主持。于是就有江苏督军李纯与江西督军陈光远来电质问。段祺瑞复电说，没有其事，纯属谣言，而且理由说得很充分，致使李纯、陈光远不好再说什么。这样段祺瑞就感到各事放心，便一意孤行起来。

湖南战事虽然北军打了几次胜仗，但因傅良佐手下的兵力不多，专指望王汝贤、范国璋两师御敌。不料王、范二人因不满意傅良佐的专横，又加受冯国璋主张南北停战议和的指使，竟宣布停战，通电主张议和，并有倒戈攻傅的意图。傅良佐得知消息非常恐惧，即与周肇祥商量赶快逃命。于是他们二人连夜乘军舰逃往岳州。傅良佐、周肇祥逃跑后，长沙省城无主，便由各团体出面组织军民两政办公室，公推第八师师长王汝贤为主任，临时维持秩序。

傅良佐逃到岳州后，立即将王汝贤、范国璋两师长宣布停战主和的情况电告中央。段祺瑞接电后十分生气，便要求冯国璋下令深责王汝贤、范国璋违反命令的罪状，冯国璋不肯答应。段祺瑞明知王、范二人的举动，完全是受总统冯国璋的指使，即变脸说道："总统主和、祺瑞主战，两不相合，应有此变。祺瑞不能再干了，或和或战，请总统自己作主吧！"并立即上书辞职。接着各国务员也都上书辞职。冯国璋派人劝说挽留，并通电各省。

冯国璋所发通电，看起来似乎是责备王汝贤、范国璋二人，但却不直接提出姓名，不过是想含糊了事而已。不料湖南第二师师长陈复初见王汝贤乘机做了军民两政办公室主任，代行省政，心中不服，竟在常德宣布独立。此时广州护法军政府也派兵进入湖南。各军纷扰，长沙非常危急。10月17日夜，忽然长沙城中火光四起，秩序大乱，王汝贤率部急忙出城，望岳州而逃。这时傅良佐、周肇祥已被冯国璋召回北京，说他们擅离职守，听候查办。此令一下，段祺瑞更加恼火，说冯总统只责备傅良佐、周肇祥擅离职守，不责备王汝贤、范国璋违抗命令，实有偏私，遂决计辞去国务总理，再不愿与冯国璋共事。

段祺瑞正拟辞职报告，忽接到直隶、湖北、江西、江苏四省通电，均是请中央下令由湖南撤兵停战。原来长江三督在冯国璋授意下已经连成一气，现又推直隶督军曹锟为首，共同反对段祺瑞的主战政策。于是段祺瑞即决定上第二次辞呈。冯国璋虽然也表示挽留一番，但段祺瑞执意不干，竟下野出京而去。冯国璋只得下令免去段祺瑞的国务总理职务，任命王士珍署理，重组内阁。王士珍内阁很快组成，冯国璋即命令要王士珍出面调和南方，希望南北通过和谈实现全国统一。很快南北两方代表商定在上海举行和谈，但由于双方谁都不肯让步，和谈数月未见成效。这期间又发生湖北驻荆州的第一师长石星川、驻随县的第三师长王安澜及驻黄州的第一师团长谢超等人宣布独立，声明响应孙中山的护法号召，与冯国璋的中央政府脱离关系。这些行动都对冯国璋政府构成威胁。

再说段祺瑞虽然辞职下野，但他并不甘心退出政治舞台，而是退居幕后指挥亲信徐树铮等人，为他东山再起进行阴谋活动。徐树铮曾南邀安徽督军倪嗣冲，北联奉天督军张作霖，请他们为助段祺瑞再起出力。特别是倪嗣冲，一直主张恢复段祺瑞的武力统一政策，于是出面邀请山东督军张怀芝、直隶督军曹锟，于12月2日在天津开会，一致主张对南方用武力统一。前面说过，曹锟不久前曾与长江三督联名通电停战，现在又忽然主张用武力统一，岂不是自相矛盾吗？原来曹锟在天津经常去徐世昌家谈论时局，徐世昌曾说，段祺瑞虽然太自以为是，但冯国璋也不应唆使王汝贤、范国璋反段，冯、段二人都有失策之处。他们二人这样闹下去，北洋集团必将分裂，国民党也就会乘机篡夺政权，他日后悔莫及。曹锟听徐世昌这么一说，顿时大悟，即改变主意，背叛他与长江三督的盟约。恰在这时倪嗣冲、张怀芝又来相请，曹锟就和他们联名邀集吉林督军孟恩远、黑龙江督军鲍贵卿、奉天督军张作霖、山西督军阎锡山、陕西督军陈树藩、河南督军赵倜、福建督军李厚基、浙江督军杨善德、上海镇守使卢永祥、苏皖等四省剿匪督办张敬尧，以及热河、察哈尔、绥远都统等，均属段系势力，都派代表到天津举行督军团会议，主要讨论对南方各省的战和问题。经过一番议论，一致主张武力统一，反对议和。12月6日，曹锟、倪嗣冲等人联名电请中央颁发明令，誓师讨伐南方。

总统冯国璋接电后，明知这是段祺瑞的主谋，但又不能将来电驳回，左思右想无法对付，只得召集府中人讨论。大家商量结果，还是请段祺瑞出山，给他个虚位，免得再受他挟制。于是冯国璋下令委任段祺瑞为参战督办[1]、段芝贵为陆军总长。段芝贵便去天津请段祺瑞入京，一同谒见冯国璋，三人彼此寒暄，遂冰释前嫌。

段祺瑞既然就任参战督办，就仍然掌握军事指挥权，主张立即对南方用兵，拟派曹锟为第一军司令，张怀芝为第二军司令，统兵入湘。但冯国璋不肯马上下令，一再拖延。

转眼到了民国七年（1918），主战派要求迅速出兵的呼声越来越高，冯国璋无法应付，竟不声不响率领卫队乘车出京去了。

1.编者注：第一次世界大战期间，1917年3月北洋政府宣布与德绝交，8月对德宣战。段祺瑞利用参战名义，12月就任参战督办，在日本支持下，成立参战借款，接受日本军火和教官，编练参战军，大战结束后改为边防军。1920年段被直系打败，边防军被改编。

冯国璋出京后，即由国务院发布一道通电，说："大总统出京检阅军队，以振士气，不日即可回京。所有来往电文，由国务院照常办理；所有在职长官，慎重办事等因。特此电达。"此电一发，各省都很怀疑，不知总统在搞什么名堂。直到冯国璋回京，才知道他偷偷离京并没有什么举动，主要是想借检阅军队为名，南下与李纯、陈光远、王占元三位督军商量如何抵制段派主战的办法。他先到天津与曹锟商量，又经过蚌埠与倪嗣冲讨论，主要是想去南京找李纯等人商谈。但倪嗣冲借故阻止他去南京，只让他发电召李纯来蚌埠商谈。冯国璋没有办法，只好给李纯发电。李纯即派代表来蚌埠见冯国璋。由于李纯本人没来，代表不能作主，又加倪嗣冲的监视，所以李纯的代表只能对和战问题随声附和。冯国璋见倪嗣冲及手下将领都主张对南方用兵，只得说："诸君既有同心，谅必可以成功，我回京下令征讨就是了。"冯国璋回到北京后，只在总统府闷坐不语。有几位亲信前来询问总统究竟是战是和，冯国璋只叹气道："罢了！罢了！"

到了3月上旬，冯国璋接到湖北督军王占元的急电，说湖南、广东、广西的护法军已经攻占了岳州，现在节节前进，请速派兵南下增援。冯国璋不由大怒道："我本主和，不想用兵，为此费了不少心血，现在伊等如此猛进，不给我留有回旋余地，也只好决裂开战了。"遂命令曹锟、张怀芝、张敬尧为攻湘援鄂第一、二、三路军总司令，克期出发；并任命曹锟为两湖宣抚使，由鄂入湘，首赴前敌。张敬尧也随后由徐州出发入湘。又下令将黎天才、石星川、谭浩明等人革去师长官职，命令前敌总司令拿办。

张怀芝既被任命为第二路军总司令，理应迅速率部出发，但他却迟迟按兵不动。原来他在想，曹锟能被任命为两湖宣抚使，他也该有个什么使才光彩。果然命令下来，委任他为湘赣检阅使，他这才心满意足地率部出发。张怀芝先派施从滨师长率部取道九江，前往湖北；他自己率大队乘火车先到南京，拜会过江苏督军李纯后，即开赴南昌，去援助曹锟、张敬尧部。

段祺瑞既达到对南方用兵的目的，心中自然高兴，只是国务总理的职位未能恢复，未免仍有怨气。而段祺瑞的心腹徐树铮，可真算得上段系中的第一功臣。他为使段祺瑞东山再起，不顾南北奔波的辛劳，既使段祺瑞的政治地位倒而复立，又使段祺瑞的主战政策萎而复振，在段氏幕僚中确是不可多得的人物。他认为现在已对南方用兵，即可收复湖南、平定两广。但由于段祺瑞的国务总理地位尚未恢复，将来一切战功全归冯国璋一人，心中着实不平。于是他决定再去奉天运动张作霖，借用张作霖的势力威吓冯国璋，逼他不能不起用段祺瑞重任国务总理。计谋既定，徐树铮即乘车北上，劝张作霖声明要出兵援湘，张作霖果然应允。张作霖在徐树铮的鼓动下，颁发动员令，派兵入关，但行至秦皇岛即停兵不进。适有日本舰船运来大批军火驶经秦皇岛，被奉军发现，问明情况，知是中国政府由日本购买，便把军火截留，全部运往奉天。其实这全是徐树铮的有意安排，是他联奉倒冯的一种手段。

次日，张作霖即电告冯国璋，说日前所派援湘部队，现已行至滦州，因军械缺乏，昨日已将政府由日本所购军械运至奉天；并说，这是在无办法之下的通融办理，特电请政府备案。冯国璋阅电后十分气愤，想要兴兵问罪，但又恐张作霖不服，只好容忍。

张作霖截留中央的军械，也担心冯国璋兴兵问罪，即把奉天的军队布防于京奉铁路一线；又觉得京奉相距太远，如果真的打起来指挥不便，便在军粮城设立总司令部，自任总司令，并委派徐树铮为副司令。徐树铮为了笼络奉军，便押中央存放在军粮城的三千石军粮，擅自拨充奉军军饷，也不请示中央。

冯国璋对徐树铮请出张作霖来与自己作对，以及一系列骄横行为深怀忌恨；又看到以援湘为名的奉军入关后并不继续南进，便派人前去问徐树铮为何屯兵不动，徐树铮回答说："我只知有段总理，段总理叫我去平湖南我就去，别人的话我不听。"这时冯国璋已明白徐树铮是逼他下令恢复段祺瑞的国务总理职位，心想如果恢复段职，于自己的面子很难堪；如果不恢复段职，现在徐树铮竟请出张作霖来故意捣乱，真是左右为难。

再说曹锟、张敬尧率领的一、三两路北洋军先后到达湖北，不久，张怀芝的第二路军也相继开到，再加上王汝贤、范国璋两师，北洋军实力大增。这时曹锟的第三师旅长吴佩孚，已被曹锟提拔为师长，充任前敌总司令。吴佩孚对曹锟提拔他当师长，非常感激，所以在作战中身先士卒，勇猛善战，只打得两广及湖南的护法军节节后退。这时北洋军又有海军第二舰队司令杜锡珪所率领的楚观等五舰前来助战，水陆并进，连战皆捷，接连攻占浏阳、醴陵等八城，直逼岳州城下。岳州是湖南的门户，双方都布置重兵，激战两日，护法军不支，只得退守长沙。吴佩孚等攻下岳州后，即向中央报捷，总统冯国璋下令嘉奖。

岳州既已攻占，眼看湖南全境即可为北洋军所得，这时徐树铮恐战功归于冯国璋一人，再次来电要求冯国璋速任命段祺瑞为国务总理，以便调度军事，平定南省。并扬言如不起用段祺瑞，他将率奉军攻打北京。在这种形势下，署理国务总理的王士珍只得自动辞职。冯国璋出于无奈，也只得批准王士珍的辞呈，下令再任命段祺瑞为国务总理。

段祺瑞就任国务总理后，继续派亲信控制参战事务处。借参战名义，扩大皖系实力。徐树铮得知冯国璋终于又任命段祺瑞为国务总理，他的目的已经达到，便将驻扎滦州的奉军，由津浦路开拔南下，去帮助曹锟等部攻打南方的护法军。曹锟等得奉军来助，实力又增，攻势更猛。南方护法军虽分守各要隘全力抵挡，怎奈北洋军攻势太猛，只得步步后退，最后不得不放弃长沙。张敬尧乘机首先攻进长沙，立即会同曹锟，联电向北京政府报捷。

总统冯国璋接到报捷电后，除复电嘉奖外，并下令委任张敬尧为湖南督军，又令两湖宣抚使曹锟调查湖南因战争而受害的难民，拨款赈济。这时国务总理兼参战督办的段祺瑞接到攻占长沙的报捷电后，异常高兴，心想湖南既已得手，此后的战事便可顺利进行。但他总担心冯国璋现在虽同意对南方用兵，而内心里仍不忘议和，所以心中仍是不安。后经徐树铮分析劝解，段祺瑞才稍觉放心。徐树铮又电邀倪嗣冲来京，同段祺瑞三人就当前的军政大局、皖系应采用的策略等要事进行密商，取得一致意见。

过了几天，段祺瑞带领新内阁的交通兼财政总长曹汝霖乘火车先到南京，又乘船去武汉，与坐镇武汉的北洋军前敌总司令曹锟会面，商量立即召开由湖北、河南、江西、江苏、山东、安徽、湖南、陕西、山西、奉天等省代表参加的军事会议，共商对南方用兵问题。曹锟说："要想平定南方各省并不难，只要能保证有足够的军饷即可办到。"段祺瑞说："只要各军听命，奋勇作战，军饷不成问题，我回京后一定设法解决，保证供应。"会议结束后，段祺瑞去九江与江西督军陈光远商谈；在返京途中又与江苏督军李纯、淞沪护军使卢永祥，以及安徽督军倪嗣冲等人见面叙谈。倪嗣冲、卢永祥都是段派，唯李纯是冯国璋的心腹。李纯对段祺瑞不过是假意应付，内心里并不同意对南方用兵的主张。段祺瑞为尽快用武力统一南方，在各处稍作停留便急忙回北京筹饷去了。

由于对南方用兵，财政早已空虚，徐树铮又向段祺瑞献计借外债。交通兼财政总长曹汝霖是有名的亲日派，徐树铮让他再向日本商量借贷。曹汝霖满口答应，很快又向日本政府借得二千万元。但经过七折八扣，实际到手的借款只有十分之七八，还要分四期交付，并以顺济路为抵押。段祺瑞明知吃亏太大，但由于前线无饷不能进兵，此外又无其他办法，只得接受曹汝霖与日本政府所议定的借款条件。

段祺瑞所借之款大部分为曹锟索去，其他各路军也都连电催饷，无法满足，于是前敌各军官也都按兵不动。段祺瑞多次函电催促前进，都以饷缺为词拖延。不久曹锟竟率部北归。段祺瑞正要提出质问，不想总统冯国璋已先下特令，委任曹锟为川、粤、湘、赣四省巡阅使，使署设在保定。段祺瑞知道此事后气愤满胸，便去总统府问冯国璋："曹锟无令撤兵，本应责备，为何反要加官？"冯国璋振振有词，使段祺瑞无言答对，只得悻悻退出。从此，冯、段之间又生恶感。

本来段祺瑞奔走南北，卖权借债，都是为了要用武力平定南方，今反落入冯国璋的圈套，这口气如何能消？于是他便指使亲信龙济光进攻护法军，并嘱福建督军李厚基出兵相助。龙济光虽死心助段，怎奈部下将劳兵疲，不愿再战。后经段祺瑞再三催逼，龙济光遂派兵进攻阳江。驻阳江的护法军见龙军来攻，因兵力太少，遂弃城而退。龙军占领阳江，又分兵进攻高州、雷州两城。这时护法粤军司令李烈钧，即把分散各处的兵力调集一起，对龙军司令李嘉白部发动进攻。李嘉白连战连败，龙济光急求闽浙联军来援。谁知闽、浙都已自顾不暇，无力分兵援助。龙济光无奈，只得率残兵向广州湾逃去。广州湾是法国租界，不能通过，龙济光只得给法国领事写信请求借道。法领事说："外人入境，不准携带武器。按照国际公法惯例，必须先将全部武器缴械才能通过。"龙济光只得让部下缴械，经法领事验明后，方才放行。龙济光逃出广州湾，急奔赴琼州（今海南省琼山县），便将所领残兵交给弟弟龙裕光管带，嘱他坚守琼州，等待时机，自己则乘船往北京找主子段祺瑞去了。

龙济光一走，他留在雷州的残部，也在沪法军的攻击下自动缴械投降了。龙济光到北京，向段祺瑞诉苦，要求派兵救援。此时段祺瑞无兵可派，只好一面安慰龙济光不要着急，一面和张怀芝商量，准备任他为援粤司令。这时张怀芝已返回山东督军本任，当然不愿再次出兵远征，段祺瑞只得另作打算。

段祺瑞一心想削平南方，但由于军饷不足，官兵不肯卖命。他心急如焚，决心一不做二不休，索性再大借外债，筹足军饷，希望一战成功。他想，我内有曹汝霖，外有章宗祥，他们都是亲日派，通过他们再向日本借款是可以借到的。于是他就把再向日本借款的事交给曹汝霖和陆宗舆办理。曹、陆即致电驻日公使章宗祥向日本政府商办。日本政府立即答应，但同时提出抵押品要稳妥，借契要保密，只要这两条能做到，要借多少都可满足要求。究竟拿什么作抵押品，又为什么要严格保密？这些问题待以后再谈。

再说前炳威将军陆建章，在陕西督军任内被段派陈树藩赶走，因此他恨透了段祺瑞，奔走南北运动主和，支持冯国璋和平解决南北争端，反对段祺瑞的武力统一政策。陆建章经常出入天津的活动，早被徐树铮发觉，徐树铮让奉军驻天津司令部的人员前往调查，果有政治原因。徐树铮心中更为恼火，便写一封信派人送到陆建章在天津的寓所，请陆建章前来奉军司令部赴宴。陆建章虽知徐树铮怨恨他，但认为徐不敢对他怎样，便应约前往。

徐树铮见陆建章来到，即开宴招饮。陪客只有几位奉系军官，大家只是欢饮，并不谈论政事。不多时席散，徐树铮对陆建章说：“此间有座花园甚幽雅，请到里面一观。”陆建章即随徐进入花园。徐树铮见左右无人，即厉声问道：“陆建章你知罪吗？你充当南方走狗，到处运动议和，破坏武力统一政策，一心要与我们皖系作对，今天我岂能饶你！”陆建章反驳道：“主和并非我一人，怎么独归罪于我？”徐树铮不由陆建章再分辩，即令预先埋伏的人将陆建章捆绑起来，便从自己腰下取出手枪，只开一枪就将陆建章打死了。随即将处决陆建章事电告国务院与陆军部。

国务院总理段祺瑞与陆军部总长段芝贵接到徐树铮处决陆建章的电文后，又惊又喜，当然要尽量设法维护徐树铮。于是罗列了陆建章种种不法事例，汇册上报总统冯国璋，极力为徐树铮开脱。冯国璋想：陆建章已被打死，不可复生。如果要下令责备徐树铮，又怕得罪段祺瑞，遂下令革去陆建章的勋位、勋章了事。

安福国会

徐树铮自段祺瑞对南方用兵受挫，也暂把军事搁起。现在应办的要事是，冯国璋代理大总统规定只有一年的期限，今已快要期满，就要进行新总统选举了。他非常希望段祺瑞能当选大总统，他就更可以为所欲为了。于是他又积极活动起来，到处收买议员，组织政党，并拉拢帝制余孽作帮手，忙得不亦乐乎。在他的运动下，如帝制余孽梁士诒、王揖唐等人，纷纷乘机出来迎合徐意，拥戴段祺瑞。他们在北京安福胡同成立俱乐部，利用卖国借款，收买政客，操纵选举，在1918年（民国七年）8月成立的新国会中有议员三百余人。时人称这个集团为“安福系”，称其把持的国会为“安福国会”。

冯国璋因代理总统期满，自应另选，便下令召集新国会正式选举大总统。同时冯又暗嘱亲信，设法阻止段祺瑞当选。当时如李纯、曹锟、吴佩孚等人，也都不愿让段祺瑞当选。到了8月上旬，新国会议员都已陆续来到北京，不日就要开会选举，这时冯国璋又下一道命令，说他代理总统一年来，无德无能，致使兵连祸接，百姓受苦等情。明是自己引咎，实则是暗指段祺瑞的武力统一政策，借以阻段祺瑞当选总统。新国会议员看到这道电文，如何还肯选举老段？冯国璋的电文既发，西南护法军政府于9月2日发表宣言，否认安福国会有选举总统之权，如果选举总统，西南决不承认。

段祺瑞看到南北电文，明知都是为阻挠他当选总统而发，十分气愤，心想大家既反对我的政见，不愿让我上台，又不能强制而行，遂宣布下野。徐树铮一直希望段祺瑞上台，今见段祺瑞自动宣布下野，已经明白段祺瑞是别有用心。既然冯、段二人同时下台，总统职位虚悬，忽然徐树铮又想起资历较深的徐老大（指徐世昌）来。此人是北洋派的老官僚，在清末任过东三省总督、军机大臣，又是袁世凯的老搭档，现正寓居天津。徐树铮认为徐世昌是个德高望重的人，能选他当总统，然后设法控制，对段派是有利的。于是徐树铮提议请徐世昌出山，并立即派要员去天津劝驾。但徐世昌怎肯一请就来？徐树铮又催促新国会立即开会，先选举王揖唐为众议院议长，组织总统选举会，定期选举新总统。

9月14日，议院正式开会选举新总统。这天到会议员共四百三十六人，上午投票，下午开箱验票，徐世昌以四百二十五票当选。新总统既已选出，即由议会拟出文告，咨照国务院，并通电全国。次日，又开会选举副总统，参众两院议员大都不到会，由于不足法定人数，只得宣布延期。但一延再延，竟使副总统选举事虚悬起来。

徐世昌得知自己已被选为正式大总统，没有立即承认，而是通电中外表示谦让。这时徐树铮因自己出力运动，加上王揖唐的鼓吹，现已选出新总统徐世昌，怎肯让他辞去不干？就让两院议员敦请徐世昌出山。冯国璋也去函敦劝。段祺瑞见新总统已经选出，也只得去函劝驾。总之，除广东护法军政府劝徐世昌不要就任外，其余各省督军都一致劝请徐世昌立即就任大总统。徐世昌见火候已到，只要各方再派人来请就可动身了。果然不出所料，京内外催驾函电纷如雪片，各方来人相请络绎不绝。于是徐世昌遂提出“息事宁人”四字，作为他上任后办事的准则，准备赴京就职。

冯国璋又于10月7日再发通电，历述一年来代理总统期间所办各事，不免又作一番检讨。又过了两天，即民国七年（1918）的国庆节前一天，徐世昌由天津来到北京赴任，冯国璋于次日即行交卸。这天正是国庆节，徐世昌举行就职礼，一切仪式都按照前任大总统就职旧例进行。礼毕，大家散去。

冯国璋卸任，段祺瑞也提出辞去国务总理职，新总统徐世昌批准，随即任命钱能训署理国务总理。段祺瑞的参战督办一职继续留任。

南北议和与陕省停战问题

徐世昌就任大总统后，一意谋求南北和平统一，设法停兵息战，即令钱能训通电南方共商和谈办法。南方说，北方违法选举新总统，我们当然要反对。于是便在广州也召开两院议会，委广东军政府代行国务院职权，选举总统事从缓。先宣布议案，议案定后，即送往军政府。军政府即召开政务会议，承认国会议决案，当日通告代行国务院职权，并行使大总统职权。次日又发电通告全国。徐世昌因一心想谋和平统一，所以对南方的通电予以宽容，并联络英、美、法、意、日五国从中调停；一面又令前方军队一律停战。由于徐世昌相请，美国公使即电告广州美国领事，向广东军政府提出说帖，劝他们响应北方罢兵息战、自谋统一的主张。于是广东军政府也下令让前敌各军暂时休战。

广东军政府首席总裁岑春煊等人给总统徐世昌来电，表示愿意议和。徐世昌立即复电表示欢迎，并令国务院复函，说南北议和事，委托江苏督军李纯主持。李纯本来就主张南北和谈，今接徐总统正式委派，欣然接受。北方想在南京议和，而南方想在上海，虽然地点未能确定，但议和总算有了希望。于是徐世昌在四照堂召开由全体国务员、段督办、各省督军参加的会议，先议定议和政策五条，讨论通过后，即通电全国。各省督军即日也都各回本任。

徐世昌任命朱启钤为南北议和北方全权代表，前往南京会同李纯与南方议和。广东军政府也派唐绍仪为南方总代表北上参加议和。但唐绍仪等人到了上海，即不肯前往南京。后经李纯调解，议和地点改在上海，并敦促朱启钤等人前去上海参加和议。朱启钤为迅速达成和议，便同意前往上海。

这时，李纯即通电宣告中外，南北议和正式开始。此时已是1919年（民国八年）的2月了。李纯又委派白坚武等十多人充当朱启钤的办事员，朱启钤前来致谢。正当李纯对朱启钤的致谢刚说出不必客气，又要说“各位”二字时，不防备脚下一绊，竟从上面的第一层台阶跌至第四层台阶上，脊骨竟被台阶咯伤，顿时痛疼难忍。即由仆役扶起，送入别室休息，朱启钤等人慰问一番，告辞出去。李纯跌伤后，当夜尚好，次日痛疼加剧，不能起床，经医生治疗，月余始愈。

2月20日，朱启钤等人到了上海，南北代表同时到会，议和正式开始。首先由南方代表发宣言，表明议和宗旨。接着北方代表也发表宣言，表明宗旨。宣言完毕，全体代表起立向国旗行礼，欢呼民国统一万岁，旋即散会。

次日，南北代表开始正式会谈。南方代表首先要求北方政府撤换陕西督军陈树藩。因为陈依仗段派势力，无视北方政府的停战命令，仍向陕西靖国军发动进攻。会谈还涉及福建、湖北等省的冲突问题。北方代表表示愿将此意见转达中央，并立即拟稿拍发，请中央政府下令让陈树藩等停战，以利南北和谈进行。次日，中央政府复电，说已派张瑞玑赴陕监督停战。但同时南方代表又接到陕西靖国军总司令于右任来电，说陈树藩部下刘世珑仍率部攻击靖国军，有意违背议和宗旨，应由中央政府查办。接着，于右任又多次来电，均言陈树藩违背中央停战命令，无视南北议和，派兵攻占靖国军的周屋县等情。朱启钤总代表自知中央理屈，故意破坏议和，便与各代表商量，大家共同电呈辞职。总统徐世昌即来电慰留。

陈树藩为什么敢于在中央发布停战令后，仍进攻不止呢？原来他是奉参战督办处密电催促他进攻，所有军械都是参战处或汉阳兵工厂运来，他才敢这样干的。因此，南方唐绍仪总代表发布宣言，指责北方政府破坏议和，责任应由政府承担。江苏督军李纯听说议和停止，非常气愤，带病强起，拟出五条办法，电致中央政府要求速行。但总统徐世昌因受到安福派的牵制，不能作主，今接李纯来电所拟五条原则，自然准行。李纯又把所拟五条原则电告南方军政府，征得同意后，即通电全国。至此南北议和才又恢复。

与此同时，北方总代表朱启钤也致电陕西陈树藩与于右任，竭力劝解停战。中外舆论也都催促从速议和。而南方总代表唐绍仪因为未得到陕西停战确信，便托病不出席会议。

江苏督军李纯接到陕西停战的确信后，即邀请湖北及江西两督军，以及上海五十三团体，联合电催南北代表速复会议和。南方代表不好再推，遂于4月7日复会，首先就会议程序双方进行讨论。南方代表提出十三项，另附悬案六项；北方代表提出两份大纲，共八项。经双方讨论，便列入议题。到5月初，议题还未发表，大家正在猜疑，忽然从北京传来警电，“五四”运动爆发了。

五四运动

原来，第一次世界大战以协约国的胜利而告结束后，召开

“巴黎和会”，在这个会议上，列强不顾中国代表的反对，把日本人在大战期间从德国人手里夺去的我国山东权利判归日本，因此引起北京学生们的首先反对，上街游行示威。学生们认为，从前中国与日本所签订的一切出卖国家主权的协定，都是曹汝霖、章宗祥、陆宗舆三人签字画押的。此事都已载入《二十一条件》中，致有“五七国耻”的发生。他们都是汉奸卖国贼。爱国学生们曾印发一篇声讨汉奸卖国贼的檄文通电全国，并议定四条办法，开会演说，意在唤起国人一致声讨。当时参加游行的学生有三千多人，群情激愤，遍发传单，张贴标语，高呼“还我青岛”“外争主权，内除国贼”等口号；高举严惩卖国贼曹汝霖、章宗祥、陆宗舆等旗帜，一齐来到赵家楼曹汝霖的住宅。恰巧这时章宗祥也在曹宅。当爱国学生冲入曹宅时，曹汝霖翻墙而逃，章宗祥被学生捉住痛打一顿，后在日本人的保护下仓皇逃跑。学生们因找不到曹汝霖，义愤难消，就放火烧了曹家住宅，返回学校。不料政府派出武装警察，逮捕学生三十多人。学生们见同学被捕，恐受迫害，即报告校长蔡元培，请与政府交涉营救被捕同学。

章宗祥因被学生殴打受伤，逃到日本医院治疗。有友人来看望他，即将被打经过情形写成书面报告，呈报总统徐世昌。曹汝霖也因翻墙逃跑时受伤，住进医院，也将学生抄家焚屋事写成材料，分送总统府及国务院。总统徐世昌遂下了一道命令，把一切过失都推到警察厅总监吴炳湘身上，并斥责一番。吴炳湘因受斥责，心中气愤难消，即把被捕学生全送交法庭审办。这时蔡元培校长来与警厅交涉释放被捕学生，吴炳湘竟不愿接见。蔡元培心中大愤，即上呈辞职。而教育总长傅增湘因职责关系，也提出辞职。曹汝霖、章宗祥听说蔡元培及傅增湘都提出辞职，认为他们是有意袒护学生，也提出辞职。陆宗舆虽是币制局总裁，但因他与曹汝霖、章宗祥串通一气卖国，受到国人的强烈谴责，因此也递了辞呈。

由于曹汝霖、章宗祥都是段祺瑞的亲信，段祺瑞见学生闹事，致使曹、章受伤，即召在外地的徐树铮回京商量对策。徐树铮回京后，见曹汝霖、章宗祥的伤势已愈，又怕弄得不好再惹起学生闹事，所以不愿出头。这时上海各团体也召开国民大会，向政府提出四项要求，内有释放被捕学生、惩办卖国贼等，要求南北双方议和代表电达北京政府，两方代表同意立即拍发。

再说上海和会相持月余，5月13日由唐绍仪等南方代表提出八项条件，送交北方总代表朱启钤，作为恢复和谈的依据。朱启钤看过，认为这八条都对北方不利，他还没等请示政府就表示不能接受，并提出辞去北方总代表的职务。南方总代表唐绍仪见所提条件被朱启钤拒绝，并提出辞职，认为北方代表根本没有议和的诚意，会议无法进行下去，于是他也向广东军政府提出辞职。南北两方总代表都向各自的政府提出辞职后，南方政府即来电对唐绍仪表示慰留，而北方政府因徐世昌受段系挟制，对朱启钤的辞职立即批准，并要朱启钤立即回京。

原来北方所派代表大半都受段派操纵，当他们探悉总代表朱启钤的意向，即向段祺瑞发电告密，段祺瑞据此向国务总理钱能训提出质问，说朱启钤身为北方议和总代表，居然议论国会是否合法等问题，想必是钱总理给了他特权才敢如此。钱能训无言回答，只好敷衍几句了事。此事又报告总统徐世昌，徐世昌也认为南方代表所提八项条件过高，谅难达成和平统一协议，只得下令召朱启钤回京，再作后议。

由于“五四”爱国运动发生，日本政府参加“巴黎和会”的代表牧野听说中国学生及市民排日运动激烈，恐怕日本在中国各地的权利受到损失，表示愿意将山东主权归还给中国。但话虽如此说，牧野却始终不愿在和约上签字。这时以外交总长出任“巴黎和会”的中国首席代表陆徵祥，虽曾在和会上提出取消“二十一条件”、收回山东主权、取消列强在华各种特权等要求，但却被和会拒绝了，因此引起中国人民反日运动的高涨。今见牧野虽在口头上表示要归还山东主权，但不愿在和约上签字，所以陆徵祥也拒绝在和约上签字。当国务院将“巴黎和会”的情况通告全国，全国也一致反对在和约上签字。唯段祺瑞及亲信还想为曹汝霖、章宗祥出气，逼迫政府下令惩办所谓肇事学生，又立即引起学生全体罢课，并发表宣言。这罢课宣言的主要内容有：一争回青岛；二惩办卖国贼；三释放被捕学生。要求政府照办，并声明不达目的决不复课。

哪知政府下令反为曹汝霖、章宗祥开脱罪责，更加激起国人的义愤，不仅学生继续罢课，就连工商市民也都支持学生，纷纷罢市。特别是上海，由于工商市民全体罢市，连吃的东西也买不到。这时段派也无办法改变这种形势，只好听政府办理。这样一来连外国人也受损失，他们联合电达中国政府，要求迅速制止罢市。以徐世昌为首的中国政府，看到外国人也出来干涉，才下令将曹汝霖、章宗祥、陆宗舆三人免职，同时下令释放被捕学生。并让驻京英国公使出面证明免曹、章、陆三人职是真的，以此劝告商、学各界开市、复课。

总统徐世昌恐怕国人因为青岛问题再提要求，又怕得罪段派，也向参众两院提出辞职，并通电各省。各省都来电挽留也就不多说了。钱能训也提出辞去国务总理职，徐世昌照准，令财政总长龚心湛代理。

驻京英、美、法、意、日五国公使，见内外风潮已经平息，希望上海的南北议和会议继续进行，他们联名致电总统徐世昌提出复会建议。徐世昌接到五国公使来电，叹息不已。因为他感到此事困难重重，一来南方所提条件太高；二来有段派人物作梗。于是他想不如全派段系人物去试试，免得又生出其他枝节。正当徐世昌考虑委任议和代表时，忽有众议院议长王揖唐来府求见，自告奋勇要求委任他为北方议和总代表。徐世昌知他是段派中人，立即答应，即下令委他为北方议和总代表去上海重开和谈。

徐树铮筹边西北

这时徐树铮也因南北已经停战，恐怕失业，便向总统徐世昌呈上一份条陈，自请防边。徐世昌因怕徐树铮在内生事，也想将他支开，就同意他的请求，下令特任他为“西北筹边使”。

但徐树铮心犹未足，又呈请再委他为“边防总司令”。徐世昌也就又依他所请，两职一并任命。徐树铮得此两职，心满意足，即打点行装往西北边塞去了。这次徐树铮自动要求出任边防，目的在于邀功，因为有此两职在身，所有边防事务就都由他主持，他人无权过问，他又可以为所欲为了。接着，徐世昌又任命段祺瑞为边防事务督办。

“裁兵节饷”

再说龚心湛自被任命为代理国务总理后，为时不久即因财政困难，无法应付，自动上书辞职。于是徐世昌又任命陆军总长靳云鹏为代理国务总理。靳云鹏一上任，就得直隶督军曹锟和奉天督军张作霖的来电表示大力支持，并说国家政事须由内阁负责，请靳云鹏正式组阁。靳云鹏组阁后，也因财政困难，呈请总统设法解决。徐世昌说：“国家的银钱，都已被一些武夫们耗尽，又有什么办法？”靳云鹏说：“现在非裁兵节饷不可。”徐世昌说：“要裁兵非首先由军阀们提出倡议，否则他们又要群起反对。曹锟、张作霖称赞你有大才，请你自行办理。你可先向曹、张说明情况，请他们发起，以后的事才容易办理。”

靳云鹏即电告曹锟、张作霖，曹、张二人果真为靳云鹏帮忙，他们即电各省督军，提出各省都要裁减兵额二成。各省见是曹锟、张作霖发起的动议，都表示赞成。于是都推曹、张为首，联名电请总统下令施行。徐世昌接电大喜，便下了一道各省都要“裁兵节饷”的命令。然而，直系、奉系、皖系都不过口头表示同意裁兵，其实谁都不愿真去实行。

王揖唐南下议和

再说王揖唐自请为北方总代表南下议和，他还未到上海，沪上人士就群起反对，并在各报刊上刊登反对宣言。哪知王揖唐脸皮最厚，佯装不知，照样启程南下。途经南京时曾去拜访江苏督军李纯。李纯作为东道主，自然要殷勤招待。席间谈到议和事，王揖唐请李纯多为帮助，李纯始终闭口不答。王揖唐着急地问："你一向主张南北议和，此时为何一言不发？"李纯说："凤凰已鸣，我只好且作寒蝉。"原来李纯的这句话是指王揖唐出京南下时，熊希龄已编了一篇"排忧词"，用隐语讥讽王揖唐自请出任北方议和总代表这件事。因熊希龄是湖南凤凰人，故李纯援引熊希龄语以讥王揖唐。又直言道："议和事本来不难，只要北方诸公真的没有卖国心，能够推诚布公，就很容易办到。"王揖唐说："你长期在南方任职，不知道北方的苦衷。"李纯愤慨地说："纯是一介武夫，只知纯正，不敢多问其他。你既自愿领命南来，必有妙计在胸，但盼议和早成，纯得享和平幸福，就感激不尽了。"席散，王揖唐辞别径往上海去了。

王揖唐来到上海，见到处都张贴有嘲讽他的大小字标语，他只好假装没有看见。心想，徐树铮曾答应暗中帮助我，想必已有安排。于是王揖唐仍采取在京时包办会议的办法，到处活动，请客拉拢：挥金如土。这时徐树铮果派人去南方运动孙中山及议和总代表唐绍仪，明则劝合，实则暗行反间之计，叫孙中山与岑春煊、陆荣廷诸人独树一帜，以便互相牵制。徐树铮此计果然生效，不久广东、广西、云南三派各存党见，互不合作。而唐绍仪也居然接受徐树铮派人送来的好处，表示愿与王揖唐总代表言和。和谈正式恢复后，南方代表纷纷质问唐绍仪，并语带讥讽地说："与王包办（指王揖唐）言和，未免太失价值了。"于是他们都拒绝参加和议。唐绍仪不好违背众意，便向广东军政府电请辞职，这样南北议和又停顿下来。

转眼到了1919年（民国八年）12月末，议和始终未见成效。忽然传来前代总统冯国璋在北京病逝的消息，大家忆念前情，都往致祭。总统徐世昌也派员致祭，并颁发治丧费。

南北两政府虽相持不下，但在对外交涉问题上仍取一致意见。如山东问题，中国参加"巴黎和会"代表拒绝签字，南北政府都很赞成；反对中日直接交涉，南北双方也都一样坚持。此外，如苏州发生日本人无故开枪打死胡宗汉一案，凶犯角间孝二，日本领事也不能为之辩护，除判处正式道歉外，又令凶犯赔偿抚恤等费。再如，日本兵在福州伤害华兵一案，经英、法军官出面调停，日本政府也只得向中国政府道歉，并抚恤死伤士兵才算了事。在这些问题上，南北政府的对外态度也是一致的。

关于山东问题，中国人民坚决反对中日政府直接交涉，故对日本政府提出与中国政府直接交涉的要求，北京的中央政府不予答复。谁知日本驻华公使又给中国外交部送来一份照会，提出日本由胶济路撤军问题的三项条件，定要与中国政府直接交涉，措词十分严厉。外交部即将此照会送交国务总理靳云鹏，问如何答复。靳云鹏便取出一篇电文给大家看。原来这是湖北督军王占元领衔，联名四十八人的通电，大意是说不与日本直接交涉，不惜与日本武力相见等语。大家看过，都认为王占元并无什么了不得的影响与实力，这次何以独来领衔，说此大话呢？原来这篇电文是陆军第三师长吴佩孚运动所致，大家才知靳云鹏总理是依从这篇电文，才敢顶住日本的压力，对日方所提中日政府直接交涉的要求不予答复。

再说王揖唐为议和南下，住在上海爱丽园，名为议和，实则双方并未进行和谈。唐绍仪提出辞职虽未被批准，但也不愿开议。总统徐世昌虽曾多次电催王揖唐速与南方开议，但因各种原因总未能进行。一天晚上王揖唐正在爱丽园闷坐，忽然从园外投进来一颗炸弹，虽然未伤着人，却把王揖唐吓得不能安枕。王揖唐想到前在南京时曾被李纯嘲笑，这投掷炸弹的人想必是受他指使，就不假思索地给李纯写了封信，信中说李纯有心害他。李纯接信大怒，遂也给王揖唐回了封信，信中说："你为什么以小人之腹度君子之心？我有什么对不起你的地方，说此无赖之话？"王揖唐接信后，还是认为是李纯所为，便和李产生隔阂。李纯主和人所共知，前次朱启钤为北方议和总代表南下时，李纯曾竭力帮助，只恨未能成功。今王揖唐继任议和总代表，因其品行不满人意，李纯不愿帮助，只是一旁坐观，因此引起王揖唐的疑心。后来由于总统徐世昌接到南方军政府免去唐绍仪和议总代表职务，改派温宗尧为南方总代表，才命令王揖唐停此议和。

张敬尧

国人对于南北议和都盼能早日成功，好使国家统一，人民安居，但偏偏越谈越坏，政局更不安宁。起初还只是南北发生冲突，现在不仅北方分成两派，一是皖系，一是直系，明争暗斗；南方也分成两派，一是滇粤派，一是桂派，也是互相争斗。在这南与南斗，北与北争的同时，不料湖南境内又打了起来。

原来自张敬尧任湖南督军后，作威作福，残害百姓，激起湖南人民的强烈不满。这时驻扎在湖南衡阳的北洋陆军第三师长吴佩孚，对张敬尧也有反感，不愿替他卖力。而且第三师士兵多是北方人，也都想北归。于是吴佩孚电致曹锟，请他转告政府批准第三师撤防北返。政府因和议未成，不准吴师撤防。而张敬尧因吴佩孚经常与他发生矛盾，也电政府准予吴师撤防北返，而另保荐奉军张景惠、张宗昌及田树勋三人各率所部前来接防。北京政府接到张敬尧电后，这才批准吴佩孚率部北返。但过了一天，湖南传出一篇电文，内容都是列举张敬尧在湖南的各种罪状，电文后面有吴佩孚等人的署名。张敬尧看了此电大惊，自知用兵打仗不如吴佩孚，倘吴师撤防，南军必乘机来攻，自己无力阻挡，因此又电请曹锟阻止吴师北归。吴佩孚因与张敬尧势不两立，希望即刻撤防北返，便致电政府准他全师撤回，并一再陈说士兵辛劳，不愿留防。此电发出，不等政府回电，即遣参谋王伯相北上，料理屯兵地点。不几天王伯相来电，说所有兵房都被边防军占驻，再无合适驻兵地点。吴佩孚接电后大怒，一面电致曹锟迫令边防军退出兵营，一面整队启程北返。

段派中人都敌视吴佩孚，说他不听命令，擅自撤防，目无政府，并唆使国务总理靳云鹏对吴佩孚实施惩罚。但靳云鹏与吴佩孚本有师生关系，自然要袒护吴佩孚，所以对段派要求置之不理。原来徐世昌、靳云鹏联合提倡南北议和，想乘此时统一南北，然后再联合南方势力抵制段派，但偏偏和议不成，所以靳云鹏这时也联合吴佩孚，由于吴佩孚擅自撤兵，段派便抓住这一点质问靳云鹏，进而弹劾。靳云鹏只好上书辞职。但总统徐世昌不予批准，只给假十日让靳云鹏休息，暂委海军总长萨镇冰代理国务总理。

自吴佩孚率部由湖南衡阳北返后，谭延闿即率湖南护法军乘机进攻长沙，督军张敬尧飞电向政府求援。这时靳云鹏正在休假，萨镇冰又借故推脱，便把张敬尧的求援电送交边防督办段祺瑞处理。段祺瑞急派第八师长吴光新率部往援。不料援兵还未开到，张敬尧便放弃长沙，退到岳州。总统徐世昌闻报，即下令革去张敬尧的湖南督军职衔。谭延闿攻下长沙后，又令所部前锋赵恒惕进攻岳州。张敬尧又败逃湖北，不得已只得又向北京政府报告失败经过。徐世昌得报更怒，即下令让张敬尧把残部交两湖巡阅使王占元接管，交卸后即刻回京听候查办。同时，徐世昌又下令任命吴光新为湖南督军兼省长。但吴光新还未到任，湖南已被南军占领了。

直皖战争

再说吴佩孚率部北撤到河南，即驻扎于古都洛阳，一切安排就绪后，吴佩孚即去保定见曹锟，两人商量出一个大题目，就是倡议召开保定会议。目的就是抵制段派势力。为了召开这次会议，吴佩孚曾联络长江流域七省、黄河流域六省，号称十三省的同盟会议。会议商讨的中心问题有三条，即宣布“安福系”罪状，请总统解散“安福俱乐部”等。安福系得知这个消息大为惊慌，于是也大肆散布曹锟、吴佩孚的罪状。总统徐世昌见直、皖两系互相攻讦，剑拔弩张，心中也很惊惧，暗想如果双方越争越烈，一旦发生战争，于自己大为不利，于是即电召奉天督军张作霖来京，让他劝说直、皖双方顾全大局，免生不测。

张作霖早已插手中原的纷争。现在接到徐世昌总统的电报，正好趁此机会去拜见他。过去张勋因复辟清室被革职，他曾经让张作霖为他做疏通工作。张作霖为此事乘车入都，他一进北京，即往总统府拜会徐世昌。徐世昌接见时，谈到直皖两派即将发生冲突的事，张作霖不等徐世昌把话说完，就自愿承担调解工作。同时他又顺便在总统面前为张勋美言几句，徐世昌说等直皖矛盾解决以后，是可以给他帮忙的。张作霖向徐世昌辞别，就到保定去了。

曹锟听说张作霖从关外来京，便派人前去迎接。曹、张见面叙旧后，曹锟设宴款待远客，作陪的有吴佩孚及各省代表。席间，张作霖劝说曹锟要和平处理直皖矛盾。但曹锟对此持模棱两可的态度，于是吴佩孚起身说：“佩孚并不想打仗。只因一班安福派人媚外卖国，损公肥私，不顾国本，抵押土地，丧失主权，引狼入室，毫无一点心肝。国家存亡，危在旦夕。我等身为军人，只知尽力捍卫国家。佩孚深知军人要遵守不能干政的原则，但是，部下个个义愤填膺，为国除奸，恐一时难以禁止。”张作霖听后，心平气和地回答说：“吴师长也太性急了，事情要慢慢磋商，何必大动干戈，徒害平民百姓。”曹锟也劝吴佩孚坐下再谈。张作霖再劝一阵，吴佩孚终究不满意。后再由曹、张与各省代表商议办法。吴佩孚说道：“不解散安福派，不撤王揖唐，不罢免徐树铮，佩孚永不承认。”张作霖说：“先撤王揖唐，余下两事以后再议。”吴佩孚说：“老段的劣迹，就是偏信安福俱乐部。小徐是安福派的罪魁祸首，小徐不除也是无用。”张作霖见吴佩孚太固执了，不好再说下去。曹锟说：“以后再议吧。”吴佩孚便告退。

第二天，吴佩孚又与各省代表集合，讨论了几个小时，才议定六条办法。吴佩孚看过一遍，其中并没有罢免徐树铮一条，张作霖说道：“待我入京商议，可将小徐罢去。”当时议论定了才散会。

第二天，张作霖回北京，即将议定六条面呈徐总统。徐总统说：“靳云鹏提出辞职，我已批准。此外数条我不能作主，必须通知段祺瑞，看他的意见怎样，就请尊驾前往段处一议。”张作霖答应去一趟。

段祺瑞刚出北京，驻团河。张作霖见段祺瑞后，首先提出和平解决直皖矛盾的办法，然后将议案交给段祺瑞看，段祺瑞看后大发雷霆。张作霖再次劝解，段祺瑞说："吴佩孚不过是个师长，竟敢欺人太甚！他若不服气，我就跟他兵戎相见。"张作霖知道谈不下去，即回京禀告徐总统。

张作霖两次往返团河，最终没有说服段祺瑞，调解无效。张作霖再往保定，劝曹、吴是否可以宽容一些。吴佩孚暴跳如雷地吼道；"余事皆可，唯小徐不罢，誓不罢休！"张作霖见段祺瑞、吴佩孚两人都不肯让步，于是叹息道："唉！我实在是多此一行。只好回报中央，我就回奉天了。"曹锟说："后事还要请你帮忙。"张作霖说："待战争胜败已成定局的时候，双方用得着我调停和解，我再来。"张作霖回报总统，立即出关回东北了。

过了一天，报纸登载了徐树铮六大罪状，文末署名领衔的是曹锟，以下是张作霖、李纯二人。

又过了一天，徐总统发布三道命令：（一）特任徐树铮为远威将军。（二）撤去徐树铮西北筹边使职务，着来京供职，其缺由李垣暂行护理。（三）裁撤西北边防总司令，所辖军队，归陆军部接收。

徐树铮驻在蒙古边地，也防备直奉联合起来，压迫皖派。不待中央命令下达，即驰往北京。首先和张作霖联络，被张婉言拒绝。徐树铮又唆使东北胡匪扰乱当地治安，不料被奉军查获，报告张作霖，张作霖怒不可遏，急电曹锟、李纯，联名通电痛斥徐树铮。曹锟当时正想求助于张作霖，李纯也恨段派，于是与张作霖回电，大家意见相同。张作霖便发表声讨徐树铮电文，并向政府建议，请罢免徐树铮。

徐总统为了顾全皖系情面，把徐树铮留在北京供职，但要解除兵权。徐树铮心慌意乱，赶紧去找段祺瑞商量。他泪流满面、泣不成声地说："总统误信奸人的谗言，将我免职，这分明是在排挤皖系，我被罢免不足惜，恐怕连督办也将被免职。"段祺瑞被小徐的激将法驱使，不能自已，他进北京，直入总统府见徐世昌。段祺瑞怒气冲冲地说："总统不秉公办事，为什么有偏有向？"徐世昌再三安慰他。段祺瑞说："曹锟、吴佩孚拥兵任意横行，为什么不罢免，而只罢徐树铮？"徐世昌说："曹锟、吴佩孚劳苦功高，人们很尊敬他们。"段祺瑞说："总统宠信、纵容曹、吴，将来不要后悔。"说完径自离去。

段祺瑞回到团河，就与小徐策划对直系用兵。徐树铮带着卫队进入总统府，逼迫徐世昌罢免曹锟、吴佩孚。段祺瑞即调遣一师、三师、九师，任段芝贵为总司令，向保定出发，要与曹锟、吴佩孚决一死战。张作霖听到这个消息，也急忙回奉调兵入关，声援直系曹、吴。江苏督军李纯，与松沪护军使卢永祥为了争夺上海地盘，险些发生军事冲突，幸亏吴淞司令荣道一从中调解，才未决裂。忽然北京政府明令，任卢永祥为浙江督军，护军使缺以何丰林充任。何丰林便发一电向中央辞职。中央因直皖开战[1]没有立即答复，何丰林怀疑是李纯主使，不待调查清楚，即电询李纯，出言不逊，语气愤懑。何丰林又请吴淞司令致电李纯。李纯复电说："这是中央的命令。如果是我指使，叫我永远不能做人，奈何丰林总不相信。"于是会合卢永祥暗地戒严，如临大敌。李纯也害怕浙、

1.编者注：此处有误，何丰林向中央辞职电是7月4日，而直皖开战是7月14日晚。

沪乘直皖战争之机袭击江苏，他也派兵防守。何丰林说沪宁路被拆，愈觉事出有因，便派兵直上，与江苏军相持。幸好当地士绅和各团体，力为调解。结果李纯让步，双方签订“保境安民”的公约，互不侵犯，各方将军队撤回原防，最后言归于好。

1920年6月17日，徐树铮由库伦抵达北京。18日，向徐世昌总统陈述外蒙防务。7月8日，段祺瑞在北京召开军事会议，他强迫下属各员接连呈文弹劾曹锟、吴佩孚，请夺去官职，交段祺瑞拿办。并由段祺瑞领衔，将呈文递给总统，逼迫徐世昌下令。徐世昌在皖系压力下，不敢不答应，但不愿全部答应，双方经过讨价还价，徐世昌让步，下了一道罢免吴佩孚的本兼各职而不涉及曹锟的命令。7月12日，由曹锟署名，联同奉天张作霖和长江三督李纯、陈光远、王占元等，发一通电，声讨段祺瑞与徐树铮的罪状。段祺瑞也于7月13日发表讨伐曹锟、吴佩孚的传檄通电。同日，张作霖也向全国发出通电：“用是派兵入关，扶危定乱。”名义上说是保卫京畿，实际上是留作直系的后盾。曹锟知道张作霖已经入关，预料他是前来支援直系，便有恃无恐地大胆出师，亲赴天津，举行誓师大会，派吴佩孚为总司令，号召各军英勇杀敌。同时又在天津设大本营，在高碑店设司令部，一意向段军进攻。

段祺瑞在团河成立定国军总司令部，自己担任总司令，任命段芝贵为京师戒严总司令，吴炳湘为副司令，自任讨吴军总指挥，徐树铮为总参谋长，分四路进兵。7月14日，两军相距只隔数里。徐总统即发命令一道：所有各路军队，均应恪遵命令，一律退驻原防。哪里知道这道命令竟成了催化剂，你要他撤防，他偏要开战。

两方战鼓咚咚，炮声隆隆，顿时，火光冲天，直皖战争就在琉璃河打响了。在战争进行中，直军往后退让，边防军只顾前进，谁知直军退到防线，都躲在壕沟内不动。等到边防军子弹耗尽，直军才从壕沟里冲出来，竟向边防军开枪射击。吓得边防军无路可逃，纷纷四方溃散。段芝贵早已逃之夭夭，窜回北京，西北军第二混成旅及边防军三师的第二团，分三路攻直军防线。未战多时，统统被直军打败。杨村是曹锳驻守，也在同一天取得大胜。只有段芝贵初战不利，向段祺瑞报告，说他被直军攻击，遭到小的失败。段祺瑞再次鼓励将士，指示秘书草拟文告，宣示中外，声讨曹、吴罪状。同一天，曹、吴也通电各省，说明开战缘由，指出战争之祸是由皖系引起的[1]。双方各执己见，互争曲直，互不相让。但战争已经打起来，就不可能挽回了。

哪知小徐心中，以为与曹、吴一战，就可解决问题，不料事与愿违，吃了败仗，于是憋足了一股牛劲，自往杨村攻击曹锳。高碑店的战事，就交给段芝贵主持，徐树铮又致电湖北、河南、山东等地皖派起事，响应北京。再令吴光新与张敬尧会商，密图湖北，助攻直军。

湖北督军王占元与曹、吴联合，他要预防吴光新有军事行动，屡次派人侦探吴光新的行踪，怕他兴风作浪。及至直皖战起，格外防备。吴光新有什么活动，都被王占元察知。王占元便以宴请为名，乘机把吴光新软禁起来。吴军听到这个消息，趁夜发

1.编者注：段祺瑞宣布曹、吴罪状和曹、吴通电各省说明开战缘由两电，都是7月13日发表的，而不是直皖战争开始以后。

难，竟被鄂军击退。张敬尧听闻吴光新被软禁的信息，早已逃走了。王占元把此事电告曹、吴两人，他们听后感到喜悦和欣慰。后又接到广东电文，也是声讨段氏。

直皖战争，互相角逐、撕杀，小徐战胜曹锳，自己非常得意。不料段芝贵又为吴佩孚打败。从此以后边防军屡战屡败，一败涂地，被打死了许多人。旅长、团长等被俘虏共五十余人。曲同丰逃入涿州，直军追到涿州。曲军支持不住，只得向吴军投降。段芝贵逃到了北京，西路完全失败。徐树铮听到失败的消息，正在忧虑，不知所措，忽听营外枪声四起，原是曹锳打进来了，小徐部下听到各处惨败的消息，他们知道大势已去，都无心再打下去，顿时便向四面八方逃窜。小徐见到兵败如山倒的局面后，也逃回北京了。

段祺瑞听到战败的消息，怒不可止，便取枪自杀。幸好部下夺去手枪，才未毙命。部下又向他进言，劝他回北京，请总统下停战令。段祺瑞不得已，返回北京城，上书自己省察。徐总统笑道：“早知今日，何必当初呢？”当即派靳云鹏、张怀芝往见曹、吴商议停战，并下了一道命令：“停止战争，听候解决。”边防军全部投降，解除武装，段氏一败涂地。他虽反躬自问，也愿意革去官职，无奈众怒难犯，各处纷纷来电，要求惩办罪魁祸首。如江苏督军李纯，南北海军将校也通电声讨安福系。这时，吴佩孚与奉军，都到了北京，请总统斩杀安福派的罪魁祸首。

靳云鹏、张作霖奉命到吴佩孚军营，见了吴佩孚，经商议提出四条，徐总统都批准了。吴佩孚还不满意，经靳、张委婉相劝，吴说待我转告曹经略使，我不敢作主。靳云鹏、张作霖就找曹锟商议，曹锟答应停战，但对四项条件还不满意。靳、张只好回京把执行命令的情况回报总统。徐总统再一次召见张作霖让他去调解。张作霖奉命再与曹锟、吴佩孚商议，共计六项，还有先决条件两项。议定后，张作霖即转呈徐总统。徐世昌想稍稍顾全段氏体面，命靳云鹏、张作霖再与曹锟、吴佩孚商议，曹、吴坚持仍照前议，只在字面上稍作改动。中央便连下命令，撤销7月9日关于处分曹锟、吴佩孚等人的命令，这是为曹、吴开脱责任。所有免职的几项条款，都与段派有关，首先免去段祺瑞的职务，遣散边防军。关于严缉祸首一令，因曹、吴军队驻满京城，一旦要捉拿，那还不容易，有什么话可说呢？他们故意对徐树铮等人，特别严厉，迫使他设法回避一下通缉的风头。况且段芝贵、徐树铮早已在东交民巷日本使馆躲藏起来。曹、吴的意思本想惩罚段祺瑞，幸亏总统为他委曲求全，将所有的罪过都推到徐树铮头上，小徐等人在日本使馆的庇护下，也未遭到逮捕。

段派被推倒，靳云鹏又上台了，于是由他组阁。靳云鹏想谋求和平，请徐总统召集曹锟、张作霖来京，讨论时局问题。曹、张应召到京，与靳见面，大家和和气气，非常融洽。徐世昌下令裁撤各省经略使，任命曹锟为直鲁豫巡阅使，吴佩孚任为副巡阅使。这时，张作霖与吴佩孚之间产生了怀疑、猜忌，为以后直奉战争种下了祸根。靳总理既然想谋求和平，就准备积极推行统一计划。无奈云南、贵州、广东、广西军阀内部，也是党派林立，意见分歧，互成仇敌。旧国会议员有的离开广东去云南，于是开会议决，取消岑春煊政务总裁，而以贵州督军刘显世继任政务总裁。刘显世与唐继尧本是唇齿相依的伙伴，不愿加入桂系。经过靳总理及南北议和总代表李纯[1]一致劝说，刘显世、唐继尧便通电各省。北方接电后，由曹锟、张作霖领衔复电云南、贵州，南北由此接近，和平可望早日来临。

哪知和谈还有阻碍。北方准备解散新、旧国会，但新国会是段祺瑞组成的，总统又是新国会选出的，旧国会已迁移到广州和云南去了，新旧国会哪能解散？和平又怎么争取？

李纯之死

李纯因和议没有成功，心里很生气、忧郁而生病，特别推荐江宁镇守使齐燮元为会办。齐对李曲意奉承。安徽督军、长江巡阅使倪嗣冲，因年老体力不支而辞职，北京政府任张文生暂署安徽督军。巡阅使的职务令李纯兼代，李纯推辞不接受，而且还辞了议和总代表的兼职。徐世昌不准许，便改任苏皖赣巡阅使，齐燮元为副使。江西督军陈光远，因李纯的官职比他高，于是发出怨言，声称：他愿归属湖北，不愿归江苏统辖。安徽督军张文生也不服气。江苏省的士绅又极端反对，说李纯不专力政务，他们电请政府把李纯调到九江去当官，等等。李纯受到这些刺激更加气

1.编者注：1920年7月直皖战争，皖系失败。直系曹锟、吴佩孚和奉系张作霖共同控制北京政权，他们想借武力扩张势力，南北议和一时无从谈起，但徐世昌想借重李纯作为南北和谈的代表，8月4日，徐世昌任命李纯为南北和议全权代表，他力辞不受。当时南、北政府各有议和总代表，李纯的总代表名义，只是徐世昌借重他主持议和事宜随意加的。

愤，于是自己叹息说：“世间事这样险恶，人心太不公平。”

到了下午三点左右，看到上海报纸登有批评和责斥他的言论，他捶胸顿足，嚎啕大哭。他说：“我治理江苏几年，当过省长和财政厅长，别人为什么这样诽谤我？我活在世上还有什么味道呢？”王夫人站在他身边，她知道自己劝不了他，急忙叫人去请齐燮元等来相劝。李纯一句话不说。齐燮元赶忙退出，李纯叫秘书致电北京，说病很重，难有治好的希望，推荐齐燮元为江苏督军。秘书出去后，李纯自己写了几封信，放在抽屉里，就回房睡觉了。到了四点钟，只听“噼啪”一声枪响[1]，王夫人惊醒起来，连忙呼喊李纯，但他毫无知觉，已不省人事了。立刻找医生来，发现人早已死了。检查衣服，血肉模糊，枕下发现一支手枪。李纯死后，王夫人叫人请齐燮元帮办来，商议操办丧事的有关问题，作了安排，然后查到抽屉内有遗书几封，于是按照李纯生前的嘱托，分别办妥。他们一面办理丧事，将李纯灵柩送回原籍天津安葬；一面由齐燮元致电中央，报告处理李纯自戕的善后工作。

徐世昌接齐燮元电后，非常悲伤和惋惜，便下令给予抚恤，给银元二万作为治丧费。令齐燮元妥善办理丧事。并令齐燮元暂署江苏督军，齐接电后，就走马上任担任了江苏督军。

直奉生隙

靳总理想开展和平统一工作，请徐世昌召集张作霖、曹锟来

1.编者注：1920年10月12日，江苏督军李纯自杀，另一说因其妾与护兵通奸，在南京被护兵刺杀。一般统称暴死。

北京，大家商谈目前的时局问题。徐世昌下令撤销经略使，任曹锟为直鲁豫巡阅使，任吴佩孚为副使，张作霖心里早有猜疑，眼看着徐总统的任期届满，曹、张两人不免都抱着观望的态度，两人虽然是儿女亲家，但内心都各有打算，从表面上看起来都很融洽，暗中却互不相让。

到民国十年（1921），中央发了一道命令，要解散新国会。奉直两派对此都表示赞成。原来张作霖给他亲信谈话时说："新国会解散后，将来再重新组织国会必定另选大总统。我再用金钱收买议员，将徐世昌推翻，这总统的职位岂能轮到别人！"所以他赞成解散新国会。曹锟的心思，也是这样。张、曹两人虽有亲戚关系，却面和心不和，互相怀疑。论曹锟本人，张作霖根本不把他放在眼里，其中最惧怕的是吴佩孚。张作霖心想，假如我们两下动武就不好办了，我的军队驻在关外，他的军队都在北京周围。他若阻击，我不能入关，也就毫无用处。不如一步步进行，就以保卫京师为名。假若曹锟与我意见不和，那时我就不客气了，虽是亲戚我也不认了。于是将奉军第一师和第一混成旅，分驻在马厂、军粮城、廊坊等处，这些地方都是京畿要道，造成步步进逼的形势。

徐世昌看到这种形势，恐怕直奉两系将来必有一场大战。他心里思考：就为选举的事，要弄得民不聊生。于是便说道："总统人人都可以做，何必你争我夺？"哪知这话却打中两派企图当总统的野心，他们在暗中折腾得更欢。

但是，曹锟本人无多大能力调理军务，吴佩孚看见张作霖的行动，积极主张召开保定会议，联络苏、鄂、皖、直、豫、鲁六省同盟，以便抵制奉军。吴佩孚把所有的师、旅、团、营的名称，一概取消，改称为“模范军”[1]，把军队都调到洛阳，他与冯玉祥一起日夜训练，把一支“模范军”的战术训练得异常熟练，又把枪枝弹药配置齐全。但看张作霖如何行动，再作安排。

张作霖将吴佩孚的情况打听得一清二楚，他也想方设法来对付吴佩孚：第一步派人与赵倜联系，监视吴佩孚的行动；第二步联络张文生、齐燮元，说吴领衔密保张勋；第三步张作霖亲自带兵进京，借总统名义，压服吴佩孚。张作霖将心腹干将都安排了重要位置，一切军务准备稳当，先叫许兰洲去保定拜见曹锟，磋商订立约法，再令张作相往赴保定，要求曹锟答应上述三个条件。

哪知曹锟见了三个条件，一律不准。张作相回报张作霖，张作霖大发雷霆。便派人去北京，躬请靳总理解散“保定会议”。靳云鹏深知曹、吴是一派，他与吴佩孚又是师生关系，两派势均力敌，如不答应，张作霖必生气，他左右为难，于是另想高招。他自己掏腰包取出五十万元，写一封信给曹锟，请他暂缓举行保定会议。

原来靳总理害怕直奉决裂，使得大家都不太平。曹锟得到靳总理送的几十万银元，落得个顺水人情。况且这时总统的宝座虚位以待，新国会解散。假若改选国会，必定要改选总统，不如先派

1.编者注：从1920年至1924年，吴佩孚在洛阳编练军队，直属部队有五师一混成旅，总计兵力十余万人，控制着河南、湖北、直隶和陕西等地盘。但未见有“模范军”的编制。当时一般人认为吴佩孚的军队较其他军阀部队的军纪好。

人打听一下张作霖的意见，再作商量。

张作霖见曹锟派人来，心里盘算，曹锟是想办理新选举，就故意向来人说："你家巡阅使举办新选举，想推荐哪个人呀？"来人有点惊慌失措，好像张口说不出来的样子。张作霖笑着说："曹锟莫非想推举黎元洪吗？如果推黎元洪，还不如推段祺瑞合适。"原来张作霖无意推举段祺瑞，知道曹锟为自己打算，不过拿这番话虚晃一招，以对付曹锟派来的人。

来人回府禀告。曹锟仔细琢磨，张作霖不肯帮助我，居然要推举段祺瑞出山，这分明是与我作对，因此对张作霖非常愤恨。徐世昌听到这个消息，心中暗暗钦佩张作霖的手段。他想：两派势力，旗鼓相当，敌对起来，胜负难定。不过吴佩孚在直皖战争时说过，战胜后一定裁兵，等到他胜后，他不但不裁兵，反而新扩充了一些军队。但吴佩孚增加兵力，也是为了防备奉张。如果说到曹锟这个人，张作霖根本不把他放在心上，张作霖所害怕的，也就是吴佩孚一个人。

这时，张作霖听说直军兵强马壮，训练有素。他料想："这一定是吴佩孚的功劳。况且吴经常阻碍我个人前途的发展。我总要和他较量一下，分个胜负。"

1921年某日，张作霖正为吴佩孚军势扩大而气愤，卫兵报告湖北第一师长孙传芳来到。张作霖接见孙传芳，又设酒宴招待，席间，谈起直军的声势是多么强大。孙传芳说："直军中幸有吴佩孚这样的人做领袖。他的军队训练得很好，军容整齐。"张作霖说道："据说现在吴佩孚在洛阳练兵，我倒希望他来与我较量一番。

我虽对军事没有高深的研究，实际上已练兵几年了。我一生还未遇见过敌手，我希望他带兵前来与我试一试。假如我军打败了，我从此退避关中，永不侵犯关内。请你代我转达他。”孙传芳赶忙说：“大帅请别误会，佩孚没有这个想法，以大帅的威望和实力，名震全球，佩孚也不敢与大帅抗衡。”张作霖说：“我现在也不少于二百余营军队，有精良的军备，粮饷足够，吃十年没有问题。像我这样的军队，可以跟吴佩孚打一打吧？”孙传芳听了，颇为吴佩孚提心吊胆。

第二天，孙传芳就告辞回湖北，他本想直接回鄂，但心里一想：“此事非同小可，我与佩孚是至交，不如绕道去告诉佩孚一声，叫他严加防备为好。”孙传芳到洛阳，见吴佩孚后，将其与张作霖交谈的情况告诉他，吴佩孚不以为意。孙传芳担心吴佩孚没有领会他的意思，没有办法，只好毫无保留地将原话全部告诉他。吴佩孚说：“张作霖的一举一动，我早了若指掌。前次在保定会议，他就藐视我，我以国家大事为重，并不想侵夺他人之功为己有。他要来找我，我只好带兵等着他来，但我并不去找他生事。”孙传芳听了吴佩孚的话，知道他胸有成竹，暗暗地佩服他。于是便想告辞，忽听有人大叫一声进来了，吴佩孚一见是冯玉祥，赶忙请他坐下。吴佩孚说：“孙传芳兄自北而来，讲到奉天张作霖兵力雄厚，他们很重视直军。”并将孙传芳与张作霖会晤的情况一说，冯玉祥非常愤怒地说：“既然奉军要与我们作对，那就不要怪我们了。他垂涎关中由来已久了。他到处驻扎军队，名义上保卫地方，实际上是占我们的地盘，您给曹大帅打电报，看他怎么反应再说。我们先将军队整顿好，等待他带兵入关，我们再以武力解决也不迟。”吴佩孚、孙传芳二人听了冯玉祥的议论，非常赞成。孙传芳告辞回到湖北。吴佩孚就照冯玉祥的话，电达曹锟。

曹锟接到吴佩孚告警的电报，心里想：张作霖亲家果然要与直系争衡，难得子玉[1]预先防备。便电复吴佩孚，叫他慎重行事。此外，他又电知曹锐、曹锳，叫他们时刻戒备，不准奉军入关。二曹接电，自然一定照办。

吴佩孚接到曹锟的复电，知道曹锟的意见，就将来电通告各军营。于是整顿军队，准备出发，未过两天，曹锟果然派人来，吴佩孚把他带到一个密室。来人取出一封信，呈递给吴，拆信看过，知道了曹锟的意思，于是设宴招待来使。

第二天，吴佩孚即请张福来、王承斌、萧耀南、冯玉祥四位师长来开军事会议。冯玉祥说：“前次曹大帅已派曹锳、曹锐把守关内，不让奉军进关，谅他们插翅也难飞进关来，现在听说张作霖花二百多万元，游说叶恭绰出面，把梁士诒推上台去当总理，好替奉军筹办军粮军饷，这件事各报登载得明明白白。但是，我们的士兵训练多年，我们吴大帅有勇有谋，大家齐心，张作霖有什么可怕的呢？”吴佩孚听了冯玉祥的这番议论，很是佩服。

张作霖见曹、吴同心合力，与奉军对立，心里很不高兴。京畿虽然有部分奉军驻扎，但是各处险要关隘，都有直军据守，不允许奉军扩大势力。于是便集合一班将官商议对策说：“如果我们想要与直军分个高低强弱，你们有什么好的计谋呀？”张景惠说：

1.子玉：吴佩孚，字子玉。

“直军锐气正在旺盛时期，曹锟、吴佩孚联合，曹锐、曹镁驻扎关内，时刻提防奉军入关。我们进关出师无名。名不正，言不顺。张大帅心中有何高见？”

大家正在议论，忽见大帅的大公子张学良说：“目前俄党蒙匪[1]扰乱地方，我父亲派人赴京，就以平匪名义，要求北京政府取消‘模范军’。政府若答应御俄剿匪，必以我军为主力军，我们正好在当地索取军饷，壮大实力，等到军事危急的时候，再跟他们谈判，不知大家意见如何？”大帅点头同意。

正要派人去北京，忽然接到库伦紧急报告，声称匪患四起，等待救援。张作霖大喜过望地说：“果然不出学良所预料！”于是便派张景惠去北京，叫他去见靳总理，如此这般地面授机宜。张景惠接受了秘密命令，赶忙动身，不到一天工夫就到了北京。

这时，靳总理正为了直奉两派纷争而焦头烂额，忽听张作霖派人前来，不知究竟为什么事情，心里感到有些惊讶。等到见面时，发现来人却是张景惠。张景惠将书信呈交给靳云鹏请他迅速做出决断。靳云鹏听了，神色突变，满脸苍白，他问张景惠，雨帅[2]有什么事现在要求我办，张景惠把张大帅的密令拿出来，靳总理接过来一看，已吓得魂不附体。另外还有要件，就是要取消吴佩孚的“模范军”。靳总理这时面有难色。张景惠说：“我先告辞了，待以后再议。”靳总理没有办法，只得向总统禀报。

1.编者注：1921年2月白俄恩琴率俄蒙军进攻库伦，北京政府参陆处就库伦失陷致电张作霖、曹锟等，克日收复库伦，但张作霖按兵不动。

2.雨帅：张作霖，字雨亭。

第二天，徐世昌发布一道命令，让张作霖把库伦匪乱平息，其余的事再议。张景惠就乘机向政府索取军饷，回奉把执行命令的情况报告张作霖，大帅听了张景惠的回报，心中很不高兴。于是就听任俄蒙军骚扰地方，蹂躏人民，大帅不发一兵，纵匪作乱。北京政府得到这个消息，只得派吴佩孚前去援助。吴佩孚知道张作霖的心计，他也按兵不动，心生一计，密令阎相文进京拜见总理，说库伦前线军事紧急，张家口一带人心惶惶，京绥一带兵力不足，愿意动员所率的各部军队，分别镇守要隘，以重防务。

当时，张景惠仍然在北京，听了这个情况大吃一惊。一面电告张作霖，一面拜见靳云鹏。靳云鹏见张景惠又来了，料想必定是为库伦的事，张景惠先说："阎相文来京，与总统商量的事，是否能让我知道一点？"靳云鹏回答说："张老兄放心好啦，我没有欺人的心理，不管他说什么，我一定告诉你。况且他说的话，我已经拒绝了。"这样，张景惠才辞别而去。

阎相文回到洛阳，禀告吴佩孚，吴佩孚便电告曹锟，说奉军阴险奸诈，诡计多端，纵容匪党入关，借以危及直系的安全。京绥沿线，应驻重兵防守，以防不测。曹锟接电后，即令二十三师师长王承斌带领直军前往，以巡视地方，填补边防。

张作霖见曹锟分兵填防，便决意带兵入关，马上召集军官会议。张作霖说："我们今天入关，没有得到政府的命令，恐怕别的省又产生怀疑。"张景惠说："这件事还必须暂缓进行。咱们兵力雄厚，一朝我们入关，佩孚不会不防范，这里面就有主客之分的区别。不如先施一个反间计，让直系内部自相干扰，我军乘机进关，这样做较为稳妥。”张作霖听了觉得这个意见很好，便亲笔写一封信，密派副官去河南找赵倜，奉上书信。赵倜拆开一阅，知道了其中的内情，于是便复了一封信，内称：“弟是地道的奉派，与佩孚不过表面之交，如以后有什么事托付我，弟当为您效劳。”

张作霖接到这封信，大喜过望，马上派人把这封信完整地送到洛阳；吴佩孚正在与军官开会研究军事，他左右的人来报告：“奉天派人送信来了。”吴佩孚非常惊异，来人把信递给他，他看后，顿时，怒发冲冠。幸好参谋看透了其中的意思，劝他不必动气，这只不过是奉张使用的反间计，叫吴大帅去攻打河南，张作霖乘机带兵入关。现在我们正好将计就计，于是便对吴佩孚的耳边悄悄地说一番，吴佩孚喜出望外，对送信人说：“我不想回信了，就麻烦你带个口信，对张作霖说，我知道了。”

来人走后，马上把陕西督军冯玉祥调署河南，又把赵倜调署陕西省，先将他分开，再把张作霖的信给他一看，观察他的反应。计划已定好后，派人去河南，把信送给赵倜，赵一看是自己的亲笔信，吓得魂飞天外。这时，他毫无办法，只好将张帅的信拿出来，说明他有不得已的苦衷。他说：有一天，奉天张作霖派副官来威胁我，逼迫我写这封信。我没有办法，只好口是心非地敷衍他。吴使见他这样坦白，也就不再追究了。于是命他与冯玉祥对调。

第一次直奉战争

光阴易逝，不知不觉到了1922年4月。有一天，突然接到一封急电，说张作霖已带十万人入关，驻在曹家花园。吴佩孚见电，十分诧异。原来，直隶省长曹锐，有事请假回保定，曹锳又因部下兵丁不足布防，便请奉军协助防务。奉军接电，非常高兴，便带兵进关，分驻马厂、军粮城、南苑、长辛店及津浦铁路北段。曹锳见奉军已经进关，便将二十六师军队全部撤回保定。居民纷纷逃跑，由奉军张作霖出示安民。北京警察厅厅长杨以德也出示布告，告诉居民不要误会。

曹锟看见奉军已经进关，又把自己的花园占了作司令部，他立即将曹锐、曹锳二人叫到自己面前，狠狠地斥责他们一顿。这时，忽然接到一封电报，他看了几句，气愤填膺地向曹锳、曹锐说："你们看看。"二人一看，是吴佩孚打来的，已经吓了一大跳，又仔细看看，是责备他们擅离职守，不负责任，勾结奉军，引狼入室，应该依法惩办。鉴于奉军已经进关，只有对各处防线派直军填补驻防。若张作霖亲自来了，我一人抵挡。曹锳、曹锐没有办法，只得请曹锟给他们作主。

曹锟、曹锐、曹锳三人正在商量，不料有人报告吴佩孚来了。曹锟听后，急忙出来迎接，锐、锳只好回避一下。吴佩孚连日接阅电报，知道奉军已经陆续入关，再仔细打听查访，才知是曹锐、曹锳他们两人干的，吴佩孚大怒，立即给曹锟一电，要依法惩办，不可以徇私情。同时，集合军官商讨军务，他说："津汉路以长辛店是交通要道，现在已被奉军占了，只得另外布防。"便命令第一师及十五混成旅驻琉璃河，作为第一战备防线；以第十三混成旅驻松林，作为第二战备防线；以第二十师十三、十四混成旅驻高碑店，作为第三战备防线，以高碑店为大本营。其余二十三师、二十四师、二十六师及十五混成旅，一律开到高碑店，担任天津一带防务。王承斌为北路司令，担任北京、保定一带防务。吴佩孚自任前敌总司令。各处挖掘战壕，分配布置妥当后，便去保定拜见曹锟，商议怎么对付入关的奉军。

吴佩孚到了保定，由曹锟接入官衙内。见面后就说："托您令弟的福，勾结奉军入关。您想，直隶是财政机关，这地方失去了，各种款项从哪里征收？"曹锟回答："两个弟弟，本是平庸之辈，后悔也来不及了，今已被拘留，任你怎样处理。现在奉军已入关，请你以人民为重，千万不要推托，不负责任。就看张作霖怎么行动了，望你慎重行事。假若一定要决裂，我将把家眷送往汉口，以表示曹、吴永久结好的决心。"吴佩孚听了曹锟的这番话，心里在考虑这事应该如何处理，忽听外面送电报来了。

吴佩孚接过一看，却是张作霖1921年4月19日通告全国的电报，内称："民国已经成立十余年了，一个好端端的中国弄成这个样子。"并表白自己没有一点权力私心，这次带兵入关，想以武力解决和平统一问题。吴佩孚看完后，又递给曹锟看。曹锟说："这是他用不正当的手段谋取名誉，你看我们应该如何对付？我们也发一电通告全国民众吧！"吴佩孚即叫秘书草拟电文，随即抄写清楚，派人送电报房发出。同时，又发一电与北京政府，请任命王承斌为直隶帮办，北京政府也批准了。

当天晚上，直军立即召开军事会议，讨论军务，会上大家请求任命吴佩孚为总指挥，曹锟答应了，各种事情都准备就绪。吴佩孚正要回洛阳去，不料北京政府派王士珍、赵尔巽、张锡銮三人来到，说有要紧的事接洽。吴佩孚只得留下。原来政府因张作霖带兵进关，内外惊慌，居民一天晚上几次惊骇，他们害怕直奉两派打起仗来。北京政府特派他们到此来调解，希望消除双方的隔阂。三人到了曹锟官衙内，曹、吴接见他们，吴佩孚首先讲话："张作霖'光明正大'的通电，带兵进关，想以武力解决和平，佩孚忍无可忍，让无可让，自不量力，想为曹锟作一个马前卒，是非曲直，以后听大家的公论。不知道总统的意见怎么样？"三人回答："我们奉总统的命令，特别为直奉问题而来，想就在天津开个讨论会，你们两人有何高见，不妨直说。"吴佩孚说："我只知道保卫和平统一，开会没有用处，不知张作霖是怎么想的？"三人说："两公意思已明了，等见过张作霖再说吧。"

第二天，三位调停人告别，直去奉天，吴佩孚也回洛阳去了。王士珍、赵尔巽、张锡銮三人直来奉天，半途中接张作霖的电报挡驾。三人知道去也没有用处，便回京晋见总统，将曹锟、吴佩孚的意见和张作霖半途打的电报，呈给总统。徐世昌看了电报，半天不说话。王、赵、张三人见总统不回答，早料到总统的心思了。这时，内阁总理是新任的周自齐，他进来见过总统，报告说，奉天张作霖来电，说不久要来北京。据张作霖说，他已议定六项条件，请总统发布命令，选定日期在天津召开公共会议。于是便将电文拿出来，大家一看，这六项条件连一件可行的都没有，简直是要择定日期出师，何必开会呢？大家看见总统生气，便劝说道："天下自有公道，幸好两边还没有决裂，待天津会议以后再说。"赵尔巽说："再请黎元洪出来调停。"王士珍说："请黎元洪不如请萨镇冰，他两人一去就能成功。"

徐世昌立刻致电萨镇冰，萨镇冰接电后赶到了北京。徐世昌把上述意见告诉他，萨镇冰就去天津，不到一天就回来了。徐世昌问："黎元洪肯出来调解吗？"萨镇冰说："算我白跑一趟，效劳不成。那直奉之间的纷争，连一个字也未提过。"徐总统问："为什么不提呢？"萨镇冰把黎元洪东支西吾的情况说了一番，徐世昌叹息道："唉！我唯有退让这条路了，别无其他的处理方法呀！"

张作霖自从和曹锳、曹锐联络以后，就带奉军陆续进关，占了马厂等处。随后又将飞机大炮等武器全部运来，立刻发电通告全国。过了一天，他又见到吴佩孚的电报，心里烦燥不安，便召集全体军官，说我们奉军入关，计算起来，不过五六万人。吴佩孚在各处布防，戒备森严，慎重得很，看来他野心不小。于是，张作霖便将各处军队开进关内，师旅长以下全部武装。分派完毕，便电致北京政府，请总统颁发命令，召开天津会议，共谋和平统一。徐世昌别无其他办法，又请出几位元老联名给两方发电报。

吴佩孚得电便说："张作霖欺人太甚，令人不能容忍。任凭他们几位元老，就能把这事平息下去？"于是便去保定，找曹锟商量。来到保定，进了巡阅使官衙内，看见曹锐在场，就大声痛斥道："你想归顺奉军，请早日决定。等到奉军压境，兵临城下，投降是死，不投降也是死。"曹锟弟兄心甘情愿地赶紧筹饷，以准备战争之用。曹锟将各调停情况向吴佩孚说明，又说张作霖来电，说我不应该与你合作，电报上百般谩骂、诽谤。吴佩孚将电捡出来，不禁哈哈大笑起来，他知道张作霖在挑拨离间，想联合曹锟，好叫我势单力薄，孤立我。吴佩孚对曹锟说：“二公是儿女亲家，为什么要依附外人？我不知你怎样回答我，请表示意见。”曹锟本是心地忠厚，他说：“我已经说过，两方我都不袒护，我已有电宣布辞退，以后直军方面的军务，归你专门负责。天津让给张作霖，保定让给你便是了。回电给王士珍，就说我不参加天津会议了。”吴佩孚心里琢磨：“这个人平时不深说，所以我把直军集合在郑州，只以少数部队开往北方。”于是便电告冯玉祥，立即办理后方军备，如情况紧急，再听电调兵北上。

当时，赵倜已和吴佩孚联合；山东田中玉也派两旅响应；长江上游司令孙传芳来电，以全部军队开赴武胜关；海军有炮舰开赴秦皇岛，钳制奉军后路。吴佩孚见各路纷纷响应，喜出望外。他又调张福来到郑州，以便带兵北上。

这时，郑州直军共计有九十三团，布置严密。冯玉祥由陇海铁路向德州进军，准备与保定直军联合，成为一个战斗团体。

徐世昌听说奉直军队已经发生冲突，说奉军内部有几万土匪，从中响应，直军方面有某督军援助，极为忧愁。于是，又请了几个人出来调停，今天会议讨论，明天会议研究，才拟出几条章程，但又不敢直接致电曹锟、张作霖，连同吴佩孚共拍了三个电报。过了两天回电说，曹锟、张作霖不久来京，只有吴佩孚不到会。左一天右一天盼望曹、张二位的到来，哪知道连个影子也没有看见。这几位调解人，终不死心，说我们大家再去保定看看。不料，几位正走在半路上，恰巧碰到两军的战线，只听大炮声连天响，才知两军已开战了。你想想，他们几位哪受过这么大的惊吓？到了这时只能拼命地逃跑了。

两湖巡阅使吴佩孚，见奉军势力太大，便电知各处，增加兵力镇守防地。他拿定主意，将军械、军器，以及在汉口巡阅使官衙内的武器弹药，并在一起装运到洛阳，有枪弹一千六百余箱，炮弹八百发。又从上海运来大机关枪三百余件，到达巩县，还在洛阳、郑州间设立无线电。这时，探子报告奉军前线都是马队。吴佩孚听了便差人前往各处，星夜赶造铙钩三千把，以备临敌时应用。又叫杜锡珪带领军舰四艘，前往渤海以断奉军后路，自己便亲赴前线督战指挥。

这时，张作霖也由军粮城赶赴前线。张景惠、邹芬在长辛店。长辛店作为奉军总司令部，由张学良指挥。东至马厂，西至长辛店，都设有无线电。

直奉两军，战线相连在一起。吴佩孚命令直军向奉军攻击，两军在马厂首先开战。奉军第三、第四两队，上前冲锋，顿时枪声四起，噼噼啪啪地乱响。两方战斗了多时，互有死亡和损伤。后来奉军大队到齐，直军支持不住，就向河间、任丘退却，奉军便占据了青县，这是直奉两军初次开战的情况。直军死亡军官五人，士兵一百多人。奉军也重伤营长一人，士兵伤十几人。吴佩孚见初战不利，赵杰（赵倜之弟）军队又退败下来，就令军队后撤。正在筹划之际，忽有一军官，手持一张赏格，吴佩孚拿过来一看，却是张作霖的悬赏告示。内开：捉到直军主将者，赏五万元；若能将其打死者，赏二万元；捉到一个高级军官，赏二千元；捉到一个中级军官赏一百元。缴获敌军大炮一尊赏五百元，机关枪赏二百元，小枪一支赏十元。后面署名“张作霖示”。

吴佩孚看后非常气愤，正在设想对策，忽有报道说，河南赵倜与弟赵杰，现已宣布独立。各军闻信，都发急电询问真相，只有吴佩孚毫不在意，胸有成竹。接着，陕西督军冯玉祥来电，愿领直军亲赴前敌。吴佩孚回电说：“我军已打胜仗，请你将兵分驻郑州、洛阳，以便监视赵倜。”

赵倜自从和吴佩孚联合以后，完全加入直系，他在吴佩孚的管辖下，又见吴声势浩大，不敢有二心。到冯玉祥过豫境时，士兵军纪很好。等冯玉祥至洛阳，吴佩孚为冯玉祥与赵倜两人周旋，疏通意见。从此各释嫌疑，和好如初。

有一天，赵倜正与军官闲聊直奉战争的事，忽听直军大败，溃不成军。被奉军夺去的大炮、枪弹、机关枪不计其数，死伤士兵很多，军官几个。又听说吴佩孚也在战争中阵亡了。赵倜很怀疑。正在想这件事的时候，突然赵杰进来，慌慌张张地说：“吴佩孚真的死了，咱不如趁此宣布独立，看他们怎么了结？”赵倜也糊里糊涂，信以为真。一面发出命令河南实行戒严，一面宣布中立。正在布置此事，接着传来北方战争的消息，说直军连续打了大胜仗，奉军退败出关，张景惠领兵逃跑，张学良受了重伤。吴佩孚在前线指挥千军万马，战事进展顺利。赵倜听到这些消息，犹如从高楼上摔下来，急得团团转。又听见陕西督军冯玉祥，已带领军队前来攻打河南，吓得他魂飞魄散。心想，这事怎么处理？只有决一死战。哪晓得冯玉祥善于用兵，转眼间，已将赵杰打败，赵杰逃到赵倜那里，商量怎样求人帮助。无奈冯玉祥已步步近逼，赵家兄弟见形势不妙，便抢了几家商店，连夜逃走了。冯督一步不放，紧迫不舍，不捉拿赵家兄弟归案，决不罢休。幸好吴佩孚来电阻止，冯督最后才止兵不追了。

原来赵倜误信赵杰的话，弄得他无立足之地。若不是吴佩孚电阻，险些性命难保，这事暂且不讲。冯玉祥进城，出安民告示，督署衙门的公务叫省长代理。一切办理清楚，立即带兵前往保定协助吴佩孚。

吴佩孚连日与奉军作战，起初利用诱敌深入的策略，让奉军连打胜仗，军队逐渐骄傲。奉军派员来吴佩孚兵营，约他们向奉军投降。吴佩孚明明知道奉军的用意，但不与他计较，只暗暗传达各军，在险要地方埋下地雷，等待奉军追来，万雷齐发。哪知道奉军也暗地里埋下许多地雷。

有一天，吴佩孚下总攻击令，直奉又开战了。在琉璃河、长辛店一带，两军互相开火，枪炮连续不断。奉军支持不住，一边打一边走。吴佩孚当前敌总指挥。奉军将直军引到埋地雷的地方，暗将火线点燃，只听一声巨响，地雷爆炸。直军在前沿阵地的都被炸死，吴佩孚也受了轻伤。奉军见直军中计，心中大喜，以为可将直军斩尽杀绝。直军见已入奉军埋伏线内，也不知向哪里逃走为好。心里正发慌，忽然下起了倾盆大雨，把火线全浇透了。心想，地雷打湿，完全无用。趁此时候，直军一齐奋勇杀向前去，把奉军打得大败，退走十几里，缴获许多武器，杀死官兵一千多人。直军转败为胜，就此占住长辛店，安营扎寨。

吴佩孚乘飞机察看战区地形，又按照张作霖前几天的悬赏告示，也大出赏格，派人乘飞机在空中到处散发。地面奉军捡到传单，都来看热闹，只见传单上说："张作霖不爱惜同胞，横行霸道。咱们被逼，不得不想办法自卫，同胞们若能把张作霖一人除去，从此永无战乱，大家共享幸福日子。希望赶快觉醒，弃暗投明，走向光明，咱们官兵都欢迎你们。"

奉军看了，大家成群秘密议论，军官也有议论的。奉军叽里咕噜，忽见张学良拿着手枪大声喊道："谁敢扰乱军心！"大家正要分辩，只听得一声枪响，其中一个军官已被张学良枪毙。原来张学良因没有得利，就在他父亲面前自告奋勇，愿赴前敌指挥。来到军队里，在路上捡到传单一看，怒气冲天，用手枪将一军官杀死，随手又把几个士兵推出营外，一齐枪毙。

直军听说奉军军营里出了这件事，知道奉军军心不稳定。吴佩孚便面授密计。第二天，他又与奉军交战，张学良、张景惠带领生力军向直军进攻，直军接战几个小时后退。第二天，奉军又进攻，直军又吃败仗。一连好几天，都是奉军得胜，直军失败。有一个参谋向张学良说，"我军连胜，恐怕是吴佩孚使用诱敌深入的计谋，我们要防备，提高警惕。"张学良见奉军连日大胜，急忙派人去大本营报捷。张作霖见报，大加犒赏，就在军粮城摆庆功宴，招待官兵，以示奖励。一面鼓动将士奋勇前进，一面召集军官部署战事。大家正商议时，突然听见四面八方枪声大作，遂下总攻击令出去御敌。但又不见直军的一兵一卒，各营用望远镜观察，果然看见远处的树林里，有直军在放枪。奉军便一齐往前冲，大约有十分钟光景，又不见直军的踪影。奉军怀疑直军在搞什么鬼花招。突然，人炮声隆隆，四面八方都是直军士兵，像潮水般涌来。枪炮子弹如倾盆大雨一样，炸弹从空中投下。

奉军想要抵抗，子弹已缺乏。无可奈何，大家只得四方逃命。直军越战越勇，战斗打了不到一小时，奉军死者尸骨堆积如山，血流成河。冯玉祥、张福来、吴佩孚分三路追击，奉军逃跑都来不及了，只得缴枪举手投降。幸好红十字会解救他们，吴佩孚才不再追赶了。

这次奉军一败涂地，都是张作霖孤傲倔犟造成的。直军这次打了胜仗，主要是吴佩孚使用的计谋，加上冯玉祥等援助和配合。张作霖见大势已去，无挽回的余地，只得将原来占去的地方，全部让出来，收兵出关回奉天。打算养精蓄锐，待兵精粮足，再考虑报仇雪恨。

张作霖中吴佩孚的埋伏，被打得惨败，估计自己站不住脚，于是叹息说："我没有料到曹锟会不顾亲戚的情分，与吴佩孚联合来反对我。"现在大势已去，只得带着残兵败将，退回沈阳，效法越王勾践，发愤图强，十年生聚，十年教训，再来收拾吴佩孚，不是更好吗？接着，命令各将校收容所有的败兵，退出关外，加紧训练军队，以图报复。

曹锟战胜张作霖，心里非常高兴，他得意洋洋，以为将来做事没有人能阻碍他了。这次选举，他可为所欲为了。你道曹锟真有这个本事吗？其实他只是在表面上担个虚名而已，这次直奉战争，指挥军队作战，一切都是吴佩孚筹划，与曹锟毫无关系。作为直系的首领，大家知道是曹锟，实际上吴佩孚才是直系真正的领袖。

吴佩孚打败了奉系张作霖，料想他不会善罢甘休。张作霖虽然退出关外，将来总有一天，他会想方设法来报复。何况，我又不能长久待在北京城，给人家留下话柄，说我军人干政。不如仍旧回洛阳，将士兵训练得骁勇善战，准备抵御奉军的袭击，不是更好吗？一面整顿队伍，准备回归洛阳，一面请徐世昌下令，惩办梁士诒、叶恭绰、张弧等蛊惑人心祸国殃民的罪行。徐世昌见直系势力强大，不好违背他们的意旨，于是下了一道可笑的命令：将梁士诒等，均免本职，并夺去勋章，交法庭惩办；又下令免去东三省巡阅使、奉天督军兼省长张作霖的职务，听候查办。奉天督军一职，命吴俊升署理，奉天省长一职，令袁金铠署理。所有张作霖兼任各职，也一律裁撤。

这个命令发布之后，吴佩孚见了，心中感到很抱歉。原来吴佩孚前因徐世昌派王士珍、赵尔巽等人，为直奉两系调解，但吴佩孚决定与奉军打仗，拒不执行总统命令。这次他虽然战胜了奉军，总觉得心里不安。眼见到处是战祸的荒凉景象，乡里变成废墟，他便致电徐总统，自己请求处分。其电报内容称："这次战争，都是张作霖、曹锟、吴佩孚三人所造成的灾祸，乞求你将我们三人同时罢免本兼各职，以平民愤。"

吴佩孚这个电报，其实是装样子的，而不是他的真心话。战胜奉军后，政府中枢机构掌握在他手中，徐世昌虽有免张作霖职位的命令，吴佩孚看破了它是个骗人的玩意儿，于是由这件事产生隔阂。吴一心想趁战胜的余威，伙同冯玉祥等人，把徐世昌赶下台，他尽力鼓吹黎元洪出山、恢复1917年国会这两项计划。大谈“恢复法统”的表面文章，而实际上他所注意的是将来的军费来源问题，于是引荐董康掌财政，高洪恩掌交通。凡关于财政上的活动，都推举自己的心腹干将把持，一步也不肯放松。吴佩孚又任孙丹林为内务秘书，作为他的耳目。就这件事来讲，他请求免职，你看他是真心的吗？

第二次直奉战争和北京政变

再说赵倜、赵杰兄弟逃跑后，冯玉祥为河南督军，刘镇华不劳而获坐升陕西督军，这样直系势力便日渐增强，地盘也扩大很多，吴佩孚就一心一意注重军事。他听说张作霖立志训练军队，意在存心报复，恐怕张乘秋高马壮，发起进攻，进犯榆关，因此直军主力集中在京汉铁路线，作为迎击奉军进攻的准备。

张作霖自被打败后，就把自己比喻为越王勾践，他刻苦自励，发愤图强，企图对吴佩孚进行报复。他想，如果报复，非用挑拨离间、涣散士气的计谋不可。于是就派吉林印花税处处长李壮飞，带信去保定表示亲善友好。曹锟也派团符麟带函去沈阳答谢张作霖，张殷勤款待。与此同时，又叫其子张学良，秘密潜伏天津，拜见省长王承斌，求他向吴佩孚通融一下，劝说吴佩孚不要威逼奉军，以免再起战争，并乞求王承斌代他向曹锟说情。

王承斌密电保定、洛阳，说张作霖吃败仗后，元气大伤，精锐已损失大半，如再相威胁，难免酿成困兽犹斗之忧。被围困的野兽还要作最后挣扎，何况人呢？吴佩孚立刻回电，说这是张作霖涣散我军心的计谋，我当时本想乘胜追击直捣老巢，但是，曹锟怀疑我对他有二心，极力主张适可而止。我当时意气消沉，便离保定返回洛阳。我对曹锟的举动，非常反感。况且当时中国的大局，动荡不定，他劝部下不要轻举妄动，凡事要见机行事，千万不要急躁。否则，政客来往频繁，我们难以应付。并电曹锟说，张作霖万事俱备，想利用我们内部有纠纷的时候，趁机首先动手，这是他进一步离间我们的诡计。愿承斌帮我在曹锟面前呈述我的意见。凡事要慎重小心，不要轻易被人愚弄。王承斌把这些意见转达给曹锟，曹锟听后，如梦初醒，恍然大悟。便将榆关防务大权，交给吴佩孚担任，自己仍然虚情假意地与张作霖联络。

吴佩孚负责榆关防务后，趁张福来从岳州来，孙岳从上海来的时机，便电召各将校及代表等，召开联席会议，部署榆关防务问题，商讨如何加强防卫。他认为张作霖不来进犯最好，如奉军来攻，总要首尾相接，互为依靠，让张作霖无机可乘，才算合适。

张作霖本想联络保定曹锟，疏远洛阳吴佩孚，想不到此事又被吴佩孚识破。吴佩孚致电曹锟，曹锟明白过来，将榆关防务令吴佩孚专门负责。张作霖离间之计未成，又想另一计谋，他在新旧两派将校中留心挑选，推举儿子张学良为领袖，自己亲自去绥中、彰武、锦西一带视察军务。每视察一军，即随意演说一番："我最初是为国家谋统一，使同胞能过着自由幸福的生活。而且直系曹锐一则迎接我入关，二则逼迫我退兵，三则我退兵时又乘机攻击我，使我进退两难，失信于东北三省的乡亲父老兄弟，这事大家都亲自见到了。况且当时徐总统在位，他想保全自己的地位，先引诱我进关，继而又令直军攻击我，岂知徐总统未保住自己的地位，最后反被直系推翻了。事至今日，黎元洪接位是大家公认的。现在又想将黎总统推翻，曹锟自己当总统。岂不是把你们全体消灭干净了吗？我想与直系周旋，就是战斗到只剩我一个人，也在所不惜。我现在不得不准备，一为表示我们的人格和消除误会，同时也使人民了解直系邀请奉军，是为曹锟当总统作准备，即使失败了，让人民知道我们不是为争地位，而是为中国的统一。到最后五分钟，看这天下究竟属哪个？”

于是，便调整军队，凡属不能战斗的人，和不守纪律的人，一律裁汰。升迁军官的工作采纳他儿子张学良的主张，由张学良主持。大家整理内务，保持清洁卫生，专心注重部队的军事教育，并劝导其父张作霖对官兵问寒问暖，借以收买人心。张作霖决定对所有上次在京汉铁路线和榆关阵亡的官兵，都按等级发给抚恤金：旅长五万元，团长三万元，营长一万元，连长五千元，兵士五百元。这项抚恤真算破例。这些都是小帅张学良筹划的。他又奖励东三省人民，创办民团以补充军队的兵源。东三省人民使用的枪支，都是日本明治三十年式样，很适合军用。只不过是步兵的军事常识不足而已。同时，他又招聘军事训练教官，一切设施，都仿日本军民一体的政策，无事时，遍地都是民；战争时，遍地都是兵。张学良的这个办法，很受张作霖的好评。

张作霖因初次战后，花费了一二千万元，便千方百计筹措军饷，想方设法扣留铁路车辆，要求掌握京奉南北段的管理权，同时，又截留盐税，以致引起日本政府的抗议。后由日本小幡公使与各公司接洽，便向中国政府提出交涉。总统府顾问辛博森出面，询问张作霖为何扣留路款及车辆，张作霖回答说：“按吴佩孚截留京汉铁路前例。”经过辛氏再三劝说，张作霖没有办法，只好将车辆放还，但盐税还在交涉之中。

张作霖受到中央的免职，心存芥蒂。他想发起联省自治，又害怕引起国际争端，于是想以保安名义，稳定个人地位。便成立一个接洽机构，借以联络四方，确定8月24日，为东三省保安联合会开幕的日期。当天下午，在奉天省议会召开成立大会。临时由张作霖担任主席，宣布开会宗旨，以建立东三省根本法为目的，并附规约二十条。建立规约，是为将来恢复任职留有回旋余地。

1922年5月，张作霖既被推举为保安总司令，比起过去的威风，不差分毫。又有日本士官学校毕业的杨宇霆为参谋，运筹帷幄，老谋深算，很有策略。小帅张学良改革军事的时候，张作霖嘱咐杨宇霆与张学良共同商量。东三省一切军事设施，由张学良负责，杨宇霆从中指教。杨宇霆又推荐一批人才，都放在重要位置。杨宇霆见张作霖很信任他，格外勤奋，他把人才订了三等资历，予以不同的任用。留日陆军学校毕业的学生为第一等，其次是军官学校毕业的，再次就是起码的资格，或作咨议，或当差遣。张学良得到杨宇霆的筹划，凡是政治、军事一概不过问。如训练和军备的布置情况，财政的管理与整顿，都安排周全，等待适当的时机，向直军发起进攻，报仇雪恨。只要有空隙可乘，决不能让直军一步，为的是挽回奉军的面子。关于直系方面，与保定的曹锟保持联系，利用曹锟为奉军办事，以便把吴佩孚孤立起来，这样，制服吴佩孚并不难。奉系又发起“三角同盟”，与孙中山、浙江督军卢永祥结成同盟，以反对直系为共同的目的，借以壮大奉系的势力。后江浙战争爆发，张学良声称与浙督卢永祥有同盟关系，以支持卢永祥为名趁机派兵入关。

谁知这时黎元洪被直军逼走。没有办法，只得拥护曹锟接任总统。1923年10月10日，曹锟到北京就职。没有想到，曹锟接任不久，同时发生江浙战争[1]。曹锟接任总统时，吴佩孚就不乐意，但他认为时机未到，上台并不难，若被人推下台就难为情了。到江浙发生战争，曹锟见事态扩大，必定要筹划好的办法，才能应付这个局面。即于中秋节分别电请洛阳吴佩孚、天津王承斌来北京商量。谁知吴佩孚未到，只复一电报，唯有王承斌于14日下午来京，进见曹锟后，即在总统府与各要人开一个秘密会议。到晚上8点，仍乘车回到天津。

到了16日，吴佩孚从洛阳启程，抵达北京进见曹锟。曹、吴会见后即谈要事。曹锟说：“我老了，无能为力，请子玉、孝伯两人，担任大元帅、副元帅的职务，统筹策划，全权办理。”吴佩孚、王承斌两人再三谦让，然后才答应了。曹锟又说：“东北的事务关系重大，必须专心对付，不能再顾东南。现在江浙战事，稍有转机，可由齐燮元一人办理。”吴佩孚出府便去四照堂办理公事，批阅各

1.编者注：此处有误。早在曹锟未接任前的9月3日，江浙战争就已开始，到10月13日结束，共打40天。

处来的电报。凡有来宾访问，一律请参谋长接见。

当阅读江苏齐燮元请求援助的电报时，吴佩孚立即回电，说东北军事也紧急，请齐燮元电商安徽、福建、江西各省，抽调军队，全权处理。这里应付东北，实在不能统筹兼顾。这次吴佩孚来京，完全是为东北，最重要的任务，是分配军队与筹备军饷两项。等军队调配好了，便一致对奉。至于筹款的事，相信政府不能单独筹措。当其在洛阳时，已电各省请代筹办，另外又有几省代为筹措，马上再催中央政府尽力相助。吴佩孚计算一下，要预备两千万元，才能支付，对这笔款筹齐，也没有多大的把握。这次战事，如果能打胜，就是直系的幸运；不能胜，大家就要做出牺牲。在危急时用尽所有的力量作最后一次冒险。

过了三四小时，吴佩孚离开四照堂回住地。直系的大本营不是设在滦州，就是唐山，现在还未决定。根据某机关有关人员的调查，目前奉军大约有十八万人，直军人数与奉军相比，只是七与五之比。奉军枪械精良而坚利，直军是七拼八凑的。就这两种对比，有识之士早已知其胜负所在了。

1924年9月18日，吴佩孚又去进见曹锟，述说对奉军作战的坚决态度，对于取胜满怀信心，要求曹锟颁布讨伐令。哪里知道在吴佩孚未来北京之前，曹锟已把讨伐令准备好了。等到吴佩孚来京，便与冯玉祥、王承斌、王怀庆等，正式交换意见。到了夜间，又在府内开秘密会议，至凌晨三时交印铸局印行，到早晨六时，才将命令发布。本日下午六时，在总统府怀仁堂召集联席会。列席的人有吴佩孚、冯玉祥、颜惠庆和王承斌、王怀庆、王维诚等，在会议中研究了作战方案和一切军事问题。

正在讨论的时候，忽接热河都统米振标、朝阳镇守使龚汉治等来电报告，说奉军步步进逼，节节前进。张作霖四日通电：直军破坏大局，请中央大力讨伐。列席会议的要人相继发言，都说为了维持国家纲纪，中央应立即下令讨伐奉军。当时即将国务院秘书厅拟的文稿稍加修改，即交铸印局发布，同时又令印铸局火速印出讨逆军关防，到十八日，才由印铸局正式发表。

总司令的办公处，设在四照堂，或设在大本营中。总司令部内设九个处，都是副官、参谋等名目。副司令部不另设。吴佩孚这时心满意足，踌躇满志地说："民国十一年（1922），直奉决裂了。在此之前，直军人数不及奉军的半数，我们还能取胜。今天直军一呼数十万人，又加上大总统明令讨伐，还怕不能取胜吗？"

江苏督军齐燮元，接到吴佩孚的电报后，便约同安徽、福建、江西、湖北四省出兵，进攻浙江。他们预订的战约，准备一个月内将卢永祥除掉，把上海掌握在自己手中。齐燮元自任前敌总司令，带兵进驻昆山。浙督卢永祥见齐燮元出兵，不敢松懈。卢永祥即下动员令，亲自前往上海，与何丰林护军使会师，出兵抗御直军。双方在宜兴刘河、黄渡、嘉定、青浦一带，苦战四十多天，不分胜负。浙督卢永祥见齐燮元用尽全力前来攻打，不得不向张作霖求援。

哪知张作霖正在筹备对付洛阳吴佩孚的计划时，又接到东南战场的消息，他不敢轻易开仗，仍然坐镇东三省，派侦探进关打听消息，看曹锟、吴佩孚的行动怎样，吴佩孚为了达到武力统一的目的，正在等候东南战事的动向，以便进一步决定自己的行止。突然听到东南开战的消息，就调遣重兵开往关外布防，暗中下达动员令，专等东南战事结束后，就派兵进攻奉天，以实现武力统一的计划。侦探得到这个消息，直接回奉天向张作霖报告。张作霖接到关内密电，都说吴佩孚的计划是“先平息东南，后扫清东北。”看完电报后，他仍然按兵不动。后侦探搜集情报归来，密报吴佩孚的计划得到证实，张作霖听后，非常惊慌，低头沉思不语。他想：“吴佩孚野心勃勃，他妄想以武力统一中国，我张作霖一贯主张和平，今天被他逼迫出兵。我的军队虽然稍弱一点，但还能和他一战。如果苦苦死守，等他带兵来攻，那不是被他看不起吗？不如先下手为强，来个先发制人的策略。”

张作霖主意已定，便发电召集东三省军官到署开会。他先将吴佩孚的武力统一计划抨击了一番，然后发表一通意见，准备带兵出击。众多长官听了张作霖这番话，说道：“吴佩孚今日实行武力统一政策，大帅为什么不调遣全军官兵，与他决一死战，比一比高低？前次在关内被他打败，这个仇还未报，我们正在找他，他今天向我们挑衅，制造事端。请大帅快发布攻击令，调动东三省的士兵，今日就向关内进兵，与吴佩孚决一雌雄。此次若不得胜，决不撤兵。”张作霖看见官兵个个激动不已，一致主张开战，大家都怀着报仇的心理，他相信这次进关，一定能夺取胜利，心里非常高兴。张作霖随即向东三省各军发电，限二十四小时把军队齐集奉天省城。三省的长官接到张作霖的急电，纷纷在二十四小时内抵达省城。于是张作霖将东三省的士兵，编成六个军，分道出发。

东三省六个军的统领是：第一军军长姜登选，第二军军长李景林，第三军军长张学良、第四军军长张作相，第五军军长吴兴权，第六军军长许兰洲。编制完毕，立即发布命令：第一、三两军由北大营乘火车出发，直趋万家屯前线，第四军张作相作援军。又命令第五军吴兴权向开鲁出发，吴兴权立刻率兵前往，不敢耽误。因为第二军李景林精通战术，命令他作开路先锋，进攻北票。总计六个军，一齐奉命开出东三省，号称三十万大军，浩浩荡荡，好不威风，他们各奔自己的目的地。沿途遇到直军，直接开火进攻。

第一军姜登选、第三军张学良、第四军张作相，各人带着所部的官兵向万家屯进发，沿途有尖兵在前搜索和开路，发现敌军，立即报告，即下火车扫除路障。不久，火车已抵达万家屯前线。三位军长正开车前进，突然哨兵前来报告，说前面已是万家屯了，直军在此放哨值岗，我们不能再往前去了，请指挥官决定行止。

三个军长听到尖兵的报告，张作相说："这里名叫周家屯，屯上居民众多，不如将司令部设在这里。今晚先休息一夜，明天五更天开始进攻，使直军防备不及，没有还手之力，我们可以一鼓作气而获大胜。"姜登选、张学良都同意。说完后，一齐下车，去周家屯寻找民房，设下司令部。架锅做饭，大家饱餐一顿，然后进帐内休息。

张作相马上派人去探听，直军的将领究竟是什么人，调查清楚后迅速来禀报。不久，侦探即来报告，直军将领是彭寿莘，步兵很整齐，大炮又多。另外还有一些骑兵，埋伏在树林中，兵力大约有两个旅，请军长想办法歼灭这些直军。张作相点头示意，命侦探再侦察明白，本军长自有妙计和安排。张作相暗自思量：彭寿莘是个难对付的劲敌，上年他在前线指挥，十分得力。今天又在这里防守，这人诡计多端，不可不慎重行事。估计他今晚必定乘我们没有防备发动进攻，还是小心点才好。

张作相拿定主意，便与姜登选、张学良二人商量，他说："这个彭某精通战术，我军初来乍到，对地理环境不熟悉，又因兵士在路上受些风霜，人疲马乏，如不加意预防，直军乘机前来偷袭，我们岂不是要上当？"张学良说："上年在马丁，我们中了他的奸计，今天冤家路窄，我们又与他相遇，要小心谨慎才能保住自己。既然是这样，我先派一队步兵，在东面设下埋伏；再派机关枪一连，去西面布置防线，枪口都朝南待战。如果直军来劫营房，我们四面包抄，就可以取胜。"张学良布置妥当，张作相也回去作了安排，静候直军的到来。

彭寿莘听到奉军到来的消息，说奉军战线内没有埋伏，指挥官是张作相与张学良，另外还有个姜登选，站岗的卫兵四处逍遥自在地徘徊。彭司令听到尖兵的话，低头暗自思量，他说："张作相、张学良二人，都是骁勇善战的将军。上年在关内，因张景惠、邹芬二人倒戈相向，不战而败。若不是张作相、张学良两人十分沉着，非导致全军覆灭不可。后来奉军退守榆关，又得他二人亲自冒险抵御，勇猛杀敌，奉军方能转败为胜。况且，这两个人不是平庸之辈。根据尖兵报告，奉军毫无准备，内部纷乱，尽可以乘他们初到之时，攻其不备，但又怕他们用诱敌深入之计。我们现在先率一小部分军队，前去试探一下，看奉军有无动静，再作安排也不迟。”

彭寿莘打定主意，急忙调来步兵一营，带着两架机关枪，两尊重炮，悄悄走出营门，直接奔赴奉军前哨阵地，开始攻击。彭寿莘率兵到了前线，部队一齐散开开炮轰击。直军错误估计形势，认为奉军没有防备，不知张作相与张学良二人早有准备。他们用迫击炮掩护从左右翼冲锋过来，只见开花炮如雨般飞来，直军前线伤亡惨重，尸首堆积如山。彭寿莘司令见奉军早有准备，又见直军纷纷逃奔，气得暴跳如雷，拼命叫反攻。直军这时只想逃命，哪里还听他的反攻命令。彭司令毫无办法，只得退却。后又调兵一团，支援前线，子弹也很充足，纷纷向奉军射击，又用小钢炮和机关枪乱击，声势非常凶狠。

张作相在前线指挥，正准备令直军缴械投降，忽然看见一支直军生力军冲杀过来。奉军拼命守住战线，急传令两翼众兵前进，采取包围形式，自然可以打胜。左边是姜登选，右边是张学良，他们听到报告后，急令军士分三路进攻，他们勇猛扑杀，弹如雨下，直向直军飞来。直奉战线内，死尸堆积，直军不支，纷纷倒退。彭司令无可奈何，只得随败兵东奔，逃回大本营。最后检查兵士人数，死伤大半。

第二天，奉军司令张作相，又进攻万家屯直军战线。直军经过昨夜一仗，已失去战斗力，因此不能抵抗。他们见奉军一来，就赶忙退走，沿途抛弃的枪支军用品等，不计其数。彭司令见到这个光景，也不知如何是好，只得退回山海关内，谨慎地保守着阵地。张作相抢夺了万家屯，真可谓首战告捷，战争很顺利地取得成功。张作相即传令布置防线，并马上命令后方，催促张学良、姜登选所部开拔万家屯驻扎。

有个侦探前来报告，说旧俄营住有直军，兵力雄厚，戒备森严，防线内有很多埋伏，遍地都是电网、地雷，特来报信，请司令决定。张作相命令："再探。"侦探人员走后，张作相说："彭寿莘逃入山海关，与守将董政国商量，将旧俄营各军调出来打仗，命令董政国实行反攻，以阻挡我们前进。各位军长有何好的计策？"诸位军长相对无言。姜登选说："如直军旧俄营难以进攻，就用重炮轰击。若能将城门攻破，我军一拥而入。倘若搭支梯爬城，恐怕他们防守很严，难以取胜。"张作相说："我自有办法。"

第二天，张作相就率奉军来攻旧俄营。直军司令董政国见奉军兵士骁勇善战，所向无敌。说："前几天我军已失去战斗力，不如全部调回去，再从山海关调主力军来，加入前线的防守，或者还可以得胜。"他即向各军长官说："万家屯第一道防线已失去，今当尽力保守旧俄营第二道防线。奉军来势凶猛，我军受他们逼迫，不如向前反攻，还不致受他牵制。"各长官说："司令所见很有道理。"董司令说："奉军战线埋伏很多，如果反攻，必先想法破坏埋伏，才能进取。不然的话，必中他们的埋伏。前几天吴司令送来很多马猴、狗熊，不如取来，用其到敌方战线里挖除地雷。"那管猴的司令说："司令有令，部下立即照办。"董政国又派敢死队一排，跟着猴熊作掩护。管猴熊的将猴熊带来交接后，众目兵率领猴熊直往前敌，解开绳索，只见管猴熊的人向那些动物唧唧咕咕乱叫，那些猴熊点头示意。原来是叫猴熊将敌军中的地雷、电网通通挖出来，带回营房。只见那些猴熊穿纵跳跃，向前而去。

令人奇怪的是，这群猴熊一到战场，与人的动作很相似，一路走着，一面用鼻子向地面四处嗅闻。一直到战线内，将地雷挖出，转身就跑。

奉军张作相，连打了几个胜仗，心中十分高兴。心里想着这旧俄营被直军占着，心中又发起愁来，因此在战线内设埋伏。哪知直军用猴熊前来挖掘，不料又被奉军看见，口中说道："这直军也太狡猾了，竟用猴熊前来作战，如不将它们打死，不一会儿地雷就被它们挖尽了。"于是将枪端平，照准猴儿"轰"的一声，这子弹从猴儿身边穿过，猴儿竟跳跃起来，直向奉军战线内横冲直撞。奉军一听枪声，一齐轰击，奉军声势勇猛，直军不能支持，只得向后撤退。

直军董司令急忙派遣军队迎战，士兵奋勇向前猛攻。无奈奉军的迫击炮厉害，也只好向后急退。董司令下令说："如有向后退者，按军法治罪。"直军士兵听了，险些激起兵变。有文化程度高的士兵说："司令未见战线内死去的弟兄吗？如再相逼迫，恐怕引起别的事故。"董司令也害怕激起兵变，说道："不是本司令不爱惜士兵的生命，无奈上面有命令，各位弟兄不愿再战，我哪能强迫大家呢？先暂且退下来休息一下再说吧！"

于是，直军便退入关内，旧俄营二道防线完全被奉军占领，他们就在旧俄营休息，丰盛地犒赏三军，连电报捷，再商议进取的策略。直军董司令见连失两道战线，便与彭寿莘、张福来、冯玉荣等各将领相会，并报连败的情况。说："奉军强悍勇敢，战术又好，与前年在关内的情形显然不同了。"张福来说："诸君不要长他人志气。吴巡阅使命我们来关中部署防线，临行时命我们传谕战线各将领，务必小心防守，联络坚固，以便消息灵通，切勿攻击。他另派舰队开往秦皇岛，攻打奉军侧面。大约在三天之内，舰队即可获胜。奉军断了联系，不战自乱。又调长江各省大队，前来援助，我们兵力很充足，有二十多万。奉军纵然悍勇，一个月内，管保他全部被消灭。"

各将领听张福来这么一说，个个精神抖擞。张福来又说；"张作相、李景林虽骁勇善战，倒不必畏惧。怎奈我军一见奉军，都闻风丧胆。但是，只要我们将关下的战线严密防守，就算我们尽了职。"接着令士兵将关下挖了三道壕沟，埋上地雷、电网，上面盖上钢板，以作掩护。如奉军来攻，必中埋伏。奉军虽然勇猛，也无可奈何。

张作相既然夺取了两道战线，于是率兵向山海关奔来。到关前驻扎，传令各军部署防线，暂且休息一下，等候队伍的到来，再商议进攻的步骤。正在布置，忽听侦探报告："第二军李景林大获全胜，现已领兵到关前驻扎。"张作相听到，正要去会见李军长，不料营内兵士大嚷起来，不知是什么原因。第三军军长张学良传令下去查问。

不一会儿，传令兵带进几个下级军官，张学良问道："你们队里为什么大喊大叫，要如实报告。”

有一个下级军官敬礼说：“各目兵听见李军长获胜，连得多少城池，想前来与第二军争功。部下止不住，请军长赶紧下攻击令。不然，各兵要自由行动，与直军开战了。如军长不下命令，部下不能负起这个责任。”张学良听后，随即传令到各兵站和部队，立即准备下总攻击令。他说：“众兄弟要听清楚，有功者奖，后退者本军长是要枪毙的。今天是有进无退。如将敌兵攻退，回营自有重赏。”各目兵齐声回答：“情愿奋力战斗。”

张学良大喜，于是便下总攻击令。他自己在后面督师。

各兵到了战场，一齐散开，各个举枪向直军攻击。接着，迫击炮、过山炮、小钢炮等一齐开火，各炮一齐向直军轰来。子弹猛烈异常，好像倾盆大雨一样。直军司令彭寿莘、张福来、董政国、冯玉荣都亲自前来指挥，他们拼命抵抗，几个小时的战斗，不分胜负。

张学良想道：“这样打下去，虚耗子弹，不如猛扑，抢夺敌方战壕。”即传令各兵都上刺刀，向前冲锋。一声命令，奉军个个奋勇，直往前冲。谁知直军也是这样动员布置的。不一会儿，遍地尸首存积，士兵无立脚之地。只听见枪声、炸弹声像爆竹一样乱响，血肉横飞，惨不忍睹。张学良见此情景，只好命令士兵往后退却，加强防御，仍用枪炮与直军一刻不停地战斗。张学良又想出一个办法，用牛羊挖掘敌方的埋伏，又用流弹对准直军掩护的钢板，以便把它除掉。同时，又调来一支敢死队，命令他们向前冲锋，各人带着炸弹直向直军壕沟掷去，使他们无藏身之地。能占领战壕，再架上大炮攻城，就可以取胜。士兵听了，都面有难色。张学良见到这个局面，知道各兵胆小害怕，于是便脱去外衣，身穿绒衫，左手握鬼头大刀，右手拿着炸弹，亲自奋勇向前冲锋。他大声呼喊："本军长奋勇当先，你们还不跟我去杀敌吗？"各兵见军长往前冲，谁敢后退呢？兵士齐声高喊："司令向前冲锋了，我们赶快向前杀敌吧！"一群奉军不顾自己的生命，直奔战壕，猛烈投掷流弹。

由于炮火猛烈，直兵在壕内哪能藏身？他们知道守不住了，只得退出壕沟逃命。张福来见此状况，大发雷霆，立刻将逃兵枪毙，但是，兵败如山倒，无力控制，只好退进长城，然后将城门关闭。奉军夺得战壕，即将掩体撤掉。一面奖励士兵，抚恤死亡官兵，一面命令准备攻城。

可知道奉军在关前，是一马平川的地势，又无掩体隐蔽，直军在城上，居高临下，弹发如雨。奉军害怕了，都想逃跑。张学良喊道："今天是我们的生死关头，谁敢往后退，立即枪毙。弟兄们，拚命抵抗，攻占城池，我们就有生的希望了。"于是，奉军人人继续向前冲锋，接连三次命令，都没有把城攻破，而死伤的奉军不计其数。张学良见到这个场面，心里感到凄惨，只得硬着头皮命令士兵架起重炮，对准城楼轰击。只听"咕咚"一声巨响，城楼立即倒塌。然后又再打一炮，城门就被打破，城上死尸直往下掉，张学良见城门打开，命令敢死队向前夺城。敢死队听了，一拥而上，抢入城里，后面奉军全部跟人。直军纷纷败退，张福来制止不住，只得随兵士逃走，长城便丢失了。

奉军夺得长城，随即开始布防，并传令催促后面的军队迅速入城。如果迟了恐怕直军的大队人马追来，不但前日的功劳会丢弃，大家性命也难保。接着调遣第一军姜登选迅速上来支援。

直军的张福来、董政国、彭寿莘三个司令，沿途收拾残兵，直向九门口退却。这个战役直军伤亡有一个旅，奉军的伤亡有两个旅。因此，张学良赶忙调后军前进。直军退至九门口，就此地设置防线，令尖兵向后方总司令部告急，请求援兵前往助战。吴佩孚司令接到告急的电报，吓得魂飞天外，他说："长城那么坚固，况且又有大兵压境，怎么能失掉呢？"他想，这一定是奉军侧重正面进攻，全力用大炮攻城，才把我们攻破的。今天我兵已退出九门口，我们如果再从正面攻打，枉自死伤。不如用军舰开到秦皇岛，弃船登陆，攻他侧面，向奉天城方向发动攻击。倘能取胜，奉军必然撤出山海关，大队人马拉回来救奉天。这就是"攻魏救赵"的战术。吴佩孚主意既定，便通知九门口，宜行坚守之策，切勿出击。如果奉军来攻，只能抵御，等我命令来时，再作反攻。吴佩孚便传令第三师向秦皇岛进攻。你可知道张作霖早已料到九门口是通奉天省的要冲，直军可能走秦皇岛海路，特命奉军舰队全驻这里，加紧防守。所以吴佩孚司令的水陆并进的策略，都没有收效。

张学良将长城防守布置妥当，于是便传令进攻九门口。这次战役张作相仍是前敌总指挥，他率部队前往。到了九门口，张作相就察看地势，决定用大炮轰击。直军司令赶忙率队尽力防御，双方死伤都很惨重。直军始终不肯退却，奉军连攻三次，都未得手。张学良心中焦虑，他说："九门口是天生的险要关口，只能容一人一骑通过，有什么办法可以攻破？”他一看，旁边有个土丘，不太高大。比九门口小得多，不如先占土丘，再攻击九门口。

商议完毕，便率兵往攻。预料不到直军已知道奉军要先夺土丘，便将口内架上机关枪，不断向土丘扫射。奉军也用大炮向口内猛轰，直军被口外奉军炮弹攻击，有点招架不住，稍往后退。张作相看了这个情况，说道：“只要直军能往后退，我就有办法往里冲了。”于是便聚精会神，隐身偷视。直奉两军都在土丘门口乱放枪炮，直军不能出来，奉军也冲不进去。大约过了一小时，忽听直军士兵大嚷大叫，纷纷往后退。张作相看见直军退却，知道直军内部有变化，于是率军冲入追击敌人。

直军为什么倒退呢？原来直军误听了后方被奉军绕道来攻，截断去路的谣传。以为不早撤退恐怕全军覆没。这样，张作相便夺取了九门口，心中非常高兴。一面奖赏前线的官兵，一面向总部报捷。正在犒赏士兵，忽见冯玉祥的副官来了，说冯帅已撤兵回京戡乱[1]。张学良心中不踏实，他以为是直军诱敌的计谋，立即派人前去探访。不一会儿，回来说：“前面果然没有冯玉祥所率领的军队。”张学良电告其父张作霖。张作霖接电十分欢喜，随后复电说：“既然是冯玉祥派人来说，各军长原地防守，我军不要前进。暂且就地休息，切不可疏忽大意，等待命令。”

冯玉祥率领部队回京戡乱，将队伍驻扎在京奉铁路一带，自率两万人回京，请总统下令让吴佩孚退兵，以免伤害老百姓。曹锟

1.编者注：1924年10月，冯玉祥与胡景翼、孙岳等联络，发动北京政变，囚禁总统曹锟，推翻直系军阀政府，改所部为国民军，任总司令兼第一军军长。

不但不允许，反电吴佩孚叫他回来讨伐冯玉祥。吴佩孚接电后，才知道冯玉祥回京的消息，于是将前线战事托付给张福来、董国政、彭寿莘三人，他率部下回京，向冯玉祥宣战。

曹锟不同意冯玉祥的要求，冯玉祥知吴佩孚必定回京，就命胡景翼带兵赴天津截堵吴佩孚。吴佩孚回到天津，就在火车上设立司令部，命令兵士沿京浦铁路布置防线，与冯玉祥、胡景翼、孙岳开战。冯玉祥见吴佩孚在京浦路设防，即命孙、胡两人亦布防会师抗吴。吴佩孚传令直军攻击冯玉祥，无奈屡打败仗之后，兵力单薄，寡不敌众，只得率领残兵败将逃上战舰，逃往青岛，转奔长江[1]。

张福来、董政国、彭寿莘三人，自受吴佩孚之托，他们开会决定保守原防。无可奈何九门口已经失掉，奉军又非常勇猛，三人抵挡不住，便带着败兵逃上车舰。哪知奉军紧追不舍，各兵争夺战舰，大家只顾逃命，秩序很乱，但战舰只有三艘，不能容纳太多的人。看着战舰要往下沉，董司令说："不能再顾岸上的人了。"于是赶忙起锚开舰，水手见兵往舰上涌，不能开舰，便用大刀将众兵砍下，掉到水里淹死的士兵很多，这样才开舰赴长江去了。在岸上的败兵为了活命，只得缴械投降，张学良传令收容败兵。

吴佩孚率三艘军舰，败入长江。这时江浙战争已经结束，孙传芳打败浙督卢永祥，卢永祥宣布下野。齐燮元已回南京。等吴

1.编者注：1924年11月3日，吴佩孚率领残兵败将二千余人，登舰浮海南逃。12日，抵达吴淞口，吴即换乘萧耀南派来的决川舰进入长江，15日抵达南京，17日行抵汉口。

佩孚到了南京，便派代表上岸，与齐燮元商量，请他派兵援助。谁知这时，齐燮元已接受段祺瑞执政的命令。原来冯玉祥因曹锟不允许他的请求，反叫吴佩孚回京来讨伐他，等吴佩孚兵败后，乘势将曹锟推翻，软禁在总统府内。冯玉祥便开会商议，往天津欢迎段祺瑞进京当临时总统，又议定取消总统名义，改为执政，于是段祺瑞在北京任临时执政。

吴佩孚溃败后，苏督齐燮元已接受段执政的命令，段祺瑞致电齐燮元说："你若不协助吴佩孚，江苏督军的位置也就不会改变。"吴佩孚到了南京，心里想："齐也是直系的人，相信他会出兵相助。"当吴佩孚到了南京，派代表去见齐燮元，被他婉言拒绝了。吴佩孚知道他受人愚弄了，便离开南京直往湖北去了。吴佩孚心中思量：齐燮元已改变态度，变心了，但不知湖北的萧耀南的态度怎么样？不如派人察看一番，再作打算。主意打定，即派刘副官乘车前去湖北打听消息。

刘副官到了湖北，表示吴佩孚想在湖北成立"护宪军政府"，请萧督军援助，吴佩孚特命部下前来致意，先让我来通融请示。萧督军听了后就答道："本督与吴佩孚关系密切，不要说成立'护宪军政府'，为了保全直系势力，无论吴佩孚的什么事，只要我能做到，都可以帮忙。请代表速电吴巡阅使早日来鄂，我们再作商量。"刘副官听后，心里特别高兴，即发电请吴佩孚早日来鄂。

吴佩孚接电后，就到湖北，离船登岸，来到督署衙门。萧耀南盛情接待，关怀备至，设宴招待。酒后，萧督军将吴佩孚引入密室，屏退左右侍者，戒备森严，外人都不知道。

第二天，萧督军发表吴佩孚在湖北成立“护宪军政府”的消息，传令各官员照计划进行。未料到，湖北各界团体人士，纷纷写请愿书，要求吴佩孚离开湖北，以免湖北又起战火。吴佩孚看到请愿书信，表面答应他们的要求，不几天就离鄂。但暗中仍与鄂督秘密进行，要出兵讨伐冯玉祥。社会各界见到吴佩孚的电文，立刻召集各路联合会，一致反对。并举代表数十人到署请愿，要求吴佩孚早日离鄂，以平息战火，使老百姓免遭灾殃。

吴佩孚心中思量，这事又不能成功。第二天，即发长电公布“护宪政府大纲”，全用各省督军、省长的名义。哪知道这电文一发表，就遭到各省反对，大家都不承认，说他盗取别人名义。吴佩孚没有办法，只得唉声叹气，将他带来的残兵败将，交萧耀南改编。自己退到郑州[1]，吴佩孚与张福来、彭寿莘、董政国，调遣军队沿铁路线设防，准备与胡景翼作战。而各官长和士兵都无心打仗，弹尽粮绝，又无接济。河南人民大力反对，纷纷派代表去天津请愿[2]。

这时，冯玉祥和张作霖两人联合，商量一致对付吴佩孚，于是入府见段祺瑞，说吴佩孚在河南成立“护宪军政府”，声势很大，不如率兵南下，将他扫除干净。顺势逼迫齐燮元下野，借此收

1.编者注：吴佩孚在湖北组织“护宪军政府”遭到反对后流产了，他就回洛阳，刚到五天，陕军刘镇华指使阚玉琨致电吴佩孚，限他24小时离境，吴不得已乘车到郑州，不久，洛阳被阚部占领。

2.编者注：段祺瑞住天津，1924年11月15日被公举为中华民国总执政，执行政府职权。段受到推举后，打算留在天津与孙中山见面后再往北京就职。由于吴佩孚在武汉放了一炮，组织“护宪军政府”，冯玉祥、张作霖为了成立新政府稳定人心，催促段祺瑞于11月22日到北京，24日在陆军部宣誓就职。

复长江。段祺瑞说："雨帅千万不可再动武力。我已命令各省督军、省长，不要助吴。再电督办胡景翼会同孙岳，早为防范，用实力将吴清除，直捣洛阳老巢。请你在北京多住些日子，等孙中山来了再作商议。"张作霖听了段祺瑞这番话，心里很高兴。

齐卢战争

胡景翼收到段执政的来电，就会同孙岳，执行去洛阳攻打吴佩孚的计划。吴的兵士没有斗志，他无可奈何，只好通电退兵，自己到鸡公山驻扎。从此逍遥世外，与人隔绝，不问国家大事。每日独坐看书，酒兴来时，喝它一杯，借酒消愁。冯玉祥也因第二次直奉战争反戈一击，为了谋求和平改革办法，便向段祺瑞辞职，竟往天台山去了。只有苏督齐燮元，见外面形势对他不利，于是向江苏各界公团疏通交情。谁知各公团说这次江浙战争，实由齐燮元挑起来的，战地人民损失较大，死亡惨重，大家要他负责战争赔偿。齐见这样的形势对自己很不利，估计难以自保。接着他先用话搪塞一番，自己首先向段祺瑞提出辞去兼职，通电全国宣告下野。

段祺瑞见齐燮元通电下野，颇为赞同。随即召齐燮元北上，另有安排。然后电催韩国钧省长接任办公，并委派卢永祥为宣抚使，急速南下。卢永祥即向张作霖借调奉军，以补充实力。张作霖便调遣张宗昌部第二军，随卢永祥南下。哪知齐燮元闻听卢永祥带领奉军南下的消息，情不自禁地首先表示反对，赶忙调兵抵御。哪知道各地防军都不服从调遣。齐见大势已去，估计难以挽回，便请韩国钧省长到署衙，接收印信，自己于12月28日离开南京，乘日本邮船到上海租界躲了起来。韩省长虽将印信收下，但并不就职，随即电告段祺瑞，请他另派贤能，表示自己不愿就职。段祺瑞再三去电挽留，韩国钧无奈，只得令署衙中各员照常办事。他又电卢永祥[1]请他早日来临，不要多带兵，恐怕引起外界的怀疑。南京各公团又致电卢永祥，请他早来。卢永祥看到无人反对，心中颇为欢快，于是便将奉军留在徐州，自己乘车南来。

齐燮元到上海，急忙活动，收买以前的旧部，保住炮台，命令十九师开往镇江防守，命令六师攻打南京大炮台。接着派代表去联络孙传芳[2]，自称“联军司令”。卢永祥早得到了密电，急忙调奉军过长江，委派张宗昌为总司令，带领奉军开赴前线。接着电告张作霖，请调兵援助。张作霖接电后，知道卢永祥兵力单薄，又调第一军南下助战，以充实兵力。卢永祥见张宗昌军已出发，即调本部第十师，向兴宜、长兴开拔，以防浙军进逼，好作抵御。

调兵遣将刚完毕，哪知前线早已开战。奉军异常勇敢，战术又好，加上迫击炮很厉害，齐军指挥官不懂军事，各兵又无心战斗，一交锋就溃不成军，竟向各村抢劫，奸淫烧杀，无所不为。不过几天，齐军全部溃败，奉军一直追到上海。张宗昌就在闸北火车站设立司令部，幸好上海总商会推出代表与张军商议，要尽快收容败兵，以免地方人民遭殃。南京卢使与省长韩国钧，特电十九

1.编者注：此时段祺瑞任命卢永祥为苏皖宣抚使和江苏军务督办两职。

2.编者注：1925年1月11日，齐燮元、孙传芳两人通电组织江浙联军，分任第一、第二两路司令，首先夺回上海，然后向沪宁线推进，攻打奉军。

师宫邦铎出面收容散兵游勇，上海各公团非常感谢。

虽然齐兵全军覆没，唯浙江与齐燮元同为一体，浙兵在上海的很多，都在严密静候处理。幸好陆军总长吴光新来上海做和解工作，向双方疏通意见，以后百里之内，双方都不驻兵。各派代表签了和约，将上海改为商埠，双方各遵守和约，将兵撤退。

（此原书第四十九回至第六十回）

中华民国大总统

孙中山（南京临时大总统）—袁世凯（临时大总统）
（1912.1.1—4.1）（1912.3.10—1913.10.10）

袁世凯①—黎元洪②
（1913.10.10—1916.6.6）（1916.6.7—1917.7.30）

冯国璋③—徐世昌
（1917.8.1—1918.10.10）（1918.10.10—1922.6.2）

黎元洪—（高凌霨，摄行大总统职）④
（1922.6.11—1923.6.13）（1923.6.14—10.10）

曹 锟—（黄郛，国务院摄行大总统职）⑤
（1923.10.10—1924.11.3）（1924.11.2—11.23）

段祺瑞（临时执政）
（1924.11.24—1926.4.20）

注：

①1916年1月1日—3月23日，袁世凯帝制自为，称“洪宪皇帝”。

②1917年7月1日—7月8日，黎元洪任内，发生“张勋复辟”，总统职权由副总统冯国璋代行。

③冯国璋代行大总统职权时期。

④高凌霨以内务总长代理国务总理，国务院摄行大总统职权。

⑤黄郛代理国务总理，国务院摄行大总统职权。